# 江戸時代265年ニュース事典

［監修］山本博文
［著者］蒲生眞紗雄・後藤寿一・一坂太郎

柏書房

# 読者の皆様へ

本書は、江戸時代二百六十五年間・徳川将軍家十五代・およそ十万日を対象に、江戸時代を以下のように三区分した、三部構成となっています。この時代区分は九州大学名誉教授の中野三敏《なかのみつとし》氏によるものです。

①第一部…江戸前期（慶長《けいちょう》八年―正徳《しょうとく》五年〔一六〇三―一七一五〕までの百十三年間）
②第二部…江戸中期（享保《きょうほう》元年―寛政《かんせい》十二年〔一七一六―一八〇〇〕までの八十五年間）
③第三部…江戸後期（享和《きょうわ》元年―慶応《けいおう》三年〔一八〇一―一八六七〕までの六十七年間）

本書では、江戸時代の一年一年を、**政治・経済**、**文化・思想**、**事件・災害**、**社会・世相**の四つのテーマに分けて、その年で一番重要性・話題性があると思われるものを精選し、一年分を見開き二ページ構成としました。教科書では別々の箇所に書かれている歴史事象が、全て見開きの中に詰まっていますので、経済と文化、政治と世相などの連関・連動をも容易に知ることができます。また年ごとに関連図版を数点ずつ掲載し、かつ、その年の天皇、将軍をはじめ、老中・寺社奉行・町奉行・勘定奉行などの主要幕閣を上欄外に掲げてありますので、誰がその年の政権を運営していたのかが一目瞭然です。さらに下欄外には出来事年表も収めました。

ところで、江戸時代には旧暦（太陰太陽暦《たいいんたいようれき》）が使用されていましたので、本書に出てくる月日も旧暦（天保暦《てんぽうれき》）によっています。また、登場する人物の年齢は数え年で示しています。

本書は、一冊で江戸時代の二百六十五年を丸ごとコンパクトにまとめてあります。一般の方には江戸時代の通史本の役目を果たすはずですし、歴史愛好家や学生諸氏には資料としても大いに役立つことでしょう。

私たちは、江戸時代に関連したテーマで長年執筆活動を続けており、本書ではそれぞれが得意とする時代を分担執筆いたしました。

最後に、本書の監修をお引き受けいただいた山本博文氏、執筆のお手伝いをしていただいた竹内喜久雄氏ならびに山本英貴氏と堀智博氏、編集を担当していただいた柏書房の小代渉氏と榎本直樹氏には、この場を借りて深く感謝いたします。

本書が末永く読者の皆様のお役に立つことを願ってやみません。

二〇一二年八月

著者一同

# 本書の見方・使い方

## 主要幕閣

その年の政権運営者である老中や諸奉行、若年寄らの名前と官位が一目瞭然です。
江戸町奉行だけでなく、京都・大坂の町奉行も収録しました。大名や旗本が出世していく過程も見えてきます。

## 西暦

江戸時代の元号を知らなくても、調べたい年次が素早く探し出せます。1700年には何が起こったのか、誰が将軍だったのか、長崎の奉行は誰だったのか、早速調べてみてください。

## 元号

明治・大正・昭和・平成と、20世紀以降の100年で元号は4回しか変わっていませんが、江戸時代は265年の間に36回も元号が変わっています。「享保」「寛政」「天保」が有名です。

## 干支

子丑寅卯辰巳午未申酉戌亥（十二支）と甲乙丙丁戊己庚辛壬癸（十干）の組み合わせは60通りあります。大事件や大災害などのネーミングに使われることも。例えば「壬申の乱」「辛亥革命」「戊辰戦争」などです。

1701

元禄十四年

辛巳

天皇▼東山天皇

将軍▼徳川綱吉（第五代）

【主要幕閣】
●大老格
柳沢吉保（出羽守・美濃守）
●老中
阿部正武（豊後守）
土屋政直（相模守）
小笠原長重（佐渡守）
秋元喬知（但馬守）
稲葉正往（丹後守）
●寺社奉行
永井直敬（伊賀守）
松平重栄（日向守）
阿部正喬（飛騨守）
青山幸督（播磨守）
●勘定奉行
井戸良弘（志摩守）
荻原重秀（近江守）
久貝正方（因幡守）
戸川安広（備前守）
●江戸町奉行
北 保田宗郷（越前守）
南 松前嘉広（伊豆守）
●京都所司代
松平信庸（紀伊守）

赤穂藩主浅野長矩が殿中で高家吉良義央に刃傷　三月十四日　政治経済

播磨赤穂五万三千五百石の藩主で勅使饗応役（馳走役、館伴役ともいった）の浅野内匠頭長矩は公式行事の最終日にあたるこの日の午前十一時ごろ（九時半ごろとの説もある）、高家肝煎の吉良上野介義央（よしなか）に江戸城本丸御殿の松之大廊下で「このあいだの遺恨、おぼえたるか」といって小刀で斬り付けたが、留守居番の梶川与惣兵衛頼照に抱き止められ、義央の額と背中に傷を負わせただけであった。

義央の傷の手当と長矩への事情聴取が同時に行われ、事の次第が側用人柳沢吉保から将軍綱吉に伝えられた。綱吉は勅使・院使の勅諭奉答式直前の刃傷事件に激昂し、長矩の陸奥一関藩主田村右京大夫建顕に預けることと饗応役を下総佐倉藩主戸田能登守忠真に変えることを指示した。

吉良上野介像（墨田区両国・本所松坂公園）

うことで、呉服橋内の居屋敷に午後一時ころ平川門から戻された。長矩は平川門から出されて愛宕下の田村家上屋敷（現港区新橋三丁目）に午後四時ころ着いた。勅使・院使の公式行事が終わり、幕閣との協議の場で綱吉から長矩の即日切腹という強い意向が示された。午後六時ころ大目付庄田下総守安利と目付大久保権左衛門忠鎮・多門伝八郎重共が赴き、長矩の切腹が執行された。享年三十五。赤穂に事件の第一報が早水藤左衛門・萱野三平によって知らされたのは十八日の午後十時ころであったという。

浅野長矩

江島其磧『けいせい色三味線』を出版　八月　文化思想

浮世草子作者の江島其磧は、この月京都の書肆八文字屋（版元は浮世草子作者としても知られる八文字屋自笑、二代目八左衛門）から浮世草子の『けいせい色三味線』五巻を出版した。……京の富裕……本名村瀬権之丞、通称は庄左衛門……まれて四代目主人とな……た。浄瑠……

【この年の出来事】
1・25 契沖歿（62）。
3・14 赤穂藩主浅野長矩、江戸城中で高家吉良義央に刃傷。即日切腹（35）・改易（赤穂事件）。
3・18 幕府、江戸市中で鉄砲調査を実施。
3・29 幕府、東大寺大仏殿の再建費用を幕領に賦課。
4・13 幕府、諸大名に参勤交代の際の従者数削減を指示。
5・9 石井兄弟、亀山城下で父と兄の仇赤堀源五右衛門を討つ（亀山の仇討）。
6・20 京都で落雷。死者多数。
6月 京都で大洪水。
8・15 幕府、江戸城中での出仕作法などを規定。
8・17 伊勢長島で大洪水。
8月 幕府、銀貨騰貴のため、銀貨の貯蓄を禁止。
8月 江島其磧『けいせい色三味線』出版。
10・2 幕府、酒造制限

214

見開きごとに1点ずつ収録しました。関連図版を数点ずつ収録しました。全部で約600点以上載っています。

その年の
## 天皇・将軍

江戸時代の天皇の名前を知っていますか。15人の将軍の名前が全部言えますか。誰が天皇・将軍の時に起こった出来事なのかが一瞬でわかります。

ここは新聞の見出しのような役割を負っています。

## 出来事カレンダー

その年々に起こった出来事を月日順に掲載しました。有名な赤穂事件があった元禄14年には、京都で大きな災害があったようです。

# 『江戸時代265年ニュース事典』◆目次

# 江戸時代とはどのような時代だったのか

山本博文

慶長八年（一六〇三）二月、徳川家康《とくがわいえやす》が将軍宣下《せんげ》を受けた。これを、江戸幕府《ばくふ》の始まりとする。以後、慶応三年（一八六七）十月、第十五代将軍徳川慶喜《よしのぶ》が大政奉還《たいせいほうかん》するまでの二百六十五年間を江戸時代という。

この二百六十五年という年月は、江戸幕府が倒れた慶応三年から現在までが百四十五年であることを考えれば、ずいぶん長い時間であることが実感できる。当然、その期間の中には政治と社会に大きな変化があった。将軍の治世《ちせい》を中心に概観してみよう。

## 宗家嫡流将軍の時代

初代家康から四代家綱《いえつな》まで、宗家《そうけ》の嫡流《ちゃくりゅう》将軍の時代が続く。このうち、江戸幕府の制度が確立した三代将軍家光《いえみつ》までの時期を、「江戸時代初期」として分けることもある。

家康は、将軍宣下を受けた二年後、三男の秀忠《ひでただ》に将軍職を譲った。これは、まだ豊臣秀吉《とよとみひでよし》の遺児《いじ》秀頼《ひでより》が大坂城に健在だったためで、将軍職を徳川家で世襲することを示すものだった。当時の世論として、将軍家康が歿したあとは、秀頼が関白《かんぱく》になって政治を執るという見方もあったからである。このため家康は、慶長十九年から二十年にかけての大坂の陣《じん》によって、豊臣家を滅ぼした。こうして徳川家の支配は盤石《ばんじゃく》となったのである。

家康のあとを継いだ二代将軍秀忠は、幕府の体制を調《ととの》えた。家康の晩年に出されたキリシタン禁令は秀忠のもとで強化され、キリシタンは、元和の大殉教《だいじゅんきょう》などを経てほぼ根絶された。対外関係も、秀忠の時代にポルトガル船は長崎、オランダ船は平戸《ひらど》にのみ寄港を許されるようになり、外国人が日本人を兵士として雇うことや武器を購入することは禁止された。幕府の政治組織である老中制《ろうじゅうせい》は、秀忠のもとで形成され、三代将軍家光の時代に確立することになる。

家光は、さらに厳しいキリシタン政策をとり、キリシタンの探索や日本人の海外渡航の禁止、在外日本人の帰国禁止などを命じた。寛永十四年（一六三七）には天草《あまくさ》・島原《しまばら》地方でキリシタンの一揆《いっき》が起こるが、これを鎮圧した家光は、ポルトガル船の来航を禁止し、平戸のオランダ商館を長崎の出島《でじま》に移転させた。さらに、九州地方の沿岸などに遠見番所《とおみばんしょ》を設けさせ、異国船の来港を監視する体制を築いた。こうした体制を、「鎖国《さこく》」と呼んでいる。

家光の政策は、キリシタンの厳禁体制だったため、キリシタンの潜入とは関係のない中国船の来航は許したが、これも長崎のみへの寄港とした。朝鮮《ちょうせん》とは、朝鮮通信使《ちょうせんつうしんし》と呼ばれる使節を受け入れるとともに、対馬《つしま》の宗家《そうけ》に朝鮮との貿易を許した。

老中は、もともと将軍側近の者が将軍の御用《ごよう》を承《うけたまわ》って政治を行ない、必要に応じて大名《だいみょう》に指示するというものだった。そのため家光も、秀忠が歿すると、自己の小姓《こしょう》だった松平信綱《まつだいらのぶつな》、阿部忠秋《あべただあき》、阿部重次《しげつぐ》らの側近を老中とした。四代将軍家綱《いえつな》は、十四歳で将軍職を継いだため、父家光の残した老中に政治を任せたが、彼らの引退後は、やはり自らの側近を老中とした。

家綱時代までは、まだ戦国以来の殺伐《さつばつ》とした世相が続いていた。藩主が歿した時、家臣たちが腹を切る殉死《じゅんし》の風習も続いていた。家綱は、これを悪習として禁じた。そうしなければ収まらないものだったのである。

## 宗家傍流将軍の時代

家綱には子がなかったため、家綱が歿すると弟の綱吉《つなよし》が五代将軍の地位に就いた。綱吉のあとは、甥《おい》の家宣《いえのぶ》が継いで六代将軍となり、その子で七代将軍となった家継《いえつぐ》がわずか八歳で歿したため、宗家の血筋は絶える。おおむねこの時期までを、江戸時代前期とする。

綱吉は傍流から宗家を継いだため、自らの側近を老中に取り立てることができず、譜代《ふだい》大名の中から適当な者を老中とした。このため、以後の老中は、奏者番《そうじゃばん》、寺社奉行《じしゃぶぎょう》、大坂城代《おおさかじょうだい》、京都所司代《きょうとしょしだい》を経て老中になるという昇進ルートが成立することになる。町奉行《まちぶぎょう》、勘定奉行《かんじょうぶぎょう》、遠国奉行《おんごくぶぎょう》などの旗《はた》本《もと》が任じられる役職も、両番（書院番《しょいんばん》・小姓組番《こしょうぐみばん》）から、使番《つかいばん》・小十人頭《こじゅうにんがしら》・徒頭《かちがしら》などを経て目付《めつけ》となり、遠国奉行、勘定奉行、町奉行と昇進していくことが一般的となった。

しかし、将軍と老中の関係は疎遠《そえん》なものとなり、将軍側近として老中との間を取り次ぐ側用人《そばようにん》が置かれた。代表的な側用人の一人である柳沢吉保《やなぎさわよしやす》は、大老格《たいろうかく》に任じられるなど権勢を振るったと見られている。吉保自身は、あくまで将軍と老中の取次役《とりつぎやく》に徹していたが、綱吉が頻繁に柳沢邸を訪問することなどがあって、諸大名も吉保には気を遣《つか》った。

綱吉は、儒学《じゅがく》を重んじて幕臣に講義を行ない、また仏教にも帰依《きえ》して、殺伐《さつばつ》とした風潮を改めるため生類憐《しょうるいあわ》れみの令などを実施した。これは極端な動物愛護令で、犬を傷つけただけで流罪に処せられるなど弊害《へいがい》も多かったが、捨て子を禁じるなどの見るべき点もあった。また、諸国の神社仏閣の修覆《しゅうふく》にも努めた。

このため、家康以来幕府に備蓄されていた金銀は残り少なくなり、勘定奉行の荻原重秀《おぎわらしげひで》によって貨幣《かへい》の改鋳《かいちゅう》が行なわれた。これは、貨幣の金銀の含有量を落とすもので、幕府財政には大いに利したが、インフレが進んだ。結果として貨幣量の増加は、経済発展を促進することにもなった。

綱吉の治世である元禄時代は、経済発展によって都市文化が花開いた時期であった。この時代に始められた友禅染《ゆうぜんぞめ》に見られるように、衣服も華やかなものとなり、歌舞伎《かぶき》や浄瑠璃《じょうるり》などの劇場文化も確立した。俳句の松尾芭蕉《まつおばしょう》が全国を旅したように、地方の庶民にも俳句などの都市文化を受容する者が出た。旧赤穂藩《あこうはん》の浪人たちが、主君の敵《かたき》と称して本所松坂町《ほんじょまつざかちょう》の吉良上野介《きらこうずけのすけ》邸に討ち入ったのも、綱吉の時代である。この事件が、武士だけでなく庶民にまで受け入れられたのは、武士の意地を示すことが珍しくなっていたためであろう。赤穂事件や、当時頻発していた心中《しんじゅう》事件なども、すぐに芝居となって上演された。

家宣・家継の治世では、家宣の侍講だった新井白石《あらいはくせき》が、側用人の間部詮房《まなべあきふさ》とともに政治を主導した。白石の政治で注目されるのは、正徳新令《しょうとくしんれい》を出して長崎貿易を制限し、朝鮮通信使の待遇を簡素にするなどの外交・貿易政策である。また、荻原重秀の行なった貨幣改鋳政策を改めたため、経済はデフレとなり、一時停滞した。

## 紀州家将軍の時代

宗家の断絶を受けてあとを継いだのは、紀州藩主の徳川吉宗《よしむね》である。紀州藩は家康の十男頼宣《よりのぶ》を祖とし、吉宗は家康の曾孫《そうそん》にあたる。御三家《ごさんけ》の格式は、尾張・紀伊・水戸の順だが、家宣の正室天英院《てんえいいん》の強い推薦によって、吉宗が宗家を継ぐことになった。五代将軍綱吉までは、将軍正室は単なる飾り物だったが、天英院に至って、正室にふさわしい権威を持つことになった。

紀州系将軍は、八代吉宗から九代家重《いえしげ》、十代家治《いえはる》と続く。江戸時代中期、享保元年（一七一六）から天明九年（一七八九）までの七十四年間に、我々が江戸時代としてイメージする社会がほぼ形成されている。

吉宗が将軍になった時、幕府財政は窮迫《きゅうはく》しており、旗本・御家人《ごけにん》への蔵米《くらまい》すら満足に支払えない時代だった。そのため吉宗は、参勤交代《さんきんこうたい》の制度を一時緩和《かんわ》して諸藩に米を上納させる上米《あげまい》の制を行なった。また、足高《たしだか》の制を制定し、幕府の役職に規準となる役高を定め、その高に達しない旗本には在職中、知行高との差額を支給した。例えば、町奉行の役高は三千石なので、知行千石の旗本が任じられれば、二千石の差額が支給された。これによって幕府は、加増することなく小禄《しょうろく》の旗本を重要な役職につけることができるようになった。また、倹約令《けんやくれい》を出して武士の気風を引き締めた。これら一連の施策を享保《きょうほう》の改革と言う。

また、権勢を持ちがちだった側用人を廃止し、側衆《そばしゅう》の中から御側御用取次《おそばごようとりつぎ》を任じて、将軍と老中の間を取り次がせた。ところが、吉宗の子家重は言葉がはっきりしなかったため、家重の言葉を理解できた大岡忠光《おおおかただみつ》を側用人に任じた。家治の治世では田沼意次《たぬまおきつぐ》が側用人となり、老中を兼ねて権勢を握ることになった。

家重・家治の治世は、貨幣経済が一段と行き渡り、都市では美食を求めるグルメブームなども起こった。料亭の八百善《やおぜん》は、茶葉や水を吟味した茶漬けを高価な値段で饗している。寺社門前などの水茶屋《みずぢゃや》で給仕する看板娘が評判となり、浮世絵《うきよえ》に描かれ、庶民の人気を呼ぶようなこともあった。現代のアイドルの走りである。華奢《きゃしゃ》な少女を描いた鈴木春信《すずきはるのぶ》の錦絵《にしきえ》は、そうした世相をよく表している。

田沼意次は、長崎貿易の利益に注目し、また蝦夷地《えぞち》開発を計画したりと、それまでの為政者《いせいしゃ》とは違って、貿易や商業の利益を幕府の収入につなげようとした。反面で、幕府の役職までが金で左右されるいわゆる賄賂《わいろ》も横行した。

この時代は、災害も続発した。天明三年（一七八三）の浅間山《あさまやま》の大噴火は、周辺農村を潰滅《かいめつ》させ、火山灰の影響による冷害《れいがい》によって同七年まで大凶作《だいきょうさく》が続いた。このため、東北・関東地方では大飢《だいき》饉《きん》が起こり、江戸では貧民《ひんみん》によって大規模な打ちこわしが起こった。

## 紀州家傍流将軍の時代

家治の死後、吉宗の直系は絶えた。将軍を継ぐ資格があるのは、御三家と御三卿《ごさんきょう》のいずれかの当主である。御三卿は、吉宗の二男宗武《むねたけ》に始まる田安家《たやすけ》、四男宗尹《むねただ》に始まる一橋家《ひとつばしけ》、家重の二男重好《しげよし》に始まる清水家《しみずけ》である。本来、将軍の血筋に最も近い田安家から継ぐべきだったが、田安家は当主のいない明屋敷《あきやしき》となっており、一橋家の豊千代《とよちよ》が宗家に入り、十一代将軍家斉《いえなり》となった。

白河《しらかわ》藩主の松平定信《さだのぶ》も吉宗の孫で、家斉の従兄弟《いとこ》にあたる。田安家出身だったが、兄がいたため松平家に養子に入っていた。十四歳と若い家斉の補佐として、老中首座《しゅざ》になり、寛政《かんせい》の改革を推進した。この改革は、農民の出稼ぎを制限し、各地に社倉《しゃそう》・義倉《ぎそう》を設け、囲米《かこいまい》を蓄《たくわ》えさせた。江戸では、無宿《むしゅく》（人別帳《にんべつちょう》に記載されていない流民）を取り締まり、また町入用《ちょうにゅうよう》の七分《しちぶ》を積み立てさせ飢饉に備えさせた。旗本に武芸を奨励するとともに、借金を帳消しにする棄捐令《きえんれい》を出した。文教政策では、湯島《ゆしま》にあった大学頭林家《だいがくのかみりんけ》の私塾を官立の昌平坂学問所《しょうへいざかがくもんしょ》とし、学問吟味《がくもんぎんみ》を行なって、成績優秀者には役職登用の特典を与えた。

文化元年（一八〇四）には、ロシア使節のレザノフが長崎に来航したが、幕府は、通信の国（朝鮮・琉球《りゅうきゅう》）、通商の国（オランダ・中国）以外の国とは新たに関係を結ばないのが祖法《そほう》だとして、通商を拒絶した。それまでも実態としては結果としての「鎖国」だったが、それを国家の原則としたのは、これが最初である。

武士だけでなく庶民生活全般に厳しい規制を加えた定信が老中を引退したあと、家斉は比較的緩やかな政治を行なった。自身も多くの側室《そくしつ》を持ち、子が五十二人も産まれた。こうした中で化政《かせい》文化と呼ばれる庶民文化が江戸を中心に最盛期を迎えた。

家斉のあとを継いだのは、子の家慶《いえよし》である。家斉が長命で、将軍在位も五十年に及んだので、家慶が十二代将軍になった時は、すでに四十五歳だった。家慶は、老中水野忠邦《みずのただくに》に命じて、天保《てんぽう》の改革を行なわせた。中国ではアヘン戦争が起こってイギリスに敗北し、植民地化の危機を迎えていた。水野は、外国の侵略に耐える国家作りを目指したが、政策をめぐっては批判が多く、わずか三年で失敗に終わった。

幕府の政治組織は官僚化が進み、寺社奉行、大坂城代、京都所司代、老中という昇進コースのほか、寺社奉行、若年寄《わかどしより》、側用人、老中というコースも生まれた。側用人が、将軍側近の特別な役職ではなく、キャリア・パスの一つとなったのである。

家慶晩年の嘉永六年（一八五三）、アメリカ使節のペリーが浦賀《うらが》に来航し、開国を要求したことによって日本は混乱の時代に入っていく。紀州家傍流将軍時代は江戸時代後期に区分されるが、ペリー来航を画期に、これ以降は「幕末」として記述されることが一般的である。

## 紀州家傍流将軍から将軍継嗣問題へ

十三代将軍家定《いえさだ》は、家慶の子である。その奇異な行動から暗愚《あんぐ》だとされ、ペリー来航後の国難の中で、英明な将軍が求められることになった。これが将軍継嗣《けいし》問題で、家定に子がいないため、跡継ぎとして一橋家の慶喜《よしのぶ》を推す声が幕閣や外様《とざま》大名から聞こえるようになった。一方、譜代大名の彦根藩主井伊直弼《いいなおすけ》は、紀州藩主徳川慶福《よしとみ》を推《お》した。慶喜が、宗家とは遠い血筋にある御三家・水戸藩の徳川斉昭《なりあき》の子であるのに対し、慶福の父斉彊《なりかつ》は家斉の二十一男だから、家斉の孫にあたる。

　家定は、直弼を大老に任じ、主導権を握った直弼は、斉昭を蟄居《ちっきょ》に追い込むなどして慶福を家定の継嗣とした。慶福は、家定の死を受けて十四代将軍家茂《いえもち》となった。直弼は、日米通商修好条約《にちべいつうしょうしゅうこうじょうやく》を締結《ていけつ》するなど現実路線を推進したが、条約勅許《ちょっきょ》を受けなかったため、批判にさらされた。

　主君斉昭への処罰や、勅許なき条約締結によって直弼を恨んだ水戸藩士は、脱藩して桜田門外《さくらだもんがい》で直弼を暗殺した。これによって幕府の権力は著しく低下し、諸藩の藩士を中心に攘夷《じょうい》を求める声が全国に挙がった。また、外国との通商が始まったことによって、物価騰貴《とうき》なども起こり、庶民も反発した。幕府の威信だけではこの動きを収めることができなくなり、家茂は、朝廷の要請に応じて、京都に上《のぼ》った。将軍が上洛《じょうらく》するのは、三代将軍家光が寛永十一年（一六三四）に行ってから絶えてないことだった。

　元治元年（一八六四）七月、攘夷派の急先鋒《きゅうせんぽう》であった長州藩《ちょうしゅうはん》が、主導権を回復するために京都を攻め、撃退されるという事件が起こった（禁門《きんもん》の変《へん》）。幕府は、諸藩を動員して長州征討《せいとう》を行ない、長州藩を屈服させた。ところが、再び長州藩の攘夷派が息を吹き返したため、第二次長州征討を行なうことにした。ところが幕府軍の敗北が続き、家茂が大坂城で病歿したことで、長州征討は失敗に終わる。将軍不在の状況は、何としても避けなければならない。老中は、固辞する慶喜を説得して十五代将軍に就任させた。

　その頃、長州藩と薩摩藩《さつまはん》が結び、倒幕をめざす動きが見え始めた。慶喜は、土佐藩《とさはん》の勧めもあって、大政奉還《たいせいほうかん》を決意した。こうして、二百六十五年間続いた江戸幕府は倒れたのだった。その後、長州藩と薩摩藩が主導権を握る新政府は、旧幕府を挑発し、慶応四年（一八六八）正月、鳥羽伏見《とばふしみ》の戦いが勃発《ぼっぱつ》する。これに勝利した新政府軍は、続く戊辰《ぼしん》戦争にも勝利し、最終的に近代国家の主導権を握ることになった。

## 江戸時代の百姓

百姓《ひゃくしょう》は、武士と城下町などに住む町人《ちょうにん》を除いた江戸時代の身分《みぶん》である。農民だけではなく、漁民《ぎょみん》や杣人《そまびと》（きこり）なども含まれる。高率の年貢《ねんぐ》に苦しめられたとされるが、年貢徴収の基礎となる石高《こくだか》は、江戸時代前期までに定められたものだったから、比較的余剰が残された。百姓が所属する村は、現在の自治体に近い行政団体である。年貢は、村の長である名主《なぬし》や村役人によって徴収され、領主に上納された。また、村入用《むらにゅうよう》を徴収して行政経費にあて、自警団《じけいだん》を組織して村を守ることもあった。

江戸時代前期、貨幣収入を得るため、多くの村で商品作物の生産が行なわれるようになった。幕府は、田畑勝手作《でんぱたかってづく》りの禁令を出してこれを禁じたが、ほどなく効力はなくなった。各地で木綿《もめん》、生《き》糸《いと》、紅花《べにばな》、藍《あい》などの商品作物の栽培が普及するにつれ、農村でも家内工業《かないこうぎょう》が見られるようになった。十七世紀の後半には、先進地域で、都市の問屋商人が資金や原料を農家に前貸しして、製品を受け取る問屋制家内工業《といやせいかないこうぎょう》も現れた。

また、酒造や醤油などの醸造業《じょうぞうぎょう》では、十七世紀から労働者を集めて生産する工場制手工業《こうじょうせいしゅこうぎょう》が行なわれていたが、十八世紀後半になると、織物業などにも工場制手工業が行なわれるようになった。

それまで生糸や絹織物は、主に中国製品の輸入に頼っていたが、十八世紀後半には国内生産で賄《まかな》えるようになった。この技術と生産の発達が、近代以降の日本の貿易を支えることになる。

江戸時代後期には、寺子屋《てらこや》が村にも普及し、庶民の識字率《しきじりつ》が上がり、都市の文字文化を受容するようになった。村では、寺社の祭礼などにあわせて遊び日が設けられ、伊勢参《いせまい》りなどの旅行に出かけることもあった。

## 江戸時代の町人

将軍のお膝元《ひざもと》である江戸、各地の幕府直轄都市、さらに大名の城下町などに住む者を町人という。商人と職人からなる町人は、本来、町屋敷を所持している者を指した。しかし、村と違って町は、職業も豊富だったため、農村部から多くの百姓が流入した。彼らは町屋敷の中に建てられた長屋《ながや》に住み、武家屋敷や商家に奉公したり、行商を行なったりして生活を支えた。多くはその日暮らしの生活だったが、村よりは自由な生活を享受《きょうじゅ》できた。

江戸時代の多様な文化も都市を発信源としている。元禄文化は、上方《かみがた》の豊かな商人中心のものだったが、化政文化は江戸の庶民を中心に享受された。江戸では、御家人などの下級武士も町人とともに文化の主要な担い手となり、戯作《げさく》や狂歌《きょうか》を楽しんだ。札差《ふださし》などの富裕《ふゆう》な町人は、中級の武士でも及ばないほどの贅沢《ぜいたく》な暮らしをし、蔵前風《くらまえふう》という特異なファッションに身を包み、通人《つうじん》として賞賛された。

化政文化の時代となると、江戸の多くの町には寄席《よせ》ができ、庶民で賑わった。元禄時代に確立した歌舞伎芝居は、やや高価ではあったが庶民の娯楽《ごらく》となり、職業力士によって大相撲《おおずもう》が定期的に興行されるようになった。

浅草寺門前《せんそうじもんぜん》や両国広小路《りょうごくひろこうじ》などにできた盛《さか》り場は、芝居小屋や見世物《みせもの》小屋が建ち並び、年中人であふれる祝祭空間《しゅくさいくうかん》だった。滝沢馬琴《たきざわばきん》の読本《よみほん》『南総里見八犬伝《なんそうさとみはっけんでん》』は、貸本屋《かしほんや》によって庶民にまでよく読まれ、浮世絵でも歌川広重《うたがわひろしげ》や葛飾北斎《かつしかほくさい》が出て、役者絵や風景画などが描かれ、出版枚数も飛躍的に伸びていった。

## 江戸時代の身分制

江戸時代の身分制は、かつては士農工商《しのうこうしょう》と呼ばれていたが、現在では、武士と百姓・町人の二分類で語られるのが一般的である。武士は支配階級であり、百姓・町人は被支配階級であるが、実は両者の身分差は、それほど大きなものではなかった。町人は、武士よりも経済的に裕福な者が多く、御家人株《ごけにんかぶ》を取得して御家人になることもあり、百姓も武家奉公《ぶけほうこう》などを通じて武士身分にのぼっていくことがあった。江戸時代の身分は、固定的なものではなかったのである。

ただし、それぞれの身分の中に、大きな格差があったことも事実である。諸藩における上級武士と下級武士の身分差は、福澤諭吉《ふくざわゆきち》が『旧藩情《きゅうはんじょう》』で描いているし、同じ町人でも大店《おおだな》の主人と零細《れいさい》な行商《ぎょうしょう》では大きな収入格差があり、職人でも親方《おやかた》と弟子の徒弟《とてい》制度があった。

しかし、それぞれの身分は、インドのカースト制度のように出自による絶対的な規準ではなく、社会における役割の違いだと認識されていた。思想史家の尾藤正英氏は、こうした側面に注目して、江戸時代の社会を「役《やく》の体系《たいけい》」と呼んでいる。

武士は、支配身分としての責任を自覚し、「武士道《ぶしどう》」と呼ばれる儒教的《じゅきょうてき》な為政者倫理《いせいしゃりんり》を学んでおり、町人や百姓に対して保護者としての役割を自認していた。こうした姿勢に、被支配身分である町人や百姓も、おおむね信頼を寄せていたようである。

幕府が倒れたのは、幕府の圧政に庶民が立ち上がったというものではなかった。武威《ぶい》を標榜《ひょうぼう》した軍事政権である江戸幕府が、外国の開国要求に屈したことがそもそもの原因である。国内支配に関して言えば、幕府の政治はおおむね受容されていた。身分制社会でありながら、比較的風通しのよい社会であったことが、江戸時代二百六十五年の繁栄を呼んだ大きな要因だったと言えるのである。

# 江戸前期

蒲生眞紗雄

# 1603
# 慶長八年

癸卯

天皇▼後陽成天皇

将軍▼徳川家康（初代　二月十二日～）

**【主要幕閣】**

**◉老中**
本多正信（佐渡守）
大久保忠隣（相模守）

**◉関東総奉行**
青山忠成（常陸介）
内藤清成（修理亮）

**◉代官頭**
伊奈忠次（備前守）
大久保長安（石見守）

**◉京都所司代**
板倉勝重（伊賀守）

**◉長崎奉行**
小笠原為宗（一庵）

## 家康、江戸幕府を開設　二月十二日　政治経済

徳《とく》川家康《がわいえやす》は慶長五年（一六〇〇）の関ケ原《せきがはら》の戦いで石田《いしだ》三成《みつなり》らに勝利して天下の覇権を掌握し、この日、後《ご》陽成天皇《ようぜいてんのう》からの征夷大将軍《せいいたいしょうぐん》の宣旨《せんじ》を京都の伏見城《ふしみじょう》で受け、全国に対する統治権の正統性を得て江戸幕府を開いた。正しく江戸時代の幕開けである。時に六十二歳。三河岡崎《みかわおかざき》城（現、愛知県岡崎市）の弱小大名松平広忠《まつだいらひろただ》の嫡男に生まれた家康は、六歳から十三年間織田・今川氏の人質として小国の悲哀を味わったが、桶狭間《おけはざま》の戦い後に自立し、織田信長《おだのぶなが》と同盟した。本能寺《ほんのうじ》の変《へん》後には東海地方に勢力を張り、豊臣政権下では後北条氏《ごほうじょうし》滅亡後に関東に移封されたが、約二百五十万石の大大名となり、五大老《ごたいろう》の筆頭を占めた。豊臣秀吉《とよとみひでよし》の死後に石田三成らとの対立が激化したのである。

家康は全国の諸大名に江戸城と市街地造成の普請などを命じ、全国の支配者であることを認識させた。一方、二年後に将軍職を嫡男の秀忠《ひでただ》に譲り、自らは駿府《すんぷ》（静岡県静岡市）城に移って大御所《おおごしょ》（前将軍の尊称）と称して実権を握り、朝廷・寺社関係や外交など全国的な政務を統轄して政局を二元的に運営し、大坂城を基盤とする豊臣秀頼《ひでより》と豊臣恩《おん》顧《こ》の大名たちを圧倒するという方策であった。

徳川家康

後陽成天皇

## かぶき踊が人気　四月　文化思想

出《いず》雲《も》大社の巫女《みこ》と称する阿国《おくに》が京都（はじめ五条河原、のち北野天満宮）でかぶき踊《おどり》を創始し、「京中の上下賞《しょうがん》翫する事斜めならず」（『当代記《とうだいき》』）という好評を得て諸国に流行していった。

かぶき踊は女性のスターを中心としたややこ踊や念仏踊に劇的要素を加えた芸能で、当時の世相を写して異様・異装な風体《ふうてい》をした「傾き者《かぶきもの》」のアウトローが主役として取り上げられた。阿国は男装して傾き者を演じ、狂言師が女装した茶屋女と遊び一緒に踊るというストーリーで評判となったらしい。

阿国は流行の先端を行く華麗な衣装を身にまとい、太刀・脇差をさし、首にロザリオ（数珠）をかけることもあった。阿国の出自については鍛冶職人の娘説や時宗鉦打聖《じしゅうかねうちひじり》の娘説などもあるが不明な点が多い。また、慶長十二年（一六〇七）二月に江戸城内でかぶき踊を演じ、同年京に戻り宮

**【この年の出来事】**

**1月**　徳川家康、カンボジアとの貿易を許可。
**2・12**　家康、征夷大将軍に任じられ、江戸幕府を開く。
**2・21**　上杉景勝、江戸へ参勤。幕府、桜田に屋敷地を与える（諸大名に江戸府内の宅地を与えた早い例）。
**3・3**　幕府、諸大名に役夫を分担させ、江戸市街を拡張・建設。江戸日本橋、架橋。
**3・27**　幕府、郷村掟を公布。百姓の保護や直訴についてなど、農政の基本を制定。
**この春**　上方大名、江戸へ参勤。
**この春**　畿内で疱瘡流行。
**4・22**　豊臣秀頼、内大臣に就任。
**4月**　幕府、長崎奉行を設置。
**4月**　出雲阿国、京都市中でかぶき踊りを上演。
**6・8**　幕府、京都での博奕を禁止。

廷でも披露したらしいが、以後の動静については不明である。

阿国歌舞伎の評判が高まると、やがて遊女を出演させ、伴奏に三味線を加えた華やかな舞台を演出した女歌舞伎が各地に流行した。しかし、幕府は寛永六年（一六二九）に風紀紊乱《びんらん》を理由に女歌舞伎を含む女性芸能のすべてを禁止した。

## 千姫が豊臣秀頼に入輿　七月二十八日　事件災害

徳川家康の嫡男秀忠の長女で七歳の千姫《せんひめ》は、伏見から摂津《せっつ》大坂城主で十一歳の豊臣秀頼のもとに嫁いだ。千姫の母は正室お江与《えよ》（小督《おごう》、崇源院《すうげんいん》、浅井長政三女）で、千姫と秀頼（母は浅井長政の長女淀殿《よどどの》）はいとこ同士であった。この婚儀は秀吉が死に臨んで家康に頼んだものと云われているが、家康としても征夷大将軍の地位を安定させるためには、豊臣恩顧の大名たちへの懐柔策として好都合と判断したのであろう。

十二年間に及ぶ大坂城での暮らしで二人の間に子供は生まれなかったが、元和元年（一六一五）の大坂落城に際し、淀殿・秀頼母子助命嘆願の最後の切り札として大坂方が千姫を脱出させたことから考えても、この政略結婚が必ずしも辛い日々であったとはいえない。

千姫は家康の孫でもあるが、「天下一の美女」と謳われた祖母お市の方（織田信長妹）譲りの美貌で評判であり、翌年播磨《はりま》姫路《ひめじ》城主本多忠政の嫡男忠刻《ただとき》と再婚した。二人の間に一男一女が生まれたが、寛永三年（一六二六）に忠刻が病死すると江戸に戻り、落飾《らくしょく》して天樹院《てんじゅいん》と称して北の丸の竹橋御殿《たけばしごてん》に住んだ。

家光の姉として隠然たる勢力を持っていたが、後世の歌舞伎や講談に取上げられた千姫乱行の噂は事実無根である。

## 日本橋の架橋　三月三日　社会世相

江戸に幕府を開いた家康は天下の拠点となる江戸城と都市江戸の造営をこの日諸大名に命じた。

そして城下の平川《ひらかわ》（のちの日本橋川）の河口を延長して埋め立てて町割をし、そこに日本橋を架けた。

翌年には五街道の整備に伴い日本橋を起点とする一里塚《いちりづか》が設置された。橋は和式の木造反り橋で、橋脚は三本組八本で、欄干に見事な擬宝珠《ぎぼし》がのっていた。長さは三十七間四尺五寸（約九十八メートル）、幅は四間二尺五寸（約八・五メートル）であったという（『慶長見聞集』）。ただし、文化三年（一八〇六）の記録には長さ二十八間（約五十・九メートル）幅四間二尺（約八メートル）とある。

橋の付近は江戸商業の中心地であり、魚河岸《うおがし》もあった。江戸市街の中心にあったためか、明暦三年（一六五七）の大火から安政五年（一八五八）までに半焼を含めて十回焼失している。

橋の南詰西側には幕府の重要政策を市民に周知させるための高札場《こうさつば》があり、南詰東側広場には主殺し・心中未遂・女犯僧《にょぼんそう》などの社会秩序を乱した者を見せしめのために処罰する曝場《さらしば》が設置されていた。

日本橋の北側には奈良屋・樽屋・喜多村の三人の町年寄の役所や五街道の陸上輸送の伝馬役《てんまやく》の総元締めであった伝馬町などが創られた。

**7・28** 将軍家康の孫千姫、豊臣秀頼に嫁ぐ。
**8・1** 家康、安原因繁に石見銀山採鉱の功を賞す。
**9・2** 幕府、公家に禁令を発布。
**10・2** 幕府、木村勝正らに淀川過書船の管理を命令。
**10・5** 幕府、安南国との相互通商を許可。
**10月** 秋田藩角館・六郷地方で、六郷氏旧臣・土豪ら1000人余が蜂起（仙北一揆）。
**12月** 幕府、京都に盗賊多発のため、町人の十人組を制定。
**この年** 幕府、伊勢山田奉行を設置。

# 1604
# 慶長九年

甲辰

天皇▼後陽成天皇

将軍▼徳川家康（初代）

**【主要幕閣】**

**◉老中**
本多正信（佐渡守）
大久保忠隣（相模守）

**◉関東総奉行**
青山忠成（常陸介）
内藤清成（修理亮）

**◉代官頭**
伊奈忠次（備前守）
大久保長安（石見守）

**◉江戸町奉行**
内藤清成（修理亮）
米津田政（勘兵衛）

**◉京都所司代**
板倉勝重（伊賀守）

**◉長崎奉行**
小笠原為宗（一庵）

## 幕府、糸割符制度を創設　五月三日

政治経済

当時、南蛮《なんばん》貿易の主導権を握っていたポルトガルは、マカオを根拠地に日本の最大の輸入品である中国産の生糸（白糸《しらいと》）を長崎に運んで巨利を得ていた。これに対して幕府はこの日、堺・長崎・京都の商人に糸割符仲間《いとわっぷなかま》を組織させて輸入生糸の買入れ価格を決定し、独占的に一括購入させる糸割符制度を設けた。糸割符仲間は、一括購入した輸入生糸に諸経費を加えた販売価格で一般の商人に売却した。糸割符とは輸入生糸の分配割合のことである。当初は生糸そのものであったが、のちには購入価格と販売価格との差益金の分配割合を意味するようになった。

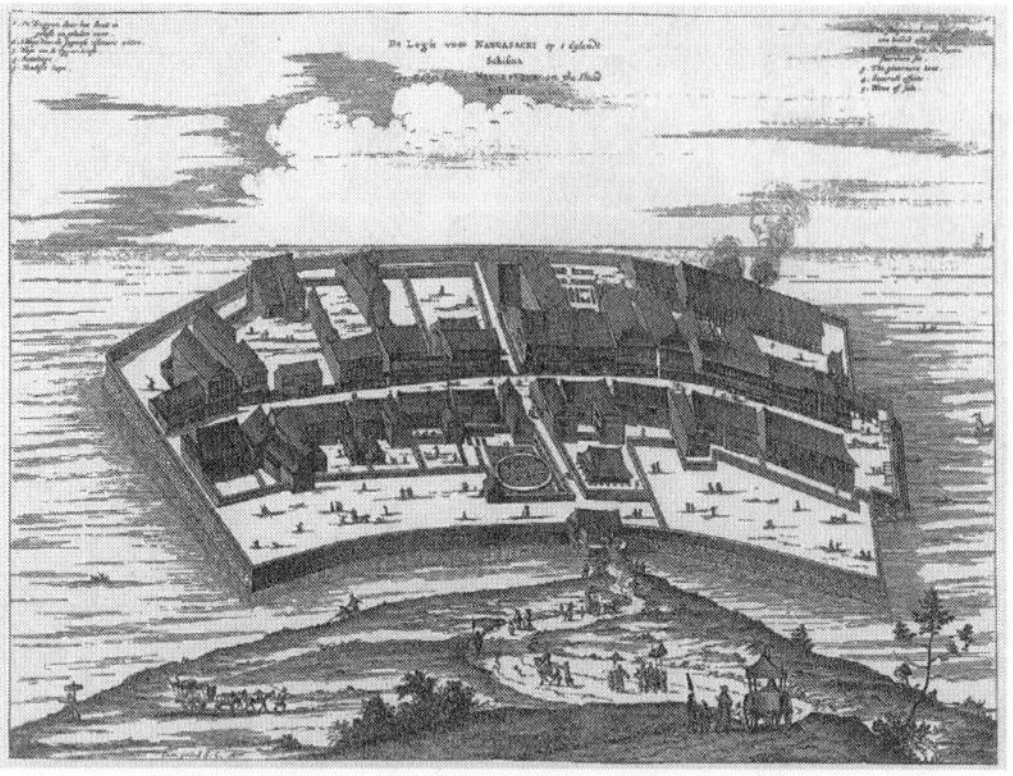

整備された後の出島（モンタヌス『日本誌』）

この制度は当初、ポルトガル船の利益独占を排除する狙いがあったが、一方で豊臣氏や西国大名と深く関わっていた南蛮貿易を幕府の支配下に収める統制策でもあった。寛永八年（一六三一）には、江戸と大坂の商人が糸割符仲間に加わり、五ケ所商人《ごかしょしょうにん》といわれた。また、寛永八年に中国、さらに寛永十八年には商館を長崎の出島《でじま》に移転させたオランダにも適用し、長崎貿易全般に対して管理・統制を強化しようとした。

## 小瀬甫庵『信長記』が成立

文化思想

儒《じゅ》者《しゃ》で経学《けいがく》・史学に通じた博学の人で、しかも医者であった小瀬甫庵《おぜほあん》がこの年の春に刊行を決心したのが『信長記《のぶながき》』十五巻である。

織田信長の伝記的軍記物語であるが、太田牛一《おおたぎゅういち》の『信長記』（現在は『信長公記《しんちょうこうき》』の名で知られている）を参考にしつつ、儒教的歴史観によってかなり脚色や恣意的増補《しいてきぞうほ》潤色《じゅんしょく》が見られる。織田信長が天正十年（一五八二）の本能寺《ほんのうじ》の変で斃《たお》れた時に十九歳であった甫庵には、信長時代の実体験は乏しく、体験者からの聞き書が多く、根拠のない自慢話を記述する危険性があった。事実、大久保《おおくぼ》彦左衛門は『三河物語《みかわものがたり》』のなかで、『信長記』を三分の一は事実であるが、三分の一は似たようなことが書いてあり、残りの三分

『信長記』

**【この年の出来事】**

**1・27**　幕府、松前藩主松前慶広に蝦夷地交易の特権を付与。

**1月**　幕府、永楽銭1銭＝鐚銭4銭の換算率を制定。

**2月**　幕府、江戸日本橋を五街道の基点と定め、諸街道を修理。一里塚設置。

**2月**　幕府、駄賃銭を1里につき16文と規定。

**3・20**　黒田如水歿(59)。黒田長政、遺品の北条本『吾妻鏡』を徳川秀忠に献上。

**4・23**　関東で大風雨、洪水。

**5・3**　幕府、糸割符制度を開始。生糸輸入について、京都・堺・長崎の特定商人仲間に一括購入の特権を付与。

**5月**　朝鮮、対馬住民の釜山浦での交易を承認。

**5月**　全国で旱魃。摂津で被害大。

**6・1**　江戸城の修築開始。

の一は全くのでたらめだと酷評《こくひょう》している。

史料的価値は乏《とぼ》しいのだが、元和八年（一六二二）以後度々刊行されて多くの人々に流布《るふ》したのも事実である。甫庵は尾張の人で、名は道喜、豊臣秀次《ひでつぐ》の医師として仕え、秀次死後は剃髪《ていはつ》して甫庵と称し、関ヶ原の戦い後に堀尾吉晴《ほりおよしはる》に仕えたが、吉晴死後は浪人して京都に住んだ。『太閤記《たいこうき》』二十二巻の作者としても知られている。

## 幕府、江戸に専任の町奉行を配置

事件災害

関ヶ原の戦い以後、関東領国の支配体制の再編成の過程で民政管理能力を買われた関東総奉行《かんとうそうぶぎょう》の青山忠成《あおやまただなり》と内藤清成《ないとうきよなり》によって江戸の町奉行兼任が行なわれていたが、この年、青山忠成に代わって米津勘兵衛田政《よねづかんべえたまさ》が江戸の町奉行に専任された。

使番《つかいばん》だった田政は、家康の世嗣《せいし》秀忠の直属家臣団の中核の一人だった。そして、当時江戸城を預っていた秀忠は、この年の九月に豊前小倉城主の細川忠興《ただおき》の三男忠利《ただとし》への家督相続を安堵する旨の判物《はんもつ》（許可状）を与えるなど、すでに幕府の全国統治権の一端を担っていた。将軍家康の譲職はすでにこの時期から企図されていたとも考えられる。こうしたなかで、幕府の所在地江戸を管理する町奉行を秀忠直属家臣団で占めていくという契機が生じたのである。そして、二年後の慶長十一年には関東総奉行籠居《ろうきょ》事件を契機に、内藤清成が兼任していた町奉行職が将軍秀忠家臣団の中核の一人土屋権右衛門重成《つちやごんえもんしげなり》に交替し、ここに南北二名の専任町奉行が確定する。

## 切腹刑の始まり　七月十五日

社会世相

徳川家康の小姓《こしょう》を勤めていた柘植宮之助正勝《つげみやのすけまさかつ》は、この日、当時家康がいた京都の伏見《ふしみ》城で同じ小姓の花《はな》井小源太《いこげんた》や二、三の同輩と口論となり、その後大手門で彼らの退出を待受け、小源太を殺害し、同輩二人にも傷を負わせた。その場で取り押さえられた正勝は、近くの寺で切腹を命じられた。時に十七歳であった。戦国時代に生まれた喧嘩両成敗が適用されたのであろう。これが、江戸幕府における刑罰としての切腹刑の始まりという。なお、正勝のこの時の勇敢な振る舞いは賞賛され、二年後に彼の知《ち》行《ぎょう》地五百石は父に与えられている。

切腹は、戦国時代には敗軍の将の自殺の方法として広まったが、刑罰としては、豊臣秀吉が天正十九年（一五九一）に千利休に、文禄四年（一五九五）に豊臣秀次に命じたのが有名である。ただし、江戸幕府でも明確な規定が当初からあったわけではないが、寛政年間（一七八九―一八〇一）の「評議書」には、口論や酒狂などで刃《にん》傷《じょう》に及び、相手が死亡した場合に、侍以上の者は切腹に処すると規定しているのは、この時の処置が前例となっていたことを物語っているといえよう。

西欧に伝えられた日本の切腹
（モンタヌス『日本誌』）

**7・11**　朝鮮、対馬の宗義智の要請により対馬の民の釜山浦での貿易を許可。
**7・17**　徳川家光誕生。稲葉正成の妻福（のちの春日局）が乳母となる。
**8・14**　家康、豊臣秀頼とともに秀吉7回忌の豊国社臨時祭を挙行。
**8・23**　幕府、鷹狩および鷹の売買を禁止。
**8月**　東海・西日本で大風雨。伊勢長島で津波。
**閏8・12**　フィリピン長官の使節、将軍家康に拝謁。キリスト教の布教許可を要請。
**11月**　浅間山噴火。
**12・6**　瑞巌寺五大堂完成。
**この年**　幕府、幕領の検地を実施。
**この年**　町奉行所、南北の2か所に分離。
**この年**　幕府、関東で永楽銭を通用させ、永楽銭1につき鐚銭4とする。
**この年**　小瀬甫庵『信長記』完成。

# 1605 慶長十年

乙巳

天皇▼後陽成天皇

将軍▼徳川家康（初代　四月十六日以後は大御所）
徳川秀忠（第二代　四月十六日〜）

**【主要幕閣】**

**◉老中**
本多正信（佐渡守）
大久保忠隣（相模守）

**◉関東総奉行**
青山忠成（常陸介）
内藤清成（修理亮）

**◉代官頭**
伊奈忠次（備前守）
大久保長安（石見守）

**◉江戸町奉行**
内藤清成（修理亮）
米津田政（勘兵衛）

**◉京都所司代**
板倉勝重（伊賀守）

**◉長崎奉行**
小笠原為宗（一庵）
長谷川重吉（波右衛門）

## 秀忠、二代将軍に就任　四月十六日

政治経済

勅《ちょく》使《し》の広橋兼勝《ひろはしかねかつ》ら一行は、この日伏見城に赴き、徳川家康に代わって世嗣であった権大納言《ごんだいなごん》徳川秀忠を征《せい》夷大将軍《いたいしょうぐん》に任じた。ここに二十七歳の第二代将軍が誕生したのである。大御所《おおごしょ》と称されるようになる家康は時に六十四歳であった。

これは「天下は回り持ち」という戦国時代の思想を否定し、今後は徳川氏が世襲するのだということを天下に明示するものであった。この時、家康が目指したものは、征夷大将軍の権力を二分して、公的・領域的な統治権的支配権を担当する将軍秀忠と個別的・人格的な主従制的支配権を握る大御所家康とが、政局を二元的に運営して豊臣氏を圧倒するという方策であった。

徳川秀忠

具体的には、一門・譜代大名を含む全体の軍事指揮権や主従関係を明確にする領地・知行の宛行《あてがい》を行なうのは大御所家康が担当した。また、豊臣氏の処理を含む当面の統一化政策をも担当した。一方、全国を統治するための幕府の組織作りや領地・知行の安堵は将軍秀忠のもとで行なわれた。

## 儒学者林羅山、家康に謁見　七月二十一日

文化思想

近世朱子学《しゅしがく》の開祖といわれた藤原惺窩《ふじわらせいか》の高弟で二十三歳の林羅山《はやしらざん》は、この日二条城で家康に初めて拝謁し、その学識の高さを賞賛された。これを機に家康のブレーンの一人となり、慶長十二年に江戸に下って将軍秀忠に謁見し、駿府《すんぷ》の大御所家康に正式に仕え、僧形となり、道《どう》春《しゅん》と称した。名は信勝《のぶかつ》、羅山は儒学者としての号である。当初家康は、惺窩をブレーンに求めていたが、出世欲が全くなかったので、学問を現実の政治と関連付けることに意欲を持っていた若い羅山を惺窩が家康に紹介したのだという説もある。

幕府に仕えた羅山は、家康・秀忠・家光・家綱四代の侍《じ》講《こう》となるとともに、朝鮮通信使の応接や、外交文書・諸法度の起草を担当するなど幕政の整備に貢献した。また、学問・儀式・典礼の基礎を作り、儒教的封建教学の確立に尽力した。さらに、幕命により『寛永諸家系図伝《かんえいしょかけいずでん》』『本朝通《ほんちょうつ》鑑《がん》』などを編集した。林家《りんけ》は以後、幕府教学の長を世襲していった。ちなみに、羅山は博学の努力家であり、五十八歳の時点でも年間に七百冊の本を読破していたという。

**【この年の出来事】**

**1月中旬**　関東・伊勢で大地震。死者多数。
**2月**　京都で大火。
**3・5**　朝鮮国使、伏見城で将軍家康に拝謁。本多正信・西笑承兌が講和について協議。
**3月**　家康、活字版『吾妻鏡』刊行。
**4・12**　豊臣秀頼、右大臣に就任。
**4・16**　徳川秀忠、伏見城で第2代将軍宣下。
**4月**　駿河・遠江で大風雨。
**5月**　豊臣秀頼、家康からの謁見要請を拒否。
**5月**　関東で旱魃。6月まで。
**7・7**　内裏・仙洞御所が拡張。
**7・21**　林羅山（信勝）、二条城で家康に拝謁。
**7・23**　美濃・尾張・伊勢・三河・遠江で30年来の大洪水。
**8月**　幕府、軍令13か条を制定。
**8月**　関東で大雨、洪水。

## 諸大名、国絵図・郷帳を提出　九月

事件災害

幕府はこの月、諸大名に命じて国《くに》ごとの地図である国絵図《えず》と各郡村の石高《こくだか》を列記した郷帳《ごうちょう》を提出させたとされているが、正保元年（一六四四）、元禄九年（一六九六）、天保六年（一八三五）の三度の国絵図作成の命に比して明確な記録や国絵図の存在も乏しく、詳細は不明といえる。

諸記録からわかることは以下のような点である。後世の奏者番《そうじゃばん》に相当する西尾吉次《にしおよしつぐ》・津田秀政《つだひでまさ》、使番《つかいばん》の牧長勝《まきながかつ》・犬塚忠次《いぬづかただつぐ》に命じて、国々の絵図および諸大名の領地と寺社領の石高とその物成《ものなり》（年貢額）を調査させた。その際に吉次と秀政が東国と西国を分担した。そして、「慶長十年指出高《さしだしだか》」という記録によって国別の知行高を知ることは出来る。毛利家では同年八月二十日付けで周防《すおう》・長門《ながと》二国の所領と寺社領の石高と物成を吉次宛に報告している。黒田家では十月十五日付けで国絵図と郷村帳を提出している。島津家では翌十一年に国絵図と田帳を提出した旨がわかる。ここからは、全ての国絵図が揃ったか否かは不明であり、当時の幕府としては諸大名の所領の実態把握に主眼があったことが読み取れる。

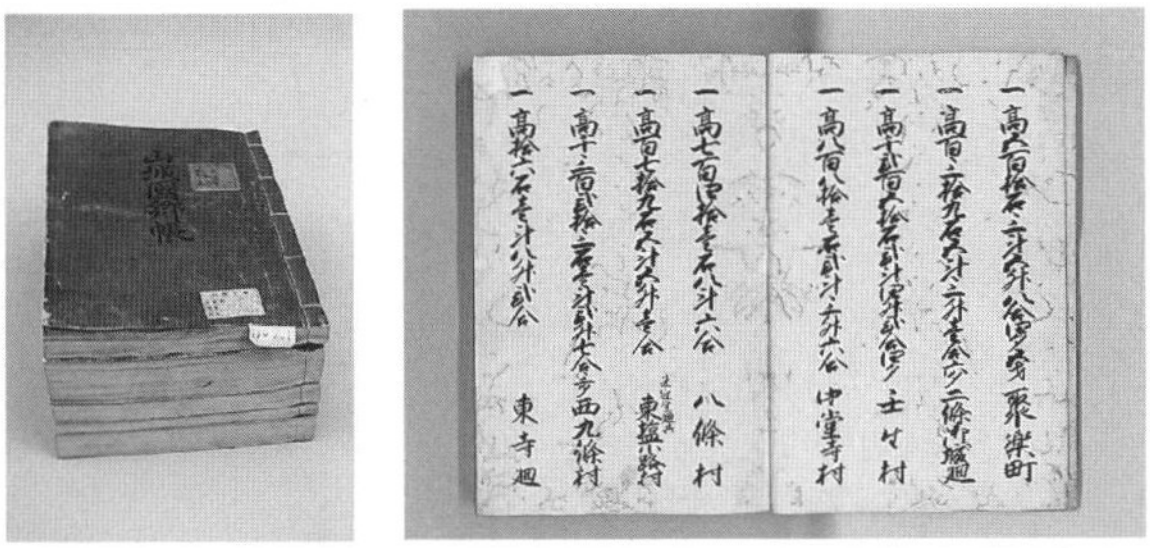

郷帳（「天保郷帳」）

## 芝増上寺の伽藍成る

社会世相

浄土宗の大本山の増上寺《ぞうじょうじ》は、もと光明寺《こうみょうじ》という真言宗の寺で、豊島郡貝塚にあったが、明徳四年（一三九三）に改宗して増上寺と改めた。のち、江戸における念仏布教の中心寺院となった。天正十八年（一五九〇）に徳川家康が関東に入府すると同寺を菩提所として保護した。江戸城の築城計画に伴って慶長三年（一五九八）に現在地（東京都港区芝公園）へ移された。

そして、この年から家康の援助によって本堂・廻廊《かいろう》・三門《さんもん》（三解脱門《さんげだつもん》）・方丈《ほうじょう》・経蔵《きょうぞう》などの大造営が始まり、数年後に大伽藍《だいがらん》は完成した。慶長十八年に家康は寺領千石の朱印地《しゅいんち》を安堵し、高麗・元・宋版の三大蔵経《だいぞうきょう》（国重文）を慶長十年に完成していた経蔵に寄進した。やがて、関東浄土宗十八檀林《だんりん》の筆頭・本山となり、実力は総本山知恩院《ちおんいん》を上回る浄土宗第一の寺院となる。以後、徳川家の菩提寺として秀忠・家宣《いえのぶ》・家継《いえつぐ》・家重《いえしげ》・家慶《いえよし》・家茂《いえもち》の六代の将軍や秀忠正室崇源院《すうげんいん》・家茂正室和宮《かずのみや》らの霊廟が造営され、徳川家の祈禱寺であった上野の寛永寺《かんえいじ》と勢威を競った。

ちなみに、慶長十年建立の入母屋造《いりもやづくり》の三門（国重文）は東京都に現存する最古の建造物である。

増上寺三解脱門（元和８年〈1622〉再建）

**8月**　八丈島噴火。
**9・13**　幕府、スペインに年４隻の通商を許可。
**9月**　幕府、諸大名に国絵図・郷帳の作成を命令（慶長国絵図）。
**11・9**　前田利益（慶次）歿（73）。
**この秋**　幕府、江戸にキリスト教禁止令を発令。
**11月**　浅間山噴火。翌年正月まで続く。
**12・2**　幕府、書院番を設置。
**12月**　全国で旱魃。会津で飢饉、餓死者多数。
**この年**　南蛮渡来の煙草が流行。
**この年**　江戸市中で辻斬りが頻発。
**この頃**　ウィリアム＝アダムス、家康の要請をうけ、イギリス様式の帆船を建造。

# 1606 慶長十一年

丙午

天皇▼後陽成天皇

将軍▼徳川秀忠（第二代）

【主要幕閣】

◉老中
本多正信（佐渡守）
大久保忠隣（相模守）

◉大御所付老中
本多正純（上野介）
成瀬正成（隼人正）
安藤直次（帯刀）

◉江戸町奉行
北
米津田政（勘兵衛）
南
土屋重成（権右衛門）

◉京都所司代
板倉勝重（伊賀守）

◉長崎奉行
小笠原為宗（一庵）
長谷川重吉（波右衛門）
長谷川藤広（左兵衛）

## 江戸城の増築工事に着手　三月一日

政治経済

江戸城の増築は二年前から準備が始められ、この日から着工した。城全体の曲輪《くるわ》や建造物の配置を決める縄張りは、和歌山城・伏見城などを手掛けて縄張りの名手と称されていた伊予今治《いまばり》城主の藤堂高虎《とうどうたかとら》が担当した。ただし、事前に家康と周到に意見調整をしており、本丸は元のままで、二の丸・三の丸を中心に拡張したという。

この時の工事に課役を命じられたのは、藤堂高虎・細川忠興《ただおき》・前田利《とし》常《つね》・池田輝政《てるまさ》・加藤清正《きよまさ》・福島正則《まさのり》・浅野幸《よし》長《なが》・黒田長政・山内忠義《ただよし》・毛利秀就《ひでなり》ら西国の有力大名を主力とした三十二家であった。天守台、本丸・外郭の石垣、櫓《やぐら》、門などの丁場《ちょうば》が各大名に割り振られた。工事が始まると、大名自身やその世嗣が陣頭指揮をとり、大坂の豪商から借金をしてまでも資材・人員を大量に投入した。将軍秀忠も朝夕に普請場を巡視した。その結果、六月には本丸の普請と二の丸・三の丸、江戸城北側の雉子橋《きじばし》から西南の溜池《ためいけ》落口に至る外郭の石垣が出来上がり、九月二十三日、新装された本丸に将軍秀忠は移った。

ちなみに、八方正面《はっぽうしょうめん》の櫓とうたわれた偉容を現在も残している富士見櫓を支える見事な野面積《のづらづ》みの高石垣は、加藤清正によってこの時造られたものといわれている。

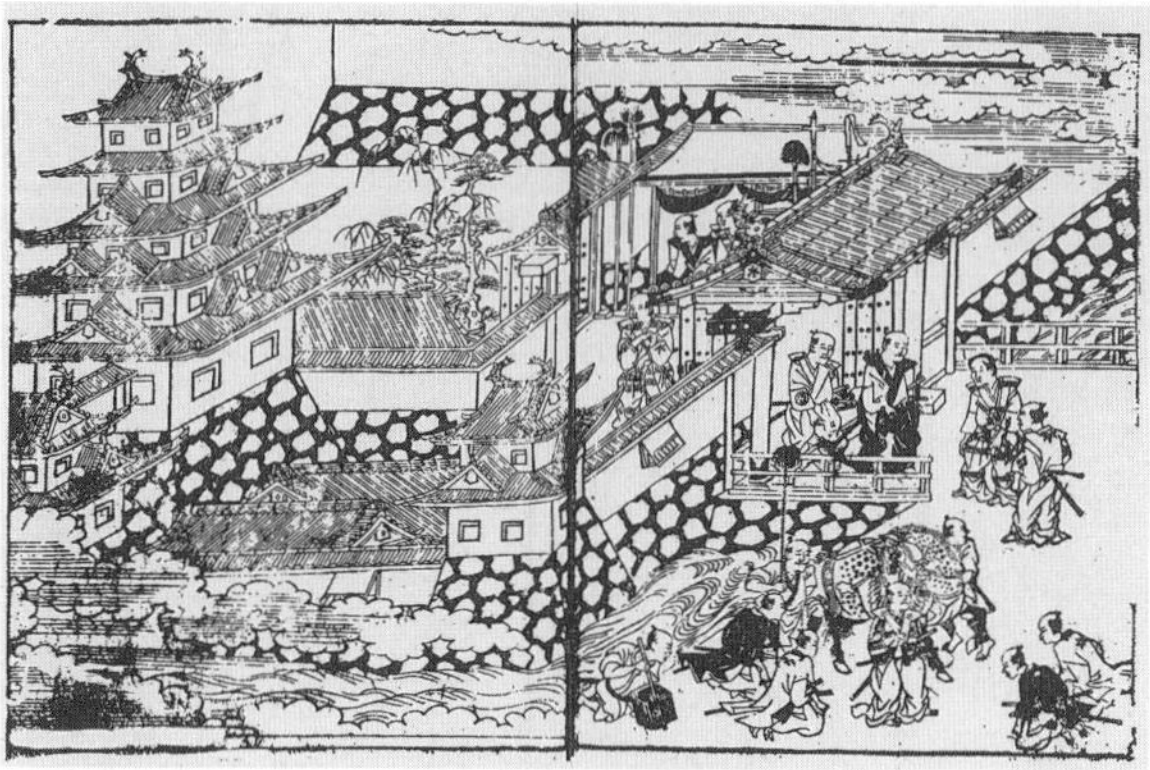

江戸城下（『江戸名所記』）

## 剣術家柳生宗厳が歿する　四月十九日

文化思想

柳《や》生《ぎゅう》新陰流《しんかげりゅう》兵法《へいほう》（剣術）の祖である柳生宗厳《むねよし》がこの日、柳生で歿した。享年七十八歳。通称は新介・新左衛門・但馬守、晩年は石舟斎《せきしゅうさい》と号した。宗厳は大和国添上郡《そえのかみぐん》柳生（奈良市柳生下町）の国人《こくじん》で、三好長慶《みよしながよし》・筒井《つつい》順慶《じゅんけい》・松永久秀《まつながひさひで》・織田信長など大和を支配しようとする有力者が相継いで交替するなかで、柳生一族の存亡をかけて仕える相手を見極めるという厳しい状況を生き抜いてきた。

一方で、若年から武芸を好み、永禄六年（一五六三）に新《しん》影流《かげりゅう》兵法の祖、上泉信綱《かみいずみのぶつな》の高弟となり、その後仕官を止めて柳生に引退して新影流の奥義を究めつつ、自身の工夫を加え、無刀の術理を剣術の極致とする柳生新陰流を生み出した。

文禄三年（一五九四）五月、京都にいた徳川家康に招か

【この年の出来事】

**1・19** 京都蓮華王院三十三間堂で、初めて通矢が実施。

**3・1** 幕府、江戸城増築工事を開始。

**3・5** 狩野光信、幕府の命により江戸へ向けて出発。

**3月** 関東で旱魃。

**4・28** 家康、武家官位を幕府の推挙によるよう奏請。

**4月** 幕府、関ヶ原の戦いの戦後処理で、宇喜多秀家を八丈島へ流刑。

**5・25** 畿内・東海で大風雨。京都で20年来の洪水。

**6・17** 家康、島津忠恒に家久への改名を命じ、琉球の攻略を許可。

**6月** 薩摩・長崎・紀伊に外国船来航。

**7・2** 幕府、結城秀康を奉行に任じ、禁裏の増築および仙洞御所の造営を開始。

**7・4** 対馬藩主宗義智、朝鮮に使者を派遣し、家

れて無刀取りなどの奥義を披露し、兵法相伝誓書を与えられた。以後、宗厳は五男宗矩《むねのり》とともに徳川家に仕え、関ヶ原の戦いでは石田方の動静を探るとともに大和の処士を集めて畿内への対応を怠ることなく家康への忠節を尽くした。その後は宗矩が柳生家の当主として将軍家の剣術師範役を務めていった。一方、宗厳は表舞台から去り、最晩年を剣術修行に明け暮れていた。

## 家康の鷹狩で関東総奉行が籠居　一月二十五日

事件災害

関《かん》東総奉行職《とうそうぶぎょう》にあった青山忠成《あおやまただなり》と内藤清成《ないとうきよなり》は、この日将軍秀忠から籠居《ろうきょ》（謹慎し閉居する）を命じられた。理由は、大御所家康が命じていた鷹場の狩猟禁制を破って、農作物を荒らす野鳥に難渋していた鷹場周辺の領民の訴えを受け入れて、狩猟を独断で認めたためとされている。

この年の正月二日に代官頭《だいかんがしら》の彦坂元成《ひこさかもとなり》が贖罪《しょくざい》を糺されて失脚している。これらの事件は、一連の家康の支配統制策であり、初期徳川政権における在地支配体制の再編成を示すものであった。関東領国の諸務全般を統轄するまでに拡大した関東総奉行職は、幕府機構の形成に阻害となってきた。その解体、再編成こそ、将軍秀忠を頂点とする幕府政治機構の整備、確立の前提条件であった。そのために些細な事件を理由に関東総奉行職の消滅が図られた。

籠居を命じられた二人は十一月には勘気を許され、所領も子孫に継承されている。政務に復帰することは許されなかったことを考慮すると、この籠居事件が彼ら個人の罪に科せられたものでないことがわかろう。

## 京都の三十三間堂で通し矢を競う　一月十九日

社会世相

京都の東山《ひがしやま》にある天台宗の蓮華王院《れんげおういん》は三十三間堂《さんじゅうさんげんどう》の名で知られている。この本堂の側掾《そくえん》上六十六間（百二十《メートル》）を跪《ひざまず》いて南から北に射通すことを通し矢といった。保元《ほうげん》の乱後に始まったというが、戦国時代に復活し、矢数《やかず》競技として盛んになるのはこの日、尾張清須《きよす》城主松平忠吉《ただよし》の家臣浅岡平兵衛が百本中五十一本を射通して「天下一」の名を得たことに始まるという。

大矢数《おおやかず》（一昼夜）・日矢数《ひやかず》（十二時間）・百射・千射などの競技に分かれており、日置流《へきりゅう》の弓術の腕に覚えのある各藩の藩士が多数参加するようになり、寛永年間（一六二四—四四）以後には特に尾張藩と紀伊藩が競うようになったという。大矢数では、尾張藩士の星野勘左衛門茂則《しげのり》が寛文九年（一六六九）に一万五百四十二本中八千本で、紀伊藩士の和佐《わさ》大八郎範遠《のりとお》が貞享三年（一六八六）に一万三千五十三本中八千百三十三本でそれぞれ天下一と称されたのが史上有名である。通し矢は江戸の江戸三十三間堂（初め浅草、のち深川の富岡八幡宮東側）や奈良の東大寺の大仏殿西回廊でも行なわれたことが記録されている。

三十三間堂（『京童』）

康が通好を求めていることを伝達。
**7・21** 明の冊封使、尚寧を中山王となす。
**8月** 角倉了以、大堰川に舟運を開く。
**8月** 伊達政宗、仙台に出雲阿国を招く。
**8月** 諸国で大風雨。四国・中国で高潮。
**9・23** 江戸城増築が完了、将軍秀忠が移る。
**9月** 関東で凶作、飢饉。
**9月** 島津義久、琉球王尚寧の来貢を督促。
**10・8** 幕府、オランダ船に通航を許可。
**11月** 対馬藩主宗義智、家康の国書を偽造し朝鮮に送付。
**12・22** 江戸城で火災。
**この年** 幕府、江戸城増築に伴い、日本橋大伝馬町・南伝馬町・小伝馬町を設置。
**この年** 幕府、駿府に銀座を設置。

# 1607 慶長十二年

丁未

天皇▼後陽成天皇

将軍▼徳川秀忠（第二代）

**【主要幕閣】**

**◉老中**
本多正信（佐渡守）
大久保忠隣（相模守）

**◉大御所付老中**
本多正純（上野介）
成瀬正成（隼人正）
安藤直次（帯刀）

**◉江戸町奉行**
**北**
米津田政（勘兵衛）
**南**
土屋重成（権右衛門）

**◉京都所司代**
板倉勝重（伊賀守）

**◉長崎奉行**
長谷川藤広（左兵衛）

## 朝鮮と国交回復　五月十一日　政治経済

文禄・慶長の役によって断絶した日朝関係の修交回復を積極的に進めたのは、徳川家康と対馬《つしま》の宗《そう》氏であった。家康は秀吉の死とともに全軍に撤退命令を出す一方、宗義智《よしとし》には講和交渉を命じた。対馬にとっても朝鮮貿易の再開が死活問題であった。

慶長九年（一六〇四）朝鮮は、家康の真意を探るために僧惟政《いせい》らを派遣してきた。さらに慶長十一年、元のように通信使派遣を要請した対馬藩に対して朝鮮は、①家康から先に国書を朝鮮に送ること、②文禄・慶長の役中に先王の陵墓《りょうぼ》を荒らした犯人を差し出すことの二点を講和の前提条件としてきた。国書を先に出すということは、当時の外交上の慣習からいって相手国への恭順を意味する。そこで、国交回復を熱望する対馬藩は、家康の国書を偽作して朝鮮に送った。

この結果、この年に朝鮮は五百四名の大使節団を送ってきたのである。使節の名は回答兼刷還使《かいとうけんさつかんし》で、日本からの国書に対する朝鮮国王の回答と朝鮮人捕虜の送還を要求するのが主目的であった。そこで、今度は朝鮮国王の国書の改竄《かいざん》が対馬藩の手で行なわれた。

こうした対馬藩の巧みな外交工作を経て、五月六日に朝鮮国王の国書が江戸城で将軍秀忠に捧呈され、この日、秀忠の返書が使節に渡された。ここに日朝の国交は回復した。帰国の途に就いた朝鮮使節は、二十日に駿府に立寄って大御所家康に拝謁し、その後捕虜千二百四十名（一説に千三百四十名）を伴って帰国した。以後、文化八年（一八一一）の十一代将軍家斉《いえなり》の将軍襲職祝賀の時まで朝鮮通信使が派遣され、日朝修好が継続した。

## 町入能の始まり　一月七日　文化思想

幕府は、この日から三日間、江戸城内で昨年末から江戸に仕えるようになった観世大夫《かんぜたゆう》と今春大夫《こんぱるたゆう》の能楽と狂言上手といわれた大蔵《おおくら》弥右衛門らの狂言を演じさせ、江戸の町人にも観覧を許した。さらに家康と秀忠は、二月十三日から四日間、江戸城の本丸と西の丸で観世・今春の勧進能《かんじんのう》を興行して、諸大名以下江戸庶民に至るまでの観覧を許した。

以後、将軍宣下《せんげ》・幼君誕生・官位昇進などの祝いや大きな行事などの際に、一日から数日間本丸大書院前の表舞台で式能《しきのう》が開催された。この時、江戸の町人も陪席《ばいせき》が許されるようになった。これを町入能《まちいりのう》と称するようになったが、この慣例はこの時の故事に始まる。のちの町入能では、町人は麻上下《あさがみしも》を着用し、幕府は菓子・酒のほかに雨に備えて傘を支給するのが慣例となったという。

## 殉死の始まり　三月五日　事件災害

尾張清須城主で徳川家康の四男であった松平忠吉が、この日二十八歳で病死した。忠吉は家康の四男で、

**【この年の出来事】**

**1・6** 江戸で大地震。
**1・7** 江戸神田で大火。
**1・7** 観世・金春両家、江戸城で演能。町人にも観覧が許可。
**1月** 対馬の柳川智永ら、家康の国書に対する朝鮮国王の返書を、来書と偽装。
**2・6** 江戸で大地震。
**2・20** 出雲阿国、江戸城でかぶき踊りを上演。
**2月** 諸国で煙火が流行。
**3・5** 松平忠吉歿(28)。小笠原監物ら3名が殉死。以後、殉死が流行。
**3・9** 幕府、興国寺藩城主天野康景を改易。
**3・9** 江戸で大風雨。
**4・7** 幕府、林羅山を幕府儒者に起用。
**閏4・1** 幕府、大名普請役で江戸城修築を開始。
**閏4月下旬** 大坂で大火。
**閏4月** 江戸で大旱魃、庶民の病死者多数。
**5・6** 朝鮮使節、江戸城で将軍秀忠に拝謁。
**5・20** 朝鮮使節、駿府

将軍秀忠と同母の一歳年少であった。関ヶ原の戦いでは義父の井伊直政《いいなおまさ》や本多忠勝《ほんだただかつ》を軍監に付されて東海道を進撃する総大将格を務めた。そして、井伊直政の才覚で戦いの一番鎗を飾り、西軍総崩れのなかで敵中突破に活路を見出そうとした島津義弘《よしひろ》隊を厳しく追撃して負傷するほど勇戦した。

その時の功で、戦功第一を賞されて安芸広島に加増転封した福島正則《まさのり》に代わって清須城主に抜擢されたのである。この年正月に江戸へ出仕した忠吉は、秀忠の近臣大久保忠常《ただつね》の芝浦の屋敷に逗留していたが、病が重くなり（前年に罹った梅毒とも、関ヶ原の戦いの鉄炮傷が悪化したとも）、この日亡くなったという。

忠吉の死に際して翌日、小姓組の石川主馬《しゅめ》・稲垣将監《しょうげん》が追腹を切った。さらに十六日に小姓から出頭人《しゅっとうにん》に抜擢されていた小笠原監物《けんもつ》と監物の小姓佐々木清九郎が切腹した。これが殉死の始まりといわれている。二十六日に忠吉と殉死した四人の葬儀が芝の増上寺で行なわれ、忠吉の霊廟の側に四人の墓も置かれた。

## 豊臣秀頼、北野天満宮を遷宮　十二月十三日

社会世相

北《きた》野天満宮《のてんまんぐう》は、京都市上京《かみぎょう》区馬喰《くば》町《くろうちょう》にある菅原道真公を主祭神《しゅさいじん》とする神社である。古代・中世に多くの社領を保持していたが、豊臣秀吉は天正十九年（一五九一）に六百一石二斗一升の朱印地《しゅいんち》を寄進し、幕府もこれを継承した。

この年の九月十三日に豊臣秀頼《ひでより》は、造営奉行の片桐且元《かたぎりかつもと》を派遣して北野天満宮の本殿以下の修築造営を発表した。十月七日に仮殿への遷宮が行なわれて、本殿の造営が本格的に進められた。本殿と拝殿との間にゆかを土間とする石の間を置く権現造《ごんげんづくり》の形式が採用され、入母屋造《いりもやづくり》の本殿が完成すると、正遷宮の日時が朝廷で審議され、十二月十三日酉の刻（午後六時頃）と決まる。

この日、秀頼の名代として片桐且元、上卿《しょうけい》（儀式を指揮する公卿）坊城中納言盛長《ぼうじょうちゅうなごんもりなが》、竹内門跡《たけのうちもんぜき》らが参列して正遷宮がおごそかに行なわれた。この時造営された本殿・石の間・拝殿は国宝に指定されている。

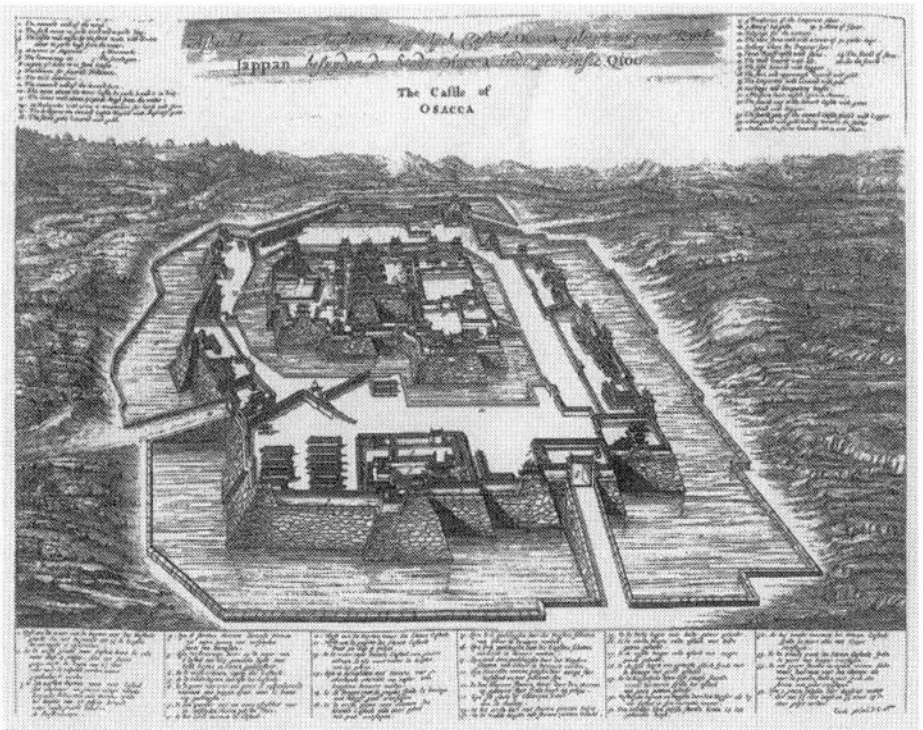

西欧に伝えられた秀頼の大坂城
（モンタヌス『日本誌』）

北野天満宮（『京童』）

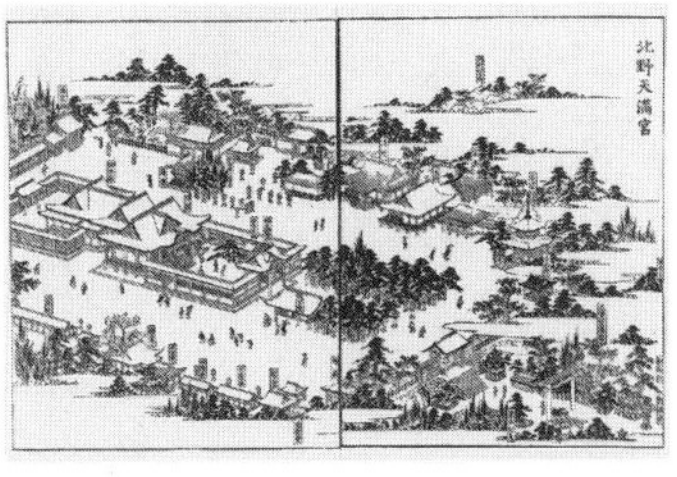

北野天満宮（『都名所図会』）

で家康に謁見。
**7・3**　諸大名普請役による駿府城の修築が完了、家康が移る。
**7・3**　幕府、駿府町奉行を創設。
**8・15**　三河・尾張・美濃で洪水。
**9・3**　江戸城天守・大手門が完成。
**10・14**　家康、将軍秀忠に金銀分与。
**10・18**　家康、江戸城で茶会を開催。徳川秀忠・上杉景勝・伊達政宗・佐竹義宣らが出席。
**この年**　幕府、諸大名に人質の江戸常住を命令。
**この年**　江戸で喫煙が流行。
**この年**　角倉了以、富士川に舟運を開く。
**この年**　諸国で疱瘡流行。

# 1608

# 慶長十三年

## 戊申

**天皇▼後陽成天皇**

**将軍▼徳川秀忠**（第二代）

**【主要幕閣】**

**◉老中**
本多正信（佐渡守）
大久保忠隣（相模守）

**◉大御所付老中**
本多正純（上野介）
成瀬正成（隼人正）
安藤直次（帯刀）

**◉江戸町奉行**
**北**
米津田政（勘兵衛）
**南**
土屋重成（権右衛門）

**◉京都所司代**
板倉勝重（伊賀守）

**◉長崎奉行**
長谷川藤広（左兵衛）

### 代官頭伊奈忠次、尾張の検地を実施する　七月

政治経済

代《だい》官頭《かんがしら》（関東郡代《かんとうぐんだい》）の伊奈備前守忠次《いなびぜんのかみただつぐ》は、幕命により七月二十日頃から尾張国愛知郡矢田村《やだむら》に竿を入れたのを最初として尾張一国の検地を開始し、十月には完了した。検地の際に灌漑用水路に閘《ひのくち》（樋の口、水門）を二つ造る法を領民に教え、灌漑の便を図った。尾張に「二ッ閘」や「般若《はんにゃ》閘」の名があるのはこのためである。

忠次は家康の近臣から地方巧者《じかたこうしゃ》となり、関東から東海地方に至る検地（伊奈流、備前検地）・灌漑・治水（備前堀《びぜんぼり》）・開墾などに貢献した。伊奈流の検地は、六尺一分法を基本とする土地丈量や豊凶によって租額を大幅に変動させない年貢徴収法に特色があり、やがて幕府の地方仕法《じかたしほう》の基本となっていった。関東郡代の地位は、以後彼の子孫に世襲されていった。この年に尾張の検地が実施された背景には、前年三月に病死した松平忠吉《ただよし》に代わって閏四月二十六日に家康の九男徳川義直《よしなお》に尾張一国が与えられて、尾張徳川家が創立されたことと関係があったといえよう。事実、将軍秀忠からの領地安堵状は、この年の八月二十五日付けである。

### 角倉素庵、「嵯峨本」を出版　五月

文化思想

角《すみの》倉《くら》素庵《そあん》が本阿弥光悦《ほんあみこうえつ》の協力を得て、豪華な活字本の『伊勢物語』をこの月に刊行した。以後「嵯峨本《さがぼん》」と称される『方丈記』『徒然草』などの古典の出版が相継いだ。

嵯峨本は、寛永三筆《かんえいさんぴつ》の一人と謳われた本阿弥光悦が自ら版下を書き、雲母刷《きらずり》の料紙に印刷し、装丁にも特色ある美的な意匠と工夫をこらした豪華本で、のちに世界の豪華本のなかでも類い稀な逸品と高い評価を得ている。

この出版事業を支えたのが豪商であり、文化人でもあった角倉素庵であった。素庵の父は、安南《アンナン》（現、ベトナム）との朱印船貿易で巨富を得るとともに、大堰川《おおいがわ》・富士川・賀茂川の疎通《そつう》や、高瀬川の開削など国内諸河川水路の開発を手掛けた角倉了以《りょうい》である。素庵は了以の長男で、与一《よいち》と称し、父を補佐して朱印船貿易や河川開発に尽力した。一方で、幼少より藤原惺窩《ふじわらせいか》に師事して儒学を学び、光悦に書を学んで門下随一と称せられ、角倉流（与一流）を興しているほどの当代を代表する文化人の一人であった。素庵の富と光悦・素庵の文化的能力の高さの結晶が「嵯峨本」であったといえよう。また、従来の出版が仏書・漢籍に重きが置かれていたのに対して、「嵯峨本」は江戸期の和書出版盛況の口火を切ったという歴史的価値もあったといえる。

### 浄土・法華（日蓮）僧が宗教争論　十一月十五日

事件災害

幕府はこの日、江戸城で浄土宗の増上寺《ぞうじょうじ》の学僧廓山《かくざん》と法華（日蓮）宗の京都妙満寺《みょうまんじ》二十七世日経《にちきょう》との宗論《しゅうろん》を命じた。宗論は廓山の問いに対して日経がほとんど応えられなかったので、判定者の高野山遍照光院頼慶《こうやさんへんしょうこういんらいけい》

**【この年の出来事】**

**1月**　対馬藩主宗義智、日本国王使を朝鮮に派遣。
**2・24**　三宝院義演、豊臣秀頼の疱瘡平癒を祈禱。
**2月**　京都・摂津・河内で連日大風雨。
**4月**　尾張・美濃で洪水。
**5月**　フィリピン長官ビベロ、家康・将軍秀忠に書簡を送り、貿易量の制限、布教許可などを要望。
**5月**　角倉素庵『伊勢物語』（嵯峨本）刊行。
**5月**　家康、駿府から女歌舞伎を追放。遊女は阿倍川町に移転。
**6・4**　狩野光信歿(44)。
**6月**　京都・摂津・河内で洪水。各所で堤欠壊。
**6月**　西国で南からの烈風と高潮。船多数破損。
**7・20**　幕府、関東郡代伊奈忠次に命じ、尾張国幕領の検地を実施。
**8・1**　近畿・中国で70年来の大水。京都で水死者多数。
**8・25**　駿府阿倍川町、娼町となる。

大僧都《だいそうず》は浄土宗の勝ちと判断した。これをうけて幕府は、翌年までの間に関東・西国の日蓮宗諸本寺に折伏《しゃくぶく》でよく使っていた「念仏無間《むげん》」は経文にはない旨の証文を提出させた。

この宗論には、実は裏があった。上総《かずさ》出身の日経は、常《じょう》楽院《らくいん》と号し、その学識と弁舌の巧みさにより諸国をめぐって強引に折伏を展開し、他宗派を改宗させて名を上げていた。この年、尾張で行なった浄土宗門徒との宗論が江戸の増上寺に連絡され、さらに家康に訴えられた。家康は日経の折伏主義を抑圧すべく、江戸城での宗論を企画した。そして幕府は、宗論の前日に、不審者に日経の宿舎を襲撃させて日経に重傷を負わせた。翌日重傷をおして登城したが、知覚を一時的に失っていたために、まともな発言が出来なかったという。

さらに幕府は、翌年の二月二十日に日経とその弟子を京都引回しの上、六条河原で日経の耳と鼻を削ぎ、上総と堺の弟子五人の鼻を削ぎ、追放するという重い処分を行なった。日蓮宗ではこの時の出来事を慶長法難《けいちょうほうなん》と称している。

## 永楽銭の使用禁止を発令　十二月八日

社会世相

**幕**府はこの日、永楽銭《えいらくせん》の通用を禁じて鐚銭《びたせん》を用うべき三カ条を定めた。①永楽銭一貫文を鐚銭四貫文に相当するものとし、以後は永楽銭の通用を禁止する。②鐚銭四貫文をもって金一両に充てる。(翌年には金一両を銀五十匁とする規定も出される)③なまり銭・大われ銭・かたなし銭・新銭・へいら銭以外の鐚銭は撰銭《えりぜに》してはならない。

永楽銭は十五世紀に明《ミン》から輸入された銭で、永楽通宝ともいい、精銭《せいせん》(善銭)として広く通用した。一方で、室町幕府は統一貨幣を鋳造できなかったので、南京・京銭などと称する粗悪な中国製私鋳銭《しちゅうせん》も大量に流入し、国内でも私鋳銭が多数出現した。それらの粗悪な銭を総称して鐚銭といった。こうした状況のなかで、商人たちの間で勝手に通用する銭を選別する行為(これを撰銭という)が頻繁に行なわれた。これは貨幣の流通の阻害となったので、室町幕府や戦国大名も一定基準で鐚銭の通用を認める撰銭令を出していた。

そこで幕府は、鐚銭の価値を公定し、永楽銭に代って大量に流通していた鐚銭を基準とする貨幣制度を制定したのである。圧倒的に多く存在していた鐚銭の通用を円滑に促進させることは、当時の流通網の拡大に対応する政策といえよう。ただし、実際に撰銭がなくなるのは寛永通宝《かんえいつうほう》の流通まで待たないとならなかった。江戸幕府にとって、全国で通用する貨幣を統一するということは統一政権の実を上げるという点で重要な政策であった。幕府の狙いは、幕府の発行する金貨(小判)・銀貨(丁銀《ちょうぎん》)は大口の取引に、鐚銭は庶民の小口の取引に利用するようになることであった。

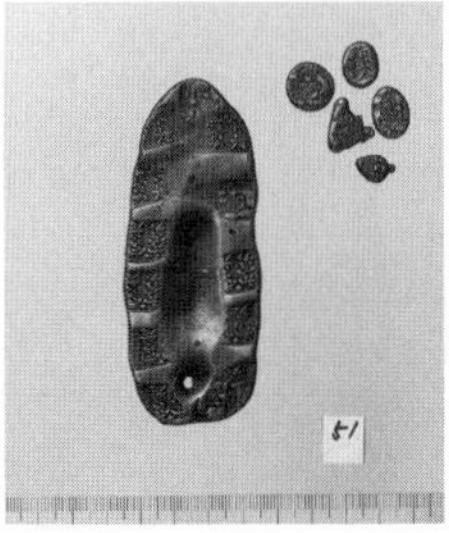
慶長丁銀と慶長豆板銀

慶長小判と慶長一分金

永楽通宝

**9・15** 幕府、小石川伝通院を造営。
**9月** 幕府、妻子を在府させた高松藩主生駒正親の軍役を半減。
**9月** 幕府、駿府に辻斬が出没するため、懸賞金をかけて逮捕を指示。
**10・10** 家康、小山藩主本多正純にシャムとの交易を命令。書、武具をシャムに送り、鉄砲、煙硝を要求。
**11・15** 幕府、江戸城での浄土・日蓮両宗の宗論により、日経を処罰。
**12・8** 幕府、永楽銭の通用禁止を再令。永楽銭1貫文=鐚銭4貫文=金1両に公定。
**この年** 諸国で霖雨、不作。
**このころ** 『慶長江戸絵図』完成。

# 1609 慶長十四年

## 己酉

**天皇▼後陽成天皇**

**将軍▼徳川秀忠**（第二代）

**【主要幕閣】**

**◉老中**
本多正信（佐渡守）
大久保忠隣（相模守）
酒井忠世（雅楽頭）

**◉大御所付老中**
本多正純（上野介）
成瀬正成（隼人正）
安藤直次（帯刀）

**◉江戸町奉行**
**北**
米津田政（勘兵衛）
**南**
土屋重成（権右衛門）

**◉京都所司代**
板倉勝重（伊賀守）

**◉長崎奉行**
長谷川藤広（左兵衛）

### 朝鮮との間で己酉約条を締結　三月　政治経済

対《つ》馬《しま》藩は、文禄・慶長の役後の日朝関係の改善に尽力し、国書の改竄《かいざん》を犯しつつも二年前に国交回復に成功した。その功もあってこの月、断絶していた通商貿易再開を認める己酉約条《きゆうやくじょう》（慶長条約）十二カ条が朝鮮国との間で締結された。主な内容は、対馬藩は文禄・慶長の役前より五隻減じた二十隻の歳遣船《さいけんせん》を毎年派遣できるようになった。朝鮮への渡航船には藩主の文引《ぶんいん》（渡航認可証）を必要とすること、釜山浦《プサンポ》に倭館《わかん》を置き、ここを通交貿易の唯一の場として日本人の首都漢城《ソウル》への入京を禁止したなどである。

主な輸出品は銀、銅のほかに長崎貿易で得た蘇木《そぼく》・胡椒《こしょう》・水牛角《すいぎゅうのつの》などの南海の産物で、輸入品は米・木綿・朝鮮人参《ちょうせんにんじん》などであった。対馬藩にとって朝鮮貿易の継続は藩の死活問題であった。なお、十七世紀後半に出来た草梁《チョリャン》倭館の広さは約十万坪（三十三万平方メートル）あり、長崎の唐人《とうじん》屋敷の十倍、出島《でじま》の二十五倍に達していた。館内には常時五百人の藩の役人と商人が駐在してきた。ここには、木下順庵《じゅんあん》門下で新井白石《あらいはくせき》と並ぶ俊英であり、対馬藩に仕えた雨森芳洲《あめのもりほうしゅう》もいたことがある。

### 姫路城を築城　文化思想

池田輝政《てるまさ》は、関ヶ原の戦いの論功行賞で、三河吉田十五万二千石から播磨姫路五十二万石に加増転封され、慶長六年（一六〇一）に姫路城へ入った。入城するや、ただちに改築工事に取り掛かり、この年五層七階の大天守閣をはじめとする諸楼閣《ろうかく》が一応の完成を見た。

姫山を中核とする約百万平方メートルの地域に内・中・外の三《さん》郭《くるわ》を配置し、各郭を左回りのほぼ螺旋状《らせんじょう》に連なる堀が取り巻く大規模な総構《そうがまえ》の城が出来上がった。内郭には大天守と三棟の小天守を渡櫓《わたりやぐら》でつなぐ連立式天守を中心とする本丸を配し、南に二の丸、西に西の丸と城主の居館となる三の丸を置いた。内堀を隔てた北・東・南側部分の土塁《どるい》で囲まれた中郭は家臣の屋敷地とされ、その外側の外郭には侍屋敷、町屋、寺院が配置されていた。

この時、天守の耐火性を増すために軒裏《のきうら》や屋根瓦の継目まで白漆喰《しろしっくい》で塗籠《ぬりご》めたので白鷺城《しらさぎじょう》の異名が生まれる美しい天守が出現した。

姫路城

この結果、世界遺産にも指定されたのである。池田氏はのちに、因幡鳥取城主と備前岡山城主に分かれた。姫路城は元和三年（一六一七）以降は本多・松平・榊原・酒井などの譜代有力大名の居城となった。

**【この年の出来事】**

**1月**　豊臣秀頼、方広寺大仏殿の再建に着手。
**2・2**　幕府、百姓の鉄砲使用を禁止。
**2・26**　薩摩藩主島津家久、琉球出兵。
**3月**　津藩主藤堂高虎・加賀藩主前田利常ら、江戸に人質を置く。
**3月**　駿河・武蔵・下総・下野で雹害。
**3月**　浅間山噴火。
**3月**　朝鮮国王、対馬藩主宗義智と己酉条約を締結。
**4・5**　琉球王尚寧、首里城を開城し降伏。
**4月**　幕府、大名普請役で下総国銚子港を開く。
**5・30**　オランダ船2隻、平戸に来航し通商を要求。
**7・4**　幕府、烏丸光広ら公家衆を女官との乱行事件により処罰（猪熊事件）。
**7・7**　家康、島津家久に琉球支配を命じる。
**7・14**　幕府、失火のため、流行中の煙草を禁止。

## 宮中乱交事件が発生　七月四日

事件災害

二年前に公家の猪熊教利《いのくまのりとし》と後陽成《ごようぜい》天皇の女官《にょうかん》との密通が発覚し、勅勘《ちょっかん》を被った教利が京都を出奔するという不祥事があったが、この日、典侍《ないしのすけ》（天皇側近の内侍司《ないしのつかさ》の次官）広橋氏、権《ごん》典侍中院氏、掌侍《ないしのじょう》水無瀬氏・唐橋氏、命婦《みょうぶ》讃岐ら女官五人と公家の烏丸光広《からすまるみつひろ》・大炊御門《おおいみかど》頼国《よりくに》・花山院忠長《かざんいんただなが》・飛鳥井雅賢《あすかいまさかた》・難波宗勝《なんばむねかつ》・徳大寺実久《とくだいじさねひさ》・中御門《なかみかど》（松木）宗信《むねのぶ》らが前年から典薬兼康備後《てんやくかねやすびんご》の手引で遊興に耽《ふけ》り、密通していたことが露見した。

激怒した天皇は、極刑を考えたが、朝廷内の意見も入れて京都所司代《きょうとしょしだい》を通じて大御所家康に処分を委ねた。そこで家康は、八月四日に一連の密通事件の主謀者として猪熊教利の逮捕を諸国に命じた。教利は日向《ひゅうが》で見つかり、京都に護送されて十月十七日常禅寺《じょうぜんじ》で斬罪に処された。兼康備後も翌日東川原で斬罪（一説に磔刑《たっけい》）に処された。一方、そのほかの者には極刑を避けた。五人の女官は駿府に護送し、十月一日に伊豆新島《にいじま》への流罪に処した。公家の忠長は蝦夷地、雅賢は隠岐《おき》、頼国・宗信は薩摩、宗勝は伊豆にそれぞれ流罪となった。ただし、光広・実久は天皇の母などの嘆願を入れて罪が許された。廷臣《ていしん》の処分を幕府に委ねたことは、結果として幕府の朝廷介入を認めたことになり、以後の朝幕関係に大きく影響していった。

## 煙草の禁制　七月十四日

社会世相

幕府はこの日、当時流行していた煙草の喫煙禁止を命じた。新大陸原産の煙草が日本に伝来したのは天文十二年（一五四三）のポルトガル人が鉄炮とともに伝えたとも、天正年間（一五七三—九二）に九州へ来航したポルトガル船の船員から広まったともいわれている。慶長年間（一五九六—一六一五）には栽培されており、慶長十年には全国的に栽培されるようになった。武士・町人に流行し、男女も大人も子供も熱中したという。そのため、悶絶して死に至る煙草中毒も出現し、また煙草の不始末による火事も増加していった。さらに、この年の四月には京都に荊組《いばらぐみ》、皮袴組《かわばかまぐみ》などという喫煙を通じて徒党を組む者が横行したので七十人余りを検挙した。

このような情況をうけて煙草禁止令が初めて出されたのだが、効果は余り見られず、翌年以降も喫煙禁止や作付《さくつけ》禁止がしばしば出された。しかし、禁止令によって煙草の喫煙・栽培が収束した例は洋の東西を通じて皆無である。幕府も寛永十九年（一六四二）には、本田畑《ほんでんばた》以外での煙草栽培を許可するようになった。

煙草風景（『大和耕作絵抄』）

**7・25**　幕府、オランダ船の通商を許可。
**8・16**　東海で大洪水。
**8・22**　平戸にオランダ商館開設。
**8月**　幕府、永楽銭の使用禁止を再令。
**9月**　家康、上総漂着のフィリピン前長官にメキシコとの交易を要請。
**9月**　幕府、西国大名の500石以上の大船を没収。
**12・12**　日野江藩主有馬晴信、ポルトガル船を撃沈。
**12月**　幕府、ポルトガルと断交。スペイン国王に書簡を送り、貿易保護を約束。
**この年**　中国・西国・北国大名ら、江戸で越年。

# 1610 慶長十五年

庚戌

天皇▼後陽成天皇

将軍▼徳川秀忠（第二代）

**【主要幕閣】**

**◉老中**
本多正信（佐渡守）
大久保忠隣（相模守）
酒井忠世（雅楽頭）
土井利勝（大炊助）
安藤重信（対馬守）
青山成重（図書助）

**◉大御所付老中**
本多正純（上野介）
成瀬正成（隼人正）
安藤直次（帯刀）

**◉江戸町奉行**
**北** 米津田政（勘兵衛）
**南** 土屋重成（権右衛門）

**◉京都所司代**
板倉勝重（伊賀守）

**◉長崎奉行**
長谷川藤広（左兵衛）

## 島津氏が琉球を支配下に置く　八月八日

政治経済

薩摩藩主の島津家久《いえひさ》は、前年の二月二六日に重臣樺山《かばやま》久高《ひさたか》に三千余の将兵と百隻の船を与えて琉球王国を攻略させた。久高は奄美大島《あまみおおしま》・徳之島《とくのしま》を攻略し、琉球北部の運天港《うんてんこう》から上陸して首里城《しゅりじょう》を攻囲した。四月五日に尚寧王《しょうねいおう》は降伏し、五月二十五日に久高は尚寧王を伴って鹿児島に凱旋した。翌日に家久は、琉球平定を大御所家康と将軍秀忠に報じた。七月七日付けで家久宛てに大御所家康は、琉球平定の功として琉球王国の支配を認める内書《ないしょ》を送った。

家久は尚寧王を同伴して駿府に赴き、この日、家康に拝謁した。尚寧王の謁見は十四日であった。次いで江戸に向い、九月十二日に江戸城で将軍秀忠に拝謁して琉球支配を正式に認められた。その後、家久と尚寧王は鹿児島に帰国した。薩摩藩主が琉球使節を随行して江戸に赴くという形式は、のちの将軍襲職《しゅうしょく》時に派遣される慶賀使《けいがし》と、琉球王襲封《しゅうふう》時に派遣される謝恩使《しゃおんし》の例に反映していった。

鹿児島に戻った尚寧王に対し、翌年九月に家久は、琉球の検地を実施した上で八万九千石を琉球王府支配地として与えたが、与論島《よろんとう》以北は薩摩藩の直轄地とする旨と琉球支配の十五カ条の掟書《おきてがき》を渡した。翌月尚寧王は、二年振りに首里城に帰国できた。薩摩藩は一方で、琉球王府が従来通り明《ミン》の冊封《さくほう》を受けることも認めた。これは薩摩藩が琉球の進貢船《しんこうせん》という形での対明貿易に注目し、進貢貿易の利益を独占するためであった。

進貢船の図

## 将軍秀忠、古田織部に点茶式を授かる　九月

文化思想

千利休の高弟で当時随一の数寄者《すきしゃ》として天下に知られていた古田織部《ふるたおりべ》は、この月江戸に赴いて、将軍秀忠に茶の湯を指南して点茶《てんちゃ》の式を伝授した。

古田織部は美濃出身で、通称は左介《さすけ》、名は重然《しげてる》。織田信長・豊臣秀吉に仕えて三万五千石の大名となったが、一方で、大徳寺《だいとくじ》の春屋宗園《しゅんおくそうえん》に参禅するとともに千利休に茶

**【この年の出来事】**

**2・24** 長谷川等伯歿(72)。
**閏2月** 家康、大名普請役で名古屋城および市街地の造成を開始。
**閏2月** 京都で痘瘡流行。
**4・2** 幕府、一季者奉公を禁止。
**4・20** 幕府、高野山法度を制定。
**5・3** 駿府で大風、西美濃で洪水、名古屋城修築用の材木が多く流失。
**5・4** 幕府、メキシコとの通商を許可。
**5・26** 三河・駿河・遠江で洪水。
**5月** 松前藩主松前慶広、家康に海狗腎を献上。
**6・12** 大雨により木曾川流域洪水。
**6・13** ビベロ、メキシコへ出航。京都商人田中勝介らが同乗（日本人初の太平洋横断）。
**6月** 江戸で疫病流行。
**7・19** 朝廷、増上寺源誉存応に普光観智国師の

古田織部

の湯を学び、利休七哲《しちてつ》の第一として師の利休からも一目置かれる存在となり、利休亡きあとはその名声はより高まった。秀吉が亡くなると家督を嗣子重広《しげひろ》に譲り、伏見で茶の湯三昧に明け暮れて織部流茶道の開祖となる。関ヶ原の戦いでは家康に味方した功で近江に知行を与えられて一万石の大名となる。その後、織部流の大名茶を継承する小堀政一《こぼりまさかず》（遠州流《えんしゅうりゅう》茶道の開祖）らに師事される。秀忠に茶の湯を指南した頃が絶頂期といえる。後世、村田《むらた》珠光《じゅこう》・武野《たけの》紹鷗《じょうおう》・千利休・小堀遠州と並ぶ五宗匠《そうしょう》と讃えられた。

ただし、大坂の役では豊臣方への内通を疑われ、慶長二十年（一六一五）六月十一日に、嗣子重広とともに伏見の自邸で切腹を命じられた。享年七十二歳。

## 田中勝介、日本人初の太平洋横断　六月十三日

事件災害

**京**都の商人田中勝介《たなかしょうすけ》はこの日（西暦では八月一日）、ノビスパン（現、メキシコ）に向けて出航した。前年九月に前フィリピン臨時総督ドン＝ロドリゴ＝デ＝ビベロは帰国途中で暴風に遭って上総《かずさ》岩和田（現、千葉県夷隅郡御宿町）に漂着すると、家康はビベロを駿府に招き、ノビスパン（本国スペインを含めて）との通商貿易と鉱山開発の促進を図るために、新大陸の最新技術を身につけた鉱山技師の派遣を依頼した。そして、家康の支援で、日本で建造されたサン＝ブエナベントゥーラ号で浦賀から出航し、太平洋を横断して九月十一日（西暦では十月二十七日）にアカプルコに戻った。

この時同行したのが勝介である。彼は家康の側近で金座支配の後藤庄三郎光次の仲介で、ノビスパンとの交渉役に抜擢されたのだが、ビベロの斡旋もむなしく、メキシコ・シティでの交渉は成立しなかった。翌十六年二月に家康と秀忠へのメキシコ総督の答礼使《とうれいし》（スペイン国王の金銀島探検指命も帯びていた）セバスチャン＝ビスカイノのサン＝フランシスコ号に勝介以下二十三名の日本人が便乗し、五月に浦賀へ着き、九月に家康へ拝謁して羅紗《ラシャ》や葡萄酒《ぶどうしゅ》を献上するとともに不首尾の結果を報告した。勝介は記録上、太平洋を横断して戻ってきた最初の日本人といえる。

## 家康、海狗腎（オットセイ）を所望　五月

社会世相

**蝦**夷地の松前《まつまえ》藩主松前慶広《よしひろ》は、駿府の家康の許へ出仕したこの月に、海狗腎（カイクジン）という魚の献上をするよう命じられた。この魚は、食べると長命になるといわれているオットセイのことである。慶広はこの月松前に戻ると、領内に産する海狗腎を早速家康の許へ献上している。

オットセイはアイヌ語のオンネプが語源というが、中国では「膃肭」と音訳され、オットセイがハーレムを造って生活していることから、オットセイのペニスを「膃肭臍」と呼んで精力剤として珍重されていた。内蔵の肉だけではなく、粉末にして呑まれたともいう。自ら薬を調合するほど詳しかった家康も情報を得ていたのであろう、松前から届いた海狗腎を薬箱の第八の引出しに入れたという記録も残っている。

号を下賜。
**7・21**　近畿諸国で大風雨。
**8・14**　薩摩藩主島津家久、琉球王尚寧を伴い、駿府で家康に拝謁。
**8・18**　家康、駿府城に島津家久・琉球王尚寧を招き猿楽を開催。
**8・20**　細川幽斎歿(77)。
**8・28**　薩摩藩主島津家久、琉球王尚寧を伴い、江戸城で将軍秀忠に拝謁。
**9・9**　家康、駿府城で本因坊算砂・利元らの囲碁を見る。
**9月**　古田織部、将軍秀忠に点茶式を伝授。
**10・18**　本田忠勝歿(63)。
**12・16**　幕府、明国商人に渡航朱印を与える。家康、福建総督に書簡を送り国交正常化を要請。
**この年**　足尾銅山発見、採掘開始。

# 慶長十六年

辛亥

天皇▼後陽成天皇（～三月二十七日）
後水尾天皇（三月二十七日～）

将軍▼徳川秀忠（第二代）

## 家康、二条城で豊臣秀頼と会見　三月二十八日

政治経済

**徳**川家康と豊臣秀頼《ひでより》の会見が、この日、家康の居城二《に》条城《じょうじょう》で実現した。家康は、秀頼をはじめとする織田有楽《うらく》・片桐且元《かたぎりかつもと》・大野治長《おおのはるなが》ら一行を迎えるために、息子の徳川義直《よしなお》・頼宣《よりのぶ》以下、浅野幸長《よしなが》・加藤清正《きよまさ》・池田輝政《てるまさ》・藤堂高虎《とうどうたかとら》らを鳥羽《とば》まで派遣した。

二条城での御礼挨拶や三献《さんこん》の御祝が滞りなく行なわれ、豊臣秀吉の正室高台院《こうだいいん》との久方ぶりの対面もここで行なわれた。その後、秀頼は豊国神社《ほうこくじんじゃ》を参詣し、方広寺《ほうこうじ》の大仏の出来具合を見分したあとに大坂へ帰城している。この日の平穏無事な結果に、一触即発の危険を肌で感じていた大坂・京都はもとより、畿内の上下万民が安堵したという。

家康は六年前の秀忠の将軍宣下の際にも秀頼の上洛を求めたが、豊臣氏は慶賀の使者も出さなかった。今回は後《ご》陽成《ようぜい》天皇の譲位に伴って上洛したのを機に、秀頼を出仕させようと画策したのである。秀吉恩顧の有力大名の浅野幸長と加藤清正を事前に大坂城へ派遣して、秀頼の母淀殿《よどどの》を説得することに成功した。時代の趨勢《すうせい》と豊臣氏存続には一応徳川氏に臣従する必要があることを説いたという。一方で、十九歳の聡明な秀頼に接した七十歳という老齢な家康が、行く末に不安を感じ、豊臣氏滅亡への策謀を画策し始めるのは、この会見が契機であったという。

**【主要幕閣】**

**◉老中**
本多正信（佐渡守）
大久保忠隣（相模守）
酒井忠世（雅楽頭）
土井利勝（大炊助）
安藤重信（対馬守）
青山成重（図書助）

**◉大御所付老中**
本多正純（上野介）
成瀬正成（隼人正）
安藤直次（帯刀）

**◉江戸町奉行**
**北**
米津田政（勘兵衛）
**南**
土屋重成（権右衛門）

**◉京都所司代**
板倉勝重（伊賀守）

**◉長崎奉行**
長谷川藤広（左兵衛）

## 角倉了以、高瀬川を開発　十一月

文化思想

**朱**《しゅ》印船《いんせん》貿易家として巨万の富を得るとともに、全国の河川開発に取り組んだ京都の豪商角倉了以《すみのくらりょうい》は、この月、賀茂川の二条橋上流から分水し、木屋町《きやまち》二条《にじょう》から南下して伏見から淀川に達する運河の開削を幕府から許可されて着工した。これが高瀬川《たかせがわ》である。

この運河は、当初、方広寺大仏殿造営の資材輸送と禁《きん》裏《り》造営の木材輸送の便を図るために計画されたという。三年後の慶長十九年に竣工すると、京都・伏見・大坂を結ぶ水運によって米・大豆・薪炭《しんたん》をはじめとする多くの物資が輸送されるようになり、京都と大坂を一体と考える上方《かみがた》意識醸成の背景になったともいわれている。

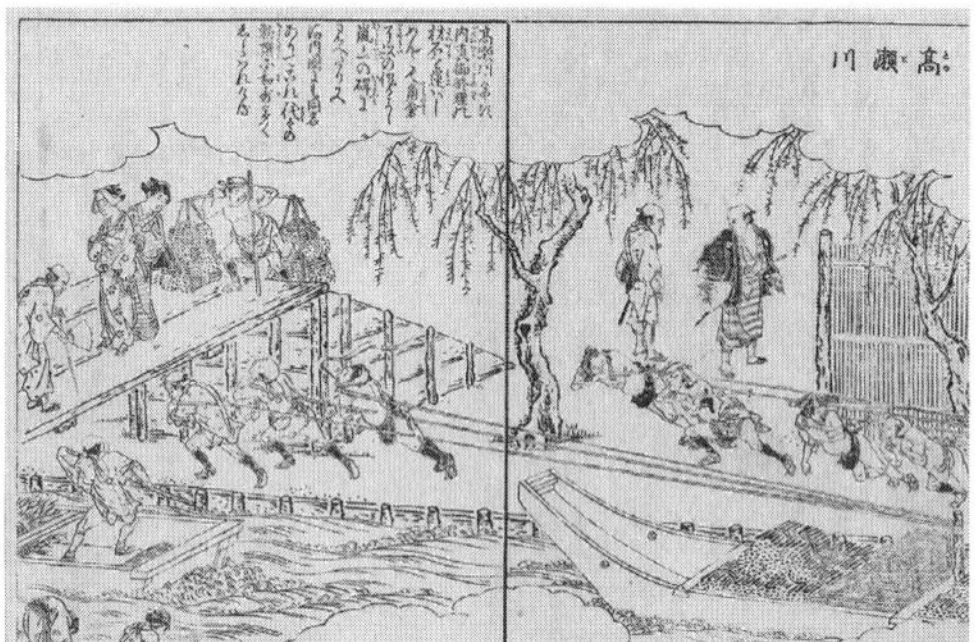

高瀬川（『拾遺都名所図会』）

運河の舟行には底が平たく浅い高瀬舟が利用されたことで有名であるが、舟の数は百五十九隻と定められた。舟賃は一隻一回二貫五百文と定められ、一貫文が幕府に納められ、舟賃の半分一貫二百五十文は角

**【この年の出来事】**

**3・27**　後水尾天皇践祚。
**3・28**　家康、二条城で豊臣秀頼と会見。
**3月**　幕府、諸大名に禁裏造営を命令。
**4・7**　浅野長政歿(65)。
**4・12**　家康、条令三か条を西国諸大名に提示。諸大名、誓詞を提出。
**5月**　メキシコ総督ビスカイノ、浦賀に来航。沿岸測量・貿易許可・オランダとの貿易禁止を要請。田中勝介ら同乗帰国。
**6・24**　加藤清正歿(49)。
**7月**　家康、ポルトガル使節に貿易を許可。オランダ商館長に渡航朱印状を与える。
**7月**　幕府、駅路駄賃の規則を制定。
**8・9**　鹿児島藩、琉球検地を完了。
**8・21**　会津で大地震。死者2700余人。
**9・15**　幕府、ビスカイノの沿岸測量に際し、諸大名に法令発布。
**9・18**　ウィリアム＝ア

倉の所得となった。残り二百五十文は舟加工代であった。現存する木屋町二条の一之船入（船を入れるための人造の港）は国の名勝天然記念物に指定されている。

## 後陽成天皇、二年越しの譲位実現　三月二十七日

事件災害

**後**陽成天皇はこの日、二年越しの念願であった十六歳の三宮《さんのみや》政仁《ことひと》親王への譲位が実現した。

慶長十四年に起きた女官《にょかん》と公家の密通事件の処理が後陽成天皇の全員極刑という意向を幕府側（家康）が受け入れなかったことに不満を持った天皇は、同年暮れに政仁親王への譲位の意向を幕府に伝えた。また、即位の際には大御所と将軍の上洛を望む旨が京都所司代《きょうとしょしだい》を通じて幕府に寄せられた。翌年二月に「叡慮次第《えいりょしだい》」という返事が幕府からもたらされ、譲位の準備が始まった。しかし、閏《うるう》二月に家康の娘市姫が四歳で亡くなると、譲位の延期が幕府から申し入れられた。天皇の不満は頂点に達したが、即位の儀式や譲位後の上皇の住む仙洞御所《せんとうごしょ》の造営などにかかる多額の費用は、幕府の支援なしには成し得なかった。結局、幕府の定めたスケジュールに従って譲位を行なわざるを得なかったのである。

この時、後陽成上皇は四十一歳であった。二日後の二十九日に仙洞御料（院の維持費）二千石が幕府から上皇に寄進された。そして四月十二日に後水尾《ごみずのお》天皇の即位式が紫宸殿《ししんでん》で執り行われ、家康も参列した。上皇の幕府への不満は、妥協に妥協を重ねて誕生した新天皇に向けられて、父子の不和はこのあとも続くという不幸が生まれてしまった。

## 幕府、駅路駄賃を定める　七月

社会世相

**幕**府はこの日、駅路駄賃《えきろだちん》の定書《さだめがき》五ヶ条を制定した。主な内容は、江戸より品川（東海道）までの駄賃は馬の荷物一駄四十貫（一説に四十五貫）に付き鐚銭《びたせん》二十六文、中山道の板橋までは三十文とする。また、人足賃《にんそくちん》は馬の半分とする。日暮れになって旅籠《はたご》に泊まる時は、荷主が馬方《うまかた》の旅籠賃を負担すること。帰り馬に荷物を積むか否かは荷主と馬方の相対で決めてよい。御上洛の際以外の通馬は禁止する、などであった。

慶長六年（一六〇一）正月に東海道の宿駅に三十六匹の伝馬が定められ、翌七年六月に東海道・中山道の駄賃銭が定められていたのを受けて、江戸近辺の規定がここに定められたのである。ちなみに、このの ち、東海道の各宿駅は百人百匹、中山道は五十人五十匹、そのほかの街道は二十五人二十五匹が原則となる。

旅籠屋（『東海道五十三次』）

旅籠屋（『木曽海道六拾九次』）

ダムス（三浦按針）、西洋型船を完成、航行に成功。
**9・19**　薩摩藩主島津家久、琉球王尚寧に奄美諸島分割を通告。
**9月**　全国で飢饉。
**9月**　島津家久、琉球検地を実施、北部の大島諸島を直轄地とする。尚寧帰国。
**10・28**　仙台で大地震。死者多数。
**11・17**　伏見で大火。町家1000余戸、大名邸20余焼失。
**11・28**　幕府、明国商人に長崎での貿易を許可。
**11月**　角倉了以、賀茂川を分流し高瀬川に舟運を開く。
**この年**　家康、武家官位を朝廷官位の定員外にするよう朝廷に要求。
**この年**　南光坊天海、僧正となる。

# 1612 慶長十七年

壬子

天皇▼後水尾天皇

将軍▼徳川秀忠（第二代）

【主要幕閣】

◉老中
本多正信（佐渡守）
大久保忠隣（相模守）
酒井忠世（雅楽頭）
土井利勝（大炊助）
安藤重信（対馬守）
青山成重（図書助）

◉大御所付老中
本多正純（上野介）
成瀬正成（隼人正）
安藤直次（帯刀）

◉江戸町奉行
北
米津田政（勘兵衛）
南
土屋重成（権右衛門）

◉京都所司代
板倉勝重（伊賀守）

◉長崎奉行
長谷川藤広（左兵衛）

## 将軍秀忠、東国の諸大名に誓書を出させる　一月五日

政治経済

将軍秀忠は、この日、江戸にいた六十一名の関東・東北など東国の諸大名に三ヶ条の誓書《せいしょ》を提出させた。その内容は、①昨年四月十二日に大御所家康が仰せ下されたように源頼朝以来の将軍家の法令に準じて江戸幕府の命令を堅く守るべきであること。②法令違反や上意に背く侍を各藩に隠匿《いんとく》してはならない。③叛逆者や殺害人として届けられている者を藩士として召し抱えてはならないというものであった。

前年四月十二日は後水尾《ごみずのお》天皇の即位式の日であり、家康は在京中の細川忠興《ただおき》・池田輝政《てるまさ》・福島正則《まさのり》・島津家久《いえひさ》・前田利常《としつね》・毛利秀就《ひでなり》・加藤清正《きよまさ》・浅野幸長《よしなが》・黒田長政《ながまさ》ら西国の有力外様大名二十二名より、すでに同内容の誓書を提出させている。

この日は、最上義光《もがみよしあき》・蒲生秀行《がもうひでゆき》・佐竹義宣《さたけよしのぶ》・伊達政宗・上杉景勝《かげかつ》ら、主として東北の有力外様大名十一名にこの誓書を提出させた。同文のものを五十名の関東・中部・北陸の譜代と外様の中小大名にも提出させている。

これは、大御所と将軍が連携し、法令違反を一例として全国の外様大名に幕府の方針に従うか否かを問うたものであり、大坂の豊臣氏に対する圧力の始まりであったともいえよう。

## 幕府、直轄領に禁教令を発布　三月二十一日

文化思想

岡《おか》本大八《もとだいはち》事件で、当事者の大八と有馬晴信《ありまはるのぶ》がともにキリシタンであったことを重大視し、この日、直轄領にキリスト教信仰禁止を命じた。そして、京都所司代《きょうとしょしだい》の板倉勝重《いたくらかつしげ》に命じて京都の南蛮寺《なんばんでら》などのイエズス会（耶蘇《やそ》会《かい》）の教会を破却させた。また、家康に近侍していたために格別の計らいで肥前日野江《ひのえ》（現、長崎県島原市）城主の地位を継承できた晴信の嫡男直純《なおずみ》には領内に多くいたキリシタンの取り締まりを厳命し、浄土僧の幡随上人《ばんずいしょうにん》を領内に派遣してキリシタンの改宗教化を担当させた。さらに、長崎奉行の長谷川藤広《はせがわふじひろ》に命じて長崎でのキリシタン摘発を担当させた。

迫害される日本のキリシタンのイメージ
（モンタヌス『日本誌』）

一方で、家康付き幕臣のなかにもキリシタンがいたのが見付かり、原主水《はらもんど》以下十三名が改易《かいえき》処分になり、諸大名にも触状が廻った。そのなかの一人小笠原《おがさわら》権之丞《ごんのじょう》は家康の庶子であった

【この年の出来事】

**1・5** 家康、条令三か条を東国諸大名に提示。
**3・3** 家康、駿府で本因坊算砂・大橋宗桂の囲碁・将棋を見る。
**3・21** 幕府、収賄により、長崎奉行所与力岡本大八を火刑。翌日、日野江藩主有馬晴信を甲斐に流刑（岡本大八事件）。
**3・21** 幕府、キリシタン禁令を発布。京都の教会堂破却。
**3月** 幕府、九州諸大名に江戸湊造営を命令。
**4・13** 宮本武蔵、佐々木小次郎を討つ。
**5・27** 幕府、渡船の規則を制定。
**6・2** 幕府、江戸市街の町割を実施。
**6・20** 医師驢庵、江戸御番となる。
**6・22** 東海・西日本で大風雨、洪水。
**6月** 幕府、大鳥居逸兵衛を捕縛・処刑。
**7・15** 阿蘇山噴火。

という説もある。また、家康の寵愛を受けていた女性のなかにもキリシタンが見付かり、おたあ（ジュリア）は伊豆大島から神津島《こうづしま》へ流罪になったという。そして、翌十八年十二月十九日に禁教令を全国に及ぼした。

## 岡本大八、火刑に処される 三月二十一日

事件 災害

大御所家康付年寄衆筆頭の本多正純《ほんだまさずみ》の与力《よりき》であったキリシタンの岡本大八が、この日、安倍川の川原で火刑に処された。キリシタン大名の有馬晴信との贈収賄事件が発覚したためだった。

大八はもと長崎奉行の長谷川藤広の家臣だったが、後に正純の与力となって頭角を現していた。長崎在勤中に知り合った晴信に対し、晴信が慶長十四年にマカオでの紛争に端を発した長崎港外でのポルトガル船ノッサ＝セニョーラ＝ダ＝グラッサ号（旧名マードレ＝デ＝デウス号）を焼討ちした事件の功で旧領を回復できるよう幕府に上申したと偽って多額の賄賂を受け取っていたことが発覚し、二月二十三日に両者が代官頭《だいかんがしら》の大久保長安《おおくぼながやす》邸で対決して大八の罪が明確となった。

その後、今度は大八が獄中から、晴信はかつて長崎奉行の長谷川藤広を暗殺しようとしたとの訴えがあり、三月十八日、再度両者の吟味が行なわれたが、晴信は弁明できなかった。その結果、大八の処刑が執行されたのである。晴信は翌日甲斐国都留郡《つるぐん》内に幽閉され、五月六日に切腹を命じられた。

この事件は、長崎貿易をめぐる幕府の対応や禁教政策に大きく影響した。さらに、事件が大久保長安のもとで処理されたことをめぐって、本多正信《まさのぶ》・正純父子と将軍秀忠付出頭人《しゅっとうにん》の大久保忠隣《ただちか》との確執にも発展していった。

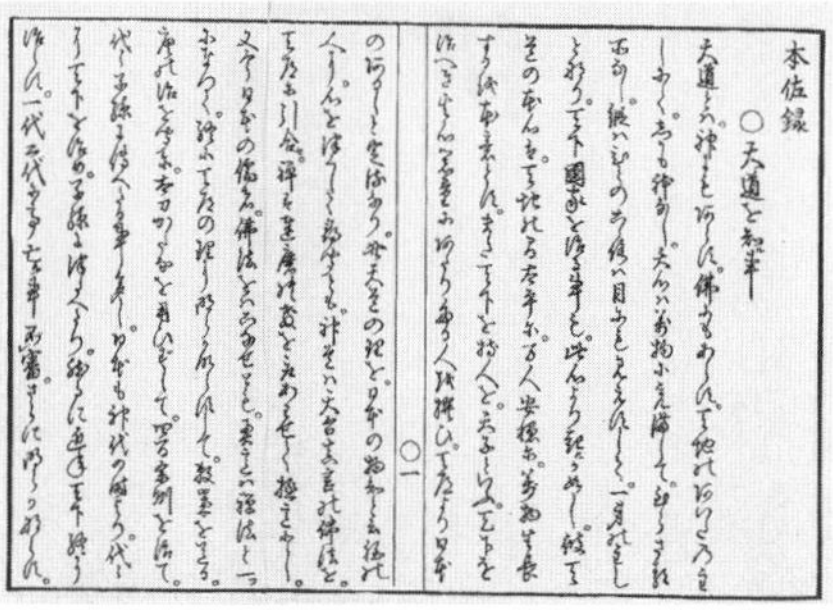
本佐録
○天道を知事

本多正信著とされる『本佐録』。秀忠の問いに答える形で儒教的天道論を説く（享保期の版本）

## 江戸のかぶき者の首魁、大鳥居逸兵衛を処刑 六月

社会 世相

江戸で、髪型も服装も異様な風体で徒党を組み、喧嘩や辻斬《つじぎ》りで人々に危害を加えていたかぶき者が横行したため、幕府は厳重に捜査して、この月、彼らの首魁《しゅかい》だった大鳥居《おおとりい》（井）逸兵衛《いっぺい》（大鳥一兵衛）を江戸市中引き回しの上で磔刑《たっけい》に処し、同類の者三百人余りが成敗された。

事の発端は、旗本大番組頭《おおばんぐみがしら》の芝山正次《しばやままさつぐ》が小姓《こしょう》の一人を成敗した際に、仲間の小姓たちが刀を抜いて主君の正次を殺害して逐電《ちくでん》するという事件だった。主殺しは封建社会にあって最も忌むべき大罪であり、幕府は八方手を尽くして犯人を探索し、捕縛した。その結果、彼らが主人よりも仲間を優先するかぶき者であり、多くの者が徒党を組んでいることが判明。その首魁が大鳥居逸兵衛らであること、江戸市中にも仲間が三百人余りおり、全国には三千人にも及ぶということだった。逸兵衛以下が捕縛され、さらに、直参《じきさん》やその息子なども加わっていたことが判明したため、その者たちは東北諸藩にお預けの処分が出された。下剋上という戦国以来の風潮を否定する幕藩体制社会の到来に不満を持つ者たちの暴発ともいえよう。

**7・29** 江戸・駿府で大風雨。
**6月** 幕府、江戸のかぶき者を捕縛、頭領大鳥逸平らを処刑。
**8・2** 家康、安藤重信に慶長五年以来の銭穀出納調査を指示。
**8・10** 徳川家康、奈良東大寺法輪院良意と同寺惣中の争いを裁決。
**8・18** 幕府、板倉勝重・金地院崇伝に京都の寺院統制を命令（寺社奉行の始まり）。
**9月上旬** 東海から山陽にかけ大風雨。美作で大洪水、死者５０００余人。
**10・16** 幕府、道路・堤防・橋梁の修復に関する規則を制定。
**10月** オランダ商館長、家康に国王返書を提出。
**11月** 阿蘇山噴火。
**この年** 幕府、駿府の銀座を江戸に移転。

# 1613

# 慶長十八年

## 癸丑

**天皇▼後水尾天皇**

**将軍▼徳川秀忠**（第二代）

**【主要幕閣】**

**◉老中**
本多正信（佐渡守）
酒井忠世（雅楽頭）
土井利勝（大炊助）
安藤重信（対馬守）
青山成重（図書助）

**◉将軍付出頭人**
大久保忠隣（相模守）

**◉大御所付老中**
本多正純（上野介）
成瀬正成（隼人正）
安藤直次（帯刀）

**◉江戸町奉行**
**北**
米津田政（勘兵衛）
**南**
島田利正（兵四郎）

**◉京都所司代**
板倉勝重（伊賀守）

**◉長崎奉行**
長谷川藤広（左兵衛）

## 慶長遣欧使節の支倉常長らが出航 九月十五日

政治経済

伊達政宗は、フランシスコ会宣教師ルイス＝ソテロの手引きで家臣支倉常長《はせくらつねなが》を慶長遣欧使節《けいちょうけんおうしせつ》としてこの日、月浦《つきのうら》（現、宮城県石巻市）から出航させた。支倉の通称は六右衛門、名は長経《ながつね》ともいい、家人・従者約百五十人を率いた。使節の目的は、かねて家康が熱望していたノビスパン（メキシコ）との通交樹立と仙台領内にフランシスコ会の司教区《しきょうく》を設置することにあった。

一行はアカプルコ・メキシコ市を経てベラクルスから大西洋を横断してスペインに至り、セビリア（ソテロの故郷）・コルドバ・トレドを経て慶長十九年十一月に首都マドリードへ着き、翌年正月にスペイン国王フェリペ三世へ拝謁して政宗の信書《しんしょ》を捧呈《ほうてい》した。マドリード滞在中に支倉は洗礼を受けた。その後一行は、バルセロナから船でジェノバを経由してローマへ入り、同年九月にローマ教皇パウロ五世に謁見して政宗の信書を提出した。滞在中にローマ市は支倉に公民権を与え、貴族に列する厚遇を与えた。

支倉常長

マニラ市民の根強い貿易反対や幕府の禁教令発布の情報などにより、使節団の使命は実現出来ず、支倉ら一行はむなしく帰国の途についた。帰路はアカプルコからマニラ、長崎を経由して元和六年（一六二〇）八月二十六日、すでに禁教下の仙台へ帰着した。二年後の元和八年七月一日にひっそりと病歿。享年五十二歳。伊達家に伝えられて現存するパウロ五世と支倉の肖像画は、教皇庁がフランス人画家クラウジオに描かせ、支倉がヨーロッパから持ち帰った遺品の一つといわれている。

## 家康、イギリスに通商を許可する 九月一日

文化思想

五月四日に平戸《ひらど》にイギリス東インド会社のクローブ号が来航し、司令官ジョン＝セーリスは、家康の外交顧問ウイリアム＝アダムズ（日本名三浦按針《みうらあんじん》）の斡旋で駿府に赴き、国王ジェームズ一世の国書を捧呈して通商を求めた。この日、家康は国王宛復書《ふくしょ》とともに七カ条の通商許可朱印状をセーリスに与えた。主な内容は、全国の港を開放して自由貿易を許し、内地商業の自由や治外法権《ちがいほうけん》さえ認めるものであった。家康は浦賀に商館を開かせようとしたが、イギリスは対明貿易を意識して平戸に注目した。リチャード・コックスを商館長に任命し、アダムズを年俸百ポンド三年契約で東インド会社に雇うなどして、十月二十五日に平戸のイギリス商館が開かれた。

アダムズは、慶長五年（一六〇〇）に豊後臼杵《うすき》（現、大分県臼杵市）に漂着したオランダ東インド会社のリーフデ号

**【この年の出来事】**

**2・28** 幕府、関東天台宗法度を制定。このころたびたび諸宗に法度を出す。
**3月** 幕府、江戸市中に禁令五か条を発布。
**この春** 薩摩藩主島津家久、琉球王を介して明国に貿易を要求。
**5・4** イギリス船クローブ号、平戸へ来航。
**6・1** 薩摩藩主島津家久、琉球の法度を制定し、明貿易に出資。
**6・12** 幕府、浅草でキリシタン処刑。
**6・16** 幕府、公家諸法度・勅許紫衣法度・諸寺入院の法度を制定。
**6・22** 阿蘇山噴火。
**6月** 諸国で旱魃。佐賀藩領で蝗害。
**7・9** 大久保長安の遺子7人、切腹。
**8・3** 諸国で大風。長崎で貢船15隻沈没し、京・堺の糸価上昇。
**8・4** イギリス東インド会社司令官、駿府で家

の水先案内人であり、オランダ人航海士のヤン＝ヨーステン（日本名耶揚子《やようす》）とともに、のちに家康の側近として外交顧問となっていた。イギリス商館では対日貿易の斡旋やシャム貿易にも従事し、イギリス商館閉鎖後は朱印船貿易家としても活躍した。

平戸（モンタヌス『日本誌』）

## 大久保長安死後に旧罪を糾され、遺子切腹　七月九日

事件 災害

百二十万石に及ぶ地域の代官頭《だいかんがしら》や各地の鉱山奉行を兼ねて幕府財政に強い権限を持っていた大久保長安《おおくぼながやす》が、中風《ちゅうふう》を患って四月二十五日に駿府で亡くなった。享年六十九歳。その後、生前の不正・汚職による金銀隠匿、幕府転覆の陰謀に加担したなどの罪により、莫大な遺産が没収されるとともに、この日、嫡男以下七名の切腹が命じられた。さらに、近親・縁者まで罪に問われた。

長安は、初め武田氏に仕えたが、武田氏滅亡後に家康へ仕え、大久保忠隣《ただちか》の庇護を受けて大久保姓を名乗った。蔵《くら》前衆《まえしゅう》（代官衆）から頭角を現し、関東入国後は伊奈忠次《いなただつぐ》と並ぶ地方巧者《じかたこうしゃ》となる一方、石見《いわみ》銀山・佐渡金山・伊豆金山などで新鉱法の採用により空前の増産に成功し、独自の財力と権勢を生み出していった。

事件の背景には、彦坂元成《ひこさかもとなり》の改易や関東総奉行《かんとうそうぶぎょう》籠居《ろうきょ》事件と同様に、地方巧者といった独自の個人的な能力による民政・財政の専門家を廃して、民政支配の幕府機構内での組織化・統制確立を図る狙いがあった。そして、将軍秀忠側近で重鎮の大久保忠隣の資金源を断つという、本多正純《ほんだまさずみ》らの思惑もあったといえよう。

## 摂津佃村から移住の漁民に網漁の特権付与　八月十日

社会 世相

摂津国西成《にしなり》郡佃村《つくだむら》（現、大阪市西淀川区）の優れた漁業技術を身につけた漁民が、徳川家康の関東入国後に家康との縁で江戸へ移住してきた。当初、江戸奉行衆の安藤対馬守重信《あんどうつしまのかみしげのぶ》の邸内を旅宿としていた漁民に対して、この日、幕府年寄衆と江戸の町奉行連署で、浅草川（現在の隅田川）と稲毛川の内、法度の場を除いて江戸近辺での海川で網漁をする特権を彼らに付与した。

漁は江戸湾内の魚介類が中心で、将軍家への献上分を除いて日本橋の魚市場で販売された。なかでも冬の白魚《しらうお》漁は特権として認められるようになった。正保元年（一六四四）には干潟百間四方を幕府から拝領、埋め立てて宅地を造成し、ここに移住して出身地の地名にちなんで佃島《つくだじま》と命名した。漁民の間に生まれた保存食品であった佃煮は、江戸後期から江戸庶民の間で有名となる。

康に拝謁し、イギリス国王の書簡を提出。9月1日、通商を許可。
**8・6**　家康ら、駿府城二の丸で明人の花火を見物。
**8・10**　幕府、鉄砲洲向島の漁民に幕府の御用掛として江戸近辺の漁業権を付与。
**9・1**　家康、イギリスとの通商を許可。
**9・15**　仙台藩主伊達政宗の遣欧使節支倉常長ら、月浦を出港。
**10・25**　幕府、長崎平戸にイギリス商館設置を許可。
**12・23**　金地院崇伝、キリスト教禁止令を起草。宣教師・教徒への弾圧開始。
**この年**　家康、天海に日光山管理を命令。
**この年**　各地で長雨・洪水。
**このころ**　諸大名、江戸に留守居役を設置。

# 1614 慶長十九年

甲寅

天皇▼後水尾天皇

将軍▼徳川秀忠（第二代）

【主要幕閣】
◉老中
本多正信（佐渡守）
酒井忠世（雅楽頭）
土井利勝（大炊助）
安藤重信（対馬守）
◉大御所付老中
本多正純（上野介）
成瀬正成（隼人正）
安藤直次（帯刀）
◉江戸町奉行
北
米津田政（勘兵衛）
南
島田利正（兵四郎）
◉京都所司代
板倉勝重（伊賀守）
◉長崎奉行
長谷川藤広（左兵衛）

## 旧キリシタン大名高山右近ら国外追放処分　九月二十四日（十月七日）

政治経済

国外追放処分を受けた旧キリシタン大名の高山右近《たかやまうこん》は、この日、内藤如安《ないとうじょあん》ら百人余と長崎からスペイン船でマニラへ向かった。

右近は十三歳で受洗し、織田信長・豊臣秀吉に仕えて武功を上げ、摂津高槻《たかつき》を経て播磨明石《あかし》六万石の城主となった。また右近は、利休七哲《りきゅうしちてつ》の一人と称されるほど文化的教養も高かった。南坊《みなみのぼう》とも称した。しかし、天正《てんしょう》十五年（一五八七）のバテレン追放令でキリスト教を捨てなかったために改易《かいえき》され、のち前田利家に招かれて金沢に住した。自費で金沢に教会を建てて北陸にキリスト教を広め、キリシタンの大檀那《おおだんな》と目されていた。

この年の正月、前年十二月の全国への禁教令発布を請けて、右近は自らや如安の家族とともに金沢を出て、大坂を経て長崎に下った。家康は右近が豊臣方について多くのキリシタンを呼び寄せる危険性を考慮して、異例の国外追放の措置を採ったともいわれている。

右近らの乗った船は老朽であり、一行は甲板にゴロ寝するなどの苦難を強いられたが、十二月二十一日にマニラへ着いた。スペイン総督以下、多くの市民の歓迎を受けたが、右近は間もなく熱病に罹り、翌慶長二十年二月五日に病死した。享年六十四歳。

## 仙洞御所で人形浄瑠璃御覧　九月二十一日

文化思想

この頃、平曲《へいきょく》や謡曲《ようきょく》を源流とする語《かた》り物《もの》の一種の浄《じょう》瑠璃《るり》と、三味線の伴奏で演じる日本独特の人形劇である人形浄瑠璃が流行していたようで、この日、後陽成《ごようぜい》上皇《じょうこう》の仙洞御所《せんとうごしょ》の庭に緞子《どんす》幕《まく》を引き回した舞台で『阿弥《あみ》陀胸割《だのむねわり》』などの人形浄瑠璃の興行が催され、上皇以下多くの公卿が見物した。『阿弥陀胸割』という作品は、天竺《てんじく》の長者の娘が他人の難病を救うために自分の生肝《いきぎも》を差し出すと、阿弥陀如来《あみだにょらい》が身代わりになって胸から血を流していたという筋である。古《こ》浄瑠璃の最古の作品の一つといわれる。この時見物した西洞院時慶《にしのとういんときよし》によると夷舁《えびすかき》（西宮の夷神社の人形遣い芸団）の類だと推定している。また、高砂《たかさご》などの能も演目のなかにあったことが記録されている。十七世紀後半に竹本義太夫《たけもとぎだゆう》と近松門左衛門《ちかまつもんざえもん》が登場して発展する人形浄瑠璃の創始期の状況を知ることが出来る貴重な記事といえよう。

## 将軍秀忠付出頭人の大久保忠隣、改易処分　一月十九日

事件災害

幕府はこの日、キリシタン取り締まりのために京都にいた将軍秀忠付出頭人《しゅっとうにん》の相模小田原城主大久保忠《おおくぼただ》隣《ちか》を、将軍に無届けで大名との結婚を結んだことを理由に改易《かいえき》処分とし、近江に蟄居《ちっきょ》させた。

忠隣は、井伊直政《いいなおまさ》・本多忠勝《ほんだただかつ》ら四天王に次ぐ武功を残

【この年の出来事】
**1・19** 幕府、大久保忠隣を改易。
**3・15** 幕府、大名普請役で高田城築造開始。
**4・16** 方広寺大仏殿竣工。
**4・23** 近畿・美濃・尾張で大雨。各地で被害大。
**5・12** 関西で大雨、大洪水。
**5・19** 畿内で洪水。京都・大津で被害大。
**6・3** 美濃で大水。曽根の堤崩壊。
**7・12** 角倉了以歿(61)。
**7・26** 家康、方広寺大仏開眼供養の延期を指示。
**7月** 日本領磯竹島（竹嶋・鬱陵島）の領有争い開始。
**8・28** 江戸で大風雨。品川白馬寺の塔倒壊。
**8・28** 近畿で大水。山城で水死者多数。
**9・21** 仙洞御所で人形浄瑠璃開催。
**9・24** 幕府、高山右近ら百余人をマカオ・フィリピンに追放。

した大久保忠世《ただよ》の嫡男として、姉川《あねがわ》の戦いや小牧《こまき》・長久手《ながくて》の戦いで武功を上げ、奉行衆としての行政能力も認められ、譜代門閥派を代表する形で秀忠付き家臣団を統率する地位に就いたのである。一方、忠隣とともに関ヶ原の戦い以後から幕閣の首脳として頭角を現したのが本多正信《まさのぶ》である。正信は優れた行政手腕を背景に、才気に満ちた知謀家の吏僚として家康の側近ナンバーワンにのし上がった。そして、大御所と将軍の二元政治下の徳川政権で土井利勝《どいとしかつ》・安藤重信《あんどうしげのぶ》といった江戸奉行衆から江戸年寄衆に抜擢されていった吏僚派を育ててきた。

本多正信

この改易事件は、岡本大八《おかもとだいはち》事件・大久保長安《ながやす》事件とともに、本多正信・正純《まさずみ》父子と忠隣との確執などという個人的次元の問題ではなく、二元政治下で大御所の意思を優先して秀忠政権との一体化を図る上で、障害となる者を排除して結束を固めるための大手術であった。そして、幕閣の実力者といえども公儀《こうぎ》の法度《はっと》に背く者には断固たる処罰が行なわれることを内外に示したことになる。さらにいえば、門閥譜代の武功派大名の時代の終焉であり、新しい吏僚派譜代大名の到来を象徴する事件でもあったといえよう。

## 家康、方広寺の大仏開眼供養の延期を命ず　七月二十六日

社会世相

豊臣秀頼《ひでより》は、亡父秀吉の追善供養のために、慶長元年（一五九六）の京都大地震で倒壊した方広寺《ほうこうじ》（現、京都市東山区）大仏殿の再建に着手。この年四月十六日に銅使用量一万七千貫（六十三・七十五トン）の巨鐘の完成で工事を終了し、大仏開眼供養と堂供養を八月三日に行なう段取りで準備を進めていた。

ところが、この日、家康は鐘銘《しょうめい》と棟札《むなふだ》の文言《もんごん》に疑義があるので、上棟式《じょうとうしき》と両供養を延期するよう、秀頼の重臣で造営奉行の片桐且元《かたぎりかつもと》に命じた。八月一日に京都所司代《きょうとしょしだい》の板倉勝重《いたくらかつしげ》から家康の意向を知らされた且元は困惑したが、幕府との直接対決を避けるためにやむなく了承した。やがて銘文中の「国家安康《こっかあんこう》」「君臣豊楽《くんしんほうらく》」の文言が取り上げられ、「国家安康」は家康の名を引き裂いたもので、「君臣豊楽」は豊臣を君（君主）として楽しむという意味が込められていると言いがかりをつけた。八月二十日に且元は駿府の家康の許へ弁明に赴いたが聞き入れられず、逆に最近、浪人衆が大坂城に集められている点を難詰されてしまった。これが、方広寺鐘銘事件である。

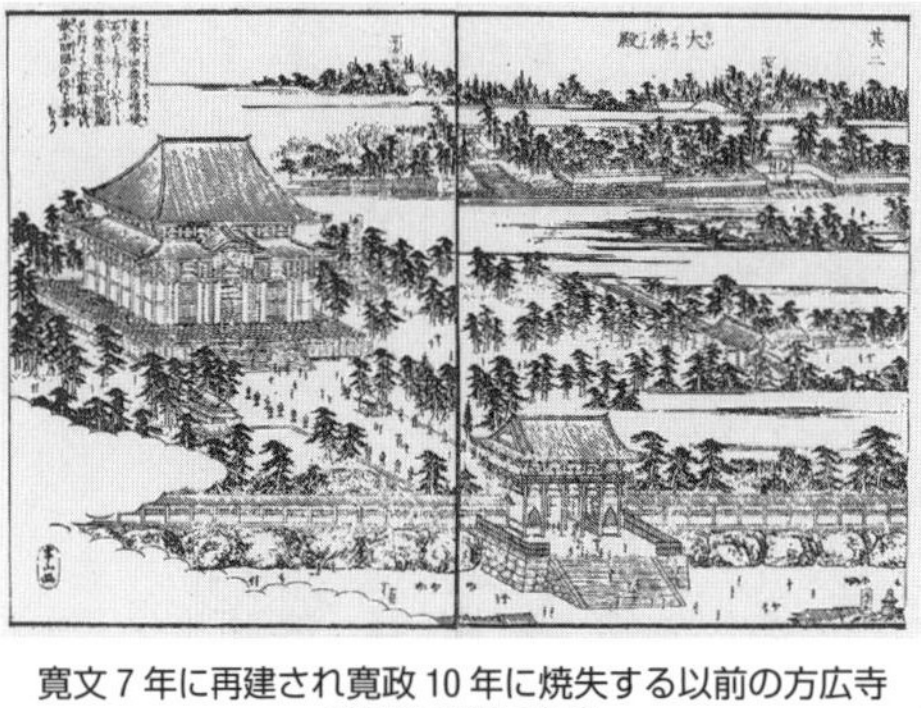
寛文７年に再建され寛政10年に焼失する以前の方広寺
（『花洛名勝図会』）

家康側の意図は、豊臣方を混乱に陥れ、大坂城を攻略するチャンスを摑むことにあった。九月になると且元を通じて国替えか淀殿《よどどの》か秀頼の江戸下向の三案の内の一つを選択するよう求め、ついに十月の大坂冬の陣に至る。

**10・1**　家康、大坂征討を命じる（大坂冬の陣）。
**10・25**　幕府、東海道・中山道などに関所を設置。
**10・25**　京都および近国で大地震。
**12・20**　家康と豊臣秀頼、和議。
**12・28**　今川氏真歿(77)。
**この冬**　紀伊国牟婁郡の地侍ら、大坂冬の陣に際して領主浅野氏兵力が手薄になったのを機に一揆（北山一揆）。
**この年**　三浦浄心『慶長見聞集』完成。
**この年**　家康、宗義智を朝鮮に派遣、通信使の来貢を要請。朝鮮は拒否。

# 1615 元和元年（慶長二十年）

乙卯

天皇▼後水尾天皇

将軍▼徳川秀忠（第二代）

【主要幕閣】

◉老中
本多正信（佐渡守）
酒井忠世（雅楽頭）
土井利勝（大炊助）
安藤重信（対馬守）

◉大御所付老中
本多正純（上野介）
成瀬正成（隼人正）
安藤直次（帯刀）

◉江戸町奉行
北
米津田政（勘兵衛）
南
島田利正（兵四郎）

◉京都所司代
板倉勝重（伊賀守）

◉長崎奉行
長谷川藤広（左兵衛）

## 大坂落城、豊臣氏が滅亡　五月八日

政治経済

前年十一月十九日から始まった大坂冬の陣は、十二月二十二日に講和の誓書が交換されて一旦終結した。早速家康は、大坂城包囲軍十九万四千の将兵の多くを動員して大坂城の総構《そうがまえ》（外郭《がいかく》）のみならず、当初大坂方担当部分であった三の丸・二の丸の破却と堀（濠）の埋め立てまでを一カ月足らずで強行させた（慶長二十年正月十九日）。豊臣秀吉が心血を注いで築いた難攻不落といわれた城は、本丸を残すのみの裸城《はだかじろ》となった。家康の講和交渉の真の狙いは、大坂城の軍事的価値を奪う点にあったという。大坂包囲軍が順次帰国した三月になると、大坂方は総構の復旧作業や武器弾薬の製造・牢人衆の新規召し抱えなどの再戦準備を進めた。家康はこれを口実にして四月四日に駿府から西上の途につき、秀忠も十日に江戸城を出陣した。出陣命令を受けて上洛した徳川方軍勢十五万五千余は四月二十五日、大和口《やまとぐち》方面軍と河内口《かわちぐち》方面軍の二手に分かれて進撃した。一方、裸同然となった大坂城に籠城する不利を覚った大坂方五万五千余の将兵は、野戦《やせん》を選択せざるを得なかった。ここに大坂夏の陣は勃発した。

大坂落城（モンタヌス『日本誌』）

大和郡山城《やまとこおりやまじょう》や堺などの攻防戦を経て、五月五日に家康は星田《ほしだ》（現、交野市）に、秀忠は砂《すな》（現、四条畷市）に布陣した。六日の道明寺《どうみょうじ》の激戦で牢人衆の頭目の一人後藤基次《ごとうもとつぐ》が、若江《わかえ》（現、東大阪市）で、大野治長《おおのはるなが》に次ぐ家老的人物の木村重成《きむらしげなり》が戦死し、七日の天王寺口《てんのうじぐち》の激戦では一時家康本陣が危機に瀕《ひん》するが、牢人衆の頭目の一人真田信繁《さなだのぶしげ》（幸村《ゆきむら》）が戦死すると、大坂方の主将はほとんどいなくなって敗色は歴然となった。徳川方の将兵が大坂城になだれ込み、大坂城は炎につつまれて落城した。淀殿《よどどの》・豊臣秀頼《ひでより》母子らと側近の大野治長や生き残った毛利勝永《もうりかつなが》らは本丸北の山里曲輪《やまざとくるわ》の糒倉《ほしいぐら》に避難した。

前夜に淀殿・豊臣秀頼母子の助命嘆願のために秀頼夫人千姫《せんひめ》を脱出させたが、交渉不成立を知り、この日の午後二時頃、母子は勝永の介錯で自害（四十九歳と二十三歳）し、倉に仕掛けていた爆薬が点火されて豊臣氏は滅んだ。

## 水墨画の名手、海北友松が歿す　六月二日

文化思想

桃山文化を代表する狩野永徳《かのうえいとく》・長谷川等伯《はせがわとうはく》らと並ぶ水墨画《すいぼくが》・濃絵《だみえ》の名手であった海北友松《かいほうゆうしょう》は、この日京都の自宅で妻や長男の友雪《ゆうせつ》に見守られながら波瀾の八十三年の生涯を閉じた。友松は、近江の人で、父は浅井長政の重臣であった。父・兄が小谷《おだに》落城に殉じた際に友松は東《とう》

【この年の出来事】

**1・5** マニラで高山右近歿（61）。
**3・5** 大坂再挙兵計画の報、駿府に到着。
**3・25** 駿府城下で伊勢踊りが行なわれる。
**4・6** 家康、大坂再征を命令（大坂夏の陣）。
**5・7** 真田幸村、大坂夏の陣で戦死（49）。
**5・8** 大坂城落城。豊臣秀頼（23）、淀殿（享年未詳）自害。
**6・1** 江戸で大地震。
**6・2** 海北友松歿（83）。
**6・11** 古田織部、大坂方内通の嫌疑により山城で切腹（72）。
**6・15** 日枝神社山王例祭で、山車・練物が初めて江戸城内に参入。
**6・23** 京都で大風雨、洪水。
**6・28** 幕府、諸国に喫煙・煙草の栽培・販売を禁止。
**閏6・13** 幕府、諸大名に一国一城令を発布。
**7・7** 将軍秀忠、伏見

福寺《ふくじ》の喝食《かつじき》であったために生き残り、のち還俗して武術の修行を積んで海北家再興を期した。また、親交のあった明《あけ》智光秀《ちみつひで》の重臣斎藤利三《さいとうとしみつ》が山崎の戦いで敗れて粟田口《あわたぐち》で磔刑《たっけい》に処されると、夜陰に乗じて遺骸を奪い取って真如堂《しんにょどう》の東《とう》陽院《ようけん》に葬るという剛毅な行動もしている。

一方で、狩野元信《もとのぶ》あるいは永徳に絵を学び、かつ東福寺などに伝わる宋元《そうげん》の水墨画にも影響を受けて、剛毅な武人的性格を反映した独自の画風を生み出して海北派の祖となる。水墨画の「山水図屏風《さんすいずびょうぶ》」・濃絵の妙心寺《みょうしんじ》の「牡丹《ぼたん》・梅花図屏風《ばいかずびょうぶ》」などが有名で、晩年は宮廷の御用も務め、名声は朝鮮にも及んだという。また、斎藤利三の娘の春日《かすがの》局《つぼね》の幼少期に世話を惜しまなかったという。その恩返しとして春日局は後年、友松の子友雪を支援している。

## 幕府、禁中並公家諸法度を発布 七月十七日

事件災害

大坂夏の陣の処理が済むと幕府は、閏《うるう》六月十三日付けで西国の外様大名に居城以外の城塁《じょうるい》を破却すべき旨の一国一城令を発令した。数日の内に四百の城砦《じょうさい》が毀《こわ》されたという。さらに、七月七日に秀忠は諸大名を伏見城に集めて、領国支配者である大名統制の基本法となる十三カ条の武家諸法度《ぶけしょはっと》を崇伝《すうでん》に読み上げさせた。新規築城の禁止・居城修築の許可制・大名間の自由通婚の禁止などが規定された。そして、この日に家康・秀忠・前関白の二条《にじょう》昭実《あきざね》が連署して制定し、三十日に御所に参内した公家・門《もん》跡《ぜき》全員に武家伝奏《ぶけてんそう》の広橋兼勝《かねかつ》が読み上げたのが禁中並《きんちゅうならびに》公家諸法度《くげしょはっと》である。このなかで、幕府は天皇の修養すべきものを学問に限定し、摂関《せっかん》以下の廷臣《ていしん》の席次や任免・改元から紫衣《しえ》勅許《ちょっきょ》などの栄誉上の権限にも干渉し、朝廷の主体的行動や伝統的権威に著しい制約を加えた。ここには、同じく七月に宗派ごとに定めた寺院法度と同様に、諸大名・朝廷・寺社を幕府の全国支配体制に組み込む意図が明確に示されているといえよう。

## 大坂落城の瓦版が発行される

社会世相

この年、大坂夏の陣を題材とした「大坂安部之合戦之図《おおさかあべのかっせんのず》」と「大坂卯年図《うどしず》」の二枚の瓦版《かわらばん》が発行されたという。伝存最古の瓦版とされているが、版木《はんぎ》作成年次については不明な点が多い。「大坂安部之合戦之図」は江戸後期の狂歌師・戯作者《げさくしゃ》として名声の高かった大田南畝《おおたなんぽ》（蜀《しょく》山人《さんじん》）が紹介して以来多くの模本が作られた。

瓦版とは、街頭で読み売られていたニュース性のある題材を内容とする一ないし数枚の木版ないし土版木《どはんぎ》による印刷物で、古くは読売《よみうり》と呼ばれ、瓦版の称は江戸末期からである。土版木は瓦を作る粘土を干し固めて軽く焼いて版木としたものといわれ、瓦版の名はここからきたという説もある。形式は絵入りのものが多く、内容は心中・風水害・地震・火災・仇討《あだうち》・珍談奇聞《ちんだんきぶん》が主であったが、幕末になると政治色を帯びたものが増加していった。

「大坂卯年図」

城で武家諸法度を発布。
**7・13** 戦乱・災害発生により元和に改元。
**7・17** 将軍秀忠、二条城で禁中並公家諸法度を発布。
**7・24** 幕府、諸宗諸本山法度を発布。
**7月** 家康、豊臣方の浪人の諸大名への仕官を許可。
**8・2** オランダ商館長スペックス、家康に謁見、ポルトガル・スペインとの交戦を伝達。
**8・10** 京都および近国で大風雨。
**8・15** 諸国で大風。
**11・25** 京都で大地震。
**11・29** 幕府、巡見使を設置。
**この年** 大阪落城の瓦版発行。
**この年** 東北で凶作。餓死者多数。
**このころ** 操人形芝居、浄瑠璃が流行。

# 1616
# 元和二年

丙辰

天皇▼後水尾天皇

将軍▼徳川秀忠（第二代）

【主要幕閣】

◉老中
酒井忠世（雅楽頭）
本多正純（上野介）
酒井忠利（備後守）
土井利勝（大炊助）
安藤重信（対馬守）
内藤清次（若狭守）
青山忠俊（伯耆守）

◉江戸町奉行
北
米津田政（勘兵衛）
南
島田利正（兵四郎）

◉京都所司代
板倉勝重（伊賀守）

◉長崎奉行
長谷川藤広（左兵衛）

## 越後高田藩主の松平忠輝を伊勢朝熊に配流　七月六日

政治 経済

越《え》後《ち》高田《ごたかだ》（現、新潟県上越市）の藩主で徳川家康の六男松平忠輝《まつだいらただてる》は、この日、改易《かいえき》の上で伊勢朝熊《あさま》（現、三重県伊勢市）への配流を命じられた。この時二十五歳。

忠輝は譜代の長沢松平家を継いで、下総佐倉・信濃川中島を経て、慶長十五年に越後・信濃両国で六十万石を領して福島城（のち高田城）に住し、領国経営に尽力した。越後移封の背景は、北陸の雄である加賀前田氏を制することや佐渡《さど》運上《うんじょう》金銀《きんぎん》の江戸輸送路の北国《ほっこく》街道を確保することにあったという。大坂冬の陣では江戸留守居であったが、夏の陣では大和口《やまとぐち》総督に任じられながら遅参して軍功がなかった上に、大坂への途上の近江守山宿《もりやまじゅく》で将軍秀忠の旗下《はたした》を討ち取ったことが家康の耳に達した。家康は、忠輝を上野藤岡に閉居させた。翌年四月十七日に家康が亡くなると、江戸の藩邸へ移されていた。

忠輝の配流は、東北の雄伊達政宗の娘婿でもあり、キリシタンとの関係も噂される脇の甘さや粗暴な振る舞いに、行く末の危険を感じ取った家康の遺命であったという。将軍権力確立のためには肉親といえども断然排除するという、大御所家康と将軍秀忠の意思が見事に示された出来事でもあった。のちに忠輝は、飛驒高山を経て信濃諏訪に移され、天和三年（一六八三）に九十三歳で死去した。

## 家康の神号をめぐって天海と崇伝が論争　四月二十日〜九月十六日

文化 思想

死期を悟った家康は、四月二日頃に側近の本多正純《ほんだまさずみ》と金地院崇伝《こんちいんすうでん》・南光坊天海《なんこうぼうてんかい》を病床に呼び、「遺骸は駿河の久能山《くのうざん》に埋葬し、葬儀は江戸の増上寺《ぞうじょうじ》で営み、位牌を三河の大樹寺《だいじゅじ》に立てよ。一周忌も過ぎてから下野《しもつけ》の日光山に小さき堂を建てて勧請《かんじょう》するよう」に遺言している。

そして、四月十七日に家康が駿府城で七十五年の生涯を閉じると、その夜の内に遺言通りに遺骸は久能山に遷《うつ》され、吉田神道《よしだしんとう》を受け継ぐ豊国神社別当《ほうこくじんじゃべっとう》の神竜院梵舜《しんりゅういんぼんしゅん》が主導する神式で神に祀られて、十九日に新造された廟に埋葬された。

ところが、二十日になると家康の神号をめぐって崇伝と天海の間で論争が始まった。当初は崇伝が支援した梵舜の吉田流神道による「大明神」号が将軍以下幕閣にも支持されていたが、天海は、家康を超越的な神として祀るべき

「徳川家康天海対座画像」

【この年の出来事】

**2・20** 幕府、撰銭令を布達。
**3・27** 家康、太政大臣に就任。
**3・29** 村山等安・秋安らを台湾遠征に派遣。
**3月** 諸国で飢饉。京都・津軽で餓死者多数。
**4・17** 駿府で大御所徳川家康歿(75)。久能山に葬られる。
**4・20** 家康の神号をめぐり、崇伝と天海が論争。
**4月** 神田明神、芝崎村から湯島へ移転。
**5・8** 幕府、伊豆国下田に下田奉行を設置。
**5・11** 幕府、撰銭禁止令を制定。
**6・7** 本多正信歿(79)。
**6月** 幕府、500石以上1万石以下の者の軍役人数割りを制定(元和軍役令)。
**7・6** 幕府、将軍秀忠の家人を討った高田藩主松平忠輝を改易。
**7・25** イギリス商館長リチャード・コックス、三浦按針を伴い江戸参府。

である。しかし、「大明神」号で祀ると豊国大明神の豊臣秀吉と同格になるばかりではなく、今時、滅亡した豊臣家の祖と同じでは余りに不吉である。むしろ、自分の学んだ天台宗流の山王一実神道《さんのういちじつしんとう》は鎮護国家的色彩が強く、朝廷・寺社をも含めて統制下に置こうとした家康の意向に叶うものである、と主張し、その地位にふさわしい「大権現《だいごんげん》」号を推した。

五月までの論争のなかで、豊国大明神の例は将軍秀忠に大きな影響を与えたと見え、五月二十六日、「大権現」奏《そう》請《せい》に決したことが告げられ、天海らの上洛が決まる。七月十三日に勅許《ちょっきょ》が下り、朝廷から四案が示されて、九月十六日に「東照《とうしょう》大権現」に決まった。

## 坂崎出羽守事件起こる　九月

事件災害

**将**軍秀忠はこの月、大坂落城の際に脱出した豊臣秀頼《ひでより》の正室千姫《せんひめ》を伊勢桑名十五万石の本多《ほんだ》忠政《ただまさ》の嫡男忠刻《ただとき》に再嫁させた。この時、石見津和野《いわみつわの》三万石の坂崎出羽守《さかざきでわのかみ》成正《なりまさ》（直盛《なおもり》）は、千姫の輿《こし》を奪取しようと計画したが、事が露見した。幕府は坂崎家の重臣を欺いて成正を自害させ、所領を没収したのである。

千姫奪取計画の原因は、大坂落城の際に大御所家康が千姫を無事救出した者には千姫を嫁がせると約束したにも関わらず、千姫がこれを嫌ったために破談とされたことに憤慨したとか、将軍秀忠が千姫を公家に再嫁させようとして成正に周旋を命じたので奔走していたが、今回の本多家との婚儀で無視されたのを恨んだためとされている。

成正は武辺《ぶへん》の誉れ高き武士であったが、自分の主張を曲げない強情で短慮なところがあり、まさしく戦国の風潮を顕著に持つ人物であった。戦国の風潮を払拭し、いささかの幕政批判をも許さない姿勢を明確に示すことが、大御所家康亡きあとの将軍秀忠には求められていた。坂崎事件は格好の試金石であったといえよう。

## 明船以外の外国船の来航を平戸・長崎に限定　八月八日

社会世相

**幕**府はこの日、百姓以下に至るまでのキリスト教信仰の全面禁止と、明国商船を除くヨーロッパの外国商船の長崎・平戸《ひらど》以外への寄港を禁止した。

南蛮貿易の主導権を握っていたポルトガルは、キリスト教の布教を認めてくれるところへ寄港するという基本方針を保持していた。長崎の繁栄はこのためである。一方で、豊臣秀吉のバテレン追放令は、布教は禁止するが、貿易の利益を考慮して貿易は認めるというものであった。結局、ポルトガル・スペインの黒船に乗って宣教師たちは密かに再入国していた。慶長十七年（一六一二）の岡本大八《おかもとだいはち》事件を契機とする幕府直轄領への信仰禁止から翌年の全国への禁教令も、貿易規制は含まれていなかった。

今回の命令は、キリスト教と貿易規制は分離できないものなのだということを幕府が認識した結果として出した最初の法令である。やがて、一連の鎖国令《さこくれい》へと発展する。

なお、この期に出された背景には、明船やオランダ船が来航し始めて貿易におけるポルトガルやスペインの地位が低下し、貿易のためにキリシタンに寛大である必要がなくなったこともある。

**7・26** 天海、大僧正となる。
**7・28** 仙台で大地震。城壁楼櫓が破損。
**7月** 幕府、年貢米升目および口銭等の規則を制定。
**8・8** 幕府、明国以外の外国船の来航を長崎・平戸に限定。
**8月** 幕府、関東16渡船場に通行人改め令を発布。
**9・19** 幕府、駿府詰の諸士に江戸神田の宅地を与える（駿河台の由来）。
**9月** 坂崎出羽守事件発生。
**10月** 江戸で麻疹大流行。
**11月** 幕府、伝馬・荷物駄賃の制を制定。

# 1617 元和三年

丁巳

**天皇▼後水尾天皇**

**将軍▼徳川秀忠**（第二代）

**【主要幕閣】**

**◉老中**
酒井忠世（雅楽頭）
本多正純（上野介）
土井利勝（大炊助）
安藤重信（対馬守）
酒井忠利（備後守）
内藤清次（若狭守）
青山忠俊（伯耆守）

**◉江戸町奉行**
**北** 米津田政（勘兵衛）
**南** 島田利正（兵四郎）

**◉京都所司代**
板倉勝重（伊賀守）

**◉長崎奉行**
長谷川藤広（左兵衛）

## 日光東照社の正遷宮　四月十七日

政治経済

前年十月二十六日に幕府は、日光山に南光坊天海《なんこうぼうてんかい》の縄張りによる東照大権現《とうしょうだいごんげん》の霊廟《れいびょう》・社殿の建立のため、本多正純《ほんだまさずみ》・藤堂高虎《とうどうたかとら》を造営奉行に任じて工事を着工させた。そして、この年の三月に天海の意思が反映されたと見えて、家康の遺言である「小さき堂」とはかなり違う本格的な権現造《ごんげんづくり》の本社・拝殿・本地堂《ほんじどう》・廻廊・御供所・御厩《おうまや》などが落成した。

久能山《くのうざん》から遷《うつ》した家康の遺骸は、天海の指揮のもとで四月八日に日光山の奥社の宝塔に安置され、一周忌のこの日を期して正遷宮《せいせんぐう》の儀が営まれた。当日は、この日のために新調した束帯《そくたい》を身に着けた将軍秀忠以下、京都から下向してきた勅使《ちょくし》・院使《いんし》らの公卿衆や老中・御三家以下の諸大名が列席し、導師天海のもとでおごそかに行なわれた。この時、黒田長政《ながまさ》が筑前からはるばる石を運んで建てた大鳥居をはじめとして、外様大名の多くが石灯籠《いしどうろう》などを献上し、徳川氏への忠誠の厚さを誇示した。こうした行為は、家光の造営時や上野の東照宮にも反映されている。

## 狩野探幽、幕府御用絵師となる

文化思想

狩《か》野探幽《のうたんゆう》はこの年、正式に幕府御用絵師《ばくふごようえし》となる。時に十六歳。桃山文化を代表した絵師狩野永徳《えいとく》の次男孝信《たかのぶ》の長男で、京都に生まれ、名は守信《もりのぶ》。四歳にして熟達者の域に達する天賦の画才があったという。十代で家康・秀忠に御目見《おめみ》得《え》して近侍《きんじ》し、京《きょう》狩野家から別家した。

狩野（守信）探幽

元和七年（一六二一）に江戸の鍛《か》冶橋門外《じばしもんがい》に千三十三坪余の屋敷を拝領し、旗本格の奥絵《おくえ》師《し》鍛冶橋狩野家の祖として活躍した。幕府の命を受けて江戸城、後水尾《ごみずのお》天皇を迎えるための二条城行幸殿《ぎょうこうでん》、名古屋城上洛殿、寛永《かんえい》期造営の日光東照宮、承応・寛文時造営の御所などに多くの障壁画を描いた。探幽は、豪壮な桃山様式を優美かつ品格のある武家絵画に移行させ、狩野派繁栄の基礎を築き、のちの絵師たちに多くの影響を与えた。延宝二年（一六七四）に七十三歳で歿した。代表作は名古屋城上洛殿の「帝鑑図《ていかんず》」襖絵《ふすまえ》や「大徳寺方丈《だいとくじほうじょう》襖絵」などである。

## 長崎奉行の長谷川藤広が歿す　十月二十六日

事件災害

慶長十一年（一六〇六）以来、長崎奉行として糸割符制《いとわっぷせい》度《ど》などの長崎貿易に手腕をふるい、キリシタン禁制にも積極的に取り組んでいた長谷川左兵衛《はせがわさへえ》藤広《ふじひろ》は、この日、長崎で死去した。享年五十一歳。後任は藤広の息子が幼か

**【この年の出来事】**

**1・13** 幕府、山城・河内の堤防を築造。
**2・13** 全国で大風。江戸・京都で被害大。
**2・21** 朝廷、徳川家康に東照大権現の神号を贈る。
**3月** 日光東照社造営。
**3月** 幕府、日本橋葺屋町に吉原遊廓開設を許可。翌年より営業開始。
**4・8** 家康の遺骨、久能山から日光へ改葬。
**4・12** 将軍秀忠、日光へ赴く（日光社参の始まり）。
**4・17** 日光東照社正遷宮。
**5・1** 近畿・江戸で大雹。
**5・20** 幕府、東海道諸駅人馬の宿賃を制定。
**7・21** 幕府、転封法度を発布。
**8・14** イギリス商館長リチャード・コックス、伏見城で将軍秀忠に拝謁。イギリス商権の拡張を要請。

ったので、甥の長谷川権六藤正《ごんろくふじまさ》が就いた。

藤広は常陸の大工の倅だったが、妹が家康の愛妾《あいしょう》（お夏の方）となった縁で抜擢されたのである。当初の長崎奉行は家康の貿易利益を確保するための家政機関的要素を持っていた。藤広はその職責を充分果たし、茶屋四郎次郎《ちゃやしろうじろう》・亀屋栄任《やえいにん》らの豪商とともに、家康の側近の一人となっていた。

キリスト教の信仰禁止を幕府が打ち出すと、積極的に取り組み、長崎の教会堂の破却や宣教師の探索、宣教師を匿う有力信者の弾圧などに加担した。さらに、七月に上洛した秀忠は、随従してきた九州・四国・奥羽の諸大名にキリシタン禁制の徹底を命じ、長崎奉行の長谷川藤広にもさらなる探索を命じた。取り締まり強化を打ち出した矢先に藤広が病死したので、罰が当たったとか、癩病《らいびょう》になって死んだなどの噂が飛んだ。

## 幕府、吉原遊廓を許可　三月

社会世相

家康の関東入国以来、江戸の都市化が進むなかで、駿府や京都・伏見・奈良などから移ってきた傾城屋《けいせいや》（遊女屋《ゆうじょや》）が各地に出現していた。特に麹町《こうじまち》八丁目・鎌倉《かまくら》河岸《がし》・大橋の内柳町《やなぎまち》（常盤橋御門内道三河岸《ときわばしごもんないどうさんがし》。慶長十年代に江戸城の拡張に伴って元誓願寺前《もとせいがんじまえ》へ移転）の三ヶ所が著名であった。やがて彼らは、柳町の遊女屋庄司甚右衛門《しょうじじんえもん》を代表として慶長十七年に、①客の逗留は一昼夜を限度とする、②人身売買による遊女を召し抱えない、③犯罪人逮捕に協力する、という三条件を挙げて、散在していた遊女屋を一カ所に集約する遊廓《ゆうかく》設置を幕府に請願した。

再度の請願がこの月、①傾城町《けいせいまち》（遊廓）以外の営業禁止と遊女の派遣禁止、②客の逗留は一昼夜のみ、③遊女の衣服は紺屋染《こんやぞめ》のみ、④家作《かさく》は美麗にせず、町役負担義務、⑤不審者の通報義務、の五カ条を条件に幕府から許可された。

許可された場所は、日本橋葺屋町《にほんばしふきやちょう》（現、東京都中央区日本橋人形町）に二町四方（約四・七ヘクタール）の地で、当初葭《よし》や茅《かや》が生い茂っていた所を整備したので葭原《よしわら》と名付けていたのを、吉原にかえたという。周囲に堀をめぐらし、出入口は大門《おおもん》一カ所で廓内《くるわない》は、中央の中之町通りを挟んで右に江戸町《えどまち》（元誓願寺前にいた遊女）・京町《きょうまち》（麹町にいた遊女）が、左に江戸町二丁目（鎌倉河岸にいた遊女）・角町《すみまち》（京都の角町から移った遊女）・京町二丁目（大坂・奈良から移った遊女）の五丁《ごちょう》で構成されていた。全ての普請が出来上がって吉原遊廓が開業したのは翌年十一月だった。明暦三年（一六五七）の明暦の大火で焼失し、浅草の吉原に移転したので、日本橋の方を元《もと》吉原、浅草の方を新吉原ともいった。

吉原（『江戸名所記』）

**8・26**　朝鮮使節、伏見城で将軍秀忠に拝謁。
**8・26**　後陽成上皇歿（47）。
**9・15**　会津で大地震。
**9月**　将軍秀忠、公家衆・諸大名に領知判物および朱印状を与える。
**9月**　京都で大風。民家多数倒壊。
**10・26**　長谷川藤広歿（50）。
**10・28**　幕府、佐渡に人身売買禁止令を発布。
**12・16**　幕府、松前藩に蝦夷地統治の規則三ヶ条を通達。
**この年**　狩野探幽、幕府の御用絵師に就任。

# 1618 元和四年

## 戊午

天皇▼後水尾天皇

将軍▼徳川秀忠（第二代）

【主要幕閣】

◉老中

酒井忠世（雅楽頭）

本多正純（上野介）

土井利勝（大炊助）

安藤重信（対馬守）

酒井忠利（備後守）

青山忠俊（伯耆守）

◉江戸町奉行

北　米津田政（勘兵衛）

南　島田利正（兵四郎）

◉京都所司代

板倉勝重（伊賀守）

◉長崎奉行

長谷川藤正（権六）

### 幕府、大奥法度を制定　一月二日

政治経済

幕府はこの日、大奥法度《おおおくはっと》五ヶ条を壁書《かべがき》として掲示した。

大奥とは、江戸城本丸御殿内の将軍の私邸に相当する部分であり、御台所《みだいどころ》（正室）を中心に将軍の子女や大奥の女中たちが生活する場所であった。大奥の内部は御《ご》殿向《てんむき》・御広敷向《おひろしきむき》・長局《ながつぼね》に分けられていた。御殿向は御台所の御殿で、将軍が大奥に泊まる時の寝所《しんじょ》などもあった。御広敷は大奥の事務処理にあたる男の役人が勤務する役所部分で、大奥に出入りする者の玄関でもあった。長局は大奥女中の生活する住居部分で、文字通り細長い廊下に沿って部屋が並んでいた。最盛時には数百人の女中が住んでいたという。

法度の内容は、①大奥内の修理・掃除などは全て天野孫《あまのまご》兵衛《べえ》・成瀬喜右衛門《なるせきえもん》・松田六郎左衛門定勝《まつだろくろうざえもんさだかつ》が引率して行なうこと、②局《つぼね》（長局）より奥への一般男女の出入は禁止する、③奥向き出入の手形のない者の出入は認めない。また、暮六つ（午後六時）過ぎの御門（平川門と思われる）よりの出入は禁止する、④走入りの女は理由があったとしても追返すこと、⑤広敷の仕置は天野・成瀬・松田の三人が一昼夜交替で勤番して諸事を沙汰し、違反者は即刻言上すべきこと、などであった。大奥をめぐる本格的な規制の第一歩といえる。事実、のちに三代将軍家光の乳母《うば》として権勢並ぶ者のなかった春日局《かすがのつぼね》が外出して門限に遅れ、平川門を警備していた小栗又一《おぐりまたいち》に締め出された話は有名であるが、③の規定が適用されたのである。

### 直江兼続が禅林寺を創建

文化思想

出羽米沢藩主の上杉景勝《かげかつ》の家宰《かさい》（家老）直江兼続《なおえかねつぐ》は、この年、景勝を開基に、臨済宗《りんざいしゅう》妙心寺《みょうしんじ》派《は》の九山《きゅうざん》を開山に迎えて米沢に禅林寺《ぜんりんじ》（現、山形県米沢市）を創建した。

兼続は、景勝の近習から抜擢されて直江家を相続し、上杉家の家宰として豊臣秀吉にも厚遇された。関ヶ原の戦い後は、米沢三十万石に大幅削減された上杉家の再建と城下町米沢の建設・整備に手腕を発揮した。一方で、早くから学問に関心を持ち、景勝に従って上洛した際には妙心寺の南化玄興《なんげげんこう》に師事し、藤原惺窩《ふじわらせいか》との交流を深めた。朝鮮出兵の際にも貴重な書籍や朝鮮古活字本の蒐集《しゅうしゅう》をしている。また、詩文や連歌に長じていたことが知られている。

のちに那須黒羽《なすくろばね》の雲巌寺《うんがんじ》の九山と知り合い、資金を提供して足利学校で学ばせ、この年に米沢に招いて禅林寺を創建したのである。ここに兼続の蔵書と九山が収集した蔵書約二千冊を基に「禅林文庫」を開設して藩の学問所とした。ただし、ここでの成果を見届けることなく兼続は、翌年十二月十九日に江戸で六十歳の生涯を閉じた。この蔵書は後年、十代藩主上杉治憲《はるのり》（鷹山《ようざん》）が開設した藩校興譲館《こうじょうかん》へ受け継がれ、現在は米沢図書館に所蔵されている。禅林寺は、元禄三年（一六九〇）に法泉寺《ほうせんじ》と改名された。禅林寺創建時の姿を歌った「直江兼続詩碑」が境内にある。

【この年の出来事】

**1・2**　幕府、江戸城大奥への男子禁制などを定めた大奥法度を制定。

**1・20**　秀忠、南部利直に差取棹の鉄砲を与える。

**1・29**　幕府、偽山伏の諸国勧進を禁止。

**2・1**　江戸で大火。

**2・12**　幕府、撰銭および金銭売買を禁止。

**3・4**　江戸城内鷺森に紅葉山東照社造営。

**閏3・19**　京都所司代板倉勝重、上賀茂惣中に鴨川上流堤工事を命令。

**4・2**　御三家、江戸城内に屋敷地を拝領。

**4・17**　紅葉山東照社、正遷宮。

**4月**　秀忠、家康に追放された片山宗哲を赦す。

**5・16**　幕府、竹島への渡航を許可。

**8・10**　将軍秀忠、熊本藩の御家騒動を裁決。家老加藤正次らが流刑。

**8・10**　諸国で洪水。水死者多数。

**8月**　幕府、外国船の通

## 将軍、南部利直に差取棹の鉄砲を与える

**正月二十日**

事件災害

陸奥盛岡藩主の南部利直《なんぶとしなお》は、前年の冬に逸物無双《いちもつむそう》の黄鷹《きだか》を将軍秀忠に献上した。感激した将軍は、この年の正月七日に利直も同道して江戸近郊の葛西《かさい》辺へ鷹狩《たかがり》に出掛け、先の黄鷹を使って鶴を捕らえることができて御満悦で、近日饗応する旨を利直に伝えた。

この日、前日の老中奉書《ろうじゅうほうしょ》を受けて午前八時頃に登城して、先日鷹狩で捕獲した鶴の饗応膳を賜り、その後御居間で将軍に御目見得《おめみえ》し、黄鷹の礼として徳川家康秘蔵で将軍に譲られた差取棹《さいとりさお》という銘のある鉄炮を拝領し、合わせて猩々緋《しょうじょうひ》（黒みを帯びた鮮やかな深紅色）の雨革《あまかわ》（雨覆い）も拝領した。この鉄炮は、長さ百四十五センチ、総重量四・七キロで稲富流《いなどめりゅう》の速射に用いた前装式火縄銃で、銃の筒の上面に銀象嵌《ぎんぞうがん》で「差取棹　一夢《いちむ》（花押）」とあり、底部に国《こく》友鉄炮鍛冶《ともてっぽうかじ》の職人「清治作」の銘が彫られている。一夢とは、稲富流砲術の祖であり、幕府の鉄炮方として家康に重用された稲富祐直《すけなお》である。伝来の確かなこの鉄炮は、長く南部家の家宝として受け継がれ、現在盛岡城跡公園内のもりおか歴史文化館に所蔵されている。

## 幕府、箱根宿を新設

社会世相

五《ご》街道《かいどう》が順次整備されていくなかで、東海道の相模《さがみ》の小田原《おだわら》宿から伊豆の三島《みしま》宿までの間は、「箱根八里《はこねはちり》」と称され、長距離の上に箱根山の険峻を一日で越えるのはかなり難儀であった。参勤交代《さんきんこうたい》でしばしば利用する西国の諸大名からの要望もあり、この年に勘定頭《かんじょうがしら》（のちの勘定奉行）松平正綱《まつだいらまさつな》が担当して、中間点の芦ノ湖畔《あしのこはん》に箱根宿を新設した。

当初幕府は米三千俵を支給して小田原宿と三島宿から各五十軒ずつを移住させて宿場《しゅくば》（宿駅《しゅくえき》）を開業させた。翌五年には関所を箱根権現一ノ鳥居《はこねごんげんいちのとりい》の外（元《もと》箱根）から現在の箱根関所跡に移住させ、江戸防衛の要とした。俗に「入《いり》鉄炮《でっぽう》に出女《でおんな》」を監視したといわれるが、特に箱根では人《ひと》見女《みおんな》を置いて出女（大名の妻子が江戸から国許《くにもと》へ密かに脱出すること）を厳しく取り調べたという。天保十四年（一八四三）の箱根宿には本陣《ほんじん》六軒・脇本陣《わきほんじん》一軒・旅籠《はたご》七十二軒があり、宿内人口八百四十四人が記録されている。

箱根
（元禄3年刊「東海道分間之図」）

箱根『東海道五十三次』

商者がキリスト教を布教することを禁止。

**9・1**　イギリス商館長リチャード・コックス、江戸城で徳川秀忠に物品を献上。

**10・12**　幕府、船本弥七郎を安南へ派遣。

**この年**　幕府、喜多見勝忠を堺奉行に任命、摂津・河内・和泉の国奉行を兼任させる。

**この年**　幕府、東海道箱根宿を設置。

**この年**　直江兼続、禅林寺を創建。

**この年**　対馬藩主宗義成、朝鮮に貿易額復旧を要請。釜山の倭館が完成。

**この年**　京都で地震、火事が頻発。

# 1619 元和五年

己未

天皇▼後水尾天皇

将軍▼徳川秀忠（第二代）

【主要幕閣】

◉老中

酒井忠世（雅楽頭）

本多正純（上野介）

土井利勝（大炊助）

安藤重信（対馬守）

酒井忠利（備後守）

青山忠俊（伯耆守）

◉江戸町奉行

北

米津田政（勘兵衛）

南

島田利正（次兵衛）

◉京都所司代

板倉勝重（伊賀守）

◉大坂城代

内藤信正（紀伊守）

◉大坂町奉行

東

水野守信（河内守）

西

嶋田直時（清左衛門）

◉長崎奉行

長谷川藤正（権六）

## 安芸広島藩主福島正則改易、津軽への転封　六月二日

政治経済

安芸広島藩主福島正則《まさのり》は、この日、江戸の上屋敷で安芸・備後《びんご》四十九万八千石を没収の上、特別に陸奥津《つ》軽《がる》四万五千石への転封《てんぽう》を命じられた。この改易《かいえき》処分の理由は、先に水害に見舞われた広島城を武家諸法度《ぶけしょはっと》に違反して無届けで修築したことを咎められ、本丸をはじめ修築した部分をことごとく破却するよう命じられたが、石垣の上石を取り除いた程度で済ましていたことを指摘されたためというが、これは、豊臣恩顧の有力外様大名は事あれば排除しようという幕府の基本姿勢の表れといえよう。

賤ケ岳《しずがだけ》の七本槍《しちほんやり》以来の赫々《かっかく》たる武功を挙げてきた正則だからこそ、天下の動向と幕府の意向を察知し、恭順の意を表すとともに、国許の家臣団へも広島城請取上使《じょうし》の命に従って整然と行なうよう命じた。事実、六月二十九日に家老福島丹波《たんば》以下使番《つかいばん》までの侍が、上下《かみしも》を着て上使一行を迎えて、城内を案内して引き渡しを完了している。

福島正則

七月になると幕府は、転封先を越後魚沼郡《うおぬまぐん》内二万五千石（嫡男忠勝《ただかつ》分）と信濃川中島二万石の合計四万五千石に変更した。十月初旬、正則・忠勝父子は川中島領の高《たか》井野村《いのむら》（現、長野県上高井郡高山村）に蟄居した。正則は領内統治に尽力したが、寛永元年（一六二四）七月十三日にこの地で歿した。享年六十四歳。

## 近世日本朱子学の祖、藤原惺窩が歿す　九月十二日

文化思想

近世日本朱子学《しゅしがく》の祖というべき藤原惺窩《ふじわらせいか》は、この日、五十九歳で歿した。惺窩は播磨の人で、藤原（下冷《しもれい》泉《ぜい》）為純《ためずみ》の子。名は粛、字は斂夫《れんぷ》、惺窩は号である。

父が播磨三木《みき》城主の別所長治《べっしょながはる》に攻められて戦死すると、叔父を頼って上洛し、相国寺《しょうこくじ》で朱子学を学んだ。やがて五山の禅僧などの教養であった朱子学を独自に体系化し、京学《きょうがく》派《は》を起こした。その際に出会ったのが、文禄《ぶんろく》・慶長《けいちょう》の役で捕虜として伏見に滞在していた姜沆《カンハン》だった。姜沆は、朝鮮の大儒李退渓《イトエゲエ》の流れを汲む著名な朱子学者であり、惺窩は姜沆との交流で強い影響を受けた。惺窩はのちに朱子学を禅僧の手から解放して「わが国儒学の濫觴《らんしょう》」（林羅《はやしら》山《ざん》）と称賛されるが、江戸時代の朱子学は朝鮮を源流とし、李退渓らの著作を学ぶことによって生まれたともいえよう。

惺窩のもとからは、林羅山・松永尺五《まつながせきご》・堀杏庵《ほりきょうあん》・那波《なわ》活所《かっしょ》・石川丈山《いしかわじょうざん》・角倉素庵《すみのくらそあん》（了以《りょうい》の子、朱印船貿易家）ら多くの俊才を輩出した。また、徳川家康・浅野幸長《よしなが》・細川忠利《ただとし》らの有力大名から後陽成《ごようぜい》天皇まで、彼に教えを乞うたという。しかし、惺窩は名声を欲せず、京都北郊に隠棲し、木下長嘯子《きのしたちょうしょうし》・松永貞徳《まつながていとく》らと交わり、市井の学者を通

【この年の出来事】

**1・24** 広島藩主福島正則、幕府の許可無く安芸広島城石垣の修理を開始。

**2月** 江戸で大火。

**2・2** 幕府、大坂町奉行を設置。

**3・17** 肥後で大地震。麦島城倒壊。

**5・15** 幕府、町人・浪人の武家屋敷居住を禁止。

**5月** 諸国で大旱魃。餓死者多数。

**6・2** 幕府、福島正則を城の無断修理により改易。

**7・21** 島津義弘歿(83)。

**7・28** 幕府、阿倍正之・大久保忠成らに日向国臼杵郡の土豪一揆鎮圧を指示。

**8・10** 諸国で大風雨、洪水。

**8・29** 京都所司代板倉勝重、京都七条河原でキリシタン60余人を処刑。

**8月** 幕府、大坂を直轄領とし、伏見城代を廃止。城代・城番を大坂に設置。

**この夏** 全国で疫病流行。

した。

## 幕府、大坂城代を新設　八月

事件災害

**慶**長二十年（一六一五）五月に大坂夏の陣で豊臣氏が滅びると、翌月、伊勢亀山五万石の松平忠明《まつだいらただあきら》（家康の外孫）を十万石に加増して大坂城主としていたが、この年、忠明を大和郡山《やまとこおりやま》十二万石に移して大坂の地を直轄地とした。そしてこの月、大坂城代《じょうだい》を新設し、伏見城代であった内藤信正《のぶまさ》（摂津高槻《せっつたかつき》五万石の城主）を初代の大坂城代に起用した。一方で、灰燼《かいじん》に帰していた大坂城の再建に取り組み、翌年から十年の歳月を費やして、江戸幕府の力を誇示するために大坂城を再建した。

大坂城代は、城内にあって大坂在勤の幕府諸役人の長として政務を統括するとともに大坂城を守衛し、併せて西国諸大名の動静を観察する重要な地位で、五万石以上の譜代大名から選任されるのが原則となった。のちには奏者番《そうじゃばん》・寺社奉行から大坂城代に登用されるのが通例となり、そこで有能と評価されれば京都所司代《きょうとしょしだい》を経由するか直接かで老中に昇進するコースが生まれていった。天保の改革を主導した水野忠邦《みずのただくに》はこのコースで昇進した代表例である。

## 菱垣廻船・樽廻船が始まる

社会世相

**泉**《せん》州《しゅう》堺《さかい》の商人がこの年、紀州富田浦《とんだうら》の二百五十石積み廻船《かいせん》を借り受けて大坂から江戸へ日常物資を積み送ったのが菱垣《ひがき》廻船・樽《たる》廻船の始まりといわれている。以後、江戸・大坂間の南海路《なんかいろ》を定期的に運航するようになった。

木綿・油・酒・酢・醤油・紙などの日常生活物資（下《くだ》り物《もの》と称された）を江戸に輸送した菱垣廻船の名称は、中世末期から広く使われ出した和船《わせん》の輸送船である弁才船《べざいせん》の垣立《かきだつ》（左右の船べりに垣根のように立てた囲い）下部の筋を菱《ひし》組《ぐみ》の格子《こうし》に組んだのに由来する。それは幕府・諸大名の御用荷物の輸送にも応じるという特権の象徴でもあった。寛永元年（一六二四）に大坂北浜の泉屋平右衛門《いずみやへいえもん》が江戸積問《えどづみどい》屋《や》を開業して以来、多くの大坂菱垣廻船問屋が成立した。廻船問屋は、自身の手船《てぶね》以外にも紀州や摂津の船持の廻船を利用して積荷の集荷・差配《さはい》をはじめとする海上運送の全般を担当した。やがて江戸に十組《とくみ》問屋が大坂に二十四《にじゅうし》組《くみ》問屋が結成され、株仲間《かぶなかま》としても公認された。

一方、菱垣廻船の積荷の内、酒樽（四斗樽）だけを主に輸送する樽廻船が寛文年間（一六六一—七三）には出現し、単品輸送の迅速性が評価されて酒樽以外の商品も扱うようになり、やがて江戸後期になると樽廻船の方が圧倒的に優勢となった。

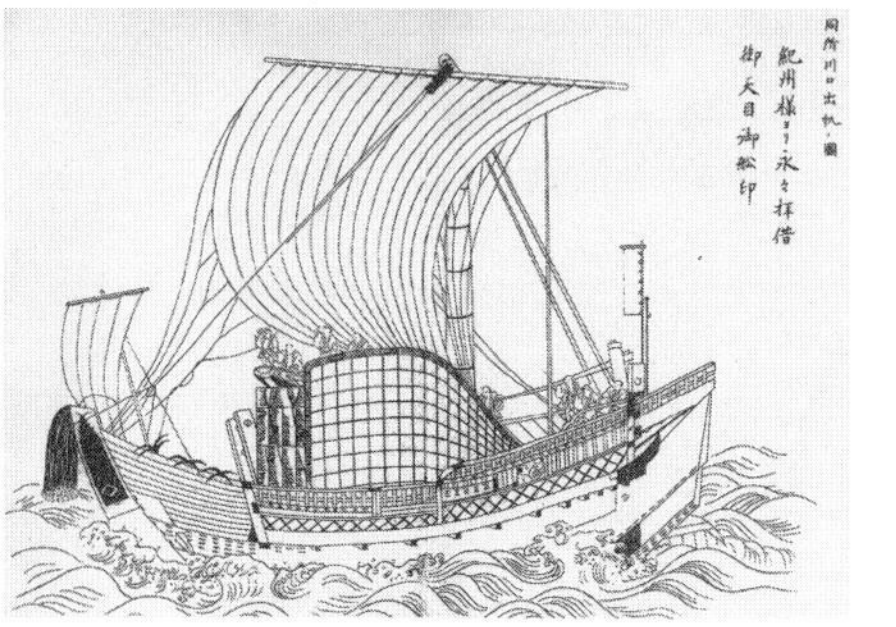

檜垣廻船（『東京諸問屋沿革附図』）

樽廻船（『東京諸問屋沿革附図』）

死者多数。
**9・12**　藤原惺窩歿(59)。
**9・15**　幕府、金地院崇伝を僧録司に任命。
**9・16**　幕府、大坂城の修築を指示。
**9・18**　朝廷、万里小路桂哲らを不行跡により流刑。
**9・26**　幕府、大坂の上荷船・茶船に営業特権を承認。
**12・22**　幕府、人身売買、駈落者などに関する禁令を発布。
**この年**　幕府、長崎代官村山等安を大坂の陣の反逆罪で処刑。後任に末次平蔵を任命。
**この年**　幕府、東海道箱根宿に関所を設置。
**この年**　堺の船問屋、江戸廻船を開始。

# 1620 元和六年

庚申

天皇▼後水尾天皇

将軍▼徳川秀忠（第二代）

## 秀忠の娘和子が入内　六月十八日

政治経済

二代将軍徳川秀忠の五女（母は正室お江与《えよ》の方《かた》、崇巌院《すうげんいん》、浅井長政三女）和子《まさこ》は、この日、後水尾《ごみずのお》天皇の女御《にょうご》として数百人の随行者を伴って入内《じゅだい》した。時に十四歳、天皇は二十五歳だった。当初天皇が望んでいなかったこの入内実現には、幕府側を代表する藤堂高虎《とうどうたかとら》と朝廷側を代表する近衛信尋《このえのぶひろ》（後水尾天皇同母弟）・八条宮智仁《はちじょうのみやとしひと》親王・中《ちゅう》和門院《わもんいん》（天皇生母近衛前子《さきこ》）らの折衝に追うところ大であった。また、旗本の弓気多昌吉《ゆけたまさきち》が女御付《にょうごづき》として御所《ごしょ》内に付属された。この入内は、幕府側の意向を無視できないということを朝廷側へ明確に認識させる狙いがあったという。

中和門院の計らいなどもあって和子と天皇の関係は親密となり、元和九年の興子内親王《おきこないしんのう》（のちの明正《めいしょう》天皇）をはじめとして三男四女をもうけた。この間、寛永元年（一六二四）に中宮《ちゅうぐう》、寛永六年の紫衣事件《しえじけん》に伴う後水尾天皇の譲位、興子内親王の即位によって東福門院《とうふくもんいん》と号した。

彼女の入内によって幕府からの手厚い財政的支援が行なわれ、その結果として後水尾院を中心とする宮廷文化のサロンが開花し、修学院離宮《しゅがくいんりきゅう》や桂離宮《かつらりきゅう》の造営も可能になったのである。寛永文化の形成に果たした彼女の役割は大いに評価されるべきであろう。そして、四代の天皇の実母・養母として朝廷内に重きをなし、朝幕関係の融和に尽力した。延宝六年（一六七八）に七十二歳で崩御《ほうぎょ》した。

【主要幕閣】

◉老中

酒井忠世（雅楽頭）
本多正純（上野介）
土井利勝（大炊助）
安藤重信（対馬守）
酒井忠利（備後守）
青山忠俊（伯耆守）

◉勘定奉行

松平正綱（右衛門大夫）
伊丹康勝（播磨守・順斎）

◉江戸町奉行

北　米津田政（勘兵衛）
南　島田利正（次兵衛）

◉京都所司代

板倉勝重（伊賀守）
板倉重宗（周防守）

◉大坂城代

内藤守信（紀伊守）

◉大坂町奉行

東　水野守信（河内守）
西　嶋田直時（清左衛門）

## ハビアン、排耶書の『破提宇子』を刊行　一月

文化思想

元イエズス会（耶蘇会《やそかい》）日本人イルマン（修道士《しゅうどうし》）不干《ふかん》斎《さい》ハビアン（巴鼻庵）は、長崎奉行の長谷川権六《はせがわごんろく》と長崎代官の末次平蔵《すえつぐへいぞう》の依頼を受けて、この月、将軍に献上するために排耶書《はいやしょ》（反キリシタンの書籍）の『破提宇子《はだいうす》』を長崎で刊行した。ハビアンは元臨済宗大徳寺《りんざいしゅうだいとくじ》で修業中の僧（名は恵俊《けいしゅん》〔恵春〕という）であったが、十九歳の時に母とともに受洗《じゅせん》し、セミナリオで学んでイルマンとしてイエズス会に入会し、コレジオ（宣教師養成学校）でも学んだ。天正十八年（一五九〇）、東インド巡察師《じゅんさつし》ヴァリニャーニが開催した日本イエズス会第二回総協議会に、最年少日本人イルマン（二十六歳）として参加した。その後、天草《あまくさ》のコレジオの日本語教師やキリシタン版『平家物語』の口訳編纂者として序文を執筆し、さらに抜擢されて京都下京《しもぎょう》の教会で布教活動に従事した。慶長十年（一六〇五）には、キリスト教の教理伝道書の『妙貞問答《みょうていもんどう》』を著して神道・儒教・仏教の三教を批判し、翌年には朱子学者林羅山《はやしらざん》と論争するほどのキリスト教擁護の急先鋒であった。

ところが、慶長十三年にイエズス会を脱会棄教し、慶長十九年以後は長崎で幕府のキリシタン迫害に協力している。破提宇子とは、キリシタンの神＝提宇子（ポルトガル語・ラテン語のデウスの当て字）を論破するという意味である。内容は先の『妙貞問答』を換骨奪胎《かんこつだったい》したもので、キリスト教教理に対する明確な対決という点では不十分であったが、

【この年の出来事】

**1・23** 幕府、西国・北国諸大名に大坂城修築の手伝普請を命令。
**1月** 不干斎ハビアン、長崎で『破提宇子』を著し、キリスト教を攻撃。
**2・11** 幕府、諸大名に江戸城修築工事の普請役を命令。
**2・30** 京都で大火。市の大半を焼失。
**3月** 京都で放火頻発。
**3月** 幕府、浅草に御蔵建設。
**3月** 近畿各地で洪水。
**4・24** 三浦按針歿(54)。
**4月** 諸国で長雨。会津で大水害。
**5・21** 大和・河内・摂津・京都で洪水。
**6・18** 将軍秀忠の娘徳川和子、入内。
**7・6** 平山常陳事件発生。
**7月** 江戸で洪水。
**7月** 伊勢で洪水。
**8・11** 幕府、五畿内および紀伊、丹波、但馬の巡検を実地。

◉長崎奉行
長谷川藤正（権六）

日本人イルマンのなかで神・儒・仏の三教に最も精通していた知識人ハビアンが著した体系的排耶書として、日本イエズス会に大きな衝撃を与えた。ハビアンは翌七年に五十七歳で、長崎で歿した。

## 平山常陳事件起こる　七月六日

事件災害

**堺**《さかい》出身の朱印船《しゅいんせん》貿易家でキリシタンの平山常陳《ひらやまじょうちん》の船がルソン（現、フィリピン）からの帰路、台湾近海でイギリス船に拿捕《だほ》され、この日、平戸《ひらど》に曳航《えいこう》されてきた。平山の朱印船内にいて日本潜入を目指して商人を装っていた二名のスペイン人宣教師は、オランダ商館に引き渡された。当時、イギリスとオランダは共通の敵であるスペイン勢力をアジアから駆逐するための協定を結んで平戸を母港とし、日本近海で略奪行為を行なっていた。

平山らは、朱印船に対する英・蘭の積荷没収などの不法行為を長崎奉行に訴えた。一方、英・蘭は平戸藩主の松浦《まつら》隆信《たかのぶ》を通じて、宣教師密航事件として朱印船拿捕の合法性を幕府に主張した。二年間の審理や拷問の結果、二名が宣教師であること、平山がそれを承知で同船させたことがわかり、元和八年七月十三日に長崎で宣教師と平山は火刑に、船員十二名は斬首された。

この事件は、元和の大殉教《だいじゅんきょう》へと発展し、かつ朱印船貿易の規制へと進んだ。一方、積荷は幕府に没収され、英・蘭に対しては日本近海での海賊行為の禁止が命じられた。英・蘭とポルトガル・スペインのアジア貿易の主導権争いも背後にあった。

## 浅草御蔵創設される　三月

社会世相

**幕**府は、この月、大川《おおかわ》（現在の隅田川）に面した浅草に大規模な御蔵《おくら》を創設した。御蔵とは、幕府が全国に散在していた直轄領（幕領、御料、俗に天領といった、元禄十五年〔一七〇二〕で約四百三万石）から収納した年貢米などや、買上米を保管した倉庫のことである。

大川に接して八本の入堀が作られた浅草の御蔵は、家康の関東入国当初、北の丸など江戸城周辺にあった代官頭《だいかんがしら》らが管轄していた小規模な御蔵を統合するものとして設けられた。のちに谷《たにの》御蔵・鉄炮洲《てっぽうず》御蔵・竹橋《たけばし》御蔵などが統合されて規模が拡大し、天明年間（一七八一―八九）までに三万六千六百四十八・三坪（約十二万平方メートル）の敷地に五十一棟、蔵《くら》の数二百五十八戸前《とまえ》が出来ていた。内部には勘定奉行配下の蔵奉行の役宅や蔵番《くらばん》の長屋が付属されていた。のちに敷地が三万九千八十八坪に広がり、五十四棟二百七十戸前に増設された。ここに収納された米は文政（一八一八―三〇）頃で三十八万石余あった。

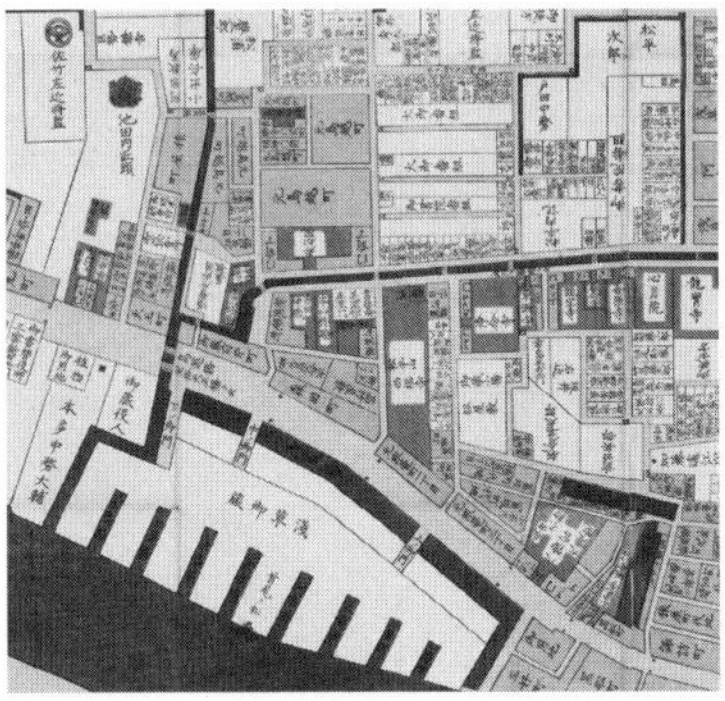

浅草御蔵近辺
（『江戸切絵図　浅草御蔵前辺図』嘉永～文久頃）

浅草御蔵前の蔵前《くらまえ》の町屋には、御蔵から蔵米《くらまい》を受け取る旗本・御家人の代行や委託販売を担当する札差《ふださし》（蔵宿《くらやど》）が店を構えるようになる。

**8・26**　支倉常長が帰国。自身の肖像画・法皇パウロ五世の像などを持ち帰る。
**8月**　オランダ・イギリス商館員、幕府にポルトガル・スペインの植民政策を進言。
**9・19**　琉球王尚寧歿（57）。
**10・12**　伊達政宗、キリスト教を禁止し、仙台水澤で信徒を処刑。
**この夏**　桂離宮の造営開始。
**12・9**　江戸で大火。15町焼失。
**この年**　浅草聖天町・下谷箕輪間の日本堤築造。
**この年**　霧島山噴火。
**この年**　幕府、鉄砲鍛冶国友寿斎らを江戸に招き、鉄砲を鋳造。

# 1621 元和七年

辛酉

天皇▼後水尾天皇

将軍▼徳川秀忠（第二代）

【主要幕閣】

◉老中
酒井忠世（雅楽頭）
本多正純（上野介）
土井利勝（大炊助）
安藤重信（対馬守）
酒井忠利（備後守）
青山忠俊（伯耆守）

◉勘定奉行
松平正綱（右衛門大夫）
伊丹康勝（播磨守・順斎）

◉江戸町奉行
北
米津田政（勘兵衛）
南
島田利正（次兵衛）

◉京都所司代
板倉重宗（周防守）

◉大坂城代
内藤信正（紀伊守）

◉大坂町奉行
東
水野守信（河内守）
西
嶋田直時（清左衛門）

## シャム国使、将軍に謁見　九月一日

政治 経済

アユタヤ朝の暹羅国（シャム、現在のタイ）の国使一行が、この日、江戸城の大広間《おおひろま》で将軍秀忠に謁見して、修好通商を求める国書と象牙《ぞうげ》四十五本・鉄炮二丁などの贈物を献上した。大広間には将軍・老中以下の幕閣のほかに諸大名も参列していた。シャム人の国使二名と通訳の伊藤《いとう》久太夫《きゅうだゆう》が御前に、残りの使節団員十二名が大広間下の白洲に配された。将軍は金地院崇伝《こんちいんすうでん》に修好通商を認める返書を作成させ、三日に再登城した国使一行に渡した。

このシャム国使派遣に大きく関わっていたのは、首都アユタヤの日本町《にほんまち》の長だった山田長政《やまだながまさ》の存在がある。長政は、一時沼津《ぬまづ》の大久保忠佐《ただすけ》の六尺《ろくしゃく》（陸尺。力仕事や雑役に従う人夫）であったが、慶長《けいちょう》十六年（一六一一）頃に朱印船《しゅいんせん》でシャムに渡ってアユタヤの日本町に住み、やがて日本町の長として王室に雇われた日本人傭兵隊長として活躍して国王に信頼されるようになった。のちにリゴール太守《たいしゅ》に封じられる。

山田長政

また、この国使には四月十一日付けで、老中の土井利勝《どいとしかつ》と本多正純《ほんだまさずみ》宛ての別々の紹介状と進物を持参させており、そのなかで通訳の伊藤を紹介しているので、伊藤は長政の部下であった可能性が大である。また、こののち長政は商船を日本に派遣して貿易に積極的に取り組んでいるので、今回のシャム国使派遣は、長政の意向を強く反映したものといえよう。

## 茶道の大家、織田有楽斎が歿す　十二月十三日

文化 思想

織田信長の弟で、武将であり、利休七哲《りきゅうしちてつ》の一人としても知られた織田有楽斎《うらくさい》は、この日、京都の建仁寺《けんにんじ》塔頭《たっちゅう》正伝院《しょうでんいん》内の隠居所で七十五年の生涯を閉じた。

幼名は源五または源五郎、諱《いみな》は長益《ながます》。天正十年（一五八二）の甲斐出兵に参加し、本能寺《ほんのうじ》の変に際しては信長嫡男の信《のぶ》忠《ただ》とともに二条御所《にじょうごしょ》に籠ったが、好運にも無事脱出した。この時三十六歳。その後、豊臣秀吉に仕えて摂津《せっつ》下島郡《しもしまぐん》味舌《ました》で二千石を知行した。次いで剃髪《ていはつ》して有楽斎如庵《じょあん》と号して御伽衆《おとぎしゅう》となる。慶長五年（一六〇〇）の関ヶ原の戦いでは東軍に属して戦功をあげ、本領と大和山辺郡《やまとやまのべぐん》の新恩を合わせて三万石を領した。

その後、淀殿《よどどの》の叔父にあたる地位を利用して、大坂城中で豊臣秀頼《ひでより》の補佐役として重きをなしていたが、一方で密かに徳川方に内情を通報していたという。大坂冬の陣では城内に留まり、機密事項を知らせるとともに家康

織田有楽斎（栗原信充『肖像集』）

【この年の出来事】

**1・24** 江戸尾張藩邸から出火、桜田の大名屋敷20余軒焼失。
**1・28** 京都室町で大火。
**3・21** 柳生宗矩、江戸城で徳川家光に剣法を伝授。
**3月** 明国、幕府に日本人盗賊の取り締まりを要請。
**この春** 幕府、諸大名の月例登城、将軍謁見の序次を制定。
**4月** 南禅寺門前・三条油小路・下鴨町などで火事頻発。煙草厳禁となる。
**6月** 幕府、明国使節に日明間の通信は対馬を介することを通達し、帰国を指示。
**7・27** 幕府、外国人による日本人売買・武器輸出・海賊行為を禁止。
**7月** 越後長岡藩領栃尾郷で、検地反対の一揆（縄一揆）。
**8・3** 江戸で暴風雨。増上寺山門倒壊。
**8月** 幕府、西国諸大名

◉長崎奉行
長谷川藤正（権六）

の意を受けて講和の斡旋に尽力した。翌年の夏の陣では、直前に大坂城を出て京都に隠棲し、一万石を四男長政《ながまさ》（大和芝村《しばむら》藩祖）に、一万石を五男尚長《なおなが》（大和柳本《やなぎもと》藩祖）に分与した。事情が大坂方に露見したためともいわれている。京都では千利休の流れを汲む有楽流という一派を立て、正伝院内の隠居所に如庵という二畳半台目《だいめ》の席と三畳の水屋《みずや》を持った茶室（現、愛知県犬山市有楽苑内所在、国宝）を設けて茶事を楽しみ、余生を送っていた。

## 幕府、外国船の日本人や武器の輸出、海賊行為の禁止を命ず　七月二十七日

事件災害

平《ひら》山常陳《やまじょうちん》事件に関連して幕府は、この日、豊前小倉《ぶぜんこくら》城主の細川忠利《ただとし》・肥前平戸《ひらど》城主の松浦隆信《まつらたかのぶ》・肥前大《おお》村《むら》城主の大村純信《すみのぶ》らに命じて、それぞれが関わる外国船に対して、日本人の人身売買や武器の輸出と近海での海賊行為の禁止を伝達させた。

平山事件で宣教師の新たな流入ルートが把握され、ポルトガル・スペインにとっては対日貿易で不利な状況に追い込まれたが、ポルトガル・スペインと密接な関係にあった長崎奉行の長谷川権六《はせがわごんろく》からオランダ・イギリスの不法行為も幕府に連絡された。蘭・英は日本人男女の人身売買を頻繁に行なっており、特に日本人傭兵と日本から購入した鉄炮・刀剣などの武器を、アンボイナなど東南アジア各地に送っていること、日本近海でポルトガル船・スペイン船・中国船に対する海賊行為によって東アジアにおける制海権を確保しようとしていたことが露見した。

その結果が今回の命令だった。蘭・英に好意的な行動をしていた松浦隆信も、これには従わざるを得なかったのである。この命令は、オランダ船の対日貿易が、海賊行為から商業活動中心に転換する契機となったといえよう。

## 将軍正室、伏見城の遺構を移して養源院再興

社会世相

京都の三十三間堂《さんじゅうさんげんどう》の東向かいにある養源院《ようげんいん》（現、京都市東山区）は、文禄三年（一五九四）に豊臣秀吉の側室淀殿が、父浅井長政《あざいながまさ》の供養のために天台宗比叡山延暦寺《てんだいしゅうひえいざんえんりゃくじ》の僧成伯《せいはく》（長政の従弟）を開山《かいざん》として父の院号を寺名として創建した寺であった。ところが、元和五年（一六一九）に消失した。そこで、淀殿の末妹であった将軍秀忠の正室（お江与《えよ》）の方、のちの崇源院《すうげんいん》の願いによって、この年再興された。

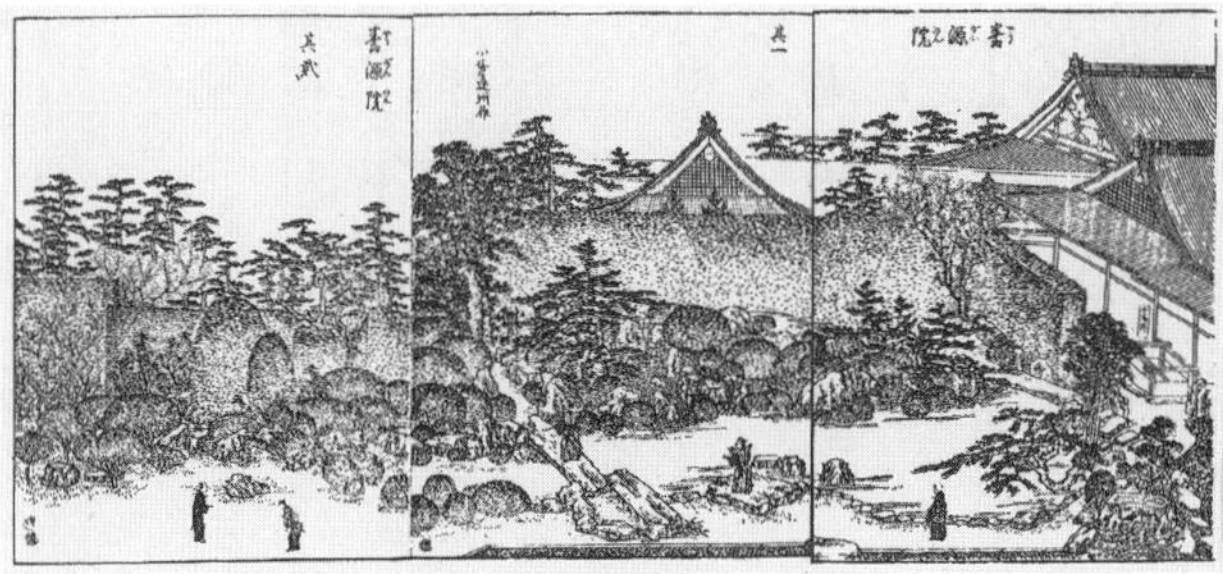

養源院（『都林泉名勝図会』）

再興の際、元和五年に破却された伏見城の殿舎《でんしゃ》の一部が移築された。それらのなかには、関ヶ原の戦いの前哨戦だった伏見城の攻防戦で、家康家臣の鳥居元忠《とりいもとただ》らが城を死守して自刃した時の血に染まった廊下の板が、本堂や護摩堂《ごまどう》などの天井板として利用されたという。戦死した将兵の供養のためといわれているが、当時の将兵の血《ち》の跡が現在も「血天井《てんじょう》」として残されている。

に難破船・漂着船の取り扱いに関する条令を制定。
**9・1**　シャム国使節、将軍秀忠に拝謁。秀忠、国書に返答。
**9・23**　幕府、マカオからのオランダ船による妨害行為報告に対し返書。
**9月**　旗本阿部善八、江戸城殿中で永井長十郎を斬殺。
**12・13**　織田有楽斎歿（75）。
**12・15**　イギリス商館長リチャード・コックス、オランダ商館長レオナルド・カンプス、江戸城で徳川秀忠に拝謁。
**この年**　諸国で伊勢踊り流行。
**この年**　幕府、大坂蔵奉行を設置。
**この年**　島津氏、道之島（奄美諸島）の検地を実施。
**この年**　秀忠夫人お江与、養源院を再興。

# 1622

# 元和八年

## 壬戌

**天皇▼後水尾天皇**

**将軍▼徳川秀忠**（第二代）

**【主要幕閣】**

**◉老中**
酒井忠世（雅楽頭）
本多正純（上野介）
土井利勝（大炊助）
酒井忠利（備後守）
青山忠俊（伯耆守）
井上正就（主計頭）
永井尚政（信濃守）

**◉江戸町奉行**
**北**
米津田政（勘兵衛）
**南**
島田利正（次兵衛）

**◉京都所司代**
板倉重宗（周防守）

**◉大坂城代**
内藤信正（紀伊守）

**◉大坂町奉行**
**東**
水野守信（河内守）
**西**
嶋田直時（清左衛門）

**◉長崎奉行**
長谷川藤正（権六）

### 老中本多正純を改易　十月一日

政治経済

将軍秀忠は八月の日光社参《にっこうしゃさん》の帰途、下野宇都宮《しもつけうつのみや》城での宿泊を突然取り止めて江戸城へ向かった。その背景には、秀忠の異母姉である下総古河《しもうさこが》城主の奥平忠昌《おくだいらただまさ》の祖母加納殿《かのうどの》から密書が届き、宇都宮城に不穏な動きがあり、将軍暗殺の陰謀が仕組まれているという内容があったためという。これが巷間《こうかん》有名な「宇都宮吊《つ》り天井《てんじょう》事件」の発端である。当時の宇都宮十五万五千石の城主は、大御所家康側近のトップであり、現在は将軍秀忠に所属していた老中本多正純《ほんだまさずみ》だった。正純は、日光社参から二ヶ月後のこの日、出羽山形《でわやまがた》城主の最上義俊《もがみよしとし》の御家騒動処理の上使《じょうし》として山形に出張したところで、「免職・改易《かいえき》の上、出羽由利《ゆり》に配流、新知五万五千石を賜う」という幕命を受けた。正純は新知を固辞したので、横手《よこて》に配流されて千石を与えられ、寛永十四年（一六三七）七十三歳で歿した。

家康の死によって二元《にげん》政治が解消され、将軍秀忠とその側近の老中土井利勝《どいとしかつ》・酒井忠世《さかいただよ》らが実権を握っていくなかで、前代の実力者が些細な問題点を理由に幕閣から排除されていった典型例といえよう。

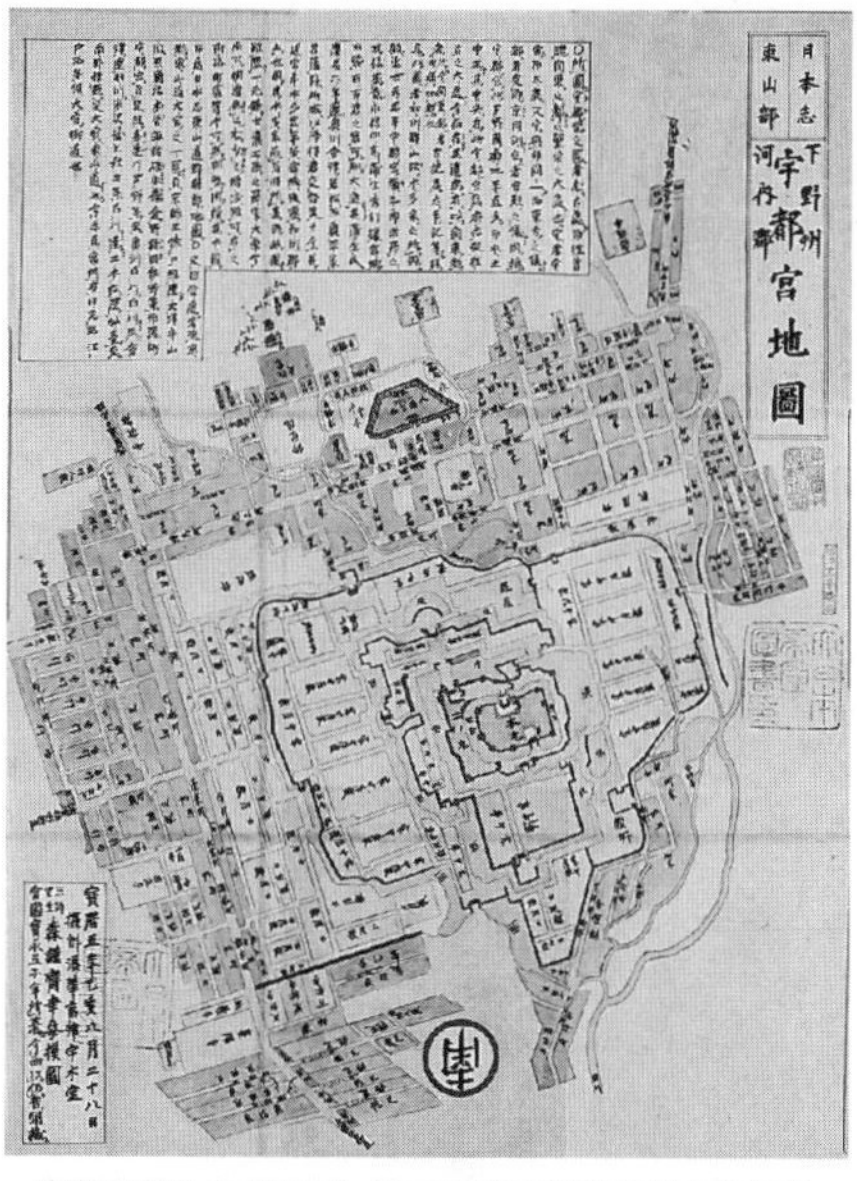

宇都宮宿と宇都宮城（「下野州河内郡宇都宮地図」）

### 毛利重能、『割算書』を刊行

文化思想

数学者（和算家《わさんか》）の毛利重能《もうりしげよし》が、この年、著者名のわかる、日本における現存最古の数学書『割算書《わりざんしょ》』を刊行した。

重能の通称は勘兵衛《かんべえ》、出羽守《でわのかみ》とも称したらしいが、出自・履歴などは不明な点が多い。池田輝政《てるまさ》あるいは大坂の役まで豊臣家に仕えていたというが、牢人となってのち、京都の二条京極《にじょうきょうごく》に住んで、「天下一割算指南《てんかいちわりざんしなん》」の看板を出して数学塾を開き、吉田光由《よしだみつよし》（『塵劫記《じんこうき》』の著者）・今村知商《いまむらともあき》・高原吉種《たかはらよしたね》（関孝和《せきたかかず》の師）ら、多くの弟子を育てた。佐渡にいた百川治兵衛《ももかわじへえ》とともに、最古の和算家といえる。

内容は、八算《はっさん》、売買、体積や面積の求積、測量など当時必要とされた算盤《そろばん》による計算のほとんどが含まれている。室町末期からの日本人の数学的知識を集約したものといえる。寛永八年（一六三一）刊のものも伝存している。なお、当初の書名は不明であるが、目次に「割算目録之次第」とあるところから、後世こう呼ばれるようになった。

**【この年の出来事】**

**1・22**　江戸伊予松山藩邸で火災。
**2・10**　幕府、伝馬駄賃を制定。撰銭を再度禁止。
**2・18**　幕府、諸大名に江戸城本丸・天守改築の手伝普請を命令。
**2月**　山城・大和で伊勢踊り流行。
**4月**　シャムの日本人町が焼失。
**6月**　全国で異常低温。疫病流行。
**7・13**　幕府、密航の宣教師2名と長崎商人平山常陳らを処刑。
**7月**　幕府、諸国の巡検を実地。
**8・5**　幕府、長崎でスピノラ神父らキリシタン55人を処刑(元和大殉教)。
**8・5**　幕府、諸大名の所替に関する規則を制定。
**8・7**　支倉常長歿(51)。
**8・20**　京都所司代板倉重宗、町人の訴訟・商売・火事やキリシタン禁止などに関する9か条を制定。
**8・21**　出羽山形藩主最

## 元和の大殉教　八月五日

事件災害

元和六年に発覚した平山常陳《ひらやまじょうちん》事件以後、九州におけるキリシタンに対する弾圧は苛烈を極め、七月十三日の平山や宣教師ら十五名の処刑を経て、この日、長崎と大村の牢にいたイエズス会・フランシスコ会・ドミニコ会の宣教師・修道士・信者ら大量の五十五名が長崎立山《たてやま》で処刑された。これを元和の大殉教《だいじゅんきょう》と呼ぶ。

この日は、まず宣教師に宿を提供した者の妻子や一般の信徒三十名が斬首された。そのなかにはポルトガル人の夫人やその四歳の息子、日本人信徒とその家族（最年少は三歳の息子）や朝鮮人の信徒とその家族も含まれていた。

次いで宿を提供した四名と司祭《しさい》九名と修道士を含む二十五名が火刑《かけい》に処された。そのなかには、イエズス会で日本人最初の司祭となったセバスチャン木村やイエズス会の会計係だったカルロ・スピノラのような有力宣教師、ポルトガル人と結婚した八十代の女性（火刑者中唯一の女性）も含まれていた。

この処刑の一部始終を見ていた西洋画法を学んだ経験のある者が、この時の状況をスケッチし、マカオで完成させた油絵がローマに送られ、イエズス会の本部のジェズ教会に現在も伝存している。

元和の大殉教

## 京都に市中法度を発布　八月二十日

社会世相

幕府は、この日、京都の町中に九カ条の市中法度《しちゅうはっと》を発布した。

内容は、①訴訟で奉行所に出頭する際は、当事者・親兄弟・証人以外は認めない、②諸国の商人は自由に商売をしてよい。朱銀座以外の仲間の結成は認めない、③質物《しちもつ》は質屋の札に郷里姓名を読みやすく書きおくこと。質物の値は三分の二が質主、三分の一が質屋の利潤とする。盗品を質物に預かった場合は質屋を厳科に処す、④証文の印判は大事な証拠となるので、京都居住の町人は言うに及ばず、借家の者も常日頃、互いに判形を見知り置くこと、⑤最近端書《はしがき》と称して一筆端に書き込んだものを証文として出す者がいるが、これは認められない。正式な証文を作成しておくこと、⑥出火の際には水を現場へ持ってくるように前々から命じているが、その際に武家奉公人や町人で刀・脇差《わきざし》を帯びて火事場に来ることは厳禁である。見付けた場合は即座に逮捕する、⑦牢人の都市居住は厳禁である。隠し置いた場合は宿主《やどぬし》のみならず町中処罰する、⑧伴天連門徒《バテレンもんと》は見付け次第死罪とする。速やかに申告してきた場合は褒美を与える。もしほかから申告された場合は町中同罪である、⑨新規の寺院建立は禁止する、などであった。

①から⑤は京都の町での商業活動の円滑化を図ったものであり、⑥から⑨は治安維持の規定である。大坂の役後の牢人対策が依然継続されており、キリシタン禁制がさらに強化されていることも読み取れる。

上義俊、御家騒動により出羽57万石を没収。
**9月** 関東で大洪水。
**10・1** 幕府、宇都宮藩主本多正純を改易。出羽国由利郡へ流刑。
**10・16** 京都で地震。
**11・10** 江戸城工事完成。秀忠、西の丸より本丸に移り、家光は西の丸に移る。
**11・13** 幕府、京都に規則7か条を発布。
**11月** 京都で地震。
**この年** 小瀬甫庵『信長記』刊行。
**この年** 百川治兵衛『諸勘分物』完成（百川流算術）。
**この年** 毛利重能『割算書』刊行。

# 1623 元和九年

癸亥

天皇▼後水尾天皇

将軍▼徳川秀忠（第二代　七月二十七日以後は大御所）
徳川家光（第三代　七月二十七日～）

【主要幕閣】

◉老中
酒井忠世（雅楽頭）
土井利勝（大炊頭）
酒井忠利（備後守）
青山忠俊（伯耆守）
井上正就（主計頭）
永井尚政（信濃守）
稲葉正勝（丹後守）
内藤忠重（伊賀守・志摩守）

◉江戸町奉行
北
米津田政（勘兵衛）
南
島田利正（次兵衛）

◉京都所司代
板倉重宗（周防守）

◉大坂城代
内藤信正（紀伊守）

◉大坂町奉行
東
水野守信（河内守）
西
嶋田直時（清左衛門）

◉長崎奉行
長谷川藤正（権六）

## 家光、三代将軍に就任　七月二十七日

政治経済

将軍秀忠は六月八日に、世嗣《せいし》家光《いえみつ》は七月十三日に、それぞれ多数の軍勢を率いて上洛《じょうらく》した。そしてこの日、家光は、祖父家康、父秀忠と同様に伏見城で将軍宣下《せんげ》を受けて三代将軍に就任した。時に新将軍家光は二十歳、大御所となった秀忠は四十五歳だった。家光は、八月六日に将軍宣下御礼のための京都御所参内《さんだい》を御三家《ごさんけ》をはじめ、前田利常《としつね》・島津家久《いえひさ》以下、有力外様大名を率いて挙行している。新将軍の勢威を内外に誇示する行動であった。

家光は、秀忠の次男（母は正室お江与《えよ》の方）だったが、長男が早逝したため、実質世嗣として育てられたが、弟忠長《ただなが》を父母が偏愛したために、その地位は一時期不安定になった。乳母《めのと》の春日局《かすがのつぼね》や大御所家康のはからいで地位が確定するのは、大坂の役が終了したあとと推定されている。その後、将軍秀忠も側近の酒井忠世《さかいただよ》・土井利勝《どいとしかつ》・青山忠俊《あおやまただとし》を補導役として付属し、将軍教育を始めた。厳正な忠世、明敏な利勝、剛勇な忠俊の三者三様の教育は家光を成長させた。特に小心温厚な家光が後年、闊達剛毅《かったつごうき》な気性を持つようになったのは、忠俊の教育の賜《たまもの》であった。

ただし、将軍になったといっても領地宛行権《りょうちあてがいけん》や軍事指揮権、寺社・朝廷支配などの実権は、西の丸にいた大御所秀忠が依然として握っていた。家光が将軍としての権限を実質行使できるようになるのは、寛永九年（一六三二）一月の秀忠死去後である。

徳川家光

## 囲碁の名人本因坊算砂が歿す　四月二十三日

文化思想

信長・秀吉・家康の三代にわたって仕えた囲碁の名人本因坊算砂《ほんいんぼうさんさ》が、この日、六十六歳の生涯を閉じた。

算砂は、京都の舞楽の加納家に生まれ、九歳で顕本法華宗《けんぽんほっけしゅう》の寂光寺《じゃっこうじ》（室町近衛町。のちに秀吉の命で寺町竹屋町に移り、さらに一八世紀に類焼して現在の左京区に再建）を創建した久遠院日淵《くおんいんにちえん》に師事し、剃髪《ていはつ》して、初め日海《にちかい》と名乗った。のちに日淵がかつて住していた塔頭《たっちゅう》の本因坊を譲られた。その後、堺の仙也《せんや》に囲碁の手ほどきを受けて天賦の才を示すようになった。やがて信長に仕えて「名人」の称を与えられた（囲碁の名人位はここに始まるという）。本能寺《ほんのうじ》の変《へん》後、秀吉に召され、秀吉の開催した一流棋士を集めた勝負碁で優勝して棋士の元締めを命じられ、本因坊算砂と称したという。秀吉歿後は家康に仕えて慶長八年（一六〇三）の将軍

本因坊算砂

【この年の出来事】

**1・8**　朝廷、寛正2年以来中止の大元御修法、および長禄年間以来中止の後七日法を再興。
**2・10**　幕府、越前国北庄藩主松平忠直を不行跡により豊後へ流刑。
**2・15**　幕府、町人・浪人の武家宅地内居住を禁止。
**4・23**　本因坊算砂歿(66)。
**4・26**　秀忠、従者の風俗取締令を制定。
**7・27**　徳川家光、伏見城で第3代将軍宣下。
**8・6**　幕府、大坂城定番を設置。
**8・24**　幕府、禁裏御料1万石を献上。計2万石に。
**8・28**　諸大名、二条城・伏見城で秀忠・将軍家光に拝謁。
**閏8・24**　島津家久、琉球王に道之島（奄美諸島）での島政改革の実施を通達。
**9・23**　幕府、京都市中

宣下の際には、京都御所で後陽成《ごようぜい》天皇の前で天覧碁《てんらんご》を披露した。

碁を愛した家康は、算砂を碁界の総仕切役である碁所《ごどころ》に任じ、禄米を与えた。算砂はのち権大僧都《ごんだいそうず》・法印《ほういん》まで進み、職業棋士確立の道を開いた。算砂の出現は、碁界興隆の基となり、江戸期の囲碁の四家元（本因坊・井上・安井・林）を生んでいった。

## 越前北庄城主の松平忠直を配流　二月十日

事件 災害

越前北庄《きたのしょう》六十八万石の城主松平忠直《まつだいらただなお》はこの日、改易《かいえき》を命じられて豊後萩原《はぎわら》（現、大分県大分市）に配流となり、賄料《まかないりょう》五千石を与えられた。この時二十九歳。

忠直は、家康の次男結城秀康《ゆうきひでやす》の嫡男で、慶長十二年（一六〇七）に十三歳で遺領を相続し、慶長十六年には秀忠の四女勝姫《かつひめ》と結婚し、徳川一門として優遇された。大坂夏の陣では忠直指揮下の越前勢が大坂城一番乗りを果たし、大御所家康をも恐れさせた勇将真田信繁《さなだのぶしげ》（幸村《ゆきむら》）をはじめ、首級《しゅきゅう》三千七百五十（参陣大名中最大）を挙げるほどの功績抜群であった。その功により従三位参議《じゅさんみさんぎ》の地位を与えられた。

しかし、忠直は戦功による所領の増加がなく不満を強めた。やがて狂暴な振る舞いをしたり、大御所家康の死後は病気を理由に江戸へ参勤しなかったり、正室勝姫との不仲を噂されたりなど、幕府に対する不遜《ふそん》な行動が目立つようになった。将軍秀忠は、世嗣家光への将軍職譲与に先立って徳川一門内の不安要因を一掃する必要があった。忠直配流はそのための強硬手段といえよう。翌年に忠直の弟忠昌《ただまさ》を北庄五十万石に転封《てんぽう》し、忠直の嫡男光長《みつなが》に越後高田二十六万石を新たに与えたのは、徳川一門筆頭の越前松平家に対する配慮であった。

## イギリス、平戸商館を閉鎖して日本退去　十一月十二日

社会 世相

コックス（平戸《ひらど》の初代イギリス商館長）は、この日、領主の松浦隆信《まつらたかのぶ》に後事を託して平戸のイギリス商館を閉鎖し、翌日平戸を去った。

家康がオランダやイギリスを優遇したのは、ポルトガル商人の生糸貿易独占を抑え、かつ布教を伴わないという観点からであった。しかし、イギリスのもたらした貿易品は毛織物などの本国からの輸送品が主で生糸は少なかった。しかも東南アジアにおける貿易の組織づくりに失敗した。さらに、オランダとの香辛料貿易の主導権をめぐる争いの中で、今年の二月から三月にかけてモルッカ諸島のアンボイナ島で、島のイギリス商館をオランダが襲撃し、商館長をはじめとするイギリス人や日本人傭兵《ようへい》らを捕捉して、拷問ののちに斬首するというアンボイナ事件が起きた。この結果、イギリス勢力が香辛料貿易から排除されたのである。このようなオランダとの競争に敗北した状況の中で、対日貿易だけを継続することは不可能であった。コックスは対日貿易不振の責任を問われてバタビアに召喚《しょうかん》されたのである。結局、イギリスはインドに撤退せざるを得なかった。

アンボイナ島

の牢人取締りを再度命令。
**9月** 東海道筋で洪水。
**10・12** 幕府、原主水らキリシタン25人を芝で火刑。
**11・12** イギリス、平戸の商館を閉鎖し日本から撤退。
**11・19** 女御徳川和子、皇女興子内親王（のちの明正天皇）を出産。
**12・29** 江戸京橋で火災。
**12月** 幕府、ポルトガル人の居住を制限し、日本人のルソン渡航を禁止。
**12月** 奈良で大火。1300余戸焼失。
**この年** 幕府、小堀政一を伏見奉行に任命。
**この年** 狩野探幽、大坂城殿閣の装飾を担当。
**この年** 稲富重次、鉄砲方に就任（鉄砲方の始まり）。

# 1624

# 寛永元年（元和十年）

甲子

天皇▼後水尾天皇

将軍▼徳川家光（第三代）

**【主要幕閣】**

**◉老中**
酒井忠世（雅楽頭）
酒井忠利（備後守）
稲葉正勝（丹後守）
内藤忠重（伊賀守・志摩守）
酒井忠勝（讃岐守）

**◉西丸老中**
土井利勝（大炊頭）
井上正就（主計頭）
永井尚政（信濃守）

**◉江戸町奉行**
**北** 米津田政（勘兵衛）
**南** 島田利正（次兵衛）

**◉京都所司代**
板倉重宗（周防守）

**◉大坂城代**
内藤信正（紀伊守）

**◉大坂町奉行**
**東** 水野守信（河内守）
**西** 嶋田直時（清左衛門）

**◉長崎奉行**

## 薩摩藩主島津家久、妻子の江戸定府を実施　十一月十三日

政治経済

薩摩藩主の島津家久《しまづいえひさ》は、この日、ほかの諸大名に先駆けて継室《けいしつ》と嫡男又三郎（のちの光久《みつひさ》）・三男又十郎《またじゅうろう》ら妻子の江戸定府《じょうふ》（上屋敷居住）を実施した。

家久は、これより先に家老の伊勢貞昌《いせさだまさ》を派遣して大御所付老中の土井利勝《どいとしかつ》に「神君家康公が幕府を開いて以来三十年、その御恩を仰がない者は一人もおりません。世のため国のためを考えると、諸大名の妻子を江戸に集めて各屋敷に居住させれば、諸大名も参勤交代《さんきんこうたい》で江戸にいる時は国元にいる時よりよりも安心できるでありましょう。よろしく御検討下さい」というように進言させた。幕府も諸大名の反逆を防ぐには好都合と考えて、この提案に同意したのである。

外様《とざま》大名の参勤交代は、慶長五年（一六〇〇）の関ヶ原の戦いで家康が勝利を収めた以後に始まり、寛永十二年（一六三五）の寛永の武家諸法度《ぶけしょはっと》で江戸参勤が正式に制度化された。その過程で制度が整えられていったので、大名の正室と嫡男の江戸定府も前田家に次ぐ外様の雄藩《ゆうはん》島津家から申し出るという形式を取り、ほかの諸大名にも納得させるという方策を幕府が考えたと推定できる。

## 初代中村勘三郎が江戸で歌舞伎を興行　二月から三月

文化思想

初代中村勘三郎《なかむらかんざぶろう》が江戸に下って二月に猿若《さるわか》勘三郎を名乗り、三月に興行の免許を幕府から得て、中橋《なかはし》南地（京橋川の南側）に猿若座《さるわかざ》を立ち上げて興行を開始した。この興行こそが、江戸歌舞伎の発祥とされている。

勘三郎は、当時流行していた女歌舞伎の道化《どうけ》出身で猿若狂言《きょうげん》を得意としていたという。言い伝えによれば、初め京都に住んで大蔵流《おおくらりゅう》の狂言を習ったともいう。猿若とは、女歌舞伎の主人公の供の役で、頬かむり、粗末な単衣《ひとえ》で脚絆《きゃはん》、腰に瓢箪《ひょうたん》を下げて唐団扇《とううちわ》を手にした姿で登場し、滑稽《こっけい》・卑俗《ひぞく》な物真似や木やり・獅子踊《ししおど》りなどの芸を見せたりした道化役である。この道化役を主人公にした初期の歌舞伎狂言を猿若狂言といった。

この猿若狂言を中心とした演目が評判を取り、猿若座（のち本姓の中村座を座名とする）は人気を集め、勘三郎

猿若（『人倫訓蒙図彙』）

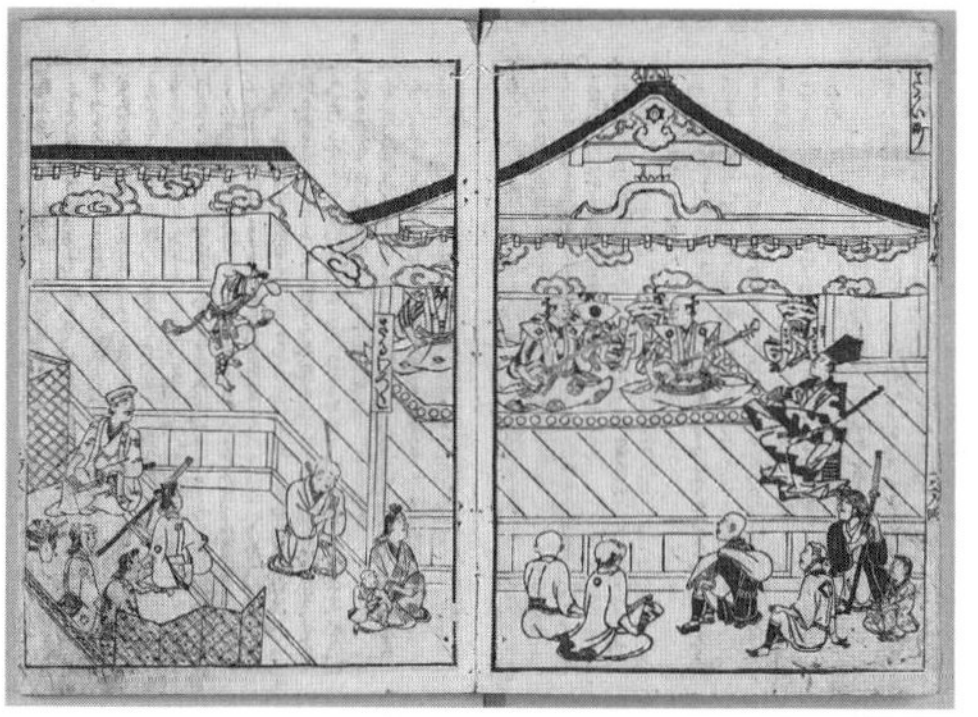

猿若（『江戸雀』）

**【この年の出来事】**

**2・30** 甲子革命説により寛永に改元。
**2月** 幕府、諸国で流行の伊勢踊りを禁止。
**3・24** 幕府、フィリピン諸島長官使節の江戸入府、復交要求を拒否。スペインと断交。
**2〜3月** 初代中村勘三郎、中橋南地に猿若座開設。
**4・11** 林羅山、将軍家光の侍講に就任。
**5・25** 幕府、旗本に華美な饗宴を禁止。
**6・3** 秋田藩、キリシタン32人を処刑。
**7・13** 福島正則歿(64)。
**7月** 利根川が氾濫、江戸で洪水。葛西で民家流失。
**8・11** 幕府、江戸城中における喧嘩・男色・結党などを禁止。
**8月** 薩摩藩、奄美諸島を蔵入地とする。
**9・22** 江戸城西の丸御殿改築、秀忠が移る。
**9月** 京都で地震。

長谷川藤正（権六）

は将軍家光の御座船安宅丸《ござぶねあたけまる》入港の際の音頭をとったり、慶安四年（一六五一）には江戸城で歌舞伎を上演している。中村座は、寛永九年に禰宜町《ねぎちょう》に、慶安四年に堺町《さかいちょう》に移ったが、代々の勘三郎が座元を襲名して興行を続けた。さらに、天保の改革で浅草猿若町（町名の由来は江戸歌舞伎の開祖猿若勘三郎の名にちなんだという）に移転した。現在、中橋南地に「江戸歌舞伎発祥之地」碑が建っている。

## 幕府、スペインとの通商関係を断絶する　三月二十四日

事件災害

スペインの修好使節が薩摩に来航し、長崎奉行の長谷《はせ》川権六《がわごんろく》を通じて、一行が江戸に上って国書を将軍に捧呈《ほうてい》することを望んだ。この日幕府は、スペインとの通商関係を断つ旨を長崎奉行に命じた。ここに両国関係は断絶した。

スペインのアジア貿易は、ノビスパン（現、メキシコ）から新大陸の銀を持ち込んでルソン（現、フィリピン）のマニラを中継地として中国の生糸と交換する取り引きが主であった。対中貿易の中核を担っていたマニラのスペイン人植民者たちにとっては、日本の朱印船《しゅいんせん》はポルトガルとともに手強い競争相手であった。田中勝介《たなかしょうすけ》や支倉常長《はせくらつねなが》（慶長遣欧使節）などの交渉にも関わらず、マニラの植民者の反対でスペインとの外交関係は日本側が望むほど円滑には進まなかった。むしろ、フランシスコ会・ドミニコ会などのスペイン系の修道会《しゅうどうかい》の宣教師による日本伝道が活発で、幕府の禁教政策と摩擦を起こす状況にあった。

そこにやって来たのがマニラ政庁から派遣されたアヤラらのスペイン使節一行であった。幕府は土井利勝・井上正就《いのうえまさなり》・永井尚政《ながいなおまさ》ら大御所付老中と金地院崇伝《こんちいんすうでん》と協議の上、日本の望む生糸貿易に消極的であったスペインに対しては、キリシタン禁制を優先してマニラ政庁の通商申し出を拒絶、つまりスペインとの国交断絶を決定したのである。同じ布教国でも生糸貿易に積極的であったポルトガルとの断交が十五年後となるのとは大きな違いがあった。

## 浄土宗の霊巌、沼地を埋め立てて霊巌寺を創建

社会世相

浄土宗の雄誉霊巌《ゆうよれいがん》は、この年、日本橋八丁堀《はっちょうぼり》付近の沼地（現、東京都中央区新川一、二丁目付近）の葦原を埋め立て、そこに霊巌寺《れいがんじ》を創建した。

霊巌は駿河の人で下総《しもうさ》の大巌寺《だいがんじ》で学び、のち上洛して各地で活動して家康や里見義隆《さとみよしたか》・松平家信《まつだいらいえのぶ》らの帰依《きえ》を得て諸国を廻って諸寺を建立した。秀忠・家光の帰依をも得ていたので、日本橋川下流の新堀と亀島川《かめじまがわ》に挟まれ、当初江戸の中島《なかじま》と呼ばれていた地域の開発を認められて埋め立て、一寺を建立して布教の拠点とした。霊巌の名をとって霊巌寺とし、寛永四年に周辺一帯も寄進されて、この島は霊巌《れいがん》島《じま》と呼ばれるようになった。やがて道俗の参詣者が多数参集するようになったので、寛永五年にはさらに埋め立てを進めて寺域を拡張し、七堂伽藍《しちどうがらん》が整備された。その後、越前福井藩主の松平忠昌《ただまさ》が霊巌寺南方に屋敷を拝領し、三方に舟入堀をめぐらせた。これが越前堀《えちぜんぼり》である。

ところが明暦三年（一六五七）の明暦の大火で焼失し、深川（現、江東区白河一丁目）に移転した。霊巌島の跡地には町屋が建てられた。特に河村瑞賢《かわむらずいけん》が島の中央に新川を開削すると、河岸一帯に下り物《くだりもの》を扱う瀬戸物問屋や酒問屋が軒を連ねた。ちなみに、霊巌は寛永六年に浄土宗本山知恩院《ちおんいん》の三十二世となって上洛した。

**この秋**　瀧泉寺不動堂（目黒不動）創建。
**この秋**　家光の乳母春日局、江戸湯島に寺院を創建。天沢寺と号す（のちの麟祥院）。
**11・13**　島津家久、妻子を江戸藩邸に移す（大名妻子の江戸常住の始まり）。
**11・28**　女御徳川和子、中宮となる。
**12・19**　朝鮮通信使、将軍家光に拝謁。
**この年**　日本橋大伝馬町に木綿問屋成立。
**この年**　四谷塩町で相撲興行（江戸勧進相撲の始まり）。
**この年**　幕府、沿岸諸港にキリスト教徒の来航警戒を指示。
**この年**　僧霊巌、霊巌寺を創建。

1625

# 寛永二年

乙丑

天皇▼後水尾天皇

将軍▼徳川家光（第三代）

【主要幕閣】

◉老中
酒井忠世（雅楽頭）
酒井忠利（備後守）
稲葉正勝（丹後守）
内藤忠重（伊賀守・志摩守）
酒井忠勝（讃岐守）

◉西丸老中
土井利勝（大炊頭）
井上正就（主計頭）
永井尚政（信濃守）

◉江戸町奉行
南
島田利正（弾正忠）

◉京都所司代
板倉重宗（周防守）

◉大坂城代
内藤信正（紀伊守）

◉大坂町奉行
東
水野守信（河内守）
西
嶋田直時（越前守）

◉長崎奉行
長谷川藤正（権六）

## 明の福建都督、倭寇鎮圧を要請、幕府拒絶

政治経済

明の福建都督《ふっけんととく》が、この年、「日本沿海の貧しい者どもが頻繁に海上に出撃して明船の貨物を略奪したり、海賊行為（倭寇《わこう》）をしているので鎮圧して欲しい」という内容の書簡を送ってきた。これに対して幕府は、「日本は現在、太平の世の中で、沿海の者どもまで幕府の徳に教化されて不良の行動をなす者は一人もいない。現在倭寇の行動をなす者は、明国の海辺の民や刑罰を受けた人々が密かに日本人に扮して海賊行為をなしているのである。わが国への明国の商船の安全は保障するので是非とも往来して欲しい」という旨の書簡を送った。

明は十六世紀後半に海禁《かいきん》政策（海外渡航・貿易の禁止）を緩めたが、倭寇の根拠地と見なしていた日本への渡航は認めなかった。一方、幕府は朱印状《しゅいんじょう》を与えて明船を招致し、対日密貿易を奨励していた。この優遇策により平戸を拠点に活動した後期倭寇の頭目王直《おうちょく》の跡を継いだ李旦《りたん》や李旦の後継者鄭芝龍《ていしりゅう》などはその代表例であった。明の命令に服さない彼らの多くは武装化した商人集団であり、場合によっては海賊行為も行なっていた。福建都督側の鎮圧要求は李旦らが対象だったのだろう。これに対して幕府は、朱印船貿易家として認知していた彼らを禁圧する意思は毛頭ないことを表明したのである。

倭寇の姿（『異称日本伝』）

## 天海、上野に東叡山寛永寺を開山
## 十一月

文化思想

家康・秀忠・家光の三代の将軍に篤く帰依され、黒衣《こくい》の宰相《さいしょう》とも称された天台僧天海《てんかい》は、三年前に拝領した上野台《うえのだい》の忍岡《しのぶがおか》の地に幕府の監督と援助を得て、祈禱寺としての寛永寺《かんえいじ》を建立した。この月、本坊が完成し、寛永寺の開山《かいざん》（初代住持）となった。この地は、江戸城艮《うしとら》（東北）の鬼門《きもん》にあたり、王城である京都鎮護の地比叡山《ひえいざん》に対して東の比叡山という意味を意識して東叡山《とうえいざん》と名づけられた。その後、五重塔・大仏殿・清水《きよみず》観音堂・根本中堂《こんぽんちゅうどう》などの堂宇《どうう》が整い壮観を呈した。慶安四年（一六五一）には将軍家光の命で東照宮《とうしょうぐう》が再造営され、久能山《くのうざん》・日光・江戸城中紅葉山《もみじやま》とともに幕府直営の宮となる。

幕府はのちに法親王《ほうしんのう》（皇族）を寛永寺の住持に迎えたいと朝廷に申請した。その結果、後水尾上皇《ごみずのおじょうこう》の皇子守澄《しゅちょう》法親王が日光山門主《もんしゅ》から寛永寺第三世に移り、天台座主《ざす》となり、輪《りん》

寛永寺（『江戸名所記』）

【この年の出来事】

**2・2** 幕府、安南に通商を許可。
**3月** 幕府、旗本の屋敷の広さを知行高に応じて規定。
**4・2** 幕府、二条定番を設置。
**4・8** 幕府、江戸の武家宅地を調査。
**4・27** 毛利輝元歿(72)。
**5・5** 幕府、武家屋敷の町人への貸与を禁止。
**6・17** 熊本で大地震。
**8・27** 幕府、関所通行、伝馬・駄賃馬に関する法令を制定。同日、銭の公定相場を定めるとともに、撰銭を禁止。
**8月** 幾島丹後、中橋で歌舞伎興行（若衆歌舞伎の始まり）。
**8月** 幕府、諸国河川の堤防修築を指示。
**9・2** 京都で地震。
**9・3** 幕府、諸大名に領内の鉄砲数調査を指示。
**10・18** 幕府、町人の大脇差帯刀を禁止。
**11月** 天海を開山とし、

王寺宮《のうじのみや》の号を賜った。以後、輪王寺宮は寛永寺に現住して日光輪王寺門跡・天台座主を兼任し、天台宗の実権は関東に移った。幕府も将軍霊廟《れいびょう》の造営などに伴って順次寺領を追加寄進し、のちに一万千七百九十石を領する大寺院となった。寺域は不忍池《しのばずのいけ》を除いて三十万坪（九十九万平方メートル）に達していた。

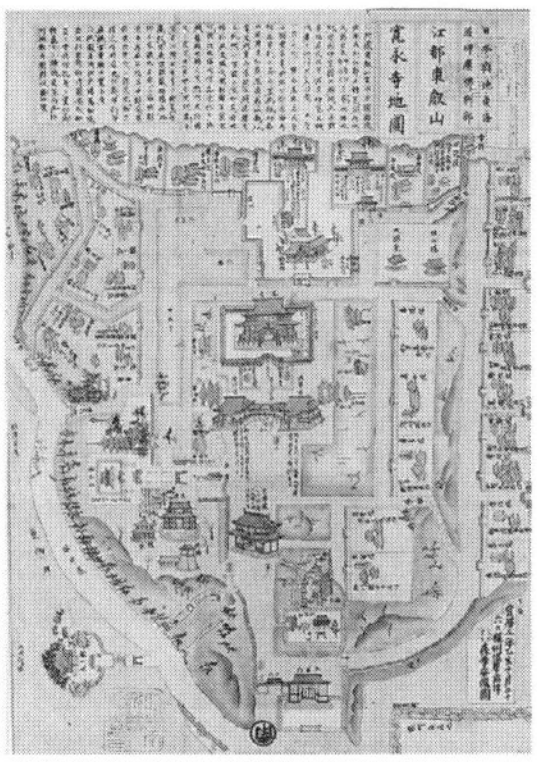

宝暦５年の
「江都東叡山寛永寺地図」

## 相模甘縄藩主松平正綱、日光杉並木の植樹開始

事件災害

家康の出頭人《しゅっとうにん》から勘定頭《かんじょうがしら》（のちの勘定奉行）になった相模甘縄《たまなわ》（玉縄）藩主松平正綱《まつだいらまさつな》は、家康の遺骸を駿河久能山から日光山に移す時に供奉して以来、東照宮造営や日光社参の奉行を担当するなどして、多くの年月、日光の地へ行き来した。その間正綱は、この年から日光東照宮に至る街道の並木に杉を植樹していった。

社参路として整備が進められた日光道中《どうちゅう》と日光例幣使《れいへいし》街道（日光道中壬生《みぶ》通《どお》り、日光東照宮に幣帛《へいはく》を奉納する勅使《ちょくし》が通った道）と会津西海道《あいづにしかいどう》に、紀伊熊野から杉の苗木を取り寄せて植樹していった。慶安元年（一六四八）四月十七日の家康三十三回忌法要の奉行を担当するにあたって、これまでの植樹を記念して石碑を建てようとした正綱は、林羅《はやしら》山《ざん》に文案を依頼した。しかし、法要の責任を果たしたあとの六月二十二日に七十三歳で歿してしまった。遺領を相続した三男の正信《まさのぶ》は、父の遺志を継いで寄進の石碑を日光山の山菅橋《やますげばし》（いわゆる神橋《しんきょう》）と日光例幣使街道の起点小倉《こぐら》村と日光道中の起点大沢《おおさわ》村と会津西海道の起点大桑《おおくわ》村の四ヶ所に建てた。正綱・正信父子で植えられた杉は二万四千三百本といわれ、半数が現存している。現在、杉並木は国の特別記念物に、寄進碑は特別史跡に指定されている。

## 木綿問屋が成立

社会世相

江戸の大伝馬町《おおでんまちょう》の伝馬役兼名主役の馬込勘解由《まごめかげゆ》配下の赤塚善右衛門《あかつかぜんえもん》・升屋七左衛門《ますやしちざえもん》らが、この年に木綿《もめん》問屋《といや》を始めて、やがて大伝馬町一丁目にはほかの木綿問屋たちも集住するようになった。

木綿は鎌倉時代には宋《そう》から、室町時代には朝鮮から輸入された奢侈品《しゃしひん》だったが、戦国時代に三河で木綿栽培が始まり、やがて伊勢など西国一帯に広がった。火縄用・軍衣・陣幕・船舶の帆などの需要が高まり、農村の家内工業が進み、庶民の日常衣料も古代以来の麻《あさ》から木綿へと転換していった。十七世紀初頭には、河内・摂津・伊勢・甲斐・武蔵・安房・豊前・豊後・肥前・肥後などの国々が綿織物の特産地として知られていた。

大伝馬町の木綿問屋の多くは、伊勢からの出店《でみせ》（これを伊勢店《いせだな》と称した）であった。木綿の生産地であった伊勢から仲買して集荷した木綿を、江戸での販売所にあたる出店で売った伊勢商人たちは、十七世紀後半には問屋として伊勢を含む各地から木綿を仕入れ、江戸および関東・東北にまで販路を広げていったのである。

上野東叡山寛永寺竣工。
**この年** 長崎代官末次平蔵、幕命を受け、明国の福建総督に返書し通商を要請。
**この年** 日光白根山噴火。
**この年** 肥前・豊後で領内のキリシタンを処刑。
**この年** 丁字屋喜左衛門、歯磨粉を製造。
**この年** 松平正綱、日光街道に杉の植樹を開始。
**この年** 赤塚善右衛門・升屋七左衛門ら、大伝馬町で木綿問屋を開店。

# 1626 寛永三年

## 丙寅

**天皇▼後水尾天皇**

**将軍▼徳川家光**（第三代）

**【主要幕閣】**

**◉老中**
酒井忠世（雅楽頭）
酒井忠利（備後守）
稲葉正勝（丹後守）
内藤忠重（伊賀守・志摩守）
酒井忠勝（讃岐守）

**◉西丸老中**
土井利勝（大炊頭）
井上正就（主計頭）
永井尚政（信濃守）

**◉江戸町奉行**
**南**
島田利正（弾正忠）

**◉京都所司代**
板倉重宗（周防守）

**◉大坂城代**
内藤信正（紀伊守）
阿部正次（備中守）

**◉大坂町奉行**
**東**
水野守信（河内守）
**西**
嶋田直時（越前守）

**◉長崎奉行**
水野守信（半左衛門・

### 後水尾天皇、二条城へ行幸 九月六日～十日

政治経済

六月二十日に大御所秀忠が、次いで八月二日に将軍家光が上洛し、徳川忠長《ただなが》・御三家以下の一門、土井利勝《どいとし》以下の老中・譜代大名、前田利常《まえだとしつね》・伊達政宗《だてまさむね》・島津家久《しまづいえひさ》らの有力外様大名を従えて、後水尾《ごみずのお》天皇の二条城行幸《にじょうじょうぎょうこう》の準備を始めた。九月六日、中宮和子《ちゅうぐうまさこ》、続いて後水尾天皇の生母中和門院《ちゅうわもんいん》の御成《おなり》から行幸の行事は始まった。次いで将軍家光が天皇の行幸に先立って参内し、礼を述べた。その後、天皇は関白近衛信尋《このえのぶひろ》以下を従えて将軍私邸の二条城へ行幸した。天皇の武家行幸は平清盛《たいらのきよもり》の福原第《ふくはらてい》・足利義満の北山第《きたやまてい》・豊臣秀吉の聚楽第《じゅらくてい》に次ぐ四例目である。

「寛永三年二条城行幸図」

この日から五日間にわたる行事は、幕府の富と権力の限りが尽くされた。天皇の玉座《ぎょくざ》は金銀で飾られ、膳具《ぜんぐ》も全て黄金製で、中宮・中和門院以下の道具一式も金銀で新造されていた。黄金の茶道具とともに武家側当代随一の数奇者小堀政一《こぼりまさかず》（遠州）が手配したものである。また、中宮・中和門院以下の皇室・皇族・公家への贈献は、家光だけでも白銀《はくぎん》（贈答用の銀貨で、通用銀の三分《さんぶ》に相当）で十四万八百両に及んでいる。

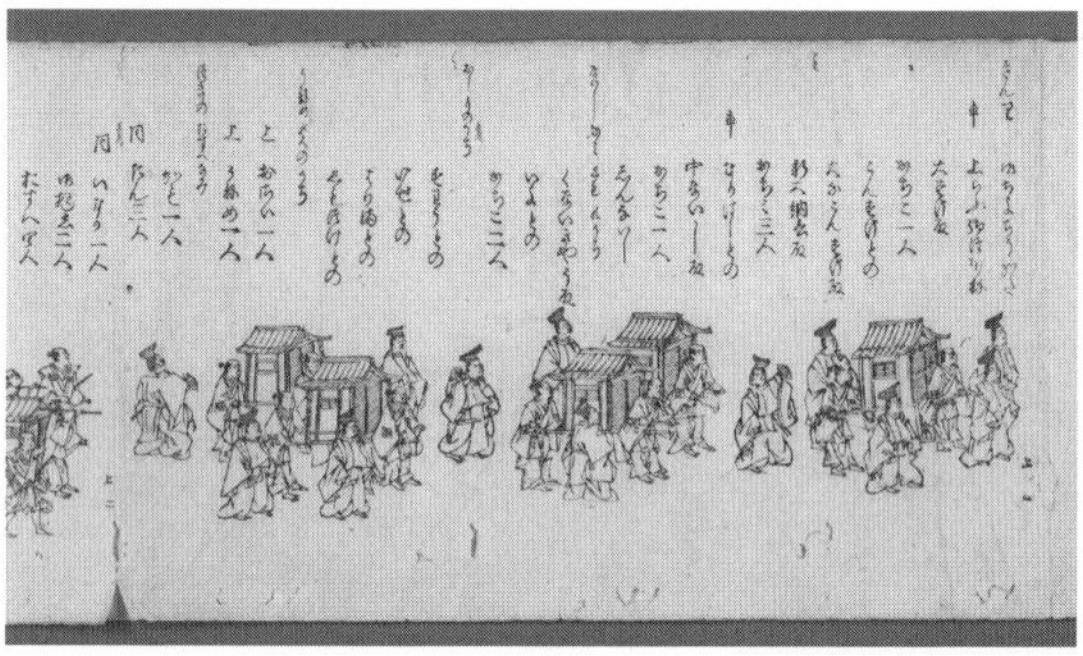
同上

天皇の行幸は、幕府と将軍の権力を安定させ、かつ内外に「今が弥勒《みろく》の世成るべし」という徳川氏の繁栄ぶりを誇示するところに目的があった。したがって、これ以後江戸時代を通じて行なわれることはなかった。

### 大久保彦左衛門、『三河物語』を著す

文化思想

大久保彦左衛門忠教《おおくぼひこざえもんただたか》は、子孫のために書き留めていた『三河物語《みかわものがたり》』の草稿に手を入れて、この年ほぼ完成させた。

彦左衛門は初陣以来、本家の大久保忠世《ただよ》（長兄）・忠隣《ただちか》（甥）に属していたが、慶長十九年（一六一四）に忠隣が改易《かいえき》処分された際に大御所家康付旗本となり、大坂の役では鎗奉《やりぶ》

**【この年の出来事】**

**閏4・26** 長崎でイエズス会宣教師、キリシタンら処刑。
**閏4月** 京都および近国で大風。家倒れ死者多数。
**5月** 明国人陳元贇、将軍家光に拝謁。
**6・20** 徳川秀忠、上洛。
**7・1** 幕府、将軍在京中に際しての随行武士の法度を通達。
**7・27** 幕府、大坂定番規則を制定。
**8・2** 将軍徳川家光、上洛。
**8・18** 徳川家光、右大臣に就任。
**9・3** 芝新網町の漁師、将軍家へ白魚を献上。以後、恒例となる。
**9・6** 後水尾天皇、将軍家光滞在の二条城に行幸。
**9・8** 四辻季継が催馬楽を再興。
**9・15** 秀忠夫人お江与の方歿（54）。
**9・23** シャム国より酒井忠世・土井利勝に国書

河内守)

行《ぎょう》を務めた。家康に従って戦ったのは生涯でこの時だけである。家康死後は秀忠付となり、鎗奉行・旗奉行などを歴任し、寛永十六年に八十歳でこの世を去った。

『三河物語』は、松平氏初代の親氏《ちかうじ》以来家康に至るまでの歴代の事跡と、その過程で譜代の家臣である大久保一族がいかに忠勤に励み勲功大であったかを記述している。そして彦左衛門は、この中で譜代の臣下としての誇りを強く意識し、武功の人として大久保一族とともに自身がいかに活躍したかを、自負を持って詳述している。彼は戦国乱世が終結して吏僚派が次第に登用されていく現状に不満を持ち、徳川家繁栄の基を築いたのは譜代の家臣たちの血と汗による武功だと考え、それらの治績を後世に残そうとした。その成果が『三河物語』である。したがって本書は、子孫のための家訓の書という性格を持った歴史書であるとともに、軍記物語の性格も持っていた。頑固一徹《がんこいってつ》な彦左衛門の言動は、やがて『三河物語』が流布する中で、三河武士《みかわぶし》の典型として喧伝《けんでん》されるようになっていくのである。

## 大御所秀忠の大御台お江与の方逝去　九月十五日

事件災害

江戸城西の丸で、この日、大御所秀忠の大御台《おおみだい》お江与《えよ》の方が五十四歳で逝去した。名はお江《ごう》、諱《いみな》は達子《たつこ》、法名は崇厳院《すうげんいん》。父は近江小谷《おだに》城主の浅井長政《あざいながまさ》、母は織田信長の妹小谷の方お市《いち》。長姉は豊臣秀吉の側室淀殿《よどどの》、次姉は若狭小浜《おばま》城主の京極高次《きょうごくたかつぐ》室お初《はつ》(常高院《じょうこういん》)の三姉妹である。

天正元年(一五七三)の小谷城落城の際に、母と三姉妹は伯父信長の許へ戻り、本能寺《ほんのうじ》の変《へん》後は柴田勝家《しばたかついえ》に母が再嫁すると三姉妹も越前北庄《きたのしょう》に移った。しかし、賤ヶ岳《しずがだけ》の戦いに敗れた勝家が北庄城で自刃する際に母も自害した。三姉妹は秀吉に引き取られた。

お江与は、初め尾張大野《おおの》城主の佐治一成《さじかずなり》に嫁したが、一成が秀吉の忌避に触れて離別させられ、のちに秀吉の養子となる丹波亀山《かめやま》城主の羽柴秀勝《はしばひでかつ》に嫁いで一女をもうけたが、秀勝が病歿すると寡婦《かふ》となった。その後、文禄四年(一五九五)に秀吉の徳川家康抱き込み政策の一環として、家康の嫡男秀忠に再嫁した。時に二十三歳、秀忠十七歳だった。秀忠との間には家光・忠長の二男、千姫《せんひめ》から和子までの五女をもうけた。大坂の役で長姉淀殿や娘婿豊臣秀頼《ひでより》を失うという悲劇に見舞われたが、将軍や中宮の母という世俗の頂点にも立ち、波乱の生涯を経験した稀有の女性といえよう。遺骸は芝の増上寺《ぞうじょうじ》に埋葬された。

## 幕府、在京中の法度発布　七月一日

社会世相

幕府は、この日、後水尾天皇の二条城行幸を実現させるために上洛中の諸法度を発布し、随行する侍から下僕《げぼく》に至るまでの行動規定を定めた。喧嘩口論は勿論のこと、城外への外出は一切禁止、神社仏閣への参詣・遊廓などの遊興地へ赴くことも禁止、銭風呂《ぜにぶろ》(銭湯)への入浴も禁止され、各藩士の会衆《えしゅ》も禁止した。衣服についても箔《はく》・茜《あかね》・紅染《べにぞめ》・大紋《だいもん》・大筋そのほか華麗なものは不可、朱漆《しゅうるし》・黄漆・白檀《びゃくだん》の鞘・大鍔《おおつば》・大角鍔・大脇差《おおわきざし》は禁止、大刀は二尺七、八寸(約八十二～八十五センチ)の外は認めない、紅の下緒《さげお》や赤帯は無用であるなど、事細かに決められていた。違反者には罰金などの処罰が規定されていた。今回の上洛が物見遊山でないことを、幕府は下僕に至るまで徹底させようとしたのである。

が届く。
**10・4**　幕府、女院・中宮に関する規制を再度規定。
**11・13**　東叡山東照社竣工。
**11月**　伊勢山田で大火。外宮と町家数千軒焼失。
**この秋**　全国で旱魃。
**12・7**　幕府、織物の尺幅を公定。
**この年**　船手頭石川政次、隅田川河口の砂州を与えられる(石川島の起こり)。
**この年**　末次平蔵らの朱印船、台湾でオランダ人と紛争(ヌイツ事件)。
**この年**　狩野探幽、二条城の襖絵を描く。
**この年**　大久保彦左衛門、『三河物語』完成。

# 1627
# 寛永四年
## 丁卯
**天皇▼後水尾天皇**
**将軍▼徳川家光**（第三代）

**【主要幕閣】**

**◉老中**
酒井忠世（雅楽頭）
酒井忠利（備後守）
稲葉正勝（丹後守）
内藤忠重（伊賀守・志摩守）
酒井忠勝（讃岐守）

**◉西丸老中**
土井利勝（大炊頭）
井上正就（主計頭）
永井尚政（信濃守）

**◉江戸町奉行**
**南**
島田利正（弾正忠）

**◉京都所司代**
板倉重宗（周防守）

**◉大坂城代**
阿部正次（備中守）

**◉大坂町奉行**
**東**
水野守信（河内守）
**西**
嶋田直時（越前守）

**◉長崎奉行**
水野守信（半左衛門・河内守）

## 紫衣事件が発生　七月

政治経済

幕府によって慶長十八年（一六一三）の勅許紫衣法度《ちょっきょしえはっと》、元和元年（一六一五）の禁中並公家諸法度《きんちゅうならびにくげしょはっと》が出され、僧侶への最高の法衣《ほうえ》・袈裟《けさ》である紫衣などの栄爵《えいしゃく》授与の規制による宗教統制が本格化した中で、この月、老中の土井利勝《どいとしかつ》・京都所司代《きょうとしょしだい》の板倉重宗《いたくらしげむね》・金地院崇伝《こんちいんすうでん》が話し合って紫衣勅許の取り消しを含む五ヶ条の制禁を発布した。幕府が朝廷が中世以来保持していた寺社に対する権限を、掌握する目的が背景にあった。

金地院崇伝

後水尾天皇

これに対して臨済《りんざい》宗《しゅう》の大徳寺《だいとくじ》・妙心寺《みょうしんじ》で特に強硬な反対が起こり、翌五年春に沢庵宗彭《たくあんそうほう》が起草した抗議文を京都所司代に提出した。その後、幕府と大徳寺・妙心寺との妥協策によって大勢は収まったが、寛永六年、沢庵ら強硬派は抗議のために江戸へ下向した。幕府は妙心寺の東源慧等《とうげんけいとう》・単伝士印《たんでんしいん》と大徳寺の沢庵・玉室宗珀《ぎょくしつそうはく》を陸奥・出羽へそれぞれ配流した。

元来、紫衣勅許は朝廷の権限であり、収入源でもあった。この事件によって天皇の権威を傷つけられた後水尾《ごみずのお》天皇は強い不満を示し、譲位に多大の影響を与えたという。

## 吉田光由、『塵劫記』刊行

文化思想

江戸時代前期の数学者吉田光由《よしだみつよし》は、当時必要とされた算盤《そろばん》の使い方や数学の問題を丁寧に解説した実用的和算《わさん》の入門書ともいうべき『塵劫記《じんこうき》』の初版を、この年、一族でもあり師でもあった角倉素庵《すみのくらそあん》の援助により刊行した。

光由は初名与七《よしち》、通称七兵衛《しちべえ》、久菴《きゅうあん》と号した。初め毛利重能《もうりしげよし》に数学を学び、その後は角倉素庵の薫陶を受けた。『塵劫記』は、算盤による掛算・割算、金銀銭貨の売買両替、利子、検地と税の取り方、枡のことなどについて触れており、日常生活の指導書の観があった。また、ねずみ算・黒白の碁石を使う継子立《ままこだ》てなどの数学遊戯も多数挿し絵付きで掲げていたのでベストセラーとなった。一方、等差級数・等比級数・連立方程式などの問題もあり、和算発展の基礎となった。後世に和算の大家となる関孝和《せきたかかず》や本草学《ほんぞうがく》を広めた貝原益軒《かいばらえきけん》なども若い頃に『塵劫記』を一生懸命学んだという。『塵劫記』で名声を得た光由は、のちに肥後熊本藩主の細川忠利《ほそかわただとし》に招かれたこともあるが、晩年は京都嵯峨《さが》に住んだ。

**【この年の出来事】**

**1・3**　島原藩、キリシタン16人を雲仙地獄責めで処刑。
**1・4**　幕府、会津藩蒲生忠郷の封地を、無嗣のため収公。
**1・18**　幕府、人身売買・雇用期間・刑場・失火等の禁令を制定。
**1・21**　江戸および近国で大地震。
**1月**　会津藩三春の百姓、会津城収公に反対し一揆。田村郡の百姓、逃散。
**2・10**　幕府、加藤嘉明を会津、加藤明利を三春、松下重綱を二本松に転封。
**2・25**　南部藩遠野で旧領主阿曽沼氏残党による一揆。
**4・8**　江戸で火災。愛宕社全焼。
**4・11**　今井宗薫歿(76)。
**6月**　江戸および近国で暴風雨。
**7月**　紫衣事件発生。
**8・24**　幕府、公家諸法度に公家の市街地居住禁止の条文を追加。

## 陸奥会津藩主の蒲生家が無嗣断絶、その後再興　一月四日

事件災害

陸奥会津藩主の蒲生忠郷《がもうただざと》が昨冬以来の疱瘡《ほうそう》が悪化して、この日、会津で二十五歳の生涯を閉じたが、世継がいなかったために六十万石の所領は没収された。幕府は新領主決定までの間の在番《ざいばん》として会津城（現、若松城。福島県会津若松市）に浅野長重《あさのながしげ》を、三春《みはる》城（現、福島県田村郡三春町）に内藤忠興《ないとうただおき》を派遣した。これに対して、蒲生家の支配に馴染んだ三春の領民らが国替え反対の意思を示し、大《だい》善寺山《ぜんじやま》に立て籠もって在番反対の一揆を起こした。

一揆は鎮圧されたが、幕府は忠郷が家康の外孫（母は家康の三女振姫《ふりひめ》）だったことを考慮し、二月十日に二歳下の弟で出羽上山《かみのやま》四万石の松平忠知《まつだいらただとも》（兄忠郷とともに、元服の際に松平姓と将軍秀忠の偏諱《へんい》を与えられていた）に、伊予松山二十万石と先祖の地である近江日野《ひの》四万石を合わせた二十四万石で蒲生家を再興させた。江戸藩邸も忠郷に与えられていたものが忠知に引き継がれた。

忠郷・忠知の父秀行《ひでゆき》（父の氏郷《うじさと》は利休七哲《りきゅうしちてつ》の一人であり、文武に秀でた武将として著名）の母は織田信長の次女だったので、二人は信長と家康の両方の血を受け継ぐ稀有な人材だった。幕府が名門の血を残そうとした動機もこの点にあったといえよう。ただし、家臣団の内紛などもあり、忠知は七年後の寛永十一年、江戸藩邸において三十歳で病歿し、結局蒲生家は無嗣断絶となった。

## 今井宗薫、波乱の生涯を閉じる　四月十一日

社会世相

千利休・津田宗及《つだそうぎゅう》とともに織田信長・豊臣秀吉に仕えた三大宗匠《そうしょう》といわれた今井宗休《いまいそうきゅう》の跡を継いだ茶人の宗薫《そうくん》は、この日、堺で七十六年の波乱の生涯を閉じた。

宗薫の名は兼久《かねひさ》といい、母は武野紹鷗《たけのじょうおう》の娘である。茶の湯を父に学び、大徳寺の古渓宗陳《こけいそうちん》に参禅して単丁斎《たんていさい》宗薫と号した。彼は父とともに秀吉に仕えて茶頭《さどう》となり、のち御伽衆《おとぎしゅう》にも加えられた。秀吉の死後は秀頼《ひでより》に仕えたが、次第に家康に接近していった。伊達政宗《だてまさむね》の長女五郎八姫《いろはひめ》と家康の六男松平忠輝《ただてる》との縁組の仲立ちをしたのは宗薫である。関ヶ原の戦いでは東軍に属し、摂津住吉《すみよし》郡内で加増されて千三百石を領した。大坂冬の陣が起こると、関東への内通を疑われて、息子の宗呑《そうどん》とともに大坂城内へ監禁された。その折、織田有楽斎《うらくさい》が、宗薫は「茶道具目利無双《めききむそう》にて候」者であるからと執り成したので、高野山《こうやさん》に一旦蟄居《ちっきょ》した。その後、二条城《にじょうじょう》で家康に謁見して大坂の役に従軍した。大坂の役後に家康・秀忠の茶頭として仕えるが、晩年は堺にあって和泉・河内の幕領の代官を務めていた。子孫は茶事を離れて、旗本として江戸に住んだ。

今井宗久（栗原信充『肖像集』）

**8月**　東海・関東で洪水、続いて江戸に大地震。
**8月**　吉田光由、『塵功記』三巻本を刊行。
**9・4**　弘前城天守、落雷で炎上。
**9・17**　幕府、オランダ王書簡の不受理を決議。使節ヌイツに無礼を理由として帰国を指示。
**9・30**　江戸横山町寺町から出火。3日間で吉原まで延焼、死者多数。
**11月**　富士山噴火。江戸に降灰。
**この年**　幕府、内藤重次を諸国金銀奉行に任命、鉱山開発を奨励。
**この年**　阿弥陀踊りが流行。
**この年**　吉田光由『塵劫記』刊行。
**この年**　長崎でキリシタン340人火刑。

# 1628 寛永五年

戊辰

天皇▼後水尾天皇

将軍▼徳川家光（第三代）

【主要幕閣】

◉老中
酒井忠世（雅楽頭）
稲葉正勝（丹後守）
内藤忠重（伊賀守・志摩守）
酒井忠勝（讃岐守）
青山幸成（大蔵少輔）

◉西丸老中
土井利勝（大炊頭）
井上正就（主計頭）
永井尚政（信濃守）

◉江戸町奉行
南
島田利正（弾正忠）

◉京都所司代
板倉重宗（周防守）

◉大坂城代
阿部正次（備中守）

◉大坂町奉行
東
水野守信（河内守）
西
嶋田直時（越前守）

◉長崎奉行
水野守信（半左衛門・河内守）

## 浜田弥兵衛事件起きる　五月

政治経済

オランダは寛永元年以来、台湾のタイオワン（台南《たいなん》の外港安平《アンピン》）にゼーランディア城を築いて台湾支配を進め、同地での明《ミン》人と朱印船《しゅいんせん》の出会貿易《であいぼうえき》に一割の関税を課した。そのため関税支払いを拒否した朱印船としばしば紛争が起きていた。

長崎代官の末次平蔵《すえつぐへいぞう》と朱印船船長の浜田弥兵衛《はまだやひょうえ》はこの月、寛永二年に次いで武装した船員を率いてタイオワンに二度目の入港をした。タイオワン長官ヌイツは、前年の紛争の事情説明のための日本遣使の不首尾の報復として弥兵衛らをゼーランディア城に拘禁し、積荷などを没収した。弥兵衛らは隙をみてヌイツらを人質に取って交渉し、日本で双方の人質を交換することに決した。この事件はゼーランディア事件とか台湾事件ともいった。

日蘭の船が長崎に着くと日本人は解放されたが、オランダ人の人質は監禁され、幕府の命で平戸のオランダ商館も閉鎖処分となった。オランダ側の謝罪で寛永十三年に再開されるまで、日蘭貿易は中断した。この事件を幕府は、将軍の発給した渡海朱印状の侵犯事件と捉え、将軍権威の毀損を防ぐために朱印船貿易の規制強化へと向かった。

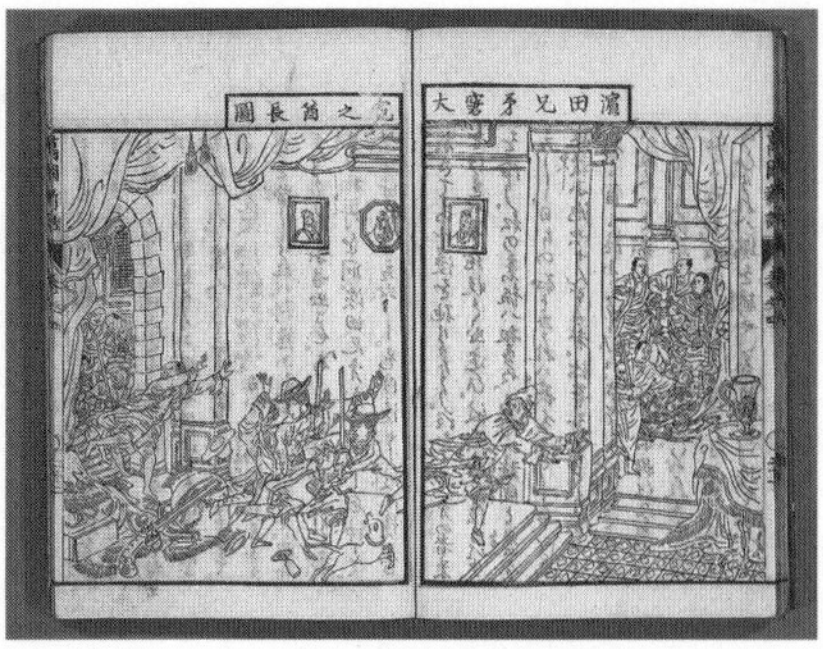

ヌイツを拘禁する浜田弥兵衛
（『万国新話』）

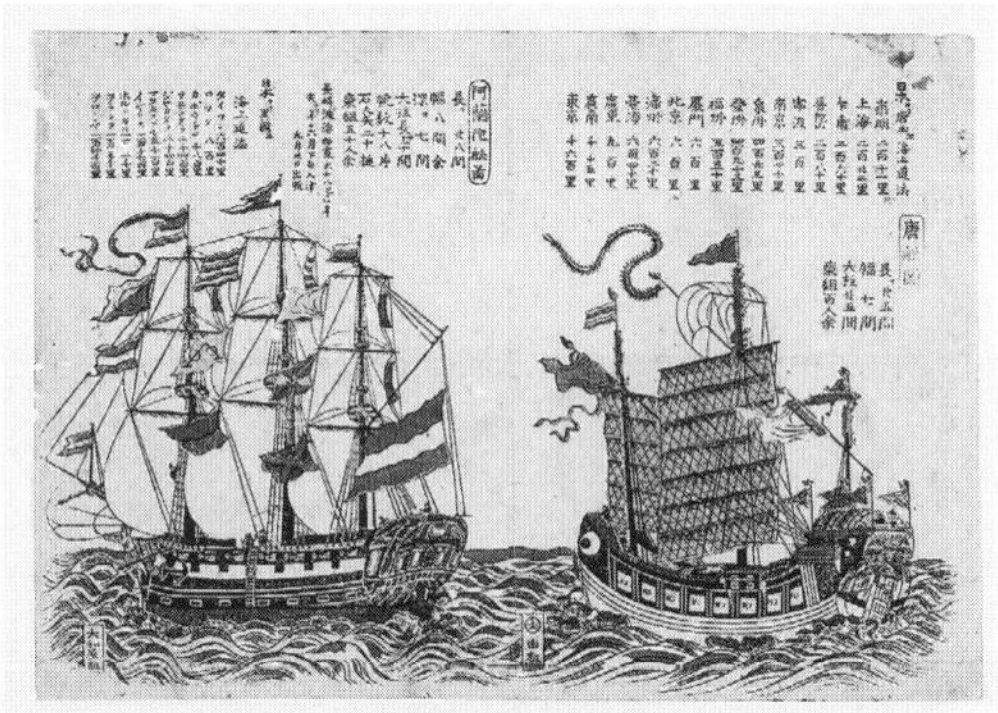

「唐船阿蘭陀船図」

## 安楽庵策伝が『醒睡笑』を板倉重宗に献呈

文化思想

浄土僧の安楽庵策伝《あんらくあんさくでん》は、この年、笑話本『醒睡笑《せいすいしょう》』八巻を、依頼を受けていた京都所司代《きょうとしょしだい》の板倉重宗《いたくらしげむね》に献呈した。

策伝は美濃出身で、兄はのちに飛騨高山城主となる金森長近《かなもりながちか》。幼少時に美濃で出家し、のちに京都・山陽地方・和泉・美濃を遍歴して慶長十八年（一六一三）に京都の浄土宗西山深草《せいざんふかくさ》派の大本山誓願寺《せいがんじ》五十五世となった。同寺在住中に京都所司代の板倉重宗や歌学・俳諧の松永貞徳《まつながていとく》、遠州流《えんしゅうりゅう》の数寄者《すきしゃ》小堀政一《こぼりまさかず》ら、当代きっての文人たちとの

【この年の出来事】

**1月** 朝廷、県召除目を再興。
**1月** 富士山噴火。
**2・9** 幕府、歩行・若党・弓鉄砲の者および名主・百姓の着物の制を制定。
**3・10** 金地院崇伝、大徳寺の玉室・沢庵・江月が提出した意見書を審議。
**3月** 京都で大火。町家1300余軒、寺社50焼失。
**この春** 畿内で痘瘡流行。
**4・1** 幕府、国友善兵衛らに命じて、鉄砲を鋳造。
**4・16** 日光東照社で徳川家康十三回忌法会。
**4・18** 霊岸島の霊巌寺、関東十八壇林に加わる。
**4月** スペイン艦隊、メナム河口で朱印船を拿捕。
**5・16** 江戸で大地震。続いて長雨。
**5月** 浜田弥兵衛事件起こる。
**5月** 幕府、メナムの報復として長崎入港中のポ

交流を深め、晩年は塔頭《たっちゅう》竹林院《ちくりんいん》に隠居して、茶室安楽庵で風雅な余生を送った。

『醒睡笑』は、布教の必要から説教の話材として書き留めてきた民間の伝承説話（『宇治拾遺物語《うじしゅういものがたり》』などに由来するものを含む）や宗門での見聞話、茶席で座興を添える咄《はなし》に役立つ有名人の逸話や謡《うたい》・舞などの芸能話、秀句・頓作の知的滑稽から上戸《じょうご》・悋気《りんき》などの普遍的な人間性に関わる身近な笑話など、前代までの多種多様な千三十九の笑いを四十二項目に分類編集したものである。上方落語の祖とされる露《つゆ》の五郎兵衛《ごろべえ》など、後世の咄本や落語に大きな影響を与えた。策伝は説教の名手であり、落語の祖ともいわれている。

## 老中の井上正就が刺殺される　八月十日

事件 災害

大御所秀忠付の西の丸老中井上主計頭正就《いのうえかずえのかみまさなり》は、この日の午後二時ころに西の丸殿中の宿直者の詰所で目付《めつけ》の豊嶋《としま》刑部少輔《ぎょうぶのしょう》信満《のぶみつ》に脇差《わきざし》で突き殺された。享年五十二であった。信満もその場に集まった番衆によって滅多切りにされてしまった。この出来事は、江戸城中で起きた殺傷事件の最初の例となった。

正就は遠江浜松《とおとうみはままつ》で生まれ、十三歳の時に二歳年少の徳川家康の三男で嫡男の竹千代（後の秀忠）付の小姓に任命され、以後秀忠付側近として終生忠誠を尽くした。板倉重宗・永井《ながい》尚政《なおまさ》と共に秀忠付小姓から累進した最も信頼の篤い側近で、「近侍《きんじ》の三臣」と称された。元和八年（一六二二）に尚政とともに老中に抜擢されて遠江横須賀《よこすか》五万二千五百石を領した。事件当時は土井利勝《どいとしかつ》に次ぐ西の丸老中の実力者となっていた。

当事者がともにその場で果ててしまったので原因は不明だが、正就の娘を筑前福岡藩主の黒田忠之《くろだただゆき》が養女に迎える件を信満が仲立ちしていたが、正就から一方的に破談されたのを恨んだからとか、信満の加増と堺奉行《さかいぶぎょう》昇進を正就の意見で破棄されたのが一因ともいわれている。謀反による行動ではなくて個人的な遺恨とみられた。事実、翌日には信満の嫡男が切腹させられたが、一族への連座制は適用されなかった。法治よりも「武士の意地」を大事にするという戦国の遺風が、まだ幕閣内にも残っていた時代の対応といえよう。

## 幕府、旗本従士の員数および服制を定める　二月九日

社会 世相

幕府は、この日、旗本の出仕または府内往還の際の従者の員数と服制を定めた。二百石は侍一人、三百石より四百石までは二人、五百石より七百石までは三人、八百石より千七百石までは四人、千八百石より二千七百石までは六人、二千八百石より三千七百石までは七人、三千八百石より四千七百石までは八人、四千八百石より五千石までは十人以内とする。この員数より減少することは構わないが、増員は認めない。ただし、役職についている者や出陣・上洛の際は別であるとした。大坂の役崩れで江戸に集まってきた牢人の新規召し抱えに対する規制の意味もあったと思われる。また、同日に士以下の身分の者の服制も定めた。徒《かち》・若党《わかとう》・弓・鉄炮足軽層は絹紬《きぬつむぎ》（紬織）より上の衣服は認めない。百姓は麻布・木綿を着すべし。名主とその妻女は紬織までは認めるという内容だった。幕府の意図する身分の固定化が、衣服など日常生活の隅々にまで及んできたことを示す規定といえよう。

ルトガル船を抑留。ポルトガルと断交。
**5月** 京都鴨川洪水。
**5月** 長崎奉行水野守信、キリシタン多数を処刑。
**5月** 幕府、キリスト教の取締りを強化。
**7・11** 江戸で大地震。城塁多数崩壊。
**7・17** 幕府、浜田弥兵衛がヌイツ事件で連行した人質らを抑留。オランダ商館を閉鎖しオランダと断交。
**8・1** 幕府、鶴岡八幡宮に関する法度を制定。
**8・10** 幕府目付豊島信満、江戸城西の丸で西丸老中の井上正就を殺害。翌日切腹。
**9月** 霧島山噴火。
**10・28** 幕府、江戸周辺5里以内54村へ鷹場・鷹匠などに関する法度を制定。
**この年** 安楽庵策伝『醒睡笑』を板倉重宗に献呈。

# 1629

# 寛永六年

## 己巳

**天皇▼後水尾天皇**（～十一月八日）
**明正天皇**（十一月八日～）

**将軍▼徳川家光**（第三代）

**【主要幕閣】**

**◉老中**
酒井忠世（雅楽頭）
稲葉正勝（丹後守）
内藤忠重（伊賀守・志摩守）
酒井忠勝（讃岐守）
青山幸成（大蔵少輔）

**◉西丸老中**
土井利勝（大炊頭）
永井尚政（信濃守）

**◉江戸町奉行**
**南**
島田利正（弾正忠）

**◉京都所司代**
板倉重宗（周防守）

**◉大坂城代**
阿部正次（備中守）

**◉大坂町奉行**
**東**
水野守信（河内守）

**◉長崎奉行**
竹中重義（采女正）

## 将軍家光の乳母お福、参内して春日局号と天盃を賜る　十月十日

**政治経済**

幕府は、七月に京都大徳寺《だいとくじ》の沢庵宗彭《たくあんそうほう》らを流罪に処して、紫衣事件《しえじけん》に決着をつけた。その結果、後水尾《ごみずのお》天皇の譲位の意思は強まった。天皇の意向を探るために大御所秀忠の内意を受けて上洛したのが、将軍家光の乳母《めのと》お福《ふく》だった。お福は武家伝奏《ぶけてんそう》の三条西実条《さんじょうにしさねえだ》の妹分としてこの日、御所に参内して天皇に拝謁し、「春日」という局号《つぼねごう》を賜るとともに天盃《てんぱい》を授かった。

無位無官の、しかも武士の娘（父は山崎の戦で敗れて磔《はりつけ》にされた明智光秀《あけちみつひで》の重臣斎藤利三《さいとうとしみつ》）が参内して天盃を授かるというのは、前例を無視した異例の出来事であり、幕府の強い意図が働いた結果である。西洞院時慶《にしのとういんときよし》は「稀代ノ義也」と記し、天皇の近臣の一人である土御門泰重《つちみかどやすしげ》は「勿躰《もったい》なきこと、帝道民の塗炭《とたん》に落ち候事」と嘆いている。前例を重視した朝議復興を目指していた天皇の不快感は強く、ついに一ヶ月後の十一月八日に幕府の了解を得ることなく、突然に女一宮《おんないちのみや》（奈良時代の称徳《しょうとく》天皇以来の女帝位の明正《めいしょう》天皇）への譲位を表明した。

春日局

春日局は将軍家光の大奥を統率して隠然たる勢力を持ち、その影響力は家光をはじめ、老中・諸大名など幕府の内外に及んだ。寛永二十年に六十五歳で歿し、湯島の天沢寺《てんたくじ》（のち麟祥院《りんしょういん》と改む）に葬られた。

## 女浄瑠璃・女歌舞伎など禁止　十月

**文化思想**

幕府は、女浄瑠璃《おんなじょうるり》・女舞《おんなまい》・女歌舞伎《おんなかぶき》などの女性芸能を、この月、女芸人を巡る艶聞《えんぶん》や喧嘩沙汰が絶えないなど風俗紊乱《ふうぞくびんらん》の基であるとして一切禁止した。

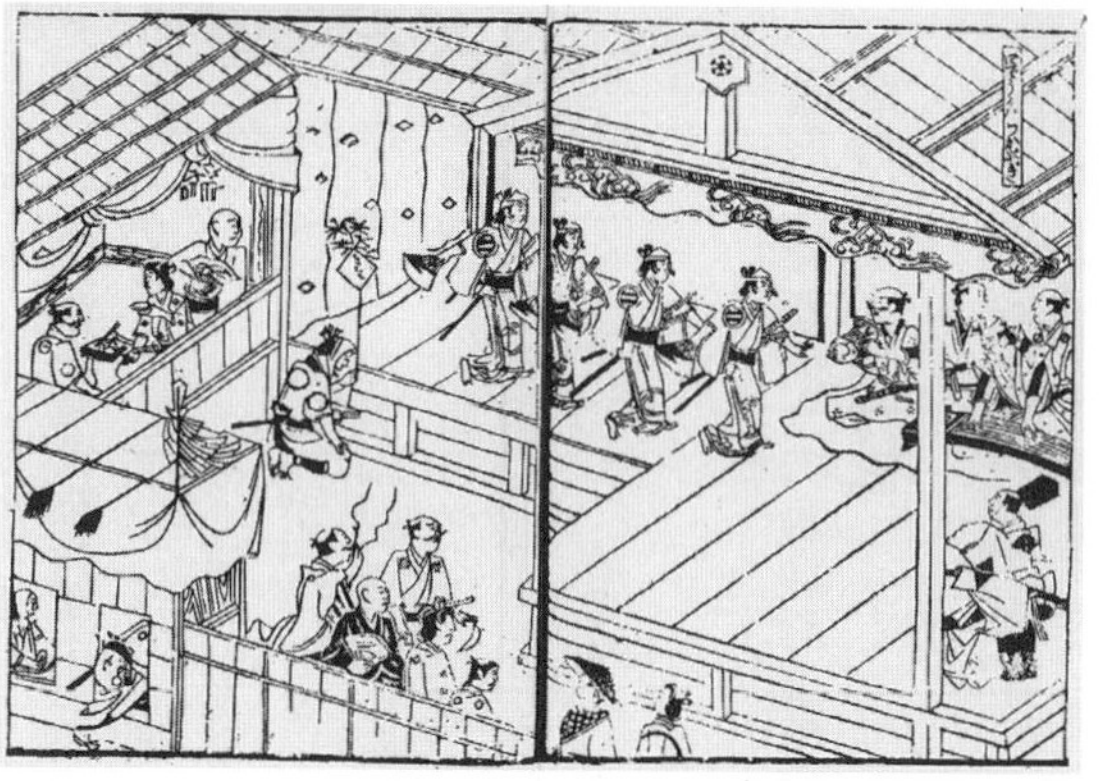

四条河原のかぶき（『京童』）

特に女歌舞伎は、遊女歌舞伎とか傾城《けいせい》歌舞伎ともいわれるように、売春活動に伴う芸能の性格が強かった。形態としては、女猿楽《おんなさるがく》や、ややこ踊りと同様に、移動遊里《ゆうり》的な性格をもって各地で勧《かん》進《じん》興行《こうぎょう》を行なうものと、特定

**【この年の出来事】**

**1・10** 後水尾天皇、2代目池坊専好、宮中で立花会を開催。
**2・26** 久遠寺日暹、本門寺日樹が受布施・不布施の宗論を起こし、幕府に提訴。
**閏2月** 水戸藩主徳川頼房、小石川の屋敷に庭園を造営（のちの後楽園）。
**3月** 幕府、辻斬横行のため、辻番を設置。
**この春** 諸国で疱瘡流行。
**5月** 京都鴨川・高野川洪水。三条大橋破損。
**6・2** 幕府、江戸城西の丸・庭園の築造を命令。
**6月上旬** 目黒不動、諸願成就と言われ参詣者多数。
**7・25** 幕府、紫衣法度違反により、大徳寺の玉室・沢庵らを流刑（紫衣事件）。
**8・27** 幕府、撰銭禁止を再令。
**8月** 京都で大風雨。
**9・6** 幕府、武家諸法度を改定。

の固定遊里があってそこに所属する遊女に張見世《はりみせ》の歌舞を演じさせるものとの二タイプがあった。京の六条の傾城町から四条河原《しじょうがわら》の舞台に、佐渡島正吉《さどしましょうきち》を筆頭に多数の傾城が出て舞をまって評判をとったのは後者の例である。遊女歌舞伎には早くから遊女たちに取り入れられていた三味線が伴奏として加わったので、華やかな舞台となった。京都・大坂のみならず江戸をはじめとする各地の新興都市にも広がり、京都や江戸で村山左近《むらやまさこん》・岡本織部《おかもとおりべ》・出来島長門守《できしまながとのかみ》・幾島丹後守《いくしまたんごのかみ》などの遊女が女歌舞伎の名手として評判を得ていた。

　女歌舞伎などが禁止されると、美少年の若衆《わかしゅ》が女役を演じる若衆歌舞伎が流行っていった。

## 辻斬防止のため辻番を設置　三月

事件災害

寛永五年以来、江戸府内のあちこちの往来で辻斬《つじぎり》が横行していたため、この月、幕府は各地の辻々に番所を設けて警戒に当たらせた。これが辻番《つじばん》（辻番所）の起源とされる。

　辻番とは、江戸の武家地（武家屋敷小路など）の辻々に大名・旗本が地域の治安維持・警備のために設けて維持した番所である。町人地には木戸番《きどばん》・自身番《じしんばん》が置かれた。辻番には、幕府が設置した公儀御給金《こうぎごきゅうきん》辻番（公儀辻番）と大名が一家で維持する一手持《いってもち》辻番と大名・旗本などが近隣で共同で設けた組合辻番があった。享保六年（一七二一）以後に公儀辻番十ヶ所（番人六人で年間十三両）、一手持辻番二百二十九ヶ所、組合辻番六百六十九ヶ所（番人の数は二万石以上で昼四人・夜六人、一万石以下で昼二人・夜四人、一万石から一万九千石で昼三人・夜五人）があったという。勤務は昼夜交代で、夜中でも戸は閉めず、受持区域内を巡回して狼藉者・挙動不審者は逮捕した。番人は当初二十歳以上六十歳以下の壮年の武家奉公人《ぶけほうこうにん》などを充てていたが、のちには一手持辻番以外は町人の請負制《うけおいせい》を認めるようになった。

## 絵踏が始まる

社会世相

寛永期に入ってキリシタンに対する取り締まりが強化されて行く中で、長崎奉行の水野守信《みずのもりのぶ》（寛永三年から同五年まで在職）は信徒の発見と撲滅を図るために絵踏《えふみ》を始めたという。

　ただし、当初は紙に聖画像を描かせて踏ませていた。この画像を「踏絵《ふみえ》」といい、踏絵を踏ませる行事を「絵踏」といった。この年から破損しやすかった紙に代わって板踏絵による絵踏を長崎で制度として実施するようになった。絵踏は九州を中心に行なわれ、絵踏を拒んだり、ためらったりする者は信者と見なされて捕縛された。

　板踏絵は、松・欅《けやき》などの用材にキリストの半身像や十字架から降ろされたキリストを抱く聖母などの画像を鋳込んだメダルをはめ込んだもので、十枚が現存する。また、長崎奉行所が寛文九年（一六六九）に長崎の鋳物師祐佐《ゆうさ》に作らせた真鍮《しんちゅう》製踏絵が二十枚あった（現存十九枚）。

　のちに長崎では、絵踏は正月の年中行事となったが、開国後は外国人の非難の的となり、安政五年（一八五八）の日米修好通商条約第八条において廃止が明記された。

**9・10**　京都清水寺全焼。

**10・3**　幕府、山田長政の要請に応じ、シャム国に通商を許可。

**10・10**　家光の乳母福、参内し春日局の称号を賜り、天盃拝受。

**10月**　幕府、女歌舞伎・女舞・女浄瑠璃など女性芸能を禁止。

**11・8**　明正天皇践祚（称徳天皇以来860年ぶりの女性天皇）。

**11・9**　皇太后宮徳川和子、東福門院となる。

**この年**　酒井忠世の浜屋敷居住の漁師、魚介類の上納を条件に深川の干潟を与えられる（深川猟師町）。

**このころ**　絵踏開始。

# 1630 寛永七年

庚午

天皇▼明正天皇

将軍▼徳川家光（第三代）

**【主要幕閣】**

**◉老中**
酒井忠世（雅楽頭）
稲葉正勝（丹後守）
内藤忠重（伊賀守・志摩守）
酒井忠勝（讃岐守）
青山幸成（大蔵少輔）

**◉西丸老中**
土井利勝（大炊頭）
永井尚政（信濃守）

**◉勘定奉行**
松平正綱（右衛門大夫）
伊丹康勝（播磨守・順斎）
曾根吉次（源左衛門）

**◉江戸町奉行**
**南**
島田利正（弾正忠）

**◉京都所司代**
板倉重宗（周防守）

**◉大坂城代**
阿部正次（備中守）

**◉大坂町奉行**
**東**
水野守信（河内守）

## 住友友以、本拠を大坂に移す

政治経済

住《すみ》友家《ともけ》の二代目友以《とももち》は、初代政友《まさとも》の婿養子となり、南蛮吹《なんばんぶき》の創始者で実父の蘇我理右衛門《そがりえもん》の技術を受け継いで京都の三条孫橋町《さんじょうまごはしちょう》で銅吹屋《どうふきや》の泉屋《いずみや》を開業していたが、この年、大坂の淡路町《あわじまち》に本拠を移した。さらに、同十三年に長堀《ながほり》に銅吹所を開設した。

友以は通称を理兵衛《りへえ》といい、母は初代政友の姉である。南蛮吹は、粗銅《あらどう》の地金《じがね》に含まれる銀を分離する精錬法で、理右衛門が堺で南蛮人から習得したものという。友以は父の技術を駆使して莫大な利益を上げる一方、南蛮吹の技術を同業者に公開して銅精錬業台頭期の業界で首位に立つとともに、鎖国前から五島《ごとう》・平戸《ひらど》・博多・長崎などに赴いて銅貿易にも積極的に参加したという。その結果、銅精錬・銅貿易を業とする泉屋を大坂で指折りの豪商にのし上げた。

友以は養父の教化を受けて仏教に帰依し、京都嵯峨《さが》の清凉寺《せいりょうじ》の本堂を独力で建立している。寛文二年（一六六二）に五十六歳で歿した。

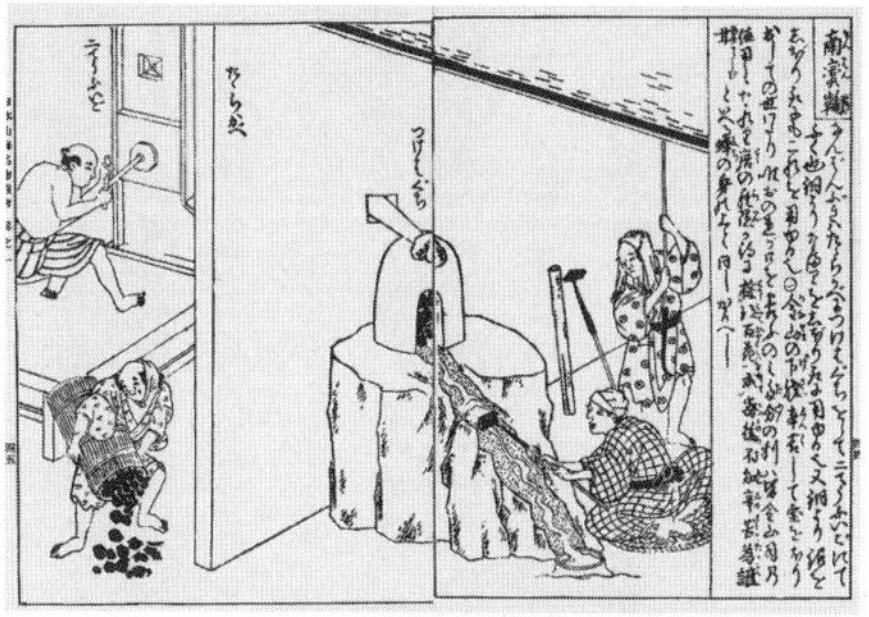

南蛮吹の図（『日本山海名物図会』）

## 日蓮宗不受不施派を配流　四月二日

文化思想

日《にち》蓮宗《れんしゅう》では、法華未信《ほっけみしん》・謗法《ぼうほう》の者の布施（経済的支援）を拒否して受けず、他宗謗法の者に布施（供養・読経）を行なわずという立場（不受不施《ふじゅふせ》派）と王侯《おうこう》（公武権力者）の布施は受けるという立場（受《じゅ》不施派）の二グループがあった。慶長四年（一五九九）に徳川家康は、大坂城で不受不施派の妙覚寺日奥《みょうかくじにちおう》と受不施派の妙顕寺日紹《みょうけんじにっしょう》らを対論させ、日奥を対馬《つしま》配流に処した。以後幕府は、不受不施派処断を鮮明にしていった。

寛永三年十月に執り行なわれた大御所秀忠の大御台崇源院《おおみだいすうげんいん》（お江与《えよ》の方）の葬儀に際して、幕府は諸宗の僧侶に読経参加を求めた。これに対して身延山久遠寺《みのぶさんくおんじ》は応じたが、日奥の弟子であった池上本門寺《いけがみほんもんじ》の日樹《にちじゅ》らは不受不施派の立場を明確にして拒否した。そして日樹ら池上派が身延派の批判を強めたので、身延派はこの年、池上派の非法を幕府に訴えた。そこで幕府は二月二十一日、老中酒井忠世《さかいただよ》の上屋敷に幕

本門寺（『江戸名所記』）

**【この年の出来事】**

**1・24** 幕府、仙台・相馬藩の境界争論および身延池上宗論を審議。
**2・18** 幕府、遭難船および遭難船積荷に関する規則を制定。
**2・21** 幕府、林羅山・天海・金地院崇伝らを判者とし、久遠寺と池上本門寺の宗論を裁決（身池対論）。
**4・2** 幕府、池上本門寺日樹・京都妙覚寺日奥ら不受不施派を処罰。
**4月** 島原藩、領内のキリシタンを捕らえ改宗を命じ、従わない者を処刑。
**6・20** 畿内で大雨、洪水。越前でも大風雨、洪水。死者250人。
**6・25** 家光、天地丸に乗船。
**7・13** 幕府、京都所司代へ牢人の山城国からの追放などを命じる。
**8・2** ポルトガル船、長崎に到着し市内をパレード。
**8月** 摂津で大風雨、津

**◉長崎奉行**
竹中重義（采女正）

閣や林羅山《はやしらざん》・林永喜《えいき》（羅山弟）・天海《てんかい》・金地院崇伝《こんちいんすうでん》ら幕府教学の要にいた者などが列席し、身延の日遷《にっせん》と池上の日樹との争論（身池対論《しんちたいろん》）が行なわれ、林永喜からも日樹らの不法が論難された。その結果、この日、幕府は不受不施派らを家康の採決に背く者として日樹を信濃伊那《いな》へ流罪とし、与党の僧侶は追放処分とした。また、日樹の師で先年の大赦で許されていた日奥にも再度対馬への配流が申し渡された。三月十日にすでに六十六歳で死亡していた日奥は、遺骸を処分されたので「死後の流罪」と称されている。

## 将軍家光、御座船天地丸を建造して乗船　六月二十五日

**事件災害**

将軍家光は、御座船《ござぶね》として建造された天地丸《てんちまる》に、この日、初めて乗船して舟遊びを楽しんだ。

この日は、船手頭《ふなでがしら》の向井忠勝《むかいただかつ》指揮下の幕府水軍の陣容を上覧するとともに、御三家の徳川頼房《よりふさ》や大御所秀忠付老中の土井利勝《どいとしかつ》らも天地丸に招き、船中で大宴会が催された。

天地丸は約五百石積《づみ》（推定百トン）の軍船であるが、船体・総矢倉《そうやぐら》・屋形などはすべて朱塗りで、その上に多数の金鍍《きんと》金《きん》の金具で装飾するという豪華な造りであった。しかも寛永十一年から天和二年（一六八二）までの約五十年間あった安宅丸《あたけまる》を除いて幕府最大の軍船であり、何度かの修理を経て文久二年（一八六二）に廃船になるまで稼働した記録的長寿の船でもあった。ただし、近代の軍艦に相当する安宅船ではなく、近代の巡洋艦《じゅんようかん》に相当する速力に重きを置いたため早船とも呼ばれた関船《せきぶね》で、帆反数は十六反、櫓《ろ》数は七十六挺立《ちょうだて》であった。

幕末期の黒船来航に直面して、幕府が文久二年に天地丸を廃船にした背景には、近世的水軍の時代遅れぶりを痛感し、西洋に見習った近代海軍創設の急務を悟った幕閣の焦燥感があったともいえよう。

## 幕府、キリシタン関係の漢訳洋書の輸入禁止

**社会世相**

中国では明《ミン》末の十六世紀末にイエズス会（耶蘇会《やそかい》）宣教師のマテオ＝リッチ（中国名利瑪竇《りまとう》）が布教し、科学技術に関心を持った徐光啓《じょこうけい》ら士大夫《したいふ》層がキリスト教を受け入れて、ユークリッド幾何学を解説した『幾何原本《きかげんぽん》』や測量術の書『測量法義《そくりょうほうぎ》』などの科学技術関係の多くの漢訳洋書を編纂した。そして、伝道出版物を含めて多種多様な漢訳洋書が中国船で長崎に持ち込まれるようになった。

そこで幕府は、キリシタン禁制を徹底させるために長崎渡来の漢訳洋書の検閲を始め、有害と認定して輸入・売買を禁止する書物を選定した。これらの書物を総称して禁書《きんしょ》といった。この禁書政策が、この年から始まったのである。

長崎奉行は長崎の春徳寺《しゅんとくじ》の住持泰室《たいしつ》を書物改《しょもつあらため》に任じ、一言半句《いちごんはんく》でも疑わしい文言があれば禁書とし、書籍商仲間には書名を列挙して取り扱いを禁止させた。寛永十六年には儒者の向井元升《むかいげんしょう》が加わり、子の元成《げんせい》以後は長崎奉行に直属する書物改役を世襲した。摘発された書物は焼却し、それを積んできた中国船の交易を禁止して追い返した。寛永から貞享以前の禁書が『幾何原本』『測量法義』を含む三十二種、貞享から享保以前が十八種あった。享保五年（一七二〇）に至って実学重視の視点から禁書令が緩和されるが、この政策が我が国への西洋科学技術の受容を妨げたことは否定できない。

波。豊前でも津波。
**9月**　俵屋宗達、禁裏本『西行法師行状絵詞』を模写。
**10・3**　幕府、故後陽成院の旧領を仙洞御料3000石として献上。
**10・5**　藤堂高虎歿（75）。
**11・11**　長崎奉行竹中重義・島原藩主松倉重政、軍船2隻を派遣し、ルソンの軍情偵察。
**この冬**　林羅山、上野忍岡に聖廟を建造。
**12・22**　江戸で大地震。
**この年**　幕府、キリシタン数十人をルソンへ追放。キリシタン関係の漢訳洋書の輸入を禁止。
**この年**　狩野尚信、幕府御用絵師に就任。
**この年**　諸国で痒瘡流行。
**この年**　幕府、出雲大社を造営。松江藩の監督とする。
**この年**　住友友以、銅吹業の本拠を大坂淡路町に移転。

# 1631 寛永八年

辛未

天皇▼明正天皇

将軍▼徳川家光（第三代）

**【主要幕閣】**

**◉老中**

酒井忠世（雅楽頭）

稲葉正勝（丹後守）

内藤忠重（伊賀守・志摩守）

酒井忠勝（讃岐守）

青山幸成（大蔵少輔）

**◉西丸老中**

土井利勝（大炊頭）

永井尚政（信濃守）

森川重俊（出羽守）

**◉江戸町奉行**

**北**

加々爪忠澄（民部少輔）

**南**

島田利正（弾正忠）

堀直之（式部少輔）

**◉京都所司代**

板倉重宗（周防守）

**◉大坂城代**

阿部正次（備中守）

**◉大坂町奉行**

**東**

水野守信（河内守）

**◉長崎奉行**

## 南北の町奉行所を役屋敷化する 九月二十二日

政治経済

幕府はこの日、寛永元年に米津田政《よねきつたまさ》が死去して以後、一人で江戸の町奉行を務めていた嶋田利正《しまだとしまさ》に替えて加々爪忠澄《かがづめただずみ》と堀直之《ほりなおゆき》の二人を町奉行に任じた。その際、堀には前任者嶋田の呉服橋《ごふくばし》門内の屋敷が与えられ、加々爪には留守居《るすい》だった牧野信成《まきののぶしげ》の常盤橋《ときわばし》門内の屋敷が与えられた。この二ケ所が南北の町奉行所の役屋敷《やくやしき》化の始まりである。

役屋敷とは、執務する役所の場所を固定し、任命された者は今まで住んでいた居《い》屋敷を離れて家族・家臣を引き連れて移ったところである。そして、役屋敷の建築・補修は公儀《こうぎ》普請で行なわれた。一方、就任した者の上《かみ》屋敷・居屋敷がそのまま役所となるのを役宅といった。寺社奉行・勘定奉行はその典型例である。町奉行所の役屋敷は以後、いくつかの変遷を経て幕府崩壊まで続いた。

常盤橋門外に、奈良屋《ならや》・樽屋《たるや》・喜多村《きたむら》の三町年寄《まちどしより》の役所が置かれた。そして本町《ほんちょう》通りや日本橋通り（通町《とおりまち》通り）に沿って問屋商人を中心とする有力町人が多数いた。町人地に隣接する呉服橋門内と常盤橋門内に町奉行所の役屋敷が配置されたのは、最適であったといえよう。

## 灰屋紹益、吉野太夫を身請けする 八月十日

文化思想

京都の豪商灰屋《はいや》紹益《じょうえき》はこの日、当時後水尾《ごみずのお》天皇を中心とする文化サロンを代表する一人であった前関白の近衛信尋《このえのぶひろ》との争いに勝利して、六条三筋町《ろくじょうみすじまち》の名妓《めいぎ》吉野《よしの》太夫《だゆう》を身請けした。時に紹益二十二歳（一説に二十五歳）、吉野太夫二十六歳であったという。

京都の夕霧《ゆうぎり》太夫《だゆう》・江戸の高尾《たかお》太夫《だゆう》とともに「寛永三名妓」と謳われた二代目吉野太夫は、七歳で禿《かむろ》となり、十四歳で太夫に昇進した。その立居振舞いは、さわやかで知恵深く、艶やかで香道《こうどう》の名手でもあり、宴席の取り持ちも上手で、客の心を惹きつけて廓内《くるわない》でも絶賛された。吉野太夫の評判は「東に林羅山《はやしらざん》、西に徳子よし野」と、その才色兼備振りが遠く明《みん》国にまで聞こえたという。太夫は寛永二十年に三十八歳で歿するまで、夫紹益とその文化サロンを支えた。

灰屋は、室町初期から紺染《こんぞめ》に使用する紺灰《こんばい》を扱う事業を営んで、紺灰座・紺座の棟梁として財を成し、江戸初期には茶屋《ちゃや》・角倉《すみのくら》・後藤《ごとう》に比肩する京都を代表する豪商になっていた。紹益は、本阿弥光悦《ほんあみこうえつ》の甥光益《こうえき》の子であったが、灰屋紹由《じょうゆう》の養子となり、家督を継いだ。風雅を愛する本阿弥家の血と養父の富と文雅の教養を受け継ぎ、京都を代表する風流人として文化サロンの中心人物の一人になった。

灰屋紹益
（栗原信充『肖像集』）

和歌は烏丸光広《からすまるみつひろ》と飛鳥井雅章《あすかいまさあき》に、俳諧は松永貞徳《まつながていとく》に学び、蹴鞠や茶の湯をたしなみ、桂《かつら》離宮《りきゅう》の造営にも関与したといわれている。

**【この年の出来事】**

**3・10** 幕府、諸代官の要請に応じ年貢を緩和。

**3・13** 浅間山噴火。降灰が江戸にも到達。

**4・2** 江戸浅草寺全焼。

**4月** 幕府、徳川忠長を蟄居処分。

**5・29** 幕府、謀反の疑いにより、家光の弟徳川忠長を甲斐に幽閉。

**6・20** 幕府、海外渡航の条件として、朱印状のほか、老中奉書の交付を追加（奉書船貿易）。

**8・10** 本多忠政歿(57)。

**8・10** 灰屋紹益、吉野太夫を身請け。

**8月** 土井利勝、秀忠の病気平癒を祈願し、上野に鐘楼・五重塔を建立。

**8月** 中国・九州で暴風雨。広島で橋多く流失。

**9・19** 関東・東北で大風雨・洪水。

**9・21** 幕府、東国の関所・渡船場で、手形不所持の者・婦女・負傷者などの通行を禁止。

**9・22** 幕府、江戸町奉

竹中重義（采女正）

## 徳川忠長、甲斐へ蟄居　五月二十九日

事件災害

駿《する》河《が》大納言《だいなごん》の徳川忠長《ただなが》は、四月に、近年の狂暴な振舞いを理由に改易の上、旧領の甲斐への蟄居《ちっきょ》を命じられ、この日、甲斐に赴く。

忠長は二代将軍秀忠の三男で、三代将軍家光の弟、母は正室お江与《えよ》の方（崇巌院《すうげんいん》）で、幼名を国松《くにまつ》といった。お江与の方の手許で育てられ、夫妻の寵愛を得た上に才能にも恵まれていたので、幼少時は秀忠の世嗣との風評もあったが、家光の乳母《めのと》春日局《かすがのつぼね》と大御所家康の配慮で、元和元年（一六一五）末に家光の世嗣が確定した。そして忠長は元和四年に甲斐二十万石を領国として与えられ、一大名に位置づけられた。ただし、寛永元年には駿河・遠江五十五万石を領し、寛永三年に尾張の徳川義直《よしなお》、紀伊の徳川頼宣《よりのぶ》とともに従二位権《ごん》大納言に叙任され、御三家《ごさんけ》と同格の待遇を与えられていたのである。

忠長は、田畑を荒らして住民を困惑させていた駿府の浅《せん》間神社《げんじんじゃ》の神獣とされる野猿の捕獲を指揮するなど、革新的な領国経営を進めていたが、一方で激昂して罪なき家臣を手討ちにするなど狂暴な振舞いも多く、野猿捕獲の帰途には乗輿《じょうよ》の輿丁《よてい》の臀を小刀で刺し貫き、その後、神獣の祟りで発狂したという風評が立った。これら一連の行動に不安を持った大御所秀忠と将軍家光の合意の許で、徳川本家の後顧の憂いを断つために今回の処置がなされたのであろう。忠長は、のち上野《こうづけ》高崎へ移され、寛永十年十二月六日に自刃した。享年二十八歳。

## 兵庫髷が流行

社会世相

この頃から兵庫髷《ひょうごまげ》（髪を頂後に集めて高く輪に結って、根元をねじ巻いて頂上に突き出させた髪型）という女髷が流行するようになった。唐輪《からわ》髷（平安末から鎌倉時代に稚《ち》児《ご》・若党《わかとう》などの髪の結い方で、髪を頭上に束ね、髻《もとどり》の上を二分して二つの輪を作る）から発展したものというが、名称の由来は、摂津兵庫の遊廓の遊女がこの髪型を結い始めた、江戸柳町《やなぎちょう》の傾城宿《けいせいやど》の兵庫屋の女郎《じょろう》の結う髪型を真似たものとか、兵庫樽《だる》という片手の桶の形状に似ているのでこの名がついたなど、諸説がある。

女髷としては江戸初期から最も早く結われた髪型だが、江戸中期には花街では一時下火となった。後期になると、女髷の大型化に歩調を合わせて俗に「立《たて》兵庫」という遊女の象徴のような髪型に発展した。歌舞伎十八番の一つ「助《すけ》六《ろく》」の登場人物揚巻《あげまき》に代表される花魁《おいらん》の髪型がそれである。

「兵庫髷」「傾城」「下髪」「島田髷」「御所風」（『女用訓蒙図彙』）

行所を呉服橋・常盤橋内に設置。

**9・23**　忍・熊谷・深谷・本庄・佐野・館林に幕府軍が進攻して来るとの噂が流れ、騒動。

**10月**　関西で暴風雨。

**閏10・20**　京都所司代板倉重宗、キリシタン・浪人の隠匿、新寺建立を禁止。

**11月**　阿蘇山噴火。

**この年**　幕府、江戸での寺院の創建を規制。

**この年**　幕府、糸割符仲間に江戸・大坂の商人を加入させ、中国船にも糸割符を適用。

**この年**　幕府、船手頭向井忠勝に安宅丸建造を指示。

**この年**　全国で疲癬大流行。

**この年**　兵庫髷が流行。

【主要幕閣】
●老中
青山幸成（大蔵少輔）
酒井忠勝（讃岐守）
内藤忠重（伊賀守）
稲葉正勝（丹後守）
酒井忠世（雅楽頭）
●西丸老中
森川重俊（出羽守）
永井尚政（信濃守）
土井利勝（大炊頭）
●江戸町奉行
北
加々爪忠澄（民部少輔）
南
堀直之（式部少輔）
●京都所司代
板倉重宗（周防守）
●大坂城代
阿部正次（備中守）
●大坂町奉行
東
水野守信（河内守）
●長崎奉行
竹中重義（采女正）

## 大目付を創設する　十二月十七日

政治経済

幕府はこの日、秋山正重《あきやままさしげ》・水野守信《みずのもりのぶ》・柳生宗矩《やぎゅうむねのり》・井上《いのうえ》政重《まさしげ》の四人を総目付《そうめつけ》に任じた。これがのちの大目付《おおめつけ》である。

大目付は、大名・交代寄合《こうたいよりあい》・高家《こうけ》以下、老中管轄の政務を監督し、諸役人を糾弾する監察官だった。のちにはキリシタンを取り締まる宗門改《しゅうもんあらため》や五街道の事務を統括した道中《どうちゅう》奉行をも兼務するようになり、寛文二年（一六六二）から老中支配となり、享保八年（一七二三）の足高制《たしだかせい》では三千石高とされた。職掌は、分限方《ぶんげんかた》・服忌《ぶっき》方・鉄炮改方・指《さし》物《もの》方・宗門方・御日記《おにっき》方・道中方などの掛りに分かれていた。定員は四、五名だが、幕末の混乱期には十名に及んだこともある。ただし、江戸中期以後に幕藩関係が安定してくると、大名の席次や殿中の礼式などを担当する式武官《しきぶかん》的色彩を強く持つようになり、町奉行・勘定奉行などを経て任じられる者が多く、留守居と並ぶ旗本の栄職となった。

## 柳生宗矩『兵法家伝書』が成立　九月

文化思想

柳《やぎ》生新陰流《ゆうしんかげりゅう》兵法《へいほう》（剣術）の祖、柳生石舟斎宗厳《せきしゅうさいむねよし》の五男で柳生家を相続して徳川家康の側近に仕え、やがて将軍家兵法師範《へいほうしはん》となった柳生宗矩《むねのり》は、この月、『兵法家《へいほうか》伝書《でんしょ》』を書き上げた。

『兵法家伝書』は、新陰（影）流の祖上泉信綱《こういずみのぶつな》に学んだ宗厳とその子宗矩の父子二代が、多年工夫して蓄積した柳生新陰流の兵法論を述べたものであり、上巻の『殺人刀《せつにんとう》』と下巻の『活人剣《かつにんけん》』の二巻から成る。内容は、兵法の本質論に始まり、剣術における表裏（計略）・懸待（攻め懸る場合と待ち受ける場合）の心得、拍子・目付・間合・歩法などの秘伝、また柳生新陰流の奥旨である無刀《むとう》の術理の真意を記述し、さらにすべての事理の根底をなす心法論などを詳細に述べている。特に沢庵宗彭《たくあんそうほう》の禅宗の影響を強く受けた心法論や猿楽能《さるがくのう》の例を援用した拍子の論などからは、当時の上級武家社会で行なわれた武芸の文化的一面が窺われて興味深い。また、乱世には治平のために殺人刀を用い、治世にはそれを活人剣として人を生かすという意味で、上・下巻を名付けたという。つまり剣の理をもつて治国《ちこく》の要諦を説いた修身の書でもある。

宗矩は、十二月には総目付（のちの大目付）として幕閣にも連なり、寛永十三年には四千石を加増されて一万石（のち一万二千五百石）となって大名に列し、柳生新陰流の地位を確立した。そして正保三年（一六四六）に七十六歳で歿した。

## 肥後熊本藩主の加藤忠広が改易、出羽庄内へ配流される　六月一日

事件災害

肥後熊本五十四万石の藩主加藤忠広《かとうただひろ》は、幕府からの突然の出府命令で五月二十二日に品川宿へ着いたが、池上本門寺《いけがみほんもんじ》で待機するよう命じられる。そしてこの日、嫡男光正《みつまさ》が謀書《ぼうしょ》を偽造したことと、忠広の近年の行跡が不正

【この年の出来事】
**1月**　1か月に江戸で火災13件。
**1・24**　大御所徳川秀忠歿（54）。年寄森川重俊殉死（49）。
**2・9**　朝廷、秀忠に台徳院の諡号を贈る。
**4月**　猿若座などの芝居小屋、禰宜町へ移転。
**5・22**　熊本城主加藤忠広、不行跡により参勤途中の品川で入府を止められ、6月改易。
**6・1**　幕府。加藤忠広を出羽庄内へ、子光正を飛驒高山へ配流。
**6・19**　幕府、江戸城中火災時の入城規則を制定。
**6・25**　幕府、諸奉行を任命。鑓奉行・旗奉行・船手頭を設置。
**7・3**　府内藩主竹中重義、黒田騒動を調停。
**7・5**　幕府、訴訟・裁判の法度を制定。
**7・17**　幕府、玉室・沢庵らを赦免し、召還。
**7月**　江戸周辺で大雨、洪水。

で、その上妻子（側室とその子正良《まさよし》）を江戸から勝手に引き揚げたという理由で、肥後一国を没収の上、忠広は出羽庄内に、嫡男光正は飛驒高山に配流された。

忠広は清正《きよまさ》の嫡男として、慶長十六年（一六一一）に十一歳で清正の旧領を相続した。将軍秀忠の養女（蒲生秀行《がもうひでゆき》の長女）との婚姻など徳川家との関係を深める努力をしたが、重臣らの主導権争いから御家騒動に発展し、忠広の統治能力が問われる状況が続いていた。

そこに今回の謀書事件が起きた。光正の謀書偽造の一件とは、「老中の土井利勝《どいとしかつ》を首謀者として将軍家光の弟忠長《ただなが》を擁して天下を傾けようと思うので、急ぎ同意すべし」という趣旨の偽書を、加藤家だけが幕府に届け出なかったために、江戸藩邸を預かっていた光正に謀書作成の嫌疑がかけられたのである。大御所秀忠死亡直後の不安定な世情の中で、反将軍的な空気を一掃する必要を感じた土井利勝の謀計に、十五歳という若い光正がはめられてしまったのが真相であろう。恐らく豊臣系有力大名の排除も意図されていたと考えられる。

## 『武州豊嶋郡江戸庄図』を刊行

社会世相

この年、『武州豊嶋郡江戸庄図《ぶしゅうとしまぐんえどのしょうず》』と称される江戸図が刊行された。現存するものは写図か復刻図で、原本は伝存していないが、最古の江戸図の刊本であることは疑いない。

寛永図《かんえいず》と通称されるこの江戸図には、江戸城天守閣・紅葉山《もみじやま》・溜池《ためいけ》・愛宕山《あたごやま》・御鷹場《おたかば》などが絵画的に図示されるとともに、北は神田、南は芝の増上寺《ぞうじょうじ》、西は半蔵門《はんぞうもん》外（山王権現《さんのうごんげん》など）、東は浅草川（現、隅田川）までを含んでいる。

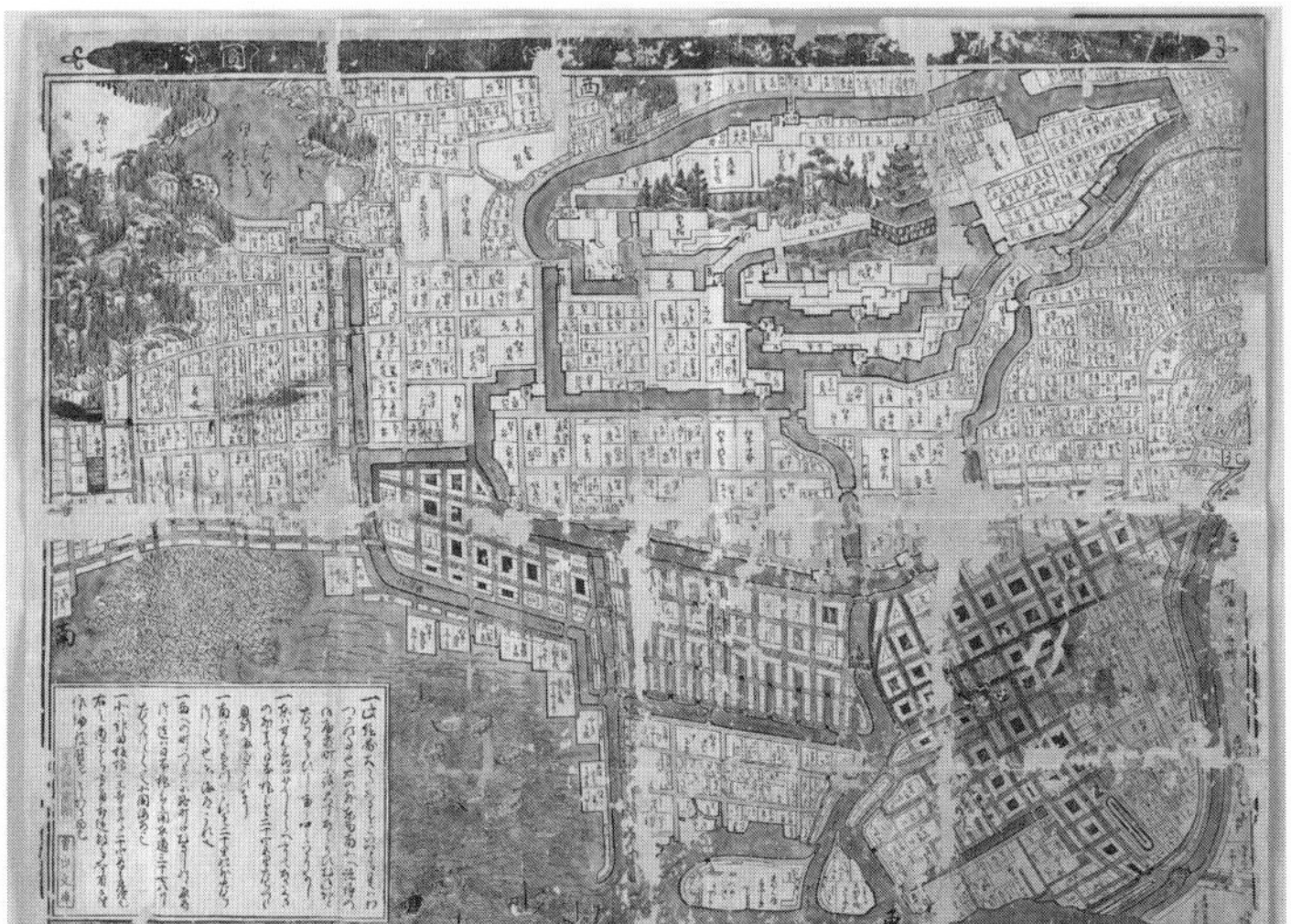

最古の江戸の地図とされる『武州豊嶋郡江戸庄図』

武家地では屋敷主の大名・旗本の名前を注記し、町人地には町名を記すとともに各町の会所地《かいしょち》（町割《まちわり》に際して生じた空閑地）も描かれている。武家地・町人地の橋の名前も記載されている。縮尺・方位などは正確とは言い難いが、最初の本格的地図であり、不完全ながらも測量が行なわれたことも推測されるので、江戸初期の状況を知る上での貴重な史料である。

「寛永九年申十二月　重開板」という刊記が付されているものもあるので、武家地については寛永八年から九年段階の屋敷の移動を反映したものと思われる。

**9・29** 幕府、旗本諸法度を制定。
**9月** 柳生宗矩『兵法家伝書』完成。
**10・2** 幕府、オランダ人らの帰国を許可。日蘭交渉復活。
**10・23** 幕府、徳川忠長を改易。上野国高崎へ幽閉。
**10・24** 幕府、諸国巡見使を定め、諸大名に通達。
**11・9** 幕府、久能山所蔵の徳川家康遺金を江戸城内に移送。
**12・17** 幕府、総目付を設置（大目付の始まり）。
**12・29** 江戸で大火。火元は池田光政邸。
**この年** 幕府の御座船安宅丸、江戸に到着。
**この年** 『武州豊嶋郡江戸庄図』刊行。
**この年** 江戸で地震頻発。

# 1633 寛永十年

癸酉

天皇▼明正天皇

将軍▼徳川家光（第三代）

**【主要幕閣】**

**◉老中**
酒井忠世（雅楽頭）
土井利勝（大炊頭）
永井尚政（信濃守）
稲葉正勝（丹後守）
内藤忠重（伊賀守）
酒井忠勝（讃岐守）
青山幸成（大蔵少輔）
松平信綱（伊豆守）

**◉江戸町奉行**
**北**
加々爪忠澄（民部少輔）
**南**
堀直之（式部少輔）

**◉京都所司代**
板倉重宗（周防守）

**◉大坂城代**
阿部正次（備中守）

**◉大坂町奉行**
**東**
久貝正俊（因幡守）

**◉長崎奉行**
竹中重義（采女正）
曾我古祐（又左衛門）
今村正長（伝四郎）

## 寛永十年令で「鎖国」政策に着手　二月二十八日

政治経済

老中からこの日、長崎奉行宛てに禁教政策と貿易統制策に関する十七ヶ条の通達覚書の条目《じょうもく》が出された。この寛永十年令が、寛永十六年令に至る一連のいわゆる鎖国令の最初である。

一連の鎖国令の目的は、①日本人の海外渡航と帰国の制限、②キリスト教、特に伴天連《ばてれん》（宣教師）の取り締まり強化、③貿易規制、の三点だった。寛永十年令では、①奉書船《ほうしょせん》以外の日本人の渡航禁止と在外日本人の五年以内の帰国は認められた。②宣教師を密告した者には銀百枚を与えた。③長崎以外にも薩摩と平戸《ひらど》へ外国船が入港することは認められていたが、長崎での五ヶ所商人《ごかしょしょうにん》の糸割符仲間《いとわっぷなかま》の生糸の取引をほかの取引よりも優先させた。①については、元和六年（一六二〇）に平山常陳《ひらやまじょうちん》の朱印船《しゅいんせん》に宣教師が乗っていたことが露見すると、幕府は朱印船の派遣を制限するために寛永八年に奉書船制度を採用した。奉書船は将軍の朱印状のほかに海外渡航を許可する老中奉書を与えられた貿易船で、幕府と関係の深い特権商人である京都の角倉《すみのくら》・茶屋《ちゃや》・平野・橋本と大坂の末吉《すえよし》と長崎の末次《すえつぐ》と三浦按針《みうらあんじん》の子の七名に限定されていた。しかし、寛永十二年令では日本人の海外渡航、帰国は全面禁止となった。②についてはは寛永十三年令でポルトガル人の子孫の追放規定が追加され、ポルトガル人の出島《でじま》移住政策とともにポルトガルに対する統制が一段と強化された。③については寛永十二年令では西国大名の個別貿易権が否定され、中国船を含む全ての外国船の入港を長崎と平戸に限定していった。

## 松江重頼『犬子集』を刊行　一月

文化思想

松《まつ》江《え》重頼《しげより》は、この月、俳諧撰集『犬子集《えのこしゅう》』大本《おおほん》五冊を刊行した。

天文年中（一五三二―五五）以来の俳諧書留《かきとめ》から採録した発句《ほっく》千六百五十四句と付句《つけく》千句を、春夏秋冬・恋・神祇《じんぎ》・釈教《しゃっきょう》などに分類した類題句集の最初の書である。作風は中世以来の秀句・縁語・見立・立入《たていれる》（和歌や俳句で、あることばを詠み入れること）・故事古典のもじりによる笑いを狙ったものであるが、近世俳諧の出発点と位置づけられる作品である。書名は、俳諧撰集の祖とされた山崎宗鑑《やまざきそうかん》の俳諧連歌集『犬筑波集《いぬつくばしゅう》』にあやかって名付けたという。

重頼は京都の人で、撰糸商《せんししょう》を営み、別号を維舟《いしゅう》といった。松永貞徳《まつながていとく》の貞門《ていもん》俳諧を学んで、寛永十五年には貞門俳諧の代表的作法書の『毛吹草《けふきぐさ》』を著し、作法上の注意、四季の詞、恋の詞、俚諺《りげん》（俗間のことわざ）、付合《つけあい》用語、諸国の産物、古今名物の名などを収録して好評を得た。のちに貞門派を離れて独自の道を歩んだ。

## 幕府、黒田騒動に決着をつける　三月十五日

事件災害

幕府は前年に筑前福岡藩の筆頭家老栗山大膳《くりやまだいぜん》が藩主黒田忠之《くろだただゆき》の謀反の企てありと提訴した件を調査し、

**【この年の出来事】**

**1・9**　京都知恩院で火災。
**1・20**　金地院崇伝歿（65）。
**1・21**　関東大地震。相模で被害大。
**1月**　松江重頼『犬子集』刊行。
**2・11**　幕府、長崎奉行竹中重義を罷免し、14日に長崎奉行の二人制を制定。
**2・16**　幕府、軍役令を改定。1000石から10万石の大名・旗本の軍役などを制定。
**2・28**　幕府、奉書船以外の日本船の海外渡航を禁止（鎖国令の始まり）。
**3・11**　幕府、東海道諸宿の継飛脚および人馬米銭支給の規則を制定（継飛脚制度の確立）。
**3・15**　幕府、福岡藩主黒田忠之の家老栗山大膳を南部家御預け（黒田騒動）。
**3・23**　幕府、六人衆を設置（若年寄の前身）。

◉若年寄
堀田正盛（加賀守）
松平信綱（伊豆守）
阿部忠秋（豊後守）
太田資宗（備中守）
阿部重次（山城守・対馬守）
三浦正次（志摩守）

この日、忠之の謀反の事実はないとして本領を安堵し、大膳を陸奥盛岡藩南部《なんぶ》家御預けとして黒田騒動に決着をつけた。

　栗山家は大膳の父利安《としやす》以来、黒田家草創の功臣で、黒田孝高《よしたか》（如水《じょすい》）が嫡男長政《ながまさ》を利安に託したように、長政も死に臨んで嫡男忠之を大膳に託した。しかし、忠之はやや主君の資質に欠けたところがあり、大膳のたびたびの忠言に反発と敵意を蓄積していった。一方で領主権力の強化を図って側近政治を進める忠之と、戦国以来の老臣の特権を保持しようとする大膳との溝は深まった。大船建造や足軽二百人の新規召し抱えなどの行動が幕府を刺激して、外様有力大名の改易へと発展することを恐れたことと、忠之の強引な大膳と栗山家の殲滅工作に対抗するために、幕府の豊後《ぶんご》目付《めづけ》に忠之叛逆を訴えるとともに、証言者としての自身の保護を求めた。将軍家光の直裁に持ち込んで忠之の暴走を阻み、かつ黒田家の存続を図るのが狙いであった。結果は大膳の思惑通り、忠之の出頭人倉八十太夫《しゅっとうにんくらはちじゅうだゆう》は高野山に追放となり、福岡藩は存続した。大膳は公儀から扶持を与えられて盛岡に住し、承応元年（一六五二）に六十二歳の天寿を全うした。

芝居になった黒田騒動の栗山大膳
（『筑紫巷談浪白縫』明治の役者絵）

社会
世相

## 湯女風呂が人気

この頃、江戸で湯女風呂《ゆなぶろ》が流行して人気を博していたという。湯女とは温泉宿や銭湯の接客婦で、客の背中の垢《あか》すりや髪を梳《す》くサービスをした女性である。鎌倉初期に有馬《ありま》温泉に湯女が置かれたのが始まりという。

　江戸開府に伴って江戸城内堀の銭瓶橋《ぜにかめばし》のほとりに湯女風呂が建てられ、各町の銭湯に湯女が二十人、三十人といたことが記録されている。新開地の江戸には諸藩の江戸在勤の武士や江戸店《だな》の住み込み店員など男性が多く、湯女風呂の需要は高かったといえよう。さらに、寛永のこの頃になると、湯女風呂は七つ（午後四時頃）で風呂を閉じて風呂の上がり場に金屏風などを引き廻して即席の座敷を作り、湯女は衣服を改めて三味線を弾いて小唄《こうた》を歌って客を集め、酒の相手もするようになったという。こうした湯女が売春も行なうようになり、銭湯業よりは妓楼《ぎろう》化して建物も豪奢になり、容色の良い湯女を多数抱える店も出現した。幕府は、寛永十四年に湯女風呂一軒に湯女三人と限定したり、慶安元年（一六四八）には湯女禁止を命じたが、根絶はできなかった。

湯女（『百人女郎品定』）

髪をすく湯女（『野白内証鑑』）

**5・1**　オランダ商館長クーケバッケル、江戸参府（以後通例となる）。
**5・19**　幕府、深川富岡八幡宮造営につき、勧進能開催を許可。
**6・12**　江戸で大水。千住・浅草浸水。
**7・19**　幕府、代官所・寺社領の人民の訴訟手続きを制定。
**8・3**　品川仮御殿で幕府諸番士の馬揃が開催。
**8・13**　幕府、公事裁判に関する法度を制定。
**8月**　京都・近江・摂津・若狭で暴風雨、洪水。淀大橋流失。
**10月**　出羽国村山郡白岩郷の百姓、幕府に直訴（白岩一揆）。
**12・6**　徳川忠長、高崎の配所で自害（28）。
**12・20**　幕府、書物奉行を設置。
**この年**　明国船来航。長崎・薩摩国・琉球で交易。
**このころ**　貞門俳諧盛んとなる。
**このころ**　湯女風呂が流行。

# 1634 寛永十一年

甲戌

天皇▼明正天皇

将軍▼徳川家光（第三代）

【主要幕閣】

◉老中
酒井忠世（雅楽頭）
土井利勝（大炊頭）
稲葉正勝（丹後守）
内藤忠重（伊賀守）
酒井忠勝（讃岐守）
青山幸成（大蔵少輔）

◉江戸町奉行
北 加々爪忠澄（民部少輔）
南 堀直之（式部少輔）

◉京都所司代
板倉重宗（周防守）

◉大坂城代
阿部正次（備中守）

◉大坂町奉行
東 久貝正俊（因幡守）
西 曾我古祐（丹波守）

◉長崎奉行
神尾元勝（内記）
榊原職直（左衛門佐・飛騨守）

## 老中・六人衆の職務分担を規定 三月三日

政治経済

将軍家光は、前年三月二十三日に松平信綱《まつだいらのぶつな》・阿部忠秋《あべただあき》・堀田正盛《ほったまさもり》・三浦正次《みうらまさつぐ》・阿部重次《しげつぐ》・太田資宗《おおたすけむね》の六人に、政務の小事への参加と六人合議を命じていた（当時六人衆《ろくにんしゅう》といわれていた）が、この日、老中（当時は年寄衆《としよりしゅう》とも呼ばれていた）と六人衆（この年頃から若年寄《わかどしより》と称するようになる）との職務分担を明確に規定した。

この時、老中の酒井忠世《さかいただよ》・土井利勝《どいとしかつ》・酒井忠勝《ただかつ》の職務は、禁中・公家・門跡《もんぜき》の事、国持《くにもち》・万石以上の諸大名の事、老中奉書連判の事、幕領の租税の事、金銀出入の事、大普請・神社仏閣の建立の事、知行割《ちぎょうわり》の事、寺社・外国・諸国絵図などの事を掌《つかさど》ることになった。一方六人衆の職務は、旗本に関する一切の指揮・訴訟の事、諸職人の拝謁の事、医師に関する事、常時の普請・造作の事、京都・大坂・駿府などの番士・諸役人の事、万石以下組外《くみそと》の輩の訴訟・御用などの事を掌ることになった。ここに、大名支配担当は老中、旗本支配担当は若年寄という原則が確立した。

## 村山又三郎、歌舞伎興行を公許される 三月

文化思想

京芝居の祖といわれる村山又八《むらやままたはち》の次男又三郎《またさぶろう》は、寛永八年に江戸へ下り、この月、公許を得て禰宜町《ねぎまち》（現、日本橋堀留町二丁目）と堺町《さかいちょう》（現、日本橋人形町三丁目）の中間の地に村山座を建てて歌舞伎興行を始めた。ちなみに近くの禰宜町には初代中村勘三郎《なかむらかんざぶろう》の中村座が寛永九年に中《なか》橋南地《はしなんち》から移転して興行していた。

村山座は、当初は能の間狂言《あいきょうげん》に道化踊《どうけおど》りを交えて興行していたが、寛永十七年（一説に十五年、十八年）に上方《かみがた》で活躍していた弟の村山左近《さこん》が加わると人気が高まった。左近は練絹《ねりぎぬ》の華やかな衣装を身に着け、頭には染色《そめいろ》の手拭いのようなものを冠って女装し、造花《ぞうか》に短冊をつけた枝を持って所作舞《しょさまい》を演じて評判を得たが、これが江戸における女方《おやま》の初めといわれている。

村山座は慶安四年（一六五一）に上堺町《かみさかいちょう》（のちの葺屋町《ふきやちょう》）（現、日本橋人形町三丁目）に移転し、同年堺町に移転した中村座と隣接することになった。翌承応元年（一六五二）に又三郎が死に、娘婿の村田九郎右衛門《くろうえもん》が座元《ざもと》を継いだが、その歿後に同家の縁者から市村宇左衛門《いちむらうざえもん》（のち羽左衛門）が興行

歌舞伎や説経浄瑠璃の小屋が並ぶ禰宜町
（『江戸名所記』）

【この年の出来事】

**1・13** 江戸中橋北ノ町から出火。各所へ延焼。

**1・25** 江戸神田・本郷・番町で大火。

**1・29** 幕府、諸大名に江戸出火の際の消火指揮を指示（大名火消の始まり）。

**3月** 村山又三郎、村山座開設。

**3・3** 幕府、老中・六人衆の職務分担を規定。

**5・29** 幕府、長崎に制札を立て、外国人の来航・奉書船以外の渡航などを禁止。

**5月** 幕府の命により、町人による出島建設が開始。

**7・11** 将軍家光、上洛。

**7・23** 将軍家光、上洛中に町人へ銀5000貫目を下賜。

**閏7・3** 将軍家光、上皇に仙洞御料として7000石を増献。前回分とあわせて1万石。

**閏7・9** 琉球の謝恩使、二条城で将軍家光に拝謁

**◉若年寄**
松平信綱（伊豆守）
阿部忠秋（豊後守）
堀田正盛（加賀守）
太田資宗（備中守）
阿部重次（対馬守）
三浦正次（志摩守）

権を譲り受けて、寛文三年（一六六三）以降に市村座と改称した。その後、市村座は江戸三座の一つとして繁栄していくことになる。

## 伊賀越えの仇討　十一月七日　事件災害

伊賀上野《うえの》の西端鍵屋《かぎや》の辻で、この日、備前岡山藩士の渡辺数馬《わたなべかずま》が姉婿の元大和郡山藩士の荒木又右衛《あらきまたえ》門《もん》の助力で、弟源太夫《げんだゆう》を殺した元岡山藩士の河合又五郎《かわいまたごろう》を討ち取り、仇討《あだうち》を果たした。

事の起こりは、寛永七年七月に岡山藩士の渡辺源太夫を殺害した又五郎が、江戸の旗本の安藤治右衛《あんどうじえ》門《もん》や久世三四郎《くぜさんしろう》に庇護されたことにある。これを知った藩主の池田忠雄《いけだただお》は、久世らに又五郎の引渡しを要求するとともに老中にも提訴したが、埒《らち》が明かず、外様大名の雄藩池田家対将軍の直参《じきさん》旗本との対立の様相を持つようになった。そして、寛永九年四月に、藩の面目にかけて本望を果たせと遺言して忠雄が死ぬ（遺領を相続した嫡男光仲《みつなか》は因幡鳥取三十二万石に転封《てんぽう》）と、池田家の強硬な姿勢に幕府も軟化し、旗本に又五郎を匿うことを禁じ、久世らを蟄居《ちっきょ》処分にした。そこで又五郎は奈良にいた伯父の元大和郡山藩士の河合甚左衛《じんざえ》門《もん》の許に潜んだ。

芝居になった伊賀越え仇討の沢井又五郎
（『伊賀越乗掛合羽』文化13年の役者絵）

その後、甚左衛門と又五郎が江戸へ向かうことを探知した数馬は、姉婿の荒木又右衛門ら四人と鍵屋の辻で待ち受け、甚左衛門・又五郎ら二十名ほどと三時間余りの決闘の末に四年がかりの本懐を遂げた。後世に荒木又右衛門の三十六人斬りとして喧伝されるが、実際は数馬が又五郎を討ち取り、又右衛門が甚左衛門ともう一人を斬っただけである。ただ、この仇討によって池田家の面目が保たれたことは事実であり、この点が世評を高め、後世に曾我兄弟《そがきょうだい》・赤穂浪士《あこうろうし》とともに日本三大仇討の一つといわれるようになる。

## 幕府、長崎に出島の築造を命じる　五月　社会世相

幕府はこの月、長崎市内を貫流する中島川下流の弧状の洲を、町年寄《まちどしより》の高木作右衛《たかぎさくえ》門《もん》・高島四郎兵衛《たかしましろべえ》（子孫に幕末の砲術家高島秋帆《しゅうはん》がいる）ら長崎の二十五人の豪商（のち出島町人《でじまちょうにん》と称される）に埋め立てさせ、橋一つで市内と隔離された扇形の出島（三千九百六十九坪余、約一・三ヘクタール）を築造して家宅を建てさせた。

寛永十三年に完成した出島には、ポルトガル人を収容して銀八十貫の家賃を徴収した。従来の市内での自由貿易を統制し、併せて禁教政策を徹底させる狙いがあった。同十六年にポルトガル人が追放されると、同十八年に平戸《ひらど》のオランダ商館を出島に移し、家賃五十五貫を出島町人に配分した。

出島には出島役人（出島乙名《おとな》やオランダ通詞《つうじ》を含む）・出入商人と人夫・遊女・高野聖《こうやひじり》以外の日本人の出入は厳禁された。一方、商館員は男子のみで、安政五年（一八五八）に日蘭《にちらん》通商条約が結ばれるまでは、自由に市外を出歩くことも許されなかった。

（以後、将軍継承ごとに通例となる）。
**閏7・23**　江戸城西の丸全焼。
**閏7・26**　幕府、大坂・堺・奈良の地子銭を免除。
**8・4**　幕府、譜代大名に妻子の江戸移住を命令。
**8・4**　幕府、島津家久に薩摩・大隈・日向・琉球を安堵。
**8月**　京都で大風雨。三条大橋流失。
**9・1**　将軍家光、江戸町人へ銀5000貫目を下賜。
**11・7**　渡辺数馬、荒木又右衛門の助力で河合又五郎を討つ（伊賀越えの仇討）。
**12・7**　京都東寺五重塔炎上。
**この年**　紀州の有田蜜柑、江戸に初入荷。
**この年**　熊沢蕃山、岡山藩主池田光政に出仕。

# 1635
# 寛永十二年

乙亥

天皇▼明正天皇

将軍▼徳川家光（第三代）

【主要幕閣】

◉老中
土井利勝（大炊頭）
内藤忠重（伊賀守）
酒井忠勝（讃岐守）
青山幸成（大蔵少輔）
松平信綱（伊豆守）
阿部忠秋（豊後守）
堀田正盛（加賀守）

◉寺社奉行
安藤重長（右京亮）
松平勝隆（出雲守）
堀利重（東市正）

◉勘定奉行
松平正綱（右衛門大夫）
伊丹康勝（播磨守）
大河内久綱（金兵衛）
伊奈忠治（半十郎）
曾根吉次（源左衛門）

◉江戸町奉行
北
加々爪忠澄（民部少輔）
南
堀直之（式部少輔）

◉京都所司代
板倉重宗（周防守）

## 武家諸法度を改訂、発布　六月二十一日　政治経済

幕府はこの日、御三家をはじめ在府《ざいふ》の諸大名を江戸城の大広間《おおひろま》に集めて、全文十九ヶ条からなる改訂武《ぶ》家諸法度《けしょはっと》（寛永令）を発布し、林羅山《はやしらざん》に読み上げさせた。

寛永六年の武家諸法度は元和元年（一六一五）の元和令の踏襲だったが、今回の改訂は画期的なもので、法度としての体裁も整えられた。主な内容としては、新たに大名の妻子を江戸に置くことが強制され、大名は江戸と国元とに一年交代で居住することを義務づける参勤交代《さんきんこうたい》の制度化が規定された。また、日本人の海外渡航・帰国が禁止されるという鎖国《さこく》体制の強化を反映して五百石積み《ごひゃっこくづみ》（約七十五トン）以上の大船建造禁止が追加された。さらに江戸や諸国で変事が起きた際に在国《ざいこく》していた大名は、勝手に出兵せずに幕府の指示を待つべきことなども加えられた。最後の条項で、幕府発布の法令の遵守《じゅんしゅ》を求めている。

以後も改定を加えながら、武家諸法度は、短期間で終わった七代家継《いえつぐ》と十五代慶喜《よしのぶ》を除いて、将軍の代替わりごとに公示された。

## 将軍家光、山王祭を上覧　六月十五日　文化思想

将軍家光はこの日、はじめて山王権現《さんのうごんげん》（現、日枝神社《ひえじんじゃ》）の祭礼行列を江戸城内の櫓《やぐら》の上から見物した。社伝によると行列が城内に入ったのは元和元年（一六一五）とされているが、史実としては、この時が山王祭《さんのうまつり》を将軍が上覧《じょうらん》するようになった最初である。

山王権現は、徳川家康の関東入国後の江戸城の拡張に伴い、城内の梅林坂《ばいりんざか》から半蔵門《はんぞうもん》外の堀端に移された。江戸城内で誕生した将軍家光は、山王権現を「我誕生所の霊神」と崇めて社領五百石を寄進した。以後将軍家の産土神《うぶすながみ》として篤《あつ》く信仰されていった。明暦三年（一六五七）の大火後に赤坂溜池際《あかさかためいけぎわ》に遷座《せんざ》した。

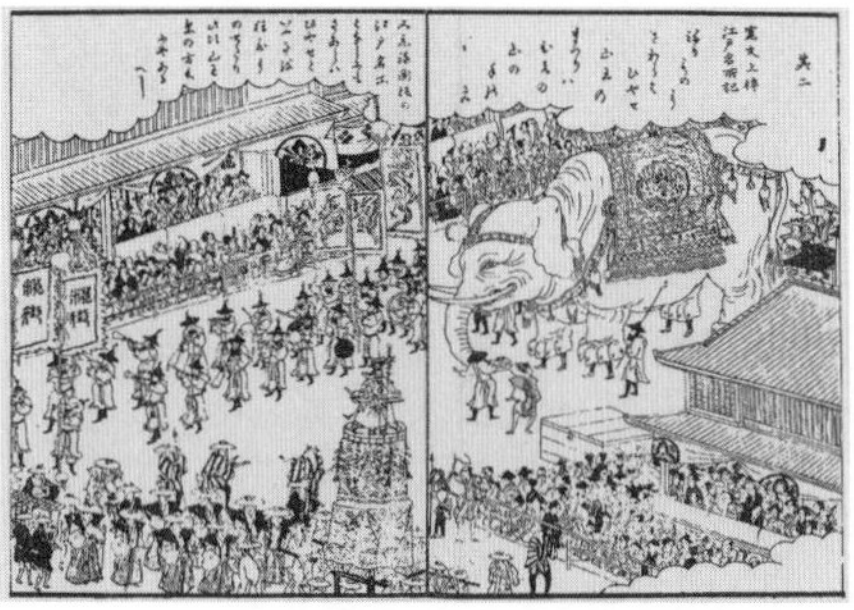

山王祭（『東都歳時記』）

山王権現（『江戸名所記』）

【この年の出来事】

**1・21** 蝦夷地で大地震。

**1・24** 江戸で大地震。

**2月** 幕府、難破船救助の法を制定、諸浦に通達。

**3・12** 将軍家光、日朝関係上の不正により、対馬藩家老柳川調興を津軽に配流（柳川一件）。

**5・9** 金沢城下で火災。1万余戸焼失。

**5・19** 京都で洪水。三条大橋流失。

**5・20** 幕府、外国船の入港と互市場を長崎に限定。

**5・28** 幕府、日本人の海外渡航を禁止。

**6・13** 遠江・伊豆で暴風。船800余艘破損、死者5000余人。

**6・15** 家光、山王祭を上覧。

**6・21** 幕府、武家諸法度を改定。参勤交代を制度化し、500石以上の大船建造を禁止。

**7月** 江戸で大火。武家街多く焼失。

**8・13** 京都で大風雨。

**◉大坂城代**
阿部正次（備中守）

**◉大坂町奉行**
**東** 久貝正俊（因幡守）
**西** 曾我古祐（丹波守）

**◉長崎奉行**
榊原職直（左衛門佐・飛騨守）
仙石久隆（右近・大和守）

**◉若年寄**
松平信綱（伊豆守）
阿部忠秋（豊後守）
堀田正盛（加賀守）
太田資宗（備中守）
阿部重次（対馬守）
三浦正次（志摩守）
酒井忠朝（備後守）
土井利隆（遠江守）
朽木稙綱（民部少輔）

山王祭の祭礼行列は、大伝馬町《おおでんまちょう》の鶏、南伝馬町《みなみでんまちょう》の猿など、四十五番の山車《だし》・練物《ねりもの》や神輿《みこし》が日比谷門《ひびやもん》前・桜田門《さくらだもん》前・山王社を経て半蔵門から城内に入り、吹上《ふきあげ》の将軍上覧所《じょうらんしょ》を経て竹橋門《たけばしもん》・常盤橋門《ときわばしもん》から江戸の町々を練り歩いた。天和元年（一六八一）以後、神田明神《かんだみょうじん》の祭礼と隔年で上覧に供される天下祭《てんかまつり》・御用祭《ごようまつり》として盛大を極めた。ちなみに文化五年（一八〇八）の年番だった日本橋一・二丁目の負担が八千八百両に上ったという。

## 国書改竄の柳川一件を裁決　三月十二日　事件災害

**対**《つし》馬《ま》藩《はん》の内政と対朝鮮外交の実権を握り、幕臣化を画策していた家老の柳川調興《やながわしげおき》と藩主の宗義成《そうよしなり》との内紛から起きた御家騒動《おいえそうどう》が発端となり、文禄《ぶんろく》・慶長《けいちょう》の役《えき》後の日朝関係改善の過程で対馬藩による国書偽造・改竄《かいざん》の事実が暴露された。これを柳川一件《やながわいっけん》という。将軍家光は、三月十一日に両者を呼んで直接尋問し、この日、義成の勝利を認めるとともに調興を津軽《つがる》に配流《はいる》することを裁決した。

日・朝ともに相手を少しでも見下そうとする中華意識が強い中で、両国の敵礼《てきれい》（対等の礼）関係を滞りなく進めるための調整役を必要としていたことが、宗氏の地位を存続させたことの背景にあった。朝鮮では中世以来、対馬を「朝貢国《ちょうこうこく》」になぞらえる意識があり、宗氏も自らをそのような位置に置くことによって、対朝鮮貿易の独占的地位を獲得し、幕府と朝鮮の関係の裏方の外交実務にあたったのである。このような役割を将軍直属の旗本《はたもと》が行なった場合には、朝鮮国王に将軍が朝貢することになってしまうのであり、これは容認できなかったのである。しかし、幕府は一方で、今後国書改竄の轍《てつ》を踏まないために、京都五山《きょうとござん》の僧を輪番《りんばん》で対馬の厳原《いずはら》の以酊庵《いていあん》に駐在させて、宗氏に代わって外交文書の管理をし、朝鮮使節の応接に参加させる以酊庵輪番制を発足させて、朝鮮外交への直接介入を図った。

また、国書における将軍の称号は、「日本国王」ではなく、新たに「日本国大君《たいくん》」とし、日本側国書には日本年号を用いることにした。そして翌年、第四回の通信使《つうしんし》を迎えて、日本国大君が日本を代表する唯一の政権であることを改めて内外に示し、これを国際的に承認させるに至ったのである。

## 寺社奉行制が確立　十一月九日　社会世相

**幕**府は慶長十七年（一六一二）に、京都所司代《きょうとしょしだい》の板《いた》倉勝重《くらかつしげ》と家康側近の金地院崇伝《こんちいんすうでん》に寺社の管理を担当させていたが、崇伝が寛永十年十月に死去したのを受けて、この日、上野《こうづけ》高崎藩主の安藤重長《あんどうしげなが》・上総《かずさ》佐貫《さぬき》藩主の松《まつ》平勝隆《だいらかつたか》・常陸《ひたち》土浦《つちうら》藩主の堀利重《ほりとししげ》の三名を寺社行政を担当する専任の寺社奉行《じしゃぶぎょう》に任じた。

寺社奉行は、自邸を役宅《やくたく》として月番《つきばん》交代制を取り、寺社、寺社領民・僧尼・神官の支配、連歌師《れんがし》・楽人《がくじん》・検校《けんぎょう》・陰《おん》陽《みょうじ》師・古筆見《こひつみ》・碁と将棋所の者の支配、寺社と寺社領民の関与する訴訟、関八州《かんはっしゅう》外の私領の訴訟などを取り扱った。万治元年（一六五八）からは、奏者番《そうじゃばん》の中から四名が選ばれて兼帯するのが慣例となった。譜代大名の優秀な者が選任され、やがて大坂城代《おおさかじょうだい》や京都所司代を経て老中《ろうじゅう》に昇進するコースが生まれていった。町奉行《まちぶぎょう》・勘定奉行《かんじょうぶぎょう》とともに三奉行《さんぶぎょう》と称される幕閣の重職の一つであるが、旗本から任命される老中支配の町奉行・勘定奉行に比して、格上の存在だった。

三条大橋・淀大橋流失。
**8・19** 狩野三楽歿(77)。
**8月** 幕府、朝鮮への書簡における将軍の称号を「大君」とする。
**9・6** 幕府、キリスト教禁止を再令。
**10・10** 京都所司代、キリシタン潜伏の密告を奨励。
**11・9** 幕府、寺社奉行を設置。
**11・29** 駿府で大火。町の大半が焼失し、城も全焼。
**11～12月** 幕府、評定所寄合の規則を制定し、諸役人の職掌を規定。
**12・12** 幕府、旗本諸士法度を制定。
**この年** 松前藩、蝦夷全島と樺太の地図を作成。

# 1636 寛永十三年

丙子

天皇▼明正天皇

将軍▼徳川家光（第三代）

【主要幕閣】

◉老中
土井利勝（大炊頭）
内藤忠重（伊賀守）
酒井忠勝（讃岐守）
青山幸成（大蔵少輔）
松平信綱（伊豆守）
阿部忠秋（豊後守）
堀田正盛（加賀守）

◉寺社奉行
安藤重長（右京亮）
松平勝隆（出雲守）
堀利重（東市正）

◉勘定奉行
松平正綱（右衛門大夫）
伊丹康勝（播磨守）
大河内久綱（金兵衛）
伊奈忠治（半十郎）
曾根吉次（源左衛門）

◉江戸町奉行
北
加々爪忠澄（民部少輔）
南
堀直之（式部少輔）

◉京都所司代
板倉重宗（周防守）

## 幕府、寛永通宝の鋳造を開始　六月一日

政治経済

幕府はこの日、公鋳銭《こうちゅうせん》として寛永通宝《かんえいつうほう》（寛永銭《かんえいせん》ともいう）という新銭を発行するとともに、銭の通用規定を発布した。

この時の規定によると、①新鋳の寛永通宝と従来通用している古銭（鐚銭《びたせん》）は金一両に付き四貫文で売買すること。違反者からは二倍の過料を徴収する。②大欠《おおかけ》・割銭《われせん》・無《かた》形《なし》・ころ銭・なまり銭・新悪銭などの粗悪銭以外は、撰銭《えりぜに》行為を禁止する。③寛永通宝は江戸（芝網縄手《しばあみなわで》か芝縄手《しばなわで》）と近江坂本で鋳造するので、ほかでの新悪銭を含めて一切の鋳造は禁止する。④今後は古来より通用していた鐚銭といえども礼物・賽銭《さいせん》、幕領や私領の租税に使用してはならないとされた。さらに、翌年幕府は、水戸・仙台・吉田・松本・高田・岡山・萩・豊後岡の八藩内に新銭座を増設した。寛永通宝の全国流通を積極的に推進しようとという意図が読み取れる。そして寛文十年（一六七〇）には、寛永通宝以外の一切の鐚銭の通用を禁止し、銭貨統一の目的を達成した。

寛永通宝（銅一文銭、寛永 13 年鋳造）

寛永通宝は、当初一枚一文であったが、明和四年（一七六七）以後は四文銭も鋳造されるようになった。材質は当初銅であったが、やがて銅不足から鉄銭が出現して、明和期（一七六四―七二）以後は鉄銭が主流となった。ほかに真鍮《しんちゅう》製（四文）もあった。

## 日光東照宮を造替、遷宮式挙行　四月十日

文化思想

元和三年（一六一七）に二代将軍秀忠によって創建された東照宮《とうしょうぐう》を、現在のように「日光を見ぬ中《うち》は、結構とは言われぬ」（河竹黙阿弥《かわたけもくあみ》作『蔦紅葉宇津谷峠《つたもみじうつのやとうげ》』）と称される豪華・壮麗なものに造替《ぞうたい》したのは三代将軍家光である。家光は、寛永十一年九月の日光社参《にっこうしゃさん》の際に企画して、秋元泰朝《あきもとやすとも》を造営奉行に命じた。事業は冬から始まり、この年の春に竣工《しゅんこう》し、この日、天海《てんかい》を導師として家光・勅《ちょく》使《し》以下が参列して遷宮式《せんぐうしき》が盛大に挙行された。

この造替事業の費用は、全額幕府から支出された。寛永十九年閏《うるう》九月吉日付の「日光山東照宮造営帳」によると、人員だけでも大工内夫共（彫物大工・平《ひら》大工・木引《こびき》）延べ百六十八万五千三百二十三人、箔押手間《はくおしてま》人数延べ二万三千七人、日用《ひよう》（毎日使用した）人数延べ二百八十三万三百六十五人、合計延べ四百五十三万八千六百九十五人という夥《おびただ》しい数を動員したことがわかる。事業の総額は、金五十六万八千両と銀百貫目、米千石を要したと記録されている。銀六十匁《もんめ》を一両、米一石を銀四十一匁で換算すると、総額は約五十七万五百両となる。

【この年の出来事】

**1・8** 幕府、諸大名に江戸城総構修築の手伝普請を命令。
**1・10** 幕府、高田馬場を造営。
**1・20** 江戸で暴風雨。江戸城石垣崩壊。
**1・20** 薩摩藩主島津家久、琉球王府にキリシタンの探索を指示。
**3・19** 酒井忠世歿(65)。
**4・10** 日光東照宮の大造営が完了、正遷宮。
**5・1** 幕府、ヌイツ釈放を許可。
**5・19** 幕府、日本人の海外密航・帰国を禁止し、外国人の子孫を国外に追放。
**5・24** 伊達政宗歿(70)。
**6・1** 幕府、江戸と近江国坂本に銭座を設置。寛永通宝の鋳造開始。
**7・21** 家光、信濃高遠城主保科正之を出羽山形に移封。
**8・2** 幕府、箱根関所の法度を制定。
**8・2** 幕府、諸国港浦

**◉大坂城代**
阿部正次（備中守）

**◉大坂町奉行**
**東**
久貝正俊（因幡守）
**西**
曾我古祐（丹波守）

**◉長崎奉行**
榊原職直（飛驒守）
馬場利重（三郎左衛門）

**◉若年寄**
太田資宗（備中守）
阿部重次（対馬守）
三浦正次（志摩守）
酒井忠朝（備後守）
土井利隆（遠江守）
朽木稙綱（民部少輔）

## 将軍家光、異母弟保科正之を出羽山形藩に移封　七月二十一日

事件災害

将軍家光は、この日、異母弟の保科正之《ほしなまさゆき》を信濃高遠《たかとお》三万石から出羽山形二十万石に移封し、御三家《ごさんけ》に次ぐ家格を与えた。

正之は、二代将軍秀忠の四男に生まれたが、正室お江与《えよ》の方《かた》の子ではなかった。そのため七歳の時、秀忠の密命により武田家の遺臣で信濃高遠藩主の保科正光《まさみつ》の養子とされた。その後、寛永八年末には兄の三代将軍家光に認知されている。大御所《おおごしょ》秀忠の死、実弟忠長《ただなが》の自刃《じじん》を経て家光は、誠実・聡明な正之の人柄を見抜いて重用するようになった。寛永二十年には会津若松《あいづわかまつ》二十三万石を領した。家光の晩年には老中・大老《たいろう》の上座、つまり副将軍格として幕政にも参画するようになった。

慶安四年（一六五一）四月、家光は臨終の床で、十一歳という幼い嫡男家綱《いえつな》の後見役を正之に託した。以後、正之は家光の遺命を守り、隠居が認められるまでの約二十年間は一度も会津に帰国することなく、ひたすら四代将軍家綱と幕閣を支え続けた。家綱政権の「三大美事《さんだいびじ》」といわれる末《まつ》期養子《ごようし》の禁の緩和、殉死《じゅんし》・人質の禁止は、武断政治から儒教的徳治主義に基づく文治《ぶんち》政治への転換を象徴する政策であり、正之の存在なくしてこれらの政策決定はなし得なかった。

## 伊達政宗が歿する　五月二十四日

社会世相

陸《む》奥《つ》仙台藩六十二万石の藩祖伊達政宗《だてまさむね》は、この日の明け方に江戸桜田《さくらだ》の上屋敷で波乱の生涯を閉じた。享年七十歳。

政宗は、奥州探題《おうしゅうたんだい》を自任していた出羽米沢城主伊達輝《てる》宗《むね》の長男。天正十三年（一五八五）十九歳の時、拉致《らち》された父輝宗を二本松《にほんまつ》城主畠山義継《はたけやまよしつぐ》とともに銃殺するという悲劇を経て、翌年畠山氏を滅亡させ、天正十七年には宿敵会津の蘆名《あしな》氏を滅ぼして東北南部に勢力を誇った。翌年、小田原攻めに参陣して豊臣秀吉に臣従したが、惣無事令《そうぶじれい》以後に攻め取った会津・岩瀬《いわせ》・安積《あさか》の三郡を没収された。葛《か》西《さい》・大崎《おおさき》一揆鎮圧をめぐる会津城主蒲生氏郷《がもううじさと》との軋轢《あつれき》を経て、天正十九年に米沢から陸奥国玉造郡岩出山《たまつくりぐんいわでやま》に移った。関ヶ原の戦いでは徳川方に付いて上杉景勝《うえすぎかげかつ》と戦い、戦後の加封によって慶長六年（一六〇一）に居城を岩出山から仙台へ移し、城下町の建設を進め、殖産興業・新田開発にも尽力した。

一方、幕府の支持の下であるが、家臣の支倉常長《はせくらつねなが》をローマ教皇の許に派遣して、通商交易を目指したり、豪華を好んで仙台に桃山文化を移植したりするなどの事業を試みた。幼少の頃に右目を失明し、のちに「独眼竜《どくがんりゅう》」と畏敬《いけい》されたが、自身は話が独眼に触れられることを嫌い、死後の肖像には両眼を備えよと遺言したという。

伊達政宗

に遭難船の救助に関する規則を制定。
**この夏**　九州で大旱魃。
**9・24**　長崎奉行、ポルトガル人とその妻子ら278人をマカオへ追放。
**10・12**　朝鮮使節、対馬に到着。
**11・9**　幕府、諸国寺社に寺社領安堵の朱印状を与える。
**12・13**　朝鮮使節、江戸城で将軍家光に拝謁、国書奉呈（通信使の復活）。
**この年**　上野寛永寺で観桜始まる。
**この年**　出島完成。ポルトガル人が移住。
**この年**　薩摩藩、琉球王の称号「中山王」を「国司」とする。

# 1637 寛永十四年

丁丑

天皇▼明正天皇

将軍▼徳川家光（第三代）

【主要幕閣】

●老中
土井利勝（大炊頭）
内藤忠重（伊賀守）
酒井忠勝（讃岐守）
青山幸成（大蔵少輔）
松平信綱（伊豆守）
阿部忠秋（豊後守）
堀田正盛（加賀守）

●寺社奉行
安藤重長（右京亮）
松平勝隆（出雲守）
堀利重（東市正）

●勘定奉行
松平正綱（右衛門大夫）
伊丹康勝（播磨守）
大河内久綱（金兵衛）
伊奈忠治（半十郎）
曾根吉次（源左衛門）

●江戸町奉行
北 加々爪忠澄（民部少輔）
南 堀直之（式部少輔）

●京都所司代
板倉重宗（周防守）

## 島原の乱が発生 十月二十五日

政治 経済

肥前島原藩領南部の有馬《ありま》地方でこの日、藩主松倉勝家《まつくらかついえ》の代官をキリシタンの農民が殺害して蜂起したのが島原の乱（島原・天草《あまくさ》一揆）の発端で、二十七日には全藩域に拡大するとともに肥前唐津《からつ》藩（藩主は寺沢堅高《てらざわかたたか》）の飛地《とびち》肥後天草領でも呼応し、旧有馬氏廃城原城《はらじょう》を修理して立て籠もり、大規模な一揆に発展していった。籠城者は二万七千七百五十四人に達したという。

当初は重税に対する庄屋《しょうや》層主導の百姓一揆であったが、次第に宗教一揆の性格を強めていった。その象徴が総大将に迎えられた美少年天草四郎時貞《あまくさしろうときさだ》である。戦記類や実録物に描かれている彼の素性（豊臣秀頼《とよとみひでより》の遺児説、バテレンと丸山遊女《まるやまゆうじょ》の間に生まれた天才児説など）や奇跡（鳩が掌に舞い降りて生んだ卵を割るとキリシタンの経文が現れたとか、海上を歩くがごとくに渡ったなど）は全くの作り話である。こうした話が生まれた背景には、当時、島原・天草地方ではキリシタン弾圧の強化が進み、過酷な年貢収奪と連年の不作、凶荒が重なり、この世を地獄と感じた農民たちが救世主の出現と奇跡を待望していた状況があった。ここに、一揆の指導者たちが農民たちを結集するために、少年四郎を救世主の再来として祭り上げる必要があったのである。

一方、十一月九日に事件を知った幕府は、一揆勢鎮圧のために板倉重昌《いたくらしげまさ》を上使として派遣し、島原・唐津の両藩とともに寛永十二年の武家諸法度《ぶけしょはっと》の第四条を守って自領の境界に留まっていた大村・佐賀・久留米《くるめ》・柳川・熊本の諸藩を指揮させた。

高潔な民政家との評価もある
松倉重政（勝家の父）木像（島原城天守閣）

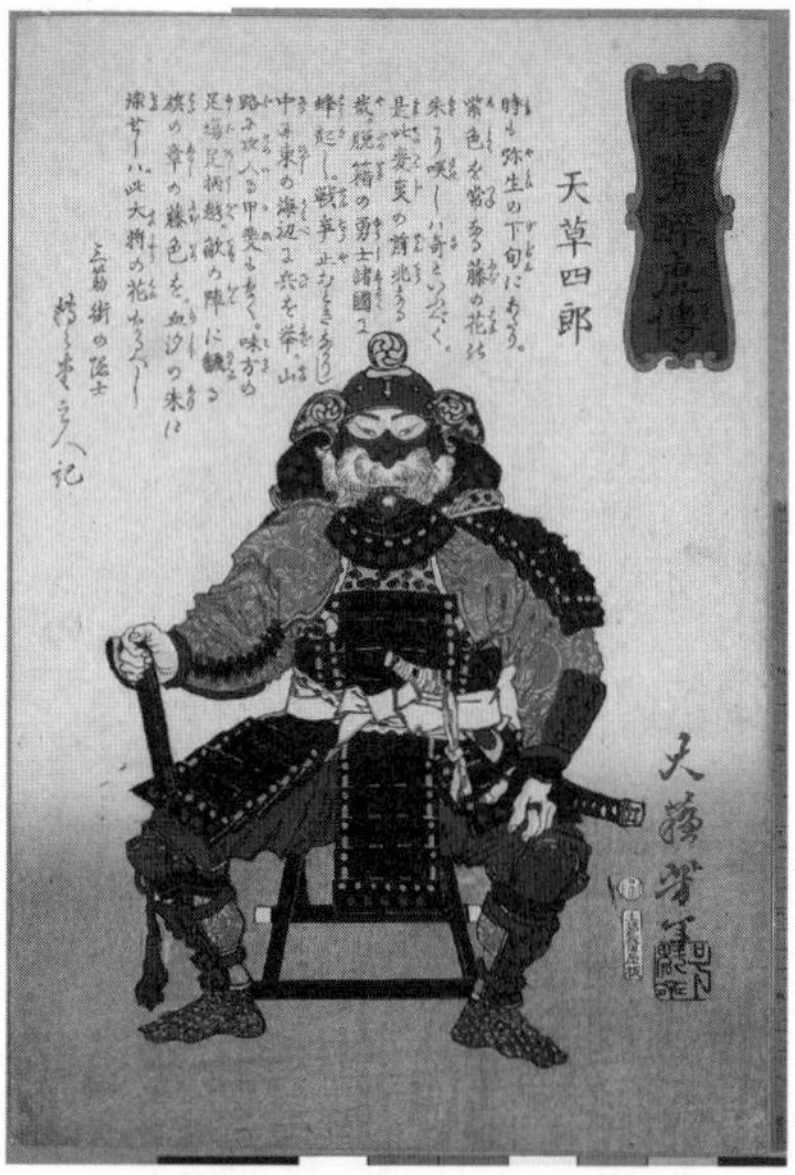


明治初年の錦絵に描かれた天草四郎

## 豪商で文化人の本阿弥光悦が歿する 二月三日

文化 思想

桃山・江戸初期を代表し、多彩な活動をした芸術家の本阿弥光悦《ほんあみこうえつ》が、この日、八十歳で鷹ヶ峰《たかがみね》の自宅で亡くなった。墓は光悦寺《こうえつじ》（現、京都市北区鷹峰光悦町）にある。

【この年の出来事】

**2・3** 本阿弥光悦歿（80）。
**3月** 摂津尼崎領内で銀札が発行（銀札の始め）。
**4・1** 将軍家光、沢庵宗彭を江戸に招く。
**4・1** 幕府、平戸藩に銅の輸出を禁止。
**4・10** 幕府、農民の対外移動を禁止。
**5・16** 老中・若年寄ら、風流囃子を開催。以後、江戸で流行。
**5月** 幕府、人身売買を禁止。
**6月** 奥羽で大洪水。
**7・21** 長崎奉行、キリシタン13人を処刑。
**8・7** 駿河・武蔵で大風雨。
**8・11** 阿蘇山噴火。17日にも。
**8・15** 江戸城天守台の改築完了。
**8・25** 幕府、大風雨による被害状況調査のため、諸国へ巡見使を派遣。
**8月** 幕府、水戸・仙台・長門など全国9か所に銭

**◉大坂城代**
阿部正次（備中守）

**◉大坂町奉行**
**東** 久貝正俊（因幡守）
**西** 曾我古祐（丹波守）

**◉長崎奉行**
榊原職直（飛驒守）
馬場利重（三郎左衛門）

**◉若年寄**
太田資宗（備中守）
阿部重次（対馬守）
三浦正次（志摩守）
酒井忠朝（備後守）
土井利隆（遠江守）
朽木稙綱（民部少輔）

本阿弥家は、室町時代より刀剣の研磨《とぎ》・浄拭《ぬぐい》・鑑定《めきき》を家業とし、後藤・茶屋《ちゃや》・角倉《すみのくら》らと並ぶ京都上層の町衆《ちょうしゅう》だった。また、京中の法華《ほっけ》方大将《かたたいしょう》と称されるほどの熱烈な法華宗の信者でもあった。本阿弥家の分家に生まれた光悦は、家業を継ぐ一方、茶の湯は千利休《せんのりきゅう》を批判して古田織部《ふるたおりべ》に師事し、書は近衛信尹《このえのぶただ》・松花堂昭乗《しょうかどうしょうじょう》とともに寛永の三筆《さんぴつ》と称され、また、角倉素庵《すみのくらそあん》の協力によって嵯峨本《さがぼん》といわれる古典を出版した。

大坂夏の陣のあとに、徳川家康から洛北の鷹ケ峰を与えられ、一族や工匠を率いて移り、法華信仰を核とする一大芸術村を建設した。陶芸では「不二山《ふじさん》」など独創的かつ品格の高い作品を生み出し、蒔絵《まきえ》には「舟橋蒔絵硯箱《ふなはしまきえすずりばこ》」のような高度な技法と斬新なデザインの作品を多数制作し、絵画・作庭《さくてい》にも優れた業績を残した。鷹ケ峰には茶屋四郎次郎《ちゃやしろうじろう》や呉服商の尾形宗柏《おがたそうはく》（光琳《こうりん》・乾山《けんざん》の祖父）などの家も並んでいた。また京都所司代《きょうとしょしだい》の板倉重宗《いたくらしげむね》・朱子学者の林羅山《はやしらざん》・絵師の俵屋宗達《たわらやそうたつ》など、当代を代表する知名人士との交流も知られている。

## 五人組制度の強化をはかる　十月二十六日

事件災害

関《かん》八州《はっしゅう》と伊豆・甲斐・信濃の代官・地頭《じとう》にこの日、幕府は五人組《ごにんぐみ》制度の強化とともに、在々所々の悪党の一掃を命じた。

この中で、①不審者には宿を貸さないこと、②新来の者は元の出所を調べること、③奉公・商売に出る者は行き先を名主《なぬし》・五人組に明示しておくこと、④盗賊・悪党がいた時は必ず申し出ること、⑤堂宮《どうみや》・山林に不審者が隠れている時は速やかに捕えること、などが指示され、これらの規定に反したことがあとで露見した際は、名主・五人組も処罰すると規定した。

五人組制度の目的は、当初はキリシタン宗門《しゅうもん》の禁圧と牢人取り締まりにあったといわれているが、この時点では治安維持とともに奉公・出稼ぎなどで村外に出ることを規制し始めた点が注目できる。ここには、自立し始めた小農民の本百姓《ほんびゃくしょう》を村落内に固定し、年貢徴収を完璧ならしめようとする幕府側の意図が読み取れる。

## 江戸に風流の囃子物流行　五月十六日

社会世相

将軍家光の最近の鬱気《うっき》（心が晴々しないこと）を慰めようと老中・若年寄《わかどしより》らがたびたび風流《ふりゅう》の囃子物《はやしもの》を興行してきたが、この日、老中の松平信綱《まつだいらのぶつな》と阿部忠秋《あべただあき》が興行したところ、家光が甚《いた》く喜び気晴らしになったという。その後も御三家《ごさんけ》や前田家などがしばしば興行した結果、江戸中にも風流の囃子物が流行したようだ。目立つ服装で歌唱まじりに演じる芸を風流といい、音曲《おんぎょく》ではやすのが一般的だった。

この日、忠秋は幕府の猿楽能《さるがくのう》・狂言《きょうげん》方の笛・小鼓《こつづみ》・大《おお》鼓《つづみ》・太鼓の囃子方を総動員し、信綱は生駒高俊《いこまたかとし》お抱えの狂言の囃子方を借りてきた。舞童《ぶどう》十六人は、忠秋と信綱の小姓《こしょう》の中から美童を選抜した。美麗な錦繍《きんしゅう》の衣服と帯を着て仮面をつけた十六人が、一堂に能舞台で踊った。演目を五番用意し、一番ごとに衣装を改めたという。一番が終わった時点で、家光は仮面を脱するように命じている。この時の風流の風俗や囃子が、以後の風流の基準となっていったといわれている。

座増設。
**10・25** 島原の乱発生（島原・天草一揆）。
**10・26** 幕府、関東・伊豆・甲信の農村に五人組による取り締まり強化を指示。
**10・29** 唐津藩領天草の農民、島原の乱に呼応し蜂起。
**11・9** 幕府、板倉重昌を島原・天草に派遣。27日老中松平信綱を追派遣。
**12・3** 島原の一揆勢、原城に籠城。
**12・18** 江戸中橋から出火、諸大名別邸・市街に延焼。22日両町奉行、引責により閉門。
**この年** 幕府、江戸の風呂屋の湯女を1軒3人に制限。
**この年** 幕府、対馬藩に銅の輸出を許可。

# 寛永十五年

戊寅

天皇▼明正天皇

将軍▼徳川家光（第三代）

## 島原の乱を鎮圧　二月二十八日

政治経済

幕府は当初、島原《しまばら》の乱鎮圧の上使として板倉重昌《いたくらしげまさ》（三河深溝《ふこうず》一万五千石の譜代大名）を派遣して近隣諸藩の兵を指揮させたが、細川・鍋島《なべしま》・有馬《ありま》など有力外様大藩との連携がうまく取れずに、この年の元旦の総攻撃に失敗し、重昌は戦死した。

正月四日に老中の松平信綱《まつだいらのぶつな》が着陣すると、九州の諸大名自身も参加し、総勢十二万余の兵力で一揆勢の立て籠もる原城《はらじょう》を包囲した。

信綱は投降勧告の矢文《やぶみ》、オランダ船からの砲撃依頼、長崎唐人《とうじん》や金掘《かねほ》りを使った爆破計画、兵糧攻めなど、あらゆる手立てを駆使し、この日から翌日にかけての総攻撃で原城を陥落させ、内通者であった絵師の山田右衛門作《やまだえもさく》を除く生存者全員を処刑した。鎮圧に要した幕府の経費は三十九万八千両に及んだという。

幕府はこの乱を契機として、内には宗門改役《しゅうもんあらためやく》の直轄領設置（寛永十七年）から、宗門人別改帳《しゅうもんにんべつあらためちょう》、寺請《てらうけ》制度の進展を背景に、宗門改制度の全国的整備に至るキリシタン・農民統制を推進した。外にはポルトガル船の来航禁止による鎖国《さこく》の完成、祖法化の政策を展開したのである。また、武家諸法度《ぶけしょはっと》の解釈を改めて、百姓一揆《ひゃくしょういっき》に際しては、周辺諸藩の臨機応変の越境赴援《えっきょうふえん》を認めることとした。

**【主要幕閣】**

◉大老
酒井忠勝（讃岐守）
土井利勝（大炊頭）

◉老中
土井利勝（大炊頭）
内藤忠重（伊賀守）
酒井忠勝（讃岐守）
青山幸成（大蔵少輔）
松平信綱（伊豆守）
阿部忠秋（豊後守）
堀田正盛（加賀守）
阿部重次（対馬守）

◉寺社奉行
安藤重長（右京亮）
松平勝隆（出雲守）
堀利重（東市正）

◉勘定奉行
松平正綱（右衛門大夫）
伊丹康勝（播磨守）
大河内久綱（金兵衛）
伊奈忠治（半十郎）
曾根吉次（源左衛門）

◉江戸町奉行
北 加々爪忠澄（民部少輔）
南

## 将軍家光、沢庵宗彭のために東海寺を創建　四月二十七日

文化思想

紫《し》衣事件《えじけん》で寛永六年に出羽に流罪となっていた臨済《りんざい》宗大徳寺派《しゅうだいとくじは》の沢庵宗彭《たくあんそうほう》は、寛永九年に赦免《しゃめん》され、のちに大徳寺へ戻ったが、将軍家光の篤《あつ》い帰依《きえ》を受けて、寛永十二年には江戸へ赴き、柳《や》生宗矩《ぎゅうむねのり》の麻布《あざぶ》の別邸に住した（沢庵と宗矩の交流が深まったのはこの時という）。その後もたびたび江戸へ招かれて諮問に応えていたが、この日、家光は沢庵が常住できる寺として品川に万松山《まんしょうざん》東海《とうかい》寺《じ》を創建することを命じた。

沢庵は、翌十六年三月に江戸へ赴いて、五月に竣工

東海寺（『江戸名所記』）

東海寺（『江戸名所図会』）

**【この年の出来事】**

**2・28** 原城陥落。島原の乱（島原・天草一揆）鎮圧。天草四郎時貞敗死（享年未詳）。
**4・12** 幕府、島原藩主松倉勝家を改易。唐津藩主寺沢堅高を減封。
**4・18** 江戸で大風雨。
**4・27** 幕府、沢庵のために品川に東海寺創建。
**5・2** 幕府、一揆などに際し、諸大名に隣国出兵の禁を緩和。商船に限り500石以上の大船の建造を許可。
**5・13** 松平信綱、島原鎮圧を幕府に報告。
**6・1** 幕府、伝馬駄賃などに関する規則を制定。
**7・19** 幕府、島原藩主松倉勝家を斬刑に処す。
**9・13** 幕府、再度キリスト教を厳禁。教徒訴人に賞金を与えると布告。
**9・20** 幕府、関東諸国の山境論争についての訴訟法を制定。
**10・29** 幕府、品川・牛込に薬園を開設。

堀直之（式部少輔）
酒井忠知（因幡守）

◉京都所司代
板倉重宗（周防守）

◉大坂城代
阿部正次（備中守）

◉大坂町奉行
東
久貝正俊（因幡守）
西
曾我古祐（丹波守）

◉長崎奉行
榊原職直（飛騨守）
馬場利重（三郎左衛門）
大河内正勝（善兵衛）

◉若年寄
太田資宗（備中守）
阿部重次（対馬守）
三浦正次（志摩守）
酒井忠朝（備後守）
土井利隆（遠江守）
朽木稙綱（民部少輔）

した東海寺の開山《かいざん》となった。東海寺の寺域は四万七千二百四十坪に及び、朱印地《しゅいんち》の寺領五百石を与えられた。幕府の祈禱寺である寛永寺《かんえいじ》・菩提寺である増上寺《ぞうじょうじ》に次ぐ手厚い保護を受けたといえる。山内には堀田正盛《ほったまさもり》の臨川院《りんせんいん》、酒井《さかい》忠勝《ただかつ》の長松院《ちょうしょういん》、細川光尚《ほそかわみつなお》の妙解院《みょうげいん》などに代表される幕閣や有力大名の塔頭《たっちゅう》が多数建てられ、沢庵に帰依する者が多くいたことがわかる。正保二年（一六四五）十二月に七十三歳で歿し、東海寺後山の墓地に、一個の円石の下に埋葬された。

## 幕府、松倉勝家を斬刑に処す
### 七月十九日

事件災害

島原の乱後に幕府は、乱の当事者であった島原藩主の松倉勝家《まつくらかついえ》と肥前唐津《からつ》藩主の寺沢堅高《てらさわかたたか》の責任を問うた。四月十二日に勝家は改易《かいえき》の上で美作津山藩主の森長継《もりながつぐ》の許に召し預けとなった。次弟重利《しげとし》は讃岐高松藩主の生駒《いこま》高俊《たかとし》の許へ、末弟重高《しげたか》は長門萩藩主の毛利秀就《もうりひでなり》の許へそれぞれ預けられた。一方、堅高は飛地《とびち》の天草《あまくさ》領四万石の没収と当分の間蟄居《ちっきょ》が命じられた。松倉氏に比して軽い処分となった背景には、本領より目の届きにくい飛地で事件が発生した点と、拠点の富岡城《とみおかじょう》（現、熊本県天草郡苓北《れいほく》町）を、諸藩の援兵が来るまで一揆勢の攻撃から死守して、乱の動向を左右する働きをしたことが考慮されたものと思われる。しかし、堅高は幕府の処分がよほど口惜しく思われたのか、蟄居処分が許されたあとも悶々《もんもん》とした日々を送るようになり、正保四年（一六四七）に江戸藩邸で自殺した。跡継ぎがいなかったため、寺沢家は断絶してしまった。

松倉氏に対してはこの日、さらに厳しい処分が下された。勝家に対しては常日頃から佞臣《ねいしん》を登用して領民を苦しめていた罪も軽くないとして、斬罪《ざんざい》という極刑が言い渡された。そして、同日大目付《おおめつけ》の井上政重《いのうえまさしげ》と秋山正重《あきやままさしげ》を検使として津山に派遣した。また、重利は出羽山形へ、重高は磐城平《いわきたいら》へと、それぞれ寒冷地への預け替えとなった。関ヶ原の戦い以後、幕末維新に至るまで、大名の斬罪はこの一例のみである。

## 幕府、品川と牛込に薬園を開設
### 十月二十九日

社会世相

幕府はこの日、江戸の南北に当たる品川と牛込《うしごめ》に薬園を開設した。品川御薬園（麻布《あざぶ》御薬園、目黒御薬園とも称した）（一万六千坪の敷地で、現、港区南麻布三・四丁目に相当）は医師の池田道陸重次《いけだどうろくしげつぐ》が、牛込御薬園（大塚御薬園、目白御薬園、高田御薬園とも称した）（一万八千坪の敷地で、現、文京区大塚五丁目護国寺《ごこくじ》境内に相当）は医師の山下芳壽軒宗琢《やましたほうじゅけんそうたく》が蔵米《くらまい》二百俵を支給されて園監《えんかん》に任じられた。そして両薬園には、同心二名と園丁《えんてい》十名が附属された。薬園では、輸入薬草を含む種々の薬草の栽培の外に生薬《しょうやく》の製造や薬効の研究なども行なわれた。重次の家は曲直瀬道三《まなせどうさん》門流の医師で、以後三代にわたって品川御薬園の園監を務めた。重次は園内に栄草寺《えいそうじ》と号する薬師堂《やくしどう》（現在は南麻布三丁目の明称寺《みょうしょうじ》本堂となっている）を建てた。宗琢は京の半井驢庵《なからいろあん》に学んだ医師である。

その後、天和元年（一六八一）に護国寺の建立に伴って牛込御薬園が廃止され、薬草木は品川御薬園に移植された。さらに貞享元年（一六八四）に品川御薬園が綱吉の五代将軍就任に伴って明《あけ》屋敷となっていた小石川白山御殿《はくさんごてん》跡に移され、小石川御薬園（現、文京区白山三丁目の小石川植物園）として整備されていった。

**11・7** 幕府、大老・老中・若年寄を任命（大老職の始まり）。
**11・26** 江戸四日市から出火。日本橋から左内町まで延焼。
**12・2** 幕府、西国・中国の諸大名に絵図の作製を命令。
**12・3** 幕府、江戸のキリシタン40余名を処刑。
**12・5** 幕府、御勘定衆を設置。
**この年** 幕府、大坂町人に銅屋仲間を許可。
**この年** 夏から翌年にかけ伊勢御蔭参り流行。
**この年** 幕府、幕吏急使の関所通行に関する規則を制定。
**この年** 柳生宗矩、大和柳生に芳徳寺を創建。

# 1639

# 寛永十六年

## 己卯

**天皇▼明正天皇**

**将軍▼徳川家光**（第三代）

**【主要幕閣】**

**◉大老**
土井利勝（大炊頭）
酒井忠勝（讃岐守）

**◉老中**
阿部重次（対馬守）
阿部忠秋（豊後守）
松平信綱（伊豆守）
青山幸成（大蔵少輔）
内藤忠重（伊賀守）

**◉寺社奉行**
松平勝隆（出雲守）
安藤重長（右京亮）

**◉勘定奉行**
松平正綱（右衛門大夫）
伊丹康勝（播磨守・順斎）
伊奈忠治（半十郎）
曾根吉次（源左衛門）

**◉江戸町奉行**
**北**
加々爪忠澄（民部少輔）
**南**
朝倉在重（石見守）
酒井忠知（因幡守）

**◉京都所司代**

### 鎖国が総仕上げ　七月五日　政治経済

幕府は、この日、老中から長崎奉行への三ヶ条の条目を発布した。寛永十年以来の一連の鎖国令《さこくれい》の最後の法令である。一連の鎖国令の目的は、①日本人の海外渡航と帰国の制限、②キリスト教、特に伴天連《バテレン》（宣教師《せんきょうし》）の取り締まり強化、③貿易規制、の三点だった。

①は寛永十二年令の日本人の海外渡航・帰国の全面禁止で確定した。②はポルトガル人の子孫の国外追放、ポルトガル人の出島《でじま》移住後の島原《しまばら》の乱（島原・天草一揆《あまくさいっき》）を経て、この寛永十六年令でポルトガル船の来航は厳禁された。ここに国内キリシタンへの外部からの連絡の道は全く閉ざされたのである。

③については、ポルトガル人の去った出島に幕府は、二年後の寛永十八年に平戸《ひらど》にあったオランダ商館を移すことを決めて実行した。その結果、オランダと中国（明国《みんこく》後には清国《しんこく》および東南アジアの華僑《かきょう》）との貿易は長崎のみに限定された。ここに幕府による厳重な貿易管理体制が確立したのである。

ちなみに「鎖国」の用語は、オランダ商館付の医師だったドイツ人医師ケンペルの著書『日本誌《にほんし》』の中の「今日のように日本国を閉鎖してその国民が国内においても国外においても外国と通商を営むことを許さないことが同国にとって利益ありや否やについての研究」という章をオランダ通詞《つうじ》の志筑忠雄《しづきただお》が享和元年（一八〇一）に翻訳して「鎖国論」と名づけてから広まったものである。近年、「鎖国」の用語は当時の実態を適切に表現するにはふさわしくないので「海禁《かいきん》」とすべきだという説もある。

ポルトガル船来航禁止制札（福岡市）

### 幕府、江戸城内に紅葉山文庫を設立　七月八日　文化思想

幕府はこの日、江戸城内の歴代将軍の霊廟《れいびょう》の地である紅葉山《もみじやま》に隣接する東北の地に、具足蔵《ぐそくぐら》とともに書《しょ》物蔵《もつぐら》を新設し、家康が本丸の南端富士見亭《ふじみてい》に文庫を建てて収めていた旧金沢文庫《かねさわぶんこ》などの蔵書を移した。この御文庫《ごぶんこ》（楓山文庫《ふうざんぶんこ》と雅称されることもあった）が、明治維新以降紅葉《もみじ》山文庫《やまぶんこ》と呼ばれるようになり、ここに伝来した書籍類を紅葉山文庫本と総称するようになった。

紅葉山文庫には、家康の旧蔵書（駿河御譲本《するがおゆずりぼん》や駿河御文庫本）、『寛永諸家系図伝《かんえいしょかけいずでん》』・『本朝通鑑《ほんちょうつがん》』などの幕府官撰書の献上本、六代家宣《いえのぶ》の蔵書「桜田御本」、八代吉宗《よしむね》が殖

**【この年の出来事】**

**2・14** 家光、江戸城で柳生十兵衛らの剣術を上覧。
**2・21** 幕府、在住オランダ人の妻子の追放などを指示。
**3・20** 江戸東叡山の薬師堂、五重塔など焼失。
**4・6** ルソン船、八重山の波照間島に漂着。
**4・22** 幕府、諸大名に倹約を命令。
**7・5** 幕府、ポルトガル船の来航厳禁（鎖国の総仕上げ）。
**7・8** 幕府、江戸城内に紅葉山文庫を設立。
**7・25** 幕府、対馬・平戸両藩に平戸来航のオランダ船との通商を許可。
**7・28** 幕府、評定所に諸藩重臣を召集し、キリスト教禁止・鎖国遵守を指示。
**8・11** 江戸城で大火。本丸台所より出火し、本丸焼失。天守閣・二の丸を除き全焼。家光、西の丸へ移る。

板倉重宗（周防守）
◉大坂城代
阿部正次（備中守）
◉大坂町奉行
東
久貝正俊（因幡守）
西
曾我古祐（丹波守）
◉長崎奉行
馬場利重（三郎左衛門）
大河内正勝（善兵衛）
◉若年寄
三浦正次（志摩守）
朽木稙綱（民部少輔）

産興業政策の参考のために収集させた内外の書籍や諸国で採訪させた古文書類、林家《りんけ》・塙家《はなわけ》・豊後佐伯《さえき》藩毛利家《もうりけ》などからの献上本や旧蔵書などからなっている。御文庫は書物奉行《しょもつぶぎょう》の許に管理され、歴代奉行の中には青木昆陽《あおきこんよう》・近藤重蔵《こんどうじゅうぞう》・高橋景保《たかはしかげやす》ら知名の学者もいた。

明治維新以後は内閣文庫《ないかくぶんこ》に引き継がれ、昭和四十六年（一九七二）に国立公文書館《こくりつこうぶんしょかん》が発足すると、ほかの内閣文庫の蔵書とともに移管、公開された。

## 本丸殿舎焼失　八月十一日

事件災害

江戸城本丸大奥《おおおく》の台所からこの日の巳刻《みのこく》（午前十時頃）に出火し、またたく間に火は本丸殿舎《ほんまるでんしゃ》や門などに燃え移って、ことごとく焼失した。ただし、天守閣《てんしゅかく》・二の丸・櫓《やぐら》は無事だった。出火と同時に書物奉行は、本丸殿舎に近かった富士見亭の文庫に駆けつけて、家康以来蒐集《しゅうしゅう》してきた貴重書や旧記類を持ち出すことができた。これらは、のちに紅葉山文庫に引き継がれた。

将軍家光は西の丸に難を逃れたが、そこでも下の台所から一時出火したが消し止めるという事件があった。十四日には松平信綱《まつだいらのぶつな》を本丸殿舎造営総奉行《ぞうえいそうぶぎょう》に任じて再建を始めさせた。十一月三日には二の丸の仮殿舎へ移った。そして翌年四月五日に再建された本丸殿舎へ戻った。

一方で、十月十五日に秋元泰朝《あきもとやすとも》・土屋利直《つちやとしなお》・西尾忠昭《にしおただあき》・細川興昌《ほそかわおきまさ》・浅野長直《あさのながなお》・大関高増《おおぜきたかます》の六人の小譜代大名に江戸城の消防を命じた。これが老中奉書《ほうしょ》で動員を命じた奉書火消《ほうしょびけし》の始まりといわれている。

## ジャガタラお春らバタビアに追放される　十月

社会世相

かえすがえすなみだにくれてかきまいらせ候へば、しどろもどろにてよめかね申スべくま丶……いこく《異国》にながされ候とも、何しにあらゐびすとは、なれ《慣》申スべしや。あら日本恋しやゆかしや。見たや見たや見たや

『華夷通商考《かいつうしょうこう》』の著者として有名な西川如見《にしかわじょけん》が享保四年（一七一九）に刊行した『長崎夜話草《ながさきやわくさ》』に紹介したジャガタラ文《ぶみ》である。バタビア（現、ジャカルタ）に追放されながら望郷の思い断ちがたいお春が、郷里の知人おたつに宛てて送った手紙として巷間《こうかん》に愛読され、多くの人々の涙をさそった。この手紙自体は如見の創作らしいが、お春は実在した。

幕府は、日本在住のオランダ人とその日本人妻や混血児を調査し、この年の十月、三十二人をバタビアに追放した。その中に長崎築町《つきまち》の住人でイタリア人航海士を父に持つお春がいた。その後、お春は東インド会社の事務員補の青年シモンセンと結婚した。シモンセンはやがて税関長に出世し、のちに手広く貿易を営みバタビアの有力者になった。お春は四男三女を産み、裕福な生活が送れるようになる。六十八歳になった元禄五年（一六九二）に長文の遺言状を書いている。この世を去ったのはその五年後である。

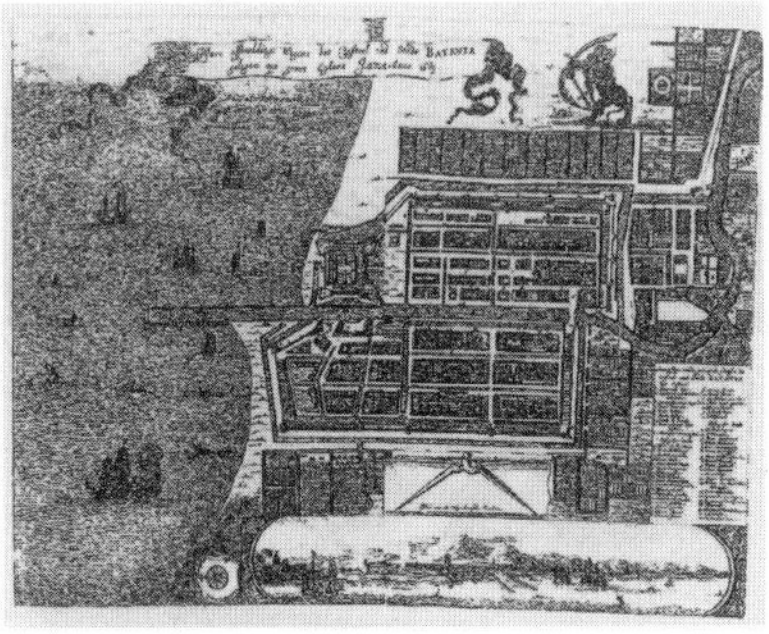
バタビア（モンタヌス『日本誌』）

**9・8**　柳生宗矩、剣術奥義の秘伝書を将軍家光に献上。
**9・11**　太田資宗、長崎よりもたらしたいんこ鳥・さとう鳥・甘蔗を将軍家光に献上。
**10・15**　奉書火消の始まり。
**10月**　幕府、オランダ人とその日本人妻子などの追放を指示。
**11月**　越前で大地震。福井城に大被害。
**12・26**　幕府、物価騰貴のため倹約令を公布。
**この年**　幕府、対馬藩主宗義成に朝鮮からの薬種・絹類の輸入を指示。
**この年**　松前藩、キリシタン金山労働者106名を処刑。

# 1640 寛永十七年

庚辰

天皇▼明正天皇

将軍▼徳川家光（第三代）

【主要幕閣】

◉大老
酒井忠勝（讃岐守）
土井利勝（大炊頭）

◉老中
阿部重次（対馬守）
阿部忠秋（豊後守）
松平信綱（伊豆守）
青山幸成（大蔵少輔）
内藤忠重（伊賀守）

◉寺社奉行
堀直之（式部少輔）
松平勝隆（出雲守）
安藤重長（右京亮）

◉勘定奉行
松平正綱（右衛門大夫）
伊丹康勝（順斎）
伊奈忠治（半十郎）
曾根吉次（源左衛門）

◉江戸町奉行
北
加々爪忠澄（民部少輔）
南
朝倉在重（石見守）
神尾元勝（備前守）

◉京都所司代

## 幕府、宗門改役を新設　六月十二日

政治経済

幕府はこの日、宗門改役《しゅうもんあらためやく》を新設して大目付《おおめつけ》の井上《いのうえ》政重《まさしげ》に兼任させ、長崎に派遣して直轄領のキリシタンおよび宣教師《せんきょうし》の探索・訊問《じんもん》を主任務とし、併せて諸藩に対するキリシタン改帳《あらためちょう》の作成およびその送付の指示と点検などをも担当させた。属僚《ぞくりょう》として与力《よりき》六騎・同心《どうしん》三十人が配属された。寛文二年（一六六二）に作事奉行《さくじぶぎょう》一名が加わり、以後寛政四年（一七九二）の廃止まで二人兼職制が続いた。また、寛文四年以降には諸藩にも設置された。

キリシタン摘発のための宗門改は、当初は局地的、臨時に行なわれていたが、この頃からキリシタンの根絶を期して個人ごとにその信仰する宗派の寺院の檀家《だんか》たることを当該寺院に証明させる寺請制度《てらうけせいど》を全国的に実施し、宗門人《しゅうもんにん》別改帳《べつあらためちょう》（宗旨人別帳《しゅうしにんべつちょう》）の作成を指示した。寛文四年には諸藩に宗門改を毎年実施することを命じている。さらに寛文十一年には宗門人別改帳の体裁が法制的に統一・整備されていった。この結果、民衆は宗門人別改帳の作成を通して幕藩体制の末端に組み込まれていったのである。

## 中江藤樹、『翁問答』を著す

文化思想

儒学者の中江藤樹《なかえとうじゅ》は、この年、伊予大洲《おおず》に残してきた学問上の同志のために、平易な和文の問答体で書いた『翁問答《おきなもんどう》』という教訓書を著した。

中江藤樹

藤樹の諱《いみな》は原、字《あざな》は惟命《これなが》、通称は与右衛門《よえもん》、号は嘿軒《もくけん》。自宅の藤の木にちなんで弟子から藤樹先生と呼ばれた。藤樹は近江高島郡《たかしまぐん》小川《おがわ》村《むら》に生まれ、九歳で伯耆《ほうき》米子藩《よなごはん》加藤家の藩士だった祖父の養子となる。加藤家が伊予大洲へ転封すると同道し、祖父の死後に郡方《こおりかた》の役人となった。その頃、京都から来た禅僧の『論語』聴講を契機に独学で朱《しゅ》子学《しがく》を修めた。寛永十一年の二十七歳の時、郷里に住む母への孝養と持病を理由に脱藩し、郷里に帰って酒の小売などで生計を立てながら学問に専念した。

三十三歳のこの年に著した『翁問答』は、老翁と門人の問答の形で朱子学の道徳理論を孝《こう》の道理という理解しやすい表現で説いたものである。歿後に無断で出版されて広く流布した。しかし、のちに藤樹は朱子学の形式的な礼法の実践に疑問を抱くようになり、道徳の形式よりも精神を重視して時・処・位の具体的場面に適した行動をとることを説き、次第に陽明学《ようめいがく》に傾倒していった。居宅の藤樹書院《とうじゅしょいん》で熊沢蕃山《くまざわばんざん》・淵岡山《ふちこうざん》らを育てた。慶安元年（一六四八）に四十一歳で歿した。後世、近江聖人《おうみせいじん》と称された。

【この年の出来事】

**1月**　幕府、旗本・大名に倹約令を公布。

**4・5**　再建した江戸城本丸に将軍家光が移る。

**6・12**　幕府、宗門改役を新設。

**6・13**　松前内浦岳（駒ケ岳）噴火。津波で700人溺死。

**6・16**　幕府、通商再開を求め長崎に来航のポルトガル船を焼き、乗組員61人を処刑。

**6月**　幕府、江戸の髪結床に鑑札を与える。

**7・2**　京都六条柳町の傾城町が移転（島原遊廓の始まり）。

**7・26**　幕府、御家騒動により山崎藩主池田輝澄を改易、因幡へ配流。同様に御家騒動のため、高松藩主生駒高俊を改易、出羽へ配流（生駒騒動）。

**9・25**　大目付井上政重、オランダ商館長へ1年交代の制を命じる。

**10月**　加賀で大地震。

**10月**　江戸城紅葉山下宝

板倉重宗（周防守）

**◉大坂城代**

阿部正次（備中守）

**◉大坂町奉行**

**東** 久貝正俊（因幡守）

**西** 曾我古祐（丹波守）

**◉長崎奉行**

馬場利重（三郎左衛門）

大河内正勝（善兵衛）

拓植正時（平右衛門）

**◉若年寄**

三浦正次（志摩守）

朽木稙綱（民部少輔）

## 幕府、生駒騒動を裁く　七月二十六日

事件災害

幕府はこの日、讃岐高松藩生駒家《さぬきたかまつはんいこまけ》の国家老《くにがろう》派と江戸家老派の対立から起きた御家騒動《おいえそうどう》（生駒騒動）を裁いて、家政不行き届きの罪で生駒家十七万千八百石余を没収し、藩主生駒高俊《たかとし》と嫡男高清《たかきよ》を出羽国由利郡矢島《ゆりぐんやしま》に配流《はいる》して賄料《まかないりょう》一万石を与えた。また、江戸家老派の前野治大夫《まえのじだゆう》（父助左衛門《すけざえもん》の死後江戸家老）・石崎若狭《いしざきわかさ》・森出雲《もりいずも》・上坂勘解由《かみさかかげゆ》は切腹、その一派は死罪に処された。一方、国家老派の生駒帯刀《たてわき》（父将監《しょうげん》の死後国家老）・生駒左衛門《さえもん》らには配流という軽い処分が下された。

事の発端は、生駒将監ら譜代の国家老と、藩主高俊の父正俊《まさとし》の代に正俊の義父藤堂高虎《とうどうたかとら》の推挙で江戸家老に抜擢された新参の前野助左衛門・石崎若狭らとの抗争にあった。前野ら江戸家老派は、老中土井利勝《どいとしかつ》（高俊の義父）の威光を背景に、譜代の生駒将監らを排除して藩政を独裁しようとした。そこで将監は寛永十四年に藩政の紊乱《びんらん》と前野らの非行を幕府に提訴した。寛永十六年の評議では、喧嘩両成敗で両派の切腹で決しようとしたが落着せず、今回に至ったのである。幕閣内の土井利勝の力が衰え、堀田正盛《ほったまさもり》・阿部忠秋《あべただあき》ら家光子飼いの老中の意向が重視されるようになったことも、今回の裁定の背景にあったといえよう。

## 京都に島原遊廓が開設　七月二日

社会世相

京《きょう》都所司代《としょしだい》の板倉重宗《いたくらしげむね》はこの日、六条柳町《ろくじょうやなぎまち》（六条三筋町《みすじまち》とも称した）にあった遊廓《ゆうかく》（現、京都市下京区の東本願寺の北）を西端の荒涼とした朱雀野西新屋敷《すざくのにししんやしき》の地域（現、下京区西新屋敷揚屋町《あげやまち》・島原中之町《しまばらなかのまち》など）に移設させた。これが島原遊廓の始まりである。京都には室町時代にも「九条の里《くじょうさと》」という傾城町《けいせいまち》があったといわれているが、公許の遊廓としては天正十七年（一五八九）に豊臣秀吉が許可した「二条柳町《にじょうやなぎまち》」が最初で、二条城の造営に伴って慶長七年（一六〇二）から六条柳町に移転していたのである。

この地を島原と呼ぶのは、六条柳町からの急な移転の混乱ぶりと、廓《くるわ》の構成が二、三年前に起きた島原の乱とその城の構成に似ていたからといわれている。敷地は東西九十九間《けん》（約百八十メートル）・南北百二十三間（約二百二十三メートル）で、周囲に幅一間半（約二・七メートル）の堀をめぐらし、堀に沿って幅一尺《しゃく》（約三十センチ）・高さ六尺の塀を設け、当初は東側の中央にあった大門《おおもん》一ヶ所のみが出入り口であった。のちに西門もできた。郭内は中央東西に道筋があり、北側に中之町《なかのまち》・中堂寺町《なかどうじまち》・下之町《しものまち》、南側に上之町《かみのまち》・西洞院町《にしのとういんまち》（太夫町《たゆうまち》）・揚屋町《あげやまち》の六町からなっていた。遊女には太夫《たゆう》・天神《てんじん》・鹿恋《かこひ》・端女郎《はしじょろう》・引舟《ひきふね》などの位があった。島原は、江戸の吉原《よしわら》・大坂の新町《しんまち》と並ぶ、江戸時代を代表する遊廓として発展した。

京・島原（『京童』）

蔵完成。

**12・1** 四谷から出火。数百町へ延焼。

**12・22** 幕府、寛永通宝新銭過剰のため、長州藩ほか7藩へ新銭鋳造中止を指示。

**この年** 幕府、品川でキリシタン70余人を処刑。

**この年** 小浜藩252か村惣代、年貢引き上げに反対し強訴（松木長操騒動）。

**この年** 全国で飢饉。

**この年** 江戸で地震頻発。

**この年** 福山藩、キリシタン106人を処刑。

**この年** 陸奥、津軽で大凶作。

**この年** 中江藤樹『翁問答』完成。

# 1641 寛永十八年

辛巳

天皇▼明正天皇

将軍▼徳川家光（第三代）

**【主要幕閣】**

**◉大老**
酒井忠勝（讃岐守）
土井利勝（大炊頭）

**◉老中**
阿部重次（対馬守）
阿部忠秋（豊後守）
松平信綱（伊豆守）
青山幸成（大蔵少輔）
内藤忠重（伊賀守）

**◉寺社奉行**
堀直之（式部少輔）
松平勝隆（出雲守）
安藤重長（右京亮）

**◉勘定奉行**
松平正綱（右衛門大夫）
伊丹康勝（順斎）
伊奈忠治（半十郎）
曾根吉次（源左衛門）

**◉江戸町奉行**
**北**
朝倉在重（石見守）
**南**
神尾元勝（備前守）

**◉京都所司代**
板倉重宗（周防守）

## 幕府、『寛永諸家系図伝』の編纂を命ず　二月七日

政治経済

幕府はこの日、奏者番《そうじゃばん》の太田資宗《おおたすけむね》を総裁に、林羅山《はやしらざん》・鵞峯《がほう》（春斎《しゅんさい》）父子を編纂責任者に任じて『寛永諸家《かんえいしょか》系図伝《けいずでん》』の編纂事業を命じた。のちには書物奉行《しょもつぶぎょう》も参加している。幕府が手掛けた最初の大名・旗本など諸家の系譜書である。将軍家の一族である松平氏を筆頭に、清和《せいわ》源氏・平氏・藤原氏・諸氏の五種と医者・同朋《どうぼう》・茶道の三類に分類して編集した。

諸家から提出された系図・家譜などの資料の真偽判定は、主として羅山・鵞峯父子が担当したが、草稿作りには藤原惺窩《ふじわらせいか》の四天王と称された堀杏庵《ほりきょうあん》・那波活所《なわかっしょ》や水戸藩の人見卜幽《ひとみぼくゆう》らの著名な儒学者も参加した。草稿の浄書《じょうしょ》は評定所《ひょうじょうしょ》で行なわれ、幕府右筆《ゆうひつ》が多数動員された。

寛永二十年九月十七日に完成した仮名本《かなほん》と真名本《まなほん》計三百七十二巻が献上された。現在、仮名本百八十六冊は国立《こくりつ》公文書館内閣文庫《こうぶんしょかんないかくぶんこ》に、真名本百八十六冊（重要文化財）は日光東照宮《にっこうとうしょうぐう》にそれぞれ架蔵《かぞう》されている。

この編纂事業は提出資料の精粗の差が多く、時間的制約もあってか、誤謬訂正が不十分で諸家の家伝のまま記述した部分もかなりあった。そのため、後世『寛政重修諸《かんせいちょうしゅうしょ》家譜《かふ》』の編纂が、改めて行なわれたのである。

## 池田光政「花畠教場」を創設

文化思想

備前岡山藩主の池田光政《いけだみつまさ》はこの年、家臣の修学機関として城下はずれの上道郡花畠《じょうとうぐんはなばたけ》（現、岡山市）に「花《はな》畠教場《ばたけきょうじょう》」を創設した。これがわが国最古の藩校《はんこう》（藩学《はんがく》）である。

池田光政

花畠教場はのちに岡山藩校に受け継がれた

花畠教場には花園会《はなぞのかい》約《やく》（花畠会約とも）という学則九ヶ条が掲げられていた。その基本精神は陽明学《ようめいがく》の「致《ち》良《りょう》知《ち》」にあり、光政の政治理念である徳治《とくち》主義・仁政《じんせい》主義を徹底させるために、人民育成の任を負う藩士に武芸とともに厳しく徳政の涵養《かんよう》を求めたのである。のちに光政は、寛文六年（一六六六）に花畠教場を廃して城内の石山《いしやま》に「仮学館」を設け、さらに寛文九年に郭内三之《くるわないさんの》外曲輪《そとくるわ》の内の西中山下に大規模で本格的な藩

**【この年の出来事】**

**1・29** 江戸京橋桶町から出火。97町1924戸延焼（桶町火事）。
**1月** 泉岳寺、桜田から芝高輪へ移転。
**2・7** 幕府、太田資宗・林羅山・林鵞峯（春斎）の監修で『寛永諸家系図伝』編纂を開始。
**2・8** 幕府、福岡藩主黒田忠之らの参勤を止め、ポルトガル船来航警備を指示。
**3・15** 会津藩家臣堀主水、藩主加藤明成との係争を幕府に提訴（会津騒動）。
**3・30** 江戸日本橋から出火。大工町、油町まで延焼。
**4・2** オランダ商館長、江戸登城。以後、オランダ船は平戸ではなく長崎に来航すること、キリスト教禁止などを伝達。
**5・10** 幕府、諸大名へ他領に長年住む者の人返しを禁止。
**5・17** 平戸のオランダ

**◉大坂城代**
阿部正次（備中守）
**◉大坂町奉行**
**東**
久貝正俊（因幡守）
**西**
曾我古祐（丹波守）
**◉長崎奉行**
馬場利重（三郎左衛門）
拓植正時（平右衛門）
**◉若年寄**
三浦正次（志摩守）
朽木稙綱（民部少輔）

校を建設、播磨明石《あかし》から熊沢蕃山《くまざわばんざん》を招いて開校式を挙行した。また、学校領として二千石を与えて経常費とした。

当初は家中の嗣子《しし》で十一歳以下の者の入学義務制をとっていたが、のちには八歳から十九歳までの希望者に変えている。また、郷中《ごうちゅう》農商の有志の子弟の修学も認めた。学科目は儒学・礼学・習字・武芸（槍術《そうじゅつ》を主として、乗馬や鉄炮の稽古も行なった）などだった。

## 京橋桶町から出火、江戸大火となる　一月二十九日

事件 災害

この日の子《ね》の刻《こく》（午前〇時頃）、京橋桶町《きょうばしおけちょう》（現、東京都中央区京橋一・二丁目、八重洲二丁目付近）から出火した火事は、折からの烈風によって燃え広がり、南は増上《ぞうじょう》寺《じ》手前の芝宇田川橋《しばうだがわばし》（現、中央区浜松町二丁目）あたりまで、東は木挽町《こびきちょう》（現、中央区銀座辺）の海辺まで、北は御成橋《おなりばし》（現、千代田区内幸町一丁目の新幸橋カ）、西は麻布《あざぶ》（現、港区）まで延焼して、翌三十日の戌《いぬ》の刻（午後八時頃）にようやく鎮火した。この間の被災は九十七町、家屋千九百二十四戸（武家屋敷百二十一軒、同心宅五十六戸）、焼死者参百八十余人に及んだ。当時の江戸の中心部にあたる町々を焼き尽くした大火である。

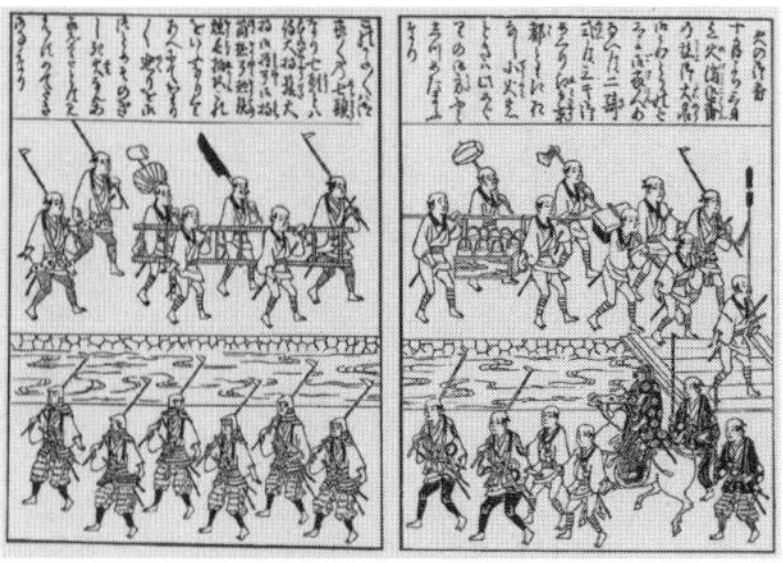
火の御番（『大和耕作絵抄』）

この大火で、消火の指揮をとっていた大目付《おおめつけ》の加々爪忠澄《かがづめただずみ》は煙に巻かれて死亡し、火消の助勢を命じられた陸奥中村藩主の相馬義胤《そうまよしたね》は、消火活動

中に落馬して重傷を負うという事故も起きた。この事故などを教訓として幕府は、寛永二十年九月二十七日に恒常的な大名《だいみょう》火消《ひけし》を創設した。これは六万石以下の大名十六家を四組に編成し、一万石に付き人足三十人を出して、一組が十日ずつ消防に当たることとした。ただし、当時の消火は破壊消防が主体だった。

## 江戸市中の材木置場を深川に移す

社会 世相

京橋桶町からの大火後の検証で、日本橋本材木町《にほんばしほんざいもくちょう》（現、中央区日本橋一丁目）周辺に高積《たかづ》みされていた材木が延焼の原因であることが分かった。そこで幕府は、火災原因になりやすい材木の集積地を中心部から引き離すために、この年、江戸市中の日本橋本材木町・神田佐久間町《かんださくまちょう》・神田九右衛門町《きゅうえもんちょう》・三十間堀《さんじゅっけんぼり》・本八町《ほんはっちょう》（丁）堀《ぼり》辺の三十五町の材木商に、新たな材木置場を隅田川《すみだがわ》沿岸の深川猟師町《ふかがわりょうしまち》周辺（現、江東区佐賀一・二丁目）に与えた。

ここに隅田川に沿って三本の掘割が開削され、北から上之橋・中之橋・下之橋と三つの橋が架けられた。橋は材木問屋の筏《いかだ》や船が通行しやすいように橋台を高く盛り上げて架けてあった。木材の集散地点に常設された貯木場の「木《き》場《ば》」の範囲は、隅田川から現在の清澄通《きよすみどお》りの間だった。ところが、明暦三年（一六五七）の明暦の大火以後に本所《ほんじょ》・深川の開発が急速に進み、町屋が増大していった。これを受けて、元禄十四年（一七〇一）に深川築地町《つきじちょう》に九万坪の地の払い下げを受けて新木場《しんきば》（現、江東区木場一〜六丁目）を造成し、後世「木場」といえばこの地域を指すように発展していった。一方、元木場の地域には佐賀町《さがちょう》・今川町《いまがわちょう》・材木町などの「元木場二十一ヶ町」が造られた。

商館、長崎出島に移転（鎖国の完成）。
**7・5** 幕府、オランダ船舶載の白糸に糸割符を適用。
**8・3** 将軍家光の世子竹千代（のちの4代将軍家綱）誕生。
**8・20** 幕府、風流踊り・奢侈を禁止。
**9月** 幕府、医薬・航海・天文以外の洋書の輸入を制限。
**この年** 江戸川開削。
**この年** 岡山藩主池田光政、「花畠教場」を創設（藩校の始まり）。
**この年** 江戸市中の材木置場を深川へ移転。
**この年** 全国で凶作。
**この年** 伊勢・伊賀で前年からの凶作により自殺者続出。津藩、自殺者の出た村の庄屋を処刑。

# 1642
# 寛永十九年
## 壬午
**天皇▼明正天皇**
**将軍▼徳川家光**（第三代）

**【主要幕閣】**
**◉大老**
土井利勝（大炊頭）
酒井忠勝（讃岐守）
**◉老中**
内藤忠重（伊賀守）
青山幸成（大蔵少輔）
松平信綱（伊豆守）
阿部忠秋（豊後守）
阿部重次（対馬守）
松平乗寿（和泉守）
**◉寺社奉行**
安藤重長（右京亮）
松平勝隆（出雲守）
堀直之（式部少輔）
**◉勘定奉行**
松平正綱（右衛門大夫）
伊丹康勝（順斎）
伊奈忠治（半十郎）
曾根吉次（源左衛門）
杉浦正友（内蔵允）
酒井忠吉（和泉守）
**◉江戸町奉行**
**北** 朝倉在重（石見守）
**南** 神尾元勝（備前守）

### 参勤交代の制度化　五月九日、九月一日
政治 経済

**従**来から在府《ざいふ》中の譜代《ふだい》大名に対して、この日、六月または八月の交代、関東の譜代大名は二月・八月の半年交代を命じた。ここに参勤交代《さんきんこうたい》制度は全大名に適用されることになった。

参勤交代とは、幕府が大名統制の一環として諸大名を一定期間江戸に伺候《しこう》させた制度である。慶長七年（一六〇二）の前田利長《まえだとしなが》の江戸参勤が最初とされているが、寛永十二年の武家諸法度《ぶけしょはっと》第二条で外様《とざま》大名の四月交代での江戸参勤の義務化が制度化され、同時に妻子を江戸に置くことが強制された。往復の旅費や江戸生活での出費は大名の財政を苦しめたが、一方で江戸の繁栄や交通・経済の発達を促した面もある。参勤交代は全大名が対象だったが、御三家《ごさんけ》の中の水戸家《みとけ》は定府《じょうふ》（江戸常住）であり、老中・若年寄《わかどしより》・寺社奉行など幕閣に起用された譜代大名は、在職中は定府だった。一方、遠《おん》国《ごく》の対馬《つしま》の宗氏《そうし》は三年一勤、蝦夷地《えぞち》の松前氏《まつまえし》は六年一勤とされた。

参勤交代制は、享保の改革期に上米《あげまい》の制に伴って十年弱在府期間を短縮する措置をとったが元に戻り、幕末の内外情勢の緊迫化に伴う文久二年（一八六二）の幕政改革で大幅に緩和されるまで維持された。

橋をわたる参勤交代の列（「岡崎」『東海道五十三次』）

### 鈴木正三『破吉利支丹』を著す
文化 思想

**曹**《そう》洞宗《とうしゅう》の僧侶であり『二人比丘尼《ににんびくに》』などで仮名草子《かなぞうし》の作者としても知られていた鈴木正三《すずきしょうさん》が、この年、排耶書《はいやしょ》の『破吉利支丹《はキリシタン》』を著して、天草《あまくさ》領内に配布した。

正三は通称九太夫《くだゆう》。徳川家に代々仕えた三河譜代の出で、関ヶ原の戦いや大坂冬の陣でも武功を挙げた旗本だったが、元和六年（一六二〇）に四十二歳で出家して各地を遍歴した。その後、故郷の石平《いしのたいら》（現、愛知県豊田市）に曹洞宗の恩真《おんしん》寺《じ》を開山し、民衆教化に努めた。彼は、従来の仏教の隠遁《いんとん》的な傾向に反対し、あらゆる職業が仏の働きを具現《ぐげん》しているものであり、世俗的な職業生活に誠実に努力することによって仏道修行が実現すると説いた。そして、弟鈴木重成《しげなり》が島原の乱後の初代天草代官となり、乱後の荒廃した天草の復興に尽力すると、正三も弟に乞われて天草へ赴いてキリシタン宗門の影響を払拭《ふっしょく》するために協力した。

その際、排耶運動推進のために著したのが『破吉利支丹』である。本書はキリシタンの仏教批判に答える形でそれぞ

**【この年の出来事】**
**1・8** 安楽庵策伝歿（89）。
**2・1** 幕府、仙台藩に奥州潜伏キリシタンの探索を指示。
**2・19** 浅草寺観音堂焼失。
**3・1** 伊豆三宅島噴火。
**3・26** 幕府、佐賀藩に長崎警固番を命令。翌年、福岡藩にも命じ、以後両藩の隔年勤番。
**3月** 桜島噴火。
**5・9** 幕府、譜代大名に参勤交代を命令。9月1日にも同内容を命令。
**5・14** 幕府、旗本に各領民の賑恤を指示。
**5・22** 幕府、米価騰貴に乗じて買占めをはかった浅草御蔵の蔵奉行ら65人を処罰。
**5・24** 幕府、直轄領および諸国に本田畑煙草栽培禁止や、衣食住に関する法度を制定。
**7・16** 江戸で大火。
**7月** 岡山藩主池田光政、藩政改革に着手。

**◉京都所司代**
板倉重宗（周防守）
**◉大坂城代**
阿部正次（備中守）
**◉大坂町奉行**
**東** 久貝正俊（因幡守）
**西** 曾我古祐（丹波守）
**◉長崎奉行**
馬場利重（三郎左衛門）
拓植正時（平右衛門）
山崎正信（権八郎）
**◉若年寄**
朽木稙綱（民部少輔）

れに対して論駁《ろんばく》を加え、仏教の優れて功績の大きいことを説き、キリスト教の教義を仏教の立場から論難したものである。正三は明暦元年（一六五五）に江戸の弟重之《しげゆき》の屋敷で歿した。享年七十七。

## 寛永の大飢饉　二月より　事件災害

前年から全国的に広がった凶作・飢饉《ききん》が、さらに大規模かつ深刻化した状況に対して幕府は、この月から本格的な対応を始めた。餓死者が巷《ちまた》にあふれ、着る物にも事欠いて蓆《むしろ》などをまとった飢えた人々が路傍《ろぼう》に累々《るいるい》といる飢饉の現状を把握した幕府は、江戸に流入した飢民《きみん》に対しては本領への帰還を進めるとともに、仮屋での粥《かゆ》などの施《せ》行《ぎょう》を命じたのである。農村が荒廃して人口の四分の一が餓死した村もあったという。

幕府は翌年にかけて、巡察使《じゅんさつし》を東日本と西日本に派遣して各地の実情調査を行なうとともに、幕領《ばくりょう》の代官を招集して対策を検討させた。一方、諸大名・旗本にも国元・知行地への帰国を許し、入念な農民対策を命じた。また、五月には農民には諸事倹約、五穀の節約、本田畑《ほんでんぱた》での煙草《たばこ》栽培禁止などの勧農策と饂飩切《うどんきり》・素麵《そうめん》・蕎麦切《そばきり》・饅頭《まんじゅう》・豆腐の本年中商売禁止を、代官・名主などの有力農民層には定役《じょうやく》以外の本百姓《ほんびゃくしょう》使役《しえき》の禁止や、今後は年貢勘定に本百姓を立ち会わせることなどを命じた。これらの対策からは、幕府が従来の有力な名田地主《みょうでんじぬし》主体から自立しつつあった多くの本百姓の保護を基軸とする農政への転換を迫られていたことが読み取れる。

## 江戸・京都・大坂間の町飛脚の開始　社会世相

伊勢国津《つ》藩の藩史『宗国史《そうこくし》』によると、この年、江戸と京都の町人が申し合わせて十里（約四十キロ）ごとに飛脚宿《ひきゃくやど》を定めて運用していたとある。この頃から江戸・京都・大坂の三都の町人が営業した町飛脚《まちびきゃく》（飛脚とは書簡《しょかん》・金銀・小貨物を送り届ける者）が始まったといえよう。

幕府による江戸を中心とした五街道《ごかいどう》・脇往還《わきおうかん》と宿駅制《しゅくえきせい》が整備されるのに伴って、幕府公用の継飛脚《つぎびきゃく》や大名飛脚《だいみょうびきゃく》が生まれ、遅れて町飛脚が始まった。町飛脚としては、江戸の定飛脚《じょうびきゃく》、京都の順番《じゅんばん》飛脚、大坂の三度《さんど》飛脚が著名であるが、三者は協業もしていた。上方《かみがた》商人の江戸進出（白《しろ》木屋《きや》・越後屋《えちごや》などの江戸店《えどだな》）に伴って上方の飛脚問屋も進出してきたのである。特に寛文三年（一六六三）に公許された毎月三度東海道《とうかいどう》を往復する大坂の三度飛脚は、三都を中心に全国に普及し、飛脚問屋の株仲間《かぶなかま》も結成され、のちには継飛脚や大名飛脚を代行するほどの主要逓送《ていそう》機関として発達した。三度飛脚は上方と江戸を六日で結ぶのが普通であったので、「定六《じょうろく》」という別称も生まれた。

飛脚（『菊寿の盃』）

**8・7**　幕府、男性が女性に扮して芝居を行なうことを禁止。
**この年**　前年からの冷害・凶作により諸国で大飢饉（寛永の大飢饉）。
**この年**　会津藩の百姓2000人余、凶作のため越後国・仙台・宇都宮などへ逃散。
**この年**　蔵王山噴火。
**この年**　鈴木正三『破吉利支丹』完成。
**このころ**　江戸・京都・大坂間の町飛脚が始まる。

# 1643 寛永二十年

癸未

天皇▼明正天皇（〜十月三日）
後光明天皇（十月三日〜）

将軍▼徳川家光（第三代）

【主要幕閣】

◉大老
酒井忠勝（讃岐守）
土井利勝（大炊頭）

◉老中
松平乗寿（和泉守）
阿部重次（対馬守）
阿部忠秋（豊後守）
松平信綱（伊豆守）
青山幸成（大蔵少輔）
内藤忠重（伊賀守）

◉寺社奉行
松平勝隆（出雲守）
安藤重長（右京亮）

◉勘定奉行
松平正綱（右衛門大夫）
伊丹康勝（順斎）
曾根吉次（源左衛門）
杉浦正友（内蔵允）
酒井忠吉（和泉守）

◉江戸町奉行
北
朝倉在重（石見守）
南
神尾元勝（備前守）

◉京都所司代
板倉重宗（周防守）

## 幕府、田畑永代売買禁止令を発布　三月十一日

政治経済

前年の寛永の大飢饉によって没落していく本百姓《ほんびゃくしょう》ら小農《しょうのう》の現状に対応して幕府は、本百姓の零細化による担税能力の弱化を防ぐために、この日、前後に一連の田畑永代売買禁止令《でんぱたえいたいばいばいきんしれい》を発布したのである。

この法令は、三月十日付の代官宛ての覚書《おぼえがき》七ヶ条の第三条部分と、三月十一日付農民宛ての土民仕置条々《どみんしおきじょうじょう》十七ヶ条の第十三条部分と、三月付で出された罰則「田畑永代《でんぱたえいたい》売御仕置《うりおしおき》」四ヶ条の総称である。ここで永代売は禁止されたが、①一定期間を限って田畑を売り、買主がその田畑を耕作して収穫を得たのち、期限が過ぎると元の売主に田畑が帰るという年季売《ねんきうり》と、②借りた金銭を返済して買戻し行為をしなければ、田畑が本来の所有者に戻らないという本物返《ほんもつがえし》（本銭返《ほんせんがえし》）は認められていた。

のちになると、質流れなどによる実質的な田畑の移動も行なわれ、次第に刑罰（当初は売主は入牢の上で追放、買主は数日間入牢）も罰金刑に軽減されていった。ただし、形の上では明治五年（一八七二）の太政官布告《だじょうかんふこく》までは存続した。

## 陶工の酒井田柿右衛門が赤絵を制作

文化思想

肥前有田《ありた》の陶工酒井田柿右衛門《さかいだかきえもん》（初名は喜三右衛門《きざえもん》）は、この頃、高原五郎七《たかはらごろしち》に染付白磁《そめつけはくじ》の焼法を習って白磁の改良工夫を進めるとともに、伊万里津《いまりつ》の陶商東島徳左衛門《ひがしじまとくざえもん》の協力や長崎の中国人からの色絵顔料《いろえがんりょう》の入手などによって、わが国で初めて色絵磁器（赤絵《あかえ》）を完成したという（『酒井田家旧記』）。

有田焼は、朝鮮陶工李参平《りさんぺい》が始めて以来、白磁が主流だった。色絵とは、釉《うわぐすり》をつけて焼いた白磁に赤・黄・緑・黒・金・銀などの硝子質《ガラスしつ》透明性顔料（絵具）を用いて上絵付《うわえつけ》し、低火度で焼成《しょうせい》したものをいう。特に柿右衛門は、赤絵具を基調とする赤絵の作品を多く生み出した。のちに肥前藩主に赤絵の柿の蓋物《ふたもの》を作って献上し、出来栄えの見事さから「柿右衛門」の名を与えられたという。柿右衛門の名はその後受け継がれていった。以後、藩の保護を得るとともに、長崎の出島《でじま》からオランダ東インド会社を通じてヨーロッパへ輸出され、高い評価を得ることになる。なお、最近の研究では初代柿右衛門の赤絵完成説には疑問が出されている。

## 肥後熊本藩士阿部一族が反乱、鎮圧される　二月二十一日

事件災害

肥後熊本藩士の阿部弥五兵衛《あべやごべえ》ら一族は、城下の山崎《やまざき》にあった本家である長兄の権兵衛《ごんべえ》宅に立て籠もり、この日、藩側の討手と壮絶な激戦の末に全員討死か自刃《じじん》して鎮圧された。

事の発端は、二年前の前藩主細川忠利《ほそかわただとし》の死亡時にあった。忠利の死期が迫った際に、側近の阿部弥一右衛門《やいちえもん》以下十九名が殉死《じゅんし》を願い出たが、忠利は弥一右衛門には許可しなかった。忠利が死に、十八名が殉死すると、残った弥一右衛門は世

【この年の出来事】

**2・11** 幕府、私鋳銭の鋳造を厳禁。
**2・21** 肥後熊本藩士阿部一族が反乱。
**2月** 伊豆三宅島の雄山噴火。
**3・11** 幕府、田畑永代売買禁止令を発布。
**5・2** 幕府、会津騒動により、会津藩主加藤明成を改易。
**5・29** 長岡藩、幕命により新潟河口洲崎に番所を設置。外国船来航を警備。
**5月** 蝦夷西部のアイヌが蜂起。松前藩が鎮圧（ヘナウケの戦い）。
**6・13** 盛岡藩領山田浦にオランダ船漂着（ブレスケンス号事件）。
**7・4** 幕府、保科正之を会津に転封。
**8・8** 幕府、五番方の新番組を創設。
**8・26** 幕府、郷村触書22条を通達。田畑勝手作りを禁止。
**8月** 幕府、諸大名登城

**◉大坂城代**
阿部正次（備中守）
**◉大坂町奉行**
**東** 久貝正俊（因幡守）
**西** 曾我古祐（丹波守）
**◉長崎奉行**
馬場利重（三郎左衛門）
拓植正時（平右衛門）
山崎正信（権八郎）
**◉若年寄**
朽木稙綱（民部少輔）

間から臆病者と罵《ののし》られた。そこで弥一右衛門は、五人の息子の面前で自刃した。しかし、今度は無許可という事で嫡《ちゃく》男《なん》権兵衛以下への知行《ちぎょう》は減額された。阿部家に対する冷遇に憤慨した権兵衛は、忠利の三回忌法要が営まれた際に、自身の髻《もとどり》を切って忠利の位牌に供えるという行動に出た。それは武士を棄てることを意味し、藩主光尚《みつひさ》に対する不信をも意味する行為であり、即座に捕縛された。権兵衛の行動に対して次男弥五兵衛ら四人の兄弟は、権兵衛宅に集結し、徹底抗戦を決意した結果がこの日の出来事に至ったのである。この乱後、捕えられていた権兵衛も処刑された。

以上は森鷗外《もりおうがい》の『阿部一族《あべいちぞく》』などの解釈であるが、最近の解釈は、弥一右衛門の殉死はほかの十八名と同日であり、殉死者は全員、藩主光尚から殉死の願いを許可されていなかった。殉死者の子孫への扱いは阿部氏のみ過酷という事はなかった。鷗外の脚色部分がかなりある。

弥一右衛門は豊前の惣庄屋《そうじょうや》出身で、その才覚を忠利に見込まれて抜擢された新参者《しんざんもの》であり、阿部家と譜代層との軋轢《あつれき》が藩主交代で噴出したというのが事の真相といわれている。

## 黒衣の宰相天海が歿す　十月二日

社会世相

天《てん》台僧《だいそう》で家康・秀忠・家光の三代にわたって信任され、幕政の機密にも参画して黒衣《こくい》の宰相《さいしょう》と称された南《なん》光坊天海《こうぼうてんかい》がこの日、歿した。享年百八歳というが、百二歳説から百三十五歳説まで諸説がある。

陸奥国高田《たかだ》（現、福島県大沼郡会津美里町）の出身という（異説あり）。延暦寺《えんりゃくじ》をはじめとして三井寺《みいでら》・南都《なんと》など各地で天台・南都六宗《なんとろくしゅう》・禅・密教《みっきょう》などを修め、江戸崎不動院《えどざきふどういん》・仙波喜多院《せんばきたいん》などに住した。

関ヶ原の戦いのあとに徳川家康の知遇を得て、駿府《すんぷ》で家康の諮問《しもん》に応えるなど内外の政務に参画した。また、比叡《ひえい》山《ざん》の南光坊に住して延暦寺の復興に尽力し、幕府の支援を受けて根本中堂《こんぽんちゅうどう》などの再建を果たした。また、家康の死去に際しては、もう一人の黒衣の宰相といわれた金地院崇《こんちいんすう》伝《でん》の意見を退けて、山王一実神道《さんのういちじつしんとう》の立場から遺骸を日光山《にっこうさん》に遷し、東照大権現《とうしょうだいごんげん》の勅許《ちょっきょ》を得ることに成功した。さらに、寛永二年に上野忍岡《うえのしのぶがおか》に東叡山寛永寺《とうえいざんかんえいじ》を開山し、徳川家の祈禱寺としての地位を確立した。秀忠・家光時代には、崇伝以上に信頼を得て政務に参画する機会も増えたという。

なお、天海の前半生が概して不明な点や、家康に突然起用された点や、百歳を超える年齢などから、後世に明智光秀《あけちみつひで》の生まれ変わりという俗説が生まれた。

喜多院山門に立つ天海像（埼玉県川越市小仙波）

拝謁の順を決定。
**8月** 幕府、歌舞伎狂言の女形を禁止。
**9・14** 春日局歿（65）。
**9・27** 幕府、江戸に大名火事番を設置（大名火消の始まり）。
**10・2** 天海歿（享年は諸説あり）。
**10・3** 後光明天皇践祚。
**10月** 秋田藩、外国船警備の番所を設置。
**10月** 宮本武蔵、『五輪之書』完成。
**11月** 不行跡により知恩院門主良純法親王を甲斐へ配流。
**このころ** 幕府、オランダ人に海外の情報提供を求める（「オランダ風説書」の始まり）。
**このころ** 酒井田柿右衛門が赤絵を製作。

# 1644

# 正保元年（寛永二十一年）

**甲申**

**天皇▼後光明天皇**

**将軍▼徳川家光**（第三代）

**【主要幕閣】**

**◉大老**
土井利勝（大炊頭）
酒井忠勝（讃岐守）

**◉老中**
内藤忠重（伊賀守）
青山幸成（大蔵少輔）
松平信綱（伊豆守）
阿部忠秋（豊後守）
阿部重次（対馬守）
松平乗寿（和泉守）

**◉寺社奉行**
安藤重長（右京亮）
松平勝隆（出雲守）

**◉勘定奉行**
松平正綱（右衛門大夫）
伊丹康勝（順斎）
曾根吉次（源左衛門）
杉浦正友（内蔵允）
酒井忠吉（和泉守）

**◉江戸町奉行**
**北**
朝倉在重（石見守）
**南**
神尾元勝（備前守）

**◉京都所司代**
板倉重宗（周防守）

## 幕府、諸大名に国絵図・郷帳の作成を命じる　十二月二十五日

政治経済

幕府は、十二月二日に郷帳《ごうちょう》の作成と提出を諸大名へ命じるよう大目付《おおめつけ》に指示していたが、この日、諸大名に国単位の国絵図《くにえず》の作成をも命じた。幕府側の責任者には大目付の井上政重《いのうえまさしげ》が任じられた。

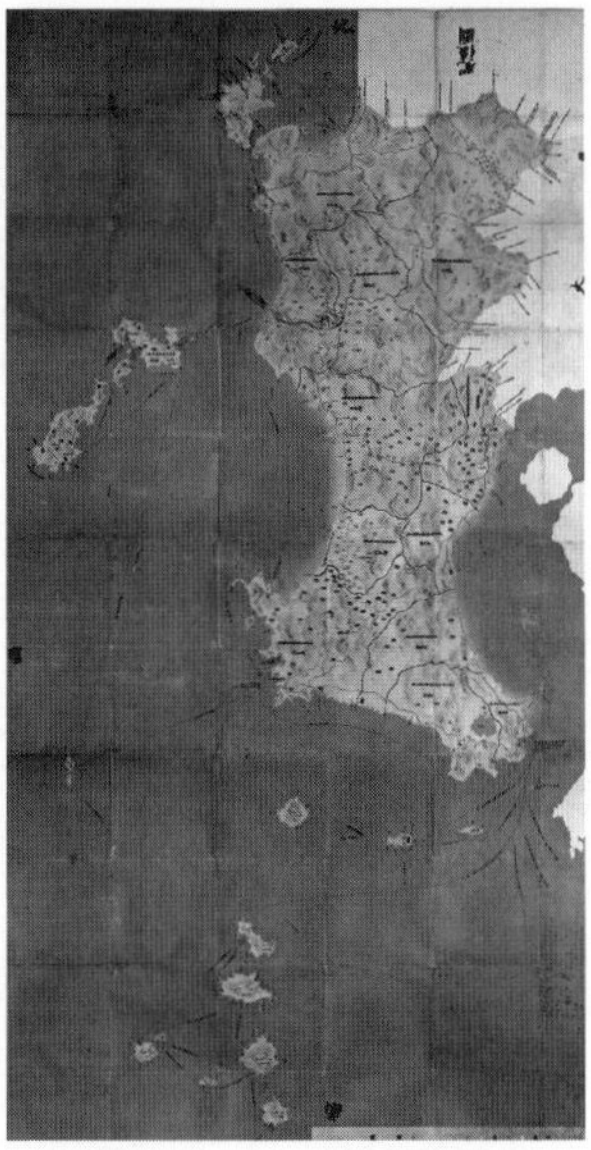

「元禄国絵図」「薩摩国」部分

国絵図の作成にあたっては、全国共通六寸《すん》一里《り》（二万千六百分の一）の縮尺での作図が命じられた。国々では各郡郷《ごう》村《そん》から村絵図などの資料を提出させ、二、三名の主要な大名が境界などを調整した上で幕府に提出した。提出された資料を基に幕府は、狩野派《かのうは》の御用絵師《ごようえし》を動員して諸国を一定の様式で描かせた。正保《しょうほう》国絵図合計七十七枚の完成は明暦年間（一六五五―五八）だった。良質の料紙《りょうし》を用いて極《ごく》彩色《さいしき》を施し、山岳・樹木などの装飾も細密に描き、その美麗かつ雄大な形状は、幕府の権威をよく象徴している。楕《だ》円形《えんけい》の枠内に郷帳から転記された村名と石高が表示され、郡ごとに色分けがなされていた。実測図ではないが、方位・地形・道路・山川・境界などはかなり正確である。正保度には諸国の城郭《じょうかく》とその周辺地域を描いた城絵図も提出された。さらに、東海道の城持ち大名は城の木製模型の提出も求められた。

原本は明治六年（一八七三）の皇居火災によって焼失し、複製が伝存している。なお、正保国絵図のあとにも元禄国絵図、天保国絵図が作成されている。

## 山村長太夫、木挽町に山村座を開設

文化思想

山《やま》村長太夫《むらちょうだゆう》（初代）がこの年、江戸の木挽町《こびきちょう》四丁目（現、中央区銀座四丁目）に芝居小屋の山村座《やまむらざ》を開いた（一説では寛永十九年〔一六四二〕ともいわれる）。

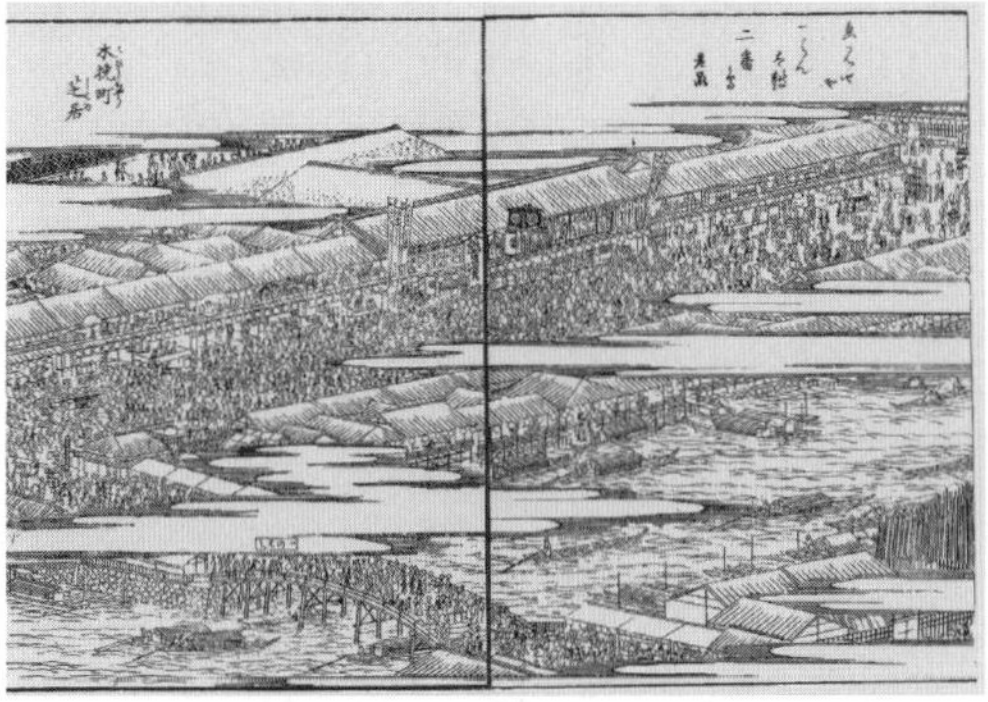

芝居小屋が並ぶ木挽町（『江戸名所図会』）

長太夫は、初め小兵衛《こへえ》と称していたようだ。当初は正規の劇場としては官許《かんきょ》されず、軽《かる》業《わざ》などを演じる小芝居だったらしい。本姓が岡村《おかむら》といったので、初めは岡村座と称していたとの説もある。そ

**【この年の出来事】**

**1・13** 浅間山噴火。
**1・23** 幕府、徳川秀忠13回忌にあたり、それぞれの封地で赦を行なうよう命じる。
**2月** 江戸鉄砲洲向かいの干潟の地が、佃島と命名される。
**3・12** 三浦浄心歿(80)。
**3月** 幕府、白糸割符制を定め、京都・江戸・大坂・堺・長崎の商人に布達。
**5・10** 幕府、大奥女中と銀座年寄森川長左衛門を不正により処刑。
**5・20** 土佐藩、海岸要地に遠見番所を設置。
**6・8** 異国船、肥前高島・筑前姫島付近の海上に来航。寺沢・黒田・松浦らの連合軍船が攻撃し、沈没。
**6月** 米沢藩、キリシタン取り締まり令を発布。
**7・10** 土井利勝歿(72)。
**7・12** 幕府、小納戸の宝物を盗んだ二の丸坊主を処罰。

◉大坂城代
阿部正次（備中守）
◉大坂町奉行
東
久貝正俊（因幡守）
西
曾我古祐（丹波守）
◉長崎奉行
馬場利重（三郎左衛門）
拓植正時（平右衛門）
山崎正信（権八郎）
◉若年寄
朽木稙綱（民部少輔）

の後、木挽町には慶安元年（一六四八）に河原崎座《かわらざきざ》、万治三年（一六六〇）には森田座《もりたざ》が櫓《やぐら》を上げると、木挽町三座と称されるようになり、堺町《さかいちょう》の中村座《なかむらざ》・葺屋町《ふきやちょう》の市村座《いちむらざ》に並ぶ芝居町を形成するようになった。そして「木挽町に行く」と言えば、芝居見物に行くことを意味するようになるのである。

ところが、正徳四年（一七一四）に起きた江島《えじま》・生島《いくしま》事件に連座《れんざ》して、五代目座頭《ざがしら》の山村長太夫が伊豆大島へ流罪となり、山村座は取り潰されてしまった。

## 大奥と銀座の不正人事が発覚　五月十日

事件災害

大奥女中の松山《まつやま》が、上役の表使《おもてづかい》（大奥の御広敷《おひろしき》に詰めて御年寄《おとしより》の指図で表の諸役人と応接する大奥の外交官役で、御目見《おめみえ》以上の重職）の荒木《あらき》（荒木村重《むらしげ》の娘）と共謀し、不正に自分の子の森川長左衛門《もりかわちょうざえもん》を銀座年寄役《ぎんざとしよりやく》にしたことが発覚し、この日、関係者が処罰された。処分内容は、表使の荒木は出羽国上山藩《かみのやまはん》預り、荒木の甥で養子の旗本荒木左馬助村常《さまのすけむらつね》は肥後国熊本藩《くまもとはん》預りとなった。首謀者の松山は首を刎ねられ、森川長左衛門と同所の五人組の者は斬罪《ざんざい》という厳しい処分となった。事件当時に銀座年寄役だった平野平左衛門《ひらのへいざえもん》は座人の地位を解かれている。

事の発端は、松山が子の長左衛門を銀座年寄役にしようと図り、上役の荒木に依頼して「内々の仰せ事により長左衛門を年寄役に定むべし」という消息《しょうそく》を銀座に送らせたことにあった。銀座では大奥からの指示ということで了承したが、年寄役となった長左衛門が従来の座人を無視して専権をふるったので、座人らは長左衛門の不法を奉行所に直訴《じきそ》したのだ。調査の結果、不正人事が発覚し、しかも松山親子らが逃亡したため、のちに捕えられて極刑に処されたのである。平野平左衛門は監督責任を問われたものと思われる。

## 琉球の殖産興業に尽力した儀間真常が歿す　十月十四日

社会世相

琉球《りゅうきゅう》王国《おうこく》の上級士族の親雲上《ペークミー》で、後世「琉球五偉人」の一人と称えられ、琉球の殖産興業に多大の功績を遺した儀間真常《ぎましんじょう》が、この日、八十八歳で歿した。

真常の唐名《とうめい》は麻平衡《まへいこう》、父祖の所領である真和志間切儀間村《まわしまぎりぎまむら》（現、那覇市垣花町）に生まれ、のちに父を継いでこの地の地頭《じとう》となる。尚寧王《しょうねいおう》十七年（慶長十年〈一六〇五〉）に野国総管《のぐにそうかん》（総管とは琉球王国が明に派遣した進貢船《しんこうせん》の事務長職相当）が明《みん》国から初めて甘藷《かんしょ》を持ち込んだ際に、彼から苗を分けてもらい、栽培技術と繁殖法を研究して琉球各地に普及させた。なお、この甘藷が、のちに薩摩《さつま》を経て本土へ伝播して薩摩芋《さつまいも》と名づけられるのである。また、慶長十四年の薩摩藩の琉球征服による尚寧王の薩摩護送に同行し、薩摩で木綿の種子を手に入れて琉球に持ち帰って広め、琉球絣《りゅうきゅうがすり》生産の基礎を築いたともいわれる。もっとも、最近の研究では絣の技術はインド・東南アジアを通って琉球から薩摩に伝播して薩摩絣《さつまがすり》を生み、さらに日本各地に広がったというのが正しいとされている。

一方で真常は、尚豊王《しょうほうおう》三年（元和九年〈一六二三〉）に、儀間村の者を明の福州《ふくしゅう》に派遣して最新の製糖法（サトウキビを牛に引かせたローラー式の圧搾方《あっさくほう》で大量に搾《しぼ》る技術）を学ばせ、その新技術を各地に普及させて、琉球を代表する重要な産物に発展させている。

**7・29**　伊勢で暴風雨。太神宮倒壊。
**7月**　京都東寺五重塔再建。
**10・14**　儀間真常歿(88)。
**11・18**　庄司甚右衛門歿(70)。
**12・16**　後光明天皇即位により正保に改元。
**12・25**　幕府、諸大名に郷帳・国絵図の作成を指示（正保郷帳・国絵図）。
**この年**　幕府、明国からの援兵要請を拒否。
**この年**　京都で地震頻発。
**この年**　江戸京橋木挽町で、山村長太夫の芝居始まる（山村座の始まり）。
**この年**　琉球で烽火制が実施。

# 1645 正保二年

乙酉

天皇▼後光明天皇

将軍▼徳川家光（第三代）

**【主要幕閣】**

**◉大老**
井伊直孝（掃部頭）
酒井忠勝（讃岐守）

**◉老中**
松平信綱（伊豆守）
阿部忠秋（豊後守）
阿部重次（対馬守）

**◉寺社奉行**
安藤重長（右京亮）
松平勝隆（出雲守）

**◉勘定奉行**
松平正綱（右衛門大夫）
伊丹康勝（順斎）
曾根吉次（源左衛門）
杉浦正友（内蔵允）
酒井忠吉（和泉守・紀伊守）

**◉江戸町奉行**
**北**
朝倉在重（石見守）
**南**
神尾元勝（備前守）

**◉京都所司代**
板倉重宗（周防守）

**◉大坂城代**

## 赤穂藩主浅野長直、塩田開発推進

政治 経済

播《はり》磨《ま》国赤穂《あこう》藩主の池田輝興《いけだてるおき》が除封《じょほう》されたあとを受けて、七月に常陸《ひたち》国笠間《かさま》から五万三千五百余石で入った浅野長直《あさのながなお》（赤穂事件で刃傷《にんじょう》に及んだ長矩《ながのり》の祖父）は、この年から積極的に赤穂塩田《えんでん》（現、兵庫県赤穂市）約五千石の開発を推進した。

赤穂塩田の開発は元和六年（一六二〇）以前にさかのぼるが、本格的な開発は長直の入部《にゅうぶ》以後である。入部の翌年には、大坂や播磨国高砂《たかさご》の商人によって赤穂新浜が築かれ、浅野氏三代で入浜式《いりはましき》塩田百二十七町歩が開発されている。

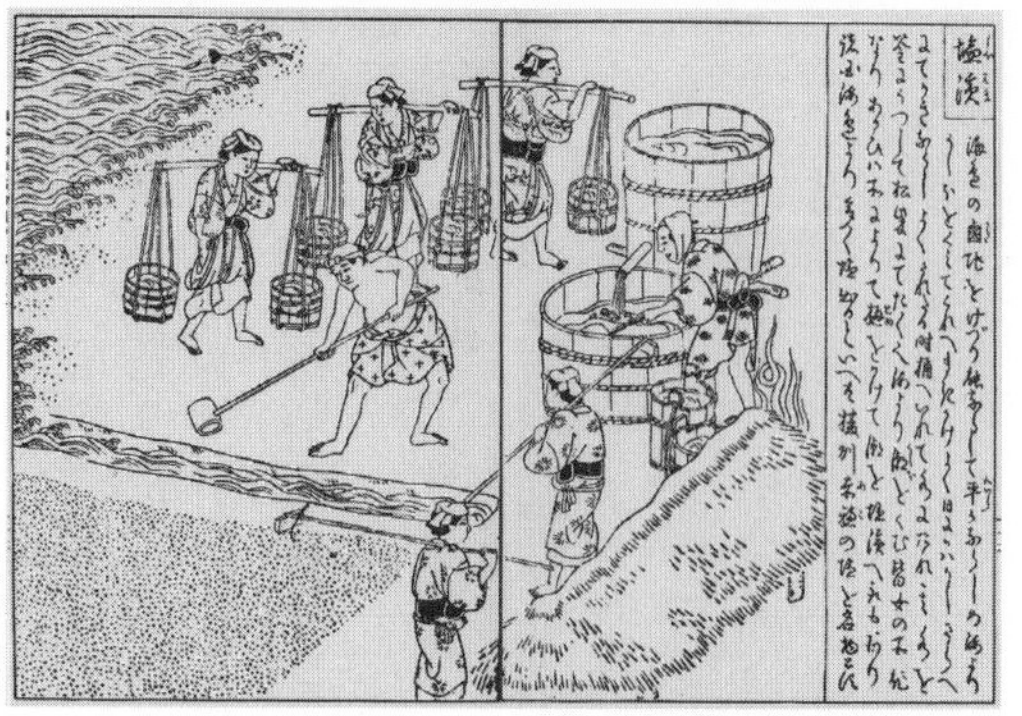

塩浜（『日本山海名物図会』）

瀬戸内海《せとないかい》における江戸時代に完備された入浜式塩田は赤穂に始まるといわれ、事実生産効率の高い赤穂の塩田技術（赤穂流という）は各地に伝《でん》播《ぱ》していき、赤穂の塩は一躍有名になった。塩の年間生産高は江戸期を通じて六十から七十万俵と推定されている。赤穂塩の販売先は大坂が中心であり、塩の種類としては、にがりの少ない「真塩《ましお》」が主であった。一方、にがりの多い「差塩《さしお》」は主に関東方面に売られたという。

## 二天一流兵法の祖、宮本武蔵が歿す
### 五月十九日

文化 思想

肥後国熊本藩《くまもとはん》の前藩主細川忠利《ほそかわただとし》の客分として熊本に招かれていた二天一流兵法《にてんいちりゅうひょうほう》の祖、宮本《みやもと》武蔵《むさし》は、二年前の寛永二十年（一六四三）に自己の兵法論の総纏《そうまと》めともいえる『五輪書《ごりんのしょ》』を著したが、その後急速に体力が衰え、この日、六十二年の生涯を終えた。

『五輪書』によれば、武蔵の生国《しょうごく》は播磨という（美作《みまさか》説もある）。父は新免《しんめん》（宮本）無二之助一真《むにのすけいっしん》（養父説もある）。早くから諸国を回って激しい修行を積んだという。『五輪書』によれば、十三歳から二十八、九歳まで六十余度の他流試合を行ない、一度も負けなかったと記されている。後

芝居の宮本武蔵

**【この年の出来事】**

**2・7** 天秀尼歿（37）。
**2・12** 幕府、外国船来航の際の処置に関する規則を布告。
**4・23** 徳川家綱、元服。
**4・26** 浅間山噴火。
**5・17** 京都御幸町から出火。11町136戸焼失。
**5・19** 宮本武蔵歿（62）。
**5月** 幕府、大坂市中諸営業に関する条例を制定。
**閏5・27** 江戸で大風雨、落雷。
**6・27** 幕府、江戸府内での鉄砲役人以外の鉄砲使用を禁止。
**7・22** 幕府、目付に伊豆・安房浦々の巡視を指示、防備を調査。
**7・27** 九州から出羽まで大風雨。城の破損多数。
**7月～8月** 幕府、江戸および近郊でのかぶき者・無頼の徒を取締り、治安強化を命ず。
**9・18** 秋田地方で大地震。
**10・13** 幕府、高野山学侶・行人の訴訟を裁断。

阿部正次（備中守）

**◉大坂町奉行**

**東** 久貝正俊（因幡守）

**西** 曾我古祐（丹波守）

**◉長崎奉行**

馬場利重（三郎左衛門）

拓植正時（平右衛門）

山崎正信（権八郎）

**◉若年寄**

朽木稙綱（民部少輔）

世に喧伝《けんでん》された吉岡一門《よしおかいちもん》との決闘や、巌流島《がんりゅうじま》での佐々木《ささき》小次郎《こじろう》との対決などは皆、この期間の出来事とされているが、史実としては必ずしも明確ではない。

豊前《ぶぜん》国小倉《こくら》藩主の小笠原忠真《おがさわらただざね》の客分となって、藩の重臣に召し抱えられた養子の宮本伊織《いおり》とともに島原《しまばら》の乱に出陣したことは知られている。晩年には禅・連歌《れんが》・茶の湯・書画など諸芸に親しみ、一家をなした。特に水墨画《すいぼくが》に多くの名品を残している。

## 幕府、江戸および近郊での治安強化を命ず　七月～八月

事件災害

**幕**府は、この月から翌月にかけて、江戸および近郊で横行する盗賊《とうぞく》・無頼《ぶらい》の徒《と》の横行を鎮圧・規制して、治安を強化するための施策を相次いで命じた。

七月十四日に寺社奉行・町奉行・勘定奉行に対して、江戸および近郊の巡視を強化するとともに辻々《つじつじ》に番屋なき地には番屋を新設するよう命じた。十六日と十八日には刀は二尺《しゃく》八、九寸《すん》（約九十二～九十六センチ）、脇差《わきざし》は一尺八寸（約五十九センチ）を限り、大鍔《おおつば》・大角鍔《おおかくつば》、朱や黄の鞘《さや》、大撫附《おおなでつけ》（髪を結ばずに後方に流したままの髪型）・大額《おおびたい》（額を広く剃り、角《すみ》を錐《きり》の先のように尖らせて抜き上げた）・大そりさげ（頭髪を広く剃り下げて両鬢《りょうびん》を細く残したもの）・大髩《おおほお》などの「かぶき者」の行為を禁止した。十九日には書院番組番頭《しょいんばんぐみばんがしら》・小姓組《こしょうぐみ》番頭・小十人組頭《こじゅうにんぐみがしら》・徒頭《かちがしら》らに市中に無頼の徒が横行する際には追捕を命じた。さらに翌二十日には、先手《さきて》頭《がしら》に府内を巡行して無頼の徒の追捕を命じた。のちに先手頭が火付盗賊改役《ひつけとうぞくあらためやく》を兼務するようになる濫觴《らんしょう》といえる。そして、八月五日には旗本や寺社に辻番所《つじばんしょ》を作る基準を設けている。元和偃武《げんなえんぶ》から三十年経ったとはいえ、依然江戸には戦国の余燼《よじん》が漂っていたことが如実に示されていたのである。

## 東慶寺の縁切寺法を確立した天秀尼が歿す　二月七日

社会世相

**臨**《りん》済宗《ざいしゅう》円覚寺派《えんがくじは》で鎌倉尼五山《かまくらあまござん》第二位に列せられていた松岡《まつがおか》の東慶寺《とうけいじ》の第二十世天秀尼《てんしゅうに》は、この日、三十七年の波乱の生涯を閉じた。

天秀尼の父は豊臣秀頼《とよとみひでより》、母は小石《おいわ》の方《かた》（成田直助《なりたなおすけ》の娘）。俗名は奈阿姫《なあひめ》、千代《ちよ》姫。大坂落城の際に七歳だったが、秀頼の正室だった千姫《せんひめ》らの嘆願で助命されて千姫の養女となり、翌年徳川家康《とくがわいえやす》の命で東慶寺の第十九世瓊山法静尼《けいざんほうせいに》の許に預けられ、剃髪《ていはつ》して天秀尼と名乗った。法静尼の跡を継いで第二十世天秀法泰大和尚《てんしゅうほうたいだいおしょう》となり、円覚寺黄梅院《おうばいいん》の古帆周信《こはんしゅうしん》や東海寺《とうかいじ》の沢庵宗彭《たくあんそうほう》らの名僧に禅を学んだという。

寺伝によると、入寺の際、家康に「開山よりの寺法断絶無く相立候」ことを願い出て許可を受けている。これは、東慶寺に入る者はいかなる理由があろうとも、罪人として引き渡すことはないという寺法であり、のちに夫と縁を切りたい女性を保護する縁切寺法《えんきりじほう》へ発展した。会津《あいづ》藩主の加《か》藤明成《とうあきなり》と家老の堀主水《ほりもんど》との対立抗争から起きた会津騒動《あいづそうどう》の際に逃げ込んできた堀の妻子を匿《かくま》い、明成の引き渡し要求に対して寺法を盾に拒絶して、事情を養母天樹院《てんじゅいん》（千姫）を通して将軍家光に訴えた。それゆえ明成は、寛永二十年に改易《かいえき》処分となった。この事件を機に、東慶寺の駆込寺《かけこみでら》・縁切寺《えんきりでら》としての地位は確立した。天秀尼は不幸な女性の救済のための縁切寺法の強化と東慶寺の隆盛に尽力し、中興の大和尚と称されたのである。

**11・9** 勅使、江戸城に登城して故徳川家康に東照宮の宮号を賜う。

**12・11** 沢庵宗彭歿(73)。

**12・15** 富沢町より出火。吉原全焼。

**この冬** 明の遺臣周鶴芝、薩摩に使者を派遣し援兵を要請。島津氏、援助を約束。

**この年** 幕府、諸国に山林濫伐を禁止。

**この年** 江戸で初めて瓦が焼かれる。

**この年** 石川忠総、『古事記』を伊勢神宮に奉納。

**この年** 赤穂藩主浅野長直、塩田開発を推進。

# 1646

# 正保三年

## 丙戌

**天皇▼後光明天皇**

**将軍▼徳川家光**（第三代）

**【主要幕閣】**

**◉大老**
酒井忠勝（讃岐守）

**◉老中**
松平乗寿（和泉守）
阿部重次（対馬守）
松平信綱（伊豆守）
内藤忠重（伊賀守）

**◉寺社奉行**
松平勝隆（出雲守）
安藤重長（右京亮）

**◉勘定奉行**
松平正綱（右衛門大夫）
伊丹康勝（順斎）
曾根吉次（源左衛門）
杉浦正友（内蔵允）
酒井忠吉（紀伊守）

**◉江戸町奉行**
**北**
朝倉在重（石見守）
**南**
神尾元勝（備前守）

**◉京都所司代**
板倉重宗（周防守）

**◉大坂城代**

## 多胡真益、津和野藩の改革に着手

政治
経済

石《いわ》見津和野藩亀井家《みつわのはんかめいけ》の立藩時における御家騒動を乗り切った、家老の多胡真清《たごさねきよ》の次男多胡真益《さねます》は、兄の死去によって、当初仕えていた安芸広島藩から津和野藩へ呼び戻されて家督を継ぎ、主水《もんど》を名乗って家老に就任、この年、窮乏していた藩財政の改革に着手した。

藩主亀井茲政《これまさ》の信任を得た真益は、強力に田畑の開墾と殖産興業政策を推進した。領民はもとより足軽《あしがる》・小者《こもの》に至るまで動員した開墾事業の成果は、青野山麓《あおのさんろく》の棚田《たなだ》や主水畑《もんどばた》と称する段々畑に今も名残を留めている。また、楮《こうぞ》・櫨《はぜ》・漆《うるし》の栽培を奨励し、沼原の干拓や植林にも尽力した。特に製紙を奨励し、正保（一六四四―四八）から寛文（一六六一―七三）にかけて飛躍的に生産量が高まり、「石州半紙《せきしゅうばんし》」（現在、国の重要無形文化財指定）の名が知られるようになった。やがて大坂市場へのルートができて、寛文五年（一六六五）には藩の専売品として重要な財源となった。

藩財政の一応の建て直しを見届けた真益は、寛文五年九月三日に歿した。徹底した政策断行ぶりから、後世「鬼主水《おにもんど》」と称された。

## 朝廷、日光例幣使派遣を通例化する
## 四月十七日

文化
思想

幕府からの要請を受けて朝廷は、徳川家康廟《とくがわいえやすびょう》である日光東照宮《にっこうとうしょうぐう》に家康の命日（四月十七日）に、礼拝のための奉幣使《ほうへいし》を派遣することを三月十日に決めた。最初の奉幣使である持明院基定《じみょういんもとさだ》は四月二日に江戸へ参着し、この日、前年に宮号宣下《ぐうごうせんげ》を受けた東照宮へ幣帛《へいはく》を奉納した。これが日光例幣使《にっこうれいへいし》の始まりであり、以後慶応三年（一八六七）までの二百二十一年間続いた。江戸幕府を創業した家康に対する朝廷の崇敬《すうけい》の表示を定例化するということは、江戸期の朝幕関係を反映したものといえよう。

定例化した日光例幣使は、参議《さんぎ》の公卿《くぎょう》から任命され、四月一日に京都を発って中山道《なかせんどう》経由で下り、上野《こうずけ》国の倉賀《くらが》野宿《のじゅく》（現、群馬県高崎市）から日光例幣使街道を通って日《にっ》光道中《こうどうちゅう》の今市宿《いまいちじゅく》（現、栃木県日光市）を経て、四月十五日に日光へ着いた。忌日前日の十六日に金の幣帛を奉納して宣命《せんみょう》を奉読し、その日の内に下山して、帰路は江戸へ立ち寄ってから東海道を通って帰京した。日光例幣使は前年の幣帛を細かく刻《きざ》んで「東照宮御神体」と称して、沿道や江戸の諸大名や旗本から御用商人などに配布した。もちろん初穂料《はつほりょう》を得るためであり、これで一財産稼げたという。

## 幕府、鄭芝竜らの救援依頼を拒否
## 十月二十日

事件
災害

一六四四年に李自成《りじせい》の反乱軍に明《みん》が滅ぼされると、清《しん》が満州《まんしゅう》から南進して李自成を破って北京《ぺきん》を制圧し、さらに華中・華南へと進撃した。これに対して中国南部にいた明の皇族と官僚らは、南明《なんみん》政権を樹立して清に抵抗した。それが南京《なんきん》の福王《ふくおう》や福州《ふくしゅう》の唐王《とうおう》、広西《こうせい》の桂王《けいおう》らだった。一六四五年四月に南京の福王が清軍に滅ぼされると、唐王

**【この年の出来事】**

**1・3** 江戸で大雪。
**1・8** 将軍徳川家光の第4子徳松（のちの5代将軍綱吉）誕生。
**3・10** 朝廷、伊勢神宮例幣使を再興。
**3・26** 柳生宗矩歿(76)。
**4・5** 京都出水通から出火。180戸焼失。
**4・7** 薩摩藩主島津光久、江戸下屋敷で犬追物を再興。
**4・14** 浅草三十三間堂で通し矢を実施。
**4・17** 朝廷、将軍家光の奏請により日光奉幣使を派遣（日光例幣使の始まり）。
**4・19** 幕府、諸国にキリシタン探索を厳命。
**4・26** 陸奥で大地震。仙台城・日光東照宮石垣など破損。
**6・14** 幕府、諸番士に乗馬・水泳の訓練を奨励。
**6月** 幕府、薩摩藩に、琉球の明国との朝貢貿易継続を指示。
**8・1** 江戸で大風雨。

阿部正次（備中守）
**◉大坂町奉行**
**東** 久貝正俊（因幡守）
**西** 曾我古祐（丹波守）
**◉長崎奉行**
馬場利重（三郎左衛門）
拓植正時（平右衛門）
山崎正信（権八郎）
**◉若年寄**
朽木稙綱（民部少輔）

や有力武将の鄭芝竜《ていしりゅう》は幕府に「抗清復明《こうしんふくみん》」のための援兵を乞《こ》う使者を送ってきた。幕府内部では援兵賛成の意見もあったが、慎重論が大勢を占めていた。

このような状況の中で、この日、長崎からこの年の八月に清軍が福州へ侵攻して唐王を滅ぼし、鄭芝竜も清に降《くだ》ったことが伝えられたのを受けて幕府は、正式に明再興のための援兵派遣を拒否することを決定した。

鄭芝竜は福建《ふっけん》出身で、李旦《りたん》亡きあとの倭寇《わこう》貿易の中心人物であったが、明に招撫《しょうぶ》されて海防遊撃《かいぼうゆうげき》・総兵官《そうへいかん》・都督《とと》として活躍し、南明政権でも中心的人物であった。鄭芝竜が平戸《ひらど》にいた時に田川七左衛門《たがわしちざえもん》の娘（福建省泉州《ふっけんしょうせんしゅう》の安平城《アンピン》で自害した）と結婚して生まれた鄭成功《ていせいこう》（唐王より国姓朱《こくせいしゅ》を賜り、のち国姓爺《こくせんや》と呼ばれた）は父とともに「抗清復明」運動を推進し、父が離脱したのちも台湾を拠点にして頑強に清軍に抵抗した。近松門左衛門《ちかまつもんざえもん》の『国姓爺合戦《こくせんやかっせん》』は彼をモデルとしたものである。

## 浅草三十三間堂で通し矢を競う
### 四月十四日
**社会世相**

**武**蔵国忍藩《おしはん》（藩主は老中阿部忠秋《あべただあき》）の弓術《きゅうじゅつ》指南役《しなんやく》で日置《へ》流道雪派《きりゅうどうせつは》の海野仁左衛門《うんのにざえもん》は、この日、浅草三十三間堂《あさくささんじゅうさんげんどう》で実戦用の根矢《ねや》千射を試みて、通し矢二百五十三本の記録を立てた。矢が飛ぶようにと木の鏃《やじり》を使用する者が多かった中で、仁左衛門は実戦用の重い鉄鏃を用いての記録だったので評判を呼んだ。

『文政町方書上《ぶんせいまちかたかきあげ》』によると、寛永十九年（一六四二）に弓《ゆみ》師備後《しびんご》が幕府から浅草において六千二百四十七坪八合の土地（現台東区松が谷二丁目の矢先稲荷神社《やさきいなりじんじゃ》辺）を拝領して三十三間堂を創建し、武芸奨励のために京都の三十三間堂での通し矢を模して通し矢を始めたという。事実、翌年四月二十二日の浅草三十三間堂造営記念の式典で、将軍家弓術指南役の日置流印西派《いんざいは》の吉田久馬助重信《よしだくめのすけしげのぶ》が家光の命によって射初《いぞめ》を行なっている。

ところが、元禄十一年（一六九八）の勅額火事《ちょくがくかじ》で類焼したため、元禄十四年に深川《ふかがわ》の富岡八幡宮《とみおかはちまんぐう》の東側（現、江東区富岡一丁目）に江戸三十三間堂として再建され、明治五年（一八七二）まで存在した。

深川三十三間堂（『絵本続江戸土産』）

浅草三十三間堂（『江戸名所記』）

現在の矢先稲荷神社

**8・13** 明の遺臣鄭芝竜、長崎に使者を派遣し援兵を要請。
**10・20** 幕府、鄭芝竜らの援兵要請を拒否。
**10・24** 幕府、明国滅亡により、西国諸大名に異国船来航の際の対処について指示。
**12・1** 幕府、江戸・大坂間の街道・宿駅の地図作成を命令。
**この年** 幕府、小石川茗荷谷に牢獄を設置し、キリシタンを監禁。
**この年** 幕府、オランダへの銅の輸出を許可。
**この年** 広島藩、キリシタン奉行を設置。
**この年** 多胡真益、津和野藩の財政改革に着手。

# 1647 正保四年

丁亥

天皇▼後光明天皇

将軍▼徳川家光（第三代）

**【主要幕閣】**

**◉大老**
酒井忠勝（讃岐守）

**◉老中**
阿部重次（対馬守）
阿部忠秋（豊後守）
松平信綱（伊豆守）
内藤忠重（伊賀守）

**◉寺社奉行**
安藤重長（右京亮）
松平勝隆（出雲守）

**◉勘定奉行**
松平正綱（右衛門大夫）
伊丹康勝（順斎）
曾根吉次（源左衛門）
杉浦正友（内蔵允）
酒井忠吉（紀伊守）

**◉江戸町奉行**
**北**
朝倉在重（石見守）
**南**
神尾元勝（備前守）

**◉京都所司代**
板倉重宗（周防守）

**◉大坂城代**
阿部正次（備中守）

## 守澄入道親王、東叡山寛永寺に参着　九月二十九日

政治経済

後《ご》水尾上皇《みずのおじょうこう》の第六皇子で日光山門主《にっこうざんもんしゅ》となった守澄《しゅちょう》入道親王《にゅうどうしんのう》は、幕府の奏請《そうせい》を受けて京都を発ち、この日、東叡山寛永寺《とうえいざんかんえいじ》へ参着して、以後寛永寺を居所とした。

親王の諱《いみな》は幸教《たかのり》。正保元年に十一歳で親王宣下をしたあとに、青蓮院《しょうれんいん》へ入って得度《とくど》した。法諱《ほうい》は初め尊敬《そんけい》といった。ちなみに親王宣下を受けたあとに仏門に入った皇族を入道親王といい、仏門に入ったあとに親王宣下を受けた皇族を法親王《ほうしんのう》というのと、厳密には区別していた。承応三年（一六五四）に、天海《てんかい》の弟子だった二代寛永寺住職の公海《こうかい》から住職の地位を譲り受けて寛永寺門主となるとともに、翌明暦元年（一六五五）に比叡山延暦寺《ひえいざんえんりゃくじ》の天台座主《てんだいざす》の地位にも就いた。次いで、後水尾上皇より日光山に輪王寺《りんのうじ》の号を賜《たまわ》った。こののち、親王を輪王寺宮《りんのうじのみや》、あるいは輪王寺宮門跡《もんぜき》と称するようになる。ここに輪王寺宮門跡が、比叡山（延暦寺）・東叡山（寛永寺）・日光山（輪王寺）の三山《さんざん》を管領《かんれい》する長と定められた。

親王は、延宝元年（一六七三）に法諱を守澄に改め、延宝八年五月十六日に寛永寺で死去した。享年四十七歳。

## 茶道の大家・小堀遠州が歿す　二月六日

文化思想

大名茶人で、遠州流茶道《えんしゅうりゅうさどう》の祖として知られ、後世、千利休《せんのりきゅう》・古田織部《ふるたおりべ》とともに三大茶人と呼ばれた小《こ》堀遠州《ぼりえんしゅう》が、この日、伏見奉行《ふしみぶぎょう》屋敷で六十九年の生涯を閉じた。

父は小堀新介政次《しんすけまさつぐ》、近江《おうみ》国坂田郡《さかたぐん》小堀村（現、滋賀県長浜市）に生まれる。名は政一《まさかず》で、宗甫《そうほ》・弧篷庵《こほうあん》と号した。豊臣秀長《とよとみひでなが》の小姓《こしょう》を振り出しに、秀吉《ひでよし》、徳川家康に仕え、慶長九年（一六〇四）に父の遺領備中《びっちゅう》国松山《まつやま》一万二千四百六十石を相続。後陽成《ごようぜい》天皇の御所や駿府城《すんぷじょう》修築の作事奉行《さくじぶぎょう》の功によって、慶長十三年に従五位下《じゅごいげ》遠江守《とおとうみのかみ》に叙爵《じょしゃく》され、以後遠州と呼ばれるようになった。その後も禁裏《きんり》や二条城《にじょうじょう》などで多くの作事奉行を歴任し、建築・造園に優れた才能を示した。元和五年（一六一九）に近江国小室《こむろ》に転封《てんぽう》され、同九年に伏見奉行に任じられた。

茶の湯は古田織部に学び、歌道を冷泉為満《れいぜいためみつ》に習い、大徳寺《だいとくじ》の春屋宗園《しゅんおくそうえん》のもとで禅を修行し、織部亡きあとは大名茶の総帥的位置に立った。寛永十三年（一六三六）に、品川御殿に将軍家光《いえみつ》を迎えた茶会で茶頭《さどう》を務めて以来、将軍家茶の湯指南として認められた。

小堀遠州

遠州の茶風は、俗に「綺《き》麗《れい》さび」というように装飾豊かで洗練された優美さ、都市的な均整のとれた瀟洒《しょうしゃ》な美を基本とし、千利休以来の侘茶《わびちゃ》と東山《ひがしやま》文化以来の豪華な書院風《しょいんふう》の茶を総合するもので、近世茶道は遠州によって

**【この年の出来事】**

**1・14** 浅間山噴火。
**2・6** 小堀遠州歿(69)。
**2・25** 江戸桶町から出火。23か町360戸焼失。
**4・7** 幕府、一条昭良の摂政就任に伴い、朝廷高官の任免は幕府の内意を得るよう通達。
**4・12** 仙台で大火。80余町延焼、焼死者600余人。
**4・25** 京都で大風。
**5・13** 江戸で大地震。江戸城の石垣、大名屋敷などに被害。
**5・19** 幕府、前年の大地震で破損した仙台城の修理を許可。
**6・9** 幕府、能楽衆に対する制令を発布。
**6・18** 高野山で大火。行人などの寺200余焼失。
**6・24** ポルトガル船2艘、長崎へ来航し通商再開を要望。
**7・27** 一条昭良、摂政を退き関白に就任。
**7・29** 幕府、長崎来航のポルトガル船に通商拒絶を通告、帰航を指示。

**◉大坂町奉行**
**東**
久貝正俊（因幡守）
**西**
曾我古祐（丹波守）
**◉長崎奉行**
馬場利重（三郎左衛門）
拓植正時（平右衛門）
山崎正信（権八郎）
**◉若年寄**
朽木稙綱（民部少輔）

大成されたといわれている。遠州作の大徳寺弧篷庵の茶室は特に有名である。

## ポルトガル船が長崎に来航、通商再開を要望　六月二十四日

事件災害

寛永十六年（一六三九）のいわゆる「鎖国《さこく》」令でポルトガル船の来航禁止が決定されていたが、一六四〇年にポルトガルがスペインから独立を回復したのを機に、ポルトガル国王は通商再開を求めて、この日、使節団二隻（正使船には二百人、副使船には百二十八人が乗船）を長崎へ派遣してきた。

ポルトガル船入港時の長崎警備図

長崎奉行からの一報に接した幕府は、七月十二日、肥後国熊本《くまもと》藩《はん》・肥前国佐《さ》賀《が》藩《はん》・筑後《ちくご》国柳川藩《やながわはん》・筑後国久留米藩《くるめはん》・肥前国唐津藩《からつはん》など九州の諸大名に長崎への派兵を命じるとともに、翌十三日には大目付井上政《おおめつけいのうえまさ》重《しげ》・目付山崎《めつけやまざき》正信《まさのぶ》を上使《じょうし》として長崎へ派遣した。長崎へ派遣された諸大名の船は八百九十八艘、警備の兵員は四万八千三百五十四人に達した。ポルトガル船への攻撃を準備する藩まで出てきたが、通商再開を期待していた使節側の友好的な態度に、幕府側は強圧的対応を控えさせた。二十九日に長崎へ到着した上使は、出島《でじま》に留められていた使節に対し、幕府の来航禁止方針の不変更を伝えて退去を命じた。八月六日、使節団の二隻は目的を達成できずに長崎を退去する。以後、ポルトガル船の来航は絶えた。

## 将軍家光、島津光久興行の犬追物を観覧　十一月十三日

社会世相

将軍家光は、この日、薩摩《さつま》藩主の島津光久《しまづみつひさ》が王子村《おうじむら》（現、東京都北区上中里の平塚明神辺）で興行した犬追《いぬおう》物《もの》を、御三家《ごさんけ》以下、幕閣・諸大名を引き連れて観覧した。

犬追物とは、騎馬《きば》で地を走る犬を追って背後から弓で射る追物射《おいものい》という武芸で、流鏑馬《やぶさめ》・笠懸《かさがけ》と合わせて馬上《ばじょう》の三物《みつもの》といい、鎌倉時代からの武士の必須の武芸の一つだった。室町時代になると、射手三十六騎（十二騎ずつ三手に分かれ、一手は一度に四騎単位で追物射を行なった）、犬放《いぬはなし》五人・犬牽《いぬひき》八人・犬百五十疋（十疋ずつ十五度柵などで廻らされた馬場内に放たれた）という大規模な催しとなった。

戦国時代には一時衰退していたが、元和八年（一六二二）に光久の父家久《いえひさ》が再興して以来、島津家の伝統となっていった。今回も室町時代の前例に準じて行なわれ、中世以来の烏帽子《えぼし》・素襖姿《すおうすがた》の三手の騎士らが活躍し（矢数総数五百七十六筋）、見物の人々の喝采《かっさい》を浴びた。この日の興行に対して家光は、光久と嫡男又三郎《またさぶろう》（のちの綱久《つなひさ》）に脇差《わきざし》と刀を下賜《かし》して労をねぎらった。

**9・29**　皇弟守澄入道親王、寛永寺に参着（輪王寺宮門跡の始まり）。
**11・13**　家光、島津光久興行の犬追物を観覧。
**12月**　幕府、ポルトガル船来航の風聞報告を怠ったとの理由で、オランダ商館長フレデリック・コイエットの将軍謁見を拒否。
**この年**　津軽藩、藩政刷新に伴う御家騒動により、藩士数十人処罰（船橋事件）。
**この年**　薩摩藩、清国の琉球来寇に備え、守備兵を八重山へ派遣。
**この年**　伊万里焼完成。
**このころ**　野々村仁清、御室焼を創始。

# 1648 慶安元年（正保五年）

戊子

天皇▼後光明天皇

将軍▼徳川家光（第三代）

## 江戸に市中法度を布達　二月二十二日　政治経済

幕府はこの日から六月にかけて、江戸市中に日常生活に関する市中法度《はっと》をいくつも布達した。

二月二十二日には、町人の奉公人の着る絹物は紬織《つむぎおり》に限定し、町人が長刀・大脇差《おおわきざし》を差して武家奉公人のような真似をしたり、「かぶき」行為をしたりすることを厳禁している。目付衆《めつけしゅう》が見廻って見付け次第に逮捕するので、地主・家持《いえもち》・大家は店借《たながり》・借家・奉公人に至るまで周知徹底させるよう命じている。

二月二十八日には二十三ヶ条の覚書を出し、勧進相撲《かんじんずもう》の興行を禁じ、辻々や橋際での宝引《ほうびき》（福引の一種で、賭博として行なわれた）・「けんねんじかるた」（博打《ばくち》の一種）を行なうことを禁止した。また、吉原《よしわら》以外で傾城《けいせい》や遊女を抱えることを禁じた。町人が蒔絵塗《まきえぬり》の乗鞍《のりくら》や糸鞦《いとしりがい》を懸けた馬に乗ることも禁じた。

さらに六月には、五月節句の冑《かぶと》は贅沢《ぜいたく》な蒔絵梨地《なしじ》金物糸類などは厳禁し、旗や諸飾りにも事細かく規制を加えた。盆の灯籠《とうろう》にも金銀の箔《はく》をつけたり、漆《うるし》で塗ることを禁じた。ただし、大名衆よりの誂物《あつらえもの》として作るのは認めるというように身分差を厳然としようという意向が読み取れる。なお、同様の市中法度は大坂にも出されている。

## 【主要幕閣】

◉大老
酒井忠勝（讃岐守）

◉老中
内藤忠重（伊賀守）
松平信綱（伊豆守）
阿部忠秋（豊後守）
阿部重次（対馬守）

◉寺社奉行
安藤重長（右京亮）
松平勝隆（出雲守）

◉勘定奉行
松平正綱（内蔵允）
伊丹康勝（順斎）
曾根吉次（源左衛門）
杉浦正友（内蔵允）
酒井忠吉（紀伊守）

◉江戸町奉行
北
朝倉在重（石見守）
南
神尾元勝（備前守）

◉京都所司代
板倉重宗（周防守）

◉大坂城代
永井直清（日向守）
稲垣重綱（摂津守）

## 松永尺五、尺五堂を開く　文化思想

江戸前期の儒者であり藤原惺窩《ふじわらせいか》門下の四天王の一人として知られた松永尺五《まつながせきご》は、この年、京都の堺町御門前《もんまえ》の土地を後光明天皇《ごこうみょうてんのう》から下賜《かし》されて、私塾尺五堂《せきごどう》を開いた。尺五は号である。尺五の名は昌三《しょうぞう》、字は遐年《かねん》、通称は昌三郎といい、貞門俳諧《ていもんはいかい》の祖である松永貞徳《ていとく》の子で、若年より親類でもあった藤原惺窩に学び、その博覧強記《はくらんきょうき》ぶりが評判となり、十八歳で豊臣秀頼《とよとみひでより》に『大学』を講義したという。儒・仏・道の三教に通じ、詩文にも長じていた。寛永五年（一六二八）に西洞院《にしのとういん》二条《にじょう》南《みなみ》へ春秋館《しゅんじゅうかん》（のち嗣子昌易《しょうえき》に譲る）を開き、のち京都所司代の板倉重宗《いたくらしげむね》の庇護《ひご》を得て、同十四年に堀川《ほりかわ》二条《にじょう》南《みなみ》へ講習堂《こうしゅうどう》（のち次男永三《えいぞう》に譲る）を設けて経史・兵書などを進講した。

尺五堂を開設した場所は京都御所に近く、「天を去ること尺五」の号の由来となった地である。尺五は惺窩以来の京学の伝統を受け継ぎ、一時期加賀藩《かがはん》前田家に仕えたが、生涯の多くを京都で過ごし、子弟の薫育《くんいく》に生涯をかけて木下順《きのしたじゅん》

藤原惺窩（栗原信充『肖像集』）

## 【この年の出来事】

**2・15** 「正保」が「焼亡」の音に通じるとして慶安に改元。
**2・22** 幕府、江戸に市中法度を布達。
**2・28** 幕府、江戸市中取締令を公布。吉原以外の遊女、勧進相撲、博打などを禁止。
**4・5** 幕府、大坂市中諸法度を制定。
**4・12** 幕府、関東山中での猟師以外の鉄砲所持を厳禁。
**4・13** 将軍家光、東照宮33回忌に参拝。
**4月** 天海版『一切経』刊行。
**5月** 幕府、争いが頻発するため、男色の禁止を通達。
**6・5** 幕府、大坂上荷船・茶船の運賃などを制定。
**6・11** 幕府、代官に江戸近郊農村の査察を指示し、百姓の土地貸借を禁止。
**6月** 幕府、町奉行所へ

◉大坂町奉行
東
久貝正俊（因幡守）
松平重次（孫大夫・隼人正）
西
曾我古祐（丹波守）
◉長崎奉行
馬場利重（三郎左衛門）
拓植正時（平右衛門）
山崎正信（権八郎）
◉若年寄
朽木稙綱（民部少輔）

庵《あん》・貝原益軒《かいばらえきけん》らの逸材を育て、門弟は五千人を超えたという。

## 丹波国福知山藩主稲葉紀通、発狂自殺 八月二十日

事件災害

丹波国福知山《ふくちやま》藩主の稲葉紀通《いなばのりみち》は、この日、謀反《むほん》の企てありとの風聞《ふうぶん》を苦にしたのか発狂して居城で自殺した。享年四十六歳。所領四万五千七百石は没収された。

紀通は慶長十二年（一六〇七）に五歳で父道通《みちとを》の遺領伊勢国田丸城《たまるじょう》を継承、大坂夏の陣で活躍して元和二年（一六一六）に摂津《せっつ》国中島に転封《てんぽう》し、さらに寛永元年（一六二四）九月に岡部長盛《おかべながもり》に代わって福知山城主となったのである。

事件の発端は、隣国の丹後国宮津《みやづ》藩主の京極高広《きょうごくたかひろ》との争いにあったという。在国中の紀通が同じく在国中の高広に宮津領内で獲れる出世魚の鰤《ぶり》を所望したところ、高広は幕閣への賄賂に使うものとみて鰤の首を二匹ずつ切って送り届けた。これに怒った紀通は、京極家の飛脚《ひきゃく》が城下を通った際に櫓《やぐら》から自ら鉄砲を撃ちかけた。ところが誤って他藩の飛脚を撃ち殺してしまった。

このため周辺隣国の諸大名は、紀通が謀反を起こして往来の旅人を殺傷したとして幕府へ注進するとともに、国境に兵力を集結し出した。驚いた紀通は京都所司代の板倉重宗に使者を派遣して謀反の企て無き旨を伝えた。重宗は老中の阿部重次《あべしげつぐ》が在坂しているので自ら少人数で赴いて対面するように助言した書面を使者に託した。しかし、重宗の書面が届く前に事態の収拾策に窮して周章狼狽《しゅうしょうろうばい》したのか、紀通は午後二時頃に切腹してしまったのである。

## 江戸・大坂で町方に夜番・出火時の行動を命ず 十二月

社会世相

幕府は十二月十六日、大坂三郷《おおさかさんごう》（北組・南組・天満組）に市中警備のための自身番《じしんばん》への番直規定を出した。惣年寄《そうどしより》（江戸の町年寄）と各町の年寄（江戸の町名主《まちなぬし》）は免除した。老人・幼少者・寡婦《かふ》は当番を免じ、名代を出すことも免じた。医師・僧侶は自ら望んで当番に参加することは構わないが、原則として名代を認めた。居宅以外に他所に家のある者・病気中の者・出張・旅行中の者は名代を出すこと。この番直規定は火事などが多発する十二月一日から翌年の正月十五日までとする。なお、当番の当日に急用などが生じた場合は町の年寄・五人組に連絡し、必ず親類・手代《てだい》などの代理人を立てることを命じている。

江戸でもこの月に夜番・出火時の行動に関する法度が出された。夜番は一時《いっとき》（現在の二時間）ごとに交代し、月行事《がちぎょうじ》はしばしば見廻るように命じている。店借・借家の者まで防火に注意すること、家主は長屋の住人にも防火を徹底させることなどを命じた。出火時は家持・店借・借家の者まで残らず駆け集まって消火するよう求めている。

木戸を閉め、番小屋で拍子木を打ち、くぐり戸から夜回りに出る（『尻操御用心』）

の公事訴訟の手続きを規定。
**7・11** 浅間山噴火。12日にも。
**7・13** 江戸で大風雨。六郷橋破損。
**8・20** 福地山藩主稲葉紀通、宮津藩主京極高広と相論し自殺（稲葉騒動）。
**8・25** 中江藤樹歿（41）。
**11・6** 伊豆三島宿で大火。600余軒と三島明神焼失。
**11・10** 幕府、婦人関所手形の規則を制定。
**12・10** 幕府、武蔵・上総両国に国絵図作成を指示。
**12月** 幕府、江戸・大坂で町方に夜番・出火時の行動規準を制定。
**この年** 浅草寺五重塔建立。
**この年** 松永尺五、尺五堂を開設。
**この年** 明の遺臣鄭成功、幕府に使者を派遣し援兵を要請。

# 1649 慶安二年

## 己丑

天皇▼後光明天皇

将軍▼徳川家光（第三代）

**【主要幕閣】**

**◉大老**
井伊直孝（掃部頭）
酒井忠勝（讃岐守）

**◉老中**
松平信綱（伊豆守）
阿部忠秋（豊後守）
阿部重次（対馬守）

**◉寺社奉行**
安藤重長（右京亮）
松平勝隆（出雲守）

**◉勘定奉行**
伊丹康勝（順斎）
曾根吉次（源左衛門）
杉浦正友（内蔵允）
酒井忠吉（紀伊守）

**◉江戸町奉行**
**北**
朝倉在重（石見守）
**南**
神尾元勝（備前守）

**◉京都所司代**
板倉重宗（周防守）

**◉大坂城代**
稲垣重綱（摂津守）
内藤信照（豊前守）

## 幕府、慶安の触書を交付　二月二十六日　政治経済

幕府はこの日、諸国郷村の農民に三十二ヶ条からなる慶安の触書《ふれがき》を交付したという。

内容は、法令の遵守《じゅんしゅ》や細かな農業技術の指導に始まり、勤勉・節約など日常生活万般の心得から食生活・衣類の規制（麻・木綿以外の禁止）や家族関係への干渉にまで及んでいる。また、領主・代官の年貢以外の収奪を禁じている点では、一定の農民保護政策でもあった。しかし、「百姓《ひゃくしょう》ハ分別《ぶんべつ》もなく末《すえ》の考えもなきもの」という為政者の愚民観《ぐみんかん》と、「年貢さえすまし候得バ、百姓程心易きものハこれ無く」という封建領主側の意識に注目すると、慶安の触書の狙いが本百姓の維持と年貢収納の確保にあったことが理解できる。

ただし、慶安の触書は江戸前期の成立とみられる『御当《ごとう》家令条《けれいじょう》』や寛保二年（一七四二）成立の『御触書寛保集《おふれがきかんぽうしゅう》成《せい》』などには存在せず、幕末以降の『徳川実紀《とくがわじっき》』や『徳川《とくがわ》禁令考《きんれいこう》』などにしかないことから、幕府法令ではないという説が出され、近年では甲州から信州にかけて流布していた教諭書《きょうゆしょ》「百姓《ひゃくしょう》身持之事《みもちのこと》」三十五ヶ条（寛文五年〔一六六五〕まで遡れる）が原型であったという説が有力視されている。

## 歌人の木下長嘯子歿す　六月十五日　文化思想

豊《とよ》臣秀吉《とみひでよし》の正室・北政所《きたのまんどころ》の兄・木下家定《きのしたいえさだ》の長男であり、当時歌人として京都で知られていた木下長嘯子《ちょうしょうし》がこの日、大原野《おおはらの》（現、京都市左京区）で八十一年の生涯を閉じた。

長嘯子の諱《いみな》は勝俊《かつとし》。叔母の引きで豊臣秀吉に仕え、若くして若狭国小浜《おばま》六万二千石を領して小田原征伐・朝鮮出兵などに従った。

関ヶ原の戦いでは東軍に属して、徳川家康から鳥居元忠《とりいもとただ》らとともに伏見城《ふしみじょう》の守備を命じられた。ところが、西軍が攻撃を仕掛けてくると勝俊は、守備を放棄して伏見城から退去してしまった。このため、鳥居らの奮戦もむなしく落城してしまったのである。戦後家康は、武士にあるまじき所業と激怒し、改易《かいえき》処分とした。一説によると、北政所の嘆願で処刑だけは免れたともいう。

その後、勝俊は京都の東山《ひがしやま》（最晩年は大原野）に隠棲《いんせい》し、長嘯子と号して細川幽斎《ほそかわゆうさい》・藤原惺窩《ふじわらせいか》・林羅山《はやしらざん》・松永貞徳《まつながていとく》らの文人たちや堂上《どうじょう》・地下《じげ》、武士、町人を問わず広く交わり、文化活動に精進した。下河辺長流《しもこうべちょうりゅう》や山鹿素行《やまがそこう》にも私淑《ししゅく》されていたという。

和漢の学に通じており、特に和歌では貞徳と歌壇を二分するほどで、近世和歌は長嘯子に始まったともいわれている。

**【この年の出来事】**

**1・4**　鹿苑寺金閣の補修工事が始まる。
**2・5**　伊予松山・宇和島で大地震。
**2・20**　長崎奉行、オランダ商館長の江戸参府不許可を伝達。
**2・26**　幕府、慶安の触書・検地条令制定。
**3月初旬**　幕府、大名・旗本に倹約令を布達。大目付・目付に奢侈取り締まりを指示。
**5・19**　江戸で大風雨。
**6・15**　木下長嘯子歿（81）。
**6・20**　関東各地で大地震。江戸城石垣破損、武家屋敷・町屋など倒壊（8月4日まで）。
**7・10**　浅間山噴火。
**7・25**　江戸で再び大地震。その後も余震。
**7月**　阿蘇山噴火。
**8・13**　オランダ東インド会社の使節アンドリース・フリジウス、長崎へ来航。
**9・23**　幕府、高野山学

**◉大坂町奉行**

**東**

松平重次（孫大夫・隼人正）

**西**

曾我古祐（丹波守）

**◉長崎奉行**

馬場利重（三郎左衛門）

拓植正時（平右衛門）

山崎正信（権八郎）

**◉若年寄**

朽木稙綱（民部少輔）

## 関東に地震が多発する 六月二十日～八月四日

事件 災害

関東各地で六月二十日から八月四日にかけて大地震が多発、江戸・川越《かわごえ》・川崎宿などで大きな被害が発生。

六月二十日夜の武蔵《むさし》・下野《しもつけ》に及んだ大地震（推定マグニチュード七・〇）では武蔵国川越で家屋が七百戸ほど全壊した。江戸では江戸城内の石垣が各所で半壊し、二の丸殿舎《でんしゃ》も破損した。諸大名や旗本らの屋敷・長屋も破損し、町人の家屋や蔵なども多数損壊して、圧死者も多数に及んだ。上野《うえの》東照宮《とうしょうぐう》の大仏の頭も落ちたという。余震も四十から五十回に達した。諸大名や諸役人らが急遽江戸城へ出仕して、将軍の安否を問うために大混乱に陥ったという。また、下野の日光東照宮《にっこうとうしょうぐう》も石垣が破損する被害が出た。

七月二十五日の武蔵川崎宿を中心とした地震（慶安川崎地震（推定マグニチュード六・四））では、民家が百五十軒ほど倒壊し、寺も七宇《う》が倒壊した。人や家畜にも多数の死傷者が出たことが、関東郡代の伊奈忠治《いなただはる》から幕府へ報告された。二十七日には午前六時頃に江戸で大地震があり、余震が続いた。このような地震の頻発を受けて幕府は、この日、目付・老中・寺社奉行などの担当地域を明示した地震時の警備体制を決定した。また、地震警戒に伴う宿直制を一旦解いた八月四日にも午後二時前後に数度の大地震が起きている。

西欧に伝えられた江戸の大地震（モンタヌス『日本誌』）

## オランダ商館医師スハムブルヘル、カスパル流外科を伝える

社会 世相

オランダ商館の医師となったドイツ人のカスパル・スハムブルヘル（シャムベルゲル）は、この年から慶安四年にかけて精力的に西洋医学のカスパル流外科による医療と治療法を我が国の医師たちに伝授した。

新任の商館長とともに九月十九日に出島《でじま》に到着したスハムブルヘルは、早速四人の若手医師に外科治療法を伝授している（後年、カスパル流外科を広めた河口良庵《かわぐちりょうあん》がこの中にいた可能性もある）。寛永二十年（一六四三）に起きたオランダ船ブレスケン号の乗組員が盛岡藩領内で捕縛された事件への、幕府側の寛大な対応に謝意を表する特使に同行して、十一月に江戸へ向かった。大晦日《おおみそか》に江戸へ着いた一行に対して幕府は、慶安三年正月に特使らが江戸を出発しても、炸裂弾《さくれつだん》の臼砲《きゅうほう》を扱える砲術士官と、彼には江戸へ残るよう命じた。十月まで江戸に滞在していた間に、長崎奉行の馬場利重《ばばとししげ》の右筆《ゆうひつ》の治療や、相模国小田原藩主の稲葉正則《いなばまさのり》の診察などを行なった。特に大目付《おおめつけ》の井上政重《いのうえまさしげ》は彼の技量の高さに注目し、自身の侍医《じい》にカスパル流を学ばせた。翌四年にも新任の商館長に同行して江戸へ来ている。この間、オランダ通詞《つうじ》からのちに医師となった猪俣伝兵衛《いのまたでんべえ》や河口良庵らを育て、カスパル流外科術が後世に広まった。カスパル華岡青洲《はなおかせいしゅう》も後世に学んだ一人である。

カスパル

侶方などの法度を制定。
**10・14** 幕府、江戸近郊の土地貸借を禁止。
**10・26** 伊予宇和島で30年来の大風。
**10月** 明国人鄭成功、再度幕府に援軍を要請。
**12・29** 谷時中歿（52）。
**この年** 江戸で麻疹流行。
**この年** 白根山噴火。
**この年** オランダ商館医師カスパル、来日し外科術を伝授。
**この年** 松前藩、キリシタン宗類族簿を幕府に提出。

# 1650 慶安三年

## 庚寅

**天皇▼後光明天皇**

**将軍▼徳川家光**（第三代）

**【主要幕閣】**

**◉大老**
酒井忠勝（讃岐守）

**◉老中**
内藤忠重（伊賀守）
松平信綱（伊豆守）
阿部忠秋（豊後守）
阿部重次（対馬守）

**◉寺社奉行**
安藤重長（右京亮）
松平勝隆（出雲守）

**◉勘定奉行**
伊丹康勝（順斎）
曾根吉次（源左衛門）
杉浦正友（内蔵允）
酒井忠吉（紀伊守）
伊丹勝長（蔵人）

**◉江戸町奉行**
**北**
朝倉在重（石見守）
**南**
神尾元勝（備前守）

**◉京都所司代**
板倉重宗（周防守）

**◉大坂城代**
内藤信照（豊前守）

### 太閤鷹司信房の末子の信平が旗本となる　十一月十二日

政治 経済

太《たい》閤鷹司信房《こうたかつかさのぶふさ》の末子で将軍家光の御台所《みだいどころ》孝子《たかこ》（中之《なかの》丸様《まるさま》、のち本理院《ほんりいん》）を姉に持つ十五歳の信平《のぶひら》は、家光の命で九月二十日に江戸へ下向し、この日、蔵米《くらまい》千俵と月《げっ》俸《ぽう》二百口を与えられて寄合《よりあい》に列した。あとにも先にも前例のない公家出身の、しかも五摂家《ごせっけ》出の旗本が誕生したのである。

信平は承応二年（一六五三）に御三家の一つ紀伊藩主の徳川頼宣《よりのぶ》の娘を正室に迎え、翌三年には松平の称と蔵米四千俵を加増され、従四位下《じゅしいのげ》左近衛権少将《さこのえのごんのしょうしょう》に叙任された。延宝二年（一六七四）には姉の本理院が逝去《せいきょ》したのを受けて、蔵米を改めて上野《こうづけ》国と上総《かずさ》国内で七千石の知行地《ちぎょうち》を与えられている。そして元禄二年（一六八九）七月二十八日に五十四歳の生涯を閉じ、江戸市ヶ谷の自証院《じしょういん》に葬られた。

孫の信清《のぶきよ》は、信平の死後二十年に当たる宝永六年（一七〇九）に上野国内で三千石を加増されて一万石を領して大名となり、矢田《やだ》（現、群馬県高崎市）に陣屋（幕末に吉井《よしい》に移る）を構えることとなった。そして、代々江戸城の大広間《おおひろま》に詰めることが許された。これは、歴代の当主に与えられた従四位下侍従《じじゅう》の官位とともに、一万石の小大名でありながら御三家の庶流や国持《くにもち》大名と同様の破格の待遇を与えられたことを意味している。

### 絵師岩佐又兵衛歿　六月二十二日

文化 思想

浮世絵の先駆け（元祖）とも称され、数奇《すうき》な生い立ちをもった岩佐又兵衛勝以《いわさまたべいかつもち》は、この日、江戸で歿した。享年七十三歳。

又兵衛は、織田信長に属して摂津《せっつ》一国の支配を委ねられていた有岡《ありおか》城（現、兵庫県伊丹市）主の荒木村重《あらきむらしげ》の子として生まれたが、天正七年（一五七九）に父村重が信長に叛逆して敗れたために、一族郎党のほとんどが焼殺・斬首された。その中で二歳の乳飲み子だった又兵衛は奇跡的に乳母に救出されて、本願寺《ほんがんじ》子院に保護された。成人した彼は母方の岩佐姓を名乗り、又兵衛と称して、京都で絵師として画業に励んだ。又兵衛は大和絵《やまとえ》の土佐光信《とさみつのぶ》の末流と称しているが、画風には狩野派《かのうは》や宋元水墨画《そうげんすいぼくが》の系統の雲谷派《うんこくは》・海北《かいほう》派《は》などの影響をも受けつつ、俵屋宗達《たわらやそうたつ》らと同じく古典の時様《じよう》化によって独自の画風を作り上げた。

大坂の陣後には、越前国北之庄《きたのしょう》（福井）藩主松平忠直《ただなお》の庇護を得て福井に移住した。この地で「豊国祭礼図屛風《ほうこくさいれいずびょうぶ》」や十二巻百五十メートルに及ぶ「山中常盤物語絵巻《やまなかときわものがたりえまき》」や十五巻三百二十四メートルの「小栗判官絵巻《おぐりほうがんえまき》」などが製作された。寛永十四年（一六三七）に将軍家光に招かれ、妻子を福井に残して江戸へ出た。家光の娘が尾張徳川家に嫁ぐ際の婚礼調度の意匠《いしょう》を描くためであったという。江戸在住時の作品としては川越《かわごえ》の仙波東照宮《せんばとうしょうぐう》の「三十六歌仙《さんじゅうろっかせん》図額《ずがく》」が知られている。

**【この年の出来事】**

**1・11** 江戸城西の丸造営開始。9月20日完成。
**3・7** 徳川家綱、将軍家光の代理としてオランダ使節と謁見。漂流オランダ人返還の礼を受ける。
**3・10** 高野山で火災。青巌寺など僧坊1000間余焼失。
**3・23** 関東で大地震。
**3月** 秋田で大火。2000余戸焼失。
**5月** 御蔭参り流行（5月まで）。
**5・7** 徳川義直歿(51)。家臣5人殉死。
**6・22** 岩佐又兵衛歿(73)。
**6月** 長谷寺本堂再建。
**6月** 江戸で大地震。
**7・27** 畿内各地で大風雨。鴨川・淀川出水。
**8・6** オランダ人、武蔵野で牟礼で仏郎機（大砲）を試射。
**8・12** 西日本で水害。
**8・29** 慶安寅年の大洪水発生（9月2日まで）。
**この夏** 林羅山撰『本朝

**◉大坂町奉行**
**東** 松平重次（隼人正）
**西** 曾我古祐（丹波守）
**◉長崎奉行**
馬場利重（三郎左衛門）
山崎正信（権八郎）
黒川正直（与兵衛）

## 慶安寅年の大洪水起こる　八月二十九日～九月二日

事件 災害

八月二十九日から降り始めた雨は、九月一日・二日に豪雨となった。摂津から山城・近江《おうみ》・伊勢・美濃にかけて各地で大洪水が発生し、多くの被害が出ている（後世に慶安寅年《けいあんとらどし》の大洪水と称された）。

伊勢では亀山城の城門・塀・櫓《やぐら》などが人馬とともに流され、家屋四百五十戸が倒壊・流失して二百人余が死亡したという。特に美濃では木曾《きそ》・長良《ながら》・揖斐《いび》の三川がともに出水した。揖斐川では中山道《なかせんどう》の渡しがあった呂久《ろく》（現、岐阜県瑞穂市）と沢渡《さわたり》（現、大垣市）の二ヶ所の大堤が決壊し、大垣城から見渡すと岐阜から養老《ようろう》までが一面、海のような状態になったという。大垣領内だけでも死者千五百五十三人、流失家屋三千五百二軒にのぼる洪水史上まれな大災害となった。

## 御蔭参りが流行　三月～五月

社会 世相

江戸時代、特定の年に庶民の間で起きた爆発的な伊勢《いせ》神宮《じんぐう》への集団参詣現象を御蔭参り《おかげまいり》といった。別名抜《ぬ》け参りともいい、子は親に、妻は夫に、奉公人は主人に断りなく、しかも旅行手形も持たずに家を飛び出すのが原則であったという。最初の御蔭参りと伝えられるのがこの年に起こった。

『寛明日記《かんめいにっき》』によると、江戸の商人が抜け参りを流行らせたという。箱根の関所の調査によると、正月下旬から三月上旬までで一日平均五、六百人から八、九百人が参詣し、三月中旬から五月までの間に一日二千百人に達したという。

その際に参詣する者は白衣《びゃくえ》を着ていたという。白衣は中世以来の社寺巡礼者の風俗であったので、抜け参りの者たちもそれを踏襲したのだろう。

以後、宝永二年（一七〇五）、明和八年（一七七一）、天保元年（一八三〇）と、ほぼ六十年前後を周期として起きており、毎回二、三百万人以上が参加したと見積もられている。伊勢信仰の普及に伴って発生したものであり、伊勢神宮の御師《おし》や豪商が扇動したともいわれ、また宗教的熱狂の中に民衆の封建的支配に対する不満を発散させるという役割を果たしたという説もある。

（「末社順拝・古市・宇治橋・関の山・朝熊山」）

幕末の伊勢参りの様子
（広重「おかげ参りの図　高倉山・天の岩戸」『伊勢参宮略図』）

（「外宮拝殿・玉串御門・内宮正殿・二見ノ浦」）

『通鑑』完成。
**9・20** 狩野探幽、江戸城西の丸大広間・御座の間の障壁画を描く。
**9月** 幕府、再度関東で猟師以外の農民の鉄砲所持を禁止。
**10・17** 幕府、西の丸勤務者の男色を厳禁。
**10月** 幕府、鄭成功の再度の援兵要請を拒否、その事情を諸大名に通達。
**10月** 諸国で疱瘡、麻疹流行。
**閏10・3** 洪水被害の巡視のために、五畿内・近江に伏見奉行を、美濃・伊勢に山田奉行を派遣。
**11・12** 太閤鷹司信房の末子信平、旗本となる。
**12・9** 幕府、将軍御成り以前の道路通行止めを中止。
**12・27** 幕府、美濃・伊勢両国の河川堤防修築、被害農民の救援を指示。

# 1651 慶安四年

## 辛卯

天皇▼後光明天皇

将軍▼徳川家光（第三代 〜四月二十日）
徳川家綱（第四代 八月十八日〜）

【主要幕閣】

◉大老
酒井忠勝（讃岐守）

◉老中
内藤忠重（伊賀守）
松平信綱（伊豆守）
阿部忠秋（豊後守）
阿部重次（対馬守）

◉寺社奉行
安藤重長（右京亮）
松平勝隆（出雲守）

◉勘定奉行
曾根吉次（源左衛門）
杉浦正友（内蔵允）
酒井忠吉（紀伊守）
伊丹勝長（蔵人）
村越吉勝（次左衛門）

◉江戸町奉行
北
石谷貞清（左近将監）
南
神尾元勝（備前守）

◉京都所司代
板倉重宗（周防守）

◉大坂城代
内藤信照（豊前守）

### 将軍家光没、家綱四代将軍就任　四月二十日、八月十八日

政治経済

将軍家光《いえみつ》は前年より病気がちであったが、この日の申《さるの》刻《こく》（午後四時ごろ）に二度目の脳卒中《のうそっちゅう》を起こして死去した。享年《きょうねん》四十八。江戸城に詰めていた御三家《ごさんけ》などへは即日に大老酒井忠勝《さかいただかつ》から遺命が伝えられた。家光の近習出頭人堀田正盛《ほったまさもり》と老中の阿部重次《あべしげつぐ》をはじめ、その家臣を含めて十一人が殉死《じゅんし》した。翌日には諸大名・諸役人の総登城が命ぜられ、奏者番《そうじゃばん》から前代のごとく精励《せいれい》すべき旨が伝えられた。家光の後継者である十一歳の世子家綱《いえつな》に御三家以下の諸大名が登城して拝謁《はいえつ》したのは二十四日であった。二十九日になると、家綱を「明日より上様《うえさま》と称すべき旨」を命じている。将軍宣下《しょうぐんせんげ》はまだ済んでいないが、家綱が武士政権を代表する将軍になったことを幕府は、この時点で公表したことになる。

徳川家綱

初代家康から三代家光までは、上洛して伏見城《ふしみじょう》で将軍宣下の儀式を行い、御所に参内して御礼を言上《ごんじょう》した。しかし、四代となる家綱は、幼少を理由に江戸城に勅使《ちょくし》を迎える形式に変更し、この日執り行った。以後この形式が慣例化した。

これまでは、大御所《おおごしょ》が死亡するとすぐに、新将軍の側近に実権が移り、老中・若年寄などの幕閣を編成するのが通例であったが、新将軍の家綱が幼少であったために、家光の異母弟保科正之《ほしなまさゆき》を補佐役とし、大老酒井忠勝、老中松《まつ》平《だいら》信綱《のぶつな》・阿部忠秋《ただあき》ら家光時代以来の老練な閣僚が幕政の運営に当たった。それが、結果的に武断政治《ぶだんせいじ》から文治《ぶんち》政治への政策転換を可能にし、幕政を安定させたのである。

### 狩野山雪没　三月十日

文化思想

桃山・江戸時代初期の京狩野《きょうかのう》を代表する絵師狩野山《かのうさん》雪《せつ》は、この日京都の獄中で歿した。享年六十三（一説では六十二）、東山の泉涌寺《せんにゅうじ》に葬られた。

名は光家《みついえ》、通称平四郎、のち縫殿助《ぬいのすけ》と称した。肥前《ひぜん》の生まれ、父は千賀道元《せんがどうげん》、母は松浦氏。のち父と共に大坂に移り、父の死後に狩野山楽《さんらく》の弟子となって画才を顕し、その後山楽の婿養子となって狩野山雪と名乗り、京狩野家の後継者となった。寛永八年（一六三一）ころ妙心寺天球院《みょうしんじてんきゅういん》の障壁画《しょうへきが》（重要文化財）を山楽とともに描き、正保四年（一六四七）には元関白の九条幸家《くじょうゆきいえ》の依頼で東福寺《とうふくじ》の明兆《みんちょう》筆の「三十三観音図」の中の欠けていた二図を補作し、その功で法橋《ほっきょう》に叙された。ところがその二年後に何らかのトラブルに巻き込まれて獄に投ぜられたものと思われる。幾何学的な構図を得意とし、桃山期障壁画の有終を飾った人物

【この年の出来事】

**2・22** 浅間山噴火。
**3・10** 狩野山雪歿(63)。
**4・10** 江戸で大火。大名邸多数焼失。
**4・20** 将軍徳川家光歿(48)。家綱が将軍を継承。堀田正盛（44）・阿部重次（54）ら殉死。
**6・10** 老中・奏者番・大目付・目付など、徳川家綱に誓詞を提出。
**6・29** 江戸府内18か所に落雷。
**7・9** 三河刈谷藩主松平定政、幕政を批判、18日改易。
**7・18** 幕府、江戸町人の家督相続令を再度規定。
**7・23** 由井正雪らの幕府転覆計画が露見。幕府、浪人丸橋忠弥らを捕縛（慶安事件）。
**7・24** 幕府、小田原藩に箱根の関所の警戒を指示。
**7・26** 由井正雪、駿府で自害(47)。
**8・13** 京都所司代板倉重宗、由井正雪の残党探

**◉大坂町奉行**
**東**
松平重次（隼人正）
**西**
曾我古祐（丹波守）
**◉長崎奉行**
馬場利重（三郎左衛門）
黒川正直（与兵衛）

といえよう。また、子の永納《えいのう》によってまとめられた『本《ほん》朝画史《ちょうがし》』の草稿は山雪が書いたものといわれている。

## 慶安事件が発生　七月二十三日

事件災害

この日の夜、老中松平信綱や町奉行石谷貞清《いしがいさだきよ》などの許に軍学者の由井正雪《ゆいしょうせつ》や槍の名手の丸橋忠弥《まるばしちゅうや》らを首謀者とする牢人（浪人）救済策のための大規模な幕府転覆計画が密告された。当時は、武断政治による大名改易の増大で牢人があふれていたが、元和偃武《げんなえんぶ》で再仕官の道が少ない中で不穏な空気がみなぎっていた。そこに家光の死と幼い家綱の継承という政治的空白期を突いて起きたのがこの慶安事件《けいあんじけん》（慶安の変、由井正雪の乱）であった。

計画を知った幕府は即座に江戸にいた忠弥らを逮捕し、正雪のいた駿府《すんぷ》に追手を派遣した。駿府の旅籠《はたご》にいた正雪らは取囲まれて自刃した。江戸や大坂や有馬温泉《ありまおんせん》など各地で一味が捕縛された。八月十日に忠弥以下三十五人前後が鈴ケ森《すずがもり》で処刑され、九月十八日に正雪の親族が駿府で処刑された。計画に荷担した牢人の数は千五百人とも三千余人とも五千人ともいわれている。事件後幕府は、牢人の拡大再生産を防ぐための方策を模索するとともに牢人たちの再仕官の斡旋《あっせん》に乗り出している。

芝居の由井正雪
（左の人物が「由井民部之助正雪」明治の役者絵）

## 五十歳未満の大名・旗本の末期養子を許可　十二月十一日

社会世相

幕府はこの日、諸大名・旗本以下の諸役人を総登城させ、今後は五十歳未満で末期《まつご》（死にぎわ、臨終《りんじゅう》）に及んで養子の願いをする者は、その筋目《すじめ》（家柄・由緒）によって相続を認めるが、五十歳以上の者は認めない旨を命じた。

封建社会の主従関係では、家臣（従者）は事前に後継者（実子・養子の別なく）を主人に認知しておいてもらう義務があった。したがって、家臣の死亡時に急遽《きゅうきょ》届出た養子（これを末期養子、急養子《きゅうようし》といった）には相続を認めないというのが中世以来の原則であった。幕府でも寛永九年（一六三二）の諸士法度《しょしはっと》で末期養子の禁止を明確に規定していた。このため田中忠政《たなかただまさ》（筑後柳川《ちくごやながわ》三十二万五千石）・堀尾忠晴《ほりおただはる》（出雲松江《いずもまつえ》二十四万石）・蒲生忠知《がもうただとも》（伊予松山《いよまつやま》二十万石）ら有力大名が断絶して大量の牢人を生み出したのである。この末期養子の禁を緩和した政策以後、大名家の無嗣断絶は激減し、牢人の拡大再生産は防がれた。さらに、天和《てんな》三年（一六八三）の武家諸法度《ぶけしょはっと》では五十歳以上の者でも場合によっては末期養子を許すというように条件は次第に緩和されていった。ちなみに大名から願出があると本人の生存を見届け、願書の真偽を調べるために（これを判元見届《はんもとみとどけ》といった）大目付《おおめつけ》が派遣された。

索を指示。
**8・18** 徳川家綱、江戸で第4代将軍宣下。
**8月** 幕府、江戸の若衆歌舞伎を禁止。
**10・13** 関東で大風雨。民家数千軒被害。
**10・11** 幕府、諸組番士の浪人抱え置きを禁止。
**10月** 京都で地震。
**11・14** 河内誉田台塚大火。900余戸焼失。
**12・10** 江戸城白木書院に保科正之、酒井忠勝、阿部忠秋らが会合し、江戸の牢人対策について協議。
**12・11** 幕府、末期養子の禁を緩和し、50歳未満の大名・旗本に末期養子を許可。
**12・20** 幕府、箱根・今切・気賀の関所で急飛脚以外の夜間往来禁止を公布。

# 1652

# 承応元年（慶安五年）

## 壬辰

天皇▼後光明天皇

将軍▼徳川家綱（第四代）

### 承応事件が発生　九月十三日

政治経済

この日の夜、老中松平信綱《まつだいらのぶつな》の許に普請奉行《ふしんぶぎょう》の家臣から別木《べつき》（戸次）庄左衛門《しょうざえもん》・林戸右衛門《はやしとえもん》・土岐与左衛門《ときよざえもん》・三宅平六《みやけへいろく》・藤江又十郎《ふじえまたじゅうろう》らの牢人を首謀者とする反乱計画が密告された。計画では五日から芝《しば》の増上寺《ぞうじょうじ》で行われていた二代将軍秀忠夫人崇厳院《すうげんいん》の二十七回忌法要が十五日に終わるのを待って寺の近辺に火を放ち、寺に乱入して香典《こうでん》を奪い、その際に消火の指揮に出馬する老中らを銃撃し、その混乱に乗じて天下を奪おうというものであった。

信綱は即刻登城し、増上寺にいた老中阿部忠秋《あべただあき》や日光山に赴く予定であった大老酒井忠勝《さかいただかつ》をも呼び戻して老臣会議を開き、神尾元勝《かんおもとかつ》・石谷貞清《いしがいさだきよ》の両町奉行に捕縛を命じた。その結果、芝札《ふだ》の辻《つじ》（現、港区六本木六丁目）や増上寺門前に止宿《ししゅく》していた首謀者を激闘の末に召捕った。また阿部忠秋の家臣山本兵部《やまもとひょうぶ》（武田信玄《たけだしんげん》の軍師《ぐんし》であった山本勘助《かんすけ》の孫という）や備後福山《びんごふくやま》城主水野勝俊《みずのかつとし》の家臣も嫌疑《けんぎ》をかけられた。評定所《ひょうじょうしょ》での取調べの結果二十一日に別木ら首謀者は磔刑《たっけい》、一族らは斬罪に処された。十月十日にも親族が浅草で処刑されている。また、山本は罪を免じられたが、主君忠秋の命で切腹した。この事件は、慶安事件のような幕政批判の要素を含んだ政治的な出来事というよりも、不平分子による強盗に近いものであったと思われる。

【主要幕閣】

◉大老
酒井忠勝（讃岐守）

◉老中
内藤忠重（伊賀守）
松平信綱（伊豆守）
阿部忠秋（豊後守）

◉寺社奉行
安藤重長（右京亮）
松平勝隆（出雲守）

◉勘定奉行
曾根吉次（源左衛門）
伊丹勝長（蔵人）
村越吉勝（次左衛門）

◉江戸町奉行
北
石谷貞清（左近将監）
南
神尾元勝（備前守）

◉京都所司代
板倉重宗（周防守）

◉大坂城代
内藤信照（豊前守）
水野忠職（出羽守）

◉大坂町奉行
東

### 若衆歌舞伎の上演を禁止　六月二十日

文化思想

寛永六年（一六二九）に遊女を中心にしていた女歌舞伎《おんなかぶき》が禁止されたため、一躍全盛となったのが前髪を垂らした美少年の集団による若衆《わかしゅ》歌舞伎であった。慶長・元和期に三都《さんと》に生まれたが、若衆による扇情的《せんじょうてき》な舞や踊りを中心としたために女歌舞伎と変わらず、若衆の役者が衆道《しゅどう》（男色《だんしょく》）の対象となったために大名・旗本以下庶民の間にまで衆道がひろまった。贔屓《ひいき》の若衆をめぐる刃傷沙汰《にんじょうざた》も起こり、風紀上の弊害がはなはだしくなっていた。

このため、この日幕府は町奉行に命じて堺町《さかいちょう》の中村座《なかむらざ》、葺屋町《ふきやちょう》の市村座《いちむらざ》（四月に村山座《むらやまざ》から改称）、木挽町《こびきちょう》の山村座《やまむらざ》・河原崎座《かわらざきざ》など江戸を代表する歌舞伎劇場での若衆歌舞伎の上演を禁止し、所属する若衆の前髪をことごとく剃《そ》らせた。さらに、幕府は京都・大坂にもこの命令を伝達した。以後は前髪を剃って野郎頭《やろうあたま》の役者を中心とする野郎《やろう》

禰宜町の若衆歌舞伎（『江戸名所記』）

【この年の出来事】

**1・4** 幕府、代官の任務規定を制定。
**1・20** 幕府、江戸市中のかぶき者追捕の実施を諸大名に通達。
**2・3** 幕府、町人に長刀・脇差を帯びること、および衣服の奢侈を禁止。
**2月** 江戸山手で大火。西窪から芝まで延焼。
**3・9** 江戸中橋から出火、20余町延焼。
**3・13** 佐渡奉行配下の辻藤左衛門、土民70人とともに蜂起（小比叡騒動）。
**3月** 浅間山噴火。
**4・4** 村山座、市村座と改名。
**4・6** 江戸雉子橋と市谷で火災。
**5月** 小浜藩の百姓、年貢引き上げに反対し強訴。総代松木庄左衛門処刑。
**6・10** 幕府、将軍家綱が幼少の間、御三家と井伊直孝に将軍補佐を指示。
**6・20** 幕府、若衆歌舞伎を禁止。また、男色を禁止。

松平重次（隼人正）
**西**
曾我古祐（丹波守）
**◉長崎奉行**
馬場利重（三郎左衛門）
黒川正直（与兵衛）
甲斐庄正述（喜右衛門）

歌舞伎だけが興行を認められた。

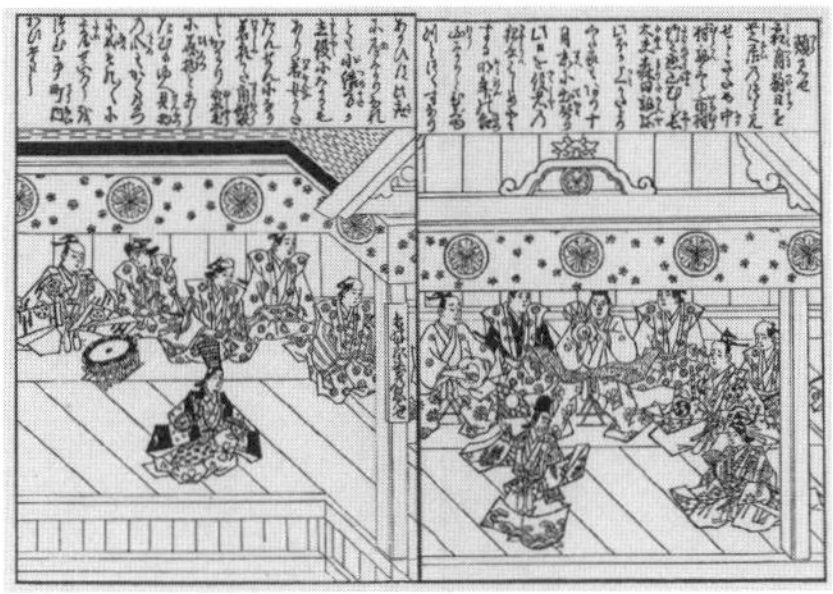

芝居小屋（『大和耕作絵抄』）

## 佐渡で小比叡騒動が起こる　三月十三日　事件災害

佐《さ》渡《ど》の小木町番所役《おぎまちばんしょやく》の辻藤左衛門信俊《つじとうざえもんのぶとし》らは、この日小木町の小比叡山蓮華峰寺《こびえさんれんげぶじ》（現、新潟県佐渡市）に立て籠もって佐渡奉行所と対峙《たいじ》した。この事件を小比叡騒動とか蓮華峰寺の乱といった。

話は前年に遡《さかのぼ》る。勘定奉行《かんじょうぶぎょう》を兼任していた佐渡奉行伊丹康勝《いたみやすかつ》が佐渡に赴いた際に西三川金山役《にしみかわきんざんやく》の辻の実直で廉《れん》潔《けつ》な人柄に接し、相川町奉行《あいかわまちぶぎょう》に抜擢した。しかし、伊丹が去ると現地の佐渡奉行所役人の筆頭たる留守居役《るすいやく》と対立して小木町番所役に左遷されてしまった。そのため辻は、この間の事情を認《したた》めた（一説では奉行所の不正を告発した物ともいう）江戸の伊丹康勝《いたみやすかつ》宛書状が途中の事故で留守居役の手に渡り、相川の奉行所への召喚《しょうかん》を求められた。そこで辻は一族とともに古くから親交のあった蓮華峰寺の住職快慶《かいけい》を頼って寺内に立て籠もったのである。それを知った佐渡奉行所では幕府に辻らの武装蜂起を連絡するとともに留守居役岡村伝左衛門《おかむらでんざえもん》以下侍十八人と手勢を合わせて五百余人が相川から蓮華峰寺に向かった。激戦の末、十四日に辻父子や若党・一族の十人が討死・自刃し、快慶ら七人が生け捕られた。蓮華峰寺の客殿《きゃくでん》や庫裏《くり》なども焼失した。辻に加担したとして快慶らは打首《うちくび》・獄門《ごくもん》に処された。事件の一報に接した幕府は長岡《ながおか》藩主牧野忠成《まきのただなり》に討手《うちて》を命じている。この事件は、慶安事件直後の動揺から佐渡奉行所側の過剰反応との説が有力であるが、蓮華峰寺領から発見された砂金の採取権をめぐる寺側と奉行所の対立が背景にあったという説もある。

## 幕府、江戸府内の牢人の実態調査　十月二十六日　社会世相

幕府はこの日、江戸府内に散在する牢人の実態調査を命じた。

牢人に家屋を貸している家主を処罰するつもりは毛頭ないし、牢人に退去を求める必要もないが、今後は地借《じがり》・店借《たながり》を問わず寺社地を貸している者は寺社奉行所へ、町地を貸している者は町奉行所へ、近郊の農地などを貸している者は代官所へそれぞれ牢人の姓名などを届け出ることを求めた。勿論、今後新規に貸す場合も同様の手続きを求めた。さらに諸大名・旗本などで召し抱える場合もそれぞれの所属の頭などに報告することを求めた。

慶安事件・承応事件とたて続けに牢人を主体とする武装蜂起が起きたことに危機感を持った幕府は、遅ればせながらも牢人の実態調査を通してその実数を把握するとともに、善良で有能な者の再仕官を積極的に斡旋《あっせん》する一方で、アウトローの傾奇者《かぶきもの》などを排除する方針を強化していった。

**7・21**　幕府、日光定番を設置（日光奉行の始まり）。
**8・29**　江戸で暴風雨。城内各所破損。
**9・13**　増上寺への放火・老中暗殺計画が発覚。幕府、浪人別木庄左衛門らを逮捕（承応事件）。
**9・18**　将軍代替わりにより承応に改元。
**10・26**　幕府、江戸府内の牢人の実態を調査。
**12・21**　幕府、江戸歌舞伎狂言4座・操り3座・小芝居8軒の興行を停止。
**この年**　平戸藩、幕命により長崎湾口7か所に砲台と石垣を築造。
**この年**　土佐藩、尾池四郎左衛門が捕鯨業を開始。
**この年**　伊豆青ヶ島噴火。

# 1653 承応二年

癸巳

天皇▼後光明天皇

将軍▼徳川家綱（第四代）

## 玉川上水の開削を許可　正月十三日　政治経済

江戸の町人庄右衛門《しょうえもん》・清右衛門《せいえもん》兄弟（翌年開削《かいさく》の功により玉川の姓を与えられた）の請願に対して幕府はこの日、市域拡大にともなう水不足解消のために玉川上水《たまがわじょうすい》開削の請負工事を許可した。玉川上水惣奉行老中松平信綱《まつだいらのぶつな》の家臣安松金右衛門《やすまつきんえもん》の設計を採用したために一年足らずで開削・通水に成功し、翌年六月二十日に竣工した。

玉川上水は、多摩川《たまがわ》中流の羽村《はむら》（現、東京都羽村市）で取水し、拝島《はいじま》・小金井《こがねい》を経て四谷大木戸《よつやおおきど》（現、新宿区内藤町）までの約四十三キロメートルを開渠《かいきょ》で通し、ここから木樋《きどい》や石樋《いしどい》で江戸城内や四谷・麴町《こうじまち》・赤坂《あかさか》などの山の手や芝《しば》・築地《つきじ》・京橋《きょうばし》方面の下町一帯に給水された。玉川上水は江戸市中への飲用水を供給するだけではなく、武蔵野台地《むさしのだいち》の村々への生活用水・灌漑用水としても利用された。その後、玉川上水の分水として万治《まんじ》三年（一六六〇）に青山《あおやま》上水（四谷大木戸外の余水を四谷・麴町・赤坂・青山・麻布《あざぶ》・芝の山の手一帯に配水）が、寛文《かんぶん》四年（一六六四）に三田《みた》上水（下北沢《しもきたざわ》で分水して大崎《おおさき》・芝・高輪《たかなわ》一帯に配水）が、元禄《げんろく》九年（一六九六）に千川《せんかわ》上水（上保谷村《かみほうやむら》地先で分水して小石川御殿《こいしかわごてん》・湯《ゆ》島聖堂《しませいどう》・東叡山寛永寺《とうえいざんかんえいじ》・浅草寺《せんそうじ》や本郷《ほんごう》・湯島《ゆしま》・浅草《あさくさ》一帯に配水）が開かれた。

【主要幕閣】

◉大老
酒井忠勝（讃岐守）

◉老中
酒井忠清（雅楽頭）
内藤忠重（伊賀守）
松平信綱（伊豆守）
阿部忠秋（豊後守）

◉寺社奉行
安藤重長（右京亮）
松平勝隆（出雲守）

◉勘定奉行
曾根吉次（源左衛門）
伊丹勝長（蔵人）
村越吉勝（次左衛門）

◉江戸町奉行
北
石谷貞清（左近将監）
南
神尾元勝（備前守）

◉京都所司代
板倉重宗（周防守）

◉大坂城代
水野忠職（出羽守）

◉大坂町奉行
東

## 貞門俳諧の祖松永貞徳歿　十一月十五日　文化思想

江戸前期の歌人・俳人・歌学者であり貞門俳諧《ていもんはいかい》の祖と謳《うた》われた松永貞徳《まつながていとく》は、この日京都で歿し、実相寺《じっそうじ》（現、京都市南区）に葬られた。享年八十三。

貞徳は連歌師の松永永種《ながたね》（戦国大名松永久秀《ひさひで》の三男とか甥という説がある）の子で、京都に生まれた。名は勝熊《かつくま》、別号に長頭丸《ちょうとうまる》・逍遊軒《しょうゆうけん》など。幼少から父との縁で細川幽斎《ほそかわゆうさい》・里村紹巴《さとむらじょうは》・大村由己《おおむらゆうこ》・吉田兼見《よしだかねみ》・梵舜《ぼんしゅん》らの当代を代表する良き師に恵まれ、彼らから和歌・連歌・歌学・儒学・神道などを学んで才能を発揮した。また、藤原惺窩《ふじわらせいか》・林羅山《はやしらざん》・木下長嘯子《きのしたちょうしょうし》などの先輩・友人にも一流の人材がいた。一時、豊臣秀吉《とよとみひでよし》の右筆《ゆうひつ》をつとめたが、徳川氏の時代になると終生在野の歌人・俳人として活動した。

当時、地下《じげ》歌人の第一人者となり多くの門人を育てるとともに歌学の研究にも尽力した。歌学面の後継者には北村《きたむら》季吟《きぎん》がいる。俳諧に関心を持ったのは比較的晩年であったが、俳諧を文芸の一分野として確立し、貞門俳諧を全国に普及させた功績は大といえよう。

松永貞徳（栗原信充『肖像集』）

【この年の出来事】

**1・13** 幕府、麴町・芝口の町人らに玉川上水敷設を許可、費用7500両を下賜。

**1月** 幕府、一季・半季の武家奉公人の出替わり期限を2月15日と規定。

**2・7** 幕府、諸大名に参勤交代の従者数の制限を指示。

**3・13** 狩野探幽・時信、宝樹院霊廟所の壁画を制作。

**3月** 幕府、歌舞伎の興行再開を許可（野郎歌舞伎）。

**5・11** 幕府、衆道禁止を再令。

**5・21** 江戸で大雨。江戸城石垣崩壊。

**6・23** 禁裏焼失。仙洞を仮御所とする。

**6・29** 幕府、老中松平信綱を江戸城天守修理総督に任命。

**閏6・27** 幕府、秤座を設置。東33か国は守随彦太郎、西33か国は神善四郎の秤使用と規定。

松平重次（隼人正）
**西**　曾我古祐（丹波守）

**◉長崎奉行**
黒川正直（与兵衛）
甲斐庄正述（喜右衛門）

## 佐倉惣五郎刑死　八月四日

事件災害

下《しも》総佐倉《うささくら》（現、千葉県佐倉市）藩では藩主で家光の近習出頭人の堀田正盛《ほったまさもり》が慶安四年（一六五一）に将軍家光の死去時に殉死《じゅんし》し、嫡男の正信《まさのぶ》が二十一歳という若さで新藩主となった。正信は軍備強化を図るために領内に重税を課した。重税にあえぐ領民は江戸の藩邸に訴えたり、老中に駕籠訴《かごそ》を試みたが成功しなかった。そこで公津村《こうづむら》（現、千葉県成田市）の名主佐倉惣五郎《なぬしさくらそうごろう》（木内宗吾《きうちそうご》ともいう）が承応二年十二月に将軍家綱の寛永寺参詣《かんえいじさんけい》の際に直訴《じきそ》した。このために翌年の租税は減免されたが、惣五郎と妻子はこの日処刑されたという。

惣五郎は近世の義民《ぎみん》の代表的人物であるが、確実な史実は不明である。万治三年（一六六〇）に堀田正信が改易《かいえき》処分を受け、のちに自殺したことが惣五郎伝承に大きく影響したといえる。また、正信の弟正俊《まさとし》の子孫である正亮《まさすけ》が延《えん》享《きょう》三年（一七四六）に出羽山形《でわやまがた》から佐倉に転封《てんぽう》されると、惣五郎を祭る口ノ明神《くちのみょうじん》を崇敬し、惣五郎の百年忌法要を実施するなどしたために惣五郎の義民化とその伝説が各地に流布していったといえよう。瀬川如皐《せがわじょこう》などの歌舞伎台本にも取り上げられていった。

ちなみに、惣五郎の刑死の日付は墓のある東勝寺《とうしょうじ》の伝えに依拠している。

佐倉惣五郎

## 幕府、秤座を設置　閏六月二十七日

社会世相

全国経済の統一的把握のための一環として秤《はかり》制の統一を目指していた幕府は、この日東三十三ヶ国は守随《しゅずい》家の江戸秤座、西三十三ヶ国は神善四郎《じんぜんしろう》家の京都秤座に秤の製造・販売・修補・点検・秤改《はかりあらため》の独占などの特権を与えた。

守随家は初代が徳川家康《とくがわいえやす》の今川氏人質時代に仕え、のち牢人して甲府《こうふ》に帰り、武田氏から甲州での秤の製作・販売の特権を与えられた。二代目は武田氏滅亡後に家康から甲斐《かい》一国一人の秤の特権を与えられ、その際に吉川《よしかわ》から守随に苗字を変えることを家康から命じられた。その後家康領国の三河《みかわ》・遠江《とおとうみ》・駿河《するが》・甲斐・信濃《しなの》での守随製秤の流通の特権を与えられ、さらに関東入国後江戸に移住し、三代目の時に関東中の特権を得、さらに四代目の時に東三十三ヶ国での特権を獲得したのである。一方、神家は伊勢白子の出身で織田信長《おだのぶなが》に敗れて二代目善四郎が京都に出て秤屋を始め、やがて禁裏《きんり》や二条《にじょう》城に出入りして特権を獲得したという。

守随家は若年寄《わかどしより》支配下の細工所《さいくしょ》に属する御《ご》用達町人《ようたしちょうにん》であり、神家は京都所司代《きょうとしょしだい》支配下の京都町奉行の系統下に属した特権町人であった。

江戸の秤座跡（中央区日本橋）

**7・16**　幕府、辻立・門立などの物乞いを禁止し、辻番人の警備強化を布達。
**7・30**　大坂青物市場、京橋片原町から天満龍田町へ移転。
**8月上旬**　安芸で暴風雨、洪水。流失家屋5000余戸、死者5000余人。
**8・4**　佐倉藩公津村の名主惣五郎、藩主堀田正信の苛政を幕府に直訴したため処刑（佐倉惣五郎事件）。
**9・18**　幕府、御側衆を創設。
**9・28**　琉球国使、将軍家綱の継嗣を賀すため江戸城登城。
**10・23**　幕府、腰物奉行を設置。
**11・15**　松永貞徳歿(83)。
**11・21**　幕府、銭湯の営業時間を制限。

# 1654 承応三年

甲午

天皇▼後光明天皇（〜九月二十日）
後西天皇（十一月二十八日〜）

将軍▼徳川家綱（第四代）

**【主要幕閣】**

**◉大老**
酒井忠勝（讃岐守）

**◉老中**
酒井忠清（雅楽頭）
松平信綱（伊豆守）
阿部忠秋（豊後守）

**◉寺社奉行**
安藤重長（右京亮）
松平勝隆（出雲守）

**◉勘定奉行**
曾根吉次（源左衛門）
伊丹勝長（蔵人）
村越吉勝（次左衛門）

**◉江戸町奉行**
**北**
石谷貞清（左近将監）
**南**
神尾元勝（備前守）

**◉京都所司代**
板倉重宗（周防守）
牧野親成（佐渡守）

**◉大坂城代**
水野忠職（出羽守）
内藤忠興（帯刀）

**◉大坂町奉行**

## 板倉重宗、老齢を理由に京都所司代を辞職　十二月六日

政治経済

父板倉勝重《いたくらかつしげ》から元和《げんな》六年（一六二〇）に京都所司代《きょうとしょしだい》を引継いで三十五年に及んだ板倉重宗《しげむね》は、この日老齢（六十九歳）を理由に辞職が認められた。ただし、しばらくの間後任の牧野親成《まきのちかしげ》を補佐するよう命ぜられ、翌明暦《めいれき》元年（一六五五）十一月まで京都に留まり親成を指導した。

重宗は勝重の長男として駿府《すんぷ》に生まれ、のち永井尚政《ながいなおまさ》・井上正就《いのうえまさなり》とともに二代将軍秀忠の近侍《きんじ》の三臣と称され、大坂夏の陣では書院番頭《しょいんばんがしら》として秀忠の側近にあった。京都所司代になると父勝重を見習って公平を旨とし、朝幕関係の融和を図るとともに京都市民には善政を目指した。紫衣《しえ》事件《じけん》や後水尾《ごみずのお》天皇の譲位や四代将軍家綱の即位儀式を従来の上洛して伏見《ふしみ》城で行う形式から江戸城で行う形式への変更などの朝幕間の調整に尽力した。その結果、後水尾上皇にも信頼され、市民の間にも能吏の評判が高まった。さらに重宗は自邸に公家の知識人西洞院時慶《にしのとういんときよし》や町衆《ちょうしゅう》出身の本阿弥光悦《ほんあみこうえつ》、松永貞徳《まつながていとく》・尺五《せきご》父子や安楽庵策伝《あんらくあんさくでん》らの京都を代表する文化人を招いて一大サロンを形成し、そのパトロン的役割も担った。

江戸に戻ると将軍補佐の保科正之《ほしなまさゆき》・井伊直孝《いいなおたか》と同席の待遇を与えられたが、翌明暦二年（一六五六）十二月一日に所領の下総関宿《しもうさせきやど》城（現、千葉県野田市）で歿した。享年七十一。

## 明僧隠元隆琦が来日　七月五日

文化思想

明《みん》の高僧で黄檗宗《おうばくしゅう》の開祖となった隠元隆琦《いんげんりゅうき》は、唐寺《とうでら》（長崎の中国人たちが建てた寺）の興福寺《こうふくじ》（別名南京寺《なんきんでら》、最初の唐寺）の住職らの懇請に応えてこの日、弟子二十人を連れて長崎に渡来して興福寺に住した。時に六十三歳。ちなみに、インゲン豆はこの時に伝えられたという。

隠元は翌明暦元年（一六五五）に長崎の崇福寺《そうふくじ》を経て臨《りん》済宗妙心寺派《ざいしゅうみょうしんじは》の僧竜渓宗潜《りゅうけいそうせん》（のち性潜《しょうせん》と改める）らの招きに応じて摂津富田《せっつとんだ》（現、大阪府高槻市）の普門寺《ふもんじ》に移った。普門寺を拠点に京坂《けいはん》・南都《なんと》・堺《さかい》・大津《おおつ》などで布教活動を続ける一方で、竜渓の奔走で万治元年（一六五八）十一月一日に将軍家綱に拝謁し、大老酒井忠勝《さかいただかつ》の勧めもあって当初三年で帰国する予定であったのを改めて日本永住を決意した。そして寛文《かんぶん》元年（一六六一）に幕府から山城国大和田《やましろのくにおおわだ》

隠元

**【この年の出来事】**

**1月** 幕府、諸大名にキリシタンの禁止を布達。
**2・4** 幕府、男色を禁止。また足軽・中間の帯刀、美服着用を禁止。
**2・13** 幕府、かぶき者の追捕を通達。
**3・5** 幕府、禁中造営に関する規則を布達。
**3・24** 江戸本町から出火。商家170余軒焼失。
**4・17** 幕府、5万石以上の大名に、禁裏造営の費用として1万石につき銀1貫を賦課。
**4・26** 浪人山中半左衛門、江戸市中で9人斬殺、12人に重傷を負わせ逮捕される。
**5・18** 幕府、長崎奉行に異国船渡来の際の処置を指示。
**6・2** 信濃高遠藩の領民が逃散。
**6・20** 玉川上水完成。
**7・5** 黄檗宗の開祖隠元隆琦、明国より来日。
**8・18** 西国で大洪水。岡山で1500余軒流

**東**
松平重次（隼人正）
**西**
曾我古祐（丹波守）
**◉長崎奉行**
黒川正直（与兵衛）
甲斐庄正述（喜右衛門）

村《むら》（現、京都府宇治市）に九万坪の広大な寺域を与えられると、黄檗山万福寺《おうばくさんまんぷくじ》と命名して七堂伽藍《しちどうがらん》の造営に邁進《まいしん》した。造営に際し将軍家綱は白金《しろがね》二万両を寄進したという。中国様式をふんだんに取り入れた万福寺は寛文三年に完成した。万福寺の完成を見届けた隠元は翌年退隠《たいいん》し、延宝《えんぽう》元年（一六七三）四月三日に歿し、寺内の開山堂《かいさんどう》に葬られた。享年八十二。

万福寺（『宇治川両岸一覧』）

## 高遠藩領民が逃散　六月二日

事件災害

信《しな》濃《の》高遠《たかとお》藩の伊奈郡《いなぐん》の領民三千人余がこの日、隣接する尾張《おわり》藩領に逃散し、藩主鳥居忠春《とりいただはる》の苛政《かせい》を幕府に愁訴《しゅうそ》した。

寛永《かんえい》十三年（一六三六）七月七日に出羽山形《でわやまがた》二十二万石の藩主鳥居忠恒《ただつね》が三十三歳で死去した際に末期《まつご》養子が認められずに一旦改易《かいえき》処分となったが、幕府は関ヶ原の戦いの前哨戦《ぜんしょうせん》たる伏見《ふしみ》城の攻防戦で伏見城を死守して自刃した祖父元忠《もとただ》の功績を考慮し、七月二十一日に十三歳の末弟忠春に信濃高遠三万二百石を与えて家名を再興させた。ちなみに、同日信濃高遠三万石から出羽山形二十万石に転封《てんぽう》したのが保科正之《ほしなまさゆき》である。忠春は高遠に入封した当初は幼少でもあり、重臣に補佐されていたが、長ずるに及んで諫言《かんげん》する重臣を排除し、次第に領内にも重税を課していった。そのため前代の保科正光《まさみつ》・正之二代の善政になじんだ領民が起こしたのが今回の騒動であった。ただし、幕府は祖父元忠の功績に免じて忠春の罪を問わなかった。もっとも、忠春は寛文三年（一六六三）八月一日に大坂城加番《かばん》で宿舎にいたとき家臣に斬り付けられ、それがもとで死去している。享年四十。

## 利根川の付け替えが完成

社会世相

関《かん》東郡代《とうぐんだい》伊奈忠克《いなただかつ》は、元和七年（一六二一）に父関東郡代伊奈忠治《ただはる》が取り組んで以来続けられてきた利根《とね》川《がわ》本流の流路変更工事を、この年ようやく完工した。

はじめ江戸湾に注いでいた利根川を新川通りおよび赤堀《あかほり》川《がわ》を開削《かいさく》して渡良瀬川《わたらせがわ》に合流させて常陸川《ひたちがわ》筋から太平洋へ流そうとしたが、赤堀川の通水に失敗した。そこで寛永十二年（一六三五）から現江戸川《えどがわ》の上流の開削に着手し、権現《ごんげん》堂川《どうがわ》と赤堀川を整備して下総関宿《しもうさせきやど》（現、千葉県野田市）から分流する現在の江戸川が形成された。しかし、権現堂川の本流を常陸川に流すことはできなかった。そしてようやくこの年の赤堀川三番堀工事の完成によって利根川本流が赤堀川を通って常陸川に流入し、銚子《ちょうし》河口から太平洋に注ぐことになったのである。

三十三年に及ぶ利根川の東遷工事の目的の第一は、江戸を中心として関東各地と結ぶ舟運路《しゅううんろ》の創出にあったという。事実川船による水運の発達は銚子・野田《のだ》の醤油《しょうゆ》醸造業などの隆盛に大きく貢献した。

失。
**8・25** 幕府、大坂城代内藤忠興の赴任に際して、職務などを規定。
**8・28** 日向で大風雨。4000余軒破損。
**9・20** 後光明天皇歿(22)。
**10・15** 幕府、諸大名家臣の美服着用を禁止。
**10月** 江戸および近郊で風雪害。
**11・2** 幕府、病人以外の乗輿を禁止。
**11・28** 後西天皇践祚。
**この年** 岡山藩主池田光政、町政改革に着手。
**この年** 琉球、砂糖奉行を設置。
**この年** 利根川の付け替えが完成。

# 1655 明暦元年（承応四年）

乙未

天皇▼後西天皇

将軍▼徳川家綱（第四代）

【主要幕閣】

◉大老
酒井忠勝（讃岐守）

◉老中
酒井忠清（雅楽頭）
松平信綱（伊豆守）
阿部忠秋（豊後守）

◉寺社奉行
安藤重長（右京亮）
松平勝隆（出雲守）

◉勘定奉行
曾根吉次（源左衛門）
伊丹勝長（蔵人）
村越吉勝（次左衛門）

◉江戸町奉行
北
石谷貞清（左近将監）
南
神尾元勝（備前守）

◉京都所司代
牧野親成（佐渡守）

◉大坂城代
内藤忠興（帯刀）

◉大坂町奉行
東
松平重次（隼人正）

## 松平信綱、野火止用水を開削　三月

政治経済

承《じょう》応《おう》二年（一六五三）から翌三年（一六五四）にかけて玉《たま》川上水《がわじょうすい》が開削されたが、この工事の惣奉行は老中で武蔵川越《むさしかわごえ》藩主の松平信綱《まつだいらのぶつな》で、家臣の安松金右衛門《やすまつきんえもん》の設計を採用したものであった。玉川上水の工事と同時に川越藩では野火止新田《のびどめしんでん》（現、埼玉県新座市）の開発に着手していた。しかし、この新田は台地上にあり、飲用水・生活用水がなかった。そこで幕府は、信綱の功績を認めてこの年玉川上水の三割分の分水を許可した。信綱は三千両の資金と安松を奉行に命じて野火止用水の開削工事を行わせた。工事は四十日を要し、三月に完成した。

野火止用水は、多《た》摩《ま》郡《ぐん》小川村《おがわむら》（現、東京都小平市）で玉川上水から分水され、新田内で数筋に分かれて集落を縦断し、新座郡引又宿《にいくらぐんひきまたじゅく》（現、埼玉県志木市）で新《しん》河岸川《がしがわ》に合流した。一部は松平氏の陣屋の中を通り、のちに野火止に移転した松平家の菩提寺平林寺《へいりんじ》の境内にも引かれた。小川村から新河岸川までの全長は約二十五キロメートルあった。後年新河岸川の対岸に掛樋《かけひ》で引水《ひきみず》して灌漑用水として利用されたり、分水して新田開発に利用されたりもしている。野火止用水は新田の人々の生活に寄与したため、後世「伊豆殿《いずどの》堀《ぼり》」とも称された。

平林寺境内を流れる野火止上水

## 九谷焼を始める

文化思想

加《か》賀《が》藩の支藩である大聖寺《だいしょうじ》藩の藩祖前田利治《まえだとしはる》（加賀藩三代目前田利常《としつね》の三男）は、領内九谷村《くたにむら》（現、石川県加賀市）の鉱山で良質の陶石が発見されたのを機に、鉱山で錬金の役を勤めていた藩士後藤才次郎《ごとうさいじろう》を肥前有田《ひぜんありた》に派遣して製陶術を修得させた。後藤は有田で得た技術と明から亡命してきた陶工などを伴って帰藩し、この年ころから九谷の地で窯を築いて田村権左右衛門《たむらごんざえもん》らを指導して九谷焼《くたにやき》を始めたという。これが後世「古九谷《こくたに》」と呼ばれる色絵磁器《いろえじき》である。

発掘調査によれば、古九谷は色絵付を前提とする白磁や染付が大部分であり、藩窯《はんよう》的性格の強い生産であったことがわかる。この地で元禄末年ごろまでの約半世紀生産されていたと思われる。その後一時中絶していたが、文政六年（一八二三）に九谷古窯の地に吉田屋窯《よしだやがま》が開かれて九谷焼が復興され、青手《あおで》から赤手《あかで》・金襴手《きんらんで》を経て現代に至っている。

【この年の出来事】

**1・20**　幕府、江戸市中での子供の凧揚げを禁止。
**1・20**　江戸で大風雨。
**2・2**　幕府、かぶき者の追捕を通達。
**3・20**　幕府、江戸市中に防火対策として井戸掘削を指示。
**3月**　松平信綱、野火止用水を開削。
**春**　会津藩主保科正之、領内で社倉を実施。
**4・5**　幕府、糸割符制度を廃止、金による相対商売とする。
**4・13**　後西天皇即位により明暦に改元。
**7・2**　幕府、玉川上水を麴町から江戸城二の丸庭内に引く。
**8・2**　幕府、宿駅人馬の荷物重量・賃金、新銭売買に関する規則を制定。
**8・2**　幕府、新銭1両を4貫文と定め、贋造金銀銭貨を厳禁。
**8月**　山村座で『曾我十番切』上演。好評となる。
**8月下旬**　紀伊で大風雨。

**西**
曾我古祐（丹波守）

**◉長崎奉行**
黒川正直（与兵衛）
甲斐庄正述（喜右衛門）

## 保科正之、会津藩で社倉を実施

事件災害

会《あい》津《づ》藩主保科正之《ほしなまさゆき》は朱子学《しゅしがく》を学ぶうちに、中国では隋《ずい》の時代からあり特に南宋《なんそう》の朱子が充実させたという社倉《しゃそう》（飢饉の際に貧民を救うために設けた米・麦・粟・稗《ひえ》などの貯蔵庫）制度を知り、前年の冬から家老や郡奉行《こおりぶぎょう》らに設置を検討させていたが、この春社倉法を領内で実施した。

当初七千十五俵一斗四升の米を用意させ、郡役所を窓口として困窮者への貸し出しを行わせた。貸し出し条件は①群村への救助米は高百石に付き八表とする。②困窮の郷村へは米を与える場合と貸す場合がある。二十俵以上を貸し出す場合は二割の利息を取る。③新たに帰農する者、領外から来た百姓、火事で焼け出された者、新田を開発した者、町人が類火に遇った場合も米を与えるなどであった。災害見舞金の役割も担っていたことがわかる。利息についても状況に応じて無利息や年貢米の減免などの措置が臨機応変にとられていた。また、利息は藩の収入にせずに社倉の充実にあてた。そのため十年足らずの寛文三年（一六六三）には籾《もみ》で二万三千俵が領内各地の社倉に蓄えられ、後年には五万俵に達したという。やがて各藩でも取り入れられ、義倉《ぎそう》・常平倉《じょうへいそう》とともに三倉《さんそう》と呼ばれた。

## 江戸で丹前風呂が流行

社会世相

江戸は神田《かんだ》の佐柄木町《さえきちょう》・雉子町《きじちょう》の辺り（現、千代田区神田司町二丁目）で越後村松《えちごむらまつ》藩主堀丹後守《ほりたんごのかみ》の屋敷前にあった湯女風呂《ゆなぶろ》を当時丹前風呂《たんぜんぶろ》と称していた。ここは容《よう》色《しょく》のすぐれた湯女を多数おいていた。特に勝山《かつやま》と名乗った湯女は器量の良さときっぷで評判となり、この頃大繁盛したという。

勝山は武家風の勝山髷《かつやままげ》を結い、派手な縞柄の布地で綿の入った広袖の部屋着で接待した。勝山が考案したというこの部屋着を丹前風《たんぜんふう》といい、やがて客として多く通ってきた旗本奴《はたもとやっこ》達に取り入れられ、彼らのかぶいた衣装にもなっていった。

丹前風呂は公許の吉原遊廓《よしわらゆうかく》とは違う私娼《ししょう》であり、繁盛すればするほど取締りの対象となり、しばしば営業停止処分を受けたり、湯女の逮捕吉原送りが行われている。勝山も吉原に送られた一人であるが、彼女はその才色を吉原でも発揮し後に太夫《たゆう》にまで登り詰めている。その後、明暦三年（一六五七）六月二十五日に吉原の移転に際し、湯女風呂二百軒を取り潰して湯女を新吉原《しんよしわら》に送ったが、参勤交代の藩士や江戸店《えどだな》の店員など男性が圧倒的に多い江戸では湯女風呂が消えることはなかった。

湯女風呂（『八十翁疇昔語』）

民家2000余戸、堤1万間倒壊、材木7万本流失。
**9・2** 浅草三十三間堂で仇討ち。原田与右衛門、兄の仇林与次右衛門を討ち取る。
**9・22** 江戸大工町から出火。41か町685戸焼失。
**9・26** 野々村仁清、仁和寺で公卿衆に製陶技術を披露。
**10・13** 幕府、江戸市中法度を制定。
**10・28** 浅間山噴火。
**11・12** 幕府、江戸市中の川へ塵芥を捨てることを禁止。
**11・20** 宇喜多秀家歿(84)。
**12月** 幕府、銭貨の時価通用を公認。買い置き・独占販売を禁止。
**この年** 山崎闇斎、堀川下立売橋付近で講席を開く。
**この年** アイヌ酋長オニビシとシャクシャイン、松前城下で会見し、和睦。
**このころ** 後藤三次郎、加賀九谷村で九谷焼を始める。
**このころ** 江戸で丹前風呂が流行。

# 1656

# 明暦二年

丙申

天皇▼後西天皇

将軍▼徳川家綱（第四代）

**【主要幕閣】**

**◉大老**
酒井忠勝（讃岐守）

**◉老中**
酒井忠清（雅楽頭）
松平信綱（伊豆守）
阿部忠秋（豊後守）

**◉寺社奉行**
安藤重長（右京亮）
松平勝隆（出雲守）

**◉勘定奉行**
曾根吉次（源左衛門）
伊丹勝長（蔵人）
村越吉勝（次左衛門）

**◉江戸町奉行**
**北**
石谷貞清（左近将監）
**南**
神尾元勝（備前守）

**◉京都所司代**
牧野親成（佐渡守）

**◉大坂城代**
内藤忠興（帯刀）
松平光重（丹波守）

**◉大坂町奉行**
**東**

## 吉原遊廓の移転決定　十二月二十四日　政治経済

日《に》本橋《ほんばし》葺屋町《ふきやちょう》（現、中央区日本橋人形町）に元和《げんな》四年（一六一八）以来開業していた吉原遊廓《よしわらゆうかく》（のちに元吉原《もとよしわら》といった）に対して幕府は、十月九日に郊外の浅草寺《せんそうじ》裏の日《に》本堤《ほんづつみ》か本所《ほんじょ》への移転を命じた。吉原側は現在地での営業を嘆願したが認められず、担当の北町奉行石谷貞清《いしがいさだきよ》の代償案を呑んで、日本堤の新吉原《しんよしわら》（現、台東区千束四丁目）への移転が決定した。

元吉原の開業当時は葦《よし》の茂る町はずれであったが、急速な江戸の発展にともなって町屋や武家屋敷に囲まれるようになっていたために遊廓の郊外への移転が検討されたのであろう。郊外への移転の代償は①従来の五割増しの営業地域を認める。②夜の営業も認める。③吉原の営業を脅かしていた市中の湯女風呂《ゆなぶろ》を二百軒取り潰す。④山王《さんのう》・神田《かんだ》明神《みょうじん》の祭礼や火事の際の町役《ちょうやく》負担を免除する。⑤移転料一万九千両（一説に一万五千両）を支給するなどの好条件であった。

移転は翌年の明暦の大火で中断したが、六月に移転が完了して八月には開業している。新吉原遊廓も周囲を「おはぐろどぶ」と呼ばれた堀で囲まれ、大門《おおもん》を入ると元吉原と同じ町割であったが、右側の江戸町《えどちょう》と京町《きょうまち》の間に揚屋《あげや》町《ちょう》が新たにできた。新吉原は、江戸の北部にあったので北国《ほっこく》とか北里《ほくり》とか北《きた》とも俗称された。

## 茶道の大家金森宗和歿　十二月十六日　文化思想

「姫《ひめ》宗和《そうわ》」と称される王朝趣味にあふれた宗和流茶道の開祖であった金森宗和《かなもりそうわ》は、この日京都で歿して曹洞《そうとう》宗《しゅう》の天寧寺《てんねいじ》（現、京都市北区）に葬られた。享年七十三。

宗和の名は重近《しげちか》、飛驒高山《ひだたかやま》藩主金森可重《よししげ》の長男であった

鹿苑寺（金閣寺）、右上に茶室が見える
（『都林泉名勝図会』）

**【この年の出来事】**

**2・28** 朝廷、延暦寺・寛永寺・輪王寺を天台宗総本山とする。
**2・5** 幕府、衣服倹約を奨励、頬かむり・覆面などを禁止。
**4・8** 上総で大地震。
**5・14** 幕府、江戸近郊鷹場の新規家作を禁止。
**5・16** 幕府、長崎奉行に、外国船来航の際の処置について再度指示。
**5・17** シャム国船、長崎に来航し貿易を要求。
**5月** 幕府、市中での華美な物品の製造・販売を禁止。
**5月** 幕府、西国大名に外国船来航の警戒を指示。
**6・5** 幕府、屋敷小割奉行を設置。
**7・28** 幕府、旗本奴を禁止。
**7月** 鶺鴒組と称する御家人の子弟が市中を横行。
**8・15** 江戸で大風。
**8・22** 東北・関東・東海で暴風。8900余軒倒壊。

松平重次（隼人正）
西
曾我古祐（丹波守）
◉長崎奉行
黒川正直（与兵衛）
甲斐庄正述（喜右衛門）

が、慶長《けいちょう》十九年（一六一四）の大坂冬の陣参加に対する意見が相違したのか、突然廃嫡《はいちゃく》されて実母と共に京都に移った。時に三十一歳であった。この時大徳寺《だいとくじ》の伝叟紹印《でんそうじょういん》に参禅し、入道して宗和と名乗った。金森家は祖父長近《ながちか》と父可重が千利休《せんのりきゅう》の長男千道安《どうあん》や古田織部《ふるたおりべ》と交流あるいは師弟関係を結んで代々茶の湯を嗜《たしな》んでいた。こうした環境に育った宗和も茶人として成長し、小堀遠州《こぼりえんしゅう》とも交流を持ちつつ、後水尾院《ごみずのおいん》・近衛応山《このえおうざん》（信尋《のぶひろ》）・一条兼遐《かねとお》（昭良《あきよし》）・鹿苑寺《ろくおんじ》の鳳林承章《ほうりんしょうしょう》ら堂上《とうしょう》公家の文化サロンとの交流を深めて「姫宗和」と俗称される優美な宗和流茶道を広めた。宗和の子七之助《しちのすけ》が加賀前田家《かがまえだけ》に茶頭《さどう》として仕えたので、加賀宗和系として後世にも継承された。また、野々村仁清《ののむらにんせい》の御室焼《おむろやき》を支援し、自身の茶会でも仁清の作品を多用したので仁清の名を高からしめたという。鹿苑寺の夕佳亭《せっかてい》は後水尾院の来遊の際に鳳林和尚の依頼で宗和が造営したという田舎風の茶室《ちゃしつ》（現存のものは明治初期に再建）である。

## 稲葉正吉、家臣に殺害される　七月二日

事件災害

駿《すん》府《ぷ》城在番中の書院番頭《しょいんばんがしら》稲葉正吉《いなばまさよし》は、この日（一説では二日）自殺したと届けられたが、五日に大目付《おおめつけ》北《ほう》条氏長《じょううじなが》と目付小田切須猶《おだぎりもちなお》が検使として駿府に派遣された。調査の結果、正吉は家臣の安藤甚五左衛門《あんどうじんござえもん》と松永喜内《まつながきない》の二人に衆道《しゅどう》（男色《だんしょく》）の遺恨で殺されたことが判明した。享年三十九、本家である相模小田原《さがみおだわら》藩主稲葉正則《まさのり》の菩提寺紹《しょう》太寺《たいじ》に葬られた。

正吉は春日局《かすがのつぼね》の夫であった稲葉正成《まさなり》の十男（末子、実母は土佐《とさ》藩主山内忠義《やまうちただよし》の妹）であったが、寛永五年（一六二八）に正成二男の正次《まさつぐ》が死去した際に嫡男正能《まさよし》がまだ三歳であったために、父正成の配慮で美濃国青野《みののくにあおの》五千石を継承し、寄合《よりあい》に列した。その後、甲府城守衛《こうふじょうしゅえい》・浅草観音堂造立《あさくさかんのんどうぞうりゅう》奉行《ぶぎょう》を務めて慶安三年（一六五〇）に書院番頭に登用され、翌年従五位下伊勢守《いせのかみ》に叙爵《じょしゃく》されたのである。この事件は不祥事であったが、春日局との縁が考慮されたのか嫡男正《まさ》休《やす》への相続が認められている。ちなみに、この正休はのち若年寄《わかどしより》に登用されて青野で一万二千石を領したが、貞享元年（一六八四）に従姉甥《いとこおい》の大老堀田正俊《ほったまさとし》を刺殺し、自身も同僚らに斬り殺された人物である。父子二代にわたって殺されるという不運な家である。

## 和泉屋九左衛門、穴蔵（窖）を造る

社会世相

江戸の本町《ほんちょう》二丁目の呉服屋《ごふくや》和泉屋《いずみや》九左衛門《きゅうざえもん》が、この年火事対策のために穴蔵《あなぐら》（窖《あなぐら》）を造ったという。これが江戸における穴蔵造りの濫觴《らんしょう》とされている（喜田川《きたがわ》守貞《もりさだ》著『守貞謾稿《もりさだまんこう》』、斎藤月岑《さいとうげっしん》著『武江年表《ぶこうねんぴょう》』）。

当時の人々の間では火災時に役立つか疑問視する声が多かった。しかし、翌年の明暦の大火（俗に振袖火事《ふりそでかじ》と呼ばれた）でこの穴蔵に入れた物が無事であったことを知り、世間も穴蔵を評価するようになり、穴蔵を造る大店《おおだな》や武家屋敷が多くなったという。

後の天保期（一八三〇―一八四四）になると、江戸に限らず京坂でも大店では金銀の保管庫用に穴蔵を家屋の内や裏、土蔵の中に造ったという。また、土蔵よりも穴蔵の方が造る費用が安かったので、火災の際の物品保管庫用にも造ったという。京坂の穴蔵は切石《きりいし》を積む形式が多かったが、江戸は木製でひば材を多用した。江戸の霊巌島《れいがんじま》の川口町《かわぐちちょう》には穴蔵造の専門職人がいたことが知られている。

**8・29**　幕府、長崎来航のシャム国船に帰国を指示。
**9・18**　柳生宗冬、徳川家綱へ剣法を伝授。
**10・9**　幕府、江戸吉原町を召し上げ、浅草三谷村に代替地を与える。
**10・13**　幕府、浅草に銭座を設置。
**10・16**　江戸で大火。元呉服町から出火、48町、890余戸焼失。
**10月**　浅間山噴火。
**12・12**　林羅山、初めて家綱に『大学』を講義。
**12・16**　金森宗和歿(73)。
**12・24**　遊廓の新吉原移転が決定。
**12・28**　幕府、関東諸国に盗賊取締令を公布。
**この年**　オランダ船で麝香鼠が長崎に渡来。各地で増える。

# 1657

# 明暦三年

丁酉

天皇▼後西天皇

将軍▼徳川家綱（第四代）

**【主要幕閣】**

**◉老中**
酒井忠清（雅楽頭）
松平信綱（伊豆守）
阿部忠秋（豊後守）
稲葉正則（美濃守）

**◉寺社奉行**
安藤重長（右京亮）
松平勝隆（出雲守）

**◉勘定奉行**
曾根吉次（源左衛門）
伊丹勝長（蔵人）
村越吉勝（次左衛門）

**◉江戸町奉行**
**北**
石谷貞清（左近将監）
**南**
神尾元勝（備前守）

**◉京都所司代**
牧野親成（佐渡守）

**◉大坂城代**
松平光重（丹波守）

**◉大坂町奉行**
**東**
松平重次（隼人正）
**西**
曾我古祐（丹波守）

## 明暦の大火が起こる　一月十八日〜二十日

政治経済

江戸本郷《ほんごう》の丸山《まるやま》にあった本妙寺《ほんみょうじ》から、一月十八日の午後二時頃に出火し、折からの北西の強風に煽《あお》られて本郷・湯島《ゆしま》・駿河台《するがだい》から神田・日本橋へと燃え広がった。夕刻から西風に変わると、鎌倉河岸《かまくらがし》から茅場町《かやばちょう》・八丁堀《はっちょうぼり》・霊巌島《れいがんじま》・佃島《つくだじま》に至る下町一帯が焼失し、十九日の午前二時頃に鎮火《ちんか》した。その後、午前十一時過ぎに小石川新鷹匠町《しんたかじょうまち》の武家屋敷から出火し、強風に乗って神田から京橋・新橋辺まで延焼したが、途中、江戸城内にも飛火し、西の丸殿舎を除く天守閣・本丸・二の丸・三の丸が焼失した。さらに十九日の夕刻には麹町《こうじまち》五丁目の町屋からも火災が発生し、江戸城に沿って西の丸下の大名小路《だいみょうこうじ》・外桜田《そとさくらだ》の大名屋敷を一軒も残さず焼き尽くしてから、日比谷・愛宕下《あたごした》・芝浦までがことごとく灰燼《かいじん》に帰して、二十日の朝方にようやく鎮火した。

被害は大名屋敷百六十軒、旗本屋敷七百七十軒、寺社三百五十余所、町屋約四百町に及び、江戸市街の六十パーセントが焼失したという。死者は一説によると十万人余という。本所《ほんじょ》の回向院《えこういん》は明暦の大火で放置された多くの無縁の屍《しかばね》を埋葬《まいそう》するために建てられた寺である。最初の火事である本妙寺の出火原因は不明であるが、後年になると本妙寺の大施餓鬼《おおせがき》に焼いた振袖《ふりそで》が空に舞い上がって本堂に燃え移り、大火になったという伝説が広まった。そのため「振袖火事」という俗称が生まれたのである。また、幕府は、この明暦の大火を機に防火体制の強化とともに、密集地の疎開、市域の拡大、町割《まちわり》の改正など、江戸の再建・改造計画を実施した。

西欧に伝えられた江戸の大火（モンタヌス『日本誌』）

回向院（『江戸名所記』）

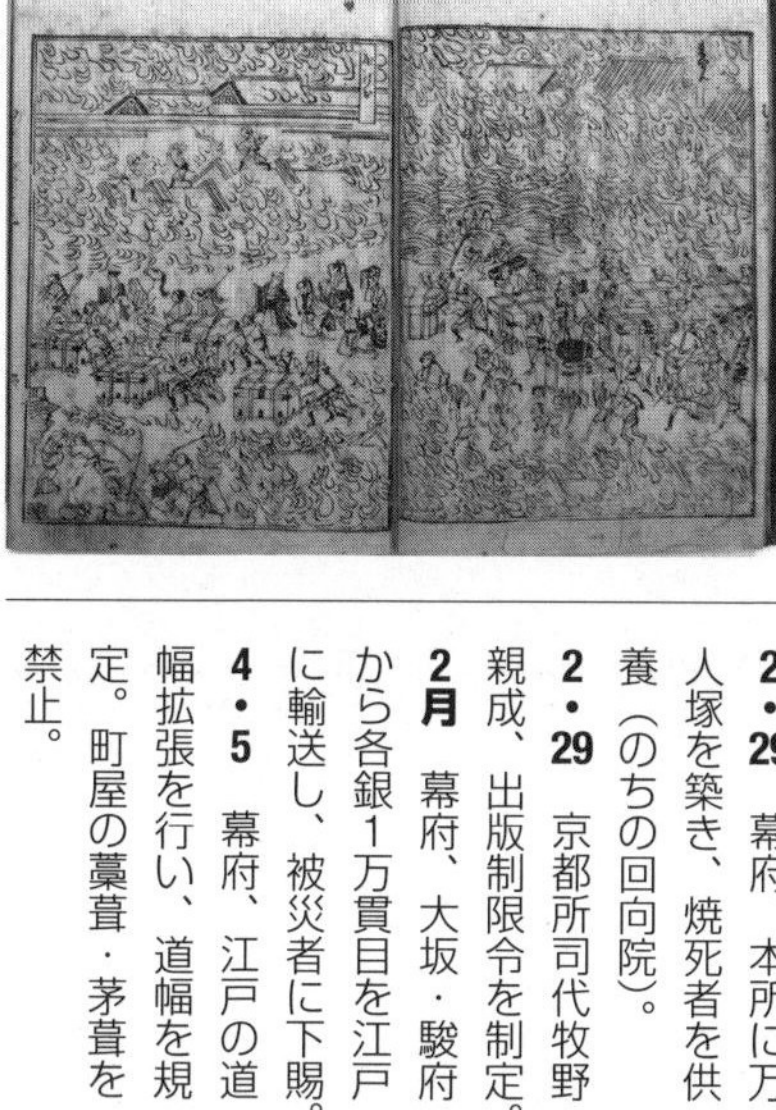

明暦の大火（『むさしあぶみ』）

**【この年の出来事】**

**1・2**　江戸四谷竹町で大火。麹町でも出火。
**1・18**　明暦の大火（振袖火事、20日まで）。
**1・20**　江戸で大雪。大火被災者の凍死多数。27日にも。
**1・20**　幕府、江戸市中6か所で大火被災者への施粥を開始（2月12日まで）。
**1・23**　林羅山歿（75）。
**2・9**　幕府、旗本に倹約令、大名に3年間の参勤の献物軽減などを布達。
**2・27**　徳川光圀、『大日本史』の編纂開始。
**2・29**　幕府、本所に万人塚を築き、焼死者を供養（のちの回向院）。
**2・29**　京都所司代牧野親成、出版制限令を制定。
**2月**　幕府、大坂・駿府から各銀1万貫目を江戸に輸送し、被災者に下賜。
**4・5**　幕府、江戸の道幅拡張を行い、道幅を規定。町屋の藁葺・茅葺を禁止。

◉長崎奉行
黒川正直（与兵衛）
甲斐庄正述（喜右衛門）

## 徳川光圀『大日本史』の編纂開始　二月二十七日

文化 思想

司《し》馬遷《ばせん》の『史記《しき》』に触発された水戸藩世子《せいし》の徳川光圀《みつくに》が、この日、神田の中屋敷《なかやしき》に「本朝の史記」（のちの『大日本史《だいにほんし》』）編纂《へんさん》のための史局（のちの彰考館《しょうこうかん》）を開いて史料収集を始めた。

寛文元年（一六六一）に父頼房《よりふさ》の死で二代藩主となるや、史局を小石川の上屋敷《かみやしき》に移し、安積澹泊《あさかたんぱく》・佐々宗淳《さっさそうじゅん》・三宅《みやけ》観瀾《かんらん》ら多くの学者を集めて綿密な史料批判・史実の考証を進めさせた。光圀歿後も水戸藩で編纂は続けられ、明治三十九年（一九〇六）に神武《じんむ》天皇から後小松《ごこまつ》天皇に至る漢文紀伝体《かんぶんきでんたい》の歴史書が完成した。①神功皇后《じんぐうこうごう》を皇位から除き、②天智《てんじ》天皇の子大友皇子《おおとものみこ》を弘文《こうぶん》天皇として皇位に加え、③南朝《なんちょう》を正統とした点が、三大特筆とされる。

また、編纂の過程で形成された皇統の正閏《せいじゅん》と忠臣《ちゅうしん》・叛《はん》臣《しん》などの名分論《めいぶんろん》からは、独自の学風である水戸学《みとがく》が醸成された。そして幕末の尊王攘夷思想《そんのうじょういしそう》や近代の天皇制国家の思想に大きな影響を与えた点も見逃せない。

## 水野十郎左衛門、幡随院長兵衛を殺害　七月十八日

事件 災害

寄《より》合席《あいせき》の旗本・水野《みずの》十郎左衛門《じゅうろうざえもん》成之《なりゆき》から、この日、侠客《きょうかく》の幡随院長兵衛《ばんずいいんちょうべえ》（幡随《ばんずい》長兵衛とも）を自邸で殺害した旨が町奉行所へ届け出られた。届け出によると、長兵衛がやって来て花街《はなまち》に繰り込もうと持ちかけたが、十郎左衛門が断った。すると長兵衛が怒って、臆《おく》したかなどと種々罵《ののし》り、無礼の振る舞いがあったので、十郎左衛門が怒りを抑えきれずに長兵衛を斬り殺したというものだった。

町奉行が処理方針を老中に問い合わせたところ、老中からは、長兵衛は牢人《ろうにん》者であるから十郎左衛門を咎《とが》める必要はないという指示だった。その結果、旗本に無礼を働いた町人に対する斬捨《きりす》て御免《ごめん》として処理されたのである。

長兵衛は、牢人か武家奉公の経験を持つ町奴《まちやっこ》の頭領で、住んでいた場所も下谷《したや》の幡随院境内とか浅草の花川戸《はなかわど》など諸説ある。戦国の余韻《よいん》がまだ残る当時は、旗本奴《やっこ》と町奴の勢力争いが頻発しており、事件の当事者の十郎左衛門が旗本奴「大小神祇組《だいしょうじんぎぐみ》」の頭領であり、長兵衛が町奴「六《ろっ》法組《ぽうぐみ》」を代表する頭領であったことから、後世の歌舞伎《かぶき》などでは次第に長兵衛を無法な旗本奴に対抗する町人の侠《おとこ》気《ぎ》を代表するヒーローとして取り上げるようになった。河《かわ》竹黙阿弥《たけもくあみ》の『極付《きわめつけ》幡随長兵衛』はその代表例である。

## 小伝馬町の牢獄開放、死者多数発生　一月十八日

社会 世相

明暦の大火が起こったこの日、火の手が小伝馬町《こでんまちょう》の牢屋敷に及んだ際に、囚獄《しゅうごく》（俗称は牢屋奉行）の石出《いしで》帯刀《たてわき》は、牢屋敷内にいた囚人を全員引き出し、「お前たちの罪はまだ決まっていない。このまま焼死させるには忍びないので、一旦解放する。ただし、鎮火したならば速やかに戻れ。もし逃げ延びようとした者は罪一等を加える」と述べて解放した。この時の石出の対応に感じ入った多くの囚人たちは鎮火後に牢屋敷へ戻ってきた。石出もその囚人たちの約束を守った心意気に感じて罪一等を減じる上申をしたという。一方で約束を守らず逃走を図った者は後日死罪に処された。

ところで、閉じてしまった浅草門付近では逃げ場を失った者が多く焼死したといわれる。

**6・2**　松永尺五歿(66)。
**6・10**　霊巌寺、霊巌島から深川に移転。
**7・18**　旗本水野十郎左衛門、町奴の幡随院長兵衛を殺害。
**8・15**　大火で焼失した江戸城二の丸完成。
**8月**　吉原遊廓、新吉原に移転。
**10・29**　大坂で大火。強風で商家560余戸焼失。
**10月**　浅間山噴火。
**11・15**　大村藩でキリシタン多数検挙（郡崩れ）。
**この年**　幕府、江戸武家屋敷・寺社地を多数移転。
**この年**　雲仙岳噴火。

# 1658

# 万治元年（明暦四年）

**戊戌**

**天皇▼後西天皇**

**将軍▼徳川家綱（第四代）**

**【主要幕閣】**

**◉老中**
酒井忠清（雅楽頭）
松平信綱（伊豆守）
阿部忠秋（豊後守）
稲葉正則（美濃守）

**◉寺社奉行**
松平勝隆（出雲守）
板倉重郷（阿波守）
井上正利（河内守）

**◉勘定奉行**
曾根吉次（源左衛門）
伊丹勝長（蔵人）
村越吉勝（次左衛門）

**◉江戸町奉行**
**北**
石谷貞清（左近将監）
**南**
神尾元勝（備前守）

**◉京都所司代**
牧野親成（佐渡守）

**◉大坂城代**
松平光重（丹波守）
水野忠職（出羽守）

**◉大坂町奉行**
**東**
松平重次（隼人正）

## 幕府、定火消を新設　九月八日

政治経済

明暦の大火によって江戸の防火体制の不備を痛感した幕府は、この日、若年寄《わかどしより》支配の消防組織として定《じょう》火消《ひけし》を新設した。旗本の近藤用将《こんどうもちまさ》（五千四百五十石余）・内《ない》藤正吉《とうまさよし》（五千石）・秋山正房《あきやままさふさ》（四千石）・町野幸宣《まちのよしのぶ》（五千石）の四名に火消屋敷とその役宅営繕費百貫を支給し、それぞれ与力《よりき》六騎・同心《どうしん》三十人を付属して、妻子ともに火消屋敷《ひけしやしき》に住まわせた。また、火消人足《にんそく》を召し抱えるために月俸三百口（三百人扶持《ふち》）が支給された。

定火消の人数はのちに増減があり、宝永元年（一七〇四）以降は十名で固定した。そのため十人火消《じゅうにんひけし》とも称された。定火消屋敷は、江戸城の北部から西部に位置した八重洲河《やえすが》岸《し》・赤坂溜池《あかさかためいけ》・半蔵門外・御茶ノ水・駿河台・赤坂門外・飯田橋・小川町・四谷門外・市ケ谷左内坂《いちがやさないざか》の十ケ所にあった。冬の北西からの激しい季節風による大火が多く、その危険から江戸城を守護するのが目的だった。実際の消火に当ったのは臥烟《がえん》と呼ばれた火消人足で、各定火消屋敷に二、三百人いた。屋敷内の臥烟部屋に起居し、就寝時は長い丸太棒を枕とした。火災が起こると不寝番《ふしんばん》が丸太棒の端を叩いて起こし、頭《かしら》の定紋《じょうもん》を染めた色木綿の法被《はっぴ》に褌《ふんどし》という軽装で火事場に駆けつけて消火作業に当たったという。文政十一年（一八二八）以降は、町火消の成長もあって出動範囲は郭内に限定された。

## 「乞食宗旦」と称された千宗旦歿　十二月十九日

文化思想

祖父である千利《せんのり》休が確立した侘《わ》び茶《ちゃ》をさらに徹底させるとともに、諸大名からの仕官《しかん》の口を一切断り、清貧の姿勢を貫いたので「乞食宗旦《こじきそうたん》」の敬称で呼ばれた千《せんの》宗旦《そうたん》が、この日、八十一歳で歿し、京都大徳寺《だいとくじ》の聚光院《じゅこういん》に葬られた。

宗旦は利休の養子少庵《しょうあん》の子として堺に生まれ、十一歳で大徳寺の喝食《かっしき》となり、やがて剃髪して禅を修行した。文禄三年（一五九四）になると徳川家康・前田利家や利休の門人であった蒲生氏郷《がもううじさと》・細川忠興《ほそかわただおき》ら有力大名の尽力で、会津にいた少庵を赦免し、十七歳の息子宗旦を大徳寺から呼び戻すことで、京都本法寺前《ほんぽうじまえ》に千家の再興が図られた。その際、利休伝来の長持《ながもち》三棹《さお》が宗旦に下賜された。そして二年後に少庵から家督を譲られている。宗旦は大徳寺の沢庵宗《たくわんそう》彭《ほう》や江月宗玩《こうげつそうがん》らと交流を深めて禅の道を究める一方で、近《この》衛《え》応山《おうざん》（信尋《のぶひろ》）や相国寺《しょうこくじ》の鳳林承章《ほうりんしょうしょう》、後水尾院《ごみずのおいん》ら公家文化サロンでの交流も親密であった。

千宗旦（栗原信充『肖像集』）

正保三年（一六四八）に父から受け継いだ不審庵居屋敷《ふしんあんいやしき》を三男の宗左《そうさ》に譲り（表千家《おもてせんけ》）、翌年、後庭に今日庵《こんにちあん》を建てて

**【この年の出来事】**

**1・10**　江戸で大火。本郷吉祥寺辺より出火。12日にも鷹師町・本郷・芝各所で出火。
**2・9**　初代中村勘三郎歿（61）。
**2・15**　幕府、日用人足の賃銭について規定。
**この春**　蝦夷地で疫病流行。死者多数。
**6月**　大坂で大火。
**6・24**　幕府、鄭成功からの援軍要請を拒否。
**6・24**　浅間山噴火。
**7・23**　「明暦の大火」により万治に改元。
**7・27**　大村藩、前年検挙した大村郡村などのキリシタンを処刑。
**8・1**　幕府、江戸府内の地図作成を指示。
**8・13**　長崎奉行、大村藩でのキリシタン603名の処刑を幕府に報告。
**8月上旬**　大風雨により、東海・畿内で高潮・洪水。田畑や建物などに大被害。
**8月**　幕府、キリシタン禁令の高札を立て、キリ

**西**
曾我古祐（丹波守）
曾我近祐（又左衛門）

**◉長崎奉行**
黒川正直（与兵衛）
甲斐庄正述（喜右衛門）

隠退した。ここが宗旦の死後、末子の宗室《そうしつ》に譲られた（裏《うら》千家《せんけ》）。ここに次男宗守《そうしゅ》を祖とする武者《むしゃの》小路《こうじ》千家と合わせて三千家が成立する。

## 諸国に風水害が発生　事件災害

この年は一月十日の本郷吉祥寺《ほんごうきちじょうじ》から起きた江戸大火を皮切りに、諸国で風水害が発生した。

二月十三日に日光で大風（竜巻と思われる）が起こり、日光山内の各所が破損した知らせがあり、三月に破損奉行の任命がなされている。日光山は四月三日にも地震で破損している。六月二十七・二十八日には大風雨で長崎港内の船数隻が破損し、三十人ほどが行方不明となった。七月十七日の大風雨では、美濃全域で洪水に見舞われたことが幕府に報告されている。八月三・四日には近畿・東海各地で暴風雨・洪水が襲い、摂津《せっつ》・河内《かわち》・播磨《はりま》・丹後などの海岸線では高潮が侵入して水田や家屋を破損した。賀茂川《かもがわ》の堤防も決壊したという。同月十九・二十日には肥後・豊後《ぶんご》で洪水が起きている。上野《こうずけ》の高尾村《たかおむら》では十月末から地震が頻発して山崩れが起き、平地が一丈《いちじょう》（約三メートル）も陥没したという。さらに十二月晦日に伊勢の宇治《うじ》で失火し、折からの大風によって伊勢神宮の内宮《ないくう》が全焼したことが幕府に注進されている。

## 幕府、府内の地図作製を命ず　八月一日　社会世相

明暦の大火の直後の正月二十七日に幕府は、大目付《おおめつけ》の北条氏長《ほうじょううじなが》と新番頭《しんばんがしら》の渡辺綱貞《わたなべつなさだ》に、城中および江戸市街の地図作成を命じた。江戸の復興には正確な地図が不可欠と痛感したためである。氏長の指揮下には当時、規矩《きく》術《じゅつ》（オランダ流測量術）に熟達した金沢清左衛門《かなざわせいざえもん》がおり、実地測量を担当した。さらにこの日、幕府は府内の諸大名・旗本・御家人などに拝領屋敷の持主の姓名・間数《けんすう》・地形・方位などを示した絵図面の提出を求めた。また町人地の地主らにも同様の絵図面の提出を求めている。これらの情報を盛り込んだ府内の実測図を、氏長らが完成させて幕府に納めた。

氏長指揮下で作成された江戸実測図と推定されているのが三井文庫所蔵の「万治年間江戸測量図《まんじねんかんえどそくりょうず》」（明暦実測図ともいう）である。二千四百分の一という大縮尺で彩色された巨大な地図（三・二二メートル×四・一六メートル）で、江戸城の城門や櫓を起点として測量したものと思われる。また放射状の描線は、測量あるいは図化の便宜のためと思われ、当時の規矩術の測量術の知識を物語る好資料である。また、この地図の普及のために出版されたのが寛文五枚図と通称される遠近道印《おちこちどういん》の『新板江戸大絵図』である。

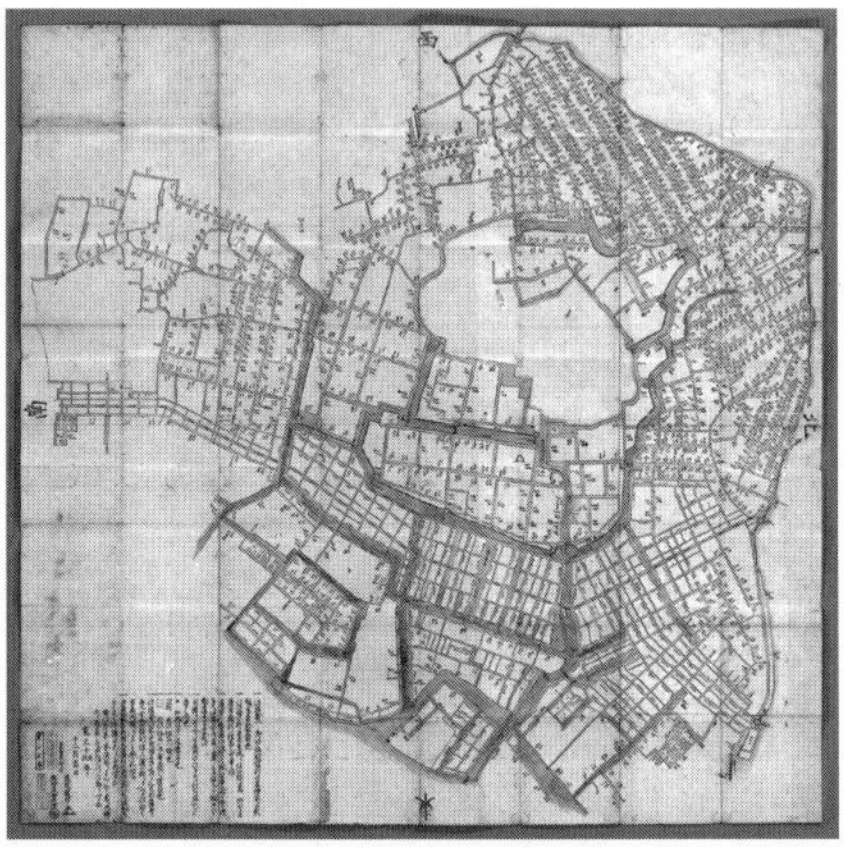

『新板江戸大絵図』
５枚のうちの一枚

シタン訴人の褒賞金を値上げ。
**9・8**　幕府、定火消を新設。
**11・1**　隠元、将軍家綱に拝謁。
**11月**　幕府、人身売買および10年以上の年季奉公を厳禁。
**12・19**　千宗旦歿（81）。
**12・30**　伊勢内宮焼失。
**閏12・1**　竹田出雲、朝廷より出雲掾を受領。
**閏12・3**　幕府、江戸大火と諸国凶作により、諸国に酒造量の半減を指示。また不作農村の保護を命令。
**この年**　諸国に風水害発生。

# 1659

# 万治二年

## 己亥

天皇▼後西天皇

将軍▼徳川家綱（第四代）

**【主要幕閣】**

**◉老中**
酒井忠清（雅楽頭）
松平信綱（伊豆守）
阿部忠秋（豊後守）
稲葉正則（美濃守）

**◉寺社奉行**
松平勝隆（出雲守）
板倉重郷（阿波守）
井上正利（河内守）

**◉勘定奉行**
曾根吉次（源左衛門）
伊丹勝長（蔵人）
村越吉勝（次左衛門）

**◉江戸町奉行**
**北**
石谷貞清（左近将監）
村越吉勝（長門守）
**南**
神尾元勝（備前守）

**◉京都所司代**
牧野親成（佐渡守）

**◉大坂城代**
水野忠職（出羽守）
内藤忠興（帯刀）

**◉大坂町奉行**
**東**

## 天守閣を除く江戸城本丸竣工　八月三日

政治経済

明暦の大火で焼失した江戸城本丸の再建工事が二月十五日に始まって、五月十五日に殿舎本体が出来上がり、この日、天守閣《てんしゅかく》を除いて付帯施設などを含む本丸全体の普請《ふしん》が竣工《しゅんこう》した。そして西の丸に避難していた家綱は、九月五日の午前八時頃に西の丸大手門《おおてもん》（現、皇居正門）から内桜田門《うちさくらだもん》（現、桔梗門《ききょうもん》）を経て、本丸殿舎玄関から中奥《なかおく》に還御した。

本丸の再建に当たって、天守台《てんしゅだい》の築造は加賀藩主の前田綱紀《まえだつなのり》に命じられた。現存する高さ十一メートルの天守台（石垣上端の南北四十メートル×東西三十六メートル）はこの時のものである。天守閣の再建については、老中らとの協議の中で、家綱の補佐役だった保科正之《ほしなまさゆき》の「天守閣はさのみ城の要害《ようがい》として必要とはいえず、ただ遠くを観望《かんぼう》するだけのものである。公儀の作事《さくじ》が長引けば、諸大名、旗本・御家人、町屋の家作《かさく》再建に支障になるばかりか、経費の無駄遣いにもなりかねない。当分延期するのが得策である」という意見が取り入れられ、その後再建されることなく現在に至っている。

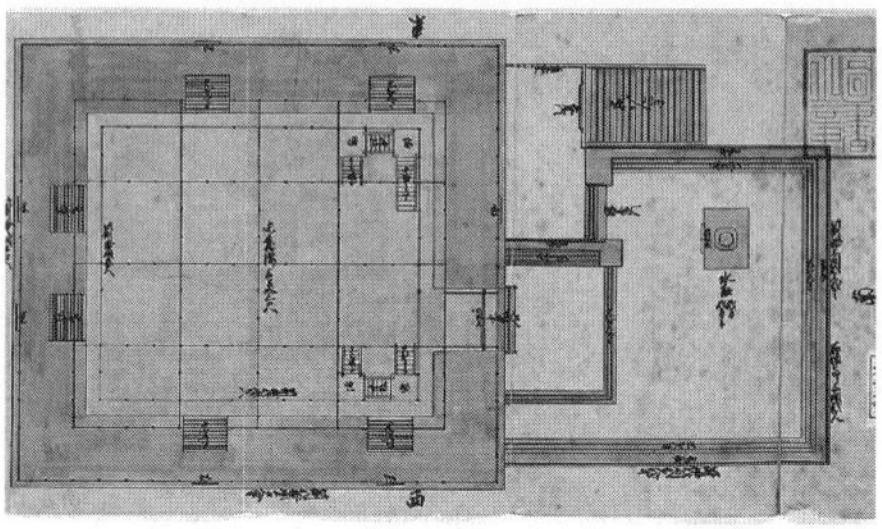

明暦3年に天守閣が失われた後、新井白石等により正徳2年に提出された再建図「江戸城御天守絵図」

## 朱舜水、日本に帰化　十二月十九日

文化思想

明《みん》末《まつ》の儒学者である朱舜水《しゅしゅんすい》は、混濁した官界に違和感を持ったために十二回に及ぶ明朝からの仕官《しかん》要請にも応じなかったが、明朝が滅亡すると明朝再興運動に積極的に参加した。日本・安南《あんなん》（現ベトナム）との三角貿易に従事して軍資金調達を担当し、南明《なんみん》政権や鄭成功《ていせいこう》（国姓爺《こくせんや》）を支援した。鄭成功の南京《なんきん》攻略戦に従軍して敗北を喫すると、明朝復興を断念し、この年、長崎《ながさき》に亡命して日本へ帰化することを決断した。

朱舜水の名は之瑜《しゆ》、字は魯嶼《ろよ》・楚嶼《そよ》、舜水は号。長崎に来た舜水に対して筑後柳河《ちくごやながわ》藩の儒者安東守約《あんどうもりなり》（省庵《せいあん》）は、

**【この年の出来事】**

**1・12** 江戸で大火。

**1・19** 幕府、江戸市中の振売人に鑑札5700枚を下付。無札での商売を厳禁。

**1・25** 京都で大火。室町から出火し、600余軒焼失。

**2月** 朱舜水、長崎に来日。

**3・1** 寄合中条信慶の奴、かぶき者として下馬所に晒され斬罪。

**3月** 幕府、昼夜の辻番制を制定。

**4・2** 福井で大火。1000余軒焼失。

**4・29** 江戸山王社正遷宮。

**5・21** 京都で洪水。鴨川・桂川各所で堤防欠壊。

**6・16** 幕府、諸大名にキリシタン追捕の強化を指示。

**6・23** 幕府、酒造半減令を発令。

**6月** 幕府、関所女通行手形の制を制定。南北町奉行の印が必要となる。

松平重次（隼人正）
西
曾我近祐（又左衛門）
◉長崎奉行
黒川正直（与兵衛）
甲斐庄正述（喜右衛門）

師弟の縁を結ぶとともに自らの俸禄《ほうろく》の半分を割いて支援した。寛文五年（一六六五）になると、水戸藩の儒者小宅生《おやけせい》順《じゅん》（処斎《しょさい》）の推挙で江戸へ招かれて水戸藩の賓客となり、藩主徳川光圀《みつくに》の厚遇を受けた。安積澹泊《あさかたんぱく》らと深く交わり、大義名分論に立つ前期水戸学の形成に影響を与え、林鳳《はやしほう》岡《こう》・木下順庵《きのしたじゅんあん》らにも大きな影響を及ぼした。舜水の学風は朱子学《しゅしがく》と陽明学《ようめいがく》の中間で実学《じつがく》を重んじ、農業・造園・学制を指導した。小石川の水戸藩上屋敷の「後楽園《こうらくえん》」の命名と造園は舜水によるものといわれている。天和二年（一六八二）四月十七日に八十三歳で歿し、水戸家累代の墓所の瑞《ずい》竜山《りゅうざん》（現、茨城県常陸太田市）に葬られた。東京大学農学部構内に「朱舜水先生終焉《しゅうえん》之地《のち》」の碑がある。

## 両国橋が開通　十二月十三日

事件災害

幕府は江戸防衛の視点から長く千住大橋《せんじゅおおはし》以外に大川《おおかわ》（浅草川《あさくさがわ》、現隅田川《すみだがわ》）への架橋《かきょう》を認めていなかったが、明暦の大火を機に防災の必要と大川東岸の本所《ほんじょ》・深川《ふかがわ》一帯の開発促進のために架橋を許可し、この日、全長九十八間（約百七十八・二メートル）の両国橋《りょうごくばし》が完成、開通した。

橋は初め大橋《おおはし》といわれたが、橋の西側の武蔵国と東側の下総国《しもうさ》とを結ぶことから両国橋と呼ばれるようになった。両《りょう》橋の西詰には火除地《ひよけち》（延焼を避けるための空地）としての両国広小路《ごくひろこうじ》が設けられ、盛り場として発展した。江戸中期以降は見世物小屋や芝居小屋、茶屋が建ち並び、大道芸や物売りが集まる江戸随一の盛り場となった。一方、東詰には回向院《えこういん》の勧進相撲《かんじんずもう》、百本杭《ひゃっぽんぐい》付近の鯉などの釣場、相模《さがみ》の大山石尊権現《おおやませきそんごんげん》（現、大山阿夫利神社《おおやまあふりじんじゃ》）に参詣する信者（大山参り、大山詣《もうで》と称した）がまず水垢離《みずごり》をとる場所などとして知られ、岡場所《おかばしょ》や見世物などでも賑わった。また、両国橋での夕涼《ゆうすず》みや川開きの花火などは、江戸文化を代表する年中行事や風物詩として、歌川広重《うたがわひろしげ》や葛飾北斎《かつしかほくさい》らによる浮世絵の格好の題材となった。

## 江戸山王社正遷宮　四月二十九日

社会世相

江戸の山王社《さんのうしゃ》（山王権現《さんのうごんげん》、日吉山王神社《ひえさんのうじんじゃ》ともいう、明治になって日枝神社《ひえ》）は、太田道灌《おおたどうかん》が武蔵国入間《いるま》郡の星《せい》野山《やさん》から山王三所《さんのうさんしょ》を江戸城内の梅林坂《ばいりんざか》へ遷し、江戸城の鎮《ちん》守《じゅ》としたのに始まるという（一説では川越氏の一族で鎌倉前期の武将江戸重長《えどしげなが》が江戸郷に移った際に河越荘の鎮守の分霊《ぶんれい》を館《やかた》に勧請《かんじょう》したのに始まるという）。天正十八年（一五九〇）に関東に入府した徳川家康は、江戸城の拡張に伴って山王社を紅葉山《もみじやま》、その後は西貝塚《にしかいずか》（現、千代田区隼人町）へ遷した。しかし、三代将軍家光は、六百石の朱印地《しゅいんち》を山王社に寄進した。しかし、明暦の大火で社殿が類焼したので、四代将軍家綱は山王社を現在地（現、千代田区永田町二丁目）に遷し、荘重な社殿が竣工《しゅんこう》して、この日、正遷宮《せいせんぐう》が行なわれた。幕府は奏者番《そうじゃばん》の板倉重郷《いたくらしげさと》を代参させ、輪王寺宮《りんのうじのみや》が正遷宮式を執行した。

以後も歴代将軍の崇敬は厚く、六月十五日の山王祭《さんのうまつり》は神輿が江戸城内に入って将軍の上覧を仰ぐのが常となり、江戸第一の大祭として天下祭と称されるようになった。ただし、将軍の上覧は天和元年（一六八一）以降は、神田明神《かんだみょうじん》の神田祭《かんだまつり》との隔年となる。

**6月**　浅間山噴火。
**7・3**　江戸で洪水。橋多く流失。浅草米蔵浸水。
**8・3**　江戸城本丸竣工。天守閣は再建されず。
**9・5**　将軍家綱、江戸城西の丸から本丸へ移る。
**9月**　幕府、博奕・売女の禁止令を制定。
**12・13**　隅田川の両国橋開通。
**12・19**　朱舜水、日本に帰化。
**12・27**　対馬城下で大火。1078戸焼失。
**この年**　霧島山噴火。
**この年**　幕府、道奉行を設置。

# 1660

# 万治三年

## 庚子

**天皇▼後西天皇**

**将軍▼徳川家綱**（第四代）

**【主要幕閣】**

**◉老中**
酒井忠清（雅楽頭）
松平信綱（伊豆守）
阿部忠秋（豊後守）
稲葉正則（美濃守）

**◉寺社奉行**
板倉重郷（阿波守）
井上正利（河内守）

**◉勘定奉行**
曾根吉次（源左衛門）
伊丹勝長（蔵人・播磨守）
岡田善政（豊前守）

**◉江戸町奉行**
**北**
村越吉勝（長門守）
**南**
神尾元勝（備前守）

**◉京都所司代**
牧野親成（佐渡守）

**◉大坂城代**
内藤忠興（帯刀）
松平光重（丹波守）

**◉大坂町奉行**
**東**
松平重次（隼人正）

## 「伊達騒動」が発生　七月十八日

政治 経済

仙台藩三代藩主の伊達綱宗《だてつなむね》（忠宗《ただむね》の六男、藩祖政宗《まさむね》の嫡孫）は、この日、幕府から酒色《しゅしょく》に耽《ふけ》るなどの日頃の不行跡を理由に、隠居《いんきょ》の上に逼塞《ひっそく》を命じられ、二歳の嫡男亀千《かめち》代《よ》（のちの綱村《つなむら》）への家督相続が伝達された。同時に一門で綱宗の叔父である伊達兵部大輔宗勝《ひょうぶたいふむねかつ》（政宗十男。一関《いちのせき》三万石）と綱宗の庶兄《しょけい》（忠宗の三男）田村右京亮宗良《たむらうきょうのすけむねよし》（岩沼《いわぬま》三万石）が亀千代の後見役を命じられた。ここに「伊達騒《だてそう》動《どう》」（寛文事件《かんぶんじけん》ともいう）が始まった。

亀千代の後見役となった宗勝は、進歩派の原田甲斐宗輔《はらだかいむねすけ》ら譜代直臣層と藩政を主導し、藩権力の強化・集中を図ろうとし、旧来の特権維持を求める伊達安芸宗重《あきむねしげ》（涌谷《わくや》二万石）ら一門門閥層の保守派と対立した。そして宗重と宗勝の甥である伊達式部宗倫《しきぶむねとも》（忠宗の五男。登米《とめ》一万七千石）との境界紛争に対する宗勝らの裁定に不満を募らせた宗重は、寛文十年（一六七〇）に宗勝・宗輔らの藩政の非違を幕府に提訴した。翌十一年二月から幕府の審理が始まったが、三月二十七日に大老《たいろう》の酒井忠清《さかいただきよ》邸での対決で、宗輔は突然宗重を斬殺し、自らもその場で殺された。四月三日に幕府は、宗勝・宗輔らを敗訴とし、後見役の宗勝を改易《かいえき》に処して土佐藩預《あず》け、嫡男宗興《むねおき》は豊前小倉《ぶぜんこくら》藩預けとされ、宗良も閉門《へいもん》を命じられた。宗輔の男子四人は切腹《せっぷく》、男孫二人は斬首《ざんしゅ》された。一方で藩主綱基《つなもと》（のち綱村）には仙台六十二万石の領地を安堵した。この結果、一門門閥層を排除して藩主権力を確立するという近世大名化が伊達家では頓挫《とんざ》してしまったのである。

なお、伊達騒動についての世論の評価は、安永六年（一七七七）に歌舞伎『伽羅先代萩《めいぼくせんだいはぎ》』が初演されて以来、伊達安芸忠臣説が支持されてきたが、昭和三十年（一九五五）に山本周五郎《やまもとしゅごろう》が『樅《もみ》の木は残った』を発表すると、原田甲斐忠臣説も知られるようになった。

芝居の原田甲斐（明治の役者絵）

## 須原屋茂兵衛が出版活動を開始　十二月十九日

文化 思想

紀伊国有田郡栖原村《すはらむら》（現、和歌山県有田郡湯浅町）出身の須原屋茂兵衛《すわらやもへえ》（北畠宗元《きたばたけむねもと》）は、この頃に江戸へ出てきて、日本橋通《にほんばしとおり》一丁目で江戸店《えどだな》の書物問屋を開業し、出版活動を開始したといわれる。屋号は千鐘房《せんしょうぼう》といった。

須原屋は貞享・元禄（一六八四―一七〇四）頃から学問書・教養書の出版を始め、享保（一七一六―三六）頃には江戸随

**【この年の出来事】**

**1・14** 江戸で大火。湯島天神門から出火。民家2350戸、中村座・市村座焼失。
**2・3** 幕府、オランダ商館長の参府を翌年より3月中に規定。
**2・9** 幕府、武家宅地内に借家する町人を調査、かぶき者を追捕。
**2・28** 浅間山噴火。
**3・25** 幕府、本所奉行を新設。
**3月** 幕府、山城・大和・伊賀各国に水源確保のため森林保護を指示。
**4・29** 幕府、江戸市中の家屋造営規則を制定。
**5月** 森田太郎兵衛、木挽町に森田座を創設。
**5月** 諸国で連日大雨、洪水。
**6・18** 大坂で大雷雨。大坂城内の火薬庫に落雷し、爆発。被害1481軒。
**7・6** 京都で大風雨、洪水。淀大橋破損、二条城に被害。

**西**
曾我近祐（又左衛門）

**◉長崎奉行**
黒川正直（与兵衛）
甲斐庄正述（喜右衛門）
妻木頼熊（彦右衛門）

一の書物問屋となった。特に『太平《たいへい》武鑑《ぶかん》』や『江戸《えど》鑑《かがみ》』など武鑑の版権（当時は板株《はんかぶ》といった）を一手に握って市場を独占した。また『分《ぶん》間《けん》江戸《えど》大絵図《おおえず》』などの江戸絵図の出版でも知られるようになった。享保十二年（一七二七）から文化十一年（一八一四）までの八十七年間で須原屋グループが出版・上方出版物の江戸で売弘めた書籍の合計点数は二千二百三十三点以上（うち本家須原屋茂兵衛の店のみで半数の千百二十点以上）で、同時期に江戸の書物問屋で扱った刊行物の約三割に達している。分家の須原屋市兵衛《いちべえ》は、杉田玄白《すぎたげんぱく》らの『解体新書《かいたいしんしょ》』を出版するなど蘭学者《らんがくしゃ》の活動を支援したことで知られている。

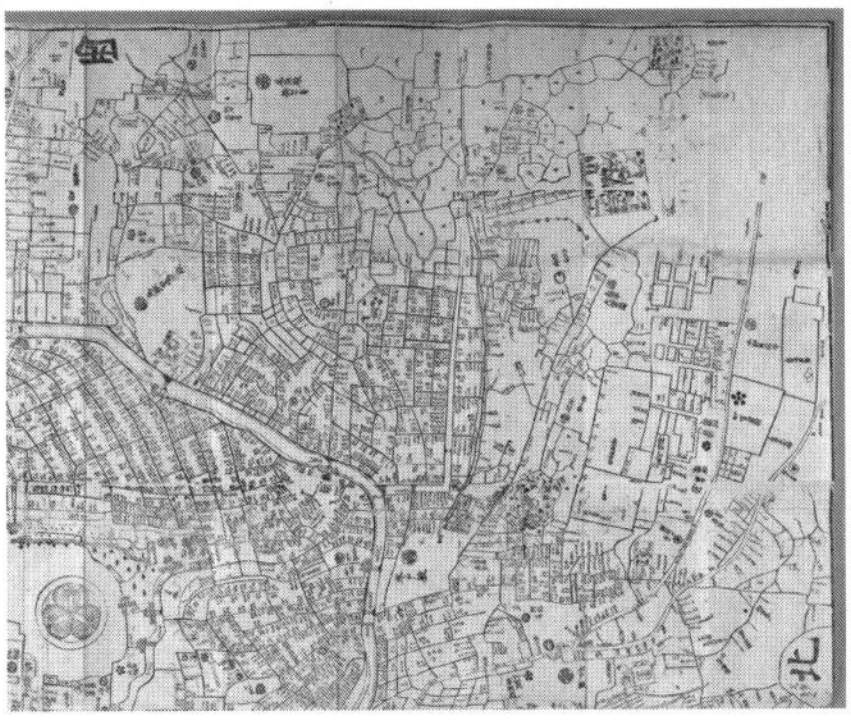
『分間江戸大絵図』部分

## 森田太郎兵衛、森田座を創設　五月

事件 災害

**森**《もり》田太郎兵衛《たたろべえ》は、前年九月に劇場創設を町奉行所へ願い出ていたが、この月、木挽町《こびきちょう》五丁目（現、中央区銀座六丁目）での興行が許可されて名代《なだい》（興行権の所有者）となり、森田座《もりたざ》を創設した。ここに堺町《さかいちょう》の中村座《なかむらざ》と葺屋《ふきや》町《ちょう》の市村座《いちむらざ》と並ぶ江戸三座《えどさんざ》が揃った。

太郎兵衛は摂津《せっつ》出身といわれ、小唄《こうた》作りの名人であり即興の洒落《しゃれ》を得意とし、芸名の宇奈木《うなぎ》から「うなぎ太郎兵衛」という俗称もあった。太郎兵衛は俳優ではなかったので、京下《きょうくだ》りの道化方《どうけがた》の名優坂東又九郎《ばんどうまたくろう》を相談相手として興行を続けた。そして寛文元年（一六六一）（一説に寛文八年）に又九郎の次男又七《またひち》を養子に迎え、森田勘弥《もりたかんや》（初代）と改名させて名代を継がせた。自らは隠居して友楽《ゆうらく》と名乗ったという。歿年は寛文四年十二月二十九日が有力という（「森田家過去帳」）。森田座は天保の改革の一環として天保十四年（一八四三）に浅草猿若町《あさくささるわかちょう》へ移転させられ、のち安政五年（一八五八）に守田座《もりたざ》と改められた。さらに明治五年（一八七二）には、十代目守田勘弥が劇場を新富町《しんとみちょう》に移して新富座《しんとみざ》と改めた。

## 江戸市中の家屋造営規則を制定　四月二十九日

社会 世相

**明**暦の大火による罹災《りさい》状況を踏まえて、幕府はこの日、防火対策の視点に立った江戸市中の家屋造営規則を制定した。

まず、燃えやすい薪《まき》や榑木《くれき》（皮のついたままの丸太）を売買する河岸地《かしち》では、土蔵から庇《ひさし》を作り出して外面を土で厚く塗った土蔵造りの倉庫（塗垂《ぬりたれ》といった）二間に薪や榑木を収納すること。その蔵の大きさは、梁《はり》の長さ二間《けん》三尺《しゃく》（四・五四五メートル）以内・軒《のき》の高さ六尺（一・八一八メートル）以内に限定した。また塗垂蔵を造る際には、河岸から九尺または七、八尺（二・七二七〜二・一二二メートル）空けて道を確保することなどが規定されている。さらに、明暦の大火に罹災した地域での新築家屋は、茅葺《かやぶき》の家は臨時の物でも土を塗ること。板葺《いたぶき》の家は飛び火を防ぐために屋根に牡蠣《かき》殻《がら》か芝か土を塗ることが義務づけられた。

**7・18**　仙台藩主伊達綱宗、素行不良のため逼塞（伊達騒動の始まり）。
**7・29**　京都・伊勢で大風雨、洪水。
**8月中旬**　諸国で大風雨、洪水。
**8・20**　江戸で大風雨。城内各所崩壊。
**9月**　諸国で大洪水多発。伊勢国の被害甚大。
**10・22**　幕府、諸駅に道中駄賃の制を布達。
**11・3**　幕府、佐倉藩主堀田正信を無断帰国および幕政批判により改易。
**12・19**　須原屋茂兵衛、出版活動を開始。
**12月**　幕府、大坂での米商売仕法を制定。
**このころ**　俳諧の前句付、始まる。

# 1661 寛文元年（万治四年）

辛丑

天皇▼後西天皇

将軍▼徳川家綱（第四代）

【主要幕閣】

◉老中
酒井忠清（雅楽頭）
松平信綱（伊豆守）
阿部忠秋（豊後守）
稲葉正則（美濃守）

◉寺社奉行
板倉重郷（阿波守）
井上正利（河内守）
加々爪直澄（甲斐守）

◉勘定奉行
曾根吉次（源左衛門）
伊丹勝長（蔵人・播磨守）
岡田善政（豊前守）

◉江戸町奉行
北
村越吉勝（長門守）
南
神尾元勝（備前守）
渡辺綱貞（大隈守）

◉京都所司代
牧野親成（佐渡守）

◉大坂城代
松平光重（丹波守）
水野忠職（出羽守）

◉大坂町奉行

## 福井藩が藩札を発行　八月

政治 経済

親《しん》藩《ぱん》の越前福井藩松平家は、この月、幕府の許可を得て、額面が「銀拾匁《ぎんじゅうもんめ》」「銀四匁」「銀四分《ふん》」「銀参分」など数種類の藩札《はんさつ》を発行した。短冊形の越前和紙の表上に「福居《ふくい》（のち福井に改称）」、中央に額面が、下に両替座《りょうがえざ》として実際の発行事務や両替を担当した福井の豪商の「駒屋《こまや》善右衛門《ぜんえもん》・荒木七郎右衛門《あらきしちろうえもん》」の名が表示されていた。裏には「寛文」の元号と「象《ぞう》」（拾匁）・「麒麟《きりん》」（五匁、四匁）・「丑《うし》」（二匁）などの動物が描かれていた。

藩札については、近年は備後《びんご》福山藩水野家で寛永七年（一六三〇）に発行されたという記録が見つかっているが、実物は現存していない。また、殖産興業推進の目的で発行され、藩財政の補填《ほてん》を主目的に発行された現存する藩札としては、福井藩の藩札が最も早い例といえよう。このの ち、尾張名古屋藩・備前岡山藩・播磨赤穂藩《はりまあこうはん》・阿波《あわ》徳島藩などでも藩札を発行するようになった。

幕府は宝永四年（一七〇七）に、幕府貨幣の円滑な流通を妨げるとして、一時藩札の流通を禁止したが、享保十五年（一七三〇）に解禁令を出した。諸藩では流通の便宜以上に藩財政の救済という観点から藩札を発行し続けた。明治四年（一八七一）の調査では、経済的発展の高かった西日本を中心に二百四十四藩、十四県（旧幕領）、九旗本領で、七百余種類が発行されていたことがわかっている。

福井藩藩札

## 浅井了意『東海道名所記』を出版

文化 思想

真《しん》宗《しゅう》大谷派《おおたには》の僧侶であり、仮名草子《かなぞうし》作家としても知られた浅井了意《あさいりょうい》は、この年、地誌的色彩の強い『東海道名所記《とうかいどうめいしょき》』を刊行した。内容は、俄道心《にわかどうしん》（にわかに発心して出家した人）で諸国を遍歴した楽阿弥《らくあみ》が船で熊野《くまの》から江戸へ来て名所を見物し、その後大坂商人の手代《てだい》と道づれとなり、東海道を上って京の東寺《とうじ》で別れるまでの道中記《どうちゅうき》である。江戸・鎌倉を含めた名所・旧跡を訪ね、その土地の歴史・風俗・

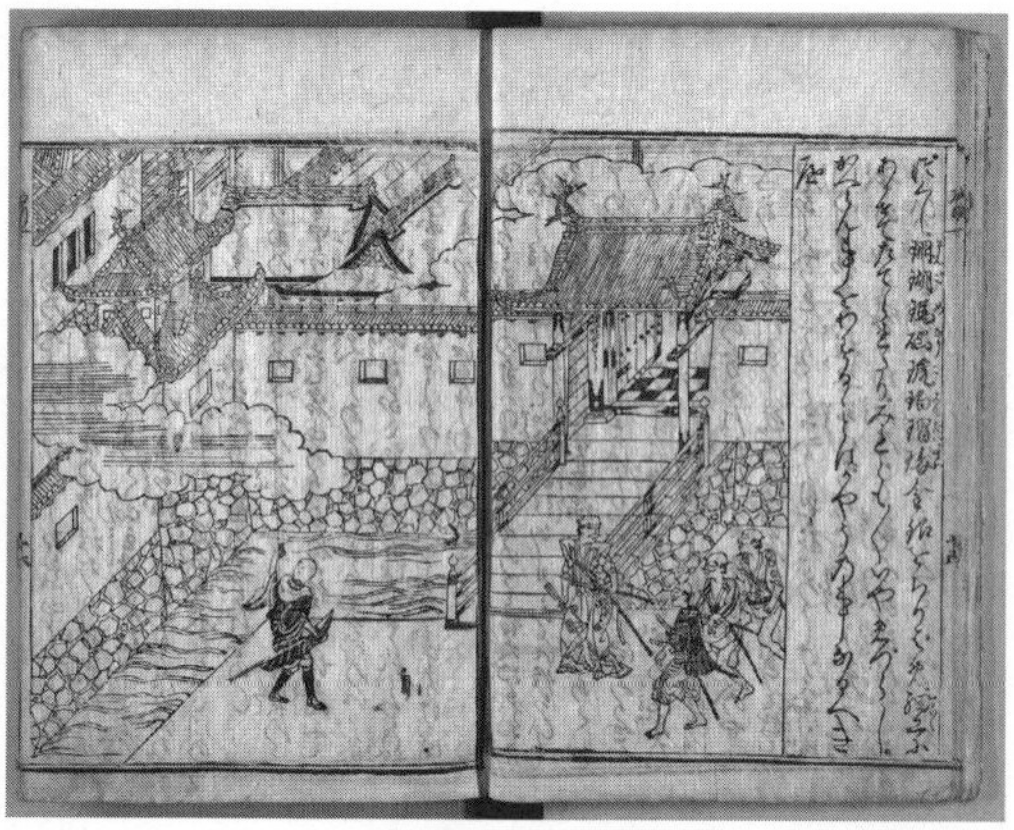
『東海道名所記』

【この年の出来事】

**1・15** 京都で大火。二条邸から出火し、禁裏・公家屋敷など多数焼失。
**3・1** 尾張藩、美濃でキリシタンを検挙（濃尾崩れ）。
**3・22** 幕府、諸大名に城米の半高を江戸・大坂・大津の米蔵に運送するよう指示。
**3月** 浅間山噴火。
**4・25** 1月の内裏焼失により寛文に改元。
**4月** 松前藩、蝦夷地の絵図を作成。
**6・9** 明の鄭成功に台湾を追われたオランダ人難民が長崎に到着。
**6・11** 幕府、勘定組頭を上方と関東とに分割。
**7・29** 徳川頼房歿(59)。
**8・19** 徳川光圀、水戸藩主となり、殉死を禁止。
**8月** 福井藩、藩札を発行。
**閏8・6** 幕府、諸大名に禁裏造営の手伝普請を命令。
**閏8・6** 会津藩主保科

**東**　松平重次（隼人正）
**西**　曾我近祐（又左衛門）
彦坂重紹（九兵衛・壱岐守）
**◉長崎奉行**　黒川正直（与兵衛）
妻木頼熊（彦右衛門）

名物などが二人によって紹介され、折に触れて発句《ほっく》や狂《きょう》歌《か》や滑稽談が添えられ、東海道の旅の実情を啓蒙・紹介した作品である。

了意は摂津《せっつ》三島江《みしまえ》（現、大阪府高槻市）の本照寺《ほんしょうじ》の住職の子であったが、のちに父が寺を追われて浪人し、苦難精進して京都・大坂などで仏教・儒学・和学《わがく》を修め、後半生は京都二条の本性寺《ほんしょうじ》の住職となった。仮名草子の第一人者とともに『武蔵あぶみ』などの記録もの、『江戸名所記』『京雀《きょうすずめ》』などの名所案内記・地誌、怪異《かいい》小説など多くの分野の作品を残したが、晩年は仏教の唱導者《しょうどうしゃ》として活躍し、元禄四年（一六九一）に歿した。

## 京都大火が起こる　一月十五日

事件災害

この日、関白《かんぱく》二条《にじょう》光平《みつひら》邸から出火し、内裏《だいり》・仙洞御《せんとうご》所《しょ》（後水尾《ごみずのお》上皇）・女院《にょいん》御所（東福門院《とうふくもんいん》徳川和子《まさこ》）・新《しん》院《いん》御所（明正《めいしょう》上皇）などを焼き尽くし、さらに公卿《くぎょう》邸百十九、寺院十六、民家五百五十八軒が焼失した。後西《ごさい》天皇は聖護院門跡《しょうごいんもんぜき》の隠居寺となっていた白川《しらかわ》の照高院《しょうこういん》（当時、後水尾上皇の弟道晃法親王《どうこうほうしんのう》が門跡、現、左京区北白川山ノ元町）に、後水尾上皇は修学院《しゅがくいん》（現、左京区の修学院離宮。岩倉御所の説もある）に、女院・新院・女御《にょうご》・女三宮《おんなさんのみや》顕子《あきこ》内親《ないしん》王《のう》らは岩倉御所（実相院《じっそういん》）（現、左京区岩倉上蔵町）に、親王は妙法院《みょうほういん》（現、京都市東山区、天台三門跡の一つで方広寺《ほうこうじ》の大仏や三十三間堂《さんじゅうさんげんどう》を管理）に一時避難した。

幕府の手で内裏・仙洞御所以下の再建がなされ、内裏は五月には新造されて内部の普請などが継続された。仙洞御所・女院御所などは寛文三年（一六六三）八月に落成した。その経費は仙洞御所が銀三千百四十二貫と米一万三千八十六石で、女院御所は銀四千二百八十四貫と米一万五千三百五十五石を要した。全てを金に換算すると十六万六千七百二十両という巨額なものだった。現在、仙洞御所は小堀遠《こぼりえん》州《しゅう》作の庭園のみが残存し、女院御所は京都大宮《おおみや》御所となっている。

## 金平浄瑠璃が流行

社会世相

人《にん》形《ぎょう》浄瑠璃《じょうるり》の語り手の和泉太夫《いずみだゆう》（寛文二年に桜井丹《さくらいたん》波少掾《ばのしょうじょう》の受領《ずりょう》を拝領）は、子の長太夫《ちょうだゆう》（二代目和泉太夫）と江戸の堺町《さかいちょう》で操り芝居を興行し、この頃「金平《きんぴら》浄瑠璃《じょうるり》」（金（公）平節ともいった）を語って江戸で評判となり、上方《かみがた》にまで知れわたった。

金平浄瑠璃の内容は、平安中期の武将　源頼光《みなもとのらいこう》とその家臣の四天王が活躍した次世代を舞台に、頼光の甥頼義《よりよし》と坂田金時《さかたのきんとき》の子で剛勇無双の正義感の強い坂田金平ら四天王の子らの活躍で、朝廷や源氏に恨みを抱いて謀反を企てる敵方をやっつけるという筋書きである。

和泉太夫は、古《こ》浄瑠璃の太夫《たゆう》で天下一を称した薩摩浄《さつまじょう》雲《うん》の高弟の一人で、生来強力で武勇を好んだ。そして豪快な語り口で、二尺（約六〇センチ）ほどの鉄棒で拍子を取りつつ語ったという。子の長太夫も金平を地で行くような痛快な性行の持主で評判を高めた。金平浄瑠璃は、戦国の余《よ》燼《じん》を残した江戸の庶民の気風に適合して受け入れられたのであろう。のちに浄瑠璃や歌舞伎の荒事《あらごと》に大きな影響を与えた。事実、初代市川團十郎《いちかわだんじゅうろう》の荒事は、金平浄瑠璃の人形の動きから生まれたという。

正之、家士の殉死を禁止。
**閏8・9**　幕府、徳川綱重を甲府25万石に、徳川綱吉を館林25万石に封じる。
**閏8・27**　幕府、江戸市中の問屋以外の売掛け訴訟の不受理を通達。
**閏8月**　浅間山噴火。
**10月**　幕府、江戸市中の茶店・煮売り屋の夜間営業などを禁止。
**11・10**　幕府、御台所の費用を500両増額、年額1000両とする。
**この年**　浅井了意『東海道名所記』『むさしあぶみ』刊行。
**この年**　陸奥を除き、諸国で50年来の豊作。
**この年**　和泉太夫の金平浄瑠璃が流行。

# 1662

# 寛文二年

## 壬寅

**天皇▼後西天皇**

**将軍▼徳川家綱**（第四代）

**【主要幕閣】**

**◉老中**
酒井忠清（雅楽頭）
松平信綱（伊豆守）
阿部忠秋（豊後守）
稲葉正則（美濃守）

**◉寺社奉行**
井上正利（河内守）
加々爪直澄（甲斐守）

**◉勘定奉行**
伊丹勝長（播磨守）
岡田善政（豊前守）
妻木頼熊（彦右衛門）

**◉江戸町奉行**
**北** 村越吉勝（長門守）
**南** 渡辺綱貞（大隈守）

**◉京都所司代**
牧野親成（佐渡守）

**◉大坂城代**
水野忠職（出羽守）
青山宗俊（因幡守）

**◉大坂町奉行**
**東** 松平重次（隼人正）
**西**

### 「知恵伊豆」松平信綱が歿す　三月十六日

政治 経済

幕府の老中《ろうじゅう》で「知恵伊豆《ちえいず》」と尊称された武蔵川越《むさしかわごえ》藩主の松平伊豆守信綱《まつだいらいずのかみのぶつな》が、この日の夕刻、江戸の上屋敷で死去した。享年六十七歳。岩槻《いわつき》の平林寺《へいりんじ》に埋葬された（のち野火止《のびどめ》に改葬）。

信綱は、代官大河内久綱《おおこうちひさつな》の長男として生まれたが、その才知を見込まれて叔父で長沢《ながさわ》松平家を継いだ松平正綱《まさつな》（家康の近習出頭人《きんじゅうしゅっとうにん》の一人）の養子となった。家光《いえみつ》が生まれると九歳で家光付きとなり、やがてその奉公ぶりが気に入られて家光の信頼を獲得し、小姓組番頭《こしょうぐみばんがしら》、六人衆《ろくにんしゅう》（のちの若年寄《わかどしより》）、老中へと累進した。慶安四年（一六五一）の家光の死去時に出頭人の堀田正盛《ほったまさもり》や老中の阿部重次《あべしげつぐ》が殉死《じゅんし》したのに対して、家光の恩寵の篤かった信綱に「仕置《しおき》だてせずとも御代《みよ》はまつ平、爰《ここ》にいづとも死出《しで》の供せよ」という狂歌《きょうか》が詠まれた。

家光の跡を継いだ四代家綱《いえつな》はわずか十一歳で、従来のように将軍交代に伴って新将軍の側近グループが実権を握るというパターンは取り得なかった。家綱政権の初政は、家光の異母弟の保科正之《ほしなまさゆき》を補佐役とし、大老酒井忠勝《たいろうさかいただかつ》、老中松平信綱・阿部忠秋《あべただあき》ら家光時代以来の老練な閣僚が幕政の運営にあたる形態がとられた。それが、武断《ぶだん》政治から文治《ぶんち》政治への政策転換を可能にし、幕政を安定させたのである。この政策転換の契機が慶安の変（由井正雪《ゆいしょうせつ》の乱）だった。この時信綱は機敏に行動し、一味を一網打尽《いちもうだじん》にした。その時の際だった辣腕《らつわん》ぶりなどが背景となって、後世「知恵伊豆」と尊称されたのである。一方で、牢人の増大が社会不安を増すことを悟り、牢人発生の原因となる大名の改《かい》易《えき》を減少させるために、末期養子《まつごようし》の禁を緩和《かんわ》する政策を支持している。信綱の手腕を期待して次代に残したのは、家光の先見《せんけん》の明《めい》といえよう。

松平信綱の墓（埼玉県新座市・平林寺）

### 儒学者伊藤仁斎が古義堂を開設　五月

文化 思想

五月一日に起きた寛文地震を機に、隠棲《いんせい》先から堀河《ほりかわ》の自宅（現京都市上京区東堀川通下立売上ル東側）に戻った儒学者《じゅがくしゃ》で古学堀川学派《こがくほりかわがくは》の祖、伊藤仁斎《いとうじんさい》は、この月、自宅に私塾の古義堂《こぎどう》（堀川塾）を開いて子弟を育て始めた。

仁斎の名は維楨《これえだ》（いてい、とも）、通称は鶴屋七右衛門《つるやしちえもん》といった。先祖は堺《さかい》の商人で、祖父の時に京都に移住した。

**【この年の出来事】**

**1月** 長崎で天然痘大流行。
**2・22** 幕府、側衆久世広之・土屋数直に旗本支配を命じる（若年寄の再置）。
**2・30** 幕府、老中・若年寄の所管を規定。
**3・16** 松平信綱歿（67）。
**4・22** 幕府、江戸市中で庶民が乗馬することを禁止。
**5・1** 京都および近国で大地震（寛文地震）。二条城破損、亀山・尼崎・膳所・小浜城も損壊。
**5・9** 幕府、江戸市中の塵芥を幕府指定の船で処理するよう規定。
**5・19** 幕府、小倉藩主小笠原忠真に長崎警衛を指示。
**5・29** 朝廷、新造皇居の絵画を担当した狩野探幽を法印に叙す。
**5月** 伊藤仁斎、古義堂を開設。
**5月** 浅井了意『江戸名所記』刊行。

彦坂重紹（壱岐守）

**◉長崎奉行**
黒川正直（与兵衛）
妻木頼熊（彦右衛門）
島田利木（久太郎）

**◉若年寄**
久世広之（大和守）
土屋数直（但馬守）

母は連歌師《れんがし》で織田信長《おだのぶなが》・豊臣秀吉《とよとみひでよし》とも懇意《こんい》だった里村《さとむら》紹《じょう》巴《は》の孫で、外祖母は朱印船貿易家の角倉了《すみのくらりょう》以《い》の姪《めい》だった。仁斎の墓が角倉氏と関係の深い嵯峨《さが》の二尊院《にそんいん》にあるのはこのためである。仁斎は幼児から朱子学《しゅしがく》を学び、のち病に罹《かか》ったために家業を弟に譲った。近くに隠棲して多くの書物を読み、やがて「大学は孔子の遺書に非ず」と朱子学を批判し、儒学本来の思想を学ぶ古学を体系づけた。妻は尾形《おがた》光琳《こうりん》・乾山《けんざん》兄弟の従姉で尾形嘉那《かな》といい、仁斎の学説を継承・発展させた長男東涯《とうがい》らを産んだ。

古義堂で仁斎は四十余年にわたって門弟を育て、門人帳によれば三千余名が記されている。公家《くげ》や京都在勤の武士や菓子屋の虎屋《とらや》のような町人や農夫も含まれている。一説によると山科《やましな》に一時住んだ大石良雄《おおいしよしお》（内蔵助）も門人だったといわれている。

## 白木屋が江戸店を開業　八月

事件災害

近《おう》江《み》国長浜村《ながはまむら》出身の京都の材木商大村彦太郎《おおむらひこたろう》は、この月、日本橋通《にほんばしとおり》三丁目に間口一間半《まぐちいっけんはん》（約二・七メートル）の小間物《こまもの》（目貫《めぬき》・小刀や化粧品など）を扱う江戸店《えどだな》「白木屋《しろきや》」を開いた。三年後には日本橋通一丁目に店を移した。

白木屋（『名所江戸百景』）

白木屋は当初は煙管《きせる》を中心に小間物のみを扱っていたが、徐々に呉服・木綿類にも手を拡げ、京都・大坂・堺など西国から仕入れた物を京都本店から江戸店に積み出し、のちには関《かん》東地回《とうじまわ》りからも絹・木綿を仕入れるようになった。やがて江戸の十組問屋仲間《とくみといやなかま》に属し、上方↓関東・東北の商品流通機構・販売網を確立して発展し、駿河町《するがちょう》の越後屋《えちごや》、通旅《とおりはた》籠町《ごちょう》の大丸屋《だいまるや》と並ぶ江戸屈指の三大呉服店となっていった。店員規模も正徳元年（一七一一）の四十六人から寛延二年（一七四九）には百五十人と三倍に増加している。ちなみに曲《かね》尺《じゃく》を交差させた白木屋の商標は、当初の材木商売に因んだものである。

## 亀戸天満宮（天神）の造営

社会世相

太《だ》宰府天満宮《ざいふてんまんぐう》の宮司《ぐうじ》大鳥居家《おおとりいけ》（菅原道真《すがわらみちざね》の後裔《こうえい》という）出身の大鳥居信祐《のぶすけ》（しんゆう、とも）は、神託《しんたく》により道真ゆかりの飛び梅の枝で菅原道真像を彫り、天神《てんじん》信仰を諸国に広めるために東国へ下った。そして前年の寛文元年に本所亀戸村《ほんじょかめいどむら》にあった天神の小祠《しょうし》にこの像を祀《まつ》ったのが亀戸天神《かめいどてんじん》の始まりという。この年、新たに開拓した本所一円の鎮守《ちんじゅ》として現在地に、幕府の援助を得て太宰府天満宮を模して社殿《しゃでん》・楼門《ろうもん》・回廊《かいろう》・心地池《しんちいけ》・太鼓橋《たいこばし》などが造営され、翌寛文三年八月二十五日に正遷宮《せいせんぐう》が行なわれた。

亀戸天満宮は亀戸天神ともいわれたが、太宰府天満宮の分祠《ぶんし》だったので、東の太宰府として「東《あずまの》（太《だ》）宰府《ざいふ》天満宮」とか「（亀戸）宰府天満宮」などとも称された。現在は亀《かめ》戸天神社《いどてんじんしゃ》という。やがて鷽替《うそかえ》神事で賑《にぎ》わい、境内《けいだい》の梅や藤の花が名所となって、江戸庶民の代表的な行楽の場となっていくのである。

**6・10**　将軍家綱、佃島で安宅丸を観閲。
**6・13**　畿内・東海・関東で大風雨、洪水。
**7・12**　酒井忠勝歿（76）。
**7・13**　幕府、老人・病人を除き、町人が市中で乗り物を用いることを制限。
**8・28**　幕府、関東の領主・寺社へ盗賊取り締まりを指示。
**8月**　日本橋に、京都の材木焦点商白木屋が小間物屋を開店。
**9・21**　幕府、関東山中の猟師以外の鉄砲所持を禁止。
**この夏**　江戸で疫病流行。
**10・13**　幕府、碁・将棋師を寺社奉行の管轄と規定。
**11・14**　町奉行の支配地域が拡大
**この年**　亀戸天満宮（天神）造営。
**この年**　初代竹田近江少掾、大坂道頓堀に竹田芝居を創始。

# 1663
# 寛文三年
## 癸卯
**天皇▼**後西天皇（～一月二十六日）
霊元天皇（一月二十六日～）
**将軍▼**徳川家綱（第四代）

## 幕府、殉死を禁止　五月二十三日
政治経済

**幕**府はこの日、大広間《おおひろま》に諸大名を総登城させて、武家《ぶけ》諸法度《しょはっと》の改定と共に、不義無益のこととして殉死《じゅんし》の禁止を伝達した。

殉死が主君への忠節の証を示す美風として称賛されるようになったのは江戸時代に入ってからのことで、慶長十二年（一六〇七）に尾張清洲《きよす》藩主の松平忠吉《まつだいらただよし》（家康《いえやす》の四男）の死に際し、近臣の石川主馬《いしかわしゅめ》ら三人が殉死したのが最初だった。その後、殉死した者の子孫の優遇措置がとられると、殉死者の数は次第に増加した。寛永十三年（一六三六）に陸奥仙台《せんだい》藩主の伊達政宗《だてまさむね》が歿した時には、殉死者十五人と殉死者のために殉死した者五人が出た。寛永十八年に肥後熊本《くまもと》藩主の細川忠利《ほそかわただとし》が歿した時には十九人が殉死した。一方で殉死は次第に形骸化していった。『明良洪範《めいりょうこうはん》』によると、殉死には忠義のための義腹《ぎばら》、周囲への対面のための論腹《ろんばら》、子孫が優遇されることを期待する商腹《あきないばら》などがあるといわれるようになっていたのだ。

有能な人材が失われるなどの弊害《へいがい》もあったので、幕府はついに禁止に踏み切ったのである。そして、五年後の寛文八年に下野宇都宮《うつのみや》藩主の奥平忠昌《おくだいらただまさ》が歿した時に家臣の杉《すぎ》浦某《うらなにがし》が殉死すると、幕府は杉浦の子を斬罪に処すと共に、奥平家に二万石の減封《げんぽう》と出羽山形藩《でわやまがたはん》九万石への転封《てんぽう》を命じるという厳しい処分を断行した。この結果、殉死は以後、あとを絶ったのである。

## 【主要幕閣】
◉**老中**
酒井忠清（雅楽頭）
阿部忠秋（豊後守）
稲葉正則（美濃守）
久世広之（大和守）
◉**寺社奉行**
井上正利（河内守）
加々爪直澄（甲斐守）
◉**勘定奉行**
岡田善政（豊前守）
妻木頼熊（彦右衛門）
◉**江戸町奉行**
**北**
村越吉勝（長門守）
**南**
渡辺綱貞（大隈守）
◉**京都所司代**
牧野親成（佐渡守）
◉**大坂城代**
青山宗俊（因幡守）
◉**大坂町奉行**
**東**
松平重次（隼人正）
石丸定次（石見守）
**西**
彦坂重紹（壱岐守）

## 住吉如慶が『伊勢物語絵巻』を完成
文化思想

**住**《すみ》吉派《よしは》を再興した住吉如慶《じょけい》は、この年、『伊勢物語絵《いせものがたりえ》巻《まき》』六巻を完成した。全百二十五段の文章は、従四《じゅし》位上《いのじょう》左近衛中将《さこのえのちゅうじょう》の愛宕通福《おたぎみちとみ》が詞書《ことばがき》を書き、八十場面が如慶の手で絵画化されている。この絵巻は、延宝四年（一六七六）十月二十一日に将軍家綱《いえつな》の御台所《みだいどころ》だった高巌院《こうがんいん》（伏見宮貞清親王《ふしみのみやさだきよしんのう》の娘の浅宮顕子女王《あさのみやあきこじょおう》。八月五日に逝去《せいきょ》）の御《ご》遺物《いぶつ》として陸奥弘前《ひろさき》藩主の津軽信政《つがるのぶまさ》の嫡男信寿《のぶひさ》が拝領しているので、御台所の求めに応じて製作したものと思われる。この絵巻は、津軽家に伝来していたが、現在は東京国立博物館が所蔵している。

如慶は、本姓は高木《たかぎ》、名は広通《ひろみち》、通称は内記《ないき》、長十郎《ちょうじゅうろう》。幼時は和泉堺《さかい》に住し、朝廷の絵所預《えどころあずかり》の流れを継ぐ絵師の土佐光吉《とさみつよし》・光則《みつのり》に師事した。のちに光則と共に京都へ移り、寛永二年（一六二五）には天海《てんかい》の推挙で『東照宮縁起《とうしょうぐうえんぎ》絵巻《えまき》』制作のために関東に下ったという。この時の縁が、のちに息子の具慶《ぐけい》が幕府御用絵師《ばくふごようえし》になる契機となったといえよう。寛文元年に妙法院尭然入道親王《みょうほういんぎょうねんにゅうどうしんのう》の許《もと》で剃髪《ていはつ》して如慶と号し、法橋《ほっきょう》に叙せられた。翌二年に後西《ごさい》天皇の勅命によって鎌倉時代中期の住吉慶恩《けいおん》（慶忍《けいにん》）で断絶した絵師住吉家の名跡を受け継ぎ、住吉家中興の祖と称された。寛文十年六月二日に七十二歳で歿している。

## 【この年の出来事】
**1・15** 万福寺法堂完成。隠元隆琦、開堂説法を行う。
**1・26** 霊元天皇践祚。
**3・8** 長崎で大火。市街地の大半を焼失。
**3月** 幕府、辻番所の職務規を制定。
**4・13** 将軍家綱、日光社参に出立。24日帰城。
**4月** 幕府、大火後の復興のため、長崎市中に銀2000貫目を貸与。
**5・14** 宇須山噴火。大地震。
**5・23** 幕府、武家諸法度を改訂。殉死を禁止。
**5・23** 幕府、旗本の金銭の受け渡しを伴う養子縁組みを禁止。
**5・23** 京都鴨川洪水。
**6月** 幕府、江戸市中での花火製造を禁止。
**7・26** 九州で暴風雨。
**7月** 土佐藩、野中兼山の奉行職解任。
**8・5** 幕府、幕臣に諸士法度を制定。
**8・13** 幕府、諸士に衣

◉長崎奉行
黒川正直（与兵衛）
島田利木（久太郎）

◉若年寄
久世広之（大和守）
土屋数直（但馬守）
土井利房（能登守）

## 土佐藩の野中兼山、奉行職を解任される　七月

事件災害

奉行職（執政《しっせい》）として約三十年間、土佐《とさ》藩政を牛耳《ぎゅうじ》ってきた野中兼山《のなかけんざん》が、この月、譜代重臣や一門の弾《だん》劾《がい》を受けて奉行職を解任された。失脚した兼山は香美郡《かみぐん》中野《なかの》（現高知県土佐山田町）に隠棲《いんせい》したが、十二月十五日に四十九歳で急死した。藩は翌年、野中家を改易《かいえき》処分とし、遺族を幡多郡宿毛《はたぐんすくも》（現高知県宿毛市）に幽閉《ゆうへい》した。

兼山の名は良継《よしつぐ》。通称は伝右衛門《でんえもん》、主計《かずえ》、伯耆《ほうき》。父良《よし》明《あき》は藩祖山内一豊《やまうちかずとよ》の重臣だったが、所領をめぐる不満から牢人となり京都で歿した。兼山は母と土佐に戻り、分家の野中直継《なおつぐ》の養子となって寛永八年（一六三一）に十七歳で奉行職に登用された。寛永十三年、直継の死後に家督を相続し、約六千石を知行《ちぎょう》した。兼山は南学《なんがく》（海南学派《かいなんがくは》）の朱《しゅ》子学《しがく》を谷時中《たにじちゅう》に小倉三省《おぐらさんせい》・山崎闇斎《やまざきあんさい》と共に学び、その封《ほう》建《けん》教理を施政方針として藩政改革を推進した。そして、南学の興隆、港湾や河川の堰《せき》などの土木事業、三千八百七十二町歩に及ぶ新田開発、長宗我部《ちょうそかべ》氏遺臣（一領具足《いちりょうぐそく》）の郷《ごう》士《し》取立、殖産興業《しょくさんこうぎょう》政策、専売制の実施、隣藩である宇和《うわ》島《じま》藩との国境争論などで辣腕《らつわん》をふるい、藩政の基礎を確立した。兼山は剛毅《ごうき》な性格で、政治・経済の手腕は群を抜いていたが、承応三年（一六五四）に同僚の小倉少介《しょうすけ》・三省父子が歿すると兼山の独裁化が進み、彼の政策に不満を持つ筆頭家老《ひっとうかろう》の深尾重昌《ふかおしげまさ》らの画策に抵抗出来なかったのである。

## 辻番所の職務規程を制定　三月

社会世相

幕府は、寛永六年（一六二九）に武家地《ぶけち》（武家屋敷小路《ぶけやしきこうじ》など）の辻々に大名・旗本が地域の治安維持・警備のために設けて維持した辻番所《つじばんしょ》に対してこの日、詳細な職務規程を制定した。

辻番所には、昼夜怠りなく不寝番《ふしんばん》の人員を配置（昼は四人、夜は六人）し、夜中でも戸を開けておき、随時受持区域内を巡回し、狼藉者《ろうぜきもの》や挙動不審者は辻番所に勾留《こうりゅう》して主《あるじ》がわかる場合は主の許に引き渡し、不明の者は所属・所管の指揮の元に町奉行所《まちぶぎょうしょ》に引き渡すこととした。手負《てお》いの者が駆け込んできた場合の処置も同様にした。また、男女にかかわらず辻番所に宿泊させることは一切禁じた。

番人には、六十歳以上・二十歳以下の者は禁止し、歩行困難者・病人も認めなかった。辻番所には突棒《つくぼう》・刺股《さすまた》・錑《もじり》（袖搦《そでがら》みのこと。以上三種類を当時罪人を捕らえる「三《み》つ道具《どうぐ》」といった）・松明《たいまつ》・早縄《はやなわ》・提《ちょう》灯《ちん》の常備を命じた。ただし、槍・薙刀《なぎなた》・大太刀《おおだち》・鎖鎌《くさりがま》などの長道《ながどう》具《ぐ》は無用とした。さらに、辻番所での商売を禁じている。

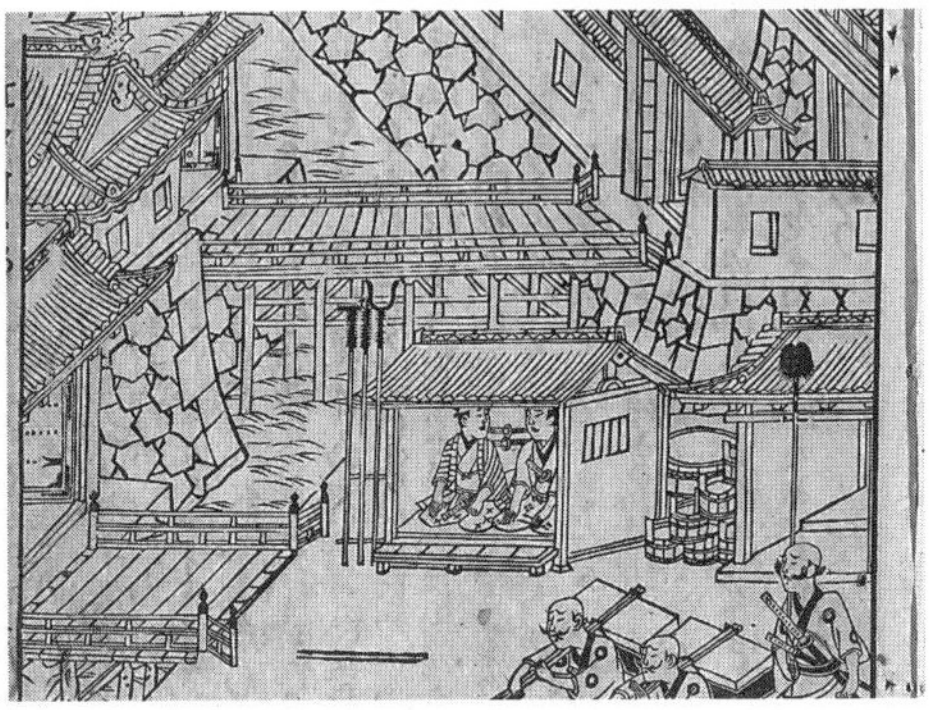

辻番（『江戸雀』）

服・食事の倹約を指示（寛文の倹約令）。
**8・13** 土佐藩農民、茶・紙・漆の専売に反対し逃散。専売制廃止される。
**10・25** 幕府、宮中の女院以下や御台所以下大奥女中の衣服について代銀を制限。京都呉服商にも通達。
**11・1** 尾張藩、キリシタン207人を処刑。
**12・6** 京都で大地震、二条城破損。
**12・15** 野中兼山歿（49）。
**12・26** 幕府、林春斎（鵞峰）の家塾に弘文院の称号を与える。
**この年** 住吉如慶『伊勢物語絵巻』完成。

# 1664 寛文四年

甲辰

天皇▼霊元天皇

将軍▼徳川家綱（第四代）

【主要幕閣】

◉老中
酒井忠清（雅楽頭）
阿部忠秋（豊後守）
稲葉正則（美濃守）
久世広之（大和守）

◉寺社奉行
井上正利（河内守）
加々爪直澄（甲斐守）

◉勘定奉行
岡田善政（豊前守）
妻木頼熊（彦右衛門）

◉江戸町奉行
北
村越吉勝（長門守）
南
渡辺綱貞（大隈守）

◉京都所司代
牧野親成（佐渡守）

◉大坂城代
青山宗俊（因幡守）

◉大坂町奉行
東
石丸定次（石見守）
西
彦坂重紹（壱岐守）

## 出羽米沢藩主の上杉綱勝が世子なく死亡 閏五月七日

政治経済

出羽米沢《よねざわ》藩主の上杉綱勝《うえすぎつなかつ》（景勝《かげかつ》の孫）は、この日午前六時頃、江戸の上屋敷《かみやしき》で急死した。享年二十七歳。吉良義央《きらよしひさ》毒殺説は俗説の域を出ない。世子がおらず、上杉謙信《けんしん》以来の名門上杉家が断絶する危機を迎えた。

この時、上杉家に尽力したのが綱勝の前正室の父・保科《ほしな》正之《まさゆき》である。正之は、寛文三年に生まれた高家肝煎《こうけきもいり》吉良義央の長男三郎（母は綱勝の妹）を養子にするという遺言があったことにして、六月五日に相続を認めた。ただし、養子縁組の届出を幕府に未提出だったのは怠慢《たいまん》であるとして所領を三十万石から出羽置賜《おきたま》一郡十五万石に半減した。家名が存続した上杉家では、家臣団の削減をせずに凌いだ。そのため藩財政は火の車となるが、六代あとの上杉治憲《はるのり》（鷹《よう》山《ざん》）による藩政改革は夙《つと》に知られている。

二歳の三郎は、延宝三年（一六七五）に将軍家綱《いえつな》の前で元服して綱憲《つなのり》と名乗った。元禄二年（一六八九）に次男の春千《はるち》代《よ》を実父吉良義央の養嗣《ようし》に送った。この春千代が吉良左《さ》兵《ひょう》衛《え》義周《よしちか》である。後年の赤穂浪士《あこうろうし》の討ち入り事件と上杉家の関係は、ここに生まれたのである。

## 江戸でけんどんそば切りを売り出す

文化思想

江戸吉原《よしわら》の江戸町二丁目の麺類屋《めんるいや》仁左衛門《にざえもん》が、この年、一杯ずつ黒椀に盛り切った「けんどんそば切り」を売り出し、吉原を訪れた江戸庶民の間で評判になったという。

けんどんの語源については、①倹約にかなっているから（倹飩）、②盛り切りで出すという吝《りん》嗇《しょく》（けち）なところから（慳貪）、③見る間にできる食事の意味から（見頓）、④吉原の喧《かまびす》しく局女郎《つぼねじょろう》より鈍《にぶ》い最下級の喧鈍女郎の下直《げちょく》さになぞらえた、⑤そばは「塗り舟」と呼ばれる浅い舟型の塗り物に入れ、所々に慳貪箱《けんどんばこ》（上下と左右に溝があって、蓋《ふた》や戸のはめ外し可能な箱）で運んだことから、など諸説がある。

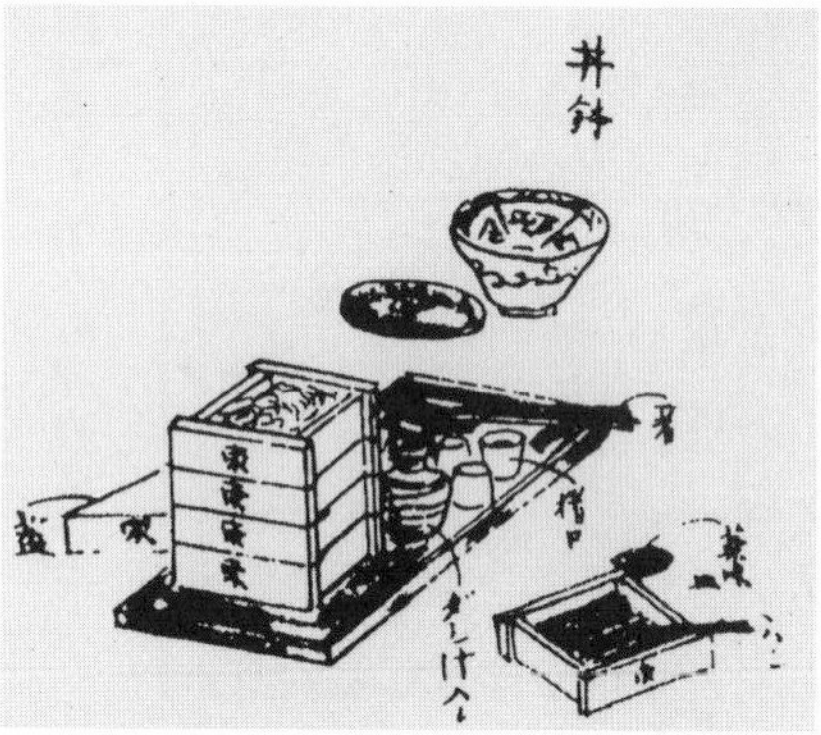

そばの器（『守貞謾稿』）

そばは、奈良時代にはすでに栽培の記録があるが、当初は脱穀したソバの実を雑穀類と混ぜて食べる粒食《りゅうしょく》やそばがき・そば餅《もち》などの粉食《ふんしょく》が主流だった。豊臣秀吉《とよとみひでよし》もそばがきを好んだという。線状のそば切り（現在のそば）は、慶長年間（一五九六—一六一五）には江戸周辺に普及していたと思われる。ただし、初期は菓子屋の副業や兼業が多かったようだ。また、そば切りは庶民の食べ物で武士など上層の者は、当初は食さなかったともいわれる。江戸でそば屋と称するようになるのは、寛延（一七四八—五一）以降とい

【この年の出来事】

**1・12** 幕府、評定所での訴訟について規定。
**1月** 雲仙岳噴火。
**3・7** 幕府、御朱印改め開始。
**3・27** 旗本水野十郎左衛門、不行跡により切腹。
**3・29** 幕府、老中の連署は大事に限定し、小事は月番老中の署名のみとする。
**4・5** 幕府、松前御条目を定め、蝦夷地との直接取引を禁止。
**4・28** 幕府、諸大名に領知判物・朱印状を与える。
**閏5・7** 出羽米沢藩主上杉綱勝歿（27）。
**閏5月** 会津藩、学問所「稽古堂」を創設。
**7月** 江戸で大火。
**8・3** 幕府、織物の寸尺に関する法令を制定。
**8・9** 幕府、巡見使に対する過度の饗応の禁止を通達。
**8・11** 東福門院徳川和子、狩野探幽に夢窓疎石

**◉長崎奉行**
黒川正直（与兵衛）
島田利木（久太郎）

**◉若年寄**
土屋数直（但馬守）
土井利房（能登守）

われている。この頃になると、上層階級の人々にも好まれるようになったのである。

そば屋（『走書浅草絵馬』）

## 旗本の水野十郎左衛門が切腹 三月二十七日

事件 災害

**七**年前の明暦三年（一六五七）七月に起きた町奴《まちやっこ》の頭領・幡随院《ばんずいいん》長兵衛《ちょうべえ》の殺害事件では、幕府側が斬捨て御免を適用して旗本奴《はたもとやっこ》「大小神祇組《だいしょうじんぎぐみ》」の頭領・水野十郎《みずのじゅうろう》左衛門成之《ざえもんなりゆき》の罪を問わなかったが、その後も十郎左衛門らは市中での無頼《ぶらい》行為を重ねていた。十郎左衛門は徳川家康《いえやす》の生母・於大《おだい》の方《かた》（伝通院《でんつういん》）の弟忠重《ただしげ》の曾孫《そうそん》に当たり、祖父の勝成《かつなり》は備後福山《ふくやま》藩十万石の藩主だった。父の成貞《なりさだ》は勝成の三男で三千石の旗本となり、名門の家柄ながら若い時は「傾奇者《かぶきもの》」として鳴らした。名門の家柄を強く意識した十郎左衛門も、父の影響を強く受けたものと思われる。

旗本奴の不法行為に業を煮やしていた幕府は、ついに三月二十六日、十郎左衛門を評定所《ひょうじょうしょ》に召喚し、「病と称して出仕《しゅっし》を怠りながら市中に出て不法の所行《しょぎょう》あり」として、母（阿波徳島《とくしま》藩主の蜂須賀至鎮《はちすかよししげ》の娘）の実家（母の甥・蜂須賀光隆《みったか》が藩主）への預《あずけ》処分を命じようとしたが、十郎左衛門は髪も結わず、麻上下《あさがみしも》でもなく、白衣《びゃくい》（着流《きなが》し）姿で出頭した。このため、幕府はこの日、江戸の蜂須賀邸に預けられていた十郎左衛門に、不敬の廉《かど》で切腹を命じ、母と弟の忠丘《ただおか》も蜂須賀家預となった。翌二十八日には十郎左衛門の二歳の嫡男百助《ももすけ》が蜂須賀家の別邸で死罪に処され、娘は蜂須賀家に預けられ、家は断絶した。

## 将軍家綱、御朱印改めを開始 三月七日から

社会 世相

**幕**府は諸大名に対して、この日、家康以来の歴代の将軍が発給した領知宛行状《りょうちあてがいじょう》や安堵状《あんどじょう》の判物《はんもつ》、朱印《しゅいん》状《じょう》と領知目録《もくろく》の正文《しょうもん》と写《うつし》の提出を求めた。将軍代替わりに伴って諸大名に新将軍から所領安堵状を再発給するためだった。新規に所領安堵を行なうことによって、土地所有権の安堵者が将軍であることを諸大名に再認識させる機会にもなった。

提出された正文と写を点検した幕府は、四月五日から順次諸大名を登城させて御座之間《ござのま》か、あるいは黒書院《くろしょいん》で、従来の判物あるいは朱印状の正文に添えて、家綱発給の判物あるいは朱印状と領知目録の正文を交付した。在国《ざいこく》の大名には名代《みょうだい》に手渡している。また、公家《くげ》・門跡《もんぜき》・寺社にも発給しており、寺社の場合は、翌寛文五年三月一日付で従来所持している朱印状などの提出を命じ、八月八日から十一月二十四日にかけて新規の朱印状を交付している。こののち、将軍の代替わりごとに前代までの判物・朱印状の点検と新規の判物・朱印状を発給するという手続き（これを「御朱印改《ごしゅいんあらた》め」という）を行なうことが慣例となった。

像の制作を依頼。
**8・22** 幕府、関八州に巡見使を派遣。
**9・14** 幕府、町奉行に江戸市中での博奕の禁止・火の用心を指示。
**10・3** 幕府、博奕で取り上げた金品の返還を命じ、私娼を禁止。
**11・1** 幕府、国史館を上野忍岡に設置。林春斎に『本朝通鑑』続修を指示。
**11・25** 幕府、諸藩・代官所に宗門改の専任役人設置を命じ、厳重なキリスト教徒探索を指示。
**この年** 幕府、オランダに金の輸出を許可。
**この年** 琉球で大地震、津波。死者多数。
**この年** 対馬藩、朝鮮へ武具を密輸した数十人を処刑。
**この年** 江戸でけんどんそば切りを売り出す。

# 1665 寛文五年

乙巳

天皇▼霊元天皇

将軍▼徳川家綱（第四代）

【主要幕閣】

◉老中
酒井忠清（雅楽頭）
阿部忠秋（豊後守）
稲葉正則（美濃守）
久世広之（大和守）
板倉重矩（内膳正）
土屋数直（但馬守）

◉寺社奉行
井上正利（河内守）
加々爪直澄（甲斐守）

◉勘定奉行
岡田善政（豊前守）
妻木頼熊（彦右衛門）

◉江戸町奉行
北
村越吉勝（長門守）
南
渡辺綱貞（大隈守）

◉京都所司代
牧野親成（佐渡守）

◉京都町奉行
宮崎重成（若狭守）
雨宮正種（権左衛門）

◉大坂城代
青山宗俊（因幡守）

## 幕府、諸宗寺院法度を発布　七月十一日

政治経済

幕府はこの日、すべての宗派に共通する九ヶ条の覚書形式の諸宗寺院法度《しょしゅうじいんはっと》（将軍家綱《いえつな》の朱印状《しゅいんじょう》）と、酒井《さかい》忠清《ただきよ》・阿部《あべ》忠秋《ただあき》・稲葉《いなば》正則《まさのり》・久世《くぜ》広之《ひろゆき》の老中連署《ろうじゅうれんしょ》の五ヶ条の条々を発布した。

従来、寺院法度は慶長六年（一六〇一）から元和元年（一六一五）まで、各宗派の本山《ほんざん》ごとに出され、中世以来保持してきた多くの特権が剝奪《はくだつ》された。そして、この諸宗寺院法度で、寺院僧侶の生活倫理を規制（宗派の決めた規則や本《ほん》末《まつ》規定の遵守《じゅんしゅ》、徒党禁止、寺領の売買と入質《にゅうしち》禁止など）し、新しい宗派などが禁止された。ここに宗派ごとに本山（本寺《ほんじ》）を通じた寺院統制（末寺《まつじ》住職の任免権・裁判権などを本山に従属させた本山・末寺制度）は確立し、寺院は幕藩体制の支配機構の中に組み込まれた。同時に諸社禰宜神主法度《しょしゃねぎかんぬしはっと》が発布されて、全国の神社・神職も幕府の統制下に置かれることになるのである。

## 会津藩主の保科正之、儒学者の山崎闇斎を招聘　四月八日

文化思想

陸奥会津《あいづ》藩主で将軍補佐役《ほさやく》でもあった保科正之《ほしなまさゆき》は、この日、儒学者の山崎闇斎《やまざきあんさい》を三田《みた》の上屋敷に招聘《しょうへい》し、『論語』の講義を聞いた。以後、正之が寛文十二年に歿するまでの七年間、闇斎は正之の賓師《ひんし》として厚遇された。後世の会津藩士の精神的規範となった正之の「会津藩家訓《かきん》」十五ヶ条（寛文八年）の添削《てんさく》などは闇斎の手になるものである。

京都の鍼医《はりい》の子に生まれた闇斎は、初め比叡山《ひえいざん》や妙心《みょうしん》寺《じ》の僧となったが、土佐《とさ》藩の奉行職を務める野中兼山《のなかけんざん》の眼にとまり、十九歳の頃に土佐の吸江寺《きゅうこうじ》に移って南学《なんがく》（海南《かいなん》学派《がくは》）の谷時中《たにじちゅう》に師事して朱子学《しゅしがく》を学んだ。のちに京都へ戻って還俗《げんぞく》し、塾を開いて講釈《こうしゃく》により門弟を教育した。また、定期的に江戸へ出講して諸侯《しょこう》にも教授した。その縁で正之に仕えたのである。そして寛文十一年に正之が吉川神《よしかわしん》道《とう》の創始者・吉川惟足《これたる》から神道の奥義を伝授されたのを機に、闇斎も惟足から神道を学んで神儒一致説を説き、垂加《すいか》神道《しんとう》を創唱した。正之が歿したあとは、京都で講義・著述に専念し、佐藤直方《さとうなおかた》・浅見絅斎《あさみけいさい》・三宅尚斎《みやけしょうさい》の崎門三傑《きもんさんけつ》らを輩出《はいしゅつ》した。天和二年（一六八二）九月十六日に六十五歳で歿している。

## 先手頭に火付盗賊改を兼職させる　十一月一日

事件災害

先《さき》手弓頭《てゆみがしら》の水野小左衛門守正《みずのこざえもんもりまさ》はこの日、関東の強盗追捕の事を将軍家綱より直接命じられた。この任命が後世の火付盗賊改役《ひつけとうぞくあらためやく》の最初といわれている。

守正は、徳川家康の生母・お大《だい》の方《かた》（伝通院《でんつういん》）の兄忠守《ただもり》（相模玉縄《たまなわ》城主）の孫にあたる。小姓組、書院番組の番士を経て、西《にし》の丸裏門番頭《まるうらもんばんがしら》に昇進し、寛文三年に先手弓頭に転じて、采地《さいち》五百石と蔵米《くらまい》三百俵を知行《ちぎょう》した。この時に関東の強盗追捕を命じられたのは、当時常陸《ひたち》の下館《しもだて》にいた強盗が常

【この年の出来事】

**1・2**　大坂城天守閣、落雷により焼失。以後再建されず。
**1・29**　幕府、食膳の魚鳥・野菜などの食用時期を規定。
**2・9**　幕府、徒・若党・農民に衣服制限令を出す。
**2・18**　幕府、旗本の養子相続について規定。
**3・27**　幕府、江戸市中に日傭座を設置。
**3月**　幕府、金座・銀座・両替商以外の地金銀売買を禁止。
**4・8**　会津藩主保科正之、山崎闇斎を招聘。
**4・28**　幕府、銀座条目を定め、1か年の運上額・納期を規定。
**5・13**　京都で地震。二条城石垣、殿舎破損。
**6・2**　江戸で20か所に落雷。死者多数。
**7・11**　幕府、諸宗寺院法度と諸社禰宜神主法度を制定。
**7・13**　幕府、諸大名の江戸証人制度を廃止。

**◉大坂町奉行**
**東**　石丸定次（石見守）
**西**　彦坂重紹（壱岐守）

**◉長崎奉行**
島田利木（久太郎）
稲生正倫（七郎右衛門）

**◉若年寄**
土屋数直（但馬守）
土井利房（能登守）
永井尚庸（伊賀守）

陸国内を荒らし回っていたのを追捕するためであったと思われる。

二年後の寛文七年十一月九日に、先手《さきて》鉄炮頭《てっぽうがしら》の岡野《おかの》内蔵允成明《くらのじょうなりあきら》と交代した。なお、成明の場合も三代目の大《おお》島雲八義近《しまうんぱちよしちか》の場合も、常陸・下野《しもつけ》・上総《かずさ》などの関東各地を追捕の対象地域としているので、当初の火付盗賊改は江戸市中よりも関東各地の巡視《じゅんし》を主たる任務としていたものと思われる。

## 幕府、食膳の食材の食用時期を制定　一月二十九日　社会世相

幕府はこの日、食膳の食材となる魚・鳥・蔬菜《そさい》の食用時期を制定した。

鱒《ます》・生椎茸《なましいたけ》は正月から四月まで、土筆《つくし》・防風《ぼうふう》（セリ科の多年草の浜防風のこと）は二月から、相黒蕨《わらび》・蓼《たで》（柳蓼《やなぎたで》などの香辛料のタデで、刺身《さしみ》のつまなどに利用）・生姜《しょうが》は三月より、鮎《あゆ》・鰹《かつお》、根芋《ねいも》（里芋《さといも》の子芋の芽生えたもの）・筍《たけのこ》・茄子《なす》・枇《び》杷《わ》は四月より、楊梅《ようばい》（ヤマモモの漢名）・白瓜《しろうり》（主として漬物《つけもの》用）は五月より、甜瓜《てんか》（夏の果物の王座を占めていたマクワウリ）・大角豆《ささげ》は六月より、塊《ほど》（ほどいも・土芋ともいい、野生のマメ科植物で根に芋が出来る）、鴫《しぎ》、林檎《りんご》（中国原産の和林檎《わりんご》のこと）は七月から、鶴《つる》・鮭《さけ》・海参《いりこ》（煎海鼠とも書き、海鼠《なまこ》の腸を取り去って煮て乾燥したもの。後世ほしあわび・ふかのひれと共に俵物《たわらもの》として中国向けに輸出された）、柿《かき》・芽独活《めうど》・松茸《まつたけ》・葡《ぶ》萄《どう》・梨《なし》は八月より十一月まで、鴨《かも》・雉《きじ》・鶫《つぐみ》、蜜柑《みかん》・九年母《くねんぼ》（蜜柑の仲間の柑橘類《かんきつるい》）は九月より、鮟鱇《あんこう》・鱈《たら》・馬刀《まとう》（マテ貝のこと）は十一月より、白魚《しらうお》（隅田川産のものが珍重された）は十二月より食用とすべきである。ただし、塩漬《しおづ》けしたものは例外である。

さまざまな食材（『当流節用料理大全』）

初鰹売り（『四時交加』）

江戸の繁栄に伴い、江戸っ子の初物《はつもの》、走《はし》り物《もの》を好む風潮が広まり、市中の諸物価を高騰させる要因の一つとなっていた。そこで、幕府は初物買いに伴う奢侈《しゃし》を禁じると共に、生鮮食料品の価格を安定させるために、魚・鳥・野菜・果物など当時初物・走り物として賞玩《しょうがん》されていた三十七種類の食用時期と流通時期を定めたのである。しかし、この種の法令は寛文十二年、貞享三年（一六八六）、元禄六年（一六九三）、寛保二年（一七四二）など度々出されているので、必ずしも江戸っ子たちの間で守られていたとはいえないことがわかる。

**7月**　水戸藩主徳川光圀、朱舜水を招聘。
**8・17**　幕府、寺社領に朱印状を下付。
**10・14**　幕府、僧侶などが町屋で仏壇を置いて布教活動することを禁止。
**11・1**　幕府、先手頭に火付盗賊改を兼職させる（火付盗賊改役の始まり）。
**11月**　幕府、中山道宿駅に人馬継立に関する法令を通達。また私娼・博奕を禁止。
**12・26**　越後で大地震。大雪とも重なり高田城損壊。
**この年**　蝦夷有珠山噴火。
**この年**　京都で地震頻発。
**この年**　徳川光圀、水戸緑岡の御殿山に庭園を建造（水戸偕楽園の始まり）。

# 1666 寛文六年

丙午

天皇▼霊元天皇

将軍▼徳川家綱（第四代）

**【主要幕閣】**

**◉大老**
酒井忠清（雅楽頭）

**◉老中**
酒井忠清（雅楽頭）
阿部忠秋（豊後守）
稲葉正則（美濃守）
久世広之（大和守）
板倉重矩（内膳正）
土屋数直（但馬守）

**◉寺社奉行**
井上正利（河内守）
加々爪直澄（甲斐守）
小笠原長矩（山城守）

**◉勘定奉行**
岡田善政（豊前守）
妻木頼熊（彦右衛門）
松浦信貞（猪右衛門）

**◉江戸町奉行**
**北**
村越吉勝（長門守）
**南**
渡辺綱貞（大隈守）

**◉京都所司代**
牧野親成（佐渡守）

**◉京都町奉行**
宮崎重成（若狭守）

## 老中酒井忠清、大老に就任　三月二十九日

政治経済

門閥譜代出身の老中酒井《さかい》雅楽《うた》頭《のかみ》忠清《ただきよ》（四十三歳）は、この日老齢の老中阿部《あべ》忠秋《ただあき》（六十五歳）とともに日常の「奉書《ほうしょ》の連署《れんしょ》加判《かはん》」を許されたが、大老《たいろう》に就任して権力を掌握した。

忠清は上野《こうづけ》厩橋《まやばし》藩主酒井忠行《ただゆき》の嫡男で、徳川《とくがわ》秀忠《ひでただ》・家《いえ》光《みつ》に歴任して老中・大老を務めた酒井雅楽頭忠世《ただよ》の孫である。雅楽頭系酒井家は、徳川家康《いえやす》の祖父松平《まつだいら》清康《きよやす》に仕えた正親《まさちか》以来の譜代の最重臣の家柄（左衛門《さえもん》尉《のじょう》系酒井家と並ぶ）であった。承応二年（一六五三）閏《うるう》六月五日に老中筆頭に任ぜられ、前代以来の老中酒井忠勝《ただかつ》・松平信綱《のぶつな》・阿部忠秋らと共によく家綱を補佐し、武家諸法度《ぶけしょはっと》の発布・寛文《かんぶん》印知《いんち》・証人制の廃止などを主導した。大老就任以後は、忠清に権力が集中し、また、伊達《だて》騒動《そうどう》・越後《えちご》騒動などの御家《おいえ》騒動の調停役も担った。忠清の上《かみ》屋敷が大手門《おおてもん》前の下馬札《げばふだ》の付近にあったことから、後世「下馬将軍」の異名がついた。

家綱《いえつな》時代は武断政治から文治政治への移行期であり、平時体制に即応した幕藩秩序を作りあげ、それを巧みに動かした「寛文《かんぶん》・延宝《えんぽう》の治《ち》」ともいえる安定した一時期が出現した。この時代を動かした中心人物の一人が、正しく忠清であったといえよう。延宝八年（一六八〇）に家綱が病死し、五代将軍として綱吉が就任すると忠清は大老職を解任され、翌天和元年（一六八一）五月十九日に歿し、厩橋の龍海院《りゅうかいいん》（現、群馬県前橋市紅雲町）に葬られた。享年五十八。

## 中村惕斎、『訓蒙図彙』を出版　七月

文化思想

儒学者の中村惕斎《なかむらてきさい》は、この月京都の山形屋から図解百科事典の『訓蒙図彙《きんもうずい》』（美濃《みの》紙版《がみばん》変型、序目《じょもく》二巻、本文二十巻、全十四冊）を出版した。

『訓蒙図彙』は、学問を志す者は先ず物の名を学び、その形を知ることにあり、そのためには図によるのが早わかりだという趣旨で、一頁に上下二図を載せ、それぞれに和名と漢名と短い注記を付した。全体を天文・地理・居処《きょしょ》・人物・身体・衣服・宝貨・器用・畜獣・禽鳥《きんちょう》・竜魚・虫《ちゅう》介《かい》・米穀・菜蔬《さいそ》・菓蓏《から》・樹竹・花草に分けて図解した。学問的な考証と精確で美しい図から本書の声価は高まった。二年後の一頁に四図を載せた第二版は世上に流布し、オランダ商館医であったケンペルの『日本誌』（一七二七年ロンドンで出版）にもこの版から模刻した動物図が多く含まれている。

惕斎は京都の呉服商の子として生まれたが、幼少より朱子学を独修し、博学無比、天文地理や尺度量衡にも精通し、音律にも詳しかった。上方では伊藤仁斎《いとうじんさい》と並ぶ碩学《せきがく》とも称されたが、元禄十五年（一七〇二）に七十四歳で没した。

中村惕斎

**【この年の出来事】**

**2・2** 幕府、代官に諸国山川掟を布告。
**2・6** 千姫歿（70）。
**3・29** 酒井忠清、大老に就任。
**4・17** 幕府、江戸出航船の三崎・下田の通関貨物に関する条例を制定。
**4・28** 幕府、代官に勤務規則を公布。
**5・2** 水戸で大洪水。6月21日まで水ひかず。
**5・3** 丹後宮津藩主京極高国改易。
**6・19** 酒井田柿右衛門歿（71）。
**7・21** 大坂三郷綿屋仲間成立。
**7月** 幕府、農村に質物返還、農民と商人の争論などに関する法令を公布。
**7月** 中村惕斎、『訓蒙図彙』出版。
**8・1** 木曽川洪水。美濃・尾張両国で15万5350石水害。
**9月** 幕府、江戸市中の薬商に、座の設置、独占販売を禁止。

雨宮正種（権左衛門）
●大坂城代
青山宗俊（因幡守）
●大坂町奉行
東 石丸定次（石見守）
西 彦坂重紹（壱岐守）
●長崎奉行
島田利木（久太郎）
稲生正倫（七郎右衛門）
松平隆見（甚三郎）
河野通定（権右衛門）
●若年寄
土井利房（能登守）
永井尚庸（伊賀守）

『訓蒙図彙』

## 丹後宮津藩主京極高国改易　五月三日

事件 災害

幕府は、この日丹後宮津《たんごみやづ》（現、京都府宮津市）藩主、京《きょう》極高国《ごくたかくに》を改易《かいえき》して七万五千石を没収し、高国一族を処分した。高国は陸奥《むつ》盛岡《もりおか》藩南部《なんぶ》重信《しげのぶ》家預《あづけ》（扶助米三千俵と金二百両）、嫡男高規《たかのり》は伊勢津《いせつ》藩藤堂高次《とうどうたかつぐ》家預（扶助米三千俵）、次男落合親信《おちあいちかのぶ》（のち京極高甫《たかすけ》）は祖母の実家因幡《いなば》鳥《とっ》取《とり》藩池田光仲《いけだみつなか》家預、三男黒田万吉《くろだまんきち》は祖母の実家備前岡山《びぜんおかやま》藩池田光政《みつまさ》家預、四男寺嶋高林《たかよし》は母の実家の縁で伊予宇《いよう》和島《わじま》藩伊達宗利《だてむねとし》家預、娘二人は母の実家陸奥仙台《むつせんだい》藩伊達亀千代《かめちよ》（のち綱村《つなむら》）家預となった。弟高勝《たかかつ》は逼塞《ひっそく》処分を受け、前藩主の父高広《たかひろ》は金五百両を支給されて流浪の身となった。

事件の背景には高広・高国父子の確執があった。二代目藩主高広は牽強付会《けんきょうふかい》や傲慢《ごうまん》の気質があり、隣藩丹波福知《たんばふくち》山《やま》藩主稲葉紀通《いなばのりみち》と争ったり（慶安元年の項参照）、領民に苛政を行った。承応三年（一六五四）に五十六歳の父に代わって三十九歳の高国が新藩主になると、父の藩政に批判的であった高国は、家臣や領民をよく懐柔して善政にはげんだ。しかし、次第に驕慢《きょうまん》となり、先代にも増して虐政《ぎゃくせい》に走ったために藩内に怨嗟《えんさ》の声があふれた。さらに隠居した父高広への不孝や親族との不仲も重なった。このため、高広は幕府に高国の無道を愁訴《しゅうそ》し、高国の廃嫡《はいちゃく》と弟高勝への家督相続を画策したのである。しかし、幕府は高広の思惑を無視して家政不行届きで京極家を改易にしたのである。ただし、幕府は延宝八年（一六八〇）に京極家を赦免し、高国の嫡男高規は廩米《りんまい》二千俵の奥高家《おくこうけ》となった。

## 幕府、代官に諸国山川掟を発布　二月二日

社会 世相

幕府は、この日老中連署による水害防止のための山川掟の覚書三ヵ条を諸国の代官に発布した。内容は、①近年は川沿いの開発が進み、草木の根まで掘り取るので、風雨の時に川中に土砂が流れ込んで洪水になるので、今後は草木の根は掘り取ってはならない。②上流の左右の樹木のないところは、今後苗木を植えて土砂の流失を防ぐこと。③河原での新田開発や竹木・葭萱《よしかや》の育成で川筋を狭めないこと。さらに山中での焼畑は禁止する。その点検のために来年見分の使者を派遣するというものであった。

この覚書は、十七世紀に各地で推進されてきた急激な新田開発にともなう水害の頻発に対応して幕府が、治水重視による国土保全の視点を採用した最初の政策といえる。

**10・3** 幕府、朱子学批判により、山鹿素行を赤穂藩へ配流。
**11・8** 幕府、凶作により酒造量を半減し、新規酒造業を禁止。
**11・11** 幕府、諸国農村に人身売買・10年以上の年季奉公・田畑売買質入れを禁止。
**11・15** 大坂町奉行、町内への一向宗以外の寺院設立、および町家の寺社屋敷への売却を禁止。
**12・7** 大坂雑魚場から出火。3日で142町、1933戸焼失。
**12・9** 江戸で大火。牛込榎町から出火。
**この年** 諸国で風水害多発。土佐では民家2000余戸流失。
**この年** 江戸芝居で「歩み板」の使用が始まる（花道の始まり）。

【主要幕閣】
◉大老
酒井忠清（雅楽頭）
◉老中
稲葉正則（美濃守）
久世広之（大和守）
板倉重矩（内膳正）
土屋数直（但馬守）
◉寺社奉行
井上正利（河内守）
加々爪直澄（甲斐守）
小笠原長矩（山城守）
◉勘定奉行
岡田善政（豊前守）
妻木頼熊（彦右衛門）
松浦信貞（猪右衛門）
◉江戸町奉行
北
村越吉勝（長門守）
島田守政（出雲守）
南
渡辺綱貞（大隈守）
◉京都所司代
牧野親成（佐渡守）
◉京都町奉行
宮崎重成（若狭守）
雨宮正種（対馬守）

## 幕府、諸国に巡見使を派遣
閏二月十八日
政治経済

幕府は、この日関東八ヶ国（寛文四年〔一六六四〕八月二十二日に派遣済み）を除く諸国に陸方衆《りくかた》（六区画に三人一組宛）と浦方衆《うらかた》（二区画に二人一組宛）に分けて巡見使《じゅんけんし》を派遣した。

陸方衆には、各地の施政の可否、キリシタン宗門《しゅうもん》の禁止や盗賊取締りなどの治安状況、運上《うんじょう》による物価高騰の実情、幕府と各大名の仕置の差異の有無、買占めなどの売買独占の有無、金銀米銭の相場、高札の有無などを調査させた。ただし、巡見時に公事訴訟は一切受理しないよう厳命された。浦方衆には、船数と水主《かこ》数の調査、江戸・大坂への船賃、遠江《とおとうみ》御前崎《おまえざき》と伊豆《いず》子浦《こうら》港の山に燈台を設置することの是非、各浦・各港の治安や風俗の取締りなどを命じた。

今回は、国絵図・城絵図の提出は求めなかった。家光期の巡見使派遣が軍事的目的を優先していたのに対して、家綱期の今回は全国の仕置の善悪の確認という目的が明確化されていたのが特徴的であった。巡見の結果は、八月二十一日の五畿巡見使から十二月十一日の西国と西の各浦方巡見使にかけて、それぞれ将軍家綱に拝謁して報告した。

## 幕府、足利学校の再建に着手
文化思想

幕府は、この年足利学校《あしかががっこう》（現、栃木県足利市）十三世庠主伝英元教《しょうしゅでんえいげんきょう》の要請を受けて下野《しもつけ》足利藩主で若年寄の土井利房《どいとしふさ》に命じて、領内の足利学校の再建に着手させた。将軍家綱から白銀《はくぎん》五十貫が下賜され、都の公卿や諸大名からの寄進もあり、翌八年（一六六八）四月晦日《みそか》には造営完了にともない、工事責任者の利房家臣に時服《じふく》が将軍から支給されている。現存する国史跡の孔子廟《こうしびょう》（大成殿《たいせいでん》）と学校門と杏壇門《きょうだんもん》は当時の建物である。学校門の扁額《へんがく》「學校」の文字は、明の蔣龍渓《しょうりゅうけい》が弘治《こうじ》元年（一五五五）に来日した際の書を林鵞峯《はやしがほう》が『本朝通鑑《ほんちょうつがん》』編集のために上野忍ヶ岡《うえのしのぶがおか》に設立した国史館《こくしかん》の狛庸《こまやすし》が縮模《しゅくも》したものである。

足利学校の創建については諸説あるが、関東管領上杉憲実《かんとうかんれいうえすぎのりざね》が円覚寺《えんがくじ》の僧快元《かいげん》を初代庠主（校長）に迎えて再興して以来発展し、儒学・易学・兵学などを教授した。戦国時代に来日したイエズス会宣教師ザビエルは「坂東《ばんどう》の大学」と西洋に紹介した。家康以来幕府は保護し、秀忠は学校領百石の朱印地を寄進している。庠主は年

足利学校

【この年の出来事】
**1月** 加賀藩領の十村肝煎、検地に反対して越訴。63人処刑。
**2・14** 奈良東大寺二月堂、修二会による失火で全焼。
**閏2・15** 松江藩、出雲大社竣工。
**閏2・18** 幕府、遠江御前崎・伊豆小浦港に燈台を設置。
**閏2・18** 幕府、諸国に巡見使を派遣。
**閏2・18** 幕府、難破船救助の浦高札を立てる。
**閏2・19** 幕府、畿内・近江・播磨に本田畑煙草栽培を禁止。
**3・4** 幕府、諸大名に酒造制限の無期限延長を通達。
**4・4** 釜山の対馬藩公館全焼。
**4・29** 幕府、大名の進物制を復活。
**5・2** 幕府、堕胎業を禁止。
**5・25** 幕府、近江今切・荒井関の制を制定。

**◉大坂城代**
青山宗俊（因幡守）
**◉大坂町奉行**
**東** 石丸定次（石見守）
**西** 彦坂重紹（壱岐守）
**◉長崎奉行**
松平隆見（甚三郎）
河野通定（権右衛門）
**◉若年寄**
土井利房（能登守）
永井尚庸（伊賀守）

末に翌年の将軍の運勢を申上するのが例となっていた。

## 博多の豪商伊藤小左衛門、抜荷により長崎で磔刑　十一月二十九日

事件災害

博《は》多《か》の豪商伊藤小左衛門《いとうこざえもん》は、この日寛文五年（一六六五）以来の朝鮮との抜荷《ぬけに》の罪（武器密売）により長崎で磔刑《たっけい》に処され、一族・関係者が大量に処罰された。

初代小左衛門の跡を継いだ二代目小左衛門は、博多で財をなし、やがて同じ博多の豪商大賀宗伯《おおがそうはく》とともに福岡藩黒《くろ》田《だ》家の御用商人《ごようしょうにん》となり、正保《しょうほう》四年（一六四七）にポルトガル船が通商再開を求めて長崎に来航した際に、長崎警備役であった藩主黒田忠之《ただゆき》のために尽力し、その功で五十人扶《ぶ》持《ち》を与えられた。やがて長崎に出店を持つようになり、さらに鉄類の売買で成功して銀七千貫以上の資産をなしたと噂されるようになった。そして長崎奉行の接待のために五《ご》島町《とうまち》の屋敷を提供するほどになった。小左衛門の資産形成の背景には、表立って活動できない福岡藩に代わって行った中国・朝鮮との密貿易の利益もあったものと思われる。

寛文七年に筑後柳川《ちくごやながわ》出身の者が寛文五年（一六六五）から長崎の浜町《はまのまち》の江口伊右衛門《えぐちいえもん》と対馬《つしま》の小茂田勘左衛門《こもだかんざえもん》が共謀して武具を朝鮮に密売したと柳川藩に出訴したことから事件が明るみになった。取調べの結果、浜町乙名浅見七《おとなあさみしち》左衛門《ざえもん》・新大工町《しんだいくまち》の油屋彦右衛門《あぶらやひこえもん》、対馬の亀岡平右衛門《かめおかへいえもん》、黒田領の高木惣十郎《たかぎそうじゅうろう》・篠崎伝右衛門《しのざきでんえもん》、唐津《からつ》領の今村半左《いまむらはんざ》衛門《えもん》らのほかに島原《しまばら》領や熊本《くまもと》領の者が関わり、遠く上方《かみがた》の大坂を含む百名近くの者が捕縛された。九州の広範囲にわたる抜荷グループが存在していたのであり、その首領が小左衛門だった。小左衛門と浅見七左衛門が磔《はりつけ》となり、一族・関係者四十数人が斬首《ざんしゅ》・獄門《ごくもん》となり、追放処分の者も四十数人に及んだ。ただし、諸藩には類はおよばず、福岡藩主黒田光之《みつゆき》は小左衛門の命を救えなかったことを終生悔んでいたという。

## 幕府、川越の制札を制定　四月二十二日

社会世相

幕府はこの日、五街道の川越《かわごし》に関する制札三ヵ条を制定した。内容は、①洪水の際は水の深浅《しんせん》によって宿場の問屋《といや》場《ば》で賃銭を決め、みだりに高く要求しないこと。②当町以外の他所から来た川越人足《かわごしにんそく》も規定以外の賃銭を取ってはならない。③川越の際は川岸に番所を設けて監督することなどであった。

幕府は軍事目的から大河に橋を架けなかった。そのため街道を往来する人々は蓮台《れんだい》・肩車《かたぐるま》などによる川越が必要になった。旅行者の自分越《じぶんごし》は禁止されていたので、参勤交代の大名でも川越人足を利用した。東海道の酒匂《さかわ》川・興津《おきつ》川・安倍《あべ》川・大井《おおい》川などがあり、なかでも「箱根八里《はこねはちり》は馬でも越すが、越すに越されぬ大井川」と唄われた大井川は最も有名で、水位が五尺《しゃく》（約百五十一・五センチ）以上になったら川留《かわどめ》となり、大名は勿論公儀の急用者といえども川越は出来なかったという。

大川を越える（「島田」『東海道五十三次』）

**7月** 陸奥八戸で暴風雨、水害。
**7・28** 神道家吉川惟足、将軍家綱に拝謁。
**7・29** 幕府、流行正月の門松を禁止。
**10・28** 幕府、閑地への家屋建造、御家人宅の町人への賃貸、農民の寺社地での家作を禁止。
**11・12** 幕府、検地簿不備のため、播州代官多羅尾光好・光忠親子を閉門。その部下3人を伊豆大島へ流罪。
**11・29** 博多の豪商伊藤小左衛門、抜荷により長崎で磔刑。
**この年** 幕府、城米廻送取締規則を公布。
**このころ** 諸国で寛文小袖流行。

**【主要幕閣】**

**●大老**
酒井忠清（雅楽頭）

**●老中**
稲葉正則（美濃守）
久世広之（大和守）
板倉重矩（内膳正）
土屋数直（但馬守）

**●寺社奉行**
加々爪直澄（甲斐守）
小笠原長矩（山城守）

**●勘定奉行**
岡田善政（豊前守）
妻木頼熊（彦右衛門）
松浦信貞（猪右衛門）
杉浦正昭（内蔵允）

**●江戸町奉行**
**北**
島田守政（出雲守）
**南**
渡辺綱貞（大隈守）

**●京都所司代**
牧野親成（佐渡守）
板倉重矩（内膳正）

**●京都町奉行**
**東**
宮崎重成（若狭守）

## 幕府、京都町奉行を新設　七月十三日

政治 経済

幕府は、この日従来の京都郡代《きょうとぐんだい》を廃して京都所司代《しょしだい》の権限の一部を受けついだ京都町奉行《まちぶぎょう》を新設し、伏見奉行《ふしみぶぎょう》の宮崎重成《みやざきしげなり》と雨宮正種《あめのみやまさたね》を東西の奉行に任命した。

職務内容は、①京都市中の公事訴訟の採決、検断などの町方支配、②山城国《やましろ》における年貢徴収事務を除く諸触《ふれ》の伝達・犯罪取締りなどの村方支配、③五畿内《ごきない》・近江《おうみ》・丹波《たんば》・播磨《はりま》八ヵ国（享保七年〔一七二二〕からは山城・大和《やまと》・近江・丹波の四ヵ国となり、他の四ヵ国は大坂町奉行の管轄となる）の寺社支配・公事訴訟の裁許などであった。京都市中のみならず幕府の上方《かみがた》支配における重要な役職となった。

京都町奉行は老中支配に属する遠国《おんごく》奉行の一つで、与力《よりき》各二十騎・同心《どうしん》各五十人が所属していた。東町奉行所は二条城の南で神泉苑《しんせんえん》の西に、西町奉行所は二条城の西で千本《せんぼん》通《どおり》に沿っていた。京都町奉行には目付《めつけ》や他の遠国奉行経験者から任命される者が多く、町奉行・勘定《かんじょう》奉行・大目《おおめ》付《つけ》などに登用される者を多く輩出した。

## 長崎漢画の祖と称された逸然性融歿　七月十四日

文化 思想

長《なが》崎漢画《さきかんが》の祖と称された黄檗宗《おうばくしゅう》の禅僧逸然性融《いつねんしょうゆう》は、この日興福寺《こうふくじ》（現、長崎県長崎市寺町）で歿した。享年六十八。

逸然は明《みん》の浙江杭州府仁和県《せっこうこうしゅうふにんわけん》の出身で、俗姓は李氏。明末の混乱を避けて正保元年（一六四四）に長崎に渡来し、のち禅僧となり唐寺として有名な興福寺の三代目住持となり、浪雲庵主《ろううんあんしゅ》と号した。名僧隠元隆琦《いんげんりゅうき》の日本招請に尽力したのは逸然であり、承応三年（一六五四）に実現すると、興福寺住持の地位を隠元に譲った。隠元は翌年摂津《せっつ》に移り、さらに江戸で将軍家綱に謁見《えっけん》し、宇治《うじ》に万福寺《まんぷくじ》を開いて日本黄檗宗の開祖となる。

逸然は興福寺住持に復帰して禅の修行に精進するかたわら羅漢図《らかんず》・神仙図《しんせん》などの仏画や写実的な人物画（頂相《ちんぞう》など）を得意として北宗画《ほくしゅうが》風の中国画の新しい様式を長崎に移植する役割を果たした。唐絵目利《からえめきき》（清朝から輸入した絵画・器物を鑑識・評価する役職で長崎奉行所の御用絵師《ごようえし》も兼ねた）となった渡辺秀石《わたなべしゅうせき》や河村若芝《かわむらじゃくし》らの優秀な人材を育てて長崎漢画（漢画派、黄檗画派、唐絵目利派などを含む）の祖と称された。

## 江戸大火　二月一日〜六日

事件 災害

二月一日に江戸は三度の大火に見舞われた。まず午後二時ころ若狭小浜《わかさおばま》藩主酒井忠直《さかいただなお》の牛込《うしごめ》の下《しも》屋敷から出火し、おりからの西北風に煽られて番町《ばんちょう》・麴町《こうじまち》・市《いち》ケ谷《がや》から芝《しば》に至り、保科正之《ほしなまさゆき》の三田《みた》の下屋敷で鎮火した。同じころ元吉祥寺《もときちじょうじ》の東北の御中間町大岡金三郎《おちゅうげんまちおおおかきんざぶろう》組又兵衛《またべえ》宅から出火し、神田台《かんだだい》から日本橋本町通《にほんばしほんちょうどお》りまで焼けた。さらに夜中に麴町門外の町屋より出火して類焼が夥《おびただ》しく、翌日の午前四時ごろやっとすべての火事が鎮火した。この

**【この年の出来事】**

**2・1**　江戸で大火。牛込・麴町などから出火、武家屋敷2407軒焼失など被害甚大。
**2・9**　幕府、被災幕臣に、夏渡しの切米の3分の1を前倒しして支給。
**2・11**　幕府、江戸市中の大火被災者を救援。
**2月**　阿蘇山噴火。
**3・8**　幕府、長崎貿易の輸出入禁制品目を改定。
**3・20**　幕府、御用達町人の帯刀を許可。
**4・6**　幕府、諸国の通用の枡について調査。
**4・11**　会津藩主保科正之、「会津藩家訓」を制定。
**4・21**　アイヌ酋長シャクシャイン、オニビシを殺害。
**4・30**　足利藩、足利学校再建を完了。
**4月**　幕府、諸国に特産品・津留品・枡の調査を指示。
**5月**　幕府、長崎貿易の支払いを銀貨から金貨に変更。

**西**
雨宮正種（対馬守）

**◉大坂城代**
青山宗俊（因幡守）

**◉大坂町奉行**
**東**
石丸定次（石見守）
**西**
彦坂重紹（壱岐守）

**◉長崎奉行**
松平隆見（甚三郎）
河野通定（権右衛門）

**◉若年寄**
土井利房（能登守）
永井尚庸（伊賀守）

三度の火事で薩摩《さつま》鹿児島《かごしま》藩主島津光久《しまづみつひさ》・因幡《いなば》鳥取《とっとり》藩主池《いけ》田光仲《だみつなか》・伊予《いよ》西条《さいじょう》藩主松平頼純《まつだいらよりずみ》（紀伊《きい》徳川家分家）・安芸《あき》広島《ひろしま》藩主浅野光晟《あさのみつあきら》・肥前《ひぜん》佐賀《さが》藩主鍋島光茂《なべしまみつしげ》・陸奥《むつ》仙台《せんだい》藩主伊達亀千代《だてかめちよ》・美作《みまさか》津山《つやま》藩主森長継《もりながつぐ》らの武家屋敷二千四百七軒・寺百三十六宇・町屋百三十二町半・百姓屋敷百七十軒が焼失した。

四日の午後二時ころに下谷《したや》車坂下《くるまさかした》の長慶寺《ちょうけいじ》から失火し、烈風を受けて寺町を焼き尽くして浅草《あさくさ》・鳥越《とりごえ》から本所《ほんじょ》に飛火し、横堀《よこぼり》・一の橋・深川《ふかがわ》まで延焼した。また四谷《よつや》伊賀《いが》町《ちょう》から出火し、青山《あおやま》・赤坂《あかさか》に及んだ。さらに麻布《あざぶ》より出火し、三田・芝まで延焼した。そして六日の午後一時ころに小日向《こひなた》から出火し、小石川《こいしかわ》・牛込・飯田町《いいだまち》・田安《たやす》・代官《だいかん》町《ちょう》へ延焼し、江戸城大奥《おおおく》にも火の手が及んだ。

幕府は度重なる大火で被災した江戸市民に十一日付で米一石金一両の安価で払い下げると共に三月には、被災した三百九十石以下の旗本・御家人には拝借金を支給して救済にあたった。

## 新吉原に散茶女郎が出現する　社会世相

**幕**府は、この年江戸中の湯女風呂《ゆなぶろ》七十四軒を取り壊し、湯女五百十二人とともに新吉原《しんよしわら》内に強制移転させ、江戸《えど》町《ちょう》二丁目の手前に伏見町《ふしみちょう》を、向こう側に堺町《さかいちょう》を新設してここで遊女屋を営業させた。ここに散茶女郎《さんちゃじょろう》が出現することになる。

当時高い教養を身につけ、遊芸に秀でた太夫《たゆう》・格子《こうし》女郎などの高級遊女は主に大名・旗本・豪商などを相手とし、揚屋《あげや》でしか客と接しなかった。客に招かれて遊女屋から揚屋に移動するのが花魁道中《おいらんどうちゅう》であった。これに対して新設の遊女屋の女郎たちは、庶民的でどんな客とも遊女屋で接するようになった。このため男を振らない女郎という意味で散茶（茶葉を振り混ぜないでそっと淹《い》れるお茶）という言葉にかけて散茶女郎とよばれるようになった。道中をしないで店先に居並んで客を待つ張店《はりみせ》（張見世）形式であったので、揚代《あげだい》も太夫が銀七十二匁に対して散茶女郎は銀十五匁と安く、時代が下るにしたがって散茶女郎が主流になっていった。

吉原の茶屋と見世と花魁（『江戸雀』）

散茶女郎（『百人女郎品定』）

**6月中旬**　金沢城下で洪水。223戸流出、70人溺死。
**7・13**　幕府、京都町奉行を新設（東西の二人制）。
**7・14**　逸然性融歿（68）。
**8・3**　幕府、家臣に殉死者が出たことにより、宇都宮藩主奥平昌能を山形藩9万石へ減封。
**8・5**　幕府、諸大名に再度殉死厳禁を通達。
**8月**　朝鮮に抑留されていたオランダ人7人が、長崎へ送還。
**10・15**　九州、幕領など各地の領民400人余、キリシタンとして投獄。
**10・17**　幕府、寺院の新設を禁止。
**この年**　諸国で旱魃。
**この年**　新吉原に散茶女郎出現。

# 1669 寛文九年

## 己酉

天皇▼霊元天皇

将軍▼徳川家綱（第四代）

**【主要幕閣】**

**◉大老**
酒井忠清（雅楽頭）

**◉老中**
稲葉正則（美濃守）
久世広之（大和守）
土屋数直（但馬守）

**◉寺社奉行**
加々爪直澄（甲斐守）
小笠原長矩（山城守）

**◉勘定奉行**
岡田善政（豊前守）
妻木頼熊（彦右衛門）
松浦信貞（猪右衛門）
杉浦正昭（内蔵允）

**◉江戸町奉行**
**北** 島田守政（出雲守）
**南** 渡辺綱貞（大隅守）

**◉京都所司代**
板倉重矩（内膳正）

**◉京都町奉行**
**東** 宮崎重成（若狭守）
**西** 雨宮正種（対馬守）

### 蝦夷地のアイヌの首長シャクシャイン蜂起　六月　政治経済

蝦《え》夷地《ぞち》の日高《ひだか》から釧路《くしろ》までのアイヌを率いていた染退《シベチャリ》（現、北海道静内町）の首長シャクシャインが、松前《まつまえ》藩の交易独占体制を打倒するために、この月全蝦夷地のアイヌに松前藩に抵抗することを呼び掛けて蜂起した。東は白糠《しらぬか》、西は増毛《ましけ》（ただし石狩アイヌは不参加）に至る東西蝦夷地のアイヌ民族が一斉に蜂起し、和人《わじん》の商船十九隻が襲撃され、金堀夫・鷹待《たかまち》・商人ら二百七十三人が殺害された。

松前藩の商場《あきないば》知行制が進むにしたがってアイヌの自由交易権が否定され、場所請負《ばしょうけおい》商人らの不正や藩が設けた砂金採取場や鷹場《たかば》がアイヌの魚猟場を荒らしたために、アイヌ民族はかつてない民族的危機に遭遇《そうぐう》していたのである。

この蜂起は、松前藩のみならず幕府にも大きな衝撃を与え、幕府は藩主矩広《のりひろ》が幼少であったため、従祖父で旗本の松前泰広《やすひろ》を藩に派遣して直接指揮をとらせると共に、津《つ》軽《がる》藩にも出兵を命じた。泰広は国縫《くんぬい》でアイヌ軍の先鋒を退ける一方、十月にシャクシャインに和睦を申し入れた。そしてピポク（現、新冠町）での和議成立の祝宴でシャクシャインを謀殺《ぼうさつ》した。その後寛文十一年（一六七一）に白老《しらおい》が平定されて蜂起は終結した。この結果、松前藩のアイヌ民族に対する支配は一段と強化された。

### 山鹿素行『中朝事実』成立　十二月二十七日　文化思想

古《こ》学《がく》派の儒学者・兵学者で播磨《はりま》国赤穂《あこう》に配流《はいる》中の山鹿《やまが》素行《そこう》は、この日歴史書の『中朝事実《ちゅうちょうじじつ》』二巻と付録一巻を書き上げた。素行は、本書で『日本書紀』を主たる典拠《てんきょ》として日本を中国や朝鮮よりも優秀であると論じ、中国崇拝の「中華」意識を廃して日本こそ中華文明の中心である「中朝」であるとする日本中心主義を主張した。さらに素行は延宝元年（一六七三）に武家政治の由来・儀礼・戦術などを集大成した歴史書兼実用書の『武家事紀《ぶけじき》』を刊行している。

素行は会津《あいづ》出身で、幼くして江戸に出て林羅山《はやしらざん》に朱子《しゅし》学を、小幡景憲《おばたかげのり》・北条氏長《ほうじょううじなが》に兵学《へいがく》学び、和学・歌学・神道にも通じ、やがて山鹿流の兵学を創始した。さらに現実の生活に役立つ学問を重視して朱子学の抽象性を批判し、直接原典にあたって孔子・孟子の真意を汲み取ろうとする古学派（素行は聖学《せいがく》と呼んだ）を提唱して多くの門弟を指導した。寛文五年（一六六五）に古学的立場を明確に論じた『聖教要録《せいきょうようろく》』を刊行したために、官学たる朱子学を支持する幕府から忌避《きひ》されて赤穂に配流された。延宝三年に赦免《しゃめん》されると江戸に帰り、晩年はおもに浅草田原町《あさくさたわらまち》の私塾で山鹿流兵学を講義した。貞享二年（一六八五）九月二十六日に六十四歳で歿した。

### 福井大火　四月十五日　事件災害

この日の午前十時ころ越前福井《えちぜんふくい》城の城東の足羽郡勝見《あすはぐんかつみ》村（現、福井県福井市勝見）から出火し、おりから

**【この年の出来事】**

**1・20** 幕府、京都で100日間に限って窮民に粥を施行。
**2・13** 幕府、九州・中国・四国の諸大名に淀川浚渫の費用を賦課。
**2・28** 幕府、斗量の制の統一のため、江戸枡を廃止して新京枡に統一。
**3・21** 幕府、旗本の新鋳銭の買い請け割合を規定。
**4・3** 幕府、日蓮宗不受不施派を禁止。
**4・15** 福井で大火。城・侍屋敷など焼失。
**5・1** 幕府、居城焼失の福井藩主松平光通に金5万両を貸与。
**5・1** 幕府、諸大名・幕臣に17歳以下の者が養子をとることを禁止。
**5・3** 京都町奉行、不受不施派の追放を指示。
**6・12** 加賀・能登・越中で大雨、洪水。4万8600石損失。
**6・14** 幕府勘定頭・書院番、武蔵野・上総笠懸

**◉大坂城代**
青山宗俊（因幡守）
**◉大坂町奉行**
**東**
石丸定次（石見守）
**西**
彦坂重紹（壱岐守）
**◉長崎奉行**
松平隆見（甚三郎）
河野通定（権右衛門）
**◉若年寄**
土井利房（能登守）
永井尚庸（伊賀守）

の南東の風に煽《あお》られて大火となり、城下一帯が火の海となって午後十時ころ松本町《まつもとまち》でやっと鎮火した。城内は本丸・天守閣・櫓などの多くの建物が焼失し、三の丸門と乾櫓《いぬいやぐら》だけがかろうじて残った。町方では寺三十七宇・町屋二千六百七十六軒（町数五十九）が焼失し、城下北部の天王町《てんのうまち》と松本のうち八町分だけが焼け残った。家臣では侍屋敷三百七十九軒・与力《よりき》三十三軒・足軽《あしがる》百軒・徒《かち》三十六軒・坊主二十七軒・諸役人三十九軒の合計六百十四軒が焼失した。

福井大火の報に接した幕府は、五月一日に藩主松平光通《まつだいらみつみち》（親藩《しんぱん》の越前松平家）の帰国を認めると共に金五万両の復興資金を貸与した。帰国した光通は家老の芦田図書《あしだずしょ》の屋敷を仮住居として復興に着手し、寛文十二年（一六七二）に城は再建された。

## 幕府、江戸枡を廃止して新京枡に統一 二月二十八日

社会世相

**幕**府は、この日従来江戸で使われていた京枡《きょうます》（江戸枡《えどます》といった）を廃止し、当時京都を中心に使われていた京枡（新京枡《しんきょうます》と呼んだ）に公定枡を統一した。

天正十八年（一五九〇）に関東に入国した徳川家康は、遠江《とおとうみ》の商人樽屋藤左衛門《たるやとうざえもん》を江戸に招き、町年寄《まちどしより》の一人に任じると共に江戸枡座《ますざ》に指定して京枡の製造・販売を命じた。当時の京枡一升《しょう》の容量はおよそ六万二千五百立方分《ぶ》（江戸枡）であった。江戸幕府成立以後も幕府はこの京枡を公定枡として使用していた。しかし、京都の京枡は、商業的発展などに伴い次第に容量をまし、寛永年間（一六二四―一六四四）には京都枡座の福井作左衛門《ふくいさくざえもん》のもとで、六万四千八百二十七立方分（約一・八リットル）のもの（新京枡）が公定枡として製造されて上方に普及していた。

このような大小二種類の公定枡が東西に並立する状況は、全国経済の確立という視点からも不都合な状態であった。社会のあらゆる面で全国統一を目指そうとした幕府としては、当時の経済の中心地であった上方で使われていた新京枡に公定枡を統一することは至極妥当な判断であったといえよう。ただし、新京枡の製造・販売は東三十三ヶ国は江戸秤座（樽屋藤左衛門）に、西三十三ヶ国と壱岐《いき》・対馬《つしま》は京都秤座（福井作左衛門）に分掌させた。なお枡は一斗《と》・七升・五升・一升・五合《ごう》・二合五勺《しゃく》・一合の七種類があった。

枡を作る枡師（『人倫訓蒙図彙』）

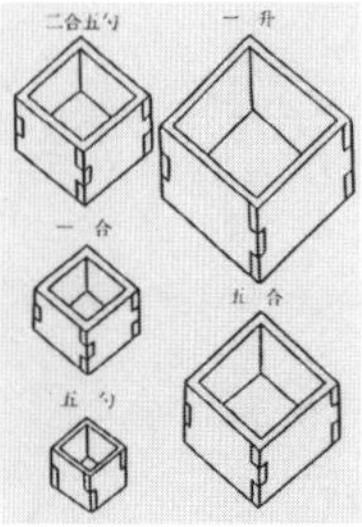

水枡（『大日本租税志』）

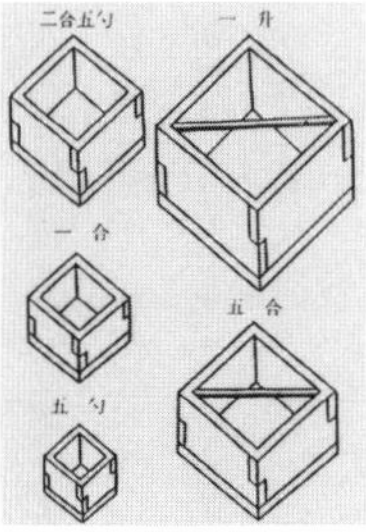

穀用枡（『大日本租税志』）

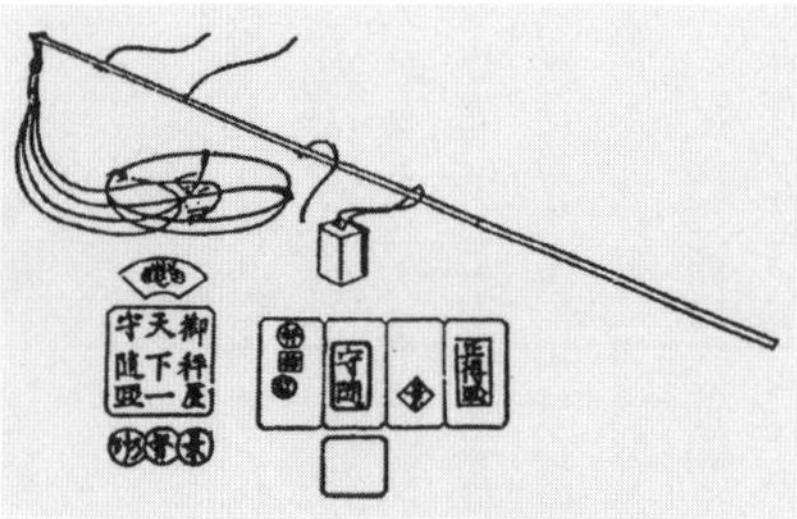
「天下一」の銘の入った守随家の秤（『古今要覧考』）

野・下総椿海の新田を巡察。
**6月** アイヌ首長シャクシャインが蜂起。
**7・25** 岡山藩主池田光政、熊沢蕃山を招聘。
**8・11** 九州で大風雨、水害。12日までに熊本1432戸、島原923戸、佐賀8517戸、久留米2606戸、唐津595戸流失・倒壊。
**8・29** 医師石橋生庵、医の心得11か条を記す。
**9・28** 幕府、酒造制限令・本田畑煙草栽培禁止令を発令。
**10・25** 西山宗因、佐賀願正寺で百韻連歌を開催。
**12・27** 山鹿素行『中朝事実』成立。
**12・29** 幕府、強風の際の防火令を発令。
**この年** 北陸以西の諸国で飢饉。
**この年** 浅間山噴火。
**この年** 東大寺二月堂再建。

# 1670

# 寛文十年

## 庚戌

**天皇▼霊元天皇**

**将軍▼徳川家綱**（第四代）

**【主要幕閣】**

**◉大老**
酒井忠清（雅楽頭）

**◉老中**
稲葉正則（美濃守）
久世広之（大和守）
土屋数直（但馬守）
板倉重矩（内膳正）

**◉寺社奉行**
加々爪直澄（甲斐守）
小笠原長矩（山城守）

**◉勘定奉行**
岡田善政（豊前守）
妻木頼熊（彦右衛門）
松浦信貞（猪右衛門）
杉浦正昭（内蔵允）
徳山重政（五兵衛）

**◉江戸町奉行**
**北**
島田守政（出雲守）
**南**
渡辺綱貞（大隈守）

**◉京都所司代**
板倉重矩（内膳正）
永井尚庸（伊賀守）

**◉京都町奉行**
**東**

## 十人両替を制度化

政治経済

東西の大坂町奉行はこの年、天王寺屋《てんのうじや》・鴻池屋《こうのいけや》・和泉屋《いずみや》・鎰屋《かぎや》など大坂の有力な本両替商《ほんりょうがえしょう》十名からなる十人両替《じゅうにんりょうがえ》を制度化し、御用両替としての幕府公金の出納を担当すると共に、両替屋仲間の取締り・金銀相場の調整・新旧貨幣の交換などにあたらせた。

江戸時代、金・銀・銭三貨の交換をはじめ預金・貸付・為替や幕府・諸藩の貢租《こうそ》など公金を取扱う金融業務を行った業者を両替商といった。両替は大坂・京都・江戸および地方の城下町や商業都市で行われ、金融を主な業務とする本両替と、金貨の小判や丁《ちょう》銀《ぎん》・豆板銀《まめいたぎん》などの銀貨と寛永通宝《かんえいつうほう》などの銭貨との交換を行って切賃《きりちん》または打銭《うちせん》と称する手数料を取るだけの銭両替《ぜにりょうがえ》とに分けられた。最も発達した大坂の本両替は、今日の銀行と同様の業務を行った。貸付には大名貸《だいみょうがし》と商人貸があり、大名貸は蔵屋敷《くらやしき》に廻送する蔵米《くらまい》や専売品などの蔵物《くらもの》を担保とし、商人貸は長年の取引のある店に対する信用貸が原則であった。ちなみに消費都市であった江戸では銭両替が発達した。事実、享保三年（一七一八）に両替商の株仲間《かぶなかま》を六百軒と定めた際に、本両替十六軒以外の五百八十四軒（九十七・三%）はすべて銭両替であった。

両替商（『女郎買糠味噌汁』）

大坂の十人両替は世襲ではなく、人数も時代によって変遷があったが、天王寺屋・平野屋《ひらのや》・鴻池屋は代々務めた。後期になると業務も多様化し、金銀市価の調節、米価の調節、献金・御用金の上納など幕府の金融政策の遂行にも深く関わっていった。

## 『本朝通鑑』完成し、将軍家綱上覧
## 六月十二日

文化思想

林《はやし》羅山《らざん》編集の歴史書『本朝編年禄《ほんちょうへんねんろく》』（神武《じんむ》から持統《じとう》朝《ちょう》まで正保《しょうほう》元年（一六四四）上呈、文武《もんむ》から淳和《じゅんな》まで正保二年上呈、しかし明暦の大火で焼失）の草稿をもとに、幕命により子の林鵞峯《はやしがほう》（春勝《はるかつ》、春斎《しゅんさい》）らが編纂した漢文編年体の日本通史『本朝通鑑《ほんちょうつがん》』が完成し、この日将軍家綱に上覧された。

『本朝編年禄』の拡充追加を命じられた鵞峯は、林家の上野《うえの》忍岡《しのぶがおか》の屋敷内に国史館《こくしかん》を開き、一族・門弟らと編纂活動を進めた。その際、徳川光圀《みつくに》の意見を入れて北宋《ほくそう》の司《し》

**【この年の出来事】**

**2・4** 江戸で大火。東叡山車坂下長慶寺から出火し、深川まで延焼。6日にも小日向から出火、飯田町まで延焼。
**3・18** 幕府、京都町奉行の与力・同心を増員。
**4・10** 長崎代官末次平蔵建造のオランダ式船、品川へ到着。
**4・25** 箱根用水通水。
**5・10** 幕府、西国凶作により、秋まで酒造、辻売り・振売りによる酒の販売を禁止。
**5・14** 岡山藩主池田光政、閑谷学校設立を命じ、この冬完成する。
**5・25** 幕府、玉川上水を拡張し、江戸町年寄の所轄と規定。
**6・5** 越後で大地震。村上で600余軒倒壊。
**6・12** 『本朝通鑑』が完成し、将軍家綱上覧。
**6・28** 幕府、寛永新銭・古銭の混用を禁止。
**6・28** 幕府、江戸での花火製造・販売および辻

宮崎重成（若狭守）
**西**
雨宮正種（対馬守）
**◉大坂城代**
青山宗俊（因幡守）
**◉大坂町奉行**
**東**
石丸定次（石見守）
**西**
彦坂重紹（壱岐守）
**◉長崎奉行**
松平隆見（甚三郎）
河野通定（権右衛門）
**◉若年寄**
土井利房（能登守）
永井尚庸（伊賀守）
堀田正俊（備中守）

馬光《ばこう》の『資治通鑑《しじつがん》』にならって編纂し、従来の『本朝編年録』を大幅に改修添削し、新たに『本朝通鑑』（三百十巻）と名付けて神代《かみよ》から慶長十六年（一六一一）にいたる歴史を記述した。前（神代）・正（神武から宇多《うだ》）・続（醍醐《だいご》から後陽成《ごようぜい》）編の三部構成で、記述にあたっては独断を避けて厳密な考証につとめ、儒学の実証的合理主義による歴史書の先駆けをなした。

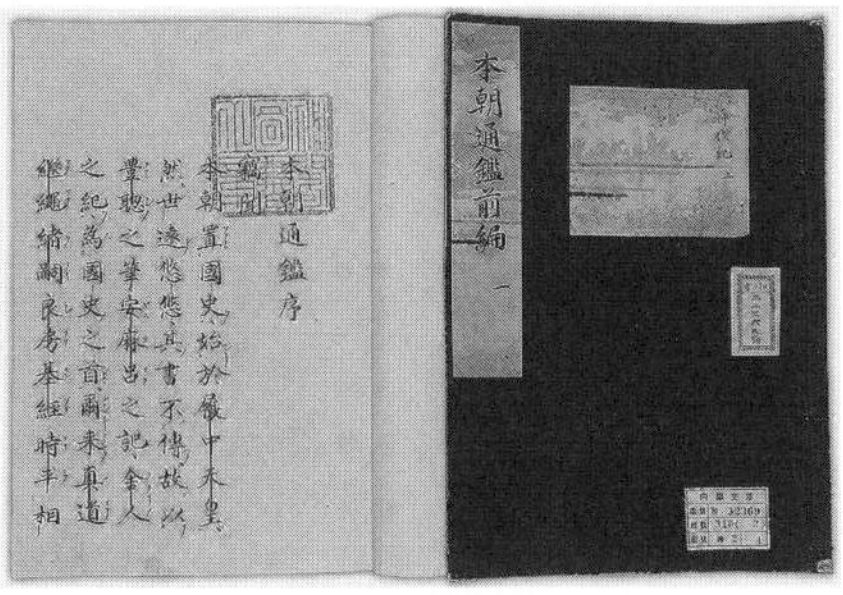
『本朝通鑑』

## 箱根用水が通水　四月二十五日

事件災害

芦《あし》ノ湖《のこ》西岸の湖尻峠《こじりとうげ》にトンネルを掘り、芦ノ湖の水を駿河《するが》国駿東郡深良村《すんとうぐんふからむら》（現、静岡県裾野市）へ引き、深良村など二十九ヵ村の水田約五百三十町余を灌漑した箱根《はこね》用水《ようすい》が、この年の二月に完成し、この日通水した。箱根用水は深良用水ともいった。

富士山麓《ふじさんろく》の火山灰地質による旱害《かんがい》に悩んでいた深良村名主大場源之丞《おおばげんのじょう》が発案し、江戸浅草《あさくさ》の友野与右衛門《とものよえもん》（新田開発の技術者でもあった）らが資金を提供し、箱根権現《はこねごんげん》（現、箱根神社）の別当快長《べっとうかいちょう》の協力によって幕府の許可が得られて寛文六年（一六六六）に小田原《おだわら》藩・沼津代官所《ぬまづだいかんしょ》との共同工事が始まった。取入口と取出口の高低差は約十メートルあり、甲州流《こうしゅうりゅう》の土木技術により七百二十間《けん》（約千三百メートル、一説に七百三十八間）の距離を鉄鑿《てつのみ》などの手作業だけで岩盤を開削して掘り貫いたという。工費は幕府拝借金を含めて九千両余を要した。用水による開発高を小田原領七千石、沼津領千石を見込んでいたが、現実には新田・畑成田合わせて半分の約四千石であったという。工事完成後の元締《もとじめ》の友野らの消息については諸説があり明確ではないが、やがて用水の管理は「井組《いぐみ》二十九ヶ村」の共同管理となった。

## 二世安井算哲、四世本因坊道策との御城碁で天元に打つ　十月十七日

社会世相

幕府お抱えの碁方《ごかた》（本因坊《ほんいんぼう》・井上《いのうえ》・安井《やすい》・林《はやし》四家元《いえもと》）の一人二十二歳の二世安井算哲《さんてつ》は、この日将軍家綱臨席の御城碁《おしろご》で二十六歳の四世本因坊道策《どうさく》を相手に、はじめて初手天元《しょててんげん》（碁盤中央の位置）に打って勝負にでた。

算哲は初代算哲の子で、天文暦学《てんもんれきがく》にも造詣が深く、囲《い》碁《ご》の打ち方にも天文の法則を応用し、太極《たいきょく》（北極星）の発想から盤面中央を天元と名付けて黒をもって天元に第一目を打てば必勝すると考えるようになった。そして、この日それを実践したのである。しかし、結果は九目《もく》負けであった。打ち方の問題ではなく、道策の実力が算哲を圧倒していたといえよう。以後、算哲は初手天元をあきらめたという。

一方、道策は十三歳で江戸に来て三世本因坊道悦《どうえつ》に入門し、すぐに頭角を現し、二十三歳で御城碁に出仕して以後、「天下に敵なし」と称される実力を示した。延宝六年（一六七八）に碁方のトップである碁所《ごどころ》に就任している。道策は合理的な近代碁の基礎を築くとともに段位制《だんいせい》を整え、優秀な弟子を数多育てるなど「碁聖《ごせい》」という尊称を得ている。ちなみに、現代の囲碁のタイトル戦の一つ「天元戦」の名称は、算哲の名付けた天元（盤面中央）に依拠している。

鞠・辻相撲・辻立を禁止。
**8・13**　幕府、百姓の衣食住、町人の家督相続・訴訟手続きなどを規定。
**8・22**　大坂で高潮。船7323隻損壊。
**8・23**　明石で大風雨。949軒倒壊、死者11人。城も本丸破損。
**8・27**　幕府、江戸市中の河岸地に倉庫を建てる際の制限条例を公布。
**8月**　対馬で大地震。
**9・15**　幕府、酒造制限令・本田畑煙草栽培禁止令を発令。
**9・23**　大坂で暴風雨。水死者123人。
**10・17**　二世安井算哲、四世本因坊道策との御城碁で天元に打つ。
**11・24**　伊勢山田で大火。5000余戸焼失。

【主要幕閣】

◉大老
酒井忠清（雅楽頭）

◉老中
稲葉正則（美濃守）
久世広之（大和守）
土屋数直（但馬守）
板倉重矩（内膳正）

◉寺社奉行
小笠原長矩（山城守）
戸田忠昌（伊賀守）
本多忠利（長門守）

◉勘定奉行
松浦信貞（猪右衛門）
杉浦正昭（内蔵允）
徳山重政（五兵衛）

◉江戸町奉行
北 島田守政（出雲守）
南 渡辺綱貞（大隈守）

◉京都所司代
永井尚庸（伊賀守）

◉京都町奉行
東 宮崎重成（若狭守）
西

## 河村瑞賢、東廻り航路を整備

政治経済

陸《む》奥《つ》国信夫《しのぶ》・伊達《だて》両郡の幕領米を江戸に廻漕《かいそう》するよう幕府から命じられた江戸の商人河村瑞賢《かわむらずいけん》は、この年太平洋側を南下する東廻《ひがしまわ》り航路（東廻海運）を整備した。

従来の江戸廻漕ルートは、主に一・二月に出帆する冬船《ふゆぶね》で、常陸那珂湊《ひたちなかみなと》まで南下して涸沼川《かぬまがわ》を経て利根川《とねがわ》に入るか、銚子湊《ちょうしみなと》まで南下して利根川に入るかして、積荷は川《かわ》船《ぶね》で江戸に運んでいた。

これに対して瑞賢は、①堅牢と評価されていた尾張《おわり》・伊《い》勢《せ》の廻船《かいせん》を雇って幕府の幟《のぼり》を付けて事実上の官船（幕府直《じき》雇《やと》い）とする。②冬船を止めて夏船《なつぶね》とし、航路は房総《ぼうそう》半島を迂回《うかい》して相模三崎《さがみみさき》か伊豆下田《いずしもだ》に向かい、そこで南西の風を待って江戸に入る。③常陸平潟《ひらがた》・那珂湊、下総銚子、安《あ》房《わ》小《こ》湊《みなと》などの浦々に番所を設置し、廻漕船の援助・監督にあたらせた。また、沿岸諸藩・代官に緊急時の廻漕船救護を求めるなどの方策をたてた。

この方策による江戸廻米《かいまい》が成功すると、諸藩もこれに倣って大回りで廻漕するようになり、東廻り航路が確立した。この結果、従来の商人請負に伴う高率請負料を低運賃に改め、江戸直航路が開拓された。元禄期になると日本海沿岸の出羽《でわ》などからも東廻り航路を利用して江戸廻米が行われるようになった。

## 明の渡来人陳元贇、名古屋で歿　六月九日

文化思想

元和年間（一六一五～一六二四）に明国の兵乱を避けて日本に亡命してきた渡来人で、詩書・医薬や製陶・拳法など多芸多才の人であった陳元贇《ちんげんぴん》は、この日尾張《おわり》国名《な》古《ご》屋《や》の九十軒町の自邸で歿した。享年八十五。

元贇の字は義都《ぎと》、既白山人《きはくさんじん》・升庵《しょうあん》・芝山《しざん》・菊秀軒《きくしゅうけん》と号した。虎林《こりん》あるいは武林《ぶりん》の出身という。長州萩《ちょうしゅうはぎ》、京都、江戸などに滞在したが、京都では京都所司代《きょうとしょしだい》の板倉勝重《いたくらかつしげ》や石川丈山《いしかわじょうざん》らと親交を結び、江戸では福野七郎右衛門《ふくのしちろうえもん》らに中国拳法を伝授し、起倒流《きとうりゅう》をおこしたという（元贇の中国拳法伝授説は後世の伝承にすぎないという意見もある）。

寛永年間（一六二四～一六四四）の末に尾張藩祖徳川義直《よしなお》に招かれて名古屋に居住して禄六十石を支給され、中国の製陶技術を伝えた元贇焼（瀬戸《せと》の土を使って素地《きじ》に中国産の呉《ご》須《す》という藍色顔料《あいいろがんりょう》で書画を描き、これに白青色の透明な釉《うわぐすり》をかけて焼いたもの）を始めるなど名古屋の文化発展に尽力した。晩年に知遇を得た日蓮《にちれん》宗の僧元政《げんせい》との詩の応酬《おうしゅう》は『元々唱和集《げんげんしょうわしゅう》』に収められている。また著書に『老子経《ろうしきょう》通考《つうこう》』『長門国誌《ながとこくし》』などがある。

## 江戸洪水、本所など被害　八月二十九日

事件災害

一昨夜の二十七日の夜の大風雨により浅草川《あさくさがわ》（現、隅田川）など江戸の多くの川が増水し、二十八日の夜

【この年の出来事】

**1・15** 京都で大火。六条有綱邸から出火。2月6日有綱蟄居。
**1・28** 幕府、諸大名の従者数などを制限。
**3・27** 大老酒井忠清邸で、仙台藩伊達家内紛の裁決中、原田甲斐が伊達安芸を殺害。自身も斬殺される（伊達騒動）。
**4・3** 幕府、仙台藩主伊達綱村の後見伊達兵部らを処罰。
**4・8** 京都吉田で大火。100余戸焼失。
**5・7** 大坂播磨浄瑠璃で『親鸞記』を興行。東本願寺が出訴し停止され、その正本の販売も中止となる。
**5・26** 幕府、関東諸国に巡見使を派遣。
**6・13** 幕府、酒造制限令を発令。
**8・29** 江戸で大洪水。隅田川決壊。
**8・30** 東海道各所でも洪水。六郷橋流失。
**9・2** 将軍家綱、関東

雨宮正種（対馬守）

**◉大坂城代**
青山宗俊（因幡守）

**◉大坂町奉行**
**東**
石丸定次（石見守）
**西**
彦坂重紹（壱岐守）

**◉長崎奉行**
松平隆見（甚三郎）
河野通定（権右衛門）
牛込重忝（忠左衛門）

**◉若年寄**
土井利房（能登守）
堀田正俊（備中守）

には老中久世広之《くぜひろゆき》と町奉行・勘定奉行が両国橋まで巡視に出たが、この日の朝に至ってついに大洪水になった。幕府は船手頭《ふなてがしら》所属の官船を出動させて本所など低地に孤立した江戸町民を救護した。この大風雨の影響で東海道《とうかいどう》の六郷橋《ろくごうばし》も押し流されたことが毎日に幕府に注進されている。

この時の江戸洪水を教訓に幕府は十一月に次のような法令を出している。今後、浅草川出水の時に両国橋《りょうごくばし》の付近に係留されていた船が流れ寄ってきた場合は幕府も防衛に参加する。防御できた場合はその船は防御した者に与える。ただし、両国橋の橋脚を塞ぎかねないような場合はその船がどこの所属であろうと破壊しても構わない。川上は言うまでもなく、他の橋の川上も船をしっかりと繋留《けいりゅう》しておくように。もし橋脚に流れ出ることがあったならば、両国橋と同様の措置を取る。この事を武家屋敷には徒目付《かちめつけ》から、江戸市中には町奉行より触れ渡すとした。また、河岸地《かしち》の家作は禁止していたが、近年家が出来つつあるが、水路の障《さわ》りとなる地は早急に取り壊すようにと命じている。河川増水時の流路を広く確保する狙いがあったのであろう。

## 牛込忠左衛門、長崎奉行となり活躍　五月六日

社会世相

目付牛込忠左衛門重忝《うしごめちゅうざえもんしげのり》（長崎時代は勝登《かつのり》）は、この日長崎奉行に抜擢され、知行五百石を加増された（従来は廩米《りんまい》六百俵）。以後、天和元年（一六八一）四月九日に辞職するまでの十年間長崎奉行として活躍して多くの治績を残した。

忠左衛門が先ず取り組んだのは長崎貿易の改革であった。従来の中国やオランダに有利であった相対《あいたい》貿易を止めて市法《しほう》貨物商法《かもつしょうほう》を制定した。これは長崎貿易に従事した商人（市法商人あるいは貨物商人と呼んだ）たちを長崎・江戸・大坂・京都・堺《さかい》の五ヶ所商人に組織し、彼らの中から選出された貨物目利《かもつめきき》・札宿老《ふだしゅくろう》に舶載《はくさい》された貨物の評価額を出させ、長崎奉行が比較的低い輸入価格を決定し、これを中国・オランダに伝達してそれに同意すれば市法会所《しほうかいしょ》（貨物会所）を通じて市法商人に入札で売却した。この過程で市法会所は中間利益（市法増銀《ましがね》）を得たが、これは貿易運営費とともに市法商人や長崎町民に分配された。この結果、貿易に伴う銀流出が阻止《そし》され、貿易の商権回復に成功した。

さらに、長崎東《ひがし》奉行所（立山《たてやま》役所）の建設、市街を整備して八十町とし、聖堂再建と学塾を開設して儒学教育を振興し、唐通事《とうつうじ》の林道栄《はやしどうえい》・彭城仁左衛門《さかきにざえもん》らの学芸を保護した。

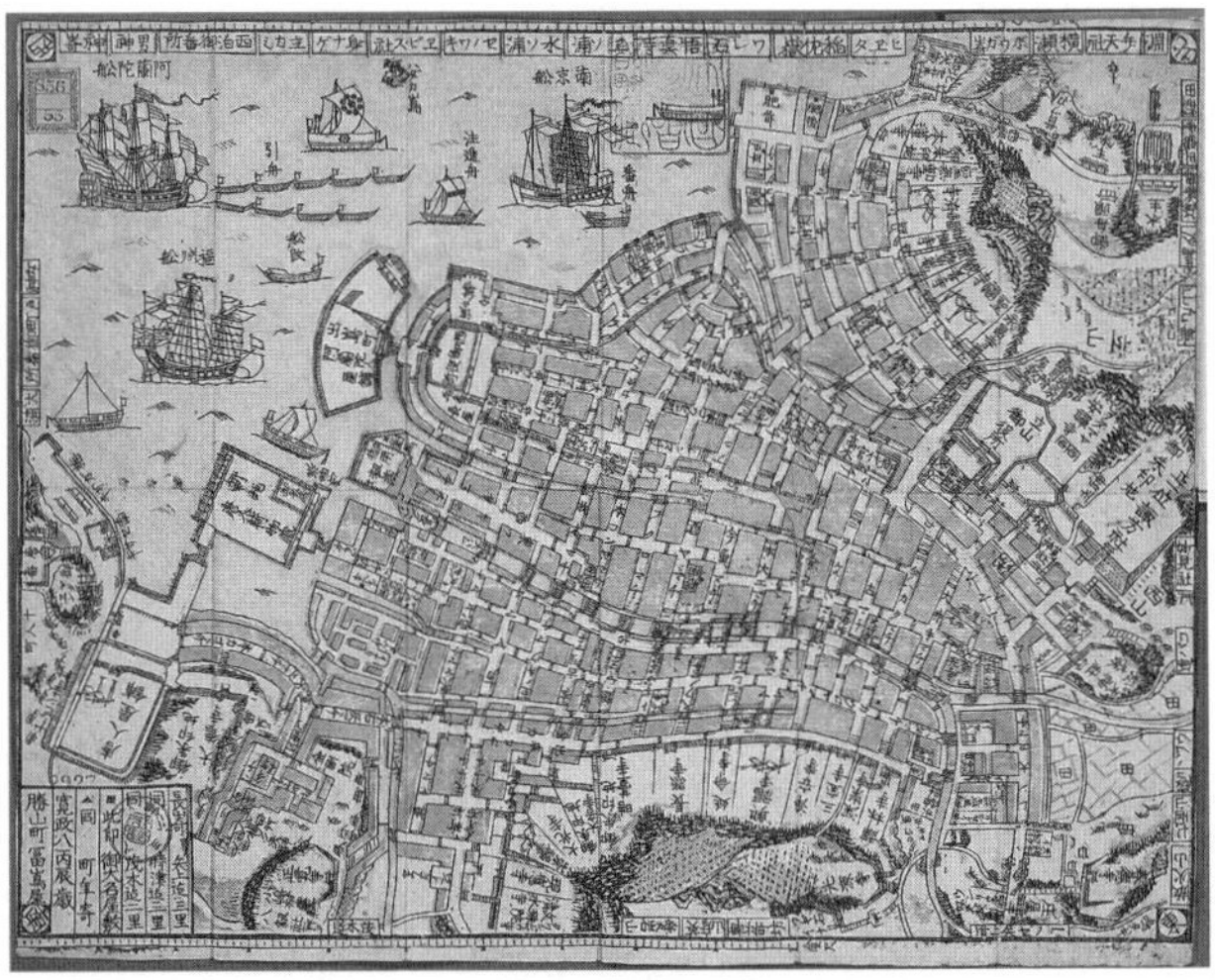
出島やオランダ船が描かれた
寛政8年刊の長崎地図（「長崎図」）

巡見使を引見し各地の事情について諮問。
**10・26**　幕府、贋造金銀売買・薬種贋造・毒薬売買を禁止。
**10月**　幕府、諸代官に宗門人別改帳作成を指示。
**11・1**　幕府、再度贋造金銀貨を厳禁。また諸商人の買占め・職人手間賃の協定を禁止。
**11・1**　幕府、偽薬種・毒薬の売買を禁止。
**11月**　幕府、隅田川氾濫時の繋船制度を規定し、また水路を妨げとなる河岸地での家作を禁止。
**この年**　河村瑞賢、幕命により東廻り航路を整備。

# 1672 寛文十二年

壬子

天皇▼霊元天皇

将軍▼徳川家綱（第四代）

## 河村瑞賢、西廻り航路を整備

政治経済

出《で》羽《わ》の幕領米を江戸に廻漕《かいそう》するよう幕府から命じられた江戸の商人河村瑞賢《かわむらずいけん》は、この年日本海側から北陸沖・山陰沖を経て下関《しものせき》から瀬戸内海に入り、大坂から紀伊《きい》半島を迂回《うかい》して江戸にいたる西廻《にしまわ》り航路（西廻海運）を整備した。

前年に東廻り航路の整備に成功した瑞賢は、今回も従来の商人請負による江戸廻米を止め、日本海・瀬戸内海・江戸を結ぶ航路に熟知した讃岐《さぬき》の塩飽島《しあくじま》、備前《びぜん》の日比浦《ひびうら》、摂津《せっつ》の伝法《でんぽう》・河辺《かわべ》・脇浜《わきはま》などの船を幕府直雇《じきやと》いとした。また、従来の日本海側からの上方廻米が若狭《わかさ》の敦賀《つるが》で荷揚げされて陸路と琵琶湖《びわこ》の湖上を運ばれていたのを、積み替えの不便と輸送経費の軽減を図るために海路を選択した。そして、廻漕船の寄港地として佐渡《さど》の小木《おぎ》、能登《のと》の福浦《ふくうら》、但《た》馬《じま》の柴山《しばやま》、石見《いわみ》の温泉津《ゆのつ》、長門《ながと》の下関《しものせき》、摂津《せっつ》の大坂、紀《き》伊《い》の大島《おおしま》、伊勢《いせ》の方座《ほうざ》、志摩《しま》の畔乗《あのり》、伊豆《いず》の下田《しもだ》を指定し、これらの寄港地と積出港の出羽の酒田《さかた》および江戸に瑞賢の手代《てだい》を配置して廻漕船の援助と監督に当たらせた。このルートの成功により諸藩の蔵米《くらまい》や専売品も西廻り航路を利用するようになり、やがて大坂と北陸《ほくりく》さらに蝦夷《えぞ》地《ち》を結ぶ西廻り航路が確立し、「天下の台所」大坂を支える役割を担うようになる。

【主要幕閣】

◉大老
酒井忠清（雅楽頭）

◉老中
稲葉正則（美濃守）
久世広之（大和守）
土屋数直（但馬守）
板倉重矩（内膳正）

◉寺社奉行
小笠原長矩（山城守）
戸田忠昌（伊賀守）
本多忠利（長門守）

◉勘定奉行
松浦信貞（猪右衛門）
杉浦正昭（内蔵允）
徳山重政（五兵衛）
甲斐庄正親（喜右衛門）

◉江戸町奉行
北 島田守政（出雲守）
南 渡辺綱貞（大隈守）

◉京都所司代
永井尚庸（伊賀守）

◉京都町奉行
東

## 松尾芭蕉、『貝おほひ』制作　正月

文化思想

二十九歳の松尾芭蕉《まつおばしょう》（まだ宗房《むねふさ》と名乗っていた時代）は、この月処女撰集の俳諧発句合《はいかいほっくあわせ》の『貝《かい》おほひ』一巻を制作し、二十五日に郷里伊賀上野《いがうえの》の天満宮に奉納して文運を祈り、俳諧師として立つべく江戸に下って芝三田《しばみた》二丁目の書肆《しょし》中野半兵衛《なかのはんべえ》の所から出版した。

『貝おほひ』は郷里の俳人三十六人の発句に自句を加えた六十句を左右に分けて句合（優劣を決める催し）をし、芭蕉みずから判詞《はんし》を書いたもの。特に判詞には当時の流行語や小唄《こうた》などを多用することによって遊蕩《ゆうとう》的気分があふれ、その洒脱《しゃだつ》ぶりに青年芭蕉の才気と機智《きち》をうかがうことが出来るという。また、本書は芭蕉が生前に署名出版した唯一の書でもある。後世に柳亭種彦《りゅうていたねひこ》が注を入れた写本もある。

## 浄瑠璃坂の敵討　二月二日

事件災害

元下野宇都宮《しもつけうつのみや》藩士奥平源八《おくだいらげんぱち》ら七十余名（四十二名、五十名程、六十名程など諸説あり）は、この日の夜中江戸市ケ谷《いちがや》の浄瑠璃坂《じょうるりざか》の鷹匠頭《たかじょうがしら》戸田七之助正吉《とだしちのすけまさよし》（千五百石）の屋敷にいた親の仇奥平隼人《はやと》らを襲撃し、江戸時代で最も大規模といわれる敵討《かたきうち》を果たした。

事の発端は寛文八年二月の前藩主奥平忠昌《ただまさ》の葬儀の場で、家老の奥平隼人と譜代の重臣奥平内蔵允《くらのじょう》とが口論となり、両者が抜刀したが仲裁が入り、両者親類預《あずけ》となった。

【この年の出来事】

**1・28** 幕府、諸大名に、一年季奉公の出替り日を3月5日とするよう指示。

**1月** 松尾芭蕉、『見おほひ』制作。

**2・2** 元宇都宮藩士奥平源八ら、敵討（浄瑠璃坂の敵討）。

**3・23** 幕府、長崎貿易に関して市法貨物商法を実施。

**3月** 幕府、永代島以外での塵芥投棄を禁止。

**この春** 水戸藩主徳川光圀、駒込別邸の史館を小石川邸に移し「彰考館」と命名。

**4月** 京都三条大橋で若い女乞食が自殺し辞世の句を残す。「ながらへば　ありつる程の　うき世ぞと　おもへば残る言の葉もなし」

**4・3** 薩摩浄雲歿(78)。

**5・2** 幕府、魚介類・野菜など36品目の販売開始時期を規定。

**5・5** 江戸で大雨。六郷仮橋流失。

宮崎重成（若狭守）
**西**
能勢頼宗（日向守）
**◉大坂城代**
青山宗俊（因幡守）
**◉大坂町奉行**
**東**
石丸定次（石見守）
**西**
彦坂重紹（壱岐守）
**◉長崎奉行**
河野通定（権右衛門）
牛込重忝（忠左衛門）
岡野貞明（孫九郎）
**◉若年寄**
土井利房（能登守）
堀田正俊（備中守）

内蔵允は同夜切腹した。新藩主昌能《まさよし》は幕府の意向を踏まえて内蔵允は乱心であったとして遺児の源八や内蔵允の従弟奥平伝蔵らを改易《かいえき》に処した。隼人に対しては喧嘩両成敗で切腹させるべきという重臣らの意見を退けて昌能の判断で改易処分とした。この処分に不満を持った源八・伝蔵ら一党は敵討を決意した。

寛文十年に出羽《でわ》上ノ山《かみのやま》で隼人の弟主馬《しゅめ》を討取った一党は、主馬の首を当時隼人らが身を寄せていた旗本の書院番士《しょいんばんし》大久保助左衛門忠重《おおくぼすけざえもんただしげ》（五百石）の屋敷に送り付けた。襲撃を恐れた隼人らは広い戸田の屋敷に移った。源八ら一党は火消の装束で身を固めて夜襲をかけ、翌朝牛込御門《うしごめごもん》の土橋で隼人を討取った。源八らは元老の井伊直澄《いいなおずみ》の屋敷に出頭して口上書《こうじょうしょ》を提出した。幕府は老中協議の上で源八らを伊豆大島《いずおおしま》へ流罪とした。のち赦免されて源八らは井伊《い》家などに仕えている。赤穂浪士《あこうろうし》の討ち入りに影響を与えたという。

## 石川丈山、詩仙堂で歿　五月二十三日　社会世相

旧幕臣で文人であった石川丈山《いしかわじょうざん》は、この日洛北《らくほく》の一《いち》乗《じょう》寺《じ》村に建てた詩仙堂《しせんどう》（現、京都市左京区）で悠々自適の九十年の生涯を閉じた。

丈山とは石川嘉右衛門重之《かえもんしげゆき》の字である。徳川家康に仕えた三河譜代《みかわふだい》の出であったが、元和元年（一六一五）の大坂夏の陣の抜け駆けで譴責《けんせき》処分を受け、武士をやめて上洛し、丈山と名乗って遁世《とんせい》的生活に入った。藤原惺窩《ふじわらせいか》に朱子学を学び、林羅山《はやしらざん》・野間三竹《のまさんちく》らと交友を深めた。また、当代の名手の誉れが高かった幕府御用絵師の狩野探幽《かのうたんゆう》が描いた漢代から宋代までの詩人三十六人の画像を壁間に掲げた一部二階建ての詩仙堂と名付けた庵に住んだ。ところで、丈山の生活の資はどこから得ていたのだろうか。さらに、牢人の身でなぜ幕府御用絵師に依頼など出来たのであろうか。

こうした疑問に対して中村直勝《なかむらなおかつ》は『京の魅力』のなかで、詩仙堂には当時としては珍しい二階があり、ここの丸窓からは京都御所《きょうとごしょ》から二条城《にじょうじょう》が見えることに注目し、初期の幕府にとって朝幕関係は重要な課題であり、紫衣事件《しえじけん》や後《ご》水尾天皇《みずのおてんのう》の退位など緊張状況も続いた。朝廷監視には禁《きん》裏附《りづき》や京都所司代《きょうとしょしだい》以外にも表に出せないルートも必要であった。詩仙堂のある一乗寺は、比叡山《ひえいざん》から近江《おうみ》の堅田浦《かただうら》、彦根《ひこね》（最大の譜代大名井伊家の城下町）に通ずる最速の裏街《うらかい》道《どう》を抑える地点であった。そこから丈山は二条城との間で手旗信号を使って情報のやり取りをする密命を帯びていたのであろうという推論を述べている。

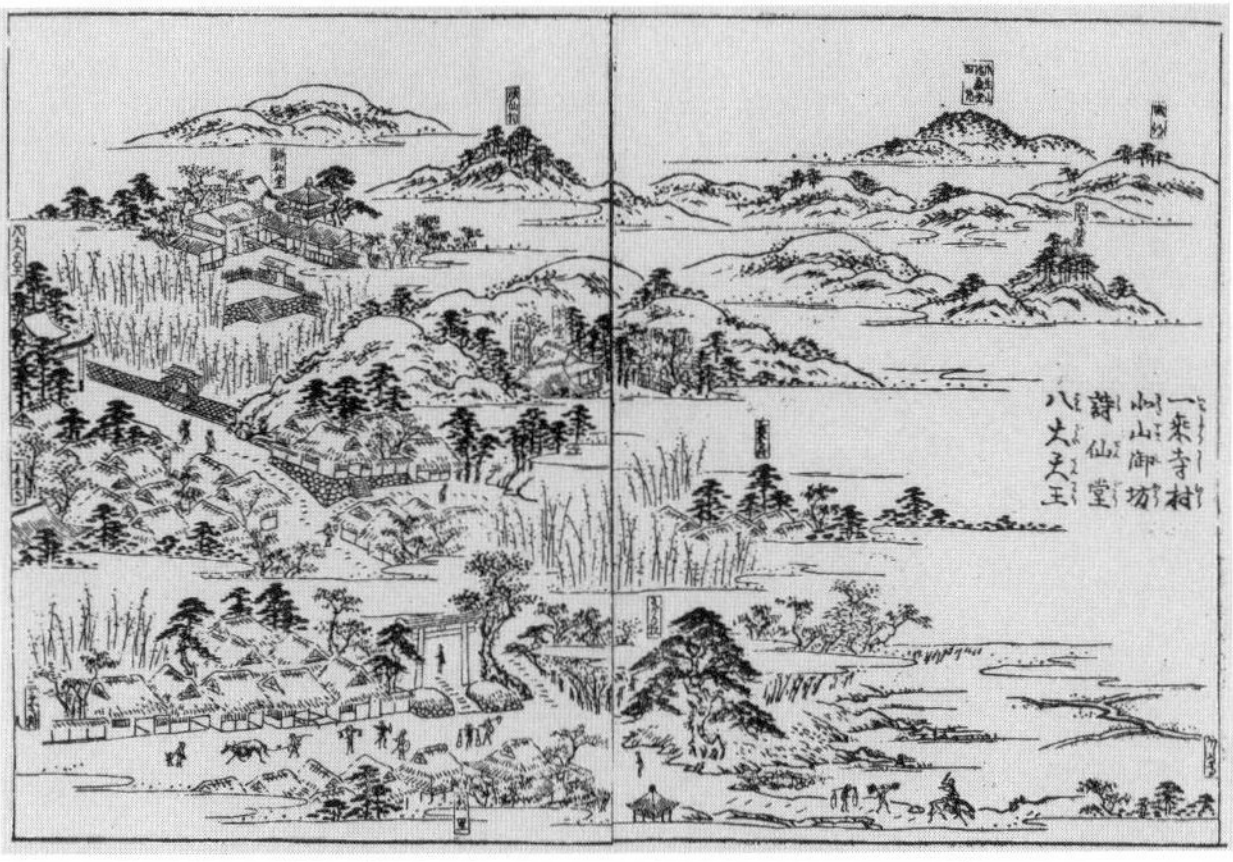

詩仙堂（左上）と周辺（『都名所図会』）

**5・23** 石川丈山歿(90)。
**6・11** 岡山藩主池田光政が隠居、嫡子綱政が継承。
**6月** 有栖川宮家創設。
**閏6・25** 幕府、長崎奉行に日本人の外国渡航およびキリスト教禁制を再度布告。
**閏6月** 岩木山噴火。
**7・7** 幕府、酒造制限令を発令。
**11・21** 吉田光由歿(75)。
**12・18** 保科正之歿(62)。
**12月** 幕府、葵御紋を御用達商人に限定し、また豪華商品の販売を禁止。
**この年** 河村瑞賢、幕命により西廻り航路を整備。
**この年** 江戸で地震頻発。

## 1673

# 延宝元年（寛文十三年）

癸丑

天皇▼霊元天皇

将軍▼徳川家綱（第四代）

**【主要幕閣】**

**◉大老**
酒井忠清（雅楽頭）

**◉老中**
稲葉正則（美濃守）
久世広之（大和守）
土屋数直（但馬守）
板倉重矩（内膳正）
阿部正能（播磨守）

**◉寺社奉行**
小笠原長矩（山城守）
戸田忠昌（伊賀守）
本多忠利（長門守）

**◉勘定奉行**
松浦信貞（猪右衛門）
杉浦正昭（内蔵允）
徳山重政（五兵衛）
甲斐庄正親（喜右衛門）

**◉江戸町奉行**
**北**
島田守政（出雲守）
**南**
渡辺綱貞（大隈守）
宮崎重成（若狭守）

**◉京都所司代**
永井尚庸（伊賀守）

## イギリス船リターン号が来航する　五月二十五日

政治 経済

日本との貿易再開を求めて、この日、イギリスからリターン号が来航した。イギリスはかつて元和九年（一六二三）に平戸におけるイギリス商館を閉鎖し日本を去っていたが、その当時来航許可朱印状《しゅいんじょう》を幕府から得ていたので、いつでも貿易再開ができるものと考えていたのである。長崎奉行の牛込勝登《うしごめかつなり》（重忞《しげのり》）と岡野貞明《おかのさだあき》は、早速イギリス人に対し、事前に入手していたイギリス国王チャールズと、ポルトガル（キリシタン教国であることを問題視し、寛《かん》永《えい》期の鎖国令《さこくれい》で追放）王女ガザリンの婚姻について問いただした上で、これが真実だと分かると、幕府はこの婚姻を危険視し、リターン号との取引を一切認めようとせず、今後イギリス船が再び来航しないよう命令を下した。これを受けてリターン号は七月二十七日に長崎を出港した。これにより日本と貿易出来る国は唯一オランダのみであることが確定した。

なお、リターン号が停泊している間、イギリスの対応次第では日本との戦争の可能性もあり得ると判断され、福岡藩主の黒田忠之《くろだただゆき》と、大村藩主の大村純長《おおむらすみなが》は、それぞれ番船《ばんせん》を出し、不慮に備えるなど、この年には対外的緊張が存在したのである。

## 初代市川團十郎が初舞台を踏む

文化 思想

江戸・中村座《なかむらざ》の狂言『四天王稚立《してんのうおさなだち》』において、この年、歌舞伎役者の市川團十郎《いちかわだんじゅうろう》が初舞台を踏んだ。当時、團十郎は十四歳の幼子であったが、坂田金時《さかたのきんとき》役として、小柄ながらも派手な衣装を身に纏《まと》いながら、大斧を振り回し、鬼や妖怪をばったばったと退治するその豪快な演技が人々の間で絶賛され、團十郎は一躍時代の寵児《ちょうじ》となった。

團十郎が名声を獲得する契機となった演技は、当時江戸で流行していた金毘羅浄瑠璃《こんぴらじょうるり》にヒントを得たものであったが、その後『鳴神《なるかみ》』『不動《ふどう》』『曾我五郎《そがのごろう》』『暫《しばらく》』『不破《ふわ》』など、独創的な荒事芸《あらごとげい》を次々と演じて名声を確固たるものとし、さらには『三升屋兵庫《みますやひょうご》』の名で自ら脚本を仕立てるなど八面六臂《はちめんろっぴ》の活躍を見せ、團十郎は市川流歌舞伎の隆盛《りゅうせい》に尽力したのである。

## 京都大火が起こる　五月九日

事件 災害

京都にあった関白鷹司房輔《かんぱくたかつかさふさすけ》の邸宅から、この日の未明丑刻《うしのこく》（午前二時ころ）に出火。火は禁裏《きんり》・仙洞御《せんとうご》所《しょ》にも瞬く間に燃え移り、そのほかに女院御所《にょいんごしょ》などが焼け落ちた。当時御所に所在した後水尾《ごみずのお》法皇《ほうおう》は、息子の後西《ごさい》上皇《じょうこう》とともに辛くも難を逃れ、照光院《しょうこういん》（京都白川）に逃げ延び、その後は所在を幾度も代えながら、最終的には有《あり》栖川御殿《すがわごてん》に御移徙《おわたまし》され、ここを仮御所として落ち着いた。

**【この年の出来事】**

**1・27** 江戸鷹匠町から出火。京橋・木挽町まで焼失。

**2月** 幕府、城米廻送の規則を改定。

**4・3** 隠元隆琦歿(82)。

**5・9** 京都で大火。禁裏・仙洞御所炎上、1万3000余戸焼失。

**5・25** イギリス船リターン号、通商を求め長崎へ来航。

**5月** 江戸町奉行、出版取締令を発令。公事・時事に関する出版を禁じ、また新規の出版物はすべて奉行所に届け出るよう規定。

**5月** 北九州・中国・四国で大洪水。水死者多数。

**6月** 幕府、分地制限令を発布。名主20石、百姓10石以下の分割相続を禁止。

**7・7** オランダ商館長、長崎奉行にヨーロッパでの戦況およびアジア近海でのオランダとイギリス・フランスとの戦況を

**◉京都町奉行**
**東**
宮崎重成（若狭守）
**西**
能勢頼宗（日向守）
**◉大坂城代**
青山宗俊（因幡守）
**◉大坂町奉行**
**東**
石丸定次（石見守）
**西**
彦坂重紹（壱岐守）
**◉長崎奉行**
牛込重忝（忠左衛門）
岡野貞明（孫九郎）
**◉若年寄**
土井利房（能登守）
堀田正俊（備中守）

翌日に火災は何とか鎮火したものの、最終的には洛中《らくちゅう》の町屋百五十二町を焼失させるほどの大災害となったといわれる。

　天皇はこのことを深く悲しみ、五月二十二日には再び京都が火災に見舞われることがないよう、仁和寺《にんなじ》をはじめ洛中の七社七寺に対し祈禱を執り行なわせている。幕府もまた、京都大火を受けて、領民に対し三日間の鳴物停止《なりものちょうじ》令《れい》を発するなどして祝祭の自粛を促し、火災被害を悼んでいる。最終的に、朝幕間でこの京都大火の凶事を断ち切るためとして改元を行なうことが協議・決定され、九月二十一日より「寛文」から新たに「延宝」へと元号変更が実施されたのである。

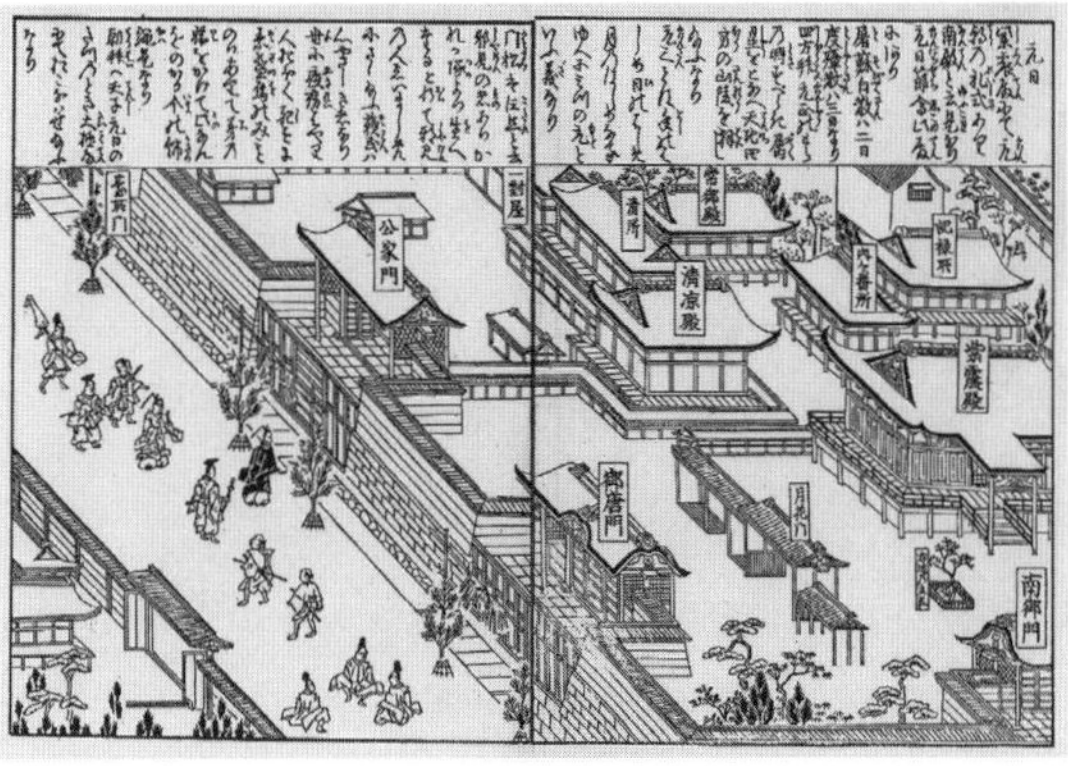
内裏（『大和耕作絵抄』）

## 三井高利が江戸へ進出　八月

社会世相

伊勢松坂で金融業を営んでいた三井高利《みついたかとし》が、この月、江戸へ進出した。本町一丁目に呉服店《ごふくだな》の越後屋《えちごや》を開店し、それまでは掛売りで、盆暮れなどのまとめ払いが商いの常識であったにもかかわらず、越後屋は現金掛け値なしを売り文句としたり、また布の切り売りをしたりするなどの画期的な商法を打ち出したところ、商品が飛ぶように売れたというのは、よく知られた逸話である。

　三井高利に限らず、この頃から小津屋清左衛門《おづやせいざえもん》や長谷川《はせがわ》治郎平衛《じろべえ》など、伊勢商人が豊富な商品を抱えて、次々に江戸や大坂・京都といった大都市へ進出するようになっていった。彼ら伊勢商人が遠隔地の江戸で活躍できた理由には、例えば寛文十一年（一六七一）に東廻り航路（日本海→津軽海峡→三陸沿岸→太平洋→江戸）が河村瑞賢《かわむらずいけん》によってようやく開通されたことなど、全国の生産地と江戸を結ぶ海上輸送路が整備されたことが挙げられる。特に伊勢国では、桑名・四日市・津・白子といった良港をいくつも抱えており、これにより全国から様々な商品を集積し、江戸へ運搬することが可能であった。さらに紀州徳川家など各藩が積極的に伊勢商人の江戸進出を後押ししたこともあって、伊勢商人の隆盛が形づくられていくことになったのである。

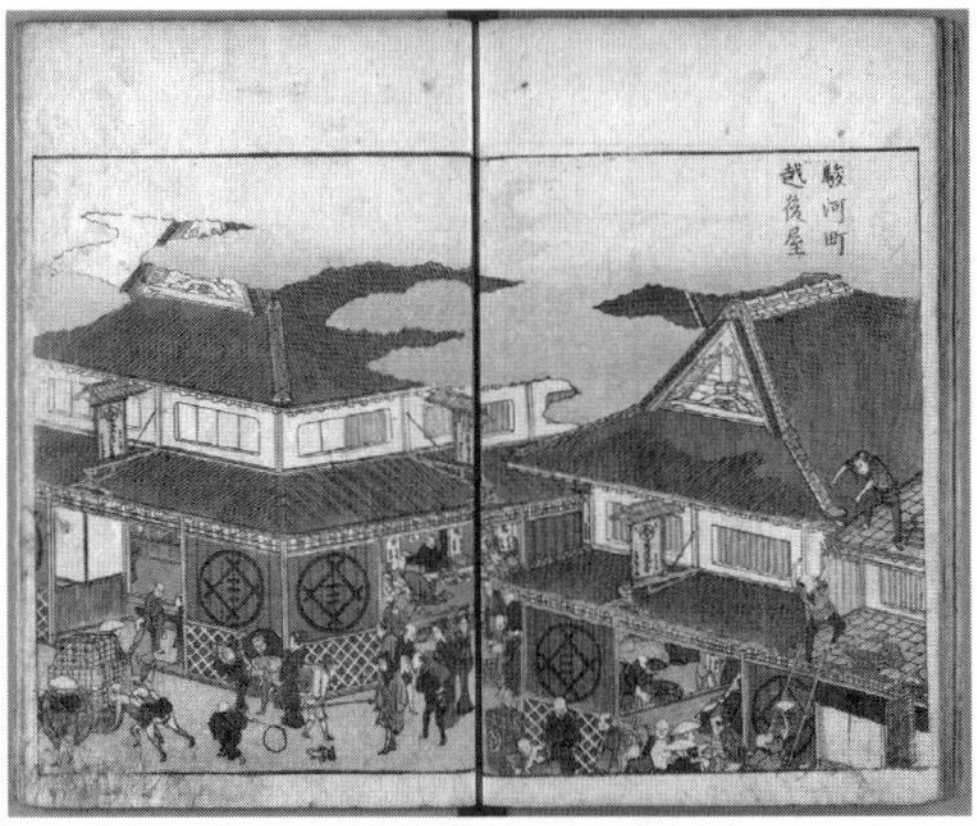

駿河町越後屋（『画本東都遊』）

伝達。
**8・3**　幕府、被災公家に建築費を贈与。
**8・10**　幕府、酒造制限令、本田畑煙草栽培禁止令を発令。
**8・23**　幕府、新田巡視のため下総国椿新田へ巡見使を派遣。
**8月**　三井高利、室町通蛸薬師に仕入店を開業。
**8月**　三井高利、本町一丁目に越後屋呉服店を開業。
**9・21**　京都大火・禁裏炎上により延宝に改元。
**9・25**　幕府、東寧の海賊による琉球船の被害について東寧に賠償請求。
**10・1**　岩国の錦帯橋架橋。
**12月**　幕府、近村失火の際の規則を制定。
**この年**　初代市川團十郎、初舞台。
**この年**　京都の紺屋新右衛門、朧染を始める。

# 1674

# 延宝二年

甲寅

天皇▼霊元天皇

将軍▼徳川家綱（第四代）

【主要幕閣】

◉大老
酒井忠清（雅楽頭）

◉老中
稲葉正則（美濃守）
久世広之（大和守）
土屋数直（但馬守）
阿部正能（播磨守）

◉寺社奉行
小笠原長矩（山城守）
戸田忠昌（伊賀守）
本多忠利（長門守）

◉勘定奉行
杉浦正昭（内蔵允）
徳山重政（五兵衛）
甲斐庄正親（喜右衛門）

◉江戸町奉行
北　島田守政（出雲守）
南　宮崎重成（若狭守）

◉京都所司代
永井尚庸（伊賀守）

◉京都町奉行
東　前田直勝（安芸守）

## 鴻池喜右衛門が業務を拡大する

政治
経済

大坂の豪商《ごうしょう》鴻池喜右衛門之宗《こうのいけきえもんゆきむね》がこの年、大坂の内《うち》久宝寺町《きゅうほうじ》より今橋二丁目に店舗を移転して業務の拡大を図った。

鴻池家は、そもそも酒造および酒・米の海運を生業《なりわい》としていたが、明暦二年（一六五六）に至って両替商を開業、以降は大名貸にも着手し始めている。そして、その実力を周囲からも認知され、寛文年間（一六六一—七三）には大坂の両替組合の十人両替《じゅうにんりょうがえ》の一人に加えられて、鴻池家の最盛期を築いた。このほかにも、鴻池家は蓄えた資本を土地開発にも充てており、のちの宝永二年（一七〇五）、鴻池善右衛門宗利《むねとし》が当主の折に、大小多数の沼《しょう》沢《たく》が存在し不毛の大地であった大坂大和川下流域に大規模な干拓工事を行なっている。この土地は鴻《こうの》池新田《いけしんでん》として現在も地名に残っている。

なお、鴻池家は代々の当主の通称を善右衛門《ぜんえもん》と称し、隠居後に喜右衛門と名乗ることを恒例としたが、延宝当時はそのような慣行はまだ確立しておらず、之宗のみ、一生を通じて喜右衛門を使用している。

伊丹酒造の米洗いの図（『日本山海名産図会』）

## 六月　和算家の関孝和が『発微算法』を刊行

文化
思想

和算家の関孝和《せきたかかず》がこの月、『発微算法《はつびさんぽう》』を出版し、筆算による代数計算方法を確立した。孝和は幼少の頃より、過去に出版されていた『塵劫記《じんこうき》』『竪亥録《じゅがいろく》』『新編《しんぺん》諸算記《しょさんき》』『算学啓蒙《さんがくけいもう》』『改算記《かいさんき》』などを通読することで、一通りの数学技術を身につけており、『発微算法』の出版に先立つ寛文三年（一六六三）には、『規矩要明算法《きくようめいさんぽう》』を上梓《じょうし》している。同書において孝和は円周率を取り上げ、少数第十一位まで算出しており、これは当時における世界の数学者達よりも先んじた成果であった。

なお、関は元々上野国の出身で、甲府藩の徳川綱重《とくがわつなしげ》・綱《つな》豊《とよ》に仕えて勘定吟味役《かんじょうぎんみやく》となり、その後、綱豊が六代将軍家宣《いえのぶ》となると、幕府直属の士として御納戸組頭《おなんどくみがしら》を務め、その間、国絵図《くにえず》や改暦の作成に関わって、測量観測の仕事に従事しており、存分に自らの数学技術を使用している。

孝和はその後、数々の著作を著し、数学技術の発展に尽力したが、一般の目にとまることは少なかった。その名が知られるようになるのは、孝和の死後、その弟子達が算述を教示する関流を創設し、全国に門人を広く募って以降のことである。

【この年の出来事】

**2・11**　幕府、皇居造営惣奉行を創設。

**2月**　幕府、高札を立て、キリスト教禁止を再令。

**2月**　幕府、物価高騰のため宿場の人馬賃銭を改定。

**2月**　幕府、寛永通宝の交換率を新銭4貫文＝金1両とし、古銭の使用を停止。

**2月**　幕府、贋薬・商品の買い占めなどを禁止。

**4月中旬**　京都で大風雨。鴨川洪水、三条大橋流失。

**5・24**　幕府、江戸市中で無許可での乗駕を禁止。

**5月**　幕府、五街道などの宿駅に銭14万1700貫文を貸与。

**6・13**　摂津・河内で大風雨。淀川・大和川氾濫、天満橋・京橋・天神橋破損。

**6・18**　幕府、上野・下野・常陸に盗賊追補を指示。

**6・25**　出雲・安芸で大洪水。前年から続く凶作

**西**
能勢頼宗（日向守）
**◉大坂城代**
青山宗俊（因幡守）
**◉大坂町奉行**
**東**
石丸定次（石見守）
**西**
彦坂重紹（壱岐守）
**◉長崎奉行**
牛込重忝（忠左衛門）
岡野貞明（孫九郎）
**◉若年寄**
土井利房（能登守）
堀田正俊（備中守）

## 富山藩と高山藩の国境紛争が決着する　八月二十二日

事件災害

越中富山藩と飛騨高山藩との間で長年にわたって係争してきた国境紛争が、幕府裁定によってこの日、ようやく区切りが着いた。この係争は古く元和元年（一六一五）から続いており、越中と飛騨双方の百姓たちが金山・巣鷹の領有を互いに争い、その過程で相手方への盗伐・殴打・放火を繰り返すなど、ともすれば死人を出しかねない状況が続いていた。飛騨側の百姓たちは越中側百姓の侵犯を高山藩に繰り返し訴えるが、藩は問題の拡大を憂慮し、百姓たちを宥《なだ》めすかすことに終始する。百姓たちは自分たちの領主が頼りにならないと見るや、寛文七年（一六六七）には江戸へ下り、直接幕府の評定所《ひょうじょうしょ》に対し、窮状を訴え出たのである。これを機に幕閣は、双方の百姓から事情聴取の上、延宝二年四月には現地調査も実施され、その結果、飛騨側百姓の訴えを認める判決が下されたのである。

## 幕府、寒造酒用の米の生産減額を命じる　九月十五日

社会世相

幕府は、諸国で洪水が発生し、田畑が損耗《そんもう》していることを理由として、この日、寒造酒用の米の生産数を減額させる命令を下した。もしも命令を無視し、規定数よりも多く酒用の米を生産する者がいれば、本人は勿論、名主・組頭など周辺人物まで必ず処罰するという厳しい通達であった。併せて、煙草の生産についても無用であると触れ渡している。

この年に限らず、酒と煙草の生産禁令はこれ以前にも複数回出されているが、両者がいずれも嗜好品であり、かつ常習性が強いため、簡単に守られるはずはなかった。法令自体は厳しい口調ではあるが、どこまで実効性があったのかは疑問である。

なお、江戸時代に酒といえば米を原料とする醸造酒を指し、これを燗酒として徳利と猪口《ちょこ》で飲むのが一般的であった。ほかに焼酎や葡萄酒もあり、江戸時代後期にはビールも渡来していて、外国人との社交用に一部では口を運ぶ機会も見られたようだが、日本人の嗜好には合わず、明治時代以降も容易には浸透しなかった。

一方、煙草は戦国期にポルトガル船の来日以降、日本各地にもたらされ、わずかの間に爆発的に流行し、慶長期（一五九六－一六一五）には男女長幼を問わずに町中で喫煙する姿が記録されている。当初煙草は葉を刻んで紙に張り、葉巻状にして吸う形だったようだが、のちに刻み煙草を煙管《きせる》で吸うのが一般的となった。なお、この煙管に関しては、一本を仲間と回して喫煙をともにする行動が多く見られたが、実はこうしたしぐさは、当時各地に出没し、問題行動を起こしていたかぶき者たちが一味同心を誓う際の習俗の一つでもあったので、幕府は煙草を特に警戒し、禁令を繰り返し呼び掛けていた。しかし、それにもかかわらず喫煙習慣は全国に広がり続け、禁止令は有名無実化していったのである。

煙草を吸う吉原遊女（『吉原美人合』）

により飢饉。
**6月**　関孝和『発微算法』刊行。
**6月**　筑前福岡藩の篠尾八兵衛、妻と密通した水尾佐左衛門を殺害（妻敵討）。
**7・21**　幕府、寺社奉行・勘定奉行・江戸町奉行・キリシタン検察らの精勤を褒賞。
**7・22**　幕府、江戸から佐渡へ102人の流刑者を移送。
**8・1**　美濃加納で洪水。堤防800間破壊、2万7000石被害。
**8・22**　富山藩と高山藩の国境紛争決着。
**9・15**　幕府、酒造制限令を発令。
**9・19**　武蔵荏原郡旗本領新井宿村の村役人・農民ら、減免を直訴。
**10・7**　狩野探幽歿(73)。
**11月**　幕府、米価高騰のため江戸市中の非人改めを実施。
**この年**　風水害のため諸国で飢饉（延宝の飢饉）。
**この年**　鴻池喜右衛門、大坂今橋二丁目に店舗を移し、業務拡大。

# 1675
# 延宝三年

乙卯

天皇▼霊元天皇

将軍▼徳川家綱（第四代）

【主要幕閣】

◉大老
酒井忠清（雅楽頭）

◉老中
稲葉正則（美濃守）
久世広之（大和守）
土屋数直（但馬守）
阿部正能（播磨守）

◉寺社奉行
小笠原長矩（山城守）
戸田忠昌（伊賀守）
本多忠利（長門守）

◉勘定奉行
杉浦正昭（内蔵允）
徳山重政（五兵衛）
甲斐庄正親（喜右衛門）
岡部勝重（左近・覚左衛門）

◉江戸町奉行
北 島田守政（出雲守）
南 宮崎重成（若狭守）

◉京都所司代
永井尚庸（伊賀守）

◉京都町奉行

## 幕府、渋川春海の授時暦を却下し、宣明暦の使用継続を宣言する　五月一日

政治 経済

将軍家お抱《かか》え碁方《ごかた》の天文学者渋川春海《しぶかわはるみ》（当時は二世安《やす》井算哲《いさんてつ》と称していた）は、この日、日食が観測されたことによって大きな挫折を味わった。当時日本が採用していた宣明暦《せんみょうれき》は、元々中国（唐朝）で編み出されたもので、長年にわたって使用され続けた結果、実際の日付との間にかなりの誤差が生じていた。そこで春海は新たに授時暦《じゅじれき》を採用するよう、延宝元年以来繰り返し幕府へ提案していたのであるが、春海はこの日の日食を予想することができず、逆に従来の宣明暦ではピタリと予想することができてしまった。その結果、幕府は春海の提案を却下し、従来通りに宣明暦を使用し続けることを宣言したのである。春海はこの件で苦渋をなめたわけだが、そこで立ち止まることなく、この失敗を踏まえて授時暦の改良に乗り出した。授時暦もまた中国（元朝）考案の暦であり、基点としている計算・観測方法などの点で日本とは種々馴染まない点があることに気づいた春海は、試算を繰り返し、日本独自の和製暦である大和暦《やまとれき》を作成した。当初大和暦はなかなか浸透しなかったが、陰陽頭《おんみょうのかみ》の職にあった土御門泰福《つちみかどやすとみ》の協力を得て、貞享元年（一六八四）十月、三度目の上表でようやく大和暦の採用に漕ぎつけることができた。これは宣明暦の採択以来実に八百年振りの改暦であり、人々の関心も高かった。この功績によって春海は百俵を受けて天文方《てんもんかた》に任じられ、のちには二百五十俵まで加増された。春海は古代の暦日を復元した日本長暦や、天球儀、星図の制作も行なっている。

## 西山宗因が、江戸で百韻連句の会を催す　五月

文化 思想

陸奥磐城平《いわきたいら》藩主の内藤義泰《ないとうよしやす》の招聘《しょうへい》に応じて、談林俳諧《だんりんはいかい》の師西山宗因《にしやまそういん》が江戸に下り、この月、本所において百韻連句《ひゃくいんれんく》の会が催された。この時集まった宗因を中心とした俳人たちによる連句集を『壇林十百韻《だんりんとっぴゃくいん》』といい、刊行されるや、たちまち全国の俳壇に宗因の有名を轟かせた。

宗因は本名を西山豊一《とよかず》といい、肥後国八代《やつしろ》に生まれ、八代城代の加藤正方《かとうまさかた》に仕えた。しかし寛永九年（一六三二）に加藤家が改易《かいえき》されてしまうと、牢人《ろうにん》となり、以降は大坂天《てん》満宮《まんぐう》を根城に、連歌宗匠《れんがそうしょう》として活躍した。当初はもっぱら月次《つきなみ》連歌の再興に努めていたが、京都の松江重頼《まつえしげより》と交流

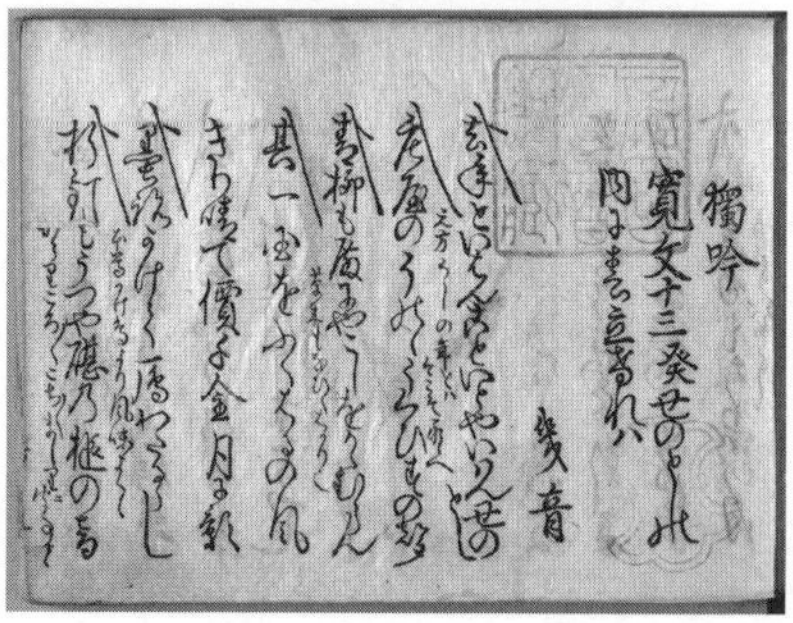

西山宗因が著した『大坂独吟集』

【この年の出来事】

**1・19** 幕府、旗本・御家人困窮のため冬支給の切米（蔵米）の半分を春に支給。

**1・22** 阿蘇山噴火。

**2・14** 幕府、飢饉のため柳原で粥を施し、お救い小屋を設置。

**2・15** 幕府、飢饉のため、永年季・譜代奉公を許可。

**2月** 摂津・河内で飢民（3万余人）に救米を施行。

**3月** 幕府、関東諸国で無許可の農・商人の鳥銃所持を厳禁。

**この春** 諸国で大飢饉。餓死者多数。

**4・20** 将軍家綱、徳川家光25回忌法会を寛永寺と日光山とで行う。諸大名・旗本が参列。

**閏4・24** 山鹿素行、徳川家光25回忌法会の赦により、赦免される。

**5・1** 幕府、宣明暦の使用継続を宣言。

**5・3** 阿部忠秋歿(74)。

**5・12** 江戸深川で大火。

**東**
前田直勝（安芸守）
**西**
能勢頼宗（日向守）
**◉大坂城代**
青山宗俊（因幡守）
**◉大坂町奉行**
**東**
石丸定次（石見守）
**西**
彦坂重紹（壱岐守）
**◉長崎奉行**
牛込重忝（忠左衛門）
岡野貞明（孫九郎）
**◉若年寄**
土井利房（能登守）
堀田正俊（備中守）

を重ねる中で俳諧にも着手し始め、寛文十年（一六七〇）に子息の宗春《むねはる》に連歌宗匠の座を譲って出家したのち、俳諧師としての活動を本格化させた。

従来の俳壇は、松永貞徳《まつながていとく》とその一門が起こした貞門俳諧《ていもんはいかい》が主流であったが、宗因の目には古風でマンネリに過ぎると感じられた。その結果、本歌取《ほんかど》り・比喩見立て・漢詩の難解字句の引用・字余りなど、定型を嫌った斬新奇抜な作品を次々と生み出し、多くの人を魅了した。こうした作風を談林俳諧といい、若き頃の松尾芭蕉《まつおばしょう》も談林派に身を寄せている。

## 京都大火が起こる　十一月二十五日　事件災害

**寛**文十三年（一六七三）五月の大火から二年半後のこの日、「一条上ル油小路たいうすの図子生駒主殿頭留守居田中治兵衛」宅より火の手が上がり、強風のためか瞬く間に広域を巻き込んで、またしても京洛全土を焼き尽くす大火が起こった。被害は、町数百十二町、家数二千六百軒余、死者百人を超す大惨事となった。

内裏《だいり》御所《ごしょ》も類焼を免れることができず、霊元《れいげん》天皇も鴨《かも》川《がわ》を渡って命からがら火気を逃れた。内裏諸御所は、寛文十三年の大火からようやく復旧の目途がつき、焼失していた法皇の住居である仙洞《せんとう》御所《ごしょ》と女院《にょいん》御所《ごしょ》が前年までに完成し、この年には天皇の御座所である内裏・新院御所が幕府の援助普請によって工事着工、十月には上棟式が執り行なわれ、朝廷は復興ムードに沸いていたところだった。

結局、この火災によって内裏の全焼は免れたものの、寛文十三年の大火から奇跡的に焼失を避けることができた本院御所が焼け落ちてしまった。そのほかにも、二条家をはじめとする諸家の御文庫も燃え、その結果、公家社会をうかがう数々の貴重な文物が永久に失われることになってしまったのである。

## 幕府、江戸市中での駕籠の使用を禁じる　五月十二日　社会世相

**幕**府は、以前からお触れで禁止しているにもかかわらず、江戸市中においていまだ辻駕籠《つじかご》に乗る者が数多くいることを問題視し、この日、改めて駕籠乗りを禁止した。市中に限らず、品川（東海道）、千住（日光道中・奥州道中）、板橋（中山道）、高井戸（甲州道中）より旅行者が出立するか、その逆に右四宿より江戸市中へ帰国する者であっても駕籠乗りの禁止は例外ではないことを強調している。

当時、身分制度の発達した江戸時代において駕籠乗りは、武士と特別に許可された医師・僧侶のほか、病人・六十歳以上の老人にしか許されていなかったが、その利便性から市中における駕籠乗りはあとを絶たなかったのである。

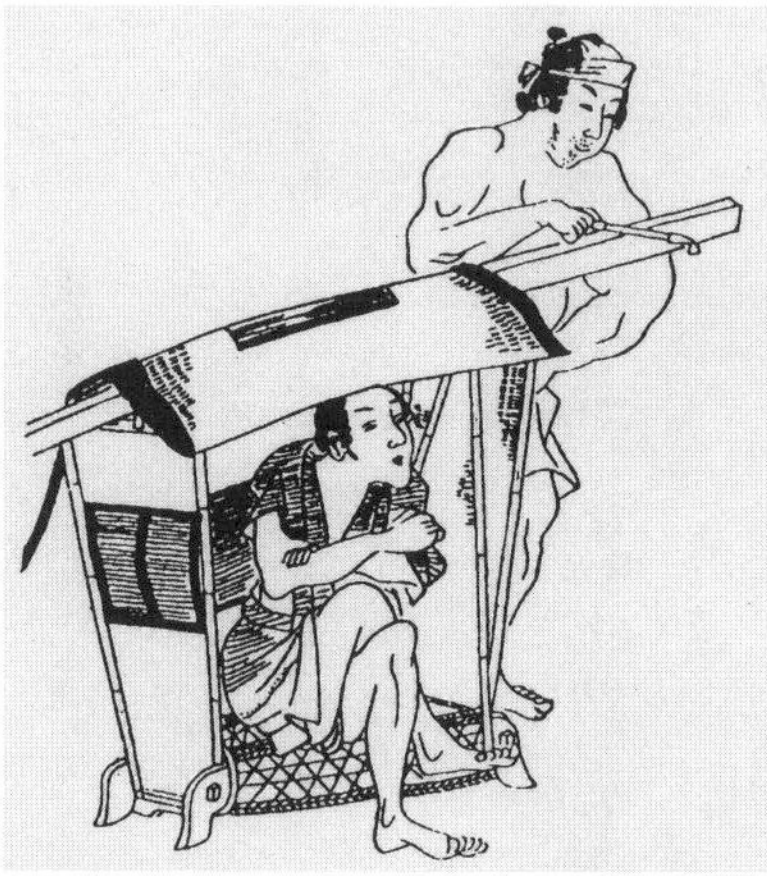
客待ちをする駕籠かき（『江戸職人歌人集』）

**5・12** 幕府、江戸市中で町民の駕籠使用を禁止。
**5月** 西山宗因、江戸で百韻連句の会開催。
**6・21** 伊奈忠易、小笠原諸島探検から帰還。採取した動植物を将軍に献上。
**6・24** 幕府、4月の日光山家光25回忌法会の大赦により、山鹿素行らを赦免。
**8・28** 幕府、酒造制限令、本田畑煙草栽培禁止令を発令。
**11・25** 京都で大火。本院・新院・仮御所など2600余戸焼失。
**12・8** 会津藩主保科正経、父正之の遺著を幕府に献上。
**この年** 田代松意編『談林十百韻』完成。
**この年** 飛騨、飢饉で死者数万人。

# 1676 延宝四年

丙辰

天皇▼孝明天皇

将軍▼徳川家綱（第四代）

【主要幕閣】
●大老
酒井忠清（雅楽頭）
●老中
稲葉正則（美濃守）
久世広之（大和守）
土屋数直（但馬守）
阿部正能（播磨守）
●寺社奉行
小笠原長矩（山城守）
戸田忠昌（伊賀守）
本多忠利（長門守）
太田資次（摂津守）
●勘定奉行
杉浦正昭（内蔵允）
徳山重政（五兵衛）
甲斐庄正親（喜右衛門）
岡部勝重（左近・覚左衛門）
●江戸町奉行
北
島田守政（出雲守）
南
宮崎重成（若狭守）
●京都所司代
永井尚庸（伊賀守）
戸田忠昌（伊賀守・

## 長崎代官の末次平蔵を流罪に処す　四月二十九日

政治経済

幕府は一月九日より、長崎代官の末次平蔵《すえつぐへいぞう》（四代目茂《しげ》朝《とも》）の密貿易一件についての詮議《せんぎ》を開始した。末次家は、元々博多商人の出自を持つ。豊臣秀吉から朱印状《しゅいんじょう》を得て、特に安南《あんなん》・台湾方面の海外交易に従事するようになると、生糸・絹織物の購入で巨万の富を築いた。その後、徳川治世下において村山等安《むらやまとうあん》の跡を引き継いで長崎代官に任じられると、末次家は代官職を世襲し、長崎町の管理にあたっていた。

寛永鎖国以降、個々人による直接の海外交易は一切禁止されていたが、平蔵は禁令を破って密貿易を繰り返していた。しかし、平蔵の家来で蔭山九太夫《かげやまきゅうだゆう》という人物が、唐《から》通事《つうじ》の下田弥惣右衛門《しもだやそえもん》・弥富九郎右衛門と謀って、海外へ商船を派遣しようとしていたところ、これが露見し、平蔵は捕縛されるに至ったのである。

幕府の詮議によって発覚した計画は、平蔵は和泉国において二重底の大船を建造し、そこに刀脇差五十絡げ・長刀二振・日本地図を密かに持ち出し輸出しようと企んでいたらしい。なお、日本地図の価格は銀子二千貫目であったという。結局平蔵は、この日、長子平兵衛とともに隠岐に流罪することが決定し、その他の一族や奉公人たちも処罰され、末次家はここに断絶した。

この時、幕府の手により没収された末次家の家財の内訳は、現銀八千七百貫目・金小判三千両入り三十箱・黄金千枚入り十箱・貸付銀一万貫目、その他刀脇差二百腰・伽《きゃ》羅《ら》・赤栴壇《しゃくせんだん》入りの長持ち五棹・珊瑚珠・茶壺・染付の皿など二百箱、海外からの購入製品なども含めて膨大なものであった。

## 回向院で開帳が行なわれる　三月一日

文化思想

石《いし》山寺観世音《やまでらかんぜおん》（現、滋賀県大津市）の開帳《かいちょう》が、この日、本所回向院《ほんじょえこういん》の境内で行なわれた。開帳とは、普段秘仏になっている仏像を数年から数十年周期で、厨子《ずし》を開いて拝観が叶うようにすることで、これには仏像の本来ある寺院で公開する居《い》開帳と、地方に赴いて短期間寺院を間借りして公開する出《で》開帳の二種類がある。開帳には仏と信徒を結縁させるという宗教的意義のほかに、御布施《おふせ》を募るという経済的意義も大きかった。

江戸における出回帳の開催場所としては、回向院が特に

回向院（『江戸雀』）

【この年の出来事】

**1月**　幕府、江戸浅草の車善七に御堀諸川の不浄物改めを命令。

**3・1**　江戸回向院で石山寺観世音の開帳が始まる。

**3・29**　幕府、堤防崩壊地の巡察のため、諸国へ勘定衆を派遣。

**4・29**　幕府、長崎代官末次平蔵父子を密貿易の罪で隠岐へ流刑。長崎代官廃止。

**4月**　西山宗因『談林俳諧』完成。

**5・5**　京都・大坂で大雨。鴨川氾濫、堤防・橋破壊。

**6月**　幕府、江戸・房総間の船舶番所・中川番所に、器物の検査、女性の通行禁止などを指示。

**6月**　津和野城下で大地震。城郭など倒壊。

**6月**　幕府、羽黒山修験者に関する禁令を制定。

**7・4**　尾張で大風、洪水。家屋2417戸流失、14万2634石被害。

越前守）

◉京都町奉行
東
前田直勝（安芸守）
西
能勢頼宗（日向守）

◉大坂城代
青山宗俊（因幡守）

◉大坂町奉行
東
石丸定次（石見守）
西
彦坂重紹（壱岐守）

◉長崎奉行
牛込重忝（忠左衛門）
岡野貞明（孫九郎）

◉若年寄
土井利房（能登守）
堀田正俊（備中守）

好んで選ばれた。その理由は回向院がそもそも明暦三年（一六五七）の江戸大火で焼死・溺死した十余万人の霊を供養するため、特定の宗派に属さない無縁寺に設定されたことに由来しており、様々な宗派の寺院が開帳を執り行なうのに適した場所であったからだ。

なお、回向院では江戸時代を通じて見世物興行を数多く主催しており、その一つに勧進相撲《かんじんずもう》があり、参詣人で盛り上がった。そのため、明治から昭和にかけて、両国の国技館は回向院の境内にあったのだ。

## 吉原遊廓が炎上する　十二月七日

事件災害

この日の暮れ六つ半時（午後七時頃）、新吉原の江戸町二丁目から出火し、西北風が激しく吉原遊廓《ゆうかく》が焼亡、火はそれだけでは収まらず、廓外の本所中之郷あたりまで類焼し、ようやく沈火した。この時、遊女十二人が焼死、十六人が火災に乗じて逐電《ちくでん》したという。元和四年（一六一八）に元吉原遊廓が開業されて以来、初めての大火であった。吉原遊廓が再建されるまでの間、近隣の山谷《さんや》・箕輪《みのわ》において借宅営業を始めたところ、利用客は吉原だと格式を顧慮しなくてはならないが、借宅だと手軽に利用でき、安かったのでこれまで以上に人気を博した。そのため遊女屋たちの方でも、吉原の再建以降、店賃・地代を余分に支払ってでも借宅先での営業を続けたいとの嘆願を行なっている。

## 中川関番所の監視を強化する　六月

社会世相

幕府はこの月、江戸の東部にある中川関番所《なかがわせきばんしょ》に対して、新たに五ヶ条の旅人往還監査を厳達した。その内容は、江戸からの出船の夜中通行は禁止するが、入船は夜中も許可する。往還の者は笠・頭巾《ずきん》を脱ぎ、駕籠《かご》は戸を開いて通ること（第一条）、女性は往来ともに手形があっても通行は不許可とすること（第二条）、鉄砲所持は二、三挺までは許可のこと（第三条）、人が隠れることのできる器物は必ず点検すること（第四条）、罪人・手負い人・死人は確かな手形がなければ通行を禁止すること（第五条）を主旨としていた。いわゆる「入鉄砲《いりでっぽう》に出女《でおんな》」の取り締まりが第二条・第三条に認められるが、中川関番所では実際のところ旅人通行にはさほど厳格ではなかった。それというのも、中川関番所の立地が中川の下流で、小名木川《おなぎがわ》との交流点に設置されており、重点が川船による江戸への諸物資出入りの捜査に置かれたためだ。積荷の詮議は特に厳格で、品名・数量・荷主・送り先の住所氏名などを詳細に報告させた上で、不備があると通行を許可しない場合が多く見られた。

このように中川関番所は、海の浦賀番所と並んで江戸への物資流通・商品流通の統制機関としての役目を担ったのである。

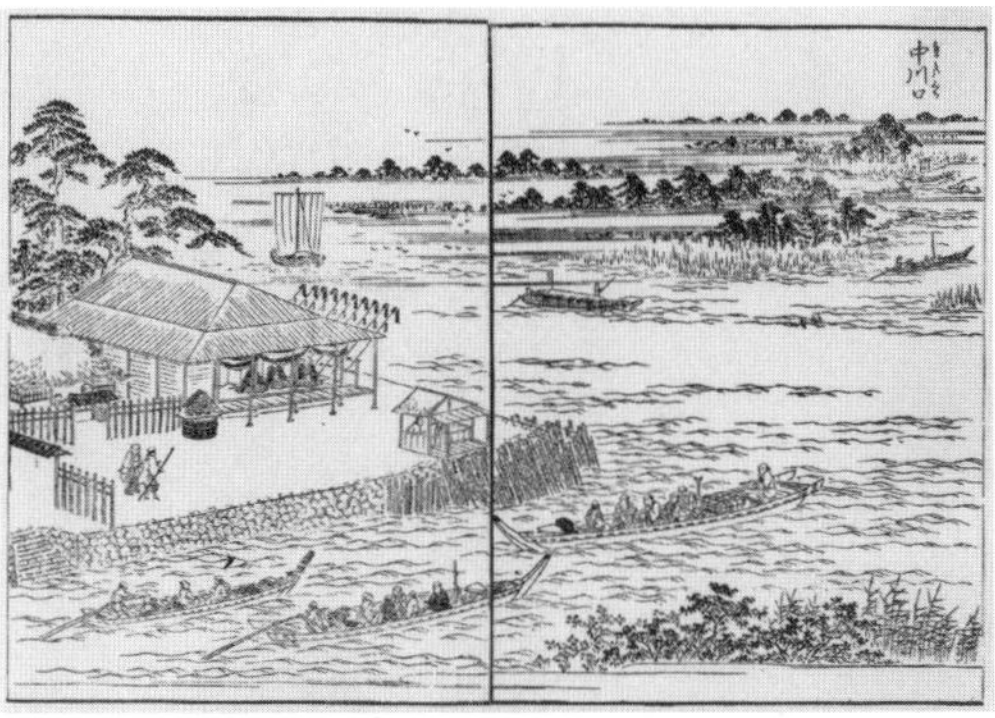

中川番所（『江戸名所図会』）

**7・7**　幕府、関八州での無免許鉄砲の取り締まりを指示。
**9・22**　増上寺で火災。方丈・庫裏など焼失。
**11月**　幕府、奈良町奉行に法度を制定。
**12・7**　新吉原で大火。本所中ノ郷まで延焼。
**12・11**　徳川綱重の子虎松、元服。将軍家綱が綱豊と名付ける（のちの6代将軍家宣）。
**12・26**　江戸筋違橋から出火。日本橋小舟町まで延焼。中村・市村両座焼失。
**12・26**　京都後水尾法皇御所から失火。女院御所も延焼。

1677
# 延宝五年
丁巳
天皇▼霊元天皇
将軍▼徳川家綱（第四代）

【主要幕閣】
◉大老
酒井忠清（雅楽頭）
◉老中
稲葉正則（美濃守）
久世広之（大和守）
土屋数直（但馬守）
大久保忠朝（加賀守）
◉寺社奉行
小笠原長矩（山城守）
太田資次（摂津守）
板倉重種（石見守）
◉勘定奉行
杉浦正昭（内蔵允）
徳山重政（五兵衛）
甲斐庄正親（喜右衛門）
岡部勝重（左近・覚左衛門）
◉江戸町奉行
北 島田守政（出雲守）
南 宮崎重成（若狭守）
◉京都所司代
戸田忠昌（越前守）
◉京都町奉行

## 郡上一揆が起こる　八月二十一日
政治経済

美濃郡上《ぐじょう》藩の四代当主遠藤常春《えんどうつねはる》治世下において、この日、年貢諸役負担の軽減を求める百姓一揆が勃発した。

当時郡上藩は、幕府の天下普請に幾度も駆り出されており、さらには領内居城である八幡城《はちまんじょう》の修築などで出費が嵩み、藩財政は悪化の一途をたどっていた。それへの打開策として年貢増徴策が打ち出されるが、結果として領民の反対を招くばかりか、さらには藩内においても見解が分かれ、ついには増徴の賛否をめぐり、増徴反対派で家中の俸禄《ほうろく》を切り詰めるよう具申していた家老の遠藤杢助《えんどうもくのすけ》に対し、なんと暗殺計画まで飛び出す始末。一時は百姓たちと杢助が結びつく可能性も持ち上がり、常春にとって穏やかならざる状況が続いていた。

五年後の天和二年（一六八二）に関係者の処罰を経て事件は解決を見るも、常春はその後不審死を遂げ、続く五代常久《つねひさ》も七歳という幼少で元禄五年（一六九二）に死去した。後嗣なく二万四千石は改易《かいえき》の憂き目に遭ったが、先祖の勤労を考慮されて一族から胤親《たねちか》を養子とし新知一万石を与えられ、遠藤家は郡上を去ることになったのである。

## 菱川師宣の『江戸雀』が刊行される　二月
文化思想

浮世絵師の菱川師宣《ひしかわもろのぶ》がこの月、『江戸雀《えどすずめ》』十二巻十二冊を出版した。『江戸雀』は江戸見物の案内を目的とした絵入地理書で、江戸で刊行された初めての江戸地誌

『江戸雀』に描かれた浅草観音

『江戸雀』に描かれた江戸城

【この年の出来事】
**1・7** 幕府、消防関係以外の者が火事場に立ち入ることを厳禁、違反者は斬罪と布告。
**2・26** 幕府、江戸城三の丸で金貨を鋳造。
**2月** 菱川師宣画『江戸雀』刊行。
**3・12** 南部藩で大地震、津波。15日まで続き民家多数被害。
**3・18** 幕府、仙洞・女院御所の造営奉行を京都へ派遣。
**3月** 幕府、彦根藩主井伊直該らに畿内および近国の幕領惣検地を指示（延宝7年まで）。
**4・6** 江戸浅草で大火。浅草寺延焼。
**4月** 幕府、江戸市中の町駕籠を禁止。
**5・22** 幕府、唐津藩・島原藩・長崎奉行に長崎警備を指示。
**8・21** 郡上藩で、夫役と口米の増徴に反対し百姓らが一揆（延宝郡上一揆）。

東
前田直勝（安芸守）
西
能勢頼宗（日向守）
◉大坂城代
青山宗俊（因幡守）
◉大坂町奉行
東
石丸定次（石見守）
西
彦坂重紹（壱岐守）
嶋田重頼（越中守）
◉長崎奉行
牛込重忝（忠左衛門）
岡野貞明（孫九郎）
◉若年寄
土井利房（能登守）
堀田正俊（備中守）

である。挿絵を担当した師宣は、浮世絵の創始者として名高いが、生まれは安房国平郡《へい》保田《ほた》本郷《ほんごう》村（現、千葉県鋸南町）で、父は縫箔師《ぬいはくし》菱川吉左衛門であったために、早くから絵画の素養を身につけていたものと思われる。万治年間（一六五八—六一）に江戸へ行き、幕府御用絵師の狩野派や土佐派などに学び、挿絵画家として生計をたてていた。当初は無署名がほとんどであったが、寛文十二年（一六七二）刊行の『武家百人一首《ぶけひゃくにんいっしゅ》』において最初の署名を入れてその存在を誇示し始めるようになると、次々と画題を発表していき、百種以上の絵本や絵入本、五十種以上の艶本《えんぽん》を手掛け、浮世絵版画の発展に寄与した。さらに版画にとどまらず、掛幅・屏風などあらゆる形式に挑戦していき成功を収めた。

師宣の風俗画の特徴は、リズミカルな墨線と余白だけの簡潔な画面の中に当時の庶民生活を生き生きと描き出しており、そのため江戸庶民に広く共感を得て、当時の俳諧に「菱川様《ひしかわよう》の吾妻俤《あづまおもかげ》」と詠まれるほどの高い人気を博したのである。

## 房総沖で大地震が発生する　十月九日

事件災害

房総地域一帯を震源とする大地震が、この日に発生した。揺れの大きさはマグニチュード八・〇に相当するとみられ、現在の宮城県から東京都八丈島に至る広域で揺れが起きたことが様々な史料に記録されている。また、本震災の被害で最も甚大なものは、十メートル級の巨大な津波であり、沿岸部の人家をひと飲みにしてしまうほどだったようだ。結果的に被害総数は流潰家千八百九十三軒、死者数五百六十九人にのぼる大惨事となっている。

## 伊勢踊りが流行し、幕府が禁止令を出す　八月

社会世相

江戸町中において領民たちが伊勢踊りを始め、それらの衣装が美麗を尽くしているとの理由で、この月、幕府は禁止令を出した。また、十月にも再度出している。

両法令の存在から、従来は幕府が領民の踊りに厳しく対処したと考えがちであったが、よく読めば、前者は派手な衣装を禁止しているだけであり、踊りを踊ること自体は禁止していない。さらに十月の禁止令の文言には、「もはや時分も不相応之節」と規定されている。これは江戸の村々・町々では七月十三日から十六日を中心に集団で踊られる盆踊りを念頭に置いて、もはやその時期は過ぎたので通常生活に戻るよう諭しているのである。したがって、盂《う》蘭《ら》盆会《ぼんえ》の時期の踊り自体は禁止対象ではないのである。こうしてみると、幕府は基本的には領民のハレの日の踊り遊興を認める方向にあったと考えるのが妥当であろう。

なお、この伊勢踊りとは江戸時代初期に流行した民俗舞踏の一つで、元来は伊勢の神様を村送りしていく宗教的な儀式であったが、歌唱を伴うなど、次第に村民による娯楽的な要素が加味されていき、伊勢国内の地域的習わしを越えて、全国に流行した。全国的な流行が最も早く確認されるのは慶長十九年（一六一四）のことで、この年、伊勢《いせ》神宮《じんぐう》に絡んだ奇瑞《きずい》が相次いだことを契機に、伊勢国内の郷民が踊りの輪を組んで伊勢参宮を行ない、次第にその風潮が畿内一円から東国・西国へ及び、翌元和元年（一六一五）には遠く奥州にまで波及したらしい。当時の後陽成《ごようぜい》上皇がこの様子を珍しがって叡覧《えいらん》に及ぶなど、伊勢踊りに対する人々の狂乱のさまは各種記録に残されている。

**8月**　幕府、江戸市中での伊勢踊りを禁止。10月再令。
**9・3**　海北友雪歿(80)。
**9・25**　幕府、小諸藩と諏訪藩との蓼科山境界争論を裁決。
**10・2**　京都で仙洞御所造営。
**10・9**　陸奥・東国で大地震、津波。家屋流失1000余戸、死者500余人。
**10月**　幕府、江戸城堀際への船荷の陸揚げ、塵芥投棄を禁止。
**11・1**　向井元升歿(69)、長子玄瑞が実学を嗣ぐ。
**12・18**　幕府、下総一月寺・武蔵青梅鈴法寺の虚無僧掟を制定。
**この年**　霧島山噴火。
**この年**　紀州熊野太地で和田覚右衛門が鯨の網取法を創始。

# 延宝六年

戊午

天皇▼霊元天皇

将軍▼徳川家綱（第四代）

【主要幕閣】

◉大老
酒井忠清（雅楽頭）

◉老中
稲葉正則（美濃守）
久世広之（大和守）
土屋数直（但馬守）
大久保忠朝（加賀守）

◉寺社奉行
小笠原長矩（山城守）
太田資次（摂津守）
板倉重種（石見守）
松平重治（山城守）

◉勘定奉行
杉浦正昭（内蔵允）
徳山重政（五兵衛）
甲斐庄正親（喜右衛門）
岡部勝重（左近・覚左衛門）

◉江戸町奉行
北　島田守政（出雲守）
南　宮崎重成（若狭守）

◉京都所司代
戸田忠昌（越前守）

## 朝鮮釜山に新たに草梁倭館が竣工する　四月

政治経済

倭《わ》館《かん》は、朝鮮半島に置かれた日本人使節接待のための客館ならびに居留地域を指しており、日朝貿易推進のための本拠地である。中世には三浦《さんぽ》（富山浦《ふざんぽ》〔釜山〕・乃而浦《ないじほ》〔斎浦《せいほ》〕・塩浦《えんぽ》〔蔚山《うなさん》〕）と漢城《かんじょう》（現在のソウル）に、江戸時代には富山浦にのみ置かれた。倭館は古く十五世紀からその存在が確認されるが、日朝間関係が、例えば豊臣秀吉の唐入りなど、両国間の戦争を契機として不安定になると、幾度となく閉鎖されてきたという歴史がある。

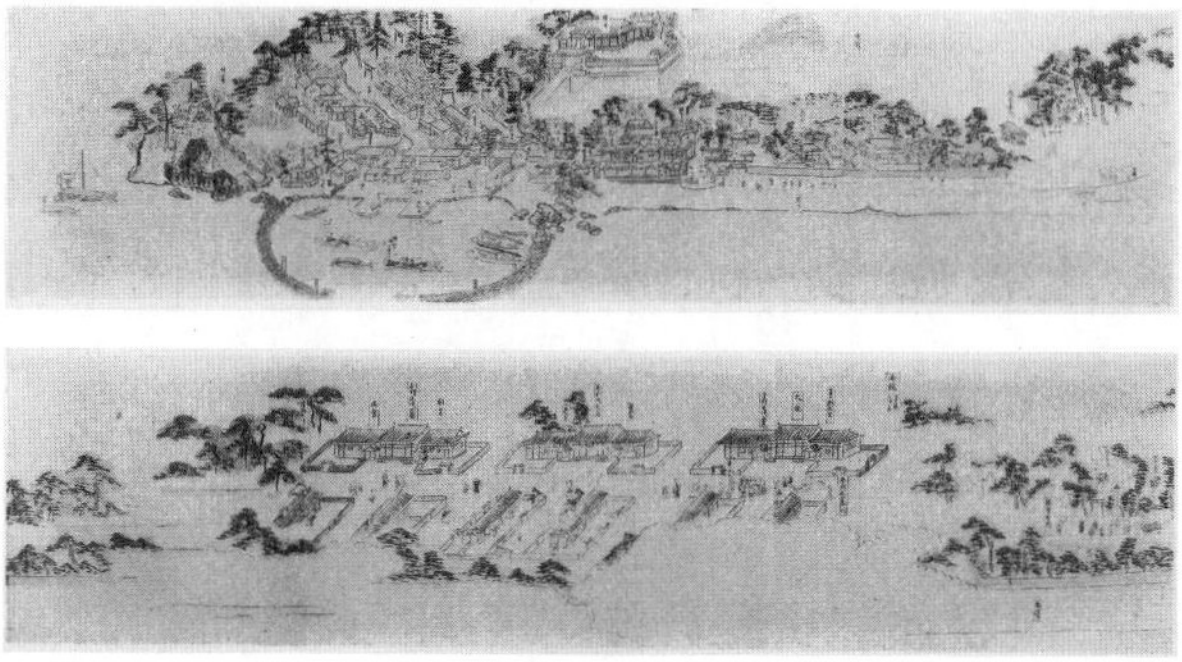

「釜山浦倭館絵図」（『朝鮮絵図』）

そしてこの月、対《つ》馬《ま》藩士の佐《さ》治《じ》杢《もく》左《ざ》衛《え》門《もん》と阿《あ》比《び》留《る》弥《や》三《そ》兵《べ》衛《え》を普請総奉行として、朝鮮釜《ふ》山《ざん》に新たに草梁《チョリャン》倭館が竣工した。この新倭館は南と東を海に面した東西七百二十メートル、南北四百五十メートルの、およそ十万坪の広大な敷地を持ち、周囲に高さ一・八メートルの石垣をめぐらしていた。内部構成は、施設の応接所、宿泊所、貿易所など執務施設は当然のこと、目を惹くところでは弁財天を祀る神社や、朝鮮鷹を飼育するための小屋と鷹匠《たかじょう》の住居、そのほかに朝鮮陶土を焼くための窯場も一時ではあるが設置されていた。そこに館守以下四百五十名が配備されたと伝わる。さらにその周辺には貿易に従事する商人たちの家が軒を連ねていた。なお、倭館の住民は全て対馬藩から派遣されており、船舶の出入りにあたって目付の厳重な検査がなされた。

この倭館は、明治六年（一八七三）に大日本公館と改称され、外務省の管轄下に入り、その歴史に幕を閉じた。なお、現在も館の一部が龍頭山《りゅうとうさん》公園として保存されている。

## 歌舞伎役者の坂田藤十郎が拍手喝采を受ける　二月三日

文化思想

歌舞伎役者の坂田《さかた》藤十郎《とうじゅうろう》が、大坂・荒木座における『夕霧《ゆうぎり》名残《なごり》の正月《しょうがつ》』の舞台において、主役の伊左衛門を演じ、この日、和事《わごと》の名手として拍手喝采を受けた。和事とは、藤十郎の創始した、女性的で、柔らかなしぐさとせりふ回しを特徴とする歌舞伎の演技の総称で、男女の性愛を題材とし、やつし・濡れなどと呼ばれる官能的かつ扇情的な演出は観客を大いに魅了した。

藤十郎はその後、元禄六年（一六九三）に京都の都万太《みやこまんだ》夫座《ゆうざ》において、『仏母摩耶山開帳《ぶつもまやさんかいちょう》』で、六田掃部《むつだかもん》役を演じたのを皮切りに、近松門左衛門《ちかまつもんざえもん》脚本作品のほとんど全てで主役を務めた。藤十郎は武道事や所作事《しょざごと》は不得手とした

【この年の出来事】

**1・9**　桜島噴火。

**1・12**　幕府、火事を起こした者は斬罪、その関係の名主・五人組は入牢と規定。

**2・3**　初代坂田藤十郎、和事を上演。

**3・30**　幕府、禁裏付の与力・足軽を増員。

**4・4**　鹿児島城下で大火。2331戸焼失。

**4・5**　幕府、江戸市中の茶屋・煮売り屋を調査。

**4月**　釜山に草梁倭館竣工。

**6・15**　東福門院徳川和子歿（72）。

**6・22**　彦根藩士、藩主に直訴。

**7・16**　安井算哲、江戸麻布で秋分点を実測。

**7・18**　四国で大風雨。松山城下で803戸、郊外で1594戸、土佐で3059戸損壊。

**7月**　渋川春海、秋分点を実測。

**7月**　幕府、長崎奉行宛の清国の平南親王尚之信

**◉京都町奉行**
**東**
前田直勝（安芸守）
**西**
能勢頼宗（日向守）
**◉大坂城代**
青山宗俊（因幡守）
太田資次（摂津守）
**◉大坂町奉行**
**東**
石丸定次（石見守）
**西**
嶋田重頼（越中守）
**◉長崎奉行**
牛込重忞（忠左衛門）
岡野貞明（孫九郎）
**◉若年寄**
土井利房（能登守）
堀田正俊（備中守）

が、遊里の恋愛を主題とする傾城《けいせい》買いを多く扱った近松との脚本の相性の良さも相まって、元禄八年には、四十九歳と異例の年齢で京都の都万太夫座の座本《ざもと》となり、「役者評判記」にも「上上吉」と最上級の評価を与えられるなど、人気を不動のものとしたのである。

## 彦根藩士七十六名が藩主に訴えを起こす　六月二十二日

事件災害

彦根藩四代藩主井伊直興《いいなおおき》（のち直該《なおもり》）の家来七十六名が、生活の困窮を理由として、この日、直興に対して八千両にものぼる拝借金を要求する訴えを起こした。彼らはかつて大坂の陣において多大な戦功を挙げた高名衆の子孫たちであり、彦根藩自体も大坂の陣は所領を倍増する契機となった、どちらも自己の歴史を語る際にはなくてはならない大切な事績であった。そのために高名衆は彦根藩内で特別に厚遇されており、たとえ徒党の重罪を犯しても、厳罰に処すことは大変難しく、その対応は慎重にならざるを得なかった。結果として彦根藩では、幕府老中に内意を得た上で、七十六名を国外追放とする処分を下している。

この事件は、他大名家でも話題になったようで、例えば元禄期に書かれたとされる大名評判記の『土芥寇讎記《どかいこうしゅうき》』には、直興による七十六名の処分を、「天下の誹り《そしり》」であると悪しざまに描いている。このように、事件は彦根藩にとって大変外聞が悪く、藩主の権威を著しく損なうものであった。そこで直興は二十年後の元禄十年（一六九七）、幕府の大老《たいろう》に就任するにあたって、それにふさわしい経歴を整えるべく、追放した七十六名を再び召し抱える命令を下し、事件の幕引きを図ったのである。

## 江戸で茶屋の取締令出される　八月

社会世相

江戸でこの月、茶屋の取締令が布達された（十一月にも同内容のものが布達されている）。茶屋は本来、旅行者などに昼食や茶・菓子などを提供する休憩所を意味したが、この頃には茶屋を名乗りながら、実際には給仕女の性接待を斡旋《あっせん》する売春宿屋の態をなす店舗が出現してきたために、幕府は茶屋や茶屋女たちの存在を問題視したのである。

この法令のまず第一条では、従来の茶屋以外に新規の茶屋営業を禁止するのは当然のこととし、続く第二条において給仕女の数を一軒につき二人以内に制限した。さらに第三条以下で給仕女たちの衣装も麻布・木綿のみに規定し、営業時間も明け六つ（朝六時頃）から暮れ六つ時（夕方六時頃）に限り、それ以外の時間に客を置くことを禁止した。

以上のように、具体的な数量規制をもって幕府は茶屋統制に対処したが、その実効性は薄く、男女の密会を専門とする出会い茶屋や貸席専業の待合茶屋が現れるなど、多種多様な茶屋も出現しており、茶屋側は法令の網をかいくぐっていたのだ。茶屋による売春まがいの行為は衰えるところがなく、しまいには茶屋の給仕女たちによる客引き合戦が宿はずれで多々見られるようになるのである。

春を売る谷中のいろは茶屋
（『世説新語茶』）

の書簡を受理。
**8・4**　尾張・美濃で大風雨、洪水。大堤343間、小堤2212間、家68戸被害。8万6500石損失。
**8・4**　京都・大坂で連日の大風雨。鴨川・淀川・桂川・宇治川・大和川など氾濫。
**8・17**　江戸で大地震。30年来の規模。
**8月**　幕府、茶店の茶汲み女を2人まで、衣服の素材を麻・木綿に制限。
**9月**　幕府、遠江・駿河・信濃の直轄山林での伐採を全面的に禁止。
**この年**　幕府、キリシタン禁止を厳命。
**この年**　諸国で風水害のため飢饉。

# 1679

# 延宝七年

己未

天皇▼霊元天皇

将軍▼徳川家綱（第四代）

**【主要幕閣】**

**◉大老**
酒井忠清（雅楽頭）

**◉老中**
稲葉正則（美濃守）
久世広之（大和守）
土屋数直（但馬守）
大久保忠朝（加賀守）
土井利房（能登守）
堀田正俊（備中守）

**◉寺社奉行**
板倉重種（石見守）
松平重治（山城守）

**◉勘定奉行**
杉浦正昭（内蔵允）
徳山重政（五兵衛）
甲斐庄正親（喜右衛門）

**◉江戸町奉行**
**北** 島田守政（出雲守）
**南** 宮崎重成（若狭守）

**◉京都所司代**
戸田忠昌（越前守）

**◉京都町奉行**
**東**

## 堀田正俊が老中になる　七月十日

政治経済

上野国安中《あんなか》藩主の堀田正俊《ほったまさとし》が、この日、老中に就任した。正俊は三代将軍家光《いえみつ》の腹心であった堀田正盛《まさもり》の三男として生まれた。老中に就任した翌年の延宝八年に四代家綱《いえつな》が死去し、上野国館林《たてばやし》藩主であった徳川綱吉《つなよし》が五代将軍になると、正俊は綱吉から厚い信頼を受けて財政専管の任務を拝領した。さらに天和元年（一六八一）には所領を加増された上、下総国古河《こが》藩主に転じて筑前守に改めた。同年末には大老《たいろう》、少将に就任、翌二年には再度加増されたことで、計十三万石の所領を領有することになった。このような正俊の短期間での異例な出世は、綱吉が将軍に就任するにあたって、内々で功績があったためではないかと推測されている。

正俊が綱吉を補佐して行なった政治改革を「天和の治《てんなのち》」と呼称し、その政治的特色は、譜代大名層に対する処罰と、幕府直轄領行政の刷新にあった。

具体的には、前者は幕臣に対し容赦することなく賞罰厳明を励行するもので、当該期間中に改易《かいえき》・減封処分を受けた大名家は四十六家、旗本は百家余りに達し、免職などの処罰者もおびただしい数にのぼった。後者については、天和二年（一六八二）に、新たに勘定吟味役《かんじょうぎんみやく》を設置し、勘定所諸役人の執務監督に当たらせた。その結果、大量の代官が勤務不良を理由として一挙に解雇された。彼らの多くは父祖以来の世襲的代官であり、独自に年貢取り立てを実施する自律的存在であったが、この大量解雇を契機に代官による中間搾取が否定され、結果的に幕府の年貢収入の増加に繋がった。

以上のように正俊の関与した「天和の治」は善政と評される成果を挙げたが、性急に施策を進めたため、幕臣の反感を買うことも多かったようだ。そのせいだろうか。正俊は貞享元年（一六八四）八月二十八日に、若年寄の稲葉正休《いなばまさやす》によって江戸城中で刺殺されている。

## 小千谷縮の創始者明石次郎が歿す　九月二日

文化思想

越後の小千谷縮《おぢやちぢみ》の創始者である明石次郎《あかしじろう》が、この日、死去したと伝えられている。明石は元播磨国明石《あかし》の浪人で、寛文頃（一六六一―七三）に小千谷へ移住し、彼地で縮織を生産することで生計を立てた。従来、越後産の縮は粗品であったのに対し、次郎の作る縮織は、飛白《ひはく》や縞の入った精美なものであった。そこで、周囲の人々はこぞって明石から縮織の技法を学び、

越後の雪中での布晒し（『北越雪譜画』）

**【この年の出来事】**

**1月** 幕府、相模走水に難船の船荷の扱いに関する規則を布告。
**2・13** 幕府、振売りを制限し、新規開業を禁止。
**2月** 幕府、江戸市中に警火令を発令、各町に水桶の準備を指示。
**3・18** 幕府、駿府町奉行所与力を設置。
**3月** 幕府、奉公人の就職期限を規定。
**4・1** 四代目市村竹之丞、江戸市村座で西行法師の舞台を勤めて後、出家し、諸国修業に出発。
**4月** 出羽矢島藩の百姓、検地に反対し江戸藩邸滞在中の藩主に強訴（矢島騒動）。
**5・15** 京都で大雨。淀川・桂川出水。
**5・29** 江戸堺町の大坂七太夫座から出火。浜町まで17か町延焼。
**6月** 幕府、市街地での花火を禁止。
**7・10** 堀田正俊、老中就任。

前田直勝（安芸守）
**西**
井上正貞（太左衛門・志摩守）
**◉大坂城代**
太田資次（摂津守）
**◉大坂町奉行**
**東**
石丸定次（石見守）
設楽貞政（市左衛門・肥前守）
**西**
嶋田重頼（越中守）
**◉長崎奉行**
牛込重忝（忠左衛門）
岡野貞明（孫九郎）
**◉若年寄**
土井利房（能登守）
堀田正俊（備中守）
松平信興（因幡守）
石川乗政（美作守）

小千谷の特産物とした結果、この地方を冠した小千谷縮の名が全国に知れ渡るようになった。こののち、小千谷極楽《ごくらく》寺《じ》には、明石を称えて明石堂が建立されている。

## 元鳥取藩士の平井権八が処刑される 十月三日

事件災害

元鳥取藩士の平井権八《ひらいごんぱち》が、この日、幕吏の手により捕縛され、品川鈴ケ森《すずかもり》において磔《はりつけ》に処された。平井の犯した罪科の子細は、木曾街道沿いの大宮宿において、小刀売りを白昼堂々切り殺し、金子三百両を奪取せしめた（中山道の熊谷宿で上野の絹商人を斬殺したという説もある）というものである。この事件を元にして、歌舞伎の『鈴ケ森』や『浮世柄比翼稲妻《うきよづかひよくのいなずま》』が描かれた。そこでは権八が父の同僚本庄助太夫を殺害して逐電《ちくでん》、やがて吉原の太夫小紫《こむらさき》と相思相愛の仲となり、二人の生活費を稼ぐために辻切《つじぎり》を重ねていたところ、一人の僧侶とめぐり合い、権八は改心し、これまでの行ないを悔いて幕府に自首して磔となる。一人残された小紫は、権八の墓前で後追い自殺を遂げるというのがあらすじだが、基本は権八と小紫の情話を軸に物語が展開されている。

しかし平戸藩主の松浦静山《まつらせいざん》は『甲子夜話《かっしやわ》』の中でこれを「世之妄説流布セシ」と喝破している通り、小紫の話は残念ながら史実ではない。なお、東京の目黒不動尊の門前脇には、権八と小紫の比翼塚《ひよくづか》があり、今でも参拝する人が多く見られる。

芝居の白井権八

## 霊元天皇が天然痘に罹る

社会世相

この年、天然痘が大流行した。霊元天皇《れいげんてんのう》も罹患《りかん》したため、二月二十六日には七社七大寺に勅令を下して病気平癒を祈禱させた。この祈禱の甲斐があったのか、三月二日には回復し、酒湯の沐浴（江戸時代天然痘の治療の一つとして行なわれた、酒を加えたお米の研ぎ汁を浴びる風習）を行ない、その後公卿・門跡らと宴を催している。幕府も天皇の病状を長らく気にかけていたが、三月六日に京都から病気平癒の知らせが届くと、諸大名たちはこぞって江戸城へ登城し、霊元天皇の病気回復を祝賀した。その後、三月十九日には将軍家綱が高家《こうけ》の大沢基恒《おおさわもとつね》を朝廷に派遣し、病気平癒の祝賀を伝えた。その際、白銀五百枚、綿二百把などの献上品も持参している。

しかし、神宮祢宜《ねぎ》らが、自分たちの祈禱こそ霊元天皇の平癒に貢献したのだという自負から、見返りとして位階昇進を打診してきた。霊元天皇は、そのような事例はいまだかつて行なった例がないとの理由から、神宮祢宜たちの嘆願を却下している。

**8・15** 石清水八幡宮放生会、210余年ぶりに再興。
**9・2** 小千谷縮の創始者明石次郎歿。
**9・4** 幕府、路上・橋での古金の売買、門・橋から盗んだ金属などの売買を禁止。
**9・16** 上賀茂社、翌日下賀茂社、正遷宮。
**10・12** 幕府、富士山麓の争論裁決。
**10・19** 幕府、高田藩の後継をめぐる御家騒動を裁決（越後騒動）。
**11・3** 辻斬りを重ねた旧鳥取藩士平井権八、鈴ケ森で磔刑。
**この年** 江戸で京都因幡薬師の出開帳が行なわれる。
**この年** 幕府、丹波・大和・播磨・越中・美濃・摂津・山城・河内で幕領の検地を実施。
**この年** 天然痘が大流行し、霊元天皇も罹患。

# 1680 延宝八年

## 庚申

**天皇▼霊元天皇**

**将軍▼徳川家綱**（第四代　～五月八日）
**徳川綱吉**（第五代　八月二十三日～）

**【主要幕閣】**

**◉大老**
酒井忠清（雅楽頭）

**◉老中**
稲葉正則（美濃守）
大久保忠朝（加賀守）
土井利房（能登守）
堀田正俊（備中守）
板倉重種（内膳正）

**◉寺社奉行**
板倉重種（石見守）
松平重治（山城守）
阿部正武（美作守）

**◉勘定奉行**
杉浦正昭（内蔵允）
徳山重政（五兵衛）
甲斐庄正親（喜右衛門）
大岡清重（備前守）
高木守蔵（伊勢守）
彦坂重治（伯耆守）

**◉江戸町奉行**
**北**
島田守政（出雲守）
**南**
宮崎重成（若狭守）
松平忠冬（与右衛門）
甲斐庄正親（喜右衛

### 徳川綱吉、五代将軍に就任する　八月二十三日

政治経済

五月八日、四代将軍の徳川家綱《いえつな》が死去し、この日、上野国館林《たてばやし》藩主であった徳川綱吉《つなよし》が五代将軍に就任した。この間、家綱の葬儀をめぐってトラブルが続出している。

まず、五月二十日に徳島藩主の蜂須賀綱通《はちすかみちつな》のもとに幽閉されていた堀田正信《ほったまさのぶ》が、家綱の訃報に接し、痛哭《つうこく》のあまりに殉死を遂げた。堀田正信がなぜ幽閉させられていたのかといえば、万治三年（一六六〇）に幕府の許可を得ることなく帰国し、会津藩主の保科正之《ほしなまさゆき》と老中阿部忠秋《あべただあき》に宛てて、老中松平信綱《まつだいらのぶつな》を中心とする幕閣を批判する上書を提出し、さらには旗本の困窮を救うためとして所領十万石の返上を申し出たことに起因する。当時無許可で帰国することは、幕府に対する明白な違法行為であり、謀反にも相当する大罪であったが、幕府では父正盛《まさもり》の功績を配慮して、正信に対して断罪することはなく、大名預かりという緩やかな刑罰で対処していたのである。

続いて、家綱の葬儀場所をめぐって、上野寛永寺《かんえいじ》と芝増《ぞう》上寺《じょうじ》が対立した。寺の創建を比較すれば、寛永寺が寛永二年（一六二五）、増上寺は明徳四年（一三九三）と、増上寺の方が遥かに古く、また二代秀忠《ひでただ》が葬られている増上寺こそ、当初は徳川家の菩提寺と位置づけられていた。しかし、三代家光《いえみつ》は、寛永寺の開山である天海《てんかい》に帰依しており、家光の葬儀が祈禱寺の寛永寺で執り行なわれると、寛永寺もまた徳川家の菩提寺と位置づけられるようになった。そこで、続く家綱の葬儀までも寛永寺で執り行なわれることとなれば、いよいよ菩提寺としての立場が危うくなると、増上寺側が激しく反発したのである。結果的に増上寺側の主張が通り、六月二十四日に増上寺において家綱の法会が執行されることになった。ただし遺骸は五月二十六日に寛永寺に埋葬されていた。

さらに、六月二十六日には家綱の葬儀の場において、惣奉行を勤めていた志摩鳥羽《とば》藩主の内藤忠勝《ないとうただかつ》が、同じく惣奉行の永井尚長《ながいなおなが》に突如切りかかり、これを惨殺するという刃傷事件を起こした。伝聞によれば、日頃尚長は忠勝を侮辱し不満をため込んでいたとのことである。忠勝は翌日には幕府から切腹を命じられ、内藤家は断絶。さらに永井家は尚長に嗣子がなく、弟直円《なおみつ》に大和新庄一万石が新知として与えられ、家名は存続した。

### 機械時計が幕府に献上される　二月

文化思想

オランダ人からこの月、六一センチ四方の機械時計が幕府に献上された。この時計は一度仕掛けを施せば三年の間は触れなくても時を告げ続ける優れ物であったが、長崎からの運搬の最中、少々破損してしまった。オランダ人が困っていると、長崎の時計屋がこれを修繕してくれたという。時計の内部構造は、印字のしてある牡丹の花形の釘が二百本ほど使用された、いかにも複雑な代物《しろもの》であったが、時計屋は難なくこれをこなしてしまい、オランダ人も

**【この年の出来事】**

**1・12**　鹿児島城下で大火。武家屋敷・商家など3803戸焼失。
**2月**　オランダから機械時計が幕府に献上される。
**5・5**　林鵞峰（春斎）歿（63）。
**5・6**　上野国館林藩主徳川綱吉、将軍家綱と密談。7日、江戸城二の丸に入る。
**5・8**　将軍徳川家綱歿（40）。綱吉が将軍を継承。
**5・9**　幕府、江戸に鳴物停止令を発令。
**5・20**　堀田正信、配所の徳島藩で殉死（50）。
**6・26**　増上寺の家綱法要の場で、志摩国鳥羽藩主内藤忠勝が丹後国宮津藩主永井尚長を殺害。
**8・3**　老中堀田正俊、全国の代官に服務心得を布達。
**8・9**　幕府、将軍宣下のため、江戸市中夜間の非人居住を禁止。
**8・16**　幕府、代官に幕領仕置を通達。
**8・19**　後水尾法皇歿

門・飛騨守）

**◉京都所司代**
戸田忠昌（越前守）

**◉京都町奉行**
**東** 前田直勝（安芸守）
**西** 井上正貞（志摩守）

**◉大坂城代**
太田資次（摂津守）

**◉大坂町奉行**
**東** 設楽貞政（肥前守）
**西** 嶋田重頼（越中守）

**◉長崎奉行**
牛込重忝（忠左衛門）
岡野貞明（孫九郎）
川口宗恒（源左衛門）

**◉若年寄**
松平信興（因幡守）
石川乗政（美作守）

肝を潰したと伝えられている。

こうした西洋式機械時計と日本との接触は古く、戦国期にフランシスコ・ザビエルが周防国《すおう》（現山口県）の守護大内義隆《おおうちよしたか》に献上したのが最初といわれている。その後、江戸幕府が成立し鎖国が完成して以降、少数ではあるが長崎貿易を通じて機械時計が日本にもたらされた。これらの資料をもとに、日本でも時計開発に着手し始め、その結果、幕末までには上級武士や富裕な商人の家庭に時計が一台は置かれるなど相当浸透した。この機械時計には、例えば季節によって昼と夜とで振り子の進みの速度が変わるという、西洋では見られない独自の技術が付加されているものもあり、江戸時代から日本は時計技術にかなり熟練していたといえるのである。

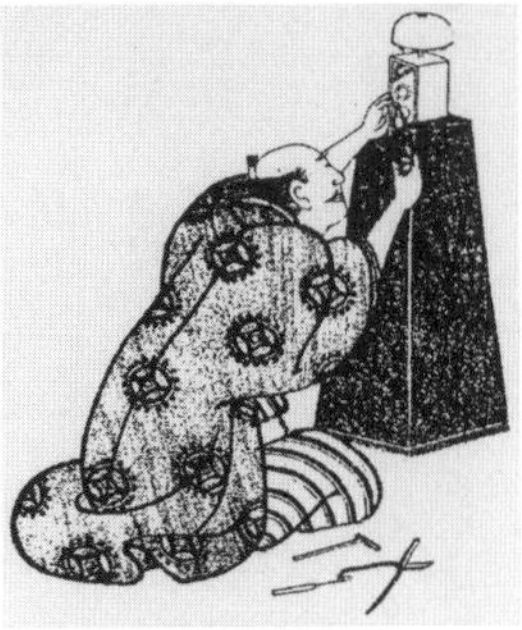

時計師（『略画職人尽』）

## 壊れた両国橋の架け替え工事が始まる　閏八月十一日

事件災害

**幕**府は、寄合《よりあい》の船越為景《ふなこしためかげ》と松平忠勝《まつだいらただかつ》を橋奉行として、この日、両国橋の架け替えを命じた。これは同月六日の洪水によって損壊したためであり、上野国沼田《ぬまた》藩主の真田信利《さなだのぶとし》も御手伝普請《おてつだいぶしん》を命じられて材木調達を担当することになった。しかし、台風の影響で沼田領内の河川が氾濫し、せっかくの用材が流出してしまい、橋の完成を遅延させてしまった。その責任をとって、為景および忠勝には閉門《へいもん》の処罰が下り、（翌天和元年〔一六八一〕）一方の信利に対しては以前から沼田領内の仕置が不十分であるとの訴えが上がっていたため、一際重く、領知召し上げの上、信利の身柄は出羽山形藩主の奥平昌章《おくだいらまさあきら》の預りとする処分が下されたのである。

両国橋（『絵本江戸土産』）

## 夜空に彗星が現れる　九月二十三日

社会世相

**西**南の方角において、この日、彗星《すいせい》が出現した。当時、この彗星を目撃した人はその動きを詳細に観測しており、彗星のことを『長庚星《ゆうづつ》』あるいは『長勢星』とも呼称し、星からたなびく白い空気の筋があったことなど詳細に書き留めている。一方では彗星の出現を不安視もしており、天正から延宝期までの雑事が記された『玉滴隠見《ぎょくてきいんけん》』では故事を引用し、かつて二十四回彗星が出現した際には、その内の三度は大旱魃《だいかんばつ》が起こり、さらに三度は洪水が起こり、七度は兵乱が起き、十一度は火災に遭ったとの事例を挙げている。このことから、当時の人々は彗星の出現を凶事の前触れと捉える心性のあったことがうかがえる。

（85）。
**8・23** 徳川綱吉、第5代将軍宣下。
**8月** 幕府、キリスト教厳禁を再令。
**閏8・6** 江戸・東海・西海・陸奥で大風雨。深川・本所で洪水、両国橋損壊。
**閏8・11** 両国橋の架け替え工事開始。
**閏8・14** 江戸京橋から出火。16か町延焼。
**9・23** 彗星出現。
**9・28** 幕府、酒造半減令を発令。
**9月** 幕府、難破船の取り扱いに関する浦条目を公布。
**10・16** 林信篤・人見宜卿、『紅葉山文庫目録』を編集、綱吉に献上。
**11月** 三河設楽郡幕領で百姓が手代の不正を越訴（武節騒動）。
**12・9** 将軍綱吉、大老酒井忠清を罷免。
**この冬** 東海諸国で大旱魃。
**この年** 松尾芭蕉、深川に居を定める（のちの芭蕉庵）。
**この年** 諸国で飢饉。出雲で餓死者3万8590人。

1681 天和元年（延宝九年）
辛酉
天皇▼霊元天皇
将軍▼徳川綱吉（第五代）

**【主要幕閣】**

**◉大老**
堀田正俊（筑前守）

**◉老中**
稲葉正則（美濃守）
大久保忠朝（加賀守）
土井利房（能登守）
堀田正俊（備中守）
板倉重種（内膳正）
阿部正武（豊後守）
戸田忠昌（山城守）

**◉寺社奉行**
松平重治（山城守）
阿部正武（美作守）
水野忠春（右衛門大夫）
稲葉正往（丹後守）
秋元喬知（摂津守）
酒井忠国（大和守）

**◉勘定奉行**
徳山重政（五兵衛）
大岡清重（備前守）
高木守蔵（伊勢守）
彦坂重治（伯耆守）

**◉江戸町奉行**
**北**
島田守政（出雲守）
北条氏平（安房守）
**南**
甲斐庄正親（飛驒守）

**◉京都所司代**
戸田忠昌（越前守）

## 綱吉、越後騒動を裁定する　六月二十一日

政治経済

五代将軍綱吉《つなよし》の直々の親裁《しんさい》によって、この日、越後高田藩内で生じた御家騒動に決着がついた。当時、越後高田藩では藩主の松平光長《まつだいらみつなが》治世下で、藩政を主導した小栗美作《おぐりみまさか》らと、美作に主家横領の野望があるとした光長の異母弟永見大蔵《ながみおおくら》・家老荻田主馬《おぎたしゅめ》らの反美作派の対立は、永見らの武装蜂起にまで発展し、ついには幕府の介在するところとなった。結局、綱吉の裁定によって両派ともに厳罰とする喧嘩両成敗の処分が決まり、翌二十二日に評定所で小栗美作らは切腹、永見大蔵らは八丈島に流罪が申し渡された。また二十六日に藩主光長に対しても家中取り締まり不行届きであるとして城地没収の上、伊予松山藩へお預けとする命令が下された（その後、貞享四年［一六八七］十月二十四日に光長は赦免され、復位復官して賄料として合力米三万俵を給与されている。さらに子孫は、美作津山藩松平家として明治維新まで存続した）。

処分は右の越後松平家だけにとどまらなかった。騒動解決に最も尽力した大老の酒井忠清《さかいただきよ》は、この事件の親裁による処理の過程で病気療養を命じられ、大老職を解任されてしまう。さらに越後松平家一門にも処罰は及び、従兄弟にあたる播磨国姫路藩主の松平直矩《なおのり》は減封の上で豊後国日《ひ》田《た》藩へ転封、出雲広瀬藩主の松平近栄《ちかよし》も減封を命じられた。この越後騒動の厳罰処置の影響力は甚大で、これ以降、たとえ御家騒動が生じても大名側が積極的に幕府の介在を求めることはしなくなり、さらに家中の内紛が幕府に露見すれば即、取り潰しという固定観念が一般にも流布するようになったのである。

## 護国寺の建立が命じられる　二月七日

文化思想

綱吉の発案でこの日、護国寺《ごこくじ》の建立が命じられた。開基は綱吉の生母桂昌院《けいしょういん》であり、開山は桂昌院が帰依した上野国の大聖護国寺《だいしょうごこくじ》の住職亮賢《りょうけん》である。建設地には、高田薬園の地（現、文京区大塚）があてられた。桂昌院と亮賢との関係については不明な点が多いが、綱吉の誕生以前から宗教的祈禱を介して結びついていたものと思われる。そのため、桂昌院の護国寺参詣は生涯で三十数度に及び、寺領も千二百石と高く設定されていた。

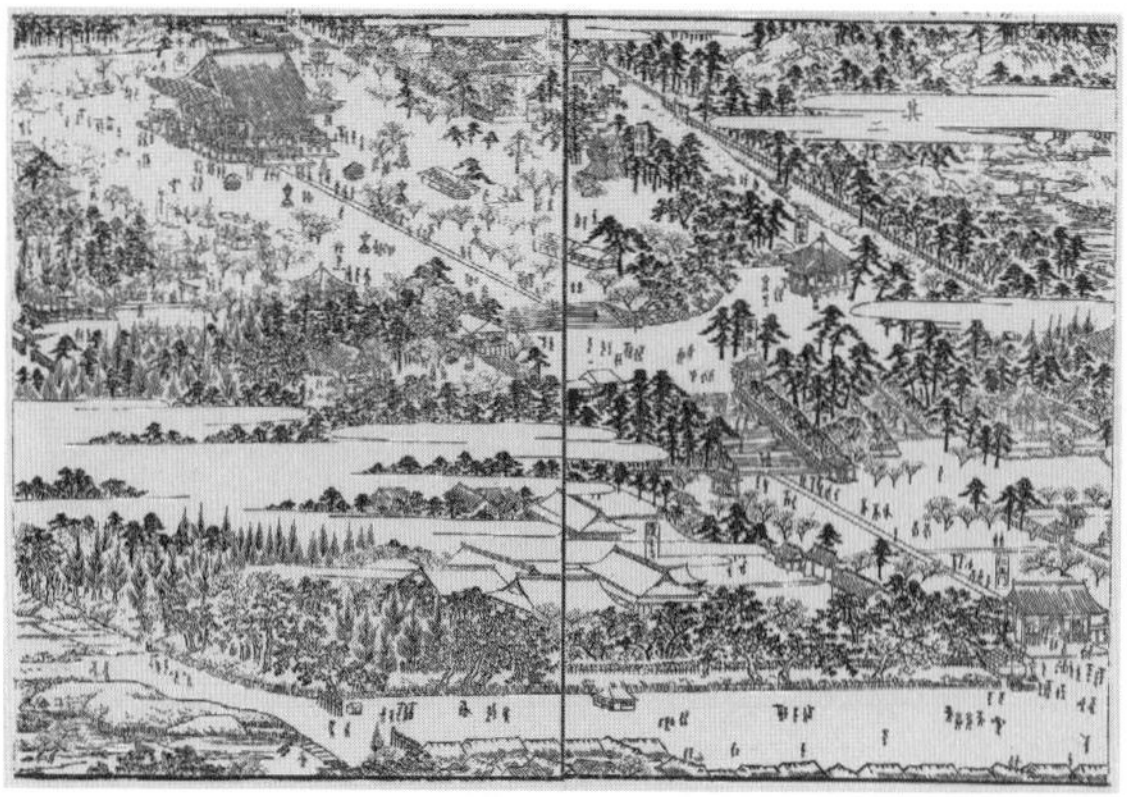

護国寺（『江戸名所図会』）

**【この年の出来事】**

**1・22** 甲斐谷村藩の百姓、重税に反対し江戸町奉行へ越訴（郡内一揆）。
**1・28** 幕府、将軍代替わりのため諸国へ巡見使を派遣。
**1・29** 幕府、江戸市中の米・麦・大豆の在庫量調査を指示、買い置き・独占販売を禁止。
**2・7** 将軍綱吉、僧亮賢に護国寺建立を指示。
**2・16** 住吉具慶、年中行事絵巻の模写完成。
**3・1** 幕府、隔年となっていた宗門改めを毎年実施に変更。
**2・29** 将軍綱吉、林信篤に四書五経・小学・近思録の読法の改正を命じる。
**この春** 近畿・関東で飢饉。
**4月** 幕府、奢侈な献上品を規制。
**5・19** 酒井忠清歿(58)。
**5・28** 幕府、浅草の豪商石川六大夫を服装華美により処分。

稲葉正往（丹後守）
◉京都町奉行
東
前田直勝（安芸守）
西
井上正貞（志摩守・丹波守）
◉大坂城代
太田資次（摂津守）
◉大坂町奉行
東
設楽貞政（肥前守）
西
嶋田重頼（越中守）
藤堂良直（主馬）
◉長崎奉行
牛込重悊（忠左衛門）
川口宗恒（源左衛門）
宮城和充（監物）
◉若年寄
松平信興（因幡守）
石川乗政（美作守）
堀田正英（対馬守）
◉側用人
牧野成貞（備後守）

## 旗本が奉公人を自殺させる　六月

事件災害

**御**書院番士を務める旗本の大久保彦六《おおくぼひころく》が、この月、新規奉公人の下女ふじを自殺に追い込む事件が起きた。『久夢日記《きゅうむにっき》』によれば、大久保は旗本奴大小神祇組《やっこだいしょうしんぎぐみ》の一員で、水野十郎左衛門《みずのじゅうろうざえもん》（江戸の侠客として著名な幡随院長兵衛《ばんずいいんちょうべえ》を殺害）とも特別に懇意の間柄であったという。一方、下女のふじは、相模藤沢生まれのうら若き乙女で、大久保がこれに幾度となく言い募るも、ふじには将来を誓いあった男性がいたため、色よい返事は貰えずじまいであった。大久保は意趣返しに、秘蔵の皿の一枚を隠し、その詮議を行なうと言って、朝から晩までふじに皿を休みなく数えさせた。やがてふじは神経衰弱になり、井戸に身を投げたという。それから毎夜、大久保の枕元に、ふじの幽霊が現れるようになり、恐ろしくなった大久保は水野に相談し、水野邸に匿って貰うことになったがそれでもふじの祟《たた》りは一向にやむことがなく、やがて大久保も発狂して死んでしまった。これが江戸中の評判となり、早速、木挽町《こびきちょう》の森田座《もりたざ》において狂言として劇化されたという。

この話にはかなりの脚色が含まれていると思われるが、ここでは大久保が、いわゆる江戸において反体制的な行動を当時繰り返していた「かぶき者」の一員であったことに注目したい。かぶき者の特徴は、異様ないでたちだけにとどまらず、もしも仲間に災難が起きた時には身命を捨ててでも救助におもむくその行動原理にこそある。水野と大久保の間柄は、まさにかぶき者の典型であった（ただし、水野十郎左衛門は寛文四年〔一六六四〕に切腹させられている）。

## 幕府、奢侈な装飾を施した献上品を禁じる　四月

社会世相

**幕**府はこの月、端午の節句に伴う献上品の飾り物について規制を加えた。具体的には菖蒲甲《しょうぶかぶと》は白木造りとすること、金銀金具はもちろん、熊毛類の使用も禁止とした。また漆塗も禁止とし、献上の玩具についても、例えば着せ替え人形の衣装については唐織の類は無用とし、国産のものに限定して使用するよう規定している。その一方で、人形を入れる箱については金銀の箔の使用はいずれも自由とした。そのほか、御紋の使用が堅く禁止された。

本法令は、いわゆる奢侈《しゃし》禁令に該当するものであり、江戸時代を通じて繰り返し発令された。奢侈禁令の政策意図は、一つには財政緊縮にあり、さらにもう一つの理由として、分限《ぶんげん》を越えた奢侈を抑えることで、士農工商のいわゆる身分制と、それぞれの集団内部の上下秩序を維持することにあったのである。

市井の菖蒲の節句（『大和耕作絵抄』）

**6・21**　将軍綱吉、越後騒動を裁定。
**6・22**　将軍綱吉、高田藩家老小栗美作父子に切腹を命じ、永見大蔵・荻田主馬を八丈島へ流刑。
**6・26**　将軍綱吉、高田藩主松平光長を改易。
**6・30**　幕府、江戸市中の塵芥捨て場を永代島新田・砂村新田の2か所に決定。
**6月**　旗本大久保彦六、奉公人を自殺させる。
**8・16**　諸国で大雨、洪水。京都で被害大。
**8月**　幕府、奥右筆を創設。
**9・29**　辛酉革命説により天和に改元。
**10・1**　幕府、酒造半減令を発令。
**10・28**　幕府、小倉実起・公連・季伴父子を佐渡へ流刑。
**11・21**　幕府、米価高騰のため、町方に拝借米・お救い米3万俵を支給。
**12・11**　堀田正俊が大老、牧野成貞が側用人に就任（側用人の始まり）。

1682

# 天和二年

壬戌

天皇▼霊元天皇

将軍▼徳川綱吉（第五代）

【主要幕閣】

◉大老
堀田正俊（筑前守）

◉老中
稲葉正則（美濃守）
大久保忠朝（加賀守）
阿部正武（美作守・豊後守）
戸田忠昌（山城守）

◉寺社奉行
水野忠春（右衛門大夫）
秋元喬知（摂津守）
酒井忠国（大和守）
坂本重治（右衛門佐・内記）

◉勘定奉行
大岡清重（備前守）
高木守蔵（伊勢守）
彦坂重治（壱岐守）
中山信久（主馬・隠岐守）

◉江戸町奉行
北
北条氏平（安房守）
南
甲斐庄正親（飛騨守）

◉京都所司代
稲葉正往（丹後守）

## 綱吉、百姓の五郎右衛門を表彰する

三月十二日　政治経済

駿《する》河《が》国富士郡今泉村（現、静岡県富士市）の百姓五郎右衛門が、幕府から招かれて江戸へ赴き、当時所有していた田地九十石の永代免除を認められた上で、この日、将軍綱吉《つなよし》からその旨を明記した朱印状《しゅいんじょう》を賜った。それは、五郎右衛門が孝行の上、近郷を賑救《しんきゅう》（施し物をして貧民や被災者などを救うこと）した功績を巡見使《じゅんけんし》が見聞して、綱吉の上聞に達したためであるという。綱吉は直接五郎右衛門とも面会した上で、儒学者の林鳳岡《はやしほうこう》（信篤《のぶあつ》）に命じて五郎右衛門の伝記を作成・刊行するよう指示を出したとされる。

このように一介の百姓にすぎない五郎右衛門に対し、綱吉がこれほど厚くもてなした理由は、綱吉が幼少の時分より儒学に傾倒し、儒学の説くところの仁恕《じんじょ》・忠孝《ちゅうこう》の精神を、実際の政治に多分に反映させていたことにある。例えばこの年の五月、全国に向けて発令した高札《こうさつ》の文言には、「忠孝を励まし、夫婦兄弟諸親類にむつまじく」と掲げており、綱吉の儒学志向の一端がうかがえる。

綱吉といえば、のちの生類憐みの令で悪名が高いが、実際には、この法令は犬に限らず、人間も含む生命全てに対する慈愛を打ち出しており、このことから近年の研究では、いまだ殺伐とした戦国時代の空気が残る時代に、綱吉が人々の精神改造を試みたのだという説が有力になっている。ここから鑑みるに、五郎右衛門の表彰もまた、人々の精神改造の一施策であったものと位置づけられよう。

## 幕府、「天下一」の文字の使用を禁じる

七月十六日　文化思想

幕府はこの日、町中のあらゆる品物について、「天下一」の号を書き付けていた場合、今後は処罰対象とすることを宣言した。しかも、すでに天下一の号を書き付けてある看板・鋳形・板木などについても、全て字を削りとるよう念入りに指示を出す始末であった。

この触れを受け取った人々の反応については、歌人の戸《と》田茂睡《だもすい》が『御当代記《ごとうだいき》』の中で次のように書き記している。すなわち、天下一の号を彫ったものだけでなく、金銀の箔で拵えた看板や、金銀の屏風を用いてもいけないという御触れが出たので、急に金銀箔の結構な看板を壊して火に入れて焼き、黒塗りや木地の看板には天下一の字を消したり、紙で貼って隠したりしたが、人々の評判では、今さら天下一の号を消すのは忌々しいと言い合ったという。つまり、当時は誰でも気軽に天下一を名乗り、天下一号の使用が氾濫していたのである。

綱吉政権がこれほどまでに「天下一」の禁止にこだわった理由は、将軍家以外には、天下一の呼称に匹敵する存在を認めないとする、綱吉の強力な意思が標榜されているのであろう。

【この年の出来事】

**1・2** 幕府、看板への金銀箔の使用を禁止。
**2・3** 幕府、長崎奉行に羅紗・猩々緋などの舶来品買上げを禁止。
**2・22** 幕府、苛政により明石藩主本多政利・横須賀藩主本多利長の領地をそれぞれ1万石に減封。
**3・12** 幕府、駿河国今泉村の百姓五郎右衛門の孝行を賞し、林鳳岡に伝記刊行を指示。
**3・13** 幕府、不正代官の大量処罰を開始。
**3・21** 幕府、鷹匠らの大規模な削減と配置転換を実施。
**3・28** 西山宗因歿（78）。
**4・17** 朱舜水歿（83）。
**5・22** 池田光政歿（74）。
**5月** 幕府、諸国に忠孝・倹約・キリシタン禁制などの高札を立てる。
**6・14** 幕府、勘定吟味役を新設。
**7・2** 江戸で落雷46か所。
**7・16** 幕府、諸国の職

**◉京都町奉行**
**東**
前田直勝（安芸守）
**西**
井上正貞（志摩守・丹波守）

**◉大坂城代**
太田資次（摂津守）

**◉大坂町奉行**
**東**
設楽貞政（肥前守）
**西**
藤堂良直（主馬）

**◉長崎奉行**
川口宗恒（源左衛門）
宮城和充（監物）

**◉若年寄**
松平信興（因幡守）
石川乗政（美作守）
堀田正英（対馬守）
稲葉正休（石見守）
秋元喬知（摂津守）

**◉側用人**
牧野成貞（備後守）
喜多見重政（若狭守）

## 天和の大火（お七火事）が起こる 十二月二十八日

事件災害

この日、江戸駒込の大円寺《だいえんじ》から出火し、東は下谷、浅草、本所を焼き、南は本郷、神田、日本橋に及び、大名屋敷七十五、旗本屋敷百六十六、寺社九十五軒が焼失、総死者数三千五百人という大惨事になった。

この大火に際して家を焼かれ、駒込正仙寺《しょうぜんじ》（円乗寺《えんじょうじ》とも）に避難していたお七（江戸本郷追分〔駒込片町とも〕の八百屋太郎兵衛の娘）は、寺小姓の生田《いくた》庄之助《しょうのすけ》（佐兵衛、吉三郎とも）を見染め、すぐに恋仲となった。鎮火してしばらくは、庄之助と文通などを交わしてはいたが、親の目もあってなかなか直接会うことはできなかった。庄之助会いたさにお七は、火事があれば再び庄之助のいる寺に行けるものと信じて、翌三年三月二日に放火を試みるが、すぐに消し止められてしまう。その後、お七は市中引き回しの上、品川鈴ケ《すずが》森《もり》において火刑に処されたとされる。

お七の処刑から三年後の貞享三年（一六八六）、井原西鶴《いはらさいかく》が『好色五人女《こうしょくごにんおんな》』を刊行し、その第四巻においてお七を取り上げたことで巷間《こうかん》にお七の名が知られるようになり、その後は歌舞伎『お七歌祭文《うたざいもん》』が好評を博し、浄瑠璃『八《や》百《お》屋《や》お七恋《こいの》緋《ひ》櫻《ざくら》』、『伊達《だて》娘《むすめ》恋《こいの》緋《ひ》鹿子《がのこ》』など様々なタイトルで劇化され、一途に恋に生きた女性として人々の共感を得た。文京区の円乗寺にはお七の墓石があり、現在も花を手向ける人が跡を絶たない。

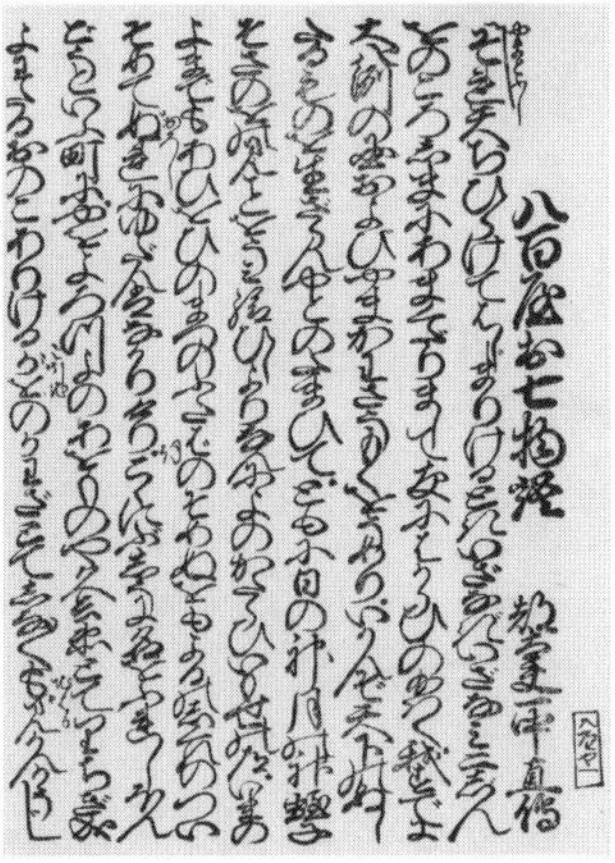
宝永、正徳頃にできた浄瑠璃『八百屋お七物語』

芝居の八百屋お七

## 綱吉、安宅丸の破却を命じる 九月十八日

社会世相

綱吉はこの日、御座船《ござぶね》である安宅丸《あたけまる》の破却を、船手奉行の向井《むかい》将監《しょうげん》に命じた。安宅丸は寛永八年（一六三一）に大御所の秀忠《ひでただ》が、向井将監に命じて伊豆の伊東で建造させた御座船で、寛永十一年に完成して江戸に回航、同年十月には三代家光《いえみつ》の上覧に供している。安宅船は船梁と柱で補強した船体の上部に二層の総矢倉を設けて、その船首寄りに城郭同様の二層の天守をあげ、防火と防食のために船体と上廻りを銅版で包んでいた。軍船としては装飾過剰で、船首の龍頭などの様々な彫刻や飾金物があしらわれており、その様相は「日本無双の結構は日光山御宮とあたけ丸」と『元正間記《げんしょうかんき》』という書物で称えられている。

しかし、安宅丸は実際には推進力不足で実用性に乏しく、ただただ将軍の権威誇示にしか使われない無用の長物として海に浸かるだけの存在であった。高額の維持費もさることながら、自ら奢侈禁令の範を示すためにも、綱吉は安宅丸の破却を決断したのである。

人・芸人らに「天下一」文字の使用を禁止。
**7・28** 木下順庵、幕府儒官として初御目見。
**この夏** 近畿で疫病流行。死者多数。
**9・16** 山崎闇斎歿(66)。
**9・18** 綱吉、御座船安宅丸の破却を命令。
**10月** 井原西鶴『好色一代男』刊行。
**12・25** 吉川惟足、幕府神道方に着任。
**12・28** 駒込大円寺から出火。本所・本郷・日本橋まで延焼（お七火事）。
**この年** 中国・畿内で大飢饉。

## 綱吉、武家諸法度を改定する
七月二十五日

政治経済

五代将軍綱吉はこの日、武家諸法度《ぶけしょはっと》の第一条を、従来の「文武弓馬《ぶんぶきゅうば》の道、専《もっぱ》ら相嗜《あいたしな》むべき事」から「文《ぶん》武忠孝《ぶちゅうこう》を励まし、礼儀正しくすべきの事」に変更したのをはじめ、ほとんどの条文に改訂をほどこした。例えば綱吉の法度では、大名の家臣処分権を制約する条文や、四代家綱《いえつな》の時に追加された、諸国におけるキリシタン禁止の徹底および不孝者の処分に関わる二ヶ条が削られた。その代わり、養子の制度を定めて殉死《じゅんし》を禁止する条文を設けている。これにより、綱吉の法度は、家綱の二十一ヶ条より十五ヶ条に整理された。

また綱吉の法度では「人馬兵具など、分限《ぶんげん》に応じ相嗜むべき事」という条文が新設されている。この条文が設けられたのは、寛永九年（一六三二）以後、武家諸法度と併用されてこれを補足してきた諸士法度《しょしはっと》が、武家諸法度に統合されたことによる。これによって、武家諸法度は大名と幕臣の全てを対象とする基本法となった。

なお綱吉の武家諸法度は、新井白石《あらいはくせき》の案を採用した六代家宣《いえのぶ》により、法度の全条文を和文体で記したものに改訂される。しかし八代吉宗《よしむね》の代に至り、法度の体裁は綱吉の時に戻され、それは九代家重《いえしげ》より十二代家慶《いえよし》の代まで踏襲された。この意味において、綱吉の武家諸法度は、近世中後期における同法度の完成形であったといえよう。

【主要幕閣】
●大老
堀田正俊（筑前守）
●老中
大久保忠朝（加賀守）
阿部正武（美作守・豊後守）
戸田忠昌（山城守）
●寺社奉行
水野忠春（右衛門大夫）
秋元喬知（摂津守）
酒井忠国（大和守）
坂本重治（右衛門佐）
板倉重形（伊予守）
本田忠周（淡路守）
●勘定奉行
大岡清重（備前守）
彦坂重治（壱岐守）
中山信久（隠岐守）
●江戸町奉行
北 北条氏平（安房守）
南 甲斐庄正親（飛騨守）
●京都所司代
稲葉正往（丹後守）

## 住吉具慶、幕府御用絵師となる
十一月六日

文化思想

後《ご》西《さい》天皇の勅命で寛文二年（一六六二）再興された土佐《とさ》派《は》から分れた大和絵《やまとえ》系の住吉《すみよし》派の二代目住吉具慶《ぐけい》（父如慶《じょけい》と住吉派再興の事は寛文三年の「文化・思想」欄参照）は、この日将軍綱吉の求めに応じて幕府御用絵師《ごようえし》となり、のち蔵米百俵と月俸《げっぽう》十人扶持を支給された。

具慶は、本姓は高木《たかぎ》、名は広澄《ひろずみ》、通称は内記《ないき》。如慶の嫡男として京都で生まれ、延宝二年（一六七四）の四十四歳の時に妙法院《みょうほういん》の尭恕《ぎょうじょ》入道親王（後水尾《ごみずのお》天皇の第十皇子で、後水尾院の肖像画の顔の部分を描くほどの画才があった。ちなみに他の部分は狩野探幽《かのうたんゆう》が描いた）の許で剃髪《ていはつ》して具慶と号し、法橋《ほっきょう》に叙せられた。延宝五年の女院《にょいん》御所（明正《めいしょう》上皇）造営に当たり障壁画《しょうへきが》を描くなど京都を中心に活動していたが、延宝七年に父が描いた日光の『東照宮縁起絵巻《とうしょうぐうえんぎえまき》』を補修して江戸に持参して将軍家綱より金二百両を与えられたのも幕府に仕える縁となったといえよう。元禄二年（一六八九）に二百俵に加増され、元禄四年には奥医師《おくいし》並《なみ》となり、北村季吟《きたむらきぎん》らと共に法眼《ほうげん》に叙された。この時点で奥絵師の狩野四家と同格となったといえよう。代表作は『洛中《らくちゅう》洛外図巻《らくがいずかん》』など。宝永二年四月三日歿、享年七十五。江戸上野《うえの》の寛永寺の子院護国院《ごこくいん》に埋葬された（墓標は現在多磨《たま》霊園《れいえん》）。

【この年の出来事】
**1・1** 江戸で大雨、洪水。
**1・19** 幕府、火災時の車長持の使用を禁止。
**1・23** 幕府、盗賊改加役に加え火付改加役を設置。
**2・3** 幕府、奢侈品・珍獣の輸入を禁止。
**2・17** 幕府、町触れ5か条を定め、百姓・町人の衣服、町人の帯刀などを制限。
**2・26** 幕府、帯刀停止令を制定。
**2月** 幕府、江戸市中の辻番に関する制度を公布。
**3・29** 八百屋お七(16)、放火の罪で火刑。
**3月** 伊勢皇太神宮正遷宮。
**4～5月** 三井高利、越後屋呉服店を駿河町に移し、両替店も開業。
**5・24** 日光で大地震。東照宮など損壊。
**5・30** 幕府、不当営利禁止令を制定。
**閏5・28** 将軍綱吉世子、

**◉京都町奉行**
**東**
前田直勝（安芸守）
**西**
井上正貞（志摩守・丹波守）
**◉大坂城代**
太田資次（摂津守）
**◉大坂町奉行**
**東**
設楽貞政（肥前守）
**西**
藤堂良直（主馬）
**◉長崎奉行**
川口宗恒（源左衛門）
宮城和充（監物）
**◉若年寄**
堀田正英（対馬守）
稲葉正休（石見守）
秋元喬知（摂津守）
**◉側用人**
牧野成貞（備後守）
喜多見重政（若狭守）

## おさんと茂兵衛が処刑される
### 九月二十二日
事件災害

大《だい》経師《きょうじ》（朝廷の御用を務めた表具師で大経師暦（京暦の一つ）も扱っていた）の浜岡権之助《はまおかごんのすけ》の妻さんと手代の茂兵衛は、下女たまの手引きにより密会を重ね、のちに駆け落ちする。三人は丹波国柏原挙田《かいばらあぐた》（現、兵庫県丹波市）に隠れ住むが、この年の八月九日に発見され、幕府の役人に捕縛・連行された。京都町奉行所において吟味の上、三人はこの日、市中引き回しのちに、九条山の粟田口《あわたぐち》処刑場において、さんと茂兵衛は磔《はりつけ》、たまは獄門《ごくもん》となった。

この事件について、井原西鶴は貞享三年（一六八六）に『好色五人女』巻三「中段に見る暦屋物語」を刊行した。また近松門左衛門は『大経師昔暦《だいきょうじむかしごよみ》』を書き、正徳五年（一七一五）春に大坂の竹本座《たけもとざ》において初演する。『大経師昔暦』は、『堀川波鼓《ほりかわなみのつづみ》』と『鑓《やり》の権三重帷子《ごんざかさねかたびら》』とともに近松三姦通の一つとなる。これにより、おさんと茂兵衛の名は一躍世間に知られることとなった。

芝居の茂兵衛

## 御用達商人、葵の御紋使用を禁止される
### 九月二十八日
社会世相

御《ご》用達《ようたし》とは、幕府の需要を賄う出入りの商人のことである。金座・銀座の座人、金銀為替組、呉服所、菓子所などは御用達の代表といえる。このほか、将軍の日常必需品や奢侈《しゃし》品を調達するため、幕府に出入りした特定の職人として、塗師《ぬし》・絵師・具足師などが存在した。御用達の多くは苗字帯刀《みょうじたいとう》を許され、扶持米《ふちまい》を支給されるなど身分的に厚遇された。中には、営業面で与えられた様々な特権を利用して、巨万の富を築く者も存在した。この日に出された法令は、御用達の身分的特権に規制を掛けようとするものであった。その内容は、御用達商人は提灯あるいは箱・長持《ながもち》などに葵《あおい》の御紋を付けていたが、今後は提灯などに「御用」という文字を書き、葵の御紋は付けてはならない、というものである。この法令の意図は、御用達商人には幕府の仕事を務めてもらうため、御用という文字の使用による仕事上の便宜を図る一方、御用達商人が安易に将軍家の家紋を使用し、その権威が薄れるのを防ぐことにあったのだと思われる。

江戸の金座での小判製造。
「出来金改所」と「延金場」（『金座絵巻』）延金場

徳松歿（5）。
**7・25** 幕府、武家諸法度を改定。50歳以上の者にも吟味のうえ、末期養子を許可。
**8・15** 幕府、酒造半減令を解除。
**8月** 対馬藩、朝鮮と癸亥約条を締結。
**9・5** 薩摩藩、琉球に冠船来航のため冠船奉行を派遣。
**9・22** おさんと茂兵衛処刑。
**9・28** 幕府、御用達商人の葵の御紋使用禁止。
**9月** 幕府、借家の制を制定。
**10・19** 幕府、豊作のため、諸藩に備荒貯穀を指示。
**11・6** 住吉具慶、幕府御用絵師に着任。
**11・8** 日光東照宮正遷宮。
**12・5** 江戸塩町から出火。39か町延焼。
**この年** 大坂呉服屋の長右衛門と新町大和屋の遊女市之丞、生玉で心中（生玉心中）

# 1684

# 貞享元年（天和四年）

甲子

天皇▼霊元天皇

将軍▼徳川綱吉（第五代）

**【主要幕閣】**

**◉大老**
堀田正俊（筑前守）

**◉老中**
大久保忠朝（加賀守）
阿部正武（豊後守）
戸田忠昌（山城守）

**◉寺社奉行**
水野忠春（右衛門大夫）
坂本重治（右衛門佐）
板倉重形（伊予守）
本田忠周（淡路守）

**◉勘定奉行**
大岡清重（備前守）
彦坂重治（壱岐守）
中山信久（隠岐守）

**◉江戸町奉行**
**北** 北条氏平（安房守）
**南** 甲斐庄正親（飛騨守）

**◉京都所司代**
稲葉正往（丹後守）

**◉京都町奉行**
**東** 前田直勝（安芸守）

## 大老の堀田正俊が刺殺される　八月二十八日

政治経済

上《こう》野《ずけ》館林《たてばやし》藩主だった徳川綱吉は、将軍職に就くと、堀田《ほった》正俊《まさとし》を財政専管の老中とし、天和元年（一六八一）には正俊に五万石を加増した。そして同年末には、正俊を大老にして四万石を加増し、十三万石を領知する有力譜代大名とした。このように正俊が優遇されたのは、綱吉擁立に功績があったからといわれ、正俊は綱吉を補佐して天和の治《ち》と称される政治改革に着手することになる。この改革の特色は、譜代層に対する処罰と幕領（天領）行政の刷新にある。前者では、親藩の一つであった越後高田藩主の松平光長《みつなが》が改易されたのをはじめ、多くの大名が改易や減封に処されている。傾向としては、処分の過半数を譜代大名が占め、しかも幕臣に対する処分も大量に行なわれたことから、その目的は譜代層を圧迫して将軍の権力を絶大にすることにあったといわれている。また後者は、年貢滞納を理由に幕初以来の年貢請負人的な代官を大量処分し、徴租官的な代官を配置することを目的とした。これは代官による中間搾取《さくしゅ》を排除して、年貢収入の増大を図ろうとしたからである。

以上のように正俊は、綱吉を補佐して将軍権威の確立と幕府財政収入の増大に務めたが、この日、殿中において父正盛《まさもり》の従弟である若年寄の稲葉《いなば》正休《まさやす》に刺殺された。その理由について、正休の私怨とも正俊専権への公憤ともいわれるが不明であり、現在でも諸説ある。なお正俊の刺殺後、正休はその場において老中の大久保《おおくぼ》忠朝《ただとも》らに殺され、稲葉家は改易に処せられた。この幕府の処分に対し、正休に同情する者は多かったようである。それは、この当時の正俊の権勢が絶大であり、これを不安視する者が多かったからだと考えられる。

## 貞享暦が完成　十月二十九日

文化思想

貞《じょう》享暦《きょうれき》とは、渋川春海《しぶかわはるみ》が自らの観測に基づき、範を中国元《げん》朝の授時暦《じゅじれき》にとって作成した暦法のことである。この日に改暦の宣下《せんげ》があり、翌年より施行された。貞享暦が施行される以前、日本の暦法はいずれも中国渡来のものであり、その用数もそのまま使用されていた。それが貞享暦に至り、初めて里差（経度差）が考慮され、京都の地に適用するように改められる。日本人の手による最初の画期的な暦法であった。

貞享暦では、天和三年（一六八三）の冬至における歳周（太陽年）を三六五・二四一六九六日、月朔（朔望日）を二九・五三〇五九〇日とし、これに授時暦に基づき消長法を取り入れ、歳周を百年につき一万分の一日を消長

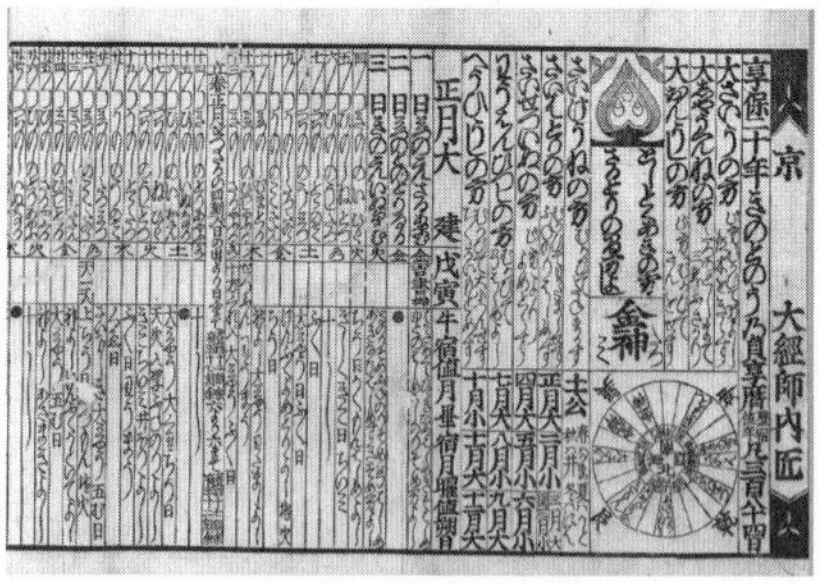

この年採用が決定した貞享暦
（享保20年の京暦。『古暦帖』）

**【この年の出来事】**

**1月** 幕府、『三河記』校訂のため、諸家に書上げの提出を指示（貞享書上）。
**2・1** 竹本義太夫、大坂道頓堀に人形浄瑠璃劇場竹本座を創設。
**2・16** 伊豆大島噴火。27日まで続く。
**2・20** 幕府、道路・橋上での古着・古鉄・古銅などの売買を禁止。
**2・21** 甲子革命説により貞享に改元。
**2・30** 幕府、服忌令を制定。
**2月** 幕府、江戸市中の諸問屋・商人・職人の談合を禁止。
**3・3** 朝廷、宣明暦を廃止、大統暦を採用。
**3月** 幕府、風雨時に備え植樹を奨励。
**4・5** 京都で大火。春宮御所・東福門院旧殿・西昌寺・常念寺など焼失。
**4月** 幕府、服忌令を許可なく出版した者を処罰。
**6月** 幕府、屋形船の製

**西**
井上正貞（志摩守・丹波守）

**◉大坂城代**
太田資次（摂津守）
水野忠春（右衛門大夫）
土屋政直（相模守）

**◉大坂町奉行**
**東**
設楽貞政（肥前守）
**西**
藤堂良直（伊予守）

**◉長崎奉行**
川口宗恒（源左衛門）
宮城和充（監物）

**◉若年寄**
堀田正英（対馬守）
稲葉正休（石見守）
秋元喬知（摂津守・但馬守）
内藤重頼（伊賀守・大和守）

**◉側用人**
牧野成貞（備後守）
喜多見重政（若狭守）

とした。さらに、暦日に注される暦注についても、各地の暦師によってまちまちであったが、貞享暦からは薩摩暦を除いて全国統一された。

貞享暦は施行後、宝暦四年（一七五四）十月に改暦の宣下があり、翌年から「宝暦甲戌元暦《ほうりゃくこうじゅつげんれき》」が採用されるまで使用されたのである。

## 幕府、防火令を出す　十月　事件災害

この年の八月から九月にかけて、江戸では風の強い日々が続いた。とりわけ九月の大風は、江戸の家屋の多くを倒壊させるほどであった。大風が続く時に、幕府として警戒すべきは大火の発生であった。そのため幕府は、この月、火災防止に関わる法令を出している。その内容は、①十月から翌年三月までに強風の日があった時、家持および借家住まいの者は外出しないこと、②その日稼ぎで生計を立てており、外出しなければならない者は、戸締りをしっかりして火の用心に備えること、などである。この法令は防火に関わる一般的な趣旨を述べているが、注目すべきはその期間を十月から翌年三月までと明確に定めていることであろう。この点から、貞享元年の秋頃は風の強い日が続いていたことがうかがえる。

## 義太夫節の始まり　二月一日　社会世相

義《ぎ》太夫節《だゆうぶし》の創始者である竹本義太夫《たけもとぎだゆう》は、大坂天王寺の農家に生まれ、初め五郎兵衛《ごろべえ》と称した。五郎兵衛は、古浄瑠璃の名人井上播磨掾《いのうえはりまのじょう》の高弟清水理兵衛《しみずりへえ》や宇治加賀掾《うじかがのじょう》の脇語りを勤めて修行し、興行師の竹屋庄兵衛《たけやしょうべえ》と語らい、清水理太夫《りだゆう》の名で独立した。そして、竹本義太夫に名を改め、様々な音曲を集大成した新しい浄瑠璃「義太夫節」を編み出し、この年には大坂道頓堀《どうとんぼり》において竹本座《たけもとざ》を旗揚げした。こののち、豊竹若太夫《とよたけわかだゆう》が竹本座より独立して豊竹《とよたけ》座《ざ》を興すが、両座において芸を競い合ったことにより、義太夫節は質的に全盛を迎える。すなわち、両座からは多くの名人が輩出され、例えば『菅原伝授手習鑑《すがわらでんじゅてならいかがみ》』や『仮名手本忠臣蔵《かなでほんちゅうしんぐら》』などの名作が続々と発表された。

両座の全盛期が過ぎると、新作が乏しく大劇場への出演は少なくなったが、名人たちが残した芸を楽しむ風潮が喜ばれて、義太夫節はかえって繁盛した。そして、文楽とともに現在に至り長い伝統を持ち続けることになるのである。

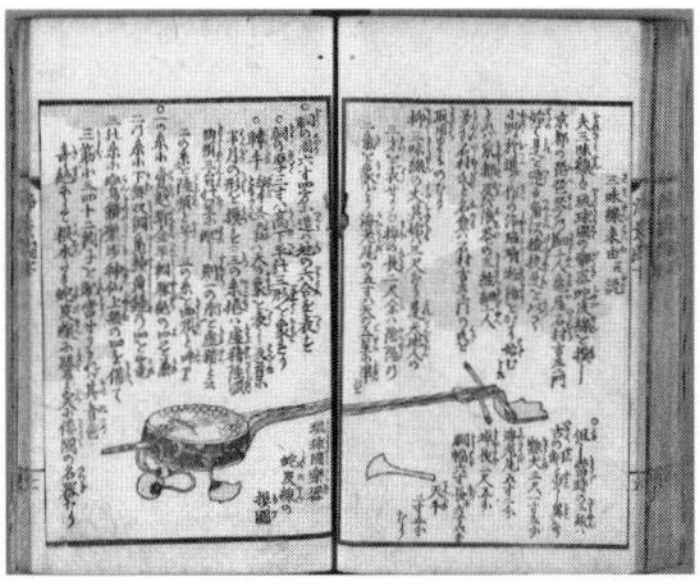
三味線の由来（『浄瑠璃大系図』）

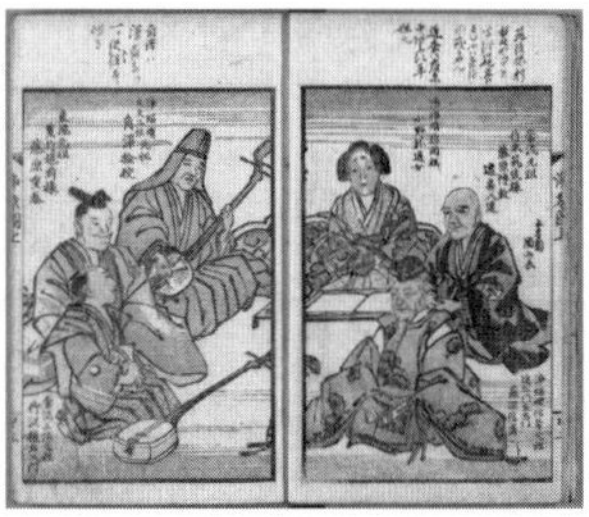
人形浄瑠璃の元祖たち（『浄瑠璃大系図』）

竹本義太夫は芸道上達を厳島に祈り、一巻を授けられたという（『浄瑠璃大系図』）

造を禁止。
**7・21** 幕府、御家騒動のため岩槻藩主土方雄隆の領地を没収、越後村上に流刑。
**7月** 西日本で疫病流行。
**8・28** 若年寄稲葉正休、江戸城中で大老堀田正俊(51)を殺害。
**8月** 江戸深川八幡宮境内で勧進相撲開催。
**10・29** 幕府、渋川春海作の貞享暦を採用。
**11・28** 幕府、貞享暦採用を発表。
**12・1** 渋川春海、初代幕府天文方に就任。
**12・20** 日光山で大火。本坊宿所と市街焼失。
**12・27** 長崎市法が廃止され、糸割符制復活。
**12月** 幕府、長崎貿易について市法売買を廃止、糸割符制を再興。

【主要幕閣】

●老中
大久保忠朝（加賀守）
阿部正武（美作守・豊後守）
戸田忠昌（山城守）
松平信之（日向守）

●寺社奉行
水野忠春（右衛門大夫）
坂本重治（右衛門佐）
本田忠周（淡路守）
大久保忠増（安芸守）

●勘定奉行
大岡清重（備前守）
彦坂重治（壱岐守）
中山信久（隠岐守）
松平忠冬（隼人正）
仙石政勝（和泉守）

●江戸町奉行
北
北条氏平（安房守）
南
甲斐庄正親（飛騨守）

●京都所司代
稲葉正往（丹後守）
土屋政直（相模守）

●京都町奉行

## 長崎貿易に統制令が出される　八月

政治経済

中国の清《しん》朝は、順治《じゅんち》十八年（一六六一）に遷界令《せんかいれい》を発し、抗清勢力であった台湾の鄭氏《ていし》一族の貿易活動に掣肘《せいちゅう》を加えた。そして、康熙《こうき》二十三年（一六八四）には鄭氏を屈服させ、展海令《てんかいれい》を公布した。これにより、長崎へ来航する唐船が激増したが、幕府としては、それらと一々交易していては、問題となり始めていた金銀の海外流出に歯止めをかけられない。そのため幕府は、この月、定高仕法《さだめだかしほう》を発令し、唐人との年間貿易額を銀六千貫目、オランダ人との年間貿易額を銀三千貫目に制限したのである。

しかしこの法令は、長崎に来航しても貿易に従事することのできない唐船、いわゆる積戻唐船を大量に発生させる要因となった。この結果、例えば萩《はぎ》藩（長州藩）・小倉《こくら》藩・福岡藩の三領沖においては抜荷（密貿易）が盛んになり、幕府は密貿易を取り締まるための法整備や、密貿易船を日本近海に接近させないための打ち払い体制の整備など、新たな課題を背負うことになったのである。

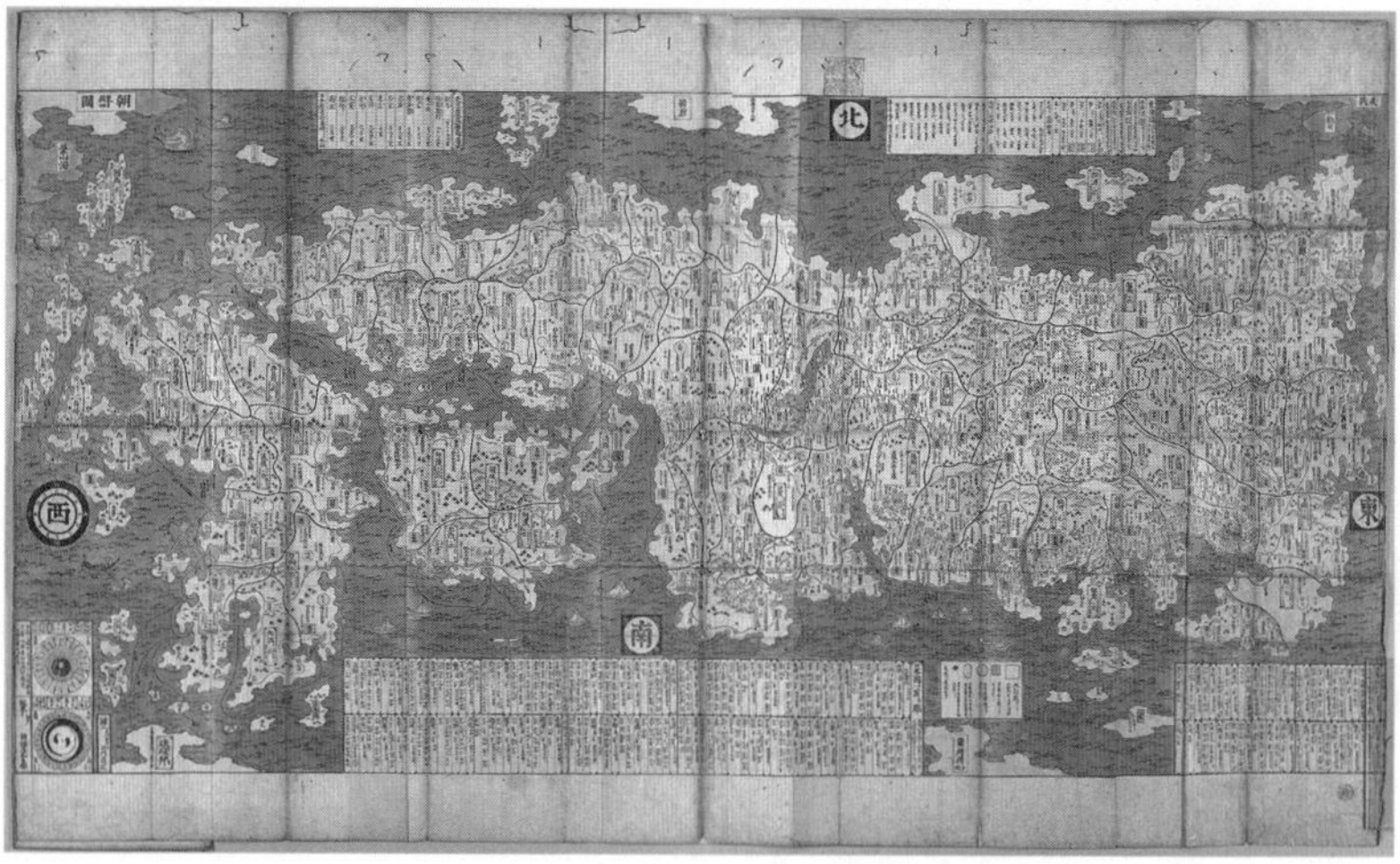

元禄４年当時の日本（『日本海山潮陸圖』）

## 松尾芭蕉が『野ざらし紀行』の執筆を開始　四月

文化思想

松《まつ》尾芭蕉《おばしょう》の『野ざらし紀行』は、現存する芭蕉の紀行文では最初のものであり、遅くとも貞享四年（一六八七）の秋頃には成稿したといわれている。同著は現在までに、直筆本、直筆画巻本や写本、刊本など多くの形で伝存する。

その内容は、芭蕉が門人の苗村千里《なえむらちり》とともに貞享元年（一六八四）八月に江戸を出立し、翌年四月に帰着するまでの句作を集めたものであり、前半と後半からなる。前半は江戸より東海道を上って伊勢に参宮、以後、大和・吉野・山

【この年の出来事】

**1・1**　貞享暦を採用。
**1・10**　幕府、長崎糸割符の再興にあたり、貿易制限令を制定。
**1・20**　幕府、火災の際には江戸町奉行が出馬するよう指示。
**2・4**　竹本義太夫、竹本座で近松門左衛門『出世景清』初演。
**2・12**　幕府、鉄砲をみだりに撃つこと・隠匿などを禁止。
**2・22**　後西上皇歿(49)。
**3・26**　住吉具慶、廊下番に昇任。
**4月**　松尾芭蕉『野ざらし紀行』の執筆開始。
**6・2**　マカオ船、漂流民12人を護送して長崎へ来航。
**7・14**　幕府、将軍通行の際の犬猫の放し飼いを許可。
**7・19**　幕府、寺社奉行・大目付・町奉行・勘定頭に、預金・買掛金などの訴訟を受理するよう通達。
**8月**　幕府、長崎貿易額

**東**
前田直勝（安芸守）
**西**
井上正貞（志摩守・丹波守）
**◉大坂城代**
土屋政直（相模守）
内藤重頼（大和守）
**◉大坂町奉行**
**東**
設楽貞政（肥前守）
**西**
藤堂良直（伊予守）
**◉長崎奉行**
川口宗恒（源左衛門）
宮城和充（監物）
**◉若年寄**
堀田正英（対馬守）
秋元喬知（但馬守）
内藤重頼（伊賀守・大和守）
松平忠周（伊賀守）
太田資直（備中守・摂津守）
稲垣重定（安芸守）
**◉側用人**
牧野成貞（備後守）
喜多見重政（若狭守）
松平忠周（伊賀守）

城・近江・美濃を巡り、大垣の谷木因《たにぼくいん》宅で旅装を解くまでを記している。そして後半は、大垣より尾張に出て、年末は郷里伊賀上野において越年、この年の二月には郷里を出て奈良・京都・近江をめぐり、そこから木曾路を経て四月末に深川の草庵に帰るまでの発句が中心となっている。

同著の記述様式は伝統的な形態をとるが、一方においてやや事実を記録した箇所もみえる。この作品は芭蕉にとって、蕉風《しょうふう》の表現を確立するため呻吟《しんぎん》していた頃の記念碑的作品といえるだろう。

## 近松門左衛門作の『出世景清』が初演される　二月四日

事件 災害

『出世景清《しゅっせかげきよ》』は、近松門左衛門《ちかまつもんざえもん》が著した時代物《じだいもの》の人形浄瑠璃である。近松が竹本義太夫《たけもとぎだゆう》のために執筆した初めての作品で、この日、大坂の竹本座において初演された。近松が『出世景清』を執筆したのは、竹本義太夫より、京都から大坂に下って興行した宇治加賀掾《うじかがのじょう》座の二の替り『凱陣八島《がいじんやしま》』に対抗したい、との依頼があったからである。

景清

この作品は、謡曲『大仏供養』や舞曲『景清』などを下敷きに、平家の残党悪七兵衛景清《あくしちびょうえ》が源頼朝を狙って失敗し、ついに自ら両目をえぐって日向国に送られるという顛末《てんまつ》と、景清をめぐる二人の女性の生き方を描いている。二人の女性の生き方とは、妻小野姫《おののひめ》の景清に対する献身と、愛情ゆえの嫉妬から景清を裏切ってしまう阿古屋《あこや》の悲劇である。このほか、本作においては先行作にない劇的展開が工夫され、これ以前の作品を古浄瑠璃と呼ぶ習慣を生じさせたほどである。さらに本作は、のちの『阿古屋の琴責《ことぜめ》』や『景清牢破り』などに影響を与えるとともに、『壇浦兜軍記《だんのうらかぶとぐんき》』をはじめとする多くの景清物を生む契機となった。

## 友禅染が流行する

社会 世相

友《ゆう》禅染《ぜんぞめ》とは、江戸時代の中期頃から現れた、糊防染《のりぼうせん》（色が入ってほしくない所に、餅米などの糊を用いて、防染すること）による色彩華やかな京染のことである。その工程は、絹に模様を手描きして、それに色をさして厚く糊で覆い、その後、水で糊を洗い落とす、というものである。

友禅染の名称は一般的に、江戸時代初期から中期にかけて活躍した絵師の宮崎友禅《みやざきゆうぜん》に由来するといわれている。友禅は扇面画《せんめんが》で人気を集め、小袖模様の作画に手を染めて一世を風靡した。さらに、元禄五年（一六九二）には絵柄を集めた『余情《よせい》ひなかた』を刊行するなど、染色界に多大な影響を及ぼした。

これにより、友禅染の創始者と伝えられるが、実際のところは、京染の技術的な革新は京都五条近辺の染工たちによってなされていたのが実情である。

の制限を指示。清国船銀6000貫、オランダ船3000貫目に制限（定高仕法の始まり）。
**9・4** 狩野安信歿(73)。
**9・19** 幕府、馬の筋延ばし禁令を発布。
**9・26** 山鹿素行歿(64)。
**10・16** 幕府、京都所司代規則を制定。
**10・26** 江戸で大地震。
**11・7** 幕府、江戸城で、公家饗応以外での鳥類・貝類・海老などの調理を禁止。
**11・11** 幕府、秋葉祭および新規の祭礼を禁止。
**12・17** 浅草寺、寛永寺の管轄となる。
**このころ** 友禅染が流行する。

# 1686 貞享三年

## 丙寅

天皇▼霊元天皇

将軍▼徳川綱吉（第五代）

【主要幕閣】

◉老中
大久保忠朝（加賀守）
阿部正武（豊後守）
戸田忠昌（山城守）
松平信之（日向守）

◉寺社奉行
坂本重治（右衛門佐）
本田忠周（淡路守）
大久保忠増（安芸守）

◉勘定奉行
大岡清重（備前守）
彦坂重治（壱岐守）
仙石政勝（和泉守）

◉江戸町奉行
北
北条氏平（安房守）
南
甲斐庄正親（飛騨守）

◉京都所司代
土屋政直（相模守）

◉京都町奉行
東
前田直勝（安芸守）
西
井上正貞（志摩守・丹波守）

### 『武徳大成記』の完成　九月

政治経済

『武《ぶ》徳大成記《とくたいせいき》』とは、徳川氏の祖である松平親氏《ちかうじ》から書き起こし、徳川家康の事績について記した官撰の書である。徳川氏の創業を記した『三河記』に異本が多かったことから、幕府は天和三年（一六八三）よりその改訂・増補（『武徳大成記』の編纂）に着手した。同書は、老中阿部正武と堀田正仲が編纂奉行となり、林信篤《のぶあつ》や朱子学者の木下順庵《じゅんあん》らが編集した。編集にあたっては、大名や幕臣の家に伝わる三河以来の伝記や系図の書上を幕府に提出させ、それらを比較して正しい説を採用するという方法をとったが、引用文献の注記はない。そしてこの月に完成し、五代綱吉に進覧された。本書は、のちの八代吉宗に虚飾が多いと非難され、吉宗よりその改訂を指示された。これにより、林信充《のぶみつ》らが作業を進め、延享二年（一七四五）に『御《ぎょ》撰大坂軍記《せんおおさかぐんき》』が完成することになる。なお『武徳大成記』は、吉宗に非難されたものの徳川氏の創業を知る上で重要な史料である。

木下順庵（『先哲像伝』）

### 町奴の唐犬権兵衛を獄門　九月二十七日

文化思想

唐《とう》犬権兵衛《けんごんべえ》は江戸時代前期の侠客《きょうきゃく》で、幡随院長兵衛《ばんずいいんちょうべえ》の死後、町奴《まちやっこ》の頭目として重きをなした人物である。一説には、長兵衛の配下であったともいわれている。承応・明暦（一六五二―五八）頃、権兵衛は江戸で唐犬組という町奴の組を作り、その首領となった。呼び名の由来は諸説あるが、最も流布しているのは、旗本より唐犬二匹をけしかけられた際、その犬を踏み殺したという逸話である。このほかに、前頭部の毛を抜いて額を広くみせる「唐犬額《とうけんびたい》」と称される風俗が流行していた際、権兵衛の額の形が犬の形に似ていたという説、また犬に芸をさせていたという説もある。江戸において町奴の一斉検挙が行なわれた際、権兵衛も町奴二百余名とともに罪に問われ、この日、伝馬町の牢屋敷に収容された。それから間もなく、江戸市中を引き回された上、鈴ケ森《すずがもり》において獄門となっている。

唐犬権兵衛（『当世好男子伝』「揚志ニ比ス唐犬権兵衛」）

【この年の出来事】

**1・21** 大久保忠朝、小田原城主に就任。
**2・23** 京都で大風雨。
**2月** 江戸大伝馬町で木綿問屋仲間結成。
**2月** 井原西鶴『好色五人女』刊行。
**3月** 幕府、検地条目を改定。
**4・22** 幕府、諸国に鉄砲改め令を発布。
**4・22** 幕府、服忌令を改正。
**5・20** 唐船が大島に漂着。貝原益軒、大島に赴き筆談する。
**5月** 幕府、江戸市中の野菜・果物の販売時期を規定。
**6月** 井原西鶴『好色一代女』刊行。
**7・19** 幕府、野犬保護令を発布。
**7・26** 日向佐土原藩主番代島津久寿、宗藩薩摩藩の指示をうけ、松木三郎五郎・村上三太夫の一派を襲撃（佐土原騒動）。
**8・9** 幕府、対馬藩の

**◉大坂城代**
内藤重頼（大和守）
**◉大坂町奉行**
**東**
設楽貞政（肥前守）
小田切直利（土佐守）
**西**
藤堂良直（伊予守）
**◉長崎奉行**
川口宗恒（源左衛門）
宮城和充（監物）
大沢基哲（左兵衛）
**◉若年寄**
秋元喬知（但馬守）
太田資直（摂津守）
稲垣重定（安芸守）
**◉側用人**
牧野成貞（備後守）
喜多見重政（若狭守）
松平忠周（伊賀守）
太田資直（摂津守）

なお権兵衛については、その後は歌舞伎の『極付幡随《きわめつきばんずい》長兵衛《ちょうべえ》』などにおいて取り上げられ、現在までに多くの浮世絵が残されている。

## 岩手山の噴火　三月三日

事件災害

盛岡城下の者たちは、この日、岩手山《いわてさん》の山頂から噴煙が立ち上っているのを発見した。噴火については前日、すでにその音が盛岡城下まで響いており、また北上川《きたかみがわ》に流木や家財の一部が流れ着いていたことから、二日より始まっていたものと思われる。しかしその時、盛岡城下は天候が悪く、噴火の確認が一日遅れることになったのである。二日より始まった噴火活動は三日に激しくなり、盛岡城下に灰を降らせた。噴火活動は四日には収まり、幸いにも人的な被害はなかったが、泥流《でいりゅう》により家屋・家財を失った者を出現させた。これ以後、岩手山は翌四年および元禄二年（一六八九）にも噴火していることが確認されている。その意味でこの年の噴火は、盛岡藩の領民を数年間にわたって苦しめる始まりであったといえよう。

## 加助騒動が発生　十月十四日

社会世相

加《か》助騒動《すけそうどう》（貞享騒動）とは、この日、信濃国松本藩領において起こった百姓一揆のことである。藩の事後調査によれば、藩の行政区十五組の内、皆金納の大町組を除く全組、全体の三分の二にあたる二百二十四ヶ村から参加者を出した全藩一揆であった。一揆の発端は、藩の年貢増収策に基づき収納にあたった納手代らと、農民の対立が各地で生じたことにある。一揆の際、農民側は藩に、①新わらじで踏み磨いて納籾を精選せよとの指示の撤回、②隣接する高遠《たかとお》・高島の両藩は五斗三升入の籾一俵につき玄米二斗五升挽《びき》なのに、当藩は三斗挽で、今年はさらに三斗四～五升挽を命じられたことの不当、③二十分の一の大豆の金納値段の引き下げ、④江戸・甲州廻米負担の軽減、⑤御小人余荷金《おこびとよないきん》の廃止という五項目を要求するとともに、松本城下の米穀商などを打ちこわした。

これに対して藩は、苛政の責めは納手代にあるとして彼らを更迭し、従来のごとく三斗挽とするなど、一揆側の要求を認める回答を示している。この結果、大半の参加者は帰村したが、中萱村《なかかやむら》（現、長野県安曇野市）の加助などは納得せず、あくまで他藩と同じ二斗五升挽を要求した。これにより、藩は二斗五升挽をはじめ一揆側の諸条件を全面的に受け入れることとなり、一揆勢も撤収した。しかしこののち、藩は約束を撤回し、加助などを逮捕した。そして十一月二十二日、加助など八名を磔《はりつけ》、その子弟など二十名を獄門に処している。

貞享義民社にある二斗五升の碑文（長野県安曇野市）

なお、騒動の首謀者とされた加助は、中世開発土豪の家柄で、寛文・天和期（一六六一―八三）には中萱村の庄屋を務めていた。その彼が死去する際、怒りの眼で松本城を睨んだところ、城が西に傾いたとの伝承がある。そのため、加助はのちに神として、貞享義民社《じょうきょうぎみんしゃ》に祀られることとなった。

朝鮮貿易額を年総額金1万8000両以内に制限。
**8・21** 幕府、長崎奉行を3人制とし、1人を江戸詰とする。
**9・18** 幕府、『三河記』校訂を終え、『武徳大成記』とする。
**9・27** 幕府、大小神祇組のかぶき者200余名を逮捕。11人を斬刑。
**この秋** 三井高利、京都両替店を開業。
**10・14** 松本藩の百姓、年貢の軽減などを求め強訴（加助騒動）。
**10月** 幕府、拝領屋敷の売買・質入を禁止。
**11月** 幕府、江戸市中での火を使用する行商を禁止。
**12・15** 幕府、薩摩藩の琉球貿易額を年総額金2000両以内に制限。

# 1687

# 貞享四年

## 丁卯

**天皇▼霊元天皇**（～三月二十一日）
**東山天皇**（三月二十一日～）

**将軍▼徳川綱吉**（第五代）

**【主要幕閣】**

**◉老中**
大久保忠朝（加賀守）
阿部正武（豊後守）
戸田忠昌（山城守）
土屋政直（相模守）

**◉寺社奉行**
坂本重治（右衛門佐）
本田忠周（淡路守）
大久保忠増（安芸守）
酒井忠挙（河内守）
戸田忠真（能登守）
米津正武（伊勢守・出羽守）

**◉勘定奉行**
大岡清重（備前守）
彦坂重治（壱岐守）
仙石政勝（和泉守）
小菅正武（遠江守）
佐野正周（六右衛門・長門守）

**◉江戸町奉行**
**北**
北条氏平（安房守）
**南**
甲斐庄正親（飛騨守）

**◉京都所司代**
土屋政直（相模守）
内藤重頼（大和守）

## 綱吉、生類憐みの令を発布　一月二十八日

政治経済

生《しょう》類憐《るいあわれ》みの令とは、五代綱吉の御世に発せられた生類憐みに関する幕法の総称である。

これまでの通説では、綱吉は天和三年（一六八三）に世子徳松《とくまつ》を失ったあと嗣子《しし》に恵まれず、母桂昌院《けいしょういん》の尊崇する僧隆光《りゅうこう》から、人に子がないのは前世で殺生をした報いであり、子を得たいと思うなら殺生を慎み、生類憐みを心がけ、特に綱吉が戌年生まれであることから、犬を大切にするよう進言されたことが発令の動機になったとされてきた。

しかし、将軍就任当初より綱吉が儒学《じゅがく》や仏教の教えによる人心教化を意図し、天和二年（一六八二）五月、諸国に立てた高札で、忠孝《ちゅうこう》を奨励し、夫婦兄弟仲良く、召し使いなどを憐むよう命じており、生類憐みの令の発令はその線上に位置づけられるのではないかと考えられるようになってきた。

つまり生類憐みの令は、従来は綱吉個人の性格に起因する将軍専制体制下の悪法と評価されてきたが、近年では綱吉政権期の生類がもった歴史的、社会的意味を問い、その政策的意図を、生類憐みの志を軸として全人民を幕府の庇護・管理下に置こうとするものと捉える新見解が出されたのである。なお、この法令は宝永六年（一七〇九）正月に綱吉が死去すると、法の永続を命じる遺言にもかかわらず、六代家宣《いえのぶ》によって直ちに廃止されている。

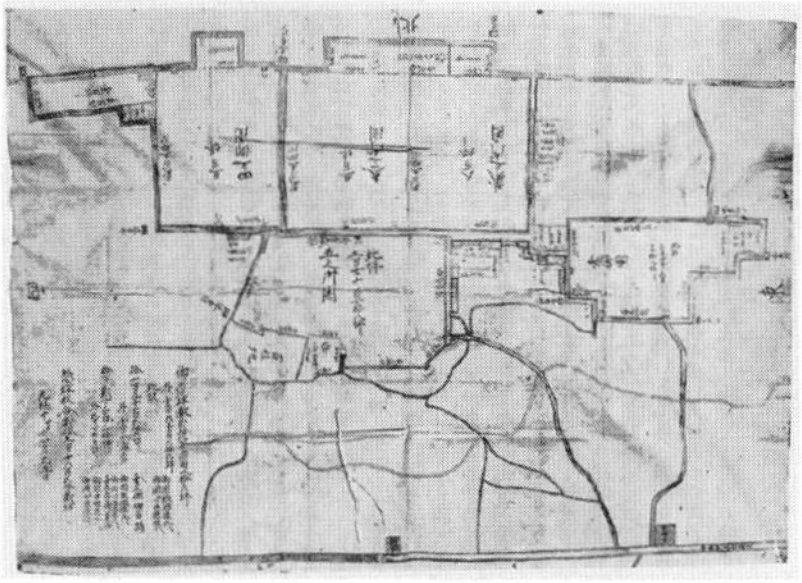

江戸の犬を収容するため、元禄8年に中野村に建てられた犬小屋（「元禄十年御囲絵図」）

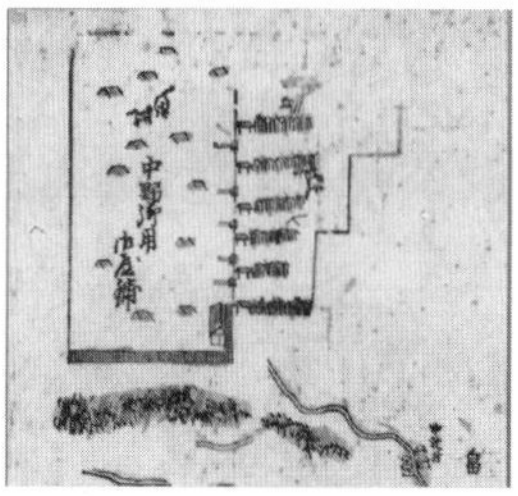

中野村の犬小屋の図（『江戸大絵図』宝永2年）

## 幕府、転び切支丹類族の調査を命じる　六月二十二日

文化思想

幕府はこの日、キリシタンを根絶するために、キリシタン本人（古切支丹という）の親類・縁者・子孫を監視するための調査を命じた。法令では、本人とその転宗以前に出生した子女を準本人（「本人同前」）とし、そのほかの血族・縁者を「類族」として、大体四親等までその生業・生死・生活状態を登録し、年に二度、存命の者と死失の者とに分けて帳簿を作成し、幕府の宗門 改 役《しゅうもんあらためやく》に報告することとした。親類関係の範囲は、四親等までの血縁と、縁者である本人の配偶者の兄弟姉妹、その甥姪や子女にまで及んだとされている。転《ころ》び者の類族は、転び切支丹類族と呼ばれ、本人の転宗以前に生まれた子女は本人同前とし、その子が男子なら耳孫まで、転宗後に生まれた子女は玄孫までが類族で、女子は一代を減ずる。類族は、生死・逃亡・

**【この年の出来事】**

**1・28** 幕府、捨病人・捨牛馬を禁止（生類憐みの令の初め）。
**2・11** 江戸町年寄、町内飼犬の毛色の調査登録を通達。
**2・21** 幕府、江戸市中の飼犬登録を指示。
**2・27** 幕府、食用の魚鳥の飼育を禁止。
**3・21** 東山天皇践祚。
**3・23** 幕府、霊元上皇に7000石を献上。
**3・26** 幕府、非人頭車善七に命じて、「非人溜」を設置。
**4・11** 幕府、捨子養育の制を制定。
**4・11** 幕府、田畑永代売買を禁止。
**5・2** 長崎で南京船からの密貿易者が逮捕。
**5月** 幕府、江戸城下馬所での食物販売を禁止。
**5月** 河村瑞賢、淀川の治水工事を完了。
**6・21** 幕府、勘定組頭に諸国代官の会計検査を指示。

**◉京都町奉行**
**東**
前田直勝（安芸守）
**西**
井上正貞（志摩守・丹波守）
**◉大坂城代**
内藤重頼（大和守）
松平信興（因幡守）
**◉大坂町奉行**
**東**
小田切直利（土佐守）
**西**
藤堂良直（伊予守）
**◉長崎奉行**
川口宗恒（源左衛門）
大沢基哲（左兵衛）
山岡景助（十兵衛）
宮城和澄（主殿）
**◉若年寄**
秋元喬知（但馬守）
稲垣重定（安芸守）
大久保忠増（隠岐守）
**◉側用人**
牧野成貞（備後守）
喜多見重政（若狭守）
松平忠周（伊賀守）

剃髪《ていはつ》・結婚・離婚・旅行などが調査の上で報告された。本人や本人同前の者が死ぬと幕府の宗門改役に届け、その指示により埋葬され、類族の場合は届けだけで処置している。宗門改役は、島原の乱後の寛永十七年（一六四〇）、井上政重《いのうえまさしげ》（下総高岡藩主）の任命に始まるが、寛文二年（一六六二）以後は、大目付《おおめつけ》と作事奉行《さくじぶぎょう》から一人ずつ任命された。類族調は、幕府が定めた数々のキリシタン検索制度の内、最後に成立した根絶策であるとされ、殉教者・転び者など、キリシタンであったことが明らかにされている者の子孫は厳重な監視下におかれたため、その中から元の信仰に立ち返ることは不可能に近かった。しかし幕末まで存在した多くのキリシタンは、代官所や奉行所に知られずに、表面上は仏教徒を装って潜伏した人びとの子孫であったとされている。

## 加賀藩に台風が到来　九月九日

事件災害

加賀藩においては夏頃から、数度にわたって洪水が起きていた。そのさなか、加賀藩を襲った台風は、藩の災害史のなかでも未曾有の規模であった。すなわち、加賀藩が被害の状況をまとめ、幕府の老中戸田忠昌に報告した内容によれば、台風は藩内の家屋四千戸余を破損させるとともに、多くの田畑を損耗させた。なかでも能美《のうみ》・石川・加賀の三郡は被害が大きく、例えば能美郡であれば、千三百九十五軒が被害を受け、そのうち九百九十一件は全損という状況であった。また風の強さは、金沢町端より大聖寺《だいしょうじ》領の境に至って植えられていた往還並木千四百七十本余を吹き倒すほどであったという。

## 三度笠が流行する

社会世相

江戸時代に流行した三度笠は、菅《すげ》・麦稈《むぎから》などを糸で縫い綴って作った縫い笠の一種であり、菅笠《すげがさ》の名で呼ばれる。主として雨笠として着用され、その分布はほとんど全国的であった。また、股旅《またたび》ものなどの時代劇で渡世人が被っている印象が強いが、もとは江戸・京都・大坂の三ヶ所を毎月三度ずつ往復していた飛脚（定《じょう》飛脚）のことを三度飛脚と呼び、彼らが身に着けていたことからその名がついたとされている。

初めて製されたのは貞享年間（一六八四―八八）であり、俗に「大深《おおぶか》」と称せられたほどの深さの女笠であった。その深さは、もともと女性用であったために顔を隠す程度の深さになったともいわれている。これは妻《つま》折笠《おりがさ》とも呼ばれ、寛延・宝暦年間（一七四八―六四）頃まで用いられた。しかし、文化年間（一八〇四―一八）にはすでに女性用としては廃れていき、女笠から男笠へと移り、三度飛脚や旅商人などの常用とされ、流行した。

三度笠、菅笠、頭巾などをかぶる人々（『江戸名所図会』）

三度笠、菅笠をかぶる旅人（『東海道名所図会』）

**6・22**　幕府、キリシタン改宗者やその親族の調査を指示。
**8月**　紀伊にルソン船が漂着。11月、漂流者を長崎に護送。
**9・9**　京都・奈良で大風雨。春日社倒壊。加賀藩にも甚大な被害。
**10・24**　幕府、越後騒動で松山配流となった松平光長を赦免。
**10月**　三井高利、幕府払方御納戸呉服御用に就任。
**11月**　幕府、勘定組頭・代官に年貢・普請などに関する規定を発布。
**11月**　将軍綱吉の献金を受け、大嘗会再興。
**12・23**　松江藩、隠岐を幕府に返上。
**12月**　幕府、長崎に武具輸出・異国渡海・キリスト教禁止などの高札を立てる。
**12月**　幕府、『大学或問』で幕政批判を行なった熊沢蕃山を古河藩に配流。
**このころ**　三度笠が流行。

## 1688

# 元禄元年（貞享五年）

戊辰

**天皇▼東山天皇**

**将軍▼徳川綱吉**（第五代）

**【主要幕閣】**

**◉老中**
大久保忠朝（加賀守）
阿部正武（豊後守）
戸田忠昌（山城守）
土屋政直（相模守）

**◉寺社奉行**
酒井忠挙（河内守）
戸田忠真（能登守）
米津正武（伊勢守・出羽守）
本多正永（紀伊守）

**◉勘定奉行**
小菅正武（遠江守）
佐野正周（六右衛門・長門守）
松平重良（孫大夫・美濃守）
戸田直武（美作守）

**◉江戸町奉行**
**北** 北条氏平（安房守）
**南** 甲斐庄正親（飛騨守）

**◉京都所司代**
内藤重頼（大和守）

**◉京都町奉行**
**東** 前田直勝（安芸守）

## 綱吉、柳沢吉保を側用人に登用　十一月十二日

政治経済

側《そば》用人《ようにん》は、天和元年（一六八一）十二月に、将軍綱吉が上野館林《たてばやし》藩主時代の家老であった牧野成貞《まきのなりさだ》を側衆から登用したのが始まりとされている。側用人は将軍の側近にあって、将軍の命を老中に伝え、老中らの上申《じょうしん》を将軍へ伝達し、幕府中枢の情報伝達の回路を掌握したため、老中を凌ぐほどの権勢を誇った。側用人制度は、大胆な人材登用制度であり、登用される者たちの共通点は、身分も家柄も低い点であった。したがって、彼らの権勢が老中を凌ぐほどであっても、あくまで「格」扱いで、正式に老中になることはできなかった。側用人から老中への昇進が果たされるのは、のちの田沼意次《たぬまおきつぐ》の時代（宝暦十年［一七六〇］—天明六年［一七八六］）である。

この側用人は、常置の職ではなく、幕末までに三十名が補任されたが、その内の半数は綱吉の在職期間であった。その中でも、綱吉の寵愛《ちょうあい》を受け、権勢をふるったのが柳沢吉保《やなぎさわよしやす》であった。

柳沢吉保

吉保は、万治元年（一六五八）に生まれ、当初は保明と名乗った。父の房安《ふさやす》は当初幕臣であったが、綱吉の館林藩主時代には、藩の勘定頭《かんじょうがしら》を務めている。保明は延宝三年（一六七五）に家督を相続して、小姓組を務めたあと、綱吉の将軍就任に従って幕臣となり、小納戸《こなんど》となった。貞享二年（一六八五）には従五位下出羽守に叙任され、この日、側用人に昇進し、一万石の加増を得て大名に取り立てられた。その後も度々加増を得て、最終的には十五万石余にまでなった。元禄三年には従四位下、翌年十二月に侍従《じじゅう》に任じられ、老中格に昇進している。そして元禄十四年十一月には綱吉の諱《いみな》を一字与えられて、美濃守吉保と改めたのだ。

このような吉保に対する同時代の評価としては、新井白石《あらいはくせき》の『折たく柴の記』が有名で、「老中みなみな其門下より出て、天下大小事、彼朝臣（吉保）が心のまゝにて、老中はたゞ彼朝臣が申す事を、外に伝へられしのみにして」と述べられている。ただ現在では、吉保が独裁的な悪人ではなく、むしろ老中合議制を重視していたという評価もなされている。

## 綱吉、護持院を建立　六月

文化思想

綱吉は、儒家《じゅか》を尊重し、また自ら儒家の聖賢《せいけん》に倣う政治を目指し、他方で深く帰依《きえ》する僧侶を抱えて仏事に熱心であった。

綱吉の仏寺造営は護国寺《ごこくじ》に始まるが、最も重要だったのは護持院《ごじいん》である。護持院はもともと筑波山別当《べっとう》知足院《ちそくいん》の江戸別院として、中興第二世光誉《こうよ》の代に二代秀忠《ひでただ》が建立したものである。光誉が秀忠の祈禱を行なったことから、以後、江戸知足院は代々将軍家の祈禱を行なうようになった。

**【この年の出来事】**

**1・23** 幕府、鉄砲改め令を発布。
**1・29** 幕府、将軍綱吉の娘鶴姫の名にちなみ、鶴屋の屋号・鶴丸の紋付衣類の着用などを禁止。
**1月** 井原西鶴『日本永代蔵』刊行。
**2・3** 水戸藩建造の快風丸、蝦夷地探検のため常陸那珂湊を出航。
**2・6** 幕府、江戸市中に衣服制限を再令。
**3・8** 東大寺大仏殿再建。
**3・29** 幕府、関東諸国の河川堤防修築のため勘定所役人を諸国へ派遣。
**4月** 幕府、寺院の古跡・新地の別を規定。
**5・4** 江戸で大火。23町400余戸焼失。
**5・10** 幕府、服忌令を改定。
**5月** 幕府、警火令を発令。強風時には屋根番を置くよう指示。
**6・4** 幕府、江戸市中の橋梁修理を周辺武家・

**西**
井上正貞（志摩守・丹波守）
**◉大坂城代**
松平信興（因幡守）
**◉大坂町奉行**
**東**
小田切直利（土佐守）
**西**
藤堂良直（伊予守）
能勢頼寛（出雲守）
**◉長崎奉行**
川口宗恒（源左衛門）
山岡景助（十兵衛）
宮城和澄（主殿）
**◉若年寄**
秋元喬知（但馬守）
稲垣重定（安芸守）
大久保忠増（隠岐守）
**◉側用人**
牧野成貞（備後守）
喜多見重政（若狭守）
松平忠周（伊賀守）
牧野忠貴（伊予守）
柳沢吉保（出羽守）
南部直政（遠江守）

特に貞享三年（一六八六）に隆光《りゅうこう》が住職に任命されると、隆光は綱吉に信任され、ほかの祈禱寺に抜きん出て殊遇を受けた。この年には、寺地も湯島から江戸城に隣接する竹橋近くに移され、広大な寺地が与えられている。

　綱吉は、貞享四年以後は毎年正月、元禄八年以後は春秋の参詣をほぼ通例とするようになり、同八年九月に綱吉を迎えた際に、隆光は大僧正に上せられ、知足院の称号は護持院に改められた。

　隆光の主任務は、綱吉が恐れた天体の異変を説き、祈禱によって災害を除去し予防することであった。こうした隆光への綱吉の厚い信任は、人知の及ばないことへの恐怖心を仏の慈悲による救いで取り除きたいという思いが表れており、綱吉政権の政策にも影響を及ぼしていたのである。

## 江戸の大火　五月四日

事件災害

江戸において、この日、家数四百軒が焼失する大火が発生した。火災は子の刻（午後十一時から十二時）より翌日の寅の刻（午前三時から五時）まで続き、三十二町もの広範囲に拡大した。その出火元については、現在のところ本郷一町目の伊勢屋六兵衛、本郷籠岡町の御小人《おこびと》市郎兵衛、湯島口からの三説があるが、いずれが正しいかは不明である。この火災により、本郷金助町と地獄谷が全焼した。なお、全焼した地域に屋敷地を持つ幕府の御小人衆は、延宝八年（一六八〇）からの九年間に、四度の火災に遭っている。幕府としての縁起が悪いと感じたのか、この火災後、御小人衆の屋敷地を召し上げ、本所において替地を与えている。

## 繻子鬢が流行する

社会世相

江戸時代の男性のヘアスタイルといえば、月代《さかやき》のイメージが強いが、この月代を剃るのが一般的になったのは寛永年間（一六二四―四四）頃以降である。月代を剃ることが一般に定着すると、月代を剃っていなければ人前に出ることをすら憚《はばか》られたらしい。月代の起原は、烏帽子《えぼし》や冠をつけた時に額に髪の毛が見えないようにするためで、額際の毛を抜いたり、剃ったりした。一方、江戸時代初期の鬢《びん》については『色道大鏡《しきどうおおかがみ》』で次のように述べられている。あまり厚い鬢は上品だが初心めいている。また、「糸鬢《いとびん》」と呼ばれる細く剃りさげたのは下品である。だが、総体的には細い鬢が流行していたようだ。ほかにも「撥鬢《ばちびん》」と呼ばれる、鬢の形状が三味線の撥の形をしたものもあった。

　元禄期になると、歌舞伎役者の野郎頭《やろうあたま》の中に「厚鬢《あつびん》」が見られるようになる。野郎は、若衆《わかしゅ》の前髪を剃り落したものであるから、鬢も必然的に若衆に似ていた。当時、歌舞伎は、若衆歌舞伎は弊害があるとして禁じられ、その代わり野郎歌舞伎が成立し、歌舞伎が一応の完成を見せていた。以後、歌舞伎は民衆の支持を受けて発展していくが、その影響から、この頃、月代を小さく剃り、鬢を厚くして油をつけ、黒朱繻子《じゅす》のように結い上げた「繻子鬢」というヘアスタイルが男性の間で流行した。

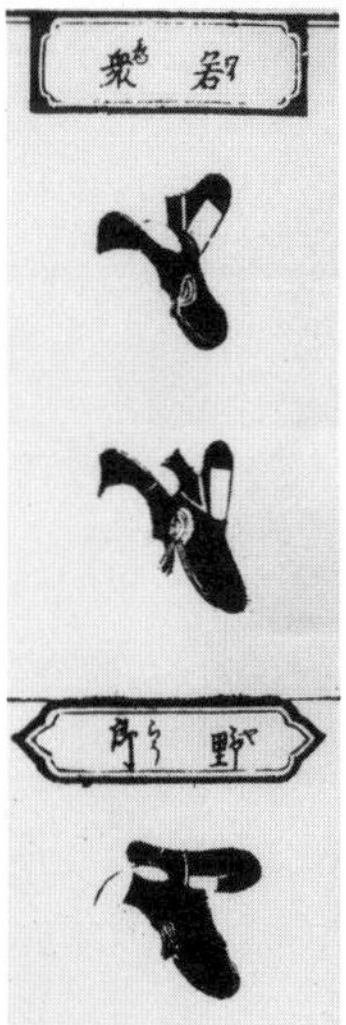

若衆髷と野郎（『女用訓蒙図彙』）

町屋の負担と規定。
**6・19**　幕府、小伝馬町の牢屋敷を改善。
**6月**　将軍綱吉、護持院を建立。
**7・23**　幕府、長崎奉行に唐人屋敷の建造を指示。
**9・30**　東山天皇即位により元禄に改元。
**9月**　幕府、酒造半減令を発令。
**9月**　神田祭礼の山車、初めて江戸城に入る。
**10・27**　幕府、偽秤・改造秤の使用を厳禁。
**11・4**　薩摩藩、琉球に唐船と交易することを禁止。
**11・12**　柳沢吉保、側用人に就任。
**11月**　幕府、不正な秤の使用を厳禁。
**この年**　幕府、清国船の長崎来航を70隻に制限。
**このころ**　繻子鬢が流行。

# 1689 元禄二年

己巳

天皇▼東山天皇

将軍▼徳川綱吉（第五代）

**【主要幕閣】**

**◉老中**
大久保忠朝（加賀守）
阿部正武（豊後守）
戸田忠昌（山城守）
土屋政直（相模守）

**◉寺社奉行**
酒井忠挙（河内守）
戸田忠真（能登守）
本多正永（紀伊守）
加藤明英（佐渡守）

**◉勘定奉行**
松平重良（美濃守）
戸田直武（美作守）
稲生正照（五郎左衛門・伊賀守）

**◉江戸町奉行**
**北** 北条氏平（安房守）
**南** 甲斐庄正親（飛騨守）

**◉京都所司代**
内藤重頼（大和守）

**◉京都町奉行**
**東** 前田直勝（安芸守）
**西** 井上正貞（志摩守・

## 長崎貿易の高額入札を禁止　六月九日

政治経済

幕府は、貞享二年（一六八五）に、長崎貿易の方法をそれまでの市法貨物商法《しほうかもつしょうほう》から定高貿易仕法《さだめだかぼうえきしほう》へと変更した。これは、清国の展海令《てんかいれい》により唐船の来航数激増に対する取引高制限の措置であった。年間貿易額は、唐船が銀六千貫目、オランダ船は金五万両と定められた。また元禄元年（一六八八）には、唐船の年間来航数が七十隻に制限された。主な輸入品は、唐貿易では、中国産の生糸、絹織物、書籍など、オランダ貿易ではヨーロッパ産の絹織物、綿織物などであった。こうした輸入品の取り引きは、入札《いれふだ》によって行なわれていたが、入札高の高騰という問題が生じてきた。そのため、この日、幕府は長崎奉行へ対して以下の命令を下した。それは、近年は相対貿易のため、入札によって落札した者へ貿易品が渡る。そのため、次第に入札額はせり上がり高額化している。この、輸入品を減らしながらも一方で日本の金銀流出は多額になるという状況は、以前に仰せ出された趣旨とは違っている。したがって、高額の入札を行なっている者を差し押さえて、せり上げ行為を堅く禁じるように、というものであった。

定高貿易仕法への変更、さらに唐船の来航数限定という措置は、金銀流出を抑制するためのものであった。しかし、実際には輸入品の数量が減少したことで、かえって入札額が高騰する事態を招いてしまった。それゆえ、本来の趣旨を守るために、高額入札を禁じる必要があったのである。

## 松尾芭蕉、奥の細道の旅へ出立　三月二十七日

文化思想

松尾芭蕉は、正保元年（一六四四）に伊賀上野（現、三重県）の城東で生まれた。俳諧の道を「生涯のはかり事」にすることを決心し、寛文十二年（一六七二）に俳諧師として立つために江戸へ下った。江戸での芭蕉は、まず北村季吟《きたむらきぎん》に師事し、桃青と号した。延宝四年（一六七六）に『江戸両吟集』を刊行したことで江戸の俳壇へ登場する。しかし、俳壇への理想と現実のギャップに苦しみ、同八年には深川へ退隠する。この時に暮らした草庵《そうあん》は、庭前に芭蕉が茂っていたことから芭蕉庵と呼ばれるようになり、自身も芭蕉翁と号すようになった。

貞享元年（一六八四）八月、芭蕉は旅人として生きることを決心し、その一歩として『野ざらし紀行』の旅に出る。次いで貞享四年の『鹿島詣《かしまもうで》』、『笈《おい》の小文《こぶみ》』の旅を経て、この日、弟子の河合曾良《かわいそら》を伴って奥州への旅に出かけるのである。およそ半年をかけて奥羽・加越路を踏破。この旅行を素材にした紀行作品である『おくのほそ道』は、元禄六年頃に成立したと考えられている。そして元禄十五年に、井筒屋庄兵衛板が刊行された。芭蕉の紀行作品の総決算と評価さ

松尾芭蕉（栗原信充『肖像集』）

**【この年の出来事】**

**1月** 幕府、町内で三毬杖・門松・注連縄を焼くことを禁止。
**1月** 幕府、煮売商売をすべて禁止。
**3・2** 幕府、奥詰衆を創設。
**3・2** 石出帯刀没(75)。
**3・27** 松尾芭蕉、奥の細道の旅に出立。
**3月** 三井高利、幕府元方御納戸御用達を兼任。
**4・14** 雨森芳洲、対馬藩儒者に着任。
**4・15** 長崎で唐人屋敷完成。在留清国人を収容。
**4・16** 幕府、勘定頭戸田直武を機密漏洩の罪により改易。
**6・9** 幕府、長崎貿易での輸入品の高額入札を禁止。
**6・18** 幕府、江戸市中での辻踊・辻相撲を禁止。
**6・28** 幕府、猪・鹿・狼の販売および食用を禁止。
**8・9** 幕府、金沢藩主前田綱紀に御三家に準じ

丹波守）

**◉大坂城代**
松平信興（因幡守）

**◉大坂町奉行**
**東**
小田切直利（土佐守）
**西**
能勢頼寛（出雲守）

**◉長崎奉行**
川口宗恒（源左衛門）
山岡景助（十兵衛）
宮城和澄（主殿）

**◉若年寄**
秋元喬知（但馬守）
稲垣重定（安芸守）
三浦明敬（壱岐守）
山内豊明（大膳亮）
松平信孝（安房守）

**◉側用人**
牧野成貞（備後守）
喜多見重政（若狭守）
松平忠周（伊賀守）
柳沢吉保（出羽守）
南部直政（遠江守）
金森頼旹（出雲守）
相馬昌胤（弾正少弼）
畠山基玄（民部大輔）

れ、従来の日本の紀行が旅の事実を書くという枠に収まっていたのに対して、必ずしも事実にこだわらない、文学的表現を重視した点に特徴がある。作品の内容は、旅を素材として自己の抱懐する風雅的世界を描いたものである。

この旅行は、以後の芭蕉の作風展開においても画期であり、旅行中に不易流行論《ふえきりゅうこうろん》（「不易流行」とは、いつまでも変化しない本質的なものを忘れない中にも、新しく変化を重ねているものをも取り入れていくこと）を考案している。芭蕉はほかにも『幻住庵記』『嵯峨日記』を著し、蕉風《しょうふう》を確立した。

## 旗本の喜多見重治が斬罪に処される　一月三日

事件災害

旗本の朝岡直国《あさおかなおくに》がこの日、義兄にあたる旗本の喜多見《きたみ》重治《しげはる》の屋敷で喧嘩となり、重治の家臣が直国を殺害した。この一件により重治は即日斬罪に処されている。

しかし、これだけでは終わらなかった。重治の従兄弟にあたる喜多見重政《しげまさ》は、五代綱吉より早くから寵愛を受けて順調に出世を遂げ、天和三年（一六八三）には旗本から一万石の大名に取り立てられ（武蔵国喜多見藩）、側用人に昇進している（貞享三年〔一六八六〕にはさらに一万石を加増）。しかし重政は、事件の翌月の二月二日、突然改易《かいえき》に処され、伊勢桑名藩主の松平定重へ預けられてしまう。刃傷事件に関与したためとも、綱吉の寵愛に背き、職務を疎かにしたためともいわれているが、真相は不明である。

## 唐人屋敷が完成　四月十五日

社会世相

鎖国下の長崎では、寛永十三年（一六三六）に出島が造成され、当初はポルトガル人を収容していた。その後、ポルトガル人の来航が禁止されると、同十八年にオランダ商館が平戸から出島へ移され、オランダ人は一般の日本人とは隔離されていた。

一方唐人は、当初は長崎市中での相対船宿《あいたいふなやど》が許されていた。しかし、寛文六年（一六六六）に宿町・付町制が始まり、各町単位で担当の唐船の対応にあたるようになった。これは、長崎に起きた寛文大火に対する都市への助成策の面も持っていた。それまで相対で唐船貿易の対応にあたっていたのを、町単位での対応にして、そこで生じる利益を均等に市中に分配することを意図したのである。

一七世紀後半、大陸では明清交代により、遷海令《せんかいれい》が廃され、展海令《てんかいれい》が発せられた。これにより唐船の来航数が激増した。こうした状況に対応するため幕府は、貞享二年（一六八五）に貿易額を年間銀六千貫目に制限した。しかし、これは密貿易の激増という結果を招いた。そこで、その対策として元禄元年に唐人屋敷の設立が決定し、この日、長崎郊外の十善寺郷《じゅうぜんじごう》に、総坪数八千十五坪で完成した（のちに九千三百七十三坪余に拡張された）。唐人屋敷は、高い塀で二重に囲まれ、さらに門も二つ設けられ、唐人屋敷乙名《おとな》・組頭・唐通事・唐人番などの唐方諸役人が、唐人の出入りを厳しく監視していた。収容人数は約二千人とされており、敷地内の建物数は数度の火災を経て変化している。

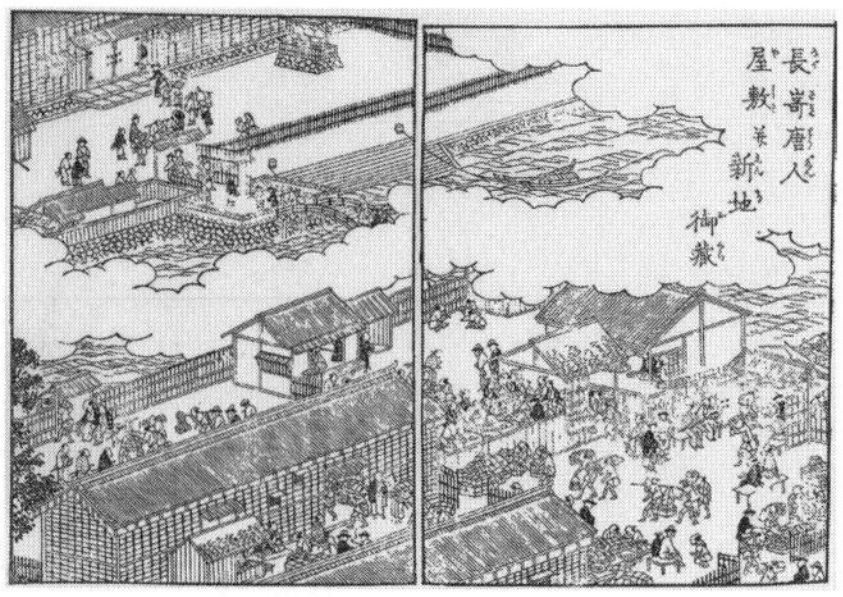

長崎の唐人屋敷（『日本山海名産図会』）

る待遇を与える。

**8月**　幕府、オランダ貿易額5万両のうち3分の1を糸代金、3分の2を端物・荒物代金とするよう規定。

**10・5**　幕府、異説・新説など珍しい説を唱えることを禁止。

**10・26**　幕府、奥右筆組頭を設置。

**11・19**　幕府、鉄砲所持者は奉行所に届け出るよう布達。

**11月**　渋川春海、本所邸内に天文台を設置。

**12・21**　北村季吟・湖春父子、幕府歌学方に就任。

**12月**　幕府、江戸の武家屋敷地内の町屋を禁止。

**この年**　幕府、役料制を復活。元禄5年まで。

**この年**　河村瑞賢、幕命により陸奥上田・白峰銀山の採掘を開始。

# 1690 元禄三年

## 庚午

**天皇▼東山天皇**

**将軍▼徳川綱吉**（第五代）

**【主要幕閣】**

**◉老中**
大久保忠朝（加賀守）
阿部正武（豊後守）
戸田忠昌（山城守）
土屋政直（相模守）

**◉寺社奉行**
戸田忠真（能登守）
本多正永（紀伊守）
加藤明英（佐渡守）
小笠原長重（佐渡守）

**◉勘定奉行**
松平重良（美濃守）
稲生正照（五郎左衛門・伊賀守）

**◉江戸町奉行**
**北** 北条氏平（安房守）
**南** 甲斐庄正親（飛驒守）
能勢頼相（出雲守）

**◉京都所司代**
内藤重頼（大和守）
松平信興（因幡守）

**◉京都町奉行**
**東** 前田直勝（安芸守）
**西**

### 幕府、捨て子を禁止する　十月二十六日　政治 経済

幕府はこの日、町触れで捨て子を禁止した。その内容は、子供の養育が困難という理由がある場合は、奉公人はその主人へ、幕領（天領）であれば代官あるいは手代へ、私領（旗本領や大名領）は村の名主・五人組、町方は町名主・五人組へ申し出ること。そして、育てることが無理な場合は、それぞれの所で養育すること、というものだった。

この捨て子禁止令は、以後の基本政策となり、町の責任による人身掌握の一環として位置づけられたことが注目される。こうした捨て子という社会問題を生起させていた社会的背景には、都市下層民の生活環境があった。元禄期の江戸では、店借《たながり》の者が乳児を養子に出したり、あるいは養親や仲介者が捨て子により処罰される事件が記録されている。雑多な労働を必要とする都市が、下層民の家族形成を阻害し、その延長線上に捨て子の問題があったのである。

この捨て子禁止政策のもう一つの側面は、当時の子供に対する認識の変化もあるだろう。中世に有していた神性が、綱吉の生類憐れみ政策によって失われ、社会の庇護《ひご》を受けなければならない存在と認識されるようになったのである。

しかし、その後も同様の触れが度々出されていることから、捨て子という社会問題がなかなか解決されなかったことが窺える。

### 契沖、『万葉代匠記』を献上する　文化 思想

契《けい》沖《ちゅう》は、寛永十七年（一六四〇）に摂津国尼崎に生まれている。十一歳の時に出家し、大坂今里《いまざと》の妙法寺《みょうほうじ》に入る。十三歳で高野山《こうやさん》に上り、二十四歳で阿闍梨《あじゃり》の位を授けられる。寛文二年（一六六二）に大坂生玉《いくたま》の曼荼羅院《まんだらいん》の住職となるが、二十七歳頃に放浪の旅へ出る。その後、妙法寺の住職となるが、この時、水戸藩主の徳川光圀《みつくに》から、水戸家の『万葉集』に注釈を執筆することを依頼されている。

四十四歳の頃に『万葉代匠記《まんようだいしょうき》』の執筆を始め、四十九歳の頃に初稿本を完成。そして五十一歳のこの年に、精撰本を完成させ献上した。この精撰本は二十巻四十三冊からなるが、初稿本は流布本や、当初光圀から依頼された親友の下河辺《しもこうべ》長流《ちょうりゅう》の説に拠っていたため不備があったのに対して、精撰本では独自の考証を記し、証拠に基づいた確実性の高い記述となっている。この契沖の実証主義的研究は、『万葉集』に限らず、古典研究史上において画期的であった。

契沖（『國文学名家肖像集』）

また、万葉仮名の研究から、古代の歴史的仮名遣いの事実を明らかにしたことは、国語学史上の大きな業績となり、のちの本居宣長《もとおりのりなが》の学問にも大きな影響を及ぼした。

**【この年の出来事】**

**1・10** 幕府、木製の火付木を禁止し、麻がらのものの使用を指示。
**1・26** 幕府、大坂の諸川船に運上金を賦課。
**1月** 遠近道印作・菱川師宣画『東海道分間絵図』刊行。
**2・9** 幕末、検地条目を制定。
**3・26** 幕府、側用人柳沢保明に2万石加増。
**3月下旬** 金沢城下で大火。民家など6630余戸焼失。
**5月** 幕府、宿駅困窮のため人馬駄賃銭を値上げ。
**6・19** 高松藩小豆島の百姓、年貢増加の検地に反対し強訴。
**6月** 幕府、小普請金上納制を制定。
**7・9** 幕府、林鳳岡に上野忍岡聖堂の湯島移転を指示。
**7月** 三井高利、幕府の大坂御金蔵銀御為替御用に就任。
**8・21** 将軍綱吉、老中

小出守秀（淡路守）
◉大坂城代
松平信興（因幡守）
◉大坂町奉行
東
小田切直利（土佐守）
西
能勢頼寛（出雲守）
◉長崎奉行
川口宗恒（源左衛門）
山岡景助（十兵衛）
宮城和澄（主殿）
◉若年寄
秋元喬知（但馬守）
松平信孝（安房守）
内藤政親（右近大夫・丹波守）
加藤明英（佐渡守）
◉側用人
牧野成貞（備後守）
柳沢吉保（出羽守・美濃守）
金森頼旹（出雲守）
畠山基玄（民部大輔）

## 日向延岡藩領山陰村・坪谷村の農民逃散 九月十九日

事件 災害

日《ひゅう》向延岡《がのべおか》藩領の山陰村《やまげ》・坪谷村（現、宮崎県日向市東郷町）の農民がこの日、隣藩の高鍋《たかなべ》藩へ集団で逃散《ちょうさん》した（山陰一揆）。延岡藩は、藩財政が窮乏したことで、寛文年間（一六六一―七三）を境に山方の搾取《さくしゅ》を強化していた。これに対して、小規模の農民の欠落《かけおち》・逃散が見られていたが、この日、山陰村・坪谷村の農民千四百二十二人が郡代の梶田十郎左衛門の悪政と、代官の不正を訴えて集団で隣接する高鍋藩領股猪野《またいの》（現、宮崎県児湯郡都農町）に逃散した。高鍋藩は延岡藩内に戻るよう説得したが、農民側は受け入れなかった。高鍋藩は逃散してきた農民への食糧支給や仮住居の建設などの支援を行なった。

翌年、事件は幕府の知るところとなり、六月二十二日に評定所で裁決された。逃散は禁止であるから農民は延岡藩内に戻ること、首謀者二名は磔刑、五名は斬首など、二十一名が処罰された。一方、郡代・代官にも非ありとして追放処分が下された。また、元禄五年には藩主の有馬清純《きよすみ》も騒動の責任を問われて越後糸魚川《いといがわ》に転封処分となった。

この一揆の結果、領内は多くが幕領（天領）となり、有馬氏の跡に三浦明敬《みうらあきひろ》が入部すると、以後の延岡藩は譜代藩として定着した。

## 富山の薬、全国販売へ

社会 世相

富山の売薬は、現在でも全国的に有名だが、その画期は、富山藩二代藩主の前田正甫《まえだまさとし》の治世下にあった。正甫は、岡山藩の医師万代常閑《まんだいじょうかん》から製法を教わり、丸薬反魂丹《はんごんたん》をこの年から全国に売り出すことを命じたのである。

富山の売薬商人は強力な仲間組織を作り、全国を二十一に組み分けして、その流通機構を確立させた。行商地域の選択は、城下町や大都市を避け、特に有力商人は、綿・菜種などの農民的商品生産の活発な地域を選んだ。

富山の売薬商人の全国的進出は、他藩内の同業者保護のために差し留められることもあったが、貿易額均衡策や、その藩の専売制に貢献するなどの代替策をとることで対応した。

一方、薬の原料は、多くが中国産のものに頼り、長崎で輸入されたものを大坂の薬種問屋を介して入手していた。製薬は分業でも行なわれ、中には特殊な技術を持つ丸薬師のように、製薬の一部のみに雇用されて渡り歩く者もいた。また、行商人自身は、礼儀・服装など規律を正すことで顧客の信用獲得に努めていた。

こうした藩と商人との総がかりの売薬・製薬事業は、米作と並んでこの地の二大産業となったのである。

反魂丹の製法を富山に伝えた万代常閑像（富山市・妙国寺蔵）

万代常閑を讃える顕彰碑（同寺）

らに『大学』を講義。
**8・18** ドイツ人ケンペル、オランダ商館長付きの医師として来日。
**9・19** 延岡藩山陰村の百姓、高鍋藩領へ逃散（山陰一揆）。
**9・29** 幕府、朝鮮人参売買に対馬藩の証文を要すると規定。
**9月** 幕府、京都の定火消制度を制定。
**10・14** 水戸藩主徳川光圀隠居、綱条が継承。
**10・26** 幕府、捨子を禁止。
**10・26** 幕府、捨て子禁止令を発布。
**12・9** 京都で大火。1000余戸焼失。
**この年** 契沖、『万葉代匠記』を徳川光圀へ献上。
**この年** 富山の薬、全国販売。
**このころ** 浮世草子が流行。

# 1691 元禄四年

辛未

天皇▼東山天皇

将軍▼徳川綱吉（第五代）

【主要幕閣】

●老中
大久保忠朝（加賀守）
阿部正武（豊後守）
戸田忠昌（山城守）
土屋政直（相模守）

●寺社奉行
戸田忠真（能登守）
本多正永（紀伊守）
小笠原長重（佐渡守）
松浦棟（壱岐守）

●勘定奉行
松平重良（美濃守）
稲生正照（伊賀守）

●江戸町奉行
北
北条氏平（安房守）
南
能勢頼寛（出雲守）

●京都所司代
松平信興（因幡守）
小笠原長重（佐渡守）

●京都町奉行
東
前田直勝（安芸守）
西
小出守秀（淡路守）

## 別子銅山の開発許可　五月九日

政治経済

幕領（天領）である伊予国の別子《べっし》山村域で貞享四年（一六八七）に銅鉱が発見された。この日、大坂の泉屋《いずみや》（四代住友友芳《すみともともよし》）が開坑許可を受け、閏八月に採鉱を開始、同年十二月に製錬を始めた。

この銅山の経営を行なう条件は、①出銅の内、山師《やまし》の取り分の一割三分を運上銅《うんじょうどう》として、代銀納する、②炭釜十口毎に、年に銀三十枚を運上、③年季五ヶ年、④坑木・薪炭用に銅山付近の雑木・朽木を使用する、などであった。

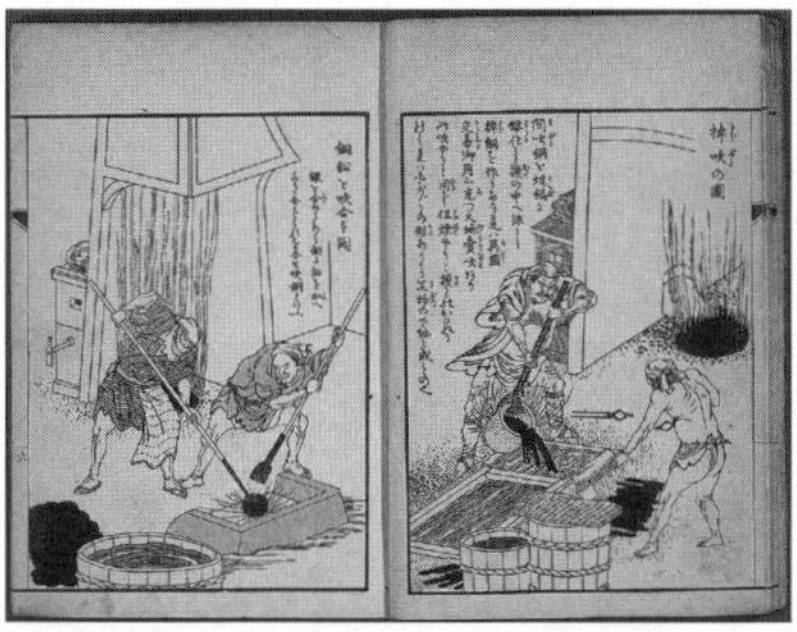

18世紀後半以降オランダへの主な輸出品となった棹銅の製法図（『鼓銅図録』）

産銅は、元禄十一年には年千五百トンを超え、江戸時代最大の銅山となった。さらに元禄十五年には、銅山振興計画を幕府へ上申し、泉屋が経営している備中国の吉岡銅山分と合わせて、拝借金一万両を受け、また当初、請負年季は五年と定められていたが、実質的に無期となるなど、江戸時代の鉱山経営においては画期的であった。しかし、十八世紀以降は産出量が次第に減少し、年六百トンを超えたのは、明治以前では十数年に過ぎなかった。

それでも、別子銅山から産出される銅の大部分は長崎貿易の輸出銅に充てられ、宝暦四年（一七五四）からは秋田・南部銅とともに輸出銅を支えており、幕府にとってこの銅山は重要な位置を占め続けていたのである。

## 将軍綱吉、湯島聖堂に詣でる　二月十一日

文化思想

元禄三、四年は、五代綱吉の儒学興隆策が大きな展開を見せる時期とされる。時の林家《りんけ》当主の鳳岡《ほうこう》別邸内の上野忍岡《しのぶがおか》の孔子堂《こうしどう》に替えて、幕府直轄の孔子聖堂《せいどう》を建設したのがそれである。

この孔子堂は、もとは寛永九年（一六三二）に林羅山《らざん》邸内の家塾として始まった。その後、万治三年（一六六〇）に改築されているが、元禄三年七月に湯島昌平坂《ゆしましょうへいざか》への造営が命じられた。そして、この時に聖堂と改称した。その後、数度の改築を経ているが、七回目の改築は、寛政の学制改革で昌平坂学問所が幕府の直轄学校として開設されたことにかかり、それは壮麗で大規模なものであった。

湯島聖堂創立の直接の契機は、元禄元年（一六八八）に綱吉が十一月二十一日を廟参の日と定めたことにある。幕府の公式行事として定められたことで、その影響は絶大であったらしい。新しく造営された聖堂は、広さが六千坪余で、諸藩主から典籍《てんせき》や祭器の供献があった。綱吉も自筆の「大成殿」の扁額《へんがく》を掲げ、釈奠《せきてん》執行の日であるこの日に大成殿に詣でて祭儀を、また自ら経書を講じた。

この湯島聖堂の創設に伴い、鳳岡は束髪を命じられ大《だい》

【この年の出来事】

**1・1** 浅井了意歿。
**1・13** 幕府、儒者林鳳岡を従五位下大学頭に任命、蓄髪させる。これ以降、儒者に蓄髪を命令。
**2・2** 江戸相生橋、昌平橋と改称。
**2・11** 将軍綱吉、湯島聖堂に詣でる。
**2・26** 幕府、勘定所役人を諸国巡見に派遣。
**2・30** ケンペル、オランダ商館長に同行し将軍綱吉に拝謁。
**3・14** 幕府、公卿の方領采邑制を蔵米制へ変更。
**3・22** 将軍綱吉、柳沢吉保邸を訪問。
**3月** 幕府、江戸市中の鳥銃改めを毎年実施と決定。
**3月** 高野山で大火。
**この春** 前橋藩、藩校「好古堂」を開校。
**4・28** 幕府、日蓮宗悲田派を禁止。
**4月** 松尾芭蕉、嵯峨野落柿舎で『嵯峨日記』を記す。

**◉大坂城代**
土岐頼殷（伊予守）

**◉大坂町奉行**
**東**
小田切直利（土佐守）
**西**
加藤泰堅（平八郎）

**◉長崎奉行**
川口宗恒（源左衛門）
山岡景助（十兵衛）
宮城和澄（主殿）

**◉若年寄**
秋元喬知（但馬守）
松平信孝（安房守）
内藤政親（丹波守）
加藤明英（佐渡守）

**◉側用人**
牧野成貞（備後守）
柳沢吉保（出羽守）
金森頼旹（出雲守）
畠山基玄（民部大輔）

学頭《がくのかみ》に任じられ信篤《のぶあつ》と名乗らされた。これは、仏教から独立した儒学の存在を世に示したという点で大きな意味をもった。そして以後、林家は祭酒・聖堂預りを世襲することとなり、さらに従五位下大学頭に任じられることが通例となり、武家社会の身分秩序の中に位置づけられるようになるのである。

## 日蓮（法華）宗悲田派を禁制　四月二十八日

事件災害

日《にち》蓮宗《れんしゅう》の一派として、日奥《にちおう》が開いた不受不施《ふじゅふせ》は、信仰のない者からの供養を受けず、また他宗の僧侶には供養しないという立場であった。しかし、文禄四年（一五九五）に豊臣秀吉が主催した千僧供養会への出仕をめぐり宗内対立が生じ、以後、受不施・不受不施に分派した。

慶長四年（一五九九）の受派の画策による日奥の配流、寛永七年（一六三〇）および寛文五年（一六六五）の不受不施派僧侶の多数流罪以降、幕府は不受不施派を禁制し、弾圧していった。

この日、幕府は日蓮宗悲田派《ひでんは》の小湊誕生寺《こみなとたんじょうじ》・碑文谷法華寺《ひもんやほっけじ》・谷中感応寺《やなかかんのうじ》、受不施派の久遠寺日脱《くおんじにちだつ》・本門寺日玄《ほんもんじにちげん》・妙法華寺日宗《みょうほっけじにっしゅう》・妙光寺日殷《みょうこうじにちいん》・弘法寺日栄《こうほうじにちえい》・本土寺日信《ほんどじにっしん》・瑞輪寺日考《ずいりんじにっこう》・善立寺日勇《ぜんりゅうじにちゆう》・宗延寺日典《そうえんじにってん》・承教寺日随《じょうきょうじにちずい》・朗惺寺《ろうせいじ》日立などを召して裁詞を令した。

まず誕生寺・法華寺・感応寺は先年の禁令に背き、なお不受不施の邪義を建てて悲田派として布教していることを戒め、以後の悲田派の信仰・布教を禁じた。宗徒たちは受不施あるいは他宗への改宗を命じられた。そして、久遠寺・本門寺に対しては、誕生・法華・感応三寺の末寺の改宗を監視させた。さらに、三寺そのものは天台宗の管轄下に置かれ、住職らは天台宗への改宗を強いられた。しかし、改宗に応じない僧侶も多く、七月十二日、六十九人の僧侶が伊豆諸島への遠島処分に処せられたのである。

## 槍踊が流行

社会世相

大名行列の時に奴《やっこ》が行なった棒振りの動作を舞踊化した槍踊《やりおどり》が、このころ流行した。槍踊は奴踊という歌舞伎舞踊の一種で、奴姿のまま演じる勇壮・活発なものと、若衆方《わかしゅ》や女方《おやま》が演じる華やかさを強調するものとの二種があった。特に元禄期には、のちに名を残す役者が登場している。奴姿で演じるものでは、上方の道外方《どうけかた》金沢五平次《かなざわごへいじ》が有名で、「まかせておけろのやりおどりより、一切の拍子事たんとお上手」と称賛された。また、女方姿のものは、元禄期所作事《しょさごと》の第一人者として当時から高い評価を受けていた水木辰之助《みずきたつのすけ》が有名である。辰之助は大坂で生まれ、伯父の大和屋甚兵衛《やまとやじんべえ》のもとで修業し、十七歳の時に上京している。この年の『娘親の敵討』で有馬の藤に扮して槍踊を踊ったのが評判となった。上方で絶大な人気を博し、元禄八年（一六九五）に江戸へ下った。同年十一月には、江戸・市村座で『四季御所桜《しきごしょざくら》』を上演し、当たり芸の槍踊を演じ、ほかの座を圧倒して評判を取ったとされる。この姿は『風流四方屛風』に描かれている。

辰之助は、芳沢《よしざわ》あやめ・袖崎歌流《そでさきかりゅう》・荻野沢之丞《おぎのさわのじょう》とともに「女方の四天王」と呼ばれるほどに人気を博し、人々もこの振りを真似て踊ったという。

**5・9**　幕府、住友友芳に伊予の別子銅山の開坑・採掘を許可。
**6・17**　阿蘇山噴火。
**7・3**　松尾芭蕉『猿蓑』刊行。
**8・17**　熊沢蕃山歿（73）。
**8月**　幕府、六郷・玉川の架橋をやめ、渡船場を設置。
**9・25**　土佐光起歿（75）。
**10・24**　幕府、生類の遊芸見世物を禁止。
**11・12**　灰屋紹益歿（82）。
**11・15**　幕府、卵・雛のある鳶烏の巣の撤去を禁止。
**12・2**　住吉具慶、法眼となる。
**この年**　福山藩、佐藤直方を藩儒者に登用。
**このころ**　槍踊が流行。

# 1692 元禄五年

## 壬申

**天皇▼東山天皇**

**将軍▼徳川綱吉**（第五代）

**【主要幕閣】**

**◉老中**
大久保忠朝（加賀守）
阿部正武（豊後守）
戸田忠昌（山城守）
土屋政直（相模守）

**◉寺社奉行**
戸田忠真（能登守）
本多正永（紀伊守）
松浦棟（壱岐守）

**◉勘定奉行**
松平重良（美濃守）
稲生正照（伊賀守）

**◉江戸町奉行**
**北** 北条氏平（安房守）
**南** 能勢頼寛（出雲守）

**◉京都所司代**
小笠原長重（佐渡守）

**◉京都町奉行**
**東** 前田直勝（安芸守）
松前嘉広（八兵衛・伊豆守）
**西** 小出守秀（淡路守）

## 医師ケンペル、将軍綱吉に拝謁　三月六日

政治 経済

エンゲルト・ケンペル（一六五一―一七一六）は、元禄三年にオランダ東インド商館の医官として、長崎の出島に着任した。ケンペルは約二年間の在任中、同四、五年の二度、商館長に随従して江戸へ参府した。

二回目の参府は、商館長アウトホールンに随行した。そして、この日（西暦では四月二十一日）、将軍綱吉と正式な謁見の間で拝謁している。このことは異例であり、謁見の間へは商館長がわずかの時間出ることだけが許されていた。そのため商館長でないケンペルは、本来は拝謁の場に出る立場でなかったが、二回目の参府では幸運にも謁見の間へ出ることが許可されたのである。これは綱吉のオランダ人への関心の高さに基づくものであった。

ケンペルはその時の様子を『日本誌』のなかに詳細に書き残している。綱吉は、オランダ人に対して多くの質問をしたり、様々な即興芝居をさせたりしたという。特にケンペルに対しては、歌を唄わせたり、ダンスをさせたりし、さらに職業、重病を治したことの有無、生活習慣の違い、膏薬《こうやく》の名称など、質問攻めにしている。こうした謁見の時間は三時間半にも及んだという。

ただ、こうした日本側のオランダ人に対する態度を、ヨーロッパ人の体面を汚すものである、とする評価は後世にケンペルの著作を読んだ人たちの感想であり、当時のオランダ人たちは、このように将軍の関心を受けることが、ある種の名誉であることを知っていたのだった。

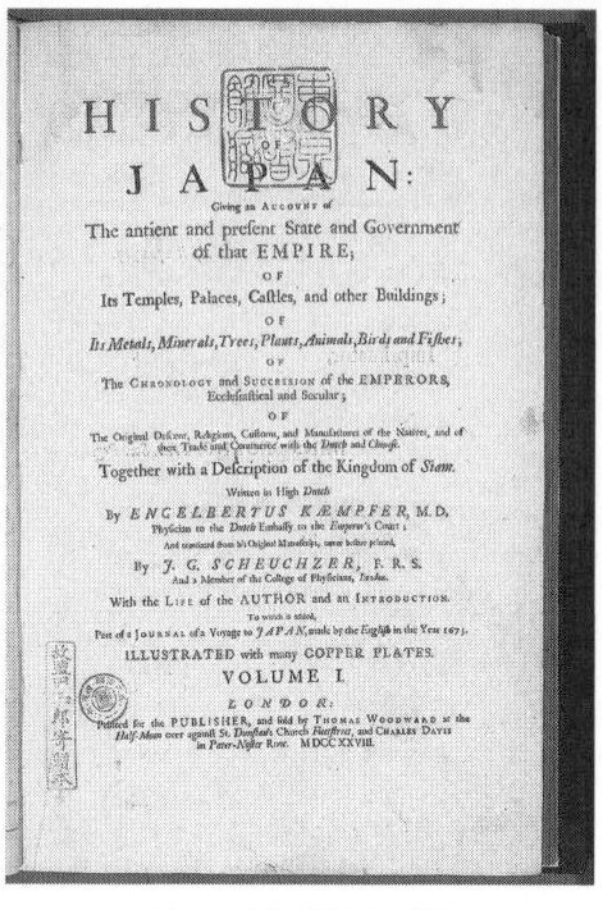

ケンペル『日本誌』

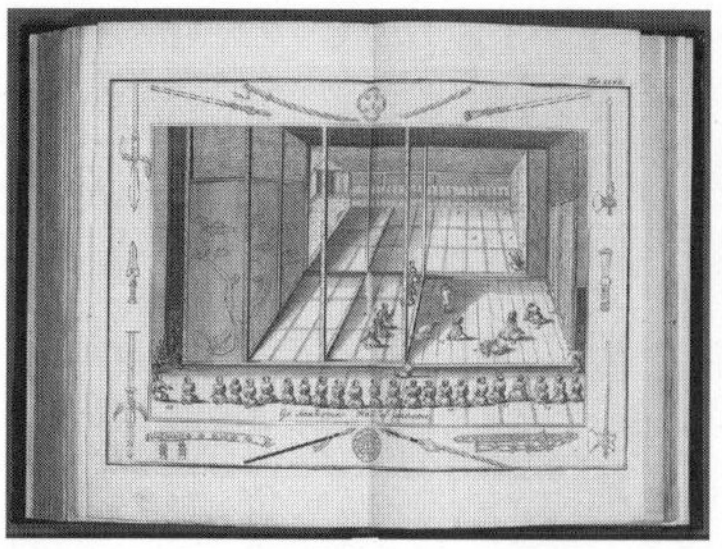
ケンペルの綱吉拝謁（『日本誌』）

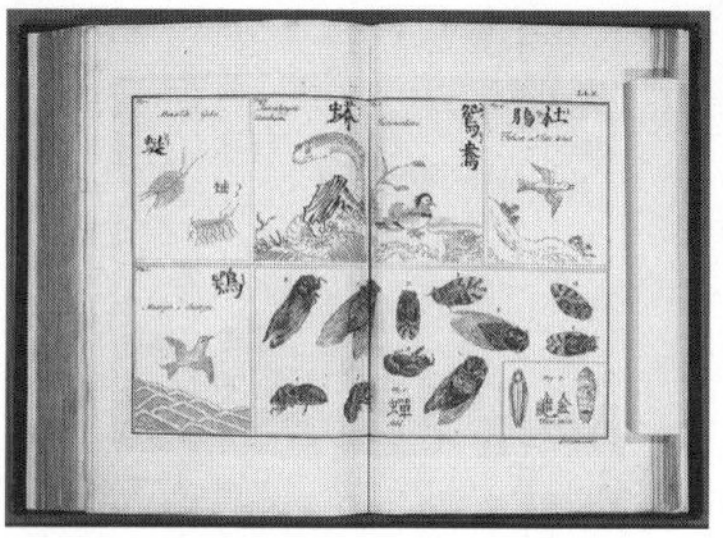
『日本誌』に記録された日本の事物

## 惣録検校が始まる

文化 思想

惣《そう》検校《けんぎょう》は、目の不自由な人々の特権的職能集団である当道《とうどう》社会の最高官であり、この年、江戸の検校杉山和一《すぎやまわいち》が将軍綱吉の病を治療した功によって関東総検校職を命じられた。本来の惣検校は、京都の東洞院《ひがしのとういん》の職屋敷

**【この年の出来事】**

**1月** 井原西鶴『世間胸算用』刊行。
**3・6** ケンペル、オランダ商館長に同行し、将軍綱吉に2度目の拝謁。
**3月** 奈良東大寺大仏の修復完了、開眼供養。
**この春** 宮崎友禅『余情ひいながた』刊行。
**4月** 幕府、江戸市中に警火の制を発令。
**5・7** 幕府、谷中感応寺で非人施行を実施。
**5・9** 幕府、鍼医杉山和一を関東総検校に任命。
**5・9** 幕府、新地寺院146寺を古跡に準じさせ、新規の寺院建立を禁止。
**5・10** 幕府、江戸の富突講・百人講を禁止。
**7・4** 京都および近国で大雨。三条仮橋流失。
**7・28** 幕府、金森頼旹を飛驒高山から出羽上山へ転封、飛驒高山を天領とする。
**7月** 幕府、江戸町方の家屋敷間数絵図の提出を指示。

**◉大坂城代**
土岐頼殷（伊予守）

**◉大坂町奉行**
**東**
小田切直利（土佐守）
松平忠周（五郎右衛門）
**西**
加藤泰堅（平八郎・大和守）

**◉長崎奉行**
川口宗恒（源左衛門）
山岡景助（十兵衛）
宮城和澄（主殿）

**◉若年寄**
秋元喬知（但馬守）
松平信孝（安房守）
内藤政親（丹波守）
加藤明英（佐渡守）

**◉側用人**
牧野成貞（備後守）
柳沢吉保（出羽守）
金森頼旹（出雲守）

を本拠として全国を統括していた。そして、極老・二老・三老の三人の常任検校が政務を執り、これに七人の検校が加わって合議制を敷いていた。しかし、杉山が惣検校に任じられたことで、江戸の本所一ツ目に惣録屋敷が設けられ、関東八ヶ国の当道を支配することとなるのである。

こののち、三代目惣録の島浦検校が引退すると、支配権は京都に返還され、以後、江戸には惣録屋敷と惣録○○検校という名称だけが残った。

## 大奥より出火　十月

事件災害

この月、江戸城大奥より出火した。この時、二の丸の火災衆が玄関前まで出動し、必死の消火活動を行なった。その結果、大事には至らなかったが、火災の発生理由について調査したところ、大奥女中の火災に対する警戒心のなさが浮き彫りとなった。

すなわち、持仏比丘尼《じぶつびくに》衆《しゅう》の下女が、湯沸かし器として使用した銅製の銅壺を紙で拭き、その紙を捨てた屑籠を二階に持って行ったまま放置したのであった。紙には十分な余熱が残っており、それが屑籠のなかのものに引火したのである。

現代とは異なり、全てが木造建築であった江戸時代においては、一度火災が発生すると、その消火は非常に困難であった。そのため幕府は、下女を町奉行所へ連行して吟味する、という厳しい対応をみせている。些細なボヤ騒ぎにも過敏に対応する幕府、またその姿勢を示し続けることこそが防火活動の要であったことを表す事件といえよう。

## 質屋総代が設けられる　十一月九日

社会世相

江戸時代の都市では早くから質屋が発達し、庶民も広く利用していた。質の利子は年二割前後が一般的だった。また抵当に取った質物は、一年経つと質流れとなっていた。

質入れされる質物のなかには、拾得品や盗品などもあり、こうした犯罪を防止するために、寛永十九年（一六四二）には大坂で質屋仲間を結成させ、京都や江戸でも同様な仲間が結成された。

江戸では、この日に三ヶ条の触れが出され、神田旅籠《はたご》町《ちょう》の中村平右衛門・本所相生町《あいおいちょう》の堺屋三九郎・神田多町《たちょう》の車屋久右衛門の三人が質屋惣代に任命された。これにより、次のような取り決めがなされた。①質物を取って金銀を貸す者は、日本橋本石町《ほんこくちょう》三丁目の惣代会所に出向き、帳面に判形をして、質屋の作法の定書を一通、看板一枚を惣代三人から受け取ること。②質屋を始めようとする者は惣代会所へ行き、質屋仲間の連判をして定書・看板を受け取ること。③以後、看板を持たずに質を取る者は、本人はもちろん、家主・五人組・名主まで急度申し付ける。また、質屋を辞める者も惣代へ申し出て、書付・看板を返却し、帳面の判形を消すこと。④惣代料として質屋一人の手前から月銀四分宛を毎月晦日に惣代へ持参すること。

これによって質屋営業の登録や質屋作法が確立されたが、元禄十六年十二月には質屋惣代制度は廃止され、以後、質屋による紛失物調査と盗犯防止は町名主によって行なわれるようになるのである。

**8・7**　飛騨の農民、金森頼旹の移封に反対し江戸に越訴。
**8・10**　幕府、廊下番組頭を設置。
**8・12**　幕府、近習番を設置。
**9・27**　幕府、隅田川に殺生禁止区域を設置。
**10・13**　薩摩藩、琉球に唐物抜荷取り締まりの規則を制定。
**11・9**　幕府、質物および金銀借の制を制定。江戸では質屋総代を新設。
**11月**　江戸城大奥より出火。
**この冬**　津軽で50年来の大雪。
**この年**　大坂南堀江高木屋橋筋立花通で勧進相撲が開催。大坂勧進相撲の始まり。
**この年**　惣録検校が始まる。

**【主要幕閣】**

**◉老中**
大久保忠朝（加賀守）
阿部正武（豊後守）
戸田忠昌（山城守）
土屋政直（相模守）

**◉寺社奉行**
戸田忠真（能登守）
本多正永（紀伊守）
松浦棟（壱岐守）

**◉勘定奉行**
松平重良（孫大夫・美濃守）
稲生正照（伊賀守）

**◉江戸町奉行**
**北**
北条氏平（安房守）
川口宗恒（摂津守）
**南**
能勢頼寛（出雲守）

**◉京都所司代**
小笠原長重（佐渡守）

**◉京都町奉行**
**東**
松前嘉広（伊豆守）
**西**
小出守秀（淡路守）

## 加賀藩が切高仕法を実施　十二月

政治経済

加賀藩百二万石の領土は、加賀・能登《のと》・越中《えっちゅう》の三ヶ国十郡にまたがり、家臣団は二万人にも及んだ。この大藩・大軍団を養ったのは三ヶ国・三千四百の村々の百姓だ。加賀藩が安定したのは五代藩主の前田綱紀《まえだつなのり》時代である。綱紀は正保二年（一六四五）から享保八年（一七二三）まで、七十九年間藩主の座にあり、多くの治績《ちせき》を遺して名君と称えられた。

十七世紀後半になると、加賀藩独自の農政である改作《かいさく》仕法《しほう》（改作法）の影響で商品経済が進み、農民層の分解が進んで、持高を処分して貧富の差が広がる状況が顕著になってきた。こうした変化の中で加賀藩は、この月、切高《きりだか》仕《し》法《ほう》を実施したのである。

もともと農民が田畑を売ることは禁じられていたが（幕府は田畑永代売買禁止令《でんばたえいたいばいばいきんしれい》を寛永二十年〔一六四〇〕公布）、持高が手に余って年貢完納が出来なくなるような百姓には、余分の高を他人に売り渡すことを認めたのである。この売り渡した持高を切高《きりだか》といい、買い取ったほうを取高《とりだか》と呼んだ。ただし、持高全てを売却することは当初禁止していた。

この切高仕法は土地売買の事実上の容認である。小百姓は土地を売って次第に水呑化し、富裕な大百姓はそれを買い取って所有地を増やして豪農化の道を進んでいった。

## 将軍綱吉の『易経（周易）』の講義が始まる　四月二十一日

文化思想

激しい性格の将軍綱吉は、反面で好学の君主でもあり、特に儒学への傾倒ぶりは著しいが、その決定打ともいえるのが綱吉自らの『易経《えききょう》（周易《しゅうえき》）』の講義である。毎月六回、旗本や諸大名（なかには法親王・高僧・神官・山伏、柳沢吉保の家臣なども含まれていたという）へのこの講義が終了したのは、元禄十三年（一七〇〇）十一月二十一日、二百四十回を数えた。

綱吉が将軍に就くと、将軍家の新年の行事である兵法《へいほう》初《ぞ》めが廃止となり、謡曲《ようきょく》初めのみとなった（綱吉は大の能楽好きだった）。翌年、読書初めの儀式が行なわれるようになり、綱吉は柳沢吉保《やなぎさわよしやす》や林信篤《はやしのぶあつ》らから儒学の進講《しんこう》を受けたが、元禄三年（一六九〇）以降は綱吉自身が『論語』の講義をするに至った。

近世史家の塚本学氏は、綱吉の儒学理解のレベル、またその人物評価として

「綱吉自身の儒学理解が深かったとは思えないが、孝道《こうどう》についての思索が現実に根ざしたことは認められよう」

「（綱吉は）日本社会の文明化を推進した理想主義者であるが小心の専制君主《せんせいくんしゅ》というのが、私の綱吉像である」

と述べている。

**【この年の出来事】**

**1・14** 近江佐和山で大火。1500余戸焼失。
**4・21** 将軍綱吉、『周易』を講義。以後毎月6回開講。
**5・16** 奈良正倉院開封。8月に閉封。
**6月** 幕府、江戸市中の流言者取り締まりのため、各町に人別書上げを指示。
**7・10** 幕府、江戸市中の上水管轄を町奉行から道奉行へ変更。
**7月** 江戸大川に新大橋架橋。
**8・10** 井原西鶴歿(52)。
**8・16** 幕府、魚釣りを禁止。
**8月** 『古今茶道全書』刊行。
**9・10** 鷹匠町、小川町と改称。
**9・10** 幕府、鷹部屋と鷹匠を廃止。
**9・12** 幕府、鷹部屋の鷹を伊豆新島へ放す。
**9・12** 餌指町、富坂町と改称。
**9月** 幕府、江戸市中で

◉**大坂城代**
土岐頼殷（伊予守）
◉**大坂町奉行**
**東**
松平忠周（五郎右衛門・玄蕃頭）
**西**
加藤泰堅（大和守）
◉**長崎奉行**
川口宗恒（源左衛門）
山岡景助（十兵衛）
宮城和澄（主殿）
◉**若年寄**
秋元喬知（但馬守）
内藤政親（丹波守）
加藤明英（佐渡守）
◉**側用人**
牧野成貞（備後守）
柳沢吉保（出羽守）
酒井忠真（左衛門尉）

## 幕府、鷹狩を廃止　九月十日

**事件災害**

徳川家康の鷹狩《たかがり》好きはよく知られているが、三代将軍家光もやはり鷹狩を好んで行なった。鷹狩は将軍家ばかりでなく、特に許された大名にも認められていた。鷹狩の目的は気晴らし的な側面（ストレス解消になる）だけでなく社交的・儀礼的な側面（天皇家に献上した）もあるし、鷹場《たかば》には治安維持のための幕府権力が及んでいた。

鷹狩は飼い慣らした鷹を放って、兎《うさぎ》や狸《たぬき》などを捕らせる狩猟法である。我が国では古くから行なわれていたが、江戸時代に盛んになった。江戸の周辺のおよそ五里以内の特定の村々が鷹場とされ、鷹匠《たかじょう》、鳥見《とりみ》、餌指《えさし》などの職制《しょくせい》ができた。

ところがこの年が酉年《とりどし》だったこともあり、生類憐《しょうるいあわれ》みの令《れい》の一環として、この日幕府の鷹部屋《たかべや》と鷹匠などが廃止となり、江戸の神田《かんだ》の鷹匠町《たかじょうまち》は小川町《おがわまち》に改称され、十二日には、小石川《こいしかわ》の餌指町《えさしまち》は富坂町《とみさかちょう》に改められ、鷹部屋の鷹を伊豆新島《にいじま》へ送り放した。

鷹狩が復活するのは、正徳六年（享保元・一七一六）、八代将軍吉宗《よしむね》の時である。

鷹狩（『絵本世都濃登起』）

## 幕府、流言の「馬のものいひ」事件を探索　九月

**社会世相**

この年の夏頃から、奇妙な噂が江戸市中に流れた。まず春先から、ソロリコロリ（病態不明）という病気が流行って一万人以上が亡くなった。これには南天《なんてん》の実と梅干を煎じて飲めば効くという馬のお告げがあったといわれ、それらの値段が一気に高騰。一方、病除けの薬を求めるよりも、特別の鍼灸《しんきゅう》があるという話も流布《るふ》した。

馬が人のように喋るわけがない、と幕府はこの日町触《まちぶれ》を出し、風評の源を突きとめることを命じた。この過程で各町の人別改《にんべつあらた》めを行なったことにより、当時の江戸の町人総人口が三十五万三千五百八十八人と判明した。

翌元禄七年三月十一日、『馬のものいひ』という小冊子を作って悪疫《あくえき》の流行を予言したという罪で、浪人者の筑紫《つくし》園右衛門《そのえもん》（『徳川実紀』では「門右衛門」）が逮捕され、斬首《ざんしゅ》（打首）となった。園右衛門が御家人の弟だったための処刑だろう。すなわち生類憐みの令においては、犬にも劣らず愛護された馬に対する真正面からの抵抗と受け取ったがゆえに、幕府は極刑をもって臨んだのである。

道路や川への塵芥投棄を禁止。
**10・15** 御三家と甲府藩主徳川綱豊、鷹場を返上。
**10月** 幕府、江戸城下馬所での喫煙を禁止。
**11・1** 幕府、火災発生時の野次馬を禁止。
**11・9** 幕府、旗本・御家人に火の用心、家作の華美の禁止などを通達。
**12・4** 幕府、老中大久保忠朝・阿部正武・戸田忠昌・土屋政直に、翌春の将軍御成のために1万両ずつ貸与。
**12・16** 新井白石、甲府藩主徳川綱豊の侍講に就任。
**12月** 加賀藩、切高仕法を実地。

# 1694
# 元禄七年

甲戌

天皇▼東山天皇

将軍▼徳川綱吉（第五代）

【主要幕閣】

◉老中
大久保忠朝（加賀守）
阿部正武（豊後守）
戸田忠昌（山城守）
土屋政直（相模守）

◉老中格
柳沢吉保（出羽守）

◉寺社奉行
戸田忠真（能登守）
本多正永（紀伊守）
松浦棟（壱岐守）
永井直敬（伊賀守）

◉勘定奉行
松平重良（美濃守）
稲生正照（伊賀守・下野守）
井戸良弘（三十郎・志摩守）

◉江戸町奉行
北　川口宗恒（摂津守）
南　能勢頼寛（出雲守）

◉京都所司代
小笠原長重（佐渡守）

◉京都町奉行

## 助郷制度を改革

政治経済

江戸の中心である日本橋を起点とした五街道《ごかいどう》、東海道《とうかいどう》（江戸～京都五十三宿）、中山道《なかせんどう》（江戸～草津六十七宿）、日光道中《にっこうどうちゅう》（江戸～日光二十三宿）、甲州道中《こうしゅうどうちゅう》（江戸～下諏訪四十三宿）、奥州道中《おうしゅうどうちゅう》（江戸～白川二十七宿）は、幕府が直轄した。旅人が泊る宿場《しゅくば》は次第に整備され、東海道五十三次などが成立した。宿泊、運輸などの業務を果たす宿場には問屋場《といやば》が置かれた。

幕府は寛永十四年（一六三七）に五街道の中でもとりわけ往来の盛んな東海道の宿場近くの特定の村に、補助的に馬を提供させる助馬《すけうま》制を布いた。その後、東海道の交通が一段と活発化したことで労力奉仕も比例して増えた。宿場近くの農民に人夫《にんぷ》と馬の負担を義務づける定助郷《じょうすけごう》、それでも不足した場合に補助する大助郷《おおすけごう》（大助《おおすけ》）が制度化された。助郷、大助共に高百石に付き馬二匹、人夫二名負担が課せられた。

この年、幕府は助郷制度を改革、東海道品川宿から岡崎宿間には定助と大助を置くなどした。問屋場は助郷帳に定める助郷高に応じて人馬を徴発《ちょうはつ》した。東海道ほどの整備はされないものの、そのほかの四街道や主要な脇往還《わきおうかん》でも人馬の」徴発が行なわれるようになったのである。

この年から二年間かけて人馬継立《じんばつぎたて》の徴発を行なう制度を定めたものの、東海道は年を追うごとに通行量が増大し、助郷制度による負担増で近辺の農村は疲弊《ひへい》していった。東海道では、宿駅と村落《そんらく》間で長きにわたって緊張関係が続いたが、結局、幕末を経て明治五年（一八七二）まで助郷制度は存続したのである。

## 京都賀茂の葵祭を再興　四月一日

文化思想

現在、祇園祭《ぎおんまつり》、時代祭《じだいまつり》とともに京都三大祭の一つとして知られる葵祭《あおいまつり》は、別称を賀茂祭《かもまつり》と呼ぶように、賀茂神社（上・下両社）の例大祭《れいたいさい》である。かつては祭りといえば葵祭のこととされた。

伝承によれば、葵祭の起源は、古くは十代崇神《すじん》天皇時代まで遡るが、二十九代欽明《きんめい》天皇時代ともされ、はっきりしない。朝廷の宮中行事として賀茂社に参拝するようになったのは五十二代嵯峨《さが》天皇時代とされる。また、嵯峨天皇の皇女が斎王《いっきのみこ》となって以降、後鳥羽《ごとば》天皇の時代まで歴代の内親王が斎王となるのが慣例となった。

九世紀に勅祭となったことで、祭

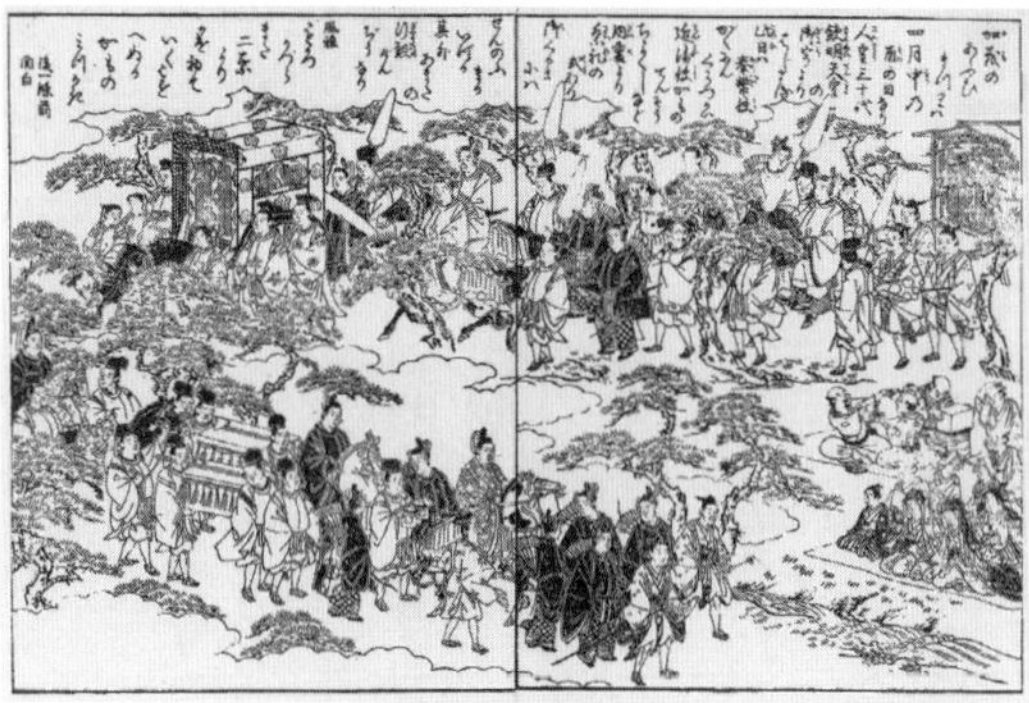

葵祭（『都名所図会』）

【この年の出来事】

**1月**　幕府、江戸市中の猥本の著者・版元らを処罰。

**2・11**　中山安兵衛らによる高田馬場の決闘が起こる。

**4・1**　賀茂の葵祭再興。

**4・14**　伊賀大野で大火。1000余戸焼失。

**初夏**　松尾芭蕉『おくのほそ道』完成。

**5・27**　岩木山噴火。

**5・27**　能代で大地震。死者394人、家屋2579戸倒壊。

**閏5・25**　伊予で大地震。

**6・4**　菱川師宣歿(77)。

**6・19**　幕府、江戸市中の武家屋敷地の町人への貸借を禁止。

**7・12**　幕府、江戸市中の鞠売りに転職を命じ、犬皮製を禁止。

**7・18**　幕府、旗本・御家人の学問・弓術・馬術を奨励。

**7・27**　幕府、女性のもとに、役者や前髪のある少年・舞妓などが出入り

◉江戸前期
◉江戸中期
◉江戸後期

**東**
松前嘉広（伊豆守）
**西**
小出守秀（淡路守）
◉**大坂城代**
土岐頼殷（伊予守）
◉**大坂町奉行**
**東**
松平忠周（玄蕃頭）
**西**
加藤泰堅（大和守）
◉**長崎奉行**
山岡景助（十兵衛）
宮城和澄（主殿）
近藤用高（五左衛門）
◉**若年寄**
秋元喬知（但馬守）
内藤政親（丹波守）
加藤明英（佐渡守）
松平正久（弾正忠）
◉**側用人**
牧野成貞（備後守）
柳沢吉保（出羽守）
松平輝貞（右京亮）

例当日（この当時は四月中の酉《とり》の日、現在は五月十五日）には祭使が賀茂上・下両社に参向した。

祭使らの衣冠や牛車を葵の葉で飾り立てられたことから葵祭の呼称が生まれたとされるが、これは多分に徳川家の家紋である三つ葉葵を意識してのことであるという。

葵祭は応仁の乱などの影響で長らく中断しており、この日の復活は実に二百二十七年ぶりのことである。幕府がこれを許可したのは、当時の良好な朝幕の関係によるものである。幕府は朝廷権威を幕府の権力下に組み込むために、百十三代東山《ひがしやま》天皇の即位に伴い、二百年以上中断していた大嘗祭《だいじょうさい》を復興するなど、融和政策に転換しつつあった。

なお、明治維新などで一時中断した葵祭が、女人列を加えるなどして現在の姿になったのは、昭和三十一年（一九五六）からのことである。

## 徳川光圀が重臣を刺殺　十一月二十三日　事件災害

**前**水戸藩主徳川光圀《みつくに》が、この日、家老の藤井紋太夫《ふじいもんだゆう》を刺殺《しさつ》（手討《てうち》）した。常陸《ひたち》国の西山荘《せいざんそう》に四年前から隠居していた光圀が出府《しゅっぷ》し、小石川の水戸藩邸で能の会を催して自らも舞ったあとに、家老の藤井紋太夫ら家臣を部屋へ呼び付け、何事か話した直後に紋太夫を脇差《わきざし》で刺殺したと伝えられる。

かねてより光圀が「佞臣《ねいしん》」として嫌って対立していた側《そば》用人《ようにん》の柳沢吉保《やなぎさわよしやす》に、藤井紋太夫が接近しすぎたからと噂されたが、真相はいまだに謎である。事件は穏密に処理されて改易《かいえき》、減封《げんぽう》などは行なわれなかった。

この事件は、幕末の水戸藩三十五万石の内紛（尊攘過激派の天狗党《てんぐとう》と保守派の諸生党《しょせいとう》の抗争）に繋がったとする見方もあるが、そもそも二十九年間藩主の座にいた光圀の突然の引退からして大いなる謎である。いずれにしても胸中を披《ひ》歴《れき》することなく、光圀は元禄十三年に歿している（享年七十三）。

## 赤穂事件の伏線となった高田馬場の決闘　二月十一日　社会世相

**赤**穂事件の伏線の一つとなる事件が、この日に起きた。中山安兵衛《なかやまやすべえ》が叔父の伊予西条《さいじょう》藩士菅野六郎佐衛門《すがのろくろうざえもん》へ助太刀、江戸牛込高田馬場で村上庄左衛門《むらかみしょうざえもん》らを倒した。村上側は助っ人を含めて八人、菅野側は助っ人を含めて四人である。発端は口論だったようだが、真相は講談《こうだん》などにある仇討《あだうち》ではなく果合《はたしあい》であり、また安兵衛が倒したのは三人で十八人斬りではない。安兵衛はこれで一躍有名になって、赤穂藩士堀部弥兵衛《ほりべやへえ》の養子となり、四十七士の一員として討入に参加、切腹した（享年三十三）。

安兵衛の諱《いみな》は武庸《たけつね》。越後新発田《しばた》藩士の父親が病歿したために浪人となって江戸へ下り、直心影流《じきしんかげりゅう》の堀内源左衛門《ほりうちげんざえもん》の道場に入門、剣の修業をして師範代を務めるほどの腕前であったという。同門の菅野六郎佐衛門と叔父・甥の契りを結んでいたことから、義に殉ずる覚悟の助っ人である。

安兵衛は、赤穂藩に馬廻《うままわり》二百石として召し抱えられた。これには家老の大石内蔵助《おおいしくらのすけ》の推挙《すいきょ》があったという。馬廻は戦場では主君を警護する親衛隊であり、家臣の中では上級職である。ちなみに養父弥兵衛は隠居して隠居料五十石取となった。その後、安兵衛は江戸留守居役となり鉄砲洲《てっぽうず》にある江戸藩邸にあったが、事件発生当初から吉良邸討入を主張、御家再興を目指す内蔵助の説得に努めた。

することを禁止。
**7月** 幕府、路上での相撲を禁止。
**9・5** 幕府、江戸市中に飼育する金魚・銀魚数の申告を指示。
**9・26** 幕府、浅草蔵奉行米倉六左衛門を米切手偽造と蔵米横領の罪により処刑。
**10・12** 松尾芭蕉歿(51)。
**11・16** 吉川惟足歿(79)。
**11・23** 徳川光圀、家老藤井紋太夫を斬殺。
**この年** 幕府、助郷制度を改革。
**この年** 江戸の十組問屋仲間結成。

**【主要幕閣】**
**◉老中**
大久保忠朝（加賀守）
阿部正武（豊後守）
戸田忠昌（山城守）
土屋政直（相模守）
**◉老中**格
柳沢吉保（出羽守）
**◉寺社奉行**
戸田忠真（能登守）
本多正永（紀伊守）
永井直敬（伊賀守）
**◉勘定奉行**
松平重良（美濃守）
稲生正照（下野守）
井戸良弘（志摩守）
**◉江戸町奉行**
**北**
川口宗恒（摂津守）
**南**
能勢頼寛（出雲守）
**◉京都所司代**
小笠原長重（佐渡守）
**◉京都町奉行**
**東**
松前嘉広（伊豆守）
**西**

## 幕府、金銀貨を改鋳　八月十九日

政治経済

勘定吟味役の荻原重秀《おぎわらしげひで》の建策《けんさく》により、幕府財政の建直しの一環として、幕府は八月十一日に老中阿部《あべ》正《まさ》武《たけ》・若年寄加藤明英《かとうあきひで》・勘定吟味役荻原重秀を金銀改鋳の担当者に任命した。そしてこの日、慶長金貨・慶長銀貨を改鋳した（「元禄改鋳」）。

元禄改鋳の背景とは何か、通貨改鋳政策は成功したのか。その前に改鋳の内容をまとめておく。これまで慶長年間に鋳造された金銀貨が流通していたが、これを慶長小判・慶長銀といい、純度の高い貨幣である。それを改鋳したことで金と銀の含有量は以下のようになった。

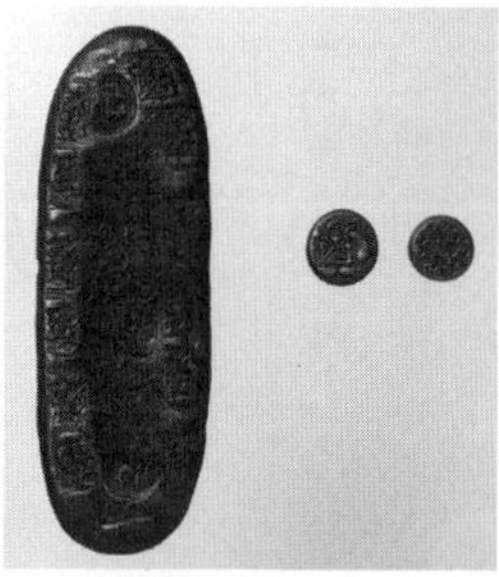

元禄丁銀と元禄豆板銀

元禄小判

・慶長金　小判一枚の量目四・七六匁（一七・八五グラム）の内、金四・〇一匁（八六・七九％）。
・元禄金　小判一枚の量目四・七六匁の内、金二・七三匁（五七・三五％）。
・慶長銀　銀の純分率八十％。
・元禄銀　銀の純分率六十八％。

このように比較してみると、金銀とも品位を大幅に下げたことが一目瞭然となる。元禄改鋳が不人気であったことはいうまでもないが、幕府がたびたび古金銀を新金銀に取り換えることを命じる法令を出したことからも、その不人気ぶりがうかがえる。

初代家康《いえやす》は六百万両もの金銀を遺したといわれるが、五代綱吉の時代には家康の遺金は消滅してしまっていた。また金銀の産出も減り、追加鋳造のための金銀の地金にも困窮していたことは間違いない。元禄改鋳で幕府は五百八十一万両の改鋳益金（出目《でめ》）を得たといわれる。

元禄改鋳に始まる金銀改鋳はその後、金は二朱判金（元禄十年）、銀は永字銀（宝永三年〈一七〇六〉）と改鋳されるが、品位、純度ともにさらに低くなった。

荻原重秀が考えことは、品位の低い貨幣を出すことで浮いた分を増鋳に回し、貨幣の流通量を増やし、幕府の歳入を増加させるというものである。この方法により幕府の収入を一時的ではあるが増やした。だが銀貨が主流の大坂経済では特に通貨の銀が不足をきたし、また江戸でも銀高、物価高を招いた。

要するに通貨の新鋳は、日本経済に悪性インフレを引き起こし、それが庶民生活を直撃したのである。ただし、重秀の貨幣政策は、当時の貨幣経済の発展や全国市場の形成にともなう商品流通数量の増大や江戸経済圏（金遣い）と上方《かみがた》経済圏（銀遣い）の金銀比価の均衡をはかるためな

**【この年の出来事】**
**2・8**　江戸で大火。四谷伝馬町から出火、6万7400余戸焼失。
**2・21**　幕府、関東郡代管轄の幕領の検地を実施。元禄10年まで。
**2月**　幕府、江戸市中で大火後の建築資材の物価高騰を規制。
**4・21**　幕府、柳沢吉保に駒込別邸地を与える（のちの六義園）。
**6・1**　幕府、四谷に犬小屋を設置。江戸市中の野犬を収容。
**7・15**　円空歿（64）。
**7・16**　幕府、旗本が知行地の年貢米を担保に借金すること（郷借）を禁止。
**8・19**　幕府、萩原重秀の献策により金銀貨改鋳を布達。
**8・29**　幕府、長崎貿易の定額超過分の銅支払い（銅代物替）を許可。
**9・12**　幕府、京都の塵芥捨て場を7か所に設置。
**9・18**　幕府、知足院を

小出守秀（淡路守）

**◉大坂城代**
土岐頼殷（伊予守）

**◉大坂町奉行**
**東**
松平忠周（玄蕃頭）
**西**
加藤泰堅（大和守）

**◉長崎奉行**
宮城和澄（主殿）
近藤用高（五左衛門）
丹羽長守（五左衛門）

**◉若年寄**
秋元喬知（但馬守）
加藤明英（佐渡守）
松平正久（弾正忠）

**◉側用人**
牧野成貞（備後守）
柳沢吉保（出羽守）
松平輝貞（右京亮）

どのねらいもあったという。

## 造仏聖円空が歿す　七月十五日　文化思想

日本諸国を遊行《ゆぎょう》し、仏像十二万体の造像を祈願した（現存五千体以上）とされる造仏《ぞうぶつ》聖《ひじり》円空《えんくう》は、この日、入定《にゅうじょう》（入滅）した（享年六十四）。人手を借りずに土中入定と伝えられ、出生地の岐阜県長良川畔に入定塚《づか》が現存する。

円空は尾張の高田寺で学び、園城寺の行場である大峯山で修験道を修行したという。円空の仏像はいずれも木造であり、それは鉈《なた》ばつりと呼ばれる技法で彫り刻まれた。

同じように微笑みの仏像千体を遺した造仏聖木喰《もくじき》は、円空に遅れること百年、十八世紀に生きた。円空と木喰は並び称され、円空派、木喰派ともに、今日でも仏像ファンの人気を二分している。

## 幕府、関東総検地を実施　二月二十一日　事件災害

元禄期の幕領（天領）は四百万石ほどであり、全国に分布したが、三分の一は関東地方にあった。幕領での年貢徴収は幕府財政の重要な財源であり、その役は関東郡代が担った。

幕府権力を下支えする財政基盤は武蔵・相模などの関東地方にあったが、生産力の増大などもあって総検地の必要が生じていたのだ。幕府はこの日から二年かけて関東郡代管轄の幕府領百万石余を総検地して、年貢の負担者が誰かを決めた。この時期、年貢の負担は質入《しちいれ》などで複雑化していたが、年貢負担者は質入契約通りに土地の所有者である名請人《なうけにん》と決定した。

関東総検地の評価は、その最終ゴールとされる地方直《じかたなお》しとも関連するが、関東総検地も地方直しも荻原重秀の建議により行なわれている。荻原への後世史家の評価は二分され、社会経済史家は概して高い点を付けるが、政治史家の採点はむしろ厳しい。

## 中野御犬小屋を築営　十月二十九日　社会世相

五代綱吉が庶民の憎悪を一身に集める結果となったのが、犬収容施設の拡大である。

この日、江戸大久保に続いて中野に十六万坪の御犬小屋（現、中野区中野四・五丁目）が完成（増築後の総面積は二十九万坪余という）、約十万頭の犬を収容した。その飼育費用は、江戸の町人から間口《まぐち》一間《けん》につき金三分ずつを出させ、関東の幕領の農民には村高百石につき一石の犬扶持を負担させてまかなった。結局、庶民の日常生活だけではなく、漁師や猟師の生業をも圧迫したのである。生類憐みの令の適用範囲は、主として江戸と幕領であったが、諸藩にも次第に影響が及び、領民の負担になったところもあった。

護持院と改名。幕府の祈願所とし、隆光を大僧正に任命。
**9・23** 幕府、林奉行に武蔵・相国の御林巡察を指示。
**10・13** 幕府、諸国に鉱山採掘を奨励。
**10・29** 幕府、中野村に犬小屋を設置、江戸市中の野犬を収容。
**12・7** 幕府、武家宅地内の無許可の商家に、翌年3月までの引き払いを指示。
**12・26** 江戸数奇屋から出火、木挽町まで延焼。
**12月** 大和五条の木綿商人赤根屋半七、女舞三勝と心中（三勝心中）。
**この年** 東北・北陸で冷害、凶作。津軽・南部藩で死者8万余人（元禄の飢饉）。

# 1696
# 元禄九年
## 丙子
**天皇▼東山天皇**
**将軍▼徳川綱吉**（第五代）

**【主要幕閣】**
**◉老中**
大久保忠朝（加賀守）
阿部正武（豊後守）
戸田忠昌（山城守）
土屋政直（相模守）
**◉老中格**
柳沢吉保（出羽守）
**◉寺社奉行**
戸田忠真（能登守）
本多正永（紀伊守）
永井直敬（伊賀守）
井上正岑（大和守）
松平重栄（日向守）
**◉勘定奉行**
松平重良（美濃守）
稲生正照（下野守）
井戸良弘（志摩守）
荻原重秀（彦次郎・近江守）
**◉江戸町奉行**
**北**
川口宗恒（摂津守）
**南**
能勢頼寛（出雲守）
**◉京都所司代**
小笠原長重（佐渡守）
**◉京都町奉行**

### 久保田藩が阿仁銅山を直営
政治経済

**幕**府と藩の財政補強には、鉱山を開発して金銀銅を採掘するのが手っ取り早い方法の一つだが、十七世紀後半からは金山・銀山が乱掘されたために衰退し、替わって銅が中心となった。銅山経営には大別して幕府直轄（別子《べっし》銅山など）と藩直轄の二つがあった。

出羽《でわ》久保田《くぼた》（秋田）藩の阿仁《あに》銅山（現、秋田県北秋田市）は藩直営の鉱山としては最大級のもので秋田銅山とも呼ばれ、この年から大部分を藩営鉱山として直山制《じきやませい》が敷かれた。直山制では藩主の任命した役人が経営に当たった。採掘から精錬までを統括する山師《やまし》、山師の配下の金名子《かなこ》、そのまた配下の金堀《かなほり》など、多数の鉱山労働者を藩が雇用したかたちをとったので、阿仁に一大鉱山町が形成された。

秋田北部地方に位置する阿仁鉱山は、もともとは金銀山として開発されたが、寛文年間（一六六一―七三）に銅山が多数開発され、やがて、幕府御用銅の四～五割を占め、長崎輸出銅として、また銭貨鋳造《ちゅうぞう》の原料として、幕末まで藩営であった。明治維新で官営となったが、明治十八年（一八八五）に古河市兵衛に払い下げられた。昭和五十三年（一九七八）に至るまで開発・産出が続けられた数少ない鉱山である。

### 宮崎安貞『農業全書』が成立
文化思想

**こ**の年に完成した『農業全書』は、四十数年にわたる山陽・畿内・伊勢諸国の篤農家《とくのうか》らからの聞き取り、親交のあった本草《ほんぞう》学者貝原益軒《かいばらえきけん》の研究成果や中国の『農政全書』の記述を参考に、自らの農業体験に基づいて執筆されており、江戸時代に広く読まれた代表的な農書である。木綿や煙草などの栽培法から家畜の飼育法、農業技術の改良法までを詳述《しょうじゅつ》した総合的な農書である。

本書の出版自体は翌元禄十年のことで、宮崎安貞《みやざきやすさだ》七十五歳、死の直前のことだった。

宮崎安貞は広島藩士の家に生まれたが、二十五歳で筑前福岡藩の黒田氏に仕え、数年で致仕《ちし》、筑前国志摩《しま》郡女原《めばら》村へ帰農し、農地を耕した。その体験も取り込んだのが

『農業全書』

同上

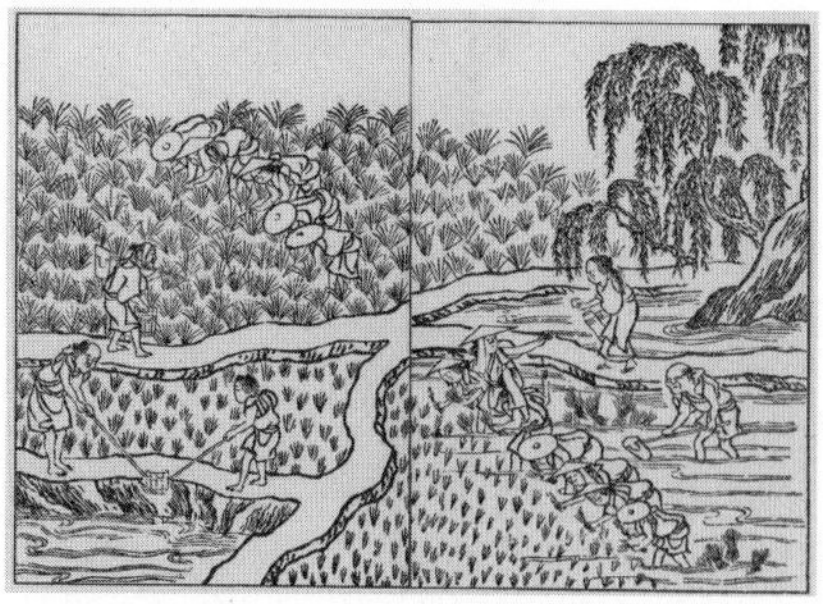

**【この年の出来事】**

**1・15** 幕府、京都・大坂町奉行を3人制とし、1人を江戸詰とする。
**1・28** 幕府、鳥取藩米子町人の竹島への渡航を禁止。
**1月** 津軽藩で疫病流行。死者数万人。
**1月** 嵐山の渡月橋完成。
**2・2** 幕府、伏見奉行、堺奉行を廃止。伏見は京都町奉行、堺は大坂町奉行の管轄とする。
**2・20** 幕府、末期養子の制を制定。
**2・22** 幕府、清水・三崎・走水の奉行を廃止。
**3・29** 幕府、江戸市中の塵芥での埋め立てによる新田開発を許可。
**4・11** 荻原重秀、勘定奉行に就任。
**6月** 幕府、箔座を設置、運上銀を賦課。
**6月** 磐城で大地震、津波。死者2450人。
**7・9** 幕府、改鋳金銀の交換規則を制定。
**8・5** 幕府、飢饉によ

**東**
松前嘉広（伊豆守）
**西**
小出守秀（淡路守）
滝川具章（丹後守・山城守）
水野勝直（備前守）
**◉大坂城代**
土岐頼殷（伊予守）
**◉大坂町奉行**
**東**
松平忠周（玄蕃頭）
保田宗郷（美濃守）
**西**
永見重直（甲斐守）
**◉長崎奉行**
宮城和澄（主殿）
近藤用高（五左衛門）
丹羽長守（五左衛門）
諏訪頼蔭（兵部）
**◉若年寄**
秋元喬知（但馬守）
加藤明英（佐渡守）
松平正久（弾正忠）
米倉昌尹（丹後守）
本多正永（紀伊守・伯耆守）
**◉側用人**
柳沢吉保（出羽守）
松平輝貞（右京亮）
松平信庸（紀伊守）

『農業全書《のうぎょうぜんしょ》』である。同時期に三代藩主の黒田光之《みつゆき》に仕え、安貞に影響を与えた貝原楽軒《らくけん》（益軒の兄）が、『農業全書』全十巻の付録一巻を補筆した。

元禄期（一六八八―一七〇四）は農業生産力が三千万石というピークに達した時代である。本書を読むと、日本の農村の原型が元禄期に固まったとされていることにも納得がいくだろう。

## 「吉原百人斬り」事件発生 十二月二十四日

事件災害

下《しも》野《つけ》国佐野《さの》（現栃木県佐野市）の豪農《ごうのう》（炭商人を兼ねていたという説もある）小松原次郎右衛門《こまつばらじろうえもん》は、吉原の遊女八ツ橋《やつはし》に惚れて通ったが、邪険にされたためにこの日、殺害し、吉原の大門《おおもん》が閉められるという大事件が発生した。いわゆる「吉原百人斬り」と喧伝された事件であるが、次郎右衛門が実際に殺害したのは二名だとされている。

八ツ橋は、新吉原江戸町二丁目の遊女屋である兵庫屋の御抱《おかかえ》太夫《たゆう》であるが、痴話喧嘩の果てに次郎右衛門が同じ町内の引手茶屋《ひきてちゃや》（高級遊女と客を仲介する）橘屋で惨殺してしまった。次郎右衛門は吉原の自警組織の者らに追い詰められて屋根伝いに逃げようとするが、桶の水を掛けられて道に転げ落ちたところを捕まった。

芝居の次郎右衛門と八ツ橋
（『競伊勢物語』）

吉原は明暦三年（一六五七）の大火後、日本橋近くから浅草寺《せんそうじ》裏へ移されたが、入り口は一つしかなく、二千人いたといわれる遊女の内、太夫（才色兼備の最高ランクの遊女）は、この時期になると数人しかいなかったといわれる。醜男《しこお》で野暮な次郎右衛門がいっぱしに通人ぶって登楼《とうろう》して、大夫の八ツ橋を水揚げしようとしたところに、口論になった原因がありそうである。吉原は一般社会のルールとは別の、廓《くるわ》ならではのしきたりが伝統的に通用する隔絶した世界であり、独特の美意識のある通の世界なのである。

## 飢饉が発生し、米価が高騰

社会世相

前年から陸奥《むつ》地方では飢饉《ききん》が発生し、京都でも飢饉で幕府から米が貸与された。この年は米が買い占められため、米価は大坂の米相場でこれまでの二倍にあたる、一石に付き銀百匁前後となるほどの高値がついた。

七月には幕府が高値のついた米約三万五千石を没収した。また十月には酒に運上金《うんじょうきん》を課した。いずれも勘定奉行の荻原重秀《おぎわらしげひで》の建議であるが、ストップ・ザ・米価にはならなかった。

どのような理由であれ、米価が上がり過ぎると物価のバランスが崩れてしまうので、社会的な混乱を引き起こす。このこのちも米価の変動が激しく、しばしば高騰《こうとう》した。米価を一定水準に保つことは、幕府の緊急課題であり、のちに将軍職に就く八代吉宗《よしむね》は、「米将軍《こめしょうぐん》」と渾名《あだな》がつくほど米価の乱高下に苦慮させられた。

り京都で3万4000余戸に各2斗2升余の米を貸与。
**8・6** 幕府、犬を殺した町人を獄門とする。
**8・17** 幕府、節酒令を出し、酒販売者を削減。
**8・22** 柳沢吉保、荻生徂徠を登用。
**10・6** 幕府、鳥見役を廃止。
**10・7** 幕府、鳥類を憐れむ法令を発布。
**11・10** 明正上皇歿(74)。
**11・23** 幕府、諸国に国絵図校訂を指示。
**12・24** 下野佐野の名主小松原次郎右衛門、遊女八橋を斬殺し、周囲の町人をも殺傷（吉原百人斬り事件）。
**この年** 宮崎安貞『農業全書』完成。翌年7月刊行。
**この年** 出羽久保田藩、阿仁銅山直営。
**この年** 飢饉が発生し、米価高騰。

# 1697

# 元禄十年

## 丁丑

**天皇▼東山天皇**

**将軍▼徳川綱吉**（第五代）

**【主要幕閣】**

**◉大老**
井伊直該（掃部頭）

**◉老中**
大久保忠朝（加賀守）
阿部正武（豊後守）
戸田忠昌（山城守）
土屋政直（相模守）
小笠原長重（佐渡守）

**◉老中格**
柳沢吉保（出羽守）

**◉寺社奉行**
戸田忠真（能登守）
永井直敬（伊賀守）
井上正岑（大和守）
松平重栄（日向守）

**◉勘定奉行**
松平重良（美濃守）
稲生正照（下野守）
井戸良弘（志摩守）
荻原重秀（近江守）

**◉江戸町奉行**
**北**
川口宗恒（摂津守）
**南**
能勢頼寛（出雲守）
松前嘉広（伊豆守）

## 幕府、地方直しを実施　七月二十六日

政治経済

**勘**定奉行の荻原重秀《おぎわらしげひで》の命で、この日から、検地奉行が関東で地方直《じかたなお》し（「元禄の地方直し」）を実施した。旗本の知行《ちぎょう》形態（給与の在り方）には、おおまかにいえば切《きり》（蔵）米《まい》取りと地方知行の二つがあり、蔵米ではなく知行地として与えることを地方直しという。言い換えれば、与えられた知行地から年貢を取る方式のことである。

この時の地方直しは、元禄八年以来行なわれていた関東総検地の総仕上げの意味合いが強い。その要点は以下の通りである。

・五百石（俵《ひょう》）以上の蔵米を受け取る旗本を地方知行《じかたちぎょう》に切り替え（引き替え）た。地方知行となる旗本は五百四十二人（蔵米高は約三十四万俵）程度とみられる。

・大規模な領主の交代（知行割り替え）も行なわれ、石高以外の収益が多く認められる地域（生産性の高い地域）を幕領化したので、幕領（天領）が増えて年貢の増徴となった。また蔵米を江戸に運ぶ運送費用の軽減化にもなった。

旗本の江戸定住が義務づけられたので、知行地で封建領主化する道はとざされ、旗本層は全体として封建官僚予備軍としての性格が強められた。旗本の人数はおよそ五千人である。その知行地（旗本領）は武蔵、相模、上総《かずさ》、下総《しもうさ》、駿河《するが》、遠江《とおとうみ》、三河《みかわ》、甲斐《かい》、信濃《しなの》などに及び、およそ二百六十万石だったが、その八〇パーセントが関東地方にあった。

ただし、蔵米制から知行制に切り替えたこの地方直しによって、旗本領に安定した耕地が組み込まれ、旗本の生活が安定したとみられがちだが、その実態は寛永期（一六二四―四四）においてでさえ、すでに財政は窮乏化していたのだ。元禄十二年、幕府は旗本の窮乏化に対して、金銀を与える救済策の実施に踏み切らざるを得なかったのである。

## 初代市川團十郎が『暫』を初演　一月

文化思想

**初**代市川團十郎《いちかわだんじゅうろう》が、この月、江戸猿若町《さるわかちょう》の中村座で『参会名護屋《さんかいなごや》』の一場面として『暫《しばらく》』を演じた際、その隈取《くまどり》（「元禄隈」）が評判となった。隈取とは、歌舞伎独特のメーキャップ用語で、顔を塗ることである。

團十郎の初代〜八代と役名

のちに歌舞伎十八番の一つとなる『暫』の上演では、桟敷《さじき》も土間《どま》も羅漢台《らかんだい》（舞台脇）も、ぎっしりと鮨詰め状態であり、その人気のほどがうかがえよう。

初代市川團十郎はこの年五月、やはり中村座で『兵根元《つわものこんげん》曾我《そが》』で成田山の不

**【この年の出来事】**

**1月** 初代市川團十郎『暫』初演。
**2月** 幕府、大伝馬町の木綿仲間に越後屋への木綿販売停止を指示。
**閏2・4** 幕府、薩摩藩に薩摩・大隅および琉球の国絵図作製を指示。
**4・26** 幕府、慶長金銀の通用を翌年3月までとし、新貨との引き換えを指示。
**4・28** 幕府、諸大名・旗本・寺社に国絵図改訂、郷帳の提出を指示。
**6月** 幕府、諸大名に逆罪・火賊など重罪者の自分仕置を許可。
**6月** 幕府、二朱金を新鋳し、通用規制を発布。
**6月** 越前国敦賀の19か村庄屋の反対により、琵琶湖北運河計画中止。
**7・2** 幕府、私製の暦を禁止し、暦の販売許可を板木屋11人に限定。
**7・9** 護国寺観音堂・護持院五智堂完成。
**7・11** 幕府、柳沢吉保

**◉京都所司代**
小笠原長重（佐渡守）
松平信庸（紀伊守）

**◉京都町奉行**
**東**
松前嘉広（伊豆守）
安藤次行（与十郎・駿河守）
**西**
滝川具章（丹後守）
水野勝直（備前守）

**◉大坂城代**
土岐頼殷（伊予守）

**◉大坂町奉行**
**東**
松平忠周（玄蕃頭）
保田宗郷（美濃守）
**西**
永見重直（甲斐守）

**◉長崎奉行**
近藤用高（五左衛門）
丹羽長守（五左衛門）
諏訪頼蔭（兵部）

**◉若年寄**
秋元喬知（但馬守）
加藤明英（佐渡守）
米倉昌尹（丹後守）
本多正永（伯耆守）

**◉側用人**
柳沢吉保（出羽守）
松平輝貞（右京亮）
松平信庸（紀伊守）

動明王《どうみょうおう》を演じているが、舞台で今後は成田屋を名乗ると挨拶した。團十郎が下総成田生まれであるところから屋号にしたという。現在の成田屋の名跡は十二代市川團十郎が引き継いでいる

## 江戸の暦問屋が十一軒と定められる　七月二日

事件災害

暦《こよみ》の用途が予定を立てるためにあることは、今も昔も変わらないが、江戸時代の暦（旧暦＝太陰太陽暦《たいいんたいようれき》）は非常に複雑である。例えば毎年、月の大小（三十日ある月が大《だい》の月、二十九日ある月が小《しょう》の月）が変わるので、売掛金《うりかけきん》を取りはぐれないようにするためにも、商人は暦を毎日見なくてはならない。さらに暦の日付は毎年季節とずれるため、農家では暦で二十四節気《にじゅうしせっき》を調べなくてならない。武士は武士で、重要な年中行事や、しきたりを知っておかなければならない。このように江戸時代は、ある意味では暦に縛られた生活を余儀なくされた。

貞享二年（一六八五）以降、暦は江戸の幕府天文方《てんもんかた》の渋《しぶ》川《かわ》家《け》が編纂して、京都の土御門《つちみかど》家《け》で暦註《れきちゅう》を付け、その写本によって暦が出版された。この時期になると江戸では、暦の頒布《はんぷ》権を認められた問屋《といや》が出現した。この日、江戸の暦問屋は十一軒に制限され、それ以外の者の暦の出版は禁じられた。官許を受けた暦（頒暦《はんれき》＝売暦）は全国の暦師がそれぞれの体裁で発行した。例えば頒暦の江戸暦《えどごよみ》（綴暦《とじごよみ》）、京暦《きょうごよみ》（巻暦《まきごよみ》）、配物の伊勢暦《いせごよみ》（折暦《おりごよみ》）などが有名である。

一方で江戸時代には、三島《みしま》暦、盛岡絵暦などの特徴のある地方暦《ちほうれき》が広く普及し、人々の暮らしの拠り所となっていた。

## 両国橋広小路に髪結床、水茶屋などが開店　十二月

社会世相

両《りょう》国橋《ごくばし》は武蔵国と下総国を分ける国界線であり、火《ひ》除地《よけち》の機能を持つ広小路《ひろこうじ》が両国橋の東西に建設されて、この橋詰《はしづめ》広場が江戸の代表的な盛《さか》り場を形成していた。両国橋は明暦の大火後に架設《かせつ》されているので、隅田川（大川）に架かる橋の第一号である。武蔵国と下総国を繋ぐところからの命名で、橋詰には橋番が置かれていた。

この月頃から、広小路に髪結床《かみゆいどこ》が開店し始めた。髪結床は、当初は男性が対象だったが、のちに女髪結もできた。髪結床ほかにも葭簀《よしず》張《ば》りで、茶汲《ちゃく》み女を置いて接待する水茶屋《みずぢゃや》や、揚弓場《ようきゅうば》、露店なども常設された。

こうした両国橋広小路の賑わいぶりは、のちの『江戸名《えどめい》所図会《しょずえ》』や『絵本江戸土産《えほんえどみやげ》』などで、絵入りで紹介されている。

両国橋広小路（『絵本江戸土産』）

を寛永寺根本中堂造営の惣奉行に任命。
**7・18**　増上寺の修繕が完了。
**7・23**　宮崎安貞歿(75)。
**7・26**　幕府、荻原重秀の献策により、蔵米取500俵以上の旗本を知行取に変更（元禄の地方直し）。
**7・28**　河村瑞賢、将軍綱吉に拝謁。
**8・22**　幕府、川越藩士細井芝山の意見により歴代御陵の修理を奏上。
**8月**　幕府、長崎奉行に長崎支配・貿易について の改革を指示。
**10・1**　幕府、酒運上金を賦課。
**10・12**　日光および鎌倉で大地震。鶴ヶ岡八幡の大鳥居倒壊。
**10・17**　江戸大塚善心寺から出火。牛込・麹町・番町まで延焼。
**11・16**　豊後日出藩の百姓、郡代の違法行為を訴え逃散。
**12月**　両国橋広小路に髪結床・水茶屋など開店。
**この年**　米沢藩、藩校を設立（のちの興譲館）。

# 1698 元禄十一年

## 戊寅

**天皇▼東山天皇**

**将軍▼徳川綱吉**（第五代）

**【主要幕閣】**

**◉大老**
井伊直該（掃部頭）

**◉大老格**
柳沢吉保（出羽守）

**◉老中**
大久保忠朝（加賀守）
阿部正武（豊後守）
戸田忠昌（山城守）
土屋政直（相模守）
小笠原長重（佐渡守）

**◉寺社奉行**
戸田忠真（能登守）
永井直敬（伊賀守）
井上正岑（大和守）
松平重栄（日向守）

**◉江戸町奉行**
**北**
川口宗恒（摂津守）
保田宗郷（越前守）
**南**
松前嘉広（伊豆守）

**◉京都所司代**
松平信庸（紀伊守）

**◉勘定奉行**
松平重良（美濃守）

### 内藤新宿が開設許可　六月

政治経済

**四**代将軍家綱《いえつな》の時代に、五街道が整備された。そして江戸の日本橋を起点とする五街道の最初の宿場町が栄えるようになり、これらはひとまとめにして江戸四宿《えどししゅく》と呼ばれた。東海道の品川、中山道の板橋、日光・奥州道中の千住、甲州道中の内藤新宿《ないとうしんじゅく》である。

当初、甲州道中（日本橋―信州下諏訪までの四十四宿）の第一宿は高井戸《たかいど》とされていたが、日本橋から四里（一六キロ）あり、他の第一宿が二里であるところから、この月人馬も疲れるとして浅草阿部川町の名主らが願い出ていた新しい宿場の開設が許可された。内藤新宿は、これまでの高井戸に対して新設の宿場という意味であり、また江戸四ツ谷にあった信濃高遠藩《しなのたかとお》内藤家の下屋敷の一部（これを幕府に返上）であったところから、命名された。

内藤新宿（『江戸名所図会』）

江戸四宿を利用するのは主に江戸下がりの旅人たちである。ここで一泊して支度を整えて江戸入りした。

甲州道中はあまり大名が通らないところから寂れ気味だったが、旅籠《はたご》に飯盛女《めしもりおんな》（宿場女郎《しゅくばじょろう》）を置き、岡場所《おかばしょ》（私娼街）となった。あまりにも岡場所化されたために享保三年（一七一八）から明和九年（一七七二）まで宿場は廃止となった。再開後は品川を凌《しの》ぐ繁栄ぶりであった。吉原で遊ぶには通《つう》でなければならないが、これは容易には身に付かない。その点、敵娼《あいかた》が宿場女郎なら下級武士、一般町人や百姓も気軽に遊べたようである。かくして現代にもつながるフーゾクの一大センターへと新宿は発展することになった。

### 寛永寺根本中堂が落成　八月二日

文化思想

**将**軍家の祈禱寺である上野寛永寺（のち廟所《びょうしょ》〔菩提寺〕ともなる）は、天海僧正《てんかいそうじょう》を開山《かいさん》として寛永二年（一六二五）に本坊《ほんぼう》が落成《らくせい》した。その際には後水尾天皇《ごみずのお》より勅《ちょく》額《がく》を賜った。この日の寛永寺根本中堂《こんぽんちゅうどう》落成に際しては、東山天皇《ひがしやま》（後水尾天皇の孫）より「瑠璃殿《るりでん》」の勅額を賜ったが、運悪くその到着日の九月六日に数寄屋橋から出火、寛永寺にも火が及び根本中堂、文殊堂《もんじゅどう》を残して焼失した（「勅額火事」）。本坊は翌元禄十二年（一六九九）に再建されたが、その後も寛永寺はたびたび火災に遭っている。

**【この年の出来事】**

**1・26** 幕府、慶長金銀の通用期間を1年延長。
**2・9** 紀伊国屋文左衛門、寛永寺根本中堂造営の材木搬入により約50万両の利益を得る。
**2月** 幕府、諸国に金銀銅山の試掘を指示。
**2月** 幕府、長崎貿易の代物替を許可。
**2月** 幕府、出版取締令を再令。
**3・9** 幕府、河村瑞賢を旗本に加える。
**4・5** 麻布御薬園完成。
**6月** 内藤新宿、開設許可。
**7・21** 柳沢吉保、老中より上席の大老格となる。
**7・28** 幕府、上方代官に賦税については京都町奉行に従うよう指示。
**8・1** 江戸永代橋完成。
**8・2** 寛永寺根本中堂完成。
**9・6** 江戸で大火。数奇屋橋から出火、寛永寺本坊など焼失(勅額火事)。
**9・25** 幕府、火事場で

稲生正照（伊賀守）
井戸良弘（志摩守）
荻原重秀（近江守）

**◉京都町奉行**

**東**
安藤次行（駿河守）

**西**
滝川具章（丹後守）
水野勝直（備前守）

**◉大坂城代**
土岐頼殷（伊予守）

**◉大坂町奉行**

**東**
松平忠周（玄蕃頭）
保田宗郷（美濃守）

**西**
永見重直（甲斐守）

**◉長崎奉行**
近藤用高（五左衛門）
丹羽長守（五左衛門）
諏訪頼蔭（兵部）

**◉若年寄**
秋元喬知（但馬守）
加藤明英（佐渡守）
米倉昌尹（丹後守）
本多正永（伯耆守）

**◉側用人**
柳沢吉保（出羽守）
松平輝貞（右京亮）

今回の寛永寺根本中堂の用材調達を請け負った公儀御用材木商紀伊国屋文左衛門《きのくにやぶんざえもん》は、材木搬入で五十万両の巨利を得たといわれる。紀文が巨利を得たのは、幕府の建設作業を担当した筆頭老中阿部正武《まさたけ》への袖の下が利いたからとされる。

紀文と並ぶ奈良屋茂左衛門《ならやもざえもん》も、天和三年の日光東照宮の再建工事を請け負い、桧材を一手に引き受けるなど幕府と密着して特権商人となった。紀文と奈良茂の吉原でのお大尽遊びはまさに元禄バブルの徒花《あだばな》そのものである。

この年の八月一日に開通した永代橋《えいたいばし》は寛永寺根本中堂の余材を使って行われた。この架橋工事を担当したのは関東郡代伊奈忠順《いなただのぶ》である。永代橋は隅田川に架かる第一橋であり、江戸一番の雄姿と称えられた。

## 河村瑞賢、旗本に登用される　三月九日　事件災害

「天下に並ぶ者がいない」と称された河村瑞賢《かわむらずいけん》は、紀伊国屋文左衛門よりやや前の時期の人物であるが、紀文のみかん船と似たような出世譚が伝えられている。伊勢国（現、三重県）の貧農の子として生まれた瑞賢は、一旗上げるつもりで京都に出たもののうまくいかない。そこで十三歳で江戸へ下ったが、品川へたどりついた時には懐中は一文無し。思案に暮れていると、岸辺に瓜や茄子が流れついていた。ちょうど盆の頃で、近在の家がお供えを海に流したらしい。それを漬物にして売り歩いて商売の元手をつくり、その後人夫頭を経て材木商となった。明暦の大火ではいち早く木曾の山林を買い占め災害復興で大儲けした。

確かに瑞賢は機智に富み、商才に長けた人物だが、常に綿密な調査と用意周到な準備を怠らない面を持っていた。この点が遺憾なく発揮されたのが全国的な海上交通網の整備事業であった。

寛文十年（一六七〇）に、幕府から命じられて陸奥信夫《むつしのぶ》郡（現、福島県）の幕領米を江戸へ回送することになり、東廻り航路を改良、開発。さらには出羽《でわ》村山郡（現、秋田県）の幕領米を日本海沿岸から下関・大坂経由で江戸へ回送する西廻り航路を改良、開発した。

淀川河口の改修を終えた河村瑞賢が将軍綱吉《つなよし》に拝謁《はいえつ》、河川開削と開墾の貢献に対してその功を賞された。そして、この日幕府は瑞賢を旗本に登用し、百五十俵を与えた。しかし瑞賢は翌元禄十二年（一六九九）に没した（享年八十二）。

## 奉公人の年季制限を解除　十二月四日　社会世相

幕府は、この日奉公人の年季制限を解除した。年季制限が撤廃されたということは、裏返せば本百姓経営の確立、商品経済の浸透、人口の増大により、都市でも年季奉公が一般化したということである。「江戸の白壁は皆旦那」の諺通り、江戸は奉公人の働き場所には事欠かなかった。

年季奉公人として江戸への出稼ぎで通常認められたのは、大工や左官、瓦葺《かわらふ》き杜氏《とうじ》などの職人である。しかし特殊技能がなくても江戸へ出れば、なんとか食にありつけたようで、駕籠《かご》担《かき》、米問屋の人夫、大名行列の槍持ちなどは需要があった。特に米搗《つ》きや餅搗きには力持の農民が重宝された。出稼ぎ人は臼を転がしながら町中を巡回して、声がかかるとその家の庭で米を搗いたり餅を搗いたりした。

の車長持および大八車使用を禁止。

**11・15**　幕府、伏見奉行を再置。

**12・3**　幕府、英一蝶を三宅島へ流刑。

**12・4**　幕府、奉公人の年季制限を撤廃。

**12・23**　木下順庵歿(78)。

**12月**　幕府、20年以上の小作地を永小作地と規定。

**この年**　京都町奉行、飛脚業者16人を御用に任命（京都順番飛脚問屋仲間の始まり）。

**この年**　京都鴨川新堤築造。延べ１５２３間。

# 1699 元禄十二年

己卯

天皇▼東山天皇

将軍▼徳川綱吉（第五代）

【主要幕閣】

◉大老
井伊直該（掃部頭）

◉大老格
柳沢吉保（出羽守）

◉老中
阿部正武（豊後守）
戸田忠昌（山城守）
土屋政直（相模守）
小笠原長重（佐渡守）
秋元喬知（但馬守）

◉寺社奉行
戸田忠真（能登守）
永井直敬（伊賀守）
井上正岑（大和守）
松平重栄（日向守）
阿部正喬（飛驒守）
青山幸督（播磨守）

◉江戸町奉行
北
保田宗郷（越前守）
南
松前嘉広（伊豆守）

◉勘定奉行
稲生正照（下野守）
井戸良弘（志摩守）
荻原重秀（近江守）
久貝正方（因幡守）
戸川安広（備前守）

◉京都所司代

## 幕府、旗本に金銀を与え救済
閏九月十日

政治経済

幕府は、この日困窮した旗本の救済策として金銀を支給した。布衣《ほい》役以上（中間管理職以上）には銀で支給され、九千石以上で銀三百四十枚、六千石以上三百二十枚、三千石以上三百枚、（中略）五百石以上百三十枚、三百石以上百枚（銀子一枚は四十三匁、この年まで金一両＝銀五十匁なので、三百四十枚は約二百九十二両、百枚は八十六両となる）であった。一方、布衣役以下（五番方の番士や勘定や寄合・小普請などの無役の者）には小判で支給され、三千石で二百両、二千九百石で百九十五両（中略）四十俵以上五両、三十俵以上四両という割合であった。

商品経済の進展にともなって、消費生活が向上し、諸物価が上昇するなかで、一定の家禄《かろく》のみに頼っていた旗本たちの窮乏《きゅうぼう》化は顕著であった。その上に、質の悪い元禄金銀の発行（「元禄改鋳」）で物価が値上がりして、旗本の窮乏化をいっそう促進したという事情もあった。

今回の温情に預かった旗本は七千六百九十人。その一方で幕府は旗本に居宅新築から食事まで倹約を命じた。

## 坂田・近松『傾城仏の原』が好評
一月二十四日

文化思想

江戸で和事を得意とした中村七三郎《なかむらしちざぶろう》が上洛、『傾城浅間嶽《けいせいあさまだけ》』が百二十日間ロングランと大好評をとった。これに対抗した坂田藤十郎《さかたとうじゅうろう》・近松門左衛門《ちかまつもんざえもん》コンビによる

人形浄瑠璃（『人倫訓蒙図彙』）

初代坂田藤十郎（『鋸くず』）

【この年の出来事】

**1・14** 幕府、江戸市中の各種職人に肝煎役を定める。

**1・24** 歌舞伎『傾城仏の原』が好評。

**2・6** 江戸で大火。黒桑町から浅草まで延焼。

**2・13** 寛永寺本坊落成。

**2・23** 幕府、前年の大火で被災した江戸市中に米3万俵を貸与。

**3月** 幕府、江戸市中の塵芥の永代島への投棄を指示。

**3月** 尾形乾山、鳴滝窯を開く。

**4・4** 江戸日本橋から出火。筋違御門まで延焼。

**4・29** 幕府、歴代天皇の陵墓を特定、修復。

**5月** 幕府、京都旧聚楽第の堀を埋め立て。

**6・16** 河村瑞賢歿(83)。

**6・27** 幕府、火災防止のため河岸地への土蔵設置を許可。

**6・28** 幕府、長崎奉行を4人制とし、2人ずつの隔年交代と規定。

松平信庸（紀伊守）

**◉京都町奉行**

**東**

安藤次行（駿河守）

**西**

滝川具章（丹後守）

水野勝直（備前守）

水谷勝阜（弥之助・信濃守）

**◉大坂城代**

土岐頼殷（伊予守）

**◉大坂町奉行**

**東**

松平忠周（玄蕃頭）

中山時春（半右衛門）

**西**

永見重直（甲斐守）

**◉長崎奉行**

近藤用高（五左衛門）

丹羽長守（五左衛門）

大島義也（雲八）

林忠和（藤五郎・土佐守）

**◉若年寄**

秋元喬知（但馬守）

加藤明英（佐渡守）

米倉昌尹（丹後守）

本多正永（伯耆守）

稲垣重富（対馬守）

井上正岑（大和守）

**◉側用人**

柳沢吉保（出羽守）

松平輝貞（右京亮）

歌舞伎『傾城仏の原《けいせいほとけのはら》』が京都の都万太夫座《みやこまんだゆうざ》でこの日から初演されて大成功した。

『傾城仏の原』は越前《えちぜん》（現・福井県）の大名梅永刑部《うめながぎょうぶ》の息子兄弟を主人公としたお家騒動物である。ちなみに遊廓のことを傾城町《けいせいまち》と称した。

この当時、坂田藤十郎は五十二歳で都万太夫座の座元であり、近松作品に主演して上方随一の人気役者になる。一方、近松門左衛門は四十七歳で歌舞伎の狂言作者として脚光を浴びつつあった。元禄六年以降、近松は坂田の得意とする和芸を生かす作品を次々と発表した。坂田藤十郎は宝永六年（一七〇九）に没した（享年六十三）。一方、元禄末年ごろから藤十郎が病気がちになると、近松は竹本義太夫と組んで人形浄瑠璃作者として活躍するが、享保九年（一七二四）に歿した（享年七十二）。

## 旗本と大名が喧嘩　九月九日

事件災害

旗本小姓組四百石の岡八郎兵衛孝常《おかはちろべえたかつね》がこの日、登城する際に陸奥中津山藩《むつなかつやま》（現、宮城県石巻市）三万石の藩主伊達村和《だてむらより》の行列に出会い、喧嘩となり村和の供回りの者に刀を奪われたので、槍を持って村和の屋敷に上りこんだ。藩側はやむなく目付に事の次第を連絡した。孝常の組の番頭や目付が急行し、説得して帰宅させた。二十六日、幕府は村和の供回りの者三名を村和の藩邸で処刑させるとともに村和に逼塞を命じた。さらに十月二十八日になって村和に改易を申し渡した。一方、孝常には小普請入りと逼塞処分が下された。やや旗本に有利な決着といえる。

もともと大名と旗本はなにかと対立関係にあるが、旗本と小大名の争いではしばしば大名側に厳しく旗本側は軽い処分の傾向にあった。また、幕府の法令に叛いても、転封、改易になることは大名よりも少なかった（村上直『江戸幕府の政治と人物』）。ちなみに旗本の子が大名の養子になるのはかまわないが、大名の家来になることは許されなかった。

## 大奥に対して質素倹約令が出される　十月二十三日

社会世相

幕府は、この日大奥に対して次のような倹約令を発布した。

奢侈をつつしみ、祝い事・遺贈は出来るだけ軽くすること。寺社への寄進や法令も質素にすること。衣服も毎日替える必要はない。華美なものを着る必要もない。饗宴も贅を尽すことはない。大奥内での互いの贈物は無用である。女中の採用については親戚であってもえこひいきしてはならない。

大奥には千人ほどの女性が生活していたというが、この当時その女性たちの頂点に立っていた将軍綱吉《つなよし》の生母桂《けい》昌院《しょういん》に対して、綱吉は生涯頭が上がらなかったという。桂昌院は家光《いえみつ》の五番目の側室《そくしつ》で、お玉の方と称した。京都の八百屋の娘（西陣の織屋の娘説もある）であるが、鷹司《たかつかさ》氏の入輿《じゅよ》（家光の御台所《みだいどころ》は鷹司信房《のぶふさ》の娘）に従い大奥入りし、春日局《かすがのつぼね》（竹千代＝家光の幼名の乳母）の推挽《すいばん》を受けて家光の側室になり、家光の寵愛を受けて綱吉を産んだ。桂昌院の登場で、大奥の政治力は大いに高まった。幕閣の重臣といえども、大奥の人気がなければ幕政の運営が叶わなかったともいう。したがって、この倹約令がどこまで厳守されたかは疑問といえよう。

**8・26** 幕府、勘定衆12人を関東諸国の巡察へ派遣。

**9・4** 幕府、江戸米不足により、諸代官に江戸廻米を指示。酒造制限令を発令。

**9・13** 幕府、米穀の買占めを禁止。

**9月** 幕府、東大寺大仏殿の再建費用を幕領に賦課。

**閏9・6** 幕府、江戸でも鳥類の売買を禁止。

**閏9・10** 旗本救済のため金銀支給。

**閏9月** 幕府、旗本に金銀を与え救済。

**10・14** 京都糸割符仲間、鋳銭事業を出願。幕府、これを許可。

**10・23** 幕府、大奥に質素倹約令を発令。

**11・17** 幕府、太元結・大脇差の帯刀などを禁止。

**11・25** 幕府、盗賊改役・火付改役を廃止。

**12・21** 幕府、勘定吟味役を廃止。

**12・28** 幕府、旗本屋敷の建築基準を定め、武具・衣服などの倹約を指示。

# 1700 元禄十三年

庚辰

天皇▼東山天皇

将軍▼徳川綱吉（第五代）

【主要幕閣】

◉大老
井伊直該（掃部頭）

◉大老格
柳沢吉保（出羽守）

◉老中
阿部正武（豊後守）
土屋政直（相模守）
小笠原長重（佐渡守）
秋元喬知（但馬守）

◉寺社奉行
永井直敬（伊賀守）
松平重栄（日向守）
阿部正喬（飛騨守）
青山幸督（播磨守）

◉勘定奉行
井戸良弘（志摩守）
荻原重秀（近江守）
久貝正方（忠左衛門・因幡守）
戸川安広（日向守・備前守）

◉江戸町奉行
北
保田宗郷（越前守）
南
松前嘉広（伊豆守）

## 幕府、三貨の交換比率を公定 十一月八日

政治経済

**江**戸時代に使われた貨幣を三貨《さんか》という。これらは金貨（大判、小判など）、銀貨（丁銀《ちょうぎん》や豆板銀《まめいたぎん》など）、銅貨（寛永通宝《かんえいつうほう》、天保通宝《てんぽう》など）である。金貨は小判一枚を一両とする計数貨幣（一両＝四分《ぶ》＝十六朱《しゅ》）、銀貨は貫《かん》や匁《もんめ》を単位とする秤量《しょうりょう》貨幣、銅貨は銭《ぜに》と呼ばれ、寛永通宝は一枚が一文《もん》、天保通宝は一枚が百文だった。のちには真鍮銭や鉄銭なども作られた。

また江戸は金遣い経済、上方は銀遣い経済といわれたように、東では金、西では銀が主として商取引では使われた。

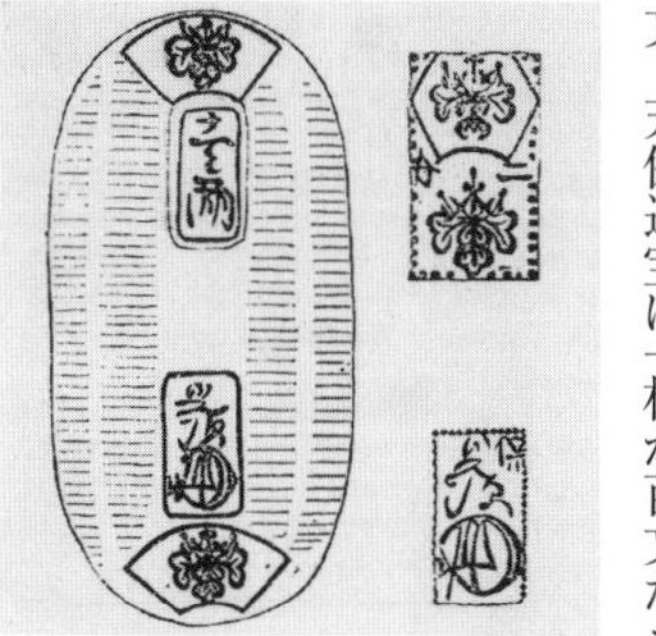

西欧に伝えられた日本の三貨制度
（『イラストレイテドロンドンニュース』）

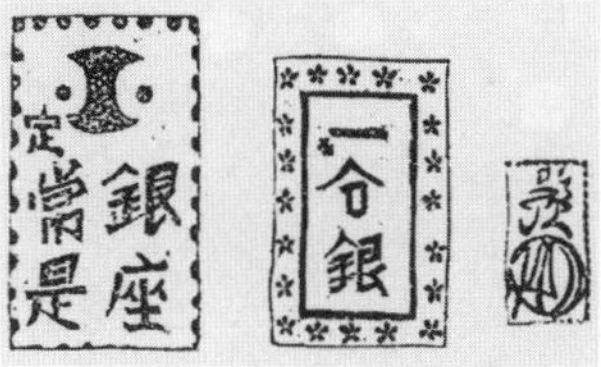

同上　金の次は銀

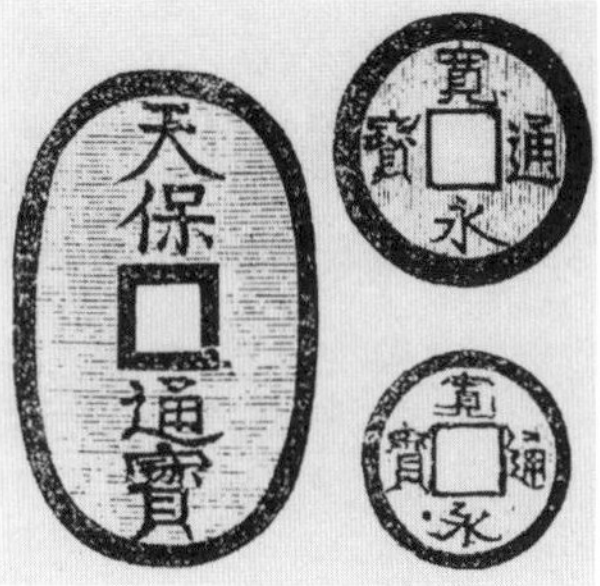

同上　次は銅

慶長十四年（一六〇九）に、金一両＝銀五十匁＝銭四貫文と定められたが、この日、金一両＝銀六十匁＝銭四貫文という比価に公定された。これが江戸時代を通じての公定の交換比率となるが、実際には金銀相場は絶えず変動していたので、江戸と大坂の取引では、江戸では銀貨の安い時に注文し、大坂では金貨の安い時に売り捌かれた。

## 江戸護国寺で清涼寺の釈迦如来の出開帳 九月

文化思想

**京**都嵯峨《さが》の清涼寺《せいりょうじ》の釈迦如来立像《しゃかにょらいりゅうぞう》が、この月、江戸護国寺で出開帳《でがいちょう》（本尊などを他所へ出して公開すること）された。釈迦如来は、生身如来《しょうじんにょらい》として古くから信仰されていたものであり、多くの群集が集まった。五代綱吉《つなよし》も十日に母桂昌院らと共に江戸城二の丸で拝見している。

清涼寺は通称「嵯峨の釈迦堂」で知られ、嵯峨のお松《たい》明《まつ》（三月十五日夜）、嵯峨大念仏狂言（四月第二土・日曜日、第三日曜日）、御身拭式《おみぬぐいしき》などの伝統行事が今も行なわれている。

この釈迦如来立像（清涼寺式釈迦如来像）は、釈迦が三十七歳の時の生き姿を刻んだものとされており、東大寺の僧奝然《ちょうねん》が入宋した際に中国の仏師に依頼して製作されたといわれている。多くの人に崇拝されている釈迦如来立像は、赤栴檀《あかせんだん》の香木で造られた日本三大如来の一つで、国宝である（昭和三十九年〔一九六四〕に絹製の五臓、本像造立の由来記など多数の像内納入品（国宝）が発見されて話題となった）。

熱心な仏教信者の桂昌院、その母を思う気持ちが人一倍

【この年の出来事】

**2・7** 名古屋城下で大火。1669余戸焼失。
**2・27** 対馬で大地震。
**2月** 幕府、大伝馬町の木綿仲間に越後屋・白木屋など4軒への木綿販売停止を指示。
**2月** 永代島の埋め立てが完了。
**2月** 江戸下谷車坂から出火。浅草延焼。
**2月** 江戸から佐渡への流刑人50人が送られる（佐渡への最後の流人）。
**4月** 東叡山で徳川家光50回忌法会。諸大名ら参集。
**5・20** 幕府、徳川家光法会による大赦で194人を赦す。
**7・11** 大岡忠相、遺跡相続。
**7月** 幕府、江戸市中での旅人・老人・病人・女性以外の借駕籠使用を禁止。
**7月** 戸田茂睡『梨本集』刊行。
**8・28** 幕府、日光奉行

**◉京都所司代**
松平信庸（紀伊守）

**◉京都町奉行**
**東**
安藤次行（駿河守）
**西**
滝川具章（山城守）
水谷勝阜（信濃守）

**◉大坂城代**
土岐頼殷（伊予守）

**◉大坂町奉行**
**東**
松平忠周（玄蕃頭）
中山時春（半右衛門）
太田好敬（善大夫）
**西**
永見重直（甲斐守）

**◉長崎奉行**
近藤用高（五左衛門）
丹羽長守（五左衛門）
大島義也（雲八）
林忠和（土佐守）

**◉若年寄**
加藤明英（越中守）
本多正永（伯耆守）
稲垣重富（対馬守）
井上正岑（大和守）

**◉側用人**
柳沢吉保（出羽守）
松平輝貞（右京亮）

強い綱吉は、古社寺《こしゃじ》を庇護《ひご》し、この開帳にも寛大だった。

釈迦で知られる嵯峨の清涼寺
（『京童』）

ちなみに清涼寺の釈迦如来立像を安置してある厨《ず》子《し》は桂昌院の寄進と伝えられている。

## 深堀仇討事件（長崎喧嘩）が発生　十二月十九日

事件
災害

長崎の本博多町大音寺《ほんはかたまちだいおんじ》付近で、些細なことから喧嘩があった（以下、元禄時代の記録集で作者不明の『世間咄風聞集《せけんばなしふうぶんしゅう》』による）。肥前佐賀藩家老の鍋島官左衛門《なべしまかんざえもん》の家来、深堀三右衛門《ふかぼりさんえもん》と志波原武右衛門《しばはらぶえもん》の二人が長崎町年寄《まちどしより》の高木彦右衛門《ひこえもん》とすれ違った際、肩が当たったとか当たらないとかで、この日、双方の供の者同士が喧嘩になった。途中で深堀側から詫びを入れたが、高木側が赦さなかった。

この話を聞きつけて、高木の家来十数人が鍋島官左衛門屋敷に押しかけて悪態をついたので、深堀三右衛門が怒り、一人に疵《きず》を負わせたが、その内に刀を奪われてしまった。多勢に無勢、手痛い目にあった二人は、翌日未明に高木の自宅へ仕返しに押し掛けた。今度は高木側が謝ったが赦されない。この交渉中に家老の鍋島官左衛門の家来が高木邸を襲撃、高木彦右衛門をはじめ多くを切り殺した。その後、深堀と志波原は切腹。さらに鍋島側九人が高木家へ乱入したが、事件は終わっていたのでそのまま引き揚げた。

長崎奉行は幕閣と協議の上で、長崎貿易の総元締めである長崎町年寄の高木彦右衛門家は闕所《けっしょ》、生き残った息子は長崎追放、あとから押し掛けた九人は斬罪とした。また、鍋島官左衛門は事件当時佐賀にいたので、御構《おかま》いなしとした。一方、長崎を警護する役の佐賀藩は、高木邸襲撃の官左衛門の家来十人を切腹させ、あとから駆け付けた九人を遠島処分にした。

ちなみにこの刃傷沙汰は、二年後に起こる赤穂浪士の吉良邸討入の参考になったといわれている。

## 大岡忠相、遺跡相続　七月十二日

社会
世相

大《おお》岡忠相《おかただすけ》はこの日、四月十日に死去した養父忠真《ただざね》の遺跡千九百二十石を相続して寄合席に列して幕臣人生をスタートさせた（二十四歳）。二年後の元禄十五年（一七〇二）の書院番士を振り出しに役人人生を始める。御書院《ごしょいん》番《ばん》とは将軍の警護役である。忠相は、翌年十一月に関東を襲った大地震では復旧作業で活躍したという。宝永元年（一七〇四）、二十八歳の時に御徒頭《おかちがしら》となったが、この役は将軍出御《しゅつぎょ》時の先導役である。その後、忠相は三十六歳で山田奉行（伊勢奉行・伊勢町奉行とも）、四十一歳で江戸町奉行というように、順調に出世コースを歩んだ。

忠相は江戸町奉行として「いろは四十七組」の町火消しを創出し、寺社奉行としては通貨の安定に取り組み、関東御用掛としては幕府直轄領の開発・農政の推進にあたるなど、その実績は多方面にわたっているが、何よりも江戸町奉行時代に八代将軍吉宗《よしむね》をよく補佐し、享保の改革を推し進めたことが最大の功績だろう。

のちに『大岡政談《おおおかせいだん》』によって伝わった名奉行の姿というのは、多分に後世の創作である。

を創設。
**8月**　幕府、江戸三伝馬町助成のため、江戸市中の大八車・借駕籠に課税。
**9・18**　幕府、酒造制限令を発令。
**9月**　江戸の護国寺で京都清涼寺の釈迦如来像出開帳。
**11・8**　幕府、金銀銭三貨を、金1両＝銀60匁＝銭4貫文と規定。
**11・21**　元禄6年4月開講の将軍綱吉による『周易』の講義が終了。
**12・6**　徳川光圀歿(73)。
**12・9**　佐賀藩家老鍋島官左衛門の家臣深堀三右衛門ら、長崎で町年寄高木彦右衛門を殺害（深堀事件）。
**12月**　幕府、銀・銭不足のため、他国への銀・銭流出、買い占めを禁止。
**この年**　幕府、長崎来航の船を清国船8隻、オランダ船5隻に制限。
**この年**　幕府、対馬藩に朝鮮貿易額の増額を許可。

**【主要幕閣】**

**◉大老格**
柳沢吉保（出羽守・美濃守）

**◉老中**
阿部正武（豊後守）
土屋政直（相模守）
小笠原長重（佐渡守）
秋元喬知（但馬守）
稲葉正往（丹後守）

**◉寺社奉行**
永井直敬（伊賀守）
松平重栄（日向守）
阿部正喬（飛騨守）
青山幸督（播磨守）

**◉勘定奉行**
井戸良弘（志摩守）
荻原重秀（近江守）
久貝正方（因幡守）
戸川安広（備前守）

**◉江戸町奉行**
**北** 保田宗郷（越前守）
**南** 松前嘉広（伊豆守）

**◉京都所司代**
松平信庸（紀伊守）

## 赤穂藩主浅野長矩が殿中で高家吉良義央に刃傷　三月十四日

政治経済

播《はり》磨《ま》赤穂《あこう》五万三千五百石の藩主で勅使《ちょくし》饗応役《きょうおうやく》（馳走《ちそう》役《やく》、館伴役《かんばんやく》ともいった）の浅野内匠頭長矩《あさのたくみのかみながのり》は公式行事の最終日にあたるこの日の午前十一時ごろ（九時半ごろとの説もある）、高家肝煎《こうけきもいり》の吉良上野介義央《きらこうずけのすけよしひさ》（よしなか）に江戸城本丸御殿の松之大廊下《まつのおおろうか》で「このあいだの遺恨、おぼえたるか」といって小刀《ちいさがたな》で斬り付けたが、留守居番の梶川与惣兵衛頼照《かじかわよそべいよりてる》に抱き止められ、義央の額と背中に傷を負わせただけであった。

義央の傷の手当と長矩への事情聴取が同時に行われ、事の次第が側用人柳沢吉保《そばようにんやなぎさわよしやす》から将軍綱吉に伝えられた。綱吉は勅使・院使《いんし》の勅諭奉答式《ちょくゆほうとうしき》直前の刃傷《にんじょう》事件に激昂《げっこう》し、長矩の陸奥一関《むついちのせき》藩主田村右京大夫建顕《たむらうきょうだゆうたてあき》に預けることと饗応役を下総《しもうさ》佐倉藩主戸田能登守忠真《とだのとのかみただざね》に変えることを指示した。

また、義央には御咎《おとが》めなしということで、呉服《ごふく》橋《ばし》内の居屋敷《いやしき》に午後一時ころ平川門から戻された。長矩は平川門から出されて愛宕下《あたごした》の田村家上屋敷（現港区新橋三丁目）に午後四時ころ着いた。勅使・院使の公式行事が終わり、幕閣との協議の場で綱吉から長矩の即日切腹という強い意向が示された。午後六時ころ大目付《おおめつけ》庄田下総守安利《しょうだしもうさのかみやすとし》と目付《めつけ》大久保権左衛門忠鎮《おおくぼごんざえもんただしず》・多門伝八郎重共《おかどでんぱちろうしげとも》が赴き、長矩の切腹が執行された。享年三十五。赤穂に事件の第一報が早水藤左衛門《はやみとうざえもん》・萱野三平《かやのさんぺい》によって知らされたのは十八日の午後十時ころであったという。

吉良上野介像（墨田区両国・本所松坂公園）

浅野長矩

## 江島其磧『けいせい色三味線』を出版　八月

文化思想

浮《う》世草子《きよぞうし》作者の江島其磧《えじまきせき》は、この月京都の書肆八文字屋《しょしはちもんじや》（版元《はんもと》は浮世草子作者としても知られた八文字屋自笑《じしょう》、二代目八左衛門）から浮世草子の『けいせい色三味線《いろじゃみせん》』五巻を出版した。

其磧は、本名村瀬権之丞《むらせごんのじょう》、通称は庄左衛門《しょうざえもん》。京の富裕な大仏餅屋《だいぶつもちや》の子として生まれて四代目主人となった。浄瑠《じょうる》

**【この年の出来事】**

**1・25** 契沖歿（62）。
**3・14** 赤穂藩主浅野長矩、江戸城中で高家吉良義央に刃傷。即日切腹（35）・改易（赤穂事件）。
**3・18** 幕府、江戸市中で鉄砲調査を実施。
**3・29** 幕府、東大寺大仏殿の再建費用を幕領に賦課。
**4・13** 幕府、諸大名に参勤交代の際の従者数削減を指示。
**5・9** 石井兄弟、亀山城下で父と兄の仇赤堀源五右衛門を討つ（亀山の仇討）。
**6・20** 京都で落雷。死者多数。
**6月** 京都で大洪水。
**8・15** 幕府、江戸城中での出仕作法などを規定。
**8・17** 伊勢長島で大洪水。
**8月** 幕府、銀貨騰貴のため、銀貨の貯蓄を禁止。
**8月** 江島其磧『けいせい色三味線』出版。
**10・2** 幕府、酒造制限

**◉京都町奉行**

**東**
安藤次行（駿河守）

**西**
滝川具章（山城守）
水谷勝阜（信濃守）

**◉大坂城代**
土岐頼殷（伊予守）

**◉大坂町奉行**

**東**
中山時春（半右衛門）
太田好敬（善大夫）

**西**
永見重直（甲斐守）
松野助義（河内守・壱岐守）

**◉長崎奉行**
近藤用高（五左衛門）
丹羽長守（五左衛門）
大島義也（雲八）
林忠和（土佐守）

**◉若年寄**
加藤明英（越中守）
本多正永（伯耆守）
稲垣重富（対馬守）
井上正岑（大和守）

**◉側用人**
柳沢吉保（出羽守・美濃守）
松平輝貞（右京亮）

璃太夫《りたゆう》の松本治太夫《まつもとじだゆう》のパトロンとなり、浄瑠璃の脚本も書いたが、井原西鶴《いはらさいかく》に私淑《ししゅく》して浮世草子や役者評判記《やくしゃひょうばんき》を執筆した。『世間子息気質《せけんむすこかたぎ》』などの気質物《かたぎもの》にも優れ、特に筋のおもしろさは抜群で、西鶴死後の浮世草子界の第一人者となった。

『けいせい色三味線』は、京・大坂・江戸・鄙《ひな》・湊《みなと》に分類し、島原・新町《しんまち》・吉原《よしわら》・伏見撞木町《ふしみしゅもくまち》・大津柴屋町《おおつしばやまち》・長崎《ながさき》丸山《まるやま》など、各地の代表的遊里《ゆうり》に属する遊女の名を収録し、それらの遊里を舞台とした短篇二十四を配した。役者評判記の体裁にならい、筋のおもしろさと平明な文章で多くの読者をつかみ、其碩を浮世草子作者として有名にした。

## 亀山の仇討　五月九日

事件災害

石《いし》井源蔵《いげんぞう》・半蔵《はんぞう》兄弟が父宇右衛門《うえもん》と長兄三之丞《さんのじょう》の仇である赤堀源五右衛門《あかほりげんごえもん》を、この日の朝伊勢亀山《いせかめやま》城下で二十八年目に討ち取った。後世「元禄曾我《げんろくそが》」として評判となる。

事の発端は、藩主の大坂城代《おおさかじょうだい》青山因幡守宗俊《あおやまいなばのかみむねとし》に従って大坂にいた槍術《そうじゅつ》の達人石井宇右衛門の許に旧知の赤堀遊閑《ゆうかん》が養子の赤堀源五右衛門の指導を託したが、二人の間に遺恨《いこん》が生じ、延宝《えんぽう》元年（一六七三）十一月十八日の夜に源五右衛門が宇右衛門を不意打ちして出奔した。そこで惣領《そうりょう》で十八歳の三之丞と次男の彦七《ひこしち》が仇討《あだうち》の旅に出た。源五右衛門の行方が分からず、源五右衛門を誘き出すために十二月八日に養父で鍼医《はりい》の遊閑を大津《おおつ》で討ち、美濃《みの》で源五右衛門を待った。しかし、天和元年（一六八一）正月二十八日に三之丞は源五右衛門に急襲されて討死した。次兄の彦七も伊予《いよ》に渡る際に溺死《できし》してしまった。

そこで父の死に際して五歳であった三男源蔵が天和二年に、二歳であった四男半蔵は元禄元年（一六八八）にそれぞれ仇討に旅立った。二人の兄弟は源五右衛門が叔父を頼って亀山藩板倉隠岐守重常《いたくらおきのかみしげつね》の家臣となり、名を赤堀水之助《みずのすけ》と改めていることを突き止めた。兄弟は行商人や板倉家家臣の中間《ちゅうげん》・若党《わかとう》などとなって仇の動静をさぐり、宿直明けのこの日、亀山城石坂門外《いしざかもんがい》で本懐を遂げた。兄弟はのち旧主青山家に召し抱えられた。

## 江戸の質物利息の改正　十一月

社会世相

幕府は元禄五年（一六九二）十一月に神田旅籠町《かんだはたごちょう》の中《なか》村屋平右衛門《むらやへいえもん》・田町《たまち》の車屋久右衛門《くるまやきゅうえもん》・本所相生町《ほんじょあいおいちょう》の堺屋三九郎《さかいやさんくろう》の三名を質屋惣代《しちやそうだい》に定め、本石町《ほんごくちょう》の惣代会所《かいしょ》から鑑札《かんさつ》を発行された者のみ質屋・金銀貸の営業を認めるとともに質物・借金の基準となる質屋作法を決めた。そして九年後のこの月質屋作法《しちやさほう》を以下のように改正した。

①刀・脇差《わきざし》・諸道具・諸品等の質流れは十ヶ月から十二ヶ月とする。②衣類等の質流れは六ヶ月から八ヶ月とする。③銭の利息は百文《もん》に付き月三文から四文（年利三十六％から四十八％）とする。④金二両以下の利息は月金一分《ぶ》に付き銀三分《ふん》五厘《りん》から四分（公定の交換比率は元禄十三年より金一両＝銀六十匁となった。年利約二十八％から三十二％）とする。金十両以下の利息は月金一両に付き前回同様銀三分（二十四％）とする。金百両以下の利息は月金一両に付き前回同様銀一匁《もんめ》（約二十％）とする。金百両以上は百両以下の利息を勘案して利率を下げることを求めた。この利息規定は享保《きょうほう》十四年（一七二九）まで維持された。

令を発令。

**10月** 近江佐和山で大火。2000余戸焼失。

**11・11** 幕府、江戸堺町・木挽町の芝居小屋以外での独楽まわし、独楽の販売を禁止。

**11・26** 将軍綱吉、柳沢保明邸を訪問し、松平氏を与え、保明から吉保へと改名させる。

**11月** 江戸の質物利息の改正。

**12・11** 幕府、上方・西国での金貨使用促進のため、金銀貨並用通用の制を布達。

**12・25** 幕府、和人参の専売制を制定。

**この冬** 幕府、飢饉のため江戸本所報恩寺前に御救小屋を設置。

**この年** 深川佐賀町・今川町などの材木問屋、永代島埋め立て地に移転（のちの木場）。

**【主要幕閣】**

**◉大老格**
柳沢吉保（美濃守）

**◉老中**
阿部正武（豊後守）
土屋政直（相模守）
小笠原長重（佐渡守）
秋元喬知（但馬守）
稲葉正往（丹後守）

**◉寺社奉行**
永井直敬（伊賀守）
松平重栄（日向守）
阿部正喬（飛騨守）
青山幸督（播磨守）
本多忠晴（弾正少弼）

**◉勘定奉行**
井戸良弘（志摩守）
荻原重秀（近江守）
久貝正方（因幡守）
戸川安広（備前守）
中山時春（半右衛門・出雲守）

**◉江戸町奉行**
**北**
保田宗郷（越前守）
**中**
丹羽長守（遠江守）
**南**
松前嘉広（伊豆守）

## 綱吉の生母桂昌院に従一位　三月九日

政治経済

将軍綱吉《つなよし》の生母で七十六歳の桂昌院《けいしょういん》は、側用人《そばようにん》柳沢《やなぎさわ》吉保《よしやす》の朝廷への尽力により、この日従一位《じゅいちい》に叙《じょ》せられた。武家の女性への生前授与は、豊臣秀吉《とよとみひでよし》の正室北政所《きたのまんどころ》（高台院《こうだいいん》）と徳川和子《とくがわまさこ》（東福門院《とうふくもんいん》）入内《じゅだい》の功があった徳川家康《とくがわいえやす》の側室阿茶局《あちゃのつぼね》に次ぐ三例目であった。

桂昌院は秋野《あきの》またはお玉《たま》の方《かた》と称し、諱《いみな》は光子《みつこ》。京都の八百屋仁左衛門《やおやにざえもん》の娘であったが、実父の死後、母はお玉らを連れて公家二条家の家司《けいし》本庄太郎兵衛宗正《ほんじょうたろべえむねまさ》（北小路《きたこうじ》氏をも称した）の許に奉公し、のち宗正の妻となる。家光の側室お万《まん》の方（公家六条有純《ろくじょうありずみ》の娘で元伊勢《いせ》の慶光院《けいこういん》住持《じゅうじ》）に仕えて大奥《おおおく》に入り、春日局《かすがのつぼね》の指図で家光に近侍《きんじ》して気に入られ、二十歳の時に四男の徳松《とくまつ》（綱吉）を生んだ。慶安《けいあん》四年（一六五一）の家光歿後に落飾《らくしょく》して桂昌院と称し、綱吉の館林藩邸《たてばやしはんてい》に移った。延宝八年（一六八〇）に綱吉が五代将軍となると江戸城三ノ丸《さんのまる》に住した。

桂昌院は、仏教の信仰厚く、情愛の豊かな人物であったという。綱吉の篤い孝養心もあって綱吉政治に大きな影響を与えた。護国寺《ごこくじ》・護持院《ごじいん》の創建や生類憐《しょうるいあわれ》みの令の発布などはその代表例といえよう。宝永二年（一七〇五）六月二十二日に七十九歳で没した。

## 新井白石『藩翰譜』を徳川綱豊に呈出　三月十九日

文化思想

甲《か》斐《い》甲府《こうふ》藩主徳川綱豊《とくがわつなとよ》（のちの六代将軍家宣《いえのぶ》）の侍講《じこう》新《あら》井《い》白石《はくせき》は、この日万石以上の大名三百三十七家の家伝由緒の集成である『藩翰譜《はんかんふ》』正編十巻・付録二巻・序目一巻を浄書して綱豊に呈出《ていしゅつ》した。書名は綱豊の撰であり、同門で同僚の室鳩巣《むろきゅうそう》が序文を書いた。

『藩翰譜』は、元禄十三年末に綱豊の命で起稿《きこう》し、翌年十月に脱稿《だっこう》し、この年の二月に浄書《じょうしょ》が完了した。所載家の配列は越前家《えちぜんけ》・御三家《ごさんけ》などの親藩《しんぱん》を首とし、次いで譜《ふ》代《だい》・外様《とざま》の順とし、付録に廃絶の諸家を収めている。慶《けい》長《ちょう》五年（一六〇〇）から延宝八年（一六八〇）までを平仮名交り文で記述してある。幕府編纂の『寛永諸家系図伝《かんえいしょかけいずでん》』と異なり、簡潔・公平な文章で武士の言動を描写し、個人の編書としては出色の出来である。白石の関心も高く、六代将軍家《いえ》宣・七代将軍家継《つぐ》の侍講として正徳の治《ち》に参画したのち、享保元年（一七一六）に八代将軍として吉宗《よしむね》が登場すると致仕《ちし》して政治的には不遇であったが、新史料を得るごとに『藩翰譜』の草稿を加筆していたという。

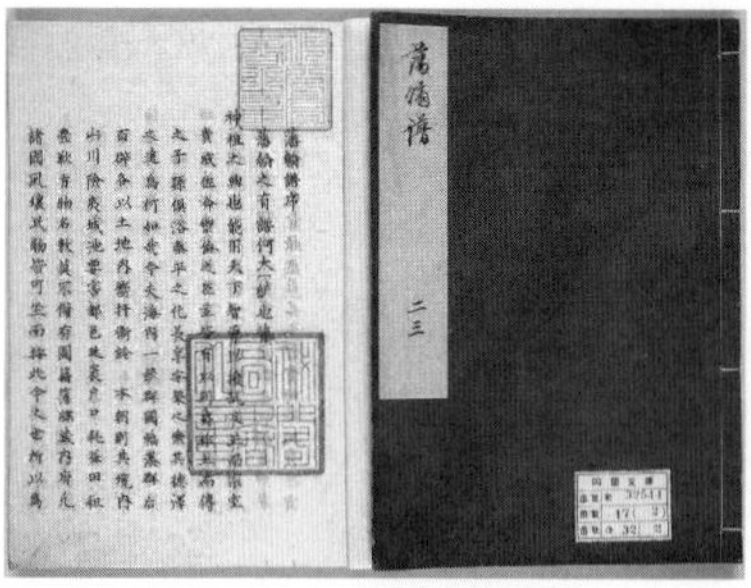
『藩翰譜』

**【この年の出来事】**

**2・3**　幕府、古金銀回収を指示。
**3・9**　綱吉の生母桂昌院、従一位に叙せられる。
**3・19**　新井白石、『藩翰譜』12巻を完成、徳川綱豊に献上。
**3・30**　幕府、元禄10・11年の酒造米高調査を諸国で実施。
**4・9**　幕府、盗賊改役を再置。
**7・18**　幕府、酒造制限令を発令。
**8・23**　幕府、遊興・賭博を禁止。生類憐みを奨励。
**8月下旬**　九州・四国・中国で暴風雨、洪水。讃岐で蝗害。
**閏8・15**　幕府、江戸の町奉行を3人制とし、中町奉行所を設置。
**閏8月**　幕府、専業者以外の酒造を禁止。
**閏8月**　幕府、昨年までの金銀訴訟を相対済しとし、当年分からの受理を通達。

**◉京都所司代**
松平信庸（紀伊守）
**◉京都町奉行**
**東**
安藤次行（駿河守）
**西**
滝川具章（山城守）
水谷勝阜（信濃守）
**◉大坂城代**
土岐頼殷（伊予守）
**◉大坂町奉行**
**東**
中山時春（半右衛門）
太田好敬（善大夫）
**西**
松野助義（河内守）
**◉長崎奉行**
丹羽長守（五左衛門）
大島義也（雲八）
林忠和（土佐守）
永井直允（采女）
別所常治（孫右衛門）
**◉若年寄**
加藤明英（越中守）
本多正永（伯耆守）
稲垣重富（対馬守）
井上正岑（大和守）
**◉側用人**
柳沢吉保（美濃守）
松平輝貞（右京亮）

## 赤穂浪士の討入り　十二月十四日

事件災害

旧家老《かろう》で四十四歳の大石内蔵助良雄《おおいしくらのすけよしお》の指揮のもと、七十六歳の堀部弥兵衛金丸《ほりべやへいかなまる》から十五歳の大石主税良金《ちからよしかね》までの四十七人の旧赤穂《あこう》藩出身の浪士《ろうし》は、この日の夜から翌十五日の早暁にかけて本所松坂町《ほんじょまつざかちょう》（現、墨田区両国三丁目）の吉良邸に表門・裏門の二手に分かれて討入り、吉良義央《きらよしひさ》（よしなか）の首を取り、当主左兵衛義周《さひょうえよしちか》（出羽米沢《でわよねざわ》藩主上《うえ》杉綱憲《すぎつなのり》の次男で祖父義央の養嗣《ようし》）に傷を負わせ、吉良家家臣十六人を斬り殺し、二十人に手傷を負わせた。一方、浪士側には一人の死者も出さなかった。火消装束《ひけししょうぞく》の出立《いでた》ちは、三十年前の寛文十二年（一六七二）に起きた浄瑠璃坂《じょうるりざか》の敵討《かたきうち》を見習ったものという。

主君故浅野長矩《あさのながのり》の恨みを晴らした一行は、徒歩で品川《しながわ》の泉岳寺《せんがくじ》（現、港区高輪二丁目）を目指した。途中で吉田忠《よしだちゅう》左衛門《ざえもん》と富森助右衛門《とみのもりすけえもん》の二人を大目付千石伯耆守久尚《おおめつけせんごくほうきのかみひさなお》の屋敷に派遣し、「浅野内匠家来口上《あさのたくみけらいこうじょう》」を持参させた。一行は泉岳寺に到着すると長矩の墓前に義央の首を供え、討入りの報告と焼香《しょうこう》を済ませた。大目付から報告を受けた幕閣は、上杉家に討手《うちて》を出すことを禁止するとともに、泉岳寺に待機していた浪士四十六人（泉岳寺に向かう途中に姿を消した吉田忠左衛門の足軽寺坂吉右衛門《あしがるてらさかきちえもん》については逃亡説と使者説とがある）を肥後熊本《ひごくまもと》藩細川《ほそかわ》家と伊予松山《いよまつやま》藩松平《まつだいら》家と長門《ながと》長府《ちょうふ》藩主毛利《もうり》家と三河岡崎《みかわおかざき》藩水野《みずの》家の四家に分けて預けた。

吉良邸跡（墨田区両国・本所松坂公園）

## 柳沢吉保が六義園を完成

社会世相

側用人の柳沢吉保は元禄八年（一六九五）四月二十一日に将軍綱吉から江戸郊外に四万七千坪余の地（もとは加賀金沢《かがかなざわ》藩主前田綱紀《まえだつなのり》の下屋敷跡地）を拝領し、この年七年の歳月をかけて千川上水《せんかわじょうすい》を引いて池を掘り、回遊式築《かいゆうしきつき》山泉水《やませんすい》庭園として屈指《くっし》の大名庭園と後世評される「六義《りくぎ》園《えん》」（現、文京区本駒込六丁目、国特別名勝の都立庭園。現状の面積は当時の三分の二）と下屋敷を完成させた。

「六義園」の命名は、吉保が『古今和歌集《こきんわかしゅう》』の紀貫之《きのつらゆき》による序にある和歌の分類法によったものだという。庭園中には、吉保の学問・教養を反映した『万葉集《まんようしゅう》』や『古今和歌集』などにみられる歌枕《うたまくら》や歌意《かい》、中国や日本の故事・名所になぞらえた景勝地八十八ヵ所が造られ、石標で示されていた。ここに将軍綱吉も度々御成したという。宝永《ほうえい》六年（一七〇九）正月十日に綱吉が逝去《せいきょ》して新将軍家宣が登場し、綱吉の葬儀が終わると六月三日、吉保は側用人の地位と甲斐府中藩主の地位をあっさり捨てて隠居して六義園に移った。以後正徳《しょうとく》四年（一七一四）に五十七歳の生涯を閉じるまでここで悠々自適《ゆうゆうじてき》の余生を送った。六義園は明治《めいじ》になって岩崎弥太郎《いわさきやたろう》の手に移り、昭和《しょうわ》十三年（一九三八）に東京市に寄贈されて現在に至った。

六義園（文京区本駒込）

**閏8月**　幕府、公事宿禁止令を発布。
**10・25**　幕府、京都町奉行を減員。
**11・28**　幕府、堺奉行を再置。大坂町奉行を2人制、奈良・駿府・下田奉行を1人制とする。
**12・2**　幕府、本田畑での煙草栽培を半減を条件に許可。
**12・15**　赤穂浪士の討ち入り。
**12・19**　元禄国絵図完成。
**この年**　松尾芭蕉『おくのほそ道』刊行（井筒屋庄兵衛版）。
**この年**　野木道玄『蚕飼養法記』完成（日本初の養蚕書）。
**この年**　柳沢吉保。六義園を完成。

# 1703 元禄十六年

癸未

天皇▼東山天皇

将軍▼徳川綱吉（第五代）

**【主要幕閣】**

**◉大老格**
柳沢吉保（美濃守）

**◉老中**
阿部正武（豊後守）
土屋政直（相模守）
小笠原長重（佐渡守）
秋元喬知（但馬守）
稲葉正往（丹後守）

**◉寺社奉行**
永井直敬（伊賀守）
阿部正喬（飛驒守）
本多忠晴（弾正少弼）

**◉勘定奉行**
荻原重秀（近江守）
久貝正方（因幡守）
戸川安広（備前守）
中山時春（出雲守）

**◉江戸町奉行**
**北**
保田宗郷（越前守）
**中**
丹羽長守（遠江守）
**南**
松前嘉広（伊豆守）
林忠和（土佐守）

**◉京都所司代**
松平信庸（紀伊守）

## 赤穂浪士の切腹　二月四日　政治経済

細川家下屋敷（大石良雄《おおいしよしお》ら十七人）・松平家中屋敷（大石主税《ちから》ら十人）・毛利家上屋敷（岡嶋八十右衛門《おかじまやそえもん》ら十人）・水野家中屋敷（間重治郎《はざまじゅうじろう》ら九人）に預けられた赤穂《あこう》浪士《ろうし》の処分については、この日正式に四大名家へ切腹の命が伝えられ、午後に目付《めつけ》と使番《つかいばん》の二人が検使として派遣された。大石ら四十六人の浪士の切腹は午後四時頃から六時頃の間に執行され、遺骸は泉岳寺《せんがくじ》に埋葬された。一方、切腹の命が四大名家に伝えられた頃、大目付千石久尚《おおめつけせんごくひさなお》から吉良義周《きらよしちか》へ、吉良家改易と義周の信濃高島《しなのたかしま》への配流《はいる》が通達された。

赤穂浪士の墓（港区高輪・泉岳寺）

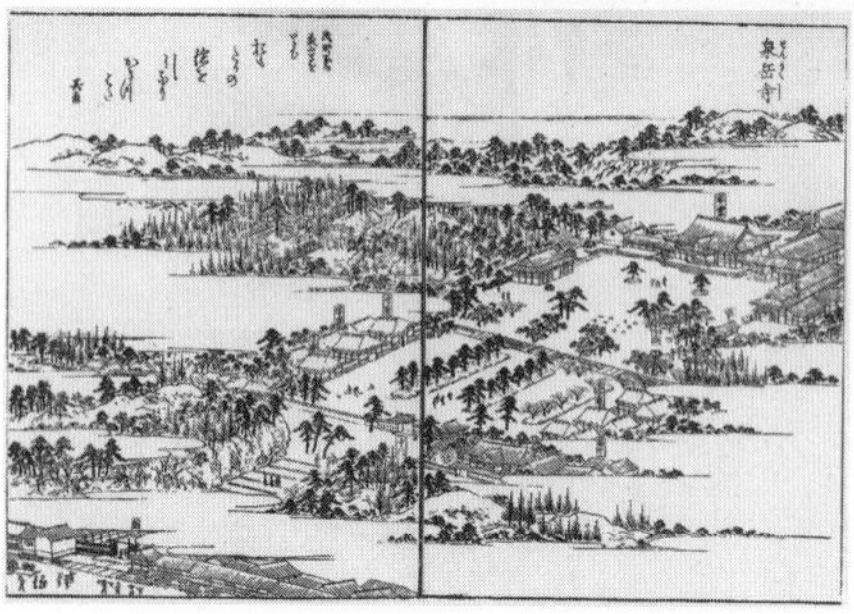

泉岳寺（『江戸名所図会』）

浪士への処分は幕閣内でも意見が割れていた。識者の意見も二分した。朱子学者《しゅしがくしゃ》の室鳩巣《むろきゅうそう》は「武士道の精華である」と賛美し、大学頭林信篤《だいがくのかみはやしのぶあつ》（鳳岡《ほうこう》）も『復讐論《ふくしゅうろん》』を著して義士を評価した。古学派《こがくは》の伊藤東涯《いとうとうがい》、水戸学《みとがく》の三宅観瀾《みやけかんらん》なども同意見であった。一方、柳沢吉保《やなぎさわよしやす》のブレーンでもあった古学派の荻生徂徠《おぎゅうそらい》は、この事件は仇討事件ではなく、主君の恥《はじ》をそそぐものであっても、私《わたくし》の考えでしたことであり、大義名分《たいぎめいぶん》からいえば不義であると述べた。徂徠の弟子の太宰春台《だざいしゅんだい》や山崎闇斎《やまざきあんさい》門下の佐藤直方《さとうなおかた》などは浪士らの就職運動だと論じている。将軍綱吉や柳沢ら幕閣首脳部は、喧嘩両成敗《けんかりょうせいばい》の論理も戦国時代の遺風であり、平時の幕藩体制下には古い考えであるとみなし、徒党を組んだ復讐を否定する法治主義の立場から切腹と結論付けたのである。

## 囲碁棋士の二代安井算知歿　三月十二日　文化思想

幕府お抱《かか》えの囲碁棋士《いごきし》の安井家二代安井算知《やすいさんち》は、この日京都で歿した。享年八十七、寂光寺《じゃっこうじ》（現、京都市左京区北門前町）に葬られた。

算知は山城《やましろ》の出身で、初代安井算哲《さんてつ》に弟子入りし、黒《こく》衣《い》の宰相天海《さいしょうてんかい》の知遇《ちぐう》を得て幕府に仕えた。承応元年（一六五二）に算哲が没した時に実子二世算哲（渋川春海《しぶかわはるみ》〔しゅんかい〕）・知哲《ちてつ》が幼少であったために、安井家の二代目を継

**【この年の出来事】**

**1月**　幕府、俳諧の冠付を博奕類似行為と見なし禁止。

**2・4**　幕府、大石良雄(45)ら旧赤穂藩士46人に切腹を命じ、吉良義周を改易、配流。

**2・5**　対馬へ向かう朝鮮訳官使船、対馬沖で遭難。

**2・15**　幕府、若年寄稲垣重富・勘定奉行荻原重秀らを京都・長崎巡察に派遣。

**2・16**　中村座で赤穂事件を題材とした『曙曾我夜討』上演。禁止となる。

**2月**　渋川春海、天文台を本所から駿河台へ移転。

**2月**　幕府、時事を題材とする小唄・演劇を禁止。

**4月**　平野屋手代徳兵衛と堂島新地天満屋お初、曾根崎露天神の森で心中。

**5・7**　竹本座で近松門左衛門作『曾根崎心中』が初演。

**7月**　幕府、辻相撲・辻踊りを禁止。

**◉京都町奉行**
**東**
安藤次行（駿河守）
**西**
水谷勝阜（信濃守）
**◉大坂城代**
土岐頼殷（伊予守）
**◉大坂町奉行**
**東**
太田好敬（善大夫・和泉守）
**西**
松野助義（河内守）
**◉長崎奉行**
大島義也（雲八）
林忠和（土佐守）
永井直允（采女）
別所常治（孫右衛門）
石尾氏信（織部）
佐久間信就（安芸守）
**◉若年寄**
加藤明英（越中守）
本多正永（伯耆守）
稲垣重富（対馬守）
井上正岑（大和守）
**◉側用人**
柳沢吉保（美濃守）
松平輝貞（右京亮）

承した。また、碁所《ごどころ》の地位をめぐって正保二年（一六四五）から八年間にわたって二世本因坊算悦《ほんいんぼうさんえつ》との六局の御城碁《おしろご》が わが国最初の争碁《そうご》として行なわれたが、決着がつかなかった。しかし、算悦の死後の寛文八年（一六六八）に保科正之《ほしなまさゆき》などの支援を得て五十二歳で碁所に就任した。その後三世本因坊道悦《どうえつ》が異議を唱えて争碁を申し入れた。延宝三年（一六七五）まで二十番が打たれ、道悦の成績が圧勝したため、翌年碁所を返上した。さらに元禄十年（一六九七）に初代算哲の三男知哲に家督を譲って隠居した。算知は江戸で活動する一方京都でも積極的に活動し、公家や僧侶とも交流を深めたという。

## 元禄大地震　十一月二十三日

事件災害

この日の深夜0時（一説に午前二時）ごろ房総南部沖《ぼうそうなんぶおき》を震源地とするマグニチュード七・九から八・二と推定される大地震が発生し、武蔵《むさし》・相模《さがみ》・安房《あわ》・上総《かずさ》一帯に家屋倒壊とともに岸や山が崩壊する土砂災害も発生した（小田原《おだわら》・戸塚《とつか》・熱海《あたみ》・安房の館山《たてやま》などは震度七と推定されている）。特に相模湾岸・房総九十九里浜《くじゅうくりはま》・江戸湾で大津波が発生した。

江戸では江戸城諸門が破損し、大名屋敷・旗本屋敷・町屋の倒壊・半壊がみられた。平塚《ひらつか》と品川《しながわ》では「朝起きたら一面泥水が溜っていた」などという液状化現象を示す記録が残されている。相模の小田原では地震後に火災が発生し、小田原城は天守をはじめ、本丸・二ノ丸も崩れて類焼した。小田原領だけで死者二千二百九十一名・倒壊家屋八千七軒に及んでいる。津波の被害も大きく、熱海で七メートル、鎌倉《かまくら》では鶴岡八幡宮《つるがおかはちまん》へも津波が押し寄せ、三浦《みうら》の間口《まぐち》で六〜八メートル、江戸湾内でも本所《ほんじょ》・深川《ふかがわ》・両国《りょうごく》で一・五〜二メートルに及んだ。房総の九十九里浜では海岸から五キロまで到達し、多くの犠牲者が出た。房総地域だけで死者六千五百三十四名・倒壊家屋九千六百十軒と津波による流失家屋五千二百九十五軒に及んでいる。全体の被害は死者一万三百六十七名・倒壊家屋二万二千四百二十四軒・流失家屋五千九百六十三軒以上に達している。

## 勝山髷が流行

社会世相

承応二年（一六五三）から明暦三年（一六五七）ころにかけて吉原《よしわら》の太夫《たゆう》にまでなった遊女の勝山《かつやま》が考案したという勝山髷《かつやままげ》が、このころには遊女のみならず一般の町方にも流行したという。

勝山は、元は「丹前風呂《たんぜんぶろ》」と称された湯女風呂《ゆなぶろ》（私娼《ししょう》）の湯女であったが、器量の良さときっぷで評判を得ていた。丹前風呂には旗本奴《はたもとやっこ》などが多く贔屓《ひいき》にしたために、勝山も派手な衣装を身につけ、武家風の髪形を結ったという。しかし、私娼取締りにあって吉原送りとなり、吉原の遊女となったという。吉原の遊女となっても丹前風の姿ときっぷを維持していた。ちなみに朱色《しゅいろ》の鼻緒《はなお》が二本の勝山草履《ぞうり》や丹前《たんぜん》（派手な柄の広袖の綿入れ）や花魁道中《おいらんどうちゅう》の外八文字《そとはちもんじ》の歩き方は勝山に始まるといわれている。

勝山髷とは、髪を後頭部で束ねて末を細くし、前へ曲げて大輪を作って元結《もとゆい》で結びつけたもの。横から笄《こうがい》を挿した。上品な印象があったので武家の若い奥方にも広まったという。江戸後期の既婚女性の一般的髪形となった丸髷《まるまげ》は勝山髷の発展形という。

**7月**　豊竹若太夫、道頓堀に豊竹座を創設。
**10月**　室鳩巣『赤穂義人録』完成。
**11・18**　江戸四谷北伊賀町から出火。赤坂・麻布・芝まで延焼。
**11・23**　元禄大地震。江戸市中で被害大、小田原城崩壊。
**11・25**　幕府、火付改役を再置。
**11・29**　小石川水戸藩邸から出火。本郷・浅草から本所・深川まで延焼。
**12・7**　幕府、大火・地震のため、大名の貸与金の本年度分返納を免除。
**12・16**　幕府、江戸市中の大八車・仮駕籠への課税を免除。
**12・23**　幕府、住居・衣服・贈答品についての倹約令を発布。
**この年**　関西で心中流行。
**このころ**　勝山髷が流行。

# 1704 宝永元年（元禄十七年）

甲申

天皇▼東山天皇

将軍▼徳川綱吉（第五代）

**【主要幕閣】**

**◉大老格**
柳沢吉保（美濃守）

**◉老中**
阿部正武（豊後守）
土屋政直（相模守）
小笠原長重（佐渡守）
秋元喬知（但馬守）
稲葉正往（丹後守）
本多正永（伯耆守）

**◉寺社奉行**
永井直敬（伊賀守）
阿部正喬（飛騨守）
本多忠晴（弾正少弼）
三宅康雄（備前守）
久世重之（出雲守）

**◉勘定奉行**
荻原重秀（近江守）
久貝正方（因幡守）
戸川安広（備前守）
中山時春（出雲守）

**◉江戸町奉行**
**北**
保田宗郷（越前守）
松野助義（河内守）
**中**
丹羽長守（遠江守）
**南**
林忠和（土佐守）

**◉京都所司代**
松平信庸（紀伊守）

## 甲府藩主の交代　十二月二十一日

政治経済

徳川綱豊《つなとよ》は、五代将軍綱吉の兄綱重《つなしげ》（家光の三男）の子であるが、十二月五日に将軍世嗣《せいし》となり桜田の藩邸から江戸城西の丸に移った。九日には名を家宣《いえのぶ》と改めた。そしてこの日、家宣の代わりの甲府藩主に柳沢吉保《よしやす》が封じられた（所領は十五万千二百八十八石余）。綱重・綱豊は甲府殿、あるいは甲府宰相《さいしょう》と称せられたが、実際には甲府へは入らず、城（別名舞鶴城）には城代・城番を在城させて、甲斐《かい》国（現，山梨県）山梨・八代《やつしろ》・巨摩《こま》三郡と駿河を統治した。なお、甲府藩（甲斐府中藩の略）の藩としての統治形態は、柳沢吉保・吉里《よしさと》親子時代に限ってのこととなる。

柳沢吉保は、七万二千三十石の武蔵川越《むさしかわごえ》藩から入った。甲府の基本的な町造りは柳沢親子によって行なわれ、江戸・近江・京都などから商人が訪れ、呉服・小間物・薬種・海産物なども入ってきた。甲府名産の甲州葡萄《ぶどう》作りは吉里時代に盛んとなった。

宝永六年（一七〇九）、二代藩主の柳沢吉里は大和郡山《やまとこおりやま》（現奈良県）に移封された。その後、甲府は幕領（天領）となり、江戸から送られた甲府勤番が仕切るようになる。

## 俳人向井去来歿　九月十日

文化思想

蕉《しょう》門十哲《もんじゅってつ》の一人として知られた向井去来《むかいきょらい》は、この日聖護院近くの自宅で歿した。享年五十四。東山の真《しん》如堂《にょどう》の塔頭《たっちゅう》覚円院《かくえんいん》の向井家の墓地に葬られた。

去来の通称は喜平次《きへいじ》または平次郎、諱《いみな》は兼時《かねとき》、字《あざな》は元《げん》淵《えん》。別号に落柿舎《らくししゃ》など。長崎の生まれ、父は長崎聖堂《せいどう》の祭《さい》酒《しゅ》も務めた儒医の向井元升《げんしょう》。万治元年（一六五八）八歳の時に父に従って上洛。十六歳の時に叔父の養子となり福岡に下ったが、三年後に養父に男子が生まれたので、京都に戻った。その際、兵法・馬術・柔術・剣術などの武道全般にわたる優れた彼の才能を惜しんで福岡藩に残るよう説得されたという。京都に戻った去来は、父や兄元端《げんたん》を補佐し、やがて有職家《ゆうそくか》・陰陽家《おんみょうか》・儒者として摂関家や親王家を通して宮中に出入りするようにもなった。

俳諧は和田蚊足《わだぶんそく》・榎本其角《えのもときかく》を介して松尾芭蕉《まつおばしょう》の門に入ったという。貞享二年（一六八五）に伊勢旅行の体験をもとに著作した『伊勢紀行』の校閲を芭蕉に頼んでいる。翌貞享三年に嵯峨野に落柿舎と名付けた別荘を営むと、しばしば芭蕉を招いた。元禄三年（一六九〇）から翌年にかけて野沢凡兆《のざわぼんちょう》と共に芭蕉の俳諧集『猿蓑《さるみの》』の編集をまかされ、蕉風《しょうふう》発展に大いに貢献した。芭蕉は「洛陽に去来ありて、鎮西《ちんぜい》の俳諧奉行なり」と、篤実な去来を高く評価していた。

## 歌舞伎俳優の初代市川團十郎が刺殺される　二月十九日

事件災害

江戸葺屋町《ふきやちょう》の市村座《いちむらざ》に出演中だった初代市川團十郎が、この日、舞台上で役者仲間に刺されて落命した（享年四十五）。この時の市村座では、再建のこけら落としが行なわれていた。前年の元禄十六年（一七〇三）十一月二十

**【この年の出来事】**

**1月** 幕府、江戸市中での富突講を禁止。
**1～3月** 浅間山噴火。
**2・1** 水戸藩、初の藩札を発行。
**2・13** 幕府、寺社・山伏、農商人に倹約令を発布。
**2・19** 初代市川團十郎(45)、刺殺される。
**2月** 幕府、賃金・物価高騰を禁止。
**3・13** 関東大地震により宝永に改元。
**3月** 幕府、諸街道の宿駅困窮により拝借金を与え、宿役人を設置。
**3月** 幕府、時事風刺の謡曲・狂歌を禁止。
**5月** 『心中大鑑』刊行。
**6～7月** 江戸で大風雨、洪水。
**7・6** 幕府、武家への閉門・逼塞・遠慮に関する規則を制定。
**7・13** 幕府、江戸市中での女巡礼・念仏講を禁止。
**7月** 江戸で地震頻発。

**◉京都町奉行**
**東** 安藤次行（駿河守）
**西** 水谷勝阜（信濃守）
**◉大坂城代**
土岐頼殷（伊予守）
**◉大坂町奉行**
**東** 太田好敬（和泉守）
**西** 松野助義（河内守）
大久保忠香（甚兵衛・大隈守）
**◉長崎奉行**
永井直允（采女）
別所常治（孫右衛門）
石尾氏信（織部）
佐久間信就（安芸守）
**◉若年寄**
加藤明英（越中守）
本多正永（伯耆守）
稲垣重富（対馬守）
井上正岑（大和守）
永井直敬（伊賀守）
**◉側用人**
柳沢吉保（美濃守）
松平輝貞（右京亮）

三日の大地震により、市村座は倒壊したが、江戸に元気を取り戻すには芝居が一番、という芝居町の人たちの努力もあり、この年の二月十三日には復興公演が行なわれるまでになっていたのだ。

元禄時代の、繁栄する江戸のシンボル的な存在が「大江戸の飾り海老《えび》」と称された團十郎であり、このたびの市村座の公演『移徙十二段《わたましじゅうにだん》』では、源義経の家臣である佐藤次信と鞍馬僧生坊《くらまそうじょうぼう》の二役を演じていた。

何しろ團十郎は荒事《あらごと》（超人的な人物を邪心のない心で演じ、芝居を様式的に見せる演出で、和事《わごと》に対して用いる）の創始者として当代随一の人気役者であり、給金は八百両といわれていた。ところが公演七日目に、舞台上で生島半六《いくしまはんろく》という端役《はやく》の役者に突如、背後から刺されたのだ（楽屋で休憩中との説もある）。怨恨によるらしいが詳細は不明。半六はたちまち捕えられて牢に入れられたが、犯行理由を言わないままに獄死してしまった。この團十郎刺殺事件は、大事件の割には謎が多い。

## 幕府、富突を禁止　一月

社会世相

**諸**宗派の本山が集中する京都や江戸では、富突《とみつき》（富籤《とみくじ》）興業が盛んに行なわれた。上方《かみがた》では摂津箕面《せっつみのお》の弁財天（瀧安寺《ろうあんじ》）、大坂の大融寺《だいゆうじ》、京都御室《おむろ》の仁和寺《にんなじ》、江戸では谷中《やなか》の感応寺《かんおうじ》（天王寺《てんのうじ》）、目黒不動《ふどう》（龍泉寺《りゅうせんじ》）、湯島天神《ゆしまてんじん》などが知られていて、これらでは縁日や忌日に行なわれた。それが元禄期（一六八八―一七〇四）になると過熱化したので、たびたび禁令が出されたのだ。この月の禁令もその内の一つである。

富突人気が頂点に達するのは、化政期から天保期（一八〇四年から四四年）にかけてであるが、江戸では三日に一度は開催されていたようだ。主催者が増えたことでこの当時の当選金の還元率はいくらか低下したが、それでも六十～七十パーセントと、現代に比べると結構高い。富突は天保の改革で厳しく取り締まりが行なわれ、代わって賭博が盛んとなったところからも、庶民の射幸心は法令で禁じることができるようなものではなかったことがわかる。

摂津箕面・弁財天（瀧安寺）の富突
（『摂津名所図絵』）

富札売り（『さんねんめ』）

**8月** 幕府、江戸市中の駕籠かきを日傭座支配とする。
**8月** 幕府、大伝馬町の木綿仲間に越後屋などへの木綿販売停止を指示。
**9・10** 向井去来歿(54)。
**10月** 幕府、寺社奉行らに財政難を伝え、倹約令を発令。
**11・25** 湯島聖堂再建。
**12・5** 将軍綱吉、甲府藩主徳川綱豊を養嗣子とする。9日、綱豊が家宣と改名。
**12・21** 柳沢吉保、甲府藩主に就任。
**この年** 尾形光琳、江戸下向。

**【主要幕閣】**

**◉大老格**
柳沢吉保（美濃守）

**◉老中**
阿部正武（豊後守）
土屋政直（相模守）
小笠原長重（佐渡守）
秋元喬知（但馬守）
稲葉正往（丹後守）
大久保忠増（加賀守）
井上正岑（大和守・河内守）

**◉寺社奉行**
本多忠晴（弾正少弼）
三宅康雄（備前守）
久世重之（出雲守）
鳥居忠栄（伊賀守）
堀直利（左京亮）

**◉勘定奉行**
荻原重秀（近江守）
久貝正方（因幡守）
戸川安広（備前守）
中山時春（出雲守）
石尾氏信（阿波守）

**◉江戸町奉行**
**北**
松野助義（河内守）
**中**
丹羽長守（遠江守）
**南**
林忠和（土佐守）

## 徳川頼方が紀伊徳川家を継ぐ　十月六日　政治経済

紀《き》伊《い》藩三代藩主徳川光貞《みつさだ》の四男頼方《よりかた》がこの日、紀伊家を継いだのは、藩主の兄二人が相次いで死亡したからである。のちに八代将軍となる頼方は、将軍の椅子を待っていったわけではなく、偶然からではあったが、運も実力という考え方はできるだろう。

二十一歳の青年藩主頼方は、藩政を引き締め、財政再建に積極的に取り組んで成果を挙げた。この在位十二年間の実績が評価されたこと、正徳六年（一七一六）に七代家継《いえつぐ》が亡くなり秀忠《ひでただ》系の跡継ぎがいなくなったことで、家康の時代まで遡り御三家から将軍を出すことにならざるを得なかった、などの事情もあって紀伊中納言吉宗《よしむね》として八代将軍に就いたのだ。将軍家が紀伊徳川家と入れ替わった感もあるが、三十年近くに及ぶ吉宗時代は、享保元年（一七一六）八月十三日に幕を開けることになる。

## 芝の増上寺が焼失　閏四月一日　文化思想

芝の増上寺《ぞうじょうじ》と上野の寛永寺《かんえいじ》は将軍家の菩提寺《ぼだいじ》として特別な存在である。正確にいえば、増上寺は将軍家の菩提所だったが、寛永寺が建立されてからは祈願所・菩提寺となった。両寺院は徳川将軍家のいわば聖地であるが、将軍の葬儀などを巡ってゴタゴタを起こしたことがあるようにライバルでもあった。最終的には、いずれの寺にも将軍の遺体が六柱（増上寺＝秀忠・家宣《いえのぶ》・家継・家重《いえしげ》・家慶《いえよし》・家《いえ》茂《もち》、寛永寺＝家綱《いえつな》・綱吉《つなよし》・吉宗・家治《いえはる》・家斉《いえなり》・家定《いえさだ》）ずつ葬られている（各夫人の遺体も同葬）。

両寺院の特徴を対比させてみると、次のようになる。

芝増上寺 vs. 上野寛永寺
・山号　三縁山広土院《こうどいん》　東叡山円頓院《えんどんいん》
・創建　慶長三年（一五九八）に家康が芝に移転　寛永二年（一六二五）に天海《てんかい》が上野に建立
・宗派　浄土宗　天台宗
・寺域　約二十万坪　約三十六万五千坪余
・寺領　一万七百四十石　一万一千七百九十石
・寺勢　本山知恩院《ちおんいん》を凌ぐ勢力を誇示　事実上の天台宗総本山として勢威を示す
・末寺　回向院《えこういん》など　浅草寺《せんそうじ》など

増上寺　『江戸名所記』

**【この年の出来事】**

**1月**　幕府、禁裏御料1万石を増献。計3万石となる。
**2月**　幕府、大和川筋の開墾を計画。
**この春**　北村季吟、関口台に別邸を建設。疎儀荘と命名。
**4・3**　住吉具慶歿(75)。
**閏4・1**　増上寺焼失。
**閏4・27**　幕府、金銀箔・下金類を箔座の専売とする。
**閏4月**　大坂の鴻池善右衛門・善次郎、河内若江郡で新田開発を開始。宝永5年8月完成。
**5・21**　関東郡代伊那忠順、深川修治奉行に着任。
**5月**　大坂の豪商淀屋辰五郎、豪奢の罪により追放・闕所となる。
**6・3**　幕府、江戸市中での花火販売、打ち上げを禁止。
**6・15**　北村季吟歿(82)。
**6・22**　桂昌院歿（79）。
**8・9**　幕府、諸国で通用中の藩札について、発

坪内定鑑（能登守）

◉**京都所司代**

松平信庸（紀伊守）

◉**京都町奉行**

**東**

安藤次行（駿河守）

**西**

水谷勝阜（信濃守）

中根正包（宇右衛門・摂津守）

◉**大坂城代**

土岐頼殷（伊予守）

◉**大坂町奉行**

**東**

太田好敬（和泉守）

**西**

大久保忠香（甚兵衛・大隈守）

◉**長崎奉行**

永井直允（采女）

別所常治（孫右衛門）

石尾氏信（織部）

佐久間信就（安芸守）

◉**若年寄**

加藤明英（越中守）

稲垣重富（対馬守）

井上正岑（大和守）

永井直敬（伊賀守）

久世重之（讃岐守・大和守）

◉**側用人**

柳沢吉保（美濃守）

松平輝貞（右京亮）

戸田忠利（大炊頭）

松平忠時（伊賀守）

増上寺はこの日の火災により、行殿《ぎょうでん》、霊仙院《れいせんいん》と明信院《みょうしんいん》などの霊牌が消失した。その後も増上寺はたびたび火災に遭ったが、そのつど復興された。明治六年（一八七三）に、境内は芝公園となった。

昭和三十三年（一九五八）、寺域一帯が開発のため売却されることとなり、将軍霊廟《れいびょう》が改装されて遺骨の学術調査もなされたが、その際の報告が『増上寺　徳川将軍墓とその遺品・遺体』（一九六七年）という報告書にまとめられている。

また、本堂裏に広大な墓域が一ヶ所にまとめられ、六名の将軍らがこの新霊廟に眠っている。

## 幕府、淀屋辰五郎を闕所・所払の刑に処する　五月

事件 災害

豪商の淀屋辰五郎《よどやたつごろう》がその度を過ごした豪奢な暮らしを咎《とが》められ、この月、闕所《けっしょ》（財産没収）・所払《ところばらい》（大坂追放）に処せられた。

淀屋は米穀商・材木商、蔵元・大名貸しなどの活動を代々重ねたが、闕所・所払になったのは五代目辰五郎である。大坂の堂島《どうじま》市場の起こりは淀屋で、別称を淀屋米市と呼ばれていたが、事件後そこは大坂新地に移された。

江戸の紀文《きぶん》（紀伊国屋文左衛門《きのくにやぶんざえもん》）や奈良茂《ならも》（奈良茂左衛門）と並ぶ初期特権商人淀屋も、金儲けには才覚があっても資産の運用方法を知らなかったらしい。好景気が続いたあとでバブルがはじけて起こった、元禄の仇花《あだばな》ともいえるこの事件は、特にひたすら家業の永続、繁栄を願う大坂商人には、誠にショッキングな事件だったようである。

翌宝永三年、事件を題材にした近松門左衛門の浄瑠璃『淀鯉出世滝徳《よどごいしゅっせのたきのぼり》』が初演された。

## 御蔭参りが流行　閏四月九日～五月二十九日

社会 世相

江戸時代を通じてほぼ六十年周期で行なわれた御蔭《おかげ》参《まい》りの、最初の本格的なものが、この年のものだった。京都から始まり、伊勢神宮《いせじんぐう》へ全国各地から三百六十二万人もが参詣した。この時は京都の長八という奉公人が子守りばかりの毎日が嫌になり、百文を懐《ふところ》に子供を背負ったまま伊勢へ向かい、参詣を済ませて無事に帰ったことが発端だったという。これに刺激されて奉公人や女中たちが続いて、たちまち五万人にも膨れ上がったとされる。参加者は関東、中部、畿内に広がっていった。

日頃、旅をする機会のない子供や女性が、日常生活の束《つか》の間の解放を目指して、突然思い立っての抜け参りがほとんどであるから、道中筋での施行《せぎょう》を頼りに旅をした。御蔭参りの者には旅籠屋《はたごや》はタダで泊め、道中では金持ちが弁当や菓子をたらふく食べさせた。人々は踊りながら神の加護を求めて伊勢神宮へ向かった。

江戸時代の御蔭参りは、慶安三年（一六五〇）、宝永二年（一七〇五）、明和八年（一七七一）、文政十三年（一八三〇）、慶応三年（一八六七）の計五回のものが特に知られている。慶安三年は関東が中心で抜け参りと呼ばれていたが、明和八年には、頭に笠、背中に柄灼《ひしゃく》を差し、手に幟《のぼり》という装束で地域などの集団で参拝するようになり、御蔭参りと呼ばれるようになった。文政十三年には阿波地方から起こり、参加者は四百二十八万人にもなったという。幕末の慶応三年には、文政十三年と同様に、御蔭踊りが江戸以西の村から村へと伝わったのが特徴である。

行時期、金額、年限などを調査。

**9・29**　幕府、鳥類・動物の飼育を禁止。

**10・6**　徳川頼方（吉宗）、紀州藩主に就任。

**10・28**　ロシア皇帝ピョートル、ペテルブルグに日本語学校を設立。漂流者伝兵衛、教授に就任。

**11・2**　幕府、江戸市中の銀・銭相場高騰を抑制。金1両につき銀58匁を上限と規定。

**11・4**　江戸で大火。呉服橋・鍛冶橋間の南北6町・東西3町焼失。

**この年**　諸国で伊勢御蔭参り流行。

**この年**　近松門左衛門、京都から大坂へ転居。

1706

# 宝永三年

丙戌

天皇▼東山天皇

将軍▼徳川綱吉（第五代）

【主要幕閣】

◉大老格
柳沢吉保（美濃守）

◉老中
土屋政直（相模守）
小笠原長重（佐渡守）
秋元喬知（但馬守）
稲葉正往（丹後守）
大久保忠増（加賀守）
井上正岑（河内守）
間部詮房（越前守）

◉寺社奉行
本多忠晴（弾正少弼）
三宅康雄（備前守）
鳥居忠英（伊賀守）
堀直利（左京亮・丹後守）

◉勘定奉行
荻原重秀（近江守）
戸川安広（備前守）
中山時春（出雲守）
石尾氏信（阿波守）

◉江戸町奉行
北
松野助義（河内守）
中
丹羽長守（遠江守）
南
坪内定鑑（能登守）

## 幕府、宝永（宝字）銀貨を改鋳
六月六日

政治 経済

金銀貨の不足により、元禄年間（一六八八―一七〇四）に鋳造された銀貨の質を下げて宝永（宝字）銀貨を鋳造《ちゅうぞう》した。鋳造されたのは宝字丁銀《ほうじちょうぎん》、宝字豆板銀《まめいたぎん》、永字銀、三宝銀、四宝銀の五種類である。

この改鋳も幕府財政運用の実権を握る勘定奉行の荻原《おぎわら》重秀《しげひで》が行なったが、銀の含有率は平均で五十パーセント程度という低品位のものだった。だんだんと品位（貨幣中に金や銀の含まれている度合い、すなわち実質的価値）が低下するのは問題である。質の悪いお金を発行することで、それで浮いた分（差益）を幕府の収入とする、という姑息《こそく》な手段がまたもや採られているからだ。

貨幣の品位を落として量も増やした元禄金銀改鋳以来、巷には贋金が流通していたが、贋金のほうが質がよいといわれている始末にもかかわらず、幕府は鋳造に踏みきったのである。

この宝永（宝字）銀貨の鋳造と同時に、宝永通宝の通用が開始された。しかし、これは銅製の十文銭であり、一般には使いにくかったことから悪評が立ち、享保七年（一七二二）には通用を停止している。

幕府は通貨の流通量の拡大策に走るが、財政の赤字体質は一向に変わらず、荻原重秀はやがて失脚することになるのである。

宝字丁銀
（宝永四ツ宝丁銀）

宝永小判

宝永通宝（銅製十文銭）

## 水戸藩の宝永改革に松波勘十郎が参画
八月

文化 思想

常陸《ひたち》（現、茨城県）水戸藩主の徳川綱条《つなえだ》は、吉宗と八代将軍の座を巡って争い、結果的には吉宗に決まったものの、綱条も吉宗に劣らず英明だった。綱条は当時、財政再建の請負人として知られていた松波勘十郎《まつなみかんじゅうろう》を召し抱え、この月より宝永の改革を実施。

勘十郎は、当初は美濃や三河の検地での業績が認められ、その後、備後《びんご》（現、広島県）三次《みよし》藩、陸奥《むつ》（現、福島県）棚《たな》倉《くら》藩、摂津《せっつ》（現、大阪府）高槻《たかつき》藩などの藩財政の立直しに成功、ついには御三家水戸藩に召し出されたのだった。

御三家とはいっても水戸藩はナンバー3だったので、尾張六十一万九千五百石、紀伊五十五万五千石に対して三十五万石と最も低い。当初は二十五万石だったが、体裁を繕うために表高を三十五万石にして欲しいと幕府に許可願し

【この年の出来事】

**1・14** 江戸神田須田町から出火。本所・小伝馬町・新材木町まで延焼。
**1・15** 幕府、慶長金銀の通用再開を指示。
**1・15** 京都で大火。
**1・16** 幕府、江戸市中の物価高騰を禁止。
**1・19** 幕府、一年季奉公人不足のため、知行所百姓の使用を許可。
**1月** 回向院で「明暦の大火」焼死者50年忌。
**1月** 幕府、江戸市中の名主に不正を禁止。
**2・18** 前関白近衛基熙、幕府の招きにより江戸下向。
**2・20** 江戸南鍛冶町から出火。南北4町・東西2町焼失。
**3月** 幕府、奉公人の給金引き上げを禁止。
**4・14** 戸田茂睡歿(78)。
**5月** 幕府、江戸市中の豆腐屋7軒を価格引き上げにより処分。
**6・6** 幕府、元禄銀を改鋳（宝字銀）。

**◉京都所司代**
松平信庸（紀伊守）
**◉京都町奉行**
**東**
安藤次行（駿河守）
**西**
中根正包（宇右衛門・摂津守）
**◉大坂城代**
土岐頼殷（伊予守）
**◉大坂町奉行**
**東**
太田好敬（和泉守）
**西**
大久保忠香（甚兵衛・大隈守）
**◉長崎奉行**
永井直允（采女）
別所常治（孫右衛門）
佐久間信就（安芸守）
駒木根政方（長三郎）
**◉若年寄**
加藤明英（越中守）
稲垣重富（対馬守）
永井直敬（伊豆守）
久世重之（讃岐守・大和守）
大久保教寛（長門守）
**◉側用人**
柳沢吉保（美濃守）
松平輝貞（右京亮）
間部詮房（越前守）
戸田忠利（大炊頭）
松平忠時（伊賀守）

て認められている。加えて慢性的な赤字体質で、綱条が藩主となった当時には、幕府から八万両もの借金をしている始末だった。

英明な綱条は「宝永の新法」を提案した。勘十郎の藩政改革はこの「宝永の新法」に従って進められた。まず勘十郎は大胆なリストラを断行し、郡《こおり》奉行、郡代《ぐんだい》、代官たちのクビを切った。また城下の問屋商人の独占権も取り上げて、商業活動を自由化した。さらに年貢も二倍に増やした。

経費節減、年貢増徴、商業発展に続いて勘十郎は、大《おお》洗《あらい》から霞ヶ浦《かすみがうら》まで運河を造って輸送路を開発し、通行税を徴収するなどの改革案を提示。しかし運河開削は途中で頓挫した。技術的なことが専らの理由だった。しかも農民一揆が起こり、綱条はこれに屈服、宝永の改革は中止となって、勘十郎は捕えられた。彼が水戸で獄死したのは宝永七年（一七一〇）のことである。

## 京都堀川で鳥取藩士が妻敵討　六月七日

事件 災害

鳥取藩士の小蔵彦九郎が、この日、妻お種の不倫相手の宮井伝衛門を京都堀川で討ち果たした。妻敵《めがたき》とは妻と不義を働いた相手を成敗することである。彦八郎が江戸詰めの留守中、妻が家中の鼓匠と密通したという噂が広まっていることを知り、妻を問い詰めると真実であると白状したので刺殺（自害したとの説もあり）。藩から妻敵の許可を受けて、暇をもらい、姦夫《かんぷ》の潜伏先と思われる出身地の京都へと実妹と義妹、息子を伴って向かった。伝衛門が女房と二人で下立売に住んでいるのを発見、京都《きょうと》所司《しょし》代《だい》に届け出てから、祇園会《ぎおんえ》の日に念願を果たしたのだった。

この実話をモデルにした近松門左衛門『堀川波鼓《ほりかわなみつづみ》』は、世話浄瑠璃の傑作である。

## 一艇立の屋形船が百艘立と定められる　八月四日

社会 世相

屋《や》形船《かたぶね》とは屋根つきで小座敷を供えた船遊山《ふなゆさん》（船遊び）用の大型船のことで、江戸では船宿がある大川（隅田川）の両国付近、大坂では淀川のものが豪勢で人気があった。例えば隅田川に船を浮かべての納涼は、川開きの五月二十八日から八月二十八日までの三ヶ月間のみ許可された。

屋形船は数人の船頭が上から棹《さお》を下ろして操船し、客は芸者を侍らせ、酒杯を重ねながら川の納涼を楽しんだのだ。

この日の制限は天和二年（一六八二）に続くもので、奢侈《しゃし》に繋がるとして禁じた。さらに正徳三年（一七一三）にも、やはり奢侈につながるとして、二艇立、三艇立の屋形船が禁止されて破却が命じられた。また一艇立は百艘と定められた。

しかし、のちには派手な屋根や簾《すだれ》をつけた屋根船も登場して、江戸の風物詩となった。

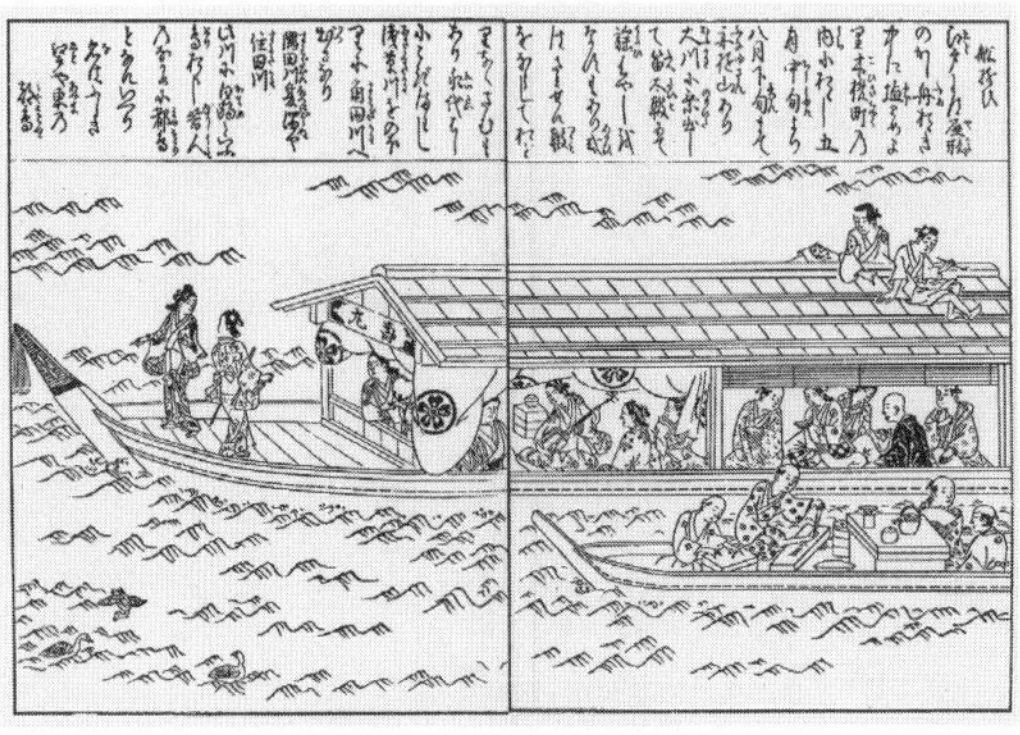
屋形船（『大和耕作絵抄』）

**6・7**　鳥取藩士小蔵彦九郎、京都堀川で妻敵討。
**6月**　幕府、江戸市中の踊り子・綿摘を禁止。
**6月**　竹本座で赤穂事件を題材とした近松門左衛門作『碁盤太平記』が初演。
**8・4**　幕府、江戸市中の屋形船の数を100隻に限定。
**8月**　水戸藩主徳川綱条、松波勘十郎を登用し藩政改革に着手。
**9・2**　山本素軒歿。
**9・15**　江戸で大地震。江戸城石垣破損。
**10月**　幕府、江戸市中の質屋・古衣商の規則を制定。
**11・30**　根津権現創建。

# 1707

# 宝永四年

丁亥

天皇▼東山天皇

将軍▼徳川綱吉（第五代）

【主要幕閣】

◉大老格
柳沢吉保（美濃守）

◉老中
土屋政直（相模守）
小笠原長重（佐渡守）
秋元喬知（但馬守）
稲葉正往（丹後守）
大久保忠増（加賀守）
井上正岑（河内守）
間部詮房（越前守）

◉寺社奉行
本多忠晴（弾正少弼）
三宅康雄（備前守）
鳥居忠栄（伊賀守）
堀直利（左京亮・丹後守）

◉勘定奉行
荻原重秀（近江守）
戸川安広（備前守）
中山時春（出雲守）
石尾氏信（阿波守）

◉江戸町奉行
北
松野助義（河内守）
丹羽長守（遠江守）
中
丹羽長守（遠江守）
南
坪内定鑑（能登守）

## 富士山が大噴火　十一月二十日〜十二月九日

政治経済

宝永への改元は元禄十六年（一七〇三）十一月、南関東に大地震が起きたからだった。このようないわゆる災異改元の例は江戸時代だけでも十三回に及んだが、この年には地震と噴火が連打でやってきた。

まず富士山の大噴火から始めよう。この大噴火は後述する宝永大地震（「東南海地震」）に誘発されたものであるが、噴火は延べ十七日間に及んだ。武蔵《むさし》・相模《さがみ》・駿河《するが》国の農地の降砂などによる被害は甚大だったが、幸いにも死者はなし。日頃江戸の町からは富士山がよく見えたが、およそ十億立方体に及ぶ山体が一気に吹き飛ばされた富士山は均整美を失い、コブのような宝永山（六合目付近）ができ、火山灰が百キロ離れた江戸の空を舞ったので、ものに動じない江戸っ子もさすがに肝を潰したといわれる。

降砂による一次災害に続いて、洪水による二次災害が発生した。こうした複合的な災害の復旧・復興にあたったのが関東郡代の伊奈忠順《いなただのぶ》である。忠順は地方功者《じかたこうしゃ》といわれているが、これは土木や農政に通じた専門家という意味である。忠順の亡きあとにも田中丘隅《きゅうぐう》などの代官に地方技術のプロがいたことが、災害の復旧・復興には大いにプラスとなった。また被災地住民の頑張りも大きかった。復旧・復興がいかにしてなされたかは、伊奈忠順を主人公にした新田次郎《にったじろう》の歴史長編小説『怒る富士』にも描出されている。

富士山はそれまでにも何回か噴火していたが、この大噴火以来鳴りを潜めている。そのため富士山は休火山と勘違いされることがあるが、立派な活火山である。噴煙こそ上げてはいないが、その地下には巨大なマグマ溜まりがあって、いつ噴火を起こさないとも限らないといわれている。

## 浜御殿の造営が開始される　九月四日

文化思想

浜《はま》御殿《ごてん》（現浜離宮恩賜庭園、中央区浜離宮）は承応三年（一六五四）、将軍家光の弟で甲府藩主の徳川綱重《つなしげ》が約七万五千坪（二十五万平方メートルが）を拝領して、葦の茂る海を埋め立てて瀟洒《しょうしゃ》な別邸を造ったことによる。

綱重歿後、息子の綱豊《つなとよ》が家を継ぐが、綱吉に嗣子《しし》がいなかったことから養君となり、のちに六代家宣《いえのぶ》となる。このため浜御殿は浜離宮と改められ将軍家の庭園となった。歴代将軍が造園・改修をして、十一代家斉《いえなり》の頃にほぼ現在のかたちになったという。

一方、綱重の下屋敷は江戸根津《ねづ》にあり、ここには根津根現《ごんげん》（現、文京区根津の根津神社）が鎮座していた。のちに六代将

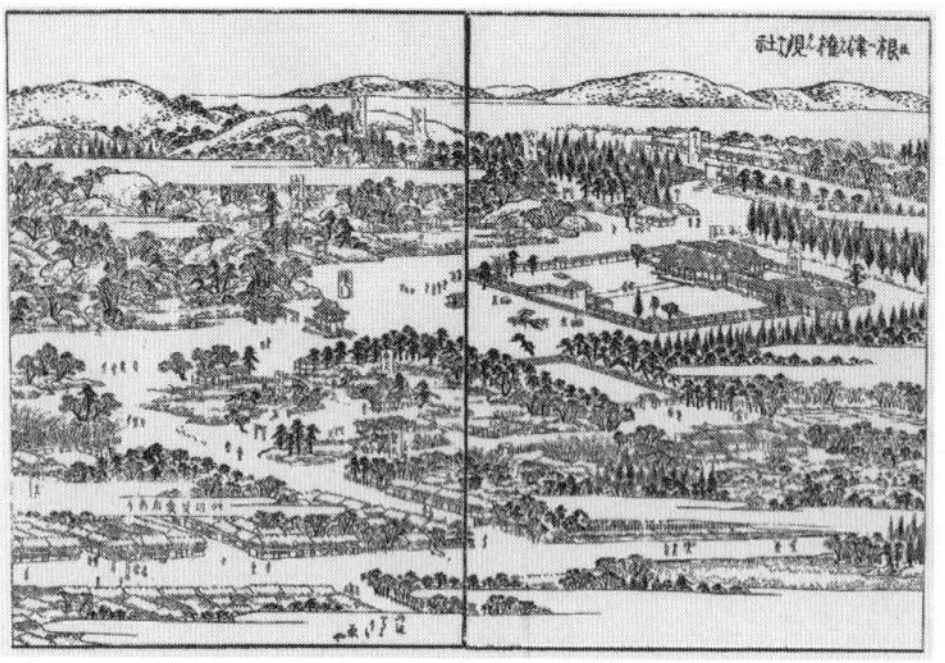

根津権現（『江戸名所図会』）

【この年の出来事】

**1・15**　江戸新同心町から出火。本所・本小梅まで延焼。
**2・22**　幕府、遊女の抱え置き・雑説・落書・捨文などを禁止。
**2月**　幕府、諸大名の江戸留守居役が浮説を流すことを禁止。
**2月**　仙台城下で2度にわたり大火。計2000余戸焼失。
**2・30**　榎本其角歿(47)。
**4・22**　幕府、常盤橋内の町奉行所を数寄屋橋内へ移転。
**7・4**　赤穂藩士橋村助左衛門、江戸で妻敵討。
**7・16**　信濃善光寺本堂再建。
**7月**　幕府、諸街道の宿駅困窮により、東海道3割・その他2割の人馬賃値上げを許可。
**8・1**　江戸小石川立慶橋から出火。幅4町長さ30間焼失。
**8・11**　幕府、鳥・鰻・泥鰌・あなごの商売を禁

坪内定鑑（能登守）
松野助義（河内守）

**◉京都所司代**
松平信庸（紀伊守）

**◉京都町奉行**
**東**
安藤次行（駿河守）
**西**
中根正包（宇右衛門・摂津守）

**◉大坂城代**
土岐頼殷（伊予守）

**◉大坂町奉行**
**東**
太田好敬（和泉守）
**西**
大久保忠香（甚兵衛・大隈守）

**◉長崎奉行**
永井直允（采女）
別所常治（孫右衛門）
佐久間信就（安芸守）
駒木根政方（長三郎）

**◉若年寄**
加藤明英（越中守）
稲垣重富（対馬守）
永井直敬（伊豆守）
久世重之（讃岐守・大和守）
大久保教寛（長門守）

**◉側用人**
柳沢吉保（美濃守）
松平輝貞（右京亮）
間部詮房（越前守）
松平忠時（伊賀守）

軍となる綱豊は根津の地の生まれなので、根津権現が産土《うぶすな》神《がみ》。綱豊が将軍の養嗣子に決まると氏神として社殿造営の命が下り、十二月四日に落成した。歴代将軍は根津権現をことのほか崇拝した。二千坪の境内には四季を通じてツツジなどの花が咲き誇り、植木市や露店が出て江戸庶民のよき遊楽地となった。

正徳四年（一七一四）九月二十二日には、根津祭礼はただ一度限り「天下祭《てんかまつり》」として行なわれ、山車《だし》が江戸城へ繰り出したが、将軍家宣は前年の正徳二年（一七一二）十月に亡くなっていた。

## 宝永大地震が発生　十月四日

事件災害

この日、畿内・東海道・南海道地方を中心に広く日本列島を襲った宝永大地震は、江戸時代の地震ワースト1とされている。この大地震の推定M（マグニチュード）は八・四。元禄十六年十一月の元禄大地震は推定M七・九～八・二、幕末の安政二年（一八五五）の安政大地震は推定M六・九である。ちなみに大正十二年（一九二三）の関東大震災は推定M七・九、平成七年（一九九五）の阪神・淡路大震災はM七・二、平成二十三年（二〇一一）の東日本大震災はM九・四。

相模トラフで起こった元禄大地震の余震がまだおさまらない内に、今度は南海トラフで巨大地震が発生した訳だが、宝永大地震の推定死者は五畿七道で約五千人、房総から九州の太平洋沿岸を襲った津波による死者を加えると二～三万人余。流失家屋二万軒。田畑の荒廃は石高にして三十万石以上といわれている。江戸や大坂でも、地震だけでなく津波の被害が発生した。

この巨大地震と富士山大噴火の関連性は、非常に高いとされている。宝永四年十月四日の宝永大地震から一ヶ月経った頃から、富士山麓では振動や地鳴り・地震が感じられ、大噴火前日にあたる十一月二十二日から当日の朝にかけて、東北麓の吉田（現山梨県富士吉田市）や南麓の吉原（現静岡県富士市）でも群発地震が発生している。

大地震のおよそ一ヶ月半後に富士山が大噴火したのだが、この年は大災害が猛威を振った一年だったのである。

## 幕府が江戸御留守居役の寄合を禁止　二月

社会世相

幕府との折衝《せっしょう》役兼情報収集役として、各藩が江戸藩邸に常勤させたのが江戸御留守居役《えどおるすいやく》である。江戸御留守居は江戸詰家老に直属して、公儀人《こうぎにん》、御城使《ごじょうし》なども呼ばれた。

幕府の大名統制は年を追うごとに厳しくなり、その意向に反した行為があると、改易《かいえき》、減封《げんぽう》、分地《ぶんち》がなされたので、大名側にもそれに対する対応策を講ずる必要があった。そこで慶長末期頃から各大名は江戸御留守居として、江戸に詰め切りで作法に通じた者を置いた。これとは別に各藩邸には、参勤交代で藩主についてきた、勤番武士と呼ばれる定府《じょうふ》の家臣も常勤している。彼らは藩邸内の長屋に住んでいた。

情報は、各藩の御留守居が集まって組合を作り、吉原などで定期的に寄合《よりあい》をやって相互に収集・交換をしていた。のちに御留守居茶屋と呼ばれる料理屋も数軒誕生したところからみても、これを禁ずるのは難しかったようで、せいぜい華美にならないようにという程度の禁止だったのだ。

止。
**8月**　幕府、江戸市中の牛車・大八車に責任者をつけるよう命じる。
**9・4**　幕府、浜御殿の建設を開始。
**10・4**　西国で大地震。広範囲で被害甚大（宝永大地震）。
**10・13**　幕府、藩札の通用を禁止。
**10・13**　幕府、大名・旗本に田畑の質入れによる年貢の先納を禁止。
**10・13**　服部嵐雪歿(54)。
**10月**　幕府、震災による物価高騰抑制を指示。
**11・20～**　富士山噴火。武蔵・相模・駿河で被害甚大。宝永山誕生（宝永大噴火）。

# 1708

# 宝永五年

## 戊子

**天皇▼東山天皇**

**将軍▼徳川綱吉**（第五代）

**【主要幕閣】**

**◉大老格**
柳沢吉保（美濃守）

**◉老中**
土屋政直（相模守）
小笠原長重（佐渡守）
秋元喬知（但馬守）
稲葉正往（丹後守）
大久保忠増（加賀守）
井上正岑（河内守）
間部詮房（越前守）

**◉寺社奉行**
本多忠晴（弾正少弼）
三宅康雄（備前守）
鳥居忠栄（伊賀守）
堀直利（左京亮・丹後守）

**◉勘定奉行**
荻原重秀（近江守）
戸川安広（備前守）
中山時春（出雲守）
石尾氏信（阿波守）
平岩親庸（若狭守）
大久保忠香（大隅守）

**◉江戸町奉行**
**北**
丹羽長守（遠江守）
**中**
坪内定鑑（能登守）
**南**
松野助義（河内守）

### 幕府が小田原藩の領地替えを通達　閏一月三日

政治経済

宝永四年十一月の富士山大噴火で、武蔵《むさし》・相模《さがみ》・駿河《するが》国には大量の火山灰（宝永スコリアと呼ばれる黒っぽい石で、現在、都内でもしばしば出土）が積もり、田畑も用水路も埋まってしまい、農業どころではなかった。二次災害で河川も氾濫した。

災害の中心地は相模小田原藩領だったが、当時の藩主大《おお》久保忠増《くぼただます》は老中職にあり、江戸に滞在していた。忠増は自力での復興は困難と判断、この日、十万石を超える領地の過半に当たる五万三千石余を上知《あげち》して幕領（天領《てんりょう》）とし、代知（替え地）の拝領が決定した。要するに忠増は、復旧・復興を幕府の手に委ねたのである。

幕府が富士山大噴火による降灰地の領地替えを通達したのが閏一月十三日、降灰地救済費として諸藩に百石の国役金を賦課したのが閏一月十七日である。

被災地は相模側と駿河側に二大別されるが、前者は治水対策であり、後者は積砂の排除（砂除《すなよけ》）であるが、これは容易なことではなかった。

大噴火後の数年間、政局はめまぐるしく転換していった。五代綱吉《つなよし》が翌宝永六年一月に歿し、五月に家宣が六代将軍となった。また、復興に力を注いだ関東郡代の伊奈《いな》忠順《ただのぶ》が正徳二年（一七一二）二月に病歿し、七月には大久保忠増も病歿。さらに九月には勘定奉行の荻原重秀《おぎわらしげひで》が失脚するなど、被災地には好ましくない状況となっていた。

幕府も諸藩も財政難だったため、御手伝《おてつだい》普請《ふしん》も手詰まり状態となり、復旧・復興は長引いた。幕領が小田原藩へ返還されたのは大噴火から七十六年も待たなければならなかったのである。

### 宣教師シドッチが密入国　八月二十九日

文化思想

薩《さ》摩《つ》国《ま》大隅《おおすみ》（現鹿児島県大隅市）の屋久島《やくしま》に密入国したイタリア人宣教師のジョヴァンニ・バティスト・シドッチが、この日、捕らえられた。翌年には、江戸小石川の切支丹屋敷に留め置かれ、六代家宣の補佐役で儒学者の新井白石《あらいはくせき》が訊問《じんもん》した。

シドッチにとっては、日本語を話せたことが幸いした。さすがの白石もその知識に驚嘆、特に天文と地理に詳しかったという。

尋問はいつしか二人の知の対決の格好となった。白石はのちに聴取した内容を『西洋紀聞《せいようきぶん》』として著したが、ここではキリスト教の布教が政治的侵略の先触れであるという従来の

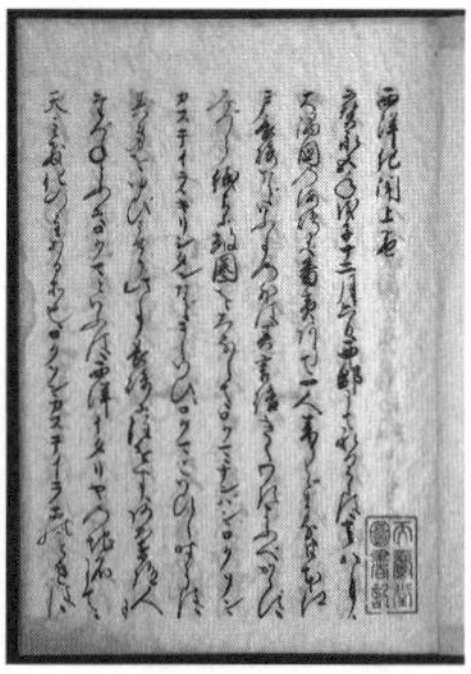

『西洋紀聞』

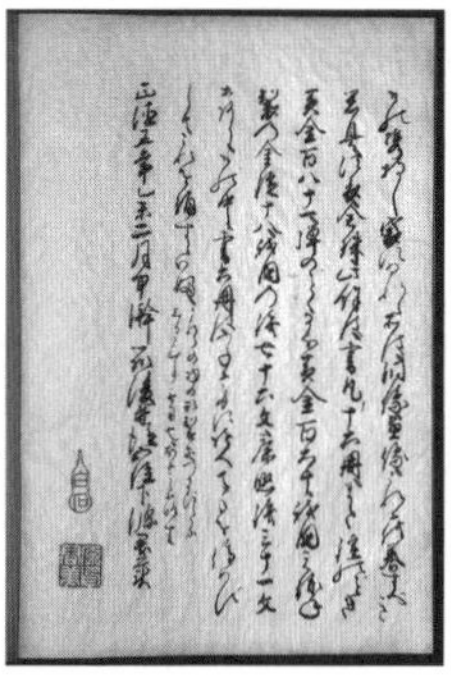

同

**【この年の出来事】**

**閏1・3**　幕府、富士山噴火により降灰のあった武蔵・相模・駿河の領地替えを通達。

**閏1・7**　幕府、富士山噴火による降灰被害への救済費として諸藩に国役金を賦課。

**閏1・28**　幕府、京都銀座で大銭（十文銭）を鋳造。宝永通宝。

**2・3**　初代中村七三郎歿（47）。

**2・15**　幕府、関東郡代伊那忠順に相模国諸河川の復旧を指示。

**3・8**　京都で大火。油小路から出火、禁裏・仙洞御所など焼失（宝永大火）。

**5・10**　旗本佐佐伊織、密かに伊勢参宮したとして遠流処分。

**5月**　貝原益軒『大和本草』完成。

**6・9**　幕府、欠落取締令を公布。

**6月**　岡山で大風雨・洪水。

◉京都所司代
松平信庸（紀伊守）

◉京都町奉行
東
安藤次行（駿河守）
西
中根正包（宇右衛門・摂津守）

◉大坂城代
土岐頼殷（伊予守）

◉大坂町奉行
東
太田好敬（和泉守）
西
大久保忠香（甚兵衛・大隈守）

◉長崎奉行
永井直允（采女）
別所常治（孫右衛門）
佐久間信就（安芸守）
駒木根政方（長三郎）

◉若年寄
加藤明英（越中守）
稲垣重富（対馬守）
永井直敬（伊豆守）
久世重之（讃岐守・大和守）
大久保教寛（長門守）

◉側用人
柳沢吉保（美濃守）
松平輝貞（右京亮）
間部詮房（越前守）
松平忠周（伊賀守）

考え方は否定されているところからみても、シドッチとの対論が白石に世界への視野を開かせ、合理的な世界観を醸成させたことは間違いないだろう。

## 麻疹が流行する　事件災害

この年の冬から江戸市中に麻疹《ましん》（はしか）が流行り、それは翌年春まで続いた。麻疹は疱瘡《ほうそう》、天然痘《てんえんとう》とともに、江戸庶民が一番恐れた流行病《はやりやまい》である。「疱瘡は器量定め、麻疹は命定め」といわれたように、流行病の中でも特別の治療法がないために、麻疹での死亡率は特に高かった。麻疹は周期的に流行を繰り返し、大量死亡をもたらすことで恐れられた。

ちなみに、のちの十一代家斉《いえなり》の子女五十五人は全員が疱瘡と麻疹に罹り、その内二人が痘瘡で死亡しているという。

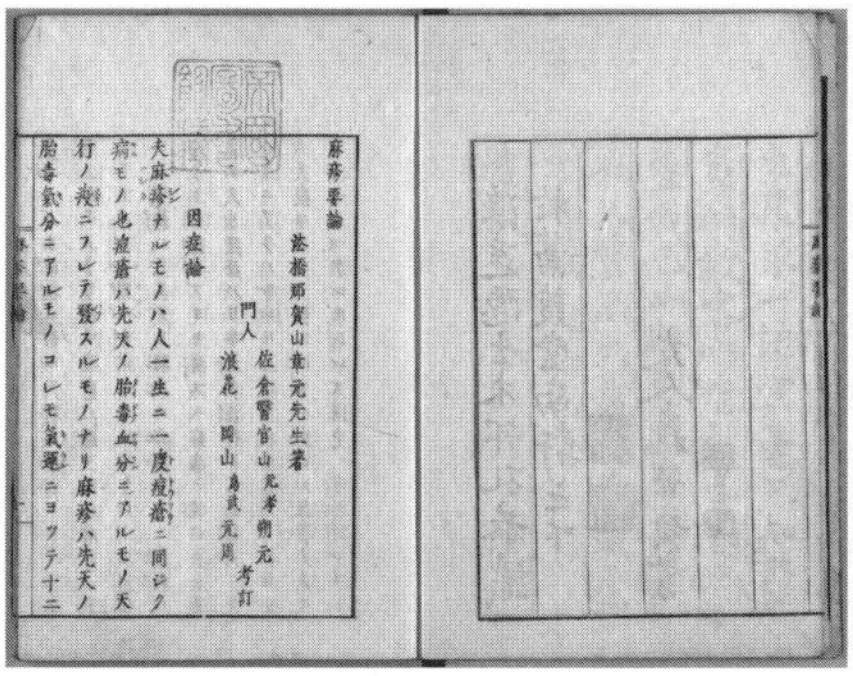

『麻疹要論』

麻疹で養生する図

## 幕府、欠落の取締令を公布　六月九日　社会世相

江戸時代の農民・町人は、原則、全ての者が宗門人《しゅうもんにん》別改帳《べつあらためちょう》に登録されていたので、帳簿から外《はず》されていれば無宿人《むしゅくにん》として扱われた。無宿となる理由は様々であるが、江戸時代中期以降は凶作や飢饉《ききん》によって食い詰めた貧窮農民たちが欠落《かけおち》して江戸へ流入した。特に関東・東海・中部地方からが多かった。

南伝馬町の名主高野家に残された事件簿によれば、元禄十三年（一七〇〇）から宝永八年（一七一一）にかけて、六つの町で全件数八百件の内の四百五十八件が欠落であったという。単純計算して一年に約四千件もの欠落、すなわち蒸発が発生したことになる。欠落を届けた人はほとんどが店借の商人であったというから、弟子や奉公人であったと思われる。

欠落の横行は、巨大都市江戸の持つ様々な矛盾を含むが、その一例としては奉公人のための口入屋《くちいれや》、人宿《ひとやど》の発生がある。口入屋が身元引受人になって無宿人たちへ就職を斡旋した。この日の取締令は、欠落した奉公人（主に武家奉公人）が給料を返却しないために取り締まったものだ。こののちもしばしば口入屋や奉公人の不正行為を取り締まったが、効果は上がらなかった。

**7・18** 幕府、江戸城北の丸造営のため飯田町宅地の収公を通達。
**7月** 京都および近国で大風雨、洪水。
**8・22** 幕府、宝永大火の被災公家に居宅造営費用を下賜。
**8・29** イタリア人宣教師シドッチ、屋久島に上陸。薩摩藩士、シドッチを捕縛。
**8月** 江戸で疱瘡・赤痢流行。
**9・28** 幕府、大銭通用令を発布。
**9月** 幕府、江戸の人宿取締令を発令。
**10・24** 関孝和歿（享年未詳）。
**11月** 幕府、長崎来航の清国船を59隻に制限。
**この年** 初代中村七三郎歿（47）。
**この年** 江戸で麻疹流行。翌年春まで続く。

# 1709

# 宝永六年

## 己丑

**天皇▼東山天皇**（～六月二十一日）
**中御門天皇**（六月二十一日～）

**将軍▼徳川綱吉**（第五代　～一月十日）
**徳川家宣**（第六代　五月一日～）

**【主要幕閣】**

**◉大老格**
柳沢吉保（美濃守）

**◉老中**
土屋政直（相模守）
小笠原長重（佐渡守）
秋元喬知（但馬守）
大久保忠増（加賀守）
井上正岑（河内守）
本多正永（伯耆守）
間部詮房（越前守）

**◉寺社奉行**
本多忠晴（弾正少弼）
三宅康雄（備前守）
鳥居忠栄（伊賀守）
安藤信友（長門守・右京進）

**◉勘定奉行**
荻原重秀（近江守）
中山時春（出雲守）
平岩親庸（若狭守）
大久保忠香（大隅守）

**◉江戸町奉行**
**北**
丹羽長守（遠江守）
**中**
坪内定鑑（能登守）
**南**
松野助義（河内守）

### 将軍家宣が新井白石を登用　五月

政治経済

この年、三十年間にわたって将軍職を務めた綱吉《つなよし》が死去（一月十日、享年六十四歳）し、家宣《いえのぶ》が六代将軍に就任（五月一日、四十七歳）した。家宣は綱吉の兄綱重《つなしげ》の長子である。子供のいない四代家綱《いえつな》の跡は綱重が継ぐはずだったが、三十五歳で歿したために弟の綱吉が将軍職を継いだのだった。

新井白石《あらいはくせき》は、朱子学者《しゅしがくしゃ》の木下順庵《きのしたじゅんあん》に師事していたが（門下生には室鳩巣《むろきゅうそう》、雨森芳洲《あめのもりほうしゅう》など俊英《しゅんえい》が多く、木門十哲《ぼくもんじってつ》と称された）、三十六歳の時に師の推挽《すいばん》で甲府藩主徳川綱豊（のちの家宣）に侍講《じこう》として出仕《しゅっし》。家宣が将軍職に就くと、寄合《よりあい》（無役の旗本が就く）に取り立てられて幕政に参与した。

徳川家宣

白石は、十九年間にもわたって帝王学を授けた家宣の下で、側用人《そばようにん》の間部詮房《まなべあきふさ》の信任を得て、政治の建て直しを図る。その刷新政治を一言で言えば、綱吉の文治《ぶんち》政治からの方向転換である。

また白石は、明暦三年（一六五七）の大火（通称「振袖火事《ふりそでかじ》」）の前日に江戸柳原《やなぎはら》で生まれたせいか気性が激しく、幼い頃から周囲の者には「火の児」と呼ばれて恐れられたという。実際、政敵には容赦のない攻撃を加え、特に勘定奉行の荻原重秀《おぎわらしげひで》や、対馬藩真文役《つしまはんしんぶんやく》の雨森芳洲と鋭く対立したが、いずれも退け、八年間にわたっていわゆる正徳《しょうとく》の治《ち》を推進したのである。

### 絵師の英一蝶が赦免されて江戸へ戻る　九月

文化思想

伊豆の三宅島《みやけじま》へ配流《はいる》されていた絵師の英一蝶《はなぶさいっちょう》が、この月、十二年ぶりに江戸へ戻った。彼は画号を多賀《たが》朝湖《ちょうこ》から英一蝶へ改名、吉原など都市風俗画の分野で旺盛《おうせい》な創作活動を展開、軽妙洒脱《けいみょうしゃだつ》な筆致の画風英派の祖となる。一蝶の代表作には『日待図巻《ひまちずかん》』『月次風俗図屏風《つきなみふうぞくずびょうぶ》』などがある。

英一蝶が三宅島へ配流された理由は、生類憐《しょうるいあわれ》みの令違反とされてきたが、そのような事実はない。真相は一蝶の描いた『朝妻舟《あさづまぶね》』（別名『百人女﨟《ひゃくにんじょろう》』）が将軍綱吉の爛《ただ》れた三角関係を風刺したことに対する幕府の弾圧、とするのが近年の見解である。すなわちこの画の遊女は将軍綱吉の愛

**【この年の出来事】**

**1・10**　将軍徳川綱吉歿（64）。家宣が将軍を継承。
**1・17**　幕府、宝永通宝の鋳造停止。
**1・20**　幕府、一連の生類憐みの令を廃止。
**2・16**　寛永寺での綱吉葬儀中、加賀国大聖寺新田藩主前田利昌が、大和国柳本藩主織田秀親を殺害。
**3・2**　幕府、酒運上銀、箔座および箔運上銀を廃止。
**3・9**　江戸下谷車坂大久寺から出火。東叡山子院多数焼失。
**4月**　幕府、旗本子息700余名を召し出す（惣御番入）。
**5・1**　徳川家宣、第6代将軍宣下。
**5月**　家宣、新井白石を登用。
**6・3**　柳沢吉保隠居。
**6・21**　中御門天皇践祚。
**6・27**　幕府、江戸市中の鳶を日傭座支配と規定。
**7・4**　畿内および近国

**◉京都所司代**
松平信庸（紀伊守）

**◉京都町奉行**
**東**
安藤次行（駿河守）
**西**
中根正包（宇右衛門・摂津守）

**◉大坂城代**
土岐頼殷（伊予守）

**◉大坂町奉行**
**東**
太田好敬（和泉守）
**西**
北条氏英（安房守）

**◉長崎奉行**
永井直允（采女）
別所常治（孫右衛門）
佐久間信就（安芸守）
駒木根政方（長三郎）

**◉若年寄**
加藤明英（越中守）
稲垣重富（対馬守）
永井直敬（伊豆守）
久世重之（讃岐守・大和守）
大久保教寛（長門守）

**◉側用人**
柳沢吉保（美濃守）
松平輝貞（右京亮）
間部詮房（越前守）
松平忠周（伊賀守）

妾《しょう》お伝、柳の木が側用人柳沢容保《やなぎさわよしやす》、船が将軍、という見《み》立《たて》がなされたらしい。実際、綱吉の柳沢邸への御成《おなり》は年間に五十八回もあったようだ。また綱吉・吉保ともに男色《だんしょく》家《か》だったことなどを風刺している、と幕閣に受け取られたようである。しかしこれらは世間に周知の事実である。一蝶は反逆精神の持ち主であり、この画に鋭い政治批判が暗示されていてもおかしくはない。一蝶はもともと俳人の松《まつ》尾芭蕉《おばしょう》やその弟子榎本其角《えのもときかく》とも交流があった教養人である。英一蝶画・松尾芭蕉賛『蓑虫図《みのむしず》』は元禄期の名作と評判が高いが、この作品には芭蕉の次の名句が添えられている。

みのむしの　ねをきゝにこよ　草の庵

波乱万丈の一生を一蝶が了《お》えたのは享保九年（一七二四）だった。享年七十三。

## 寛永寺の奥書院で大名が刺殺される　二月十六日

事件災害

六代家宣はこの年、三度にわたって大赦《たいしゃ》を行なっている。綱吉の法会《ほうえ》、浄光院信子《じょうこういんのぶこ》（綱吉の正室）の死去、そして自らの将軍宣下《せんげ》の大令に伴うものである。

綱吉の法会は、二月十六日に上野の東叡山寛永寺《とうえいざんかんえいじ》で行なわれた。ここは芝の三縁山増上寺《さんえんざんぞうじょうじ》とともに将軍家の廟所《びょうしょ》である。寛永寺は家光《いえみつ》によって祈願寺として創建され、家綱の遺体が埋葬されて以来、徳川家の菩提寺《ぼだいじ》となった。

この日、寛永寺で朝廷からの勅使《ちょくし》の接待に当たっていた前田利昌《まえだとしまさ》（加賀大聖寺新田藩《だいしょうじしんでんはん》主）と織田秀親《おだひでちか》（大和柳本藩《やなぎもとはん》主）が作法を巡って対立し、十六日未明、奥書院《おくしょいん》で前田利昌が織田秀親を刺殺した。これは赤穂《あこう》事件（元禄十四年〔一七〇一〕発生）と事情が似ていたが、今度は幕府が片手落ちのないように処分した。すなわち前田利昌は切腹、大聖寺新田藩は改易《かいえき》、一万石は兄の大聖寺藩主利直《としなお》に還付された。一方、秀親の領地は弟の成純《なりとし》へ下賜《かし》されている。

## 幕府、生類憐みの令を撤廃　一月二十日

社会世相

新将軍の家宣が最初に実行したことは生類憐《しょうるいあわれ》みの令の撤廃であり、この日、江戸郊外の中野《なかの》の御犬小屋《おいぬごや》も廃止された。また、二月二日には処罰された人々も新将軍就任の大赦により赦免《しゃめん》されている。これらを進言したのは新井白石である。

綱吉の生類憐みの令への拘《こだわ》りは徹底的であり、貞享二年（一六八五）二月の発布から、死の直前の宝永五年（一七〇八）十一月までの二十三年九ヶ月の間に、約七十回にわたって禁制が発布されている。綱吉は遺言として「生類を憐れむことだけは百年千年も守るべし」と遺した。しかし家宣は、これをあっさりと旧来の陋習《ろうしゅう》として撤廃したのである。

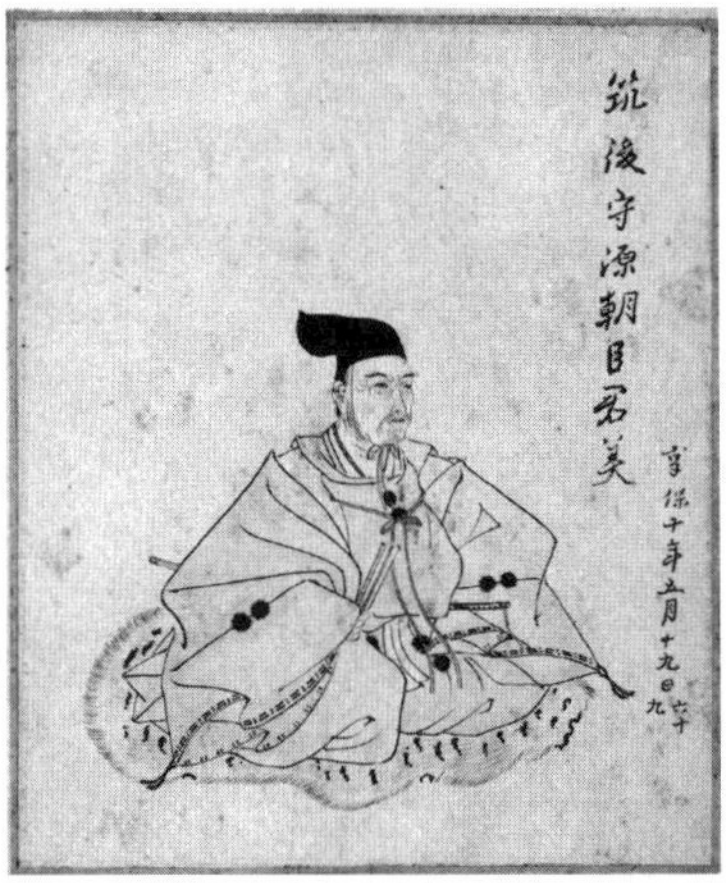

新井白石
（栗原信充『肖像集』）

で大風。民家多数倒壊。
**7・29** 幕府、恩貸の金銀の返済を、大名は3分の2を免除、旗本は全額免除とする。
**9月** 幕府、英一蝶を赦免。
**10・27** 幕府、男女の髪型に関する制限を規定。
**10・29** 幕府、江戸市中の銭価高騰のため、銭5000貫文を売り出す。
**11・1** 初代坂田藤十郎歿(63)。
**11・22** 新井白石、小石川キリシタン屋敷でシドッチを尋問。
**12・11** 幕府、禁裏御所方火消を新設、京都定火消を再置。
**12・17** 東山上皇歿(35)。
**この年** 琉球で飢饉。薩摩藩、銀200貫目を援助。

# 1710 宝永七年

庚寅

天皇▼中御門天皇

将軍▼徳川家宣（第六代）

**【主要幕閣】**

**◉老中**
土屋政直（相模守）
小笠原長重（佐渡守）
秋元喬知（但馬守）
大久保忠増（加賀守）
井上正岑（河内守）
本多正永（伯耆守）
間部詮房（越前守）

**◉寺社奉行**
本多忠晴（弾正少弼）
三宅康雄（備前守）
鳥居忠栄（伊賀守）
安藤信友（右京進）
森川俊胤（出羽守）

**◉勘定奉行**
荻原重秀（近江守）
中山時春（出雲守）
平岩親庸（若狭守）
大久保忠香（大隅守）

**◉江戸町奉行**
**北** 丹羽長守（遠江守）
**中** 坪内定鑑（能登守）
**南** 松野助義（河内守）

**◉京都所司代**
松平信庸（紀伊守）

## 越後村上藩領の百姓が公儀直訴　四月

政治経済

越後国（現新潟県）村上《むらかみ》は、日本海から米沢《よねざわ》に抜ける小国《おぐに》街道を望む場所に位置するが、村上藩の城は山上にあった。この村上藩領内で争議が起こったのは、本多《ほんだ》忠良《ただよし》の治世時代である。実は、忠良が藩主となった年に、村上藩は十五万石から五万石へと大幅な減封《げんぽう》を受けていた。しかも村上藩の領地は城から遠く、信濃川《しなのがわ》などの水害が多い上に、大庄屋《おおじょうや》八名が百姓を迫害、搾取《さくしゅ》していたのである。

村上藩の大幅減封に伴う支配替えによって、この月、越後国蒲原郡《かんばらぐん》燕村《つばめむら》の三五兵衛《さごべえ》ら八十五ヶ村の百姓たちが、村上領から幕領（天領《てんりょう》）への村替《むらがえ》反対を強訴《ごうそ》した。この公《こう》儀直訴《ぎじきそ》に対して、新将軍家宣《いえのぶ》の下、幕府は公儀への信頼性を取り戻そうとして適切に対処した。評定所《ひょうじょうしょ》が審問して「百姓、愁訴する所、ことごとくその謂《い》われあり」とみる立場で評決した。すなわち、頭目《とうもく》の三五兵衛らを遠島《えんとう》（流罪）、そのほかの者は無罪放免、大庄屋八名は不法を禁じられた。百姓らが願い出た村替反対は容れられなかったが、通常は処刑される筈の頭目は処刑されなかったのである。

## 三井越後屋が大元方を設置　一月

文化思想

三《み》井《つ》家《いけ》が発展するのは江戸中期以降であるが、三井家の家伝《かでん》によれば、江戸初期に伊勢国（現、三重県）松坂《まつざか》で酒・質商を始めた高俊《たかとし》が、三井越後家の祖という。主人の高俊よりもむしろ妻の殊宝《しゅほう》に商売の才能があったと伝えられている。要するに彼女は節約を徹底的にやっているのだ。

高俊と殊宝には四男四女がいたが、その末子が高利《たかとし》（通称八郎兵衛《はちろべえ》）である。高利が十四歳で江戸へ出てくる時に、母親から十両分の松坂木綿（早くから木綿の栽培を始めた伊勢は、良質な木綿の産地であり、松坂木綿は江戸でもてはやされた）をもらい、それを元手に江戸で呉服店を開業した。延宝元年（一六七三）当時は、いわゆる右肩上がりの時代であり、越後屋は間もなく京都・大坂へも進出。

三井越後商法の特徴は、店前売り、切り売り、現金払いである。この当時は客には注文品を届け、呉服類（絹織物）は反物《たんもの》売り（大人一人分の布地）、代金は年二回払いが一般的であったから、これは相当な革新的な商売であり同業には意地悪もされたが、江戸庶民には大受けした。呉服のほかに両替にも手を伸ばし、家業はどんどん発展していく。高利は総本家と同族九家（のちに十一家）の組織を整え、家憲《かけん》を作り、遺産八万両を遺している（享年七十二歳）。

駿河町の呉服店（『江戸名所図会』）

高利の息子の高平《たかひら》は、家業統括のための大元方《おおもとかた》を、この月、京都に設置した。これは持株会社のようなものであり、同族と家業を統括する最高機関である。これによって帳簿が一本化されたので、企業としての体裁が取られた。こうして商業資本とし

**【この年の出来事】**

**1・12** 幕府、江戸城芝口門の建設開始。
**1月** 伊豆三宅島噴火。
**1月** 三井越後屋が大元方を設置。
**2・25** 深見玄岱、幕府儒者に就任。
**3・1** 幕府、諸国に巡見使を派遣。
**3・15** 浅間山噴火。
**4・8** 近衛基熙、2度目の江戸下向。将軍家宣に拝謁。
**4・15** 幕府、新井白石起草の武家諸法度を公布。
**4・15** 幕府、宝永金銀貨を新鋳、二朱金を廃止。
**4・16** 幕府、諸士法度を発布。
**4月** 越後村上藩85か村の百姓、幕僚から大名領への転換に反対し幕府へ越訴。
**6月** 幕府、諸大名の江戸留守居役の雑説流布禁止を再令。
**6月** 幕府、紅葉山文庫を改造。
**7・20** 幕府、武家が親

◉江戸前期
◉江戸中期
◉江戸後期

**◉京都町奉行**
**東**
安藤次行（駿河守）
**西**
中根正包（宇右衛門・摂津守）

**◉大坂城代**
土岐頼殷（伊予守）

**◉大坂町奉行**
**東**
太田好敬（和泉守）
**西**
北条氏英（安房守）

**◉長崎奉行**
別所常治（孫右衛門）
佐久間信就（安芸守）
駒木根政方（長三郎）
久松定持（忠次郎）

**◉若年寄**
加藤明英（越中守）
永井直敬（伊豆守）
久世重之（讃岐守・大和守）
大久保教寛（長門守）

**◉側用人**
間部詮房（越前守）
本多忠良（中務大輔）

ての三井が大発展していくわけだが、その生態は井原西鶴《いはらさいかく》が『日本永代蔵《にっぽんえいたいぐら》』で紹介している。

## 亀屋忠兵衛に死罪判決　十二月五日

事件災害

舞台は大坂。評判の遊女を見受けした男は、公金横領犯だった。二人は駆け落ちしたが捕まり、飛脚屋亀《かめ》屋《や》の主人忠兵衛《ちゅうべえ》は引廻《ひきまわし》の上死罪、槌屋《つちや》の遊女梅川《うめかわ》は無罪放免。以上が人口に膾炙《かいしゃ》したこの事件の梗概《こうがい》であるが、以下少し詳しくみてみよう。

忠兵衛は主人とはいえ養子の身であり、実権は義母が握っていた。槌谷のお抱え遊女の梅川は、評判の美女。忠兵衛は梅川に入れ上げ、その金は店の売上金をくすねていたが、その穴埋めのために西国筋の大名から頼まれた現金託送の三百両のネコババをきめこんだ。これが見つかれば引廻しの上で死罪、さらに闕所《けっしょ》（私有財産は没収される）になるのが決まりである。これを知って愕然《がくぜん》とした忠兵衛は、宝永六年十二月初めに梅川を二百五十両で見受けし、梅川と手に手を取って駆け落ちするが、この年の春に二人は捕まった。梅川が牢に繋がれたというので大坂中の評判となるが、梅川は無罪放免。忠兵衛は法律の定める通り、引廻しの上で死罪、さらに亀屋は取り潰しとなった。その後の梅川は祇園《ぎおん》、西陣《にしじん》の遊廓に遊女として務めてから、京都伏見に庵《いおり》を構え、ひっそりと暮らしたと伝えられている。

早速この事件を題材にした芝居が上方《かみがた》で生まれた。近松《ちかまつ》門左衛門《もんざえもん》の人形浄瑠璃『冥途《めいど》の飛脚《ひきゃく》』が初演され評判となり、さらに翌年、歌舞伎にもなるが、正徳三年（一七一三）にはこれを改作した紀海音《きのかいおん》『傾城三度笠《けいせいさんどがさ》』が上演され、こちらも話題となった。

## 素っ裸で入浴するようになる

社会世相

江戸は風が強く埃《ほこり》っぽい。また江戸の男たちはお洒落《しゃれ》で、毎日の入浴と髪結い（月代《さかやき》を剃り、髪を結う）は欠かせなかった。

江戸に銭湯が初お見えしたのは天正十九年（一五九一）であるが、これは蒸し風呂（現在のサウナ風呂）。銭湯には二種類あり、蒸風呂は風呂屋、浴槽に浸かるのを湯屋《ゆや》といった。市中に銭湯らしい銭湯ができるのは寛文五年（一六六五）頃からである。銭湯らしい銭湯とは、浴槽に浸かり、風呂上りに二階で将棋を指したり、世間話をしたりする浴場兼慰安所、すなわち江戸庶民の社交場という意味合いでの銭湯である。湯銭《ゆせん》はこの当時から百五十年間は大人が六文、それ以降は十文と一定していた。

江戸時代は男女混浴が基本だった。さらに宝永期（一七〇四―一一）になって湯屋が共同浴場として定着すると、裸体入浴が一般的となった。男女共に素っ裸で入浴するようになるにつれて、濡れた手拭、褌《ふんどし》（下帯）、湯文字《ゆもじ》（湯巻）などを包む物がいることから、風呂敷が生まれた。木綿の浴衣《ゆかた》が流行るのもこの頃からである。男女混浴は、寛政の改革後の享和四年（一八〇三）に禁じられたが、化政期を過ぎると守られなくなり、天保十二年（一八四一）に再び禁令が出たように、禁浴令は完全には守られなかったのだ。

湯屋（『浮世風呂』前編）

類以外の者から養子をとる際の規則を制定。
**8・6** 幕府、江戸市中に人宿組合の結成を指示。
**8・11** 幕府、新井白石の献策により閑院宮家創立を許可。
**閏8月** 伯耆・美作で大地震。
**9・15** 家宣、江戸城吹上庭で神田明神祭礼の練物を上覧。
**10・26** 幕府、東大寺・興福寺の争論を裁決。
**11・18** 琉球の慶賀使、将軍家宣に拝謁。
**12・5** 幕府、公金横領により亀屋忠兵衛を処刑。
**12・19** 江戸で大火。紺屋町・小伝馬町・北八丁堀・霊巌島まで延焼。
**この年** 全国で痘瘡流行。
**このころ** 湯屋で男女共に素っ裸で入浴するようになる。

# 1711

# 正徳元年（宝永八年）

辛卯

天皇▼中御門天皇

将軍▼徳川家宣（第六代）

**【主要幕閣】**

**◉大老**
井伊直該（掃部頭）

**◉老中**
土屋政直（相模守）
秋元喬知（但馬守）
大久保忠増（加賀守）
井上正岑（河内守）
本多正永（伯耆守）
間部詮房（越前守）
阿部正喬（豊後守）

**◉寺社奉行**
本多忠晴（弾正少弼）
三宅康雄（備前守）
安藤信友（右京進・右京亮）
森川俊胤（出羽守）
松平近禎（対馬守・相模守）

**◉勘定奉行**
荻原重秀（近江守）
中山時春（出雲守）
平岩親庸（若狭守）
大久保忠香（大隅守）

**◉江戸町奉行**
**北**
丹羽長守（遠江守）
**中**
坪内定鑑（能登守）
**南**
松野助義（河内守）

## 大坂銅会所を設置　六月

政治経済

幕府は、鉱山資源の枯渇《こかつ》によって輸出の目玉である銅の産出が減ったため、この月、輸出用の銅の確保を目指して大坂に銅会所《どうかいしょ》を作って銅流通の統制を図った。しかしそれでも減少したために、幕府は翌正徳二年（一七一二）に銅座《どうざ》を廃止して、経営を銅吹屋《どうふきや》仲間の請負制《うけおいせい》とした。さらに銅の不足で、長崎出島《でじま》での交易における舶来物《はくらいもの》も値上がりしてきた。

銅に代わる物産が見つからない以上、この抜本的な対策には輸入の規制が先であり、後述する新井白石による海舶《かいはく》互市新例《ごししんれい》まで待たねばならなかった。

## 将軍の称号を日本国王に決定　二月七日

文化思想

新《あら》井白石《いはくせき》の八年間にわたる、いわゆる正徳《しょうとく》の治《ち》とはどのようなものだったのか。以下、外交面に絞ってみてみよう。

慶長十二年（一六〇七）以来、将軍代替わりに合わせて朝鮮使節が来航していた。この使節は朝鮮頼聘大弊使《らいへいたいへいし》と呼ばれ、その交流は日本にとって政治・文化両面で重要な意味を持っていたが、派遣団の人数が多いこと、滞在が半年近くの長期になることなどで多大の出費となっていた。折しも幕府の財政は赤字であり、さらに使節一行が江戸へ向かう道中の諸藩（対馬・肥前・福岡・小倉・徳山・福山・岡山・姫路・尼崎・岸和田）は、国役《くにやく》で人馬を賦課《ふか》させられ、宿場での賄い方も勤めさせられたので財政を圧迫された。将軍の権威を高めるというよりも、半ばショー化したこの一大デモンストレーションに対して、次第に批判も聞かれるようになってきていた。そこで朝鮮使節の待遇の簡素化を決断した白石は、林家《りんけ》や対馬藩真文役《しんぶんやく》（使節の接待役）の雨《あめの》森《もり》芳洲《ほうしゅう》の反対を押し切って実行したことにより、使節の待遇改善費が六割の節約になったという。

また同時に、白石の建議によって、李《り》氏朝鮮国王の国書に記す文言を改めさせた。従来は朝鮮からの国書は朝鮮国王から「日本国大君《たいくん》殿下」とされていたものを、この日、「日本国王」に改めさせたのである。幕府からの返書も日本国源《みなもと》某から日本国王に変えた。先方が国王ならこちらも国王でいい、というわけである。

将軍の称号を日本国大君殿下から日本国王に変えることには、朝鮮はもとより、林家や雨森芳州などからも反対の声が上がったが、白石は、これは外交上のルール変更であると押し切り、通信使応対方式の改革を実行した。両国間に多少の波風は起こったが、巧みに通常の外交問題として処理したのである。

「朝鮮通信使行列図巻」

**【この年の出来事】**

**1・7** 朝廷、700年ぶりに加表節会を再興。
**2・2** 幕府、四宝銀を鋳造。
**2・7** 幕府、新井白石の献策により朝鮮使節の待遇を簡潔化。将軍の称号を「日本国王」とする。
**3・25** 三宅観瀾・室鳩巣、幕府儒者に就任。
**3月** 幕府、奉公人取締令を発令。
**4・25** 中御門天皇即位により正徳に改元。
**5月** 幕府、代替わりにより諸国の高札を立て替え
**6月** 幕府、江戸市中の商家が相撲取りを召し抱えることを禁止。
**6月** 越後新発田藩32か村の百姓、徒党して大庄屋の悪政を訴える（与茂七騒動）。
**6月** 幕府、大坂銅会所を設置。
**7月** 東海道で大風雨。橋多く流失。
**8・15** 幕府、諸民困窮

**◉京都所司代**
松平信庸（紀伊守）
**◉京都町奉行**
**東**
安藤次行（駿河守）
**西**
中根正包（宇右衛門・摂津守）
**◉大坂城代**
土岐頼殷（伊予守）
**◉大坂町奉行**
**東**
太田好敬（和泉守）
桑山一慶（甲斐守）
**西**
北条氏英（安房守）
**◉長崎奉行**
別所常治（孫右衛門）
佐久間信就（安芸守）
駒木根政方（長三郎）
久松定持（忠次郎）
大岡清相（備前守）
**◉若年寄**
加藤明英（越中守）
永井直敬（伊豆守）
久世重之（大和守）
大久保教寛（長門守）
鳥居忠英（伊賀守）
水野忠之（監物）
**◉側用人**
間部詮房（越前守）
本多忠良（中務大輔）

## 安房北条藩で万石騒動が発生　十一月

事件災害

安房北条《ほうじょう》藩主の屋代忠位《やしろただたか》が、年貢を例年の二倍徴収しようとしたことに反対し、安房北条村など二十七ケ村（現館山市・南房総市）の領民が十一月七日、江戸藩邸へ門訴《もんそ》した。これに対して、新参で上席家老相談役の川井《かわい》藤左衛門《とうざえもん》は、独断で名主《なぬし》らを投獄、内三人を殺害した上、名主らの妻子追放、家財没収という強硬手段をとる。事態を知った農民らは、老中秋元喬知《あきもとたかとも》、阿部《あべ》正喬《まさたか》への直訴《じきそ》（駕籠訴《かごそ》）を敢行。これがようやく幕府に受理され、十二月二十五日、勘定奉行による審理が開始される。翌年七月二十一日の判決により、藩主忠位は改易《かいえき》、川井藤左衛門は斬《ざん》罪《ざい》となった。以上が、安房の百姓一揆である万石騒動《まんごくそうどう》の顛《てん》末《まつ》である。

万石騒動の名は、安房国北条藩領一万石の領民が参加したことに由来する。処刑された三人の名主は三義民と呼ばれ、現在でも毎年十一月二十六日に、萱野《かやの》の刑場跡（現館山市）で三義民命日祭が行なわれている。

## お染めと久松が心中　十二月三十一日

社会世相

宝永・正徳年間（一七〇四―一六）には、心中《しんじゅう》が流行したが、大坂東横堀瓦屋橋《ひがしよこぼりかわらやばし》の油屋《あぶらや》の娘お染《そ》め（十六歳）と丁稚《でっち》久松《ひさまつ》（十四歳）の情死《じょうし》がそれを象徴している。恋仲となった二人には添い遂げられない事情がそれぞれあった。お染めは同業の山家屋《やまがや》へ嫁入りする身であり、久松には婚約者があった。

この事件は儚《はかな》い恋物語として歌祭文《うたざいもん》、浄瑠璃《じょうるり》、歌舞伎、清元《きよもと》になって、現在も遺っている。

中でもこの心中事件を歌舞伎にした近松半二《ちかまつはんじ》の『新版歌祭文《しんぱんうたざいもん》』は、安永九年（一七八〇）九月に大坂竹本座《たけもとざ》で初演されて評判をとった。芝居が実説とは異なるのは当然としても、ここでは武家の出の久松のお家騒動を絡ませた悲恋《ひれん》物語となっている。久松の許嫁《いいなずけ》お光《みつ》が、二人がすでに心中を覚悟していると知り、尼《あま》となって身を引くという「野崎参り」の段が最も知られている。後年、それは流行歌にもなり、東海林太郎《しょうじたろう》の『野崎小唄《のざきこうた》』が昭和十年（一九三五）にヒットしている。

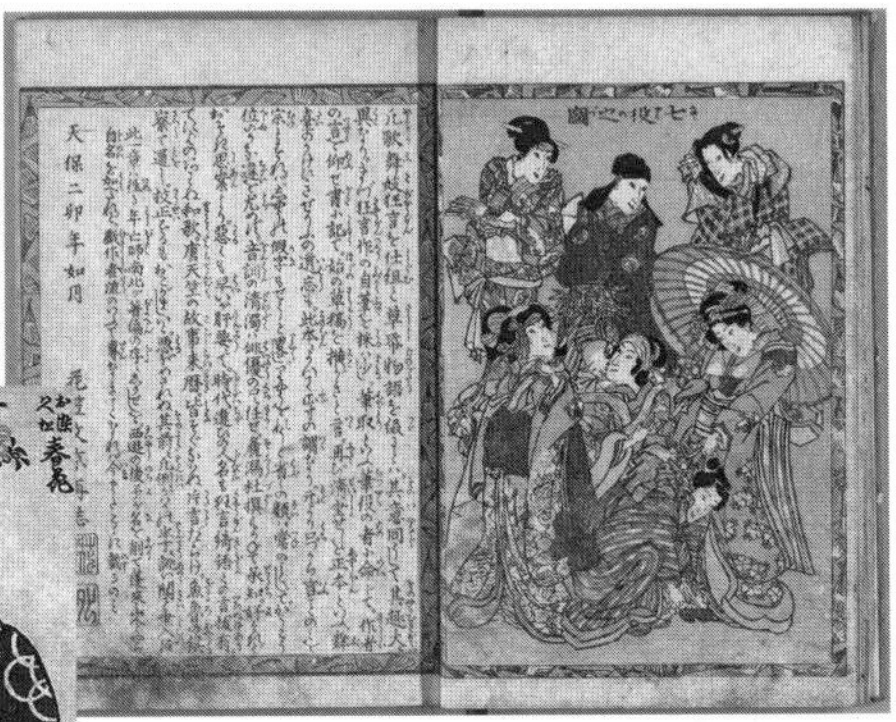
歌舞伎台本『於染久松色読販』（四巻首一巻）

『お染久松春花』

のため、諸大名に救済を指示。
**10・11**　幕府、新井白石に武蔵国川崎で朝鮮使節との会談を命じ、従五位下筑後守に叙任。
**10月**　幕府、出島にオランダ人の外出制限、出家山伏などの出入り禁止の高札を立てる。
**11・1**　朝鮮通信使、将軍家宣に拝謁。
**11月**　安房北条藩の百姓、役人の悪政を江戸に越訴（万石騒動）。
**12・11**　江戸で大火。神田連雀町から出火、霊岸島まで延焼。
**12・28**　三宅島噴火。
**12・31**　お染めと久松の心中事件が起こる。

# 1712
# 正徳二年

**壬辰**

**天皇▼中御門天皇**

**将軍▼徳川家宣**（第六代　～十月十四日）

**【主要幕閣】**

**◉大老**
井伊直該（掃部頭）

**◉老中**
土屋政直（相模守）
秋元喬知（但馬守）
大久保忠増（加賀守）
井上正岑（河内守）
間部詮房（越前守）
阿部正喬（豊後守）

**◉寺社奉行**
本多忠晴（弾正少弼）
三宅康雄（備前守）
安藤信友（右京亮）
森川俊胤（出羽守）
松平近禎（対馬守・相模守）

**◉勘定奉行**
荻原重秀（近江守）
中山時春（出雲守）
平岩親庸（若狭守）
大久保忠香（大隅守）
水野忠順（対馬守・因幡守・讃岐守）

**◉江戸町奉行**
**北**
丹羽長守（遠江守）
**中**
坪内定鑑（能登守）
**南**
松野助義（河内守）

## 勘定奉行の荻原重秀を解任　九月十一日

政治経済

新《あら》井白石《いはくせき》は、将軍家宣《いえのぶ》に対して三度にわたり荻原重秀《おぎわらしげひで》の罷免《ひめん》を要求していたが、この日、ようやく実現した。彼我の凄惨な権力闘争の一端は、白石の自伝『折《おり》たく柴《しば》の記《き》』にも触れられている。荻原は翌年死亡したが（享年五十七歳）、その死因はいろいろと取り沙汰された。

五代綱吉《つなよし》は、勘定奉行にはノンキャリアであっても有能な者なら登用した。この恩恵を受けた一人が荻原重秀で、勘定、勘定組頭《くみがしら》、勘定頭添役（のちの勘定吟味役《ぎんみやく》）、ついには勘定奉行に昇り詰めた。将軍綱吉、幕閣の実力者である柳沢吉保《やなぎさわよしやす》の信任を得て、荻原は約三十年間にわたって幕府財政を担当した。荻原が白石に批判されたのは、ナンバー2の勘定吟味役時代に元禄金銀を改鋳《かいちゅう》したことであり、その結果、悪貨が良貨を駆逐《くちく》して、江戸では物価が高《こう》騰《とう》、銀を主とする大坂は通貨不足となって大混乱を起こした（江戸は金、大坂は銀が本位《ほんい》通貨）。荻原がやったことは、早い話が金銀の含有量《がんゆうりょう》を減らしたわけで、幕府財政は一時的には潤ったが、社会情勢は悪化する一方だった。

白石が荻原罷免を家宣に要求したもう一つの理由は、荻原の賄賂《わいろ》である。荻原は天才的な賄賂政治家であり、彼に匹敵するのはわずかに田沼意次《たぬまおきつぐ》くらいであろう。例えば、新田開発や金山・銀山を希望する者には賄賂の高で認否《にんぴ》したという。幕府財政は潤わせたが、自らの懐《ふところ》にもたんまりと金が入ったのである。

## 新井白石『読史余論』が成立

文化思想

武家政治の正当性を論じた歴史書で、新井白石の代表的な著書の一冊である『読史余論《とくしよろん》』であるが、白石の著書はほかにもたくさんある。白石の処女作は、家宣が甲府藩主綱豊《つなとよ》時代に命じられて元禄十五年（一七〇二）に著した『藩幹譜《はんかんふ》』である。同書は、慶長五年（一六〇〇）から延宝八年（一六八〇）に至る大名三百三十七家の系譜・伝記である。

白石は吉宗《よしむね》が将軍になると解任され、晩年はもっぱら著述に専念。『采覧異言《さいらんいげん》』（正徳三年〈一七一三〉）、『西洋紀聞《せいようきぶん》』（正徳五年）、『古史通《こしつう》』（享保元年〈一七一六〉）、『折たく柴の記』（享保元年）、『東雅』（享保四年）などの著作を立て続けに発表。『采覧異言』と『西洋紀聞』は、イタリア人宣教師ヨハン・シドッティらの審《しん》問《もん》をもとに白

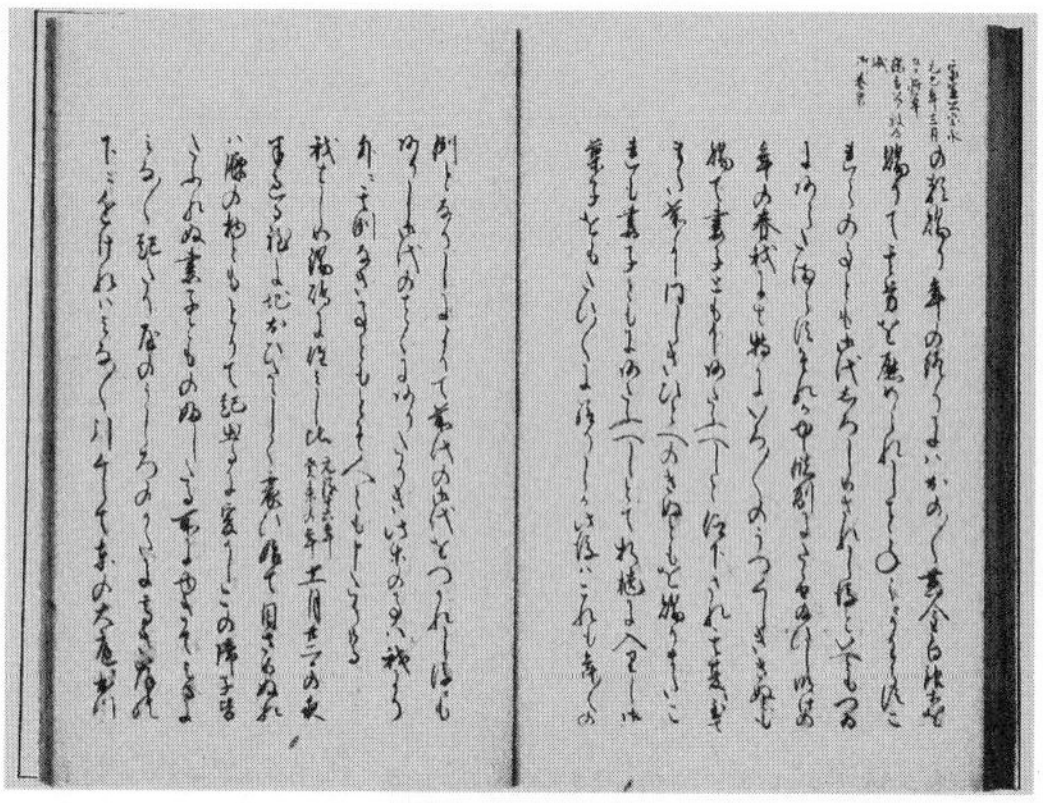

『折たく柴の記』

**【この年の出来事】**

**1～2月**　江戸市中で火事頻発。
**2・2**　幕府、大名火消を設置。
**2・25**　新井白石、オランダ商館長に外国事情を聴取。
**2月**　幕府、大判金の一般通用を制限。
**3・7**　幕府、道中人馬通行に関する規則を公布。
**3・30**　幕府、大坂銅座を廃止。銅吹屋仲間に貿易銅の長崎廻送を指示。
**4・24**　江戸で大火。江戸木挽町から出火。
**4・28**　幕府、諸国群名表記の誤りを訂正。
**6・15**　幕府、諸大名に参勤交代の際の従者数を制限。
**6月**　京都祇園内6町開発。
**6月**　薩摩藩主島津吉貫、琉球で「中山王」の称を復活。
**7・1**　幕府、勘定吟味役再置。
**7月**　幕府、御用達商工

**◉京都所司代**
松平信庸（紀伊守）
**◉京都町奉行**
**東**
安藤次行（駿河守）
山口直重（安房守）
**西**
中根正包（宇右衛門・摂津守）
**◉大坂城代**
土岐頼殷（伊予守）
内藤弌信（紀伊守・豊前守）
**◉大坂町奉行**
**東**
桑山一慶（甲斐守）
鈴木利雄（飛驒守）
**西**
北条氏英（安房守）
**◉長崎奉行**
佐久間信就（安芸守）
駒木根政方（長三郎）
久松定持（忠次郎）
大岡清相（備前守）
**◉若年寄**
久世重之（讃岐守・大和守）
大久保教寛（長門守）
鳥居忠英（伊賀守）
水野忠之（監物）
**◉側用人**
間部詮房（越前守）
本多忠良（中務大輔）

石の見解が述べられている。白石は海外情報の入手にも積極的で、世界の地誌、キリスト教の教養などについても独自の見解を持っていた。『古史通』には古代史研究の方法が記されているが、白石の合理的な歴史観がみられる。『東雅』は日本語の語源の探求をしている。

自伝『折たく柴の記』では、宿敵の荻原重秀を面罵《めんば》している。ただし、絵島生島事件《えじまいくしまじけん》（正徳四年）については全く言及されていない。この事件は、紀伊藩主の吉宗が御三家筆頭の尾張藩主に代わって新将軍に就く道を結果的に開き、家宣の遺志は通らなかった。そして月光院《げっこういん》（家宣側室、家継《いえつぐ》生母）・間部詮房《まなべあきふさ》・白石のグループが政争に敗れたことで、その後の政局は急展開することになるのである。

## 勘定吟味役を復活　七月一日

事件災害

幕領（天領《てんりょう》。旗本分を除いて約四百万石）の年貢率が低下したとして、この日、新井白石が勘定吟味役を復活した。その狙いは悪徳代官の取り締まりである。勘定吟味役は勘定奉行所のナンバー2であり、配下には代官《だいかん》、郡代《ぐんだい》などの旗本がいた。幕府の財政基盤を預かる地方《じかた》の責任者が代官であり、彼らは五万石程度の幕領を担当した（郡代は十万石以上を担当）。代官は、今日の官僚で言えば中間管理職の課長クラスであり、四、五十人もいれば、中には不正を働く者がいてもおかしくはなく、時に部下（手附《てつき》、手代《てだい》）が年貢や税の取り立てで問題を起こすこともあった。

白石は、五代綱吉が廃止（元禄十二年〔一六九九〕）した勘定吟味役を復活したことによって、この年の年貢が約四十三万三千四百俵と大幅に増加したと自画自賛している。

もちろん、テレビドラマ『水戸黄門』に出てくるような悪代官ばかりがいたわけではない。代官の中には百姓の立場に立って、名代官と称される者も多かったのである。

## 目明の呼称を禁止　九月五日

社会世相

町奉行所の与力《よりき》や同心《どうしん》の手先として犯罪捜査に使われていた目明《めあかし》に対して、この日から目明という呼び名の使用を禁止した。これは評定所《ひょうじょうしょ》への達書《たっしがき》であるが、早速町触《まちぶれ》として出された。目明を名乗る者がいたら自身番屋《じしんばんや》へ訴えるようにとも記されていた。

目明の呼称が、のちに岡引《おかびき》（岡っ引）へと変わっても、やはり公認の幕吏《ばくり》ではないという実態に変わりはない。目明の直属の上司は与力や同心（いずれも御家人《ごけにん》）であり、トップは町奉行である。同心は警察的な機能を果たしていたが、北町・南町奉行所を合わせても五十名しかおらず、これで江戸の町の治安を守るには大いに心もとない。そこで目明が情報提供者として使われるのだが、ニセ目明が出てきたためにこの呼称を使うことを禁じたのである。

しかし同心らは、彼らの手を借りなければ、とうてい犯罪者の逮捕などできず、それは町奉行も先刻承知していた。実は岡引の下にもさらに手下がいた。公認の幕吏ではない彼らには、手下はもちろんのこと岡引にも表向きの給料は出ない。そこで様々な裏の手口が用意されていた。盆暮れの付届《つけとどけ》、博打《ばくち》や私娼《ししょう》を見て見ぬ振りをして接待を受け、小遣いを稼ぐ。これらは公認されていたのだ。また同心もいい情報をくれたらそれなりの褒美や仕置をやる、ということでなんとはなく自活できていたようである。役得なしでは成り立たない仕事だが、岡引の中には商売をやって家計の足しにしている目端《めはな》の利く者もいたのだ。

業者の役人への賄賂を禁止。
**7〜8月**　中国・近畿で大風雨。
**8・16**　幕府、巡見使派遣のための条目を制定。
**9・5**　幕府、評定所・三奉行の規則を制定し、厳正な勤務を指示。
**9・5**　幕府、目明の呼称を禁止。
**9・11**　幕府、勘定奉行荻原重秀を罷免。
**9・23**　幕府、新銀（宝永金銀）鋳造を停止。
**10・14**　将軍徳川家宣歿(51)。家継が将軍を継承。
**10月**　大聖寺藩で不作による減免を要求し、大規模な打ちこわし（那谷寺一揆）。
**この年**　幕府、輸入糸不足のため、京都織屋に国産糸の併用を指示。
**この年**　新井白石『読史余論』完成。
**この年**　寺島良安『和漢三才図絵』完成。

**【主要幕閣】**

**◉大老**
井伊直該（掃部頭）

**◉老中**
土屋政直（相模守）
秋元喬知（但馬守）
大久保忠増（加賀守）
井上正岑（河内守）
間部詮房（越前守）
阿部正喬（豊後守）
久世重之（大和守）

**◉寺社奉行**
本多忠晴（弾正少弼）
安藤信友（右京亮）
森川俊胤（出羽守）
松平近禎（対馬守・相模守）
土井利意（山城守・伊予守）

**◉勘定奉行**
中山時春（出雲守）
平岩親庸（若狭守）
大久保忠香（大隅守）
水野忠順（対馬守・因幡守・讃岐守）
水野守美（小左衛門・伯耆守）

**◉江戸町奉行**
**北**　丹羽長守（遠江守）
**中**

## 家継、七代将軍に就任　四月二日

政治経済

六代家宣《いえのぶ》が前年十月に病歿（享年五十一歳）したため、この日、将軍宣下《せんげ》をして世子鍋松《なべまつ》（のち家継《いえつぐ》）が将軍職を継いだ。しかし鍋松は、まだ五歳。幼い新将軍の補佐役として、実権を握る側用人《そばようにん》の間部詮房《まなべあきふさ》の信任を得た新《あら》井白石《いはくせき》が政治に当たった。幕府には、貨幣の鋳造《ちゅうぞう》や外交政策などの懸案事項が山積《さんせき》していた。

これらのほかにも、新将軍の家継には問題があった。幼少ということで、将軍の権威が低下しないようにしなくてはならない。しかも家継は病弱だった。何よりも次の八代将軍を巡る人事の抗争は避けなければならない。それゆえ早くも三年後の正徳五年（一七一五）には、家継の縁組が決まった。その相手は霊元《れいげん》法皇の皇女八十宮吉子《やそのみやよしこ》である。三歳の姫君と七歳の将軍との婚約の儀式は滞《とどこお》りなく行なわれたが、懸念されていた通り、家継は翌年四月に歿してしまった（享年八歳）。そのため、天皇家と将軍家との縁組はならなかったのだが、それが実現するのは幕末の皇女和宮《かずのみや》の降嫁《こうか》まで待たなければならなかった。

徳川家継

## 儒者貝原益軒の『養生訓』が成立　一月

文化思想

筑《ちく》前《ぜん》福岡藩の儒者《じゅしゃ》、貝原益軒《かいばらえきけん》は多くの著書を発表したが、一般向けでは教訓書『養生訓《ようじょうくん》』と『女大学《おんなだいがく》』が並び称される。

この月に刊行された『養生訓』は、彼自身が生まれつき病弱であったことから、自身の体験に基づいて書かれており、食欲と性欲の節制が健康長寿の道であると説かれている。また『女大学』は、益軒の『和俗童子訓《わぞくどうじくん》』の一部を独立させて益軒の歿後に出版された。『養生訓』と『和俗童子訓』は益軒十訓《じっきん》と呼ばれるが、それらは八十歳を超えてからの益軒最晩年の著作であり（享年八十五歳）、驚嘆させ

貝原益軒（栗原信充『肖像集』）

**【この年の出来事】**

**1・9**　鹿児島城下で大火。武家屋敷・町屋など1900余戸焼失。
**1月**　貝原益軒『養生訓』完成。
**2・9**　幕府、新銀鋳造・大銭改鋳を停止。
**3・2**　幕府、新金改鋳を開始。
**3・20**　京都で大火。油小路椹木町から出火し、73町1169戸焼失。
**3・24**　幕府、長崎奉行を3人制とする。
**3・25**　幕府、人宿組合を廃止。
**3・26**　幕府、江戸市中の辻駕籠を制限。
**3月**　新井白石『采覧異言』完成。
**4・2**　徳川家継、第7代将軍宣下。
**4・23**　幕府、幕領の支配について、代官に小検見の廃止など13か条の規則を制定。
**4月**　二代目市川團十郎、山村座で『助六』を初演。
**5・5**　幕府、神田・山

坪内定鑑（能登守）
南
松野助義（河内守）
◉京都所司代
松平信庸（紀伊守）
◉京都町奉行
東
山口直重（安房守）
西
中根正包（宇右衛門・摂津守）
◉大坂城代
内藤弌信（豊前守）
◉大坂町奉行
東
鈴木利雄（飛騨守）
西
北条氏英（安房守）
◉長崎奉行
佐久間信就（安芸守）
駒木根政方（長三郎）
久松定持（忠次郎）
大岡清相（備前守）
◉若年寄
久世重之（讃岐守・大和守）
大久保教寛（長門守）
鳥居忠英（伊賀守）
水野忠之（監物）
大久保常春（山城守）
◉側用人
間部詮房（越前守）
本多忠良（中務大輔）

られる。

儒学《じゅがく》を民衆の中に普及させるために書かれたこうした教訓物、女訓書のほかにも、本草学《ほんぞうがく》の大著『大和本草《やまとほんぞう》』、朱《しゅ》子学《しがく》批判の書『大疑録《だいぎろく》』などの著作も発表した益軒の学問領域は、広範囲にわたっている。

事件災害

## 二代目團十郎、『助六』を初演　四月

元禄十七年（一七〇四）二月、初代市川團十郎《いちかわだんじゅうろう》が舞台上で殺害されたが、市川家は安泰だった。初代は折に触れて息子に荒事芸《あらごとげい》を教え、家業の伝承を考えていた。二代目團十郎は十七歳で舞台デビューを果たしたが、『助《すけ》六《ろく》』の初演はこの年四月の山村座《やまむらざ》（江戸京橋木挽町）で、團十郎は二十六歳。この時には、蛇《じゃ》の目《め》傘《がさ》を持っての出（出《で》端《は》）の振りもなかったので、荒事気分の演出だった。初演から工夫が重ねられ、今日のように助六が蘇我五郎《そがごろう》と結びついて花川戸《はなかわど》の侠客《きょうかく》助六になり、さらに花道の出に広東《かんとん》節《ぶし》が演奏されるようになった。二代目が荒事に和事《わごと》味を加えて、ほぼ現行に近い扮装と演出を完成させたのは六十二歳、その名演が現代まで引き継がれている。

助六は赤い襦袢《じゅばん》の上に黒縮緬《くろちりめん》、江戸《えど》紫《むらさき》の鉢巻に卵色の足袋《たび》という洗練された衣装で登場、すかさず大向こうから「成田屋《なりたや》！」小気味よい台詞《せりふ》回し、伊達《だて》兵庫《ひょうご》髷《かつら》の遊女揚《あげ》巻《まき》との絡みも色っぽい。本作は絶えず再演を果たしている名作であり、市川家（成田屋）のお家芸の一つである。

社会世相

## 辻駕籠を制限　三月二十六日

町の辻《つじ》で待っていて客を乗せる辻駕籠《つじかご》は、四本の竹を籠の柱にして割り竹を編んでできていた。辻駕籠は町駕籠、ホイホイ駕籠とも呼ばれた。延宝三年（一六七五）に初めて営業が許可されたが、三百挺に限られていた。辻駕籠といえども誰にでも乗れるものではなかったのだが、のちに庶民も利用できるようになった。駕籠に乗れたのは、それまでは身分の高い武士や高僧、医者、高齢者などに限られていたのである。

江戸でこの日、三百挺が百五十挺に半減させられたのは、辻駕籠が奢侈《しゃし》に通じると判断されたからである。世の中は不景気で、節約を奨励されていた。

雲助《くもすけ》が担ぐ駕籠に揺られながら旅をする姿は時代劇でもおなじみだが、この雲助という言葉の起源をご存知だろうか。辻駕籠は宿場人足が二名で担ぐが、二人の両手足は合わせて八本、蜘蛛《くも》の足も八本、そこからこの俗称が誕生したといわれている（ほかにも諸説がある）。

先を競う駕籠かき（『比来降涌金』）

王・根津の祭礼の隔年実施を3年に1度に変更。
**5・19** 幕府、輸入糸不足のため諸国に養蚕・製糸を奨励。
**5月** 幕府、葵の紋の使用を統制。
**閏5・15** 幕府、江戸近郊の百姓地・町地を江戸町奉行の管轄とする。
**6・9** 幕府、貿易支払いの銅不足により、諸銅山の銅を大坂銅吹屋方へ廻送するよう指示。
**7・14** 長崎の町民ら、米買い占めに反対し米屋を打ちこわし。
**9・26** 荻原重秀歿（56）。
**10・23** 幕府、銀貨改鋳令を発布。

# 1714

# 正徳四年

## 甲午

**天皇▼中御門天皇**

**将軍▼徳川家継**（第七代）

**【主要幕閣】**

**◉大老**
井伊直該（掃部頭）

**◉老中**
土屋政直（相模守）
秋元喬知（但馬守）
井上正岑（河内守）
間部詮房（越前守）
阿部正喬（豊後守）
久世重之（大和守）
松平信庸（紀伊守）
戸田忠真（山城守）

**◉寺社奉行**
森川俊胤（出羽守）
松平近禎（対馬守・相模守）
土井利意（伊予守）
建部政宇（内匠頭）
石川総茂（近江守）

**◉勘定奉行**
中山時春（出雲守）
大久保忠香（大隅守）
水野忠順（対馬守・因幡守・讃岐守）
水野守美（小左衛門・伯耆守）
伊勢貞勅（伊勢守）

**◉江戸町奉行**
**北** 丹羽長守（遠江守）
**中** 坪内定鑑（能登守）

### 幕府、正徳金銀を発行　五月十五日

政治経済

新《あら》井《い》白石《はくせき》は、この日、慶長金銀と同品位の正徳金銀に改鋳《かいちゅう》した。小判金・一分金《いちぶきん》・丁銀《ちょうぎん》・豆板銀《まめいたぎん》（小玉銀）の四種類を鋳造したが、いずれも上質である。新旧は慶長金銀一対正徳金銀一の交換比率だったが、併用を認めた。

しかし、幕府の銀貨改鋳布告と同時に銭の買い占めが起こり、銭相場が高騰《こうとう》してしまった。正徳以前の元禄通貨のほうが流通したために通貨不足となり（デフレ）、猛烈な不景気となった。白石には、経済規模の拡大が読めていなかったらしい。

品質を改善した正徳小判（左）と、さらに質を高めた享保小判

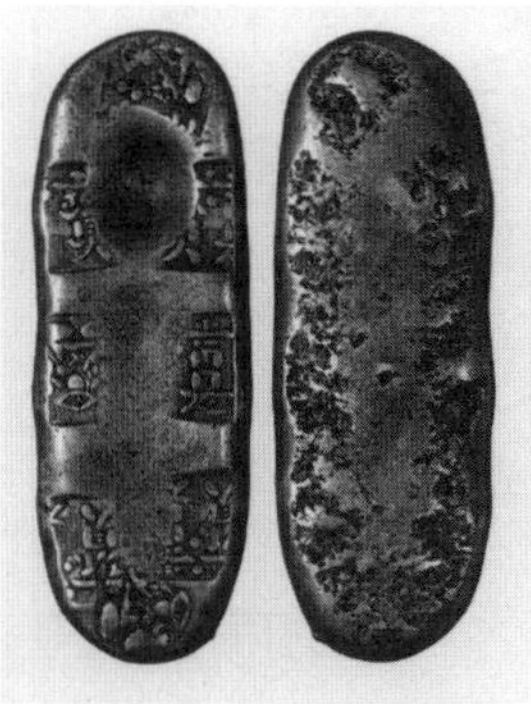

正徳丁銀

正徳一分金

正徳豆板銀

### 京都で銀座手入れ事件が発生　五月十三日

文化思想

勘定奉行の荻原重秀《おぎわらしげひで》の解任に連座して、京都の銀座年寄役《ぎんざとしよりやく》だった中村内蔵助《なかむらくらのすけ》らが遠島《えんとう》（流罪《るざい》）、闕所《けっしょ》となった。中村内蔵助は元禄を代表する画家尾形光琳《おがたこうりん》のパトロンでもあり、光琳『中村内蔵助像』は人物画の傑作として知られている。

銀座は京都、江戸、大坂、長崎にあり、これを四座《よざ》と呼んだ。中村家は慶長の頃から京都の銀座商人の名家で、元禄の金銀改鋳で巨富《きょふ》を得た。銀座年寄とは銀の鋳造所役人であるが、中村内蔵助の名が知られるのは、妻が京都東山で衣装比べをして評判になっていたからでもある。

銀座手入れの罪は銀貨改悪、荻原重秀に対する贈賄《ぞうわい》である。この当時、すでに荻原重秀はいないが、不正追及の手を新井白石は緩めなかった。町奉行所へ役人を呼んで、その取り調べの間に財産差し押さえの手続きを済ませた。中村内蔵助らの銀座役人は、その三日後に更迭《こうてつ》された。

遠島は処刑よりも軽く、追放よりも重い刑罰である。遠く離れた島へ、独り（時には家族の同行が許されたが、妻の同行は一般的に認められない）、食料もなく送られる。この時、銀座役人の妻の中には悲観して自殺する者も出ている。

**【この年の出来事】**

**2・1** 幕府、金貨改鋳令を発布。

**3・1** 幕府、キリスト教伝播の罪によりシドッチを禁獄。

**3・5** 幕府、大奥年寄絵島を山村座役者生島新五郎と密通により流刑（絵島事件）。

**3・15** 信州松本で大地震。

**3月** 幕府、江戸市中の芝居小屋に2階・3階席を禁止。

**5・12** 絵島生島事件発生。

**5・13** 幕府、萩原重秀とともに不正を行なった銀座年寄を処罰。

**5・15** 幕府、金銀貨を改鋳し、慶長金銀の品質とする（正徳金銀）。

**5・20** 幕府、長崎奉行および九州・中国の諸大名に抜荷取り締まりを指示。

**6・13** 奈良屋茂左衛門歿（享年未詳）。

**8・8** 近畿・東海で暴

◉江戸前期
◉江戸中期
◉江戸後期

南 松野助義（河内守）

◉京都所司代
松平信庸（紀伊守）
水野忠之（和泉守）

◉京都町奉行
東 山口直重（安房守）
西 中根正包（宇右衛門・摂津守）
諏訪頼篤（七左衛門・肥後守）

◉大坂城代
内藤弌信（豊前守）

◉大坂町奉行
東 鈴木利雄（飛騨守）
西 北条氏英（安房守）

◉長崎奉行
駒木根政方（長三郎）
久松定持（忠次郎）
大岡清相（備前守）

◉若年寄
大久保教寛（長門守）
鳥居忠英（伊賀守）
水野忠之（監物）
大久保常春（山城守・佐渡守）
森川俊胤（出羽守）

◉側用人
間部詮房（越前守）
本多忠良（中務大輔）

## 絵島生島事件が発生　五月十二日

事件 災害

大《おお》奥《おく》の御年寄《おとしより》絵島《えじま》（江島とも）が、月光院《げっこういん》（六代家宣《いえのぶ》の側室で、七代家継《いえつぐ》の生母）の名代として、家宣《いえのぶ》の墓参のために芝増上寺《ぞうじょうじ》へ参詣した帰路、山村座《やまむらざ》での芝居見物のついでに観劇に同伴させた役者の生島新五郎《いくしましんごろう》と情交したという罪で、絵島は信濃国高遠藩《たかとおはん》（現、長野県上伊那郡高遠町）へ預けられ、生島は三宅島へ遠島（流罪）、山村座は廃絶という重刑を科された。これは人口に膾炙《かいしゃ》したスキャンダル事件であり、しばしば芝居や映画、講談や小説の題材になっているが、徳川家の正史として有名な『徳川実紀《とくがわじっき》』にも記されている事件である。

月光院付きの絵島は御年寄だったので、大奥での役職上はナンバー2であるが、事実上の最高権力者だった。この時三十三歳。芝居見物が終わって百三十名（内大奥女中は六十七名）の一行が桜田門《さくらだもん》へ着いたのは暮れ五ツ時（午後八時頃）で、閉門時刻はとうに過ぎていた。この門限破りが厳しく追及されたのだ。絵島生島事件では大量の処分者が出ており、絵島の実の兄弟も死罪に処されている。

芝居の生島新五郎（明治の役者絵）

絵島生島事件発生の背景としては、月光院グループと天英院《てんえいいん》（家宣の正室）グループとによる大奥での暗闘が挙げられている。この暗闘は凄《すさ》まじかったようで、絵島はその犠牲者という見方もある。それもあながち否定はできないだろう。結果としてこの事件は、吉宗《よしむね》が八代将軍へ就く道を開いたのである。

## 将軍家継に琉球使節が謁見　十二月二日

社会 世相

琉《りゅう》球《きゅう》使節は、謝恩使《しゃおんし》と呼ばれ、琉球国王の襲封《しゅうほう》を感謝するために江戸へ派遣されていた。正徳元年に国《くに》頭王子《がみおうじ》らが遣わされたことに始まり、嘉永三年（一八五〇）までに合計十回派遣されている。これは、幕府の対外的な威信を高めるのが狙いだった。琉球は形式的には独立国だが、実質的には服属国であり、薩摩藩の支配下に置かれていた。その一方で、表向きは中国（清《しん》）に服属して朝貢《ちょうこう》していた。琉球は人種的・文化的にも日本の一部であることは明白だが、もっぱら中継貿易のメリットから日中両属的な状態にあった。

この時は尚敬王《しょうけいおう》の使節だったが、幼小の将軍家継が無事に務めを果たして、幕閣らはほっとしたことだろう。

風雨。名古屋で流木70万本。
**8・26** 江戸の町人、物価高騰のため町奉行所に出訴。その後も頻発。
**8・27** 貝原益軒歿(85)。
**8月** 全国で疫病流行。死者多数。
**9・7** 幕府、浅草に銭座を設置。
**9・10** 竹本義太夫歿(63)。
**9・22** 根津権現社祭礼が行なわれ、将軍家継上覧。
**10・21** シドッチ歿(46)。
**10・28** 幕府、公家衆法度4か条を制定。
**11・2** 柳沢吉保歿(57)。
**11・29** 幕府、諸大名に中山道の通行を制限。
**12・2** 琉球の慶賀使・謝恩使、将軍家継に拝謁。
**この年** 近畿諸国で大飢饉。

# 1715
# 正徳五年

乙未

天皇▼中御門天皇

将軍▼徳川家継（第七代）

**【主要幕閣】**

**◉老中**
土屋政直（相模守）
井上正岑（河内守）
間部詮房（越前守）
阿部正喬（豊後守）
久世重之（大和守）
松平信庸（紀伊守）
戸田忠真（山城守）

**◉寺社奉行**
松平近禎（対馬守・相模守）
土井利意（伊予守）
建部政宇（内匠頭）
石川総茂（近江守）
井上正長（遠江守）

**◉勘定奉行**
大久保忠香（大隅守）
水野忠順（対馬守・因幡守・讃岐守）
水野守美（小左衛門・伯耆守）
伊勢貞勅（伊勢守）

**◉江戸町奉行**
**北** 中山時春（出雲守）
**中** 坪内定鑑（能登守）
**南** 松野助義（河内守）

## 海舶互市新例を交付　一月十一日

政治 経済

鎖国下での長崎貿易は、蘭船《らんせん》（オランダ船）、唐船《とうせん》に限られていたが、その中心は中国（清《しん》）との貿易に置かれていた。唐船団には中国人の派遣船だけではなく、シャム（タイ）国王の派遣船なども含まれていた。

新井白石《あらいはくせき》が立案し、この日、長崎奉行の大岡清相《おおおかきよすけ》名で出された海舶互市新例《かいはくごししんれい》（正徳新例、長崎新例とも）は、金銀の流出を防ぐための貿易制限が狙いだった。

この背景には、輸入品（生糸や漢方薬など）への対価として支払われた金銀が、これまでに相当な量に及んでいたこと、併せて金銀の代替貨幣の材料となる銅までもが不足することを白石が懸念していた点などが挙げられる。

この法令による貿易体制の改革で、唐船は年間三〇隻、取引額は銀六千貫（二十二・五トン）とされ、さらに長崎への入港許可証として「信牌《しんぱい》」が発行された。一方の蘭船は年間二隻、取引額は銀三千貫（十一・二五トン）と定められた。また輸出品については、俵物《たわらもの》（煎海鼠《いりなまこ》や干鮑《ほしあわび》などの海産品）をはじめ、真鍮製品、蒔絵や陶磁器などの美術工芸品に限定され、しかも金銀銅に代わって、俵物による物々交換的な決済が奨励されるようになったのである。

これによって年間貿易額（輸入額）を制限縮小することはできたが、経済規模を縮小したために経済発展を閉ざすことになったことは否めない。

海舶互市新例は、八代吉宗《よしむね》の政策でも引き継がれ、幕府の長崎貿易の基本方針として幕末まで踏襲されたのである。

## 近松門左衛門の『国性爺合戦』を初演　十一月

文化 思想

この月、大坂道頓堀《どうとんぼり》の竹本座《たけもとざ》で初演された浄瑠璃《じょうるり》『国性爺合戦《こくせんやかっせん》』は、近松門左衛門《ちかまつもんざえもん》による時代物の代表作である。「国性爺」とは、明《みん》朝の遺臣と日本人女性と

『国性爺合戦』を浮世草子にした『国性爺御前軍談』

近松門左衛門（栗原信充『肖像集』）

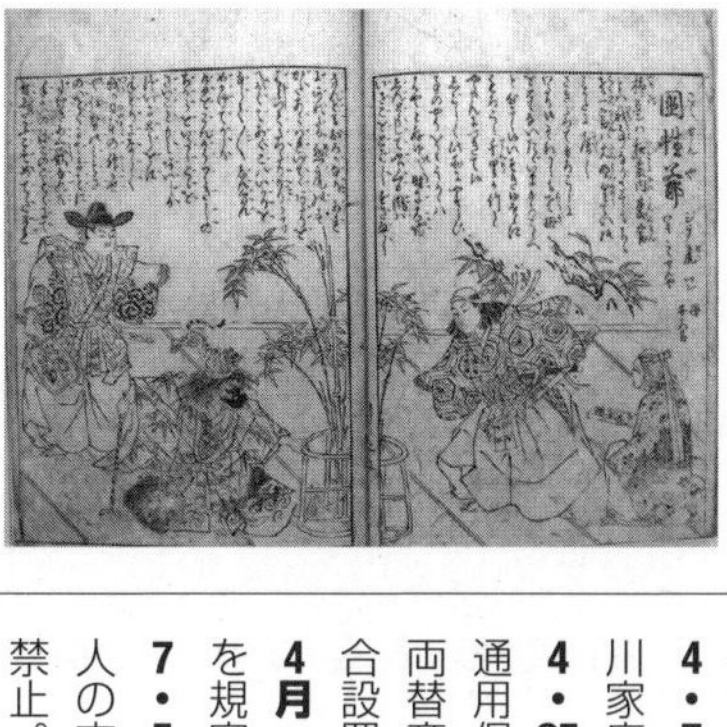

『国性爺合戦』を素材にした『絵摺草』（浄瑠璃や歌舞伎の演目を能や狂言のように描いたもの）

**【この年の出来事】**

**1・5** 江戸で大火。亀井町から浜町まで焼失。

**1・11** 幕府、輸入超過による金銀流出を防ぐため正徳新例を発布、長崎貿易についての規則を改定。

**1・30** 幕府、三笠附などの博奕類似行為を禁止。

**4・7** 日光東照宮で徳川家康百年忌。

**4・25** 幕府、新鋳貨幣通用促進のため、江戸の両替商と諸問屋仲間に組合設置を許可。

**4月** 幕府、江戸辻番制を規定。

**7・5** 幕府、御用達商人の支配役人への進物を禁止。

**7・5** 武蔵喜多見藩府中で秣場騒動。

**春〜秋** 諸国で疱瘡流行。

**8・28** 幕府、唐船の渡航路の監視を指示。

**9・19** 幕府、諸国に三笠附の禁止を布達。

**9・29** 将軍家継、霊元法皇内親王八十宮吉子と

**◉京都所司代**
水野忠之（和泉守）
**◉京都町奉行**
**東**
山口直重（安房守）
**西**
諏訪頼篤（七左衛門・肥後守）
**◉大坂城代**
内藤弌信（豊前守）
**◉大坂町奉行**
**東**
鈴木利雄（飛騨守）
**西**
北条氏英（安房守）
**◉長崎奉行**
久松定持（忠次郎）
大岡清相（備前守）
石河政郷（三右衛門）
**◉若年寄**
大久保教寛（長門守）
鳥居忠英（伊賀守）
水野忠之（監物）
大久保常春（佐渡守）
森川俊胤（出羽守）
**◉側用人**
間部詮房（越前守）
本多忠良（中務大輔）

の間に生まれた和藤内《わとうない》のことで、彼が明朝の再興を図るというのが大筋であり、清朝に圧迫された明朝の勢力回復に努めた鄭成功《ていせいこう》の史実をもとに脚色されたものである。

この当時、竹本座は解散の危機に瀕していたが、本作のヒットで立ち直ったとされる。三年越し十七ヶ月の超ロングランの興行であり、凄い人気だったことがうかがえる。

前半生は歌舞伎狂言作家として、後半生は浄瑠璃の創作に専念した近松は、享保九年（一七二四）に四十年間の作家生活を終えて歿した。享年七十二。

## 天文暦学者の渋川春海が歿す　十月六日　事件災害

天文暦学者で囲碁棋士でもある渋川春海《しぶかわはるみ》（しゅんかいとも）が、この日七十七歳の生涯を閉じた。

春海は寛永十六年（一六三九）に、幕府碁所《ごどころ》の安井算哲《やすいさんてつ》の長男として京都に生まれた。算哲の歿後は家職を継いで算哲を名乗った（元禄五年（一六九二）より助左衛門を名乗る）。姓は、初めは安井を、のちに保井、晩年に渋川と改めている。

また春海は、儒学《じゅがく》を山崎闇斎《やまざきあんさい》から学んで神道の諸流を究めるとともに、暦学を岡野井玄貞《おかのいげんてい》と松田順承《まつだじゅんしょう》に学んだ。

当時の日本は、貞観四年（八六二）以来施行されていた宣明暦《せんみょうれき》（唐《とう》の徐昂《じょこう》が作成）を用いていたため、かなりの誤差が生じていた。春海は二十一歳の時に中国の授時暦《じゅじれき》に基づいて各地の緯度を計測し、その結果を元にして幕府へ改暦を建言した。幕府は春海の建言を受け入れて、貞享元年（一六八四）十月に改暦を宣下《せんげ》する。それは、八百年以上施行されていた宣明暦から貞享暦《じょうきょうれき》への歴史的な転換であった。

この功績によって、春海は初代の幕府天文方《てんもんかた》に任じられて俸禄と屋敷を賜わっている。以来、天文方は渋川・猪《い》飼《かい》・西川・山路《やまじ》・吉田・奥村・高橋・足立の八家が世襲することになるのである。寛政暦《かんせいれき》を完成させた高橋至時《よしとき》や、シーボルト事件（文政十二年（一八二九））に関わって獄死した高橋景保《かげやす》らが有名。

## 点取り俳諧三笠付が流行　社会世相

元禄時代の末から、文芸の俳諧《はいかい》が次第に博打《ばくち》化しつつあり、これを点《てん》取《と》り俳諧と呼んだ。俳句に点数をつけて優劣を競うわけだから、ゲームというよりもギャンブルである。

三笠付《みかさづけ》とは、上の句（五文字）を三題出すところからくる名称であるが、これに中の句（七文字）と下の句（五文字）をつけるので二十一句作ることができる。この内、どの句が組み合わせられるかを予想して、投票した。

三笠付では、三句付けの点者《てんじゃ》（宗匠《そうしょう》）、胴元（金主）、宿元、頭取（世話人）などで構成されていた。この年の触書《ふれがき》にもある通り、このメンバーの中で一番厳しく処罰されたのは点者だった。この流行は八代吉宗の時代まで続き、たびたび禁令が出されている。

婚約。
**10・6**　渋川春海歿(77)。
**10・21**　幕府、豊作のため酒造制限令を緩和。
**11月**　幕府、南部藩に銅65万斤供出を要請。
**11月**　近松門左衛門作『国性爺合戦』竹本座で初演。17か月続演。
**12・12**　幕府、武家宅地の商人への貸与を禁止。
**12・16**　幕府、元禄金貨の通用を2年後までと予告。江戸両替商に元禄金貨の他国への輸送を禁止。
**12・30**　江戸竜ノ口から出火。数寄屋橋門内・木挽町まで延焼。
**この年**　新井白石『西洋紀聞』完成。
**この年**　江島其磧『世間子息気質』刊行。

大和茶

# 第二部

# 江戸中期

後藤寿一

# 1716 享保元年（正徳六年）

丙申

天皇▼中御門天皇

将軍▼徳川家継（第七代 ～四月三十日）
徳川吉宗（第八代 八月十三日～）

**【主要幕閣】**

**◉老中**
土屋政直（相模守）
井上正岑（河内守）
間部詮房（越前守）
阿部正喬（豊後守）
久世重之（大和守）
松平信庸（紀伊守）
戸田忠真（山城守）

**◉寺社奉行**
松平近禎（対馬守・相模守）
土井利意（伊予守）
石川総茂（近江守）
井上正長（遠江守）

**◉勘定奉行**
大久保忠香（大隅守）
水野忠順（対馬守・因幡守・讃岐守）
水野守美（小左衛門・伯耆守）
伊勢貞勅（伊勢守）
大久保忠位（下野守）

**◉江戸町奉行**
**北** 中山時春（出雲守）
**中** 坪内定鑑（能登守）
**南** 松野助義（河内守）

## 吉宗、八代将軍に就任　五月一日

政治 経済

徳川吉宗の治世は、およそ三十年間にも及ぶ。それは、江戸時代のほぼ真んなかあたりであり、将軍としても十五代の、これまた半ばにあたる。そして傾きかけた幕政に対して改革に乗り出し、一時的ながらも成功を見たことから、「幕府中興の英主」と讃えられている。

吉宗が紀州藩主から八代将軍に就いた当時、開幕以来一世紀を経て、封建制度の矛盾は各方面に噴出していた。特に幕府財政は危機的な様相を示していて、旗本・御家人への扶持米《ふちまい》の支給にも事欠く有様だった。吉宗はこの様子を見て改革に着手。その基本方針を「諸事権現様お定め通り（全て、家康様がお定めになった通り）として、質素倹約を徹底。自らも一日二食、木綿を普段着とし、大奥も美人の順に解雇していった。美人の方が贅沢に走ると考えたからだ。倹約ばかりではない。足高制《たしだかせい》（身分にとらわれず有能な人材を登用）、通貨の改革（物価安定のための新しい金銀交換制の採用）、目安箱の設置（庶民の意見の採用）、実学の奨励（洋書輸入の解禁）など、次々と改革に着手。これら一連の改革は「享保の改革」として、かなりの成果を上げた。が、のちに年貢率の引き上げなどで痛めつけられた農民による百姓一揆が頻発。ついに吉宗は将軍職を家重《いえしげ》に譲り、西の丸に隠居、大御所となった。享年六十八。

徳川吉宗

## 絵師の尾形光琳が歿す　六月二日

文化 思想

尾《お》形光琳《がたこうりん》は、元禄文化を代表する絵師・図案家。華やかな元禄時代が終わり、将軍・吉宗が登場して厳しい緊縮政策が推し進められようとするその寸前、まるでその華やかな時代の幕を引くかのように歿した。

光琳は、京都で代々「雁金屋《かりがねや》」を屋号とする呉服屋の二男として生まれた。呉服屋といっても、並のそれではない。祖は室町幕府最後の将軍足利義昭《よしあき》に仕える武士で、二代目は戦国大名の御家来衆《ごけらいしゅう》だったという。そして、浅井長政の末娘「江《ごう》」が二代将軍秀忠へ嫁ぐ際にお伴（衣裳係）として江戸に赴いたことから、のちに呉服商になったというのだから、実に由緒ある呉服商だった。事実、客筋は超一流で、将軍のみならず宮中にも出入りしていたほどだった。

光琳は、二十七歳の時にこの雁金屋の資産を分与されて独立。が、奢侈《しゃし》な生活に浸って全ての財を失ってしまった。ところがのちに、その奢侈生活で覚えた芸（絵画）が生きてくる。三十九歳の頃に絵師で立つことを決意。狩野《かのう》派の絵師、山本素軒《そけん》に師事し、のち本阿弥光悦《ほんあみこうえつ》や俵屋宗達《たわらやそうたつ》の画風を学んで華麗な作品を次々と制作。尾形光琳の画風は大胆にして華麗で、代表作に「杜若図屏風《かきつばたずびょうぶ》」「紅梅白梅

**【この年の出来事】**

**閏2・27** 幕府、分家からの宗家相続に関する規則を制定。
**3月** 諸大名、幕府に分家相続規則を提出。
**4・7** 幕府、江戸市中における荷車・渡船などの事故に関する処罰を規定。
**4・15** 幕府、東海道・中山道・奥州道中など五街道・五畿七道の呼称を決定。
**4・30** 将軍徳川家継歿(8)。
**5・1** 紀州藩主徳川吉宗、将軍を継承。
**5・16** 幕府、間部詮房・新井白石らを罷免。享保の改革に着手。
**6・2** 尾形光琳歿(59)。
**6・22** 7代将軍家継死去により享保に改元。
**8・10** 幕府、江戸近郊の御留場を復活。
**8・13** 徳川吉宗、第8代将軍宣下。
**8・15** 山口素堂歿(75)。
**8・23** 幕府、紀州藩の

**◉京都所司代**
水野忠之（和泉守）
**◉京都町奉行**
**東**
山口直重（安房守）
**西**
諏訪頼篤（七左衛門・肥後守）
**◉大坂城代**
内藤弌信（豊前守）
**◉大坂町奉行**
**東**
鈴木利雄（飛驒守）
**西**
北条氏英（安房守）
**◉長崎奉行**
大岡清相（備前守）
石河政郷（三右衛門）
**◉若年寄**
大久保教寛（長門守）
鳥居忠英（伊賀守）
大久保常春（佐渡守）
森川俊胤（出羽守）
**◉側用人**
間部詮房（越前守）
本多忠良（中務大輔）

図屏風《ずびょうぶ》」「八橋蒔絵硯箱《やつはしまきえすずりばこ》」（いずれも国宝）などがある。光琳の歿後、江戸では酒井抱一《さかいほういつ》、鈴木其一《きいつ》ら光琳を慕う弟子たちの江戸琳派《りんぱ》が一世を風靡《ふうび》した。享年五十九。

## 御庭番を設置　八月二十三日

事件災害

**徳**川吉宗が設置した「御庭番《おにわばん》」は、いわばスパイ組織だ。そのスパイ組織の誕生は、吉宗が八代将軍に就任するまでの流れを見ることで浮かび上がってくる。吉宗は、何事もなく順送りで将軍になったわけではない。振り返ってみると、相当な無理がある。

その最初だが、吉宗は紀伊藩の二代目藩主、徳川光貞《みつさだ》の四男として生まれているので、将来の将軍候補どころか、紀伊藩主の候補ですらなかった。十四歳の時に越前国鯖江《さばえ》に三万石を与えられたので、そのまま地方の小藩主として埋もれて終わるはずだった。ところがのちに、不思議なことが相次ぐ。紀伊藩主だった光貞が歿して、新たに藩主となったのは長兄の綱教《つなのり》だが、これがたちまちのうちに死去。この綱教を継いだ次兄の頼職《よりもと》も続いて死去。三男は生まれて間もなく亡くなっていたから、ここで四男の吉宗に紀伊藩五十五万石の藩主の座が回ってきたのである。そして今度は、次期将軍をどの家から出すかということになっていく。

第一候補は御三家筆頭、尾張藩主の徳川吉通《よしみち》だったが、二十五歳の若さで突然死去。さらにその三カ月後、その跡を継いだ五郎太も突然死去。これによって尾張藩の正統は絶えてしまい、尾張藩に次ぐ紀伊藩の吉宗のところに将軍位がめぐってきたのである。この吉宗の登場劇には、偶然というよりも何かの黒い力を想起させる。その黒い力と考えられているのが、吉宗が紀伊藩主になった時にその存在が明らかとなった「町廻横目《まちまわりよこめ》」だ。吉宗は、将軍となるやこれを「御庭番」（＝公儀隠密）として正式に設置した。そして、主に諸藩の動静（情報）を将軍に提供する任務を持たせた。大名取り締まりの基本法は「武家諸法度《ぶけしょはっと》」だったが、その違反者の摘発が「御庭番」たちの任務だった。

## 山本常朝の『葉隠』が成立

社会世相

**享**保の頃になると合戦などは遠い昔の出来事とされ、世は泰平といった感じになっていた。武士も庶民も安逸《あんいつ》な日々を送っていた。そんな日々に冷水を浴びせかけるような書が完成した。それが『葉隠』だが、そのなかにある――武士道といふは、即《すなわ》ち死ぬことと見付けたり――は、同書を一言で言い表した言葉としてよく知られている。『葉隠』の書名は、正しくは『葉隠聞書』。聞き書きというのだから、誰かが聞いて、それに誰かが答えた書ということになる。聞いたのは佐賀藩士の田代陣基《つらもと》で、答えたのは、佐賀藩二代藩主の鍋島光茂《なべしまみつしげ》に仕えていた山本常朝《つねとも》。

山本常朝は、主君が歿したのちに出家し、佐賀城下を離れ、草庵でひっそりと暮らしていた。そこを田代陣基が訪ねて武士の心得を聞いて成った書だ。武士が武士らしく振る舞うには、死を日常的なものとして捉える心掛けが重要、と説く「尚武《しょうぶ》の精神」で貫かれている。「葉隠論語」「鍋島論語」とも呼ばれるこの『葉隠』は、総計十一巻、千二百八十一節から成る。

隠密御用を幕臣に採用。
**9・11**　幕府、鳥見役を設置。
**9・26**　霧島山噴火。周囲14kmの山林・家屋が焼失。12月26日にも再噴火。
**10・4**　新井白石、『折たく柴の記』を起筆。
**10・5**　幕府、林奉行に諸国御林の巡察を指示。
**10・24**　幕府、浅草鋳銭座を廃止。
**11・28**　幕府、大奥法度19か条を制定。
**この年**　幕府、東西南北4隊の方角火消を大手組・桜田組の2組として再編成。
**この年**　元佐賀藩士山本常朝『葉隠』完成。

# 1717 享保二年

丁酉

天皇▼中御門天皇

将軍▼徳川吉宗（第八代）

**【主要幕閣】**

**◉老中**
土屋政直（相模守）
井上正岑（河内守）
阿部正喬（豊後守）
久世重之（大和守）
戸田忠真（山城守）
水野忠之（和泉守）

**◉寺社奉行**
松平近禎（対馬守・相模守）
土井利意（能登守）
石川総茂（近江守）
安藤重行（右京亮）

**◉勘定奉行**
水野忠順（対馬守・因幡守・讃岐守）
水野守美（小左衛門・伯耆守）
伊勢貞勅（伊勢守）
大久保忠位（下野守）

**◉江戸町奉行**
**北**
中山時春（出雲守）
**中**
坪内定鑑（能登守）
**南**
松野助義（河内守）
大岡忠相（能登守・越前守）

## 大岡忠相を町奉行に任命　二月三日

政治経済

大岡忠相《ただすけ》は、人情味ある名裁きでよく知られている「大岡越前守《えちぜんのかみ》」だ。名裁きぶりのほとんどはのちの作り話だが、大岡忠相は実在の人物で、将軍吉宗が推し進める「享保の改革」の中心人物として、その才を存分に発揮した。その才だが、それは大岡忠相が二十六歳で幕府に出仕し、行政官としてスタートして以来のもので、最初は御書院番だったが、すぐさま徒頭《かちがしら》、使番《つかいばん》、目付とスピード出世を果たしていった。目付とは、旗本を監督あるいは糾弾するだけでなく、幕府の政策立案をする評定所《ひょうじょうしょ》に陪席する要職である。そして大岡忠相はさらに出世する。三十六歳の時、伊勢山田奉行となる。伊勢山田奉行は、伊勢神宮を警護するだけでなく、伊勢・志摩両国の幕府領を支配する重要なポストだった。この時大岡忠相は、幕府領の農民と紀伊藩の農民の土地争いを担当。御三家の一つ紀伊藩の威光を憚ることなく公平に裁き、紀伊藩の農民を処罰した。このことが当時紀伊藩主だった徳川吉宗の耳に入り、以後、吉宗が将軍となった時、大岡忠相を「江戸町奉行」に抜擢した、とされている。

「江戸町奉行」は、単なる「奉行」ではない。今日でいう東京都知事、警視総監、最高裁判所長官、主要閣僚などを兼務するほどの役職だった。大岡忠相がこの役職に就いたのは四十一歳という異例の若さだった。

## 邦楽の原点、河東節が確立

文化思想

浄瑠璃《じょうるり》は、語りもの音楽の一つとして生まれた。室町時代末期に始まり、当初は伴奏なし（時には琵琶《びわ》なども用いられた）で語られた『浄瑠璃姫物語《じょうるりひめものがたり》』が人々の間に広まり、やがて、同じ様式で語るほかの物語も全て「浄瑠璃」と呼ぶようになっていった。江戸時代に入ってから伴奏に三味線が用いられるようになり、さらに人形芝居（のちには歌舞伎とも）と結合して江戸期の庶民の娯楽として流行していき、やがて今日でいう「邦楽」のイメージとして定着している音楽へと成長していったのだが、この間、発声・節回し、伴奏三味線の様式などが多様化し、多くの語り手が輩出した。だが、この間、江戸の町では浄瑠璃語りの十寸身河東《ますみかとう》が登場、その優美で渋い節回しで大人気となった。

この十寸身河東は、もともとは江戸日本橋の豪商で、天満屋藤十郎《てんまやとうじゅうろう》と称していた。が、遊芸に耽《ふけ》って家業を潰し、江戸半太夫に弟子入りして浄瑠璃語りとなった人物。半太夫が人形芝居に出ていたことから、十寸身河東は、初めはそのワキを語っていたのだが、次第に人気が上昇。この年に「河東節」を名乗って独立。のち、歌舞伎と組んで流派を広め、やがて日本の大衆娯楽音楽の頂点に立つほどになっていった。

**【この年の出来事】**

**1・13** 江戸で大火。
**1・22** 江戸小石川馬場から出火。日本橋・深川まで200余町延焼。
**1・24** 幕府、鉄砲洲の全8御蔵を廃止。2棟を浅草に移転。
**2・3** 大岡忠相、江戸町奉行に就任。
**2・13** 幕府、本郷追分に鷹部屋を設置。
**3・9** 幕府、清国貿易を船数40隻・銀額8000貫目に増額。
**3・11** 幕府、武家諸法度を天和の制に戻す。
**3・14** 幕府、音羽護国寺を護持院、観音堂を護国寺と改称。
**4・1** 幕府、根津権現祭礼を停止。
**4・3** 陸奥花巻で大地震。津軽・仙台まで及ぶ。
**5・2** 幕府、江戸市中の鉄砲取り締まりを強化。
**5・19** 長州・小倉藩、清国密貿易船を撃退。
**5月** 将軍吉宗、鷹狩復活で、御三家に放鷹地を

**●京都所司代**
水野忠之（和泉守）
松平忠周（伊賀守）

**●京都町奉行**
**東**
山口直重（安房守）
**西**
諏訪頼篤（七左衛門・肥後守）

**●大坂城代**
内藤弌信（豊前守）

**●大坂町奉行**
**東**
鈴木利雄（飛騨守）
**西**
北条氏英（安房守）

**●長崎奉行**
大岡清相（備前守）
石河政郷（三右衛門）
日下部博貞（作十郎）

**●若年寄**
大久保教寛（長門守）
大久保常春（佐渡守）
森川俊胤（出羽守）
石川総茂（近江守）

**●側用人**
松平輝貞（右京大夫）

## 鷹狩が復活　五月

事件災害

鷹狩は、飼い馴らした大鷹や隼《はやぶさ》を野に放って野鳥や兎などを捕えさせる狩猟。のち、捕えた野鳥や兎などを焼いて酒宴を催す。この鷹狩は、初代将軍の家康が好み、江戸周辺五里以内の村々の随所を鷹場とした。そしてのちに、その外周五里ほどの範囲を御三家や御家門《ごかもん》の鷹場にした。東京の地名にある鷹番、市谷鷹匠町、三鷹などは、その名残りである。

しかし、時代が下って五代将軍・綱吉となった時、事情は一変した。綱吉は、腕にとまった蚊すら叩いてはならぬとする極端なまでの「生類憐れみの令」を発したため、殺生などもってのほかということになり、鷹狩は中止となった。が、綱吉の歿後、「生類憐みの令」が廃止されるとともに、改めて鷹狩の開催が検討されるようになった。そしてこの月、将軍吉宗が亀戸・隅田川の鷹場に出て、鷹狩を挙行。それは、鷹狩が中止となって以来、三十八年振りのことだった。この時、吉宗は自ら鉄砲で多くの獲物を仕留めているが、この時の感触が忘れられなかったのか、こののち吉宗は、頻繁に鷹狩を行なうようになった。その回数は年間二十回近くにも及び、規模も農民一万八千人を動員するほどの鷹狩を行なうようにまでなっていた。

家治の鷹狩（明治期『徳川十五代記略』「十代将軍家治公鷹狩之図」）

## 京都伏見に評判の古着呉服店「大丸」が開店

社会世相

江戸時代の庶民の衣料は、「古手《ふるて》」と呼ばれた古着が中心だった。庶民にとって新しい着物は高嶺の花で、誰もが当然のように古着を着ていた。この古着の売買を親から継いだ下村《しもむら》彦右衛門は、この年、伏見に小さな呉服店を開いた。店の名前は、大文字屋。主力商品は手拭と木綿の古着だったので、大きな商売になるとは考えられていなかったのだが、彦右衛門には宣伝の才があった。

まず、彦右衛門は大きく丸を描いたなかに大文字屋の「大」の字をあしらった萌黄《もえぎ》色の大風呂敷を作った。そしてこれに古着を包んで店員に持ち歩かせた。大の字を丸で囲む。実にシンプルなデザインだ。これを番傘にも用いて、雨が降れば顧客にどんどん貸し出した。お祭りがあると聞くと、マーク入りの燈籠や提灯を寺社に寄進した。評判の芝居の小道具にもマークを入れ、福引き付きの大売出しも行なった。庶民はいつしかそのシンプルなマークに注目し、魅かれるようになり、大文字屋の売上げが急上昇。こののち、大文字屋は大坂と名古屋に支店を出し、やがて江戸日本橋にも支店を出す一大呉服店となった。丸に大の文字……今日の大丸のもとである。

大坂心斎橋の大丸（『摂津名所図会』）

下賜。
**6・28**　幕府、朝鮮通信使の待遇を天和の制に戻す。
**7月**　将軍吉宗、昌平坂学問所を庶民に開放。
**8・16**　江戸・関東で大風雨。
**11・1**　幕府、京都所司代の職務についての覚書を作成。
**11・13**　幕府、江戸十里四方内の鉄砲を没収。
**11月**　幕府、日本橋小田原町の米蔵を廃止、浅草米蔵に併合。
**この年**　京都伏見に古着呉服店「大丸」開店。
**この年**　瀧沢馬琴、京・大坂への旅に出発。各地の事情を記す。
**この年**　品川御殿山に桜が植えられ、遊観の地となる。
**このころ**　十寸身河東「河東節」を確立。

【主要幕閣】

◉老中
土屋政直（相模守）
井上正岑（河内守）
久世重之（大和守）
戸田忠真（山城守）
水野忠之（和泉守）

◉寺社奉行
松平近禎（対馬守・相模守）
土井利意（伊予守）
安藤重行（右京亮）
酒井忠音（修理大夫）
牧野英成（因幡守）

◉勘定奉行
水野忠順（対馬守・因幡守・讃岐守）
水野守美（小左衛門・伯耆守）
伊勢貞勅（伊勢守）
大久保忠位（下野守）

◉江戸町奉行
北　中山時春（出雲守）
中　坪内定鑑（能登守）
南　大岡忠相（越前守）

◉京都所司代

## 新・金銀通用令を布告　閏十月二十一日　政治経済

幕府は、これまで長く用いられてきた「宝永《ほうえい》金銀」の通用を停止し、新たに標準貨として「享保《きょうほう》金銀」を用いることを布告した。これは、吉宗によるインフレ対策で、それには、次のような背景があった。

　吉宗が登場する以前、幕府は年々悪化する財政を立て直すためとして、質を下げた貨幣を量産していた。これは、勘定奉行荻原重秀《おぎわらしげひで》の主導によるものだが、この政策は一気にインフレを招き、経済が混乱するとともに庶民の生活を圧迫し、幕府の財政再建どころではなくなってしまった。これを見て、新井白石《あらいはくせき》が悪貨発行の中止を進言。正徳四年（一七一四）以来、これまでの貨幣は廃止されて良質の金銀貨が発行されるようになった。吉宗も、この政策を将軍就任以来採用していたが、新旧の通貨の交換はなかなか進まなかった。そればかりか、旧貨に既得権を持つ両替屋などの抵抗もあった。そこで吉宗は、この法令をやや強引に布告し、通貨の統一を図ったのである。この四年後、旧金銀は全て廃されて、インフレは収束に向かった。

## 二代目團十郎、「外郎売」の名セリフを初演　一月二日　文化思想

数ある歌舞伎の演目のなかから、特に人気の高い演目として選ばれている「歌舞伎十八番」の一つに『若《わか》緑《みどり》勢《いきおい》曾我《そが》』というものがある、通称「外郎売《ういろううり》」の名で親しまれている演目だが、これは、現代にまで脈々と続いている歌舞伎の名門「市川團十郎《いちかわだんじゅうろう》」を完成させたことで讃えられている二代目團十郎が、この年の正月に江戸の森田座で初演したものである。「外郎」という名の万能薬を売り歩く商人が、この薬の由来や効能を延々としゃべり続ける場面が有名で、早口言葉を含むリズミカルな長セリフは、今でも劇団の俳優や声優の養成で、滑舌練習や声のメリハリや抑揚、節回しの勉強に使われているという。渥美清の「フーテンの寅さん」の物売りの口上などの原型といってよい。のちに、『助六《すけろく》』『暫《しばらく》』をはじめ、現代に伝わる歌舞伎十八番の多くを完成させ、「隈取《くまどり》」という歌舞伎独特のメーキャップも定着させた二代目團十郎だが、「外郎売」の名調子はたちまち評判になり、その人気は不動のものとなった。

　名実ともに江戸歌舞伎の第一人者となった二代目團十郎が、そのままとんとん拍子に人気を押し上げて、給金が千

役者絵に見る團十郎。初代（不破）、二代（鳴神）、三代（外郎）

【この年の出来事】
**1・1**　高松城下で大火。2300余戸焼失。
**1・2**　2代目市川團十郎、『若緑勢曾我』の外郎売りを森田座で初演。大評判となる。
**2・4**　幕府、譜代以外の御家人の身分について制定。
**2・15**　小倉・長州・福岡藩、清国密貿易船を撃退。
**4・20**　江戸で大火。小伝馬町から浅草大恩寺まで延焼。
**5・1**　江戸五郎兵衛町から出火、八丁堀・築地まで延焼。
**6・1**　幕府、山王祭・神田祭を隔年実施に変更。
**6・18**　江戸芝浜松町から出火、増上寺中門前など2町四方焼失。
**6・29**　幕府、清国船との密貿易を厳禁。
**7月**　幕府、伏見・大坂・堺町各奉行に淀川水系分掌を指示。
**10月**　幕府、府外10里以

松平忠周（伊賀守）
◉**京都町奉行**
**東** 山口直重（安房守）
**西** 諏訪頼篤（七左衛門・肥後守）
◉**大坂城代**
内藤弌信（豊前守）
安藤信友（対馬守）
◉**大坂町奉行**
**東** 鈴木利雄（飛騨守）
**西** 北条氏英（安房守）
◉**長崎奉行**
石河政郷（三右衛門）
日下部博貞（作十郎）
◉**若年寄**
大久保教寛（長門守）
大久保常春（佐渡守）
森川俊胤（出羽守）
石川総茂（近江守）
◉**側用人**
松平輝貞（右京大夫）

両となったのは、それから三年後の享保六年（一七二一）のことだった。大向こうから「ヨッ！　千両役者」の声が掛かり、客席が沸いた。「千両役者」の語源である。

## 「火付盗賊改」を設置　十二月十日

事件災害

火《ひ》付《つけ》とは、文字通り放火犯のこと。盗賊とは、窃盗犯・強盗犯のこと。江戸は開府以来、各地から続々と人が集まり大きな賑わいを見せていた。それに伴い、犯罪も増えていった。地方から締め出された無宿人や禄《ろく》を失った侍などが浪人となって江戸に集まり、犯罪者の予備軍となっていたのである。これに対して、江戸とその周辺部の関《かん》八州《はっしゅう》の治安を護る組織としては、江戸朱引《しゅびき》内の庶民・町人に対しては町奉行、神社・仏閣とその門前町および僧・社人などは寺社奉行、農民は勘定奉行、幕府領は郡代役所などと、それぞれ分担して警備が成されていた。だが、その結果、過度のセクショナリズムに陥り、真の警備にはならなかった。例えば火事が起こった場合。これは一大事だが、それが失火なのか、放火なのか。放火であれば、火を付けたのは浪人か町人か僧か。火事となれば必ず火事場泥棒も現れる。その泥棒の摘発は、どの奉行の管轄か、などでモメることが多かったのだ。そこで、それらの管轄を越えて、とにかく犯罪者は捕えるという組織＝特別警察隊として、「火《ひ》付《つけ》盗賊《とうぞく》改《あらため》方《がた》」が設置された。

## 飯盛女を制限　十月

社会世相

幕府は、この月、風俗取り締まり政策の一環として、旅籠《はたご》の飯盛女《めしもりおんな》の人数を制限するという触れを出した。飯盛女とは、文字通り宿泊客の飯を盛る女のこと。宿場にある旅籠の手伝いで、客の飯を盛って給仕する（食事の世話をする）ことから、この名が生まれた。だが、飯盛女の仕事は、ただそれだけではなかった。飯を盛ったあとの仕事（売春）も行なうのが通例だった。そうしたサービスがなければ、飯盛女だけでなく、その旅籠、その宿場も立ち行かなかったからといわれている。そうしたことを幕府も、ほぼ黙認していた。が、そのうちに、一つの旅籠で二十数人もの飯盛女を抱えるところも出てきた。つまりは、目に余る、という状態になっていたのだ。そこで幕府は、「今後は江戸より十里四方の宿場では、旅籠一軒につき飯盛女は二人以内、それ以外の地ではこれに準ずる」という触れを出して取り締まることにした。

しかし、この触れは売春そのものを禁止したものではなかった。売春については幕府公認の遊女が居るのだから、その商売を余り邪魔するな、といったほどのものだった。「旅籠一軒につき二人まで」が、そのことを物語っている。ダメなのではなく、多すぎる、というわけだ。だが、結局、この飯盛女制限令の実効は、ほとんどなかったといわれている。

鏡の前の飯盛女（『百人女郎品定』）

外の宿場旅籠の食売女の数を1軒2人までと制限。
**10月** 幕府、内藤新宿を廃止。
**閏10・21** 幕府、金銀貨を統一、享保金銀の通用促進のため新金銀通用令を発布。
**閏10・25** 幕府、江戸市中の両替商を町方600人、寺社方35人に限定。
**11・13** 琉球の慶賀使、将軍吉宗に拝謁。
**12・4** 幕府、江戸市中の店火消を再編成、町火消組合を設置。
**12・5** 江戸小石川伝通院裏から出火、千駄木・谷中まで幅10余町長さ2里間焼失。
**12・10** 幕府、火付改・盗賊改・賭博改を統合し、火付盗賊改を設置。
**12・11** 江戸上野屏風坂上から出火、浅草御蔵前・大川端まで延焼。

# 1719

# 享保四年

## 己亥

**天皇▼中御門天皇**

**将軍▼徳川吉宗**（第八代）

**【主要幕閣】**

**◉老中**
井上正岑（河内守）
久世重之（大和守）
戸田忠真（山城守）
水野忠之（和泉守）

**◉寺社奉行**
松平近禎（対馬守・相模守）
土井利意（伊予守）
酒井忠音（修理大夫）
牧野英成（因幡守）

**◉勘定奉行**
水野忠順（対馬守・因幡守・讃岐守）
水野守美（小左衛門・伯耆守）
伊勢貞勅（伊勢守）
大久保忠位（下野守）
駒木根政方（肥後守）

**◉江戸町奉行**
**北**
中山時春（出雲守）
**中**
坪内定鑑（能登守）
大岡忠相（越前守）

**◉京都所司代**
松平忠周（伊賀守）

### 相対済しの令が布告される　十一月十五日

政治経済

相《あい》対済《たいすま》しとは、相対する者の両者で事を済ますように、といった意。具体的には、武士と町人との金銭に関するもめ事については、当事者同士が話し合って解決せよ、といった法令である。幕府がこの法令を布告した背景には、商品経済の発展による武士対町人の金銭に関する借貸の訴訟の激増があった。幕府の評定所《ひょうじょうしょ》に持ち込まれる案件のうち、九〇％以上が金銭の借貸に関するものとなっていたのだ。これでは、評定所の本来の業務は滞る一方となる。そのため幕府は、今後、金銭に関するもめ事に関しては、相対する者同士（当事者同士）で話し合いによって解決せよ、として法令を発したのである。

しかしこれは、評定所の業務の円滑化と言いながら、実際には、負債を抱えて困窮《こんきゅう》する武士階級に対する救済策ではないか、との疑念が生まれた。事実、武士と町人との当事者間での話し合いで事が解決するはずもなく、町人などの債権者たちが法的な保護を失ったことで、武士たちによる借金の踏《ふ》み倒《たお》しが続出。社会は大混乱に陥った。このため幕府は、翌年二月に、「金銭訴訟は受け付けないとしたが、踏み倒しは認めていない。不当な借り方に対する訴訟は受け付ける」との追加条例を出さざるを得なくなった。

### 儒者、室鳩巣に講義を許す　十一月二日

文化思想

幕府は、官学伝統の林家《りんけ》（林羅山《はやしらざん》を祖とする儒学の官）以外からも人を求め、私塾の室鳩巣《むろきゅうそう》に高倉屋敷で講義させるとともに、一般の聴講を許すことにした。（高倉屋敷とは、将軍宣下など幕府の大礼が行なわれる時、京都から衣裳の顧問として高倉家が下向して宿泊する場所から転じて、由緒を持った校舎とした場所のこと）。

この背景には、官学＝林家の著しい衰退があった。将軍吉宗は、その講義を民間に開放していたのだが、林家が官学の立場に甘んじて研鑽《けんさん》を怠っていたことから、誰も人が集まらなくなった。その時の様子――。林家の林信篤《のぶあつ》は「近頃、深川の寺の石地蔵に御利益があるといって群集するが、地蔵にさえ、このように人が集まるのに、我が講義に人が来ない。彼らはいったい何を考えているのだ」と怒ったという。吉宗はこれを聞いて、官学以外で活躍する木下順《きのしたじゅん》庵《あん》一門、蘐園学派《けんえんがくは》、堀河《ほりかわ》学派などが相互に研鑽し、優秀な学者を輩出していることに注目。その中の木下順庵門下の室鳩巣に、一般への講義を許すことにした。

室鳩巣（栗原信充『肖像集』）

**【この年の出来事】**

**1・15**　幕府、松前藩主松前矩広を万石以上に列し、蝦夷地交易の独占を認可。

**1月**　幕府、火賊・盗賊の逮捕者に銀20枚を与えると公告。

**2・14**　江戸不忍池付近から出火、常磐橋門外まで延焼。

**3・10**　江戸下谷七軒町から出火、浅草・本所まで延焼。

**4・3**　幕府、本所奉行を廃止。

**4・14**　幕府、江戸町奉行の南北2人制を制定。

**4月**　幕府、江戸町奉行に本所・深川地域の支配を指示。

**5・15**　幕府、朝鮮通信使通行の際の人馬負担を、商人による請負通し人馬に変更。

**6・13**　幕府、西国大名に密貿易取り締まり強化を通達。

**6・25**　幕府、小普請組支配を創設。

**◉京都町奉行**
**東** 山口直重（安房守）
**西** 諏訪頼篤（七左衛門・肥後守）
**◉大坂城代**
安藤信友（右京亮・対馬守）
**◉大坂町奉行**
**東** 鈴木利雄（飛騨守）
**西** 北条氏英（安房守）
**◉長崎奉行**
石河政郷（三右衛門）
日下部博貞（作十郎）
**◉若年寄**
大久保教寛（長門守）
大久保常春（佐渡守）
石川総茂（近江守）
**◉側用人**
松平輝貞（右京大夫）

## 朝鮮の通信使が、八年ぶりに来日　十月一日

事件災害

吉宗の将軍就任を祝して、朝鮮から通信使一行が来日した。正使は洪致中《こうちちゅう》、副使は黄璿《こうえい》、従事官は李明《りめい》彦《げん》（以上を三使という）。以下、四百七十五名から成る一大使節団だった。この使節団は、四月十一日に漢城《ソウル》を出発。五月一日には釜山《プサン》を出港して大坂に上陸。大坂で百九名が残留し、そのほかが江戸へ向かい、九月二十七日に江戸に到着。この日、江戸城で吉宗に謁見した。

儀式は、吉宗をはじめ御三家、諸大名の列席のもと、朝鮮国王からの朝鮮人参、虎の皮などの進物が幕府側に贈られたのち、国書の交換が行なわれ、通信使への饗応をもって終わった。この朝鮮通信使の来日は、幕府の招聘《しょうへい》によるもの。その最初は、慶長十二年（一六〇七）で、初代将軍家康が伏見で引見。こののち、将軍の代替わりなどの慶事に際して、文化八年（一八一一）まで計十二回招聘された。幕府は家康以来、通商の国として清国とオランダを位置づけ、通信の国として朝鮮を考えていた。通信とは、「信じて通じる」の意で、正式の外交関係を持つといった意味での扱いだった。ただし、日本から朝鮮への使節は、朝鮮側から断られて、一度も派遣されていない。

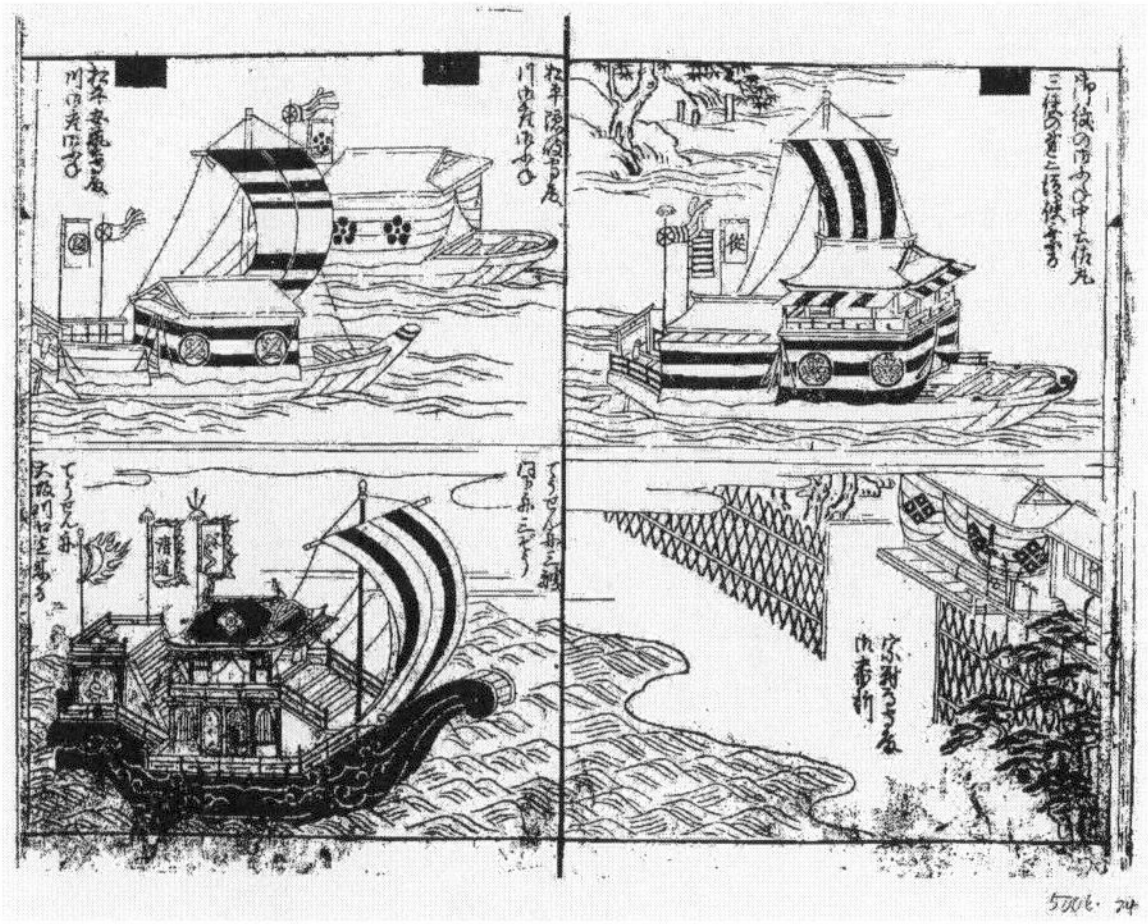
『朝鮮人来朝物語』

## 小春・治兵衛が心中　十月十五日

社会世相

小《こ》春《はる》は、大坂曾根崎新地《そねざきしんち》の十九歳の遊女。治兵衛《じへえ》は、大坂今橋《いまはし》通り境筋の紙問屋の二十八歳の若旦那。この二人が心中した。場所は、網島《あみしま》の大長寺《だいちょうじ》の墓地。当時、心中そのものは特に珍しいことではなかった。愛し合った男女が、社会のしがらみなどで、この世では想いを遂げることが出来ず、あの世で一緒になろうとして死ぬことは、よくあることだったからだ。ただし、その場合の死は、入水、首つりなど男女が同じ方法で一緒に死ぬことを前提としていた。しかし、この小春・治兵衛の心中事件は違っていた。

この心中で、治兵衛は首を吊って死んだが、小春は、その死を静かに見てから、短刀で喉《のど》を突いて死んだのだ。男女同じ方法で同時に死んだのではない。このことに衝撃を受けたのは、住吉詣《すみよしもうで》の途中の近松門左衛門《ちかまつもんざえもん》だった。近松は、この話を聞いてすぐさま大坂に帰り、一夜にして浄瑠璃《じょうるり》の脚本を書き上げた。名作『心中天網島《しんじゅうてんのあみじま》』がそれである。翌年、大坂の竹本座《たけもとざ》で上演されて大ヒット。今日に残る名作となった。

**8・1** 幕府、50歳以上の者の末期養子を許可。
**8・15** 佐藤直方歿（70）。
**この夏** 明石藩、郷学「景徳館」を創設。
**9・1** 加賀藩主前田綱紀、稲生若水編『庶物類纂』を将軍吉宗に献上。
**9月** 幕府、建部賢弘に『元禄日本図』の改訂を命令。
**10・1** 朝鮮通信使、将軍吉宗に拝謁。
**10・10** 山本常朝歿（61）。
**10・15** 小春・治兵衛の心中事件が起こる。
**11・2** 幕府、高倉屋敷で室鳩巣ら林家以外の儒者に講義させ、庶民の聴講を許可。
**11・15** 幕府、旗本・御家人救済のため、金銀貸借訴訟の不受理を通達（相対済し令）。
**この年** 幕府、長崎の清国貿易額を減額。

# 1720 享保五年

庚子

天皇▼中御門天皇

将軍▼徳川吉宗（第八代）

【主要幕閣】
◉老中
井上正岑（河内守）
久世重之（大和守）
戸田忠真（山城守）
水野忠之（和泉守）
◉寺社奉行
松平近禎（対馬守・相模守）
土井利意（伊予守）
酒井忠音（修理大夫）
牧野英成（因幡守）
◉勘定奉行
水野守美（小左衛門・伯耆守）
伊勢貞勅（伊勢守）
大久保忠位（下野守）
駒木根政方（肥後守）
筧正鋪（平大夫・播磨守）
◉江戸町奉行
北　中山時春（出雲守）
南　大岡忠相（越前守）
◉京都所司代
松平忠周（伊賀守）
◉京都町奉行

## 吉宗、法の整備と法典の編纂を指示　一月二十六日

政治経済

将軍吉宗《よしむね》は、三奉行（寺社奉行・勘定《かんじょう》奉行・町奉行）に対して、刑罰の基準を明らかにするよう命じた。

幕府はこれまで、刑罰に関する法典を持っていなかった。行政・司法の事務一般に関しては、これまでの慣習《かんしゅう》法や判例《はんれい》によるか、その都度《つど》、随時発令《ずいじはつれい》する単行《たんこう》の法令によって処理してきた。のち、それでは公平さに欠くことが多く生じてきたため、元禄年間（一六八八～一七〇四）には、とりあえず判例を集めた「元禄御法式《げんろくごほうしき》」がまとめられた。しかし、社会構造が複雑化するとともに訴訟件数は増加の一途をたどり、その内容も多岐《たき》にわたるようになったことから、裁判の停滞が顕著になってきた。過去の判例に頼るだけでは済まなくなってきていた。吉宗は、享保の改革の一環として、これまでの法の整備と、新しい法の取り決めを考えて法典の草案《そうあん》に取りかかった。この取り組みが本格化したのは、こののちの元文二年（一七三七）閏《うるう》十一月。老中・松平乗邑《まつだいらのりさと》を編集主任として、寺社奉行・牧野貞通《まきのさだみち》、勘定奉行・杉岡能連《すぎおかよしつれ》らによって草案が出来、寛保二年（一七四二）に、上・下二巻の法典『公事方御定書《くじかたおさだめがき》』が完成した。

## 洋書の輸入を緩和　十二月

文化思想

幕府は、これまで厳しく取り締まってきた洋書《ようしょ》の輸入に関する令を大幅に緩めたが、これには少し歴史をさかのぼる必要がある。

徳川幕府は、これまで洋書（漢訳された洋書）の輸入に関しては、非常に強い態度で臨《のぞ》んできた。その最初は、三代将軍家光《いえみつ》の時。寛永七年（一六三〇）、中国船が長崎に入港した際、その中にキリスト教宣教師による洋書があり、キリスト教に関する記述があることから、これを輸入禁止とし、以後、書籍については細かく検閲《けんえつ》することにした。こののち、キリシタンによる「島原《しまばら》の乱」が起き、幕府は一層神経をとがらせ、輸入書籍にキリストに関するわずかな記述があるだけで、それら全ての焼却を命じた。しかも、それを持ち込んだ船に対しても、以後の貿易を全て禁止する、とした。これは五代将軍綱吉《つなよし》から七代将軍家継《いえつぐ》の時代にまで続いた。

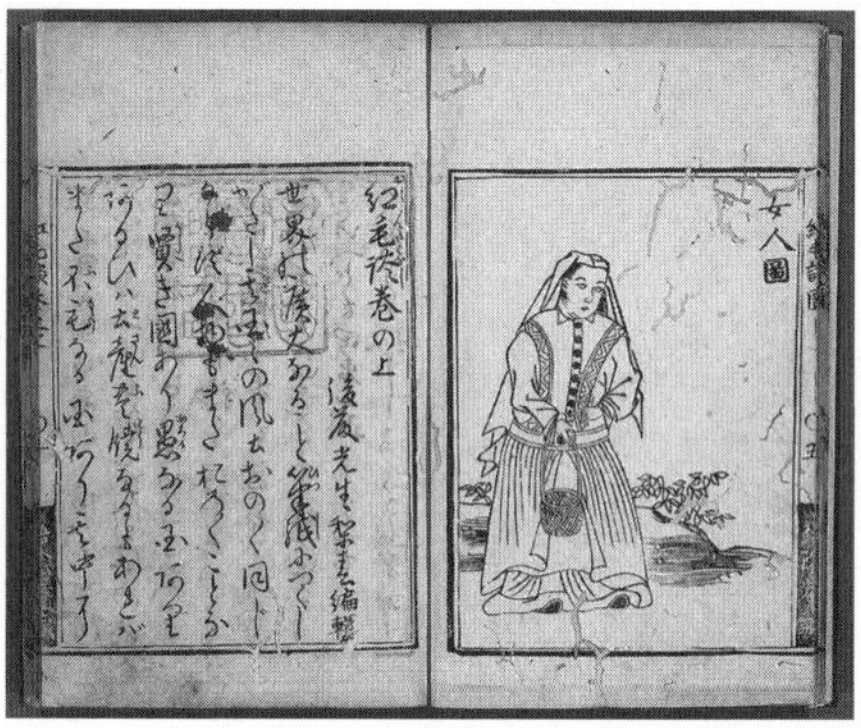

『紅毛談（おらんだばなし）』

しかし、「島原の乱」も治まり、世は泰平《たいへい》の元禄時代となり、キリスト教徒とされる人達の幕府転覆《てんぷく》の危機は去った。このことから、吉宗は洋書の輸入を解禁した。これは、吉宗が洋書の内容の先進性に注目したことによる。洋書を見ると、キリスト教に関する記述を除け

【この年の出来事】

**1・12**　長州藩、藩校「明倫館」を創設。
**1・26**　幕府、三奉行に刑罰基準の制定を指示。
**1月**　将軍吉宗、キリスト教以外の書物について、禁書の制限を緩和。
**2・9**　幕府、和人参座を廃止。
**2月**　幕府、相対済し令による武士の借金踏み倒し多発により、悪質な事例のみ訴訟を受理するよう指示。
**3・3**　日本橋箔屋町から出火、数十町に延焼し上野寛永寺徳川家光廟焼失。
**3・27**　江戸箔屋町から出火、日本橋・伝馬町・神田・下谷・上野・箕輪まで延焼。
**4・20**　南町奉行大岡忠相、防火対策として土蔵造り・塗家・瓦葺を奨励。
**4・28**　熊本城下で大火。1403戸焼失。
**5・15**　将軍吉宗、日光での薬草調査を指示。

**東**
山口直重（安房守）
**西**
諏訪頼篤（七左衛門・肥後守）
**◉大坂城代**
安藤信友（対馬守）
**◉大坂町奉行**
**東**
鈴木利雄（飛騨守）
**西**
北条氏英（安房守）
**◉長崎奉行**
日下部博貞（作十郎）
石河政郷（三右衛門）
**◉若年寄**
大久保教寛（長門守）
大久保常春（佐渡守）
石川総茂（近江守）
**◉側用人**
松平輝貞（右京大夫）

ば、天文・地理の記述には大いに納得が行くものだった。この思いから、キリスト教に関する知識も、「うわさ程度」までは良しとして、洋書の輸入禁止を緩和した。

## 町火消の組合が改組し、「いろは四十七組」となる　八月六日

事件災害

江戸は火災に弱い都市だった。何度も大火に見舞われている。そこで、幕府は開幕以来、防火対策に腐心《ふしん》してきた。

当時、江戸の火消《ひけし》には、奉書火消《ほうしょびけし》・定火消《じょうびけし》・方角火消《ほうがくびけし》と町火消があった。奉書火消は、大火などの時に奉書によって諸大名に消火活動を命じたところからきているもので、臨時の組織だった。定火消は俗に十人火消とも呼ばれ、若年寄《わかどしより》の支配下にあった。八代洲河岸《やよすかし》、半蔵御門外《はんぞうごもんがい》、御茶ノ水など市内十カ所に火消小屋を設け、旗本を頭に、与力六騎、同心三十人、臥煙《がえん》と称する消防手百人前後が従っていた。方角火消は、江戸城のために常備されたもので、いわゆる大名火消。これを命じられた大名は、大手方、桜田方などの分担があった。

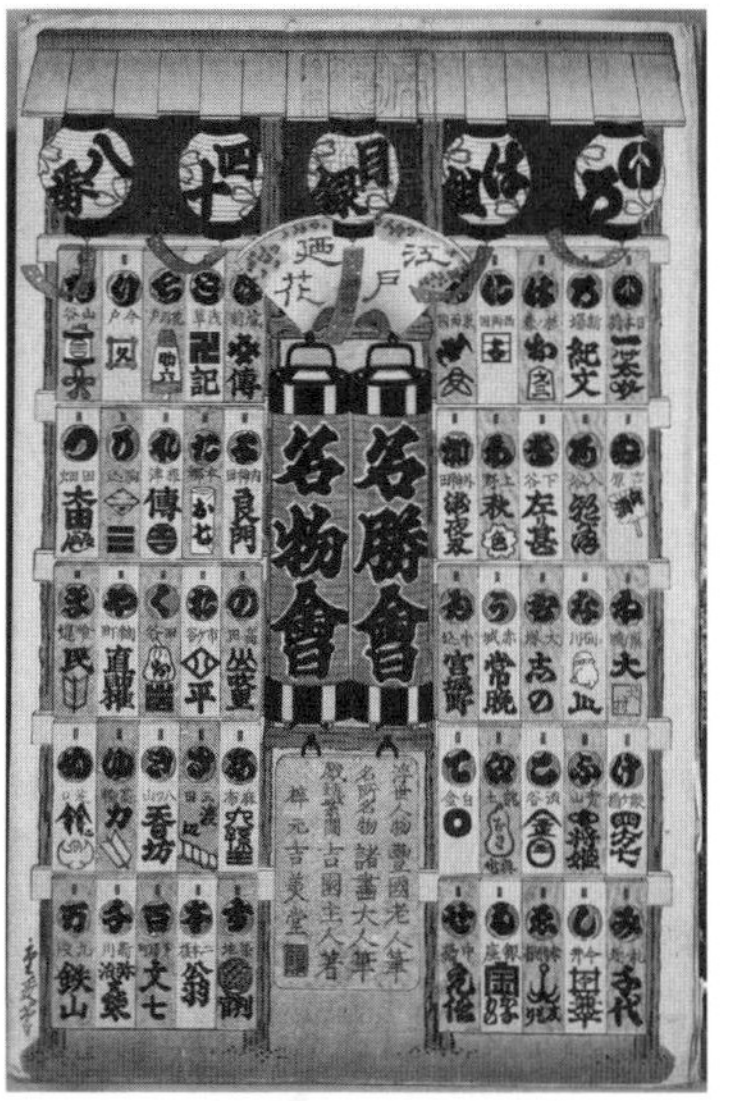
『いろは組四十八番目録』

そして町火消である。吉宗は、この町火消の充実に力を入れ、江戸町奉行の大岡忠相《おおおかただすけ》に命じて、「いろは四十八組」に再編成させた。四十八文字の内、「ん」の代わりに「本」を入れ、「へ」「ひ」「ら」は語感がよくないので「百」「千」「万」を用いた。この各組内を頭取、組頭、纏持《まといもち》、梯子持《はしごもち》、平人などの六つの職制に分けて、火事があると命令一下、すぐさま現場に向かい、消火活動を展開した。

## 大泥棒、佐々浪伝兵衛を逮捕　八月十六日

社会世相

江戸に、町家に火を放っては騒ぎを起こし、その騒擾《そうじょう》の隙《すき》に金品を奪って逃げるという手口の泥棒は、たくさんいた。いわゆる火事場泥棒だが、その泥棒にもランクがあった。小泥棒、中泥棒、大泥棒といった具合である。その「大」に、佐々浪伝兵衛《さざなみでんべえ》なる泥棒がいた。伝兵衛は、十人力とも言われる偉丈夫《いじょうふ》で、配下には中泥棒、小泥棒七十人余が集っていた。伝兵衛は、その七十余人を組織してあちこちに火をつけて盗みを働いていたから、人々の怨嗟《えんさ》の的《まと》となっていた。そうなると目撃情報が集まって、伝兵衛は追われる身となり、江戸から小田原に逃げた。逃げたが、人々は追った。そして静岡の富士川の手前まで追いつめた。伝兵衛は、たまらず富士川に飛び込んだのだが、泳ぎが得意でなかったのか、水中で硬直化し死んだようになってしまった。これを見て、追ってきた人達は伝兵衛を簀《す》巻きにした（伝兵衛を縛る権利は、幕府方の与力、同心にしかなかったことによる）。そして引き立てて江戸の大岡越前守（忠相）の番所に送りこんだ。大岡越前守が下した判決は鈴ケ森での処刑だった。

**5・22**　幕府、20万石以下の大名について、大規模河川に関する国役普請制を制定。
**5月**　幕府、林鳳岡・書物奉行らに紅葉山文庫の書籍目録編集を指示。
**7・16**　間部詮房歿(54)。
**7・19**　江戸南鞘町二丁目から出火、伝馬町・銀座町など幅2町長さ13町延焼。
**8・7**　幕府、江戸の町火消組合を再編成し、「いろは47組」を組織。
**8・19**　幕府、家督相続の手続きを簡略化。
**9月**　将軍吉宗、飛鳥山の整備・造成を命じ、桜を植樹。
**11・26**　会津郡南山郷幕領の百姓ら、減免を要求し強訴(南山御蔵入騒動)。
**12・21**　幕府、下田奉行を廃止。浦賀奉行を設置。
**12月**　幕府、オランダ船の貿易額を新金2万5000両・銅100万斤に制限。
**この年**　幕府、軽犯者に対する敲刑を制定。

# 1721 享保六年

## 辛丑

天皇▼中御門天皇

将軍▼徳川吉宗（第八代）

【主要幕閣】

◉老中
井上正岑（河内守）
戸田忠真（山城守）
水野忠之（和泉守）

◉寺社奉行
松平近禎（対馬守・相模守）
土井利意（伊予守）
酒井忠音（修理大夫）
牧野英成（因幡守）

◉勘定奉行
水野守美（小左衛門・伯耆守）
伊勢貞勅（伊勢守）
大久保忠位（下野守）
駒木根政方（肥後守）
筧正鋪（平大夫・播磨守）

◉江戸町奉行
北
中山時春（出雲守）
南
大岡忠相（越前守）

◉京都所司代
松平忠周（伊賀守）

◉京都町奉行
東

### 幕府、目安箱を設置　八月二日

政治経済

江戸城辰ノ口の評定書の前に「目安箱《めやすばこ》」が置かれた。目安箱は、将軍徳川吉宗が庶民の要求・不満などを、投書によって受け付けたいとして設置したもの。発案者は、吉宗のブレーンの一人である儒学者の室鳩巣《むろきゅうそう》とされているが、しかし、吉宗が紀州藩主のとき、和歌山城門前に、目安箱の原形ともいえる訴訟箱を置いて庶民に政治上の意見を求めているから、吉宗自身の意志によるものと見ていい。目安とは訴状のことで、箱の大きさは縦横七十五センチの立方体で、上に銅板が張ってあり、約六センチ四方の差し入れ口が付いていて、前部には鍵がかけられていた。その鍵は吉宗が持っていて、吉宗自身が開封した。設置日は毎月二日、十一日、二十一日の三度で、投函が許されたのは、町人や農民などの一般市民であり、旗本や御家人などの武士たちは許されなかった。

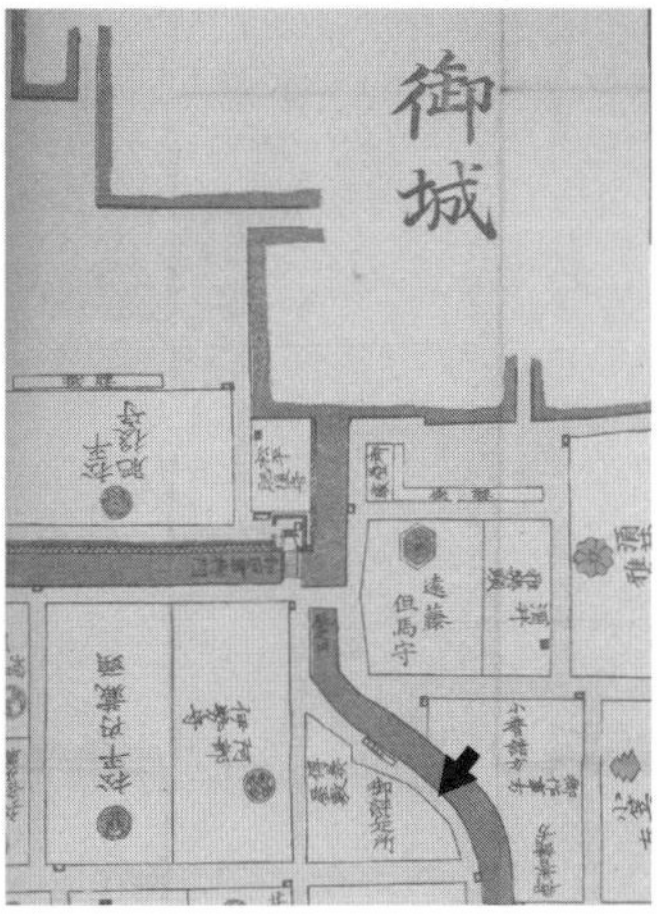


目安箱が設置された評定所（中央下）

訴状だから、採用されたものもあれば、されなかったものもあった。その不採用の中に、青山久保町の牢人の山下《やました》幸内《こうない》の訴状があり、それは吉宗の緊縮政治を手厳しく批難するものだったが、吉宗はその直言を褒めて、十一月二日に褒章を与えている。

この「目安箱」は代々受け継がれ、一八七三年（明治六）まで続いた。

### 幕府、小石川薬園を設置　八月十七日

文化思想

幕府は、初代の家康の医学（漢方）への関心の高さを受け継ぎ、江戸小石川の御殿跡地を開墾・整地し、小石川薬園（今日の東京大学小石川植物園）の大拡張に乗り出した。それまでの薬園は四千三百坪（一万五千八百四十平方メートル）だったが、大拡張によって四万八千坪（十四万七千八百四十平方メートル）となった。実に十倍の拡張である。

これには、この年に設置された「目安箱」への訴状が大きく働いていた。訴状を出したのは江戸の町医者の小川笙船《おがわしょうせん》。笙

小石川薬園で採集した草木の葉と印葉図を収録した『礫川官園薬草腊葉』（文化10年）

【この年の出来事】

**1月**　2代目市川團十郎、森田座で『大鷹賑曾我』を演じ、大当たり。
**この春**　3月から江戸で火災6件。焼失家屋14万1000余戸、焼死者2100余人。
**4・4**　将軍吉宗、江戸城内で行なわれた三奉行による裁判を見学。
**5月**　対馬藩、朝鮮輸出品の売買について、町人請負制を廃止し藩直営の引請制に移行。
**6・6**　おりん事件発生。
**6・21**　幕府、諸国の土地面積および人口調査を実施。
**6・28**　浅間山噴火。
**7・15**　近松門左衛門作『女殺油地獄』、竹本座で初演。
**7・24**　幕府、天文方渋川春海らに暦作成を指示。
**閏7・14**　京都で大風雨。保津川・木津川・淀川洪水。
**8・2**　幕府、評定所門前に目安箱設置。

山口直重（安房守）
河野通重（勘右衛門・豊前守）
西
諏訪頼篤（七左衛門・肥後守）
◉大坂城代
安藤信友（対馬守）
◉大坂町奉行
東
鈴木利雄（飛騨守）
西
北条氏英（安房守）
◉長崎奉行
石河政郷（三右衛門）
日下部博貞（作十郎）
◉若年寄
大久保教寛（長門守）
大久保常春（佐渡守）
石川総茂（近江守）
◉側用人
松平輝貞（右京大夫）

船は、設置されたばかりの目安箱に「貧しい者や身寄りのない者のために、無料の施薬院＝養生所を設けて欲しい」と投函した。

　これを読んで、吉宗はすぐさま巨大薬園の設置に着手し、そこに養生所を作ることにした。養生所は翌年に無事完成。敷地規模一千坪、医師は献策者の小川笙船・丹治親子はじめ七名という大きなもので、専門は本道（内科）だった。当初は、看病人のいない貧困者を対象としていたため、患者数は少なかった。当初は、〝我々を薬草の実験材料にするつもりか〟といった疑念があったようだが、のち患者数は増えていき、通院制度を廃止しなければならないほどの繁盛ぶりとなっていった。

## 心中取締のキッカケとなった〝おりん事件〟起こる　六月六日　事件災害

江戸の根津にある商家のお抱《かか》え「おりん」は、駒込の活妙寺に参った時、ふとしたキッカケから僧の長延と恋仲に陥《おちい》った。しかし、おりんは商家のお抱えの身。一方、長延は戒律に厳しい日蓮宗の僧だったから、二人は恋仲になったものの添い遂げられないことに絶望した。その余り二人は、手に手を取って上野・不忍池《しのばずのいけ》に投身自殺をすることにした。が、この二人の投身自殺は失敗。二人は助け出されてしまったが、問題はこののち。

　この事件が、町奉行ではなく寺社奉行の土井利意《どいとしおき》の管轄内であったことから、土井は、この二人の処置に悩んだ。相対死の場合、二人がともに死んでしまえば問題ないが、今回のように両者が生きて助かったり、或いは男女の一方が助かったときはどうすればいいのか……。結論として出されたのは、①両方が生きている場合（相対死の失敗）は、日本橋に三日間晒《さら》したのち非人の手下にする。②一人存命なら、生存者を殺人犯とする。③いずれにしても相対死の場合は、葬式を出さない、とするもの。このことから、翌享保七年以降、相対死に関する厳しい条例が生まれていった。なお、この裁定によって、おりんは吉原に引き渡されて遊女となったが、長延の消息は伝わっていない。

## 初の全国人口調査が行なわれる　六月二十一日　社会世相

幕府は、諸国の大名・旗本に対して、それぞれの領地の人口や田畑の町歩および百姓・町人・社人（神社に仕える人）、僧侶の人数を書き出し、それを勘定所に提出するよう触れを出した。日本で初めての、全国規模の人口調査と言っていい。この時の触れは実に細かなもので、江戸に出された町触れを例で見ると、次のような内容だった。

　十五歳以上の総人口を男女別にあげよ。のち、内訳として、家持（家屋敷を所有する町人）、家守《やもり》（地主に代わって、その所有地を管理する人）、掛《かか》り人《うど》（居候《いそうろう》）、召仕（奉公人）と御用達町人を書きあげよ……といったものだった。この調査の結果、この年の江戸の人口は、町奉行支配下だけで五十万一千三百九十四人だったことが確認されている。ただし、この数は町人の数。公卿、武士およびその家来、無籍者、非人（乞食）は含まれていないから、当時の江戸の総人口とは言えない。一般的に、当時の江戸の総人口は町人の四倍ほどだったとされているから、大雑把に言えば、約二百万人ということになる。

　この調査は、二年後にも実施された。そして以後、六年に一度（子年《ねどし》と午年《うまどし》）実施されて、「子午《しご》の調査」と呼ばれるようになった。

**8・17**　幕府、小石川薬園を設置。
**8月**　幕府、江戸市中の商人・職人に組合結成を指示。
**9・15**　将軍吉宗、『六諭衍義』の和訳を荻生徂徠に命令。
**9月**　幕府、金銀引換停止令を公布。三都の金銀引換所を廃止。
**10・19**　幕府、江戸町名主に人別帳を作成させ、毎年4・9月の人口調査を指示。月末、江戸の町人人口が約50万人と判明。
**11・2**　将軍吉宗、浪人山下幸内を政策批判の投書により褒賞。
**12・6**　幕府、大坂銅吹屋廃止、および諸国山元から長崎への廻銅を指示。

# 1722 享保七年

## 壬寅

天皇▼中御門天皇

将軍▼徳川吉宗（第八代）

### 上米の制が定められる　七月三日

政治経済

上《あげ》米《まい》の制は、将軍吉宗《よしむね》による収入増加策の一つ。吉宗は、この日、諸大名に対して「恥ずかしながらお願いする次第……」と信じられないほどの低姿勢で、上米の布告を出した。上米とは、読んで字のごとく、米を召し上げるの意だ。

内容は、領地の石高一万石につき百石の割合でコメを上納するように、というもの。しかし吉宗は、いくら低姿勢をとったとしても、この一方的な申し渡しで実効が上がるとは思っていなかった。諸大名にしても豊かではなく、反《はん》撥《ばつ》は想定されることだった。

そこで吉宗は、ある条件をつけた。上米をお願いするけれども、その代わりに諸大名が参勤交代《さんきんこうたい》で江戸にいる期間を一年間から半年間に短縮してもいい、としたのである。参勤交代による江戸滞在での冗費《じょうひ》に頭を悩ませていた諸大名は、これに応じた。その結果、上米の制度で諸大名から幕府に差し出された米の総額は、年間十八万七千石にのぼった。この量は、幕府の年貢収入の一割三分、旗本・御家人への給米の五割強にものぼるものだった。

なお、この制度は、幕府財政が安定した享保十六年には廃止され、それとともに参勤交代も旧に復している。

**【主要幕閣】**

**◉老中**
井上正岑（河内守）
戸田忠真（山城守）
水野忠之（和泉守）
安藤信友（対馬守）

**◉寺社奉行**
松平近禎（対馬守・相模守）
牧野英成（因幡守）
酒井忠音（修理大夫）
土井利意（伊予守）

**◉勘定奉行**
水野守美（小左衛門・伯耆守）
大久保忠位（下野守）
駒木根政方（肥後守）
筧正鋪（平大夫・播磨守）

**◉江戸町奉行**
**北** 中山時春（出雲守）
**南** 大岡忠相（越前守）

**◉京都所司代**
松平忠周（伊賀守）

**◉京都町奉行**
**東**

### 小石川薬園に養生所が開設される　十二月七日

文化思想

前年に拡充された小石川薬園《こいしかわやくえん》内に、養生所《ようじょうしょ》が開設された。養生所は、現代の総合病院といったところである。開設の発端は、前年に設けられた「目安箱《めやすばこ》」への投書。投書の主は、小石川伝通院《でんつういん》前に住む医師の小川笙船《おがわしょうせん》。笙船は、病弱者や困窮者のための施薬院《せやくいん》を設立して欲しいとの意見書を目安箱に投函したのである。吉宗は、すぐさまこれを採り上げ、江戸町奉行の大岡忠相《おおおかただすけ》に検討を命じた。そして、この日に「施薬院」は「養生所」と名づけられて開設した。養生所は、無料で貧窮の患者を収容した。収容人員は、初めは四十人だったが、のちに百人を超すほどになった。医者は、小石川付近の町医者や幕府小普請《こぶしん》医、藩医などで、入所した患者は、診察も薬も生活費も、夏冬の衣類も官給され、最長二十ヶ月までは入所し続けることができた（もちろん、通いの患者も治療した）。このような好待遇だったが、入所には地元の名主《なぬし》の判別、養生所役人の検査、町奉行の許可などがあって、誰もが簡単に入所できるものではなかったのである。

### お千代・半兵衛心中事件が起きる　四月五日

事件災害

夫婦でありながら心中する、という珍しい事件が起きた。夫は大坂新靭町《しんうつぼちょう》の半兵衛（三十八歳）、妻はお千代（二十四歳）。その日は庚申待《こうしんまち》だった。庚申待とは、そ

**【この年の出来事】**

**1・21** 小川笙船、養生所設立の建白書を目安箱に投書。
**2月** 幕府、京都の定火消制を廃止。町方中心の組織に再編成。
**4・5** お千代・半兵衛心中事件が起こる。
**4・6** 幕府、質入田の質流れを禁止。
**5・15** 水野忠之、勝手掛老中に就任（享保の改革の始まり）。
**6・22** 幕府、手習い師匠に『六論衍義大意』を配布。
**6月** 幕府、各地の薬種問屋代表を招集、薬種の使用基準を制定。
**7・3** 幕府、諸大名に1万石につき100石の上米を命じ、参勤期間を緩和（上米の制）。
**7・27** 幕府、京・大坂・堺・紀伊国の薬種屋仲間惣代に和薬改会所の設置を指示。
**9・3** 幕府、上水を火事拡大の原因とする流言

河野通重（勘右衛門・豊前守）

**西**
諏訪頼篤（七左衛門・肥後守）

**◉大坂城代**
安藤信友（対馬守）
松平乗邑（和泉守・左近将監）

**◉大坂町奉行**
**東**
鈴木利雄（飛騨守）
**西**
北条氏英（安房守）

**◉長崎奉行**
石河政郷（三右衛門）
日下部博貞（作十郎）

**◉若年寄**
大久保教寛（長門守）
大久保常春（佐渡守）
石川総茂（近江守）

**◉側用人**
松平輝貞（右京大夫）

の夜に眠ると身中に棲《す》んでいるとされる三尸《さんし》の虫が、その人の罪を上帝に告げて命を縮めるといわれている日のこと。したがって、皆で朝まで飲み食いして騒ぎながら過ごす一夜のことである。その夜に二人は人々の喧騒をよそに、重願《じゅうがん》寺《じ》の門前近くに毛繊《もうせん》を敷いた。そしてじっと見つめ合うや、半兵衛が短刀でお千代の胸を深く突いた。お千代が絶命するのを見て半兵衛は、返す刀を自らの腹に突き立て、それでは死ねず、さらに喉《のど》を突いて絶命した。この時、半兵衛はお千代の腰帯を二ツ切りにし、お千代とともに腰に巻いていたことから、二人が夫婦だったことが分かって、人々の涙を誘った。

芝居のお千代

芝居の半兵衛

半兵衛は、もともと侍《さむらい》だったが、のちに町人となり、八《や》百《お》屋《や》伊《い》右《え》衛門《もん》の養子となった。一方、お千代も京都近郊の百姓の娘だったが、伊右衛門の養女に入る。夫婦ともども養子の身だったのだ。ここに養父の伊右衛門が登場する。伊右衛門は若々しいお千代を見て滾《たぎ》ってしまう。半兵衛が法事で浜松の生家に帰った際、養父はお千代に挑みかかって……となってしまったのだ。近松門左衛門《ちかまつもんざえもん》は、これを題材としてすかさず『心中宵庚申《しんじゅうよいごうしん》』を書き上げ、大坂竹本《たけもと》座《ざ》で上演した。

## 寺子屋の教材に『六諭衍義大意』が採用される　六月二十二日

社会世相

庶民教育に力を入れる幕府は、寺子屋の手習い教材として『六諭衍義大意《りくゆえんぎたいい》』を用いるよう、町奉行所を通じて指示を出した。六諭とは、①父母に孝順であれ、②長上を敬え、③郷里の人同士は和睦《わぼく》（仲良く）せよ、④子孫を教訓せよ、⑤おのおの生理（生活の原理）に安んぜよ、⑥非為を成すことなかれ、といった六ヶ条の徳目《とくもく》。清《しん》国の世祖《せいそ》が一六五二年に頒布したもので、これを民間に分かりやすく普及させたものを『六諭衍義』といった。これが琉《りゅう》球《きゅう》に伝わり、島津氏を経て吉宗の手に入ったことから、吉宗はこれを庶民教育に用いることを考え、前年の享保六年（一七二二）に荻生徂徠《おぎゅうそらい》に命じて訓点《くんてん》を施させた。さらに室《むろ》鳩巣《きゅうそう》に命じてその大意を和訳し、『六諭衍義大意』と名づけて板行《はんこう》させた。これを、江戸の手習い師匠八百名の内の主だったもの十人に一冊ずつ与えて、寺子屋の教材として用いるように指示をした。のちに諸藩もこれに倣い、この六ヶ条が日本の民衆道徳に、のちのちまで大きな影響を及ぼすこととなっていったのである。

寺子屋（『主従心得草』）

により青山・三田上水を廃止。5日に本所上水、翌月に千川上水も廃止。
**9・24**　幕府、摂津・河内・和泉・播磨の公事訴訟および寺社支配を、大坂町奉行所の管轄と規定。
**9・28**　幕府、新田開発令を公布。
**10・24**　頸城郡幕領の百姓、質地返還を求め強訴。
**11・8**　幕府、風俗本の出版禁止などを定め、出版統制を強化。
**11月**　幕府、百姓の新規家作・新規商売を禁止。同時に、分地制限令を緩和。
**12・4**　幕府、小石川薬園に養生所を設置。
**12・7**　幕府、心中を扱う読売の出版を禁止。
**12月**　高瀬川筋12か村と西岡中筋8か村の間で屎尿争論。

# 1723 享保八年

癸卯

天皇▼中御門天皇

将軍▼徳川吉宗（第八代）

**【主要幕閣】**

**◉老中**
戸田忠真（山城守）
水野忠之（和泉守）
安藤信友（対馬守）
松平乗邑（左近将監）

**◉寺社奉行**
松平近禎（対馬守・相模守）
土井利意（伊予守）
牧野英成（因幡守）
黒田直邦（豊前守）

**◉勘定奉行**
水野守美（小左衛門・伯耆守）
大久保忠位（下野守）
駒木根政方（肥後守）
筧正鋪（平大夫・播磨守）
久松定持（豊前守・大和守）
稲生正武（次郎左衛門・下野守）

**◉江戸町奉行**
**北**
中山時春（出雲守）
諏訪頼篤（美濃守）
**南**
大岡忠相（越前守）

## 足高の制を導入　六月十八日

政治経済

将軍吉宗《よしむね》は、江戸城に諸役人を招集し、「足高《たしだか》の制《せい》」を導入すると発表した。足高とは、石高《こくだか》を足《た》す（プラスする）といった意味の制度。これまで幕府の職制とその石高の基準としては、側衆《そばしゅう》五千石、書院番頭《しょいんばんがしら》四千石、町奉行三千石、普請奉行《ふしんぶぎょう》二千石といった具合に決められていた。これだと、有能であっても、その石高に達していなければその役職には就けないことになる。そこで吉宗が足高の制を導入したのだが、その内容は数字で見ていくとわかりやすいものとなる。例えば、五百石の有能な旗本がいたとする。これを町奉行に抜擢したくても、基準の三千石に達していないので抜擢することができない。そこで不足分の二千五百石を足すとしたのだ。但し、それは在職中に限るとした。この制度の導入によって、少禄《しょうろく》の者であっても、才能があれば用いられる機会が生まれるとともに、「在職中のみ」としたことで、幕府としても、世襲の家禄《かろく》を増加することなく人材の登用が容易に行なえるようになったのである。

## 心中法度を布告　二月二十日

文化思想

幕府は、心中《しんじゅう》を大きな社会問題と捉えて、厳しい法度を布告した。心中とは、「男女の仲、懇切入魂《こんせつじっこん》の睦《むつ》び二つなき処をあらわすしるし」（『色道大鑑《しきどうおおかがみ》』）とされていて、はじめは放爪《ほうそう》（爪を剝ぐこと）・入墨・断髪・切指といった程度の行為だった。しかし、それが次第に激しさを増して、互いの命をその証《あか》しとするまでになってしまい、相愛し合っている者同士が、互いにその愛の証しとして、相手に命を差し出す＝一緒に死ぬ、となっていった。これは浄瑠璃《じょうるり》などで演じられたことから、この頃には一種の流行現象となっていて、各地で心中事件が多発していた。幕府は、これに神経を尖《とが》らせた。というのも、心中事件の多くが、固定した身分制度への社会批判になりかねないと考えたからだ。そこで、心中者への罰則を次のように厳しくした。「今後、心中をした二人の死骸の埋葬は許さない。二人の内の一方が生き残った場合、その者を死刑とし、死んだ方は、その死骸を取り捨てとする。二人とも生き延びた場合は、三日間市中に晒《さら》したのち、ともに非人手下《ひにんてか》とする」――。さらに、心中という言葉も禁止し、以後、心中は「相対死《あいたいし》」と称するとした。

## 出羽の長瀞で質地騒動が起きる　二月七日

事件災害

幕府が前年に発令した「流地《りゅうち》禁止令」をめぐって、出羽《でわ》の長瀞《ながとろ》（現、山形県東根市北西部の旧村）で騒動が起き、それは一大農民一揆への様相を呈していった。発端は「流地禁止令」の公表問題だった。幕府は「流地禁止令」を発したのだが、長瀞の村役人たちはこれを公表すれば農民たちが騒ぎ出して問題が起きると考え、握り潰したのだ。質《しち》に取った土地を、返済の期限が来ても流すことを

**【この年の出来事】**

**2・7**　幕府、葵紋を使用した商品の販売を禁止。
**2・7**　出羽村山郡幕領長瀞村の380余人、質地取り戻しを要求し騒動（長瀞質地騒動）。
**2・13**　幕府、江戸市中の辻番を町人20人の請負制と規定。
**2月**　幕府、心中者に対する罰則を規定、芝居などの題材とすることを禁止。
**3・30**　幕府、諸国人口調査を6年ごとに実施するよう指示。
この春　諸国で痘瘡流行。
**4月**　幕府、盗品探索のため江戸の質屋・古着屋・古鉄商に組合結成を指示。
**6・18**　幕府、足高の制を導入。
**6月**　将軍吉宗、今大路道三に紅葉山文庫の医書の校訂を指示。
**6月**　幕府、江戸で木魚を叩いて物乞いを行う乞食僧（願人坊主）の取締りを指示。

**◉京都所司代**
松平忠周（伊賀守）
**◉京都町奉行**
**東**
河野通重（勘右衛門・豊前守）
**西**
諏訪頼篤（七左衛門・肥後守）
本多忠英（勘右衛門・筑後守）
**◉大坂城代**
松平乗邑（左近将監）
酒井忠音（修理大夫・讃岐守）
**◉大坂町奉行**
**東**
鈴木利雄（飛騨守）
**西**
北条氏英（安房守）
**◉長崎奉行**
石河政郷（三右衛門）
日下部博貞（作十郎）
**◉若年寄**
大久保教寛（長門守）
大久保常春（佐渡守）
石川総茂（近江守）
松平乗賢（能登守）
水野忠定（壱岐守）
**◉側用人**
松平輝貞（右京大夫）

禁じるとなると、大きな問題になると考えたからだ。しかし、「流地禁止令」は、農民たちにとって死活問題でもあったから、その内容は村役人がどう隠しても、隣村など周辺からすぐに伝わった。これを知って長瀞の百姓たちは「現在質入れしている土地は流れず、全て取り返すことができる」と解釈して、質地返還運動を始めた。そのリーダーとなったのが「百姓新兵衛《しんべえ》」で、新兵衛は三百八十余名の連《れん》判状《ばんじょう》を作成し、質入れ先などの地主《じぬし》宅に押しかけた。そして四十余人の地主から三百二十通、三千九百八十両分の質入れ証文を奪って気勢《きせい》を上げた。この騒動は他藩にも及ぶかに見えたが、騒動はここまで。幕府は、農民たちのこの動きを重く見て、隣接する山形藩と新庄《しんじょう》藩に騒動鎮圧を命じ、死罪八名を含む百十四名の処分者を出して騒動は終焉した。この、幕府の要請による他藩の出兵は、「島原の乱」（寛永十四年〔一六三七〕）以来のことだった。

## 新田開発の土木工法を、これまでの関東流から紀州流に変更　七月十八日

社会世相

財政再建を目指す幕府は、新田の開発方法を改めて見直すことにした。その工法を、これまでの関東流から紀州流に変更。それに伴い、人事も大幅に入れ替えた。これまでの関東流は、寛永年間（一六二四―四四）に代官《だいかん》頭《がしら》の伊奈忠治《いなただはる》が見沼《みぬま》新田（現、埼玉県さいたま市）の造成に功があったことから、伊奈家が代々その職に就き、その工法は伊奈流（関東流とも）として受け継がれてきた。しかし、その工法は初期の開発には適していたものの、開発が進んだこの時期には、各地で次第にほころびが生じ始めていた。想定を超える豪雨や大きな台風に見舞われると水害が生じ、旱魃《かんばつ》が続くとたちまち水不足を来す、といったことがしばしばだった。そこで幕府は、工法を関東流から紀州流に代えることとし、紀州藩士の井沢為永《いざわためなが》を勘定衆《かんじょうしゅう》として用いることにした。井沢為永は幼少の頃から数理に詳しく、のち治水土木工法にその才を発揮。紀州で小田用水・佐々用水・藤崎用水などの開削《かいさく》に大きな功を挙げていた。幕府はこの井沢に、改めて見沼用水対策を命じた。再開削は享保十二年（一七二七）九月から開始され、のちに千二百町歩の耕地が得られたほか、周辺の大小十余りの沼地が干拓され、約六千町歩の新田を造出することとなった。

見沼自然公園に建てられた井沢弥惣兵衛（さいたま市）

現在も工事の安全祈願が行なわれる井沢弥惣兵衛の頌徳碑（さいたま市見沼区・萬年寺）

**7・5** 大岡忠相、江戸における無宿の取締方を具申。
**7・6** 幕府、長瀞質地騒動の首謀者を江戸で処刑。
**7・18** 将軍吉宗、新田開発促進のため土木工法を伊奈流（関東流）から紀州流へ移行。
**8・10** 江戸・関東・奥州で大風雨。
**8・15** 幕府、江戸市中10町につき一つの火の見櫓設置を指示。
**8・21** 幕府、行徳領に江戸城御用として塩浜の復興・保護を指示。
**8・26** 幕府、質地流禁止令を廃止。
**9月** 幕府、大坂・京都の米価下落により米穀売買取り締まりを緩和。
**11・20** 九州で大地震。12月まで続く。

# 1724

# 享保九年

甲辰

天皇▼中御門天皇

将軍▼徳川吉宗（第八代）

【主要幕閣】

◉老中
戸田忠真（山城守）
水野忠之（和泉守）
安藤信友（対馬守）
松平乗邑（左近将監）
松平忠周（伊賀守）

◉寺社奉行
松平近禎（対馬守・相模守）
土井利意（伊予守）
牧野英成（因幡守）
黒田直邦（豊前守）
本多忠統（伊予守）

◉勘定奉行
駒木根政方（肥後守）
筧正鋪（平大夫・播磨守）
久松定持（大和守）
稲生正武（次郎左衛門・下野守）

◉江戸町奉行
北
諏訪頼篤（美濃守）
南
大岡忠相（越前守）

◉京都所司代
松平忠周（伊賀守）
牧野英成（因幡守・

## 甲府勤番の始まり　七月四日

政治経済

幕府はこの日、甲府勤番《こうふきんばん》を設置した。これは、甲府藩主だった柳沢吉里《やなぎさわよしさと》が大和郡山《やまとこおりやま》に転封《てんぽう》となり、同地が幕府の直轄領《ちょっかつりょう》となったことによる。この甲府勤番の任務は、甲府城の警衛と城下町の安寧《あんねい》支配を図るというもの。その職は老中の支配下にあり、芙蓉《ふよう》の間詰《まづめ》、役高三千石、席次は遠国《おんごく》奉行上席といった、極めて高い地位にある旗本が就任した。これは、幕府が関東の各地を直接の基盤としつつ甲府を完全に包み込むことで、より強力な政治基盤を築こうという意図による。勤番は、二人の勤番支配のもとで行なわれた。この勤番支配および勤番士の多くは、甲斐出身者か、甲斐の武田・徳川の家臣に仕えた経歴者が用いられた。これは、江戸文化が甲府一帯およびその周辺に大きく広がっていく役割を果たした。しかし、こののち平和な時代が続き、やがて甲府勤番に対する緊張感が次第に薄れていったために、のちの時代には、甲府への赴任は「山流し」と揶揄《やゆ》されるようになった。

## 大坂に懐徳堂が設立される　十一月

文化思想

懐《かい》徳堂《とくどう》は、大坂の町人が設立した町人のための学問所である。幕府は、これまで民間教育の助成に力を入れてきた。それに応じて江戸では、この前年の享保八年（一七二三）に「会輔堂《かいほどう》」が設立されていた。「会輔堂」は、当時牢人《ろうにん》だった菅野兼山《すがのけんざん》が「私塾を設立したい」旨を目安箱《めやすばこ》に投函したことが発端となっている。これに幕府が応じて、深川の新大橋に土地三百四十坪を貸与して学問所を建てさせた。この話が大坂に伝わった時、大坂の町衆は、それなら大坂は全くの民間で、として町人たちが資金を出し合って学問所を造ることにした。中心となったのは三星屋《みつぼしや》武《ぶ》右衛門《えもん》、道明寺屋吉左衛門《どうみょうじやきちざえもん》、鴻池又四郎《こうのいけまたしろう》ら五人の商人（五同志）。場所は尼ケ崎《あまがさき》町一丁目北側（現、大阪市中央区）で、校名は『論語』の「君子《くんし》懐徳」から「懐徳堂」とした。教授陣は、当代一流の儒学者だった三宅石庵《みやけせきあん》を学主（校長）として、並河誠所《なみかわせいしょ》、五井蘭州《ごいらんしゅう》など、錚々《そうそう》たるメンバーが名を連ねた。対象を大坂の庶民としたことから、壁書《かべがき》には「学問は職業（商売）を勤めるためのもの。その方針なので、書物を持たずに講義を聞きにきてもよい。また、やむを得ない要件がある時は、講義の途中で退出しても構わない」として、自由な学風を謳《うた》った。「懐徳堂」は、明治二年（一八六九）まで、大坂の民間教育に大きな役割を果たした。

懐徳堂門下も講師を務めた大坂・平野の郷学・含翠堂の講義風景（『摂津名所図会』）

【この年の出来事】

**1・13** 英一蝶歿（73）。
**1月** 幕府、廻船問屋に大坂から江戸への米など11品目の積荷数量の報告を指示。
**2・15** 幕府、米価下落のため諸物価引き下げを指示。
**2月** 京都で暴風雨。
**3・21** 大坂南堀江から出火、市街の大半となる408町、1万1765戸焼失（妙知焼）。
**閏4・23** 幕府、用水・境界・質地などに関する訴訟規定を制定。
**5・9** 前田綱紀歿（82）。
**5・10** 京都四条北の芝居小屋から出火、南北祇園町ほぼ全焼。
**5・13** 名古屋城下で大火。6000余戸焼失。
**5・20** 幕府、瓦葺の土蔵造りを奨励。
**5月** 江戸人口調査により、町方64万9000余人と判明。
**5月** 幕府、江戸の米・水油など22品目の問屋に

佐渡守）

**◉京都町奉行**
**東**
河野通重（勘右衛門・豊前守）
小浜久隆（志摩守）
**西**
本多忠英（勘右衛門・筑後守）

**◉大坂城代**
酒井忠音（讃岐守）

**◉大坂町奉行**
**東**
鈴木利雄（飛驒守）
**西**
北条氏英（安房守）
松平勘敬（孫大夫・日向守）

**◉長崎奉行**
石河政郷（三右衛門）
日下部博貞（作十郎）

**◉若年寄**
大久保常春（佐渡守）
石川総茂（近江守）
松平乗賢（能登守）
水野忠定（壱岐守）

**◉側用人**
松平輝貞（右京大夫）

## 江戸で、札差の百九人に限定して株仲間を結成させる　七月二十一日

事件災害

幕府は、江戸の札差《ふださし》百九人を指定し、株仲間《かぶなかま》を結成させるとともに、彼らに限って札差業を許可することにした。これは札差業者による野放図《のほうず》な高利の貸し付けを制限するのが狙いだった。札差とは、幕府から幕臣（旗本、御家人など）に対して支給される禄米《ろくまい》を、幕臣の代理人となって受け取り、売り捌きまで引き受けた商人のこと。その際、代理人はその名を記し、割り竹に挟んで蔵役所の藁《わら》苞《づと》（米俵）に差したことから、この名が起こった。幕臣の多くは、禄米を得てもそれを売り払って換金することが容易でなかったことから、札差を利用した。利用すれば手数料がかかる。それは、禄米の受け取りの場合は、当初百俵につき金一分、売り捌きの場合は金二分だった。しかし、売り捌くといっても実際は札差の買い取りが多かったから、札差は大いに富むところとなった。このことから、札差は蔵米《くらまい》を担保にして幕臣に金銀を貸す金融業も兼ねるようになった。この場合の利息は、貸す方が強いからどんどん高利になっていった。そのことに歯止めをかけるものとして、今回の札差百九人限定による株仲間結成の指示があったのだ。株仲間は、天王組、片町組、森田組の三組に組織されることとなり、利息は年一割五分以下と規定された。

## 瓦葺の土蔵造りが奨励される　五月二十日

社会世相

江戸は、過密都市だった上に、消火設備が貧弱で、さらに家屋が木と紙でできていたことから、ひとたび火が出ると、たちまちのうちに類焼、大火となっていた。記録に残る最初の大火は、明暦三年（一六五七）一月の「明暦の大火」。この大火によって、江戸城の天守閣をはじめ、江戸市域は灰燼《かいじん》に帰し、焼死者も町方人口の三分の一にあたる十万人にも及んだ。こののち、天和二年（一六八二）にも大火があり（八百屋お七の火事）、元禄十一年（一六九八）にも大火があった（勅額《ちょくがく》火事）。火事は、このほかにも次々と起き続けたことから、幕府は火が出てからの消火体制の整備・充実（享保五年〔一七二〇〕の町火消の組合の改編など）のほかに、火が出る前の防火準備に取りかかった。

注目したのは民家の屋根の造りで、多くが柿葺《こけらぶき》（薄く削いだ板を重ね、その上に茅《かや》・藁《わら》・杉の皮などを用いた構造）で、すぐに燃え上がることから、これを瓦葺《かわらぶき》にするよう指導した。さらに、一般の蔵も土蔵《どぞう》造り（四面を土や漆喰《しっくい》で塗った倉庫）にするよう指導した。多大な費用がかかることから、多くの町人から抵抗があったが、政策は強く推し進められていった。

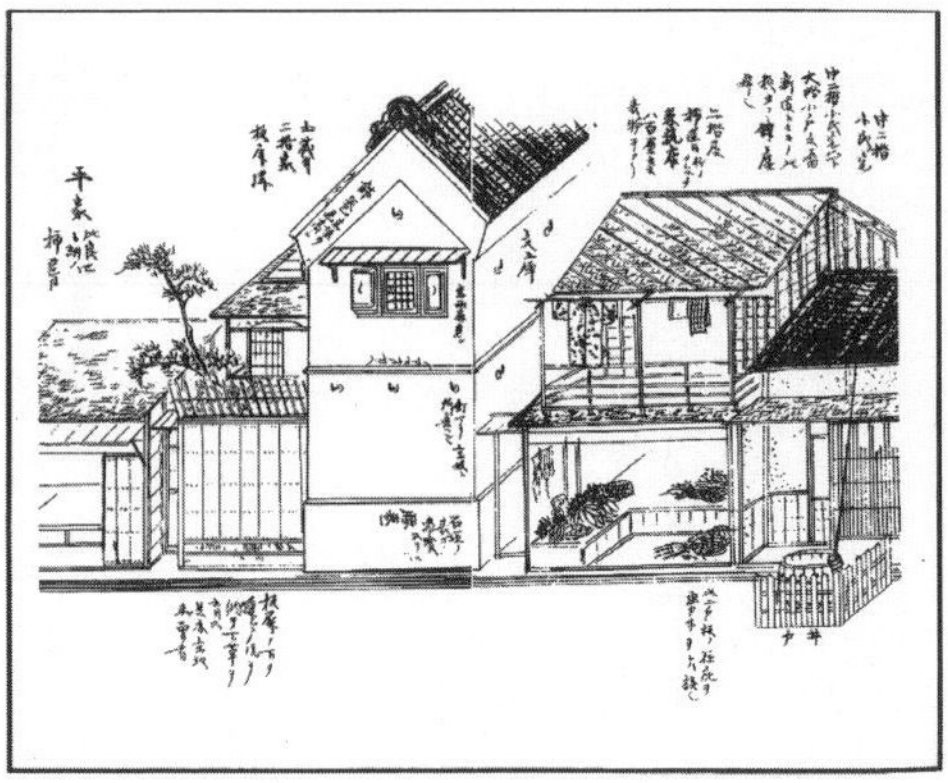

幕末の江戸の柿葺き平屋と、瓦葺き土蔵
（『守貞謾稿』）

組合結成を指示。
**5月**　大坂・京都・但馬で疫痢流行、死者多数。
**6・23**　幕府、諸大名・幕臣に倹約令を発布。
**7・4**　幕府、甲府勤番を創設。
**7月**　幕府、浅草蔵前の札差109人に株仲間結成を許可。
**9・8**　幕府、町人の武士への借金催促を禁止。
**11・28**　幕府、銭貨の買占めおよび切貨の騰貴を禁止。
**11月**　三宅石庵・中井甃庵ら、「懐徳堂」設立。
**12月**　幕府、町方の勘当者・欠落者の戸籍作成を通達。
**この年**　新井白石『読史余論』完成。

# 1725

# 享保十年

## 乙巳

**天皇▼中御門天皇**

**将軍▼徳川吉宗**（第八代）

**【主要幕閣】**

**◉老中**
戸田忠真（山城守）
水野忠之（和泉守）
安藤信友（対馬守）
松平乗邑（左近将監）
松平忠周（伊賀守）

**◉寺社奉行**
松平近禎（対馬守・相模守）
黒田直邦（豊前守）
本多忠統（伊予守）
小出英貞（信濃守）
太田資晴（備中守）

**◉勘定奉行**
駒木根政方（肥後守）
筧正鋪（平大夫・播磨守）
久松定持（大和守）
稲生正武（次郎左衛門・下野守）

**◉江戸町奉行**
**北** 諏訪頼篤（美濃守）
**南** 大岡忠相（越前守）

**◉京都所司代**
牧野英成（佐渡守）

## 大坂米相場会所を設置　十一月

政治経済

幕府は、江戸商人の紀伊国屋《きのくにや》源兵衛《げんべえ》ら三人に、大坂で米相場所を立てることを許可した。これは、幕府の米価操作への思惑と、大坂での利権を狙う江戸商人の思惑とが一致したことによる。この前提には、打ち続く米価安による武士階級の困窮と、米価をはじめとする相場の実権を大坂商人が握っていたことの二つが挙げられる。まず、米価安による武士階級の困窮だが、これは、元禄から享保にかけての新田開発、農法の改良などによる増産努力によって、米穀がダブつくようになったことによる。ダブつけば米価は下落する。これは、俸禄《ほうろく》が米で支払われる武士階級にとっては大きな痛手であり、それはそのまま生活の困窮に繋がっていった。幕府は、これに頭を悩ませていた。次いで、大坂商人による米価相場の独占問題だが、大坂は元禄以来の淀川《よどがわ》・大和川《やまとがわ》の改修により、淀川・琵琶湖水運と瀬《せ》戸内《とうち》水運の接点として、畿内・西国を中心に各地から物資が集まり、堂島《どうじま》の米会所《こめかいしょ》、天満《てんま》の青物市、雑喉場《ざこば》の魚市の三大市場が繁栄していた。特に米会場で立てられる相場は、全国の基準となっていた。このような前提があっての、江戸商人による大坂米相場会所の設置だったが、これまでの権益を守ろうとする大坂商人たちの執拗な反対によって、二年後の享保十二年（一七二七）二月に、この会所は廃止となった。

雑喉場魚市（『摂津名所図会』）

## 芝居茶屋の始まり　二月四日

文化思想

江戸の木挽《こびき》町五丁目の海岸通りに並ぶ三十五軒の水茶《みずぢゃ》屋《や》が、町奉行に芝居茶屋としての営業許可を願い出て許可された。茶屋とは、客に飲食・遊興をさせることを業とする店のことで、相撲を見ながらの相撲茶屋、遊客を妓楼《ぎろう》に案内（斡旋《あっせん》）する引手《ひきて》茶屋などがあった。水茶屋は、旅人や、神社などを参詣する人たちを相手とする、ごく一般的な茶屋だった。そうした茶屋の主人は、早朝に家を出て葭簀《よしず》張りの茶屋へ向かい、夕方には店を閉めて帰る、というのが日常だった。そんな時、芝居小屋が幕府の防火対策の方針もあって、火に強い土蔵《どぞう》造りとなった。そこで、江戸でも名のある芝居小屋の周辺の茶屋は、これまでの葭簀張りの茶屋から、芝居小屋と同様の塗り壁の茶屋にしたいと幕府に願い出て許可されたのである。このことから、

**【この年の出来事】**

**2・4**　江戸木挽町の水茶屋35軒が芝居茶屋としての営業許可を受ける。
**2・14**　江戸青山久保町から出火、赤坂・四谷・市ヶ谷・牛込・小石川・下谷金杉まで延焼。
**2・26**　富山藩氷見で大火。1000余戸焼失。
**3・24**　幕府、大判を改鋳（享保大判）。
**3・27**　将軍吉宗、下総国小金原で大規模な鹿狩を実施。
**5・19**　新井白石歿（69）。
**6月**　幕府、追放刑と立入禁止地について規定。
**7・1**　幕府、武蔵国多摩・高麗2郡の開墾を命令。
**7・5**　幕府、御家人の目安箱への投書を禁止。
**7・8**　荻生徂徠、朱佩章献上の『楽書』を校閲。
**7・28**　松本藩主水野忠恒、江戸城中で長州藩主毛利師就を刃傷。翌日改易。
**この夏**　対馬で痘瘡流行。

**◉京都町奉行**
**東** 小浜久隆（志摩守）
**西** 本多忠英（勘右衛門・筑後守）
**◉大坂城代**
酒井忠音（讃岐守）
**◉大坂町奉行**
**東** 鈴木利雄（飛騨守）
**西** 松平勘敬（孫大夫・日向守）
**◉長崎奉行**
石河政郷（三右衛門）
日下部博貞（作十郎）
**◉若年寄**
大久保常春（佐渡守）
石川総茂（近江守）
松平乗賢（能登守）
水野忠定（壱岐守）
本多忠統（伊予守）
**◉側用人**
松平輝貞（右京大夫）
石川総茂（近江守）

芝居の時間に合わせて夕刻過ぎまで営業する芝居茶屋が生まれることとなった。江戸の木挽町五丁目は、今日の東京都中央区東銀座。伝統ある歌舞伎座が建っている辺りから、新橋へ向かう一帯である。

## 吉宗、鹿狩を観戦　三月二十七日　事件災害

鷹《たか》場《ば》制度を復活し、江戸十里四方を鷹場にした吉宗は、この日、下総小金原《こがねはら》（現、千葉県柏市・松戸市）で、大規模な鹿狩《ししがり》を観覧した。鹿狩は、鷹狩と並んで吉宗の愛好した遊戯だが、この日は本人が行なうのではなく、諸士の動きの観戦である。吉宗一行は、深夜（午前二時頃）に江戸城を出発。両国橋で舟に乗り、夜が明けかかる頃に小金原へ到着した。しかしこの時、吉宗は鹿狩に集う諸士を見て仰天した。鹿狩に出てきた武士の中には、草鞋《わらじ》の履き方も知らず、腰の絡《から》げ方も怪しい者が目立ち、やがて鹿を追って原野を走る時には婦女子のように弱々しい者も少なくなかったからだ。それればかりか、小金原での狩への参加に際して、妻子と別れの盃を酌《く》み交わした者もいたという。さらに吉宗が、将軍警護にあたる番士の乗馬を見たところ、番士の中には全く騎馬の経験がなく、馬はただひたすら土手の草を食べているばかりという有様。吉宗は、元禄以降の、世の中の泰平ぶりを目の当たりにして愕然《がくぜん》としたといわれている。

## 農村人口の減少が次第に明らかになる　社会世相

この頃から、将軍吉宗の耳に、地方の農村の良からぬ噂が入り始めていた。情報を提供したのは、吉宗が地方の動静を探るために職制として用いた「御庭番《おにわばん》」。御庭番は、地方で配布されている数枚の鬼絵《おにえ》（絵解きのチラシ）を吉宗に見せた。それには、出産の折に産婆《さんば》が生まれたばかりの嬰児《えいじ》の首を絞めて窒息《ちっそく》死させている様子が描かれていた。生まれてくる子供の間引《まび》きをリアルに描くことによる、「このようなことをしないように」との啓蒙《けいもう》のためのチラシだった。実際、その鬼絵にあるように、地方の農村では、農法の改良によって米穀の収穫が上がる一方で、幕府の租税取り立ての厳しさから、食扶持《くいぶち》を減らすための間引きが日常的に行なわれていた。そして、それは人口減少へと繋がっていた。例えば、延宝四年（一六七六）から天明六年（一七八六）にかけての、ほぼ百年間の会津藩の人口統計によれば、享保元年（一七一六）までは微増だが、この年を境にして、以降の人口は減少の一途をたどっている。江戸でも、その少子化による人口減が次第に明らかとなり始めたことから、吉宗はこの年、正確な人口調査に乗り出すことにしたのである。

間引き図（『拉児戒教之草』）

秋まで続く。
**9・17** 浜田城下で大火。町屋1391棟など焼失。
**10・5** 長崎・平戸で大地震。
**10・6** 幕府、享保大判金を新鋳。元禄大判金の通用を12月1日までと通達。
**10月** 幕府、諸国代官所の諸経費について規定し、口米制を廃止、蔵納め制に変更。
**11・15** 幕府、出雲大社造営の勧進を許可。
**11月** 幕府、米価下落防止のため、江戸・大坂の商人3名に買米を許可、また大坂に米会所設立を許可。
**11月** 幕府、定助郷と大助郷の区別を廃止。
**12・3** 幕府、池上本門寺住職に紫衣着用を許可。
**この年** 春から秋まで全国的に天候不順、不作。餓死者多数。

# 1726
# 享保十一年

丙午

天皇▼中御門天皇

将軍▼徳川吉宗（第八代）

## 年貢増徴策を正確に推し進めるための「新田検地条目」が発令される　八月

政治経済

幕府は、各地に次々と誕生する新田の実態を正確に把握するため「新田検地《しんでんけんち》条目《じょうもく》」を発令した。これは、享保七年（一七二二）に定められた「新田開発令《しんでんかいはつれい》」を年貢増徴のために、より具体化したもの。

幕府は、これまでいろいろな手段を講じて新田開発に取り組んできた。それは、年貢増徴の柱ともいうべきもので、その奨励策によって各地に次々と新田が誕生した。それはいいのだが、それまで何もなかったところに新田がまったく新しい田として誕生するのなら、税の対象として問題はない。しかし、本田に隣接する地を拡大した場合は新田となるのか本田扱いのままなのか、休田を改めて開発した場合はどうなのか、といった問題が起きてきた。

そこで幕府は、元禄前の開発地を本田、元禄期から享保十一年（一七二六）までの開発地を古新田《こしんでん》、このあとを新田と規定する三十二ヶ条からなる「新田検地条目」を発令した。

この条目は、こののちの新田開発の基準となり、幕領だけでなく、藩領にも適用されていった。

【主要幕閣】

◉老中
戸田忠真（山城守）
水野忠之（和泉守）
安藤信友（対馬守）
松平乗邑（左近将監）
松平忠周（伊賀守）

◉寺社奉行
黒田直邦（豊前守）
小出英貞（信濃守）
太田資晴（備中守）

◉勘定奉行
駒木根政方（肥後守）
筧正鋪（平大夫・播磨守）
久松定持（大和守）
稲生正武（次郎左衛門・下野守）

◉江戸町奉行
北
諏訪頼篤（美濃守）
南
大岡忠相（越前守）

◉京都所司代
牧野英成（佐渡守）

◉京都町奉行
東
小浜久隆（志摩守）

## 将軍吉宗、オランダ式の馬術を観覧　三月一日

文化思想

吉宗は、江戸城内の吹上御所《ふきあげごしょ》でオランダ人のハンス・ケイズルらの乗馬ぶりを観覧したが、この観覧には前段階があった。吉宗は無類の鷹狩《たかがり》好きで、愛馬「亘《わたる》」に跨《また が》り、颯爽《さっそう》と山野を駆け巡っていた。そんな時、長崎のオランダ商館員に西洋馬術が巧みなケイズルという人物がいるとの報せが入ってきた。吉宗は、すぐさま馬役人の富田《とみた》又左衛門《またざえもん》を長崎に派遣。富田にケイズルによる西洋馬術を学ばせたのだが、江戸に帰ってきた富田の説明を聞いても、全く要領を得ない。そこで吉宗は、強引にケイズルを江戸に召喚《しょうかん》。そしてこの日の観覧となったという次第だ。しかし、吉宗はなお要領を得なかった。ケイズルも納得がいかなかった。その原因は、馬種の違いだった。吉宗が乗る馬は、日本に古くから伝わる脚の短いロバに近い馬だったが、ケイズルが乗る馬は、ペルシャ産の、今日でいうサラブレッドに近い種だったのだ。このことがわかって吉宗は、すぐさま西洋馬を輸入することにした。こののち、二十七頭のペルシャ馬が日本に到着、各牧場に配されて、脚が長く体格の良い馬が育っていったのである。

『異国産馬図巻』（江戸後期）

【この年の出来事】

**2・19**　幕府、諸国に第2回人口調査実施を指示。

**2・29**　勝山藩で大風雨。山崩れによる死者多数。

**3・1**　将軍吉宗、江戸城内でオランダ馬術を観覧。

**3・4**　佐賀城下で大火。佐賀城焼失。

**3・4**　久留米城下で大火。城下の大半4230戸焼失。

**3・19**　越前勝山の弁慶ヶ岳で地震。土石が川を堰き止め洪水となり、死者多数。

**4月**　幕府、江戸市中の水油・木綿などの問屋に帳簿15品目書改の提出を指示。

**5・24**　江戸町奉行、永代橋渡銭の徴収を許可。

**6・7**　将軍吉宗、「懐徳堂」を官許学問所に公認、諸役を免除。

**7・28**　江戸城内で刃傷事件が起こる。

**8月**　幕府、年貢徴収を目的として新田検地条目

**西**
本多忠英（勘右衛門・筑後守）

**●大坂城代**
酒井忠音（讃岐守）

**●大坂町奉行**
**東**
鈴木利雄（飛騨守）
**西**
松平勘敬（孫大夫・日向守）

**●長崎奉行**
石河政郷（三右衛門）
日下部博貞（作十郎）
三宅康敬（大学）

**●若年寄**
大久保常春（佐渡守）
石川総茂（近江守）
松平乗賢（能登守）
水野忠定（壱岐守）
本多忠統（伊予守）

**●側用人**
松平輝貞（右京大夫）
石川総茂（近江守）

## 津山藩で、農民五千人の山中一揆が起きる　十二月四日

事件災害

津山藩の山間地帯で、大規模な農民一揆が起きた。この一揆の発生地が美作国《みまさか》山中地方（現、岡山県真庭市）だったことから、「山中一揆《さんちゅう》」と呼ばれている。一揆が起きる原因は、一般的には飢饉《ききん》などによる減収にも関わらず行なわれる苛酷《かこく》な年貢米の取り立てに抗して、農民が謀議して立ち上がる……といったものが多い。ところが、この山中一揆は違っていた。飢饉ではなく、津山藩主の松平《まつだいら》浅五郎《あさごろう》の急病死が発端だった。藩主が死に、跡継ぎが居なければ、場合によっては改易《かいえき》（所領や家禄などが没収されること）となる。その不安から津山藩は急遽、農民に対して年貢の増徴だけでなく、前納をも通告し、これを強制実施しようとしたのだ。これに対して百姓は怒り、徳右衛門《とくえもん》らを主謀者として一揆を起こしたのだ。これに五千人もの百姓が参加、村役人の屋敷を火器などを用いて打ち壊した。これに驚いた藩は、年貢増徴の撤回、村役人の罷免などの案を出して一揆の鎮静化を図ったが、一揆の勢いは鎮まらない。そこで藩は、一揆に対する武力弾圧を決意。武装した五百余名の藩兵を山中地方に送り込んだ。これに一揆勢も武装して対抗したが、翌年一月、徳右衛門らは捕縛され、一揆勢は同月下旬までに壊滅した。

## 松井源水の独楽廻しが人気に　十二月

社会世相

独楽《こま》廻しの名人・松井源水《まついげんすい》が、浅草の浅草寺《せんそうじ》本堂で将軍家世子長福丸《ながとみまる》（のちの九代将軍家重《いえしげ》）の上覧を得て、独自の芸を披露、一躍人気者となった。松井源水の出自ははっきりしないが、本人の言によれば祖先は越中の出身で、江戸に出てきたのは延宝・天和の頃（一六七三―八一頃）というから、江戸時代前期だ。源水の芸は、当初は独楽廻しではなく、枕返し《まくらがえ》（木枕を重ねたまま、それを手の甲に載せて種々の曲芸をする遊戯）を演じていた。それも、あくまでも品物を売るための人集めの芸で、源水はそれを演じながら歯磨粉《はみがきこ》を売っていた。だが、枕返しだけでは飽きられてしまう。そこで源水は、枕返しを演じる一方で曲独楽《きょくごま》を始めた。曲独楽は、元禄期（一六八八―一七〇四）に流行した博多曲独楽を元としているが、源水はこれを巧みに採り入れてアレンジし、扱う商品も歯磨粉から、漢方薬として著名な「反魂丹《はんごんたん》」に変えた。すると、「反魂丹」の売り上げもさることながら、源水の口上と巧みな独楽廻しの芸で人気が急上昇。この噂が高まったことから、将軍家世子長福丸の上覧を得るまでになったのである。のちに独楽廻しは、物売りの前口上ではなく専門の芸人を輩出するようになり、屋敷内で優雅に独楽を廻す曲芸となっていくようになるのである。

1867年にロンドンで公演した松井源水
（『イラストレイテドロンドンニュース』）

32か条を制定。
**9・11**　幕府、松江・薩摩など15藩に清国密貿易船打ち払いを指示。
**9月**　幕府、上総国東金の新開墾地への入植者を募集。
**10・9**　幕府、桂川甫筑にオランダ薬品の精製を指示。
**12・4**　津山藩山中地方の百姓ら５０００余人、年貢増徴に反対し一揆（山中一揆）。
**12・7**　幕府、江戸市中の辻駕籠数の制限を解除。
**12・15**　幕府、大坂米会所を廃止。
**12月**　幕府、米価下落・物価高騰により、物価引き下げを指示。
**12月**　松井源水の独楽廻しが人気。
**この年**　江戸地廻米穀問屋仲間創設。

# 1727

# 享保十二年

丁未

天皇▼中御門天皇

将軍▼徳川吉宗（第八代）

**【主要幕閣】**

**◉老中**
戸田忠真（山城守）
水野忠之（和泉守）
安藤信友（対馬守）
松平乗邑（左近将監）
松平忠周（伊賀守）

**◉寺社奉行**
黒田直邦（豊前守）
小出英貞（信濃守）
太田資晴（備中守）

**◉勘定奉行**
駒木根政方（肥後守）
筧正鋪（平大夫・播磨守）
久松定持（大和守）
稲生正武（次郎左衛門・下野守）

**◉江戸町奉行**
**北** 諏訪頼篤（美濃守）
**南** 大岡忠相（越前守）

**◉京都所司代**
牧野英成（佐渡守）

**◉京都町奉行**
**東** 小浜久隆（志摩守）

## 吉宗、儒学者の荻生徂徠を召して意見を聞く　四月一日

政治経済

吉宗は、在野の儒学者《じゅがくしゃ》・荻生徂徠《おぎゅうそらい》を江戸城に呼んだ。これは、荻生徂徠が幕政に対する様々な意見を盛り込んだ書、『政談《せいだん》』を刊行したことを知ったことによる。その『政談』には、次のようなことが書かれていた。

①幕府の職制は簡素にすべきである。責任を負う人物は一人にすること。そうしなければ、派閥が出来て仕事が捗《はかど》らなくなる。

②全ての職の記録を公《おおやけ》にし、明確にすべきである。これまで職務に関する記録は、その職を長く務めた人物が手控えとして個人的に書き留めて保管し、秘事口伝《ひじくでん》的な方法で用いられてきたが、このようなことを改めなければ幕政は捗らない。

③役人は忙しすぎる。これは、ムダなことに没頭しているからだ。

荻生徂徠

このほかにも、地方知行《じかたちぎょう》制の復活、参勤交代《さんきんこうたい》の弊などが詳述されていた。これらはしかし、意見書というよりも、幕府に対する批判書とも受け取られかねないことから、荻生徂徠は、弟子たちには関係なく、徂徠一人が書いた、と巻末に記している。しかし、徂徠の心配をよそに、吉宗はこの意見に注目。とりわけ②に注目して、のちの幕府の公文書《こうぶんしょ》管理が明確化していったのである。

## 建部賢弘が江戸近郊の絵図を完成。吉宗から賞せられる　十二月二十四日

文化思想

建部《たけべ》賢弘《たかひろ》は測量絵師だったが、単なる測量絵師ではない。和算《わさん》の関孝和《せきたかかず》に学び、のちに六代将軍家宣《いえのぶ》となった甲府藩主の徳川綱豊《つなとよ》から七代家継《いえつぐ》、そして八代吉宗に仕えた右筆《ゆうひつ》だった。その理数に優れた分析が評判を呼び、賢弘が開いた私塾には、諸大名が競って家臣を入塾させるほどだった。そんな賢弘に、地理に興味を持つ吉宗は、八年前の享保四年（一七一九）、日本の全体地図（「日本総絵図」）の作製を命じていた。そして四年後の享保八年（一七二三）、賢弘は地図を完成させたのだが、それは従来の正保期（一六四四―四八）・元禄期（一六八八―一七〇四）に作製された絵図を手直ししたものに過ぎず、とりたてて見るべきものはなかった（日本全体の地図は、こののち八十余年を経て、伊能《いのう》忠敬《ただたか》による「大日本沿海輿地全図《だいにほんえんかいよちぜんず》」の完成まで待つことになる）。しかし、この年に賢弘が完成させたものは、従来のものより数段正確であり、特に江戸近郊の測量に関しては精緻《せいち》を極めていたことから、吉宗は大いに喜んだ。そして賢弘を召し、時服《じふく》（その季節に合った衣服）を授けて、これを賞した。

**【この年の出来事】**

**2・15** 高知城下で大火。高知城全焼し、4200余戸焼失。
**2・19** 京都および近国で大風雨。死者多数。
**2・25** 白木屋お駒、密通相手の手代と自分の母親と共謀して夫の殺害をはかり、処刑（戯曲『恋娘昔八丈』のモデル）。
**2月** 幕府、江戸両替商3人を大坂御蔵米為替御用に任命、堂島永来町御用会所開設を許可。
**3・8** 幕府、旗本の持参金つき養子縁組みを禁止。
**4・1** 荻生徂徠、将軍吉宗に拝謁。
**5月** 幕府、江戸中橋に菜種買問屋を設置。
**6月** 幕府、水害防止のため利根川・江戸川・小見川・荒川の堤に家屋を建造することを禁止。
**7・20** 江戸で大雨、洪水。死者多数。
**7・24** 中津藩東屋方村の百姓700余人、宇佐郡幕

長田元隣（三右衛門・越中守）
西
本多忠英（勘右衛門・筑後守）
**◉大坂城代**
酒井忠音（讃岐守）
**◉大坂町奉行**
**東**
鈴木利雄（飛騨守）
**西**
松平勘敬（孫大夫・日向守）
**◉長崎奉行**
日下部博貞（作十郎）
三宅康敬（大学）
渡辺永倫（外記）
**◉若年寄**
大久保常春（佐渡守）
石川総茂（近江守）
松平乗賢（能登守）
水野忠定（壱岐守）
本多忠統（伊予守）
**◉側用人**
松平輝貞（右京大夫）
石川総茂（近江守）

## 白木屋お駒（熊）処刑される　二月二十五日

事件
災害

江戸町奉行の大岡忠相《おおおかただすけ》は、不義密通《ふぎみっつう》のうえ、嘱託《しょくたく》殺人まで犯した白木屋《しろきや》の娘のお駒《こま》（熊）に対して、江戸引き廻しの上、死罪を命じた。この判決は、ほとんどが架空の話とされている『大岡政談《おおおかせいだん》』の中で唯一、本当に大岡忠相が裁いた事件だった。

事件は複雑だった。まず登場するのが、材木商の白木屋の主人・庄三郎。庄三郎は事件には直接関係がないのだが、その娘にお駒がいた。お駒は美人で評判だったが、年頃になると手代の忠八《ただはち》とただならぬ仲になってしまった。見兼ねた庄三郎は、娘のお駒に正式に婿《むこ》を取らせることにした。その婿となったのが、大伝馬《おおでんま》町《ちょう》川喜田《かわきた》の又四郎《またしろう》。この又四郎が被害者となる。又四郎は持参金五百両で婿入りしたが、小男で風采《ふうさい》が上がらない。そこでお駒は、この五百両を得たのち、忠八と謀って又四郎を殺害することを考えた。

『大岡政談』「恋娘昔八丈」のお駒

しかし自分で殺すわけにはいかない。そこで、下女《げじょ》のきくに金品を与えて殺害を依頼した。請け負ったきくは、殺害に失敗して全てを白状。その結果、大岡忠相は、きくを死罪、忠八を引き廻しの上で獄門《ごくもん》、お駒を引き廻しの上で死罪という判決を下した。

## 幕府の新田開発奨励で、飯沼新田などの開発成る　十月十五日

社会
世相

飯《いい》沼《ぬま》新田は、利根川《とねがわ》と鬼怒川《きぬがわ》の合流地点の北西部（現、茨城県東茨城郡茨城町）に広がる地域を干拓した新田。この辺りは「飯沼」の名にもあるように沼地だった。この地の開発については、その数年前から様々な試みがなされていたが、周辺の地権者たちの思惑も絡んで、開発は一向に進まなかった。

そのような時、尾崎村の名主・左平太《さへいた》が江戸に出て、たまたま日本橋に立てられていた新田開発奨励の高札《こうさつ》を見たことから、事態は一気に変わった。幕府のお墨付きがあるというのであれば、話は違ってくる。

左平太らは早速開発願書を江戸北町奉行の中山時春《なかやまときはる》に提出。これを受けて幕府も、紀州藩の井沢為永《いざわためなが》を派遣し、開発が進められた。経費の一万両は井沢の願いによって幕府が貸与することとなり、排水・沼地干拓・用水路整備などが行なわれ、この日、完成した。工事終了後の検地の結果、新田の総面積千五百二十五町余、石高一万四千三百八十三石余の数字がはじき出されたが、この時期、こうした新田開発が急増していたのである。

領へ逃散。
**7・26** 幕府、通商を求めて長崎に来航したカンボジア使節に信牌を与える。
**9・1** 対馬に朝鮮語学校開校。
**9月** 幕府、大坂町奉行所門前に目安箱を設置。
**10・15** 幕府の新田開発奨励により、飯沼新田完成。
**11・6** 幕府、江戸市中辻番所の町人請負制を廃止。
**12・24** 建部賢弘、江戸近郊の絵図を完成。
**この年** 将軍吉宗、薩摩藩士落合孫右衛門に浜御殿での甘蔗栽培を指示。
**この年** 荻生徂徠『徂徠先生答問書』『鈐録』完成。

# 1728 享保十三年

戊申

天皇▼中御門天皇

将軍▼徳川吉宗（第八代）

**【主要幕閣】**

◉老中
戸田忠真（山城守）
水野忠之（和泉守）
安藤信友（対馬守）
松平乗邑（左近将監）
松平忠周（伊賀守）
大久保常春（佐渡守）
酒井忠音（讃岐守）

◉寺社奉行
黒田直邦（豊前守）
小出英貞（信濃守）
太田資晴（備中守）
井上正之（河内守）
土岐頼稔（丹後守）

◉勘定奉行
駒木根政方（肥後守）
筧正鋪（平大夫・播磨守）
久松定持（大和守）
稲生正武（次郎左衛門・下野守）

◉江戸町奉行
北
諏訪頼篤（美濃守）
南
大岡忠相（越前守）

◉京都所司代
牧野英成（佐渡守・

## 吉宗が、日光社参　四月十七日

政治経済

八代吉宗がこの日、初代家康の眠る日光の東照宮《とうしょうぐう》に社参《しゃさん》した。この社参は、元和三年（一六〇七）四月に二代秀忠《ひでただ》が、父家康の一周忌にその廟《びょう》を詣でたことに始まる。のちに三代家光《いえみつ》も社参。それは通算十回を数えた。四代家綱《いえつな》の代には二度あったが、その後は途絶えていた。五代綱吉《つなよし》、六代家宣《いえのぶ》も社参を行なわなかった。七代家継《いえつぐ》も、わずか七歳で歿したので行なっていない。それを吉宗が再開したのだから、六十五年ぶりということになる。吉宗は、二代秀忠が社参したルートに沿って日光に向かった。この日光社参には、譜代大名・旗本合わせて十三万三千人が参加。加えて人足が二十二万八千人、用いた馬は三十二万六千頭。幕府はこれに二十万両も投じたとされているから、極めて大規模なものだった。倹約《けんやく》の吉宗からすれば考えられない数字だが、これは吉宗なりの幕府の権威発揚《はつよう》の催しだったとされている。というのも、この日光社参には、黒印状《こくいんじょう》が用いられているからだ。

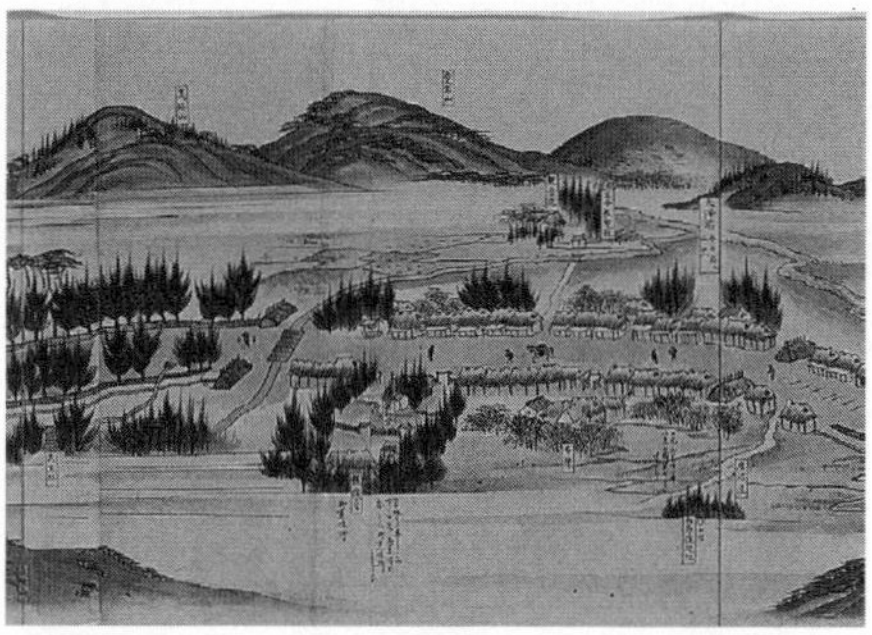

天保14年、家慶の日光道中（「日光道中絵図」）

黒印状とは、将軍が諸大名の軍事行動を承認する許可状のこと。吉宗は、これを譜代大名と旗本だけに発し、外様大名には発しなかった。吉宗の日光社参は、徳川勢力を総動員することで、幕府の権威を外様大名たちに見せつける軍事行動だったといえる。

## 玉菊灯籠の始まり　七月

文化思想

この年の夏から、江戸の吉原仲之町《よしわらなかのまち》の茶屋で、娼妓《しょうぎ》・玉菊《たまぎく》の三回忌の供養をするため、灯籠《とうろう》に火を入れて出すことが始まり、新しい吉原名物となった。七月一日から十二日までは揃いの灯籠を出し、十三日・十四日の夜は灯籠なしで過ごし、十五日からはそれぞれの家で好みの灯籠を出した。十五日からの灯籠を「二の替り」と称して、娼妓たちの張見世《はりみせ》もいつもより遅らせ、灯籠見物の賑わいを盛り上げた。

吉原の灯籠（『青楼年中行事』）

この玉菊は、中萬《なかまん》字屋《じや》の娼妓で、美人で愛嬌があったから、大変な売れっ子としてもてはやされていた。出る茶屋はもちろん

**【この年の出来事】**

**1・19** 荻生徂徠歿(63)。
**2・2** 幕府、紅葉山文庫の蔵書整理を開始。
**3・17** 幕府、神田周辺の旗本・御家人屋敷の瓦葺を奨励し、市街中心部に新改築の際の茅葺を禁止。
**4・17** 将軍吉宗、日光社参を挙行。
**4・18** 将軍吉宗、侍臣を上野国「足利学校」に派遣し典籍調査を実施。
**4月** 幕府、全国の幕領代官に、年貢徴収法への定免制の採用を通達。
**4月** 幕府、江戸の下金買・屑金吹商に対し、屑金属の売買規定を制定。
**6・13** 幕府が輸入したベトナム象2頭、長崎に到着。
**6月** 大坂の米仲買604人、御用会所の廃止、延売買の公認を求め勘定奉行に嘆願。
**7月** 吉原角町の名妓玉菊の三回忌に灯籠が出され、吉原年中行事となる。

河内守）

◉**京都町奉行**

**東**

長田元隣（三右衛門・越中守）

**西**

本多忠英（勘右衛門・筑後守）

◉**大坂城代**

酒井忠音（讃岐守）

堀田正虎（伊豆守）

◉**大坂町奉行**

**東**

鈴木利雄（飛騨守）

**西**

松平勘敬（孫大夫・日向守）

◉**長崎奉行**

三宅康敬（大学）

渡辺永倫（外記）

◉**若年寄**

大久保常春（佐渡守）

松平乗賢（能登守）

水野忠定（壱岐守）

本多忠統（伊予守）

太田資晴（備中守）

◉**側用人**

松平輝貞（右京大夫）

石川総茂（近江守）

のこと、そのほかに呼ばれた茶屋でも過分なまでの心付けがあったほどで、吉原仲之町で玉菊をもてはやさない者はいなかった。そんな玉菊だったが、享保十一年（一七二六）の夏、突然病に伏し、そのまま帰らぬ人となった。その突然の死を悼み、茶屋の人たちが切子《きりこ》灯籠を出して弔ったところ、玉菊を知る人々が集まり、三回忌にはもっと多くの人たちで火を灯して玉菊を偲ぼうということになって、玉菊灯籠が始まったのである。

## 享保の大洪水起きる　九月二日

事件災害

この年、関東各地で大雨が降り、大洪水となって、各地に被害が拡大した。

八月二十九日に関東地方に降り出した雨は勢いを増し、九月一日には豪雨となり、二日にはさらに北風も加わって大暴風雨となり、人々が密集する江戸では、多大な被害が発生した。特に小日向《こひなた》・目白下・関口水道町《せきぐちすいどうちょう》・古川町・改代町《かいたいちょう》など（現在の江戸川橋から飯田橋に至る神田川沿い）から濁流が溢れだし、小日向筋の武家屋敷、町家、寺社などを浸した。町家では、床上に空き樽を並べて何とか浸水を防ごうとしたが、洪水はそれをあざ笑うかのように天井にまで及び、たまらず天井を突き破って棟木《むなぎ》に縋《すが》って救助を求める人は数万人に達したほどだった。また、目黒川も六《ろく》郷川《ごうがわ》も氾濫《はんらん》し、品川方面では濁流が逆巻き、ここでも洪水は町家を直撃。溺死する人は数知れず、といった様子で、死傷者は約三千五百人にのぼった。

## 長崎に交趾の象が到着　六月十三日

社会世相

吉宗は、異国人や彼らが献上する品々に強い好奇心を抱いていた。中でも外国馬・犬・火食鳥《ひくいどり》・麝香猫《じゃこうねこ》・孔雀《くじゃく》・駝鳥《だちょう》・七面鳥《しちめんちょう》・インコ・九官鳥《きゅうかんちょう》などには大いに喜び、さらに象の献上を求めた。オランダ人はさすがにこの要求には応えられなかった。このことを知った中国人商人の鄭大成《ていたいせい》が、交址《こうち》（ベトナム北部）から七歳と五歳の雌雄二頭の象および象使いを率いて、この日、長崎に到着した。日本に象が来たのは、応永十五年（一四〇八）の南蛮船来着以来、三百二十年ぶりのことだったから、誰もがその巨大さにびっくりした。メスは到着後にすぐ死んでしまい、オスだけが江戸を目指してゆっくりと歩んだ。途中の京都では中御門《なかみかど》天皇に拝謁するため、「従四位《じゅしい》」が授けられた。翌享保十四年五月二十五日に江戸へ着いた象は、桜田門《さくらだもん》から江戸城へ入城。五月二十七日、城内で吉宗の観覧に供された。この象は、のちに浜御殿《はまごてん》で飼育されたが、巨額の飼育費から、幕府は払い下げを布告。しかし譲渡先が決まらず、十三年間も浜御殿で飼われたのち、多摩郡中野村（現、東京都中野区）の富農・源助が譲り受けたが、寛保二年（一七四二）十二月に死んでしまった。

「[享保十四年渡来]象之図」

**8月**　幕府、暦本への節季記載を推奨。

**9・2**　江戸で大風雨、洪水（享保の大洪水）。両国橋・昌平橋など流失し、神田祭が11月に順延。

**9・3**　幕府、盲僧の官位・院号を禁止。

**9・20**　飛騨の幕領103か村の農民、凶作のため増課の中止を求め一揆。12月に、訴え認められる。

**9・21**　幕府、京、大津での米会所設置を許可。

**11・8**　薩摩の若潮丸、大坂への航海中に漂流。翌年カムチャッカ半島に漂着。

**12・1**　幕府、江戸商人設立の堂島御用会所を廃止。

**12・14**　幕府、灯油・蝋燭への唐胡麻油の使用を許可、関八州に唐胡麻栽培を奨励。

# 1729

# 享保十四年

## 己酉

**天皇▼中御門天皇**

**将軍▼徳川吉宗**（第八代）

**【主要幕閣】**

**◉老中**
戸田忠真（山城守）
水野忠之（和泉守）
安藤信友（対馬守）
松平乗邑（左近将監）
酒井忠音（讃岐守）

**◉寺社奉行**
黒田直邦（豊前守）
小出英貞（信濃守）
井上正之（河内守）
土岐頼稔（丹後守）

**◉勘定奉行**
駒木根政方（肥後守）
筧正鋪（平大夫・播磨守）
久松定持（豊前守・大和守）
稲生正武（次郎左衛門・下野守）
松波正春（筑後守）

**◉江戸町奉行**
**北**
諏訪頼篤（美濃守）
**南**
大岡忠相（越前守）

**◉京都所司代**
牧野英成（河内守）

### 「天一坊事件」が起きる　四月二十一日

政治経済

天《てん》一坊《いちぼう》とは、山伏《やまぶし》の天一坊改行《かいぎょう》のこと。天一坊は、何を思ったか数年前から「私は、将軍吉宗の御落胤《ごらくいん》である」として、浪人たちを集めては、いずれ役儀《やくぎ》を与えると触れ回るとともに、庶民たちから金品を集めていた。このことに不審を抱いた関東郡代《かんとうぐんだい》の伊達忠達《だてただみち》が天一坊を取り調べたところ、これが全くの嘘であることが判明。勘定《かんじょう》奉行《ぶぎょう》の稲生正武《いのうまさたけ》のもとで裁決され、この日、天一坊には死罪だけでなく、獄門《ごくもん》までもが言い渡された。

この天一坊の嘘だが、その言い分を追ってみる。天一坊の言によれば、「将軍吉宗は紀州藩主時代、奉公に出ていた多くの女性に手をつけていたが、母もその一人であった。母は私を身籠《みごも》ったために実家へ帰され、そして私が生まれたのだが、のちに伯父から、その内に吉宗公からお尋ねがあるはずだと言い聞かされていた……」といった程度のもの。確たる証拠も何もない。この程度の話なのだが、のちに奉行が稲生正武から大岡忠相《おおおかただすけ》にすり替わって『大岡仁政《おおおかじんせい》録《ろく》』の一つとなり、講談になって面白おかしく流布していった。

芝居の大岡忠相と天一坊
（「天一坊大岡政談」明治の役者絵）

### 石田梅岩、京都で心学の講義を始める

文化思想

石《いし》田梅岩《だばいがん》が、この年、京都車屋町《くるまやちょう》の自宅に講席を開き、心学《しんがく》の講義を始めた。心学とは、梅岩が創唱した庶民教学。その説くところは、聖賢の心を知るにはまず自らの心を知れ、というもので、「心学」の名もこれに由来する。

梅岩は、学者の家に生まれたわけではない。丹波《たんば》の農家の出身で、十一歳の時、京都の商家に奉公。いったん帰郷して二十三歳の時に再び京都の商家黒柳《くろやなぎ》家《け》へ奉公に出た。以来二十年間を徒弟《とてい》・番頭《ばんとう》として働き、この間、神道《しんとう》・儒《じゅ》教《きょう》・仏教を独学で学び、思索を深めていった。そして奉公生活を終えたのち、思索の結果を町人に説くことを考えて、講席を開いたのである。梅岩の教えは神儒仏《しんじゅぶつ》の三教の折《せっ》衷《ちゅう》で、儒学は陽明学《ようめいがく》ではなく朱子学《しゅしがく》の傾向が強く、仏教も禅《ぜん》が優《まさ》っていたが、講義は平易で、「商人の利は、武士の禄と同じである」として、職能的平等性を説くとともに、日常生活の中での道徳の実践を提唱するものだったから、町人たちに広く迎え入れられていった。

**【この年の出来事】**

**2・5** 幕府、江戸城吹上苑で弓場始を再興。
**3月** 太宰春台『経済録』刊行。
**4・21** 幕府、将軍吉宗の落胤と称した罪により、源氏坊天一（天一坊）を品川鈴ヶ森で処刑。
**4・22** 幕府、並河永に『五畿内志』編纂を命令。
**4・28** 中御門天皇・霊元法皇、ベトナム象を観覧。象が従四位に叙せられる。
**4月** 幕府、米価下落のため米商人に買米を許可。
**5・19** 幕府、水腐地の米の取り扱いに関して浅草蔵奉行手代から礼金を受けた罪により、関東郡代伊奈忠達らを処罰。
**5・25** ベトナム象、江戸へ到着。27日、江戸城内で将軍吉宗が象を観覧。
**7・7** 能登・佐渡で大地震。能登で山崩れ1000余か所、倒壊家屋・死者多数。
**7・28** 鳥居清信歿（66）。

**◉京都町奉行**
**東** 長田元隣（三右衛門・越中守）
**西** 本多忠英（勘右衛門・筑後守）

**◉大坂城代**
堀田正虎（伊豆守）
松平信祝（伊豆守）

**◉大坂町奉行**
**東** 鈴木利雄（飛騨守）
稲垣種信（求馬・淡路守）
**西** 松平勘敬（孫大夫・日向守）

**◉長崎奉行**
三宅康敬（大学）
渡辺永倫（外記）
細井安明（藤左衛門・因幡守）

**◉若年寄**
松平乗賢（能登守）
水野忠定（壱岐守）
本多忠統（伊予守）
太田資晴（備中守）

**◉側用人**
松平輝貞（右京大夫）
石川総茂（近江守）

## 陸奥国で、夫食拝借一揆が起きる

事件 災害

陸《む》奥《つ》国の信夫《しのぶ》・伊達《だて》郡の幕領五十四ヶ村の農民たちが、貧窮のあまりに相語らい、夫食拝借《ふじきはいしゃく》を口々にして代官所に強訴《ごうそ》するという一揆《いっき》が起きた。

「夫食」とは、農民の食料のこと。夫食の中心は五穀や芋だが、幕府や領主は、これを、不作や災害などの影響で農業生産の維持が困難になった農民たちに対して、出願に基づいて貸し付け、合わせて農具類も貸し出し、農民たちの生活不安を取り除く施策を行なっていた。といっても、それは年貢取り立てを確かなものにするためのものでもあったわけで、それを「夫食貸《ふじきがし》」（種籾《たねもみ》などを貸す場合は「種貸《たねがし》」）と言っていた。夫食貸は、出願のあった村に役人が派遣されて吟味を行なったのち、農民に売るものがなく飢渇《きかつ》となることが確実な場合に実施され、十六歳から五十九歳までの男性には一日玄米二合、十五歳以下と六十歳以上の男性および女性には玄米一合が支給された。一般的には三十日分が貸し出され、さらに困窮が続くようであれば、出願に基づいて再貸付を行なうこともあった。返済は無利息で年賦による返納、年季は五年というのが一般的だった。陸奥国で起きた一揆は、この一見農民の側に立ったかに見える施策の裏にある重税に対する怒りから生まれたものである。農民たちが多大な犠牲者を出したことから、こののち幕府は年貢徴収の条件を緩和している。

## 幕府、関東の諸代官へ、農民に菜種栽培を奨励するよう指示　八月

社会 世相

幕府は、この月、殖産興業《しょくさんこうぎょう》の一環として、関東の諸代官に対して、農民による菜種《なたね》栽培の奨励を指示した。財政再建を目指す幕府は、これまで数々の政策を実施してきた。その第一は、農民に対して年貢率を引き上げることであり、それは最も手っとり早い方法だったが、上げ過ぎれば農民は、一揆、打ち壊し、逃散《ちょうさん》などで全く働かなくなり、財政再建などが覚束《おぼつか》なくなることはわかっていた。そこで、殖産興業に力を入れることとし、これまで櫨《はぜ》や甘《かん》諸《しょ》（さとうきび）の栽培を試みてきた。それらを、いずれは輸出品目として幕府財政の助けにしようとしたのだが、試みはうまくいかなかった。そこで、前年に唐胡麻《とうごま》の栽培に一定の効果があったことから、今回、菜種の栽培の奨励となったのである。その奨励に合わせて、幕府は関東の地が菜種栽培に向いているのかどうか、村々を巡回して生育状況を検分することなども諸代官に指示した。

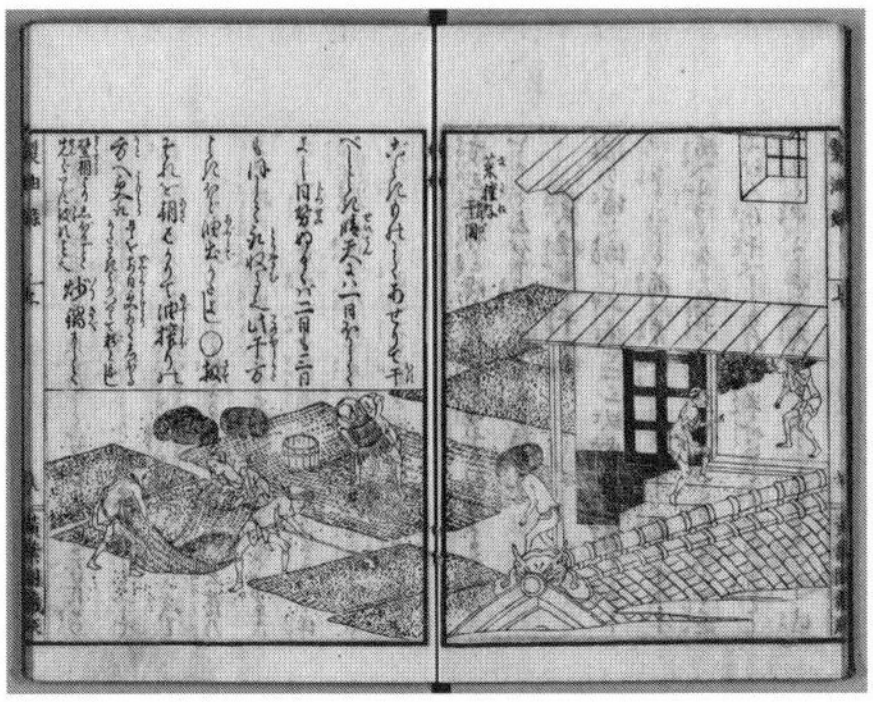
『製油録』

だが、こうした奨励策があったものの、農民たちはさらに新たな菜種税が加わることを警戒して、代官によるこの上からの奨励に素直に応じる者は少なかった。

**8月** 幕府、関東での菜種栽培を奨励。
**9・14** 京都で大雨、洪水。鴨川で4尺増水。
**10・26** 幕府、米価低落のため、元禄15年以降の借金銀の利息を5分以下とするよう指示。
**12・22** 田中丘隅歿(68)。
**12・26** 幕府、米価引き上げのため、米延売・切手売相場会所の設置を許可。
**12月** 幕府、相対済し令を廃止。
**この年** 幕府、下野国日光で朝鮮人参の栽培を開始。
**この年** 石田梅岩、京都車屋町で心学の講義を開始。
**この年** 陸奥国信夫・伊達郡で「夫食拝借一揆」発生。

**【主要幕閣】**

**◉老中**
水野忠之（和泉守）
安藤信友（対馬守）
松平乗邑（左近将監）
酒井忠音（讃岐守）
松平信祝（伊豆守）
松平輝貞（右京大夫）

**◉寺社奉行**
黒田直邦（豊前守）
小出英貞（信濃守）
井上正之（河内守）
土岐頼稔（丹後守）

**◉勘定奉行**
駒木根政方（肥後守）
筧正鋪（平大夫・播磨守）
久松定持（大和守）
稲生正武（次郎左衛門・下野守）
松波正春（筑後守）

**◉江戸町奉行**
**北**
諏訪頼篤（美濃守）
**南**
大岡忠相（越前守）

**◉京都所司代**
牧野英成（河内守）

## 徳川宗武が田安家を創設　十一月十日

政治経済

吉《よし》宗《むね》の次男宗武《むねたけ》が、十万石で分家し田安家《たやすけ》を創設した。宗武は、正徳五年（一七一五）紀州藩上屋敷に生まれ、翌年江戸城本丸に移り、享保十四年（一七二九）には、幕府から合力米《こうりょくまい》三万俵を賜った。その二年後、江戸城田安門内に屋敷を賜り、この日、田安屋敷へ移って、名実ともに田安家が成立した。この十年後に、吉宗の四男宗尹《むねただ》が一橋家《ひとつばしけ》を創設。十九年後には吉宗の長男家重《いえしげ》（九代将軍）の次男重好《しげよし》が清水家《しみずけ》を創設。この田安家・一橋家・清水家は、のちに御三卿《ごさんぎょう》と呼ばれるようになる。この御三卿は、尾張・紀伊・水戸の御三家《ごさんけ》と並んで、万一の時に徳川宗家《そうけ》を継ぐものとして創設されたもの。事実、のちに一橋家から十一代将軍の家斉《いえなり》が出、十五代将軍に慶喜《よしのぶ》が出ている。今回創設された田安家も、その系統は幕府政治に大きな役割を果たし、のちに寛政の改革を行なう老中松平定信《まつだいらさだのぶ》（白河藩主）は、田安宗武の七男である。

## 無医村の医療対策として、安価な医学書が普及し始める

文化思想

この頃の医学は、まだ西洋医学が入ってきておらず、ほとんどが漢方によるものだった。その漢方の処方としては、薬草を煎《せん》じて飲む（湯《とう》＝葛根湯《かっこんとう》など）、粉末にして飲む（散《さん》＝のちに華岡青洲《はなおかせいしゅう》が全身麻酔に用いて有名になった通仙散《つうせんさん》など）、製剤したものを飲む（丸《がん》＝八味地黄丸《はちみぢおうがん》など）、塗り薬として用いる（膏《こう》＝絆創膏《ばんそうこう》など）と、いろいろな方法があった。これらを医者が患者を診て処方したのだが、医者の数は限られていたから、地方の無医村の地域では、病気になっても処方がわからず、痛むところを徒《いたず》らに撫《な》で摩《さす》るしかなかった。そのことを知って幕府は、安価な処方書を刊行することにした。処方書としては、これまでにも『東医宝鑑《とういほうかん》』を刊行していたのだが、高価な上に難解だったことから普及しなかった。そこで、幕府医官の丹羽《にわ》正伯《しょうはく》・林良適《はやしりょうてき》らに命じて、前年までの薬草調査の結果に基

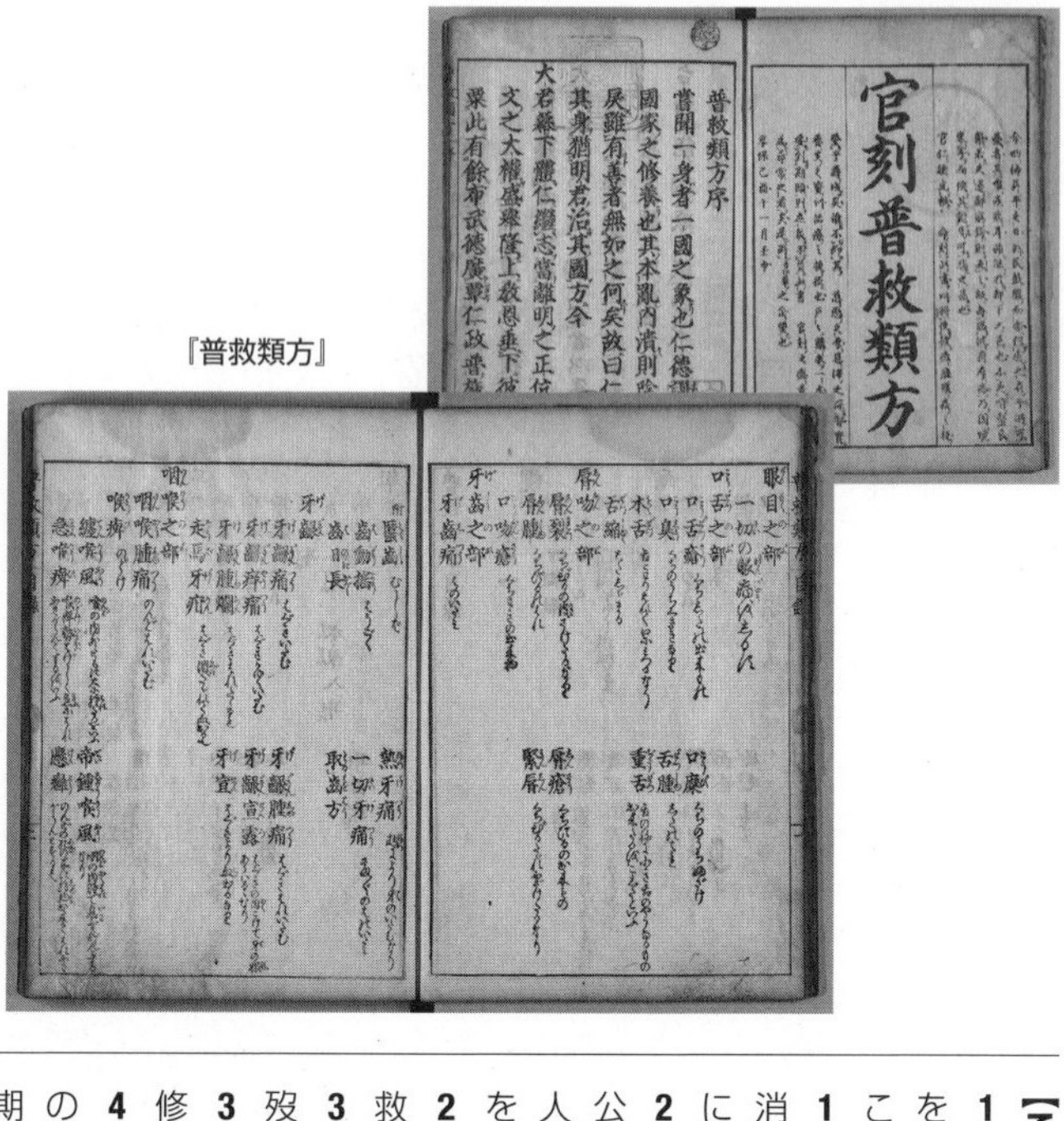

『普救類方』

**【この年の出来事】**

**1・4**　幕府、米の買上を江戸浅草蔵役所で行うことを布告。
**1・15**　幕府、江戸町火消いろは47組を大組10組に再編成。
**2・10**　幕府、人宿と奉公人の取り締まりのため人宿数を制限、組合結成を指示。
**2・16**　幕府、医書『普救類方』刊行。
**3・25**　初代松本幸四郎歿（57）。
**3・29**　幕府、足利学校修理のための費用を下賜。
**4・15**　幕府、翌年からの上米の制停止と、参勤期間を元に戻すことを通達。
**5・23**　幕府、江戸商人の冬木善太郎らに大坂米会所設置を許可。
**6・4**　幕府、貨幣不足・米価下落のため、諸藩に藩札を許可。
**6・12**　勝手掛老中水野忠之、罷免される。
**6・20**　京都西陣で出火、

**◉京都町奉行**

**東** 長田元隣（三右衛門・越中守）

**西** 本多忠英（勘右衛門・筑後守）

**◉大坂城代**

松平信祝（伊豆守）

土岐頼稔（丹後守）

**◉大坂町奉行**

**東** 稲垣種信（求馬・淡路守）

**西** 松平勘敬（孫大夫・日向守）

**◉長崎奉行**

三宅康敬（大学）

細井安明（藤左衛門・因幡守）

**◉若年寄**

松平乗賢（能登守）

水野忠定（壱岐守）

本多忠統（伊予守）

太田資晴（備中守）

**◉側用人**

松平輝貞（右京大夫）

石川総茂（近江守）

づく平易で安価な処方書を刊行することにした。書名は『普救類方《ふきゅうるいほう》』。全十二冊で、銀九匁《もんめ》八分《ぶ》で頒布《はんぷ》され、医者がいるところばかりでなく、無医村地域の人々にも大いに利用された。

## 京都で「享保の大火」（西陣大火）起きる 六月二十日

事件 災害

この日の午後、京都の西陣《にしじん》（現、京都市上京区の堀川以西、一条通以北の地一帯の称。応仁の乱が起きた時、西軍の山《やま》名宗全《なそうぜん》がこの地に陣したことに由来）で出火があり、「西陣焼け」といわれる大火となった。悲惨な大火だったが、その後、その悲惨さを和らげる美談も生まれた。

まず大火だが、火は上立売室町《かみだちうりむろまち》の大文字屋五兵衛《だいもんじやごへえ》の住居から出た。火は折からの強風に煽《あお》られて一気に拡大。西は北野馬喰町《きたのばくろちょう》から千本一条《せんぼんいちじょう》、南は井町上ル処、東は北川《きたがわ》飛鳥町《あすかちょう》上ル処にまで延焼した。そればかりではない。風向きが変わって、北は舟岡町《ふなおかちょう》、北野天神《きたのてんじん》近くの町家にまで及び、西陣一帯は火の海と化した。この大火で、西陣の百八町が消失。西陣織の機《はた》およそ七千台の内三千台あまりが失われるという惨事だった。

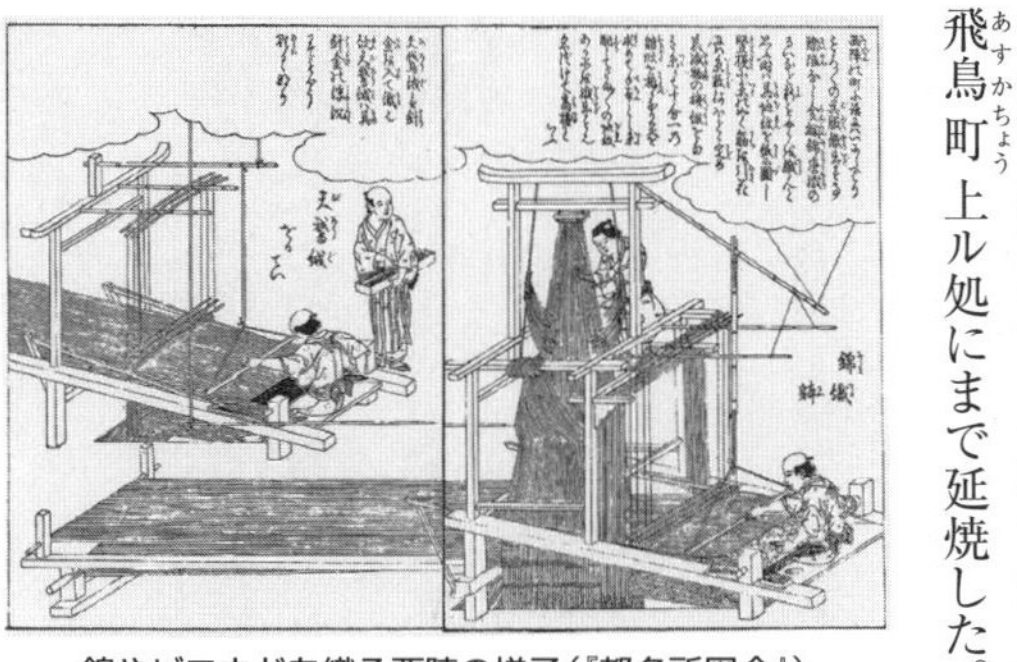

錦やビロウドを織る西陣の様子（『都名所図会』）

次いで美談だが、この「西陣焼け」が何とか鎮火するや、京の町衆が一斉に義捐《ぎえん》の手を差し伸べたのだ。特に下京《しもぎょう》・中京《なかぎょう》の人々は、申し合わせて一人銭百文から五十文、米五合から三合を持ち寄り、あるいは茶碗・団扇《うちわ》・菅笠《すげがさ》などまでも差し出して、被災地に届けたのである。悲しみに暮れていた西陣の人たちは驚き、目を潤ませ、こののち西陣は見事に立ち直った。

## 深川の越中島が、江戸のゴミ捨て場となる 七月

社会 世相

江戸のゴミ捨て場の永代島《えいたいじま》がゴミでいっぱいになったことから、幕府は新たに深川の越中島《えっちゅうじま》をゴミ処理場とすることにした。

江戸時代には、衣服だけでなく、傘、下駄といった日用品も徹底的に再利用されていたのだが、それでもゴミは出てしまう。そのゴミは当初、空き地や濠《ほり》や川などに捨てられていたのだが、それが目に余るものとなって、幕府は、明暦元年（一六五五）に川筋へのゴミの投棄を禁止し、舟に積んで永代島へ捨てる触れを出した。これは、永代島周辺の土地造成（埋め立て）といった目論見《もくろみ》もあって、一定の成果を生んだ。しかし、その後も新しいゴミがどんどん集まってくる。土地造成の計画を超えて、なお集積されていったことから、幕府は新たなゴミ集積場を考え、それを深川越中島とすることにしたのである。越中島は、隅田川河口に出来た寄《よ》り洲《す》で、江戸時代初期、播州姫路《ばんしゅうひめじ》藩主の榊原《さかきばら》越中守の別邸があったことから地名となっていたのだが、ここが新しい集積場となった。越中島は、これまでにも土捨て場にされていて、さらにゴミの集積場となったことで、越中島周辺の隅田川河口域はどんどん拡大。それは結果的に、江戸圏の拡大へと繋がっていった。

108町焼失（享保の大火）。

**7・1** 幕府、米価下落のため幕臣の扶持米買い上げを実施。

**7・3** 幕府、江戸で6組合に米延売・切手売相場会所の設置を許可。

**7月** 幕府、籾60万石の貯蔵開始。

**7月** 幕府、深川越中島を江戸のゴミ集積場に指定。

**8月** 幕府、諸大名に囲米を命令。

**8月** 幕府、堂島帳合米市場の設立を許可し、大坂商人の運営とする。冬木会所を廃止。

**9・12** 幕府、江戸米問屋八人を指定。

**11・10** 将軍吉宗の次男徳川宗武、江戸城田安御門内で田安家を創設。

**12・15** 幕府、米価下落のため500石以下の幕臣に拝借金を貸与。

**このころ** 無医村対策として安価な医学書が普及し始める。

【主要幕閣】
◉老中
安藤信友（対馬守）
松平乗邑（左近将監）
酒井忠音（讃岐守）
松平信祝（伊豆守）
松平輝貞（右京大夫）
◉寺社奉行
黒田直邦（豊前守）
小出英貞（信濃守）
井上正之（河内守）
◉勘定奉行
駒木根政方（肥後守）
筧正鋪（平大夫・播磨守）
稲生正武（次郎左衛門・下野守）
松波正春（筑後守）
杉岡能連（弥太郎・佐渡守）
細田時以（弥三郎・丹波守）
◉江戸町奉行
北
諏訪頼篤（美濃守）
稲生正武（下野守）
南
大岡忠相（越前守）
◉京都所司代

## 幕府、米価引き上げ対策のために買米に走る　三月二十八日

政治経済

幕府は、米価《べいか》の下落を食い止めるために種々の政策を打ち出していたが、それまで効果がなかった。そこでついに大坂で買米《かいまい》の挙に出た。

この時期、米価はどんどん下落していた。これには大きな理由が二つあった。

一つは、農地を疲弊《ひへい》させる大きな災害がなかったこと。そしてもう一つは新田開発の成功。このことで、米の増産が可能になったことによる。

つまり、需要よりも供給の方が大きく上まわるようになってしまったのだ。そこで幕府は、三月二十八日には幕府自体による江戸市中の米屋の所有米を買い上げて、四月一日には各大名に買米を奨励するなどを試みたが、あまり実効は上がらなかった。当時、米の相場を決めるのは大坂だったので、米価に限っては江戸で少々のことをしても埒《らち》が開かなかったのだ。

そこで老中の松平乗邑《まつだいらのりさと》は、幕令を発し、江戸の米問屋・高間伝兵衛《たかまでんべえ》を、米の集積地であり、かつ相場が決まる大坂に派遣し、米を買い占めさせることにした。これは、市中に出回る米の総量を減らすことで下落した米価を引き上げ、幕府財政の逼迫《ひっぱく》を打開しようとする試みだったが、この買い占め策は大坂の米問屋たちの猛反発によって頓挫した。

## 美濃派の祖の俳人・各務支考が歿する　二月六日

文化思想

この時代の俳諧《はいかい》の頂点に立つのは松尾芭蕉《まつおばしょう》だが、その芭蕉の弟子となって蕉風《しょうふう》を広めつつ、独自の俳風を開いた各務支考《かがみしこう》がこの日、歿した。享年六十七。各務支考は寛文五年（一六六五）、美濃国山県郡《やまがたぐん》北野村（現、岐阜市）に生まれた。のちに京都北野の大智寺《だいちじ》（禅宗）の僧となったが、十年ほどして還俗《げんぞく》。伊勢山田や京都などで神道《しんとう》・儒《じゅ》学《がく》を学ぶうちに俳諧に興味を抱き、支考と号して俳諧の世界に入った。当時、俳諧では松尾芭蕉が名を成していたことから、元禄三年（一六九〇）に入門して芭蕉の弟子となった。支考は芭蕉の俳風である「軽み」を学びつつ、芭蕉の歿後は、その俳風を広めるとともに、なお一層の軽みを追求する平明通俗《へいめいつうぞく》な俳風を打ち立てた。このことから、のちに支考の俳風は、その出身地に因《ちな》んで「美濃派」として一定の評価を得るようになった。支考には、『葛《くず》の松原』や『笈《おい》日記』など、多くの著作がある。

## 江戸で音羽・丹七の心中未遂事件が発生　六月二十三日

事件災害

江戸でこの日、商家の若旦那と芸妓《げいぎ》の心中《しんじゅう》未遂事件が起きた。これは、今までの心中事件とは異なり、やや複雑な内容の事件だった。主人公の男は神田松田町《かんだまつだちょう》の大店《おおだな》、酢問屋の丹波屋《たんばや》の七兵衛《しちべえ》。縮めて丹七と呼ばれていたのだが、七兵衛は本来、丹波屋を継ぐ身ではなかった。

【この年の出来事】

**2・6**　各務支考歿（67）。
**2・10**　幕府、浜御殿の砂糖黍を桐山太右衛門に下賜、世に広めるよう指示。
**2・15**　高知で大火。武家邸45、6軒、町屋1000余戸焼失。
**2・28**　幕府、米価下落のため3年間の倹約令を発布。
**3・17**　江戸芝三田から出火、麻布・赤坂まで延焼。
**3・28**　幕府、米価引き上げのため、江戸市中の米屋の所有米買い上げを実施。
**4・1**　幕府、米価引き上げのため、20万石以上の諸大名に江戸・大坂での買米を奨励。
**4・15**　江戸目白台から出火、牛込・麴町・芝まで延焼し、死者1000余人。
**5・21**　幕府、米価引き上げのため、有力米商18人に米の買い入れを指示。

牧野英成（河内守）

◉**京都町奉行**

**東**

長田元隣（三右衛門・越中守）

**西**

本多忠英（勘右衛門・筑後守）

◉**大坂城代**

土岐頼稔（丹後守）

◉**大坂町奉行**

**東**

稲垣種信（求馬・淡路守）

**西**

松平勘敬（孫大夫・日向守）

◉**長崎奉行**

三宅康敬（大学）

細井安明（藤左衛門・因幡守）

◉**若年寄**

松平乗賢（能登守）

水野忠定（壱岐守）

本多忠統（伊予守）

太田資晴（備中守）

◉**側用人**

石川総茂（近江守）

しかし、先代の主人の甥《おい》ということで大店の主人となった途端、道楽を始め、吉原江戸町《よしわらえどちょう》の兵庫屋庄左衛門《ひょうごやしょうざえもん》方の音羽《おとわ》のもとに通い詰めるようになった。この音羽が、心中の相手である。二人はいい仲となるのだが、七兵衛の親戚一同は、これに異を唱えて七兵衛に女房を持たせようとした。そこで七兵衛は音羽に、「今度会う時は剃刀《かみそり》を忘れないで」と言い、音羽もそれに応えて互いに剃刀を当て合って心中を図ったのだ。しかし上手くいかず、二人とも死に切れないままだった。結果は心中未遂事件なので、七兵衛は日本橋で晒《さら》し者となり、音羽は非人頭《ひにんがしら》に引き渡された。と、ここまではよくある心中（未遂）事件だが、今回の場合は、七兵衛に悪意を持つ丹波屋の手代《てだい》が、七兵衛と音羽とが結び合うよう画策していたという裏面がある。丹波屋は潰れたが、のちにこれを題材とした新内《しんない》『傾城音羽滝《けいせいおとわのたき》』が長く愛唱された。

## 尾張藩主の徳川宗春が、幕府批判の挙に出て、名古屋が活況を呈する　九月

社会世相

吉《よし》宗《むね》が推し進める倹約《けんやく》を旨《むね》とする「享保の改革」は、将軍の威光を以って全国の大名がこれに服したのか……ということになると、実はそうでもなかった。これに堂々と立ち向かう姿勢を見せた大名がいたのだ。尾張藩七代藩主の徳川宗春《むねはる》がその人だが、宗春は、出身が尾張藩ということもあって、紀州藩の吉宗には徹底して対抗する姿勢を見せた。吉宗が緊縮財政を取れば、宗春は開放政策を取った。宗春はまず、これまでの芝居興行に対する規制を緩め、町人だけでなく武士も芝居を楽しめるようにした。芝居ばかりではない。厳しく禁止されていた遊廓《ゆうかく》も公認。城下のはずれには西小路《にしのこうじ》、富士見原《ふじみがはら》、葛町《かつらちょう》の三遊廓が認められ、名古屋城下には全国の遊女たちが続々と集まってきた。さらに、祭礼の制限なども取り払ったことで、料理屋・茶屋・旅籠《はたご》などが繁盛した城下の名古屋は、日本が緊縮ムード一色に包まれる中、唯一華やかで、活況を呈する城下となっていった。

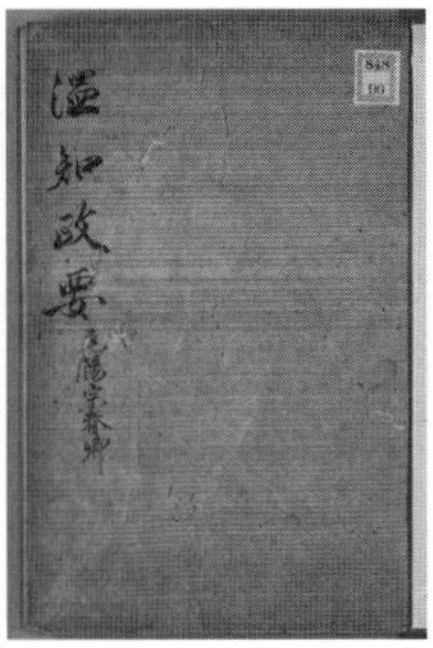

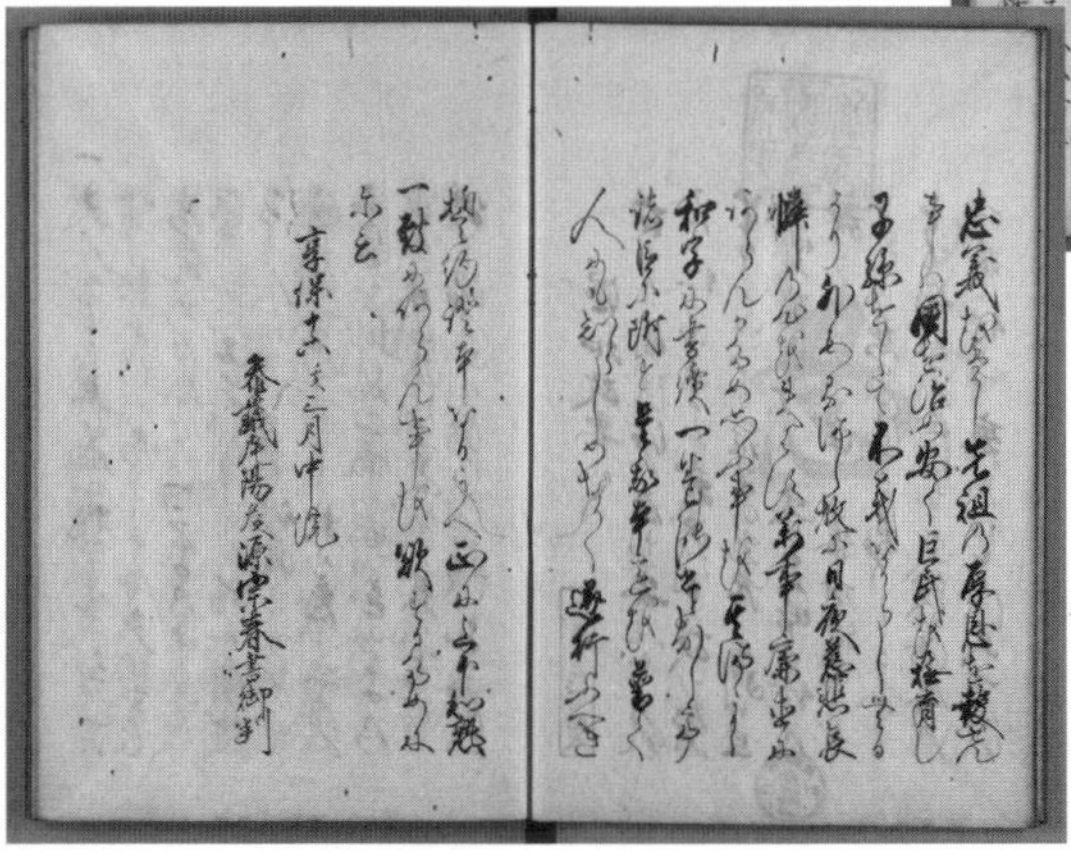

徳川宗春が著した『温知政要』。主な藩士に配られたが、宗春隠居謹慎後に回収処分となる

**6・23**　音羽・丹七の心中未遂事件発生。

**7・7**　加賀藩、米の買上げ資金15万両を幕府に提供。

**8・13**　幕府、万石以上の諸大名に江戸・大坂への廻送米量を制限。

**8・22**　幕府、奥州・関八州から江戸への廻米を禁止。

**この夏**　幽霊の仕掛け物、江戸歌舞伎に初登場。

**9月**　尾張藩主徳川宗春、開放政策を実施。遊廓の設置を許可。

**10・14**　幕府、高間伝兵衛に買米について諮問、米の売り払いを命令。

**12・3**　清国の画家沈南蘋、長崎へ来日。

**12・29**　幕府、隠売女の禁止を再令。

# 1732 享保十七年

壬子

天皇▼中御門天皇

将軍▼徳川吉宗（第八代）

**【主要幕閣】**

**◉老中**
安藤信友（対馬守）
松平乗邑（左近将監）
酒井忠音（讃岐守）
松平信祝（伊豆守）
松平輝貞（右京大夫）
黒田直邦（豊前守）

**◉寺社奉行**
黒田直邦（豊前守）
小出英貞（信濃守）
井上正之（河内守）
西尾忠尚（隠岐守）
松平忠暁（玄蕃頭）

**◉勘定奉行**
駒木根政方（肥後守）
筧正鋪（平大夫・播磨守）
松波正春（筑後守）
杉岡能連（弥太郎・佐渡守）
細田時以（弥三郎・丹波守）
松平政穀（兵蔵・隼人正）

**◉江戸町奉行**
**北** 稲生正武（下野守）
**南** 大岡忠相（越前守）

**◉京都所司代**

## 尾張藩主徳川宗春の著書が、発売禁止となる　五月二十五日

政治経済

幕府はこの日、尾張《おわり》藩七代藩主の徳川宗春《むねはる》が前年に著わした『温故政要《おんこせいよう》』を発禁処分とした。

幕府は、財政再建のために緊縮財政を推し進めていたのだが、これに唯一異を唱えて開放財政を実施していたのが尾張藩だった。尾張藩は御三家《ごさんけ》の雄《ゆう》であり、八代将軍の座を紀州藩と争っていた。その争いに敗れた意趣返《いしゅがえ》しもあってか、藩主の宗春は、ことごとに吉宗《よしむね》に対抗する姿勢を見せていた。まず、藩主として入国する際、浅黄色《あさぎいろ》の頭巾《ずきん》をかぶり、全身黒づくめの衣裳で姿を現した。これは質素《しっそ》・倹約《けんやく》を第一とする吉宗への明らかな挑戦だった。次いで藩主の考えとして、自らの思想や施政方針を二十一ヶ条に集約。それを一書にまとめて、家中の諸臣に示した。それが『温故政要』だった。

この書の中で宗春は、「人間には生まれつき好き嫌いがあるものだ。衣服だって食べ物だって、誰にも好みというものがある。それを自分が好きだからといって他人に強制したり、自分が嫌いだからといって他人にも嫌わせたりなどといったことは、何とも狭い了見《りょうけん》の持ち主のすることで、上に立つ者がすることではない」と言い切った。二十一ヶ条が全てこの調子であり、それは倹約を説く吉宗に対するあからさまな批判だった。宗春は、この書を将軍家に献上。その内容を聞き及んだ京都堀川の版元《はんもと》が同書を出版しようとしたことから、吉宗は京都町奉行所に命じて、同書を発禁処分としたのである。

## 『壇浦兜軍記』が大坂竹本座で初演

文化思想

『壇《だん》浦《のうら》兜軍記《かぶとぐんき》』は、俗称「阿古屋《あこや》の琴責《ことぜ》め」という名場面で有名な歌舞伎の演目のこと。現代では五代目坂東玉三郎《ばんどうたまさぶろう》に継承され、女形《おんながた》の大役として名高い。この演目は、この年に大坂竹本座《たけもとざ》で、人形浄瑠璃として初演された。近松門左衛門《ちかまつもんざえもん》の『出世景清《しゅっせかげきよ》』を、竹本座の座付き作家が改作したものである。物語は、平家《へいけ》滅亡のあと、源氏《げんじ》方に追われる平家の武将・景清の行方を白状させようと、その恋人で遊女の阿古屋を責めるもの。それが拷問ではなく居場所を明かさない阿古屋に琴・三味線・胡弓《こきゅう》を次々に弾かせ、その音色の乱れのなさに、本当に行方を知らないのだと信じるという音曲《おんぎょく》場面が、一番の見せ場。人形浄瑠璃の上演とは異なり、阿古屋を演じる女形が舞台上で実際にこれらの楽器を演奏しなくてはならないことから、女形の難役中の難役として知られている。音曲の場面の豊かさ、それを奏する遊女（傾城《けいせい》）の豪華な打掛《うちかけ》・俎板帯《まないたおび》姿も、この演目の見どころだ。

では、なぜこれが人形浄瑠璃での初演だったのだろうか。初期の歌舞伎は、歌と踊りが中心の娯楽で、物語を中心にした芝居的なものは人形浄瑠璃が担っていた。それが、次第に浄瑠璃演目の歌舞伎化が頻繁に行なわれるようになったのがこの時代。人形ではなくリアルな人間によって演じられる芝居として、歌舞伎が進化し始めたことを記念する

**【この年の出来事】**

**1・13** 江戸で大地震。
**2・12** 江戸芝愛宕下から出火、幸橋などに延焼し大名邸多数焼失。
**2・16** 対馬府中で大火。1295戸焼失。
**3・28** 江戸浅草寺町から出火、本所・深川まで延焼。
**4月** 幕府、植村政勝に近畿および北陸での採薬を命令。
**5・25** 将軍吉宗、尾張藩主徳川宗春の倹約令に反する奢侈を叱責。
**5・28** 両国の川開きが始まる。
**5月** 宮古路豊後掾が江戸市村座に初出演、豊後節が流行。
**5月** 中根元圭、江戸と下田で日の出の時差測定を実施。
**6・1** 林鳳岡歿（89）。
**6・9** 浅間山噴火。
**この夏** 7月以降、西日本で蝗害による大飢饉。餓死者多数（享保の大飢饉）。

牧野英成（河内守）
◉京都町奉行
東
長田元隣（三右衛門・越中守）
向井政暉（兵庫・伊賀守）
西
本多忠英（勘右衛門・筑後守）
◉大坂城代
土岐頼稔（丹後守）
◉大坂町奉行
東
稲垣種信（求馬・淡路守）
西
松平勘敬（孫大夫・日向守）
◉長崎奉行
三宅康敬（大学）
細井安明（藤左衛門・因幡守）
大森時長（半七郎）
◉若年寄
松平乗賢（能登守）
水野忠定（壱岐守）
本多忠統（伊予守）
太田資晴（備中守）
小出英貞（信濃守）
◉側用人
石川総茂（近江守）

作品の一つとなっていた。

## 西日本にイナゴが大量発生し、享保の大飢饉が起きる　夏

事件
災害

この年の夏、四国から中国地方の全域にわたって、イナゴ（ウンカとも）が大量発生し、作物は食い荒らされて大打撃を受けた。このイナゴの大量発生は、前年からの天候不順と初夏に至る長雨の影響ではないか、とされているが、詳しいことはわかっていない。とにかく西日本一帯に、空を覆《おお》うほどのイナゴが飛来し続けて、ようやく芽が出始めた作物を食い荒らしたのだった。その被害は「餓死者一万二千人、斃死《へいし》牛馬一万四千頭」（他説もある）にものぼったというから、凄まじい蝗害《こうがい》だった。この蝗害によって、半作以下となった藩は四十六藩にも及び、中でも四国の伊予松山《いよまつやま》藩は、十二万石余りの年貢収入が皆無となるほどの惨状となった。この蝗害による飢饉に対する幕府の対応は素早かった。七月二十日には、勘定所《かんじょうしょ》の役人を被災地に派遣。続いて、勘定吟味役《かんじょうぎんみやく》の神谷久敬《かみやひさたか》を大坂へ送り、救済の陣頭指揮を執らせた。その一方で、被害のなかった中部地方以東の諸藩の米を被災地へ急送させるとともに、幕府自体も、大量の備《び》蓄米《ちくまい》を送った。加えて、被災地の大名には石高《こくだか》に応じて恩貸金《おんたいきん》（特別融資）を与えるなど、迅速《じんそく》に被災地対策を行なった。イナゴの異常発生はこの年のみで、翌年は豊作となり、飢饉による困窮は、ほぼ一年で収束した。

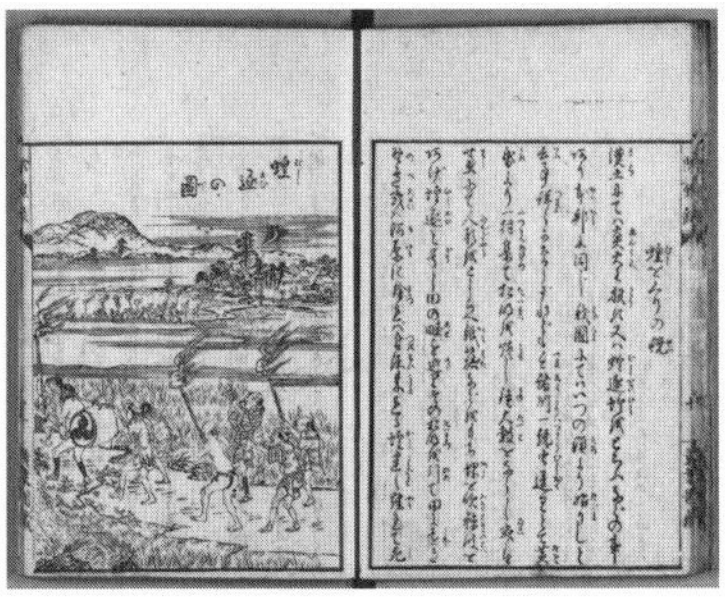
文政期に出版された『除蝗録』

## 川開きの始まり　五月二十八日

社会
世相

隅《すみ》田《だ》川《がわ》で花火が打ち上げられ、それを舟遊びしながら楽しむ「両国の川開き」が、この日から、恒例の行事となった。発端は飢饉《ききん》や悪疫《あくえき》の流行などで亡者《もうじゃ》となった霊に、飲食を施す法会《ほうえ》＝施餓鬼《せがき》から。五月二十八日に施餓鬼を行ない、悪災・悪疫の退散を祈願して水神祭《すいじんさい》を催した。以来、この日を川開きの日として大花火を打ち上げることになったのである。花火は、この日から八月二十六日の打ち止めまで、毎夜、二ヶ月間にわたって夜空を彩《いろど》ることとなった。その間、隅田川には舟遊び、舟涼みの客が出て、人々は酒を酌み交わしながら、打ち上げられる花火を楽しんだ。文化期（一八〇四―一八）頃からは、花火の勢いや形などから「鍵屋《かぎや》～ッ」「玉屋《たまや》～ッ」などと声を掛け合うようになる。花火の華やかさとともに、その掛け声は一段と趣《おもむき》を増すこととなった。ちなみに鍵屋は、両国橋の下手《しもて》の納涼船、玉屋は上手《かみて》の納涼船のこと。この納涼船が、豪商《ごうしょう》などの客の注文に応じて花火を打ち上げていた。

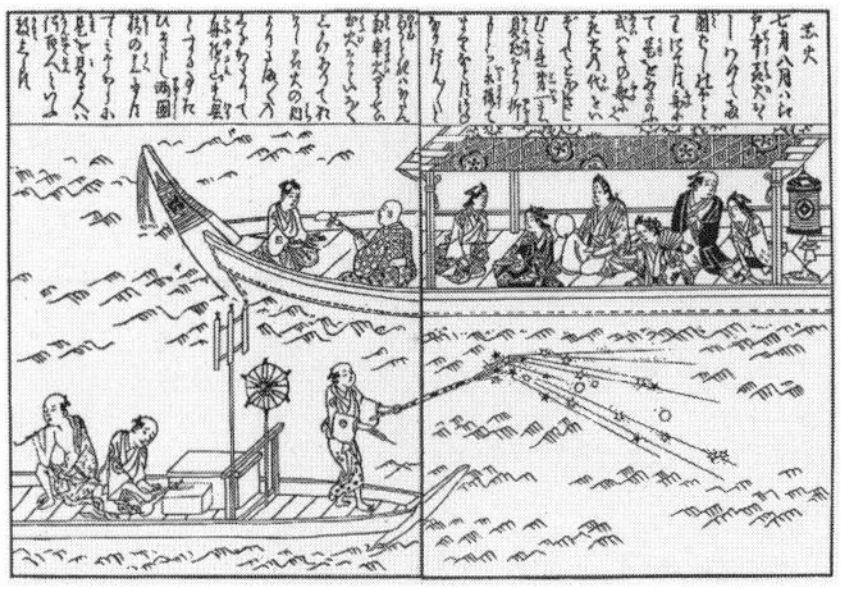
川開きでの花火見物と屋形船（『大和耕作絵抄』）

**7・12**　幕府、目安箱投書規則を制定、投書者の在所を明記するよう布告。
**7・20**　将軍吉宗、蝗害視察のため諸国へ勘定所役人を派遣。
**8・6**　霊元法皇歿（79）。
**9・1**　幕府、飢饉対策のため東国諸藩の米を西国へ廻送。
**9・4**　山口雪渓歿（89）。
**9・21**　将軍吉宗、江戸城吹上苑で草鹿騎射の儀を再興。
**9・28**　幕府、西国の被災大名に恩貸金を許可。
**10・1**　幕府、米の江戸輸送を制限し、大坂への廻送を指示。
**10・8**　幕府、関東諸大名に貯米を奨励。
**12・21**　飢饉により江戸で米価高騰。困窮した町人らが幕府に米価引き下げを嘆願。
**この年**　菊岡沾凉『江戸砂子』刊行。
**この年**　『壇浦兜軍記』が竹本座で初演。

# 1733
# 享保十八年
## 癸丑
**天皇▼中御門天皇**
**将軍▼徳川吉宗**（第八代）

**【主要幕閣】**
**◉老中**
松平乗邑（左近将監）
酒井忠音（讃岐守）
松平信祝（伊豆守）
松平輝貞（右京大夫）
黒田直邦（豊前守）
**◉寺社奉行**
井上正之（河内守）
西尾忠尚（隠岐守）
松平忠暁（玄蕃頭）
**◉勘定奉行**
筧正鋪（平大夫・播磨守）
松波正春（筑後守）
杉岡能連（弥太郎・佐渡守）
細田時以（弥三郎・丹波守）
松平政穀（兵蔵・隼人正）
**◉江戸町奉行**
**北**
稲生正武（下野守）
**南**
大岡忠相（越前守）
**◉京都所司代**
牧野英成（河内守）

## 幕府が、キメ細かな米不足対策に乗り出す　二月十九日
政治経済

幕府は将軍お膝元の江戸での打ちこわしに衝撃を受け、打ちこわしの原因となった米不足の対策に乗り出した。最初は米不足の原因となったイナゴの駆除策の周知徹底だった。幕府は、被害が大きかった西日本の諸藩に対して、この日、次のような指示を出した。「田畑にはイナゴの巣が残っている。蘆《あし》や萱《かや》などの根だけではなく、土の一、二寸（三〜六㌢）下に巣を作っている場合もある。よって、これらを焼き捨てよ」。極めてわかりやすい指示だ。こののち、飢饉によって発生する疫病《えきびょう》対策も講じた。十二月、幕府は医師の望月三英《もちづきさんえい》と丹羽正伯《にわしょうはく》に命じて、疫病にかかった際のわかりやすい処方を小冊子にまとめ、これを江戸町奉行所から刊行するだけでなく、諸国に頒布《はんぶ》した。この小冊子では、「玄米《げんまい》と甘草《かんぞう》の煎《せん》じ汁、茗荷《みょうが》の根と葉を砕いた汁、牛蒡《ごぼう》を砕いた汁、桑《くわ》の葉（または枝）を煎じた汁などを用いよ」などとしている。また、食中毒の場合には「塩、大麦粉、ネギ、赤小豆、忍冬《すいかずら》などを食せよ」とキメ細かい指示を出した。この幕府の対策は、のちの「天明の飢饉」「天保の飢饉」にも用いられていくことになる。

## 閉鎖社会だった吉原の遊女たちが、積極的に自己宣伝を始める
文化思想

吉《よし》原《わら》は、幕府公認の唯一の廓《くるわ》であり、そこの遊女たちは気位も高く、馴染《なじ》みに限って相手をするという閉鎖的な社会だった。ところが、それを覆《くつがえ》す事件が起きた。遊女たちが閉鎖的どころか、大っぴらに自己宣伝を始めたのである。事件というよりも、画期的な出来事とした方がいいかも知れないが、事の発端は浅草寺《せんそうじ》の念仏堂《ねんぶつどう》の開祖・善応《ぜんおう》が、吉原の遊女に桜の木を一本ずつ寄進させ、そこに遊女たちの源氏名《げんじな》を記すという計らいを始めたことによる。遊女たちにとっては思わぬ出費だったが、桜を寄進するとその者の名がわかり、その源氏名を頼って新しいご指名客が現れたことから、やがて遊女たちは競って源氏名入りの桜を寄進。その数が多かったことから「千本桜《せんぼんざくら》」の名が生まれた。千本もの桜が並べば、客が客を呼ぶ。こうして千本桜が植えられた奥山《おくやま》が、浅草寺参詣の帰路コースに加えられ、吉原は思わぬ賑わいを見せるようになった。その賑わいぶりは菱川政信《ひしかわまさのぶ》が、桜の下に遊女を艶《なま》めかしくあしらった「金龍山千本桜《きんりゅうさんせんぼんざくら》」に見事に表現されている。

明治の金龍山の桜
（「浅草金竜山」『東京三拾六景』）

**【この年の出来事】**
**1・15**　幕府、被災した西国諸大名に参勤交代の従者減員を指示。
**1・21**　幕府、奥州・関八州から江戸への廻米制限を解除。
**1・23**　幕府、江戸市中の困窮者に施米を実施。
**1・25**　江戸市中の米価高騰により、幕府御用米商人高間伝兵衛、打ちこわしを受ける。
**1・29**　幕府、江戸市中の米屋に囲米を禁止。
**2・2**　幕府、東海地方からの江戸廻米を許可。東国に雑穀栽培を奨励。
**2・19**　幕府、蝗害対策について布告。
**3・3**　幕府、前年の蝗害のためオランダ人の江戸参府を延期。
**4・8**　幕府、幕臣が陪臣・浪人の子を養子とすることを制限。
**5・28**　両国の花火が始まる。
**5月**　幕府、江戸町方の米穀買占めを禁止。

**◉京都町奉行**
**東**
向井政暉（兵庫・伊賀守）
**西**
本多忠英（勘右衛門・筑後守）
**◉大坂城代**
土岐頼稔（丹後守）
**◉大坂町奉行**
**東**
稲垣種信（求馬・淡路守）
**西**
松平勘敬（孫大夫・日向守）
**◉長崎奉行**
細井安明（藤左衛門・因幡守）
大森時長（半七郎）
**◉若年寄**
松平乗賢（能登守）
水野忠定（壱岐守）
本多忠統（伊予守）
太田資晴（備中守）
小出英貞（信濃守）
**◉側用人**
石川総茂（近江守）

## 江戸で初めての「打ちこわし」が発生　一月二十五日

事件
災害

この日の夜、江戸で、幕府の御用商人《ごようしょうにん》の高間伝兵衛《たかまでんべえ》宅に、約千七百人の町人が押し掛けて屋敷を襲撃、帳簿類などを破り捨てる騒ぎが起きた。これは、のちに頻発する「打ちこわし」の最初で、それが将軍のお膝元《ひざもと》の江戸で起きただけに、幕府が受けた衝撃は大きかった。

事の発端は、前年に西日本を襲った蝗害《こうがい》と、それに伴って東日本から米を融通したことによる全国的な米不足にあった。その前年には、全国的に米が余って米価安が続いたことで、幕府が御用商人などを用いて米の買い占めにまわっていたことを考えると何とも皮肉な話だが、とにかく江戸は、前年の暮れから、これまで一両で一石四～五斗ほど買えた米が、七～八斗しか買えなくなっていた。江戸の町人たちは日に日に窮乏していったのだが、そんな時、高間伝兵衛が多量の米を買い占めているという噂が立った。その空気を察した伝兵衛は、一月二十三日、急遽、二万石の米を売り出そうとしたのだが、それならもっと隠し持っているはずだとして、窮乏していた町人たちが押し寄せて騒ぎが起きたのである。この「打ちこわし」に対して、当初、幕府は主謀者を直ちに処罰しようとしたが、町奉行の案に従って説諭にとどめた。弾圧策で臨《のぞ》めば、騒ぎが拡大すると考えたようだ。

騒ぎが鎮まった五月になって、伝兵衛宅破壊の主謀者として一名が遠島《えんとう》、三名が重追放《じゅうついほう》となり、この一件の決着がついたのである。

## 谷中感応寺に、富籤の興行を許可し、江戸で大人気となる　十一月二十四日

社会
世相

幕府は、この日、江戸の谷中感応寺《やなかかんのうじ》（現、東京都台東区）から申請のあった富籤《とみくじ》の興行を許可した。これは幕府の財政再建策の一つでもあった。というのも、江戸の寺社はこれまで、幕府からの資金の援助によって再建・改修などを行なってきていたのだが、その幕府が、財政困窮によって資金援助に滞りが出始めていたからである。寺社側もそれを承知していたために、富籤の発行によって自らも稼ごうとしたのだ。幕府も渡りに舟で、これを許可した。最初は谷中感応寺に対する許可で、それには一応、このの ち三年間、年六回という制限を付けた。この感応寺の富籤興行が、一攫千金《いっかくせんきん》を夢見る庶民に大人気となったことから、幕府は続いて目黒不動《めぐろふどう》滝泉寺《りゅうせんじ》、湯島天神《ゆしまてんじん》喜見院《きみいん》からの再建費用捻出を目的とする興行申請も許可。この三社の富籤は江戸の三富《さんとみ》と呼ばれて大きな人気となった。

湯島天神の富興行（『金持曾我』）

この富籤は、興行主が数万枚にのぼる富札《とみふだ》を発行。それと同数の番号札を富箱《とみばこ》に入れ、キリで突き刺して取り出されたものを当たり番号として莫大な賞金を出したもの。今日の宝くじの原型である。富籤は、私的にはすでに江戸時代初期から行なわれていたが、幕府が公認したことで、こののち全国的に広まっていく。

**6・20**　浅間山噴火。
**6・29**　塵芥捨請負人の株仲間「御堀浮芥浚請負人組合」、幕府の公認を受け、江戸市中の塵芥処理を独占。
**6月**　諸国で風邪、疫病流行。9月まで続く。大坂で患者33万人とも。
**7・25**　幕府、新鋳の大砲を鎌倉で試射。
**この夏**　近畿以西で疫病流行。死者多数。
**11・24**　幕府、谷中感応寺に富籤興行を許可。
**この年**　青木昆陽『蕃藷考』完成、大岡忠相に上呈。
**この年**　蝗害による餓死者、1年で17万人を超える。
**この年**　賀茂真淵、上京して荷田春満に師事。

**【主要幕閣】**

**◉老中**
松平乗邑（左近将監）
酒井忠音（讃岐守）
松平信祝（伊豆守）
松平輝貞（右京大夫）
黒田直邦（豊前守）
本多忠良（中務大輔）

**◉寺社奉行**
井上正之（河内守）
西尾忠尚（隠岐守）
松平忠暁（玄蕃頭）
仙石政房（信濃守）
北条氏朝（遠江守）

**◉勘定奉行**
筧正鋪（平大夫・播磨守）
松波正春（筑後守）
杉岡能連（弥太郎・佐渡守）
細田時以（弥三郎・丹波守）
松平政穀（兵蔵・隼人正）
神谷久敬（志摩守）
石野範種（筑前守）

**◉江戸町奉行**
**北**
稲生正武（下野守）
**南**
大岡忠相（越前守）

## 幕府領に、大庄屋制が復活する　七月

政治 経済

**幕**府は、この月、これまで廃止していた幕府領での大《おお》庄屋制《じょうやせい》を二十余年ぶりに復活させた。

大庄屋とは、惣庄屋《そうじょうや》、惣代名主《そうだいなぬし》、大肝煎《おおぎもいり》などとも言い、この時代の村役人の最上位に位置していた。幕府領・藩領ともに置かれていて（置かれていない地域もある）、代官、郡代、郡奉行ら地方役人の指揮下にあって、地域の十数ヶ村の庄《しょう》屋《や》・名主《なぬし》を支配していた。仕事としては、代官所《だいかんしょ》や藩庁が公布する法令の伝達、年貢・夫役《ぶやく》の割り付け、村々の訴訟の調整などだった。一般的には富裕な農民から選ばれ、苗《みょう》字帯刀《じたいとう》を許され、扶持《ふち》を給されている場合も多かった。

この大庄屋制が廃されたのは、宝永七年（一七一〇）。越後村上藩領内の蒲原《かんばら》郡内八十五ヶ村の農民四千人が、当時の大庄屋の横暴を幕府に訴え出る騒動を起こしたことによる。それならば大庄屋制を無くしてしまえばいいだろう、として廃したのだが、いざ廃してみると法令が行き届かないなど、様々な支障が生じた。結局、村落の支配体制の在り方を変えることはできず、改めて復活させることになったのである。

なお、庄屋という言葉は主に関西で用い、関東では名主と言った。庄屋は、中世以来、有力農民が任じられた地位の「荘家」から出た語とされている。

## 吉宗、『庶物類纂』の増訂を指示　三月二十一日

文化 思想

**文**化事業に積極的に取り組む吉宗《よしむね》が、『庶物類纂《しょぶつるいさん》』の増補改訂を、丹羽正伯《にわしょうはく》・内山覚仲《うちやまかくちゅう》・稲生新助《いのうしんすけ》らに命じた。『庶物類纂』は、動物・植物・鉱物全般にわたる本草学《ほんぞうがく》の書。本草学は、中国に由来する薬物についての学問で、薬物研究にとどまらず博物学の色彩が強い。この『庶物類纂』は、加賀金沢藩主の前田綱紀《まえだつなのり》の保護のもとに、元禄十二年（一六九九）から編纂が始められ、正徳五年（一七一五）には三百六十二巻まで完成していたのだが、編者の稲生若水《いのうじゃくすい》の死によって未完のまま途絶えていた。このことを知った吉宗が、この書を金沢藩から取り寄せ、丹羽正伯らに対して、改めて増訂とともに完成を命じたのである。この作業再開があって、その後の六百三十八巻が補われ、元文三年（一七三八）には千巻の大著が完成した。

『庶物類纂』

享保六年の道徳書としての『六諭衍義大意《りくゆえんぎたいい》』、享保八年の地理書としての『日本総絵図』などへの完成指示に見るように、吉宗は文化事業に対しては非常に積極的だった。

**【この年の出来事】**

**1・13** 朝鮮から、対馬の宗義如襲封祝賀使が到着。

**2・30** 小田原城下で大火。1131戸焼失で城下全滅。

**3・21** 幕府、丹羽正伯に『庶物類纂』続編の編纂を命じ、諸大名に諸国産物調査への協力を要請。

**3月** 諸国で疫病流行。死者多数。夏まで続く。

**4・24** 紀伊国屋文左衛門歿（66）。

**4月** 幕府、朱座以外での朱墨の製造・販売を禁止。

**4月** 幕府、分地制限令を発布。

**6・22** 京都で落雷多数。二条城・大仏殿などに被害。

**7月** 幕府、幕領の大庄屋制を許可。

**8・14** 室鳩巣歿（78）。

**8・26** 幕府、幕領での一揆鎮圧に際し、各代官所から近隣大名への出兵要請を許可。

**◉京都所司代**
牧野英成（河内守）
土岐頼稔（丹後守）

**◉京都町奉行**
**東**
向井政暉（兵庫・伊賀守）
**西**
本多忠英（勘右衛門・筑後守）

**◉大坂城代**
土岐頼稔（丹後守）
稲葉正親（佐渡守）
太田資晴（備中守）

**◉大坂町奉行**
**東**
稲垣種信（求馬・淡路守）
**西**
松平勘敬（孫大夫・日向守）

**◉長崎奉行**
細井安明（藤左衛門・因幡守）
大森時長（半七郎）
窪田忠任（弥十郎・肥前守）

**◉若年寄**
松平乗賢（能登守）
水野忠定（壱岐守）
本多忠統（伊予守）
太田資晴（備中守）
小出英貞（信濃守）
西尾忠尚（隠岐守）

## 豪商・紀伊国屋文左衛門が歿する　四月二十四日

事件災害

華やかな元禄期（一六八八―一七〇四）を代表した豪商・紀伊国屋文左衛門《きのくにやぶんざえもん》が、この日、江戸深川の自宅で、ひっそりと歿した。この文左衛門の豪商へのスタートは「みかん舟の大冒険」だったとされている。ある年の江戸でのこと、その年も「ふいご祭」が近づいていた。ふいご祭とは、日頃火を扱う職人たちの年に一度のお祭りで、その日は祝いとともに威勢よくミカンを撒《ま》くことが通例となっていた。ところが、その年は荒天が続いて、江戸に全くミカンが入荷しないという事態が起きた。ミカンを撒かない「ふいご祭」は、豆を撒かない節分のようなもの。江戸の職人たちは苛立《いらだ》ち始めていた。一方、ミカンの産地の人たちも、大量のミカンを出荷できずに焦っていた。

ここに文左衛門が登場する。文左衛門はボロ船を買い付け、これに安値で仕入れたミカンを満載。荒天の中を必死で乗り切り、江戸でミカンを高値で売って大成功した……というもの。次いで、明暦の大火を見てすぐさま木曾に走って材木を買い占め、その材木を江戸で高値で売ってさらに大成功した、ともいわれている。しかし、これらを史実として裏づけるものは、ほとんど何もない。柳亭種彦《りゅうていたねひこ》の『名誉長者鑑《めいよちょうじゃかがみ》』という書に多少の記載があるが、同書の史料的価値は乏しい。紀伊国屋文左衛門は、この時代の庶民の憧れの像として華々しく語られ、偶像化されて今日に伝わっている、とする見方さえある。

紀伊国屋文左衛門（栗原信充『肖像集』）

## 豊後節が名古屋から江戸に出て大流行

社会世相

大坂道頓堀《どうとんぼり》の竹本座《たけもとざ》を興した義太夫節《ぎだゆうぶし》の始祖・竹本《たけもと》義太夫《ぎだゆう》と、同門の都一中《みやこいっちゅう》が京都で創始したのが一《いっ》中節《ちゅうぶし》。そこから派生した宮古路豊後掾《みやこじぶんごのじょう》に始まる豊後節《ぶんごぶし》が江戸に進出したのは、この年の夏のこと。江戸では長らく心中物《しんじゅうもの》の上演が厳しく取り締まられていたが、この豊後節は、吉宗の質素《しっそ》倹約政策に真っ向から対立して華美な振る舞いをことさら見せつけていた徳川宗春《むねはる》の御膝元《おひざもと》である尾張名古屋で、この年の一月に大ヒットした演目だった。

その大当たりの余勢をかっての江戸進出である。前年夏に実際に名古屋で起こった心中未遂事件を元にした『睦月連理椿《むつまじづきれんりのたまつばき》　おさん伊八』だが、それまでの豪壮《ごうそう》な義太夫節による音楽に比べて、柔らかで艶《つや》っぽい語り口が特徴だった。それゆえ、心中禁止令の影響で長らく心中物浄瑠璃や歌舞伎から遠ざかっていた江戸庶民には、大歓迎された。しかし、相変わらず続く江戸市中を騒がせる心中事件の元凶であると、またしても濡れ衣を着せられ、豊後節もまた六年後の元文四年（一七三九）に禁止令が出され、豊後掾は江戸を追われてしまう。

だが、豊後節の独特の艶っぽい節回《せつまわ》しは廃《すた》れず、その影響下に新内《しんない》節、常磐津《ときわづ》節、清元《きよもと》節などの諸芸が派生していった。

**8月**　豊竹肥前掾、日本橋葺屋町に操り座を設置。義太夫節浄瑠璃が人気を博す。
**8月**　幕府、上方幕領の年貢徴収権を勘定奉行の管轄と規定。
**9・15**　幕府、捨子の養育制を制定。
**12・20**　幕府、朝鮮人参不作のため交易の利がない対馬宗家に、1万両を貸与。
**この年**　幕府、二条城・大坂城の御用米貯蔵高を増額。また、甲府城1800石・駿河国清水1万石の貯米を指示。
**この年**　青木昆陽、将軍吉宗の命をうけ甘藷を小石川薬園などに試植。
**この年**　豊後節が江戸で流行。

# 1735
# 享保二十年
## 乙卯

**天皇▼**中御門天皇（〜三月二十一日）
桜町天皇（三月二十一日〜）

**将軍▼**徳川吉宗（第八代）

**【主要幕閣】**

**◉老中**
松平乗邑（左近将監）
酒井忠音（讃岐守）
松平信祝（伊豆守）
松平輝貞（右京大夫）
黒田直邦（豊前守）
本多忠良（中務大輔）
松平乗賢（能登守）

**◉寺社奉行**
井上正之（河内守）
仙石政房（信濃守）
北条氏朝（遠江守）
牧野貞通（越中守）
板倉勝清（伊予守）
松平信岑（紀伊守）

**◉勘定奉行**
松波正春（筑後守）
杉岡能連（弥太郎・佐渡守）
細田時以（弥三郎・丹波守）
神谷久敬（志摩守）
石野範種（筑前守）

**◉江戸町奉行**
**北** 稲生正武（下野守）
**南** 大岡忠相（越前守）

## 桜町天皇が践祚、即位する　十一月三日

政治経済

百十四代の中御門《なかみかど》天皇の退位に伴い、中御門天皇の長子昭仁《てるひと》が百十五代の桜町《さくらまち》天皇として践祚《せんそ》した。践祚とは天子の位を受け継ぐことで、先帝の崩御《ほうぎょ》か譲位《じょうい》によって行なわれる。これに続いて位に就いたことを内外に明らかにすることを「即位《そくい》」という。

中御門天皇の退位は三月二十一日で、それは突然のことだった。退位の理由については、幕府が前年三月に一張の琴を献上したことだと噂された。「在位も長くなったのでお疲れでしょう。これからは花月を友として心静かに琴などでもお楽しみなっては如何……」と暗に退位を迫るものではないか、というもの。

真偽は不明だが、中御門天皇はこの時、まだ四十代で壮健だったので、確かに退位は自然なものではなかった。その思いが伝わってか、十六歳で即位した桜町天皇は、五十一年ぶりに「大嘗祭《だいじょうさい》」を復興。さらに、宇佐神宮《うさじんぐう》や春日《かすが》大社《たいしゃ》などへの奉幣使差遣《ほうへいしさけん》も復活させた。また、和歌を好み、『桜町院御集《さくらまちいんぎょしゅう》』を残すとともに、自らを「大日本天皇昭仁親王」と記したように、朝威の復権を願う姿勢もみせた。だが、「君も臣も身を合わせたる我国の道に神代の春や立つらむ」の御製《ぎょせい》に現れているように、自身の力が及ばないことも感じていたようだ。

## 青木昆陽の『蕃藷考』が刊行される　二月

文化思想

『蕃《ばん》藷考《しょこう》』の「蕃」は「外来の」、「藷」は「甘藷《かんしょ》（薩摩《さつま》芋《いも》）の略。したがって『蕃藷考』は、外来の薩摩芋についての一考察、といった意味になる。薩摩芋は、その文字面からすれば薩摩（鹿児島県）特産のような感じもするが、もとは中国原産で、琉球《りゅうきゅう》（沖縄県）を経たのちに薩摩で広く栽培されたことから、この名がある。甘藷については、これまでにも農業技術者の『農業全書《のうぎょうぜんしょ》』などに紹

甘諸先生こと青木昆陽の墓
（目黒区下目黒・瀧泉寺
〈目黒不動尊〉）

**【この年の出来事】**

**1月**　青木昆陽、甘藷の試作に成功。翌月『蕃藷考』刊行。
**2・3**　江戸町奉行、沈没唐船の引揚げを許可。
**3・6**　幕府、唐人参座を日本橋本石町の長崎屋源右衛門方に設置。
**3・21**　河原崎権之助、森田座休座での興行を許可される（控櫓の始まり）。
**3・21**　中御門天皇譲位。
**3・24**　幕府、荻生観に服忌令の改正を指示。
**閏3・14**　丹羽正伯、幕命により諸藩に諸国産物の書上げを指示。
**5・29**　幕府、旗本らの郷借を禁止。
**6・1**　江島其磧歿（70）。
**6月下旬**　関西で大風雨、洪水。
**8・22**　幕府、桜町天皇即位の祝儀として5万石以上の諸大名に銀の献上を命令。
**8・28**　幕府、諸大名・旗本の遊廓への出入りを禁止。

**◉京都所司代**
土岐頼稔（丹後守）
**◉京都町奉行**
**東**
向井政暉（兵庫・伊賀守）
**西**
本多忠英（勘右衛門・筑後守）
**◉大坂城代**
太田資晴（備中守）
**◉大坂町奉行**
**東**
稲垣種信（求馬・淡路守）
**西**
松平勘敬（孫大夫・日向守）
**◉長崎奉行**
細井安明（藤左衛門・因幡守）
窪田忠任（弥十郎・肥前守）
**◉若年寄**
松平乗賢（能登守）
水野忠定（壱岐守）
本多忠統（伊予守）
小出英貞（信濃守）
西尾忠尚（隠岐守）
板倉勝清（佐渡守）

介されていたが、専門的すぎて、あまり一般に普及しなかった。そのような時に、西日本一帯にイナゴの害による大《だい》飢饉《ききん》が発生した。また米不足による打ちこわしなども起き、社会不安が高まっていることを肌で感じた儒学者《じゅがくしゃ》であり蘭《らん》学者《がくしゃ》の青木昆陽《あおきこんよう》は、「養分を多く含み、荒れた土地でもよく生育し、栽培も容易な」甘藷の特徴に着目。昆陽は、甘藷の普及によって飢饉を救うべきだとして『蕃藷考』を書き、江戸町奉行の大岡忠相《おおおかただすけ》に甘藷の普及を進言した。幕府はこの進言を受け入れ、昆陽に小石川薬園《こいしかわやくえん》内に三百三十坪の試作地を与え、薩摩から取り寄せた甘藷の試作を命じ、それが成功したことから、幕府はこの年二月に、昆陽の『蕃藷考』を刊行した。この書は以後、飢饉から人々を救うことに大いに役立ち、昆陽は「甘藷先生」と呼ばれるようになった。

## 江戸で天然痘が大流行する　十二月

事件災害

年も押し詰まった十二月、江戸で突然、高熱を発してバタバタと倒れる者が続出した。そのまま亡くなる場合もあったが、かろうじて解熱後に命が助かった者の肌には痘痕《あばた》が残っていた。それは明らかに天然痘《てんねんとう》の症状だった。天然痘とは、痘瘡《とうそう》ウィルスを病原体とするもので、感染率が非常に高かったので、これに人々はおののいた。幕府は、天然痘の流行を止めようとして、旗本・御家人など直参《じきさん》に予防薬として「二血丸《にけつがん》」を配布。しかし、漢方の「二血丸」は伝染病には何の効果もなかった。一方、民間では、人々は「苦しい時の神頼み」とばかりに神仏にすがった。といっても、どこの神社でも祈願すればいいというものではない。天神様《てんじんさま》が学問の神様として受験生が合格祈願をするように、疱瘡《ほうそう》の類《たぐい》を予防して祓《はら》う神様を祀《まつ》る神社というものがあった。江戸では、特に霊験《れいげん》あらたかなところとして名高かった雑司ヶ谷《ぞうしがや》の鷺大明神《さぎだいみょうじん》に人々が殺到し、その騒ぎは翌年まで続いた。

## 幕府、唐人参座を設立する　三月六日

社会世相

幕府はこの日、老中松平乗邑《まつだいらのりさと》の名を以って、江戸・京都・大坂に唐人参座《からにんじんざ》を設立することを布告した。

唐人参とは、長崎に来航する中国船がもたらした中国産の薬用人参のこと。幕府は、将軍吉宗《よしむね》の社会衛生・医療政策に対する積極的な姿勢から、国産の薬用人参、対馬《つしま》藩《はん》が独占販売する朝鮮《ちょうせん》人参、中国からの唐人参、のそれぞれに強い関心を示してきた。また、国産人参に関しては新製法開発に対する援助や販売規制の緩和、朝鮮人参に関しては対馬藩に頼らず密かに朝鮮人参の種を仕入れて日光で国産化を試みていた。そして唐人参。これには吉宗も相当な思い入れがあったようで、早くも享保八年（一七二三）には丹羽正伯《にわしょうはく》を長崎に派遣して輸入状況を調査させ、享保十一年頃には唐人参の種を江戸・長崎・薩摩で栽培することを試みている。これらを経て、唐人参の安定供給を図るために、唐人参座を設けることとしたのである。その場所を、江戸では日本橋本石町《にほんばしほんこくちょう》三丁目の長崎屋源右衛門《ながさきやげんえもん》方とした。長崎屋は、長崎から江戸へ参府するオランダ商館長一行の定宿《じょうやど》で、西洋との窓口としての役割を果たしていた。

この唐人参座だが、のちに国内での朝鮮人参の栽培が盛んになっていったため、次第に「座」としての意味を失っていった。

**9月** 畿内・中国・九州で疫病流行。死者多数。
**10・4** 幕府、米価下落防止のため最低価格を定め、違反した米商人に運上を賦課。
**10月** 幕府、御用米会所を設置。
**11・3** 桜町天皇践祚。
**11・30** 幕府、米の公定価格を決定。
**12・7** 幕府、米価調整のため、蝗害の被災大名の恩貸金返済期限を延期。
**12月** 江戸で天然痘が大流行。
**この年** 菊岡沾涼『続江戸砂子』刊行。
**このころ** 江戸郊外の寺社への参詣が流行。

# 1736 元文元年（享保二十一年）

丙辰

天皇▼桜町天皇

将軍▼徳川吉宗（第八代）

**【主要幕閣】**

●老中
松平乗邑（左近将監）
松平信祝（伊豆守）
松平輝貞（右京大夫）
松平乗賢（能登守）
本多忠良（中務大輔）

●寺社奉行
井上正之（河内守）
牧野貞通（越中守）
松平信岑（紀伊守）
大岡忠相（越前守）

●勘定奉行
松波正春（筑後守）
杉岡能連（弥太郎・佐渡守）
細田時以（弥三郎・丹波守）
神谷久敬（志摩守）
石野範種（筑前守）
河野通喬（豊前守）

●江戸町奉行
北
稲生正武（下野守）
南
大岡忠相（越前守）
松波正春（筑後守）

●京都所司代
土岐頼稔（丹後守）

## 幕府、新たな貨幣を鋳造　五月十二日

政治 経済

幕府はこれまで、商品流通の混乱を避けるために貨幣《かへい》改鋳《かいちゅう》を積極的に行なってこなかった。しかし、米価安による諸物価の高騰《こうとう》が続き、その原因の一つとして通貨不足があるとして、この日、改鋳に踏み切った。これは、江戸町奉行の大岡忠相《おおおかただすけ》、勘定奉行の細田時以《ほそだときより》の進言を将軍吉宗《よしむね》が受け入れたもの。

この改鋳に至るまでには、以下の歴史がある。慶長六年（一六〇一）は、関ヶ原の合戦で徳川家康が勝利した翌年にあたるが、幕府創設に先立って慶長金銀《けいちょうきんぎん》を発行し、諸国の金銀貨幣を統一することにほぼ成功した。しかし、こののち商品流通が発展する。それに伴って通貨不足が顕著となり、加えて財政難もあったために、幕府は財政再建を目的とする貨幣の改鋳を、元禄八年（一六九五）と宝永七年（一七一〇）の二度にわたって行なった。金銀の比率を意図的に下げる措置により、貨幣の減価分による収入を得るためである。しかし、質の悪い金銀が多量に発行されたことによって、経済界は混乱した。このことから、慶長金銀に代わる正徳金銀《しょうとくきんぎん》を改めて発行したが、経済界の混乱、米価の下落には歯止めはかからなかった。この流れがあって、幕府はたまらず、改鋳を決めたのだ。その比率は、旧金百両につき新金百六十五両、旧銀十貫目につき新銀十五貫目を以って引き替えるものとした（この新貨幣を「文」の字の極印にちなんで「文字金《ぶんじきん》」「文字銀《ぶんじぎん》」という）。これによって、貨幣量を増大させることを狙ったのだが、この改鋳は、改鋳貨幣がこののち安定して八十年余用いられたことで、成功だったとされている。

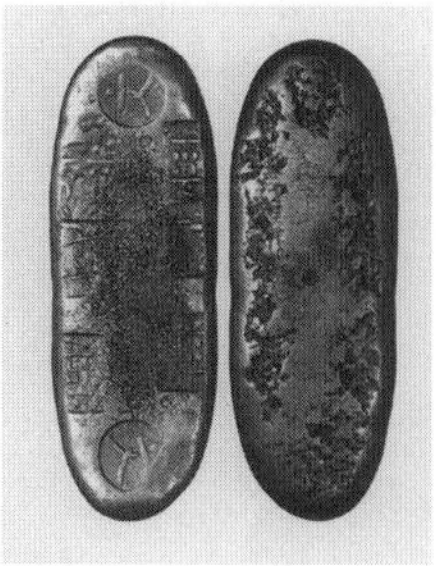

文字銀（元文丁銀）

文字金（元文小判）

## 江戸で、髪を高く結い上げた「文金風」のスタイルが大流行

文化 思想

この頃、江戸の庶民の間で、男女を問わず新しい髪型の「文金風《ぶんきんふう》」が大流行した。文金風という名は、この年の改鋳に伴って新たに発行された金貨に「文」の文字が刻印されたため、これを「文字金」と呼んだことにちなんでいる。この髪型は、浄瑠璃から生まれた豊後節《ぶんごぶし》の看板役者である宮古路豊後掾《みやこじぶんごのじょう》の姿から生まれた。豊後節に熱狂する庶民は、宮古路豊後掾の身のこなし、服装だけでなく、特に髪型に憧れてこれを模倣した（このことから、初めは宮古路風《みやこじふう》と称されていたが、いつしか誰もが文金風と呼ぶようになった）。これには、吉宗が推し進めていた勤倹尚武《きんけんしょうぶ》の「享保の改革」の息苦しさに対する反発もあったようだ。少しだらしなくて、どことなく乱れた感じが受けたというわけである。

**【この年の出来事】**

**2月**　常磐津文字太夫、市村座で初演。
**2・27**　幕府、関八州の盲人を統括する惣検校職を廃止。
**3月**　幕府、全国の代官所経費を改訂。勘定所による代官直接統括体制へ移行。
**4・28**　桜町天皇即位により元文に改元。
**4・29**　幕府、京都町奉行所門前に臨時目安箱を設置。
**4月**　幕府、駿河・関東諸国の寺社などに古文書の謄写・提出を指示（『諸州古文書』）。
**5・3**　江戸下谷八軒町から出火、上野広小路・東叡山本坊・下寺・金杉まで延焼。
**5・12**　幕府、正徳金銀を改鋳、元文金銀を鋳造。品質を落とし米価の引き上げを意図。
**5月下旬**　諸国で大雨、洪水。肥後・越後・備中などで被害大。

**◉京都町奉行**
**東**
向井政暉（兵庫・伊賀守）
**西**
本多忠英（勘右衛門・筑後守）
**◉大坂城代**
太田資晴（備中守）
**◉大坂町奉行**
**東**
稲垣種信（求馬・淡路守）
**西**
松平勘敬（孫大夫・日向守）
**◉長崎奉行**
細井安明（藤左衛門・因幡守）
窪田忠任（弥十郎・肥前守）
萩原美雅（源左衛門）
**◉若年寄**
水野忠定（壱岐守）
本多忠統（伊予守）
小出英貞（信濃守）
西尾忠尚（隠岐守）
板倉勝清（佐渡守）

この文金風の髪型とは、髷《まげ》の根の部分を高く上げ、髷尻《まげじり》を作らずにそのまま月代《さかやき》に向かって急傾斜させる、というもの。この文金風は、女性にも及んだ。女性の場合、髷の部分をゆったりと結い上げ、豊後節が得意とした心中物《しんじゅうもの》の凄艶《せいえん》な様子を再現した。これを、それまで質素な島田髷《しまだまげ》を結っていた若い女性までもが倣《なら》うようになったものが、やがて「文金高島田《ぶんきんたかしまだ》」として、今日に伝わっている。

## 大岡忠相が、寺社奉行にまで昇りつめる 八月十二日

事件 災害

享保の改革」を、吉宗とのコンビで強力に推進してきた江戸町奉行の大岡忠相が昇進して寺社奉行となった。このことは、これまでの幕府の慣行からすれば考えられないことで、一つの事件でもあった。というのも、町奉行と寺社奉行は、同じ奉行とはいえ、格が全く違っていたからである。幕府の職制で三奉行《さんぶぎょう》といえば、江戸町奉行・勘定奉行・寺社奉行なのだが、この中で最も格式が高かったのは、寺社奉行だった。しかも寺社奉行は、奏者番《そうじゃばん》を務める譜代《ふだい》大名が兼務するのが慣わしだった。そこに、一旗本の大岡忠相が抜擢《ばってき》されたのだ。格式と序列が重んじられたこの時代にあっては全く異例のことだった。しかし、寺社奉行は、格は高いものの実際の職務権限はあまりない。いわば名誉職といった地位である。そこに実務で数々の成果を挙げた忠相が就いたということは、切れ者の忠相を敬して遠ざけようとする勢力が幕府内にあったから、ともいわれている。忠相はこののち加増され、十二年後には大名に列して、三河西大平《にしおおひら》に陣屋をおく譜代大名の一人となった。

## 江戸に、居酒屋の元祖となる店が登場して評判となる

社会 世相

酒屋は酒を売るのが商売。酒を売って業とするのがごく普通の酒屋業なのだが、江戸の下町に、酒を売らない酒屋が登場して評判を呼び、これが居酒屋《いざかや》の元祖となった。その店は神田・鎌倉河岸《かまくらがし》の豊嶋屋《としまや》。豊嶋屋の「酒を売らない」とは、どういうことだったのか。もちろん、全く売らなかったわけではない。「売らない」とは、利益を乗せては売らなかった、の意だ。すなわち元値で売ったのだった。元値だから安さで評判となった。それでは豊嶋屋はどのようにして店を維持したのだろうか。まず、元値で売ったのちの空《あ》き樽《たる》を小売りした。酒が安いから売れに売れ、空き樽が次々に出る。それだけではない。ここからが豊嶋屋の商法だ。豊嶋屋では酒の売り場の横に広い場所を取り、豆腐を切って（そのままでは出さず）、調理して田楽《でんがく》として出した。生野菜や干物・漬物なども出した。酒の肴《さかな》である。酒は元値で、肴までであって、それも安いということで、荷商人、中間《ちゅうげん》、小者《こもの》、馬士《ばし》、船頭《せんどう》、駕籠《かご》の者、日傭《ひやとい》などが集まり、大繁盛した。酒を売ることで儲けようとするのではなく、酒の肴で儲けようとした豊嶋屋。今日の大衆居酒屋の誕生といっていいだろう。

豊島屋（『江戸名所図会』）

**6・1** 幕府、米の公定価格を廃止。
**6・19** 幕府、銭不足のため蓄銭を禁止。
**6月** 幕府、銅の産出量減少のため、長崎への清国船来航を年間25隻に限定。
**7・2** 荷田春満歿（68）。
**8・12** 大岡忠相、寺社奉行に就任。
**9・19** 幕府、囲米・上方への銭輸送を禁止。
**9・24** 幕府、大名・旗本が陪臣・浪人の子を養子にすることを禁止。
**10・20** 幕府、向島小梅に新銭座を設置。
**12月** 越後国紫雲寺潟新田の百姓ら、名請をめぐって江戸へ越訴（紫雲寺潟新田騒動）。
**この年** 江戸で「文金風」が流行。
**この年** 江戸の酒屋、豊嶋屋が評判となる。

【主要幕閣】

◉老中
松平乗邑（左近将監）
松平信祝（伊豆守）
松平輝貞（右京大夫）
松平乗賢（能登守）
本多忠良（中務大輔）

◉寺社奉行
井上正之（河内守）
牧野貞通（越中守）
松平信岑（紀伊守）
大岡忠相（越前守）

◉勘定奉行
杉岡能連（弥太郎・佐渡守）
細田時以（弥三郎・丹波守）
神谷久敬（志摩守）
石野範種（筑前守）
河野通喬（豊前守）
神尾春央（五郎三郎・若狭守）

◉江戸町奉行
北
稲生正武（下野守）
南
松波正春（筑後守）

◉京都所司代
土岐頼稔（丹後守）

## 松平乗邑が勝手掛老中となる　六月十四日

政治経済

将軍吉宗《よしむね》は、この日、空席となっていた勝手掛《かってがかり》老中に、松平乗邑《まつだいらのりさと》を任じた。勝手掛とは、老中の担当分掌《ぶんしょう》の中で最も重要な財政処理を委《ゆだ》ねられるものだったので、乗邑がいかに吉宗に信頼されていたかがわかる。乗邑は譜代名門の大給《おぎゅう》松平氏の嫡流《ちゃくりゅう》に生まれ、早くから賢明で知られていた。吉宗の懐刀《かいとう》といわれた大岡忠相《おおおかただすけ》でさえ、乗邑の才知には梯子《はしご》をかけても及ばないと感嘆したとされる知恵者だった。乗邑を、享保八年（一七二三）に年長者を差し置いて三十八歳の若さで老中に抜擢《ばってき》したのだが、乗邑が御《ご》三家《さんけ》にとっても将来を嘱望《しょくぼう》されていた人物だったので、吉宗は三顧《さんこ》の礼を以って了解を求めている。その吉宗の期待に違《たが》わず、老中の中でも最も重要な勝手掛となった乗邑は、腹心の勘定奉行・神尾春央《かんおはるひで》とともに勘定所《かんじょうしょ》の役人などを督励《とくれい》。幕府財政の再建＝徹底した年貢の増収を図った。この時、神尾が放った言葉に「胡麻《ごま》の油と農民は、絞れば絞るほど出るものなり」がある。この結果、幕府の年貢収入は百六十七万石となり、前年より三十四万石の増収となった。これは、享保の改革を通じて最高の数字だった。

## 『大日本史』の編纂作業が、ほぼ終了する

文化思想

『大《だい》日本史《にほんし》』は、水戸藩主・徳川光圀《みつくに》の宿願の大著で、明暦三年（一六五七）に編纂《へんさん》が開始された。光圀の歿後も事業は継続されている。この事業で主導的な役割を果たしたのが、朱子学者《しゅしがくしゃ》の安積澹泊《あさかたんぱく》（通称・覚兵衛《かくべえ》）だった。安積は、光圀の二十八歳下で、光圀が隠居した時には三十五歳だった。

安積澹泊（栗原信充『肖像集』）

こののちひたすら『大日本史』の編纂事業に取り組んでいる。その間、『大日本史』の史料集めのために諸国を訪ね歩いたのが水戸藩士の佐々宗淳《さ さむねきよ》（通称・介三郎《すけさぶろう》）で、安積は佐々が蒐集《しゅうしゅう》した史料を参考にしながら事業活動を進めた。この間、『大日本史』編纂のために設けられた「彰考館《しょうこうかん》」の総裁《そうさい》となってからも編纂に没頭。正徳四年（一七一四年）、総裁を辞職したのちも稿本の校正補訂にあたり、その最終作業を見届けるようにして、この年に歿した。それに伴って『大日本史』の編纂作業も実質的な終了をみた。もっとも、のちにも細かな校正補訂が細々と続けられ、完全な形での『大日本史』が成ったのは、江戸時代も終わって明治三十九年（一九〇六）のことだった。この安積覚兵衛と佐々介三郎が、のちに講談『水戸黄門漫遊記《みとこうもんまんゆうき》』に登場する助《すけ》さん、格《かく》さんのモデルである。

## 薩摩の武士が、大坂の色里で五人を斬殺する　七月三日

事件災害

寝苦しい夏の夜、大坂で薩摩《さつま》の武士が、五人の男女を次々と斬殺《ざんさつ》、そのまま逃亡する事件が起きた。殺し

【この年の出来事】

**2・1** 本所回向院で初の居開帳が開催。
**2月** 幕府、質地田畑争論の受理規則を制定し、田畑質入売買証文の形式を規定。
**3・10** 将軍吉宗、飛鳥山を王子金輪寺に寄進、本格的な桜の植樹を開始。
**4・7** 陸奥津軽で大雨・洪水。
**4・11** 中御門上皇歿(37)。
**5・3** 下谷・金杉辺から出火、寛永寺本坊など焼失。
**5・8** 幕府、江戸市中に家主・五人組に無断で訴訟を起こすことを禁止。
**6・1** 神尾春央、勘定奉行に就任。
**6・2** 信濃善光寺門前町で大火。518軒焼失。
**6・6** 遠江相楽で大風雨。堤防2000間被害。
**6・14** 松平乗邑、勝手掛老中に就任。
**6・27** 幕府、物価高騰のため、江戸の地代・店

**◉京都町奉行**
**東**
向井政暉（兵庫・伊賀守）
**西**
本多忠英（勘右衛門・筑後守）
嶋正祥（角右衛門・長門守）

**◉大坂城代**
太田資晴（備中守）

**◉大坂町奉行**
**東**
稲垣種信（求馬・淡路守）
**西**
松平勘敬（孫大夫・日向守）

**◉長崎奉行**
窪田忠任（弥十郎・肥前守）
萩原美雅（源左衛門）

**◉若年寄**
水野忠定（壱岐守）
本多忠統（伊予守）
小出英貞（信濃守）
西尾忠尚（隠岐守）
板倉勝清（佐渡守）

たのは薩摩屋敷の勤番《きんばん》・早田八右衛門《はやたはちえもん》。殺されたのは、大坂北の新地曾根崎《そねざき》の大和屋《やまとや》の主人・重兵衛《じゅうべえ》、女房・とめ、下女《げじょ》・くら、同・きよ、大和屋お抱えの女郎《じょろう》・菊野《きくの》である。現場はまさに地獄絵そのものだった。垂れ落ちた一つの蚊帳《かや》の中に、下女と菊野が血まみれで死んでおり、もう一つの蚊帳には、重兵衛ととめが白目を剝《む》いて斃《たお》れていた。これには、検死にあたった大坂町奉行所与力《よりき》の蒔田《まきた》仲右衛門と野口茂右衛門も目をそむけるほどだった。

事件の原因は、八右衛門が大和屋で菊野の艶《なま》めかしい肢《し》体《たい》と妖《あや》しげな仕草《しぐさ》に我を忘れて惚れ込んだことにあった。しかし、それが商売上のことと知って八右衛門は腹を立てた。その上、大和屋の連中が「薩摩の田舎侍が……」と愚《ぐ》弄《ろう》していることを知って逆上してしまったのだ。八右衛門は、深夜、大和屋に忍び込み、蚊帳の中で寝ている菊野を見るや、蚊帳の吊り手を切り、目覚めて蚊帳の中で驚く菊野と下女二人に刀を突き立てた。その騒ぎに驚く隣の蚊帳の中の重兵衛夫妻にも斬りかかって殺してしまった。こののち、八右衛門は悠々《ゆうゆう》と薩摩屋敷へ帰ったのだが、怨恨《えんこん》の筋からすぐさま八右衛門の名が浮かび、捕縛されたのち、八右衛門は獄門《ごくもん》に処された。

## 吉宗の発意で、江戸の飛鳥山が桜の名所となる
**社会世相**

吉宗は、鷹狩りを好むなど「武」の一方で、懐徳堂《かいとくどう》の保護や『六諭衍義大意《りくゆえんぎたいい》』の出版に見られるように、「文」にも力を入れていた。そうした文化事業の一つに挙げられるのが、観桜《かんおう》いわゆるお花見である。吉宗は、庶民が楽しむお花見に着目し、そのお花見の地として飛鳥山《あすかやま》（現、東京都北区）を考えた。そして、ここに桜の樹を多数植えさせたことで、飛鳥山は江戸随一の桜の名所として賑わいをみせるようになるのである。

吉宗は、江戸城内に桜の苗がたくさん芽吹くのを見て、桜が庶民に愛されることを考えた。そこで小納戸頭《こなんどがしら》の松《まつ》下専助《したせんすけ》に、「よく養植するように」と命じた。命じられた専助は一心に、苗に水をやり肥料をやり、苗を増やし育てた。それらが人の背丈ほどになったところで吉宗は、それを飛鳥山、広尾《ひろお》、隅田堤《すみだづつみ》など、各地に移植させたのだ。中でも飛鳥山に植えた桜は最もよく根づき、美事な花を咲かせた。これを見て吉宗は、この年の三月に、それまで旗本領だった飛鳥山を王子権現金輪寺《おうじごんげんきんりんじ》の社領《しゃりょう》とし、以来、庶民がお花見を楽しめるように整備したことで、桜の名所となったのである。飛鳥山の桜は、江戸庶民に愛されただけではなく、お花見の時期には今日においても大変な賑わいをみせている。

飛鳥山
（『江戸名所花暦』）

飛鳥山
（『画本東都遊』）

賃の3割値上げを許可。
**7・3** 薩摩武士早田八右衛門、大坂で男女5人を斬殺。
**8・19** 美濃加納で大雨、洪水。
**この夏** 山城淀で大雨、洪水。
**9月** 諸国で虫害、不作。
**10・27** 幕府、搗米屋仲間組合を解散。
**閏11・9** 老中松平乗邑を主任とし、公事方御定書の編纂開始。
**12・10** 安積澹泊歿(83)。
**12・23** 幕府、江戸市中の囲銭を厳禁。
**12月** 幕府、大坂銅吹屋に諸国産銅の数量・産地・販路などに関する調査の実施を指示。
**この年** 『大日本史』の編纂作業がほぼ完了。
**このころ** 江戸の飛鳥山が桜の名所となる。

# 1738
# 元文三年
## 戊午
**天皇▼桜町天皇**
**将軍▼徳川吉宗（第八代）**

## 桜町天皇、大嘗祭を再興　十一月十九日
政治経済

百十五代の桜町《さくらまち》天皇が、それまで五十一年間途絶えていた大嘗祭《だいじょうさい》を再興し、将軍吉宗《よしむね》がこれを後援した。

大嘗祭は天皇一代に一度きり、それも天皇ただ一人のみがその祭祀《さいし》を執り行なう秘祀中の秘祀。秘祀ゆえに、一般人はもちろん、宮中関係者の誰もその様子をうかがい知ることはできない。祭祀のために、総檜《ひのき》造りの壮大な神殿が御所《ごしょ》の東御苑に建造されるのだが、この神殿は大嘗祭のためにだけ用いられて、その一夜の秘祀が終われば取り壊すことになっている。この大嘗祭の最初は、持統五年（六九一）なので、大変歴史のある宮中行事だったが、この行事は、のちは断続的に続き、江戸時代になって二百二十一年の空白があったのちの貞享四年（一六八七）に再興された。東山《ひがしやま》天皇、将軍綱吉《つなよし》の時だ。ところが代々続くはずの大嘗祭は、こののちも空白期間があって、この日、桜町天皇が五十一年ぶりに再興したのである。

この大嘗祭には多額の費用がかかるのだが、各界に倹約《けんやく》を説く吉宗がこれを後援したことは、すぐには理解しにくい。しかし、ここにこそ吉宗の倹約の真骨頂があるともされている。吉宗は、朝議《ちょうぎ》を復興させることで、これまで以上に将軍権力を盤石《ばんじゃく》のものとしようとした。将軍の後嗣（病弱な長男の家重《いえしげ》）に不安を抱えていればこそである。すなわち、大嘗祭への出費こそが倹約そのものではないか、というわけである。

**【主要幕閣】**

**◉老中**
松平乗邑（左近将監）
松平信祝（伊豆守）
松平輝貞（右京大夫）
松平乗賢（能登守）
本多忠良（中務大輔）

**◉寺社奉行**
牧野貞通（越中守）
松平信岑（紀伊守）
大岡忠相（越前守）

**◉勘定奉行**
杉岡能連（弥太郎・佐渡守）
神谷久敬（志摩守）
河野通喬（豊前守）
神尾春央（五郎三郎・若狭守）
水野忠伸（対馬守）
桜井政英（九右衛門・河内守）

**◉江戸町奉行**
**北**
稲生正武（下野守）
石河政朝（土佐守）
**南**
松波正春（筑後守）

**◉京都所司代**
土岐頼稔（丹後守）

## 国学者の賀茂真淵が、江戸で門人を集める
文化思想

国《こく》学《がく》とは、この頃盛んに話題となりつつあった洋学《ようがく》（蘭学《らんがく》＝オランダの学問）に対して生まれた日本古来の学問を意味する言葉とされている。具体的には、日本古来の書である『古事記《こじき》』『日本書紀《にほんしょき》』『万葉集《まんようしゅう》』などの古典を、文献学的な研究に基づいていろいろと究明しようとした学問、といったところ。

この学問の先駆者は荷田春満《かだのあずままろ》で、その門人となったのが賀茂真淵《かものまぶち》だった。真淵は、『万葉集』の研究に意をそそいだ。その研究の基には「古《いにしえ》の心言《こころこと》」を解き、「古のふみをみる」といわれる文献学的手法がある。真淵は春満の門人となったのち、春満の死によって、師の跡を継ぐべく江戸へ出て、この年、国学を学ぶ士を集め始める。その門弟からは、本居宣長《もとおりのりなが》が出た。真淵は国学の基として考えた『万葉集』の研究に没頭したが、門弟の宣長は、師が研究したかった『古事記』にまで研究分野を広げ、のちに『古事記伝』の大著を成している。

賀茂真淵（栗原信充『肖像集』）

**【この年の出来事】**

**2・22** 幕府、諸国に戸籍調査の実施を指示。
**3・21** 江戸草創名主組合の年番が定まる。
**4・7** 幕府、諸寺に寺の本尊・什物・仏具などを質入れ・売買することを禁止。
**5・7** 幕府、日本橋伊勢町の和薬改会所を廃止、薬の販売を自由化。続いて駿河・京都・大坂の和薬改会所も廃止。
**5・19** 幕府、御用商人岡肥後に日光今市御薬園産薬用人参の販売を許可。
**5・30** 『庶物類纂後編』（638巻）完成。
**5月** 諸国で大雨。東海・山陽で被害大。
**9・18** 磐城平藩の百姓8万4000余人、上納金に反対し城下へ強訴（元文磐城平藩一揆）。
**9月** 幕府、京都で、栽培手引書付きで朝鮮人参の根を希望者に分け与えると布告。
**10・18** 幕府、大筒役を

**◉京都町奉行**
**東**
向井政暉（兵庫・伊賀守）
**西**
嶋正祥（角右衛門・長門守）
**◉大坂城代**
太田資晴（備中守）
**◉大坂町奉行**
**東**
稲垣種信（求馬・淡路守）
**西**
松平勘敬（孫大夫・日向守）
佐々成意（又四郎・美濃守）
**◉長崎奉行**
窪田忠任（弥十郎・肥前守）
萩原美雅（源左衛門）
**◉若年寄**
水野忠定（壱岐守）
本多忠統（伊予守）
小出英貞（信濃守）
西尾忠尚（隠岐守）
板倉勝清（佐渡守）

## 幕府、朝鮮人参の販売を許可する　五月十九日

事件災害

幕府は、日光今市《にっこういまいち》の御薬園で栽培を試みていた薬用の朝鮮人参《ちょうせんにんじん》の出来がよいことから、一般への販売を検討、日本橋本石町《ほんごくちょう》の御用商人・岡肥後《おかひご》に許可を与えた。

この背景には、折からの天然痘《てんねんとう》の流行がある。幕府は、その防疫対策として薬草の研究に力を注いできた。そうした中で、人参の薬効が顕著であることがわかり、国産の薬用人参の栽培に力を入れたのである。御三家をはじめ、諸大名に対して国産人参の種子を与え、その育成法などを教えるとともに、各藩のそれぞれの薬園での栽培を奨励してきた。しかし、その人参による薬効は期待するほどのものではなかった。それならば、ということで外国産の人参を求めたのだ。それが中国産の唐人参《からにんじん》で、これを広く輸入しただけでなく、販売に関して唐人参座を設置するほど力を入れた。しかし、輸入に頼っていると費用がかかる。しかも蔓延《まんえん》する天然痘には、ほとんど何の効果もない。そこで注目されたのが、日光今市で栽培されている朝鮮人参だった。その薬効は、不定愁訴《ふていしゅうそ》には明白な効果があることがわかり、幕府はこれに注目。天然痘に対してはともかく、その体質改善などの薬効から、以後、この朝鮮人参は、ほかの国産人参や唐人参が姿を消していくほど広まっていく。

## お俊、伝兵衛心中事件が起きる　十一月十六日

社会世相

京都でこの日、心中《しんじゅう》事件が起きた。現場は聖護院《しょうごいん》の森で、女は二十歳前後、男は二十二、三歳。二人は首を吊って死んでいたのだが、調べが進んで、女は四条上ル先斗町の近江屋金七《おうみやきんしち》抱えの遊女のお俊《しゅん》、男は釜座姉小路下ル呉服屋の井筒屋伝兵衛《いづつやでんべえ》と判明した。伝兵衛は、母一人子一人で暮らしていたのだが、ふとした機会にお俊に馴染み、お俊を恋しく思うようになり、お俊もまた伝兵衛を好ましく思うようになった。だが、伝兵衛にはお俊を身請けするほどの財力がない。そこで、この世では叶わぬ恋をあの世で……として心中したことがわかり、「何だ、またか」、ということになって、この心中事件は終わりを見た。

問題は、この「何だ、またか」だ。この頃、心中は京都、大坂、江戸で流行病のように広まっていて、それはどんどん拡大していた。心中事件は元禄から享保（一六八八―一七三六）に入って各地で発生し、享保末から元文にかけては「何だ、またか」となっていたのだ。しかし、心中事件などが例外的にしかなかった元禄以前のことを考えると、異常とも言える現象だった。享保に入ってからの不景気、緊縮政策による将来への展望の喪失感が、心中事件の多発を生んだようだ。それゆえ「何だ、またか」と、誰も驚かなくなっていたのである。

芝居の井筒屋伝兵衛と芸者お俊

設置。
**11・16** お俊・伝兵衛心中事件発生。
**11・19** 桜町天皇、51年ぶりに大嘗会を再興。
**11・30** 幕府、元文金銀の引換所を廃止。金は江戸・京都の金座、銀は江戸・京都・大坂の銀座での引き換えと規定。
**12・14** 幕府、銅座以外で銅を密売することを禁止。
**12・16** 生野銀山の鉱夫、扶持の減給に反対して強訴（生野銀山一揆）。
**この年** 京都の下村正啓、日本橋大伝馬町に呉服太物商「大丸屋」を開店。
**この年** 関東で凶作。
**この年** 賀茂真淵、江戸で門人を募集。

# 1739

# 元文四年

## 己未

天皇▼桜町天皇

将軍▼徳川吉宗（第八代）

**【主要幕閣】**

**◉老中**

松平乗邑（左近将監）
本多忠良（中務大輔）
松平輝貞（右京大夫）
松平信祝（伊豆守）
松平乗賢（能登守）

**◉寺社奉行**

牧野貞通（越中守）
松平信岑（紀伊守）
大岡忠相（越前守）
本多正珍（紀伊守）
山名豊就（因幡守）

**◉勘定奉行**

神谷久敬（志摩守）
河野通喬（豊前守）
神尾春央（五郎三郎・若狭守）
水野忠伸（対馬守）
桜井政英（九右衛門・河内守）
木下信名（伊賀守）

**◉江戸町奉行**

**北** 石河政朝（土佐守）

**南** 松波正春（筑後守）
水野勝彦（備前守）

**◉京都所司代**

---

## 尾張藩主の徳川宗春が、将軍吉宗に屈服　四月

政治経済

将軍吉宗《よしむね》は、かねてから幕府の方針に敢えて逆らうかのような藩政や振る舞いを演じてきた尾張藩主の徳《とく》川宗春《がわむねはる》に対して、蟄居謹慎《ちっきょきんしん》を申し渡した。御三家《ごさんけ》の雄である尾張藩主に対する厳罰処分だったので、世間を震撼《しんかん》させる事件となってもいいのだが、実際はそのようなことにはならなかった。世間も尾張藩内も、至極当然といった様子だった。その理由として第一に挙げられるのが、吉宗が推し進める倹約《けんやく》政策に対抗して宗春が推し進めた開放政策が破綻していた点である。

宗春の数々の開放政策は、一時的に庶民から喝采《かっさい》をもって迎えられた。しかし、それは全く一時的なことだったのだ。風俗を開放したが、多くの者が怠惰《たいだ》に流れて、生産力が著しく低下した。これを取り締まる法の整備にも意を用いなかったので、領内では賭博《とばく》が横行、喧嘩は日常茶飯事となっていた。第二には、財政が破綻したことだ。宗春の政策は消費を第一とするものだったので、藩庫は空っぽになった。それでも開放政策を変えなかったため、赤字は累積する一方。これを打開しようとして、ついに領民に対して借《かり》上金《あげきん》を課すことにした。元文二年六月には四千両、十二月には一万五千両もの借上金を課す状態となっていた。藩内の風紀は乱れ、財政が二進《にっち》も三進《さっち》もいかなくなった状態での、宗春に対する厳罰処分だった。

---

## 桐生・足利で、本格的に絹織物の生産が始まる　二月三日

文化思想

将軍吉宗の殖産興業政策によって諸国の特産物が見直されてきたが、京都の西陣《にしじん》から桐生《きりゅう》・足利《あしかが》に伝わった高機《たかばた》が、この日、稼働を開始し、関東で高級絹織物《きぬおりもの》が本格的に生産されるようになった。この高機とは、京都西陣独特の大型の織り機を用いた織り方で、関東にはそれまでその技法は伝わっていなかった。関東で用いられていたのは、手足で動かして織る素朴な手機《てばた》によるものだった。これでは、質の高い絹織物を織ることも量産することもできない。そこで、桐生・足利の織物職人は何とかして高機の技術を学ぼうとしたのだが、京都西陣ではこれを受けつけなかった。西陣織は京都だけのものゆえ門外不出として、技法が外に伝わることを拒みつづけてきたのだ。しかし、享保十五年（一七三〇）に京都西陣で大火が起きた。大火によって西陣の産業は一時壊滅状態となり、多くの西陣織の職人たちが失職した。これを見て、新井藤右衛門《あらいとうえもん》らが、西陣の織師たちを桐生に招聘《しょうへい》。織師だけではなく、織機ほか道具一切をも入手して、その技法を広く桐生・足利一帯に広めた。もとより、手機の技法を持っていたわけだから、高機の技法は一気に普及し、こののち桐生・足利は「関東の西陣」と称されるまでに発展する。

---

**【この年の出来事】**

**1・12** 幕府、尾張藩主徳川宗春に蟄居を命じる。

**2・3** 桐生に京都西陣の高機技術が伝播、絹織物の生産を開始。

**2・19～** 鳥取藩の百姓5万余人、年貢減免を要求し一揆。郡代を罷免に追い込む（因伯一揆）。

**3・2** 美作国勝北郡幕領の百姓数千人、富家を打ちこわし（勝北非人騒動）。

**3・8** 幕府、青木昆陽を召喚。

**3・15** 高木作右衛門、長崎代官に就任（長崎代官の再置）。

**4月** 幕府、盛岡藩の産銅を御用銅とし、大坂・長崎の銅座への廻送を指示。

**5月** 陸奥から安房にかけての太平洋沿岸に、ロシア船出没。

**6・8** 幕府、沿海の諸大名・代官に、異国船来航時の対処について通達。

**7・5** 出雲で大風雨、

土岐頼稔（丹後守）

◉京都町奉行
東
向井政暉（兵庫・伊賀守）
馬場尚繁（讃岐守）
西
嶋正祥（角右衛門・長門守）

◉大坂城代
太田資晴（備中守）

◉大坂町奉行
東
稲垣種信（求馬・淡路守）
西
佐々成意（又四郎・美濃守）

◉長崎奉行
窪田忠任（弥十郎・肥前守）
萩原美雅（源左衛門）

◉若年寄
水野忠定（壱岐守）
本多忠統（伊予守）
小出英貞（信濃守）
西尾忠尚（隠岐守）
板倉勝清（佐渡守）

## 鳥取藩内で大一揆が発生　二月二十一日

事件災害

鳥取藩領内の農民が、この日、年貢の減免《げんめん》・借金の十年割賦《かっぷ》返済などを要求して藩に強訴《ごうそ》した。これに対する藩の対処の不手際から、農民の数は数万人に膨《ふく》れ上がり、強訴は大一揆《だいいっき》となっていった。

その発端は、前年の凶作。藩内には規定の年貢を納めきれない農民が続出した。このこと自体は各地によくあることで、それが直接強訴の原因となったわけではない。この年貢を納めきれない農民に対して、藩は何らの対策を講じることもなく、いきなり次々と捕縛して投獄した。強権をもって農民を圧しようしたために、農民たちの怒りを買い、大一揆となったのだった。農民たちには収穫そのものがないのだから年貢を納めようもなく、「投獄すると言うなら、わしら全員を！」となって鳥取城下に迫った。その数は当初数千人だったものが、数万人にまで膨れ上がっていった。それが城下にまで迫ったのだから、藩の首脳は狼狽《ろうばい》し、とにかく城下から立ち退くように告げるとともに粥《かゆ》を給し、一揆側の要求を呑む様子を見せた。しかし一揆側は、それがポーズにすぎないとわかっていたので、なお運動を高揚させた。最終的には藩の武力に抑えられるのだが、ここで露呈したのは藩の優柔不断＝弱体ぶりで、このの ち、再び伯耆《ほうき》国を中心にした一揆が起きる素地を残した。

## 幕府、江戸の玉川上水請負人を罷免　七月二十七日

社会世相

幕府は、この日、江戸の上水道である玉川上水《たまがわじょうすい》の開《かい》削《さく》・完成に功のあった玉川家に対して、「上水管理に怠慢あり」として請負人役を免じるとともに、玉川家の三代目清右衛門《せいえもん》を江戸払いとした。以下、問題となった玉川家と玉川上水についての歴史を追ってみる。

江戸の上水道は、徳川家の関東入府《にゅうぶ》に伴って整備された。その最初は、家康家臣の大久保忠行《おおくぼただゆき》（藤五郎《とうごろう》）が開削した小石川《こいしかわ》上水（のちに神田上水）だったが、江戸の都市化とともにこれでは足らなくなり、新たな上水を検討し始めた。この時の江戸町奉行神尾元勝《かんおもとかつ》の水筋の諮問《しもん》に応じて、玉川兄弟（兄・庄右衛門《しょうえもん》、弟・清右衛門）の父親が新たな上水の案を提出。幕府より許可が下りて工事が始まった。工事は艱難《かんなん》を極めたが、承応三年（一六五四）に完成。上水は武蔵国多摩郡羽村《たまぐんはむら》の多摩川から取水し、四谷大木戸《よつやおおきど》の地点で江戸城内用と市中用とに分水する全長約四十三キロメートルに及ぶ大工事だった。このことから幕府は、兄弟に金子三百両を給し、玉川姓を与えて帯刀《たいとう》を許した。ここから玉川上水の名が生まれ、以後、この玉川上水の管理は玉川家が代々受け継ぐことになった。その管理料だが、実はこれが莫大なものとなっていた。江戸の水銀（水道使用料金）が全て玉川家のもとに入っていたからである。

幕府は、これはおかしいと考えた。もともと幕府の諮問・助成によって成った事業なのだから、水銀は幕府のものではないか、というわけだ。しかし既得権を奪うのは難しい。そこで「上水管理に怠慢あり」との、何とも曖昧《あいまい》な理由で玉川家から利権を剥奪した、とされている。

天明から寛政の頃にまとめられた玉川上水の史料
『玉川上水水元絵図並諸枠図』

洪水。2223戸倒壊。
**7・16** 大坂で大雪。寒気で死者多数。
**7・20** 建部賢弘歿(76)。
**7・27** 幕府、玉川上水請負人玉川庄右衛門・清右衛門を不正により処罰。
**10・1** 将軍吉宗、野呂元丈を引見し、物産研究を賞する。
**10・7** 幕府、江戸での豊後節浄瑠璃を禁止。
**11・12** 幕府、松前藩に煎海鼠の長崎移出を指示。
**11・18** 深川木場の材木問屋12名、株仲間組合を結成。
**12・6** 幕府、銭座請負の希望者を募集。

# 1740

# 元文五年

## 庚申

天皇▼桜町天皇

将軍▼徳川吉宗（第八代）

【主要幕閣】

◉老中
松平乗邑（左近将監）
松平信祝（伊豆守）
松平輝貞（右京大夫）
松平乗賢（能登守）
本多忠良（中務大輔）

◉寺社奉行
牧野貞通（越中守）
大岡忠相（越前守）
本多正珍（紀伊守）
山名豊就（因幡守）

◉勘定奉行
神谷久敬（志摩守）
河野通喬（豊前守）
神尾春央（五郎三郎・若狭守）
水野忠伸（対馬守）
木下信名（伊賀守）

◉江戸町奉行
北
石河政朝（土佐守）
南
水野勝彦（備前守）
島正祥（長門守）

◉京都所司代
土岐頼稔（丹後守）

◉京都町奉行

## 国学者の荷田在満を閉門に処す　九月

政治経済

幕府は、国学者《こくがくしゃ》の荷田在満《かだのありまろ》が刊行した『大嘗会便蒙《だいじょうえべんもう》』に対して絶版・回収を命じるとともに、この月、在満を閉門《へいもん》に処した。これは、同書に不行き届きな記述があったからではない。行き届き過ぎた内容だったことによる。大嘗会《だいじょうえ》のことが精緻《せいち》に記述されていることで、朝廷の宮中儀式の神秘性が損なわれる恐れがあることからの処分だった。

荷田在満は、復古神道《ふっこしんとう》を唱導した国学の四大人《したいじん》の一人に数えられる荷田春満《かだのあずままろ》の養子で、義父の命で江戸へ下り、幕府に仕えて有職故実《ゆうそくこじつ》の調査・研究に従事した。そして、元文三年（一七三八）から将軍吉宗《よしむね》の次男で御三卿《ごさんきょう》の田安《たやす》宗武《むねたけ》に仕え、同年十一月に桜町《さくらまち》天皇が五十一年ぶりに再興した大嘗会では、その儀式の拝観と畿内の寺社調査の命を受けて上京。その時の様子および儀式の内容を『大嘗会《だいじょうえ》儀式具釈《ぎしきぐしゃく》』として九巻にまとめて、幕府に収めた。

荷田春満（栗原信充『肖像集』）

ここまでは何も問題はなかったのだが、このあと在満は、門人たちの希望から、同書を抄訳《しょうやく》して『大嘗会便蒙』二巻を刊行してしまった。宮中儀式は公開すべきではないと考えていた幕府は、この刊行に態度を硬化させたのである。神秘性を有する朝廷と幕府とが一体である様子を醸成することで、幕府の権威を高めようとする思惑から、今回の処分となったのだった。

## 竹田からくり人形が、人気を博す

文化思想

竹田からくりの三代目竹田近江《たけだおうみ》が、この年、大坂道頓《どうとん》堀《ぼり》の竹田座《たけだざ》を拡張して、父の竹田出雲《たけだいずも》とともに興行を打って、大きな反響を呼んだ。このことに意を強くした竹田近江は翌元文六年（一七四一）、父とともに江戸へ下り、堺町《さかいちょう》の芝居小屋で興行を行なったところ、江戸でも大評判となり、人々が殺到して札止め《ふだど》となるほどだった。この「からくり」とは、ゼンマイ・歯車などの仕掛けで人形などを操って動かす装置のこと。江戸時代の初め、西洋から

からくり人形（『璣訓蒙鑑草』）

【この年の出来事】

**1・3**　朝廷、年始の吉書奏を再興。
**2・22**　幕府、勘定見分役を創設。
**3・19**　大坂町奉行稲垣種信、収賄の罪により閉門（辰巳屋騒動）。
**3月**　幕府、江戸市中畳職人の人別調査・帳簿作成を指示。
**4・5**　初代市川團蔵歿(57)。
**4・14**　江戸町奉行、奉公人・請人の処罰規定9か条を制定。
**5・11**　幕府、防火対策として大名32名に藩邸を瓦葺とするよう命令。
**5・19**　幕府、三奉行・大目付らに、会合時の遊宴、贈収賄などを禁止。
**5月**　鳥海山噴火。泥流により水田に被害。
**6・8**　幕府、旅人宿以外の茶屋・うどん屋などでの旅人宿泊を禁止。
**6・30**　幕府、奥右筆の機密漏洩を禁止し、諸大名の藩士らと集会するこ

**東**
馬場尚繁（讃岐守）
**西**
嶋正祥（角右衛門・長門守）
三井良龍（采女・下総守）
**◉大坂城代**
太田資晴（備中守）
酒井忠恭（雅楽頭）
**◉大坂町奉行**
**東**
稲垣種信（求馬・淡路守）
松浦信正（与次郎・河内守）
**西**
佐々成意（又四郎・美濃守）
**◉長崎奉行**
窪田忠任（弥十郎・肥前守）
萩原美雅（源左衛門）
**◉若年寄**
水野忠定（壱岐守）
本多忠統（伊予守）
小出英貞（信濃守）
西尾忠尚（隠岐守）
板倉勝清（佐渡守）

渡来した機械時計が「からくり」の誕生に大きく影響したといわれている。機械時計はゼンマイ・歯車・調速機などから成っているが、これを見た職人たちは、その仕組みを応用し、日本独自の「からくり」を様々に考案した。竹田出雲も、最初は子どもたちが砂遊びをしている様子から、砂時計を考案。このことを元に、のち、永遠に時を刻む永《えい》代時計《たいどけい》を研究するとともに、「からくり」を用いていつまでも動作を伴う人形を開発し、それに物語性を加えて人々を仰天させた。「竹田からくり人形」は、こののち京都、名古屋などの寺や神社の境内《けいだい》での興行でも大評判となり、人気は全国的に広まっていったのである。

## 豪商辰巳屋の乗っ取り騒動で、大坂東町奉行を処分　三月十九日

事件
災害

幕府は、この日、大坂東町奉行の稲垣種信《いながきたねのぶ》を収賄《しゅうわい》の罪で罷免《ひめん》し、知行《ちぎょう》没収の上で閉門、その用人を死罪に処した。これは収賄をした側に対するもので、処分はこれだけでは終わらなかった。収賄をした者がいれば、当然贈賄《ぞうわい》をした者がいる。贈賄をしたのは、大坂の豪商辰巳《たつみ》屋《や》先代の弟の木津屋吉兵衛《きづやきちべえ》で、吉兵衛にも遠島《えんとう》処分を下した。吉兵衛は、なぜ町奉行に賄賂を贈ろうとしたのか。これには辰巳屋の内部事情がある。

辰巳屋は、大坂の両替商《りょうがえしょう》で資産二百万両、手代《てだい》四百六十人を擁する豪商だ。そして、この時の当主は先代の子の久左衛門《きゅうざえもん》だったが、久左衛門が養子だったことから、先代の弟吉兵衛が後見人として入り込み、辰巳屋の乗っ取りを謀《はか》ったのだ。そうなると乗っ取られるほうもたまらないから、奉行所《ぶぎょうしょ》に訴え出て訴訟問題となった。そこで、乗っ取ろうとした吉兵衛が、町奉行に多額の金品を贈って訴訟を有利に運ぼうとした。しかし、金品が多額で、その動きが不自然だったことから、事が露見したというわけである。その処分内容は、幕府の綱紀粛正《こうきしゅくせい》の姿勢を示す厳しいものだった。

## 江戸の築地小田原町で、仇討ちが起きる　三月七日

社会
世相

江戸でこの日、珍しい仇討《あだう》ち事件が起きた。仇討ちの一般的な例としては、主君の仇《かたき》を家臣が討つ、父の仇を息子（娘）が討つ、兄（弟）の仇を弟（兄）が討つ……などがあるが、今回は「母の仇を息子が討つ」というものだった。それも、母の再婚した相手を討つという、やや込み入った事件だった。

事件は、伊勢亀山《いせかめやま》の侍・矢内武左衛門《やうちぶざえもん》が病死したことに始まる。武左衛門の死によって、その妻は足軽小頭《あしがるこがしら》の杉山《すぎやま》嘉右衛門《かえもん》と再婚した。だが、再婚後間もなく二人は夫婦喧嘩を繰り返し、その果てに嘉右衛門は妻を斬り殺してしまった。それまで一般の武士の妻だった者が、武士最下級の足軽の妻となったことでの溝があったとも考えられるが、それはともかく、ここで突如として殺された妻の実子（病死した武左衛門との間の子）兄弟が登場する。兄弟は、嘉右衛門が江戸へ逃れたとの噂を聞き、江戸の鉄砲洲《てっぽうず》（現、東京都中央区）に店借《たながり》をして、鬢《びん》つけ油売りとなって市中を回りつつ、嘉右衛門を捜した。その二人の前に、六十六部《ろくじゅうろくぶ》（廻国《かいこく》巡礼者の一つ）が通り過ぎるのを見て、もしやと思ってよく見ると嘉右衛門だったので、二人はこれを斬り殺して本懐《ほんかい》を遂げた。無免許ではあったが、事情が判明したため、二人ともそれぞれの生家に戻ることができた。

とを禁止。
**7月** 幕府、青木昆陽に関東・東海地方の古文書調査を指示。
**閏7・16** 京都鴨川氾濫。三条大橋破損。
**閏7・24** 幕府、江戸での人馬、軽業などを禁止。
**9月** 幕府、荷田在満を閉門に処し、『大嘗会便蒙』を絶版・回収。
**10月** 幕府、大坂で干鰯・油粕の買い占めを禁止。
**11・18** 将軍吉宗の4男徳川宗尹、一橋門内で一橋家を創設。
**11・23** 西川正休、天文方に就任。寺社奉行所属となる。
**11・24** 桜町天皇、280年ぶりに御所で新嘗祭を開催。
**この年** 竹田近江、竹田座を拡張。竹田からくり人形が評判となる。

# 1741 寛保元年（元文六年）

辛酉

天皇▼桜町天皇

将軍▼徳川吉宗（第八代）

## 姫路藩主の榊原政岑が隠居を命じられる 十月十三日

政治 経済

姫《ひめ》路藩《じはん》十五万石の藩主榊原政岑《さかきばらまさみね》が、この日、幕府から押込《おしこめ》（隠居謹慎）を言い渡された。押込といっても、この時の政岑が幕府に対して徒党を組んで反抗しようとしたり、何らかの軍事行動を起こそうとしたりしていた訳ではない。そのような武張《ぶば》ったことではない行動に出たことで処分されたのだ。その処分理由は「榊原殿身持ち不行跡につき以《もっ》ての外、公儀の御首尾よろしからず」というものだった。しかし、これでは何のことなのかよくわからない。具体的にいえば、新吉原《しんよしわら》での散財ぶりと遊女の身請《みう》けということになる。すなわち政岑は、小判を山のように重ね、唐《もろこし》・倭《やまと》の珍物を集めて酒宴に耽《ふけ》った。そして馴染みとなった三浦屋の遊女の高尾《たかお》に、千八百両もの大金を積んで身請けしたのである。

政岑は徳川四天王の一人と謳われた榊原康政《やすまさ》の末裔。その名門の出という驕《おご》りがあって、何をしても許されるとの思いがあったのかも知れない。しかしこのことが、緊縮政策を推し進める吉宗《よしむね》の勘気《かんき》に触れた。名門の榊原家だからこそ、厳罰処分が示されたともいえる。この処分があって榊原家は翌年に越後高田《えちごたかだ》へ移封され、政岑は青い網を被せられるという全くの罪人扱いで高田へ送られ、三十一歳で歿した。

**【主要幕閣】**

**◉老中**
本多忠良（中務大輔）
松平乗賢（能登守）
松平輝貞（右京大夫）
松平信祝（伊豆守）
松平乗邑（左近将監）

**◉寺社奉行**
牧野貞通（越中守）
大岡忠相（越前守）
本多正珍（紀伊守）
山名豊就（因幡守）

**◉勘定奉行**
神谷久敬（志摩守）
河野通喬（豊前守）
神尾春央（五郎三郎・若狭守）
水野忠伸（対馬守）
木下信名（伊賀守）

**◉江戸町奉行**
**北** 石河政朝（土佐守）
**南** 島正祥（長門守）

**◉京都所司代**
土岐頼稔（丹後守）

**◉京都町奉行**
**東**

## 市松模様が流行する

文化 思想

この頃の民衆生活の様々な面に大きな影響を及ぼしていたのが歌舞伎だった。とりわけ、人気役者の衣裳の模様、帯の結び方、かぶりものなどが、服飾の流行に大きな役割を果たしていた。そして、この年の春、上方《かみがた》で袴《はかま》模様《もよう》として大きな流行を見せたのが「市松模様《いちまつもよう》」だった。その流行は上方だけでなく、江戸へも及び、そして全国に広がっていった。　市松模様は、紺と白とを交互に碁盤《ごばん》目に並べた文様で、これまでにも「石畳《いしだたみ》」「霰《あられ》」などの名ですでにあったから、模様そのものは特別に目新しいものではなかった。ところが、これを当代きっての若手歌舞伎役者・佐野川市松《さのがわいちまつ》が『高野山心中《こうやさんしんじゅう》』の狂言で小姓役の粂之《くめの》助《すけ》に扮した際、袴模様として用いて舞台に出たことから、上方の婦女子の間で評判となり大流行した。上方ばかりではない。一座が江戸の中村座《なかむらざ》で公演すると、江戸でも大評判となって流行し、この頃から「市松模様」という表現が、それまでの「石畳」「霰」に代わる言葉となっていった。

市松模様

**【この年の出来事】**

**1月** 幕府、朝廷礼典に関する書物の新規出版を禁止。

**2・27** 辛酉革命説により寛保に改元。

**4・26** 幕府、賭博行為であるとし、取退無尽・寺社建立講を禁止。

**4月** 野呂元丈『阿蘭陀本草和解』完成。

**5・25** 陸奥弘前で大火。

**6・4** 姫路藩主榊原政岑、吉原の遊女高尾を身請けする。

**7・2** 幕府、江戸払い、追放などに処せられた者を隠し置いた者を、当人と同罪とすることを通達。

**7・5** 松山藩久万山の百姓ら、紙の専売制に反対し大洲藩へ逃散（久万山騒動）。

**7・19** 渡島大島江良岳噴火、大津波。松前藩で791戸倒壊、船1521艘破損、溺死者1467人。

**7月** 幕府、江戸払い・追放者などを隠匿するこ

馬場尚繁（讃岐守）
**西**
三井良龍（采女・下総守）
**◉大坂城代**
酒井忠恭（雅楽頭）
**◉大坂町奉行**
**東**
松浦信正（与次郎・河内守）
**西**
佐々成意（又四郎・美濃守）
**◉長崎奉行**
窪田忠任（弥十郎・肥前守）
萩原美雅（源左衛門）
**◉若年寄**
水野忠定（壱岐守）
本多忠統（伊予守）
小出英貞（信濃守）
西尾忠尚（隠岐守）
板倉勝清（佐渡守）

## 伊予松山藩の久万山地方で、大規模な一揆が起きる　七月五日

事件災害

伊予松山藩《まつやまはん》の久万山《くまやま》地方（現、愛媛県上浮穴郡）の農民二千八百四十三人がこの日、過酷な租税に耐え切れず、藩に対して減免を求めて立ち上がった。しかし、その要求が認められなかったことから、農民たちは一斉に耕作地を放棄。隣接する大洲藩《おおずはん》に逃散《ちょうさん》した。逃散とは、農民が領主の誅求《ちゅうきゅう》に対する反抗手段として他領に逃亡することで、領主にとっては大きな失政となるものだった。そのため、領主は逃散に対しては厳罰で臨んでいたのだが、農民たちは敢えて逃散の挙に出たのである。

久万山地方のこの逃散は突然のことではなく、前触れがあった。この年の三月、新しい紙専売仕法の施行に先立ち、その納税率の緩和を嘆願して藩庁に押し寄せていたのだが、この時は郡奉行《こおりぶぎょう》や代官らの説得によって不承不承《ふしょうぶしょう》帰村していた。しかしこののち、同地方では租税を米の代わりに特産の茶で納めていたのだが、その茶が享保の大飢饉以来の急激な値下がりで、貢納《こうのう》どころか日常の生活すらままならなくなるという事情が生じたことから、最終手段としての逃散の挙に出たのである。これに慌《あわ》てた藩は、久万山地方で信仰の厚い大宝寺《だいほうじ》の住職に、農民たちの説得と仲介を依頼。結果、農民たちの嘆願がいくつも聞き入れられることとなって、一人の処罰者を出すこともなく、農民たちは八月十二日に久万山へ戻った。

## 寺子屋教育が盛んになる

社会世相

この頃になると、社会情勢が安定し、経済が発達したこともあって、江戸でも上方でも、庶民の間に急速に初等教育が普及していった。その教育は、いわゆる寺子屋《てらこ》《や》で行なわれた（「寺子屋」は上方での呼称。江戸では「手習所《てならいどころ》」などと称していた）。学習内容の最初は、まず、読み・書きから。文字は仮名・草書《そうしょ》・行書《ぎょうしょ》の三種類のみで、楷書《かい》《しょ》は教えられなかった。町奉行所から出される町触れなどの公文書《こうぶんしょ》が草書、町人間のやり取りの文章が行書だったことによる。続いて、算盤《そろばん》が教えられ、さらには謡曲《ようきょく》・裁縫までもが教えられた。始業時間は、朝五ツ（午前八時）で、終業は八ツ（午後二時）過ぎ。昼食は各自、家に帰って取るのが普通だった。教える者（「手習師匠」などと呼ばれた）に特別な資格はなく、武士、浪人、医者、僧侶、町人など誰でもよく、むしろ幕府は、こうした手習師匠になることを奨励していた。

あくまでも私設のものだったから、その施設数も手習師匠の数もはっきりしないが、享保年間（一七一六—三六）に知られるようになった寺子屋（的）制度は、経済の発達に伴う社会全体の要請もあって、急速に全国に広まっていったのである。

寺子屋（『敵討大悲誓』）

とを禁止。
**9月**　幕府、江戸の油買受人に大坂油問屋との直取り引きを禁止、油問屋仲間加入を指示。
**10・2**　幕府、享保18年以来の讃岐国幕領塩飽島と高松藩との金手漁場争論を裁決。金手漁場は高松藩領となる。
**10・13**　幕府、姫路藩主榊原政岑に隠居謹慎を命じ、越後高田に転封。
**10・20**　幕府、季節はずれの魚鳥・蔬菜の売買を禁止。
**11月**　京都で大火。2800余戸、14か寺焼失。
**12月**　幕府、三奉行に10か月以上未決の公事訴訟について報告するよう命令。
**この年**　幕府、百姓の徒党・強訴・逃散に関する量刑を規定。
**この年**　市松模様が流行。
**このころ**　寺子屋教育が盛んになる。

## 幕府、「公事方御定書」を制定　四月

政治経済

吉《よし》宗《むね》の指示によって編纂《へんさん》が続けられていた「公事方御《くじかたお》定書《さだめがき》」が、この月、完成した。これに伴い幕府は、編纂作業に功のあった寺社奉行の牧野定通《まきのさだみち》、江戸町奉行の石河政朝《いしこまさとも》、勘定奉行の水野忠伸《みずのただのぶ》の三奉行を褒賞した。

この「公事方御定書」は、裁判時における幕府の基本法典で、上下二巻の内、上巻は裁判、裁判時における幕府の刑罰に関する八十一ヶ条、下巻は訴訟の手続き・民事規定・刑法規定など百三ヶ条の法令から成っている（下巻は、一般的に「御定書百箇条」として知られ、判例集となっている）。

「公事方御定書」が成った背景には、開府以来、幕府に体系的な法典がなかったことが挙げられる。開府当初は、まだ戦国時代の戦塵《せんじん》が収まらず、いつまた合戦が起こるかも知れない、ということもあって、幕府独自の法典を持つ余裕がなかった。しかし、戦塵も治まり、世の中も複雑になり、経済も発達してきたことで、統一した法典が求められたのである。このことから、吉宗が享保五年（一七二〇）正月に、法典の編纂を老中の松平乗邑《まつだいらのりさと》以下三奉行に命じ、このほど完成をみたのだった。なお、この法典は、幕府関係者のみ閲覧が可能だったが、のちに写本が流出し、諸藩の法典にも大きな影響を与えることになる。

【主要幕閣】

◉老中
松平乗邑（左近将監）
松平信祝（伊豆守）
松平輝貞（右京大夫）
松平乗賢（能登守）
本多忠良（中務大輔）
土岐頼稔（丹後守）

◉寺社奉行
牧野貞通（越中守）
大岡忠相（越前守）
本多正珍（紀伊守）
山名豊就（因幡守）
堀田正亮（相模守）

◉勘定奉行
神谷久敬（志摩守）
河野通喬（豊前守）
神尾春央（五郎三郎・若狭守）
水野忠伸（対馬守）
木下信名（伊賀守）

◉江戸町奉行
北
石河政朝（土佐守）
南
島正祥（長門守）

◉京都所司代
土岐頼稔（丹後守）
牧野貞通（越中守・

## 本草学者の野呂元丈が『阿蘭陀本草和解』を出版　三月

文化思想

本《ほん》草《ぞう》学者の野呂元丈《のろげんじょう》が、オランダの植物学者ドウネウスによる図と、渡来のオランダ人による説明をもとにして、この月、我が国初の西洋本草書《ほんぞうしょ》である『阿蘭陀《おらんだ》本草和解《ほんぞうわげ》』を完成、出版した。同書には、薬物となり得る動物八十一種、植物百十九種が収められている。そしてそれぞれに和名・オランダ名・ラテン名が付されていて、その横には薬物としての効能が詳述されている。

野呂元丈は、伊勢（現、三重県多気郡多気町）の出身で、享保四年（一七一九）に幕府の採薬御用となり、以後、全国各地を巡って薬事見分に従事

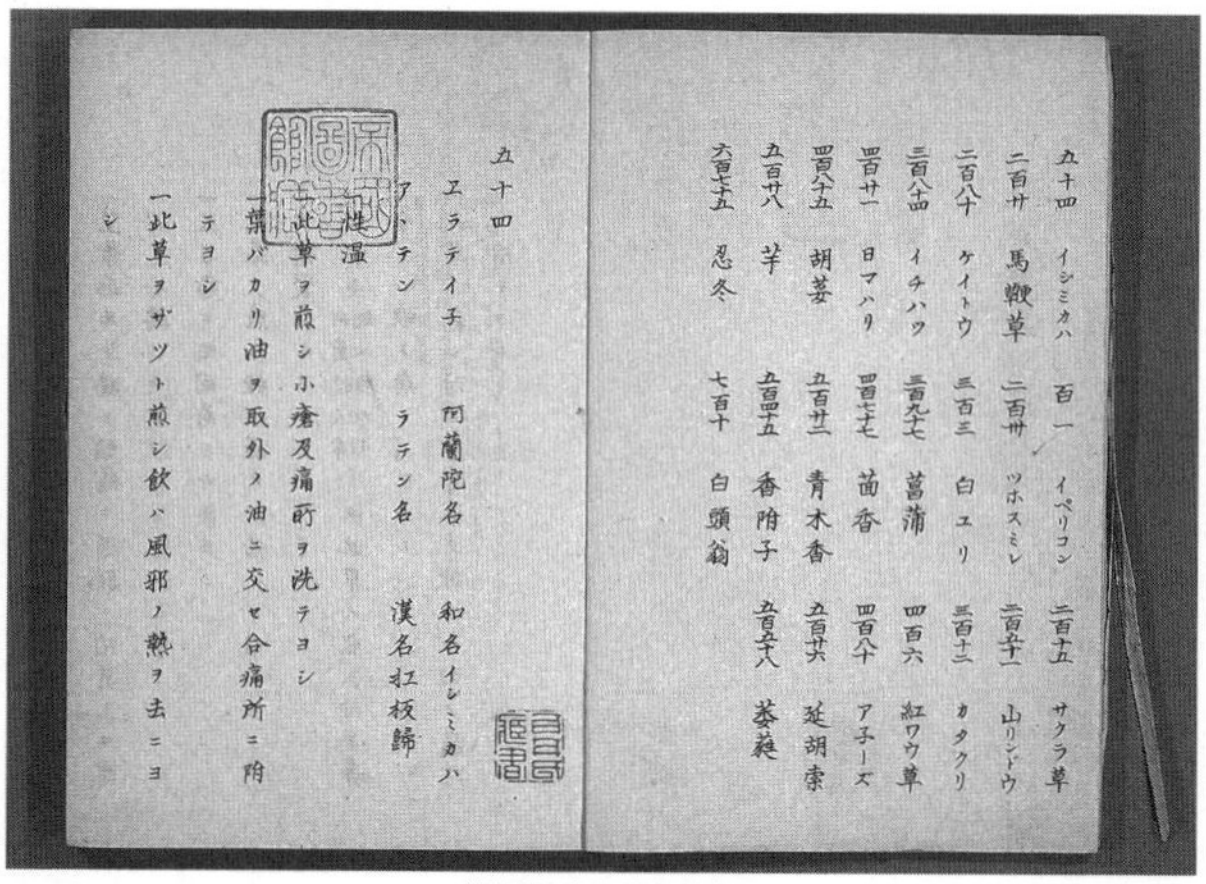

『阿蘭陀本草和解』

【この年の出来事】

**2・23**　幕府、土砂流出予防のため、山林の伐採・河辺の伐木・開墾について制限。
**3・2**　桜島噴火。
**3月**　野呂元丈、江戸参府のオランダ外科医への質疑をもとに『阿蘭陀本草和解』を出版。
**4月**　幕府、公事方御定書を制定。
**4月**　幕府、青木昆陽に武蔵・相模・伊豆・遠江など各国の古文書調査を指示。
**5月**　幕府、諸国寺社修復の勧化について通達。
**6・28**　幕府、魚鳥・野菜類などの販売時期を定めた初物禁止令の遵守を厳命。
**7・5**　幕府、御触書集成の編纂開始。
**7月下旬**　畿内で大風雨。京都鴨川氾濫し三条大橋流失、淀・伏見でも大洪水。
**7月下旬**　信濃で大風雨。千曲川氾濫し松代・上田・

備後守）
◉京都町奉行
東
馬場尚繁（讃岐守）
西
三井良龍（采女・下総守）
◉大坂城代
酒井忠恭（雅楽頭）
◉大坂町奉行
東
松浦信正（与次郎・河内守）
西
佐々成意（又四郎・美濃守）
◉長崎奉行
窪田忠任（弥十郎・肥前守）
萩原美雅（源左衛門）
田付景厖（又四郎）
◉若年寄
水野忠定（壱岐守）
本多忠統（伊予守）
小出英貞（信濃守）
西尾忠尚（隠岐守）
板倉勝清（佐渡守）

した。そして、のちに吉宗の命によってオランダ語の学習を始め、オランダ人と広く深く接するようになった。元丈にとっては、江戸へ参府《さんぷ》するオランダ人は格好の師となり、各種の知識を得て、『阿蘭陀本草和解』の出版の前年に『阿蘭陀禽獣虫魚図和解《きんじゅうちゅうぎょずわげ》』を著わしている。延享四年（一七四七）には、幕府寄合医師《よりあいいし》となった。

## 武蔵国で、豪雨による大水害が発生　八月

事件災害

この年の八月一日の昼過ぎから、関東地方の天候は俄《にわ》かに崩れ、終日暴風雨が吹き荒れ、翌二日には風はやや収まったものの雨は豪雨となり勢いを増した。このため関東各地に洪水が起き、未曾有《みぞう》の大水害が発生した。

まず、一日の暴風雨で隅田川《すみだがわ》、利根川《とねがわ》が増水。続いて翌二日の豪雨によって川沿いの堤が一気に決壊。この豪雨による水没田畑は八十万石余、溺死者は江戸の本所《ほんじょ》地域で二千九百五十人、葛西《かさい》地域で約二千人。さらに越谷《こしがや》・粕壁《かすかべ》（現、春日部）・杉戸《すぎと》・幸手《さって》・栗橋《くりはし》などの武蔵国東部の各地での溺死者は九千人余にも及んだ。

幕府は、隅田川の堤が決壊したとの報を受けて、すぐさま御船手《おふなて》に命じて救助船を派遣するとともに、関東郡代《かんとうぐんだい》の伊奈半左衛門《いなはんざえもん》および江戸廻り代官に対して、本所地域で孤立する人々への当座の食糧として飯米《はんまい》を支給するよう布告した。また、八月十三日に本所地域に居住する幕臣に対しては、禄高百俵につき金十両の割合で金子を貸し出すことを令し、村方に対しても、勘定所《かんじょうしょ》に被害状況を調べさせた上で、代官を通じて御蔵米《おくらまい》を分配させた。決壊した各地の河川の修復工事は、翌九月から始められる。

## 幕府、長崎貿易の半減令を公布　十一月

社会世相

幕府は、長崎貿易での銅の輸出を、これまでの三分の一、輸出総量を百五十万斤《きん》に制限するとともに、清《しん》国（中国）船の入港も年間十隻に減らすことにした。それとともに、この月、長崎の幕府への運上金《うんじょうきん》五万両を免除する「貿易半減令」を公布した。

このような貿易縮小策には、前例がある。それは正徳五年（一七一五）、六代家宣《いえのぶ》を補佐した新井白石《あらいはくせき》が定めた長崎貿易に関する「海舶互市新例《かいはくごししんれい》（正徳新令）」だが、同新例で問題とされたのは「銅」ではなく「金銀」だった。当時、大幅な貿易赤字の決済を金銀によって行なっていたため、大量の金銀が海外に流出していた。幕府はたまらず輸入制限を強化（七十隻だった清国船を三十隻に減らし、銀の年間取引量にも規制をかけるといった政策）し、国内の経済を立て直そうとしたのだが、今回の「貿易半減令」は、それにならって銅の輸出量に制限をかけようとしたものである。これには、それまでの主たる輸入品である生糸・織物・薬種などの国内生産が高まり、必ずしも輸入に頼らなくてもいい、といった背景があった。

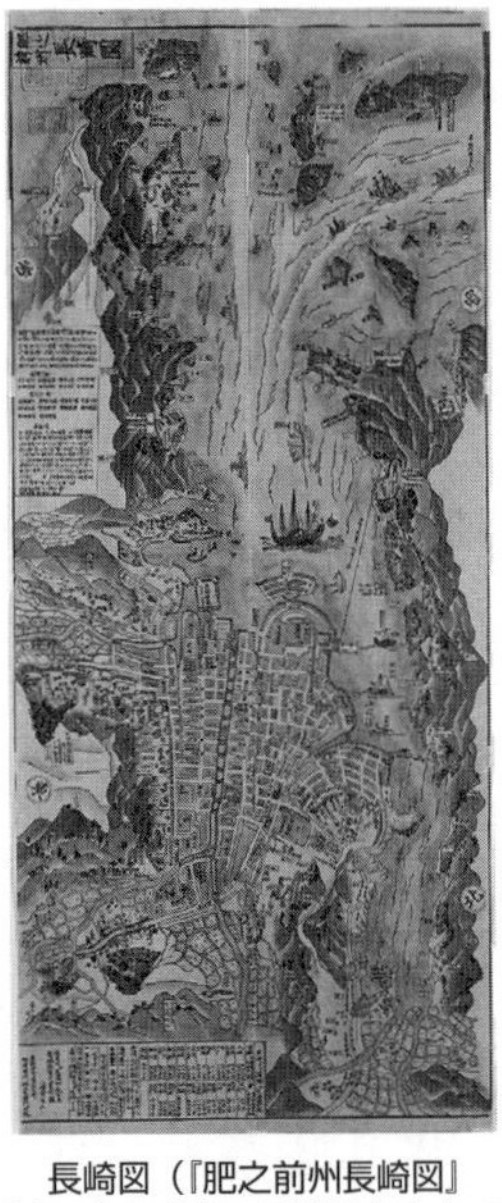

長崎図（『肥之前州長崎図』延享２年に京都で刊行されたもの）

小諸などで被害大。
**8・23**　幕府、勘定方役人に洪水災害地の調査を指示。
**8月上旬**　関東で大風雨。利根川・荒川流域の諸国で大洪水。溺死者3800人とも。
**9・14**　幕府、諸大名に関東の被災地への米輸送・販売を許可。
**10・4**　紀海音歿（80）。
**10・6**　幕府、熊本・長州・岡山など16藩に、関東諸河川の堤防修理助役を指示。
**11・23**　幕府、関東の旗本に洪水による被害状況の調査を指示。
**11月**　幕府、銅産出量減少により長崎の貿易額を半減、銅輸出を抑制。
**この年**　三浦梅園、天球儀を作製。

**【主要幕閣】**

**◉老中**
松平乗邑（左近将監）
松平信祝（伊豆守）
松平輝貞（右京大夫）
松平乗賢（能登守）
本多忠良（中務大輔）
土岐頼稔（丹後守）

**◉寺社奉行**
大岡忠相（越前守）
本多正珍（紀伊守）
山名豊就（因幡守）
堀田正亮（相模守）

**◉勘定奉行**
神谷久敬（志摩守）
神尾春央（五郎三郎・若狭守）
水野忠伸（対馬守）
木下信名（伊賀守）
萩原美雅（伯耆守）

**◉江戸町奉行**
**北**
石河政朝（土佐守）
**南**
島正祥（長門守）

**◉京都所司代**
牧野貞道（備後守）

**◉京都町奉行**

## 将軍吉宗、諸大名留守居役の奢侈を戒める禁令を出す　六月一日

政治経済

吉《よし》宗《むね》は、この日、綱紀《こうき》の弛《ゆる》みを正すため、諸大名の留《る》守《す》居役《いやく》の奢侈《しゃし》を戒めるほか、部屋子《へやご》を隠して住まわせることの禁令を発した。

まず諸大名の留守居役の奢侈だが、留守居役とは江戸で幕府や他藩などとの折衝・交際にあたった役人のことで、一種の外交官といったところ。ところが、この留守居役が諸藩との折衝《せっしょう》・交際を重ねている内に、諸藩の同役の者たちが集って仲間を作るようになった。仲間が形成されれば、次第に酒宴・遊興《ゆうきょう》ということになる。そればかりか、仲間内で情報を交換し合い、後役《あとやく》の者を仲間に入れるのを拒み、一層、仲間内だけで酒宴・遊興に耽《ふけ》るようになっていた。それればかりか、主人からの面倒な命令には仲間同士の力を以ってあれこれと理由をつけて、従わないということにもなっていたのだ。

次いで部屋子の問題だが、部屋子とは武家屋敷の奉公人の部屋にいた食客《しょっきゃく》のこと。彼らもまた、遊興や賭博《とばく》に耽り、時代の腐敗した空気を一層、醸成していた。このことを知って、吉宗は怒りを込めて禁令を発したのである。

吉宗はこれまでにも様々な綱紀《こうき》粛正《しゅくせい》に努めてきた。その努力の甲斐《かい》あって「享保の改革」は一定の成果を収めたが、この頃は吉宗が将軍となってからすでに四半世紀以上も過ぎていた。綻《ほころ》びが出始めていたといえるのかも知れない。

## 京焼に高雅な作品を残した尾形乾山が歿す　六月二日

文化思想

陶工・絵師としてその名が広く知られた尾形乾山《おがたけんざん》が、この日、八十一歳の長命を得て江戸で歿した。乾山は呉服商の雁金屋宗謙《かりがねやそうけん》の三男として京都に生まれた（この乾山の五つ違いの兄が、同じく絵師・工芸家として活躍した尾形光琳《こうりん》。光琳は、享保元年〔一七一六〕に歿している）。兄光琳の影響もあってか、乾山は幼少の頃から絵画や和歌などに親しみ、十一歳になると、製陶の技術を学ぶとともに、早くもこれにのめり込み、二十七歳の時、洛西の双ケ岡《ならびがおか》に習《しゅう》静堂《せいどう》を建てて製陶に専念。のち、色絵京焼の祖、野々村仁《ののむらにん》清《せい》に付いて本格的に作陶技術を学び、三十七歳の時、京都の鳴滝泉谷《なるたきいずみたに》に乾山窯を築いて、陶芸に専念した。乾山の陶風には、俵屋宗達《たわらやそうたつ》や尾形光琳の画風を採り入れた装飾的な絵付けに特色があり、化粧掛けを施す技法を得意とした。代表作として兄光琳との合作「銹絵黄山谷観鷗図《さびえこうざんごくかんおうず》角皿《かくざら》」「銹絵寿老人図六角皿《さびえじゅろうじんずろっかくざら》」などがある。後年、輪王寺《りんおうじの》宮公寛親王《みやきみひろ》に付いて江戸に下向。寛永寺《かんえいじ》領入谷《りょういりや》に窯を築くとともに、陶法の伝書《でんしょ》として『陶工必用《とうこうひつよう》』『陶磁製方《とうじせいほう》』を著わしている。

## 覆面が禁止される　十月二十六日

事件災害

幕府は、犯罪者の摘発《てきはつ》を目的として、この日、覆面《ふくめん》をしてすることを禁止した。これは、目の部分だけを出した覆面をし

**【この年の出来事】**

**1・5** 生島新五郎歿（73）
**1・7** 幕府、勘定奉行神尾春央を関東諸河川の堤防修理視察に派遣。
**2・22** 幕府、旗本の親子・兄弟・親戚が家出・逃亡した際は、30日以内に届出るよう命じる。
**2・23** 幕府、諸国に菜種栽培を奨励。江戸の需要増により大坂で菜種油高騰のため、大坂への輸送強化を指示。
**3月** 幕府、日本橋魚河岸の512人に公許商人の免許を付与。
**4・7** 豊後府内城下で大火。本丸・天守など城の大半、42町、1079戸焼失。
**4・28** 幕府、上野・下野・武蔵・相模など各国に、手形所持の修験者に限り通行を許可するよう通達。
**6・1** 幕府、諸藩留守居役による茶屋などでの寄合を禁止。

**東** 馬場尚繁（讃岐守）
**西** 三井良龍（采女・下総守）

**◉大坂城代**
酒井忠恭（雅楽頭）

**◉大坂町奉行**
**東** 松浦信正（与次郎・河内守）
**西** 佐々成意（又四郎・美濃守）

**◉長崎奉行**
萩原美雅（源左衛門）
田付景彪（又四郎）
松波正房（平右衛門）

**◉若年寄**
水野忠定（壱岐守）
本多忠統（伊予守）
小出英貞（信濃守）
西尾忠尚（隠岐守）
板倉勝清（佐渡守）

て歩く者が目立ち始め、これでは手配中の御尋《おたず》ね者《もの》を見分けることができない、という理由によるものだった。

しかし、このような禁令《きんれい》は、幕府が開かれた当初から出されていて、慶長十八年（一六一三）の触《ふ》れでは、覆面者には死罪が言い渡されていた。覆面で死罪とは極端にも思えるが、慶長十八年といえば、大坂冬の陣が起きる前年。幕府の基盤はまだ安定しておらず、豊臣方が勢力を挽回《ばんかい》する可能性があった頃だ。大坂には、秀吉恩顧《おんこ》の大名の呼び掛けによって、各地から牢人《ろうにん》たちが続々と集まっていた。覆面をして参加する者もいた。そこで極端な禁令となっていたのだが、豊臣家が滅び、合戦のない平和で安定した時代となると、禁令はその必要性がなくなり、禁令通りには行なわれなくなった。それに乗じて、「これは覆面ではなく、頭巾《ずきん》の一形態である」として、様々な覆面が流行するようになった。その遊びが嵩《こう》じて一般化し、部屋子の中にも覆面をして犯罪に走る者が出たことから、今回の覆面に対する全面的な禁令となったのである。

目ばかり頭巾
（『柏毬歌故事来歴』）

覆面をする百姓
（『女重宝記』）

頭巾をして吉原を立ち去る武士
（『曲輪大通先生』）

## 安芸国で牡蠣の養殖が本格化する 十二月

社会世相

安《あ》芸《き》国の広島では古くから牡蠣《かき》の養殖が盛んだったが、このほど、広島藩で新たに安芸郡仁保島《にほじま》に牡蠣船仲間を十四組（三人乗り十四艘《そう》）編成し、牡蠣を広島藩の特産物として、増産・販売に力を入れることにした。広島藩の養殖牡蠣の生産は、これより百年ほども遡る寛永年間（一六二四―四四）のことだから、歴史は古い。その養殖方法は「篊立《ひびたて》法」といい、その誕生は次のようなものだった。

仁保島の漁師・吉和屋平四郎が、海岸の中ほどの石に牡蠣が付着し生育しているのを見た。ならばと思って同じように石を並べ、牡蠣を付着させようと思った。しかし、海岸線は広いから見失ってしまうと考え、そこに目印として竹篊《たけひび》を立てておいた。すると、牡蠣は石よりも竹の方が生育に適していたのか、竹篊の方にびっしりと付着していた。これを見て、竹篊を海中にどんどん突き刺していくと、それに牡蠣がびっしり付着するといった有様。このことから「篊立法」が生まれたとされている。

そして、この度の株仲間の新設が図られ、以後、増産体制が整い、牡蠣は広島の特産物となっていった。

**6・2** 尾形乾山歿(81)。
**8・11** 幕府、千住・宇都宮宿に貫目改所を設置。
**8・26** 幕府、布衣以上の役人と商人の交際を禁止。また倹約令・従者数制限の遵守を厳命。
**9・1** 江戸で大火。
**9・20** 長崎奉行、オランダ商館長に翌年からの貿易半減を通達。
**9・23** 秋田藩能代で大火。1502戸、10か寺焼失。
**10・26** 幕府、犯罪探索を妨げるとして、往来での覆面着用を禁止。
**11・9** 幕府、東33か国の秤改めを実施。
**11・17** 幕府、勘定所の勝手方・公事方の職掌について規定。
**12月** 広島藩、牡蠣株仲間14株を新規に編成。養殖牡蠣増産。
**この年** 大坂金銭売買立会所が北浜に移転、金相場会所と改称。

# 1744

# 延享元年（寛保四年）

甲子

天皇▼桜町天皇

将軍▼徳川吉宗（第八代）

**【主要幕閣】**

**◉老中**
松平乗邑（左近将監）
松平信祝（伊豆守）
松平輝貞（右京大夫）
松平乗賢（能登守）
本多忠良（中務大輔）
土岐頼稔（丹後守）
酒井忠知（雅楽頭）

**◉寺社奉行**
大岡忠相（越前守）
本多正珍（紀伊守）
山名豊就（因幡守）
堀田正亮（相模守）
松平武元（右近将監）

**◉勘定奉行**
神谷久敬（志摩守）
神尾春央（五郎三郎・若狭守）
水野忠伸（対馬守）
木下信名（伊賀守）
萩原美雅（伯耆守）
逸見忠栄（八之助・出羽守）

**◉江戸町奉行**
**北**
石河政朝（土佐守）
能勢頼一（甚四郎・肥後守）
**南**
島正祥（長門守）

## 勘定奉行の神尾春央らが、農民に高率の年貢を課す

政治 経済

「胡《ご》麻《ま》の油と百姓は、絞れば絞るほど出るものなり」と嘯《うそぶ》いたとされるのは勘定奉行の神尾春央《かんおはるひで》だが、この神尾がこの年、東海・畿内地方を巡察し、さらに一層の年貢率の引き上げを宣言したことで農民たちに怨嗟《えんさ》の声が上がり、それが不穏な空気を醸成《じょうせい》していった。

その年貢の徴収方法だが、幕府はそれまで「享保の改革」の一施策《しさく》として定免法《じょうめんほう》（過去数ヶ年の収穫量の平均を基礎とし、それを元に賦課《ふか》する年貢額を決める方法）を実施してきた。これによって幕府の財政はやや好転したのだが、ここで神尾らは新たな徴税法の「有毛検見法《ありげけみほう》」（田畑の位付《くらいづ》けを無視して当年の一筆《いっぴつ》毎の坪刈《つぼが》りをし、これに反別《たんべつ》を乗じて収穫量を算出する方法）を用いての徴税を宣言したのである。これはある意味では合理的な方法ともいえるのだが、農民たちにとっては不満のある徴税法だった。というのも、それまでの「定免法」の数値には、農具の改良による合理化や品種改良などによる増産分は入らない。入らなければ、その増産分は備蓄したり販売したりすることができた。しかし、それができなくなるのである。

神尾が「胡麻の油と百姓は……」と嘯く構図が出来上がっていった。農民たちの不穏な空気は静かに、だが確実に醸成されていくことになるのである。

## 『御触書寛保集成』成る

文化 思想

吉《よし》宗《むね》は、法体系の整備に意欲的で、すでに寛保二年（一七四二）には幕府の基本法典ともいえる『公事方御《くじがたお》定書《さだめがき》』を完成させていたが、それに満足せず、なお引き続く作業を、老中の松平乗邑《まつだいらのりさと》を主任とする評定所《ひょうじょうしょ》に命じていた。その作業が、このほど『御触書寛保集成《おふれがきかんぽうしゅうせい》』と

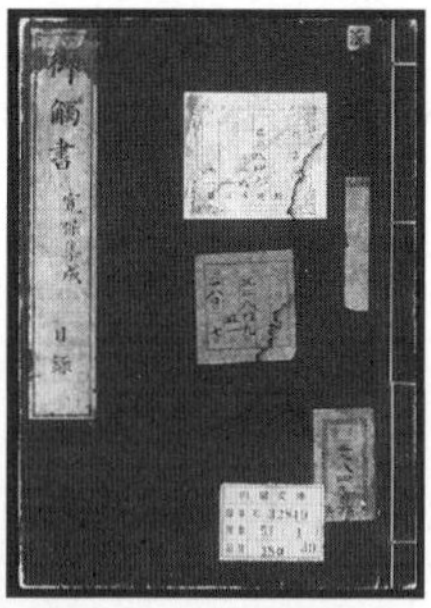

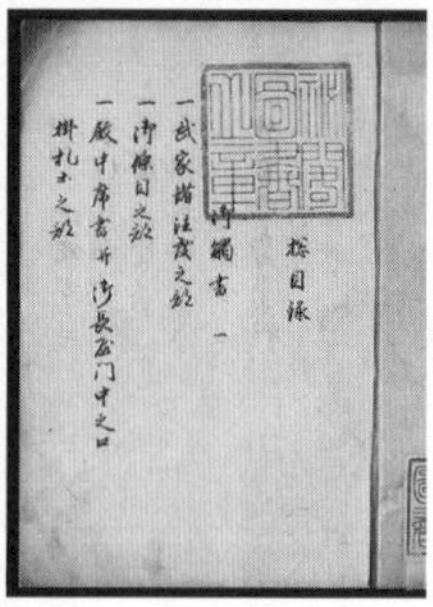

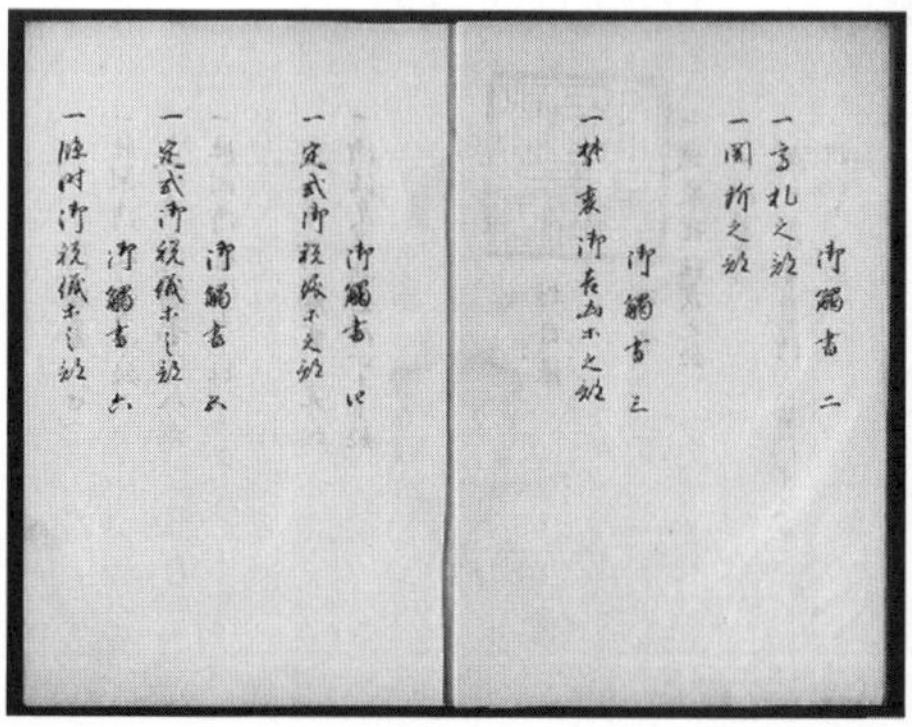

『御触書寛保集成』

**【この年の出来事】**

**2・14** 幕府、西国35か国の秤改めを実施。
**2・21** 甲子革命説により延享に改元。
**2月** 江戸町奉行、町名主に沽券絵図の作成・提出を命令。
**3・4** 幕府、江戸市中の屋敷沽券を調査。
**3・5** 京都西陣織の株仲間、桐生織物の京都への搬入停止を京都町奉行に願い出る。
**4・27** 幕府、江戸の建築規制を制定。
**5・7** 桜町天皇、権大納言鳥丸光栄から『古今和歌集』御伝授を受ける。
**6・19** 幕府、継早飛脚を廃止。
**6月** 幕府、老中・若年寄の職掌について規定。
**6月** 幕府、田畑永代売買禁止令を緩和。
**6月** 諸国で風邪流行。8月まで続く。
**7・3** 京都で大雨、洪水。
**8月** 長州藩で春から続

◉京都所司代
牧野貞通（備後守）
◉京都町奉行
東
馬場尚繁（讃岐守）
西
三井良龍（采女・下総守）
◉大坂城代
酒井忠恭（雅楽頭）
堀田正亮（相模守）
◉大坂町奉行
東
松浦信正（与次郎・河内守）
西
佐々成意（又四郎・美濃守）
久松定郷（忠次郎・筑後守）
◉長崎奉行
田付景厖（又四郎）
松波正房（平右衛門）
◉若年寄
水野忠定（壱岐守）
本多忠統（伊予守）
小出英貞（信濃守）
西尾忠尚（隠岐守）
板倉勝清（佐渡守）
戸田氏房（右近将監・淡路守）

して纏《まと》まった。二年前の『公事方御定書』は、とにかく法体系を整えようとして作成したものだったが、この『御触書寛保集成』は、それをより具体的なものとして編纂したものだった。内容は、元和元年（一六一五）から寛保三年（一七四三）までの法令などを纏めたもので、この間の御定目《ごじょうもく》、高札《こうさつ》、御触書《おふれがき》など、三千五百五十通が帳面五十冊・目録一冊に収められている。吉宗による法体系の整備は、これだけに留まらず、以後も代々の将軍が引き継ぎ、『宝暦集成』『天明集成』『天保集成』などが続撰《しょくせん》されていった。

## 幕府、江戸市中の沽券調べを実施　三月四日

事件災害

幕府は、江戸の町人たちの実勢を把握するために、この日、彼らの沽券《こけん》調べを実施した。沽券とは、町屋敷、諸職《しょしょく》の売買証文のことで、町役人の連署《れんしょ》が添えられている、いわば信頼という裏づけのある町人の身分証明書のようなものだった。この頃、江戸には地方から続々と人が流入し、幕府は江戸の実勢を、必ずしも正確には摑みきれないでいた。このことから、この日の沽券調べ実施となったのである。

沽券という言葉が誕生したのは随分古く、鎌倉時代にまで遡る。当時の基本法典「御成敗式目《ごせいばいしきもく》（追加）」に、早くも登場するのだ。「沽」は沽券以外にはほとんど用いられない漢字だが、「売買する」の意。「券」は証明書（今日でも入場券、予約券などに用いられている）のことだから、「沽券」とは、売り渡し証明書といった意となる。この売り渡しは、身近な日用品などではなく、正式な証明書を必要とするものの売り買い（例えば土地、田畑など）のことだったから、沽券は重みのある言葉として用いられてきた。ここから、面目が潰れそうな時に、プライドにかかわるといったニュアンスで「沽券にかかわる」といった表現が用いられるようになった。

## 西陣織の株仲間が、桐生織物の搬入禁止を願い出る　三月五日

社会世相

京都の西陣織《にしじんおり》の株仲間《かぶなかま》が、この日、桐生《きりゅう》（現、群馬県）織物の京都への搬入差し止めを京都町奉行所へ願い出た。これは、これまででは考えられないことだった。というのも、織物といえば西陣で、西陣といえば、地名ながら織物の代名詞となっていたほどだったからだ。西陣には、機屋《はたや》三千軒、織機《おりき》七千台が稼働していて、長く市場を独占してきていた。それがなぜ、桐生織物の京都流入差し止めを願い出たのか？　これには西陣織の株仲間にとっての、已《や》むに已まれぬ事情があったのだ。原因は享保十五年（一七三〇）の大火で、西陣一帯に大きな被害が出たことによる。織機三千台が焼失したというから、大打撃を受けたといってよい。この隙《すき》に乗じて、桐生織物や丹後ちりめんが広く市場に出回り、さらに京都や大坂にも進出してきた。特に桐生織物は、大火で職場を失った西陣の織物職人を組織的に迎え入れるとともに、関東の安い労働力を以って安価で品質の優れた織物を量産するようになっていた。これが京都にもどんどん進出して、西陣織の株仲間が音《ね》を上げたという訳である。

京都町奉行は西陣織の株仲間の請願《せいがん》を受けて、桐生織物の紋紗綾《もんさや》は九千反以上は京都に入れないとの裁定を下した。しかし、これによって、却って桐生織物の既得権が認められた格好となり、西陣の力は、ますます下降していくばかりとなっていった。

く大風雨、洪水。田畑12万石被害、5080戸倒壊。
**9・12**　幕府、米価引き上げのため、江戸・大坂の米問屋・米仲買に買米を指示。
**9・20**　幕府、新大橋の橋銭徴収について江戸市中に布告。
**9・24**　石田梅岩歿（60）。
**9月**　出雲大社本殿完成。
**10・12**　幕府、江戸市中に偽役人に対する注意を布告。
**11・4**　幕府、米価下落防止のため搗米屋組合を創設。
**12・15**　幕府、米価下落防止のため米吟味所を開設。翌年2月4日廃止。
**この年**　勘定奉行神尾春央、年貢増徴のため畿内・中国の幕領を巡見。
**この年**　『御触書寛保集成』完成。

# 1745 延享二年

乙丑

天皇▼桜町天皇

将軍▼徳川吉宗（第八代 ～九月二十五日）
徳川家重（第九代 十一月二日～）

**【主要幕閣】**

**◉老中**
松平乗邑（左近将監）
松平輝貞（右京大夫）
松平乗賢（能登守）
本多忠良（中務大輔）
酒井忠知（雅楽頭）
西尾忠尚（隠岐守）
堀田正亮（相模守）

**◉寺社奉行**
大岡忠相（越前守）
本多正珍（紀伊守）
山名豊就（因幡守）
松平武元（右近将監・主計頭）

**◉勘定奉行**
神谷久敬（志摩守）
神尾春央（五郎三郎・若狭守）
木下信名（伊賀守）
萩原美雅（伯耆守）
逸見忠栄（八之助・出羽守）

**◉江戸町奉行**
**北** 能勢頼一（肥後守）
**南** 島正祥（長門守）

**◉京都所司代**

## 徳川家重、九代将軍に就任　十一月二日　政治経済

吉《よし》宗《むね》の長男家重《いえしげ》が、この日、朝廷から征夷大将軍《せいいたいしょうぐん》の宣下《せんげ》を受け、従二位《じゅにい》内大臣《ないだいじん》に叙任《じょにん》された。これによって、吉宗に代わって家重が徳川幕府の九代将軍となった。もっとも、家重が将軍になったとはいっても、退いたことになっている吉宗が大御所として家重の背後にいたので、実際の権力は、吉宗が握ったままだった。

ところで、家重の就任時の年齢だが、すでに三十五歳に達していた。何とも遅い将軍就任だが、これには訳があった。家重は、生来《せいらい》の虚弱《きょじゃく》体質でひどく多病だった。その上、言語が不明瞭で、周囲のほとんどは家重が発する言葉を理解できなかった。唯一、側用人《そばようにん》の大岡忠光《おおおかただみつ》だけが、それを聞き取れるほどだった。したがって政務など執《と》れるはずもなく、幕閣《ばっかく》内では、家重の将軍就任を危惧《きぐ》する声が多かった。

実は、次の将軍は長男の家重よりも、幼少の頃から聡明で知られる二男の宗武《むねたけ》を推《お》す声も多かったのだ。しかし吉宗は、聡明さよりも血脈の濃さを以って、長男の家重を九代将軍とすることにした。

## 版元と作者を兼ねて活躍した八文字屋自笑が歿す　十一月十一日　文化思想

京都で、家業の書肆《しょし》八文字屋《はちもんじや》を継ぎ、その運営の傍ら、自らは作家として三味線物などで大ヒット作を書いた八文字屋自笑《じしょう》が、八十八歳（八十四歳とも）で歿した。

八文字屋は京都麩屋《ふや》町《ちょう》通りの書肆（本屋兼出版社）で、自笑はその二代目。自笑は早くから浄瑠璃《じょうるり》本を出していたが、歌舞伎が盛んになるのを見て、歌舞伎《かぶき》狂言《きょうげん》本や、役者《やくしゃ》評判《ひょうばん》記《き》などを手掛けて成功した。のちに作家の江島《えじま》其磧《きせき》と出会って、作家としても活躍するようになる。元禄十四年（一七〇一）に『傾城色三味線《けいせいいろじゃみせん》』で浮世草子《うきよぞうし》の分野に進出。こののち、其磧との間に確執が生じたものの、再び提携して三十余年にわたって其磧との連署《れんしょ》で多くの浮世草子を執筆・出版した。

自笑の功績は、井原西《いはらさい》鶴《かく》以降の浮世草子の世界に伝奇物《でんきもの》などを取り入れて新風を吹き込んだことであり、画期的なものとされている。

八文寺屋自笑
（栗原信充『肖像集』）

京都の八文寺屋（『役者金化粧』）

**【この年の出来事】**

**1月** 札差が、規約7か条を制定。
**2・8** 幕府、御用達町人に対し華美な衣類など奢侈を禁止。
**2・12** 江戸で大火。千駄谷から出火し、死者1323人、2万8000余戸焼失（六道火事）。
**2月** 福島藩29か村の百姓ら、豪商・豪農の不法を訴え、減免を要求し強訴。
**3・13** 将軍吉宗、江戸城内紅葉山で法華八講を開催。
**3・29** 幕府、史籍・古記・日記の所蔵者・寺社にその目録の提出を命じる。
**4月** 旧大和川筋幕領の百姓、年貢増徴に反対し京都・江戸に越訴。
**5・3** 幕府、寺社奉行大岡忠相の代官支配を免除。
**6・18** 越後岩船郡村山領で3000余人による打ちこわし。
**6月～7月** 長門周防で

牧野貞通（備後守）
◉**京都町奉行**
**東**
馬場尚繁（讃岐守）
**西**
三井良龍（采女・下総守）
◉**大坂城代**
堀田正亮（相模守）
阿部正福（伊勢守）
◉**大坂町奉行**
**東**
松浦信正（与次郎・河内守）
**西**
佐々成意（又四郎・美濃守）
◉**長崎奉行**
田付景厖（又四郎）
松波正房（平右衛門）
◉**若年寄**
水野忠定（壱岐守）
本多忠統（伊予守）
西尾忠尚（隠岐守）
板倉勝清（佐渡守）
戸田氏房（淡路守）
堀田正陳（加賀守）
加納久通（遠江守）
堀直旧（式部少輔）
三浦義理（志摩守）

## 六道火事が発生する　二月十二日

事件災害

江戸の千駄谷《せんだがや》で、この日、火事が発生。火は、折からの強風に煽《あお》られて一気に周囲に拡がり、死者一千三百二十三人、焼失家屋は二万八千余に上る大火となった。江戸の大火といえば、明暦三年（一六五七）の明暦の大火（通称は振袖《ふりそで》火事）、天和二年（一六八二）の天和の大火（通称は八百屋お七火事）などがあるが、今回の大火は、それに準ずるほどの被害だった。

最初に火の手が上がったのは千駄谷からだったが、その火はたちまち青山を焼き、桜田、麻布三軒家、本村、善福寺門前、広尾白金村へと拡がっていった。火は衰えるどころか、ますます勢いを増し、白金瑞聖寺、猿町、車町、高輪、南品川あたりまで延焼。武家屋敷や町屋を焼き尽くして、翌十三日になってようやく鎮火した。これほどの大火だったこともあって、今回も「六道《ろくどう》火事」なる通称が人々の間で用いられるようになった。出火地点の千駄谷が、東から来る道が二筋、西から来る道が二筋、それに南北の大通りを加えて六筋になることからの名だった。

なお、この大火ののち、寺社の門前地の管轄が寺社奉行から町奉行へと移行している。管轄外ということで、町火《まちび》消《けし》たちが自由に消火活動を行なえなかったからである。

## 女相撲が初めて行なわれる

社会世相

女相撲とは、文字通り女性が相撲を取ることだが、市井の人々の間では宝永期（一七〇四―一一）頃から話題となっていた。しかしそれは、相撲は男が裸になって取るものだが、「女が裸になって取ったら、さぞや面白いだろう」といった興味本位の、あくまでも下世話なものに過ぎなかった。ところが、この年、本格的な興行として、女が裸になって相撲を取る「女相撲」が江戸両国《りょうごく》で行なわれた。

この女相撲、女と女が睨《にら》み合って組み合い、投げるの、捻《ひね》るの、押し出すの、といったものではなかった。実は、女の相手は盲人だった。盲人だから睨み合うことはできない。いきなり女が盲人に組み付くことになる。組み付かれた盲人も目が見えないから女のどこを触るか分からない。その可笑《おか》しさが受けた。これに乗ずるかのように、登場する女力士たちの四股名《しこな》もふざけたものだった。「向《むこう》見ず」、「骨がらみ」、果ては「目なし川」、「瘡《かさ》の海」、「杖ガ竹」、「鮫《さめ》ガ橋」……といった有り様。これらの四股名でわかるように、盲人の相手となる女は、駆け出しの遊女はおろか、瘡《かさ》掻《か》き（皮膚病などの掻き跡が醜く残った人）、障害者など。

今ではとても正視できない、差別意識に満ちた江戸時代ならではの見世物であった。

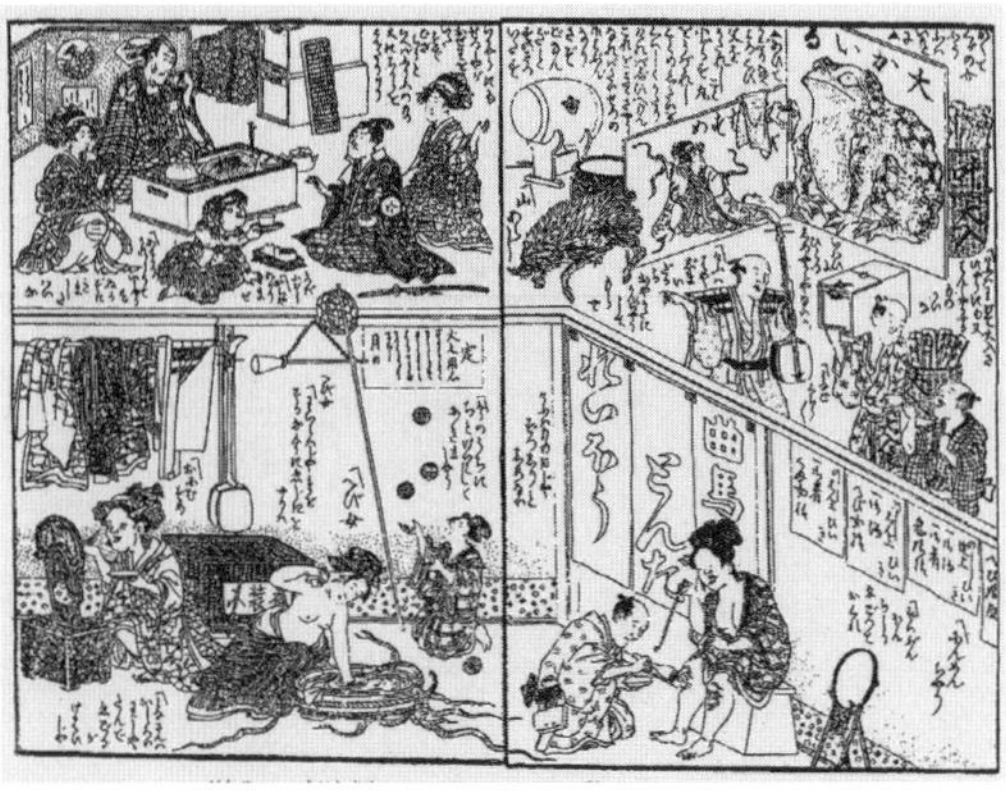
見世物小屋の楽屋（『糸桜本朝文粋』）

大雨。洪水。水田14万石被害、2857戸倒壊。
**7・7** 吉宗、将軍職引退の内旨を公表。
**7・18** 幕府、諸宗本山に末寺帳提出を命令。
**8月** 十組問屋、菱垣廻船の船積規約を制定。
**9・25** 吉宗、将軍を辞し、西の丸へ移る。家重が将軍を継承。
**10・9** 幕府、老中松平乗邑を罷免。
**11・2** 徳川家重、第9代将軍宣下。
**11・11** 八文字屋自笑歿(88)。
**閏12・15** 幕府、江戸市中の寺社門前町屋を町奉行の管轄とする。
**この年** 吉宗、丹羽正伯らに『庶物類纂』再増補を指示。
**この年** 幕府、長崎でのオランダ貿易額を銀1000貫目・銅90万斤に増額。
**この年** 二本松藩、赤子養育制度を制定。
**このころ** 女相撲が初めて行なわれる。

# 1746 延享三年

丙寅

天皇▼桜町天皇（～五月二日）
桃園天皇（五月二日～）

将軍▼徳川家重（第九代）

【主要幕閣】

◉老中
松平乗賢（能登守）
本多忠良（中務大輔）
酒井忠知（雅楽頭）
西尾忠尚（隠岐守）
堀田正亮（相模守）
松平武元（主計頭・右近将監）
本多正珍（紀伊守・伯耆守）

◉寺社奉行
大岡忠相（越前守）
本多正珍（紀伊守）
山名豊就（因幡守）
松平武元（主計頭）
秋元凉朝（摂津守）
小出英持（伊勢守）

◉勘定奉行
神谷久敬（志摩守）
神尾春央（五郎三郎・若狭守）
木下信名（伊賀守）
逸見忠栄（八之助・出羽守）
松浦信正（河内守）

◉江戸町奉行
北
能勢頼一（肥後守）
南
島正祥（長門守）
馬場尚繁（讃岐守）

## 加賀騒動が起こる　七月

政治経済

この月、加賀前田家で御家騒動《おいえそうどう》（加賀騒動）が起こった。御家騒動とは、大名などの家中で跡目《あとめ》相続をめぐって派閥が入り乱れて起きる紛争のこと。前田家は、騒動の様子が洩れることを恐れて、必死の隠蔽工作を行なってきたが、のちに騒動の主役が自刃（寛延元年〈一七四八〉九月十二日）したことによって、全貌がほぼ明らかとなった。加賀騒動の主役、敵役《かたきやく》、脇役を挙げると、次のようになる。

主役は大槻伝蔵《おおつきでんぞう》（六代藩主前田吉徳《まえだよしのり》の寵臣で急進派）、敵役は家老の前田直躬《なおみ》を中心とする守旧《しゅきゅう》派、脇役は吉徳の側室真如院《しんにょいん》。

加賀騒動は前田吉徳の死から始まる。吉徳の死によって、新たに宗辰《むねとき》が新藩主になると、吉徳に寵愛されていた大槻伝蔵は、次第に立場を失くしていった。もともと身分の低かった伝蔵が、その斬新な提言で吉徳に目を掛けられていただけに、守旧派はここぞとばかりに讒言《ざんげん》をもって伝蔵の追い落としを謀った。そのため伝蔵は御役御免となり、越《えっ》中五箇山《ちゅうごかやま》へ流罪となった。こののち、宗辰が変死を遂げる。宗辰の跡を継いだのは宗辰の弟の重熙《しげひろ》だったが、この重熙も変死を遂げる。ここで、脇役の真如院が登場する。真如院が後継藩主を子の利和《としかず》とするために、重熙に毒を盛ったというのである。この噂が立った時、真如院派と見做されていた主役の大槻伝蔵が自刃して、加賀騒動は終わった。毒殺の事実の有無は不明のままと、何とも曖昧な結着だったが、この曖昧さに色々な脚色が施され、のちに講談や芝居で面白おかしく演じられていく。

## 浄瑠璃『菅原伝授手習鑑』が大当たり　八月二十一日

文化思想

浄瑠璃の『菅原伝授手習鑑《すがわらでんじゅてならいかがみ》』が、この日、大坂道頓《どうとん》堀《ぼり》の竹本座《たけもとざ》で初演され、大評判となった。

これは、並木宗輔《なみきそうすけ》・竹田出雲《たけだいずも》・三好松洛《みよししょうらく》の三人による合作の時代物人形浄瑠璃で、菅原道真《すがわらみちざね》（右大臣）が藤原時平《ふじわらのときひら》（左大臣）の讒言によって、筑紫に流された歴史的出来事を題材として、「北野天神縁起《きたのてんじんえんぎ》」などをもとに脚色し、道真が大切にしている松梅桜を世話する白太夫《しらたゆう》の三つ子の兄弟（松王丸《まつおうまる》、梅王丸《うめおうまる》、桜丸《さくらまる》）の数奇な運命を描いたもの。

全体は五段構成から成り、二段目「道明寺《どうみょうじ》」、三段目「車引・賀の祝い」、四段目「寺子屋《てらこや》」が有名。特に三段目の三人兄弟が敵役の藤原時平の牛車の前で争う場面や、四段

江戸の芝居での『菅原伝授手習鑑』

【この年の出来事】

**1・23** 幕府、諸役人の分限高・役料について規定。
**2・2** 豊後日田郡幕領の百姓700余人が逃散。
**2・30** 江戸で大火。築地から出火し、中村座・市村座など焼失。翌日は浅草へも延焼（坪内火事）。
**3・5** 幕府、江戸参府のオランダ人に貿易などについて戒告。
**3・6** 幕府、火災時に建具・諸道具を持ち出すことを禁止。
**3月** 幕府、長崎貿易をオランダ船2隻、清国船10隻に制限。
**4・16** 松平乗邑歿(61)。
**7月** 加賀藩で御家騒動。大槻伝蔵が蟄居となり、翌々年五箇山へ流刑。
**8・21** 竹田出雲ら作『菅原伝授手習鑑』竹本座で初演、大当たり。
**8・26** 幕府、和人参を薬種屋へ払い下げ。9月26日、2名に販売を許可。
**8・28** 富永仲基歿（32）。

◉京都所司代
牧野貞通（備後守）
◉京都町奉行
東
馬場尚繁（讃岐守）
永井尚方（監物・丹波守）
西
三井良龍（采女・下総守）
◉大坂城代
阿部正福（伊勢守）
◉大坂町奉行
東
松浦信正（与次郎・河内守）
小浜隆品（平右衛門・周防守）
西
久松定郷（忠次郎・筑後守）
◉長崎奉行
田付景厖（又四郎）
松波正房（平右衛門）
◉若年寄
水野忠定（壱岐守）
本多忠統（伊予守）
板倉勝清（佐渡守）
戸田氏房（淡路守）
堀田正陳（加賀守）
加納久通（遠江守）
堀直旧（式部少輔）
三浦義理（志摩守）

目の時平に道真の世継である菅秀才《かんしゅうさい》の首を差し出すように命じられた寺子屋の師匠が松王丸の子・小太郎の首を差し出す場面は人気が高かった。この人形浄瑠璃最高の傑作は、こののち八ヶ月も続演される大ヒットとなった。

江戸の芝居での『菅原伝授手習鑑』

## 吉宗、新暦調所（天文台）を移転させる 十二月四日

事件災害

大御所の吉宗《よしむね》は、延享元年（一七四四）に神田駿河台《するがだい》へ設置したばかりの新暦調所《しんれきしらべどころ》を、この日、新たに神田佐久間町へ移転させるとともに、規模を拡大して本格的に改暦に取り組むよう指示した。

吉宗は生来、自然科学に対して大きな興味を持っており、それは将軍に就任してから一層強いものとなった。その興味の対象となった一つに天文学がある。吉宗は、それを単に天文学の分野のみにとどめるのではなく、「暦《こよみ》」との関わりを考えた。これまでの暦が生活感覚の中で大きなズレを感じていたからである。そこで、本格的に天の動きに基づく正確な暦を作るべく、新暦調所を移転・拡大した。その名の通り「新暦」を目指すためのものだったのである。

新たに設置された調所（天文台）の規模は、敷地二千五百坪（八千二百五十平方メートル）で、その中央に底辺十八メートル四方、上面五・五メートル四方、高さ五メートルの露台が建つというもの。この天文台には、吉宗自らが製作した簡天儀《かんてんぎ》・測午表《そくごひょう》・万分規・定方儀などが備え付けられ、天文方《てんもんかた》の西川正休《にしかわまさよし》（西川如見《じょけん》の子）や渋川則休《しぶかわのりよし》（渋川春海の子）らが観測方として就任。翌年の五月から観測が開始されることとなった。

## 思想史家の富永仲基が歿す 八月二十八日

社会世相

富永仲基《とみながなかもと》は、思想の流れを鋭く批評・批判してきた町の学者だが、その鋭さのあまり、多くの人々が敬して遠ざけていた。その仲基がこの日、三十二歳の若さで歿した。

仲基は、摂津尼崎《あまがさき》の醬油醸造業・道明寺屋を営む富永芳春《ほうしゅん》の第三子として生まれた。芳春は、民間学校として知られる「懐徳堂《かいとくどう》」への出資者の一人で、学問好きは家風だったといえる。仲基は懐徳堂で儒学を三宅石庵《みやけせきあん》に学んだが、その学才が一気に開花。十五歳の時には早くも先秦《せんしん》諸家の思想を成立論的に批判した書『説蔽《せっぺい》』を著わしている。のち、仏教に関心を寄せ、十年の歳月をかけて大乗《だいじょう》仏教の非仏説を説く仏教批判の書『出定後話《しゅつじょうごわ》』を著わした。また、儒学に関しても、当初は伊藤仁斎《いとうじんさい》や荻生徂徠《おぎゅうそらい》らの影響を受けこそしたが、のちに、彼らの思想は時代に応じただけのものと批判して「加上の説」を唱えた。仲基は、仏の幻、儒の文、神の旧風を一掃すべきとした。日本で最初の思想史家といってよく、近年、その業績から天才の名が冠せられるほどに評価が高まっている。

**9・15** 幕府、田安宗武・一橋宗尹に各10万石を下賜。
**9月** 陸奥田村郡守山領25か村で強訴。
**10・25** 大岡忠光、御側御用取次に就任。
**10・29** 幕府、和人参の販売を布告。
**11・10** 幕府、日傭座札役銭の滞納について、日傭人別帳の提出など納入強化を指示。
**12・4** 幕府、神田佐久間町に天文台を設置。
**12・6** 高知城下で大火。土佐中須賀から出火し、2600余戸焼失。
**12・18** 幕府、諸局に翌年からの経費半減令を発令。
**12月** 幕府、江戸両町奉行の同心を各20人増員。
**12月** 陸奥三春藩、幼児養育手当制度を創設。

# 1747 延享四年

丁卯

天皇▼桜町天皇（～五月二日）
桃園天皇（五月二日～）

将軍▼徳川家重（第九代）

**【主要幕閣】**

**◉老中**
酒井忠知（雅楽頭）
西尾忠尚（隠岐守）
堀田正亮（相模守）
松平武元（右近将監）
本多正珍（伯耆守）
秋元凉朝（但馬守）

**◉寺社奉行**
大岡忠相（越前守）
山名豊就（因幡守）
秋元凉朝（摂津守）
小出英持（伊勢守）
酒井忠用（修理大夫）
松平忠恒（宮内少輔）
稲葉正益（丹後守）

**◉勘定奉行**
神谷久敬（志摩守）
神尾春央（五郎三郎・若狭守）
逸見忠栄（八之助・出羽守）
松浦信正（河内守）

**◉江戸町奉行**
**北** 能勢頼一（肥後守）
**南** 馬場尚繁（讃岐守）

**◉京都所司代**
牧野貞通（備後守）

## 江戸城内で刃傷事件が発生　八月十五日

政治経済

江戸城内で、またもや刃傷事件が起きた。事件は、旗本が熊本藩主を斬りつけるといった深刻さをうかがわせるものだった。しかし、調べが進むうちに……。

事件は、この日の朝、江戸城大広間北側にある厠《かわや》（便所）で起きた。旗本（七千石）の板倉勝該《かつかね》が、熊本藩主の細川宗孝《むねたか》とすれ違うや、いきなり背後から細川に斬りかかったのだ。斬りつけられた細川は即死。勝該は、すぐさま取り押さえられたが、調べが進むと意外なことが判明した。勝該には、これまでにも奇矯な振る舞いが多く、勝該の本家筋にあたる遠江相良《さがら》藩主の板倉勝清《かつきよ》が、家系の断絶を案じて勝該を隠居させようとしていた。勝該は常々それを恨んでいたので、会えば文句の一つでも言おうと思っていた。そのような時に板倉勝清とよく似た人物とすれ違った。しかし、その人物は素知らぬ顔。それを、フンといった様子で挨拶もしない、と勘違いした勝該はクソッと思った。家紋は間違いなく、本家筋のものだと、カッとなっていきなり細川宗孝に斬りかかったのだ。確かに細川家と板倉家の家紋は似ていたが、この迷惑な人違いで熊本藩主が命を落としてしまい、勝該には切腹が命じられた。

なお熊本藩では、即死ではなく重傷として幕府に届け出、弟の重賢《しげかた》が跡を継いだのちに死んだことにした。幕府もこれを認めている。

## 常磐津節の始まり　十月二十五日

文化思想

常《とき》磐津節《わづぶし》は浄瑠璃の流派の一つで、享保期（一七一六―三六）に一世を風靡した豊後《ぶんご》節をもととしている。その豊後節でよく知られた宮古路豊後掾《みやこじぶんごのじょう》の養子・宮古路文字太夫《もじだゆう》が常磐津節を創始した。

豊後節には苦い歴史がある。その曲目は主に心中《しんじゅう》を題材としていて、調べは凄絶《せいぜつ》にして悲愁《ひしゅう》。心中者の心情を、陰翳を込めて描いて人々の涙を誘った。この豊後節は上方を風靡《ふうび》、のち江戸に下ってなお大衆に迎え入れられたのだが、これは単に芸能の世界にとどまらずに、社会現象をも起こすことになってしまった。心中がもてはやされ、心中事件が頻発することになったのだ。このことから幕府は豊後節を、風紀を乱すものとして享保の末には禁止した。

このののち、文字太夫らが豊後節の再興に取り組み、豊後節の持ち味を保ちながらも義太夫《ぎだゆう》節に近い格調のある芸風を目指し、この日、宮古路文字太夫の名を常磐津文字太夫と改めるとともに、江戸中村座で常磐津節を演じたのだった。常磐津節は、男女の心の揺れ動きを語った

常磐津

**【この年の出来事】**

**1・23** 渋川則休・西川正休ら、幕命により改暦を開始（宝暦暦）。
**2・18** 『菅原伝授手習鑑』、堺町の操り芝居肥前座で上演。
**3・20** 幕府、浦賀での廻船検査を緩和、武器以外の移入を許可。
**3・21** 日本左衛門（浜島庄兵衛）、遠江見附宿で獄門。
**4・16** 江戸城で火災、二の丸焼失。
**5・2** 桜町天皇譲位、桃園天皇践祚。
**5・12** 幕府、大坂に俵物会所を設置。
**5・13** 出羽上山藩の町人らが富家を打ちこわし、百姓らも金納値段引き下げなどを要求し強訴（上山騒動）。
**5・30** 太宰春台歿(68)。
**7・15** 青木昆陽、評定所儒者に着任。
**8・15** 旗本板倉勝該、江戸城殿中で熊本藩主細川宗孝を刺殺。

豊後節の細やかさを受け継ぎつつ、メリハリのある響きを加えて奏でられたことから人々の喝采を浴び、やがて江戸歌舞伎の伴奏音楽としても用いられて、今日にまで伝えられている。

## 大泥棒の日本左衛門が自首し、打ち首となる　三月二十一日

事件 災害

数年前から、東海道筋の商家や富農《ふのう》ばかりを狙って集団で押し入っていた盗賊団の首領・日本左衛門《にっぽんざえもん》こと浜島庄兵衛《はましましょうべえ》が、一月七日に京都町奉行所へ自首してきた。そして奉行所はすぐさま庄兵衛を捕縛し、江戸へ送った。江戸町奉行による吟味があり、庄兵衛は市中引廻しの上、この日、小伝馬《こでんま》上町の仕置場で打ち首となり、その首は東海道の見附《みつけ》宿で獄門となった。

庄兵衛の父は、尾張徳川家の家臣だった。庄兵衛は美男で偉丈夫《いじょうふ》だったことから次第に取り巻きができ、十七、八歳の頃から素行が荒れ始めた。結果、勘当されて無頼の仲間とともに盗賊集団を作り上げ、首領として集団を率い、各地で盗みを働くようになったのである。庄兵衛の盗みには二つの特徴があった。一つは、大名領・幕領・寺社領などが複雑に入り組んでいる東海道筋で、その互いの管轄の際《きわ》での犯行（幕領で盗みを働き、すぐさま寺社領へ逃げ込むといった方法）こと。もう一つは、金持ちの商家や富農だけに狙いを絞ったこと。狙われた東海道筋の商家や富農らは耐え切れずに幕府へ逮捕を訴え出た。幕府は手配書を全国規模で配布。人相のほかに特徴として「六尺の偉丈夫」。これで庄兵衛は逃げおおせぬと観念したという。

芝居の日本左衛門

## 江戸の札差が、三組から九組に改組される　十一月二十七日

社会 世相

幕府は、享保九年（一七二四）以来、江戸（浅草蔵前《くらまえ》）の札差《ふださし》を三組に分けていたが、この日、その札差を九組に分けるとともに、定行事も各組九人のほかに一人を加えて十人とせよ、と布告した。その狙いは札差の不正封じだった。これまで幕府は、札差の株仲間に対しては自主管理に任せていたが、その体制を続けているうちに、次第に馴れ合いが生じ、不正や不都合が生じてきた。そこで自主管理体制はそのままとし、なお相互監視による管理に移行させることで、不正を封じ、収税などの実を上げようとしたのだった。

札差とは、旗本や御家人の俸禄米《ほうろくまい》（蔵米《くらまい》）の受け取りおよび販売（換金）を代行し、その禄米を担保に貸金業を行なった豪商のこと。彼らの不正とは、本来蔵米は札差が規定の値で取り引きすることが原則だったが、これが次第に守られなくなっていたこと。さらに、旗本・御家人に対する貸金の金利も、当初は一割五分だったが、これも守られなくなっていたことだ。それゆえ幕府は、札差の組織を細分化し、馴れ合いを廃して相互監視を期待したわけである。しかし、相互監視による内部の綱紀粛正《こうきしゅくせい》の実は少しも上がらず、なし崩し的に、七年後には再びもとの三組体制に戻ってしまった。

**9・6** 伊予大洲藩、藩校「止善書院明倫堂」を創設。
**9・15** 田沼意次、小姓組番頭格となる。
**10・6** 寺坂吉右衛門歿（83）。
**10・10** 幕府、江戸市中で8月以降の風邪流行により高騰した諸物価の引き下げを指示。
**10・25** 宮古路文字太夫、常磐津と改名。中村座に出演し、豊後節を継承した常磐津節を創設。
**10月** 一夢法師、『大般若経』600巻の写経を完成。
**11・16** 竹田出雲ら作『義経千本桜』大坂竹本座で初演、大当たり。
**11・27** 浅草蔵前の札差取り締まり強化のため、株仲間が9組に編成される。
**この年** 『庶物類纂増補』(54巻) 完成。

**◉京都町奉行**
**東**
永井尚方（監物・丹波守）
**西**
三井良龍（采女・下総守）
**◉大坂城代**
阿部正福（伊勢守）
酒井忠用（讃岐守）
**◉大坂町奉行**
**東**
小浜隆品（平右衛門・周防守）
**西**
久松定郷（忠次郎・筑後守）
**◉長崎奉行**
田付景厖（又四郎）
安部一信（又四郎・主計頭）
**◉若年寄**
水野忠定（壱岐守）
本多忠統（伊予守）
板倉勝清（佐渡守）
戸田氏房（淡路守）
堀田正陳（加賀守）
加納久通（近江守）
堀直旧（式部少輔）
三浦義理（志摩守）
秋元凉朝（摂津守・但馬守）

1748

# 寛延元年（延享五年）

戊辰
天皇▼桃園天皇
将軍▼徳川家重（第九代）

**【主要幕閣】**

**◉老中**
秋元凉朝（但馬守）
本多正珍（伯耆守）
松平武元（右近将監）
堀田正亮（相模守）
酒井忠知（雅楽頭）

**◉寺社奉行**
大岡忠相（越前守）
小出英持（伊勢守）
松平忠恒（宮内少輔）
稲葉正益（丹後守）
青山忠朝（因幡守）
酒井忠休（山城守）

**◉勘定奉行**
神谷久敬（志摩守）
神尾春央（五郎三郎・若狭守）
逸見忠栄（八之助・出羽守）
松浦信正（河内守）
曲淵英元（越前守・豊後守）

**◉江戸町奉行**
**北**
能勢頼一（肥後守）
**南**
馬場尚繁（讃岐守）

**◉京都所司代**
牧野貞通（備後守）

## 朝鮮使節が、将軍・家重に謁見　六月一日

政治経済

朝《ちょう》鮮通信使《せんつうしんし》が、九代将軍・家重《いえしげ》の将軍就任を祝賀するため来日した。朝鮮通信使の来日は、享保四年（一七一九）以来二十九年ぶりのことで、通算十回目となる。一行は五百人余の大所帯で首都の漢城《ハンソン》を出発。釜山《プサン》から対馬《つしま》を経て海路で大坂に入り、京都に上って淀《よど》からは陸路の東海道で江戸に向かい、五月二十一日には江戸に到着した。正使はじめ、上上官《じょうじょうかん》（通訳）たちは浅草《あさくさ》の東本願寺に宿泊し、この日を待っていた。この日、家重に謁見《えっけん》したのは、正使・洪啓禧《こうけいき》、副使・南泰耆《なんたいき》、従事官・曹命采《そうめいさい》の三人。三人は対馬藩主の宗義如《そうよしゆき》らに伴われて登場し、朝鮮国王の李《り》吟《ぎん》の親書を呈上《ていじょう》。続いて朝鮮人参《ちょうせんにんじん》・虎皮《とらのかわ》・豹皮《ひょうがわ》・箏《こと》などを献上した。公式の拝謁儀式はこれで終了し、あとは通信使への饗応《きょうおう》を以って終わった。この儀式は恒例のもので、滞りなく行なわれたが、大きな問題として残ったのは、費用に関することだった。朝鮮通信使は、朝鮮からの正式な外交使節団ではあったものの、当初から「招聘《しょうへい》」だったから、諸費用は全て幕府、関係各地の大名、各村で負担するものだった。幕府は、街道各地の休泊《きゅうはく》施設、道、橋の普請請負《ふしんうけおい》、人馬費用、江戸滞在中（二十～三十日間）の諸費用を負担。大名は馳走《ちそう》、警護、休泊賄《まかな》いなどを負担。村々も国役《こくやく》に基づき賦課《ふか》される……というもので、その諸経費総額は百万両にものぼるほどだった。幕府も大名も村々も、この負担には耐えきれず、朝鮮通信使の招聘は、文化八年（一八一一）の十二回目を以って終了となる。

『朝鮮通信使来朝図』

## 『忠臣蔵』が初めて演じられ、大当たりする　八月十四日

文化思想

大坂の竹本座《たけもとざ》で、本邦《ほんぽう》初の『忠臣蔵《ちゅうしんぐら》』（人形浄瑠璃《にんぎょうじょうるり》）が上演され大当たり。十一月まで続演となった。続いて江戸でも、歌舞伎として江戸三座（中村座《なかむらざ》・市村座《いちむらざ》・森《もり》田座《たざ》）で人気役者が競演して大評判となり、こののち赤穂《あこう》浪士たちによる討ち入り事件は「忠臣蔵」の名で定着していった。

この「忠臣蔵」だが、この時に用いられた人形浄瑠璃の正式な演目名は『仮名手本忠臣蔵《かなでほんちゅうしんぐら》』。これは、討ち入り

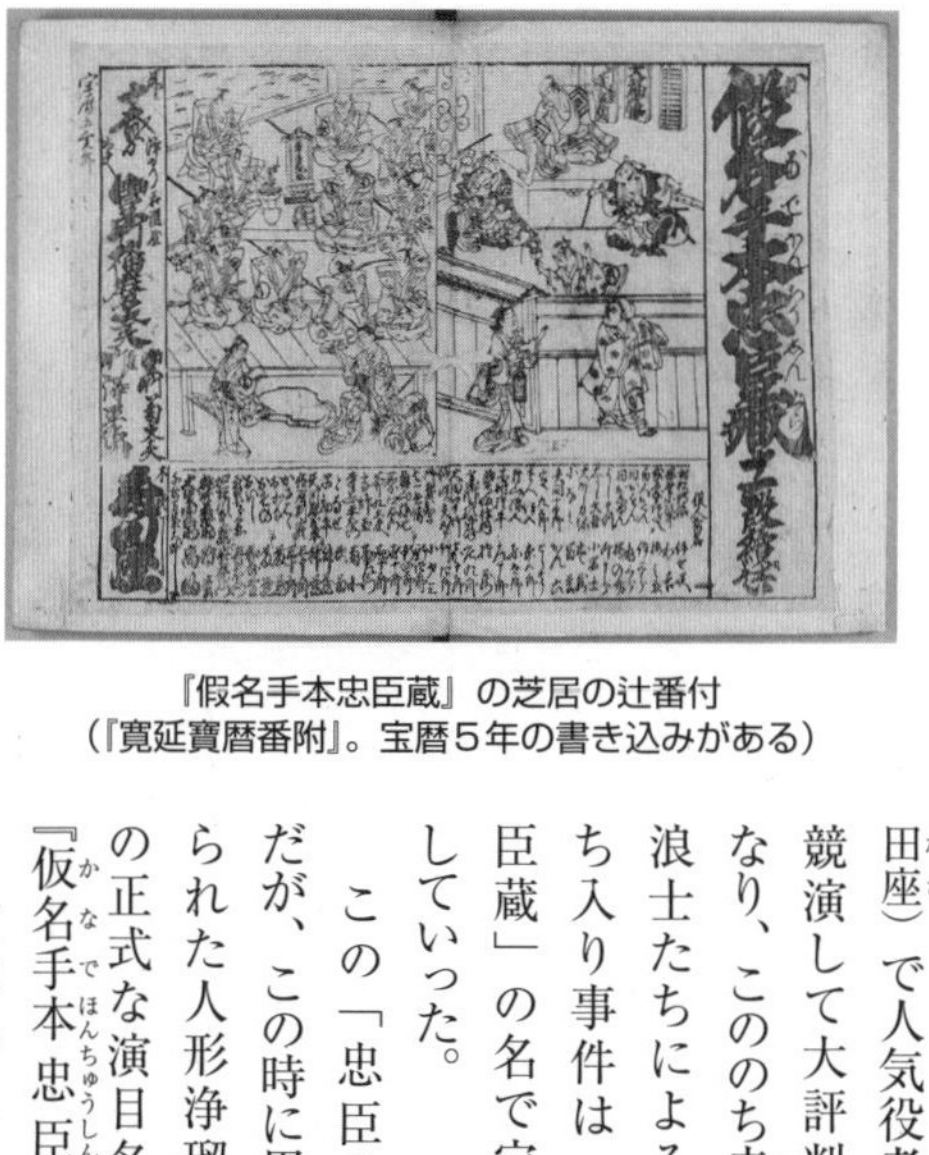

『假名手本忠臣蔵』の芝居の辻番付
（『寛延寶暦番附』。宝暦５年の書き込みがある）

**【この年の出来事】**

**2・9** 幕府、江戸浅草天王寺町に蔵米手形書替所を設置。
**2・12** 福井藩45か村の百姓ら、東照宮修復の御用金賦課に反対して打ちこわし（蓑虫騒動）。
**2・20** 幕府、江戸払いの区域を拡張、本所・深川地域を編入。
**3・20** 幕府、江戸町方の女子の羽織着用を禁止。
**3月** 江戸中村座で『義経千本桜』上演。大当たりとなる。
**4・26** 幕府、和人参の上方での販売を許可。
**6・1** 朝鮮通信使、将軍家重に拝謁。
**6・20** 勘定奉行松浦信正、長崎奉行を兼任。
**7・1** 幕府、朝鮮風の衣服着用での辻踊りを禁止。
**7・12** 桃園天皇即位により寛延に改元。
**7・22** 宇和島藩、藩校「内徳館」を創設。庶民にも聴講を許可。

**◉京都町奉行**
**東**
永井尚方（監物・丹波守）
**西**
三井良恭（采女・下総守）
**◉大坂城代**
酒井忠用（讃岐守）
**◉大坂町奉行**
**東**
小浜隆品（平右衛門・周防守）
**西**
久松定郷（忠次郎・筑後守）
**◉長崎奉行**
田付景厖（又四郎）
安部一信（又四郎・主計頭）
松浦信正（河内守）
**◉若年寄**
水野忠定（壱岐守）
本多忠統（伊予守）
板倉勝清（佐渡守）
戸田氏房（淡路守）
堀田正陳（加賀守）
加納久通（遠江守）
堀直旧（式部少輔）
三浦義次（志摩守）
小出英持（伊勢守・信濃守）
小堀政峯（和泉守）
松平忠恒（宮内少輔）

事件があってから四十六年が経過していたとは言え、まだ人々の記憶には生々しく残っており、また幕府への憚《はばか》りもあって「仮名」（これは本当の話ではなく、仮の話……の意）としたもので、さらに「仮名手本」として文字の手習いに用いる手本の「いろは」四十七文字と赤穂浪士の四十七士をかけてもいた。作者は竹田出雲《たけだいずも》で、助手の三好松洛《みよししょうらく》、並木千柳《なみきせんりゅう》の協力によったもの。全十一段で、「仮名」とあるように、舞台を室町時代に移し、悪の権化《ごんげ》とされる高《こうの》師直《もろなお》を、塩谷判官《えんやほうがん》の臣・大星由良之助《おおぼしゆらのすけ》らが討つ、という話に脚色。だが、そんな細工は「ああ、例の話だ」とばかり、誰にもわかる。こうして大当たり演目となった。

## 蓑虫騒動が発生　二月十二日

事件災害

越《えち》前《ぜん》・福井藩領で、これまでとは異なる大規模で異様な農民一揆が発生した。農民が、蓑笠《みのかさ》を被った乞食《こじき》姿となって一揆を起こしたのだ。そのうごめく様子から、蓑虫《みのむし》騒動と呼ばれる一揆となっていた。発端《ほったん》は、福井藩が日光東照宮修復のための御用金の調達として、年貢の引き上げを布告したことからだった。だが、このことだけで一揆が起こったわけではない。農民たちは、これまでにも重税を強いられ、逃散《ちょうさん》、あるいは散発的な強訴《ごうそ》を繰り返してきた。不満が鬱積《うっせき》していた。そこに御用金の賦課となったことで不満が一気に爆発し、大きな騒動となったのである。

この騒動には、これまでの農民一揆とは異なる大きな特徴があった。ひとつは、農民だけではなく城下の町人たちも参加していたこと。これは御用金の賦課による不満が町人にも及んでいたことを物語っている。そして、もうひとつが、その一揆勢の風体だ。農民たちはそれぞれ、蓑笠を着用してうごめき、町人たちも薄汚れたボロをまとって町中を徘徊《はいかい》するといった様子で、なんとも異様なものだった。この不気味さもあってか、年貢半減という農民たちの要求は認められ、騒動は終息へと向かった。

## 江戸で金魚が人気となる

社会世相

金魚の飼育法を解説した書『金魚養玩草《きんぎょそだてぐさ》』が刊行された。刊行したのは、上方、堺の安達喜之《あだちきし》。内容は、金魚の原産地である中国からの渡来の経緯から、金魚の善悪の見分け法、飼育法、病気になった時の治療法まで詳述されている。それも絵入りで解説されているから、非常にわかりやすいものとなっていた。この書は、刊行とともにたちまち評判となり、翌年には続編ともいえる『金魚秘訣録』が刊行されたほど。世は、金魚を主とする一大ペット・ブームに沸《わ》いた。

この金魚ブームの背景には、将軍が吉宗から家重に代わって次第に政策から厳しさが消えていったこと。時代が落ち着き、天下泰平の世になったことなどが挙げられる。なにしろ、先代将軍・吉宗の時代は緊縮政策が徹底していて、庶民がペットを飼うなどといったことは以《もっ》ての外《ほか》だった。その厳しさの鬱憤《うっぷん》を払う庶民の落書に「黄金虫《こがねむし》の名は派手ゆえ、今後は真鍮虫《しんちゅうむし》と呼ぶべし。金魚も同じで銀魚と呼ぶべし」などがあったほど。もちろん、この当時の金魚（このころは和金）の値は高く、一匹五両（今なら四十万円くらいか？）前後もしたというから、金魚そのものの買い手としては大名・豪商ばかり。まだまだ庶民には縁遠く、解説書が売れたのも実用書としてより、豪華カタログを眺める楽しみ、といった風情だった。

**8・14** 竹田出雲作『仮名手本忠臣蔵』竹本座で初演。竹本此大夫と吉田文三郎が衝突、此大夫が豊竹座に移る。
**10・22** 出羽国幕領寒河江・白岩30か村の百姓惣代、減免などを要求し江戸へ越訴（出羽騒動）。
**閏10・1** 寺社奉行大岡忠相、奏者番を兼任。1万石の大名に列せられる。
**11・3** 幕府、幕領の百姓らがみだりに苗字帯刀することを禁止。
**12・15** 琉球の慶賀使、将軍家重に拝謁。
**12・21** 姫路藩の百姓3000余人、年貢延納を求め強訴。翌年1月、全領に拡大。
**12・27** 幕府、朝鮮通信使応接の際、不正を働いた勘定奉行以下の役人を処罰。
**このころ** 江戸市中で金魚が流行。

【主要幕閣】
◉老中
酒井忠知（雅楽頭）
堀田正亮（相模守）
松平武元（右近将監）
本多正珍（伯耆守）
秋元凉朝（但馬守）
酒井忠寄（左衛門尉）
◉寺社奉行
大岡忠相（越前守）
稲葉正益（丹後守）
青山忠朝（因幡守）
酒井忠休（山城守）
本多忠央（長門守）
◉勘定奉行
神谷久敬（志摩守）
神尾春央（五郎三郎・若狭守）
松浦信正（河内守）
曲淵英元（豊後守）
遠藤易続（六郎右衛門・伊勢守）
三井良龍（下総守）
◉江戸町奉行
北
能勢頼一（肥後守）
南
馬場尚繁（讃岐守）
◉京都所司代
牧野貞通（備後守）

## 幕府、年貢徴収の算定方法で定免法を全面的に施行する　五月
政治
経済

幕府は、この月、年貢徴収の算定方法を「定免法《じょうめんほう》」に統一することとし、これを幕領内で全面的に施行することを決めた。年貢の算定方法については、一時期、「検見取法《けみどりほう》」が行なわれてきた。

検見とは、米の収穫前に幕府代官《だいかん》や領主が村々に役人を派遣して豊凶の検査をすること。その数値をもとに年貢高を決めて徴税するのが検見取法。これは、一見すると合理的に見えるが、実際は、派遣された役人の不正を生む温床ともなっていた。そこで幕府は、享保七年（一七二二）以降、各地の幕領内で検見取法に代わって定免法（年貢高を過去数年間の数字をもとに固定して徴収する方法）を用いることとした。定免法は、豊凶に波のある農民たちにとっては不都合だが、幕府にとっては、役人の不正を生むことなく、また安定的に税収を計算できる課税方法だったこともあって、実施が続いていた。しかし、一部の地域ではまだ、地元との癒着状況などがあって「検見取法」が行なわれていた。これを全面的に「定免法」へ統一するように決めた。この狙いは、幕府財政の安定確保のためだったのである。

年貢（『大和耕作絵抄』）

## 幕府、武士の結婚許可制の徹底をはかる　四月三十日
文化
思想

幕府は、この日、大名・旗本らに対して婚姻の手順（出願→許可→結婚の順）を遵守するよう命じた。武士は、大名から旗本、さらには足軽に至るまで、婚姻は幕府か藩庁の許可が必要であった。頭《かしら》支配を通じて出願、許可が下りたのち祝言の式を挙げるのが順序だった。ところが近年、婚姻の儀式が華美になり、それぞれの家の体面もあって費用が増大する一方となっていたことから、次第にその順序が守られなくなっていたのである。

式には大変な費用がかかる。しかし武士の家計は苦しくなるばかり。そこで、下級武士たちの間では、内々に婚姻を結び、しばらくしてから願い出を出す者が増えてきた。このようにすれば、費用のかかる結婚式をしなくて済むか、

格式ある家の嫁入（『女重宝記』）

祝言（同上）

【この年の出来事】
**1月**　幕府、清国貿易の船数を15隻とし、貿易額を増額。
**1月**　幕府、江戸市中の鳥問屋14軒に専売を許可。
**2・22**　幕府、抱屋敷の規則を定め、所持や譲渡について制限。
**2・25**　芝宇田川町の伊勢屋清兵衛、駿河国での黒砂糖販売を許可される。
**4・30**　幕府、幕臣の婚姻願の届出を厳命。
**5月**　幕府、定免制の全面施行を布達。
**7月**　幕府、江戸市中で富突きに類似した興行を禁止。
**7・19**　幕府、悪質な身分売買を行なった小島源左衛門らを死罪とする。
**8・1**　幕府、神田上水普請金組合の結成を指示、上水修理費用を組合負担とする。
**8・13**　江戸で大風雨。神田川・隅田川氾濫し、牛込・小石川・下谷・浅草で被害大。

松平資訓（豊後守）

◉**京都町奉行**

**東**
永井尚方（監物・丹波守）

**西**
三井良龍（采女・下総守）
稲垣正武（出羽守）

◉**大坂城代**
酒井忠用（讃岐守）

◉**大坂町奉行**

**東**
小浜隆品（平右衛門・周防守）

**西**
久松定郷（忠次郎・筑後守）
松浦信正（河内守）

◉**長崎奉行**
安部一信（又四郎・主計頭）

◉**若年寄**
本多忠統（伊予守）
板倉勝清（佐渡守）
戸田氏房（淡路守）
堀田正陳（加賀守）
三浦義理（志摩守）
小出英持（信濃守）
小堀政峯（和泉守）
松平忠恒（宮内少輔）
酒井忠休（山城守）

あるいは形ばかりの式で済むからである。しかしそれでは、両家がいつ本当に結ばれたのかわからず、これまでの幕府の許可制は有名無実となってしまう。しかも、幕府の統制力を内部から弱めることになり、さらには、結果として身分制度をも突き崩すことになりかねないと幕府が判断したため、今回の布告となった。

## 各地で一揆が頻発、年末には会津で大規模な一揆が起こる　十二月二十四日

事件 災害

寛延元年に越前藩内で起きた「蓑虫騒動《みのむしそうどう》」と名づけられた一揆に引き続き、この年の四月十七日に姫路藩内でも広範囲な一揆が発生。さらに年末には会津藩内で数万人の農民による大規模な一揆が発生した。

姫路藩内の場合は、藩領内の加古《かこ》郡の農民が凶作を理由に年貢の減免・延納を要求して一揆を起こしたもの。姫路藩では、徳川譜代の名門酒井家が藩主となるこの年までに、藩主家が九回も変わっていたが、この一揆は、たび重なる藩主の転封に莫大な費用がかかったことによる藩財政の逼迫が遠因だった。しかも、領内農民たちに対する年貢の取り立ては苛烈を極めていた。取り立てられる農民にしてみれば、昨年の夏には旱魃《かんばつ》があり、さらに秋に台風に見舞われて大不作となっていたから、春になって不満が爆発して一揆となったのだ。農民五千人は年貢の減免を要求して竹槍・むしろ旗を立てて大庄屋宅を打ちこわして気勢を上げた。このことを重く見た幕府が乗り出して主謀者三百四十五人を捕らえ（三十二人が獄死）、七人を死罪として一揆は鎮静した。

こうした年貢取り立てへの不満が、一揆へと直結することが多くなっていた。この日に起きた会津藩内の一揆の場合は、この年に会津一帯が不作に見舞われたことから、農民たちが年貢半減を要求して起こしたものだった。この会津の一揆勢は数万人にも及び、会津若松城を包囲。このことに藩側は驚き、数百挺の鉄砲で威嚇したが効果なく、農民たちの要求をほぼ呑んで一揆は鎮静化した。（ただ、のちに藩側は、再発を恐れて主謀者三百人余を捕らえ、その内十一人の処刑を行なっている）。

## 幕府、悪質な「身分売買」に対して、厳しい処分を下す　七月十九日

社会 世相

幕府は、この日、小普請《こぶしん》（旗本・御家人のうち、無役で三千石以下の者のこと）の小島源左衛門・小宮山源次郎・小宮山新右衛門に対して死罪を言い渡し、併せて大番《おおばん》組《くみ》（将軍直属の軍団。十二組ある）の森川求馬と小島源左衛門の子長十郎、小宮山源次郎の子佐太郎に対して遠島を言い渡した。罪状は、幕臣の子になることを金銭を以って働きかけたことだった。

事件は、主犯格の小島源左衛門が、弟が出奔したにもかかわらず幕府に出奔届を出さず、小宮山新右衛門らと謀って浪人の子を弟としたことに始まる。この時、小島源右衛門は、それを金銭をもって行なった。つまり、金銭で浪人の子を幕臣としたわけである。さらに、これを森川新太郎の養子として求馬と名乗らせて森川家を継がせた。もちろん、ここにも金銭の介在があった。小島源左衛門は、同様の手口で別の者を弟にした上で養子に出す、といったことも繰り返していた。この間、次々とこの手法を真似る者が出てきた。そうなると、幕臣の身分が、金銭によって売り買いされる。死罪などの厳しい言い渡しは、このことに危惧を抱いた幕府による、一罰百戒ともいえる処分だった。

**8・20**　丹波篠山藩の百姓2000余人、新領主の増徴に反対し強訴。
**8・23**　幕府、被災の旗本に拝借金を許可。
**8月**　常磐津小文字太夫、常磐津節から分かれ富本節を創設。
**9月**　桜島噴火。
**10月**　幕府、足利学校に修理料100両を下賜。
**10月**　常陸笠間藩30か村の百姓ら、年貢延納・減免を要求し強訴。
**12・10**　陸奥信夫・伊達郡幕領67か村で強訴。
**12・12**　陸奥田村郡三春領12か村で数万人による強訴。
**12・21**　陸奥耶麻郡など14か村で数万人による強訴。
**12・24**　会津藩の百姓、郡代の罷免を要求し若松城を包囲（金曲騒動）。
**この年**　土佐・津軽で飢饉。

**【主要幕閣】**

**◉老中**
堀田正亮（相模守）
松平武元（右近将監）
本多正珍（伯耆守）
秋元凉朝（但馬守）
酒井忠寄（左衛門尉）

**◉寺社奉行**
大岡忠相（越前守）
稲葉正益（丹後守）
青山忠朝（因幡守）
本多忠央（長門守）

**◉勘定奉行**
神尾春央（五郎三郎・若狭守）
松浦信正（河内守）
曲淵英元（豊後守）
遠藤易続（六郎右衛門・伊勢守）
三井良龍（下総守）

**◉江戸町奉行**
**北**
能勢頼一（肥後守）
**南**
馬場尚繁（讃岐守）
山田利延（肥後守）

**◉京都所司代**
松平資訓（豊後守）

## 幕府、百姓一揆の取り締まりを強化　一月二十日

政治経済

**幕**府はこの日、百姓一揆《ひゃくしょういっき》の手段として行なわれていた強訴《ごうそ》、逃散《ちょうさん》、打ちこわし、越訴《おっそ》などを改めて厳禁とした。これは、そうした措置を講じなければならないほど、百姓一揆が頻発する時代となっていたということでもあった。

禁止令が出される直前の一月十五日に、讃岐《さぬき》の丸亀藩《まるがめはん》領内の農民約二千人が御用銀《ごようぎん》の返還や新規運上《うんじょう》の停止などを求めて蜂起《ほうき》した。翌十六日には、同じく四国の伊予《いよ》の大《おお》洲藩《ずはん》領内で二千人の農民が御用商人の暴利に怒り、庄屋《しょうや》の罷免《ひめん》を訴えて蜂起するという騒動が起きている。禁止令発令ののちも、二月には陸奥白川郡《しらかわぐん》の幕領で、年貢延納を求める強訴が起こり、七月には甲斐八代郡《やつしろぐん》の農民二万人による名主《なぬし》宅打ちこわし騒動が起きている。これは新たな運上金に反対してのものだった。十月になると、年貢の増米免除を求めて佐渡《さど》の幕領二百六ヶ村の農民らが江戸へ越訴している。

頻発し広域化する騒動の広がりと、それを弾圧しようとする幕府側とのぶつかり合いは、弾圧強化策による幕府の強い意志表明にもかかわらず、しばらく続いたのである。

## 幕府、大坂銅座を廃止　七月

文化思想

**幕**府は、この月、大坂銅座《どうざ》を廃止し、長崎銅座に一本化した。銅座とは、銅の流通統制を図る目的で銅の専売のために設けられた機関である。

大坂銅座は、鋳造《ちゅうぞう》される銅の取引を管理するため、元禄十四年（一七〇一）に大坂銀座の加役《かやく》として同所の中に設置され、正徳二年（一七一二）に一度廃止されたのち、元文三年（一七三八）に再開されていた。この時代、長崎における外国との貿易の決済に用いられていたのは金や銀だった。それゆえ金銀の国外流出を阻止するために、寛文年間（一六六一—七三）あたりからは棹銅《さおどう》（棒状に精錬した銅）などによる代金決済に移行していた。しかし、銅の産出量の減少と銅製品の需要の増大により、貿易に必要な銅の確保が困難となったため、銅の確保と取引の統制のために設けられたのが銅座だった。銅の需要と供給の変動は、江戸時代全般を通じて激しく繰り返されたため、その運営が不安定になり、銅座は廃止と復活とを繰り返しながら、明治維新までもつれ込んでいる。この時廃止された大坂銅座も、十六年後の明和三年（一七六六）には、また復活している。

ところで「銀座」という地名は、東京の銀座が今でも大繁華街としてその名を残しているほど有名だが、「銅座」のほうはどうだろう。大坂（大阪）には「銅座公園」などに名残があるが、長崎の「銅座町」は歓楽街として栄えている。

**【この年の出来事】**

**1・16** 伊予大洲藩の百姓2000余人、庄屋宅を打ちこわし、減免を訴える（内の子騒動）。
**1・20** 幕府、百姓の強訴を厳禁とし、取り締まりを強化。
**1月** 呉服所後藤縫殿助、延喜式の古代染色法を復興。
**1月** 幕府、清国輸出の海産物を長崎俵物一手請方に独占させ、また増産のための諸国廻浦について通達。
**2・25** 幕府、人別改帳の提出について諸国へ通達。
**4・19** 幕府、浅草寺に仁王門再興のため市中托鉢を許可。
**4・23** 桜町上皇歿(31)。
**7・19** 甲斐国八代・山梨郡幕領の百姓、煙草・蚕の新規運上に反対し打ちこわし（米倉騒動）。
**7・25** 幕府、武家従者による異風・不作法取り締まりを指示。

**◉京都町奉行**
**東**
永井尚方（監物・丹波守）
**西**
稲垣正武（出羽守）
**◉大坂城代**
酒井忠用（讃岐守）
**◉大坂町奉行**
**東**
小浜隆品（平右衛門・周防守）
**西**
久松定郷（忠次郎・筑後守）
中山時庸（五郎左衛門・遠江守）
**◉長崎奉行**
安部一信（又四郎・主計頭）
松浦信正（河内守）
**◉若年寄**
本多忠統（伊予守）
板倉勝清（佐渡守）
戸田氏房（淡路守）
堀田正陳（加賀守）
小出英持（信濃守）
小堀政峯（和泉守）
松平忠恒（宮内少輔）
酒井忠休（山城守）

## 「青洞門」が開通

事件災害

大分県中津市にある耶馬渓《やばけい》の、山国川《やまくにがわ》に面してそそり立つ難所に作られたトンネルは、「青洞門《あおのどうもん》」として名高い観光名所である。これが完成したのが、この年である（宝暦十三年（一七六三）という説もある）。

禅海《ぜんかい》という僧が十六年の歳月を費やして掘り続け（これも、一説には三十年）、全長二百二十メートルを完成させたもの。この難所は、川に面した奇峰《きほう》の崖下にあり、通行するには鎖渡しという方法がとられていたが、しばしば足を踏み外して転落する者が出た。そこで禅海が崖の開削《かいさく》を決意したのである。この禅海の行動を、かなりの虚構を交えて感動的に仕立てた小説『恩讐《おんしゅう》の彼方《かなた》に』を書き上げたのが、大正期の作家・菊池寛《きくちかん》。だが実際の作業は、たった一人でノミと槌だけで掘り進んだという感動物語ではなく、托鉢《たくはつ》勧進《かんじん》によって多くの人から浄財《じょうざい》を集め、それを資金として近郷の村々を説得、石工《いしく》を雇って掘削《くっさく》に当たらせたものだった。しかし、この小説のおかげで「青洞門」は観光名所として全国に知られるようになったのだ。

安藤広重が描いた青洞門
（『六十余州名所図会』「豊前・羅漢寺下道」）

なお禅海は、このトンネルの開通後、人は四文、牛馬は八文の通行料を徴収したとされている。日本の「有料道路」の最初である。

## 宗十郎頭巾が流行する

社会世相

「宗十郎頭巾《そうじゅうろうずきん》」と聞いてピンとこなくても、「鞍馬天狗《くらまてんぐ》」の頭巾と言われれば、ある年齢層以上の方々はイメージできるかもしれない。一枚の布で頭部を覆うものだが、額《ひたい》の上に「しころ」と呼ばれる大きな菱形の飾り布がついているのが特徴。その形から「イカ頭巾」の俗称もある。

この「宗十郎頭巾」だが、起源は意外に古く、元文元年（一七三六）に江戸の中村座《なかむらざ》で『梅の由兵衛《うめのよしべえ》』が初演された時に、主役の初代澤村宗十郎《さわむらそうじゅうろう》が考案して着用したのが始まりとされている。初めは「しころ頭巾」と呼ばれていたが、この演目が大当たりとなったため、代々の宗十郎がこの頭巾を着用した芝居をお家芸として受け継ぎ、「宗十郎頭巾」として定着したのだ。口元から顎《あご》を覆う横布部分は、顎の下に引き下げて顔を見せることも可能な作りになっている優れモノである。

その伊達《だて》姿の恰好良さと顔を見せないで済ませられる便利さから、武士の忍び姿や夜間外出用として定着したのは宝暦年間（一七五一―一七六四）あたりと言われている。幕末になり、坂本《さかもと》龍馬《りょうま》も用いたと言われているから、その歴史は長い。

『梅の由兵衛』

**7月** 幕府、大坂両替町の銅座を廃止、諸国産銅を長崎直買い入れとする。
**8・3** 幕府、江戸市中で石灰高騰のため、石灰業者の運上を廃止、自由販売を許可。
**8・10** 幕府、江戸町人の異風扮装を厳禁。
**8・26** 二条城天守に落雷、焼失。
**10月** 佐渡雑太・加茂・羽茂郡幕領206か村の百姓、増米免除などを求め江戸へ越訴。
**11月** 幕府、百姓の苗字帯刀を禁止。
**12・8** 幕府、寺社の富突きを禁止。
**この年** 耶馬渓の「青洞門」が開通。
**この年** 宗十郎頭巾が流行。

# 1751

# 宝暦元年（寛延四年）

## 辛未

天皇▼桃園天皇

将軍▼徳川家重（第九代）

**【主要幕閣】**

**◉老中**
堀田正亮（相模守）
松平武元（右近将監）
本多正珍（伯耆守）
秋元凉朝（但馬守）
酒井忠寄（左衛門尉）
西尾忠尚（隠岐守）

**◉寺社奉行**
大岡忠相（越前守）
青山忠朝（因幡守）
本多忠央（長門守）
松平輝高（右京亮）

**◉勘定奉行**
神尾春央（五郎三郎・若狭守）
松浦信正（河内守）
曲淵英元（豊後守）
遠藤易続（六郎右衛門・伊勢守）
三井良龍（下総守）

**◉江戸町奉行**
**北**
能勢頼一（肥後守）
**南**
山田利延（肥後守）

**◉京都所司代**
松平資訓（豊後守）

### 将軍吉宗の死去により、時代は転換期へ　六月二十日

政治経済

五月の末頃から病《やまい》にかかっていて、快復の兆しの見えなかった将軍吉宗《よしむね》が、六月十九日、ついに危篤《きとく》状態に陥った。懸命の治療も効果なく、翌二十日の午前六時頃、江戸城西の丸にて死去。六十八歳だった。

吉宗は、徳川二百六十五年の歴史のちょうど半ばの時代を、三十余年という長きにわたって将軍職を全《まっと》うした。緩みかかった幕府に緊張感を与え、幕府中興の人物、と讃《たた》えられる名将軍だった。その政策は、享保の改革として有名。緊縮が中心の財政政策で、多くの反撥も生んだが、強い指導力で切り抜け、様々な実績を残していることは、これまでに見てきた通りである。その背景には慣例を破る様々な抜擢《ばってき》人事という勇気ある行動があったことも忘れてはならないだろう。その最たるものが、江戸町奉行への大岡忠相《おおおかただすけ》の起用だった。大岡忠相は、町火消「いろは四十七組」の結成、小石川養生所の設置、米価の引き上げ政策や金銀相場安定化のための貨幣政策などで、大いに吉宗のために尽くした。

吉宗の葬儀は七月十日に盛大に行なわれ、遺骸《いがい》は上野の寛永寺《かんえいじ》に葬られたが、葬儀の陣頭指揮を執ったのも大岡忠相だった。葬儀を無事に済ませ一段落ついたのち、忠相は、この年の十二月に、吉宗のあとを追うように死去している。七十五年の生涯だった。

### 三河岡崎藩主、藩政改革に破れた末に家臣によって座敷牢に　十一月十一日

文化思想

徳川家康《いえやす》ゆかりの三河岡崎藩《みかわおかざきはん》の藩主水野忠辰《みずのただとき》が、この日、生母の墓参りに行くために出発したところ、待ち受けていた重臣たちに囲まれ、打刀脇差《うちがたなわきざし》を取り上げられて座敷牢《ざしきろう》に押し込められた。家臣たちの謀反《むほん》ともいえるこの事件の背景は、以下のようなものだった。

忠辰が藩主となったのは、元文二年（一七三七）のこと。忠辰は藩財政の危機的状態を克服するために、まず倹約《けんやく》を奨励。これは、吉宗による享保の改革以来の倹約政策がすっかり浸透していたので、それほど抵抗はなかった。しかし、それに加えて忠辰は、自ら研鑽《けんさん》を積んだ儒教《じゅきょう》を政治に生かそうと、藩の旧弊刷新《きゅうへいさっしん》に手を染め始めた。その推進のために側近を重用する人事を断行、次々に家老ら、先代からの重臣を罷免《ひめん》した。

それ以来、反撥した家臣たちとの一触即発の緊張状態が続き、結局、忠辰の改革人事は頓挫《とんざ》。側近の解任と旧重臣たちの返り咲きを認めるという屈辱の結果となってしまった。それ以来、すっかり気概を失った忠辰は、放蕩三昧《ほうとうざんまい》の荒れた生活を送るようになった。それを諫《いさ》めようと、家臣たちが起こした行動だったのだ。忠辰は、翌年八月、失意の内に世を去っている。性急過ぎた改革とも、時代的に早過ぎた政策だったともいわれている。

**【この年の出来事】**

**1月** 信濃善光寺で火災、方丈・坊舎など焼失。
**2・29** 京都で大地震。
**3・29** 庄内藩酒田で大火。2400余戸・米10万俵焼失（豊後火事）。
**4・26** 越後で大地震。高田城破損し、家屋多数倒壊。
**6・20** 大御所徳川吉宗歿（68）。
**閏6・10** 上野寛永寺で吉宗の葬儀が行なわれる。
**閏6・29** 吉宗に正一位太政大臣の官位と有徳院の諡号が贈られる。
**7・9** 幕府、吉宗死去に伴う鳴物停止の解除を布告。
**7・18** 田沼意次、側用取次に就任。
**7・19** 幕府、旅人宿以外での旅人の宿泊を禁止。
**7・28** 江戸大伝馬町組木綿問屋、入津の木綿独占をねらい白子組木綿問屋を提訴。
**8・4** 荷田在満歿（46）。
**8・8** 信濃松代藩72か

**◉京都町奉行**
**東** 永井尚方（監物・丹波守）
**西** 稲垣正武（出羽守）

**◉大坂城代**
酒井忠用（讃岐守）

**◉大坂町奉行**
**東** 小浜隆品（平右衛門・周防守）
**西** 中山時庸（遠江守）

**◉長崎奉行**
安部一信（又四郎・主計頭）
松浦信正（河内守）
菅沼定秀（新三郎）

**◉若年寄**
板倉勝清（佐渡守）
戸田氏房（淡路守）
堀田正陳（加賀守）
小出英持（信濃守）
小堀政峯（和泉守）
松平忠恒（宮内少輔）
酒井忠休（山城守）

## 越後高田で大地震が発生　四月二十六日

事件災害

この日の午前二時頃、マグニチュード七～七・四と推定される内陸直下型の大地震が、越後高田《えちごたかだ》（現、新潟県上越市）一帯を襲った。至るところの地面から泥水が噴出したと伝えられているから、今日の表現でいう液状化《えきじょうか》が広範囲にわたって起きたと思われる。被害は高田城《たかだじょう》や侍《さむらい》屋敷《やしき》にも及び、城下町方面では火災も発生した。

しかし、この事態に対する藩の対応は素早かった。江戸への報告に監察官である目付《めつけ》を走らせる一方で、城下町の被害調査に直ちに着手し、罹災者《りさいしゃ》への粥《かゆ》の炊き出しも開始した。ところが翌二十七日早朝にも大きな余震が発生。海岸沿いの村に海からの津波と山からの土石流が押し寄せ、さらに各地で山崩れも起きるという事態になり、その後も余震が繰り返し起きたため、藩内各所からの被害情報は混乱を極めた。それでも二十七日には早々と藩からの復興資金貸与が開始された。被害家屋は一万六千戸、死者は千五百人を超えた。

迅速な復興資金の貸与は称賛されるべきだが、家臣、農民、町人との間にはかなりの格差が設けられたという。また、城郭《じょうかく》と侍屋敷の改修に約八割の巨費が投じられ、残りわずかが農民・町人に割り当てられるなど、身分格差が厳然としてあったことも事実だった。

## 吉原に「女芸者」が出始める

社会世相

吉《よし》原《わら》は、江戸初期の元和三年（一六一七）に幕府より公認されて以来、途中に移転などがあったものの、遊《ゆう》女《じょ》の町として栄えていた。遊びの座を取り持って盛り上げるのは、幇間《ほうかん》と呼ばれる男芸者の仕事だった。幇間は「たいこもち」とも呼ばれ、宴席になくてはならない存在である。この吉原芸者の仕事を、女も行なうようになったのが宝暦年間（一七五一—六四）だった。遊女が前帯なのに対して、芸者は後ろ帯と定められ、身分も扱われ方も異なっていた。

女芸者は吉原遊廓《ゆうかく》内に住み、外出には事前の許可が必要だったが、そうした制度が確立するのも、諸説あるが宝暦年間の末頃とされている。女芸者はその後も増加して、百年後の幕末には、その登録数は三百五十人近くとなり、男芸者は三十人程度まで減ってしまった。

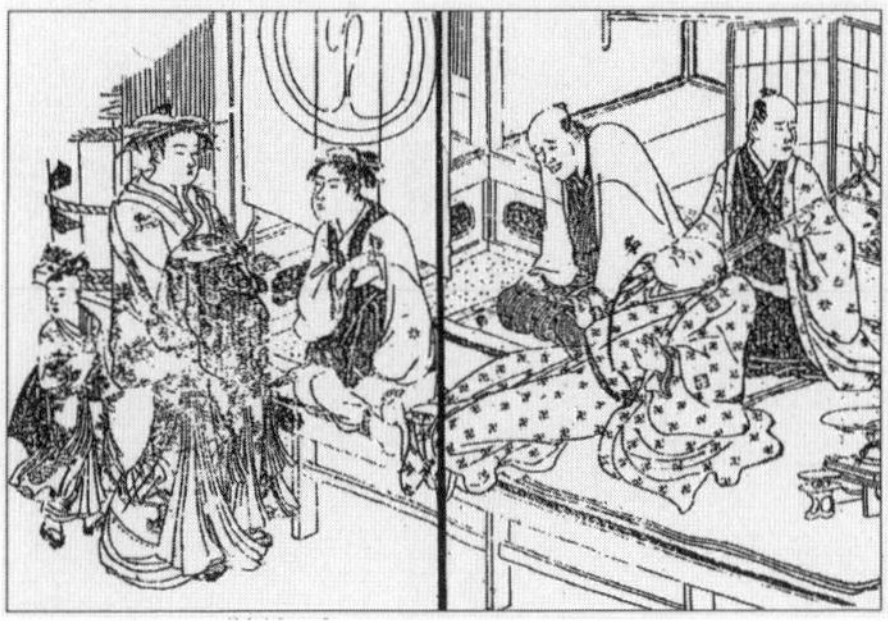

男芸者（右）
（『色男其所此処』）

女芸者（左）
（『廿四孝安売請合』）

村の百姓、年貢増徴に反対し強訴（田村騒動）。
**10・2** 幕府、農作のため、代官に租税増徴を指示。
**10・13** 幕府、江戸の定火消15組を10組へ削減。
**10・27** 吉宗死去などにより宝暦に改元。
**11・2** 大岡忠相、病気を理由に寺社奉行を辞職。
**11・11** 三河岡崎藩主水野忠辰、藩政改革に失敗したとして、家老らにより江戸藩邸の座敷牢へ幽閉。
**12・7** 側衆大岡忠光、5000石の加増を受け大名に列せられる。
**12・19** 大岡忠相歿(75)。
**このころ** 吉原に女芸者が出始める。

# 1752 宝暦二年

## 壬申

天皇▼桃園天皇

将軍▼徳川家重（第九代）

**【主要幕閣】**

**◉老中**
堀田正亮（相模守）
松平武元（右近将監）
本多正珍（伯耆守）
秋元凉朝（但馬守）
酒井忠寄（左衛門尉）
西尾忠尚（隠岐守）

**◉寺社奉行**
青山忠朝（因幡守）
本多忠央（長門寺）
松平輝高（右京亮）
鳥居忠意（伊賀守）

**◉勘定奉行**
神尾春央（五郎三郎・若狭守）
松浦信正（河内守）
曲淵英元（豊後守）
永井尚方（丹波守）
一色政沆（周防守）

**◉江戸町奉行**
**北**
能勢頼一（肥後守）
**南**
山田利延（肥後守）

**◉京都所司代**
松平資訓（豊後守）
酒井忠用（讃岐守）

### 琉球使節が参府し、将軍家重が謁見する　十二月十五日

政治経済

琉《りゅう》球《きゅう》からの使節団が薩摩藩士《さつまはんし》とともに、幕府への「江《え》戸上《のぼ》り」と呼ばれる参府《さんぷ》を行なった。琉球は事実上、薩摩藩の支配下に置かれており、その琉球王朝の使節団を薩摩藩が引率しての大掛かりな江戸上りは、薩摩藩側の思惑によるものだった。琉球王の使者として、今帰仁《なきじん》王子を筆頭とする総勢百数十人を迎える幕府側は大変だった。幕府の諸役人が江戸城に続々と集められ、全員が長袴《ながばかま》の正装で出迎えた。

朝貢《ちょうこう》使節を迎えるこの騒ぎの背景にあったのは、幕府と薩摩藩との確執だった。幕府との関係に対する薩摩藩側の様々な思惑と、幕府の体面保持への腐心とが生んだ壮大な行事だったのだ。使節の通行路の確保、通行後の清掃・補修だけでも、幕府の威厳を保つための様々な配慮に相当の経費が費された。琉球王の贈り物は儀礼の太刀や馬代銀《ばだいぎん》、そして沖縄名産の泡盛《あわもり》、芭蕉布《ばしょうふ》、久米《くめ》錦などだった。

なお、九代家重《いえしげ》への拝謁《はいえつ》に先だって、以下のエピソードも残っている。それは江戸に到着した一行のために、日本橋の呉服問屋・白木屋《しろきや》が臨時休業して彼らの旅の疲れをねぎらって歓待した、というもの。得意先に対する接待の一環だったわけだが、以後、琉球と白木屋の関係はますます深くなったという。白木屋は、明治維新以降も日本橋で三《み》越《こし》、高島屋《たかしまや》と並び、覇を競う百貨店となっていった。

明和元年の慶賀使の様子を描いた『琉球中山王使者登城行列図』上下２巻

### 尾張藩の地誌『張州府志』が完成　二月

文化思想

尾《お》張《わり》藩主の徳川宗勝《とくがわむねかつ》の命によって編纂が進められていた藩撰《はんせん》地誌《ちし》『張州府志《ちょうしゅうふし》』が、この月、完成した。尾張藩の儒学者の松平君山《まつだいらくんざん》が、千村伯済《ちむらはくさい》らとともに完成させたもので、三十一巻二十六冊から成っている。内容は、尾張八郡を愛知・春日井《かすがい》・丹羽《にわ》・葉栗《はぐり》・中島・海東《かいとう》・海《かい》西《さい》・知多《ちた》の順に並べ、名古屋・熱田《あつた》・清洲《きよす》・津島《つしま》の四都市は「府城志」として別項目を立ててそれぞれの所属郡の冒頭に置くなど、中国の史書を手本とした緻密《ちみつ》な構成と配列が目を引く優れた地誌だった。そして、十分な実地踏査に基づいていることもあり、かつ記述が正確なことから、このの ちの各藩の地誌編纂の規範として高く評価されてい

**【この年の出来事】**

**1月** 山本静観房好阿『当世下手談義』刊行。評判となり、談義本の流行始まる。
**1月** 江戸中村座『女鳴神』で初の血のり使用。
**1・25** 幕府、紋尽し・人形などを用いた賭博行為を禁止。
**1・29** 幕府、火災の際の騎馬による見物を禁止。
**2・15** 幕府、勘定奉行の長崎奉行兼任を廃止。
**2月** 尾張藩地誌『張州府志』完成。
**4・19** 幕府、上野黒門町牡丹屋太右衛門に吉野・熊野産の和人参販売を許可。
**6・20** 幕府、上野池之端の茶屋59軒に引払いを命じる。
**7・2** 幕府、金銀を改鋳するとの風説の取締りを指示。
**7・27** 熊本藩、用人堀勝名を大奉行に任命、藩政改革を開始。
**7月** 吉田藩、藩校「時

**◉京都町奉行**
**東**
永井尚方（監物・丹波守）
土屋正方（長三郎・越前守）
**西**
稲垣正武（出羽守）

**◉大坂城代**
酒井忠用（讃岐守）
松平輝高（右京亮・右京大夫）

**◉大坂町奉行**
**東**
小浜隆品（平右衛門・周防守）
**西**
中山時庸（遠江守）

**◉長崎奉行**
松浦信正（河内守）
菅沼定秀（新三郎）
大橋親義（五左衛門）

**◉若年寄**
板倉勝清（佐渡守）
戸田氏房（淡路守）
小出英持（信濃守）
松平忠恒（宮内少輔）
酒井忠休（山城守）

った。

この労作の中心となった松平君山は、二十八歳で尾張藩馬廻組《うままわりぐみ》に二百五十石で配属され、その後、五十歳を前にして書物奉行に任じられた逸材。ほとんど独学で博識を称賛されるようになった人物で、君山学派といわれるほど多くの門弟を輩出した。五十代半ばで『張州府志』を完成させたあとも、書物奉行としての仕事を八十四歳まで続けている。

## 幕府、上野池之端の茶屋を強制移転させる　六月二十日

事件災害

江戸の上野池之端《うえのいけのはた》と呼ばれる不忍池《しのばずのいけ》の周辺は、この頃になると茶屋が増え続け、狭い地域にその数、五十九軒にまで膨らんだ。それらの茶屋では総勢三百六十余人の売女を抱えていたといわれている。彼女たちは風紀を乱すばかりか、あたりかまわず汚物を捨てるので、池の水が汚れて腐敗し始め、蓮《はす》は枯れて多くの鯉《こい》や鮒《ふな》が死んだ。

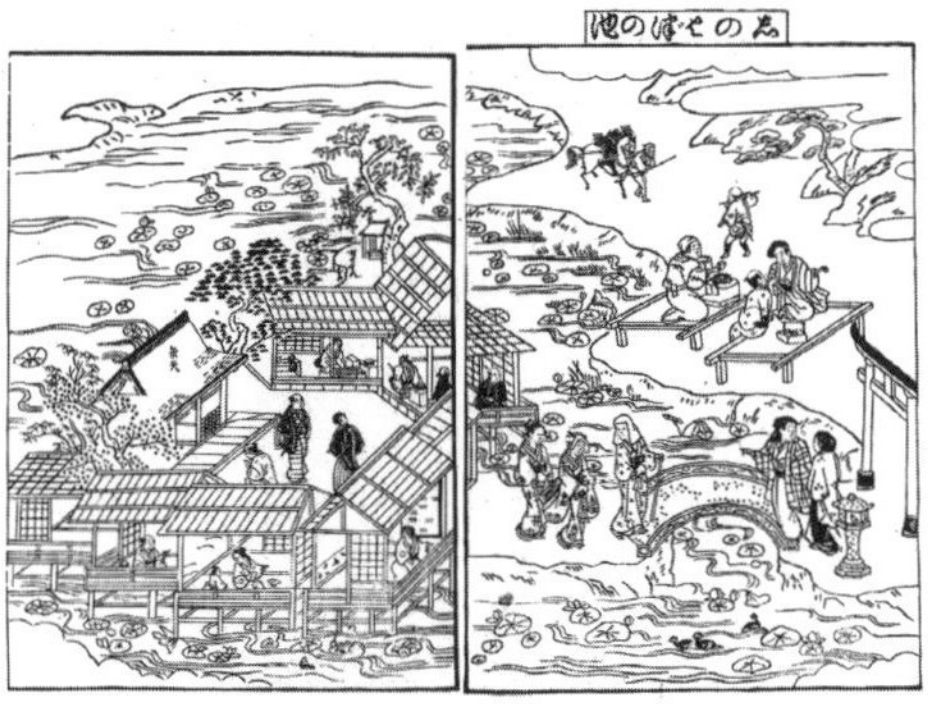

不忍池（『絵本江戸土産』）

そこで、この日、幕府はついに全ての茶屋に引き払いを命じた。強制撤去といってよい強行措置だった。この時、茶屋だけではなく、そのほかの家々も同時に移転させた。というのも、この池之端は、五年ほど前に不忍池畔の仲町《なかちょう》から茅町《かやちょう》寄りに堤を新たに設けていたもので、そこに人々が集まって住みついていたのだ。全ての家屋を追い払ったのち、幕府側は一度造成した土堤も取り壊してしまった。根絶やしである。この処置が当時の落首《らくしゅ》で、次のように皮肉られている。

「忍ばずに　はれて住むぞと思いしに
　いずくへなりと池（行け）の端とは」

## 上方喜劇の起源とされる「にわか」が、大坂の祭礼で流行

社会世相

この年頃から大坂の社寺の祭礼で、のちに「にわか」と呼ばれる滑稽芸《こっけいげい》が奉納されて流行し、各地の祭りを賑わすようになった。「にわか」は「俄」「仁輪加」などと書かれることもある。一種の即興芸で、観客の意表をつくことから「だしぬけ」「突然」といった意味で「にわか」と呼ばれた。

祭礼に参加した町人たちの中から生まれた素人芸で、機知に富んだり、頓知《とんち》の利いた芸で瞬間的に笑いを取るものだったが、次第に職業として定着していった。祭礼での神社の境内などから往来へと飛び出して大道芸となったり、あるいは酒席での座敷芸として続いて、やがて小屋掛け興行を正式に行なうようになっていった。

「にわか」は、京都や江戸の廓《くるわ》などでも、座を寛《くつろ》がせる芸として続いていたが、芸能として花開かせたのは大坂の庶民パワーだった。明治維新以後も話芸の一つとして続き、大正時代に曾我廼家《そがのや》などの大阪喜劇へと繋がっていった。今では、大阪喜劇のルーツといわれるまでになっている。

習館」を創設。
**8・8**　幕府、東国33か国に適正な秤の使用を命じ、西国通用秤との混用を禁止。
**8・11**　幕府、会津蠟の密売を禁止。
**8・24**　木村梅軒歿(52)。
**9月**　江戸から丹波・美作・備後各国間の飛脚定便開始。
**11・24**　朝廷、京都所司代への情報漏洩の罪により、参議清水谷季家を処罰。
**11月**　京都町奉行、諸職人・商人による受領名・位階の乱用を禁止。
**12・15**　琉球の謝恩師、将軍家重に拝謁。
**12・20**　江戸から陸奥国福島間の飛脚定便開始。
**この年**　大坂の社寺の祭礼で「にわか」が流行。

# 1753 宝暦三年

癸酉

天皇▼桃園天皇

将軍▼徳川家重（第九代）

【主要幕閣】

◉老中
堀田正亮（相模守）
松平武元（右近将監）
本多正珍（伯耆守）
秋元凉朝（但馬守）
酒井忠寄（左衛門尉）
西尾忠尚（隠岐守）

◉寺社奉行
青山忠朝（因幡守）
本多忠央（長門守）
鳥居忠意（伊賀守）
井上正経（河内守）

◉勘定奉行
神尾春央（五郎三郎・若狭守）
松浦信正（河内守）
曲淵英元（豊後守）
永井尚方（丹波守）
一色政沆（周防守）
松平忠陸（帯刀・玄蕃頭）
大井満英（伊勢守）

◉江戸町奉行
北
能勢頼一（肥後守）
依田政次（和泉守）
南
山田利延（肥後守）
土屋正方（越前守）

## 各藩の商人からの借金が次々に表面化　一月

政治経済

江戸時代も中期にもなると、各藩の財政危機が次第に表面化するようになった。陣取り合戦が終わって領地が固定化したのちの、藩政運営の方法が確立していなかったからである。多くの藩で、大坂や江戸の商人からの借金が恒常化し、返済不能に近づくなど、問題が表面化するようになってきた。以下に例を挙げてみる。

一月十一日、津軽《つがる》藩では、乳井市郎左衛門《にゅういいちろうざえもん》という経済学者が、勘定奉行に大抜擢された。これは、藩財政の立て直しという緊急の任務を遂行するにあたって最適の人材との世評があったからだ。津軽藩は大坂の商人をはじめとして、様々な商人から総額三十五万両以上もの莫大な借金を抱えていた。着任した乳井は、返済の繰り延《くの》べ要請はもちろんのこと、領内での商い場所の制限、物資運送での領内商人登用義務など、領外への資金の流出を減らす強硬策を次々と遂行した。一時は効果を上げたが、二年後の東北大凶作で再び財政が悪化。改革徹底のための独裁色の強まりによって反撥《はんぱつ》を招き、結局、五年後に失脚してしまった。

一方、会津《あいづ》藩では一月二十五日に、三十六万両余りにまで膨れ上がった借財の返済計画の策定を、江戸商人の海保《かいほ》半兵衛《はんべえ》らに依頼する事態が起きている。こうした出来事は氷山の一角で、各藩財政の大商人への依存傾向はひどくなるばかりだった。

## 江戸中村座で歌舞伎『京鹿子娘道成寺』が初演される　三月

文化思想

江戸堺町の中村座《なかむらざ》で、今日まで伝わる歌舞伎舞踊の名作『京鹿子娘道成寺《きょうかのこむすめどうじょうじ》』が、この月、初演された（宝暦二年に京都で同題の舞踊が演じられたという説もあるが、現在に直接つながるのが、この中村座公演であることに変わりはない）。振付《ふりつけ》は中村伝次郎《でんじろう》、演じたのは初代中村富十郎《とみじゅうろう》。江戸中村座の『男伊達初買曾我《おとこだてはつかいそが》』の三番目に『京鹿子娘道成寺』の外題《げだい》で上演された。能の『道成寺』に基づいており、筋書きも同じだが、清姫《きよひめ》の化身《けしん》である大蛇に鐘を焼かれたという経緯を借りただけで、一時間近くの長時間を一人で踊り続ける華麗な舞と、その芸の高度さに感嘆した観客によって大評判となり、六月半ばまでのロングラン公演となった。以来、歌舞伎舞踊の頂点を成す作品の一つとして定着した。

『京鹿子娘道成寺』

【この年の出来事】

**1・11**　乳井市郎左衛門、津軽藩勘定奉行に就任。藩政改革に着手。

**1・25**　会津藩、借財36万両の返済について海保半兵衛・田畑源兵衛に対策を依頼。

**2・4**　幕府、勘定奉行・勘定吟味役の職務について規定。

**2・23**　勘定奉行松浦信正、長崎奉行兼任時の不正により小普請に更迭。

**2・28**　福山藩の百姓2万余人、御用銀賦課などに反対して強訴。

**3月**　初代中村富十郎、『京鹿子娘道成寺』を江戸中村座で初演。

**4・27**　幕府、佐渡代官を創設。

**4・29**　幕府、万石以上の諸大名に備荒米の貯蔵を指示。

**4月**　全国で麻疹流行。9月まで続き死者多数。

**6・26**　江戸市中で麻疹流行。はしか神送りと称して太鼓叩き・屋台引き・

**◉京都所司代**
酒井忠用（讃岐守）

**◉京都町奉行**
**東**
土屋正方（長三郎・越前守）
小林春郷（伊予守）
**西**
稲垣正武（出羽守）

**◉大坂城代**
松平輝高（右京大夫）

**◉大坂町奉行**
**東**
小浜隆品（平右衛門・周防守）
**西**
中山時庸（遠江守）

**◉長崎奉行**
菅沼定秀（新三郎）
大橋親義（五左衛門）

**◉若年寄**
板倉勝清（佐渡守）
戸田氏房（淡路守）
小出英持（信濃守）
松平忠恒（宮内少輔）
酒井忠休（山城守）

し、初演以後多くの名優たちによって受け継がれた。現在では、七代目尾上菊五郎《おのえきくごろう》、十八代目中村勘三郎《かんざぶろう》、四代目坂《さか》田藤十郎《たとうじゅうろう》、五代目坂東玉三郎《ばんどうたまさぶろう》が得意としている。

## 家督相続の新しいルールが作られる

事件災害

**妾**《しょう》腹《ふく》に男子が先に生まれていて、その後に本妻《ほんさい》にも男子が生まれた場合の新ルールが作られた。その場合、本妻の子を兄として扱い、妾腹の子を次男にすることは構わないというものだ。つまり、年齢的には兄弟間で逆転してしまうが、本妻の子、すなわち長男に世継ぎの子がなければ、腹違いの弟に家督相続させることも認めるというもの。さらに、伯父の血縁者が入って、宗家《そうけ》を継ぐことは差し支えないともした。

これらは、長く泰平《たいへい》の世が続くことで、世継ぎ、家督相続といった問題が浮上してきたことと関連していた。戦乱の世から泰平の世への移行は、築き上げた家名や財産を守っていこうとする保守性へと、社会を傾斜させていたのである。

そのような時代だったからか、江戸の町では前年、火事場の野次馬禁止令が布告されるといった珍事も起こっている。「近ごろ火災あるとき、そのさま見んばかりにまかる者多く、馬に乗りて出るよし聞こゆ」と、幕府の正史である『徳川実紀《とくがわじっき》』にも記されている。馬に乗ってまで、火事場見物に行く者がいるようだが、それはよくないというわけだ。平和ボケといった世相を表すエピソードである。

## 関西の醤油に対抗し、関東の醤油が結束を強める

社会世相

**醤**《しょう》油《ゆ》といえば関西の物に限るという風潮は、江戸の町が人々で賑《にぎ》わいを増しても、長い間変わらなかった。その流れが大きく変化したのがこの年である。

実は関東の醤油醸造《じょうぞう》は、関西から技術が伝えられ、十七世紀の半ば頃には、すでに銚子《ちょうし》を中心に始まっていた。銚子は、漁師相手の漁具の仲買人《なかがいにん》を中心にした紀伊《きい》方面からの移住者が多く住み着き、その中から醤油醸造へと転換する者が出てきて、次第にその規模を大きくしていた。その銚子で醸造家十一人が、関東地方では初めてという醤油仲間を結成して関西醤油に対抗する結束を図ったのだ。銚子は船による原料の集荷、製品の大消費地である江戸への利根《とね》川系河川を利用した輸送など、地の利を得て順調に発展してきたが、良質な関西醤油に押されて、なかなか本格的な展開ができないでいた。それを打開しようという悲願を込めての結束だった。

これにより、良質な大豆・塩などの材料の調達に拍車が掛かり、徐々に、江戸っ子の口に合う上質な醤油の醸造が軌道に乗ったのである。以後、江戸の町から関西醤油は駆逐されるようになっていった。

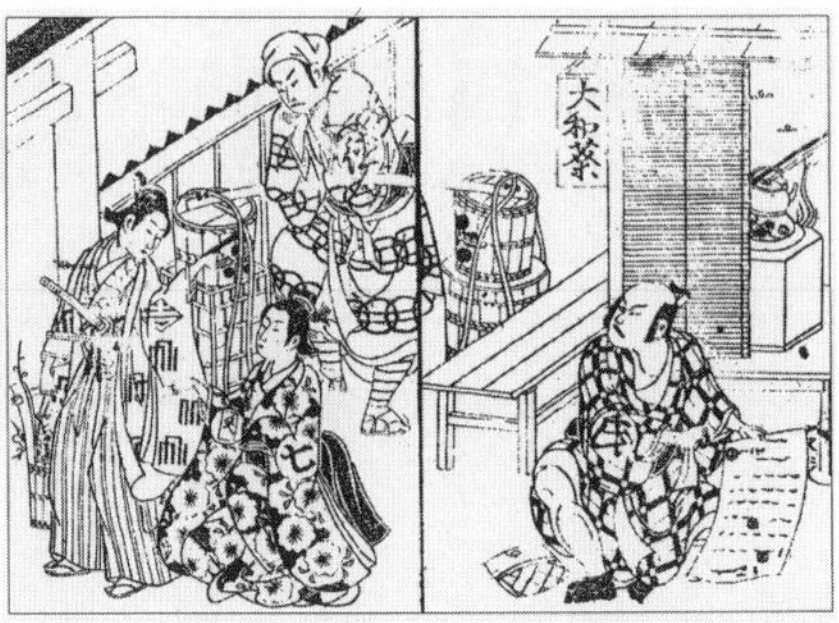
醤油売り（奥）（『初恋松竹梅』）

金銭集めを行なうことが禁止される。
**6月** 幕府、長崎奉行に抜荷取り締まりを厳命。
**8・3** 将軍家重、朝廷に『日本紀略』『弘仁格式』を献上。
**8・24** 幕府、米価下落により諸物価引き下げを指示。
**9・13** 幕府、金銀保有高の調査を実施。
**9月** 幕府、長崎奉行所に目安箱を設置。
**11月** 幕府、銭高騰により銭屋を処罰。
**11月** 大和芝村藩の百姓、年貢減免を求め京都奉行所へ箱訴（芝村騒動）。
**11月** 幕府、奉行が取り扱う公役金はすべて御金蔵に収納するよう規定。
**12・25** 幕府、薩摩藩主島津重年に木曽川改修工事の手伝い普請を命令。
**この年** 銚子で醤油仲間結成。

# 1754 宝暦四年

甲戌

天皇▼桃園天皇

将軍▼徳川家重（第九代）

## 郡上一揆が起きる　八月十日

政治経済

**別**名「宝暦騒動《ほうれきそうどう》」とまで呼ばれるほどの長期にわたって続いた「郡上《ぐじょう》一揆」が、この日、起きた。終結を見たのは、それから四年以上も経《た》った宝暦八年（一七五八）十月のことだ。農民たちが総力を結集したといっても過言ではないこの騒動は、次のような経緯で起きた。

美濃郡上藩の藩主金森頼錦《かなもりよりかね》が、藩財政の悪化を理由に、年貢の算定法をそれまでの定免法《じょうめんほう》から、実際の収穫高によって決める検見法《けみほう》に変更したことが、騒動の発端だった。実際にはこれは増税となるとして、宝暦四年七月、この新しい年貢制度に反対する農民たちは、まず、嘆願書を作って藩に差し入れた。次いで八月、庄屋《しょうや》を中心とした代表たちが集まって連判状《れんぱんじょう》を作って団結、藩に対して検見取りの中止を願い出た。さらに、数千人といわれる農民たちが藩の役所に押し掛け、「十六ヶ条の願書」を差し出す強訴《ごうそ》を行なうに至った。そののちも、藩では願いを聞き入れるとしては覆すなど、たびたびの失態を繰り返し、騒動が長期化、拡大してしまった。この騒動の結果、老中をはじめ要職の者が次々に免職、郡上藩は取り潰しとなった。

数ある百姓一揆中でも最大のものであるとともに、犠牲者は出たものの、結果的に百姓側の勝利ともいえる結末になった、唯一の一揆だった。

## 山脇東洋らによる初の人体解剖が行なわれる　閏二月七日

文化思想

**日**本で初めてとされる屍体《したい》解剖が、この日、京都で行なわれた。男性死刑囚の遺体を検体としたもので、京都六角《ろっかく》の牢獄で、官医の山脇東洋《やまわきとうよう》が、小浜《おばま》藩医の小杉玄《こすぎげん》適《てき》、原松庵、伊藤友信とともに行なったもの。当時、京都所司代《しょしだい》の職には小浜藩主でもあった酒井忠用《さかいただもち》が就いていた。藩医からの働き掛けがあって、京都所司代の許可を得ての実現であったものと推察されている。この頃は、たとえ罪人が相手であっても、死体の「腑《ふ》分《わ》け」（解剖）などは簡単に許されることではなかったのだ。

山脇東洋は、江戸時代に入って中国漢代の実証的医学への復古を主張して生まれた古医方《こいほう》を学んだ人物である。従来の五臓六腑説に疑問を抱き、人体の内部に似ているといわれていた獺《かわうそ》の解剖によって、その俗説が誤りであることを確信していた。それゆえ、是非とも実際に人体を解剖することで、確認したかったのだ。彼らによって、この解剖所見《しょけん》は五年後に纏《まと》められ、『蔵志《ぞうし》』として出版された。杉田玄白《すぎたげんぱく》らによる江戸での人体解剖に先立つこと十七年前のことだった。

## 松前藩が千島列島での交易を開始

事件災害

**蝦《え》**夷《ぞ》（現、北海道）との交易権は、松前《まつまえ》藩が十八世紀初頭から独占していた。藩は、税の一種である運《うん》

【主要幕閣】

◉老中

堀田正亮（相模守）

松平武元（右近将監）

本多正珍（伯耆守）

秋元凉朝（但馬守）

酒井忠寄（左衛門尉）

西尾忠尚（隠岐守）

◉寺社奉行

青山忠朝（因幡守）

本多忠央（長門守）

鳥居忠意（伊賀守）

井上正経（河内守）

◉勘定奉行

曲淵英元（豊後守）

一色政沆（周防守）

松平忠陸（帯刀・玄蕃頭）

大井満英（伊勢守）

大橋親義（近江守）

◉江戸町奉行

北

依田政次（和泉守）

南

土屋正方（越前守）

◉京都所司代

酒井忠用（讃岐守）

◉京都町奉行

【この年の出来事】

**2・13**　幕府、京橋竹川町・南伝馬町の商人に、吉野産和人参の販売を許可。

**2・29**　幕府、諸大名に対し、1万石あたり籾1000俵の備蓄を指示。

**閏2・7**　山脇東洋・小杉玄適ら、初めて受刑者の死体を解剖。

**3・1**　大岡忠光、若年寄に就任。

**3・19**　久留米藩の百姓数万人、人別銀の廃止などを求め強訴（久留米騒動）。

**4月**　十組問屋、菱垣廻船の船積規約を改正。

**5・2**　幕府、寺院への華美な行列での寄進を禁止。

**5・15**　幕府、御用達町人の拝領屋敷の調査を実施。

**5・16**　幕府、家主に無札の日傭人取り締まりを指示。

**7・1**　幕府、朝鮮飢饉により、対馬藩主宗義蕃

**東**
小林春郷（伊予守）
**西**
稲垣正武（出羽守）
**◉大坂城代**
松平輝高（右京大夫）
**◉大坂町奉行**
**東**
小浜隆品（平右衛門・周防守）
細井勝為（佐次右衛門・安芸守）
**西**
中山時庸（遠江守）
**◉長崎奉行**
菅沼定秀（新三郎）
大橋親義（五左衛門）
坪内定央（権之助）
**◉若年寄**
板倉勝清（佐渡守）
戸田氏房（淡路守）
小出英持（信濃守）
松平忠恒（宮内少輔）
酒井忠休（山城守）
大岡忠光（出雲守）

上金《じょうきん》の上納と引き換えに、商人たちに知行地《ちぎょうち》の経営権を与えていた。知行地の経営権とは、その地域に住むアイヌ民族と交易する権利のこと。松前藩が藩財政の危機を克服しようとして採用した方策だった。具体的には一場所五十両から百両で、三年契約というものだった。

この権利を買っていたのは主に近江《おうみ》商人たちで、彼らは、蝦夷の豊富な水産資源を、北前船《きたまえぶね》で日本海廻《まわ》りに京都・大坂へと運んでいた。商人たちの要望は次第にエスカレートし、資源を求めて「場所」は北進を繰り返し、この年、ついに国後島《くなしりとう》での「場所」開設となった。これによって、松前藩の蝦夷支配は、納沙布《のさっぷ》岬を越えて海を渡り、千島《ちしま》列島へと足を踏み入れていった。

## 幕府、貞享暦に代わる新しい暦の採用を決める　十月十九日

社会世相

幕府は、これまでの暦《こよみ》を廃止し、この日、翌年から新しい暦を採用するとの触《ふ》れを出した。世にいう「宝《ほう》暦暦《りゃくれき》」である（正式には、この年の年号と干支《えと》を採って「宝《ほう》暦甲戌元暦《りゃくこうじゅつげんれき》」と命名されている）。

それまで使用されていた暦は、中国元《げん》代の暦を研究して、数学者の渋川春海《しぶかわはるみ》が独自に作成したものだった。「和算《わさん》」と呼ばれる日本の数学の成果で、貞享《じょうきょう》元年（一六八四）から用いられていたので「貞享暦」の名がある。しかし、この暦に次第に誤差が目立つようになったことから、新暦の作成作業が、八代吉宗《よしむね》の命によって進められていた。そのため、西洋の暦書の中国語訳書の研究や、西洋の観測機器を取り入れた観測が継続していた。こうした入念な準備を積み上げた上での新しい暦の作成だったのだ。「宝暦暦」は宝暦十三年の日食《にっしょく》の予報に失敗して修正が加えられたものの、寛政九年（一七九七）まで用いられている。

この新しい暦の作成には、渋川春海の子孫の渋川光洪《みつひろ》が加わっていたと伝えられている。

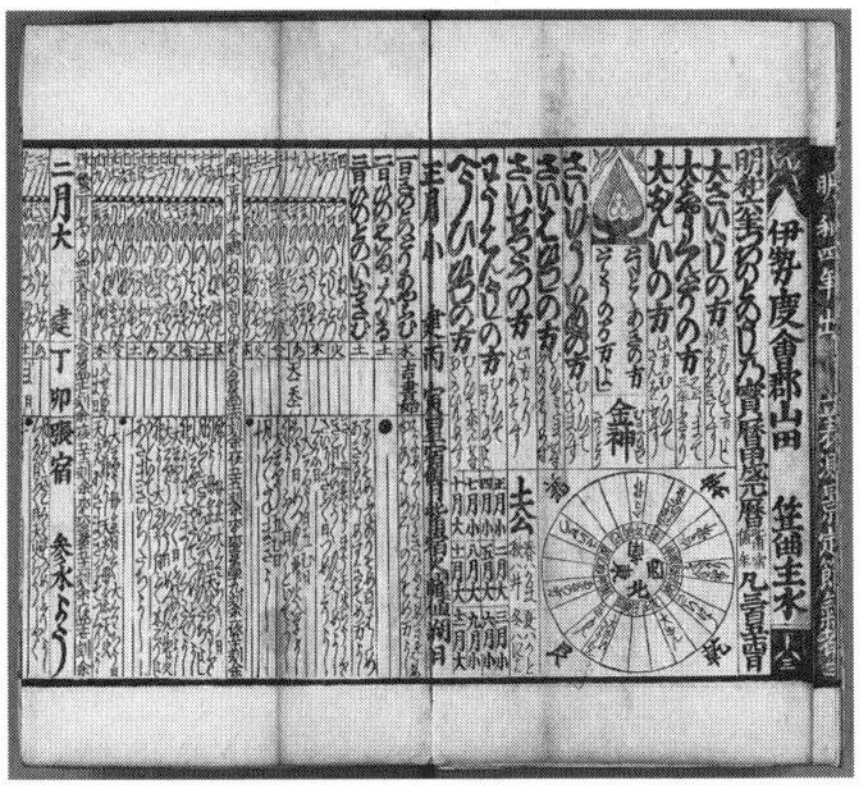
明和６年の宝暦暦の伊勢暦（『古暦帖』）

暦を売る本屋（『長生見度記』）

に3年間金1万両ずつを与え、救済を指示。

**8・10**　美濃郡上藩の百姓、制度変更に伴う増税に反対し強訴。老中・代官らが免職となる（宝暦郡上一揆）。

**10・10**　幕府、町触の徹底を励行、町触を知らない者に対する処罰を規定。

**10・19**　幕府、宝暦暦の採用を決定。11月15日に制定、翌年施行。

**11・22**　幕府、酒造制限令を撤廃、元禄10年の酒造米定額までの勝手造りを許可。

**11月**　信濃国佐久郡21か村で強訴。

**12・10**　幕府、徳川家治の婚礼祝いとして御能拝見を許可。各町へ銭を支給。

**この年**　松前藩、千島列島での交易を開始。

# 1755 宝暦五年

乙亥

天皇▼桃園天皇

将軍▼徳川家重（第九代）

## 冷害による大凶作が奥羽地方を襲う

政治経済

この年、冷害による大凶作が奥羽《おうう》地方を広範に襲い、各地で大きな被害を生んだ。その被害規模は、仙台藩で五十四万石分、津軽《つがる》藩で十六万石分、米沢《よねざわ》藩でも七万五千石分に達したという。

この時代はもともと、どこの藩も深刻な財政難に陥っていたため、有効な救済措置を取ることができず、多くの領民が飢餓《きが》に苦しんだ。南部《なんぶ》藩では五万人が餓死したともいわれ、久保田（秋田）藩では廻船《かいせん》への米の積み込みそのものを禁じ、領内に穀物を留め置こうと窮余《きゅうよ》の策に出たが、それでも領民《りょうみん》の口へは満足に入らず、多くの餓死者が発生した。

各藩はそれぞれ幕府に窮状を報告したが、その被害の広範なことから有効な手立てが受けられず、食糧を求める農民らによって商家の蔵を襲う打ちこわしが、米沢藩、山形《やまがた》藩、仙台藩を中心に、いたるところで起こった。米沢の騒動は九月十日。それに続いて山形、さらに十月二十二日には天童《てんどう》でも打ちこわしが起こった。

この冷害凶作は、北陸の加賀《かが》藩にまで及び、同藩の被害規模は八十三万石分にものぼる巨額なものとなっていたのである。

## 安藤昌益の幻の書『自然真営道』の総論部分が完成　二月

文化思想

身分制社会を否定する平等主義を、この時代にいち早く説いた在野の思想家・安藤昌益《あんどうしょうえき》の『自然真営道《しぜんしんえいどう》大序』全一巻が、この月、刊行された。これは、未出版で終わった『自然真営道　本論』全百巻に先立つ「総論」に当たるもので、宝暦二年に刊行された三巻から成る要約本の思索を大幅に深めたものだった。

昌益の思想は、人が作った法や制度によって人が人を差別し支配する現実社会を否定し、それを根底から支えている全ての学問や宗教を攻撃するというもの。昌益が追求したのは、徹底して差別のない平等社会であり、全ての人が生産に従事して自給自足できるという、自然のままに生きる社会を理想とした。これは、原始共産主義とも通じる思想で、封建制度への痛烈な批判という、この時代にあっては異端の存在だった。長い間、広く世に知られることはなかったが、その先駆性が、明治・大正期に一気に評価され、国際的にも関心を呼ぶ存在となったのである。

## 下総古河藩の城下に「薬水が出る」との風説が広まる　四月

事件災害

下《しも》総古河《うさこが》城下の思案《しあん》橋という橋の辺りの湧《わ》き水が弘法《こうぼう》大師《だいし》の御利益《ごりやく》による薬水《くすりみず》だという風説が、この月、一気に広まった。近在の町や村はもちろん、江戸市中からも、その「弘法利生水《こうぼうりしょうすい》」を求めて多くの人々が押し寄せた。

**【主要幕閣】**

**◉老中**
堀田正亮（相模守）
松平武元（右近将監）
本多正珍（伯耆守）
秋元凉朝（但馬守）
酒井忠寄（左衛門尉）
西尾忠尚（隠岐守）

**◉寺社奉行**
青山忠朝（因幡守）
本多忠央（長門守）
鳥居忠意（伊賀守）
井上正経（河内守）

**◉勘定奉行**
曲淵英元（豊後守）
一色政沆（周防守）
大井満英（伊勢守）
大橋親義（近江守）
中山時庸（遠江守）

**◉江戸町奉行**
**北** 依田政次（和泉守）
**南** 土屋正方（越前守）

**◉京都所司代**
酒井忠用（讃岐守）

**◉京都町奉行**
**東**

**【この年の出来事】**

**1・1** 幕府、宝暦暦を施行。
**1・6** 雨森芳州歿(88)。
**1・7** 熊本藩、藩校「時習館」を創設。
**1・12** 幕府、江戸市中での三毬杖を禁止。
**2・2** 幕府、伊勢国桑名城焼失のため、藩主松平忠刻に1万両を下賜。
**2月** 安藤昌益『自然真営道大序』完成。
**4月** 幕府、年貢徴収額減少のため、諸役所経費を以後3年間にわたり減額。
**4月** 下総古河思案橋辺より、弘法大師の御利益による薬水が湧き出るという俗説が広まる。
**5月** 幕府、農民一揆鎮圧令を発布。
**6・28** 川上不白、江戸へ下り江戸千家を開く。
**6・28** 幕府、新規召し出し・昇格の旗本の養子制限を緩和。
**7・1** 幕府、朝鮮貿易不振のため、対馬藩に以

小林春郷（伊予守）
**西**
稲垣正武（出羽守）
**◉大坂城代**
松平輝高（右京大夫）
**◉大坂町奉行**
**東**
細井勝為（佐次右衛門・安芸守）
**西**
中山時庸（遠江守）
桜井政甫（丹後守）
**◉長崎奉行**
菅沼定秀（新三郎）
坪内定央（権之助）
**◉若年寄**
板倉勝清（佐渡守）
戸田氏房（淡路守）
小出英持（信濃守）
松平忠恒（宮内少輔）
酒井忠休（山城守）
大岡忠光（出雲守）

人々はそれをありがたがって飲用し、身体の悪い部分に注ぎ掛け、竹筒にも詰めて何本も持ち帰った。こうした、いわば参詣《さんけい》客を当て込んでの宿も、あっという間に建ち並び、初めこそ水中へと投げ入れられていた賽銭《さいせん》も、いつの間にか立派な賽銭箱が設けられるようになったという。

世の中に不穏な空気が立ち込め、人々に閉塞《へいそく》感があったからなのか、この風評にさらに尾鰭《おひれ》が付いたものか、石に芽が吹くという噂まで流れて、江戸の町でも霊験《れいげん》あらたかな水を求めての穴掘りをする者が多く現れたが、この奇妙なブームは、翌年になると徐々に終息の方向を見せ始めた。

弘法大師とは、遥か昔に中国に渡り、のち日本に真言密《しんごんみっ》教《きょう》を伝えた空海《くうかい》のことだが、全国を行脚《あんぎゃ》し、その途上、各地で温泉や井戸を発見したという伝説がたくさん残っている。これも、そうした弘法大師像と社会不安とが重なって生まれた風説とされている。

社会世相

## 川上不白が江戸千家を興す 六月二十八日

**京**都へ表千家《おもてせんけ》の茶の湯修行に送られていた川上不白《かわかみふはく》は、江戸へ戻ってから紀伊《きい》藩の茶頭《さどう》としての仕事を続けていたが、この日、江戸神田明神《かんだみょうじん》の境内に蓮華庵《れんげあん》と名づけた茶室を開設。これが、江戸千家の始まりとされる。

不白は、紀伊国の新宮《しんぐう》に生まれ、紀伊藩江戸詰家老・水野《みずの》家の家臣として江戸へ出た。その後、将軍吉宗《よしむね》を戴いた紀伊藩の勢力を背景に、京都へ茶の湯修行に送られた人物である。江戸時代も中期となって、経済・文化の中心も上方《かみがた》から江戸へと動き始めていたこの時期、武家社会や町人社会の中に茶道を広めた最初の人物と評価されている。人気・名声ともに高まる中、指南先としては幕府の高官から、札差《ふださし》、両替商にまで広がり、諸藩の大名から、それぞれの国許《くにもと》にまで伝わっていった。

江戸千家は、いくつかの分派を生みながらも、江戸の町人文化の影響をも取り入れて、京都とは違った江戸前の茶道を創り上げた。その流れは代々受け継がれ、明治維新以降の文明開化による日本文化見直しの中でも、門人を増やしていったといわれている。

蓮華庵が置かれた当時の神田明神（『絵本江戸土産』）

川上不白（栗原信充『肖像集』）

後3年間にわたり1万両を下賜。
**7・21** 美濃郡上藩、検見法の執行を通達。
**11・12** 幕府、暦屋11人以外の暦版作成を禁止。
**11・21** 幕府、米価高騰のため江戸市中に粥食を奨励。
**11・26** 美濃国郡上郡の百姓5名、江戸城大手門前で老中酒井忠寄に駕籠訴を決行。
**11月** 土佐藩津野山郷の百姓、国産品の強制買い上げに反対して逃散（津野山騒動）。
**12・4** 幕府、銭高騰のため囲い置きを禁止。15日再令。
**12月** 幕府、米価高騰のため、大名・御三家・御三卿に1年分の囲米の売り払いを指示。
**この年** 関東・東北・北陸で大凶作、諸国で大飢饉。

# 1756 宝暦六年

丙子

天皇▼桃園天皇

将軍▼徳川家重（第九代）

【主要幕閣】

◉老中
堀田正亮（相模守）
松平武元（右近将監）
本多正珍（伯耆守）
秋元凉朝（但馬守）
酒井忠寄（左衛門尉）
西尾忠尚（隠岐守）

◉寺社奉行
青山忠朝（因幡守）
本多忠央（長門守）
鳥居忠意（伊賀守）
井上正経（河内守）
阿部正右（伊予守）

◉勘定奉行
曲淵英元（越前守）
一色政沆（周防守）
大井満英（伊勢守）
大橋親義（近江守）
中山時庸（遠江守）
細田時敏（丹後守）

◉江戸町奉行
北
依田政次（和泉守）
南
土屋正方（越前守）

◉京都所司代
酒井忠用（讃岐守）
松平輝高（右京大夫）

## 大岡忠光が将軍家重の側用人に就任　五月二十一日

政治経済

九代家重《いえしげ》は生来の虚弱体質の上、障害によって、言語が不明瞭だった。

家重が何を言っているのか、周囲の者にも聞きとれなかったが、唯一、幼少の頃から小姓《こしょう》として仕えていた大岡忠光《おおおかただみつ》だけが家重の言葉を理解できたといわれている。家重は、八代吉宗《よしむね》の長子相続《ちょうしそうぞく》堅持の方針によって九代将軍になったのだが、忠光を介して意志の伝達手段を保っていたわけである。

家重が将軍になってからも宝暦元年までは、実質的には吉宗が大御所《おおごしょ》として実権を握り続けていたので、家重が将軍として実務をとるようになったのは吉宗の歿後のことだった。忠光がこの日、側用人《そばようにん》となったことで、いわゆる「側用人政治」が復活したが、忠光は政治的野心を剝き出しにした人物ではなかったといわれている。しかし、将軍の言葉が聞き取れる、ということでの異例の大抜擢で若年寄《わかどしより》、二万石の大名にまでなったというのは珍しい例だ。忠光は温厚な性格で、孤独で塞ぎ込むことの多かった家重の、唯一の心の友であったとも伝えられている。

宝暦十年に忠光が世を去ると、家重はすぐさま、非常に聡明だったといわれていた長男の家治《いえはる》に将軍職を譲った。

## 江戸で「大学火事」が発生　十一月二十三日

文化思想

九代家重の娘、万寿院《まんじゅいん》の御宮参りの当日、江戸麴町の八重洲河岸にあった林大学頭《はやしだいがくのかみ》邸から出火した。火はまたたく間に広がり、大名小路《だいみょうこうじ》から数寄屋町《すきやまち》、木挽町《こびきちょう》（現、港区新橋周辺）までを焼失、さらに築地からも火が出て、西本願寺地内十五ヶ寺から小田原町までを焼失。その一方で、青山権太原六道の辻（現、新宿区四谷・信濃町から渋谷区青山方面）からの出火も起こって三田辺りまでを焼失する大火となった。連鎖的な火災だったが、最初の火元が大学頭邸だったことから、「大学火事」と呼ばれた。

この「林大学頭」とは、幕府の漢学者兼、昌平坂学問所《しょうへいざかがくもんじょ》取締といった役職の名称。林羅山《らざん》以来、代々の林家《りんけ》がこの席を務めている。火事を出したのは四代目で、林榴岡《りゅうこう》。九代家重の侍講《じこう》を寛保三年（一七四三）から務めていた。この火事は翌日になってようやく鎮火したが、江戸の町では、落首に儒学者の林榴岡をからかって、「大学が孟子わけなき（申し訳なき）火を出してちんじ中庸《ちゅうよう》（椿事中夭《ちんじちゅうよう》）論語《ろんご》（言語）道断」と詠われた。

## 阿波徳島藩で藍作りをめぐる「五社騒動」が未然に発覚　閏十一月

事件災害

阿波《あわ》徳島藩の特産品は藍《あい》であり、その売上げは藩の有力な財源だった。藍とは、その爽《さわ》やかな色合いが好まれて、全国に知られていた染料。徳島藩は名目上は二十

【この年の出来事】

**2・3**　幕府、山城国淀城焼失のため、藩主稲葉正益に1万両を下賜。

**2・9**　幕府、庄内藩へ凶作救助金として1万両を貸与。

**2月**　幕府、御三家・諸大名に囲米の払出しを指示。

**3月**　幕府、直轄領の高掛物（付加税）を免除。

**5・21**　若年寄大岡忠光、側用人に就任。（側用人の復活）。

**6・23**　幕府、米価高騰により米商の米買い占めを禁止。翌日、白米の高値売りを禁止。

**6月**　竹内式部が公家らに軍学武術指南を行っているとの風説が流れる。

**7・1**　熊本藩主細川重賢、藩政改革を推進。

**7・1**　大坂で大地震。

**7・30**　近江で大地震。

**8・10**　幕府、諸国豊作のため、代官に年貢徴収に精励するよう通達。

**8月**　幕府、西国諸大名

**◉京都町奉行**
**東** 小林春郷（伊予守）
**西** 稲垣正武（出羽守）
松前順広（隼人・筑前守）

**◉大坂城代**
松平輝高（右京大夫）
井上正経（河内守）

**◉大坂町奉行**
**東** 細井勝為（佐次右衛門・安芸守）
**西** 桜井政甫（丹後守）

**◉長崎奉行**
菅沼定秀（新三郎）
坪内定央（権之助）

**◉若年寄**
板倉勝清（佐渡守）
戸田氏房（淡路守）
小出英持（信濃守）
松平忠恒（宮内少輔）
酒井忠休（山城守）
大岡忠光（出雲守）
小堀政峯（和泉守）

**◉側用人**
大岡忠光（出雲守）

五万七千石だが、藍の富によって実体は四十五万五千石だったといわれるほど、藩財政に大いに寄与していたのだ。

「五社騒動《ごしゃそうどう》」とは、藩財政が赤字へと傾斜していたこの時期に、その解消を目論んでの葉藍売買の取引税の復活や、冥加金《みょうがきん》（献金の一種）との引き換えで藍玉《あいだま》加工を許可する株制度などに走った藩と、藍製造業者（藍玉師）の暴利に対する、藍作農民の一揆未遂事件のことである。藍作りの中心地である北方（吉野川流域）の藍作農民に強訴《ごうそ》を呼び掛ける書面が回されたが、この月、密告により発覚、主謀者五人が磔《はりつけ》によって処罰された。しかし、土地の農民たちは彼らを義民《ぎみん》として崇《あが》め、五社明神として祀《まつ》った。これが「五社騒動」（「藍玉一揆」とも「五社宮一揆」とも呼ばれる）と名付けられた所以《ゆえん》である。

藍作農民たちの深い思いを見せつけられた藩は、景気悪化による藍価格の下落、藍栽培の停滞も追い打ちとなって、やがて藍の統制政策を後退せざるを得なくなった。そのきっかけとなった騒動である。この未遂に終わった一揆は、阿波の百姓一揆が、代表越訴《おっそ》型から村方騒動へと変化する過渡期の最後の一揆としても意義深いとされている。

藍玉作り（天保５年『南北駈馬名寄附』）

## 前年の凶作被害の影響が広がり、幕府、各藩に救済策を命じる　二月

社会世相

宝暦五年の凶作の影響は、多くの藩に深刻な打撃を与えた。因幡《いなば》鳥取藩では米価高騰のために、この年の一月十日、窮民へ粥《かゆ》の配給をしたが、東北・北陸地方の凶作はさらに深刻だった。越前では一月二十二日、幕領で米価高騰による一揆が起き、代官手代が鯖江《さばえ》藩・福井藩へ鎮圧の加勢を要請する騒ぎが起きた。二月十二日、幕府は、出羽庄内藩に対して領内凶作の救助金として一万両を貸し与えたが、以後、同様の措置を津軽藩と熊本藩へも行なった。

一方、六月になると佐渡《さど》では、凶作による餓死者が二千八百人にのぼり、「お救い米」が幕府より放出された。こうして前年の凶作に対する措置に追われ続けた幕府は、貯蔵米である囲籾《かこいもみ》の払い下げと、米の買い占め禁止を通達した。全て、前年の凶作による米価の異常な高騰への対策だった。

ところが皮肉なことに、この年の秋、新米の豊作によって米価が下落。幕府は、必要な米の買い置きも認めざるを得なかった。

大坂の蔵屋敷に運び込まれる米（『摂津名所図会』）

に清国密貿易船の取り締まりを厳命。
**8月** 桜島噴火。
**9・16** 京都で大風雨。
**10・1** 幕府、諸国代官に村差出明細帳、一村限帳、定免一村限帳の提出を指示。
**11・17** 幕府、米価下落のため、米商の買い置き禁止を解除。
**11・23** 八重洲河岸の林大学頭邸から出火、大名小路・数奇屋町・築地まで延焼（大学火事）。
**閏11・3** 幕府、銭高騰により銭貯蔵、高値取引きを厳禁し、処罰について通達。
**閏11月** 徳島藩で玉師株に反対する一揆の計画が発覚、翌年3月に首謀者ら処刑（五社騒動）。

# 1757 宝暦七年

丁丑

天皇▼桃園天皇

将軍▼徳川家重（第九代）

**【主要幕閣】**

**◉老中**
堀田正亮（相模守）
松平武元（右近将監）
本多正珍（伯耆守）
秋元凉朝（但馬守）
酒井忠寄（左衛門尉）
西尾忠尚（隠岐守）

**◉寺社奉行**
青山忠朝（因幡守）
本多忠央（長門守）
鳥居忠意（伊賀守）
阿部正右（伊予守）

**◉勘定奉行**
曲淵英元（越前守）
一色政沆（周防守）
大橋親義（近江守）
中山時庸（遠江守）
細田時敏（丹後守）
菅沼定秀（下野守）

**◉江戸町奉行**
**北**
依田政次（和泉守）
**南**
土屋正方（越前守）

**◉京都所司代**
松平輝高（右京大夫）

**◉京都町奉行**

## 信濃松代藩で藩政改革が始まる　八月　政治経済

信《し》濃《なの》（現、長野県）松代藩六代藩主の真田幸弘《さなだゆきひろ》から、藩政改革を依頼された家老の恩田木工《おんだもく》が、この月、綱紀粛正《こうきしゅくせい》、倹約による財政改革に着手した。その事績や言行は『日暮硯《ひぐらしすずり》』に詳しいが、中でも「虚言申すまじく候」は、よく知られている。

家老の恩田木工が、勝手方《かってかた》御用兼任を命じられて藩政改革に乗り出さざるを得なかった背景には、寛保二年（一七四七）の大水害の爪痕が大きく関わっている。この水害は関東一円を襲った水害といった印象が強いが、実は松代藩の肥沃《ひよく》な平野部に恩恵を与えていた千曲川《ちくまがわ》、犀川《さいがわ》にも容赦なく襲いかかっていた。そのため、これ以降、年貢《ねんぐ》の徴収も出来ない土地が四割近くにも上った。さらに宝暦元年（一七五一）には、当時の勝手役・田村半右衛門《たむらはんえもん》による増税に反対する農民たちの強訴《ごうそ》事件（田村騒動）まで起こり、藩はますます年貢の確保が難しい状況となっていた。

木工による改革は、地道でシンプルなものであり、着実で無理のない徴税を推し進めて次第に成果を挙げたが、その行く末を見届けることなく、五年後に世を去ってしまった。だが、その改革の過程が、のちに『日暮硯』の書名で物語としてまとめられ、難局を打開する際の絶好の処方箋《しょほうせん》として、長く読み継がれるようになったのである。

## 我が国初の物産展が開催される　七月　文化思想

幕府医官で博物学者の田村藍水《らんすい》と、その弟子の博物学者で戯作《げさく》者の平賀源内《ひらがげんない》らが、この月、広く一般から物産（主に本草《ほんぞう》＝薬草）を集め、江戸湯島《ゆしま》で物産会《ぶっさんえ》を開催した。こうした試みはその後もたびたび開催され、博物学（本草学）上の発展・発見に貢献することとなった。

この催しは、「博覧会」として我が国で初めての試みといえる。「東都薬品会《とうとやくひんえ》」と名付けられ、本草学の物産会だった。主催者は田村藍水だったが、藍水は医家に生まれ本草学を学んだ学者肌の人物。この一大イベントともいうべき物産会の開催を提案したのは、藍水の門弟だった平賀源内だったと伝えられている。江戸時代初期から徐々に発展していた本草学は、あらゆる動植物や鉱物を収集・研究して、その名を明らかにして分類することや、

尾張藩の侍医浅井家が万国の物産や動物を公開した医学館薬品会（『尾張名所図会』）

**【この年の出来事】**

**1・22** 京都所司代、公家への神書講義について竹内式部を糾明。
**4・24** 幕府、旗本屋敷の中間部屋からの悪風一掃を指示。
**4月** 幕府、新田開発の幕府担当を、開発地と他領地が入り交じる場合のみに限定。
**4～5月** 関東各地で長雨、洪水。7月にも関東・中国で洪水となり、米価高騰。
**5・10** 幕府、寺社修復のための金品下賜・勧化許可願の吟味を寺社奉行に指示。
**5月** 幕府、三河国大樹寺修復のため金・材木を与え、名目金を許可。
**6・10** 幕府、日傭札の改めと日傭人取り締まりを指示。
**7月** 田村藍水、湯島で物産会「薬品会」を開催。
**8・5** 勘定奉行中山時庸、大坂町奉行時代の不正により免職・閉門。

**東**
小林春郷（伊予守）
**西**
松前順広（筑前守）
**◉大坂城代**
井上正経（河内守）
**◉大坂町奉行**
**東**
細井勝為（佐次右衛門・安芸守）
岡部元良（久太郎・対馬守）
**西**
桜井政甫（丹後守）
興津忠通（能登守）
**◉長崎奉行**
菅沼定秀（新三郎）
坪内定央（権之助）
正木康恒（大膳）
**◉若年寄**
板倉勝清（佐渡守）
戸田氏房（淡路守）
小出英持（信濃守）
松平忠恒（宮内少輔）
酒井忠休（山城守）
小堀政峯（和泉守）
**◉側用人**
大岡忠光（出雲守）

各々の効能、利用法、栽培法などを明らかにするもの。源内らが始めた博覧会は、翌年以降も毎年のように開催され、さらに他地域でも開催されて、やがて人骨模型や珍獣の展示にまで広がり、一般の人々の関心を集めてブームを呼ぶようになっていった。

事件災害

## 幕府が、旗本屋敷の中間部屋の悪風一掃を命じる　四月二十四日

平和が長く続き、武士としての論功行賞《ろんこうこうしょう》が停滞する中、旗本たちは次第に財政的余裕を失い、それぞれ家政運営に窮迫《きゅうはく》していた。そのため、常備するはずの徒士《かち》や中間《ちゅうげん》も持てず、いわば臨時雇い、今の時代でいえば、パートで形を整えるような有り様となっていた。それが、「渡り徒士」「渡り中間」を生んでいった。享保期（一七一六―三六）以来、特にその傾向が強くなり、彼らが屋敷から屋敷へと渡り歩くようになったため、帰属意識の薄れとともに、モラルの低下を招いていった。彼らは中間部屋に雑居し、暇さえあれば賭博に耽《ふ》るようになっていたのである。町中と異なり、塀に囲まれた武家屋敷の中は、捕吏《ほり》に踏み込まれる心配のない、一種の安全地帯だった。彼らは、そうした理想的な賭場を確保するため、庸人にいくらかの賄賂（袖の下）を渡して、見て見ぬふりをして貰うことも覚えた。こうして夜な夜なの開帳は、年ごとに盛んになるばかりだった。そのため、たまりかねた幕府が、この日、悪風一掃のための行動に出たのである。各旗本に、各々の中間部屋を検査し、そうしたことを一掃せよと命じている。

博打（『通略三極志』）

社会世相

## 縦長の番付が初めて登場　十月

江戸相撲が、縦長の紙一枚に東方と西方を合わせて収めたスタイルの、現代にまで続いている番付を、この月、初めて発行した。相撲番付は、興行が行なわれた寺社の境内や盛り場に、板に書いて貼り出した立て札のようなものが始まり。享保頃には、相撲が盛んだった京都・大坂方面で、紙に木版で刷り込んだものが発行されるようになった。ただし、この頃は東方と西方それぞれが別々に刷られており、それを横に並べて貼るのが慣例だった。

用紙を縦長に使用して、一枚の中に収める新方式は、二枚には足りなかった江戸相撲の力士数から生まれた苦肉の策だったが、このデザインが受けて、様々なランキングにまで応用されて、完全に定着した。

宝暦頃から、相撲の中心そのものは上方から江戸へと移っていった。興行組織の会所や、部屋制度の整備もこの時期に進んだ。やがて年二回の本場所が定着し、相撲は、歌舞伎、吉原と並ぶ江戸の三大娯楽へと成長。女性に人気のある理想の男性といえば、火消しの頭、与力《よりき》とともに、相撲取りが挙げられるようになった。

**8・13**　青綺門院の反対により、宮中神書購読中止。
**8・25**　柄井川柳、万句合を始める。
**8月**　信濃松代藩、藩政改革に着手。
**9・7**　将軍家重、改暦完了のため神田佐久間町の天文台を廃止。
**9・22**　幕府、御用達商人の拝領屋敷の調査を実施。
**9月**　浅草真先稲荷社、流行り神となる。
**10月**　江戸相撲、縦長の番付を初めて発行。
**11・23**　加賀藩の百姓2000余人、穀屋を打ちこわし。
**12・22**　幕府、諸国水害により諸役所の倹約令を延長。
**12・26**　江戸で大火。江戸浅草黒船町から出火。
**この年**　仙台藩、買米仕法を現金買制に変更。

**【主要幕閣】**

**◉老中**
松平輝高（右京大夫）
西尾忠尚（隠岐守）
酒井忠寄（左衛門尉）
秋元凉朝（但馬守）
本多正珍（伯耆守）
松平武元（右近将監）
堀田正亮（相模守）

**◉寺社奉行**
青山忠朝（因幡守）
本多忠央（長門守）
鳥居忠意（伊賀守）
阿部正右（伊予守）
朽木玄綱（土佐守）

**◉勘定奉行**
一色政沆（周防守）
大橋親義（近江守）
細田時敏（丹後守）
菅沼定秀（下野守）
稲生正英（下野守）
小幡景利（山城守）

**◉江戸町奉行**
**北**
依田政次（和泉守）
**南**
土屋正方（越前守）

**◉京都所司代**
松平輝高（右京大夫）

## 出羽庄内藩が、豪商の本間光丘に砂防林の植林を許可　三月十六日

政治 経済

豪《ごう》商《しょう》の力はいたる所で大きくなっていたが、それは出羽庄内《しょうない》藩も同様だった。俗謡《ぞくよう》に「本間様には及びもせぬが、せめてなりたや殿様に」とまで謳われたのが酒田の豪商・本間家である。酒田は日本海有数の湊町で、下関を廻って大坂へ抜け、江戸に至る西廻《にしまわ》り航路《こうろ》が開設されて以来、その主要港として繁栄していた。しかし、酒田は古くは「砂潟《さかた》」とも書かれたほどで、湊の機能を守るためには、砂防が重要な施策だった。ところが財政難に喘ぐ庄内藩は、藩財政を本間家に頼らざるを得なかった。そのため、この日、藩は当時二十七歳だった本間家の当主・本間《ほんま》光丘《みつおか》に酒田湊の西浜一帯へ砂防林を植えることを許可した。本間家の隆盛は、これによって不動のものとなった。

本間光丘は三代目当主。十年計画でこの植林を成功させた光丘は、安永四年（一七七五）には藩財政の再建役に抜擢され、数年で藩政改革にも見事成功した。植林事業は光丘の死後も引き継がれて、現在に至っている。

## 歌舞伎に「回り舞台」が登場　十二月

文化 思想

上《かみ》方《がた》が生んだ優れた劇作家・並木正三《なみきしょうざ》は、その生涯に自らの新作を八十余篇発表したが、同時に、舞台装置の変革にも大いに貢献した。「せり上げ」や「回り舞台」は、今ではごく普通の仕掛けだが、いずれも並木正三の発案だ。

この月、『三十石舟登《さんじっこくぶね》』で初登場したのが回り舞台。場所は、大坂道頓堀《どうとんぼり》にある芝居小屋「角《かど》の芝居」で、複雑な構成の仇討《あだう》ち物だったが、大詰めの立ち回り場面でこの回り舞台が登場。ストーリーを整理してみせると同時に、観客の驚動《きょうどう》を誘い出して喝采《かっさい》を浴びた。舞台の上で押して回す程度の仕掛けは以前からあったが、正三の考案したの

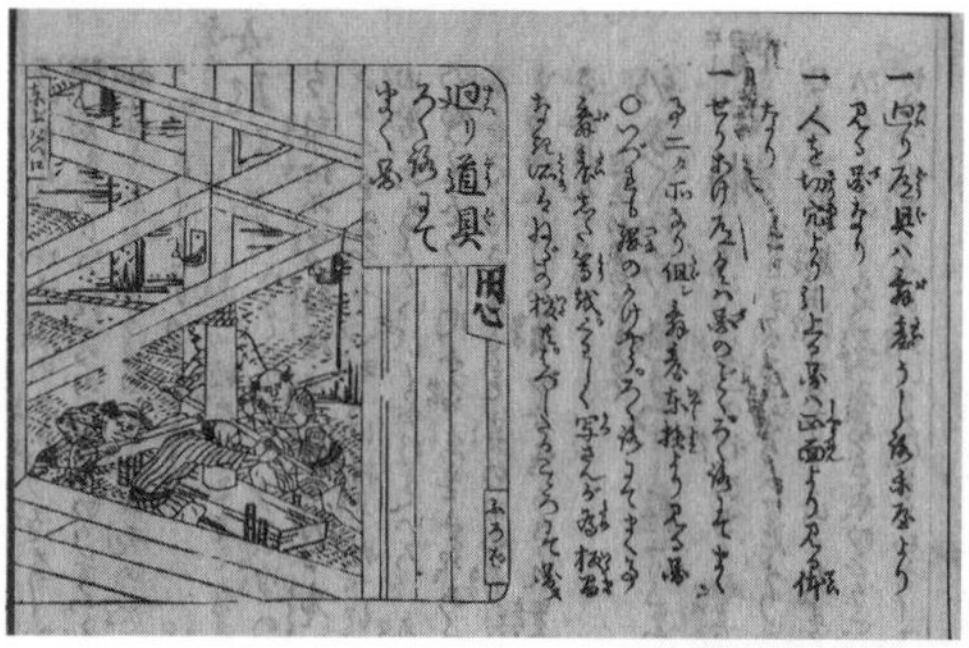

回り舞台
（『上戯場楽屋図会』）

せり上がり
（『上戯場楽屋図会』）

**【この年の出来事】**

**3・5**　幕府、越後国阿賀野川開削のため代官に視察を指示。
**3・16**　出羽庄内藩、本間光丘に砂防林に植林を許可。
**3月**　江戸霊岸島から出火、大川端まで延焼。
**4・2**　美濃郡上藩の農民、江戸の目安箱への箱訴を決行。
**4月**　田村藍水、神田で第2回物産会を開催。
**5・1**　小倉藩、「思永斎」（のちの藩校「思永館」）を創設。
**6月**　松江藩、藩校「文明館」を創設。
**7・21**　幕府、美濃国郡上一揆についての裁判を開始。
**7・23**　竹内式部、幕府により捕縛（宝暦事件）。
**7・24**　正親町三条公積ら公家衆17人、竹内式部に連座して処罰。
**9・3**　田沼意次、加増を受け大名に列せられ、評定所への出座を許可さ

井上正経（河内守）

◉京都町奉行
東
小林春郷（伊予守）
西
松前順広（筑前守）

◉大坂城代
井上正経（河内守）
青山忠朝（因幡守）

◉大坂町奉行
東
岡部元良（対馬守）
西
興津忠通（能登守）

◉長崎奉行
坪内定央（権之助）
正木康恒（大膳）

◉若年寄
板倉勝清（佐渡守）
戸田氏房（淡路守）
小出英持（信濃守）
松平忠恒（宮内少輔）
酒井忠休（山城守）
小堀政峯（和泉守）
本多忠英（長門守）
水野忠見（壱岐守）

◉側用人
大岡忠光（出雲守）

は、舞台の下を掘り下げて装置を設置する本格的なもの。この時、正三はまだ二十九歳という若さだった。スピーディーでスペクタクルな演出を可能にした回り舞台は、その後も改良されて現在に至っている。

## 講釈師の馬場文耕が郡上一揆を語って獄門に処される　十二月二十五日

事件災害

美濃で起こった郡上一揆《ぐじょういっき》が江戸まで伝わって来たので、講釈師の馬場文耕《ばばぶんこう》は、それを題材に『珍説 平かな森の雫《しずく》』を口演して評判をとった。それは、藩主金森《かなもり》家の悪政とともに、その背後にあるのでは、と噂されていた幕府高官の不正にも触れて語ったものだった。文耕は、この語りの内容を『平仮名森の雫』と題する読み本にも仕立てて刷り物にし、これを入場者に景品として抽選の当選者に配布した。ところが、このことが町奉行所に知られて文耕は逮捕されてしまう。幕府が審理中の件について、勝手に異説を流布《るふ》したということが罪として問われ、この日、打ち首・獄門に処された。日本では史上初めての言論弾圧による作家の死刑、ともされている。

馬場文耕は、伊予（現、愛媛県）に生まれた下級の幕臣で、のちに浪人となって、江戸の日本橋松島町に住んでいた。講釈師として生計を立てていたが、学識が豊富で気性が激しく、時事問題を題材としたり、読み物を書いて売ったりと、とかく自己主張の強い人物だったと伝えられている。文耕が処刑されたのは、口演からわずか三ヶ月後という早さだったが、この時まだ文耕は四十代前半だった。

その一方で、幕府によって藩政の悪事や幕府高官との癒着に対する調査も進められ、関係者の罷免《ひめん》、改易《かいえき》などの処分も同時に行なわれている。

## 二代目瀬川菊之丞が人気絶頂に　十月

社会世相

江戸中村座《なかむらざ》の人気役者で、宝暦六年に十六歳の若さで二代目を襲名した瀬川菊之丞《せがわきくのじょう》が、この年、女形《おんながた》役者のトップである立女形《たておやま》となった。一月に演じた『時津風《ときつかぜ》入船曾我《いりふねそが》』で演じた油屋お染のおぼこ娘ぶりが大人気となったもので、同興行は五月までのロングラン公演となった。

一方、菊之丞人気はファッションにまで及んだ。菊之丞は俳号を「路考《ろこう》」といったが、その舞台衣装の色から「路《ろ》考茶《こうちゃ》」という呼び名が生まれたのをはじめ、次々に流行が生まれた。帯を「や」の字の形に結んだものを「路考結び」といい、髷《まげ》は、後方が長い「路考髷」が流行。「路考櫛《くし》」という商品も登場している。

菊之丞は寛保元年（一七四一）に、江戸郊外の王子（現、東京都北区）に農民の子として生まれたが、五歳の時、初代菊之丞の養子となった。十歳で、瀬川吉次《きつじ》の名で初舞台を踏んだが、この頃からすでに、器量と愛敬で人気者になっていた。だが十五歳で養父の初代が他界、その翌年、一周忌の追善興行に際して二代目を襲名して披露公演を行なった。絶大な人気を保ち続けていたが、三十三歳の若さで歿している。

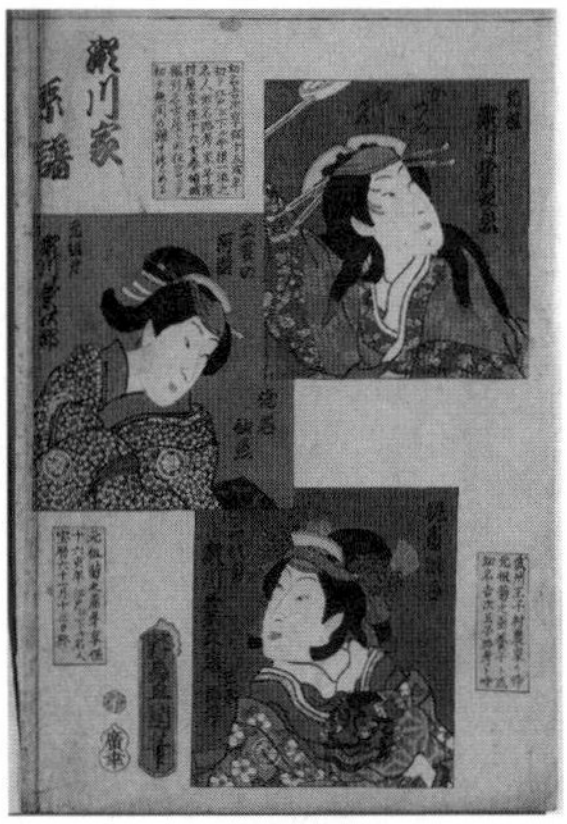

役者絵の
瀬川菊之丞初代と二代

れる。

**9・24** 2代目市川團十郎歿（71）。

**10・29** 幕府、郡上一揆について老中以下の役人への判決を下す。

**10月** 2代目瀬川菊之丞の人気が絶頂。

**11・19** 田沼意次、遠江国相良藩主に着任。

**12・2** 幕府、将軍家重の次男徳川重好に清水邸を与え、清水家を創設。

**12・12** 対馬藩、朝鮮貿易不振のため7年の鋳銭を幕府に出願。不許可となる。

**12・22** 幕府、河川国役普請制の翌年からの再実施を通達。

**12・25** 講釈師馬場文耕、宝暦事件を題材とする『珍説森の雫』を演じた罪により処刑（41）。

**12月** 『三十石舟登』の作者並木正三、回り舞台を考案。

**この年** 但馬国朝来郡幕領130村で愁訴。

# 1759

# 宝暦九年

己卯

天皇▼桃園天皇

将軍▼徳川家重（第九代）

**【主要幕閣】**

**◉老中**

堀田正亮（相模守）
松平武元（右近将監）
秋元凉朝（但馬守）
酒井忠寄（左衛門尉）
西尾忠尚（隠岐守）
松平輝高（右京大夫）

**◉寺社奉行**

鳥居忠意（伊賀守）
阿部正右（伊予守）
朽木玄綱（土佐守）
松平康福（周防守）
毛利政苗（讃岐守）

**◉勘定奉行**

一色政沆（周防守）
大橋親義（近江守）
細田時敏（丹後守）
稲生正英（下野守）
小幡景利（山城守）
石谷清昌（備後守）

**◉江戸町奉行**

**北**
依田政次（和泉守）

**南**
土屋正方（越前守）

**◉京都所司代**

井上正経（河内守）

## 長州藩で、毛利重就による藩政改革が始まる　三月九日

政治経済

**幕**末に歴史を大きく動かす原動力となった長州藩《ちょうしゅうはん》だが、その基礎となったといわれているのが「撫育方《ぶいくかた》」という特別会計制度である。長州藩の中興の祖ともいわれる毛利重就《もうりしげたか》が設置したものだ。重就は支藩《しはん》の十男だったが、兄弟の多くが早逝《そうせい》したり、他家への養子縁組で抜けたりしたため、本家長州藩の七代藩主の座が転がり込んできた。それは寛延四年（一七五一）のことだったが、当時の長州藩は慢性的な財政赤字に陥っていた。様々な倹約をしたが財政は悪化するばかり。そこで老中《ろうじゅう》らに、それだけでは限界があると、藩内の諸施策の実態調査を命じた。

こうして、この年から本格的な改革が始まった。老中らで組織された「御前仕組方《ごぜんしくみかた》」で審議がなされ、その審議に基づいて、翌年から新たな検地《けんち》（宝暦検地）が行なわれ、やがて藩としての収入が増えることがわかった。だが、この増収分を別会計としたところが重就の藩政改革の最大の特徴、すなわち「撫育方」の創設である。余剰金を湯水《ゆみず》のように赤字補填《ほてん》に使わない別枠としたのだ。これは新たな開墾《かいこん》などの投資にも用いたが、その蓄えが積もりに積もって幕末の倒幕運動の資金となり、明治維新後の新政府の活動の援助にもなった。その額は、実に百万両を超えていたともいわれている。

## 伊藤若冲が鹿苑寺大書院の障壁画を完成　十月

文化思想

**こ**の月、「奇想の画家」といわれた伊藤若冲《いとうじゃくちゅう》が、京都の鹿苑寺金閣《ろくおんじきんかく》の大書院障壁画《おおじょいんしょうへきが》を完成させた。障壁画とは襖《ふすま》や屛風《びょうぶ》に描かれた絵のことで、平安時代から日本の絵画の表現形式として重要な要素を占めているが、桃山時代に装飾性に富んだ作品が生まれるようになり、若冲のような奇才が登場する素地《そじ》が作られたとされている。

若冲は京都に生まれ、狩野派《かのうは》に学んだが、のちに中国明代の絵画手法に傾倒、きらびやかな花鳥画《かちょうが》で特異な画風を示すに至った。その作風は、自然観察から得た具体的で細密な描写に裏づけられながらも、巧みな画面構成や大胆な装飾性を前面に押し出した濃密な色彩が特徴。この年には、八月に代表作として名高い「向日葵雄鶏図《ひまわりゆうけいず》」を完成させたほか、これに先立つ二月には「雪中鴛鴦図《せっちゅうえんおうず》」を完成。秋には「紫陽花双鶏図《あじさいそうけいず》」も完成させるなど絶頂期にあり、八十五歳まで生きた若冲が最も充実していた、四十四歳の年だった。

## 尊王論者の山県大弐が『柳子新論』を完成　二月

事件災害

**山**《やま》県《がた》大弐《だいに》の『柳子新論《りゅうししんろん》』は、全一巻から成る思想書である。柳子という架空の人物を想定し、それに仮託《かたく》して朱子学《しゅしがく》的な大義名分論《たいぎめいぶんろん》の立場から幕府を批判し、勤皇《きんのう》思想を主張したものだった。尊王を説いて幕政を批判

**【この年の出来事】**

**2月**　山県大弐『柳子新論』完成。
**2月**　幕府、豊後郡代を西国筋郡代と改称。
**3・9**　長州藩主毛利重就、藩政改革に着手。
**3月**　越後国蒲原郡の幕領26村で越訴。
**4・10**　幕府、借金返済の裁許の遵守を通達。
**4・10**　金沢で大火。金沢城全焼。
**4月**　幕府、大奥女中に衣服倹約令を発布。
**5・7**　竹内式部、伊勢国へ追放。
**5月**　幕府、祭礼の際の豪華・華美を禁止。
**6・1**　「流行正月」が行なわれる。
**6・21**　服部南郭歿(77)。
**閏7・3**　幕府、町人の衣服などの奢侈を禁止。
**閏7月**　幕府、豪華な雛人形の販売を禁止。
**閏7月**　幕府、偽虚無僧取締令を発布、下総国一月寺に支配・取り締まりを指示。

**◉京都町奉行**
**東**
小林春郷（伊予守）
**西**
松前順広（筑前守）
**◉大坂城代**
青山忠朝（因幡守）
**◉大坂町奉行**
**東**
岡部元良（対馬守）
**西**
興津忠通（能登守）
**◉長崎奉行**
坪内定央（権之助）
正木康恒（大膳）
**◉若年寄**
板倉勝清（佐渡守）
小出英持（信濃守）
松平忠恒（宮内少輔・摂津守）
酒井忠休（山城守）
小堀政峯（和泉守）
水野忠見（壱岐守）
**◉側用人**
大岡忠光（出雲守）

する危険思想の書としてやがて禁書処分となるが、吉田《よしだ》松陰《しょういん》や高杉晋作《たかすぎしんさく》、坂本龍馬《さかもとりょうま》ら、幕末の尊王倒幕《そんのうとうばく》論者に多くの影響を与えた。

大弐は享保十年（一七二五）に甲斐《かい》国（現、山梨県）巨摩《こま》郡《ぐん》篠原村に生まれた。寛保二年（一七四二）に京都へ遊学。医術・儒学を修めて甲斐国山梨郡の下小河原山王神社《しもこがわらさんのうじんじゃ》の宮《ぐう》司《じ》となったあと、尊王攘夷《じょうい》論者として、その思想を説き始めた。父が与力《よりき》の村瀬家を継いでいたので延宝二年（一七五〇）には村瀬家を継ぐが、弟が事件を起こした際に改《かい》易《えき》処分を受けて浪人となる。

山県大弐

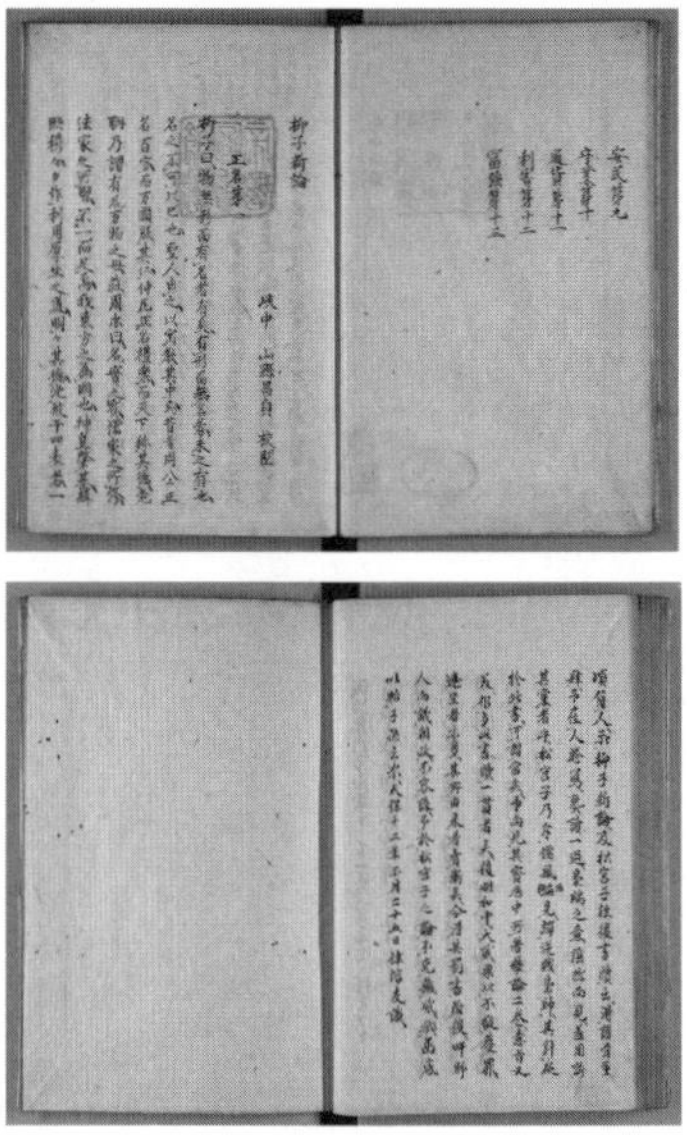

『斥柳子新論』
（伴信友による『柳子新論』に関する論考）

そして、名を山県昌貞《まささだ》と改めて江戸へ出て、八丁堀《はっちょうぼり》で私塾「柳荘」を開設して儒学や兵学を講じた。この私塾時代の著書が『柳子新論』である。大弐の門弟には上野小幡《こうずけおばた》藩《はん》家老の吉田玄蕃《よしだげんば》など多くの小幡藩士を抱えていたことから、小幡藩の内紛に巻き込まれた際に、門弟に謀反《むほん》の疑いありと幕府に密告され、明和三年（一七六六）に逮捕されてしまった。翌年、処刑されるという数奇な生涯を送っている。

## 「流行正月」が行なわれる　六月一日

社会世相

「流行《はやり》正月」とは、本来は世情があまり良くない場合に、もう一度正月行事を行なって心機一転《しんきいってん》を図《はか》ろうとした民間習俗だった。が、江戸時代も後期になってくると、滅多に休みが取れない農村の若者組《わかものぐみ》などが、村役人に対して要求を勝ち取った休日延長なども指すようになった。いわば江戸時代になって臨時の休日として、「取越正《とりこししょう》月《がつ》」とも、「盆正月《ぼんしょうがつ》」とも呼ばれるようになった行事のことである。しかし、この年の江戸は、暦の上の正月を待たず、五月の晦日《みそか》を大晦日《おおみそか》として六月一日を元日とし、新年をもう一度、賀したのだった。

もともと、この行事は若狭《わかさ》国（現、福井県）で疫病《えきびょう》を取り除くとされて始められたものといわれているが、こうした「流行正月」が江戸で行なわれたのは、寛文七年（一六六七）、この年、明和七年（一七七〇）、安永七年（一七七八）、文化十一年（一八一四）の計五回に過ぎなかったといわれる。

**8・8** 幕府、銀札の新規発行を停止、金札・銭札の通用を禁止。
**8・29** 幕府、水油価格引き下げのため、菜種・綿実の大坂廻送を指示。
**8・29** 幕府、江戸城内各部屋への飲食物の持ち込みを禁止。
**8・30** 幕府、朝廷の命により諸国神社の調査を実施。
**8月** 平賀源内、湯島で第3回物産会を開催。
**9・17** 幕府、浜御殿内で砂糖を試製。
**10月** 伊東若沖、鹿苑寺大書院障壁画を完成。
**11・15** 畿内で大風雨・大雷。
**11・25** 幕府、母親が出奔した子供の家督相続禁止を解除。

# 1760 宝暦十年

庚辰

天皇▼桃園天皇

将軍▼徳川家重（第九代 ～五月十三日）
徳川家治（第十代 九月二日～）

【主要幕閣】

●老中
堀田正亮（相模守）
松平武元（右近将監）
秋元凉朝（但馬守）
酒井忠寄（左衛門尉）
西尾忠尚（隠岐守）
松平輝高（右京大夫）
井上正経（河内守）

●寺社奉行
鳥居忠意（伊賀守）
阿部正右（伊予守）
松平康福（周防守）
毛利政苗（讃岐守）
小堀政方（土佐守）
松平乗佑（和泉守）
太田資俊（摂津守）

●勘定奉行
一色政沆（周防守）
稲生正英（下野守）
小幡景利（山城守）
石谷清昌（備後守）
坪内定央（駿河守）

●江戸町奉行
北
依田政次（和泉守）
南
土屋正方（越前守）

●京都所司代

## 幕府、明礬の専売制を徹底させ、不正取引に禁止令　十二月

政治 経済

明《みょう》礬《ばん》は硫酸塩《りゅうさんえん》の一種で、ヨーロッパでは古代ローマ時代から様々な用途に使われてきた。日本でも古くから中国からの輸入品を用いてきたが、その用途は、染色剤、防水剤、消火剤、皮なめし剤、汚水を飲用にする沈殿剤《ちんでんざい》など幅広い。

やがて国内でも産出されるようになったが、幕府はその重要さを考慮して輸入・国産とも、享保《きょうほう》二十年（一七三五）以来、江戸と大坂に設置した明礬会所《かいしょ》を通して流通させる統制商品としていた。ところが、国産品は会所を通さないいわゆる「脇売り」が絶えなかった。

その一方で、国内有数の明礬産地である豊後《ぶんご》の野田村（大分県別府市）の明礬山請負人からは、売買が盛んな京都・堺にも会所を設置してほしいとの要望が出されていた。そのため、二年前の宝暦八年（一七五八）に、京都と堺に会所が増設されたばかりだった。このように様々な状況を追認したようなものだったが、それでも脇売りが絶えなかった。そこで、この年の十二月、国産の明礬は必ず江戸、京都、大坂、堺のいずれかの明礬会所を通してから売買するようにとの触《ふ》れを出したもの。これらの会所は、天保の改革による株仲間解散令にともなう廃止まで続いた。

## 紀伊の薬店主・梶取屋治右衛門が、初の「鯨百科」を発行　十一月

文化 思想

捕《ほ》鯨《げい》が盛んだった地域のひとつが紀伊国《きいのくに》（現、和歌山県）熊野灘《くまのなだ》だが、その地の薬店主・梶取屋治右衛門《かじとりやじえもん》が、鯨の百科事典とも言うべき『鯨志《げいし》』を京都の版元から刊行した。

和歌山の一商人が私財を投じて、こうした書の刊行を実現した背景には、この地が捕鯨船団の集結地であったことも関係している。土地の人々の長い歴史に育まれた鯨の種別に対する知識や、各部《ぶ》位《い》の利用法など、経験的知識の集積から生まれた書である。鯨の名前の由来といった総論で始まる本書は、

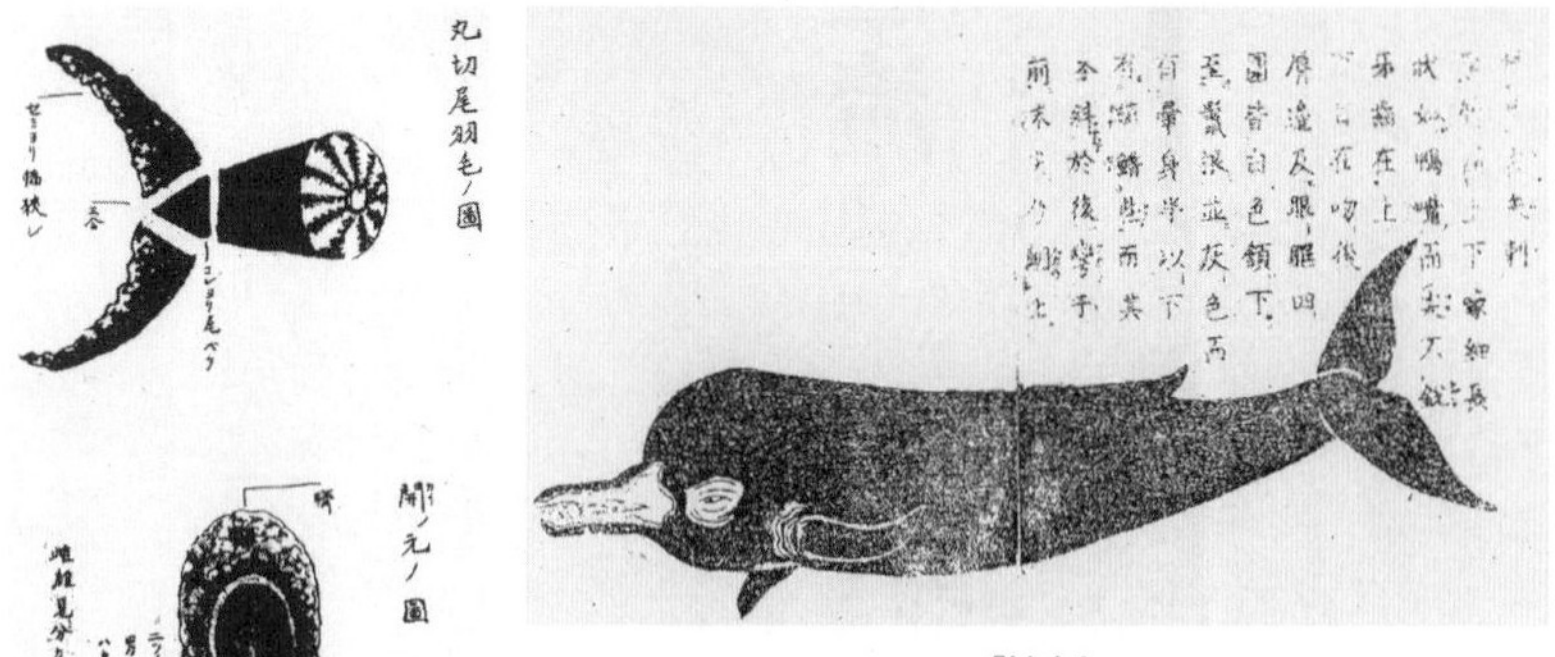

『鯨志』

【この年の出来事】

**1・15** 幕府、流通統制のため、大坂の菜種・綿実問屋の定数を制定。
**1・16** 土佐藩、藩校「教授館」を創設。
**2・6** 神田旅籠町の足袋商明石屋から出火。永代橋など焼失し、460余町焼失（明石屋火事）。
**2・8** 幕府、火災後の手間賃・物価の値上げを禁止。
**2・11** 幕府、火災時に建具・諸道具を往来への持ち出すことを厳禁。
**3月** 上野国桐生の幕領・私領54か村、絹運上取り立てに反対し訴願。
**4・1** 琉球で地震。城壁など倒壊、余震続く。
**4・29** 幕府、宝暦事件に連座した正親町三条公積ら7名に出家を命令。
**4月** 幕府、諸国農民に、享保以来の幕府からの借米・借金銀返済を免除すると通達。
**5・13** 家重、将軍を辞す。嫡男家治が将軍を継

井上正経（河内守）
阿部正右（伊予守）

**◉京都町奉行**
**東**
小林春郷（伊予守）
**西**
松前順広（筑前守）

**◉大坂城代**
青山忠朝（因幡守）
松平康福（周防守）

**◉大坂町奉行**
**東**
岡部元良（対馬守）
**西**
興津忠通（能登守）

**◉長崎奉行**
坪内定央（権之助）
正木康恒（大膳）
大久保忠与（荒之助）

**◉若年寄**
板倉勝清（佐渡守）
小出英持（信濃守）
松平忠恒（摂津守）
酒井忠休（山城守）
小堀政峯（和泉守）
水野忠見（壱岐守）
鳥居忠意（伊賀守）

**◉側用人**
大岡忠光（出雲守）
板倉勝清（佐渡守）

各論では現地で写生した鯨の全体図をもとにして、セミクジラ、ナガスクジラから、コクジラ、イワシクジラにまで至る十四種に及ぶ様々な鯨それぞれの特徴が、豊富な図版と共に詳しく記されている。日本で初めての鯨に関する専門書とされているもので、日本人と鯨との長い歴史を証明する本として注目された。

## 江戸で連続して火事が起こり、大工の手間賃高騰と資材の値上がりが深刻化　二月

**事件災害**

二月四日に、将軍・家重の右大臣就任の祝賀式が江戸城内で行なわれた。翌五日には、京から参列した公家のために猿楽《さるがく》が予定されていたが、その直前の深夜、赤坂今井谷から出火。またたく間に、麻布《あざぶ》、日ケ窪《ひがくぼ》、雑色《ぞうしき》、十番綱坂、三田寺町、伊皿子聖坂から田町《たまち》、品川《しながわ》あたりの海の手までが焼失してしまった。もちろん、幕府は猿楽は中止して事態の鎮静化に努めたが、翌六日、江戸市中がようやく落ち着き始めたのも束《つか》の間《ま》、今度は神田旅籠町《かんだはたごちょう》一丁目の明石屋という足袋《たび》屋から再び出火。おりからの風にあおられて、佐久間町から浅草《あさくさ》、両国橋《りょうごくばし》、馬喰町《ばくろちょう》、本町、日本橋《にほんばし》、江戸橋《えどばし》、霊巌島《れいがんじま》、新川《しんかわ》あたりまで延焼《えんしょう》し、さらに火は深川《ふかがわ》へ飛び、洲崎《すざき》、木場《きば》あたりまで焼けた。永代橋《えいたいばし》、新大橋《しんおおはし》も焼け落ちた。そして、翌七日にも芝神明の湯屋から出火。これも浜松町《はままつちょう》、金杉《かなすぎ》、芝田町辺、本芝海浜までを焼いた。吉宗の時代に火災を憂《うれ》いて茅葺《かやぶき》を禁じ、瓦屋に改めさせてからしばらく起こらなかった大火だったが、こうして火災が連続した異常事態に、大工など職人たちの手《て》間《ま》賃は高騰《こうとう》し、便乗《びんじょう》値上げもあって物価も高騰した。幕府《ふ》は触れを出して取り締まったが、ほとんど効果はなく、このトラブルを翌年まで持ち越してしまった。

## 家治の将軍就任で、田沼意次が台頭。「田沼時代」への足がかりとなる

**社会世相**

第十代将軍・家治《いえはる》は政治にはほとんど関心を払わず、もっぱら画業の技を磨くことに熱中したので、第九代・家重《いえしげ》のもとで実質的な側用人《そばようにん》となっていた田沼意次《たぬまおきつぐ》の、とんとん拍子の出世が本格的に始まったのがこの年だった。

四月一日、まだ五十歳だった第九代将軍・家重が引退を宣言。それを見届けるように家重の第一の側近であった大《おお》岡忠光《おかただみつ》が四月二十六日に五十二歳で死去。

五月十三日に、家治が西の丸から本丸へと移って徳川家当主の座に就き、その後九月二日に将軍就任式を済ませた。この時の老中筆頭は松平武元《まつだいらたけちか》で、他、老中には酒井忠寄《さかいただより》らもいたが、新将軍の家治は、まだ二十四歳だった。家治は、父親の家重が重用していた側近の田沼意次を相談相手としたため、その後の田沼の台頭が著しくなったもの。こうして田沼は明和四年（一七六七）に正式に側用人、安永三年（一七七四）には側用人と老中を兼任して三万石に加増され、名実ともに「田沼時代」を確実なものとしていった。

田沼意次

承。
**7・10** 幕府、人家近辺での花火打ち上げを禁止。
**7・11** 幕府、諸国に巡見使を派遣。8月、諸国巡見に関する条目を制定。
**7月** 幕府、諸大名に1万石につき籾1000俵の囲籾を命じ、江戸廻送の米穀を制限。
**7月** 米沢藩11か村の百姓、青苧への新税に反対し一揆（青苧騒動）。
**8・27** 幕府、貨幣を改鋳するとの浮説の取り締まりを指示。
**9・2** 徳川家治、第10代将軍宣下。
**11・24** 幕府、佐渡蔵奉行を設置。
**11月** 紀伊の薬店主梶取屋治右衛門が『鯨志』を発行。
**12・30** 林鳳谷『徳川系図新補』完成。
**12月** 幕府、諸国産出の明礬の販売を禁止、江戸・大坂・京都・堺の明礬会所でのみ売買を許可。

# 1761

# 宝暦十一年

## 辛巳

天皇▼桃園天皇

将軍▼徳川家治（第十代）

【主要幕閣】

◉老中
堀田正亮（相模守）
松平武元（右近将監）
秋元凉朝（但馬守）
酒井忠寄（左衛門尉）
井上正経（河内守）
松平輝高（右京大夫）

◉寺社奉行
毛利政苗（讃岐守）
小堀政方（土佐守）
松平乗佑（和泉守）
太田資俊（摂津守）
酒井忠香（飛驒守）

◉勘定奉行
一色政沆（周防守）
小幡景利（山城守）
石谷清昌（備後守）
坪内定央（駿河守）
安藤惟要（弾正少弼）
牧野成賢（大隅守）

◉江戸町奉行
北
依田政次（和泉守）
南
土屋正方（越前守）

◉京都所司代
阿部正右（伊予守）

### 幕府、大坂商人に米価の引き上げを目的とした「買米令」を発する　十二月十六日　政治経済

米は、石高制《こくだかせい》の江戸時代には、武士にとって実質的な俸給《ほうきゅう》単位だった。年貢米《ねんぐまい》を売って現金に換えて生《せい》計《けい》を立てている武士にとって米価の低落は深刻なもので、幕府にとって、米価調整は重要な政策のひとつだった。将軍・吉宗《よしむね》の時代に米価法定策を打ち出したが思うように機能しなかったので、この時期は、流通量を操作しようと動いていた。

大坂は、全国から集中する巨大な米市場だった。幕府は米価の低落傾向が著しくなってきて一向に収まらないことから、この年の暮れ、富裕な大坂商人二百五名に総額で百七十三万三千両に上る「御用金《ごようきん》」を申しつけた。これは幕府が商人たちから低利で長期間借り上げるもので、この御用金はそのまま町人に貸付けられ、強制的に米を買わせる資金とした。米価の上昇を狙った措置だった。これにより実際、米価は一時的に騰貴《とうき》したが、結局それほど成果は上がらず、しかも、しばらくすると元の水準に戻ってしまった。幕府の目論見《もくろみ》は、結局のところ思いどおりには事が運ばなかった。

### 塚田与右衛門の『養蚕全書』発刊される。信濃の養蚕、定着へ　文化思想

この時代の養蚕《ようさん》技術伝授の本質は口伝《くでん》によるものだった。そのため、地場産業《じばさんぎょう》育成のため技術先進地に派遣される者、反対に、先進地から呼び戻される者が多かった。だが、この年、信濃上塩尻村《しなのかみしおじり》（長野県上田市）の養蚕家《ようさんか》塚田与右衛門《つかだよえもん》が、自身で著わしていた『新撰養蚕秘書《しんせんようさんひしょ》』を基にして、『養蚕全書《ようさんぜんしょ》』と改題した書を刊行した。これは作業の解説を付した挿絵《さしえ》を豊富に掲載した画期的な書で、飼育者の心構えから説かれた全十九章から成るものだった。

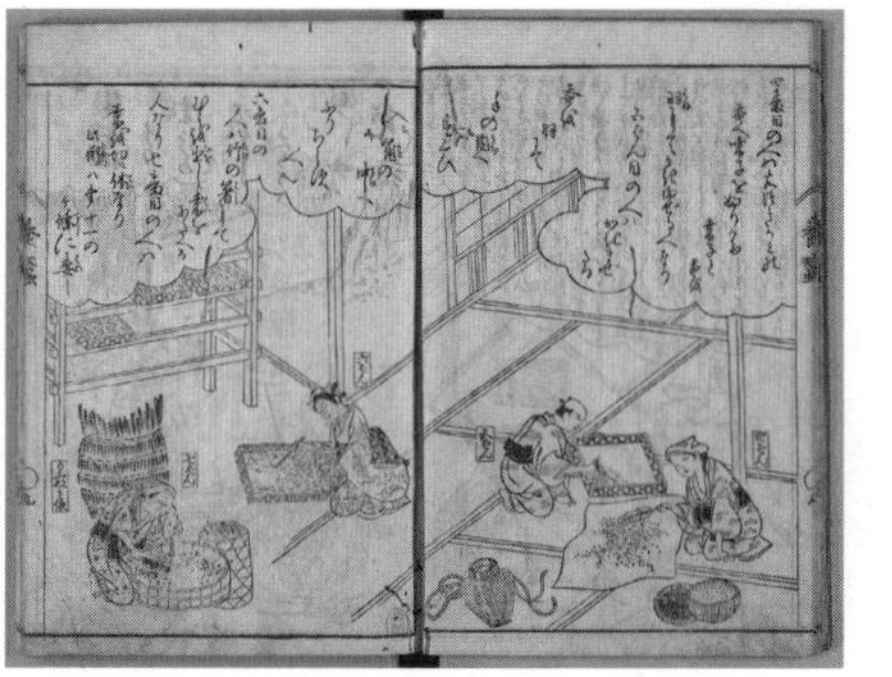

『新撰養蚕秘書』

養蚕には様々な方法があるが、与右衛門が提唱したのは「清涼育《せいりょういく》」と呼ばれる飼育法。蚕種《さんしゅ》（卵）の段階から、成熟した蚕を簇《ぞく》（まぶし）という養蚕具の中へ入れて繭《まゆ》を作らせるまで、一貫して、風通しの良い建物の中で自然に育てる方法だった。また、蚕の食べる桑の苗の育成に関しても、様々な方法が紹介されている。

この書の刊行が刺激となって、続いて多くの養蚕家による書が刊行されるようになり、こうした努力が実を結び、信濃の養蚕業は大きく発展。それまで本場とされていた奥州産の蚕種よりも信州産のほうが高価になり、市場も広がった。信州の養蚕業発展の礎《いしずえ》となったのが、この書だった。

【この年の出来事】

**1・19** 幕府、唐船抜荷取締令を発布。
**1月下旬** 京都知恩院などで法然550回忌。
**2・29** 幕府、老中に年番での勝手掛老中勤務を命令。
**3・27** 昌平坂学問所および聖堂が再建。
**3月** 奥州・蝦夷松前で大風雨。
**3月下旬** 京都東西両本願寺で親鸞500回忌。
**5・18** 将軍家治、江戸城内で池坊専意の立花を観覧。
**5月** 幕府、大名に1万石につき籾1000俵の囲籾を命令。
**6・12** 徳川家重歿(51)。
**7・6** 野呂元丈(69)。
**7・26** 幕府、元文金銀などの質入れを禁止。
**9月** 手島堵庵、町人への心学教育を開始。
**10・26** 池上幸豊、製糖を開始。
**10月** 幕府、対馬藩の10万両拝借願いについて、

◉京都町奉行
東
小林春郷（伊予守）
西
松前順広（筑前守）
◉大坂城代
松平康福（周防守）
◉大坂町奉行
東
岡部元良（対馬守）
西
興津忠通（能登守）
◉長崎奉行
正木康恒（大膳）
大久保忠与（荒之助）
◉若年寄
小出英持（信濃守）
松平忠恒（摂津守）
酒井忠休（山城守）
水野忠見（壱岐守）
鳥居忠意（伊賀守）
◉側用人
板倉勝清（佐渡守）

## 信濃・上田藩で大規模な百姓一揆。城内へ乱入　十二月十一日

事件 災害

この年、信濃は干ばつで、特に山間部の被害がひどかった。この不作が直接の引き金となった一揆《いっき》だったが、その根は深く、千曲川《ちくまがわ》西方、上田藩《うえだはん》領内の十余村では、一年以上前から周到な準備で練られた計画があったと言われている。以前から、租税《そぜい》方針の変更などが積み重なって不満が溜まっていたため、本年貢と雑税の減免や、年貢の査定額を決定する検見役人《けみやくにん》や庄屋《しょうや》の横暴、結託などの停止を要求することで合議が進んでいた。要求書を手にした者たちは、前夜半、夫神村《おかみ》（長野県青木村）の農民・半平《はんべい》と組頭《くみがしら》の朝之丞《あさのじょう》を先頭に、一揆ののろしを上げた。やがて、組単位ごとに集結していた他の村々の農民たちが次々に合流。松明《たいまつ》を手にした一揆勢は、どんどん人数を増しながら上田城を目指して進んだ。農民、約一万数千人は上田城の大木戸を破り、藩主が江戸在勤中だったため、年貢減免など十八条から成る要求書を城代家老《じょうだいかろう》に手渡した。しかも、その後、城を後にした農民たちは、勢いづいて城下の商家や庄屋宅への打ちこわしの挙に出た。藩はこの勢いに押される形で、農民たちの要求の大半を認め、一揆騒動は鎮静化した。だが、年が明けると主謀者の逮捕に乗り出し、半平と浅之丞には死罪が言い渡された。

この騒動の顛末《てんまつ》は『上田島崩格子《うえだじまくずれごうし》』などいくつもの物語を生み、これ以後、半平のような無名の農民が一揆の英雄として物語中に名をとどめるようになる。その中に、半平が残した「いさぎよく散るやこの世の花ふぶき」という辞世の句も紹介されている。この時代には、農民の間にも俳句つくりが普及し始めていた。

## 京都でお半・長右衛門の謎の心中事件が発生

社会 世相

京都柳馬場《やなぎのばんば》の帯屋長右衛門《ちょうえもん》は三十八歳。隣家、信濃屋勘兵衛の娘・お半《はん》、十三歳。二人が、桂川《かつらがわ》から身体を結び合わせての心中《しんじゅう》死体で見つかった。年齢がかなり開いていることから、人々から好奇の目で見られた。やがて、安永五年（一七七六）になって、人形浄瑠璃《にんぎょうじょうるり》の人気演目として現代にまで残る名作『桂川連理柵《かつらがわれんりのしがらみ》』（通称「桂川」または「お半、長右衛門」）を生んだ事件である。この謎の事件は、憶測が更なる憶測を呼んで様々な説が生まれたが、どうやら真相は次のようなものであったらしい。

帯屋長右衛門は、商売上の交際もしていた隣家の信濃屋の娘お半が、大坂に奉公に行くこととなったため、その付添いを頼まれ、二人で桂川の渡し舟を待っていた。そこで強盗に襲われ、金品を巻きあげられた上に殺されたということのようだ。強盗が、犯行を紛《まぎ》らわすために心中に見せかけたというわけである。その悪者の偽装工作から話が膨らんで、後の時代になって名作が生まれたのだから、不思議なめぐり合わせである。二人の墓が京都新京極三条《しんきょうごくさんじょう》の誓願寺《せいがんじ》に今でも残されているというから、そのことからも、心中者として罰せられていないことがわかる。

芝居のお半（明治の役者絵）

この年に3万両、朝鮮通信使来国時に5万両の貸与を許可。

**12・4** 幕府、御家人救済のため、旗本の収納する年貢米を浅草御蔵で買い入れる。

**12・10** 幕府、輸出用銅確保のため、秋田藩産出銅1500貫目を以後毎年長崎へ搬送するよう指示。

**12・12** 信濃上田藩の百姓、年貢減免などを要求し城下へ強訴（上田騒動）。

**12・16** 幕府、買米資金として、大坂商人約200人に約170万3000両の御用金調達を賦課。

**12・30** 幕府、大坂諸藩蔵屋敷の空米切手・両替商の印金売買を禁止。

**この年** 佐渡雑太郡58か村で越訴。

**この年** 信濃の養蚕家塚田与右衛門の『養蚕全書』刊行。

# 1762 宝暦十二年

壬午

天皇▼桃園天皇（～七月十二日）
後桜町天皇（七月二十七日～）

将軍▼徳川家治（第十代）

**【主要幕閣】**

**◉老中**
松平武元（右近将監）
秋元凉朝（但馬守）
酒井忠寄（左衛門尉）
井上正経（河内守）
松平輝高（右京大夫）
松平康福（周防守）

**◉寺社奉行**
鳥居忠意（伊賀守）
酒井忠香（飛驒守）
太田資俊（摂津守）
松平乗佑（和泉守）
毛利政苗（讃岐守）

**◉勘定奉行**
一色政沆（周防守）
石谷清昌（備後守）
安藤惟要（弾正少弼）
牧野成賢（大隅守）
小野一吉（左大夫・日向守）

**◉江戸町奉行**
**北**
依田政次（和泉守）
**南**
土屋正方（越前守）

**◉京都所司代**
阿部正右（伊予守）

## 田安家、一橋家に続き、清水家が誕生して御三卿が成立　五月十五日

政治 経済

この日、先代将軍・家重《いえしげ》の次男重好《しげよし》が、幕府から十万石を与えられて清水家《しみずけ》を興《おこ》した。これにより、尾《お》張《わり》・紀州《きしゅう》・水戸《みと》の御三家《ごさんけ》に伍《ご》する御三卿《ごさんきょう》が成立したわけだが、ここに至る流れはすでに数年前に始まっていた。重好はこの四年ほど前の宝暦八年（一七五八）十二月に、江戸城内の清水門内に宅地を与えられている。そして翌年九月に元服《げんぷく》、従三位左近衛権中将《じゅさんみさこんえごんのちゅうじょう》となって宮内卿《くないきょう》を兼任した。今回の十万石という待遇は、清水家創設に向けた動きの総仕上げだった。御三卿は、将軍家が後継者を出せない時の補完として位置づけられたが、既に、もともとそうした役割を与えられていた御三家というものがありながら、新たに御三卿を用意した背景には、以下のようなものがあったと言われている。

徳川家初代将軍・家康《いえやす》の子による尾張・紀州・水戸の御三家は、時の経過とともに江戸の将軍家と疎遠《そえん》になっていた。さらに将軍職をめぐる争いに端を発する対立が弊害《へいがい》を生むようにもなっていた。八代将軍・吉宗《よしむね》の時代の、尾張藩主・宗春《むねはる》との政策面での対立は、その最も顕著《けんちょ》な例だった。そこで、吉宗は自分の血筋から成る将軍家を守る別グループを構想し、まず、二男宗武《むねたけ》に田安家《たやすけ》を、次いで四男宗尹《むねただ》に一橋家《ひとつばしけ》を興させた。今回の、孫にあたる重好による清水家の創始が、その構想の総仕上げとなったのである。

## 高松藩主・松平頼恭、詳細な魚類図鑑を将軍に献上　一月二十九日

文化 思想

地域に根差した産業の育成への関心から、享保年間ころから盛んになっていた各藩の「本草学《ほんぞうがく》」が、動・植物の詳細な図録《ずろく》の制作へと向かっていた。本草学は、もともとは中国医学から派生した学問で、薬類の原材料となるものの詳細な分類、観察から起こったもの。オランダ渡来の図鑑に学んだ緻密《ちみつ》な写生画も登場したが、その先駆となっていたのが高松藩《たかまつはん》だった。高松藩主は代々、文化の育成が盛んだったが、とりわけ熱心に取り組んでいたのが第五代藩主の松平頼恭《よりたか》だった。平賀源内《ひらがげんない》を長崎に派遣して学ばせたのも、頼恭だった。

『魚譜』（頼恭の『衆鱗図』と『衆鱗手鑑』をもとにしたとみられる）

博物学《はくぶつがく》全般に関心のあった頼恭が、日本初の本格的「魚類図鑑」ともされる『衆鱗《しゅうりん》』全四巻を、この日、将軍・家治《いえはる》に献上した。この精緻《せいち》な描写

**【この年の出来事】**

**1・15** 幕府、対馬藩などへ朝鮮通信使の饗応について天和令に従うよう通達。
**1・29** 讃岐高松藩主松平頼恭、魚類図鑑『衆鱗』を将軍家治に献上。
**2・18** 幕府、土地寄進の形で寺院の移転・改宗が行なわれるため、田畑の寺院への寄進を禁止。
**2・21** 飯田藩の百姓1万4000余人、千人講への強制加入に反対し強訴（千人講騒動）。
**2・23** 奈良で大火。東大寺戒壇院・興福寺など焼失。
**2月** 幕府、江戸での重職者への門訴など、目安箱以外への訴えを禁止。
**4月** 幕府、大坂金蔵から江戸金蔵への送金について、為替から銀貨の現金輸送に変更。
**閏4・10** 田村藍水・平賀源内、湯島で第5回物産会を開催。
**閏4・13** 幕府、神田明

◉京都町奉行
東
小林春郷（伊予守）
西
松前順広（筑前守）
◉大坂城代
松平康福（周防守）
阿部正允（飛騨守）
◉大坂町奉行
東
鵜殿長達（十郎左衛門・出雲守）
西
興津忠通（能登守）
◉長崎奉行
正木康恒（大膳）
大久保忠与（荒之助）
石谷清昌（備後守）
◉若年寄
小出英持（信濃守）
松平忠恒（摂津守）
水野忠見（壱岐守）
酒井忠休（山城守）
鳥居忠意（伊賀守）
◉側用人
板倉勝清（佐渡守）

による画帳は、「真物を以って正写する」を基本としたもので、薄紙に描かれた写生図をていねいに切り抜き、台紙に貼り、質感を表現するために漆《うるし》や雲母片《うんもへん》も使用し、それぞれの魚の正確な名称が記されている。

## 信濃飯田藩で「千人講一揆」が発生 二月二十一日

事件災害

一《いっ》揆《き》の発生は二月だが、その原因となった「千人講《せんにんこう》」は、飯田藩《いいだはん》の財政逼迫《ひっぱく》に端を発したものだった。もともと財政難に陥っていたところに、宝暦五年（一七五五）に江戸屋敷が火事で焼失し、さらに宝暦八年（一七五八）に駿《すん》府城《ぷじょう》の加番《かばん》の公役《くやく》が課せられ、藩財政を直撃した。そこで年貢の先借りとして、藩が講元となる公営の「講《こう》」を始めることにした。城下に「千人講会所」を設け、町家や各村に強制的に参加させた。村は規模の大小にかかわらず一村あたり二口の参加。一口を年六両としたから、一村で毎月一両の拠出《きょしゅつ》が義務付けられた。小村ではとても応じられず、第二会あたりには辞退を申し出るところが現れたが、郡《こおり》奉行《ぶぎょう》が「辞退するなら田地を差し出して立ち退け」と言い出したので、農民たちがたまりかねて一揆の相談を始めたというもの。

この日、藩南端の下郷《しもごう》三ヶ村と言われる桐林《きりばやし》、時又《ときまた》、上《かみ》川路《かわじ》の農民たちは城下に向けて出発。途上、次第に参加者が増え続け、城下に入った頃には圧倒的な人数となり、城下の豪商《ごうしょう》の打ちこわしへと発展し、収拾のつかない状況となった。藩は事態を収拾するために、講の廃止と、講の発案・推進者の罷免《ひめん》を決定、ようやく収拾した。騒動が収まったあと、藩では一揆の主謀者らの捕縛を行なったが、死罪、追放などの重い罪を課すこともなく、手錠お預けや入牢《にゅうろう》などとし、やがて、それらも許されて一連の騒ぎは終わった。

## 吉原芸者の歌扇が人気者になり、やがて「芸者」は女の仕事に

社会世相

この時代になると、廓《くるわ》も様変わりしてきた。江戸でも一番の格式を保持していた吉原《よしわら》から「大夫《たゆう》」の名が消え揚屋《あげや》も消え、遊女《ゆうじょ》は、専ら売春しかしないという者がほとんどとなって品格が地に落ちてしまった。そこで、宝暦の初めころから「女芸者」が登場していた。もともと「芸者」は、いわゆる太鼓持ちとして、男の仕事だった。宴席を盛り上げるプロとして評価されていたが、その役割を担う女が、徐々に現れるようになっていったのだ。

そうした中、圧倒的なスターとして、この年に登場したのが「歌扇《かせん》」だった。しばらくの間は、こうした者たちを女芸者と呼び、以前からの者を「男芸者」と呼ぶこともあったが、やがて、「芸者」といえば女のことで、男芸者は「幇間《ほうかん》」と呼ぶようになった。その始まりが、このころと言われている。やがて、芸者となる女たちに対して、門限など管理の強化も行なわれ、商売に出る際の服装は、白襟《しろえり》無地の紋付《もんつき》、髪は島田に笄《こうがい》・櫛《くし》・簪《かんざし》は各一本…など、遊女と一線を画する装いとさせ、これが、いわゆる芸者の「粋《いき》」として定着していった。

歌扇

神例祭を翌年に延期。
**5・15** 幕府、将軍家重の2男清水重好に10万石を与える(御三卿の成立)。
**5月** 幕府、百姓の江戸門訴の厳罰を規定。
**5月** 幕府、大坂の武家・寺社と町人との金銭訴訟を大坂町奉行の管掌と規定。
**7・12** 桃園天皇歿(22)。
**7・21** 唐津藩領と幕領との間にある虹の松原に百姓らが集結し、年貢軽減を求めて一揆。全面的に要求が認められる（虹の松原一揆)。
**7・27** 後桜町天皇践祚。
**8・8** 山脇東洋歿(58)。
**10・14** 安藤昌益歿(59)。
**10・17** 幕府、浜御殿の甘蔗根株を池上幸豊に下賜。

# 1763

# 宝暦十三年

癸未

天皇▼後桜町天皇

将軍▼徳川家治（第十代）

**【主要幕閣】**

**◉老中**
松平武元（右近将監）
秋元凉朝（但馬守）
酒井忠寄（左衛門尉）
井上正経（河内守）
松平輝高（右京大夫）
松平康福（周防守）

**◉寺社奉行**
毛利政苗（讃岐守）
松平乗佑（和泉守）
酒井忠香（飛驒守）
土井利里（大炊頭）

**◉勘定奉行**
一色政沆（周防守）
石谷清昌（備後守）
安藤惟要（弾正少弼）
牧野成賢（大隅守）
小野一吉（日向守）

**◉江戸町奉行**
**北**
依田政次（和泉守）
**南**
土屋正方（越前守）

**◉京都所司代**
阿部正右（伊予守）

**◉京都町奉行**
**東**

## 暦にない日食が起こり、やがて西洋暦学を取り入れる機運が生まれる　九月一日　政治 経済

この日、暦《こよみ》にはない日食《にっしょく》が起こった。このころ、幕府が使用していたのは宝暦暦《ほうりゃくれき》だった。この暦のための測量に関係した幕府天文方《てんもんかた》の学者たちも、日食があることは計算していたというが、わずか二分足らずの部分的なものと想定して、それは記載しなくてよいとされていたと言い訳をした。だが、実際には五分以上の時間を費やす本格的日食だったこともあり、幕府は、査問《さもん》の末、翌年秋に責任者の渋川光洪《しぶかわみつひろ》と山路主住《やまじぬしずみ》を処罰し、その一方で、改暦作業に乗り出した。

じつは、この年の日食を、前年から予言して的中させた人物がいた。豊後杵築《ぶんごきつき》藩の綾部《あやべ》正庵《しょうあん》である。独学で天文学を学んだ正庵は、藩に対して暦学研究を要望したが受け入れられず、その後、脱藩して大坂方面に出て姓名を変えたため、消息がわからなくなった。ところが、幕府が着手した改暦作業が難航し、やっと明和八年（一七七一）より施行された新暦も実際の天体運行と誤差を生じるので、幕府は、そのころ第一人者とされていた麻田剛立《あさだごうりゅう》に新暦の作成を要請した。この人物こそが、名前を替えて大坂で研鑽を積んでいた綾部正庵だったという皮肉な結果となっている。こうして寛政九年（一七九七）に、高齢になっていた剛立が推挙した弟子たちの作業によって、日本で初めて、西洋暦学を取り入れた寛政暦が完成した。

## 本居宣長と賀茂真淵との「松坂の一夜」が行なわれる　五月二十五日　文化 思想

日本文化のルーツを解き明かそうとする「国学」の基礎が生まれたのが、この「松坂の一夜」として語り継がれている日とされている。本居宣長《もとおりのりなが》は、この日、かねてから尊敬していた先学の師、賀茂真淵《かものまぶち》が伊勢《いせ》・松坂《まつさか》の旅籠《はたご》に投宿していることを聞きつけて訪問した。宣長三十四歳、真淵六十七歳の時だった。初対面の二人だったが、宣長は真淵に『古事記《こじき》』注釈《ちゅうしゃく》本の構想を話し、真淵は宣長を励まして、研究を進める上での諸注意を与えたと言われている。

高齢の真淵は、この後、宣長とは書簡のやりとりしか行なわずに世を去っているので、この国学黎明《れいめい》期の巨星《きょせい》の直接の面談は、この日限りで終わってしまった。だが、この歴史に残る対面が無ければ、本居宣長の名著『古事記伝』の内容は大きく変わっていたか、あるいは完成することがなかったかも知れないとさえ言われるほど、歴史上重要な一夜だった。

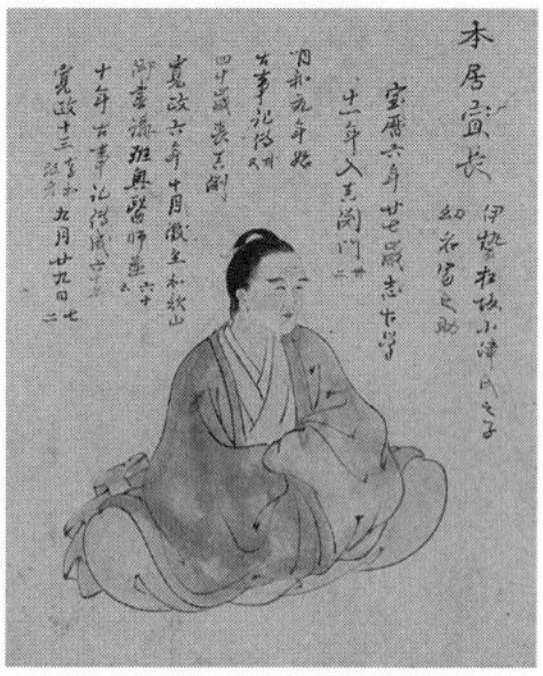

本居宣長（栗原信充『肖像集』）

**【この年の出来事】**

**2・5** 江戸で大火。四谷大番町から出火し、牛込・目白・大塚まで延焼。
**3・18** 幕府、百姓の公事訴訟などの扱いについて規定し、各代官に通達。
**3・22** 幕府、銅増産のため諸国銅山の調査を実施。
**4月** 幕府、朝鮮通信使の通行を対馬藩請け負いと規定。
**4月** 与謝蕪村『山水図屛風』完成。
**5・25** 本居宣長、松坂城下で賀茂真淵に面会。
**6・22** 幕府、諸大名に対し、生涯に一度は正室を迎えるようにと命じる。
**6・24** 田村藍水、幕府に任用され、朝鮮人参担当となる。
**7・7** 幕府、長崎で清から元糸銀300貫目を輸入（唐金銀輸入の始まり）。
**7・16** 煎茶を広めた禅僧の月海歿（89）。
**7・29** 幕府、植村政辰・田村藍水らに、上野・下

小林春郷（伊予守）
**西**
松前順広（筑前守）
**◉大坂城代**
阿部正允（飛騨守）
**◉大坂町奉行**
**東**
鵜殿長達（出雲守）
**西**
興津忠通（能登守）
**◉長崎奉行**
正木康恒（大膳）
石谷清昌（備後守）
大岡忠移（吉次郎・美濃守）
**◉若年寄**
小出英持（信濃守）
松平忠恒（摂津守）
水野忠見（壱岐守）
酒井忠休（石見守）
鳥居忠意（伊賀守）
**◉側用人**
板倉勝清（佐渡守）

## 煎茶の風習を広めた「売茶翁」が逝去する　七月十六日

事件災害

「抹《まっ》茶《ちゃ》」今では茶道のなかで生き残る程度になって、日常生活での日本茶といえば「煎茶《せんちゃ》」が主流になっているが、それを定着させたのが「売茶翁《ばいさおう》」として知られる黄檗宗《おうばくしゅう》の禅僧・月海《げっかい》だった。その売茶翁が、京都で八十九歳で亡くなったのがこの日だった。

茶葉を煎じて飲むという習慣は、もともと中国にあり、唐代に始まっている。だが、その後、中断してしまい、明代末くらいから再度、盛んになっていた。日本へは江戸時代初期に伝わり、今でも茶の産地として著名な宇治に開かれた黄檗宗の本山、万福寺《まんぷくじ》を中心として、禅僧の間で知られ始めたと言われている。売茶翁もそのひとりとして煎茶に親しんだが、これを、茶道を軸に硬直化していた社会を開放する反俗的な生き方の中にあてはめて、普及に努めた。宝暦六年（一七五六）には文人・大枝流芳《おおえだりゅうほう》によって『煎茶仕様集』という書も刊行されるほどに普及していった。煎茶は、抹茶に代わって文人の間に定着していき、やがて、幕末にかけて庶民の暮らしにも浸透していった。

## うなぎの大蒲焼が江戸で大流行

社会世相

うなぎを裂《さ》いて焼いて食べるという習慣は、もともと京都に始まる。これが十八世紀初頭に江戸へ伝わり、一度蒸してから、たれを付けて焼くという料理法が完成したようだが、これが、江戸っ子の間で大流行したのが、この年あたりからだった。

材料となるうなぎは、江戸の川で採《と》れた「江戸前」ものが最上とされ、他の地域から運ばれてきたうなぎは「旅うなぎ」と呼ばれて区別されていた。江戸前は、決して簡単に庶民の口には入らない。焼きあがる香りが町中にあふれながらも、川柳《せんりゅう》に「辻焼の鰻《うなぎ》はみんな江戸後《うしろ》」と、比較的安価な「旅うなぎ」がからかわれるほどだった。今でも残る「土用《どよう》の丑《うし》」にうなぎを食べる習慣は、平賀源内《ひらがげんない》が不景気なうなぎ屋に勧めて作りだした習慣だという話が伝わっているが、これも、うなぎが決して日常的な食べ物ではなかったからだろう。だが、夏の土用だけではなく、寒の土用もあって、特別な時の贅沢《ぜいたく》な食べ物としての地位は確立していったようだ。天保年間（一八三〇～四四）にもなると、「うなぎ切手」という名称の商品券まで作られて、贈答《ぞうとう》用に重宝《ちょうほう》されたという。

うなぎの大蒲焼
（『江戸大じまん』）

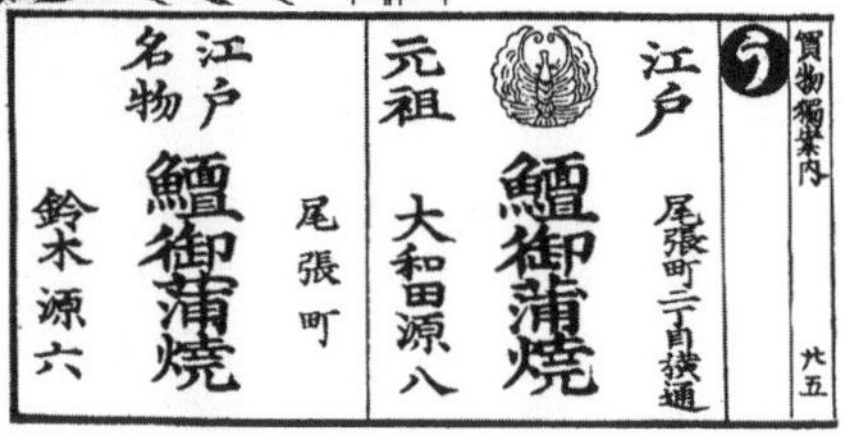


お店ガイド
『江戸買物独案内』
の鰻の蒲焼屋

野・陸奥各国の自生人参の調査を指示。
**7・30**　石見津和野で大火。1456戸焼失（豆腐屋火事）。
**7月**　平賀源内『物類品隲』刊行。
**7月**　三宅島噴火、以後断続。
**8・21**　幕府、江戸市中での広東人参の売買を禁止。
**9・1**　麻田剛立、暦にない日食を予言し、宝暦暦の欠陥を指摘。
**11・23**　幕府、和人参の流通拡大のため、神田紺屋町の薬種商岡田治助に朝鮮人参座の設置を許可。
**12・23**　鶴屋南北歿。
**12・27**　幕府、銭不足のため囲銭を禁止。
**この年**　京都で浄土真宗本願寺派が教義をめぐり分裂（三業惑乱）。
**このころ**　江戸でうなぎの蒲焼が流行。

# 1764 明和元年（宝暦十四年）

## 甲申

天皇▼後桜町天皇

将軍▼徳川家治（第十代）

**【主要幕閣】**

**◉老中**
松平武元（右近将監）
秋元凉朝（但馬守）
酒井忠寄（左衛門尉）
松平輝高（右京大夫）
松平康福（周防守）
阿部正右（伊予守）

**◉寺社奉行**
毛利政苗（讃岐守）
松平乗佑（和泉守）
酒井忠香（飛騨守）
土井利里（大炊頭）
松平忠順（伊賀守）
土岐定経（美濃守）

**◉勘定奉行**
一色政沆（周防守）
石谷清昌（備後守）
安藤惟要（弾正少弼）
牧野成賢（大隅守）
小野一吉（日向守）

**◉江戸町奉行**
**北**
依田政次（和泉守）
**南**
土屋正方（越前守）

**◉京都所司代**
阿部正右（伊予守）
阿部正允（飛騨守）

### 二十万の農民が呼応する前代未聞の助郷役を巡る大騒動　閏十二月十七日

政治経済

助《すけ》郷役《ごうやく》とは、幕府が諸街道の宿場周辺の各村に課したもので、宿場保全のための人足や馬の提供などの義務のこと。人馬を提供できない場合は金銭での代納も認められた。初めは臨時の徴収だったが、次第に恒常化し、この時期には制度として定着していた。一方的に農民に負担を強いるもので、拒絶できない農民側にとって、問題の多い制度だった。

その助郷の増徴《ぞうちょう》が言い渡され、「とても応じられない」と信濃《しなの》（現、長野県）の和田《わだ》宿を中心とする村々の代表が、幕府に強訴《ごうそ》しようと中山道を江戸に上って行く途上のこと。同じ負担に苦しむ西上野《こうずけ》（現、栃木県）で騒ぎが拡がり、さらに、武蔵《むさし》国児玉《こだま》郡（現、埼玉県）での増助郷反対の動きと、本庄《ほんじょう》宿（現、埼玉県本庄市）周辺で合流する事態になった。強訴の道中は膨れ上がり、総勢二十万人が街道筋の問屋や富商家を打ちこわしながら江戸へ向かうという事態に、幕府領・藩領・寺社領などが複雑に入り込む関東の各地からは、幕府への注進《ちゅうしん》が相次いだ。あわてた幕府は、江戸への進入路である板橋《いたばし》・千住《せんじゅ》宿（現、東京都板橋区・足立区）の警備を強化し、封鎖状態にするなど鎮圧に躍起となる一方、二十九日になって関東郡代名で増助郷の免除を確約。ようやく、武蔵桶川《おけがわ》宿（現、埼玉県桶川市）までで、一揆勢の江戸進入を喰《く》い止めた。こののち、一揆勢の動きが鎮静化すると、幕府は首謀者ら三百余名を処罰した。その各地の呼応ぶりと規模のあまりの大きさに、徳川の天下の威勢に翳りが生じ始めたことを、人々は感じとっていた。

### 朝鮮からの通信使が将軍との会見の帰路に通訳に殺害される　四月六日

文化思想

朝鮮通信使は、朝鮮から正式に派遣された祝賀使節。将軍の代替わりや特別な慶事《けいじ》の際に、数百人におよぶ一行で日本を訪れた。この年の来訪は、十代将軍・家治《いえはる》の就任へのもので、二月二十七日に江戸での会見を済ませての帰路、大坂の宿舎で殺人事件が発生した。

殺害されたのは通信使のひとり、崔天悰《さいてんそう》で、犯人は通訳をしていた対馬《つしま》藩士・鈴木伝蔵《すずきでんぞう》。殺害の動機は諸説入り乱れて決め手に欠けるが、対馬という朝鮮半島に近い位置関係から、何らかの経緯が過去にある怨恨《えんこん》や仇討《あだう》ち説が囁《ささや》かれているほか、対馬と朝鮮との密貿易がらみのトラブルだったという説まであるが、真相は不明である。いずれにしても、幕府としては大失態。急ぎ監察役の目付・曲淵景《まがりぶちかげ》漸《つぐ》を大坂に派遣し、五月二日には伝蔵を木津川口月正島において、通信使一行の面前で斬首して謝罪した。

なお、この通信使派遣は、前年、朝鮮では大規模な飢饉《ききん》が発生し、遅れての出発だったもの。一行の最大の目的は飢饉対策として、日本側の協力を引き出すことにあった。そのため、救荒《きゅうこう》作物への期待は大きかったが、飢饉時に有効な食糧として知られていた甘藷《かんしょ》の栽培法と、その種イモの入手に、彼らは成功した。甘藷が朝鮮半島で普及したのは、これ以後のことである。

**【この年の出来事】**

**1月**　幕府、勘定奉行に財政再建を指示。
**2・14**　故徳川吉宗所望の『古今図書集成』1万巻が清国から輸入、紅葉山文庫に収納。
**2・27**　朝鮮通信使、将軍家治に拝謁。
**2月**　平賀源内、石綿を使い火浣布を製造。
**3・11**　幕府、長崎貿易不振により諸国に俵物増産と長崎への廻送を奨励。
**4・6**　朝鮮通信使の一人が通訳に殺害される。
**6・2**　後桜町天皇即位により明和に改元。
**6・29**　幕府、朝鮮通信使応対について扱う刷物の出版を禁止。
**6・29**　幕府、朝鮮人参の地方販売を許可。
**8・7**　幕府、品川・板橋・千住の食売女の増員を許可。
**9・12**　宇都宮藩の百姓、上納米の籾摺量増加に反対し打ちこわし（籾摺騒動）。

◉京都町奉行
東
小林春郷（伊予守）
西
松前順広（筑前守）
太田正清（三郎兵衛・播磨守）

◉大坂城代
阿部正允（飛驒守）
松平乗佑（和泉守）

◉大坂町奉行
東
鵜殿長達（出雲守）
西
興津忠通（能登守）

◉長崎奉行
石谷清昌（備後守）
大岡忠移（美濃守）

◉若年寄
小出英持（信濃守）
松平忠恒（摂津守）
水野忠見（壱岐守）
酒井忠休（石見守）
鳥居忠意（伊賀守）

◉側用人
板倉勝清（佐渡守）

## 品川・板橋・千住の三宿で、飯盛女の増員が認められる　八月七日

事件災害

「飯《めし》盛女《もりおんな》」は俗称で、幕府の正式呼称は「食売女《めしうりおんな》」。幕府では各宿場に遊女を置くことを禁じていたが、実際には、客が食事をする際の給仕役を食売女と名付けて認め、これは事実上の売春の公認だった。ただし無制限ではなく、旅籠《はたご》一軒あたり二人までの所属を認めるというものだったが、これも、洗濯女など別の名で免れる旅籠が現れるなどで、品川《しながわ》・板橋《いたばし》・千住《せんじゅ》では、旅人だけに留まらず、近在からも客を集め、事実上の遊廓となっていた。

今回の増員を認めるとの触れは、発達してしまった三つの宿場の現状を追認するものであったとも、増え続ける需要に現実が追い付かず、客が素通りして江戸市中に入ってしまうのを防ごうと、旅籠側が規制の緩和を願い出たものとも言われている。結果として、品川は五百人、板橋・千住は各々百五十人まで、飯盛女を置くことが許された（なお品川宿は、甲州街道への出口としての新宿を含めての総称）。

飯盛女（『東海道名所図会』）

## 江戸の町火消に竜吐水（ポンプ）が導入される　十二月

社会世相

歳末の十二月になって、江戸町火消のうち、江戸城に近い十三組が、幕府より「竜吐水《りゅうどすい》」を賜った。竜吐水とは、水を吐き出すその姿から名付けられたもので、いわゆる水揚げポンプである。高地へ水を揚げる農業用の機器としては室町時代から一部で使われていたが、消防・消火用具としては享保年間（一七一六〜一七三六）にオランダから渡来したものか、それを参考にして長崎で発明されたもの、と言われ、消火作業への正式採用は、この年が初めてだった。長い間使われ続けている手押しポンプの原型で、この時期には最新鋭の装備だった。

もっとも、この竜吐水、図体《ずうたい》は大きいが、実際の火事では、屋根の上に水を掛けて延焼《えんしょう》を遅らせる程度の能力しかなかったのではないかとも言われている。何より、手桶のリレーで水を補給するのが大変だったこと、水圧がそれほどではなかったことなどが理由だが、実際、火消の様子が描かれている絵図でも、先頭を走るのは勇猛果敢な火消《ひけし》の晴れ姿であり、竜吐水の装備は隊列のしんがり近くに位置して、車輪の付いた大きな箱を曳《ひ》いている姿が描かれる程度だった。

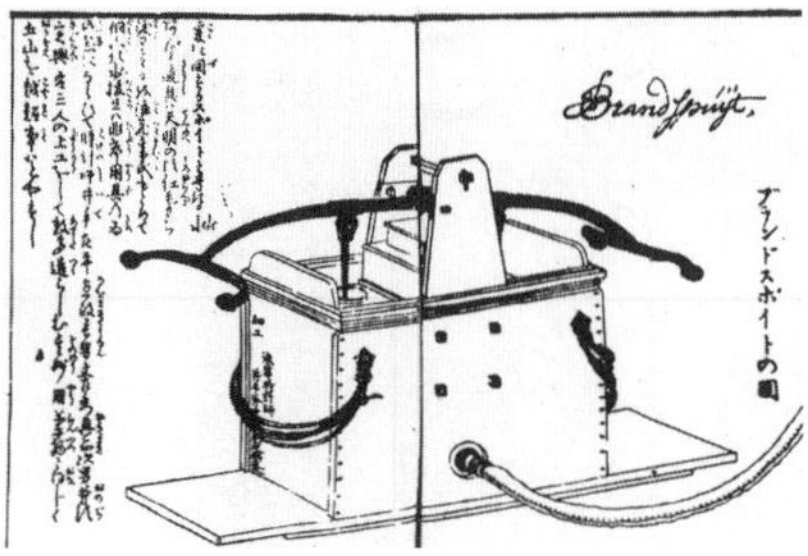

竜吐水（『農具便利論』）

**11・10**　江戸三十三間堂再建。
**11・17**　幕府、昨年の暦にない日食に関して、天文方渋川光洪・山路主住を処罰。
**11・21**　琉球の謝恩使、将軍家治に拝謁。
**12月**　幕府、江戸町人に常陸・下野・上野各国への帰農を推奨。
**12月**　江戸の町火消しに竜吐水を導入。
**閏12・7**　幕府、銭高騰により囲銭を禁止。29日、売溜銭の売り払いを再令。
**閏12・17**　中山道和田宿周辺の百姓、増助郷に反対して一揆（伝馬騒動）。
**閏12・24**　幕府、神田に人参座を開設。
**閏12月**　武蔵八幡山藩の百姓、増助郷に反対し強訴を計画。上野・下野国に波及し参加者20万人まで拡大（天狗騒動）。
**この年**　本居宣長、『古事記伝』を起稿。

# 1765
# 明和二年

乙酉

天皇▼後桜町天皇

将軍▼徳川家治（第十代）

**【主要幕閣】**

**◉老中**
松平武元（右近将監）
松平輝高（右京大夫）
松平康福（周防守）
阿部正右（伊予守）
秋元凉朝（但馬守）

**◉寺社奉行**
酒井忠香（飛驒守）
土井利里（大炊頭）
松平忠順（伊賀守）
土岐定経（美濃守）
久世広明（出雲守）

**◉勘定奉行**
一色政沆（周防守）
石谷清昌（備後守）
安藤惟要（弾正少弼）
牧野成賢（大隅守）
小野一吉（日向守）
伊奈忠宥（半左衛門・備前守）

**◉江戸町奉行**
**北**
依田政次（和泉守）
**南**
土屋正方（越前守）

**◉京都所司代**
阿部正允（飛驒守）

政治 経済

## 変動相場から定額貨幣制への移行をめざし、初の定額銀貨発行　九月一日

幕府は、貨幣制度改革を目標に掲げ、新たに「五匁《もんめ》銀」を鋳造、発行した。重さを刻印《こくいん》した銀貨として、日本で初めての定額貨幣誕生である。

これまでの銀貨は、重さを計り、その時の相場に応じた価値で通用させる秤量《しょうりょう》貨幣《かへい》で、必要な量を切り取って使うことができ、それらは丁銀、豆板銀と呼ばれていた。今回、重さ五匁に統一された銀は、銀の含有率（品位）は四割六分（四十六パーセント）に固定されたもの。そして、この五匁銀貨発行の二年後に、幕府はついに、相場とは関係なく、「五匁銀十二枚（六十匁）をもって金一両と交換する」という固定換算制度を導入するに至る。当時、実勢相場は六十四匁程度だったため、両替商らの強い反撥があったが、貨幣制度の健全化を目標としていた幕府は、強引に実施に踏み切った。それでもこの五匁銀貨は流通貨幣として定着せず、さらに七年後、新たな銀貨が発行されることになる。幕府の狙いが実を結ぶのは、まだ先のことである。

明和五匁銀

文化 思想

## 鈴木春信が多色刷りの新技法による錦絵を創始する

この年、浮世絵師・鈴木春信《すずきはるのぶ》の制作による多色刷のカラフルな絵暦《えごよみ》が、集まった人々を驚嘆させた。場所は、江戸牛込《うしごめ》の旗本・大久保忠舒《おおくぼただのぶ》こと、巨川《きょせん》と号して狂《きょう》歌《か》会を主宰する文化人の屋敷。そこでは、しばしば狂歌会の巨川連のメンバーが集まって絵暦の交換会が開催されていた。その場所に、巨川の発案で浮世絵師の春信が招かれ、新技法の絵暦が発表されたもの。絵暦とは、一枚の絵の中に判《はん》じ物風に一年を示した一種のカレンダー。文化人、趣味人が集まって、それぞれのお抱え絵師が制作した絵暦を持ち寄り、出来《でき》栄《ば》えを競うといった趣向《しゅこう》である。

参加者を驚嘆させた鈴木春信の新技法とは、次のようなものだった。

菱川師宣《ひしかわもろのぶ》によって百年ほど以前に創始された浮世絵は、墨《すみ》摺《ず》り木版画（江戸絵）だったが、その後、百年ほどの間に二、三色を重ねる紅摺絵《べにずりえ》にまで発展していた。ところが春信とその周辺の画工たちは、一色に一枚の版木を用いて十数色を重ねて摺るという驚異的で画期的な技法を完成させた。この技法は「錦絵《にしきえ》」と名付けられ、以後、浮世絵の主流となって今日にまで伝わっているもの。春信は、この五年後に四十歳代で歿するが、その間に七百点を超える錦絵を制作している。

**【この年の出来事】**

**1月** 後藤梨春『紅毛談』刊行。オランダの地理風俗・アルファベットなどの記載があり、絶版となる。
**2・22** 幕府、佐々木文次郎に暦法修補を命じ、京都へ派遣。
**4月** 京都鴨川で洪水。
**5・25** 奥医師多紀元孝、神田佐久間町の天文台跡地を与えられる。
**5月** 柄井川柳『誹風柳多留』初編刊行。
**7・3** 幕府、天文台を牛込藁店に再設置（新暦調所）。
**7・3** 山城・近江・伊勢・紀伊・播磨で大風雨。
**7・6** 幕府、輸出強化のため、諸国に俵物の増産を奨励。
**7月** 幕府、後藤庄三郎に命じて、亀戸に鋳銭定座を設置。
**8・2** 幕府、鋳銭請負制度を廃止、亀戸鋳銭座での鋳銭を指示（鋳銭定座制の確立）。

◉京都町奉行
東
小林春郷（伊予守）
西
太田正清（三郎兵衛・播磨守）
◉大坂城代
松平乗佑（和泉守）
◉大坂町奉行
東
鵜殿長達（出雲守）
西
興津忠通（能登守）
曲淵景漸（勝次郎・甲斐守）
◉長崎奉行
石谷清昌（備後守）
新見正栄（加賀守）
◉若年寄
小出英持（信濃守）
松平忠恒（摂津守）
水野忠見（壱岐守）
酒井忠休（石見守）
鳥居忠意（伊賀守）
酒井忠香（飛騨守）
◉側用人
板倉勝清（佐渡守）

## 笠森お仙、美人ナンバーワンとして脚光を浴びる

事件災害

「いずれがあやめ、かきつばた」と、双美人《そうびじん》としてこの時期に有名なのは、浅草寺境内の楊枝《ようじ》屋の娘・お藤と、笠森稲荷《かさもりいなり》前の茶屋の娘・お仙。このお仙が、にわかに脚光を浴び始めたのがこの年。

お仙はもともと田端村の百姓五兵衛の娘。双美とは言え、お藤は「脂粉《しふん》にいろどる」といった妖艶《ようえん》な娘。それに比してお仙は、もと百姓の娘らしく素朴の中に人を魅了する美しさを溢れさせて、街中では「お仙が断然に艶美《えんび》」とするものが多かった。それが、この年、数え歌に「八つ谷中のいろ娘」と唄われ、人気が急上昇。錦絵の題材となり、一枚絵が出、やがて市村座《いちむらざ》の芝居にまで「笹森お仙」が採りあげられるようになって、数年後には江戸中の人気をさらった。笹森稲荷の参詣者は増える一方だったが、稲荷神社などそっちのけで、お仙の居る茶屋に通い詰めるものが後を絶たなかった。ところが、この人気絶頂の最中、お仙はあっさり、将軍家の御庭番《おにわばん》・倉地甚左衛門《くらちじんざえもん》の養嗣子《ようしし》政之《まさの》助《すけ》の妻になり、江戸城桜田門《さくらだもん》内に住む身となってしまった。茶屋の娘が正妻では具合が悪いと、西の丸御門番之頭・馬場善五兵衛の養女との届け出をしての嫁入りだった。お仙は政之助との間に男女合わせて十余人もの子を生んで幸せな生涯を送ったが、お仙嫁入りのおかげですっかり客足が途絶えた茶屋を、人々は「笹森稲荷水茶屋のお仙、他に走りて跡に老父《おやじ》居るゆえの戯言《ざれごと》に、とんだ茶釜《ちゃがま》が薬罐《やかん》に化《ば》けた」と、父親の禿《は》げ頭をネタに、面白おかしく囃《はや》したてて残念がった。

## 『誹風柳多留』が刊行され、「川柳」が文芸のジャンルとして確立　五月

社会世相

宝暦七年（一七五七）に、柄井川柳《からいせんりゅう》を評者として開始された「万句合《まんくあわせ》」と名付けられた俳句の投稿は、二年前の宝暦十三年（一七六三）にその投句数が一万句を突破した。そこで、版元・星運堂《せいうんどう》の花屋久次郎《はなやきゅうじろう》の勧めで、それまでの優秀作品を厳選し、『誹風柳多留《はいふうやなぎだる》』と題して刊行することになった。万句合での出題された前句《まえく》に対する付句《つけく》という組み合わせにこだわらず、「前句を添えなくても意味の通じるもの」「当世風の余情を結べるもの」を考慮するという方針で選定されたもので、呉陵軒可有《ごりょうけんあるべし》という人物が、柄井川柳の意向を受けてまとめたもの。収録に際しては添削もされていて、季語にこだわらず「うがち、おかしみ、かるみ」を重視するという、俳句とは一味ちがったジャンルを文芸として確立させようとした熱意が、随所《ずいしょ》に窺《うかが》われる。

同書は好評で、二年目以降、毎年のように刊行されるようになり、一種の投稿雑誌の様相を見せるようになって世相を反映する文芸として定着した。一句ごとに評が付され採点されるが、中でも柄井の評が、他の採点者に比べて卓越していると言われ、それを「川柳点」と呼ぶようになり、この分野の作品そのものを、やがて「川柳」と称するようになった。

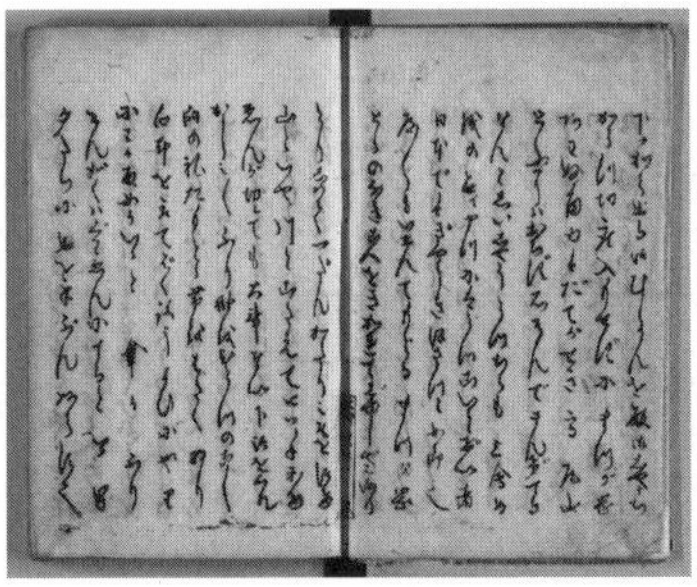

『誹風柳多留』

**8・3**　畿内で大風雨。
**9・1**　幕府、五匁銀を新鋳（初の定額銀貨）。
**10月**　阿蘇山噴火。
**11月**　手島堵庵、京都に「五楽舎」を創設。
**12・4**　奥医師多紀元孝、「躋寿館」（のちの医学館）を創設。幕府、藩医・町医師の聴講を許可。
**12・23**　幕府、検校・勾頭・座頭の高利貸しを禁止。
**12・29**　将棋師大橋宗桂、家書『将棋作物』を幕府に献上。
**この年**　鈴木春信、錦絵を創始。
**この年**　笠森お仙が脚光を浴びる。

1766

# 明和三年

丙戌

天皇▼後桜町天皇

将軍▼徳川家治（第十代）

【主要幕閣】

◉老中

松平武元（右近将監）

松平輝高（右京大夫）

阿部正右（伊予守）

秋元凉朝（但馬守）

◉寺社奉行

土井利里（大炊頭）

松平忠順（伊賀守）

土岐定経（美濃守）

久世広明（出雲守）

◉勘定奉行

石谷清昌（備後守）

安藤惟要（弾正少弼）

牧野成賢（大隅守）

小野一吉（日向守）

伊奈忠宥（半左衛門・備前守）

◉江戸町奉行

北 依田政次（和泉守）

南 土屋正方（越前守）

◉京都所司代

阿部正允（飛騨守）

◉京都町奉行

東

## 越後国村上藩、鮭の繁殖事業が軌道に乗り、功労者に褒賞

政治経済

越《えち》後《ご》国村上《むらかみ》藩の下級藩士・青砥武平次《あおとぶへいじ》が、約三十年に及ぶ鮭漁復興までの功績を讃えられて、この年、家《か》禄《ろく》を七十石加増された。

村上藩にとって、鮭漁は大切な収入源だった。越後北部の三面《みおもて》川を遡上《そじょう》してくる鮭を捕獲するものだったが、そこから得られる運上金《うんじょうきん》は享保元年（一七一六）には三百二十両にも及んでいた。ところが乱獲により年々漁獲量が減少し、ついに元文三年（一七三八）には鮭漁を停止せざるを得なくなってしまった。そこで、長年、鮭の生態を観察していた青砥武平次に、鮭漁の再興事業を命じた。武平次は、「鮭は川で生まれ、海で育ち、再び川に戻ってきて産卵しているはず」という「回帰性《かいき》」を想定し、三面川の上流の一部を堰き止め、鮭の産卵に相応しい人工の流れを設けるなどの環境づくりを行なった。かなりの難事業だったが、数年後から明らかに鮭が川に戻ってくる兆候が現れ、魚獲量は徐々に回復、やがては漁獲による運上金が一千両を越えるまでになった。

武平次が考案した方法は「種川《たねかわ》の制《せい》」と呼ばれるもので、これにより武平次は、世界で最初に鮭の回帰性を発見した人物として、歴史に名を残すこととなった。

鮭漁の図『北越雪譜』

## 人形浄瑠璃『本朝廿四孝』の初演、大仕掛けで話題に　一月十四日

文化思想

この日、大坂道頓堀《どうとんぼり》の竹本座《たけもとざ》で、人形浄瑠璃《にんぎょうじょうるり》『本《ほん》朝廿四孝《ちょうにじゅうしこう》』の上演が始まった。これは、武田《たけだ》信《しん》玄《げん》と上杉謙信《うえすぎけんしん》との有名な川中島合戦《かわなかじまかっせん》を中心の素材にしたもので、近松半二《ちかまつはんじ》、三好松洛《みよししょうらく》ら六人による合作。斎藤道《さいとうどう》三《さん》の暗躍なども絡めたスリリングな展開の時代物だった。評判は上々で、連日大入りが続いた。それは筋立てのおもしろさもあったが、何と言っても話題になったのは、謙信《けんしん》館《やかた》の場面の大仕掛け。客席の最前列から六区画目までを、観客を載せたまま左右に引き分けて動かし、舞台を後方に引っ込めて作り上げた空間に、御殿の大道具立てをせり上げるというもの。音も無くせり上がってくる巨大な御殿に、観客は度肝を抜かれた。

この画期的

八重垣姫

【この年の出来事】

**1・14** 人形浄瑠璃『本朝廿四孝』、大坂竹本座で初演。

**1・19** 大垣藩の百姓1000余人、年貢減免を求めて強訴（西濃騒動）。

**1・28** 東北で大地震。津軽藩で被害大、死者1300余人、倒壊家屋5000余戸。

**2・7** 幕府、津軽・長州・新発田など9藩へ、美濃・伊勢・甲斐の河川堤防工事を命令。

**3・1** 池上太郎左衛門、甘蔗の植付法について幕府に報告。

**3・4** 幕府、稲毛・川崎・神奈川の幕領に甘蔗栽培を指示。

**3・7** 幕府、諸国に燈油の私売買を禁止。

**3・29** 幕府、浄土真宗御蔵門徒を異端として摘発。

**4・8** 幕府、芝の火除け空き地を甘蔗植場として町医師河野三秀に貸与。

**4・13** 桜島噴火。

小林春郷（伊予守）
石河政武（玄蕃・土佐守）
**西**
太田正清（三郎兵衛・播磨守）

**◉大坂城代**
松平乗佑（和泉守）

**◉大坂町奉行**
**東**
鵜殿長達（出雲守）
**西**
曲淵景漸（甲斐守）

**◉長崎奉行**
石谷清昌（備後守）
新見正栄（加賀守）

**◉若年寄**
小出英持（信濃守）
松平忠恒（摂津守）
水野忠見（壱岐守）
酒井忠休（石見守）
鳥居忠意（伊賀守）
酒井忠香（飛騨守）

**◉側用人**
板倉勝清（佐渡守）

な大スペクタクル作品は、この年の五月にはさっそく歌舞伎化もされた。中でも四段目の、上杉の娘・八重垣姫《やえがきひめ》が信玄の跡継ぎ勝頼《かつより》に寄せる恋心のいじらしさや、勝頼に危機を知らせようと諏訪明神《すわみょうじん》の狐が乗り移って湖の上を渡る神秘的な場面が大きな評判を生んだ。

## 外村大吉事件が起こり、斬罪に処せられる　九月二十九日

事件災害

小《こ》普請組《ぶしんぐみ》の外村大吉が、再三の逃亡、脱獄を繰り返した末に捕えられ、「重ね重ね不届きである」として、この日、斬首刑に処せられた。この事件、もともと、大した出来ごとではなかった。事件の概要は、次のようなもの。

大吉の父親金十郎が、大吉の生年を事実と違えて届け出をしていたのがそもそもの発端。父親が死に、家督を継いでも、それを改めないまま、ほったらかしていた。また、大吉の妹が家を出て出奔《しゅっぽん》したことや、弟が出奔したことも届け出なかった。それでいて、家に住所不定の怪しい者を集めては、しばしば博打《ばくち》をするという輩《やから》だった。万事がその調子で、奉行所に呼び出されると逃げ出し、やがて捕えられ座敷牢《ざしきろう》に入れられるとまた脱出して頭を剃《そ》り、坊主のふりをして常陸《ひたち》（現、茨城県）方面の寺に隠れていたのを捕えられた。

この程度の人物の事件が話題になって残ったのは、この男が捕えられた際、黒紋付《くろもんつき》に破れ傘でとぼとぼ歩くすさんだ姿を見た歌舞伎役者の中村仲蔵《なかむらなかぞう》が、『仮名手本忠臣蔵《かなでほんちゅうしんぐら》』の定九郎《さだくろう》の扮装《ふんそう》に取り入れたことから、と言われている。これは仲蔵の当たり役となった。忠臣蔵五段目に登場する定九郎は、もともとは野暮《やぼ》ったいどてらの山賊《さんぞく》姿だったが、この素浪人《すろうにん》姿のパターンは、こののち様々な形で現れ、定着していった。

定九郎

## ゼンマイ時計が完成、展示される　六月

社会世相

この年の六月初旬のこと、京都の発明家・竹田近江《たけだおうみ》がゼンマイ時計を作り、大坂高津新地《こうづしんち》の近江家別宅で、大坂商人らを多数集めて展示した。これは、完成までに三代かかった時計作りの末の快挙とされる。

初代の竹田清房が、子供の砂遊びから発想を得たのが砂時計。作られたのは明暦《めいれき》以前のこと。次に近江の兄・清孝が時計の研究を引き継いで機械時計作りで苦労を重ねたが、宝暦九年、近江が後を継ぎ、八年がかりでようやく完成したものだった。『摂陽奇観《せつようきかん》』という当時の書物に「竹田近江八ケ年の間、工夫を凝《こら》せし永代時計という奇物あり」と書かれ、大小九つの輪を噛み合わせて動かしたとある。高さは九尺余りという大きなもので、動力として巻き込んだ装置が、わらびの一種の紫蕨《ぜんまい》の形に似ていたので、「竹田の紫蕨時計」とも呼ばれた。今日に残るゼンマイ装置の原型である。

**5・12**　幕府、凶荒のため、尾張藩に2万両を貸与。
**6・3**　幕府、輸出用銅確保のため、大坂の長崎銅会所を銅座に改組（明和銅座）。
**6・20**　多紀元孝歿(72)。
**6月**　ゼンマイ時計が完成し、大坂で展示される。
**7月**　西日本で大旱魃。
**8月**　幕府、寺社修復の相対勧化について通達。
**9・5**　幕府、書物奉行に紅葉山文庫の書籍目録改正を指示。
**9・29**　幕府、異端として摘発した浄土真宗御蔵門徒を処刑。
**10月**　江戸で大火。
**11・1**　三井越後屋、芝口店（松坂屋）を開店。
**この年**　池上幸豊、田沼意次に製糖法を披露。
**この年**　丹波篠山藩、藩校「振徳堂」を創設。
**この年**　越後村上藩士青砥武平治、鮭の繁殖事業が軌道に乗り褒賞される。

# 1767

# 明和四年

丁亥

天皇▼後桜町天皇

将軍▼徳川家治（第十代）

**【主要幕閣】**

**◉老中**
松平武元（右近将監）
松平輝高（右京大夫）
松平康福（周防守）
阿部正右（伊予守）
秋元凉朝（但馬守）
板倉勝清（佐渡守）

**◉寺社奉行**
土井利里（大炊頭）
松平忠順（伊賀守）
土岐定経（美濃守）
久世広明（出雲守）

**◉勘定奉行**
石谷清昌（備後守）
安藤惟要（弾正少弼）
牧野成賢（大隅守）
小野一吉（日向守）
伊奈忠宥（半左衛門・備前守）

**◉江戸町奉行**
**北**
依田政次（和泉守）
**南**
土屋正方（越前守）

**◉京都所司代**
阿部正允（飛騨守）

**◉京都町奉行**

## 幕府、博徒・遊び人の取り締まりに乗り出す　三月

政治 経済

幕府は全国の幕府領に対して、博打《ばくち》を打つ者および窮乏《きゅうぼう》しているはずなのに贅沢《ぜいたく》な身なりをしている者を詮索《せんさく》して逮捕するよう、触《ふ》れを出した。この触れは、勘定奉行《かんじょうぶぎょう》を通じて一応全国の代官に対して発せられたが、狙いの地域は、触れの冒頭に「関東の国郡並びに甲州《こうしゅう》の人民は気象《きしょう》（性）強く執拗《しつよう》にして、ことさら武蔵《むさし》、下総《しもうさ》、上《こう》野《ずけ》、下野《しもつけ》、常陸《ひたち》等の国々には不良の徒多く……」とあることからも、将軍のお膝元《ひざもと》の関東諸国だったことがわかる。

路上での博打（『絵本譬喩節』）

その背景には、それまで「百姓」として一括《くく》りにしてきた層の中に、百姓とは異質の者が誕生し、それが百姓の勤労意欲を削ぎ始めていたことが挙げられる。関東の農村では宝暦の頃から、副業として養蚕《ようさん》や織物業が興ったが、それにより貨幣経済が発達し、貨幣が農村に流れ込むようになったのだ。それに伴って、その金にあぶれ者たちが群がり、特有の博徒《ばくと》や遊び人が誕生した。彼らは勤労意欲がないばかりか、一揆《いっき》を扇動《せんどう》することもたびたびだった。今回の触れは、こうした背景があって出されたもの。その触れの終わりには、「風聞たりとも召し捕るべし（証拠がなくとも噂だけでも捕えてしまえ）」とあり、幕府の相当な意気込みが伝わってくる。

## 大田南畝が『寝惚先生文集』を著わし、狂詩がブームになる

文化 思想

この年、大田南畝《おおたなんぽ》（本名は覃《たん》。多くの号を持つが、後半生以降に用いた蜀山人《しょくさんじん》が最も有名）が、十九歳の若さで狂詩集『寝惚《ねぼけ》先生文集』を著わし、狂詩《きょうし》が文芸の世界で大きなブームを呼ぶきっかけとなった。

大田南畝は、幕臣の子として生まれたが、早くから松崎《まつざき》観海《かんかい》や内山椿軒《うちやまちんけん》に漢学、和歌を学び、その才を発揮して神《しん》童《どう》と謳《うた》われた。のち、独学で和漢の故事典則《こじてんそく》にも通じ、手なぐさみがてら狂文狂詩をも、ものにしていた。ある時、その狂文狂詩を同じ椿軒門下の平秩東作《へずつとうさく》に見せたところ、絶賛。これを版元の須原屋市兵衛《すはらやいちべえ》が聞きつけ、須原屋の熱心な勧めもあって『寝惚先生文集』として出版の運びとなったもの。この書の序文は平賀源内《ひらがげんない》が書いている。

大田南畝（栗原信充『肖像集』）

狂詩は、漢詩の形式を踏まえつつ、通

**【この年の出来事】**

**1・29** 幕府、仙台・広島藩に関東諸河川工事を命令。

**3・21** 幕府、関東産綿実の買い受け問屋を江戸日本橋小網町と神奈川宿に設置。

**3月** 幕府、関東地方の代官に百姓の奢侈、博徒、遊び人の取り締まりを命じる。

**この春** 大坂で心中流行。

**4・1** 幕府、番所内での脇差帯刀を禁止。

**4・9** 江戸で大火。江戸金六町から出火し、材木町まで延焼。

**4・26** 幕府、職場で古参のものが新参のものに仕事内容を伝えず苦しめるなどの行為を禁止。

**5・12** 江戸で大火。江戸日比谷門内から出火。

**5・22** 幕府、諸国鉱山見立人を銀山奉行への出願制と定め、鉱山開発を奨励。

**5月** 『科条類典』完成。

**6月** 幕府、朝鮮人参の

**東**
石河政武（玄蕃・土佐守）
**西**
太田正清（三郎兵衛・播磨守）
**◉大坂城代**
松平乗佑（和泉守）
**◉大坂町奉行**
**東**
鵜殿長達（出雲守）
**西**
曲淵景漸（甲斐守）
**◉長崎奉行**
石谷清昌（備後守）
新見正栄（加賀守）
**◉若年寄**
小出英持（信濃守）
松平忠恒（摂津守）
水野忠見（壱岐守）
酒井忠休（石見守）
鳥居忠意（伊賀守）
酒井忠香（飛騨守）
加納久堅（遠江守）
**◉側用人**
板倉勝清（佐渡守）
田沼意次（主殿頭）

俗卑俗な素材を俗語をまじえて滑稽《こっけい》に表現した韻文《いんぶん》の一分野。中世に発するとされているが、文芸のジャンルとして確立するのは近世で、『寝惚先生文集』は、その画期的作品とされている。

## 尊王論者の山県大弐が死罪となる「明和事件」が起きる　八月二十二日

事件災害

前年末から捕えられていた尊王家《そんのうか》の山県大弐《やまがただいに》と、その思想に傾倒する藤井右門《ふじいうもん》が幕府に対する謀反《むほん》の罪により、それぞれ死罪と獄門に処された。

山県大弐は、甲斐巨摩《かいこま》郡竜王《りゅうおう》の出身で、武田信玄《たけだしんげん》の下で名将と言われたひとり山県昌景《やまがたまさかげ》の後裔《こうえい》。甲府城勤番与力《こうふじょうきんばんよりき》だったが、江戸に出て八丁堀《はっちょうぼり》で私塾を開き、儒学・兵学・武術の教授をしていた。そんな時の宝暦八年（一七五八）に尊王家の竹内式部《たけのうちしきぶ》らが処罰される「宝暦事件」が起きた。そこで山県大弐は、尊王の大義と幕政の排除を説いた書『柳子新論《りゅうししんろん》』を匿名《とくめい》で著《あら》わし、尊王思想を鼓吹《こすい》した。これだけであれば、書が匿名であったこともあり、山県大弐が死罪にまでなることはなかったかも知れない。が、ここで予期せぬ事件が起きた。それは、上野小幡《こうづけおばた》藩内の派閥争いで、同藩では、家老の吉田玄蕃《よしだげんば》が藩の中枢にいたのだが、これを追い落とそうとする反吉田派グループが台頭していた。その反吉田派に「吉田玄蕃には、尊王主義者の山県大弐との交流がある」との噂が入った。そこで、反吉田派は藩主織田信邦《おだのぶくに》の父にそれを報告。その危険性を説いたことから、吉田玄蕃は監禁の身となった。ここまでは小幡藩内の単なる派閥争いに過ぎないのだが、こののち、事態は派閥争いとは関係ないところで大きな変化が起きる。

吉田玄蕃監禁の報を聞いた山県大弐の門弟たちが、自分たちに累《るい》が及ぶことを恐れ、「山県大弐と藤井右門は倒幕を企てている」という虚偽を幕府に訴え出たのだ。幕府は驚いて二人を捕縛。この日の処刑となった。小幡藩も、藩主信邦に蟄居《ちっきょ》、家督を継いだ弟の信浮《のぶちか》には出羽《でわ》への転封《てんぽう》が命じられた。今日、この一連の騒動を「明和《めいわ》事件」と呼んでいる。

## 通人の中の通人として知られる大口屋治兵衛が札差を廃業

社会世相

通《つう》人《じん》とは、遊興《ゆうきょう》の道にくわしい粋人《すいじん》のこと。その通人の中の通人を「大通《だいつう》」と言った。その「大通」は、享保《きょうほう》の頃から言われ出し、特に享保九年（一七二四）七月に幕府が江戸の札差《ふださし》を百九人と限定して以来、主として札差の中から、様々な「大通」が登場した。札差はこのころの金融業者で、羽振《はぶ》りがよかったことから「大通」が多く登場したわけだが、中でもさらに大通の上位十八人を意味する「十八大通」という言葉も生まれた。その筆頭が大口《おおぐち》屋治兵衛《やじへえ》だった。治兵衛の生年ははっきりしないが元禄四年（一六九一）前後とされている。この治兵衛が才気をふるって札差業として大成功し、金にあかせて大尽《だいじん》遊びをして世間の耳目を集めた。特に治兵衛が吉原《よしわら》に通う時は、黒小袖小口の紋付の着流しで鮫鞘《さめざや》の脇差《わきざし》を腰に、一ツ印籠《いんろう》に下《げ》駄《た》ばきという姿だった。その姿は、それまでの浅草蔵前《あさくさくらまえ》の札差の派手でいかにも金満ふうの様子と違い、見た目は地味だが、重ね着の裏地に贅《ぜい》を尽くすといった様子だったから、人々は、「さすが通は違う」と唸《うな》った。こうして治兵衛も通人を演じていたのだが、なぜかこの年、突然、札差業を伊勢屋太兵衛《いせやたへえ》に譲って廃業。今日にまで伝わる「通」の言葉を残して姿を消した。

価格、7月の発売開始を決定。
**7・1**　田沼意次、側用人に着任。
**8・17**　幕府、朝鮮貿易不振のため対馬藩に1万5000両を貸与。
**8・22**　幕府、幕政批判を行なった山県大弐(43)・藤井右門(48)を処刑。竹内式部を八丈島へ流刑（明和事件）。
**8・22**　小幡藩主織田信邦、明和事件に連座し蟄居。
**閏9・8**　幕府、百姓の強訴徒党を禁止し、西国幕領・諸藩の逃散農民の帰村を強化。
**10月**　幕府、幕領の年貢米を江戸浅草の御蔵に納める際の手続きなどについて規定。
**11・4**　佐渡国雑太郡幕領52か村で強訴。
**この年**　陳奮翰子角（大田南畝）『寝惚先生文集』刊行。
**この年**　通人の大口屋治兵衛が札差を廃業。

# 1768 明和五年

戊子

天皇▼後桜町天皇

将軍▼徳川家治（第十代）

**【主要幕閣】**

**◉老中**

松平武元（右近将監）
松平輝高（右京大夫）
松平康福（周防守）
阿部正右（伊予守）
板倉勝清（佐渡守）

**◉寺社奉行**

土井利里（大炊頭）
松平忠順（伊賀守）
土岐定経（美濃守）
久世広明（出雲守）

**◉勘定奉行**

石谷清昌（備後守）
安藤惟要（弾正少弼）
牧野成賢（大隅守）
小野一吉（日向守）
伊奈忠宥（半左衛門・備前守）
松平忠郷（庄九郎・対馬守）

**◉江戸町奉行**

**北** 依田政次（和泉守）
**南** 土屋正方（越前守）
牧野成賢（大隅守）

**◉京都所司代**

阿部正允（飛騨守）

## 真鍮製の四文銭が初登場。物価の基本単位に影響する　四月二十八日

政治経済

この日、幕府は一枚を四文《もん》として通用させる新しい通貨を鋳造《ちゅうぞう》し発行するとの触《ふ》れを出した。素材には初めて真鍮《しんちゅう》が用いられた。それまでは、銅製の一文銭が基本だったが、素材の銅が輸出により減少してきたことと、交換比率が一定ではないため、相場の変動で改鋳《かいちゅう》が行なわれたりするといった問題を抱えていたための措置だった。この真鍮四文銭の発行は、三年前に五匁《もんめ》銀発行を行なった勘定吟味役《かんじょうぎんみやく》の川井次郎兵衛《かわいじろべえ》の提案によったもの。川井は、この時期の通貨政策の中心人物である。最初の四文銭は、金一両につき四貫《かん》五百七十六文で交換された。

一文銭から四文銭への強引な移行に戸惑っていた庶民も、使ってみると意外に便利だったので次第に慣れてしまい、「四」は、銭勘定の基本単位のようになった。多くの商品の価格が、四文、八文、十二文…と四の倍数となり、暦《こよみ》、瓦版《かわらばん》、大福餅など、次々に定価四文となった。以前は一串に五つ刺して五文だった団子が、四つ一串の四文へと変わったのもこの時期で、この「四」という数は、現代の和菓子にまで受け継がれている。「四文屋《しもんや》」という均一価格による惣菜屋《そうざいや》の屋台も、江戸の町に出現した。

寛永通宝（真鍮四文銭）

## 上田秋成が『雨月物語』を書き終える

文化思想

近世の日本文学を代表する傑作のひとつで、現代でも読み継がれ、映画化もされた『雨月物語《うげつものがたり》』を、上《う》田《だ》秋成《あきなり》が書き終えたとされているのが、この年。それは、この書の「序」が「明和《めいわ》戊子《つちのえね》晩春」とあるからで、これを見る限り、明和五年の春の終わりに書き終えていたということになる。だが、なぜか出版は、この後、八年も経った安永五年（一七七六）に行なわれている。この空白の八年間が謎となっているが、その間に、書き直しなど、内容の再検討が進められていたのではないかと、言われている。

『雨月物語』に先立って秋成は、当時流行していた「浮《う》世《よ》草子《ぞうし》」という軽い読み物のジャンルで二作品を出版、それなりに知られ始めていたが、この『雨月物語』は全五巻・九篇でがっちりと構成された本格的なもので、大きな路線変更をした作品。後世に与えた影響も大きい秋成の代表作だ。複雑な構成に加えて、その重厚な中に流麗さを保つ洗練された美文は、脱稿後に入念な推敲が行なわれたことを想像させるものとなっているが、真相はいまだに謎のまま。ただ、その空白の八年に、秋成は家業である大坂堂島《どうじま》の紙・油問屋、嶋屋が火災で焼失。家も財産も失い、医学を学んで医者として生きていくこととなっている。秋成の人生の転機でもあった。

**【この年の出来事】**

**1・22** 大坂町人、家質奥印差配所設置に反対し打ちこわし。翌月、町奉行が設置を中止。
**1月** 平賀源内、日本初の寒暖計（寒熱昇降器）を製造。
**2・20** 大坂曾根崎新地で大火。新地・堂島米市場焼失。
**2・29** 幕府、江戸・大坂・京都で浄土真宗御蔵門徒を処罰。
**3・17** 幕府、池上幸豊の上申により、関東・東北諸国に甘蔗栽培・砂糖製法の伝授希望者を募集。
**3・24** 福井藩の百姓、御用金賦課などに反対し打ちこわし（明和蓑虫騒動）。
**4・5** 幕府、久留米藩などに尾張・美濃・伊勢の河川工事を命令。
**4・6** 吉原から出火。吉原遊廓焼失、仮託営業が許可される。
**4・28** 幕府、真鍮銭（四文銭）の通用を布告。

**◉京都町奉行**
**東**
石河政武（玄蕃・土佐守）
**西**
太田正清（三郎兵衛・播磨守）
**◉大坂城代**
松平乗佑（和泉守）
**◉大坂町奉行**
**東**
鵜殿長達（出雲守）
室賀正之（源七郎・山城守）
**西**
曲淵景漸（甲斐守）
**◉長崎奉行**
石谷清昌（備後守）
新見正栄（加賀守）
**◉若年寄**
松平忠恒（摂津守）
水野忠見（壱岐守）
酒井忠休（石見守）
鳥居忠意（伊賀守）
酒井忠香（飛騨守）
加納久堅（遠江守）
水野忠友（豊後守）
**◉側用人**
田沼意次（主殿頭）

## 江戸の町に、女性の髪を切って歩く変態通り魔が出没

事件 災害

現代ならば「髪の毛フェチ」とでも名付けられて気味悪がられるかもしれない不思議な事件が、前年の秋ころから発生し、この年をピークに、翌年まで続いた。江戸の町でのこと、何者かが女性の髪の毛を切って歩くという通り魔事件である。杉田玄白《すぎたげんぱく》が当時の天変地異や奇妙な出来事を記録した書『後見草《のちみぐさ》』にも「理由はわからないが、美しく結った髪を、根元から剃刀《かみそり》でスパッと切り落とした」というようなことが書かれている。

その不思議な出来事に江戸中の女性が震え上がった。出没は、ほとんど夕方だったが、但し書きには「老いたる人は少なくして、若き女子にことに多かりけり」とあるから、当然のことながら、老婆には目もくれず、若い女性ばかり狙ったとみえる。

ところが、この怪事件が思わぬ方向へと脱線したのが、この年のことだった。うわさ好きの江戸の庶民の間で、犯人は湯島《ゆしま》（現、東京都文京区）あたりに居住する飯綱権現《いいづなごんげん》の修験僧《しゅげんそう》たちに違いないというもので、奉行所の役人に次々に捕えられ、問いただされるという事態に至った。結局、根も葉もないこととして、しばらくのちに許されて帰ることができたものの、とんだとばっちりの冤罪《えんざい》事件だった。結局未解決で終わったが、泰平《たいへい》の江戸の怪《かい》事件として、この事件は記憶されている。

## 新吉原で二度目の大火。仮宅営業で大人気　四月六日

社会 世相

この日、明け方、吉原《よしわら》江戸町二丁目より出火し、折からの風に煽《あお》られ、廓《くるわ》は残らず焼けてしまった。明暦大火で旧吉原から新地へと移ってきて以後、火災は度々あったものの、廓が残らず焼けてしまうほどの火事は初めてのことだった。そこで遊女屋《ゆうじょや》は、新築が成るまでの百日間という期限付きで、並木《なみき》、今戸《いまど》、橋場《はしば》、山谷《さんや》、鳥越《とりごえ》など、新吉原からほど近い浅草周辺での仮宅《かりたく》営業の許可を幕府に願い出、それが認められた。当時は、遊所を一カ所に集中させる「公娼《こうしょう》制度」だったが、仮宅期間は、料理茶屋や普通の民家を借用しての営業だったため、雰囲気が異なって、かえって新鮮な魅力を感じる客も多かったと言う。結果的に、思いのほか活性化の一助となる面もあったようで、客足は遠のくどころか、むしろ増加傾向だったという。

そのため、この後も不景気になると仮宅営業を望む声が高まったという。そのせいではないだろうが、吉原では火事が頻繁に起きている。この後、幕末までの約百年の間にも十八回の火事の発生が記録されている。

吉原火災後、天明初め頃の仮宅の見世
（『御富興行曽我』）

**6・19**　幕府、長崎に唐和龍脳座を創設し、江戸・大坂・京都に取次所を設置。
**7・29**　幕府、葵紋の使用許可をうけた大名に対し、葵紋付き調度の寺社寄進、および開帳・神事・仏会での葵紋使用を禁止。
**7月**　笠森お仙の狂言、森田座で大当たり。
**8・14**　幕府、砂糖製法普及のため、池上幸豊に苗字帯刀を許可。
**9・13**　伊勢亀山藩の百姓、荒地検地・茶桑年貢の廃止などを求めて強訴（北勢騒動）。
**9・26**　長岡藩の町人、御用金賦課に反対し藩役人を追放。2か月間の自治を行なう（新潟湊騒動）。
**12・4**　江戸麹町から出火。18日には本石町からも出火し、ともに大火となる。
**12月**　幕府、対馬藩に5年間で鋳銭用銅20万斤の朝鮮輸出を許可。
**この年**　賀茂真淵『万葉考』刊行。
**この年**　上田秋成が『雨月物語』を書き終える。

# 1769

# 明和六年

己丑

天皇▼後桜町天皇

将軍▼徳川家治（第十代）

【主要幕閣】

◉老中
松平武元（右近将監）
松平輝高（右京大夫）
松平康福（周防守）
阿部正右（伊予守）
板倉勝清（佐渡守）
田沼意次（主殿頭）
阿部正允（飛騨守・豊後守）

◉寺社奉行
土井利里（大炊頭）
松平忠順（伊賀守）
土岐定経（美濃守）
久世広明（出雲守）
牧野貞長（越中守）
土屋篤直（能登守）

◉勘定奉行
石谷清昌（備後守）
安藤惟要（弾正少弼）
小野一吉（日向守）
伊奈忠宥（半左衛門・備前守）
松平忠郷（庄九郎・対馬守）

◉江戸町奉行
北
依田政次（和泉守）
曲淵景漸（甲斐守）
南
牧野成賢（大隅守）

## 田沼意次が老中格となる　八月十八日

政治 経済

側《そば》用人《ようにん》の田沼意次《たぬまおきつぐ》が、幕閣《ばっかく》の頂点ともいうべき老中《ろうじゅう》に準ずる老中格となった。三年後の安永元年（一七七二）にはさらに進んで老中になるのだが、この意次の出世ぶりは破格のものだった。その破格ぶりを追ってみる。

意次が生まれたのは、享保《きょうほう》四年（一七一九。享保五年説もある）。父は足軽《あしがる》で、八代将軍・吉宗《よしむね》の小姓《こしょう》だった。意次は足軽の子としてスタートしたということになる。意次は、この父の縁もあって、享保十九年（一七三四）、吉宗の世子・家重《いえしげ》の小姓となり、父の死によって六百石の知行《ちぎょう》を継いだ。意次の本格的な歩みは、ここから始まる。延享二年（一七四五）、家重が九代将軍になると、意次も本丸小姓となり、加増を受けながら御小姓組番頭、側衆《そばしゅう》、御用申次《もうしつぎ》と進み、宝暦八年（一七五八）には、一万石の加増を得て大名の列に加わった。さらに明和四年（一七六七）には、将軍の側近中の側近とも言うべき側用人となり、その側用人を兼務したまま、このたび、政策立案・実行の最高責任者とも言うべき老中格となった。足軽の子が、ここまで登りつめることは破格のことだった。この意次は、商人に対して株仲間《かぶなかま》の公認、運上金《うんじょうきん》・冥加金《みょうがきん》の徴収、海外交易、蝦夷地《えぞち》の開拓など、独自の積極経済政策を推し進め功があったのだが、「足軽あがりが…」との守旧派の反撥と、十代将軍・家治《いえはる》の死によって、その後ろ楯を失い、のちに失脚する。

## 江戸で唐衣橘洲が狂歌会を開催。本格的「狂歌」時代へ

文化 思想

狂《きょう》歌《か》は、その「狂」の文字に現れているように、最初から正統ではないことを意識した短歌で、諧謔《かいぎゃく》や滑稽《こっけい》を旨《むね》とする文芸。こうした内容の短歌の誕生は古く、『万葉集《まんようしゅう》』の戯笑歌《ぎしょうか》や『古今和歌集《こきんわかしゅう》』の俳諧歌《はいかいか》などもこれにあたる。のち、中世に入っても行なわれていたが、それは正統な和歌に対して、あくまでも戯《たわむ》れのものとされていた。これが、江戸期に入って上方を中心として、生白堂《せいはくどう》行風《こうふう》、豊蔵坊信海《ほうぞうぼうしんかい》などの狂歌師が登場して盛んになり、文芸の一隅に位置を占めるようになっていた。そんな折のこの年、江戸で画期的な狂歌会が催された。江戸では武士グループの唐衣橘洲《からごろもきっしゅう》、萩原宗古《はぎわらそうこ》、飛塵馬蹄《とびちりのばてい》、朱楽菅江《あけらかんこう》らと、町人グループの平秩東作《へずつとうさく》、大根太木《おおねのふとき》、元木網《もとのもくあみ》、智恵内子《ちえのないし》、大屋裏住《おおやのうらすみ》らが、それぞれ狂歌を作っていたのだが、この両グループが、唐衣橘洲の呼びかけで橘洲宅に集まり、狂歌会を催し、大きく盛り上がったのだ。このことに、当初は「狂歌、ひとりで勝手に詠み捨てる程度のもの。わざわざ集まって詠むのは愚の骨頂」と嘲笑《あざわら》っていた狂歌師の重鎮《じゅうちん》・大《お》田南畝《たなんぽ》も、仲間が次々に参加していると知って、「我もいざ、痴《し》れ者の仲間入りをせん」として参加。この集まりの盛会ぶりから狂歌の主流が江戸に移り、狂歌時代の幕が上がった。

【この年の出来事】

**1・9** 幕府、百姓騒動頻発のため、西国大名に所領を越えての取り締まりを指示。
**1月** 諸国で風邪流行。3月まで続く。
**2・1** 尾張藩の百姓、米買い占めに反対し強訴（明和木曾騒動）。
**2・4** 河内丹南藩22か村の百姓、不作のため食料を要求し越訴。
**2・21** 幕府、百姓騒動の取り締まり令を発布し、一揆の際の出兵などについて指示（百姓騒擾武力鎮圧令）。
**4・23** 吉原で大火。
**4月** 幕府、諸国に徒党・逃散禁止の高札を設置。
**6月** 幕府、関八州・伊豆・甲斐国の浪人を取り締まり。
**7・22** 幕府、葵紋付きの調度類を保管する寺社を調査。
**7・28** 九州で大地震。延岡城・大分城損壊。
**8・18** 側用人田沼意次、

**◉京都所司代**
阿部正允（飛驒守）
土井利里（大炊頭）

**◉京都町奉行**
**東** 石河政武（玄蕃・土佐守）
**西** 太田正清（三郎兵衛・播磨守）

**◉大坂城代**
松平乗佑（和泉守）
久世広明（出雲守）

**◉大坂町奉行**
**東** 室賀正之（山城守）
**西** 曲淵景漸（甲斐守）
神谷清俊（与次右衛門・大和守）

**◉長崎奉行**
石谷清昌（備後守）
新見正栄（加賀守）

**◉若年寄**
水野忠見（壱岐守）
酒井忠休（石見守）
鳥居忠意（伊賀守）
酒井忠香（飛驒守）
加納久堅（遠江守）
水野忠友（豊後守・出羽守）

**◉側用人**
田沼意次（主殿頭）

## 幕府、大名らに対して一揆鎮圧令を出す　一月九日・二月二十一日

事件災害

年が明けて早々、幕府は、大名・旗本ら諸領主に対して続けざまに一揆鎮圧令《いっきちんあつ》を発した。一回目が一月九日で、続いて二回目が二月二十一日という慌ただしさだった。百姓一揆対策に苦慮する幕府の様子をそのままに浮かび上がらせる発令ぶりだが、まず、一月九日の鎮圧令から見てみる。内容は、西国《さいごく》での強訴《ごうそ》に対して、とにかく自領で騒ぎを鎮《しず》めよ・鎮めることができなければ、首謀者《しゅぼうしゃ》を拘束せよ・それが出来なければ他領から兵を仰《あお》いでも鎮圧せよ……というものだった。

次いで二月二十一日の令。これは一月九日の令を強化したもの。法令は二種あって、ひとつは、一般の訴願《きがん》以外のものは審理無しに罰に問え、というもの。今ひとつは、西国の御三卿《ごさんきょう》領で騒動が起きた場合の、他領に対する援兵《えんぺい》要請手続を定めたもの（これをひな形として他領でも用いるものとした）。この続けざまの発令で注目されるのは、これが、一揆などを起こした百姓たちに対するものではなく、それを取り締まる側の大名・領主たちに発せられたということ、さらに、他領からの応援を得てでも兵を以《も》って鎮圧せよ、とした点だ。しかし、この強行策は必ずしも奏功《そうこう》しなかった。強行が過ぎれば農村は一層疲弊し、百姓たちが全く働かなくなってしまいかねないという見方があったからだ。

## 関西を中心に、下肥争いが頻発する

社会世相

下《しも》肥《ごえ》とは、人の糞尿《ふんにょう》を薄めて腐らせて肥料としたもの。化学肥料などなかったこの頃、農作物の肥料は、人間が排泄《はいせつ》する糞尿が主だった。江戸時代の初めの頃は都市部近郊の農民がそれぞれ町中に繰り出し、大八車《だいはちぐるま》に積んだ桶《おけ》に柄杓《ひしゃく》で汲み取って廻り、代わりに謝礼として野菜等を置いていく、といった牧歌《ぼっか》的なものだった。しかし江戸中期になると、都市部での農作物の需要が高まっていくとともに、肥料としての糞尿の価値も高まり、専業の汲み取り人が発生、専門の配給組織も誕生した。こうなると、業者間で利権争いが生まれる。これまでの各村の小グループと、大規模な専業汲み取り組織とも言うべき「下肥仲間」との争いという構図である。糞尿を小グループの提示額以上の高値で買い取る組織が次々に登場し、それが顕著になったことから、関西の摂津《せっつ》・河内《かわち》両国、三百七ヵ村の小グループが幕府に鑑札《かんさつ》の発行を願い出て、いわゆる登録・認可制度が始まったのは寛保三年（一七四三）以後のことだった。だが、その後、下肥仲間も鑑札を手に入れるようになった。そこで、この年改めて、摂津・河内三十一ヵ村が訴《そ》願《がん》したもの。これによって下肥仲間の活動に制限が加えられたが、根本的な解決には至らなかった。

下肥汲み（『四時交加』）

四谷大木戸を通る下肥汲み（『江戸名所図会』）

老中格となる。
**9・3** 伊勢神宮内宮遷宮。6日、外宮遷宮。
**9・6** 幕府、諸家従者の異風・不作法の取り締まりを指示。
**9・13** 幕府、新真鍮銭通用のため、江戸から諸国への銭移送を解禁。
**10・12** 青木昆陽歿(72)。
**10・30** 賀茂真淵歿(73)。
**10・30** 幕府、徳島藩主蜂須賀重喜を虐政のため隠居処分。
**12・27** 幕府天文方佐々木秀長、『修正宝暦元暦法』などの暦書を自撰し、献上。
**この年** 伊能忠敬、江戸で薪炭問屋を開業。
**この年** 関西を中心に下肥争いが頻発。
**この年** 江戸で唐衣橘洲が狂歌会を開催。

# 1770

# 明和七年

## 庚寅

天皇▼後桜町天皇（〜十一月二十四日）
後桃園天皇（十一月二十四日〜）

将軍▼徳川家治（第十代）

**【主要幕閣】**

**◉老中**
松平武元（右近将監）
松平輝高（右京大夫）
板倉勝清（佐渡守）
田沼意次（主殿頭）
阿部正允（豊後守）

**◉寺社奉行**
松平忠順（伊賀守）
土岐定経（美濃守）
牧野貞長（越中守）
土屋篤直（能登守）

**◉勘定奉行**
石谷清昌（備後守）
安藤惟要（弾正少弼）
小野一吉（日向守）
松平忠郷（庄九郎・対馬守）

**◉江戸町奉行**
**北** 曲淵景漸（甲斐守）
**南** 牧野成賢（大隅守）

**◉京都所司代**
土井利里（大炊頭）

**◉京都町奉行**
**東**

## 幕府、油の管理方針を変更する 八月二十五日

政治経済

**幕**府は、畿内《きない》の摂津《せっつ》、河内《かわち》、和泉《いずみ》の三国の油絞り業者に対して、これまで厳しく制限してきた油絞りの条件を緩和。油絞りを公認するとともに、営業権ともいうべき「油稼ぎ株」を設定する触《ふ》れを出した。

これには、近年になってとみに油の需要が増してきた江戸と、それを供給する畿内との調整の歴史があってのことだった。調整しなければ、小売価格が高騰するばかりだったことによる。その歴史の最初は、寛保三年（一七四三）。中部地方産の油はそのまま江戸へ、畿内三国を中心とする西国産の油は大坂に送るよう定めた。江戸への安定供給がねらいだった。次いで宝暦九年（一七五九）には、西国に向けて、大坂への集荷体制を強化する触れを出した。さらに明《めい》和《わ》三年（一七六六）には、絞油業を大坂のみにするとの触れを出した（自分で絞り、自給的に生産する分に関しては例外として認めた）。これに対して、畿内の絞油業者や原料の菜種《なたね》・綿実《めんじつ》を栽培する農民たちは猛反発。出荷調整をして高値で売ろうと思っていた目論見《もくろみ》も、油を絞ることそのものを制限されたのでは話にならない。農民たちの反撥は一国規模の騒動に発展しかねない様子となった。それに幕府も驚き、この日の触れとなったもの。

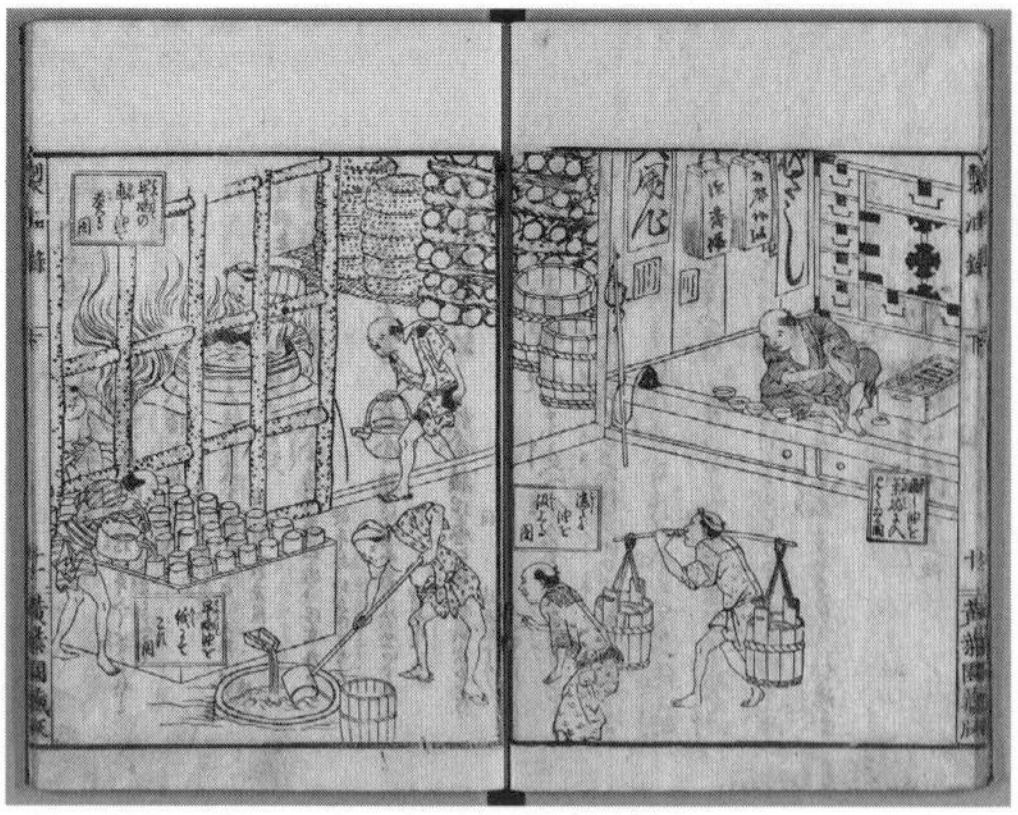

製油の様子（『製油録』）

## 木村蒹葭堂が、大坂で書画会を開く

文化思想

**当**代屈指《くっし》の町人博物家《はくぶつか》であり、文人・画家としても知られる木村蒹葭堂《きむらけんかどう》が、大坂・天王寺《てんのうじ》中町の竜泉寺《りゅうせんじ》で書画会を開いた。これには、京・大坂の多くの諸名家が招かれ、京都からは南画《なんが》の大成者《たいせい》として知られる池大雅《いけのたいが》も参加し、「竹巌新霽図《ちくがくしんせいず》」と詩を出品。注目度の高い書画会となった。

木村蒹葭堂は、大坂北堀江で家業の酒造業を営む町人だが、若い頃から書画・詩文に親しむとともに自ら筆を執《と》って、寛政十一年（一七九九）には『日本山海名産図会《にほんさんかいめいさんずえ》』を刊行。さらには、書籍・骨董の蒐集《しゅうしゅう》にも勤《いそ》しみ、その骨董品の多彩さは、朝鮮通信使の耳にも達するほどだった。このような木村蒹葭堂だったから、彼のもとには多くの文人たちが集った。南画の池大雅の師でもある柳沢淇園《やなぎさわきえん》、与《よ》謝蕪村《さぶそん》、田能村竹田《たのむらちくでん》らの文人画家、国学者の上田秋成《うえだあきなり》、建《たけ》部綾足《べあやたり》のほか、江戸の蘭医の大槻玄沢《おおつきげんたく》、大和絵の谷文晁《たにぶんちょう》、

**【この年の出来事】**

**1・16** 鬼外（平賀源内）作『神霊矢口渡』外記座で初演。
**1月** 幕府、三奉行に未遂の盗賊も死罪とするよう通達。
**この春** 木村兼葭堂、池大雅らを招き、大坂で書画会を開催。
**4・10** 幕府、徒党・強訴・逃散を禁じ、訴人褒賞の高札を諸国に立てる。
**5・17** 畳表・蚊帳商大文字屋、西川利右衛門家の分家西川庄六が江戸へ進出。日本橋通りに出店。
**5・19** 幕府、関八州の寺社領内の鉄砲所持者を調査。
**5〜8月** 諸国で大旱魃。害虫発生。
**6・15** 鈴木春信歿(46)。
**6・15** 若狭小浜藩の百姓、御用金賦課に反対して敦賀へ強訴。
**6・29** 幕府、長崎の朝鮮人参払底のため、江戸人参座での販売を中止。
**閏6・28** 幕府、国家安

石河政武（玄蕃・土佐守）
酒井忠高（善右衛門・丹波守）
**西**
太田正清（三郎兵衛・播磨守）

**◉大坂城代**
久世広明（出雲守）

**◉大坂町奉行**
**東**
室賀正之（山城守）
**西**
神谷清俊（大和守）

**◉長崎奉行**
石谷清昌（備後守）
新見正栄（加賀守）
夏目信政（藤四郎・和泉守）

**◉若年寄**
水野忠見（壱岐守）
酒井忠休（石見守）
鳥居忠意（伊賀守）
酒井忠香（飛騨守）
加納久堅（遠江守）
水野忠友（出羽守）

**◉側用人**
田沼意次（主殿頭）

狂歌師の大田南畝《おおたなんぽ》、尊王家の高山彦九郎《たかやまひこくろう》らも京に上った折には大坂の木村蒹葭堂を訪ね、一種のサロンが形成されるに至っていた。

## 幕府、徒党・逃散・強訴等の禁止令を出す 四月十日

事件災害

幕府は、これまで各地に頻発する一揆に対して、その都度禁止令を発してきた。しかし、大きな効果が上がらないことから、改めて徒党《ととう》・逃散《ちょうさん》・強訴《ごうそ》についての、より厳しい触れを高札《こうさつ》にして示すよう、全国の奉行に命じた。この禁止令が、これまでのものとは大きく異なるところは、次の二点にある。

まず、第一に密告の奨励。これまでは、一揆を起こせば処罰するというものだったが、今回は、その一揆を事前に摘発しようというもの。訴人《そにん》（密告者）には、たとえそれまで一揆に加わったことがあったとしても、その罪は問わず、褒賞金として銀百枚を与えるとした。さらに、一揆勢が一揆に不参加の村を誘っていることを重視し、その誘いに乗らず騒動時に一揆加担者を一人も出さなかった村にも褒賞金を出すとした。

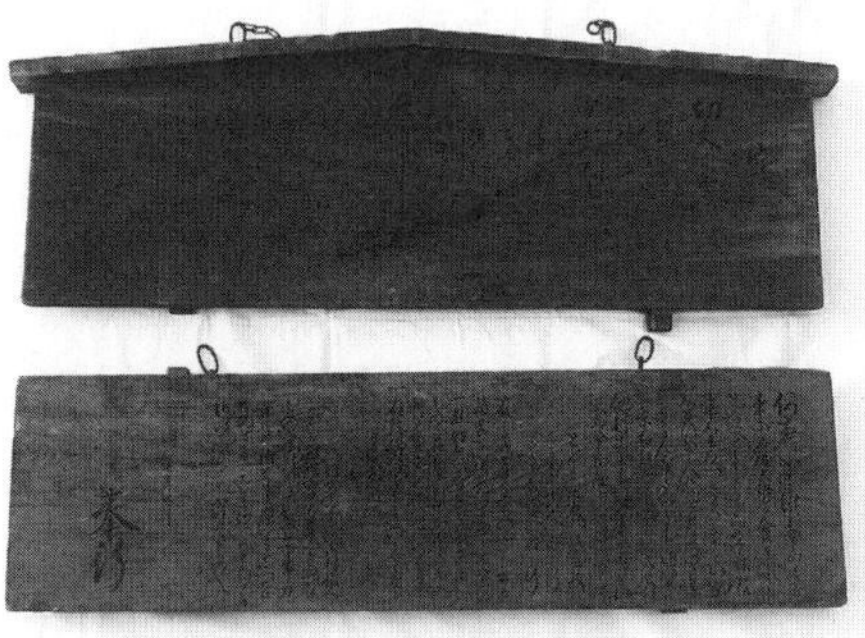

切支丹禁制及び徒党（百姓一揆禁制の）高札
（山梨県南巨摩郡身延町）

次いで、徒党・逃散・強訴などの言葉の内容をハッキリさせた。徒党は、大勢が申し合わせて集まること。逃散は、徒党を組んで村から逃げ出すこと。強訴は、これ以外の強硬手段をとることと明示した。今日に「ととう（徒党）の訴人　銀百枚、こうそ（強訴）の訴人　同断、てうさん（逃散）の訴人　同断」との高札が残っている。

## 諸国で旱魃の被害が続出

社会世相

この年の夏、暈《かさ》に囲まれた一尺（約三十センチ）余の彗《すい》星《せい》が突然、夜空の中天高くに現われ、それが不気味にも青白く輝いていたことから、人々は不吉な思いに駆られ不安に慄《おのの》いていたが、その不安が的中した。梅雨になっても雨が降らず、それが盛夏になってもなお続いたから、初秋に入って各地が、これまでに例を見ないほどの大旱魃《かんばつ》に見舞われた。

まず関東では江戸近郊で稲がほとんど実らないばかりか、わずかに実った稲に異常が発生したカチ（蝗《いなご》に似た小さな虫）が付き、収穫の目途は全くつかなくなった。相模《さがみ》（現在の神奈川県の一部）の足柄《あしがら》近郊では、旱魃の影響もあってか（海水の蒸発で塩分の濃度が上がったためか）鯛三千尾が浮かぶとともに、大量の魚が死んだ。畿内では河内の被害がひどく、稲は全く実らず、綿もこれまでの六～七分の出来程度だった。京都では恒例の大文字焼きも取り止めとなり、中国地方の安芸《あき》（広島県西部）では五万石余、長門《ながと》・周防《すおう》（山口県）両国では十四万石もの被害が出た。このような被害は、四国・九州にも発生し、日本列島全体が旱魃に見舞われ、人々は雨乞《あまご》いのほか手立てがなく、途方に暮れるしかなかった。

穏を7社7寺に祈禱させる。
**7月** 幕府、朝鮮貿易振興のため、対馬藩へ1年に銀300貫目ずつの貸与を開始
**8・10** 幕府、江戸の町医師2名に、上野・下野・陸奥・出羽・信濃での朝鮮人参販売を許可。
**8・15** 田村藍水『琉球物産志』完成。
**8・24** 福山藩の百姓、旱魃のため年貢減免・小作料免除を強訴。
**8・25** 幕府、水油高騰のため問屋の買い占めを禁止。
**9・1** 幕府、米価高騰のため粥食を奨励。
**10月** 幕府、江戸の質屋を2000軒に限定し、冥加銀を賦課。
**11・24** 後桜町天皇譲位、後桃園天皇践祚。
**この年** 平賀源内、長崎で電気（エレキテル）について学ぶ。

【主要幕閣】

◉老中
松平武元（右近将監）
松平輝高（右京大夫）
松平康福（周防守）
板倉勝清（佐渡守）
田沼意次（主殿頭）
阿部正允（豊後守）

◉寺社奉行
松平忠順（伊賀守）
土岐定経（美濃守）
牧野貞長（越中守）
土屋篤直（能登守）

◉勘定奉行
石谷清昌（備後守）
安藤惟要（弾正少弼）
小野一吉（日向守）
松平忠郷（庄九郎・対馬守）
川井久敬（次郎兵衛・越前守）

◉江戸町奉行
北
曲淵景漸（甲斐守）
南
牧野成賢（大隅守）

◉京都所司代
土井利里（大炊頭）

## ロシアが日本を攻撃する！との書簡が幕府にもたらされる　六月

政治経済

幕府は、ロシアと国境を接する蝦夷地《えぞち》など北方の防備については、ほとんど関心を持っていなかった。実際には、南下政策をとるロシアの脅威は迫っていたのだが、現地を支配する松前《まつまえ》藩が、そのことを幕府に何も報告していなかったことによる。そんな時、「ロシアが南下し、日本を攻撃する準備をしている」との内容の書簡が、北の松前藩とは反対の長崎からもたらされて、幕府は仰天した。

その書簡を書いたのはハンガリー人のベニョフスキーで、彼は長崎・出島《でじま》のオランダ商館長宛てに、ロシアの南下に対する警告の書簡を送った。これが幕府に伝わり、その情報の出どころが確かなものだっただけに、騒ぎとなったもの。ベニョフスキーは、プロイセン・オーストリア・ロシア三国によるポーランド分割に反対してポーランド軍に参加し、のちロシアの捕虜《ほりょ》となり、カムチャッカに流されていた。が、この年の四月、軍艦を奪ってカムチャッカから脱出。食糧と水を求めて阿波《あわ》や奄美大島に立ち寄って本国に帰国するのだが、その途上でオランダ商館長宛てに書簡を送ったもの。その内容は「ロシアは今年、三隻の軍艦を巡航させ、日本の近隣諸島を攻撃奪取する計画を立てている。四島には既に要塞《ようさい》が築かれ大砲も備えられている」というものだった。この恐るべき内容に、多くの知識人たちも多大の関心を寄せ、長崎遊学中の林子平《はやししへい》も、このことを契機として『海国兵談《かいこくへいだん》』の執筆を開始。北方の防衛を説くことになる。

## 前野良沢、杉田玄白らが屍体解剖を実見、『解体新書』翻訳に意欲を燃やす　三月四日

文化思想

この日、江戸・千住《せんじゅ》の刑場、骨ヶ原《こつがはら》（刑死人の遺体が打ち捨てられて骨が散乱していたことから、この名がある。のち、音を取って小塚原となった）で、刑死人の解剖が行なわれた。刑死人は五十歳前後の女で、実際に解剖を行なったのは刑場の腑分人《ふわけにん》だったが、これに豊前中津《ぶぜんなかつ》藩医の前野《まえの》良沢《りょうたく》、小浜《おばま》藩医の杉田玄白《すぎたげんぱく》と中川順庵《なかがわじゅんあん》らが立ち合った。これは、前野らがオランダで刊行されていた人体の解剖書『ターヘル・アナトミア』を手に入れていたことによる。同書はオランダ語で書かれているから、内容についてはわからなかったが、表や絵図などは、これまで前野らが得ていた漢方をもとにした人体図とは全く異なっていた。どちらが正しいのか、そのことを実証的に確かめたいという前野らの願いが町奉行に聞き入れられて、この日の立ち会いとなったもの。腑分人は、解剖を始めるとともに、機械的に、これが腸《ちょう》、これが肺《はい》、これが胃《い》、これが心《しん》の臓、と説明したのだが、これに前野らは愕然《がくぜん》とした。それは、まったく『ターヘル・アナトミア』に図示されているままで、これまでの漢方のものとは、全く違っていたからだ。

杉田玄白（栗原信充『肖像集』）

【この年の出来事】

**1・25** 後桜町上皇、新しく造営された仙洞御所に遷御。
**1月** 全国で疱瘡大流行。
**2・29** 江戸で大火。江戸村松町から出火。
**3・1** 江戸参府のオランダ商館長、将軍家治に拝謁し貢物を献上。
**3・4** 杉田玄白ら、千住で人体解剖を見学。翌日から『ターヘル・アナトミア』の翻訳開始。
**3月** 伊勢御蔭参り、山城宇治から諸国へ流行。
**4・5** 幕府、旱魃のため、5年間の倹約と経費削減を指示。
**4・24** 琉球諸島で大地震・大津波。宮古・八重山などで1万人以上が死亡。
**5・20** 幕府、江戸での百姓の門訴を禁止、処罰規則を制定。
**6・4** 田安宗武歿(57)。
**6・20** ハンガリー人ベニョフスキー、漂着した奄美大島からオランダ商

**◉京都町奉行**
**東**
酒井忠高（善右衛門・丹波守）
**西**
太田正清（三郎兵衛・播磨守）
**◉大坂城代**
久世広明（出雲守）
**◉大坂町奉行**
**東**
室賀正之（山城守）
**西**
神谷清俊（大和守）
**◉長崎奉行**
新見正栄（加賀守）
夏目信政（藤四郎・和泉守）
**◉若年寄**
水野忠見（壱岐守）
酒井忠休（石見守）
鳥居忠意（伊賀守）
酒井忠香（飛騨守）
加納久堅（遠江守）
水野忠友（出羽守）
**◉側用人**
田沼意次（主殿頭）

このことから前野らは『ターヘル・アナトミア』の翻訳を決意した。手がかりのほとんどないところからの翻訳作業だったが、この三年後の安永三年（一七七四）、翻訳は成り、日本初の西洋医学書『解体新書《かいたいしんしょ》』が世に出ることとなる。

## 伊勢神宮参詣の「御蔭参り」が大流行する　三月

事件災害

この年の春、山城《やましろ》国宇治《うじ》に始まった伊勢神宮参詣の「御蔭参り《おかげまいり》」は、たちまちのうちに全国に広まり、諸国から二百万人を超える人達が参加した。

「御蔭参り」とは、御陰年《おかげどし》（伊勢神宮の遷宮の翌年）に伊勢神宮に参詣することなのだが、神様のおかげ、と感謝する意も含まれるようになって、必ずしも御蔭年に限るものではなくなっていた。特に、大流行は突発的なもので、これまでにも慶安三年（一六五〇）、宝永二年（一七〇五）、享保三年（一七一八）、享保八年（一七二三）、と四度もあった。特に宝永二年の時は、畿内を中心とした大規模なもので、参詣者は三百～三百七十万人にも達するほどだった。今回の場合は、それを下回って二百万人ほどだったが、参加者は畿内のみならず、東北を除く全国に及んでいたことが特徴的だった。伊勢神宮への参詣と言っても、それぞれが、ただ静かに参詣するわけではない。参詣に名を借りたお祭り騒ぎだったから、騒ぎが騒ぎを呼んで、各地からの集団参詣となったわけである。人々は、この参詣を通しての騒ぎで、日ごろの鬱屈《うっぷん》を晴らし、伊勢への旅でより広い世界を知って、それぞれの故郷に帰って行った。この時の大流行は、以前の宝永二年からほぼ六十年あったことから、大流行六十年周期説が生まれ、のち天保元年（一八三〇）には四百万人もの人々が参詣する大流行が発生する。

## 「江戸っ子」という言葉が登場する

社会世相

このころ、江戸の町人たちの間で「江戸っ子」なる言葉が、意識的に用いられ始めた。この言葉の初見《しょけん》は、この年に詠まれた川柳《せんりゅう》の「江戸っ子の　わらんじをはくらんがしさ」とされているが、川柳に詠まれるくらいだから、相当広く用いられていたことが窺《うかが》える。これは、江戸開府以来、絶えず上方《かみがた》を意識してきた江戸の町人たちが、このころになってようやく「江戸生まれ、江戸育ち」ということに誇りを持ち始めたことの表れでもあった。江戸は、政治の中心地であるばかりでなく、文化・風俗でも常に最先端を行っているのだから胸を張っていい、というわけである。この「江戸っ子」には当初、次のような定義のようなものがあった。

日本橋などの下町に生まれ、水道の水で産湯《うぶゆ》を使い、江戸城の金の鯱《しゃち》を見て育ち、乳母《おんば》日傘で裕福に育てられ、宵《よい》越《ご》しの金は持たず、気風は「いき」と「はり」を本領《ほんりょう》とする……というもの。この条件を満たす「江戸っ子」は、札差《ふださし》や魚河岸《うおがし》の一部の大商人たちだった。のち、「江戸っ子」は、江戸への流入者が増大したことで、いくらか姿を変えていく。流入者に対して、古くから江戸で暮らしていた町人、職人たちが、「流入者とは違う」との意で用いるようになり、これが今日にまで続いている。

館長に書簡を送り、ロシアの日本侵略計画を報告。
**6月** 幕府、搗米商株を設置。
**7・20** 唐津藩の百姓、課税に反対して一揆（虹の松原一揆）。
**7・22** 全国で大風雨。京都・大坂・伊賀・伊勢で洪水、淀大橋流失。
**7・27** 幕府、船中での賭博を禁止。船の貸し主への処罰を規定。
**8・7** 蓑正高没（85）。
**8・14** 幕府、厄除け護符「熊野牛王」の類版の出版を禁止。
**8月** 京都書物屋仲間、幕府が禁止する書物の目録『禁書目録』を作成。
**12・1** 幕府、年1割の利息で5万両を江戸町人に貸与。
**12・14** 飛騨国の百姓、年貢米の江戸廻送に反対し一揆（明和騒動）。
**この年** 「江戸っ子」という言葉が、川柳に初登場。

# 安永元年（明和九年）

壬辰

天皇▼後桃園天皇

将軍▼徳川家治（第十代）

【主要幕閣】

◉老中
松平武元（右近将監）
松平輝高（右京大夫）
松平康福（周防守）
板倉勝清（佐渡守）
田沼意次（主殿頭）
阿部正允（豊後守）

◉寺社奉行
松平忠順（伊賀守）
土岐定経（美濃守）
牧野貞長（越中守）
土屋篤直（能登守）

◉勘定奉行
石谷清昌（備後守）
安藤惟要（弾正少弼）
松平忠郷（庄九郎・対馬守）
川井久敬（次郎兵衛・越前守）

◉江戸町奉行
北　曲淵景漸（甲斐守）
南　牧野成賢（大隅守）

◉京都所司代
土井利里（大炊頭）

◉京都町奉行

## 幕府、南鐐二朱銀を発行する　九月七日

政治経済

幕府は、江戸・京・大坂と、独自に拡大しはじめた経済活動を一元的に掌握することを企図して、新しい通貨、南鐐二朱銀《なんりょうにしゅぎん》の発行に踏み切った。このような通貨発行の試みは初めてのことではなく、今回は二度目。

その最初の試みは、明和二年（一七六五）のことで、明和に発行されたことから一般に「明和五匁銀《めいわごもんめぎん》」と呼ばれるものだったが、両替商《りょうがえしょう》たちの強い反撥に遭い、東西通貨の一元化の試みは失敗した。しかし幕府は諦めず、改めて定量計数銀貨である南鐐二朱銀を発行した。この「南鐐」とは、「極上の」といった意味で、当時一般に通用していた元文銀《げんぶん》が品位千分の四百六十であるのに対して、千分の九百七十八もある文字通り極上の二朱銀貨だった。この二朱銀八枚で金一両と交換できるというものだったから、金貨の品位が低下していたこともあって一般には大いに重宝され、幕府の東西通貨の一元化は成功するかに見えた。しかし、このの ち、またしても既得権が失われることを恐れる両替商の反対とともに、この政策を推し進める幕府の老中・田沼意次の失脚により、一元化は成らなかった。日本の通貨が「円」に統一されるのは、はるか下って明治四年（一八七一）のこととなる。

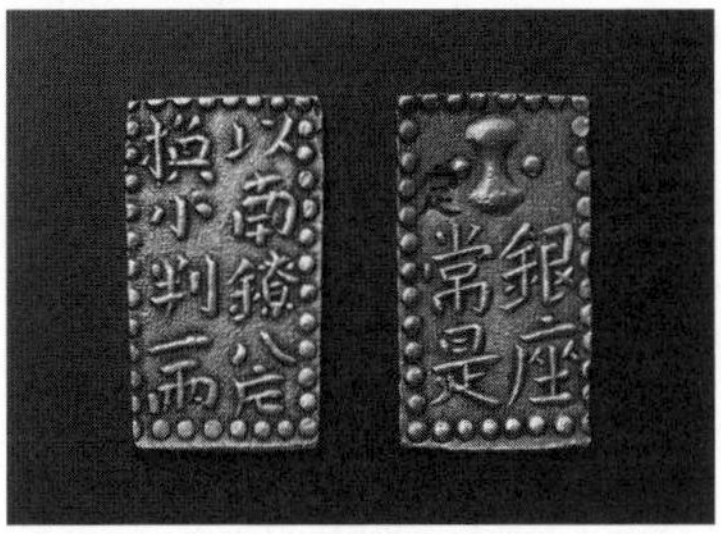

明和南鐐二朱銀

## 近世の文献コレクター・神沢貞幹の『翁草』百巻が成る

文化思想

京都町奉行所の、与力・神沢貞幹《かんざわていかん》（杜口《とこう》）が『翁草《おきなぐさ》』（全百巻）を書き上げた。『翁草』は、鎌倉時代からこの頃までの、主に京都を中心とした伝説・奇談・逸話などを諸書から抜き書きするとともに、そこに貞幹自身の見聞と評論を添えた随筆集。貞幹は、この百巻を書き上げたのち、さらにつづく百巻に取り組んだ。しかし、半ばを書き上げたところで天明《てんめい》八年（一七八八）の大火に見舞われ、その多くを焼失してしまった。が、貞幹はくじけず、再び編述。『翁草』二百巻が成ったのは寛政三年（一七九一）、貞幹八十二歳の時で、刊行はさらに下って、明治三十八年（一九〇五）のことだった。

この書が貴重とされるのは、貞幹が古今の諸書を漁《あさ》り、手に入る限りの書を得て、それを忠実に書き写しているところにある。そのことによって既に散逸した歌集・歴史書・一般書籍なども、『翁草』を見ることで多くを学ぶことが出来、重宝されることとなった。

## 目黒行人坂の寺から不審火。明暦の大火以来の大惨事が起きる　二月二十九日

事件災害

この日、江戸では朝から突風が吹き荒れていた。その昼過ぎ、目黒《めぐろ》の行人坂《ぎょうにんざか》の大円寺《だいえんじ》（天台宗）から火の手

【この年の出来事】

**1・12** 幕府、大坂の天満青物市場問屋・仲買の株仲間を認可。
**1・15** 田沼意次、老中に昇進。
**1月** 幕府、質屋商売取締令を発布。組合人数を定め、新規営業を禁止。
**2・29** 江戸で大火。目黒行人坂から出火（目黒行人坂大火）。
**3・6** 幕府、大火で被災した諸大名に参勤の延期を許可。
**4～5月** 諸国で疫病流行。幕府、朝鮮人参を配布。
**4・9** 幕府、内藤新宿を再興。14日、業務開始。
**4・15** 幕府、大火で被災した御家人に恩貸金を貸与。
**4・23** 幕府、密貿易頻発のため、抜荷の取り締まりを強化。
**6・5** 幕府、大坂綿屋仲間を認可。
**6・7** 幕府、防火対策として瓦葺を厳命。

**東**
酒井忠高（善右衛門・丹波守）
**西**
太田正清（三郎兵衛・播磨守）
長谷川宣雄（平蔵・備中守）
**◉大坂城代**
久世広明（出雲守）
**◉大坂町奉行**
**東**
室賀正之（山城守）
**西**
神谷清俊（大和守）
**◉長崎奉行**
新見正栄（加賀守）
夏目信政（藤四郎・和泉守）
**◉若年寄**
水野忠見（壱岐守）
酒井忠休（石見守）
鳥居忠意（伊賀守）
酒井忠香（飛騨守）
加納久堅（遠江守）
水野忠友（出羽守）
**◉側用人**
田沼意次（主殿頭）

が上がった。火は折からの突風にあおられ、またたく間に火勢を増して燃え広がり、白金《しろがね》・麻布《あざぶ》・三田《みた》・狸穴《まみあな》から霞ケ関《かすみがせき》・虎御門《とらのごもん》・日比谷御門《ひびやごもん》・桜田御門《さくらだごもん》・和田倉御門《わだくらごもん》・神田橋御門《かんだばしごもん》など、江戸の中心部を焼いた。さらに火は拡がり、日本橋《にほんばし》・神田《かんだ》の町々・小川町《おがわまち》・駿河台《するがだい》・湯島天神社《ゆしまてんじんしゃ》にまで及ぶとともに、上野仁王門《うえのにおうもん》・下谷《したや》・広小路《ひろこうじ》・御徒町《おかちまち》・入谷《いりや》・金杉《かなすぎ》・骨ケ原《こつがはら》・吉原町《よしわら》・千住《せんじゅ》にまで及んだ。火はそれで治まるかに見えた。が、夕方になって、飛び火か、本《ほん》郷《ごう》の丸山田町の道具家から新たに出火。火の手は北西の森《もり》川《かわ》・駒込《こまごめ》・白山《はくさん》方面にまで広がっていった。この火は夜になっても治まらず、翌日になると北風になったことから、火は南に向かい、再び日本橋《にほんばし》・京橋《きょうばし》へと広がっていった。午後になって風が止むとともに雨が降りだしてようやく火は治まったが、この大火で江戸の中心部はほとんど焼き払われてしまった。

この火事での被害は、焼失九百三十四町、死者一万四千七百人、行方不明者四千六十人にものぼり、明暦三年（一六五七）の「明暦の大火（振袖《ふりそで》火事）」以来の大惨事となっていた。原因は、乞食僧・真秀《しんしゅう》による盗みを目的とした放火とされ、真秀は六月二十一日、火刑に処された。

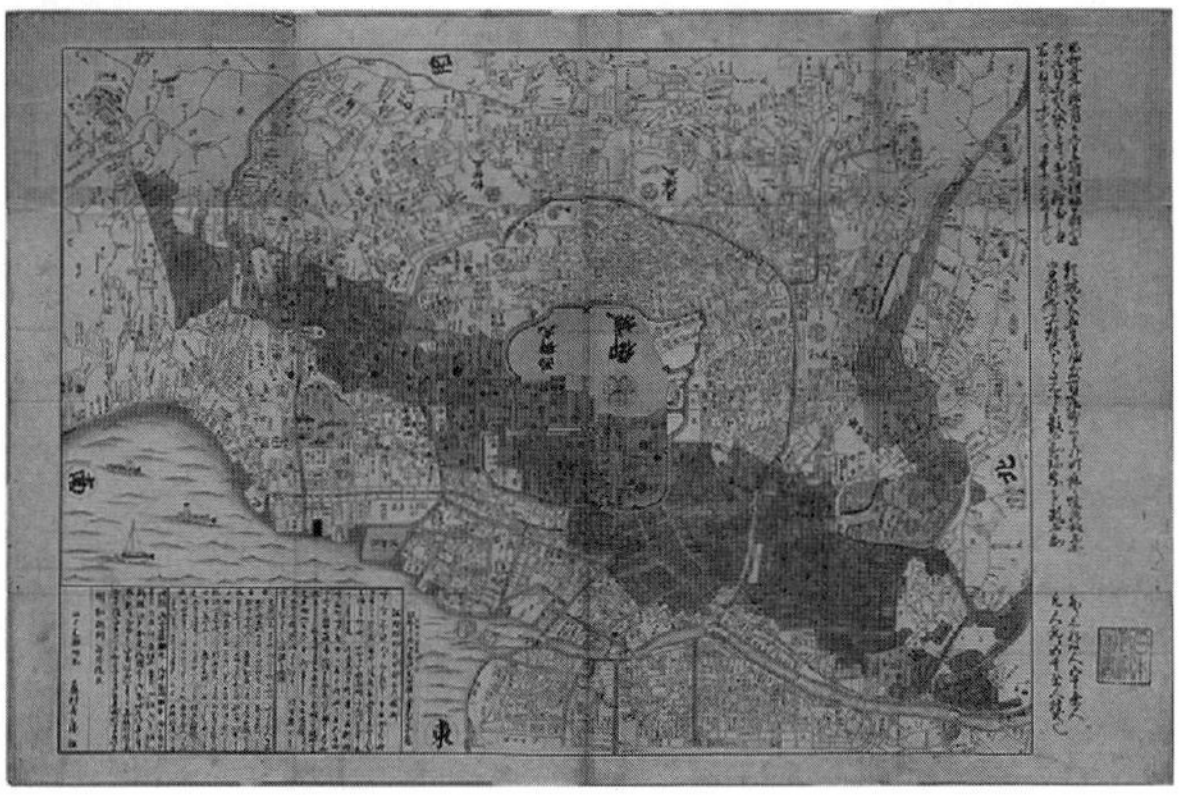
『明和九年江戸目黒行人坂大火之図』

## 江戸から甲州に向かう宿場、内藤新宿が再興される　四月九日

社会世相

江戸・四谷《よつや》の宿場・内藤新宿《ないとうしんじゅく》が、再び幕府によって開かれた。享保《きょうほう》三年（一七一八）に廃止されてから五十四年ぶりのことで、区別のために以前の新宿を「前新宿」、この年以後を「後新宿」と呼ぶようになった。

前新宿だが、これが開設されたのは元禄《げんろく》十一年（一六九八）十一月。甲州道中の起点の日本橋から次の宿場の高井戸《たかいど》（東京都杉並区）までの距離が長すぎることから、その途中に新しい宿場を設けて欲しいとの願いから生まれたもの。願い出たのは、浅草《あさくさ》の名主・高松喜兵衛らで、幕府はこれを聞き入れ、信州高遠《しんしゅうたかとう》藩内藤《ないとう》家の下屋敷《しもやしき》北側の一部をあてて宿場とした。この地を、昭和のはじめまで「内藤新宿」と呼んでいたのは、このことから。なお、下屋敷そのものがあった地は、現在の「新宿御苑《ぎょえん》」である。しかし、この前新宿だが、実際に宿場を開設してみると、周辺には春をひさぐ飯盛女《めしもりおんな》があふれ、客引きぶりといかがわしさが目に余り、やがて宿場は廃止となってしまった。

後新宿は、前新宿が廃止されたのち江戸の町が大きく発展し、甲州道の人馬の往来も増加したことから再興したもの。その再興の条件として、飯盛女は百五十人までとされた。のち、内藤新宿は人馬の行き来が途絶えることがないほどの繁栄ぶりを見せ、その賑わいぶりから「四谷新宿馬の糞《くそ》」の言葉さえ生まれるほどとなった。

**6・21** 目黒行人坂大火の放火犯、浅草で処刑。
**8月** 池大雅・与謝蕪村『十便十宜図画冊』完成。
**8・2** 江戸で大風雨。永代橋に大船が衝突し破損。
**8・2** 幕府、関八州の鉄砲所有者の調査を実施。
**9・7** 幕府、計数貨幣として南鐐二朱銀を鋳造。
**9・25** 幕府、金座・銀座以外での鋳銭を禁止。
**10・24** 幕府、南鐐二朱銀1万両を本両替商に無利息で貸与。
**10月** 幕府、銭価下落のため、水戸・仙台藩の鋳銭を停止。
**11・16** 災害頻発のため安永に改元。
**この年** 幕府、樽廻船問屋株を認可。
**この年** 徳之島で疫病流行。死者多数。
**この年** 神沢貞幹の『翁草』100巻成立。

# 1773 安永二年

癸巳

天皇▼後桃園天皇

将軍▼徳川家治（第十代）

【主要幕閣】

◉老中
松平武元（右近将監）
松平輝高（右京大夫）
松平康福（周防守）
板倉勝清（佐渡守）
阿部正允（豊後守）
田沼意次（主殿頭）

◉寺社奉行
松平忠順（伊賀守）
土岐定経（美濃守）
牧野貞長（越中守）
土屋篤直（能登守）

◉勘定奉行
石谷清昌（備後守）
安藤惟要（弾正少弼）
松平忠郷（庄九郎・対馬守）
川井久敬（越前守）
大田正房（播磨守）

◉江戸町奉行
北
曲淵景漸（甲斐守）
南
牧野成賢（大隅守）

◉京都所司代
土井利里（大炊頭）

◉京都町奉行

## 米沢藩で、藩主・上杉鷹山の改革に抵抗する「七家騒動」起きる　六月二十六日

政治 経済

米《よね》沢《ざわ》藩主となって以来、積極的に藩政改革を推し進めている上杉治憲《うえすぎはるのり》（五十二歳の時から用いている鷹山《ようざん》の号の方がよく知られている）に対し、代々、上杉家に仕えてきた重臣たちが改革に抵抗。この日、四十五ヶ条から成る訴状を治憲に提出した。

治憲は明和四年（一七六七）、十七歳の若さで藩主となったが、この時の米沢藩の財政は惨憺《さんたん》たるものだった。米沢藩の上杉家は、戦国の名将・上杉謙信《うえすぎけんしん》の流れを汲む名家だが、関ヶ原《せきがはら》の合戦で西軍に加わったため、会津《あいづ》百二十万石から米沢三十万石に転封され、さらにのち十五万石に減らされていた。この間、家臣団は旧のままに維持していたから、藩の財政は惨憺を超えて破局的な状況を迎えていた。その様子を知って藩主となった治憲は、すぐさま藩内に大倹約《けんやく》令を発した。

その内容は、諸儀式の延期または取り止めを始め、家臣には綿服《めんぷく》の着用、食事は一汁一菜《いちじゅういっさい》を命じるといった厳しいものだった。そして治憲自らそれを実践するという徹底ぶりだったが、これに旧来の重臣たちが反撥。治憲に訴状を突き付け、膝詰《ひざづ》め談判《だんぱん》に及んだ。訴状に連署《れんしょ》したのは、奉行の千坂高敦《ちさかたかあつ》・色部照長《いろべてるなが》、江戸家老の須田満主《すだみつたけ》ら七人。訴状の内容は、治憲が重用し、大倹約令の徹底をはかる竹《たけの》俣当綱《またまさつな》らの犯した誤りの数々と解任要求だった。しかし、この訴状の内容は、のちの調べで事実無根とわかり、七人の重臣たちは七月一日、それぞれ切腹《せっぷく》・隠居閉門《いんきょへいもん》などの処罰が下った（のちに処罰は解かれる）。「七家騒動《しちけそうどう》」と呼ばれるこの事件を経て、治憲の藩政改革は大きな前進を見せることとなった。

## 薩摩藩が、大規模な藩校・造士館を設立　八月

文化 思想

子《し》弟《てい》教育に意欲的に取り組む薩摩《さつま》藩が、藩校・造士《ぞうし》館《かん》を設立した（ただし設立当初は「聖堂・諸稽古所」と呼ばれていて、「造士館」となったのは、のちの天明《てんめい》六年（一七八六））。主導したのは二十五代藩主の島津重豪《しまづしげひで》。重豪は世間から「蘭癖《らんぺき》大名」と呼ばれるほどの蘭学に熱心な大名で、常に外国の書籍や文物を買い求めていた。その重豪がこれからは蘭学をはじめとする有用な学問を修めた若い人材が必要になると考えての藩校設立だった。

重豪が設立した「造士館」の場所は鹿児島城内二の丸御門前。敷地は一万一千平方メートル余にも及ぶ広大なもので、六月、ここに宣成殿・御供殿・講堂・学寮などが置かれ、そこで教授・助教などが、城下の子弟たちに基礎的な学問から朱子《しゅし》学などを教えた。十月に入って、隣接する一万三千平方メートル余の土地に武芸稽古所として演武館などが設けられた。ここで教育を受ける藩士の子弟は八歳で入学、二十一、二十二歳で卒業した。在学中に、学問だけでなく、武芸も磨いた。「造士館」は、一時衰えたが、のち、安政《あんせい》二年（一八五五）に二十八代藩主・島津斉彬《しまづなりあきら》が洋学なども導入して学風を再興した。

【この年の出来事】

**2・2** 朝廷、縫殿寮を再興。
**2月** 幕府、空米切手を禁止。
**3月** 中川淳庵、オランダ商館長フェイトと面会。桂川甫周、幕命でオランダ商館員と対話。
**4・1** 飛騨国の百姓、新検地令に反対し一揆（大原騒動）。
**4・13** 飛騨国の百姓、隣国の大垣藩に越訴。
**4月** 幕府、菱垣廻船問屋株を公認。
**4月** 幕府、諸物価引き下げを指示。
**この春** 諸国で疫病流行。
**6・1** 江戸で疫病流行。幕府、朝鮮人参を各町に配布。
**6・26** 幕府、諸村保管の評定所・奉行所の裁許状について、その写しの提出を指示。
**6・26** 米沢藩主上杉治憲（鷹山）の藩政改革に重臣らが抵抗、7月1日に7人の重臣たちを処罰

**東**
酒井忠高（善右衛門・丹波守）
**西**
長谷川宣雄（備中守）
山村良旺（十郎右衛門・信濃守）
**◉大坂城代**
久世広明（出雲守）
**◉大坂町奉行**
**東**
室賀正之（山城守）
**西**
神谷清俊（大和守）
**◉長崎奉行**
新見正栄（加賀守）
夏目信政（藤四郎・和泉守）
桑原盛員（善兵衛・能登守）
**◉若年寄**
水野忠見（壱岐守）
酒井忠休（石見守）
鳥居忠意（伊賀守）
酒井忠香（飛騨守）
加納久堅（遠江守）
水野忠友（出羽守）

## 飛騨で、大原騒動が再び起きる　四月一日
事件災害

飛《ひ》騨《だ》国（岐阜県北部）の大野《おおの》・吉城《よしき》・益田《ました》の幕府領で、またしても「大原騒動」が起きた。「大原騒動」の名は、この地の代官（郡代《ぐんだい》）が大原彦四郎《おおはらひこしろう》であったことから。またしても、とされるのは、今回以前にも数度の騒動があったことによる。その最初は明和五年（一七六八）。発端《ほったん》は、年貢金の納期日の繰り上げ通告だった。次いで明和八年（一七七一）。発端は、御用木の元伐《もときり》休山命令（御用木の質量を安定させるためとして、五年間の伐採を禁止した命令）。これらの騒動が治まらないうちに、本年に入って新たに検地令が発令されて、年貢の増徴《ぞうちょう》が試みられたことから、農民たちはこれまで以上の勢いを以って立ち上がった。三万人が代官に検地の中止を訴えたが聞き入れられなかった。そこで農民たちは隣接する大垣藩に越訴《おっそ》するが、失敗。ならばとばかり江戸に出て、幕府への直訴（老中への駕籠訴《かごそ》・勘定奉行への駈込願《かけこみねがい》）を試みたが、これも叶わなかった。事態がここまで至ったことから幕府は、十一月に入って近隣諸藩に出兵を要請し、騒動の弾圧に乗り出した。この騒ぎで罰せられた者は一万人を超え、新しい検地も強引に実施された。が、この強引さもあって騒動はこのままに治まらず、のちに再び大原騒動が起きることとなる。

## 全国で天然痘が猛威をふるう　三月～五月
社会世相

前年末から年始にかけて、全国各地で天然痘《てんねんとう》による死者が出始めた。天然痘は極めて感染力が強いだけに、人々はその拡大を恐れていたのだが、その不安は現実のものとなり、三月から猛威をふるい始めた。

この天然痘には、予防薬も治療薬もないことから、人々は藁をも縋《すが》る思いで、八郎神社の御札に病気の予防・治癒《ちゆ》を願った。八郎神社は、鎌倉時代に活躍し、のち八丈島《はちじょうじま》に流された鎮西八郎為朝《ちんぜいはちろうためとも》を祀《まつ》る神社で、八丈島には感染者がいないことから、為朝の武威《ぶい》を恐れてのこととして、その御札が重宝《ちょうほう》されていた。その疫病《えきびょう》よけの御札を売り歩いている深川《ふかがわ》の半助一家全員が感染・死亡して人々が呆然《ぼうぜん》となる、などといった事例が各地にあふれた。この様子に、幕府も必死の手を打ち、「お救《すく》い」と称して江戸の町ごとに、それぞれ五両相当の朝鮮人参《ちょうせんにんじん》を配布したが、その効果はなかった。猛威は五月が過ぎてようやく治まり、いくらか落ち着いたのち、江戸町奉行が棺屋《ひつぎや》を呼び出してその数を申告させたところ十九万だった。棺で十九万だから、実際の死者はこの数倍にのぼっていたと思われる。

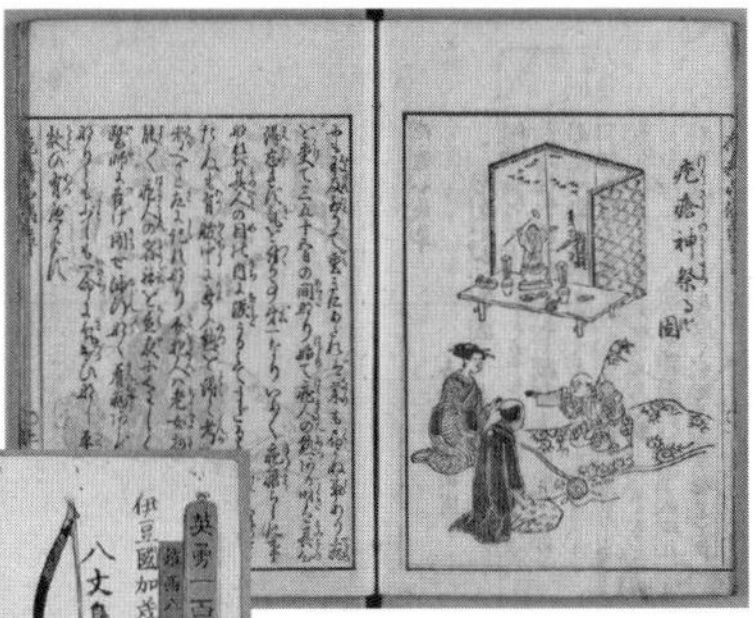
疱瘡神を祭って、無事に神＝病が立ち去るのを願う（寛政10年『疱瘡心得草』）

武威をもって厄病を鎮めると考えられた源為朝（嘉永4、5年の武者絵）

（七家騒動）。
**7・26** 飛騨国の百姓、江戸で老中に駕籠訴を決行。
**7・27** 幕府、諸家従者の不作法について戒告。
**7・30** 幕府、秋田藩に金1万両を貸与。
**7月** 江戸芝居三座、5月の湯島天神社での開帳を受け、「太子伝」興行。大当りとなる。
**8月** 薩摩藩主島津重豪、鹿児島城内に藩校「造士館」を設立。
**9月** 幕府、江戸に炭薪仲買組合を設立。
**10・23** 幕府、素人相撲興行での木戸銭徴収を禁止。
**10・24** 幕府、飛騨国の騒動鎮圧のため近隣諸藩に出兵を指示。11月15日鎮圧。
**11・26** 信濃飯山藩33か村の農民ら1万2000人が強訴（安永飯山騒動）。

# 安永三年

## 甲午

**天皇▼後桃園天皇**

**将軍▼徳川家治**（第十代）

**【主要幕閣】**

**◉老中**
松平武元（右近将監）
松平輝高（右京大夫）
松平康福（周防守）
板倉勝清（佐渡守）
阿部正允（豊後守）
田沼意次（主殿頭）

**◉寺社奉行**
松平忠順（伊賀守）
土岐定経（美濃守）
牧野貞長（越中守）
土屋篤直（能登守）

**◉勘定奉行**
石谷清昌（備後守）
安藤惟要（弾正少弼）
川井久敬（越前守）
大田正房（播磨守）

**◉江戸町奉行**
**北**
曲淵景漸（甲斐守）
**南**
牧野成賢（大隅守）

**◉京都所司代**
土井利里（大炊頭）

**◉京都町奉行**
**東**
酒井忠高（善右衛門・

### 飛騨屋久兵衛、蝦夷地でアイヌと交易を始める　政治経済

松《ま》前《まえ》藩の場所請商人の飛騨屋《ひだや》久兵衛《きゅうべえ》が、藩の許可を得て蝦夷地《えぞち》の四場所でアイヌとの交易を開始した。場所請《ばしょうけ》商人とは松前藩独自の呼称で、アイヌとの交易権を有する商人といったところ。飛騨屋久兵衛が藩からアイヌとの交易権を得た裏には、藩と飛騨屋との力関係があった。藩は、これまでの乱脈財政などで飛騨屋に八千両におよぶ借金があり、その返済に窮していた。そこで、その借金の代わりに、飛騨屋に蝦夷地内での四場所（エトモ〔室蘭《むろらん》一帯〕・アッケシ〔釧路《くしろ》一帯〕・キイタップ〔知床《しれとこ》岬から納沙布《のさっぷ》岬に挟まれた一帯〕・クナシリ〔国後島《くなしりとう》および択捉島《えとろふとう》一帯〕）でのアイヌとの交易権を与えたのだ。このような事情があったから、飛騨屋はアイヌに対して交易というよりも収奪に近いことをした。アイヌから昆布・ラッコの皮・熊の皮・干鮭などを得たばかりか、アイヌを捕えて強制労働に服させることもした。そのため、各地で交易は成らず、クナシリのアイヌは飛騨屋の交易船を襲うまでに至って、この時期のアイヌとの交易はうまくいかなかった。

### 前野良沢・杉田玄白らによる『解体新書』が刊行される　八月　文化思想

日本最初の西洋の人体解剖書の訳本『解体新書《かいたいしんしょ》』（本文四巻、解体図一巻）が、江戸の版元《はんもと》・須原屋市兵衛《すはらやいちべえ》によって刊行された。

この解体新書の原本は、ドイツ人のヨハン・アダムス・クルムスが著わした『ターヘル・アナトミア』で、ドイツ語からオランダ語に訳されて一七三四年にアムステルダムの出版社から刊行されていた。これを入手したのは中津《なかつ》藩の藩医・前野《まえの》良沢《りょうたく》で、同じく若狭小浜《わかさおばま》藩の杉田玄白《すぎたげんぱく》も手に入れていた。前野良沢らはその図に驚き、翻訳作業を始めたが、その話を聞きつけて、杉田玄白も参加したものだった。そうして三年の歳月が流れ、ようやく翻訳が終わったとして、蘭学の創始となる画期的な書としての『解体新書』が刊行された。

しかし、この『解体新書』に前野良沢の名前はない。それは、同書が『ターヘル・アナトミア』の本文を丁寧に訳したわけではなく、かなりの部分を簡略化したものであり、曖昧な表現も多いことから、「まだ完全ではない」とする前野良沢が訳者とならなかったからだった。

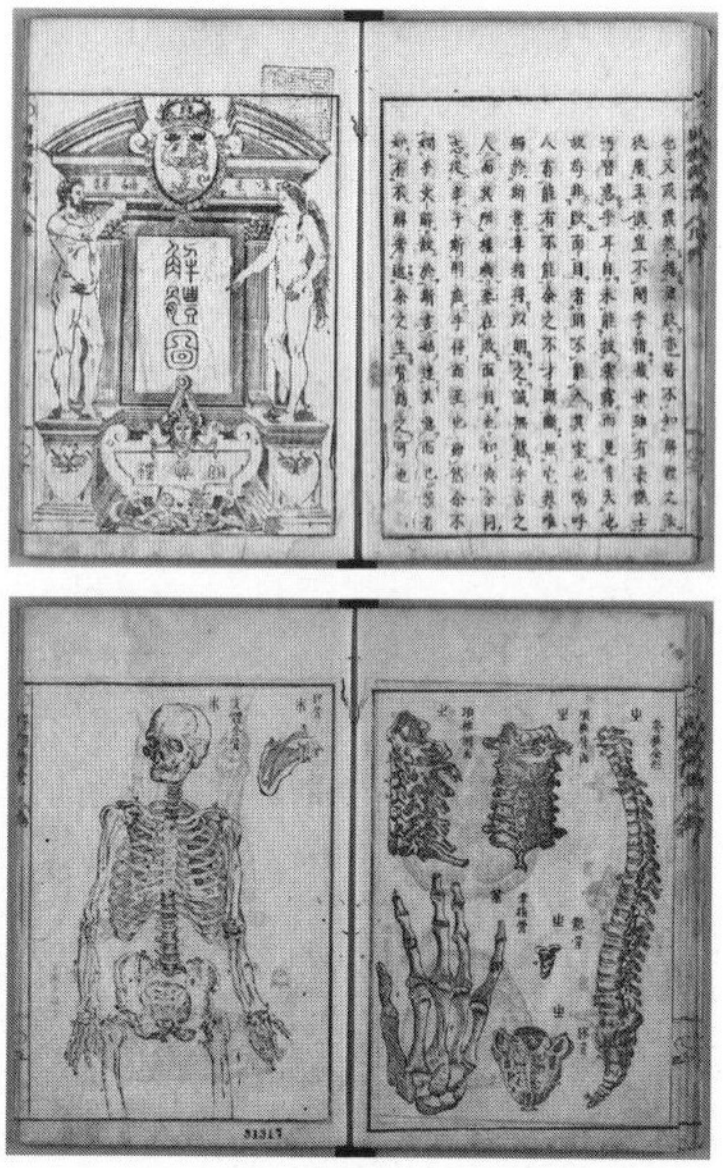
『解体新書』

**【この年の出来事】**

**1・14** 幕府、米価引き上げのため、札差と米問屋仲間に買い入れ資金を貸与。
**1・19** 幕府、偽虚無僧が村を徘徊することを禁止。
**1・27** 幕府、火災後の大名屋敷仮普請を禁止。
**3・1** 江戸参府のオランダ商館長、将軍家治に拝謁し貢物を献上。
**3・18** 建部綾足歿(56)。
**3・30** 幕府、諸大名の留守居役らの茶屋での寄合を禁止。
**6・10** 幕府、偽金づくりを厳禁。また、二朱判銀・五匁銀などの形を器物等作成の際に用いることを禁止。
**6・13** 京都・大坂で大風雨、洪水。大坂で死者1200人。
**6月** 幕府、京都・大坂で南鐐二朱銀を増鋳。
**8・26** 幕府、不正のあった廷臣らを処罰し、朝廷の取り締まりを強化。

丹波守）
赤井忠晶（越前守）
**西**
山村良旺（信濃守）
**◉大坂城代**
久世広明（出雲守）
**◉大坂町奉行**
**東**
室賀正之（山城守）
**西**
神谷清俊（大和守）
**◉長崎奉行**
新見正栄（加賀守）
桑原盛員（能登守）
**◉若年寄**
水野忠見（壱岐守）
酒井忠休（石見守）
鳥居忠意（伊賀守）
酒井忠香（飛騨守）
加納久堅（遠江守）
水野忠友（出羽守）

## 京都西町奉行所が、御所で不正を働く役人らを大量に逮捕　八月二十六日

事件災害

京都西町奉行所が、御所《ごしょ》および仙洞御所《せんとうごしょ》（上皇の御所）に仕える下級役人ら四十余人を汚職の廉《かど》により捕縛。三人に死罪、五人に遠島、ほか多数に対して追放といった厳罰が下された。何とも厳しい処分だが、これには、御所との間の旧弊《きゅうへい》を一新《いっしん》しようとの意味もあったようだ。その旧弊とは、次のようなものだった。

これまで幕府は、御所および仙洞御所の費用をすべて賄《まかな》ってきていて、その請求額は御所および仙洞御所の下級役人に任せる、というものだった。そしてその請求額は年々増える一方で、減ることがなかった。これを、京都西町奉行の山村信濃守《やまむらしなののかみ》は「怪しい」と睨《にら》んだ。下級役人と業者との間に何らかの書類操作があって、水増し請求が行なわれていると考えたのだが、何しろ相手が御所だから簡単には手が出せず、確証を掴《つか》むことができず苛立《いらだ》っていた。それを見て、山村信濃守の信頼が厚い御徒目付《おかちめつけ》の中井清太夫《なかいせいだゆう》が一計を案じた。隠密《おんみつ》を放つことにしたのだ。中井清太夫の弟には美人の娘がいた。これに、情報を取ることを含ませて下級役人の一人と結婚させたのである。娘は貞淑《ていしゅく》な妻を演じつつ、下級役人らが、業者たちと共謀《きょうぼう》して見積《みつも》りの水増《みずま》しをして幕府に請求を回している数々の事例を掴んで、中井清太夫に報告、このたびの大量捕縛となった。これ以後、幕府は不正対策として、御所関係の費用一切について、京都西町奉行以下二名を監査に当たらせることにした。

## 江戸に、屁を巧みに奏でる男が現れ、一躍人気者となる　四月

社会世相

江戸の両国橋近くの見世物に、放屁《ほうひ》男が登場。ただ屁《へ》を放《ひ》る（おならをする）だけと異なり、様々な音色を出し、そればかりか屁をまじえて物真似まで演じて見せたから、人々は面白がって見世物《みせもの》小屋に殺到。男は一躍、人気者となった。男の名は霧降花咲男《きりふりはなさきおとこ》。面白おかしく前後左右に体をくねらせながら、放つ屁は犬の吠え声、鶏の時を告げる声から、両国の打ち上げ花火の音、せせらぎを得てまわる水車の音……といった多彩なものだった。咲男が演じる見世物小屋の前には、咲男が屁を放っている様子の絵入りの大きな看板とのぼりが据《す》えられ、連日、大勢の人達が小屋に詰めかけた。これに驚いた平賀源内《ひらがげんない》は、すぐさま筆を執《と》ってその様子を『放屁論《へっぴりろん》』として次のように書いた。「人は小さき天地なれば、天地に雷あり、人に屁《べ》あり。陰陽《いんよう》相激する声にして、時に発し時に撒《ひ》るこそ持ち前なれば、いかなれば彼の男、むかし言ひ伝へし梯子《はしご》っ屁はいふも更なり。祇園囃子《ぎおんばやし》、伊勢音頭、豊後節、忠臣蔵、矢口の渡し等、のぞみ次第……」平賀源内らしい誇張もあると思うが、その驚きの様子が伝わってくる。

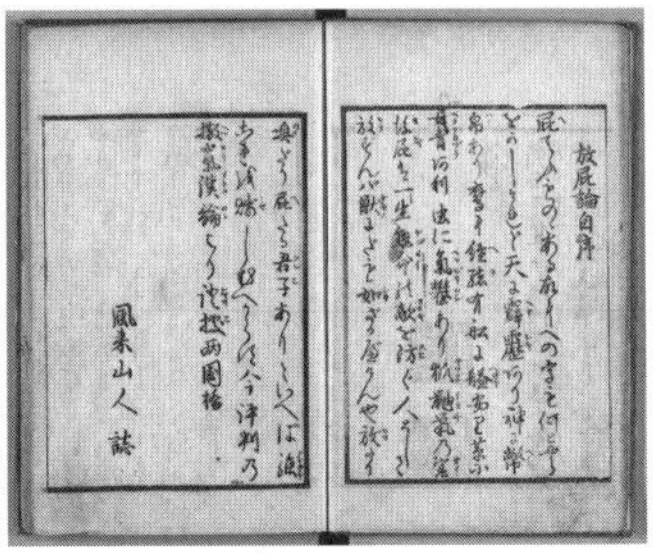
『放屁論』

なお、「へっぴり腰」という表現は、この咲男の芸に端を発しているのだが、今日では転じて、自信のない腰つきの意で用いられている。

**8月**　杉田玄白・前野良沢『解体新書』刊行。
**9・5**　幕府、銭価引き上げのため、亀戸・伏見銭座での鋳造を停止。
**9・14**　幕府、諸大名に1万石につき1000俵の囲籾を指示。
**9・19**　高野山で大火。
**10・17**　江戸の大川橋（吾妻橋）架橋。
**10・28**　幕府、浪人・旅僧・修験者などの取り締まりについて規定。
**11・25**　品川出港の永福丸、塩谷崎沖で暴風雨により漂流。翌年、清国福建省に漂着。
**12・5**　幕府、飛騨国の騒動の首謀者らを処罰。
**この年**　松前藩の場所請商人飛騨屋九兵衛、蝦夷地でアイヌと交易開始。
**この年**　投扇が流行。

# 1775

# 安永四年

## 乙未

**天皇▼後桃園天皇**

**将軍▼徳川家治**（第十代）

**【主要幕閣】**

**◉老中**
松平武元（右近将監）
松平輝高（右京大夫）
松平康福（周防守）
板倉勝清（佐渡守）
阿部正允（豊後守）
田沼意次（主殿頭）

**◉寺社奉行**
松平忠順（伊賀守）
土岐定経（美濃守）
牧野貞長（越中守）
土屋篤直（能登守）
太田資愛（備後守）

**◉勘定奉行**
石谷清昌（備後守）
安藤惟要（弾正少弼）
川井久敬（越前守）
大田正房（播磨守）
新見正栄（加賀守）

**◉江戸町奉行**
**北**
曲淵景漸（甲斐守）
**南**
牧野成賢（大隅守）

**◉京都所司代**
土井利里（大炊頭）

**◉京都町奉行**

## 水戸藩の地理学者・長久保赤水が「日本輿地路程全図」を完成　三月

政治経済

日本の国土地図を完成させた人物としては、文政《ぶんせい》四年（一八二一）の「大日本沿海輿地全図《だいにほんえんかいよちぜんず》」の作成で知られる伊能忠敬《いのうただたか》が有名だが、それよりも前に日本全図を作成した人物がいる。水戸《みと》藩の地理学者・長久保赤水《ながくぼせきすい》で、赤水はこの三月、緯度も正確に記入した「日本輿地路程全図《にほんよちろていぜんず》」を完成させた。従って、日本の国土地図に関しては赤水の方が先行していることになる。

赤水は、常陸《ひたち》の農民出身で、幼いころから地理に興味を持ち、地図作成のために山野を歩き回ったと伝えられている。そうして近隣の地図を自ら作成するうちに、八代将軍・吉宗《よしむね》が建部賢弘《たけべかたひろ》に命じて作らせた「享保日本図」を見るに至り、より精緻な地図作りへの意欲を燃やした。各種の天文学資料を読み、全国を実測して「日本輿地路程全図」を作り上げた。この地図作成にあたっては、方眼投影方式を用いた。一寸（約三センチ）を十里（約四十キロ）とし、それを各地に当てはめて、これに地球規模の緯度を用いて表示した。さらに、武蔵《むさし》国、甲斐《かい》国などの各国を色別に分けて識別を明確にするとともに、河川、港、道路なども詳細に記入した。この地図は「赤水図《せきすいず》」と称されて江戸時代の日本地図の基本として幕末まで用いられることとなった（伊能忠敬の地図は公開が遅れたため、一般には用いられなかった）。

## 三浦梅園の哲学大著『玄語』が完成する

文化思想

江戸期最高の哲学者の三浦梅園《みうらばいえん》が、その思索を集大成した『玄語《げんご》』二十八編の大著を完成させた。梅園が『玄語』を起稿したのは宝暦三年（一七五三）、三十一歳の時だったから、それまで二十三年の歳月を要していたことになる。この間、稿はほぼ年に一回、二十三回も書き改められていた。その内容は、哲学書だけに、梅園の青年から壮年にかけての思索の時期の様子と重なり合う。

梅園は、十七歳の時に豊前《ぶぜん》国中津《なかつ》藩（大分県）の藤田敬所《ふじたけいしょ》の門に入り、さらに二十三歳の時、長崎に遊学。この間、梅園は、これまでの天地進化の理に疑念を抱くようになり、中国の書に天文学を学びつつ、自ら器械を作成して天象《てんしょう》を模《も》しながら、思索に耽《ふけ》った。そして三十歳のころには、天地の間に一定の条理《じょうり》があるとして、これを名付けて条理学とした。そして、これに儒学と洋学の思想を採《と》り入れて宇宙の構造を説明するものとして著《あら》わしたのが、大著『玄語』だった。『玄語』はこのころ、その内容が難解であることから一般化しなかったが、近年に至ってその内容の深遠さが注目され、近世封建社会最高の思想書との評価が高まっている。なお、この年に完成した条理哲学の応用書としての『贅語《ぜいご》』と、道徳実践について書いた『敢語《かんご》』と合わせて「梅園三語」と称している。

**【この年の出来事】**

**1月**　恋川春町『金々先生栄花夢』刊行。
**2・18**　幕府、東国33か国の秤の検査を実施。
**2・27**　幕府、年貢米売買に際しての不正を厳禁。
**3・2**　幕府、関東諸国の川浚いを指示。
**3月**　水戸藩士長久保赤水、「日本輿地路程全図」を完成。
**この春**　奥州で疫病流行。死者数万人。
**4・13**　幕府、諸大名の参勤時の従者数を規定。
**4・27**　将軍家治、江戸城吹上苑で番士らの騎射を上覧。
**5・24**　幕府、銀・銀箔の私的売買を禁止。
**5・24**　幕府、宿駅困窮のため、東海道や中山道などの宿駅に、7年間の人馬賃銭値上げを許可。
**5月**　京都で前月来の霖雨、洪水。
**6・8**　幕府、関八州産の綿実は、すべて50軒の仲買人を通して販売する

**東**
赤井忠晶（越前守）
**西**
山村良旺（信濃守）

**◉大坂城代**
久世広明（出雲守）

**◉大坂町奉行**
**東**
室賀正之（山城守）
**西**
神谷清俊（大和守）
京極高主（伊予守）

**◉長崎奉行**
桑原盛員（能登守）
拓植正寔（三蔵）
久世広民（平九郎）

**◉若年寄**
水野忠見（壱岐守）
酒井忠休（石見守）
鳥居忠意（伊賀守）
酒井忠香（飛騨守）
加納久堅（遠江守）
水野忠友（出羽守）
松平忠順（伊賀守）

## 恋川春町の『金々先生栄花夢』が評判となり、「黄表紙」が生まれる　一月

事件災害

駿《する》河《が》国小島《おじま》藩士であり、勤務のかたわら絵を鳥山石燕《とりやませきえん》に学び、絵師としても著名だった恋川春町《こいかわはるまち》が、初の草双紙《くさぞうし》本を出し、大きな評判を呼んだ。その本の標題は『金々先生栄花夢《きんきんせんせいえいがのゆめ》』。内容は、人生の楽しみを極《きわ》めようと田舎から出てきた金村屋金兵衛《かなむらやきんべえ》の、ひと時の夢の物語。夢を抱いて江戸に出てきた金村屋金兵衛は、一休みしようと思って目黒《めぐろ》不動尊の茶屋で粟餅《あわもち》を頼んだ。そして、ついうとうとしていると、いつの間にか金兵衛は裕福な町人の婿《むこ》となっていたから大喜び。それなら、とばかり吉原《よしわら》、深川《ふかがわ》、品川《しながわ》の遊里《ゆうり》で豪遊《ごうゆう》して楽しみを極めたのだが、金を使いすぎて勘当《かんどう》され、途方に暮れたところで目が覚め、ハッとしてあたりを見回したのち、「人間一生の楽しみと言っても、わずかに粟餅一臼《いっきゅう》の内の如し」と無常を悟って田舎に引き込む、というもの。内容は、中国の「邯鄲《かんたん》の夢」に似た話で目新しくはないが、恋川春町は、もとより絵師だっただけに、遊里での遊びの様子や、そこで用いられている粋《いき》な言葉のやりとりなどが写実的に再現されていたから、大きな評判を呼んだ。この本の表紙が萌黄《もえぎ》色だったことから、以後、この種の洒落《しゃれ》と風刺《ふうし》を織り込んだ大人向けの草双紙は「黄表紙」と呼ばれるようになった。

『金々先生栄花夢』

## 女流俳人・加賀千代が逝く　九月八日

社会世相

平明で情愛のこもった句で広く人々に親しまれた女流俳人の加賀千代《かがのちよ》が歿した。七十四歳だった。加賀千代は元禄十六年（一七〇三）、加賀《かが》国松任《まっとう》（石川県）の表具《ひょうぐ》師《し》・福増屋六兵衛《ふくますやろくべえ》の娘として生まれた。そして十三歳のころ、松任の素封《そほう》家相河武右衛門方に奉公に出たのだが、この相河家の若主人が、蕉門十哲《しょうもんじってつ》の一人として高名な各務支考《かがみしこう》の門人であったことから、その薫陶《くんとう》を得て才能を一気に開花させた。十七歳のころには、既に若手の女流俳人として名を馳《は》せるまでになっていた。十八歳の時、加賀藩の足軽・福岡弥八《ふくおかやはち》と結婚。翌年、弥市《やいち》を得たが、結婚六年後に夫、その翌年に弥市をも失い、千代は二つの遺骨を京に葬るべく旅立った。のち、二十七歳の時に剃髪《ていはつ》、尼となって素園《そえん》と号し、句集『千代尼句集』『松の声』などを出した。千代の句には、女性特有の繊細さだけではなく、若くして夫も息子も失くしたことからの情愛のこもった名句が多い。そんなところから、「朝顔に　釣瓶《つるべ》とられて　もらひ水」「とんぼ釣り　今日はどこまで　行ったやら」などの句が代表作として名高いが、近年、これらは千代と年代が合わないとされている。しかし、こうしていくつかの句が千代に付《ふ》会《かい》されて伝わっているところにも、長い年月にわたる千代の人気のほどがうかがわれる。

よう通達。
**7・3**　京都先斗町大丸下村家の彦右衛門、三条から烏丸丸太町で17人を斬ったのち、自殺。
**7・19**　スウェーデン植物学者ツンベルク、オランダ商館医として出島に着任。
**9・3**　幕府、石炭会所を増設。
**9・8**　加賀千代歿(74)。
**9月**　浄瑠璃『恋娘昔八丈』江戸薩摩座で初演、大当たり。
**10・15**　幕府、藩士困窮のため仙台藩の普請役を免除。
**11・23**　幕府、諸大名に本年度の貯米勝手を指示。
**閏12・26**　幕府、西国諸大名の山崎路通行を禁止。
**この年**　三浦梅園の『玄語』完成。

# 1776 安永五年

丙申

天皇▼後桃園天皇

将軍▼徳川家治（第十代）

**【主要幕閣】**

**◉老中**
松平武元（右近将監）
松平輝高（右京大夫）
松平康福（周防守）
板倉勝清（佐渡守）
阿部正允（豊後守）
田沼意次（主殿頭）

**◉寺社奉行**
土岐定経（美濃守）
牧野貞長（越中守）
土屋篤直（能登守）
太田資愛（備後守）
戸田忠寛（因幡守）

**◉勘定奉行**
石谷清昌（備後守）
安藤惟要（弾正少弼）
大田正房（播磨守）
新見正栄（加賀守）
桑原盛員（能登守）

**◉江戸町奉行**
**北**
曲淵景漸（甲斐守）
**南**
牧野成賢（大隅守）

**◉京都所司代**
土井利里（大炊頭）

**◉京都町奉行**

## 将軍・家治、日光社参に発つ　四月十三日　政治 経済

この日、十代将軍・家治が、日光社参《にっこうしゃさん》のため江戸を出発した。日光社参は、享保《きょうほう》十三年（一七二八）の八代将軍・吉宗《よしむね》以来四十八年ぶりのこと。日光は、下野《しもつけ》（現、栃木県）の日光東照宮のことで、江戸幕府を開いた初代将軍・徳川家康《とくがわいえやす》の霊廟《れいびょう》がある。今回の社参は、ここに、二代・秀忠《ひでただ》、三代・家光《いえみつ》、四代・家綱《いえつな》、八代・吉宗らが詣《もう》でていた（計十七回）ことに倣《なら》ったもの。もちろん、単なる参詣ではなく、開祖・家康の威光《いこう》を借りて、改めて幕権を強化しようとした一種の儀式だった。

家治《いえはる》一行が四月十三日に出発したのは、家康の命日である四月十七日の日光到着に合わせるためのもので、江戸を発った一行は、日光御成道《にっこうおなりどう》・日光道中《にっこうどうちゅう》を進み、最初は岩槻《いわつき》城で一泊。のち、古河《こが》と宇都宮《うつのみや》に一泊して計三泊。そして四日目の十六日に日光に到着。日光には連泊して東照宮《とうしょうぐう》参詣ののち、来た時と同じ道を帰る八泊九日の行程だった。

この社参に動員された人数は、供《とも》の大名・旗本以下、助郷《すけごう》の人足《にんそく》までを含めると延べ四百万人を超え、用いた馬は三十万五千頭。費用は二十二万両という莫大なものだった（この二十二万両は、幕府の歳入の七分の一ほどにあたる）。

## スウェーデンのツンベルクと日本の桂川甫周、学者同士の交流が始まる　三月　文化 思想

このころ日本は、鎖国状態にあって外国との交流を一切絶っていたとのイメージが強いが、実際は朝鮮とも中国とも交流していたし、西洋の国ではオランダとの交流をしていた。そのオランダとの窓口は長崎のオランダ商館で、ここには日本との交易のため商館員のほかに、植物学者や医者も派遣されて来ていた（のちに幕府の外事顧問となるシーボルトも、オランダの商館員として来日している）。

そんな商館医員であり植物学者でもあるツンベルク（当時三十四歳）が、将軍・家重《いえしげ》に謁見《えっけん》するために江戸に来たことを知って、桂川甫周《かつらがわほしゅう》（当時二十六歳）は狂喜してツンベルクに会いに行き、ここに国境を超えた学者同士の深い交流が始まった。ここに至るまでの二人の経歴は次の通り。

桂川甫周は、代々幕府の奥医師《おくいし》である桂川家の四代目。前野良沢《まえのりょうたく》、杉田玄白《すぎたげんぱく》らと『解体新書《かいたいしんしょ》』を翻訳した気鋭の蘭医。ツンベルクは、スウェーデン生まれで、植物学者のリンネに師事した学者。オランダの東インド会社に入り、前年の

ツュンベリーの肖像とフランス語版『日本紀行』(1796)

**【この年の出来事】**

**1・15** ツンベルク、オランダ商館長に同行して出島を出発。
**2・29** 幕府、樽屋藤左衛門に命じて東33か国の枡の検査を実施。
**2月** 江戸で風邪流行（お駒風）。
**3・4** 幕府、対馬藩に朝鮮貿易の手当として毎年1万2000両の支給を開始。
**3・10** ツンベルク、江戸に到着。この月、桂川甫周・中川淳庵、ツンベルクから医学などを学ぶ。
**3・13** 幕府、諸大名の参勤時の従者数を規定。
**3月** 山脇東門、男囚の刑死体を解剖し「男人内景真図」を作成。
**3月下旬** 全国で麻疹流行。死者多数。5月まで続く。
**4・1** ツンベルク、将軍家治に拝謁。
**4・13** 池大雅歿(54)。
**4・13** 将軍家治、日光社参のため江戸出発。21

**東**
赤井忠皛（越前守）
**西**
山村良旺（信濃守）
**◉大坂城代**
久世広明（出雲守）
**◉大坂町奉行**
**東**
室賀正之（山城守）
**西**
京極高主（伊予守）
**◉長崎奉行**
拓植正寔（三蔵）
久世広民（平九郎）
**◉若年寄**
酒井忠休（石見守）
鳥居忠意（伊賀守）
酒井忠香（飛騨守）
加納久堅（遠江守）
水野忠友（出羽守）
松平忠順（伊賀守）

七月にオランダの商館員の学者として長崎の出島に来着していた。

この日、桂川甫周は、江戸に来て宿泊先の長崎屋にいるツンベルクを訪ねた。そして甫周はツンベルクに日本の薬品・鉱物・植物見本などを贈るとともに、そのオランダ名・ラテン語名などの教授を受けた。そして、蘭学を学ぶ上での多くの助言を得た。ツンベルクは、この甫周の蘭学に対する熱意に感服。両者の交流はこののち十月にツンベルクが帰国したのちも続けられ、ツンベルクはその著『日本紀《にほんき》行《こう》』の中で、甫周との交流を誇らしく記している。

## 平賀源内が「エレキテル」を完成　十一月

事件
災害

平《ひら》賀源内《がげんない》は、江戸の奇人・変人・天才とも言われる一人。その源内が、日本で初めての起電《きでん》装置である「エレキテル」を完成させた。このころ、電気（オランダ語でエレキトリクテイト）を理解する人は誰もいなかった。そんな時に、平賀源内が電気の存在を理解しただけでなく、それを自らの手で作り出し、人々の前でその存在を証明してみせたことで大変な評判を呼んだ。源内が製作した「エレキテル」の構造は、箱の右側にあるハンドルを回して中のガラス筒《つつ》を回転させて、その隣のスズ箔《はく》棒にこすり合わせて帯電《たいでん》させる。そこで発生した静電気を、帯電瓶《びん》に蓄えて、そこから銅線を用いて放電させるというもの。

平賀源内（栗原信充『肖像集』）

ハンドルを回すと「バチッ、バチッ」といった音とともに黄金色の火花が出る。これに人々は仰天《ぎょうてん》した。しかし、この平賀源内による「エレキテル」には謎が多い。まず第一に、「エレキテル」の名にあるように、これは源内の創作ではなく、オランダ製だったのではないかということ。源内が長崎遊学の際に手に入れたものを改良したのではないかとされているが、ハッキリとしたことはわからない。第二に、それを技術的にどのように改良したのかもわかっていない。第三に、源内が残した記録に、こののちは、電気に関する記述が見当たらないということ。とはいえ何もなかったところから、人々に電気の存在を知らしめた功績は大きい。

## 江戸で「初物食い」がブームとなる

社会
世相

このころ、江戸の町人の間に「初物《はつもの》食い」をすると寿命が七十五日伸びる、との噂が生まれ、それはたちまちのうちに江戸中に広まっていった。「初物」とは、季節の初めに市場に出回る食材のことで、人々は、もちろん縁起担ぎと知りつつ、それを、高値であっても競って買い求めた。中でも俳人の山口素堂《やまぐちそどう》が「目には青葉、山時鳥《やまほととぎす》、初松魚《はつがつお》」と詠んだカツオは、卯の花の咲く四月ごろに初物の上りカツオが手に入るとあって、特に珍重された。その様子を、三代歌川雪国が浮世絵の「卯の花月」に活写している。その絵柄は、一人の棒手振《ぼてふり》（天秤棒で魚介や青物などの荷をかついで売り歩く商人）が荷を下ろしたところに、数人の町人の女房たちが群がって買い求めているもの。「てやんでェ、女房を質に入れても、初カツオでゃい」といった言葉が飛び交ったのも、このころだ（女房がいないところでは威勢がいい江戸っ子の生態を表現している）。

日帰城。
**4・17** 米沢藩、藩校「興譲館」を再興。
**4月** 上田秋成『雨月物語』刊行。
**5・10** 商館長・ツンベルクら、出島に帰着。
**5・22** 幕府、西国諸大名の山崎路通行を再禁止。
**9・4** 与謝蕪村『奥の細道図巻』完成。
**9・6** 安藤広重歿(62)。
**9月** 相模・安房で大風雨、洪水。
**11・5** 幕府、三味線・按摩などを生業とする盲人を検校支配とすることを通達。
**11月** 平賀源内、エレキテルを完成。
**12・19** 幕府、旗本子弟のうち諸芸勉励の者に定給を支給。
**12・26** 幕府、町人の宗門人別帳収集を町奉行に指示。
**このころ** 江戸で初物食いがブームとなる。

# 安永六年

丁酉

天皇▼後桃園天皇

将軍▼徳川家治（第十代）

**【主要幕閣】**

**◉老中**
松平武元（右近将監）
松平輝高（右京大夫）
松平康福（周防守）
板倉勝清（佐渡守）
阿部正允（豊後守）
田沼意次（主殿頭）

**◉寺社奉行**
土岐定経（美濃守）
牧野貞長（越中守）
太田資愛（備後守）
戸田忠寛（因幡守）
牧野惟成（豊前守）

**◉勘定奉行**
石谷清昌（備後守）
安藤惟要（弾正少弼）
大田正房（播磨守）
桑原盛員（能登守）

**◉江戸町奉行**
**北**
曲淵景漸（甲斐守）
**南**
牧野成賢（大隅守）

**◉京都所司代**
土井利里（大炊頭）
久世広明（出雲守）

**◉京都町奉行**

## 幕府、奉公稼ぎを禁止する　五月二十三日

政治経済

幕府は農民に対して、江戸に出てみだりに奉公人《ほうこうにん》（出稼ぎ）となることを禁ずる触《ふ》れを出した。これには二つの理由があった。

一つは村落の荒廃《こうはい》。このころ、各地で天候不順や災害による飢饉《ききん》が相次ぎ、農民は田畑を捨てて次々に大都市・江戸に流入した。江戸に出れば、なんとか食べていけると考えたからだ。しかし、農民が田畑を捨てて江戸に出て行けば、村は働き手が居なくなるのだから、飢饉などで荒れ果てた土地は一掃荒廃する。村が荒廃すれば年貢収入の目途《めど》が立たなくなり、幕府財政はさらに悪化する。幕府は、これに危機感を抱いた。

二つは、江戸の治安の悪化。江戸で奉公稼ぎをするといっても、それは口実で、実際は無宿人《むしゅくにん》となる者がほとんどだった。無宿人は法の埒外《らちがい》にあったから、各地で喧嘩《けんか》・狼藉《ろうぜき》が絶えなかった。そればかりか、時には反幕府的な動きを見せる者さえあった。幕府は、このことにも危機感を抱き、今回の触れとなった。しかも、その触れは全面的な禁止ではなく、それぞれの村の収穫高に合わせて必要な農民の数を確保した上で、出稼人を許可するといった柔軟なものだった。だが、出稼人を許可する数が村役人に任されていたため、実際には、幕府が期待するほどの効果は上がらなかった。

## 大坂で『伽羅先代萩』の初公演が行なわれる　四月二十日

文化思想

大坂の道頓堀《どうとんぼり》にある「中の芝居」で、歌舞伎の『伽羅先代萩《めいぼくせんだいはぎ》』の初公演が行なわれた。

「伽羅」は、仙台《せんだい》藩の三代藩主・伊達綱宗《だてつなむね》が伽羅《きゃら》の下駄で吉原《よしわら》に通いつめたとの巷説《こうせつ》から。「先代萩」は、仙台名産の萩に因《ちな》んでいる。内容はこの百年ほど前の万治《まんじ》三年（一六六〇）に始まった「伊達騒動」を題材としたもの。「伊達騒動」は、仙台藩内の権力争い。権力争いだから、主流派と反主流派が権謀術数《けんぼうじゅっすう》を駆使《くし》して争った。主流派は、仙台藩の三代藩主・伊達綱宗。この綱宗が、伽羅の下駄で吉原に通うようになり、藩政を省みなくなったとして、反主流派の伊達兵部（綱宗の叔父）・原田甲斐《はらだかい》らが綱宗の追い落としを謀《はか》って、主流派と反主流派の立場が逆転する。これに抗して、当初の主流派が幕府に訴え出たところ、その裁《さば》きの場で原田甲斐が訴え出た者を斬殺し、甲斐も慙死《ざんし》して再び立場が逆転し……といったスリリングな内容だ。しかし、これをそのまま歌舞伎として演じるわけにもいかない。そこで時代を鎌倉時代に移し、国の横領《おうりょう》を企て

弘化年間の『伽羅先代萩』

**【この年の出来事】**

**1・8**　植村政勝歿(83)。
**1・12**　信濃国幕領の百姓、年貢減免などを求めて強訴（安永中野騒動）。
**3・1**　桂川甫周、江戸参府のオランダ商館長デユルコープと対談。
**3月**　陸奥盛岡藩9か村、物資移入口銭値上げに反対し強訴（遠野騒動）。
**4・10**　近江国愛知郡彦根領など17か村で越訴。
**4・12**　佐渡鉱山の坑夫ら700余人が逃散。
**4・20**　大坂中の芝居で『伽羅先代萩』初公演。
**5・1**　豊後佐伯藩、藩校「四教堂」を創設。
**5・23**　幕府、百姓が江戸で奉公稼ぎをすることを禁止。
**5・24**　幕府、飛騨郡代を設置。
**6・18**　幕府、神官・僧侶に依託して銀貨を鋳造することを禁止。
**6・26**　遠野騒動に呼応して、大槌通釜石村の百姓らが打ちこわし（釜石

**東**
赤井忠晶（越前守）
**西**
山村良旺（信濃守）
**◉大坂城代**
久世広明（出雲守）
牧野貞長（越中守）
**◉大坂町奉行**
**東**
室賀正之（山城守）
**西**
京極高主（伊予守）
**◉長崎奉行**
拓植正寔（三蔵）
久世広民（平九郎）
**◉若年寄**
酒井忠休（石見守）
鳥居忠意（伊賀守）
酒井忠香（飛騨守）
加納久堅（遠江守）
水野忠友（出羽守）
松平忠順（伊賀守）
米倉昌晴（丹後守）
**◉側用人**
水野忠友（出羽守）

る常陸之助海存《ひたちのすけかいそん》たちと、それに対抗する伊達顕衡《だてあきひら》たちの攻めぎ合いといった伊達騒動を連想させる設定とし、その間、虚実《きょじつ》取り混ぜたエピソードを入れた作品として演じた。忠義あり謀略あり泣かせありで大きな評判を呼んだので、この後、同じ題材を扱った歌舞伎『伊達競《だてくらべ》阿国戯場《おくにかぶき》』、浄瑠璃『伽羅先代萩』が上演されている。

## 佐渡鉱山の坑夫ら七百余人が逃げ出す 四月十二日

事件災害

佐《さ》州《しゅう》（現、新潟県佐渡島）の相川《あいかわ》にある銀山から、山《やま》稼人《かせぎにん》（坑夫ら）およびその家族の計七百余人が、採掘作業を放棄。佐渡島の近郷に逃散《ちょうさん》した。佐渡島は、平安末期ころから砂金の産出地として知られていたが、文禄《ぶんろく》四年（一五九五）に金山・銀山が発見された。幕府はこれに注目して慶長《けいちょう》八年（一六〇三）大久保長安《おおくぼながやす》を奉行として採掘を始めた。以後、産出量は激増し、幕府はこれを貴重な財源として独占していた。この金山・銀山は、佐渡島の西側に位置する相川に集中していたのだが、このうちの銀山の山稼人らが、四月初めに奉行宛てに賃上げおよび、米価の引き下げ要求の願書を出していた。労賃が、銀の採掘量が増えたにもかかわらず据《す》え置かれたままであること、米価については、他所では一升《しょう》五十五文《もん》のものが相川地区では六十文になっているので何とかして欲しい、といった内容だった。

佐渡金山掘之図

ところが、奉行からは何の返答もない。そこで、山稼人たちは、この日、一斉に職場を放棄し数組に分かれて島の中央の真野《まの》に向かった。そののち、畑野《はたの》の玉林寺《ぎょくりんじ》に投宿《とうしゅく》し、十五日には栗野江《くりのえ》の加茂《かも》神社で寄り合いを開いた。これで見るように、山稼人たちの動きには統制がとれていた。幕府は、この統制のとれた集団の力に厳罰で臨むことは出来ず、いくつかの妥協案を示し、事態は終息に向かった。山稼人たちを、権力だけで使役することが出来なくなったことを示す事件だった。

## 番付本が次々に刊行される

社会世相

「番《ばん》付《づけ》本」とは、相撲の番付にちなんだもので、様々の分野の順位をもとにした本のこと。日本人はもともと、こうした順位表示を好むとされているが、この年の前年の暮れ、それに応えた『江戸自慢《えどじまん》』が発行され、大評判となった。これは一枚刷りのものだったが、江戸の名物がランク付けされているから、とてもわかりよかった。

出版界が、これを見逃すわけがなかった。この年の春、『江戸自慢』に類似した本が続々と刊行されて、一種のブームとなった。たとえば、標題もよく似た『江戸じまん評判記』は、呉服屋《ごふくや》・札差《ふださし》・薬屋・地本《じほん》問屋（版元《はんもと》）・茶屋など、さまざまな業種をそれぞれランク付けしたもの。『富貴地座《ふうきじざ》位《い》』は、京・大坂・江戸を一冊ずつにして、それぞれの都市での名物をランク付けしたものだった。この江戸の巻を見てみると、酒の部、衣服の部、戯芸の部などに分けられていて、それぞれの部での評判の良いものが順に並べられている。そして最後に、江戸名物の三幅対《さんぷくつい》として、江戸鹿《か》子《の》・江戸紅摺絵《べにすりえ》（錦絵）があげられている。

新地騒動）。
**7・5** 幕府、朱墨・朱砂の私的売買禁止を再令。
**7・30** 幕府、諸大名に行列の作法を戒告し、通行を妨げないよう指示。
**7月** 赤穂藩、藩校「博文館」を創設。
**8・23** 幕府、西国33か国の秤の検査を実施。
**9・7** 幕府、新田畑開墾の制を再令。
**9・10** 幕府、百姓の徒党・強訴・逃散を禁止。
**9・10** 幕府、米価高騰のため囲米を停止。
**9・28** 幕府、札差株仲間への一斉取り締まりを実施。
**12・19** 大坂で大火。天満宮焼失。
**12・26** 幕府、夜中に江戸城内を通行する女乗物の取り調べについて規定。

# 安永七年

戊戌

天皇▼後桃園天皇

将軍▼徳川家治（第十代）

【主要幕閣】

◉老中
松平武元（右近将監）
松平輝高（右京大夫）
松平康福（周防守）
板倉勝清（佐渡守）
阿部正允（豊後守）
田沼意次（主殿頭）

◉寺社奉行
土岐定経（美濃守）
太田資愛（備後守）
戸田忠寛（因幡守）
牧野惟成（豊前守）

◉勘定奉行
石谷清昌（備後守）
安藤惟要（弾正少弼）
大田正房（播磨守）
桑原盛員（能登守）
山村良旺（信濃守）

◉江戸町奉行
北 曲淵景漸（甲斐守）
南 牧野成賢（大隅守）

◉京都所司代
久世広明（出雲守）

◉京都町奉行
東

## 幕府、江戸の無宿人を強制的に佐渡金山に送りこむ　七月五日

政治経済

近年、江戸には近隣から多くの無宿人《むしゅくにん》が流入し、幕府はその対策に苦慮していた。無宿人とは、宗門《しゅうもん》人別帳《にんべつちょう》から除籍《じょせき》された者のことで、彼らの多くは飢饉《ききん》などによって故郷を離れざるを得ず、江戸などの大都市に流入していた。彼らの生計手段と言えば、もっぱら乞食・物貰いだったが、それをすれば非《ひ》人《にん》との間で諍《いさか》いが生じ、さらには、いかなる身分にも属さないことから反体制的な性格を帯び、治安上の問題も起きていた。そこで勘定奉行《かんじょうぶぎょう》と江戸《えど》町奉行《まちぶぎょう》は、四月三日、やや乱暴な無宿人対策を打ち出した。江戸に流入していた問題のある無宿人を捕え、強制的に佐渡金《さどきん》山《ざん》に送り、金山での「水《みず》替人足《かえにんそく》」としたのだ。水替人足の仕事は、採鉱の際に生じる水を運び出す鉱山労働でも最も過酷《かこく》な作業だった。この決定に対し、当初、地元の佐渡側は反対した。無宿人の監督が困難なこと、住居・食費など余計な経費がかかること、風紀上、好ましくないことなどが、その理由だった。しかし、幕府は四月三日の決定通り、七月五日には捕えた六十人の無宿人を佐渡に送った。これに反対していた佐渡側も、迎え入れてみれば労働力となることから、三年後の天明元年（一七八一）には、幕府に対して無宿人の増員を願い出ることとなり、この無宿人の佐渡送りは明治初年まで続いた。

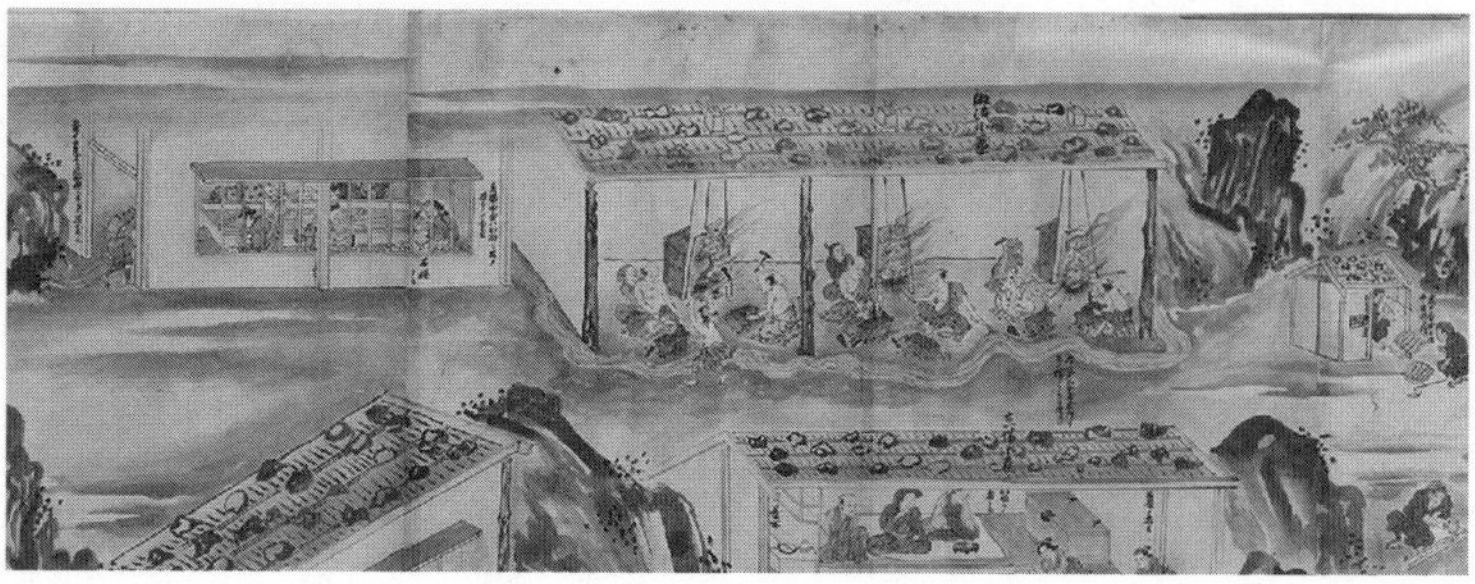

金銀山敷内稼仕方之図

## 江戸で相撲の十日興行が行なわれ、「谷風」の登場で大人気となる

文化思想

相撲の起源はハッキリしない。『古事記《こじき》』にも記述があり、奈良時代にも相撲節会《すもうせちえ》があることから、古来の儀式の要素を有した伝統競技とも言われているが、鎌倉・室町時代の頃は武家相撲《ぶけずもう》で、武術のひとつだった。それが、江戸時代になると勧進相撲《かんじんすもう》となった。「勧進」とは、寺社《じしゃ》を建立したり構内を修復するための資金集めのことで、江戸では貞享元年（一六八四）に、深川八幡宮《ふかがわはちまんぐう》境内で、寺社奉行《ぶぎょう》の許可を得て興行したのが最初とされている。以後、寺社奉行の許可を得て、あちこちの神社で興行が行なわれるようになった。今日、大相撲の番付に「蒙御免」とあるのは、寺社奉行の御免《ごめん》（許し）を蒙《こうむ》った（受けた）の意の名《な》残《ご》りだ。

この相撲興行は、当初、京・大坂で盛んだったが、この

【この年の出来事】

**1・18** 山陽道で大地震。余震断続。
**2・25** 4代目市川團十郎歿（68）。
**2・28** 秋月藩、藩校「明倫堂」を創設。
**3・17** 伊豆三原山噴火。
**3・23** 幕府、諸国に煎海鼠・干鮑の製造を奨励。
**4・10** 幕府、関東での無宿人増加のため、佐渡送りを決定。
**6・1** 幕府、無宿人への店貸しを禁止。
**6・1** 本所回向院で善光寺阿弥陀如来開帳。
**6・9** ロシア船、厚岸に来航し通商を要求。松前藩が翌年の回答を約束し、12日出航。
**6・25** 朝廷、宝暦事件に連座した廷臣を赦免。
**6・26** 大坂で雷雨。四天王寺五重塔に落雷。
**7・2** 京都で大雨、洪水。
**7・5** 江戸の無宿人60人、佐渡に送られる。
**7・29** 伊豆大島三原山

赤井忠皛（越前守）
**西**
山村良旺（信濃守）
土屋正延（長三郎・伊予守）

**◉大坂城代**
牧野貞長（越中守）

**◉大坂町奉行**
**東**
室賀正之（山城守）
**西**
京極高主（伊予守）

**◉長崎奉行**
拓植正寔（三蔵）
久世広民（平九郎）

**◉若年寄**
酒井忠休（石見守）
鳥居忠意（伊賀守）
酒井忠香（飛騨守）
加納久堅（遠江守）
松平忠順（伊賀守）
米倉昌晴（丹後守）

**◉側用人**
水野忠友（出羽守）

年から江戸でも十日興行（雨天、寺社の行事のある日を除く十日間の興行）が行なわれることとなり、

そこに一人のスーパースターが現れたというわけ。谷風梶之助《たにかぜかじのすけ》である。身長六尺三寸（約百八十八センチ）、体重四十三貫（百六十一キロ）の堂々たる体躯《たいく》で、この年三月の深川場所から、以後四年間負け知らずの六十三連勝を記録し、のち、寛政元年（一七八九）、大関《おおぜき》よりも強い「横綱《よこづな》」の位に初めて就いた大力士だ。この初代横綱の登場で、相撲人気は大沸騰した。

谷風

## 伊豆大島の三原山が連続噴火する 十一月

事件災害

**前**年から活発な火山活動を続けていた伊豆国大島《いずのくにおおしま》の噴火活動が、この年、活発化した。これは前年からの噴火に続くもので、三月十七日に始まり、秋以降、規模はそれまでの最大となった。十一月六日には、三原山火口から流れ出た溶岩が三原山《みはらやま》の南西部に大量に流出、同月十五日には北東方向へ流出と両側に及んで、あたりの地形をすっかり変えてしまった。十二月二十一日にも大きな噴煙《ふんえん》が上がっている。大島は伊豆諸島で最大の島だが、島は富士火山帯に属する活火山の三原山とその裾野《すその》から成っているから、三原山の噴火は大島そのものの噴火ということでもあった。しかし、これほどの連続噴火ではあったが、前年来の噴火による備えもあってか、大島では民家の倒壊のみで、幸いにも死者は出なかった。この一連の噴火では、噴き上がった火山灰《かざんばい》が風に流され江戸の空を覆《おお》ったため、陽の射《さ》さない日が続き、各地の農作物にも被害が出ている。

三原山の噴火は、いくらか収まったものの、翌年にまで続いている。しかも噴火は、近くの三宅島の雄山《おやま》、八丈島《はちじょうじま》近くの青ケ島《あおがしま》などでも起き始めたから、人々の不安は大きく拡がる一方だった。

## 江戸で、初夏に正月騒ぎが起きる 五月三十一日

社会世相

**こ**の日、まだ五月だというのに、江戸で「今日は大みそか。明日はめでたいお正月！」と囃《はや》したてる集団が現れた。それも、一部の地域ではなく江戸のあちこちで現れた。彼等は本気だ。今日は大みそかと言って厄払いの豆をまき、明日は元旦と言って各家に門松《かどまつ》を立てて雑煮を食べ、屠蘇《とそ》を飲んで鏡餅を飾るといった具合。その勢いに押されて町屋は商売を休み、戸を寄せて簾《すだれ》を掛け、ひっそりとしていた。が、客が来れば仕方がない。愛想笑いのひとつも浮かべて雑煮を出し、酒を勧めるといった様子だった。ひっそりとしていた人達ばかりではない。それならとばかりに、彼等に対して陽気に宝船《たからぶね》を売る者さえ現れた。

しかし、いくら何でも、まだ六月に入ったばかり。正月どころか梅雨の時期である。なぜ、このような騒ぎが起きたのか。集団の指導者によれば、これは故郷の若狭《わかさ》（福井県西部）に古くから伝わる習慣で、このようにすれば疫病《えきびょう》を除くことが出来るという。一時は奇異な騒ぎとして江戸中に広まったが、若狭地方の伝承とわかって、この年には騒ぎが急速に静まっていったが、この行事は、そののち幾度か、「流行正月《はやりしょうがつ》」「取越《とりこし》」とも呼ばれて行われるようになった。

の噴火で、江戸でも降灰。
**閏7・19** 幕府、朝鮮人参の販売を江戸・京都の商人5人に許可。
**8・12** 幕府、西国33か国の枡の検査を実施。福井作左衛門の焼印の入っていない偽造枡の使用を禁止。
**10・11** 幕府、盲人・浪人らの高利貸し（座頭金）を禁止。
**10・16** 幕府、百姓・町人に不法を働く穢多・非人を取り締まる。
**12・25** 幕府、高利貸しの一斉取締りを実施。
**12月** 幕府、日本橋本船町組肴問屋に、御用肴納入助成金として1万両を貸与。
**この年** 江戸で相撲の十日興行が行なわれる。

己亥

天皇▶後桃園天皇（〜十月二十九日）
光格天皇（十一月二十五日〜）

将軍▶徳川家治（第十代）

## 【主要幕閣】

**老中**
- 松平武元（右近将監）
- 松平輝高（右京大夫）
- 松平康福（周防守）
- 板倉勝清（佐渡守）
- 阿部正允（豊後守）
- 田沼意次（主殿頭）

**寺社奉行**
- 土岐定経（美濃守）
- 太田資愛（備後守）
- 戸田忠寛（因幡守）
- 牧野惟成（豊前守）
- 阿部正倫（備中守）

**勘定奉行**
- 石谷清昌（備後守）
- 安藤惟要（弾正少弼）
- 桑原盛員（能登守）
- 山村良旺（信濃守）
- 松本秀持（十郎兵衛・伊豆守）

**江戸町奉行**
- 北　曲淵景漸（甲斐守）
- 南　牧野成賢（大隅守）

**京都所司代**
- 久世広明（出雲守）

---

## ロシア船が、通商を求めて再来航する　八月七日　〔政治経済〕

南　下政策をとるロシアが日本に通商を求めてきたのは、一般的には寛政四年（一七九二）のラックスマンの来航が最初とされている。しかしラックスマンの場合は、漂流民の大黒屋光太夫らの劇的要素があって強く印象づけられているだけであって、ロシアが日本に通商を求めてきた最初は、それよりも相当さかのぼる。

この年の八月、エカテリーナ2世の治世下のロシアのケレトフセらが、蝦夷地の根室半島厚岸に上陸。松前藩に対して、前年の通商交渉の再開を求めてきた。と言うことは、ロシア側は、本年以前に日本側に対して通商を求めてきていたことになる。事実、前年の六月九日にケレトフセら四十余人が厚岸に来航、通商を求めてきていた。この時、松前藩は、返答を翌年まで保留していた。そしてこの年、そのケレトフセが、前年の回答を求めて来航した。松前藩は、交渉は国法によって禁じられていることを必死に説き、ケレトフセらに米や油などを贈って何とかこの場をしのいだが、このことから、のちのラックスマン来航となる。

---

## 塙保己一が『群書類従』の編纂を開始する　〔文化思想〕

盲　目の国学者・塙保己一が、書を集輯・合刻した叢書『群書類従』の編纂を開始した。塙保己一は五歳の時に失明。以後、按摩の道に上がらなかった。按摩の師の雨富検校を見て、按摩より学問に強い関心を示す保己一を見て、按摩の師の雨富検校は、ならば、と学問を究めることを勧めた。このことから保己一は、勇んで和歌を萩原宗固に、漢学を川島貴林に、法学を山岡俊明に、そして国学を賀茂真淵に学んだ。その学問の中で保己一は、今、学んでいる書物の散逸に強い不安を感じた。『古事記』『日本書紀』『万葉集』『源氏物語』といった確かなものは後世に残るだろう。しかし、わずか数枚のものでは、いくら貴重な文献でも残らないのではないだろうか？　大名家や公卿にある文献も、門外不出のまま埋もれてしまい時代を映す日記類も、そこでしまい時代を映す日記類も、そこで、これらを集めるだけ集めて、ひとつにして残そうと考えた。こうして丹念な編纂作業が始まった。こうして四十一年後の文政二年（一八一九）に、『群書類従』六百七十巻の刊行を見た。ちなみにこの六百七十巻だが、一枚の版木は厚さ約一・五センチの両面刷り、タテ約四十五・四センチ、ヨコ二十二・七センチで、その版木の合計は一万七千二百四十四枚…という途方もないものだった。

---

## 薩摩国の桜島が大噴火　十月一日　〔事件災害〕

こ　のところ静かに噴煙をあげるのみだった薩摩国大隅の桜島が、突如、黒煙を上げ始め大噴火した。この桜島は、寛永十九年（一六四二）にもあったが、それ以前の噴火は、小規模なものだった。大規模なものを見ると、室町期

---

## 【この年の出来事】

- 1・30　京都で大火。市街の大半1424町が焼失し、御所・二条城なども焼失（天明の大火）。
- 3・22　伊豆大島三原山噴火。爆音が江戸まで届く。
- 4・18　幕府、浅草鳥越橋に代わる新橋の設置を許可。
- 4・23　幕府、治安を乱す男伊達や鳶の者を取り締まる。
- 5・20　幕府、諸大名従者の非礼・不作法の取り締まりを指示。
- 5・21　ロシア船、厚岸に来航。前年の回答を要求。
- 6・11　幕府、札差仲間に1万両を貸与。
- 7・25　松平武元没（67）。
- 7月　阿蘇山噴火。
- 8・7　松前藩、厚岸でロシアの通商要求を却下。幕府には報告せず。
- 8・17　ロシア船、厚岸を出港。
- 8月　東海・関東・北陸

**◉京都町奉行**
**東**
赤井忠皛（越前守）
**西**
土屋正延（伊予守）
**◉大坂城代**
牧野貞長（越中守）
**◉大坂町奉行**
**東**
室賀正之（山城守）
土屋守直（帯刀・駿河守）
**西**
京極高主（伊予守）
**◉長崎奉行**
拓植正寔（三蔵）
久世広民（平九郎）
**◉若年寄**
酒井忠休（石見守）
鳥居忠意（伊賀守）
酒井忠香（飛騨守）
加納久堅（遠江守）
松平忠順（伊賀守）
米倉昌晴（丹後守）
**◉側用人**
水野忠友（出羽守）

の文明三年（一四七一）の大噴火があるから、今回の噴火は三百年ぶりということになる。

噴火の様子は凄まじく、地を揺るがす轟音《ごうおん》は近国にまで響きわたり、次々と湧き出る黒煙は薩摩国一帯を覆うばかりか、遠く大坂にまで及んだ。火口からは大量の溶岩が流れ出て、大隅の手前まで至った。噴火は、十月に入るとともに始まって半月ほども続いた（桜島は、この時代はまだ、今日のような陸続きではなく、その名の通り、「島」だった。陸続きとなるのは、こののちさらに下って、大正三年〔一九一四〕の噴火による）。そうして、ようやく沈静化に向かったのだが、この大噴火による薩摩藩領内の死者は百五十人余、全・半壊した家屋は五百戸。田畑の損害は二万石……といった大被害をもたらした。

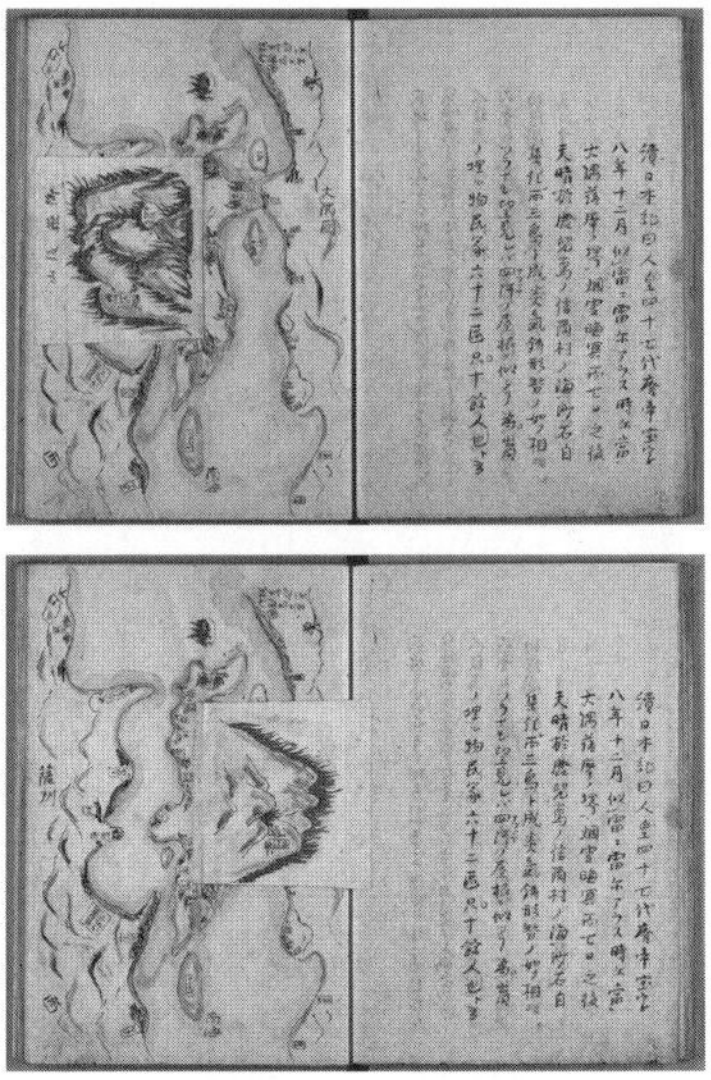
桜島の噴火の記録を書き留めた大田南畝の『一話一言』

## 吉原に、見番（検番）が創設される

社会世相

江戸の吉原《よしわら》（現、東京都台東区千束）に、芸者を管理・取締りするための見番《けんばん》（検番あるいは芸者改所《げいしゃかいしょ》とも言った）が創設された。これは、このころ芸者と遊女《ゆうじょ》の境がハッキリしなくなってきたことによる。そもそも芸者は、その名の通り芸を売って客を楽しませるもので、肉体は売らないものだった。売れば遊女と同じことになるとの誇りを持っていた。しかし、このころになると、そんなことも言っていられなくなり、芸者が肉体を売ることが半《なか》ば公然となっていた。そうなると芸のない遊女は、仕事がなくなってしまう。そこで、吉原角町《すみちょう》の遊女屋の主人・大黒屋正六が、同業者と謀《はか》って吉原芸者の監察機関として、見番を創設した。この見番の場所は吉原仲之町《なかのちょう》。取締役に正六が就き、番頭《ばんとう》二人、手代《てだい》十余人が詰め、芸者たちの売淫行為に目を光らせた。そればかりか、芸者の風俗全般をも監視し、衣類・髪飾りとも贅沢品はいけない、客に誘われても廓《くるわ》外に出てはいけない、芸者三人を一組として、決して一人座敷を勤めてはいけない、もし芸者に売淫させる番屋があれば、その茶屋だけでなく両隣りも営業停止にする……などの規則も設けた。この見番の費用は、芸者の稼ぎの十五分の一とした。こうした締め付けによって、吉原での芸者の勢いは一気に消えた。

見番に来て男芸者の仲間入りをする新参者（『嗚呼辛気楼』）

で大風雨、洪水。
**9月**　松前藩、ロシアとの交易について厚岸で再度交渉。
**10・1**　桜島大噴火。
**10・2**　紀伊日高の一葉丸、伊豆沖で暴風により漂流。11月、清国に漂着。
**10・29**　後桃園天皇歿(22)。
**11・20**　平賀源内、門人の米屋久五郎殺害の罪により捕縛。12月18日獄死(52)。
**11・20**　平戸藩、藩校「維新館」を創設。
**11・25**　光格天皇践祚。
**11月**　5代目市川團十郎が中村座へ、4代目松本幸四郎が市村座へ移る。
**この年**　塙保己一・屋代弘賢ら、『群書類従』の編纂を開始。
**この年**　吉原に見番を創設。

# 1780 安永九年

庚子

天皇▼光格天皇

将軍▼徳川家治（第十代）

**【主要幕閣】**

**◉老中**
田沼意次（主殿頭）
阿部正允（豊後守）
板倉勝清（佐渡守）
松平康福（周防守）
松平輝高（右京大夫）

**◉寺社奉行**
阿部正倫（備中守）
牧野惟成（豊前守）
戸田忠寛（因幡守）
太田資愛（備後守）
土岐定経（美濃守）

**◉勘定奉行**
松本秀持（伊豆守）
山村良旺（信濃守）
桑原盛員（能登守）
安藤惟要（弾正少弼）

**◉江戸町奉行**
**北**
曲淵景漸（甲斐守）
**南**
牧野成賢（大隅守）

**◉京都所司代**
久世広明（出雲守）

**◉京都町奉行**
**東**
赤井忠皛（越前守）

## 下総国印旛沼の再干拓が開始されたが、大洪水でまた中止へ

政治
経済

享保九年（一七二四）以来、一時中断していた下総国《しもうさ》（現、千葉県）印旛沼《いんばぬま》の干拓《かんたく》事業が再開した。これは老中田沼意次《たぬまおきつぐ》の強い意向によるものだった。印旛沼は、手賀沼とともに江戸近くの利根川《とねがわ》下流に位置する大きな沼で、八代吉宗《よしむね》の時に新田開発事業の一環として干拓が試みられた。しかし難工事のために失敗し、その事業は中止となっていた。その一方で、不作などで年貢収入は一向に上がらず、幕府財政は逼迫していた。

そこで幕府は、改めて広い新田からの租税収入を確保しようと考え、再度、印旛沼干拓に乗り出したのだった。今回の工事は、享保期のような幕府主導ではなく、民間の力を用いた。すなわち、地元の名主《なぬし》を世話人とし、金主を江戸と大坂の商人とし、出来上がった新田の二割を世話人が、八割を江戸と大坂の商人が受け取る……という普請《ふしん》計画を立てたのだ。計画は順調に進んでいた。しかし途中で、関東を豪雨が襲い、各地で洪水が発生し、利根川も大氾濫《はんらん》。干拓事業は、再び中止せざるを得なくなったのである。

## 諏訪大社下社の新社殿が再建される

文化
思想

三年前から工事が進められていた諏訪大社下社《すわたいしゃしもしゃ》の春宮《はるみや》幣拝殿《へいはいでん》が、この年に完成した。

諏訪大社は、全国に散在する九千余社の総本社で、信濃《しなの》（現、長野県）の諏訪湖の近くにあるが、その形態は一般の神社とは少し異なっている。諏訪神社は諏訪湖を中心に南と北に上下の二社（上社と下社）から成り、上社は本宮《ほんぐう》（現、諏訪市）、新宮（現、茅野市）とに分かれ、下社は春宮（現、下諏訪町）と秋宮（現、下諏訪町）とに分かれている。そして、それぞれが建御名方神《たけみなかたのかみ》と八坂刀売神《やさかとめのかみ》を祀《まつ》っている。したがって、一般的にいわれている諏訪大社一社に、四ヶ所の社殿があることになる。今回再建されたのは、このうちの諏訪大社下社の春宮幣拝殿だ。春宮幣拝殿は楼閣《ろうかく》建築で、唐破風《からはふ》の屋根を持ち、各所に豪華な彫刻が施されている建物である。一方、木地は全て素木《しらき》であるところから、黄金の飾り金具との対比によって、独特の深みが醸し出されている。なお、秋宮幣拝殿は、この翌年の再建となった。

諏訪大社下社春宮（『木曾路名所図会』）

**【この年の出来事】**

**1月** 『碁太平記白石噺』江戸薩摩座で初演。
**2・15** 東海道の河川浚渫工事完了。
**3・20** 幕府、武家宅地の町人への貸与を禁止。
**5・19** 幕府、江戸城防火のため城番を設置。
**5・25** 幕府、深川に塵芥捨場の設置を許可。
**6・2** 京都・大坂で雷雨。
**6・10** 幕府、公用での宿駅人馬使用規則を制定。
**6・11** 佐渡国で、前年に送り込まれた無宿人7人が脱走。
**6・28** 板倉勝清歿(75)。
**6月** 関東で大雨。利根川・荒川・戸田川など洪水、永代橋・新大橋など流失。
**6月** 幕府、関東郡代に洪水による窮民の救済を指示。
**8・28** 幕府、大坂に鉄座・真鍮座を創設。
**この夏** 蝦夷で痘瘡流行。死者647人。

西
土屋正延（伊予守）
◉大坂城代
牧野貞長（越中守）
◉大坂町奉行
東
土屋守直（帯刀・駿河守）
西
京極高主（伊予守）
◉長崎奉行
拓植正寔（三蔵）
久世広民（平九郎）
◉若年寄
酒井忠休（石見守）
鳥居忠意（伊賀守）
酒井忠香（飛騨守）
加納久堅（遠江守）
松平忠順（伊賀守）
米倉昌晴（丹後守）
◉側用人
水野忠友（出羽守）

## 江戸に大洪水が発生　六月

事件災害

江戸で大洪水が発生した。これは、六月に降り始めた雨が止まず、それどころか日を追って雨量が増し、六月下旬に至って、ついにその限界を越えたことによるものだった。

六月二十六日、降り続く梅雨時の雨とともに、時折、雷を伴う豪雨によって関東地方の川は満水となり、夕刻、それぞれの川の堤防は決壊した。特に、利根川・荒川・戸田川流域の低地《ていち》・窪地《くぼち》への洪水はひどく、一面が黒い海原《うなばら》と化したようになった。家屋《かおく》・橋梁《きょうりょう》は流失し、田畑は泥沼化してしまった。この異常な増水に見舞われたのは、江戸府内の両国川・隅田川も例外ではなかった。永代橋・新大橋も、増水で一気に落脚。荒れ狂う濁流は、本所・深川までをも浸した。人々は、それぞれの家の屋根に上って、豪雨が治まり洪水が引くのを待つばかりだった。

この大洪水は、寛保二年（一七四二）の大災害と並んで甚大な被害をもたらし、以降、耕地を失った農民が無宿となって放浪する姿があちこちで見られるようになった。

## 女髪結が、商売として広まり始める

社会世相

これまで、商売としての「髪結《かみゆい》」の相手（客）は、すべて男性だった。ところが、この頃から女性の髪も結うようになり、それが江戸で始まるとともに上方にも広まっていった。この場合の髪結は、一定の地に店を構えて客を待つというのではなく、客の求めに応じて髪結人が出向くスタイルだった。この出張方式の「髪結」は、用具も揃っており、髪結人の経験も豊富だったために出来栄えが良かったという。また、当初の相手こそ芸者衆などの玄人《くろうと》筋ばかりだったが、やがて客層は広く一般庶民にも及んでいったのである。

「女髪結」そのものが話題となったのは、これより少し遡る。寛延元年（一七四八）七月、上方《かみがた》の粂太郎座《くめたろうざ》による『傾城紅葉軍《けいせいもみじぐん》』の狂言で、中村富十郎《なかむらとみじゅうろう》が「女髪結おつけ」の役を演じたことからだ。しかし、この時はあくまでも話題になっただけで、それが実際の職業として登場するまでには至らなかった。そののち、安永七年（一七七八）頃の様子として、江戸の茶屋で「上方風の髪ゆふ女ありしが」との記述が『嬉遊笑覧《きゆうしょうらん》』に登場する。これらの時期を経て、一気に芸者衆が「髪結」を呼び求め、そしてその艶やかな様子に庶民が憧れることで、「髪結」が商売として大きく成長していくことになるのである。

女髪結（『絵本時世粧』）

髪を結いなおす（『狂歌左鞆絵』）

**9月**　幕府、朝鮮人参を1斤あたり3両3分で希望者に払い下げる。
**9月**　幕府、直轄領に離村取締令を発令。
**10・24**　江戸南町奉行、無宿人に職を与えるため深川に無宿養育所を設置。
**11・1**　幕府、真鍮の吹き立て販売を独占。
**11・11**　幕府、菜種買い集めのため、相模国の油稼ぎ26人を菜種買次人に任命。
**12・17**　幕府、御定両替屋635人以外による銭の売買を禁止。
**12・25**　幕府、江戸組・堺筋組・油町組の毛綿仕入積問屋株を公認。
**この年**　谷風梶之助・小野川喜三郎、深川永代寺勧進相撲で活躍。
**この年**　印旛沼の再干拓工事、大洪水で中止。
**この年**　諏訪大社下社春宮幣拝殿完成。

# 1781

# 天明元年（安永十年）

## 辛丑

天皇▼光格天皇

将軍▼徳川家治（第十代）

【主要幕閣】

◉老中
松平輝高（右京大夫）
松平康福（周防守）
田沼意次（主殿頭）
久世広明（出雲守・大和守）
鳥居忠意（丹波守）
水野忠友（出羽守）

◉寺社奉行
土岐定経（美濃守）
太田資愛（備後守）
戸田忠寛（因幡守）
牧野惟成（豊前守）
阿部正倫（備中守）
井上正定（河内守）
安藤信成（対馬守）

◉勘定奉行
安藤惟要（弾正少弼）
桑原盛員（能登守・伊予守）
山村良旺（信濃守）
松本秀持（伊豆守）

◉江戸町奉行
北
曲淵景漸（甲斐守）
南
牧野成賢（大隅守）

◉京都所司代
久世広明（出雲守）

### 将軍家の養君に、一橋家の豊千代が決まる　閏五月十八日

政治経済

十代将軍・家治《いえはる》の世子《せいし》の急逝《きゅうせい》に伴い、一橋治済《ひとつばしはるさだ》の長男・豊千代が、家治の養君《ようくん》（将軍の跡継ぎとなる養子）となった。豊千代は、十一月二日に家斉《いえなり》と改名。後に十一代将軍・徳川家斉となる。

この豊千代が家治の養子となった流れだが、それは必ずしも自然なものではなかった。まず家治の世子の急逝だが、次期将軍と目されていた世子の家基《いえもと》は十八歳で、月に二度鷹狩りをするほど壮健《そうけん》だった。それが、いつものように品川《しながわ》宿の先の新井《あらい》宿のあたりに鷹狩りに出かけ、途中の東海寺で休息中にわかに様子がおかしくなり、三日後に歿している。

次いで豊千代の登場だが、これは将軍家に世嗣《せいし》がない場合、養子を迎える家として田安《たやす》家・一橋《ひとつばし》家・清水《しみず》家の御三卿《ごさんきょう》からとされていたことによる。従って豊千代は一橋家なので問題がないように見えるが、実は御三卿は平等ではない。格としては田安家・一橋家・清水家の順だった。となると田安家から養子を迎えるのが自然の流れだが、田安家の当主・治察《はるあき》は二十三歳の若さで歿し、弟の定国は伊予《いよ》松山藩主・松平定静《まつだいらさだきよ》の養子に、弟の定信は奥州白河《おうしゅうしらかわ》藩主・松平定邦《まつだいらさだくに》の養子に、といった具合に既に他家に片付いていた。ならば田安家に次ぐ一橋家からとして豊千代が迎えられたわけだが、この田安家の二人が先行して他家の養子になった経緯も自然なものではなかった。これら一連の不自然な流れを密かに練ったのは、豊千代の父・治済ではないかと疑われているが、確証はない。だが、現実に、十一代将軍の家斉から十四代までの将軍はすべて、治済の子孫が就いている。

### 肥前佐賀藩が、藩校の弘道館を設立　十二月

文化思想

肥《ひ》前《ぜん》佐賀藩主・鍋島治茂《なべしまはるしげ》が、肥後《ひご》熊本藩の「時習館《じしゅうかん》」を模範として藩校の弘道館《こうどうかん》を設立した。これは、佐賀城下松原小路にある相良十郎大夫の屋敷跡に建てられていた文武稽古場を、鍋島治茂が「弘道館」と名付けて藩校としたもの。教授には、地元佐賀出身の古賀精里《こがせいり》が迎えられた。古賀精里は、はじめ陽明学《ようめいがく》を学び、次いで朱子学《しゅしがく》に転じ、のち尾藤二洲《びとうじしゅう》・柴野栗山《しばのりつざん》と並んで農政の三博士と称された儒者。設立の目的は、藩主の鍋島治茂が明和七年（一七七〇）以来行なってきた藩政改革をさらに推し進めるための人材育成だった。そのため、誰もが門閥《もんばつ》にとらわれずに学べることとした。それまで、学ぶとなれば京都・大坂にまで上るしかなかった藩士たちにとって、藩内で学べることとなったわけだから朗報《ろうほう》だった。この弘道館には、その館内に十七歳以下を対象とする「蒙養舎《もうようしゃ》」が設けられていて、一匁《もんめ》五分の入学金と礼物を納めれば、農民・町人の子も入学することができた。このようなことから、弘道館の名は天下に知られ、のち幕末に至って江藤新平《えとうしんぺい》、大隈重信《おおくましげのぶ》らを輩出《はいしゅつ》することとなった。

【この年の出来事】

**1・4** 将軍家治、下総国行徳で鷹狩を実施。
**2・19** 幕府、宇和島など5藩に、関東の諸河川堤防修理の助役を命令。
**3・18** 桜島噴火。
**4・2** 光格天皇即位により天明と改元。
**閏5・18** 将軍家治、一橋治済の子豊千代（のちの家斉）を養嗣子とする。
**6・27** 幕府、武蔵・上野国に織物および糸綿貫目改所を設置。
**7・6** 浅間山噴火。死者2000余人、江戸に降灰。
**7・11〜14** 江戸で大風雨。隅田川洪水、千住大橋・新大橋・永代橋・大川橋が倒壊。
**7・14** 江戸で大地震。
**7・15** 老中田沼意次、1万石加増となる。
**7・27** 五畿内で大風雨。各地で被害大。
**8・9** 上野国の百姓、糸綿貫目改所設置に反対し一揆（絹一揆）。

牧野貞長（越中守）

◉**京都町奉行**

**東**
赤井忠皛（越前守）

**西**
土屋正延（伊予守）

◉**大坂城代**
牧野貞長（越中守）
土岐定経（美濃守）

◉**大坂町奉行**

**東**
土屋守直（帯刀・駿河守）

**西**
京極高主（伊予守）
佐野政親（備後守）

◉**長崎奉行**
拓植正寔（三蔵）
久世広民（平九郎）

◉**若年寄**
酒井忠休（石見守）
鳥居忠意（伊賀守）
酒井忠香（飛騨守）
加納久堅（遠江守）
松平忠順（伊賀守）
米倉昌晴（丹後守）
太田資愛（備後守・備中守）
井伊直朗（兵部少輔）

◉**側用人**
水野忠友（出羽守）

## 上州で「絹一揆」が発生。数万の農民が決起する　八月九日

事件災害

上《じょう》州《しゅう》で、新規の税である絹運上《うんじょう》（運上は、商工・狩猟・運送などの業者に課した税）に反対を叫ぶ西上野《にしこうずけ》の農民が決起。九日夜から富農・豪商らの屋敷を襲い、それぞれを打ち壊すとともに、老中・松平輝高《まつだいらてるたか》の居城高崎《たかさき》城下に続々と結集し、その数は数万人にも及んだ。夜になってそのうちの三百余人が城下荒町の大黒屋九兵衛宅を襲うとともに打ち壊しにかかると、これに抗して高崎城を守っていた鉄砲隊が一斉に発砲。農民の二人が即死、三人が負傷した。たまらず農民たちは城下を見下ろす片岡観音山に引き上げる、という事件が起きた。上州の「絹一揆」と呼ばれる騒動だが、この一揆は、農民に対する過酷な年貢の取り立てに抗したこれまでの単純な一揆と違って、発生の経緯がやや複雑だ。

発端は、松平輝高らの工作によって幕府が上野《こうずけ》・武蔵《むさし》の両国に、織物《おりもの》糸《い》綿《と》改《あらため》会所《かいしょ》の設置と、絹運上金の徴収を発したこと。これに絹商人たちが反対した。そして、商売にならないとばかりに絹の買い付けをしぶったことから、絹市は休市となった。絹商人が絹を買ってくれなければ、絹を生産する農民たちはお手あげである。絹市はいつまでも休みで、このままでは生きて行けなくなるとして農民たちが決起したもの。幕府は、数万人もの農民の決起に驚き、十七日に会所と運上金を撤回することを約し、絹市は再開されて事態は収束に向かった。

## 下総国野田で、醤油仲間が結成される

社会世相

この年、下総《しもうさ》国野田《のだ》で醤油《しょうゆ》醸造業者が「造醤油仲間」を結成したのは、江戸川沿いの野田町・上花輪村・中野台村で醤油の醸造を行なっている高梨兵左衛門《たかなしひょうざえもん》・柏屋（茂木）七郎右衛門ら七人。野田の醤油醸造の歴史は古い。永禄のころ（一五六〇年代）、飯田市郎兵衛が溜まり醤油を作ったことに始まるとされているから、織田信長が「天下布武《てんかふぶ》」を唱えて各地の戦国武将たちと覇《は》を競い合っていたころだ。しかし、これはあくまでも言い伝え。確たる歴史は寛文元年（一六六一）、上花輪村の高梨家によって始まったとされている。以後、野田から銚子《ちょうし》に及ぶ地域に業者が急増した。

この醤油だが、品質上これまでは上方から下ってくる「下り物」が主だった。しかし、野田・銚子地域の醤油醸造業者が、「下り物」を超える江戸庶民の味覚に合った醤油を開発して、立場は逆転していった。ちょうどそのころ、つまりこの年、野田で醤油仲間が結成され、こののち、「下り物」に対する江戸庶民の嗜好《しこう》に合った関東産の「地廻り物」の醤油が、江戸で圧倒するようになる。

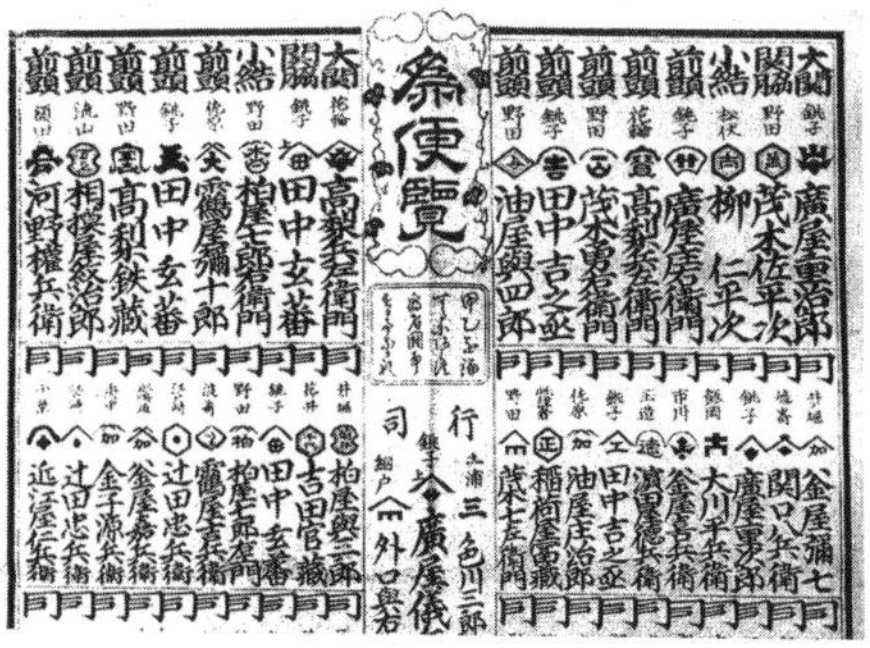

関東醤油の番付

**8・16**　幕府、武蔵・上野国の織物および糸綿貫目改所を廃止。
**8・21**　幕府、百姓の徒党・強訴の取り締まりを強化。
**9・6**　幕府、絹一揆で奪い取った品物を扱う者を逮捕するよう通達。
**9・28**　幕府、私鋳銭を禁止。
**10・18**　幕府、1斤につき銀8匁3分で朝鮮種髪粉人参を発売するよう指示。
**11月**　本所回向院の大相撲が大繁盛。
**12月**　佐賀藩、藩校「弘道館」を創設。古賀精里らを教授に招聘。
**この年**　諸国で天変地異多発、凶作。
**この年**　下総野田で醤油仲間結成。

# 1782 天明二年

## 壬寅

**天皇▼光格天皇**

**将軍▼徳川家治**（第十代）

**【主要幕閣】**

**◉老中**
松平康福（周防守）
田沼意次（主殿頭）
久世広明（大和守）
鳥居忠意（丹波守）
水野忠友（出羽守）

**◉寺社奉行**
戸田忠寛（因幡守）
牧野惟成（豊前守）
阿部正倫（備中守）
井上正定（河内守）
安藤信成（対馬守）

**◉勘定奉行**
安藤惟要（弾正少弼）
桑原盛員（伊予守）
山村良旺（信濃守）
松本秀持（伊豆守）
赤井忠皛（越前守・豊前守）

**◉江戸町奉行**
**北**
曲淵景漸（甲斐守）
**南**
牧野成賢（大隅守）

**◉京都所司代**
牧野貞長（越中守）

**◉京都町奉行**

### 幕府、下総国印旛沼を再調査し、再び開拓を開始　二月

政治経済

幕府は一昨年の洪水によって中止を余儀なくされた下《しも》総《うさ》国（現、千葉県）印旛沼《いんばぬま》の干拓《かんたく》事業に、この月、再び取り掛かった。今回は前回までの失敗を踏まえて、まず地域一帯の再調査をし、干拓のみならず、併せて開拓もすることとした。干拓だけでなく地域一帯の開拓も考えた構想としたことが、これまでとは異なるところだ。これまでは、ただ印旛沼に堤防を築き、排水して耕地にすることを考えたものだった。しかし、これは難工事で、さらに洪水などによる増水によって、ことごとく失敗していた。そこで幕府は今回、まず二月に地域一帯の調査に乗り出した。地域には地権者たちの思惑が錯綜《さくそう》している。自然現象とは別に、それら地権者を納得させることが重要と考えてのことだった。そしてここから、印旛沼を干拓するとともに、周辺を開拓し排水をその開拓地に導いて開墾《かいこん》するという案が生まれた。さらには、その排水を運河化して江戸までの結水を、との案も生まれ、こうして七月に入って幕府は、実際の開拓事業に乗り出したのである。

### 新暦調御用所（天文台）が、牛込から浅草に移る　十月

文化思想

幕府は、これまで江戸牛込藁店《うしごめわらだな》に設置していた新暦《しんれき》調《しらべ》御用所《ごようしょ》を浅草片町《かたまち》に移転した。理由は、牛込では遠望が効かなくなったということ。この頃、牛込地区は、武家屋敷の周辺に多くの商人や町人たちが住むようになり、植木や木立の繁茂《はんも》が目立つようになった。木立の伐採《ばっさい》を命じたところで、埒《らち》が明かない。そこで、見晴らしが効く浅草への移転となった。この新暦調御用所は、文字通り新暦を作るための役所であり、暦は、天体の動きを観測することによって決まる。新暦作成に力を入れる幕府は、今回の移転とともに、これまでの名を「頒暦調所《はんれきしらべじょ》」と改め、高さ十メートルの台座の上に新たに簡天儀《かんてんぎ》（天体観測器）を設置した。本格的な天文台の誕生である。

天文台および天文学は、初めは上方《かみがた》が主流だったが、それは陰陽道《おんみょうどう》や占いに沿わせたものであり、本来の天文学ではなかった。これを本格的な天文学の形にしたのが、幕府天文方の渋川春海《しぶかわはるみ》だった。春海は、自らの庭に天文台を構築。元禄三年（一六九〇）には、観測によって得た一千四百六十一個の星を示した「天球儀《てんきゅうぎ》」（現在、重要文化財に指

浅草の頒暦調所
（「鳥越の不二」『富嶽百景』）

**【この年の出来事】**

**2・12**　広島藩、藩校「修道館」創設。頼春水を教授に招聘。
**2月**　幕府、印旛沼干拓事業を再開。
**2月**　谷風、63連勝で土。
**春〜夏**　諸国で大雨、洪水。
**4・10**　初代板東三津五郎歿（38）。
**5・3**　徳島藩の百姓、縄の供出に反対し騒動（縄騒動）。
**7・2**　牛込の天文台、浅草蔵前片町へ移転。
**7・15**　小田原で大地震。城郭破損し、江戸でも家屋倒壊。
**7・20**　幕府、長崎の龍脳座を廃止。
**7・25**　幕府、地震による米価高騰のため、粥食を奨励。
**8・19**　肥後人吉藩で、藩禁教の浄土真宗信徒が殉教。
**8・20**　和泉国一橋領54か村、年貢減免などを要求し強訴（千原騒動）。

**東**
赤井忠皛（越前守）
丸毛政良（和泉守）
**西**
土屋正延（伊予守）

**◉大坂城代**
土岐定経（美濃守）
戸田忠寛（因幡守）

**◉大坂町奉行**
**東**
土屋守直（帯刀・駿河守）
**西**
佐野政親（備後守）

**◉長崎奉行**
拓植正寔（三蔵）
久世広民（平九郎）

**◉若年寄**
酒井忠休（石見守）
酒井忠香（飛騨守）
加納久堅（遠江守）
松平忠順（伊賀守）
米倉昌晴（丹後守）
太田資愛（備中守）
井伊直朗（兵部少輔）

**◉側用人**
水野忠友（出羽守）

定されている）を作成。これが、江戸幕府の天文学の礎となったのである。

## 大相撲が大人気となる中、谷風の六十三連勝に土がつく　二月

事件 災害

大相撲の黄金期は、この頃より少しあとの寛政年間（一七八九―一八〇一）だが、のちに、その主役を担う谷《たに》風《かぜ》梶《かじ》之《の》助《すけ》が、六十三連勝という前代未聞の大記録を更新中で、無敵だったのがこの年。これを阻む力士は一人もいないと思われていた。しかし、二月の浅草八幡場所の七日目、新鋭の小《お》野《の》川《がわ》喜《き》三《さぶ》郎《ろう》に土をつけられ、六十四連勝の記録は消えた。

この取組以降、実力力士である谷風の前に人気力士の小野川が立ちはだかる構図が出来上がり、大相撲は一気に黄金期に向かうこととなった。両者の江戸場所での対戦成績は、谷風の六勝三敗・二預かり・二引き分け・三無勝負だった。谷風の終身成績は二百五十四勝十敗・十四預かり・二引き分け・五無勝負。全盛期の身長は六尺三寸（百八十七・九センチ）体重四十三貫（百六十一・二キロ）と伝えられている。

小野川喜三郎

この谷風と小野川は、のちの寛政元年（一七八九）十一月の深川場所で、ともに横綱となった。この頃の大関は看板（飾り）で、関脇の両者の強さが無類ということで、一気に二人が横綱となったのだが、順序としては、小野川の横綱免許が十二月なので、現在では谷風が横綱第一号とされている。

## 日本各地を異常気象が襲う

社会 世相

この年、西日本一帯では年が明けて早々に豪雨を伴う長雨が降り、その後、関東では大規模な地震が発生。東北は冷夏による凶作に見舞われた。

まず西日本だが、二月初め、近畿から北陸にかけて長雨が降り続いた。さらに五月には四国全域に、八月に入ると九州地域に大雨が降り続いた。この大雨続きで農作物の作柄も悪化し、九州・四国など西日本一帯が凶作となった。長雨は東北にも及び、河川の氾濫による洪水で、多くの田畑に被害が出た。津軽地方では冷害による被害が甚大となり、これが翌年の全国的な大飢饉（「天明の大飢饉」）の引き金となったのである。

次いで、関東地方の地震だが、七月十四日の深夜から翌十五日の早朝にかけて、大地震が断続的に発生。特に小田原を中心とする地域に大きな被害をもたらした。その規模は、宝永四年（一七〇七）の「宝永大地震」に次ぐほどで、七十五年ぶりのものだった。

そして、冷夏の到来。日本各地を自然の猛威が襲い続けた一年だった。

**8・24**　幕府、延滞米切手の官銀立替制を廃止。後藤縫殿助を米切手改役に任命。
**9・5〜7**　江戸で大雨。隅田川氾濫し、新大橋・永代橋破損。
**9・27**　幕府、下総国印旛沼の新田開墾願い出により、調査を開始。
**10月**　幕府、新暦調御用所を牛込から浅草に移転。
**11・6**　幕府、江戸飛脚問屋9軒に定飛脚問屋の株仲間を公認。
**11・15**　幕府、朱・朱墨の私売買を禁止。
**11月**　幕府、絹一揆の首謀者を処罰。
**12月**　幕府、米・その他の品目の買い占めを禁止し、空米切手を再度禁止。
**この年**　幕府、米穀問屋の設立を許可。
**この年**　各地で異常気象。

1783 天明三年 癸卯 天皇▼光格天皇 将軍▼徳川家治（第十代）

【主要幕閣】

◉老中
松平康福（周防守）
田沼意次（主殿頭）
久世広明（大和守）
鳥居忠意（丹波守）
水野忠友（出羽守）

◉寺社奉行
牧野惟成（豊前守）
阿部正倫（備中守）
井上正定（河内守）
安藤信成（対馬守）
堀田正順（相模守）

◉勘定奉行
桑原盛員（伊予守）
山村良旺（信濃守）
松本秀持（伊豆守）
赤井忠晶（豊前守）

◉江戸町奉行
北
曲淵景漸（甲斐守）
南
牧野成賢（大隅守）

◉京都所司代
牧野貞長（越中守）

◉京都町奉行
東
丸毛政良（和泉守）

## 大飢饉が発生し、犠牲者が巷にあふれる　政治経済

西日本一帯は、昨年来からの長雨の影響で、各地とも稲の発育が悪く、極度の冷害《れいがい》に見舞われた。そこで東北諸藩は、江戸・京都・大坂を経由して、四十万俵余の米を西日本に回送していたのだが、それが終わるのを見計らったかのように、今度は東北地方を異常気象が襲った。極端な暖冬のあと、夏でも綿入れが必要なほどの冷夏となり、作物はほとんど実らなくなってしまったのだ。

そこに上野《こうづけ》（現、群馬県）・信濃《しなの》（現、長野県）の浅間山《あさまやま》が大爆発。噴火で舞い上がった灰は、風に乗って北関東だけでなく東北地方をも覆って、陽光を遮り、雨が降れば灰雨となって田畑に積もった。東北地方には、米どころか稗《ひえ》も粟《あわ》もできず、夏が過ぎる頃から餓死者が続出した。その数、津軽藩《つがるはん》で八万人余、南部藩《なんぶはん》で四万人余を超えた。いくらかでも気力の残る者は、草の根や木の皮だけでなく、ネズミやミミズを漁《あさ》った果てに、遂には餓死者の頭の皮を剝ぎ取り、火に焙って食すといった地獄絵が現出した……と、のちに杉田玄白《すぎたげんぱく》が『後見草《のちみぐさ》』に書いている。

## 司馬江漢が、初の腐食銅版画「三囲景図」を制作　九月　文化思想

洋風画家の司馬江漢《しばこうかん》がオランダのレンブラントによる腐食銅版画《ふしょくどうばんが》の技法を蘭学者や蘭書などで学び、この月、日本で初めての銅版画「三囲景図《みめぐりけいず》」の制作に成功した。

腐食銅版画とは、銅版に蠟《ろう》を塗った膜を作り、その上に針で線画を描き込み、線画の面を腐食させて溝を作り、そこにインクを流し込んで印刷する方法。出来上がりは、リアルで趣《おもむき》のあるものだったから、江漢はこれに魅了された。そこで銅版画に取り組むのだが、ここに至るまで江漢は、画家としては紆余曲折《うよきょくせつ》の道を歩んできた。江漢は初め、狩野派《かのうは》の日本画の画家としてスタートした。次いで、中国風《ふう》の写生的手法を試みたのち、転じて鈴木春信《すずきはるのぶ》に傾倒して浮世絵《うきよえ》画家を志した。春重《はるしげ》の名で鈴木春信風の美人浮世絵も描いている。しかし、こののち平賀源内《ひらがげんない》や『解体新書《かいたいしんしょ》』の解剖図を描いたことで知られる小田野直武《おだのなおたけ》らの感化を受けて、洋風画に転じた。これらのことがあったのち、今度は前野良沢《まえのりょうたく》らから知識を得て腐食銅版画に取り組み、このほど「三囲景図」の制作に成功したのだ。この「三囲景図」は左右が逆版になっていて、反射式からくり眼鏡を用いなければ正像にならないことから、江戸っ子の一層の話題を集めた。

『三囲景図』

【この年の出来事】

**1・18** 松江藩の百姓、年貢減免を求めて強訴、打ちこわし(三刀屋騒動)。
**1月** 大田南畝『万載狂歌集』刊行。
**1月** 仙台藩医工藤平助『赤蝦夷風説考』完成。
**2・19** 幕府、米価高騰のため粥食を奨励。
**4月** 尾張藩、藩校「明倫堂」を創設。
**5月** 江戸・京都・大坂で打ちこわし頻発。
**7・8** 浅間山大噴火。
**7・12** 幕府、小倉藩など5藩に、尾張・美濃・伊勢の河川浚渫の助役を命令。
**8・25** 幕府、浅間山噴火の被害地域での田畑再墾を指示。
**9・19** 仙台藩の農民数千人、米の買い占めに反発して打ちこわし。
**9・20** 上野・信濃国の被災地で一揆が頻発。
**9月** 司馬江漢、初の銅版画「三囲系図」を制作。
**9月** 大槻玄沢『蘭学階

西
土屋正延（伊予守）
**◉大坂城代**
戸田忠寛（因幡守）
**◉大坂町奉行**
**東**
小田切直年（土佐守）
土屋守直（帯刀・駿河守）
**西**
佐野政親（備後守）
**◉長崎奉行**
拓植正寔（三蔵）
久世広民（平九郎）
土屋守直（駿河守）
**◉若年寄**
酒井忠休（石見守）
酒井忠香（飛騨守）
加納久堅（遠江守）
松平忠順（伊賀守）
米倉昌晴（丹後守）
太田資愛（備中守）
井伊直朗（兵部少輔）
田沼意知（山城守）
**◉側用人**
水野忠友（出羽守）

## 浅間山が大爆発する（「天明の浅間焼け」） 七月八日

事件災害

活火山の浅間山は、それまでにも何度かの小噴火を起こしていたが、この日、空前の大噴火があり、関東一帯から東北地方にかけて甚大な被害をもたらした。

予兆は、すでに年が明けた頃からあった。地の震えの間隔が、これまでの小噴火の時と違って短くなり、山頂からの噴煙にも勢いが見られるようになっていたのだ。その予兆のままに、四月に入ってから多量の噴煙が上がるとともに、八日には噴火が起きた。以降、噴火は断続的に続き、五月、六月もその勢いは収まらなかった。七月に入って、ふたたび勢いを増した。七月の三、四日頃には碓氷峠《うすいとうげ》周辺に降灰が二メートル余も積もるほどになっていた。そして六日早朝、大地震を思わせる鳴動と激しい噴火があり、それは七日に至ってさらに激しさを増し、噴煙は空を覆った。そして火口から流れ出る焼けただれた火砕流《かさいりゅう》は、火口の北十五キロにある鎌《かん》原《ばら》村を埋め尽くし、吾妻渓谷《あがつまけいこく》になだれ落ちていった。この時の直接的な被害は鎌原村の全滅だったが、のちに吾妻渓谷へなだれ落ちた火砕流が各地で川を堰《せ》き止め、鉄砲水《てっぽうみず》が川下の村々を押し流すなどの被害が拡大した。それればかりではない。噴火に伴う噴煙は、関東から東日本全域に拡がり、特に東北地方では気候不順と重なって、甚大な被害をもたらすことになるのである。

浅間山焼（『視聴草』）

## 仙台で飢饉に便乗して私腹を肥やした役人を襲う騒動が起きる 九月十九日

社会世相

天明の大飢饉にあって東北地方は壊滅的な打撃を受けたのだが、その飢饉に便乗して私腹を肥やそうとする役人があちこちに現れ、各地で騒動が起きた。その中でも特にひどかったのが仙台城下だった。この日、城下では飢えに苦しむ数千人の農民たちが、米穀商の大国屋と、米穀・木綿商の安倍清右衛門《あべせいえもん》宅を取り囲むとともに、一斉に打ちこわしにかかった。彼らが怨嗟《えんさ》の的としていたのは安倍清右衛門だった。

清右衛門は、もと仙台城下で木綿問屋を営んでいた町人だったが、仙台藩に三千両の献金をすることで士分に取り立てられていた。さらに献金を続けて四百石の知行取《ちぎょうとり》ともなり、藩の行政支配権まで握るに至っていた。この清右衛門が藩の備蓄米を全て江戸へ廻送《かいそう》して巨利を得ていたのだ。そして米の他村への搬出を禁じたのちに、藩内の米を藩の金で買い漁った。米の買い占めである。異常気象に加えてわずかばかりの米をも買い占められて、農民、町人、そして下級の藩士たちにも餓死者が出始めた。そこで、清右衛門と結託した藩の御用商人《ごようしょうにん》の大国屋が、買い占めた米を相場以上の値で売り始めたことから、農民、町人たちの怒りが爆発し、激しい騒動となったのである。騒動後、清右衛門は改易《かいえき》され、その背後にいた藩の三奉行も罷免《ひめん》された。

梯』完成。
**10・28** 幕府、後藤縫殿助の加印のない米切手の売買を禁止。
**11・1** 田沼意知、若年寄に就任。
**11・4** 幕府、上野・下野・武蔵・信濃・常陸で百姓の徒党取り締まりを指示。9日、全国に範囲を拡大。
**12・2** 幕府、家臣の減棒を行なう。
**12・16** 幕府、翌年より7年間の倹約令を発布。
**12・29** 初代尾上菊五郎歿(67)。
**この年** 東日本で大飢饉(天明の大飢饉)。
**この年** 長崎奉行久世広民、オランダ商館長に大船建造技術の移入を依頼。

**1784**

# 天明四年

**甲辰**

**天皇▼光格天皇**

**将軍▼徳川家治**（第十代）

**【主要幕閣】**

**◉大老**
井伊直幸（掃部頭）

**◉老中**
松平康福（周防守）
田沼意次（主殿頭）
久世広明（大和守）
鳥居忠意（丹波守）
水野忠友（出羽守）
牧野貞長（越中守・備後守）

**◉寺社奉行**
阿部正倫（備中守）
井上正定（河内守）
安藤信成（対馬守）
堀田正順（相模守）
松平輝和（右京亮）
松平資承（伯耆守）

**◉勘定奉行**
桑原盛員（伊予守）
山村良旺（信濃守）
松本秀持（伊豆守）
赤井忠皛（豊前守）
久世広民（丹後守）

**◉江戸町奉行**
**北**
曲淵景漸（甲斐守）
**南**
牧野成賢（大隅守）
山村良旺（信濃守）

## 若年寄の田沼意知が殿中で刺される　三月二十四日

政治経済

若《わか》年寄《どしより》の田沼意知《たぬまおきとも》は、老中の田沼意次《おきつぐ》の長男で、三十六歳の働き盛りだった。その意知が、殿中で刺された。事件は、この日の正午過ぎに起きている。意知が執務を終えて御用部屋から新番所前の廊下を通って桔梗《ききょう》の間に差しかかったところ、控えていた一人の男が突然立ち上がり、「申し上げます。申し上げます」と低い声で言いながら脇差《わきざし》を振りかざして肩口に斬りかかってきた。たまらず意知は逃げたが、男は意知を追い、逃げ切れず倒れた意知の股間を二突き三突きした。近くにいた大目付《おおめつけ》の松平《まつだいら》忠郷《ただくに》らが、この異変に気づき、男を取り押さえた。男は旗本《はたもと》の佐野善左衛門《さのぜんざえもん》。凶行の動機は、もとは紀伊徳川家の鉄砲足軽の出の意知が、先祖を粉飾するために佐野家の系図と七曜《しちよう》旗を善左衛門から借りたにもかかわらず、何度督促しても返却しなかったから……ということだった。意知は、この傷がもとで四月二日に死亡。翌三日、善左衛門には切腹が命じられ、のち浅草の徳本寺《とくほんじ》に埋葬された。

この事件であるが、賄賂《わいろ》を取ってのし上がった田沼父子は同情されず、それに鉄槌を下した善左衛門を「世直し大明神」として世間はもてはやした。しかし、善左衛門がそのような決意に至る過程が何とも不自然なため、裏で善左衛門をそそのかしたり、けしかけたりした人物がいたのではないかとの説もある。

## 工藤平助の『赤蝦夷風説考』が、田沼意次に献上される　五月十六日

文化思想

老中の田沼意次は、早くから北方ロシアとの交易を考えていた。そこに、工藤平助《くどうへいすけ》による『赤蝦夷風説《あかえぞふうせつ》考《こう》』がもたらされ、意次の意欲はさらに高まった。この『赤蝦夷風説考』だが、「赤蝦夷」とは、ロシアおよびロシア人のことで、風説はニュースといった意だから、同書は「最新ロシア情報」といったところだ。同書はオランダの『ロシア誌』や『地理全誌』などをもとに、蝦夷地とロシアの地理関係をわかりやすく書き、そこでの金山の開発の利を説き、併せてロシアの南下政策とロシア人による密貿易の様子を明らかにしたものだった。

工藤平助は紀伊藩医であり、早くから北方の海防・交易に関心を持っていたが、そこにオランダ語の通訳・吉雄《よしお》耕牛《こうぎゅう》や、『解体新書』で知られる前野良沢《まえのりょうたく》らとの親交を得て、憂国の思いを込めて一気に書き上げた。そしてこれを幕府に献上しようとしたが、つてがない。そのつてを求めたのちに、ようやく勘定奉行《かんじょうぶぎょう》の松本秀持《しゅうじ》によって、この日、『赤蝦夷風説考』が田沼意次の目にとまることとなったのだ。意次は、この書の影響もあって、二年後に蝦夷地へ調査団を派遣。精力的に蝦夷地の開発に取り組むが、この計画は意次の失脚によって、頓挫することになる。

**【この年の出来事】**

**1・27** 幕府、浅間山噴火被災地の河川浚渫助役を熊本藩に命令。
**閏1・1** 幕府、河川浚渫地域での物価高騰の取り締まりを指示。
**2・23** 志賀島で「漢委奴国王」の金印発見。
**2・28** 武蔵国幕領の百姓、雑穀買い占めに反対して打ちこわし（武州村山騒動）。
**3・24** 新番士佐野政言、江戸城で若年寄田沼意知を刃傷。4月2日、田沼意知歿（36）。翌日、佐野政言切腹（28）。
**4・23** 幕府、米の買い占め、百姓の徒党を禁止。
**5・7** 幕府、疫病流行のため諸国に処方箋を配布。
**5・16** 工藤平助、田沼意次に『赤蝦夷風説考』を献上。
**5・23** 幕府、日光以北の宿駅に7年間の人馬賃銭値上げを許可。
**8・24** 幕府、大坂二十

**◉京都所司代**
牧野貞長（越中守）
戸田忠寛（因幡守）

**◉京都町奉行**
**東**
丸毛政良（和泉守）
**西**
土屋正延（伊予守）

**◉大坂城代**
戸田忠寛（因幡守）
阿部正敏（能登守）

**◉大坂町奉行**
**東**
小田切直年（土佐守）
**西**
佐野政親（備後守）

**◉長崎奉行**
久世広民（平九郎）
土屋守直（駿河守）
戸田氏孟（主膳）
土屋正延（伊予守）

**◉若年寄**
酒井忠休（石見守）
酒井忠香（飛騨守）
加納久堅（遠江守）
米倉昌晴（丹後守）
太田資愛（備中守）
井伊直朗（兵部少輔）
田沼意知（山城守）
安藤信成（対馬守）

**◉側用人**
水野忠友（出羽守）

## 「漢委奴国王」と刻した金印が発見される　二月二十三日

事件災害

福岡黒田家の領内、博多湾に浮かぶ志賀島《しかのしま》で、古代の日本と中国との交流ぶりをうかがわせる「金印《きんいん》」が見つかった。その印面に「漢委奴国王《かんのわのなのこくおう》」とあった。それはちょうど、中国の史書の『後漢書《ごかんじょ》』東夷伝《とういでん》にある「倭奴国、奉貢朝賀す。光武、賜ふに印綬を以てす」の記事にピタリと合うことから、歴史的な発見となった。

この日、島の農民・甚兵衛《じんべえ》が、自分の田の溝を改修していると大きな石が出てきた。金梃子《かなてこ》を使って掘り起こすと、その下から光るものが出てきた。甚兵衛は、これを持ち帰って兄に相談。兄が、以前奉公していた福岡の豪商にそれを見せると、純金で値打ちのあるものだと教えられた。そうこうする内に庄屋がやって来て、それを奉行所へ差し出すように言った。黒田藩の学者・亀井南冥《かめいなんめい》は、その印影から、「漢委奴国王」印であると鑑定。黒田藩は、白銀五枚で甚兵衛から買い上げた。

金印

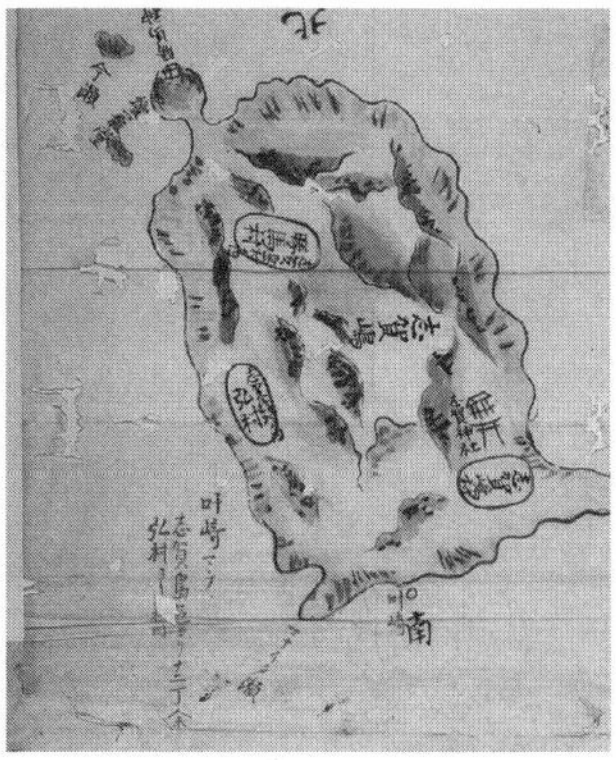
亀井南冥
『金印弁』

長い年月を土中に埋もれていたにしては、金ぴかで傷一つないこと、発見の経緯が出来過ぎていること、鑑定者の亀井がのちに突然失脚していることなどから、疑問視する説もある。

## 落語の元祖・烏亭焉馬が、柳橋で初の公演を行なう

社会世相

烏《う》亭焉馬《ていえんば》が、柳橋の「河内屋」で、オチのある自作の落語《おとしばなし》（「らくご」と音読みするのは明治に入ってから）を一般に披露した。これは今日に続く落語の最初の公演だ。

落語の原型は戦国時代にまで遡るとされている。当時の武将たちは文人・茶人などを「御伽衆《おとぎしゅう》」として召し抱え、武将の合戦の様子を語らせる中で短い滑稽な話などをさせていた。のち、江戸時代に入って、京都誓願寺《せいがんじ》の僧・安楽《あんらく》庵策伝《あんさくでん》が出て、大名たちの前で面白話を演じるとともに、その話をまとめた書『醒睡笑《せいすいしょう》』も著わした。また、元禄時代に入って京都の露《つゆ》の五郎兵衛《ごろべえ》、大坂の米沢彦八《よねざわひこはち》、江戸の鹿野武左衛門《しかのぶざえもん》らが諸家に招かれ、あるいは辻話を始めていることから、彼らを今日の落語の祖とする説もある。

しかし、安楽庵策伝の場合は、あくまでも僧の説教の一部だった。また、元禄時代の三人も、今日のように一般庶民を相手に料金を徴収して話を聴かせるというものではなかったので、必ずしも祖とはいえないだろう。

烏亭焉馬は、場所を「河内屋」として代価を取って狂歌を読み上げたのち、オチのある短い話を披露した。この評判が良かったことから、天明六年の四月十一日には向島《むこうじま》の料理屋の武蔵屋で「落噺《おとしばなし》の会」を開いた。この時は、狂歌はなしの純然たる落語会だったという。

四組江戸積問屋に株仲間を認可。
**この夏**　諸国で飢饉、疫病流行。死者多数。
**9・2**　幕府、朝鮮船漂着の際の取り扱い規則を改定。
**9月**　幕府、暦屋以外の者が暦を作成・販売することを禁止。
**10・21**　幕府、勘定奉行松本秀持の要請により、蝦夷地調査のための幕吏派遣を許可。
**11・7**　幕府、江戸両替商の数を643株に規定。
**11・12**　信濃松代藩の百姓、飢饉により酒造家に強談（山中騒動）。
**11・14**　幕府、諸藩の反対により、後藤縫殿助米切手の加印制を停止。
**11・17**　幕府、仙台藩に仙台通宝鋳造を許可。
**この年**　烏亭焉馬、柳橋「河内屋」で自作の落語を披露。

# 1785 天明五年

乙巳

天皇▼光格天皇

将軍▼徳川家治（第十代）

【主要幕閣】

◉大老
井伊直幸（掃部頭）

◉老中
松平康福（周防守）
田沼意次（主殿頭）
久世広明（大和守）
鳥居忠意（丹波守）
水野忠友（出羽守）
牧野貞長（備後守）

◉寺社奉行
阿部正倫（備中守）
井上正定（河内守）
堀田正順（相模守）
松平輝和（右京亮）
松平資承（伯耆守）

◉勘定奉行
桑原盛員（伊予守）
松本秀持（伊豆守）
赤井忠皛（豊前守）
久世広民（丹後守）

◉江戸町奉行
北
曲淵景漸（甲斐守）
南
山村良旺（信濃守）

◉京都所司代
戸田忠寛（因幡守）

## 松平定信が、溜之間詰となる　十二月一日

政治 経済

松《まつ》平定信《だいらさだのぶ》が、幕府内の田沼意次《たぬまおきつぐ》に反対する勢力の衆《しゅう》望《ぼう》を担って「溜之間詰《たまりのまづめ》」となった。

溜之間とは、将軍御前《ごぜん》における大名の殿席《でんせき》を意味するもので、その順は、大廊下《おおろうか》・溜之間・大広間《おおびろま》・帝鑑之間《ていかんのま》・柳之間《やなぎのま》・雁之間《かりのま》・菊之間《きくのま》となっていた。最上位の大廊下は、御三家《ごさんけ》など将軍家ゆかりの大名家に与えられた特別待遇の座席なので、溜之間は臣下に与えられた最高の席だったといえる。

定信の父、宗武《むねたけ》は、八代吉宗《よしむね》の次男だから、定信は吉宗の孫に当たる。将軍の血を引く名門中の名門の出の一人だ。将軍となる可能性もある御三卿《ごさんきょう》という家格《かかく》だったが、田沼意次の策謀によって安永三年（一七七四）に、十一万石の陸奥白河《しらかわ》藩主の松平定邦《さだくに》の養子となった。のちに定邦の隠居に伴い、天明三年に白河藩主となった。

この年に起こったのが「天明の大飢饉」であるが、定信は食糧の確保と家臣・領民に対する倹約を徹底させた。このことで領民から一人の餓死者も出さずに済んだことから、一躍、定信の名が上がり、このたびの溜之間詰となったのである。

定信は宝暦八年（一七五八）年生まれなので、この時は、まだ二十八歳。定信は、田沼勢力に反対する側の切り札だったのだ。

## 前野良沢、オランダ語入門書『和蘭訳筌』を著す

文化 思想

当代きってのオランダ語の権威・前野良沢《まえのりょうたく》が、著訳書『和蘭訳筌《おらんだやくせん》』を完成させた。同書は、いわばオランダ語の入門書といったもので、オランダ語の単語はもとより、文法や和訳の方法なども詳しく記されている。

良沢が『和蘭訳筌』を著わそうと思い立ったのは、十一年前の安永三年（一七七四）、西洋の解剖書として日本初となった『解体新書《かいたいしんしょ》』が刊行された頃。その刊行に際しての道のりは試行錯誤《しこうさくご》の連続だった。その労苦を、これから蘭学を学ぶ人たちには味わわせたくないとして筆を執ったのだ。良沢の基本姿勢は、次の序文にそのまま表れている。「この書を読み、巻を閉じて暗誦《あんしょう》すること。我を忘れて暗誦すること」。

これは、蘭学に対する前野良沢の基本姿勢でもあった。その姿勢があまりに強すぎることから主君の豊後中津藩主奥平昌鹿《おくだいらまさしか》から「蘭化《らんげ》」とまで呼ばれたが、のちに良沢自身もこの言葉を気に入り、別号として用いるようになっている。蘭化とは、「蘭学に熱中する化け物」といった意。しかし、この『和蘭訳筌』は、著わされはしたものの、公刊されることはなかった。まだ完全ではないとしていたようだ。良沢はその後も蘭学に励むが、結局公刊されず、手許に草稿《そうこう》を置いたまま、享和三年（一八〇三）に八十一歳で歿した。

【この年の出来事】

**1・8** 幕府、江戸での火事多発による物価高騰のため、引き下げを指示。
**2・9** 幕府、甲州道中府中宿の馬市再開を許可。
**2・17** 幕府、俵物・昆布売買を長崎会所の直営とする。
**3・25** 琉球で飢饉のため、米穀調達の使者が薩摩藩の琉球館に到着。
**5・8** 幕府、両替商以外の者が銭商売することを再度禁止。
**5・9** 徳山藩、藩校「鳴鳳館」を創設。
**5・14** 幕府、日本橋小網町に大坂正米切手注文取次所を設置。
**6・1** 近江大溝藩、藩校「脩身堂」を創設。手島堵庵を招聘。
**6月** 幕府、囲米・米の買い占めを禁止。
**8・6** 幕府、神田鍋町の青蓮院に盲僧支配を指示。
**8・13** 旗本藤枝外記、吉原の遊女綾衣と心中。

**◉京都町奉行**
**東**　丸毛政良（和泉守）
**西**　土屋正延（伊予守）
**◉大坂城代**
阿部正敏（能登守）
**◉大坂町奉行**
**東**　小田切直年（土佐守）
**西**　佐野政親（備後守）
**◉長崎奉行**
久世広民（平九郎）
土屋守直（駿河守）
戸田氏孟（主膳）
土屋正延（伊予守）
松浦信程（与次郎・和泉守）
**◉若年寄**
酒井忠休（石見守）
酒井忠香（飛騨守）
加納久堅（遠江守）
米倉昌晴（丹後守）
太田資愛（備中守）
井伊直朗（兵部少輔）
安藤信成（対馬守）
松平忠福（玄蕃頭）
**◉側用人**
水野忠友（出羽守）

## 旗本の藤枝外記が、吉原の遊女と心中する　八月十三日

事件災害

心《しん》中《じゅう》といえば、町人と遊女《ゆうじょ》、あるいは下級武士と遊女といった組み合わせが多いのだが、この日、武士の上位にある旗本《はたもと》と遊女が心中するという珍事が起きた。その旗本も、ただの旗本ではない。旗本寄合衆《よりあいしゅう》といって、大名と一般の旗本との中間に位置する身で、家禄《かろく》も四千石を得ていたから、高級旗本といっていい。その旗本寄合衆の藤枝外記《ふじえだげき》が、吉原《よしわら》京町二丁目の大麦屋久右衛門が抱える綾衣《あやぎぬ》と心中したのだ。場所は小雨降る農家の隠れ家。外記が刀で綾衣の胸を刺し、のちに外記が割腹《かっぷく》した。

事の始まりは、並の旗本の家に生まれた外記が、旗本寄合衆の藤枝家の養子となり、当主となったことからだった。四千石の当主といっても、周囲には藤枝家の長老たちが居て思うに任せない。さらに、結婚相手も家名を第一としてあてがわれた。養子として入ったからには甘受《かんじゅ》しなければならないことだったのだろうが、外記はそれができず、酒《しゅ》色《しょく》に耽《ふけ》り放蕩《ほうとう》に明け暮れ、廓《くるわ》通いをするようになる。そこで綾衣を見初《みそ》めて深い仲となった。これを知って、周囲は家名に傷が付くとして二人を引き離しにかかったが、これに怒った外記は綾衣を連れ出し、知り合いの農家に匿《かくま》って貰った。しかし、遊女を連れ出したことで追っ手が迫り、農家を突き止められてしまった。綾衣はもう引き返すことはできない。ここに至って、外記は全てを投げ出して綾衣と心中した、というもの。

この心中事件は人々の心を捉え、巷間《こうかん》で「君と寝ようか五千石とろか　何の五千石　君と寝よ」と歌われるようになった。

## 「屋台」が江戸に現れ始める

社会世相

江戸の町では、これまでの個人の商売形態は、各々がただ商品を小脇や背にして売り歩いたり（花売り・ござ売り・針売り・薬売りなど）、天秤棒《てんびんぼう》に荷を吊るして売り歩いたり（金魚売り・油売り・茶碗売りなど）するのが主だったが、この頃からその規模を拡大した屋台《やたい》が、人の集まりそうな所にポツポツと現れ始めた。「屋台」という言葉の本来の意味は、商店を小さい家の形に擬して持ち運べるように作った台のことだが、転じて、移動可能な小さな店をいうようになった。その規模は、間口一間《まぐちいっけん》（一・八メートル）程度だ。移動可能とはいえ小さな店だから、火を使うことができるようになった。このことから、炭火でスルメを炙《あぶ》り、その匂いで客を呼ぶ「スルメ屋」が、まず登場。あとは一《いっ》気呵成《きかせい》といった感じで、蕎麦《そば》を茹《ゆ》でてすぐさま供する「二八そば屋」、揚げ物の「天麩羅《てんぷら》屋」、果ては、茹でもの揚げもの焼きもの何でも四文（今日の百円程度）で提供する「四《し》文屋《もんや》」まで登場するようになった。

屋台店（『夢相大黒金』）

こうして、江戸庶民を中心に、外食の習慣が都市に広まっていった。

**この夏**　林子平『三国通覧図説』刊行。
**9・1**　幕府、琉球救済のため、米1万石・金1万両を薩摩藩に貸与。
**9・26**　伏見町人、伏見奉行小堀政方の悪政を越訴（伏見騒動）。
**10・7**　幕府、関八州・伊豆・駿河で船数調査を実施。
**10・22**　細川重賢歿(66)。
**12・1**　松平定信、溜之間詰となる。
**12・13**　幕府、大坂町人に御用金の上納を指示。
**12・29**　幕府、銀と銀箔の私売買を禁止。日本橋本両替町に銀箔売り場を設置。
**この年**　前野良沢『和蘭訳筌』完成。
**この年**　仙台・南部・津軽3藩で飢饉。

# 1786 天明六年

丙午

天皇▼光格天皇

将軍▼徳川家治（第十代 ～九月八日）

【主要幕閣】

◉大老
井伊直幸（掃部頭）

◉老中
松平康福（周防守）
田沼意次（主殿頭）
鳥居忠意（丹波守）
牧野貞長（備後守）
水野忠友（出羽守）

◉寺社奉行
阿部正倫（備中守）
井上正定（河内守）
堀田正順（相模守）
松平輝和（右京亮）
松平資承（伯耆守）
土井利和（大炊頭）

◉勘定奉行
桑原盛員（伊予守）
松本秀持（伊豆守）
赤井忠晶（豊前守）
久世広民（丹後守）
拓植正寔（長門守）
青山成存（但馬守）

◉江戸町奉行
北
曲淵景漸（甲斐守）
南
山村良旺（信濃守）

## 十代将軍家治が死去する　九月八日

政治経済

この年、八月の初め頃から、全身に水腫《すいしゅ》（むくみ）の症状を見せていた将軍家治《いえはる》の容態が、九月に入って急速に悪化。六日に危篤《きとく》状態となり、この日に死去した。享年五十。家治が九代家重《いえしげ》から将軍位を継いだのが宝暦十年（一七六〇）だから、二十六年間将軍位にあったことになる。この間の家治自身の政治実績として挙げられるものは何もない。しかしそれは、在位の前半を松平武元《まつだいらたけちか》に、後半を田沼意次《たぬまおきつぐ》にと、二人の老中《ろうじゅう》に任せていたことによるもので、人材をよく用いたという考えに立てば、評価されても良い将軍だったといえるかもしれない。

ところで、この家治の死だが、現在でもいくつかの点が謎に包まれている。まず死去した日だが、これがはっきりしない。公式記録の『徳川実紀《とくがわじっき》』では九月八日となっているが、最も信頼していた老中の田沼意次が辞職願を出したのが八月二十六日、罷免《ひめん》されたのが翌二十七日。そして九月七日に大名・旗本《はたもと》らに対して総出仕《そうしゅっし》するよう触れが出ていることを考えれば、公式記録の九月八日以前に死んでいたのではないかとの疑いが出てくる。

次いで死因だが、水腫で急激に容態が変化するとは考えにくい。この点から、田沼意次の推薦していた医師が毒を盛ったとの説もあるが、意次が自分を重用してくれている家治に毒を盛るとすることには無理がある。そうすると、幕府内にあって次期将軍に取り入ろうとする反田沼勢力による毒殺だったのか、という説も浮上してくるのだ。

## 林子平が『海国兵談』を著す　五月

文化思想

奇人として知られる論客の一人、林子平《はやししへい》が、この月、『海国兵談《かいこくへいだん》』全十六巻を書き上げた。これは、前年の『三国通覧図説《さんごくつうらんずせつ》』に続くものだ。この二つには次のような関連がある。

まず『三国通覧図説』は、蝦夷地《えぞち》を日本固有の領土であるとし、その地を積極的に開発すれば、南下政策を窺わせるロシアの侵略に対抗できる、としたものだった。これに続く『海国兵談』では、その論をさらに進め、日本は海に囲まれた「海国」なので、それならば国境などはないも同然として、ロシアの南下は江戸にまで及ぶと説いた。そして具体的には、江戸湾の防備、海軍の創設、海岸に砲台を設置すること

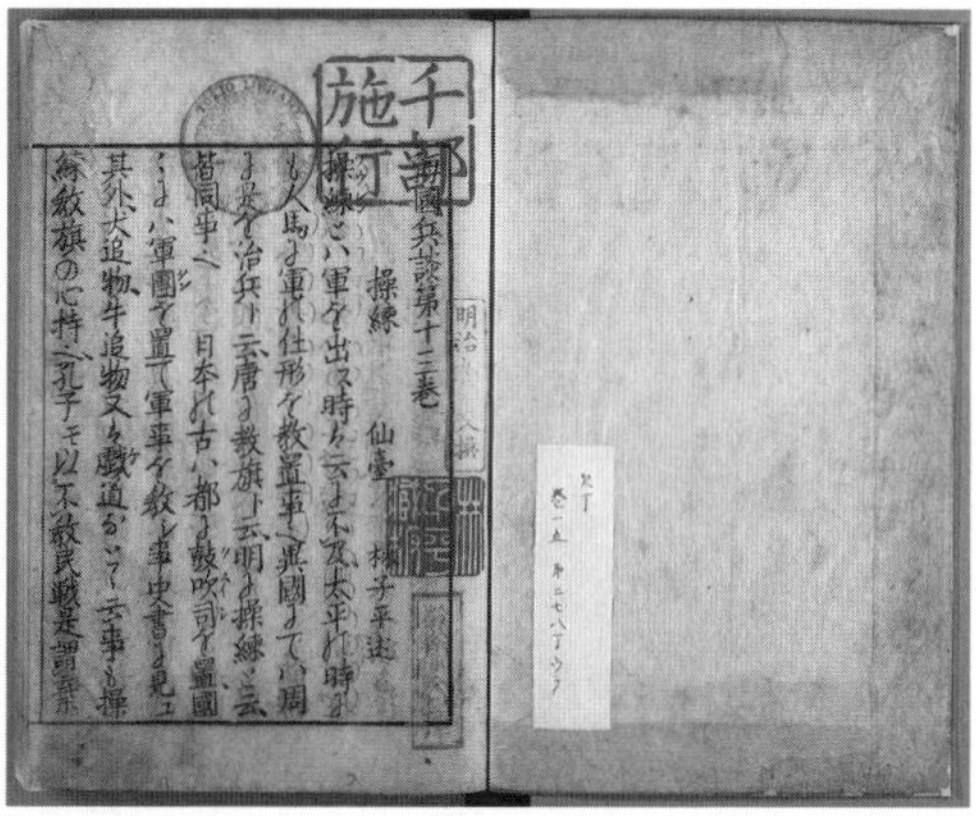

『海国兵談』

【この年の出来事】

**1・22** 江戸で大火。湯島天神前から出火。
**2・9** 手嶋堵庵歿(69)。
**2・23** 幕府、下総国手賀沼の開墾を開始。
**2・23** 幕府、役人の百姓からの用金徴収を禁止。
**4・2** 幕府、武蔵・甲斐からの新田開発の要請により、検分開始。
**5月** 林子平『海国兵談』完成。寛政3年4月刊行。
**6・7** 中川淳庵歿(48)。
**6・29** 幕府、大坂に貸付会所を設置し、寺社・百姓・商人から御用金を徴収し大名に貸与するよう指示。8月24日、撤回。
**7月** 関東で大雨、洪水。印旛沼と利根川の締切口が損壊。
**8・8** 幕府、米の買い占め・囲米の禁止を再令。
**8・24** 幕府、下総国手賀沼・印旛沼の開墾を中止。
**8・27** 田沼意次、老中を罷免される。
**8月** 幕府、硫黄の専売

◉**京都所司代**
戸田忠寛（因幡守）

◉**京都町奉行**
**東**
丸毛政良（和泉守）
**西**
土屋正延（伊予守）

◉**大坂城代**
阿部正敏（能登守）

◉**大坂町奉行**
**東**
小田切直年（土佐守）
**西**
佐野政親（備後守）

◉**長崎奉行**
松浦信程（与次郎・和泉守）
水野忠通（要人）

◉**若年寄**
酒井忠休（石見守）
酒井忠香（飛騨守）
加納久堅（遠江守）
太田資愛（備中守）
井伊直朗（兵部少輔）
安藤信成（対馬守）
松平忠福（玄蕃頭）

などを提言した。

子平は、『海国兵談』を書き上げたものの、どこの板元《はんもと》も刊行する意志を見せないために、自らの手で版木《はんぎ》を彫り始めた。ところが、子平が警告したように日本近海にロシア船など異国船が次第に姿を現し始めると、幕府は『海国兵談』を「いたずらに人心を惑わすもの」とする。のちの寛政四年（一七九二）には、その前年にやっとの思いで完成、上梓《じょうし》させたばかりの版木が没収・破棄され、以後、発禁となった。それればかりか、子平は一時期、蟄居《ちっきょ》を命じられた。

## 田沼意次が老中を解任される 八月二十七日

事件災害

八月二十六日、老中の田沼意次は、病気を理由に辞職願を提出した。そしてこの日、これが即刻受理されて意次は老中を解任された。意次は九代家重の小姓《こしょう》として取り立てられ、続く十代家治にも信頼されて老中にまで登りつめた。その政治力を縦横に発揮してきた意次にしては、何とも呆気《あっけ》ない解任劇だったといえる。

しかし、この解任劇の背景には、田沼派と反田沼派による激しい暗闘があった。田沼派は意次を頂点とするグループであり、その才で家治の信任を得て、政策・人事面で大いに権勢を揮《ふる》っていた。これを苦々しく思っていたのが、尾張・水戸といった親藩《しんぱん》大名をはじめ、伝統的な家門を誇る譜代《ふだい》大名たちで、その筆頭は、この前年に準老中ともいうべき「溜之間詰《たまりのまづめ》」となっていた松平定信《さだのぶ》だった。この反田沼派は、家治が健在であるうちは動きがとれなかったが、家治が病に伏すようになると勢いを見せ始めた。そして家治の病状が悪化することによって、両派の立ち位置は逆転した（ここから、反田沼派による家治毒殺説も生じている）。

こののち、反田沼派は、矢継《やつ》ぎ早《ばや》に手を打った。意次の辞職願を受理すると、閏十月五日には意次の所領である遠江相良《とおとうみさがら》五万七千石から二万石を減じた。翌年には残る三万七千石も没収。次いで居城の相良城を完全破却までした。これには、定信らによる憎悪に近い執念さえ感じられる。

## 江戸で男女の比率が逆転する

社会世相

開府当初の江戸は、極端に女性の少ない町だった。しかし、のちにその数は緩やかに増え始め、この年、ついに女性の数が男性の数を上回るに至った。

開府当初の江戸に女性が少なかった理由としては、江戸がまだ戦塵《せんじん》の残る地であったことが挙げられる。関ヶ原の戦いが終わったとはいえ、いつまた合戦が起こるかわからない。江戸が戦場と化すかも知れないということで、女性は遠ざけられた。その後、元和偃武《げんなえんぶ》を経て少しずつ女性の数が増えてきたが、それでも、享保時代の半ば頃までは、女性の占める割合は三十五パーセントほどだった（享保十年〔一七二五〕の町方人口の統計によると、人口四十六万二千百二名のうち、女性は十六万九百七十七人）。このの ち、女性の数はどんどん増えていった。合戦の心配もなく、商業が活況を呈したことで、女性を主として多くの人が江戸に集まってきたことによるものとされている。この年の統計では、江戸の人口が一気に増えて、百二十八万五千三百人となっていて、その内、男性は五十八万七千八百人余、女性は六十九万五百人余となっているから、女性の比率は、約五十四パーセントとなり、男女の比率は逆転した。

を開始。
**9・8** 将軍徳川家治歿（50）。家斉が将軍を継承。
**9月** 幕府、酒造半減令を発令。
**閏10・5** 幕府、田沼意次の領地を2万石減とし、勘定奉行松本秀持を逼塞処分。
**11・21** 朝廷、新嘗祭を復興。
**11・22** 土佐藩の百姓、年貢減免などを要求し一揆（宿毛一揆）。
**12・4** 越後椎谷藩の百姓、借金返済・人夫賃支払いを要求し一揆（椎谷騒動）。
**12・6** 幕府、諸大名に関東・伊豆の諸河川の浚渫助役を命令。
**この年** 最上徳内ら、千島を探検し得撫島に到着。
**この年** 肥後人吉藩、藩校「習教館」を創設。
**この年** 塙保己一『群書類従』刊行開始。

**1787**

# 天明七年

**丁未**

**天皇▼光格天皇**

**将軍▼徳川家斉**（第十一代　四月十五日〜）

**【主要幕閣】**

**◉大老**
井伊直幸（掃部頭）

**◉老中**
松平康福（周防守）
鳥居忠意（丹波守）
牧野貞長（備後守）
水野忠友（出羽守）
阿部正倫（備中守・伊勢守）
松平定信（越中守）

**◉寺社奉行**
阿部正倫（備中守）
堀田正順（相模守）
松平輝和（右京亮）
土井利和（大炊頭）
松平乗完（和泉守）
稲葉正諶（丹後守）
牧野忠精（備前守）

**◉勘定奉行**
桑原盛員（伊予守）
久世広民（丹後守）
拓植正寔（長門守）
青山成存（但馬守）
根岸鎮衛（九郎右衛門・肥前守）

**◉江戸町奉行**
**北**
曲淵景漸（甲斐守）
石河政武（土佐守）
柳生久通（主膳正）
**南**
山村良旺（信濃守）

## 十一代将軍に、徳川家斉が就任する　四月十五日

政治経済

十代将軍・家治《いえはる》の死去に伴い、徳川家斉《とくがわいえなり》が十一代将軍に就任した。この家斉の就任に至る経緯は、少し複雑だ。八代将軍・吉宗《よしむね》は、将軍家に世継ぎがいない場合のことを考えて、養子を迎える家として、田安家《たやすけ》（初代は吉宗の三男の宗武《むねたけ》。次男は早逝《そうせい》しているので実質二男）、一橋家《ひとつばしけ》（初代は同じく吉宗の五男の宗尹《むねただ》）を創設。のち九代将軍・家重《いえしげ》が清水家《しみずけ》（初代は家重の次男の重好《しげよし》）を創設した。これが所謂《いわゆる》「御三卿《ごさんきょう》」で、将軍に後継がない場合の予備軍的な家格を保持していた。この場合、御三卿といっても三家が平等ではなく、第一が田安家であり、次いで一橋家、清水家の順だった。このことを頭に入れて、十代家治から十一代家斉の繋がりを見てみよう。

家治が元気で、まだ田安家が将軍の後継とは関係がないと思われていたころ、田安家で動きが起きていた。田安家二代目（宗武の五男）だった治《はる》察《さと》（はるあき）の弟定《さだ》国《くに》が松山藩主松平《まつやまはんしゅまつだいら》定《さだ》勝《かつ》の養子に、次の弟の定《さだ》信《のぶ》は白河藩主松平《しらかわはんしゅまつだいら》定《さだ》邦《くに》の養子に……といった具合に他家に出ていたのだ。ところが、治察が後継のないまま二十三歳の若さで死んだ。そのため田安家は、将軍の後継どころか、田安家断絶の危機に瀕してしまったわけだ（のち、一橋治《ひとつばしはる》済《さだ》（はるなり）の子が田安家に入って家督を継ぐ）。このの ち、今度は、十代将軍・家治の長男家基《いえもと》が十八歳の若さで急死する。となると、後継の養子を迎える家としては第一が田安家なのだが、その田安家に、養子に出せる人物が居ない。そこで、一橋家から一橋治斉の長男・豊千代《とよちよ》（のち家斉と改名）が養子となった。そしてのち、計ったように家治が死んで、家斉が第十一代の将軍となった、という経緯だ。将軍家、一橋家、田安家の三《み》つ巴《どもえ》の暗闘さえ感じさせる将軍交代劇だった。

徳川家斉

## 本居宣長が、藩への政治意見書を書き上げる

文化思想

国《こく》学《がく》の第一人者として知られる本居宣長《もとおりのりなが》が、紀州藩《きしゅうはん》主《しゅ》・徳川治貞《はるさだ》の求めに応じて、藩政に関する政治意見書二部を書き上げ、これを治貞に提出した。標題は『玉《たま》くしげ』と『秘本《ひほん》玉くしげ』。『玉くしげ』は古くからの人の道を理念的に説いたもので、『秘本玉くしげ』は、現実の政治問題に対する考えを具体的に説いたもの。注目されるのは『秘本玉くしげ』で、その中で宣長は、武家の過剰支出の戒め、役人に横行する賄賂《わいろ》の戒め、頻発している農民による一揆《いっき》は為政者の責任、の三点を挙げた。一般からの意見書としては相当に踏み込んだ内容だった。なぜ宣長は、このような直截《ちょくせつ》的な提言が出来たのか。この背景には、

**【この年の出来事】**

**1月**　幕府、後藤縫殿助を米切手改兼帯役解任。
**2・16**　土佐国吾川郡の百姓、紙専売に反対して逃散（池川用居逃散）。
**3・2**　幕府、全国の戸籍人口・宗門調査を実施。
**4・15**　徳川家斉、第11代将軍宣下。
**5・12**　米価高騰により大坂の飢民が蜂起。近隣諸国も呼応する。
**5・19〜**　米価高騰により江戸の飢民が蜂起。打ちこわしの被害8000軒。参加者5000人。
**5月**　幕府、江戸の窮民救済のため、大坂の米の他国廻送を禁止。
**6・2**　幕府、米穀の買い占めを厳禁。
**6・8**　幕府、窮民救済のため関東郡代伊奈忠尊に江戸廻米を指示。
**6・12**　光格天皇、庶民の救済について幕府に依頼。
**6・19**　松平定信、老中首座となる。

**◉京都所司代**
戸田忠寛（因幡守）
松平乗完（和泉守）

**◉京都町奉行**
**東**
丸毛政良（和泉守）
池田長恵（修理・筑後守）
**西**
土屋正延（伊予守）
山崎正祥（大隅守）

**◉大坂城代**
阿部正敏（能登守）
堀田正順（相模守）

**◉大坂町奉行**
**東**
小田切直年（土佐守）
**西**
佐野政親（備後守）
松平貴強（次郎兵衛・石見守）

**◉長崎奉行**
松浦信桯（与次郎・和泉守）
水野忠通（要人）
末吉利隆（善左衛門・摂津守）

**◉若年寄**
酒井忠休（石見守）
酒井忠香（飛騨守）
太田資愛（備中守）
井伊直朗（兵部少輔）
安藤信成（対馬守）
松平忠福（玄蕃頭）
本多忠籌（弾正少弼）

浅間山の大噴火および天明大飢饉《てんめいだいききん》以来の社会構造の劇的な変化がある。これまでは武士が、支配層として町人・農民から富（税や農作物など）を吸い上げるといった社会構造だったのだが、それが全く機能しなくなったのだ。吸い上げられるどころか、彼らは働く場所も意欲も失くしてしまっていた。そうなると、藩財政は完全に破綻《はたん》してしまう。このような時代背景があって、藩主は一般の知識人に意見を求め、宣長も、これに応えたのである。

なお、『玉くしげ』はこの二年後、そして『秘本玉くしげ』は六十四年後に公刊された。

## フランスの軍人ラ・ペールズが、艦船を率いて宗谷海峡を通過　八月

事件災害

これまで、蝦夷地《えぞち》については不明な事が多かった。どのような人たちがどれほど居住しているのかも、そもそも、その蝦夷を指す区域もわかっていなかった。本州の陸奥《むつ》（青森県）と渡島《おじま》（函館市）の間には津軽海峡《つがるかいきょう》があるから、蝦夷が陸続きではないことがわかる。しかし、その蝦夷の北辺の方になると、さっぱりわからなかった。そんな状態の、この年八月にフランスの探検家ラ・ペールズが二艘の艦船で宗谷岬《そうやみさき》沖を通過したことがわかった。これにより蝦夷地の北辺の宗谷と樺太《からふと》との間に海峡があることがわかり、幕府の蝦夷地調査および開拓が、一気に現実味を帯びることとなった。

ラ・ペールズは、七年戦争、アメリカ独立戦争などに参加した軍人で、国王ルイ十六世の命を受けて、フランスから二艘の艦船を率いて太平洋地域の調査・探検に出た。大西洋を渡り、南アメリカのホーン岬をまわり太平洋を横断。フィリピンのマニラに入港したのち、北上。日本海を経て宗谷海峡を通過してシベリア大陸に上陸。そして、オホーツク海を経てオーストラリア東岸で行方不明となる……と、何とも波瀾《はらん》に富んだ生き方だった。ラ・ペールズの航海日誌は同僚が持ち帰って、のち『世界周航記《せかいしゅうこうき》』となって一七九七年に出版された。宗谷海峡は、今日の国際表記では「ラ・ペールズ海峡」となっている。

## 江戸で大規模な打ちこわしが次々に起きる　五月十九日〜二十四日

社会世相

米価の高騰から、各地で町人などによる米穀商や豪商に対する打ちこわしが頻発していたが、それが遂に江戸にも及び、大規模な打ちこわしが連続して起きた。その火付け役となったのは五月十九日の大門通りの米屋への打ちこわしだった。前夜、その米屋の店先に何者かが「白米を廉売する」との貼り紙をした。これを見て町人たちが殺到したが、店としては何のことだかわからない。廉価で売ることはできないとしたところ、たちまち騒動となって打ちこわしに発展した。続いて永代橋《えいたいばし》近くの米屋も同様の手口で打ちこわしとなった。二十日朝、同日夜にも打ちこわし騒動は続き、二十一日になるとさらに勢いが増して、やがて、酒屋、質屋もそうした襲撃の対象となった。このことに驚いて町奉行《まちぶぎょう》が与力《よりき》・同心《どうしん》などを率いて取り締まりを行なおうとしたが、却《かえ》って騒ぎは大きくなるばかり。二十三〜二十四日にかけて江戸市中一帯にまで拡がってしまった。この打ちこわしに参加したのは、約五千人余。江戸市中で九百八十余軒の米屋・酒屋・質屋・札差《ふださし》が、その被害に遭った。騒ぎは二十五日に至って、ようやく沈静化に向かった。

**6月**　幕府、酒造制限令を発令。
**7・1**　幕府、享保の改革に倣った政治改革を宣言（寛政の改革）。
**8・4**　幕府、3か年の倹約令を再令。
**8月**　フランス軍人ラ・ペールズ、宗谷海峡を通過。
**9・15**　将軍家斉、上杉治憲（鷹山）の勤労を褒賞。
**9・27**　幕府、鉄座・真鍮座を廃止。
**10・2**　幕府、田沼意次の所領を収公。
**11・26**　幕府、神田の朝鮮人参座を廃止。
**12・22**　相模国津久井郡の百姓、造酒屋・質屋などを打ちこわし（土平治騒動）。
**12月**　飛騨国の百姓、郡代大原正純の不正告発のため江戸に出訴（天明騒動）。
**12月**　本居宣長『秘本玉くしげ』完成。

# 1788

# 天明八年

## 戊申

天皇▼光格天皇

将軍▼徳川家斉（第十一代）

**【主要幕閣】**

**◉老中**
松平康福（周防守）
鳥居忠意（丹波守）
牧野貞長（備後守）
水野忠友（出羽守）
阿部正倫（伊勢守）
松平定信（越中守）
松平信明（伊豆守）

**◉寺社奉行**
松平輝和（右京亮）
土井利和（大炊頭）
稲葉正諶（丹後守）
牧野忠精（備前守）
松平信道（紀伊守）
板倉勝政（左近将監・周防守）

**◉勘定奉行**
桑原盛員（伊予守）
久世広民（丹後守）
柘植正寔（長門守）
根岸鎮衛（肥前守）
久保田政邦（十左衛門・佐渡守）
柳生久通（主膳正）
曲淵景漸（甲斐守）

**◉江戸町奉行**
**北**
柳生久通（主膳正）
初鹿野信興（伝右衛門・河内守）
**南**
山村良旺（信濃守）

### 松平定信が、将軍補佐となる　三月四日　政治経済

前年、三十歳の若さで老中首座《ろうじゅうしゅざ》となっていた陸奥白《むつしら》河藩主《かわはんしゅ》の松平定信《まつだいらさだのぶ》が、将軍・家斉《いえなり》が年少（十六歳）であるとの理由で、将軍補佐役《ほさやく》も兼ねることになった。

これによって、松平定信は幕府の大権を掌握《しょうあく》したのだが、ここに至るまでには、それまでの実力者であり老中の田沼意次《たぬまおきつぐ》を中心とするグループとの暗闘があった。

松平定信は、一橋家の一橋治済《ひとつばしはるさだ》（はるなり）や御三家《ごさんけ》の後押し、そして続発する天明の打ちこわしなどの世情不安を背景にして、その暗闘に勝利したわけである。定信は将軍補佐となるや、三月二十八日に老中の水野忠友《みずのただとも》、四月三日に同じく老中の松平康福《やすよし》を解任。ともに田沼派の面々で、これに代って定信派の松平信明《のぶあきら》をはじめとする四名を老中とした。

こうして田沼色を一掃し、幕政改革に取り組んだ。定信は、五月に入ると京に上り大坂まで足を伸ばして儒者の中《なか》井竹山《いちくざん》を招いて経世策《けいせいさく》の講義を受けた。その影響から定信なりの大政委任論《たいせいいにんろん》（天皇―将軍―諸大名は、委任関係にあるとの考え）を構築。十月に、将軍・家斉に「将軍家心得十五箇条」を献上した。定信の新政権の権威付けを考えたものだったとされている。

### 戯作者の朋誠堂喜三二、幕政改革を嘲笑う黄表紙を出す　一月　文化思想

戯《げ》作者《さくしゃ》の朋誠堂喜三二《ほうせいどうきさんじ》は、本名を平沢常富《ひらさわつねとみ》というれっきとした秋田佐竹藩《あきたさたけはん》の重臣だが、その朋誠堂が、誰が読んでもすぐにそれとわかる幕政改革を嘲笑《あざわら》う黄表紙《きびょうし》を出し、大きな反響を呼んだ。その黄表紙の題は『文武《ぶんぶ》二《に》道万石通《どうまんこくどおし》』。その内容を見てみる。

主人公は源頼朝《みなもとのよりとも》の家臣の畠山重忠《はたけやましげただ》で、重忠は、武士を文武二道のいずれを好むかで分類した。文でも武でもない。ただし、文でも武でもない「ぬらくら武士」が問題であるとして、これを大磯《おおいそ》で遊ばせ、財産を全て吐き出させることにした。そしてのち、これらの武士を集めて、頼朝

朋誠堂喜三二
（栗原信充『肖像集』）

『文武二道万石通』

**【この年の出来事】**

**1・16**　柴野栗山、幕府儒官に就任。
**1・26**　幕府、米穀の買い占め・酒密造・百姓の徒党を禁止。
**1・30**　京都で大火。四条宮川町から出火し、禁裏・二条城焼失。
**3・4**　老中松平定信、将軍補佐に就任。
**3・7**　幕府、諸国で酒造高の調査を実施。
**3・22**　幕府、松平定信に禁裏造営の管掌を指示。
**4・29**　幕府、南鐐二朱銀の鋳造を停止、丁銀を新鋳。
**4月**　光格天皇、父閑院宮典仁親王に太上天皇の尊号を贈るため、調査を指示。
**5・28**　松平定信、参内。
**6・16**　京都で大雨。鴨川・桂川氾濫し、橋多く流失。伊勢でも洪水。
**7・24**　田沼意次歿(70)。
**7・29**　幕府、米の売り惜しみなどにより、大坂の仲買人など13人を投獄。

◉京都所司代
松平乗完（和泉守）
◉京都町奉行
東
池田長恵（筑後守）
西
山崎正祥（大隅守）
井上利恭（助之進・美濃守）
◉大坂城代
堀田正順（相模守）
◉大坂町奉行
東
小田切直年（土佐守）
西
松平貴強（石見守）
◉長崎奉行
水野忠通（要人）
末吉利隆（善左衛門・摂津守）
◉若年寄
酒井忠休（石見守）
太田資愛（備中守）
井伊直朗（兵部少輔）
安藤信成（対馬守）
松平忠福（玄蕃頭）
本多忠籌（弾正少弼）
青山幸完（大膳亮）
京極高久（備前守・備中守）
◉側用人
松平信明（伊豆守）
本多忠籌（弾正少弼）

が「以後、それぞれ文武の道を学ぶべし」と訓戒を垂れるというもの。題材は鎌倉時代のものだった。しかし、この頼朝が時の将軍・家斉であり、重忠が「寛政の改革」を推し進める定信であることは、読んで誰にもわかることだったから、庶民は喝采《かっさい》した。この書は、刊行されるとともに評判を呼び、早くも、正月七日には初版が完売したという。

## 京都御所が焼失する　一月

事件災害

京都で千四百二十四町に及ぶ大火が発生し、御所《ごしょ》（仙《せん》洞《とう》御所）、二条城《にじょうじょう》、町家、公家屋敷《くげやしき》などが灰塵《かいじん》に帰した。火の手はこの日の明け方、四条大橋《しじょうおおはし》南の宮川町《みやかわちょう》団栗逗子《ぐりずし》の空き家から上がった。火は折からの強風にあおられて燃え広がり、鴨川《かもがわ》を越えて寺町通の永養寺《えいようじ》に飛び火。半鐘《はんしょう》が鳴り響き、人々は右往左往、市中は騒然となった。火勢は翌朝になっていよいよ増し、西に燃え移った火は四条あたりにまで拡がり、御所の内裏《だいり》一帯を焼き尽くした。

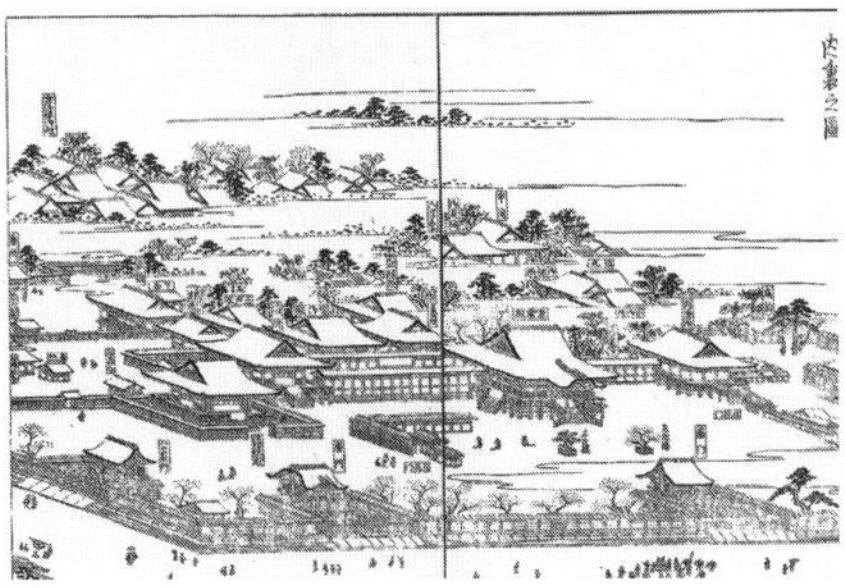
御所（『都名所図会』）

午後になって風向きが変わり、火は二条城に迫った。そして、二条城の本丸御殿と隅櫓《すみやぐら》二基、門二ヶ所が焼け落ちた。火勢は夜になっても衰えず、御所の南、公家屋敷にも燃え移り、町の多くも焼いて、月が改まった二月二日になってようやく鎮まった。焼失家屋三万六千七百九十七戸、焼失寺院は二百一、神社は三十七。京都の四分の三を焼き尽くす、応仁《おうにん》の乱《らん》以来の大惨事となっていた。この大火は、のちに出火場所に因んで「団栗焼《どんぐりや》け」と呼ばれるようになった。焼失した御所の再建にあたり、幕府では老中・松平定信を御所造営総奉行《そうぶぎょう》、朝廷では中山愛親《なかやまなるちか》らを御所造営掛に任命して、造営の体制を整えた。のち、御所は、寛政二年（一七九〇）に造営が成るが、この御所も安政元年（一八五四）に焼失してしまう。のち再び造営されて今日に至るが、その造りは、寛政二年当時と同じである。

## 江戸の人口、百万人を超える

社会世相

江戸の人口が百万人を超えた。と言っても、これは把握の対象内のもので、それ以外を含む江戸の総人口となると、百三十万人に達するほどにまでなっていた。これは、五十余年前の享保期の五十万人余の二倍以上の数字となる。『蜘蛛《くも》の糸巻《いとまき》』にある統計数字を見てみると、町数は千七百七十余町、表店は二万八千余家、市中総人口は百二十八万五千三百人とある。市中総人口は百二十八万余だが、このほかに江戸には、数字に加算されない人々がいた。それらは、遊女《ゆうじょ》などの吉原町の住人一万四千五百人、出家した人五万二千四百人、山伏《やまぶし》七千二百三十人、神職三千五百八十人、のほか、能役者、諸家の家来で町住みの者などで、これらを加えると、江戸の人口は百五十万に達するほどになっていたことになる。この当時、世界を見渡しても、一都市で百万を超えるところはない。江戸は、世界一の人口を誇る繁栄都市となっていた。

**8・21** 幕府、関東産菜種買問屋・仲買を廃止。
**9・11** 幕府、薩摩・熊本藩に禁裏造営の助役として4年間で20万両の上納を命令。
**10・2** 長谷川平蔵、火付盗賊改に就任。
**10・20** 幕府、江戸の豪商7人を勘定所御用達商人に任命。
**12・11** 幕府、長崎奉行に抜荷厳禁を通達。
**12月** 幕府、他国出稼ぎを禁止し、帰農を指示。
**この年** 熊沢蕃山『大学或問』刊行。
**この年** 大火で被災した京都西陣の織師、桐生などに多く下る。
**この年** 会津藩、藩校「日新館」を創設。
**このころ** 江戸の人口が100万人を超える。

# 1789

# 寛政元年（天明九年）

己酉

天皇▼光格天皇

将軍▼徳川家斉（第十一代）

【主要幕閣】

◉老中
鳥居忠意（丹波守）
牧野貞長（備後守）
松平定信（越中守）
松平信明（伊豆守）
松平乗完（和泉守）

◉寺社奉行
松平輝和（右京亮）
牧野忠精（備後守）
松平信道（紀伊守）
板倉勝政（周防守）
戸田氏教（采女正）

◉勘定奉行
久世広民（丹後守）
根岸鎮衛（肥前守）
久保田政邦（佐渡守）
柳生久通（主膳正）
曲淵景漸（甲斐守）

◉江戸町奉行
北
初鹿野信興（河内守）
南
山村良旺（信濃守）
池田長恵（筑後守）

◉京都所司代
松平乗完（和泉守）
太田資愛（備中守）

## 幕府、棄捐令を公布　九月十六日

政治経済

この当時の武士の切実な関心は、俸禄米《ほうろくまい》（蔵米《くらまい》）を担保にしてどれくらいの金が借りられるかだった。武士の収入は固定しており、特に江戸で生活する旗本《はたもと》・御家《ごけ》人《にん》は江戸好みに染まり、奢侈《しゃし》な生活によって借財を重ねていた。借り先は零細な高利貸のほかに札差《ふださし》がいた。

全国の幕領（天領《てんりょう》）や旗本領（知行所《ちぎょうしょ》）などから江戸浅草の御蔵屋敷《おくらやしき》へ運ばれる年貢米から旗本《はたもと》・御家人《ごけにん》へ蔵米が支給されていたが、この蔵米を受け取って売却するまでを請け負ったのが札差である。この手数料は大した収入にはならなかったが、蔵米を担保とする高利貸が儲かったのだ。それに札差約百名の独占的な商売であったことも大きい。

就任三ヶ月の老中首座松平定信《まつだいらさだのぶ》は、この日、寛政の改革の一環として、旗本・御家人が天明四年（一七八四）以前に札差から借りた借金を帳消しし、天明五年から寛政元年までの利息を年利六パーセントに引き下げ、それ以降の借金の利息を十八パーセントから十二パーセントに引き下げることを骨子とする棄捐令《きえんれい》を出した。札差側のこれによる損害は百十八万七千両で、幕府の年間予算に相当したという。しかし貸付債権を棒引きにされたからといっても札差は健在、次の化政期（一八〇四―三〇）に最盛期を迎える。

一方、棄捐令の公布によって商業資本を有効に統制できなくなったために金融が滞り、とりわけ旗本・御家人は新規の借金の道を閉ざされてしまい、その窮状は一層深刻になっていったのである。

## 尊号事件が発生　二月

文化思想

光《こう》格《かく》天皇は、この月、実父の閑院宮典仁親王《かんいんのみやすけひとしんのう》に太上《だいじょう》天皇（上皇）という尊号を贈って欲しいと幕府に諮《はか》ったが、松平定信は天皇の位に即位していない人に尊号を送ることは先例がないとして断った。その後も朝幕間でやり取りが続くが、定信の考えは変わらなかった。

寛政四年（一七九二）になり、朝廷側は尊号宣下《そんごうせんげ》を実行、幕府側もこれに対して強硬手段に出た。武家伝奏《ぶけてんそう》（幕府との交渉を担当）の前大納言正親町公明《おおぎまちきんあき》と議奏《ぎそう》（朝廷内部の政務を担当）の前権大納言中山愛親《なかやまなるちか》らが江戸に召喚《しょうかん》され、定信が審理した。その結果、公明に閉門《へいもん》、愛親に逼塞《ひっそく》が命じられた。

側近の公家が処罰されて、光格天皇は尊号宣下を断念する（閑院宮典仁親王は明治十七年〔一八八四〕になり、太上天皇の尊号が送られて慶光《きょうこう》天皇と追贈された）。以降幕末まで、朝廷と幕府との間には緊張が続いたのである。

## クナシリ・メナシ事件が発生　五月

事件災害

この月、蝦夷地《えぞち》（北海道）のクナシリ（国後。五月五日に発生）と対岸のメナシ（目梨＝現、根室。五月十三日に発生）でアイヌ最後の叛乱《はんらん》といわれる蜂起が起こり、松《まつ》前藩《まえはん》の家臣や、出稼ぎ漁民など七十一名がアイヌに殺害さ

【この年の出来事】

**1・25** 内裏炎上など災害頻発により寛政に改元。
**2・17** 幕府、米商に不作に備えるため米穀の買収を指示。
**2月** 光格天皇、閑院宮典仁親王の尊号宣下を幕府に申請（尊号事件）。
**4月** 熊沢蕃山『大学或問』、出版禁止となる。
**5・7** 国後島のアイヌ蜂起。13日、メナシでも蜂起（クナシリ・メナシ事件）。
**6・16** 近畿・東海で大雨。18日まで続き京都鴨川・桂川氾濫。三河・遠江・美濃で洪水。
**6月** 大槻玄沢、蘭学塾「芝蘭堂」を開設。
**閏6・26** 幕府、アイヌ一揆鎮圧のため南部・津軽・八戸藩に加勢を指示。
**7・7** 恋川春町歿（46）。
**7・21** 松前藩、クナシリ・メナシのアイヌを鎮圧・処罰。
**9・16** 幕府、旗本・御家人救済のため棄捐令を

**◉京都町奉行**
**東**
池田長恵（筑後守）
菅沼定喜（新三郎・下野守）
**西**
井上利恭（美濃守）
**◉大坂城代**
堀田正順（相模守）
**◉大坂町奉行**
**東**
小田切直年（土佐守）
**西**
松平貴強（石見守）
**◉長崎奉行**
水野忠通（要人）
末吉利隆（善左衛門・摂津守）
永井直廉（伊織）
**◉若年寄**
太田資愛（備中守）
井伊直朗（兵部少輔）
安藤信成（対馬守）
青山幸完（大膳亮）
京極高久（備前守・備中守）
**◉側用人**
本多忠籌（弾正少弼）

れた。松前藩は和人の交易を妨害したとして、首謀者とされたアイヌ三十七名を処刑した。

鱒《ます》を搾《し》め粕《かす》（魚肥）に加工する作業の中で、アイヌを酷使した場所請負人の飛驒屋久兵衛《ひだやきゅうべえ》に事件発生の原因があるといわれるのは、請負中に松前藩に対する前納金（貸付金）を早く回収しなくてはならない立場にあったからである。藩主は商人に運上金《うんじょうきん》を上納させて場所請負を許可していた。藩財政に大きく寄与していた飛驒屋はこの事件後、四代目久兵衛益郷《ますさと》の時に蝦夷地から撤退した。

クナシリ・メナシ事件の意義は、この事件を契機に蝦夷地の幕領化、すなわち蝦夷地が七年の期限付きで幕領となったことである（寛政十一年）。幕府の考える蝦夷地経営とは、要するにアイヌを日本側に従うようにしておくことである。場所請負制を廃止して漁業労働を幕府直轄制とし、アイヌの和風化に努めた。

幕府としては、田沼政権の蝦夷地調査に基づき開発するという計画が、松平政権への政権移譲に伴って挫折したという経緯がある。松平定信は幕領蝦夷地の経営について関心を抱いたが、それはこの事件の背後にロシア人がいるという風説を信じていたからのようで、国防上の関心しか示さなかった。定信が非開発論の立場であるため、幕府の蝦夷地開発計画は頓挫《とんざ》して、調査に当たった勘定奉行配下の者が処分された。文化四年（一八〇七）には蝦夷地全域を幕府直轄とした。

以上、幕府の対応には紆余曲折《うよきょくせつ》があったものの、ロシアの脅威が一時的に緩和されると、幕府は蝦夷地を松前藩に還与した（文政四年〔一八二一〕）。その後の松前藩の蝦夷地沿岸警備・統治は、ロシアへの併合の危機を救った一面もあったといえる。

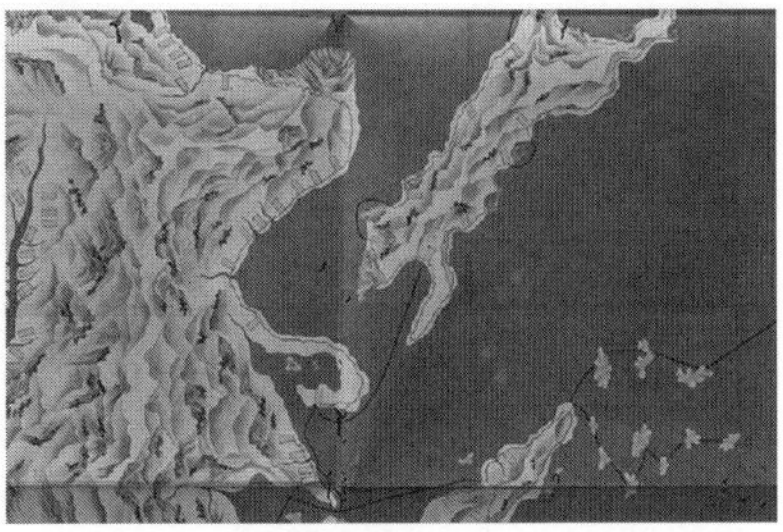
「天保国絵図」のクナシリ、メナシ周辺

蝦夷地の海産物の交易所（『日本山海名産図会』）

## 相撲の谷風、小野川に横綱の免許が下る 十一月

社会 世相

相撲は、歌舞伎や遊廓と並んで江戸の三大娯楽となっていた。相撲の花形は、無類の強さを誇る大関の谷《たに》風《かぜ》と関脇の小野川《おのがわ》。両力士は、これまで数々の名勝負を演じてきたが、そのこともあって、このほど相撲《すもう》之《の》司《つかさ》吉田《よしだ》追風《おいかぜ》から横綱を免許され、それを記念して江戸・深川八幡に設けられた土俵で四股《しこ》を踏んだ。このころ、城や屋敷を建てる際の地鎮祭に、強豪力士などが注連縄《しめなわ》をまとい、四股を踏んで地鎮することがならわしとなっていたが、これを吉田司家《よしだつかさけ》が相撲興行の上で利あるものとして儀式として採り入れたもの。したがって、この時点の「横綱」は単に注連縄を意味し、土俵入りの際の免許の呼称（尊称）に過ぎなかった。

発布。
**9・16** 幕府、浅草に貸金会所を設置。
**9・17** 幕府、諸大名に1万石につき50石、5年間の囲米を指示。
**9月** 幕府、大坂・京都の納宿を廃止。
**11・10** 幕府、関八州綿実問屋・仲買を廃止。
**11・12** 松平定信、尊号宣下に関する書状を関白鷹司輔平に送付。
**11月** 谷風梶之助・小野川喜三郎、富岡八幡宮で初土俵入り。
**12・8** 幕府、松前藩に蝦夷地の交易などについて聴取。
**12・26** 大坂で大火。南本町から出火。
**この年** 秋田久保田藩、藩校「明道館」（のちの明徳館）を創設。

庚戌

天皇▼光格天皇

将軍▼徳川家斉（第十一代）

【主要幕閣】

●老中
鳥居忠意（丹波守）
牧野貞長（備後守）
松平定信（越中守）
松平信明（伊豆守）
松平乗完（和泉守）
本多忠籌（弾正大弼）
戸田氏教（采女正）

●寺社奉行
松平輝和（右京亮）
牧野忠精（備後守）
松平信道（紀伊守）
板倉勝政（周防守）
戸田氏教（采女正）

●勘定奉行
久世広民（丹後守）
根岸鎮衛（肥前守）
久保田政邦（佐渡守）
柳生久通（主膳正）
曲淵景漸（甲斐守）

●江戸町奉行
北
初鹿野信興（河内守）
南
池田長恵（筑後守）

●京都所司代
太田資愛（備中守）

## 幕府、諸大名に囲籾を命じる　七月二十七日

政治 経済

百姓が餓死《がし》することが二度と無いようにという松平《まつだいら》定信《さだのぶ》の狙いから、この日、諸大名に備荒貯蓄《びこうちょちく》として囲籾《かこいもみ》（囲米《かこいまい》ともいう）を命じる一方、幕領の農村に社倉《しゃそう》（飢饉に備えて穀物を蓄えた貯蔵庫）の設置と貯穀を命じる触書《ふれがき》が出された。これによって、ようやく全国的に寛政の改革がスタートとしたといえよう。

当初定信は、吉宗《よしむね》時代の上米《あげまい》制の復活を考えたが、大名の負担が大きすぎるとして断念、代わりに囲籾制を創設した。今後五年間、各大名に一万石につき籾五十石の割合で領内に米穀を貯蔵させたが、長期間保存するために籾で納めさせた。

さらに村々には社倉を設けさせ、そこへ貯穀したものを凶作時に窮民らへ放出できるように備えさせた。なお江戸では、翌寛政三年に設置された江戸町会所《えどまちかいしょ》が同様の機能を有することになる。

## 寛政異学の禁の発布　五月二十四日

文化 思想

百《ひゃく》姓《しょう》一揆《いっき》や打ちこわしが各地で頻発することに危機感を抱いていた松平定信は、幕藩体制を建て直すためにも幕府による文武振興が必要と感じていた。これに応じて儒官の柴野栗山《しばのりつざん》らが異学《いがく》の禁止を定信に提言、定信はこれを採用した。

柴野栗山（栗原信充『肖像集』）

柴野栗山、尾藤二洲《びとうじしゅう》、古賀精里《こがせいり》の三人は寛政の三博士と呼ばれたが、いずれも湯島聖堂《ゆしませいどう》の教授である。この当時、儒学《じゅがく》（朱子学《しゅしがく》）は権威を失っており、幕府の儒官である林家《りんけ》も衰えていた。かねてよりこれら三博士に加えて、定信に学派維持を申しつけられていた林信敬《はやしのぶたか》（大学頭《だいがくのかみ》）らが、朱子学の隆盛を狙っていた。

幕府が、湯島聖堂において朱子学以外の講義をすることを禁止したため、古学派（荻生徂徠《おぎゅうそらい》を始師とする一派）、陽《よう》明学《めいがく》派（中江藤樹《なかえとうじゅ》を始祖とする一派）は異学とされた。この禁止は林家のみとされたが、実際には藩校や私塾《しじゅく》の教学にも多大な影響を与えている。

寛政異学の禁は、思想統制であるとして強い反対もあったが、定信は朱子学を寛政の改革のイデオロギーと位置づけ、徹底してこれを実行し、一応のイデオロギー化に成功したのである。

## 幕府、石川島に人足寄場を設置　二月十九日

事件 災害

松平定信は、江戸石川島《いしかわじま》の小屋に無宿人《むしゅくにん》（人別帳《にんべつちょう》に戸籍のない浮浪人）や囚人らを集めて正業に就くよう

【この年の出来事】

**1・5**　幕府、江戸に大的射場6か所を設置。
**1・23**　江戸本所小梅村から出火、三ツ目通り中川まで延焼。同じころ新宿からも出火、宿の3分の1焼失。
**1月**　山東京伝『心学早染草』刊行。
**2・15**　幕府、物価引き下げを指示。
**2・19**　幕府、江戸の石川島に人足寄場を設置。
**2・20**　江戸木挽町森田座、河原崎座に交替。
**2・25**　幕府、オランダ商館長の江戸参府を5年に1度に変更。
**4月**　幕府、懐胎した女性を死罪とすることを禁止。
**5・24**　幕府、湯島聖堂で朱子学以外の講義を禁止（寛政異学の禁）。
**6・18**　桜島噴火。
**7・27**　幕府、諸大名に囲籾（囲米）を指示。
**8・1**　江戸で大風雨、洪水。2日も続く。

**◉京都町奉行**
**東**
菅沼定喜（下野守）
**西**
井上利恭（美濃守）
**◉大坂城代**
堀田正順（相模守）
**◉大坂町奉行**
**東**
小田切直年（土佐守）
**西**
松平貴強（石見守）
**◉長崎奉行**
水野忠通（要人）
永井直廉（伊織）
**◉若年寄**
井伊直朗（兵部少輔）
安藤信成（対馬守）
青山幸完（大膳亮）
京極高久（備前守・備中守）
堀田正敦（摂津守）
**◉側用人**
本多忠籌（弾正少弼）
戸田氏教（采女正）

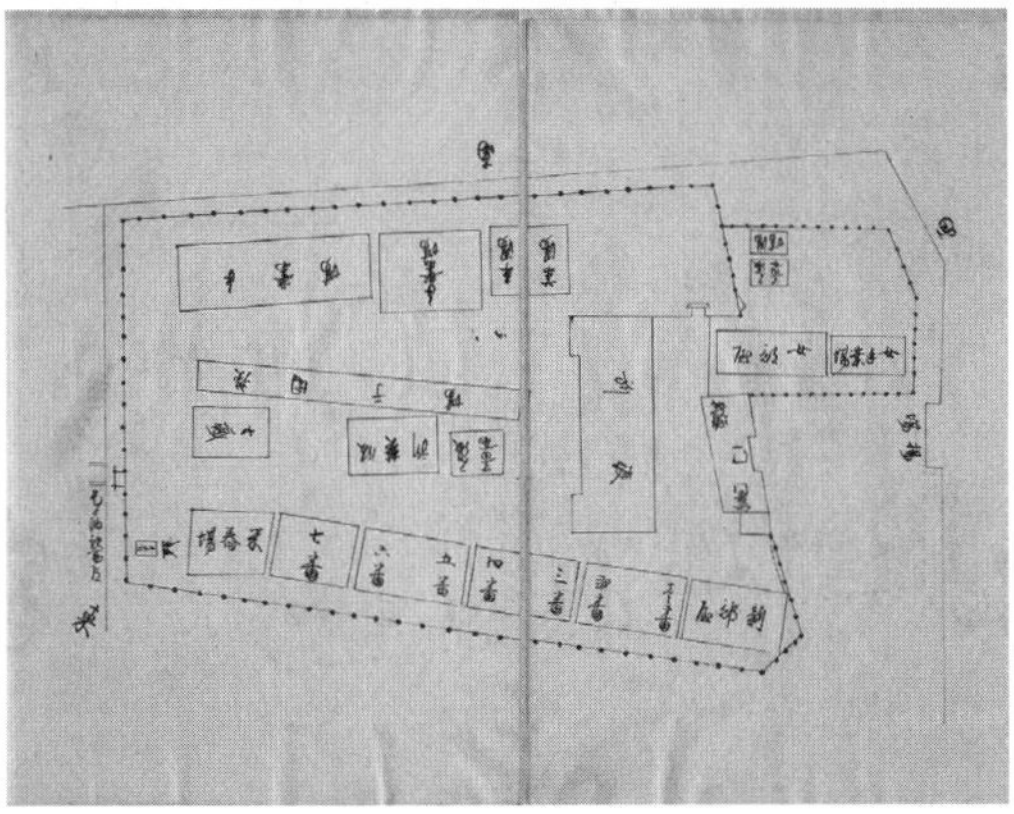
「人足寄場絵図」（『天保撰要類集』九十四）

指導させた。この小屋を人《にん》足寄場《そくよせば》といい、その設置を建議したのは火《ひ》付《つけ》盗賊《とうぞく》改《あらため》役《やく》の「鬼平」こと長谷川《はせがわ》平《へい》蔵《ぞう》である。定信の著書『宇《う》下人言《げのひとこと》』の中でも、平蔵の功績として評価している。

その一方で定信は、寄場が軌道に乗ると平蔵をクビにした（寛政四年）。平蔵はこの授産施設で働く部下への手当を、私財から捻出したこともあったという。

悪事を働いた者たちを極刑にするのではなく、犯罪を予防し、かつまともな社会人にしようというのだから、前近代においては画期的な施設である。こうした発想は、平蔵でなければ出てこなかっただろう。

石川島の人足寄場は、一万六千三十坪の敷地内に長屋が設けられ、様々な職種にわたって仕事を覚えさせた。三年間で放免されたが、その時には蓄えられた賃金が支払われた。当初は百二十名から百三十名ほどであったが、天保年間（一八三〇—四四）には四百名を超えたといわれる。人足寄場は、明治維新で廃止された。なお、長谷川平蔵は寛政七年に歿している。享年五十。

## 幕府、旧里帰農令（人返し令）を公布 十一月二十八日

社会世相

旧《きゅう》里帰農令《りきのうれい》（人返《ひとがえ》し令）とは、手当を支給して江戸へ出稼ぎに出た者を出身地に帰村させる、という松平定信の人口対策である。定信には天明七年（一七八七）の江戸の打ちこわしの記憶が頭から消えなかった。この人口対策は、江戸の下層町人の暴徒化対策も兼ねていた。状況次第で打ちこわしの勢力になりかねない貧民らを市中から減らし、蜂起を防止しなければならなかったからだ。定信は『愚意の覚』にも記しているように、「下勢《かせい》おのずから上を凌ぎ候様に相見え申し候」と認識していた。

江戸に近い関東・東北地方の百姓の中から、村を捨てて江戸へ出て来る者が増えたので、幕府は二、三年前から出稼ぎを制限していたが、農村の人口は減る一方で、江戸の人口は増える一方だった。そこで寛政四年までと期限を切って、他国へ出稼ぎに行くことを防ぐ出稼ぎ制限令と同時に江戸からの帰農を勧め、帰農者には旅費などの経費を支給することにした。しかしこれに応じた者はほとんどいなかった。

定信は旧里帰農令により、飢饉で荒廃した農村の復興を考えたが、それは非現実的なことだった。人口が減少して荒廃する一方の農村、拡大し繁栄する一方の江戸、という構図が改まりそうもなかったからだ。結局、農村復興は代官《だいかん》の民政に依らなければならなかった。幕領において無能な代官をクビにして有能な人材を登用したり、農具代や種籾代などのために公金を貸付たりすることで、徐々にその成果が現れていくことになる。

**9・15** 幕府、5年間の倹約令を発令。
**9・23** 初代柄井川柳歿（73）。
**9・24** 幕府、旗本・御家人らに倹約・文武を奨励。
**9月** 幕府、南鐐二朱銀の融通令を発布。
**10月** 幕府、薬価高騰を抑制。
**10月** 幕府、諸国代官に郷蔵の設置を指示、囲米を奨励。
**11・22** 光格天皇、内裏が造営され遷御。
**11・28** 幕府、江戸に流入した百姓に対し、旧里帰農令（人返し令）を発布。
**12・2** 琉球の慶賀使、将軍家斉に拝謁。
**この年** 松前藩、樺太を踏査。樺太場所を開設。

# 寛政三年

辛亥

天皇▼光格天皇

将軍▼徳川家斉（第十一代）

【主要幕閣】

◉老中
鳥居忠意（丹波守）
松平定信（越中守）
松平信明（伊豆守）
松平乗完（和泉守）
本多忠籌（弾正大弼）
戸田氏教（采女正）

◉寺社奉行
松平輝和（右京亮）
牧野忠精（備後守）
松平信道（紀伊守）
板倉勝政（周防守）
脇坂安董（淡路守）

◉勘定奉行
久世広民（丹後守）
根岸鎮衛（肥前守）
久保田政邦（佐渡守）
柳生久通（主膳正）
曲淵景漸（甲斐守）

◉江戸町奉行
北
初鹿野信興（河内守）
南
池田長恵（筑後守）

◉京都所司代
太田資愛（備中守）

◉京都町奉行

## 江戸で七分金積立による囲籾の申し渡し　十二月二十九日

政治 経済

松《まっ》平定信《だいらさだのぶ》の政策で唯一効果を上げたのがこの七分金《しちぶきん》積立《つみたて》とされているように、社倉《しゃそう》としての江戸町会所《えどまちかいしょ》が設置された江戸では、かなり大規模に行なわれた。その効果が後年発揮されていることは確かである。

まず、江戸町会所七分金積立による囲籾《かこいもみ》の概要を紹介しておく。江戸市中の町入用《ちょうにゅうよう》（この町費の大半は地主が負担した）を節約させて、その節約分の七割を町会所に積み立てさせて窮民の救済、非常用とする、というのが計画の骨子である。もう少し正確に言えば、町入用節約分の二割を地主に返還、一割を町内で積み立て、残り分の七割を町会所に積み立てるとした。幕府も二万両を補助している（下《か》賜金《しきん》）。これらの財源によって、七分金積立による囲籾が本格的にスタートしたのは、翌寛政四年二月のことである。

七分金積立による囲籾が効果を発揮したのは、いわゆる天保の飢饉（天保四年〔一八三三〕と、天保五年から天保七年にかけて冷害による飢饉が発生、享保・天明の飢饉と並んで江戸時代の三大飢饉とされる）の時である。江戸では、幕府自身も施米《せまい》を行ない、かつ御救い小屋の設置もなされたため、各地で一揆や打ちこわしが頻発していたものの、江戸では起こらなかった。定信が推進した七分金積立による囲籾は、多数の人々を救うことができたことで一定の評価ができるとされている。

## 幕府、戯作者の山東京伝を手鎖の刑に処す　三月

文化 思想

一代の戯作者《げさくしゃ》山東京伝《さんとうきょうでん》の著作のうち、遊女を題材にした洒落本《しゃれぼん》三部作（『仕懸文庫《しかけぶんこ》』、『娼妓絹籭《しょうぎきぬぶるい》』、『錦之《にしきの》裏《うら》』）が政治批判に当たるものとされたため、この月、京伝は手鎖《てじょう》（両手に錠を掛けて手が使えないようにする軽い刑罰）の刑に処せられて、江戸市中で話題となった。

京伝デザインによる紙製の煙草入れを売る京橋の京伝見世（『曲亭一風京伝張』）

京伝の罪は、前年より強化されていた出版統制令に違反し、風俗を乱したというものである。洒落本には政策批判は見られないが、世《せ》相風刺《そうふうし》が込められていた。京伝が町人であることも、処罰対象となった理由とされている。

山東京伝

【この年の出来事】

**1・17**　幕府、長崎港通船の石銭を停止。
**1・25**　幕府、銭湯での男女混浴を禁止。
**3月**　山東京伝、洒落本が出版取締令に抵触し、手鎖50日の刑となる。
**4・6**　江戸町奉行、盗賊逮捕の際の斬捨て許可を通達。27日、平常に戻るよう通達。
**4・15**　江戸町奉行、土御門家の陰陽師支配を確認。
**4月**　徳島藩、藩校「寺島学問所」を創設。
**5・3**　長谷川平蔵、葵小僧を捕縛。葵小僧、獄門となる。
**5・12**　幕府、綿布の価格引下げを通達。
**5・28**　漂民大黒屋光大夫、ロシアのペテルブルグでエカテリーナ二世に謁見。
**6・11**　将軍家斉、江戸城吹上苑で相撲を観覧。
**8・6**　江戸で大風雨。深川・洲崎・永代島水没

**東**
菅沼定喜（下野守）
**西**
井上利恭（美濃守）
三浦正子（伊勢守）
**◉大坂城代**
堀田正順（相模守）
**◉大坂町奉行**
**東**
小田切直年（土佐守）
**西**
松平貴強（石見守）
**◉長崎奉行**
水野忠通（要人）
永井直廉（伊織）
**◉若年寄**
井伊直朗（兵部少輔）
安藤信成（対馬守）
青山幸完（大膳亮）
京極高久（備前守・備中守）
堀田正敦（摂津守）

山東京伝（栗原信充『肖像集』）

（当時三十一歳）は、手鎖五十日、三部作は絶板とされ、出板した日本橋通油《とおりあぶら》町《ちょう》の板元《はんもと》、耕書堂《こうしょどう》の蔦《つた》屋《や》重《じゅう》三《ざぶ》郎《ろう》（通称蔦重、当時四十二歳）も財産の半分を没収された。

しかし京伝は、手鎖の刑にもめげず、以降、読本《よみほん》作家に転じて、大いに気を吐いた。弟子筋には滝沢馬琴《たきざわばきん》、十返舎《じっぺんしゃ》一九《いっく》、式亭三馬《しきていさんば》らがおり、江戸文学界の中心的存在になる。京伝は商店を経営したり（自らデザインした煙草入れと煙管《きせる》などを扱う京伝店）、手拭《てぬぐい》のデザインコンテストを主催したり（手拭合《たなくいあわせ》）、浮世絵師（画号北尾政演《きたおまさのぶ》）としても一流で、平賀源内《ひらがげんない》と並ぶ江戸史上におけるマルチタレントである。

## 大泥棒の葵小僧を獄門に処す　五月三日　事件災害

葵《あおい》の御紋《ごもん》入りの提灯《ちょうちん》を掲げ、駕籠《かご》に乗り、大名行列を仕立てて徳川一門に化けて豪商を狙い、婦女子を手籠《てご》めにした大泥棒の葵小僧《あおいこぞう》に、江戸中が戦々恐々としていた。何しろ町木戸《まちきど》もフリーパス、誰一人怪しむ者がいなかったという。天明七年（一七八七）に火付盗賊改役《ひつけとうぞくあらためやく》に任命された「鬼平」こと長谷川平蔵《はせがわへいぞう》が葵小僧を逮捕し、十日間後のこの日、獄門《ごくもん》に処した。もともと平蔵の吟味は速いと評判になっていたが、スピード結審したのも、なぶりものにされた証人たちが口籠ったため、裁判をこれ以上継続できないと判断したようで、裁判記録も残されていない。

以下に挙げるのは江戸時代の大泥棒ワースト3であるが（葵小僧を除く）、いずれも獄門の刑に処せられた。なお浜《はま》島庄兵衛《しましょうべえ》は歌舞伎『白浪五人男《しらなみごにんおとこ》』の筆頭日本駄衛門《にほんざえもん》のモデルとしても知られる。

1、梅《うめ》の由兵衛《よしべえ》（元禄二年〔一六八九〕七月処刑）。
2、浜島庄兵衛（延享四年〔一七四七〕三月処刑）。
3、鼠小僧次郎吉《ねずみこぞうじろきち》（天保三年〔一八三二〕八月処刑）。

## 谷風、小野川が上覧相撲で対決　六月十一日　社会世相

将軍家斉《いえなり》がこの日、相撲を上覧した。上覧相撲は、江戸城吹上苑《ふきあげえん》の庭で行なわれた。参加力士は百六十六名。最後の谷風《たにかぜ》と小野川《おのがわ》の大関同士の取組では、小野川が「待った」をかけたので、小野川の気合負け、谷風の気合い勝ち、として行司は谷風に軍配を上げた。

寛政の改革の方針である尚武《しょうぶ》に叶うということもあって、相撲が歌舞伎や遊廓《ゆうかく》と並んで江戸の三大娯楽となったのは寛政期であり、谷風、小野川らの名力士が現れた。仙《せん》台藩《だいはん》お抱え力士の二代目谷風梶之助《かじのすけ》（四十歳、身長百八十九センチ、体重百六十一キロ）と久留米藩《くるめはん》お抱え力士の小野川喜三郎《きさぶろう》（三十二歳、身長百七十八センチ、体重百三十五キロ）が、相撲之司《すもうのつかさ》吉田追風《よしだおいかぜ》から横綱の伝《でん》を免許され、注連縄《しめなわ》を腰に深川（富岡）八幡宮境内の土俵上で四股《しこ》を踏み、土俵入りを見せた。

し、小田原までの海岸で高潮。死者多数。
**8・14** 桜島噴火。
**8・20** 尾張で大風雨。5800戸倒壊、流失。死者94人。
**9・2** 幕府、異国船の来航に対する警備や手続きなどを諸大名に布達。
**9・4** 江戸で大風雨、洪水。
**9・21** 尾藤二洲、幕府儒官に就任。
**9月** 幕府、銭価安定のため銭の大量移動を禁止。
**10・10** 大坂で大火。87町延焼、1万3382戸焼失。
**12・29** 幕府、江戸町法を改正、七分積金を制定。
**この年** 長谷川平蔵、二代目瀬川菊之丞を逮捕。

# 1792

# 寛政四年

壬子

天皇▼光格天皇

将軍▼徳川家斉（第十一代）

【主要幕閣】

◉老中
鳥居忠意（丹波守）
松平定信（越中守）
松平信明（伊豆守）
松平乗完（和泉守）
本多忠籌（弾正大弼）
戸田氏教（采女正）

◉寺社奉行
松平輝和（右京亮）
牧野忠精（備後守）
板倉勝政（周防守）
脇坂安董（淡路守）
立花種周（出雲守）

◉勘定奉行
久世広民（丹後守）
根岸鎮衛（肥前守）
久保田政邦（佐渡守）
柳生久通（主膳正）
曲淵景漸（甲斐守）
佐橋佳如（長門守）

◉江戸町奉行
北
初鹿野信興（河内守）
南
池田長恵（筑後守）

◉京都所司代
太田資愛（備中守）
堀田正順（相模守）

## 漂流民の大黒屋光太夫が帰国　九月三日

政治経済

十年前に駿河灘《するがなだ》で遭難し、のちにロシア船に助けられた日本人漂流民の大黒屋光太夫《だいこくやこうだゆう》らを伴い、ロシア国使節のアダム・ラクスマンが、この日、蝦夷地《えぞち》の根室《ねむろ》へ来航した。この時、ラクスマンが通商を要求する国書を携えていたことで、幕府に深刻な衝撃を与えた。

日露交渉の発端となるこの事件の経緯から述べてみよう。天明二年（一七八二）暮れ、伊勢国河曲郡白子浦《かわわぐんしろこうら》（現、三重県鈴鹿市白子）の船頭《せんどう》大黒屋光太夫らは、神昌丸《しんしょうまる》（千石積）に御用米を積んで江戸へ航行中だったが、激しい北西季節風が吹き駿河灘で遭難。光太夫らはアリューシャン列島のアムチトカ島に漂着（天明三年七月）。ここで四年間過ごしている時、ロシアの皮革《ひかく》商人が来島したが、彼の船も難破していて帰国できないでいた。光太夫らは彼らと協力して舟を作り、イルクーツクへと渡った（寛政元年〔一七八九〕）。ここでロシア人に日本語を教えながら、光太夫らは日本への帰国という希望を忘れなかった。

折しもイルクーツクには、ラクスマンが滞在していた。ラクスマンとともにロシアの首都ペテルブルグ（サンクト・ペテルブルグ）へ至り、女王エカテリーナ二世に謁見。日本との交易のために使節を送ることを考えていた女王は、光太夫らを日本へ送り返すことで交易の申し入れを図った。国書を携えたラクスマンは、エカテリナ号で日本へ向かった。光太夫らが根室に到着した時には、神昌丸の乗組員十

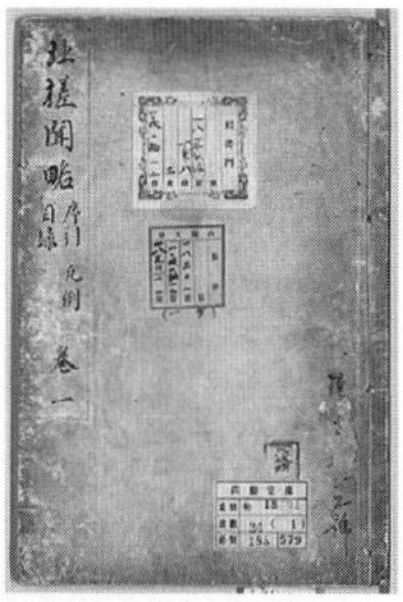

『北槎聞略』巻一

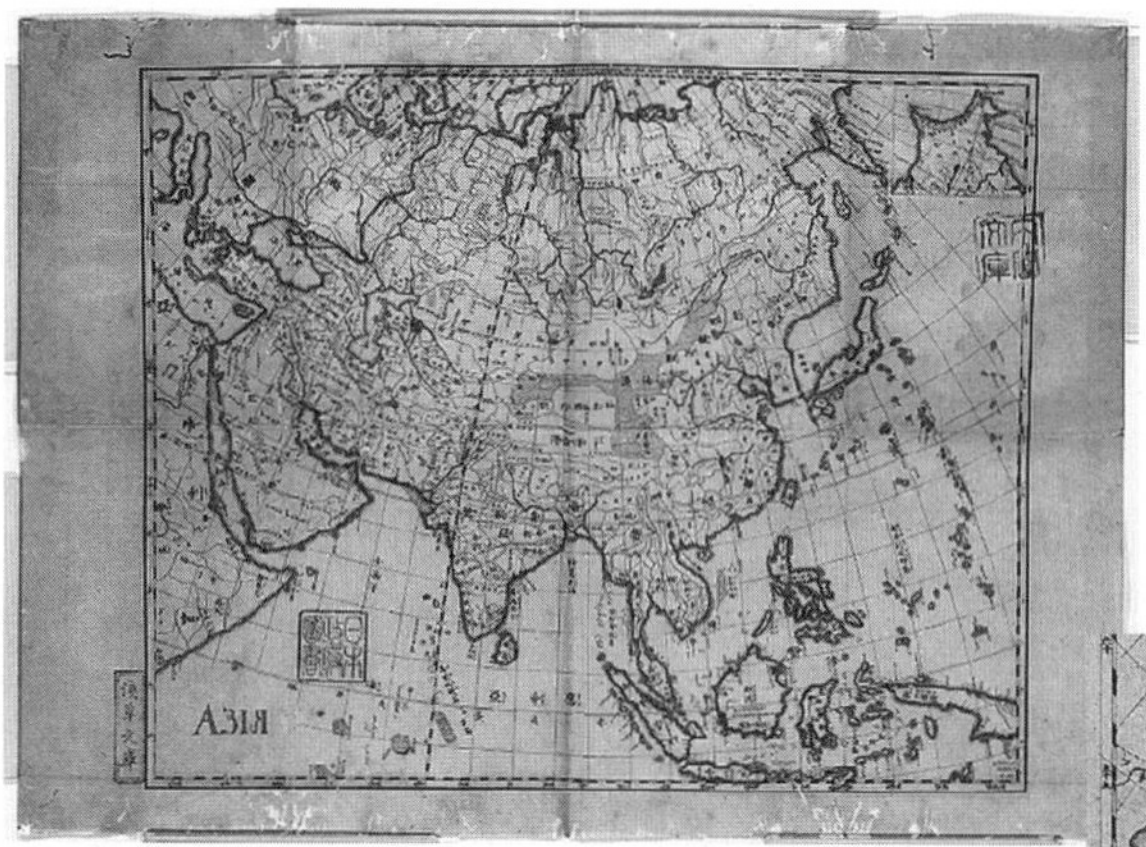

大黒屋光太夫がもたらしたとされる
『亜細亜全図』

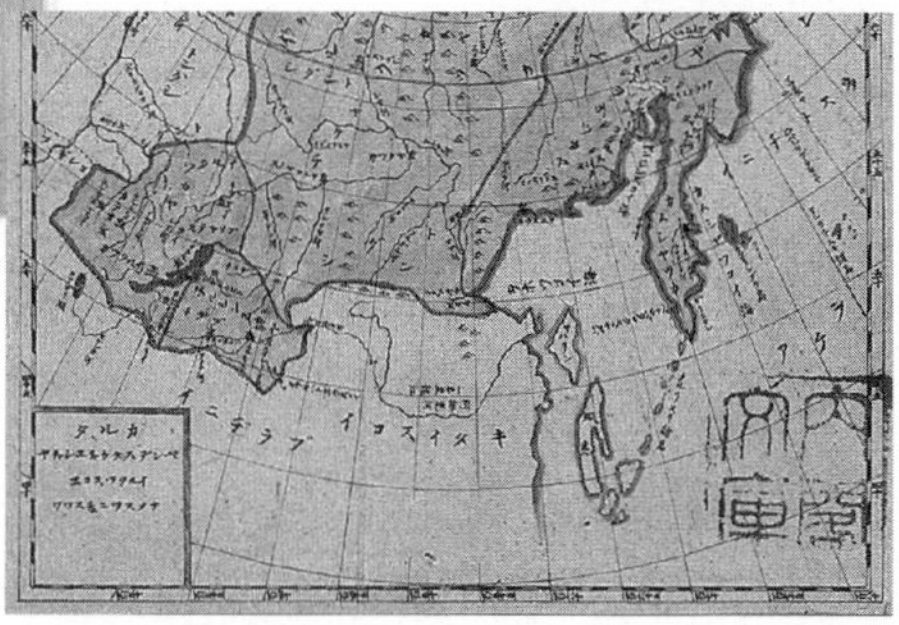

大黒屋光太夫がもたらしたとされる
『魯斉亜国彊界全図』

【この年の出来事】

**1・12** 雲仙普賢岳噴火。

**1・18** 朝廷、閑院宮典仁親王への尊号宣下を再度幕府に申請。

**3・9** 幕府、関東郡代伊奈忠尊を罷免。関東郡代を勘定奉行に兼任させる。

**3月** 加賀藩、藩校「明倫堂」を創設。

**4・1** 雲仙普賢岳噴火、大地震。有明海で津波（島原大変肥後迷惑）。

**5・16** 幕府、林子平『海国兵談』『三国通覧図説』を絶版とし、蟄居処分。

**6月** 幕府、安房国で白牛酪（バター）を製造。

**7月** 幕府、武蔵国徳丸ケ原に砲術練習場を設置。

**8・4** 幕府、大火の被災者に恩赦金の返済を猶予。

**8・17** 幕府、大火の被災者に新築家屋を質素にするよう通達。

**8・23** 湯島聖堂、尾藤二洲・柴野栗山・岡田寒泉らを招聘。

**◉京都町奉行**
**東**
菅沼定喜（下野守）
**西**
三浦正子（伊勢守）

**◉大坂城代**
堀田正順（相模守）
牧野忠精（備前守）

**◉大坂町奉行**
**東**
小田切直年（土佐守）
坂部広高（十郎右兵衛・能登守）
**西**
松平貴強（石見守）

**◉長崎奉行**
水野忠通（要人）
永井直廉（伊織）
平賀貞愛（式部少輔）

**◉若年寄**
井伊直朗（兵部少輔）
安藤信成（対馬守）
京極高久（備前守・備中守）
堀田正敦（摂津守）

七名中、すでに十二名が死亡、イルクーツクへの残留希望者が二名いたので、光太夫を含めて三名だった。

エカテリナ号は翌寛政五年、ひとまず箱館《はこだて》への入港を許された。松前藩《まつまえはん》は日本人漂流民の扱いを幕府に尋ねたところ、松平定信《まつだいらさだのぶ》は「交渉は長崎で」とラクスマンに伝えるよう指示、信牌《しんぱい》（入港許可証）を与えたことで幕府は甚大な影響を受けた。

国防体制はいかにあるべきか、これが定信の課題であり、とりわけ江戸湾から伊豆にかけての海岸防備が急を要すると考えて、この年の十一月に海防《かいぼう》奉行の新設など、具体的なプランを将軍家斉《いえなり》に提出。また翌寛政五年三月十八日には、定信自らが相模・伊豆沿岸を視察している。

## 幕府、学問吟味を実施　九月

文化 思想

旗《はた》本《もと》・御家人《ごけにん》の子弟を対象に、儒学《じゅがく》（朱子学《しゅしがく》）の知識を問う学問吟味《ぎんみ》が、この月、湯島の学問所《がくもんじょ》で行なわれた。試験では平均すると甲科（合格者は二〜七人）、乙科（合格者六〜四十九人）、丙科（合格者十〜五十五人）という厳しいものであったが、優秀な成績で合格した者は出世のパスポートを手にしたと言えよう。

甲種合格者の戯作者大田南畝《おおたなんぽ》（号名 蜀山人《しょくさんじん》）は御徒《おかち》から支配勘定《しはいかんじょう》に昇進、のちに名奉行と謳われた遠山景元《とおやまかげもと》（金《きん》四郎《しろう》）の父景晋《かげみち》は、小姓組頭《こしょうくみがしら》から勘定奉行に昇進、蝦夷《えぞ》地《ち》探検家として知られる近藤重蔵《こんどうじゅうぞう》も御先手組与力《おさきてぐみよりき》から書《しょ》物《もつ》奉行に昇進、いずれも職務に励んで重用された。学問吟味は三〜五年ごとに実施されたが、これは今日の国家公務員試験の原型と言えるだろう。

## 島原の雲仙普賢岳が噴火　一月十二日

事件 災害

肥《ひ》前《ぜん》国（現、長崎県）島原《しまばら》の雲仙普賢岳《うんぜんふげんだけ》噴火のきっかけは、前年十月以降頻繁に起こった火山性地震とされている。この日、大噴火を始め、多量の溶岩流《ようがんりゅう》を噴出した。しかし、この時の噴火ではさほどの死傷者は出ていない。問題はこのあとだった。

約三ヶ月後の四月一日に二度の火山性地震が発生し、普賢岳に付属する眉山《まゆやま》の南側が大崩落。大量の土砂が島原城下を通過して有明海になだれ込んだ。これにより島原城下はほぼ壊滅。土砂流入の衝撃で高さ十メートル以上の津波が発生し、対岸の肥後熊本藩《くまもとはん》領（特に天草《あまくさ》地方）をも襲っている。死者・行方不明者は一万三千八百三十一人。未曾有の大惨事となった。

巷《ちまた》での「島原大変《しまばらたいへん》、肥後迷惑《ひごめいわく》」という言葉にこそ、この地震による被害の甚大さのほどが込められていよう。

## 浮世絵師の喜多川歌麿が『当時三美人』を発表

社会 世相

この当時の江戸三美人は、浅草随身門《ずいじんもん》脇の水茶屋の難《な》波《わ》屋《や》の娘おきた、両国薬研堀《やげんぼり》米沢町二丁目の煎餅屋《せんべいや》の娘高島おひさ、富本節《とみもとぶし》名取《なとり》の豊雛《とよひな》とされた。遊女《ゆうじょ》ではなく町娘だったことが評判の理由だった。

この評判の町娘を、独特の大首絵《おおくびえ》（美人顔のクローズアップ）で描いた喜多川歌麿《きたがわうたまろ》『当時三美人』を、この年、耕書堂《こうしょどう》（板元「蔦重《つたじゅう》（蔦屋重三郎《つたやじゅうざぶろう》）」）が売り出して人気を博した。

**9・3** ロシア使節ラクスマン、漂流民大黒屋光太夫を護送して根室に来航、通商を要求。
**9月** 幕府、湯島の学問所で学問吟味を実施。
**10・4** 幕府、尊号宣下の不許可通達のため議奏中山愛親らを江戸に招致。
**10・9** 幕府、上方11か国以外からの江戸への酒廻送を禁止。
**11・9** 幕府、諸大名に異国船警備を指示。
**11・12** 朝廷、尊王宣下を断念（尊号事件）。
**11・13** 幕府、蝦夷地松前に目付石川忠房らを派遣。
**11・17** 松平定信、沿岸警備を管掌。
**12・2** 長門・周防で大地震。
**12・4** 松平定信、安房・上総・下総・伊豆・相模諸国を巡視。
**12・27** 幕府、諸大名に異国船警備を再令。
**12・27** 甲斐国田安領の百姓、重課・苛政に反対して強訴（大枡騒動）。
**この年** 浮世絵師喜多川歌麿『当時三美人』発表。

**【主要幕閣】**

**◉老中**
鳥居忠意（丹波守）
松平定信（越中守）
松平信明（伊豆守）
松平乗完（和泉守）
本多忠籌（弾正大弼）
戸田氏教（采女正）
太田資愛（備中守）
安藤信成（対馬守）

**◉寺社奉行**
松平輝和（右京亮）
板倉勝政（周防守）
脇坂安董（淡路守）
立花種周（出雲守）
青山忠裕（下野守）

**◉勘定奉行**
久世広民（丹後守）
根岸鎮衛（肥前守）
柳生久通（主膳正）
曲淵景漸（甲斐守）
佐橋佳如（長門守）

**◉江戸町奉行**
**北**
初鹿野信興（河内守）
**南**
池田長恵（筑後守）

**◉京都所司代**
太田資愛（備中守）

## 老中松平定信が依願退職　七月二十三日

政治経済

**老**中の松平定信《まつだいらさだのぶ》が寛政の改革に失敗、この日、病気を理由に老中・将軍補佐役を依願退職した。この件については様々な推測がなされているが、幕閣の権力闘争に敗れて罷免《ひめん》されたとの説もある。この見方に関連して、この退職には大奥《おおおく》も一役買ったというのである。贅沢《ぜいたく》を禁じた定信は、大奥にとって、もともと煙《けむ》たい存在だった。定信が相模・伊豆沿岸の巡視中に、大奥が中心となって策《さく》謀《ぼう》されたことなどが挙げられている。定信の自伝『宇下人言《うげのひとこと》』には、退職については触れてはいない。いずれにしても事実上のクビである。

定信への期待が大きかったこともあり、細かすぎる定信に対する庶民の不平不満は政権発足当時からあった。それを代表するのが、次の狂歌《きょうか》である。この有名な狂歌の作者は四方赤良《よものあから》こと大田南畝《おおたなんぽ》である。

世の中に蚊ほどうるさきものはなし
　ぶんぶぶんぶといふて夜も寝られず

綱紀《こうき》粛正《しゅくせい》・質素倹約《しっそけんやく》、すなわち出版・風俗・奢侈《しゃし》の厳しい統制によって、江戸市中は火の消えたような状況となり、寛政の改革による歪《ひず》みが起こっていた。ついには在職六年目で定信は退場する。

退職後の定信は、陸奥白河藩主《しらかわはんしゅ》として藩政にあたり、こののち中央政界には復帰しなかった。定信は政治家であると同時に文化人でもあったので、『宇下人言』や『国本論《こくほんろん》』などを著し、古い書画や器物を模写した『集古十種《しゅうこじっしゅ》』も編集している。定信は文政十二年（一八二九）に歿した。享年七十二。

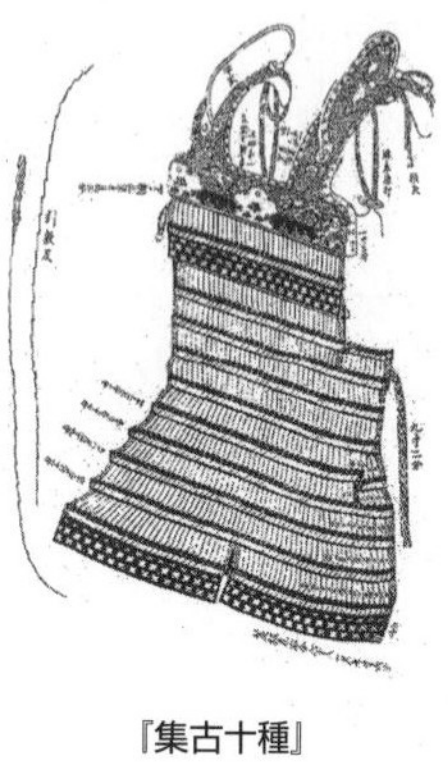

『集古十種』

以降、寛政の改革を推進していた松平信明《のぶあきら》が老中首座となり、将軍家斉《いえなり》の乱脈政治のもと、世情は華美に流れていくことになる。

## 大黒屋光太夫が将軍家斉に謁見　九月十五日

文化思想

**前**年にロシアより帰国した漂流民の大黒屋光太夫《だいこくやこうだゆう》と北《きた》浜磯吉《はまいそきち》が江戸へ来て、江戸城吹上御苑《ふきあげぎょえん》で将軍家斉の上覧《じょうらん》を受け、ロシアについての見聞を語り、情報を伝えた。その後二人は、江戸城近くの番町薬草園に三十数年余りも軟禁《なんきん》され、一般人との交際も禁じられたが、蘭学者《らんがくしゃ》との交流は許された。光太夫の人品・教養はロシア人も感心するほどで、『欽定万国語比較辞典』の日本語部分の校訂を依頼されている。

寛政六年、幕府の医官桂川甫周《かつらがわほしゅう》が光太夫の口述筆記『北槎聞略《ほくさぶんりゃく》』をまとめた。同書はロシア語の辞書として、また鎖国情勢下での貴重な海外情報源を広く人々に提供した。松平定信は鎖国を祖法として、ロシアからの通商条約を結びたいとの申し出を峻拒《しゅんきょ》したが、春秋の筆法をもっ

**【この年の出来事】**

**1・26**　議奏中山愛親・武家伝奏正親町公明らが尊号事件に関して江戸へ下向。
**2・9**　吉田藩の百姓、楮・紙専売に反対して一揆（武左衛門一揆）。
**3・7**　幕府、議奏中山愛親を閉門、武家伝奏正親町公明を逼塞処分。
**3・9**　松本藩、藩校「崇教館」を創設。
**3・13**　幕府、松平定信を伊豆・相模などの海岸巡視に派遣。
**3・17**　幕府、沿岸諸藩に海防を指示。
**4・26**　幕府、旧里帰農令を再令。
**5・12**　幕府、米が安価のため、大坂米方年行事などに囲米を指示。
**6・20**　ロシア使節ラクスマン、松前に到着。
**6・21**　林子平獄死(56)。
**6・27**　石川忠房、松前でラクスマンと会見。長崎入港の信牌を与える。
**6・28**　高山彦九郎自刃

堀田正順（相模守）
◉**京都町奉行**
**東**
菅沼定喜（下野守）
**西**
三浦正子（伊勢守）
◉**大坂城代**
牧野忠精（備前守）
◉**大坂町奉行**
**東**
坂部広高（十郎右兵衛・能登守）
**西**
松平貴強（石見守）
◉**長崎奉行**
平賀貞愛（式部少輔）
松平貴弘（石見守）
◉**若年寄**
井伊直朗（兵部少輔）
安藤信成（対馬守）
京極高久（備前守・備中守）
堀田正敦（摂津守）
立花種周（出雲守）

てすれば、光太夫らが蘭学（洋学）の発展、ひいては開国への道を拓いたとも言えるだろう。

## 林子平が獄死、高山彦九郎は自害　六月

事件災害

この年、二人の「寛政の三奇人」が相次いで歿した。

まず林子平《はやししへい》が仙台藩士である兄の屋敷で蟄居（武士を対象とした刑罰で、自宅など一室に謹慎すること）を命じられていたが、六月二十一日に獄死した（享年四十七）。その七日後の二十八日、もう一人の「寛政の三奇人」高山彦九郎《たかやまひこくろう》が、遊説先の筑後久留米《くるめ》で憂憤《ゆうふん》のあまりに自害して果てた（享年五十六）。

林子平は天明五年（一七八五）に『三国通覧図説《さんごくつうらんずせつ》』を著したが、これは日本を中心に朝鮮・琉球・蝦夷を図示・解説した地図書である。翌天明六年には『海国兵談《かいこくへいだん》』を著わしたが、これは江戸湾の海防の必要性を説き、ロシアの南下の危険性を指摘した警告の軍事書である。松平定信は、これらが幕府批判にあたるとして、子平を江戸から追放し、仙台藩士である兄嘉膳宅での蟄居を命じた。さらに寛政四年（一七九二）には、子平が苦心して書き上げた『海国兵談』の版木を没収している。

当時、五十歳近かったが子平は独身だった。著書が絶版処分にあった子平は、自らを六無斉《ろくむさい》と号し、いささか自嘲気味の次の狂句は、よく知られている。

親も無し妻無し子無し版木無し
金も無けれど死にたくも無し

松平定信は、林子平以上に高山彦九郎をマークしていた。彦九郎は上野《こうずけ》国（現、群馬県）新田郡《にったぐん》の郷士（草奔《そうもう》の士）であるが、過激な尊王《そんのう》家として幕府に行動を監視されていた。彦九郎は全国を飛び歩いて尊王論を説いたので、各地にエピソードが残っているが、何といっても京都へ来るたびに三条大橋の袂《たもと》から御所を遥拝《ようはい》したことが知られている。今もこの橋の袂に彦九郎の銅像が立つ。

彦九郎の自殺は謎を遺すが、一説として尊号事件の発生が挙げられている。彦九郎は特命を帯びて遊説をしていたとも言われている。

もう一人の「寛政の三奇人」である下野《しもつけ》（現、栃木県）国宇都宮出身の蒲生君平《がもうくんぺい》は、林子平や高山彦九郎に比べたら相当年少であるが、足利尊氏《あしかがたかうじ》（天皇に叛《そむ》いた）の墓を杖で打ち叩いたというエピソードがよく知られている。その著書『山陵志《さんりょうし》』は、幕末の尊王攘夷論《そんのうじょういろん》の先駆けとなり、天皇陵の研究書として今日も評価されている。文化十年（一八一三）歿。享年四十六。

## 晒者にされていた男女の心中死体　二月十九日

社会世相

大坂堺筋で発生した男女の心中《しんじゅう》死体を、この日、千日《せんにち》の墓所に晒《さら》した時、女が毛深いというので多くの見物人が集まってしまった。それゆえ、享保七年（一七二二）に出された「心中の死体は取り捨て、弔うことを許さず」という法令が撤回された。中には弁当持参で見物に来た者もいるという。

要するに幕府の方針では「心中死体は裸にして晒者《さらしもの》にする」としていたが、これを改めたのだ。晒者は重刑であるが、幕府はそれほどまでに心中を罪悪視していたのである。しかし、許されない恋や不義者の心中はほとんど減らなかった。

（47）。
**7・16**　ロシア使節ラクスマン、箱館を出港。
**7・23**　松平定信、老中と将軍補佐を辞職。
**7・23**　幕府、麹町に塙保己一の和学講談所設立を許可。
**8・6**　幕府、板木屋・絵草紙問屋心得方を通達。
**9・15**　漂流民の大黒屋光太夫と磯吉、江戸城吹上苑で将軍家斉に拝謁。
**11・19**　幕府、酒造株の売買を制限。
**12・16**　林述斎、大学頭に就任。
**この年**　医師星野良悦、杉田玄白ら蘭学者に木製人骨を見せる。

# 1794 寛政六年

## 甲寅

天皇▼光格天皇

将軍▼徳川家斉（第十一代）

**【主要幕閣】**

**◉老中**
松平信明（伊豆守）
本多忠籌（弾正大弼）
戸田氏教（采女正）
太田資愛（備中守）
安藤信成（対馬守）

**◉寺社奉行**
松平輝和（右京亮）
板倉勝政（周防守）
脇坂安董（淡路守）
青山忠裕（下野守）

**◉勘定奉行**
久世広民（丹後守）
根岸鎮衛（肥前守）
柳生久通（主膳正）
曲淵景漸（甲斐守）
佐橋佳如（長門守）
間宮信好（諸左衛門・筑前守）

**◉江戸町奉行**
**北** 初鹿野信興（河内守）
**南** 池田長恵（筑後守）

**◉京都所司代**
堀田正順（相模守）

**◉京都町奉行**

## チーズを食した家斉は精力絶倫

政治経済

家《いえ》斉《なり》は十四歳で将軍職を継ぎ、二十歳で松平定信《まつだいらさだのぶ》をクビにして、自らが政《まつりごと》を行なうと決意した。その親政は天保八年（一八三七）まで続いたが、将軍職を長子家《いえ》慶《よし》に譲ってからも、大御所《おおごしょ》として幕政の実権を五十年間にわたり掌握した。しかし、次第に実際の政治は側近の水野《みずの》忠成《ただなり》らに任せるようになり、大奥《おおおく》を中心とした豪奢《ごうしゃ》、隠微《いんび》な生活を営んだ。将軍家斉の乱脈政治のもと、世情は華美に流れる一方だった。

家斉には十六歳頃に、夜のお伽《とぎ》相手をする奥女中《おくじょちゅう》が付けられたというが、正室を迎える前に側室が懐妊している。『大樹寺の歴史』によると、家斉の位牌から推定して死歿当時の身長は一五六・六センチ。当時としては普通の体格である。にもかかわらず、子が五十三名、側室十六名といわれている。

二年後の寛政八年に、幕府は白牛酪《はくぎゅうらく》（牛や羊の乳を煮つめたもの。古くは酥《そ》と呼ばれ、唐から伝来）の販売を許可する。白牛酪は、薬種として竹橋《たけばし》の厩《うまや》で販売された。白牛酪は将軍家と大奥では健康の妙薬とされており、この当時、安房《あわ》鴨川《かもがわ》の幕府直轄牧場である嶺岡牧《みねおかまき》には白牛が七十余頭いたという。こののち牧場は、駿河国の駿東《すんとう》・富士《ふじ》両郡《ぐん》にもできている。

どうやら家斉精力絶倫の秘密の一端は、チーズを食していたことにあるらしい。

## 浮世絵師の東洲斎写楽が役者の大首絵を出版　五月

文化思想

人気役者の大首絵《おおくびえ》の浮世絵多数を一気に発表し、たちまち姿を消した浮世絵師の東洲斎写楽《とうしゅうさいしゃらく》は、長らく謎の存在だったが、現在は阿波徳島藩《あわとくしまはん》の御抱能役者《おかかえのうやくしゃ》の斎藤十郎兵衛《さいとうじゅうろべえ》説が有力である。

大首絵とは、画面一杯に顔を中心に描いた絵を指す。この手法は喜多川歌麿《きたがわうたまろ》によって美人顔のクローズアップとして創作されていたが、東洲斎写楽は歌舞伎役者をモデルにしたことで注目された。要するに役者の似顔絵であるから、現代風に言えばブロマイドである。写楽は江戸三座の時代狂言を取材して描いたが、中でも都《みやこ》座《ざ》興業の狂言『花菖蒲文禄《はなあやめぶんろく》蘇我《そが》』など二十八枚が知られている。本作でデビューした写楽は、大首絵の浮世

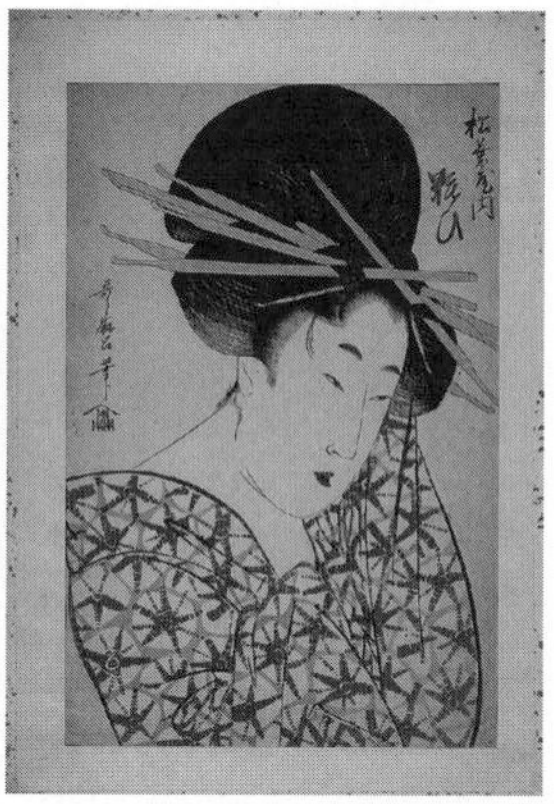

大首絵『松葉屋内粧ひ』喜多川歌麿

蔦屋（『画本東都遊』）

**【この年の出来事】**

**1・10**　江戸で大火。麴町から芝新銭座町まで延焼（桜田火事）。
**2・11**　幕府、火災後の材木・賃金の値上げを禁止。
**3月**　幕府、博奕の罰則を厳罰化。
**5月**　蔦屋重三郎、東洲斎写楽の役者絵を刊行開始。
**5月**　幕府、浄瑠璃本を除いた出版統制令を発令。
**6・10**　新井成美、新井白石『西洋紀聞』を幕府に献上。
**6月**　幕府、大黒屋光太夫を番町薬草園に軟禁。
**7・6**　閑院宮典仁親王歿(62)。
**7・12**　江戸で大風雨。不忍池で大竜巻発生。
**7月**　幕府、江戸近郊の浴場での男女混浴を禁止。
**8・6**　大石久敬、『地方凡例録』11巻を高崎藩主松平輝和に献上。
**8月**　桂川甫周『北槎聞略』完成。

**東**
菅沼定喜（下野守）
**西**
三浦正子（伊勢守）
**◉大坂城代**
牧野忠精（備前守）
**◉大坂町奉行**
**東**
坂部広高（十郎右兵衛・能登守）
**西**
松平貴強（石見守）
**◉長崎奉行**
平賀貞愛（式部少輔）
高尾信福（惣十郎・伊賀守）
**◉若年寄**
井伊直朗（兵部少輔）
京極高久（備前守・備中守）
堀田正敦（摂津守）
立花種周（出雲守）

絵百四十四点を遺して、十ヶ月後に忽然と消えた。

この浮世絵を出版したのは、日本橋通油町《とおりあぶらちょう》の板元耕《こう》書堂《しょどう》店主の蔦屋《つたや》重三郎《じゅうざぶろう》（通称「蔦重」）である。蔦重は戦略的出版プロデューサーであり、喜多川歌麿、東洲斎写楽、葛飾北斎《かつしかほくさい》らを売り出した。

不思議なことに、発表当時には写楽の大首絵はそれほど人気はなかった。評判になるのは九十年後、それも海外の識者が写楽を評価したことによる。こうした現象は珍しいことではないが、写楽は無念のまま文政三年（一八二〇）に歿したといわれている。享年五十八。

## 江戸で大火（桜田火事）が発生 一月十日

事件災害

この日の午後二時頃、江戸麴町五丁目の酒屋秋田屋《あきたや》から出火し、虎御門《とらのごもん》・外桜田《そとさくらだ》周辺の諸大名屋敷（仙台藩、会津藩など）までを焼く大火事となった。幕府は翌月、この火事による材木や賃金の騰貴《とうき》を禁じている。

「火事と喧嘩は江戸の華《はな》」とはよく言ったもので、実際江戸は一大火災都市だった。江戸時代二百六十五年を通して、江戸では五百回余りも火事が発生しており、町の大半を焼き尽くした大火が十回も発生した。

もともと「寛政」という元号は、内裏《だいり》炎上などの天災が続くことを忌《い》んでの改元だったが、うまくは事が運ばなかったのだ。

## 蘭学者らが新元会を開催 閏十一月十一日

社会世相

冬《とう》至《じ》から十一日目のこの日は、新暦の一七九五年の元日にあたるとして、蘭学者の大槻玄沢《おおつきげんたく》ら二十余名が江戸京橋の芝蘭堂《しらんどう》に集まり、手料理の西洋料理で年始祝賀会を開いた。これは長崎出島《でじま》での「オランダ正月」の行事を真似たもので、芝蘭堂は大槻玄沢の私塾《しじゅく》である。

この当時、玄沢は蘭学（洋学）推進の中心的人物であり、天明三年（一七八三）には蘭学の入門書『蘭学階梯《らんがくかいてい》』を著した。また、寛政五年に江戸へ向かう途中で遭難し、アリューシャン列島に漂着後、ロシア使節レザノフに伴われて文化元年（一八〇四）に帰国した陸奥石巻《いしのまき》の若宮丸船頭《わかみやまるせんどう》の津大夫《つだゆう》らの口述筆記『環海異聞《かんかいいぶん》』を著している（文化四年）。また弟子として、橋本宗吉《はしもとそうきち》や稲村三伯《いなむらさんぱく》らの俊英を輩出した。

当日の参加者の中には、ロシアから帰国した話題の漂流民・大黒屋光太夫《だいこくやこうだゆう》がいたので、座は大いに盛り上がったという。会場には医師の祖ヒポクラテスの肖像も掛けられていた。以降、新元会《しんげんかい》は恒例となり、約五十年間続いた。

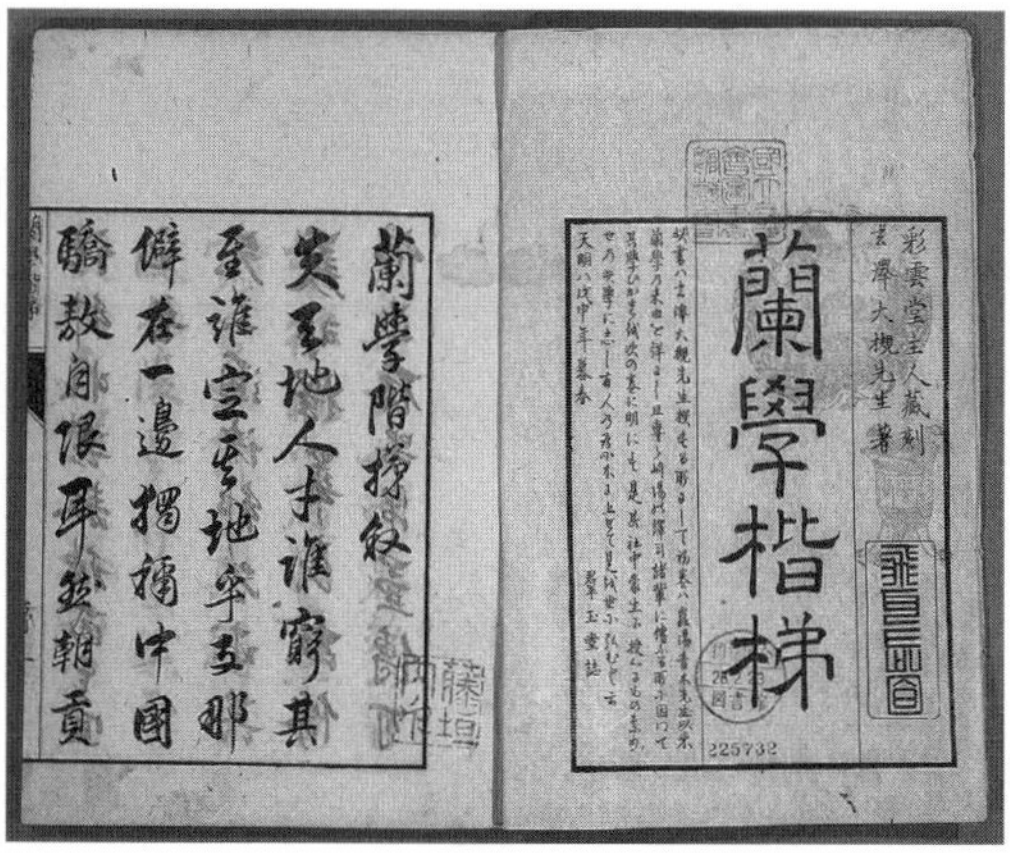

『蘭学階梯』

**9月** 幕府、土佐藩の蜂蜜など各地の薬種献上を通達。
**9月** 幕府、無檀家・無本寺の寺が無住となった場合、廃寺とするよう規定。
**9月** 幕府、酒造制限令を緩和。
**10・15** 幕府、倹約令を10年間延長。
**10月** 幕府、秤の私売買を禁止。
**11月** 対馬藩、朝鮮の通信使簡略化拒否を幕府に報告。
**閏11・6** 幕府、琉球凶作などにより、薩摩藩へ金2万両・米1万石を貸与。
**閏11・11** 大槻玄沢の蘭学塾「芝蘭堂」で、オランダ正月が開催。
**この年** 喜多川歌麿『婦人人相十品』『婦人相学十体』完成。
**この年** 日蓮宗不受不施派信徒が多数牢死（多古法難）。

**【主要幕閣】**

**◉老中**
松平信明（伊豆守）
本多忠籌（弾正大弼）
戸田氏教（采女正）
太田資愛（備中守）
安藤信成（対馬守）

**◉寺社奉行**
松平輝和（右京亮）
板倉勝政（周防守）
脇坂安董（淡路守）
青山忠裕（下野守）

**◉勘定奉行**
久世広民（丹後守）
根岸鎮衛（肥前守）
柳生久通（主膳正）
曲淵景漸（甲斐守）
間宮信好（諸左衛門・筑前守）

**◉江戸町奉行**
**北**
小田切直年（土佐守）
**南**
池田長恵（筑後守）
坂部広高（能登守）

**◉京都所司代**
堀田正順（相模守）

**◉京都町奉行**

## 幕府、下り酒の制限を撤廃　一月

政治経済

この頃になると農産加工業の発展もあり、各地で食料品が作られるようになり、江戸っ子の食事情も変化した。江戸はこれまで消費物資の七割を主に上方《かみがた》（京都・大坂地方）からの下《くだ》りに依拠していたが、関東地廻り経済が活発になり、味噌、醬油、砂糖、それに酒も関東各地の造り酒が入り、京阪神から江戸へ廻船で送られてくる下り酒に依存しなくてもよくなり、下り酒制限が解除され、同時に酒造制限も解除された。

とはいえ江戸庶民には依然として上方の酒のほうが人気だった。上方では一足早く醸造技術革新が進み、原料のコメに白米を使ったことが大きい。剣菱《けんびし》、老松《おいまつ》などは今も人気の銘柄である。これらは摂津《せっつ》国（現、大阪府、現、兵庫県）の伊丹《いたみ》、池田《いけだ》などの銘酒であるが、やがてより純度の高い灘《なだ》五郷《ごごう》（現、兵庫県神戸市など）の、いわゆる「灘の生一本」が人気となった。ちなみに「下らない」とは、高品質を指す下り酒などの下りものから派生した反対語である。

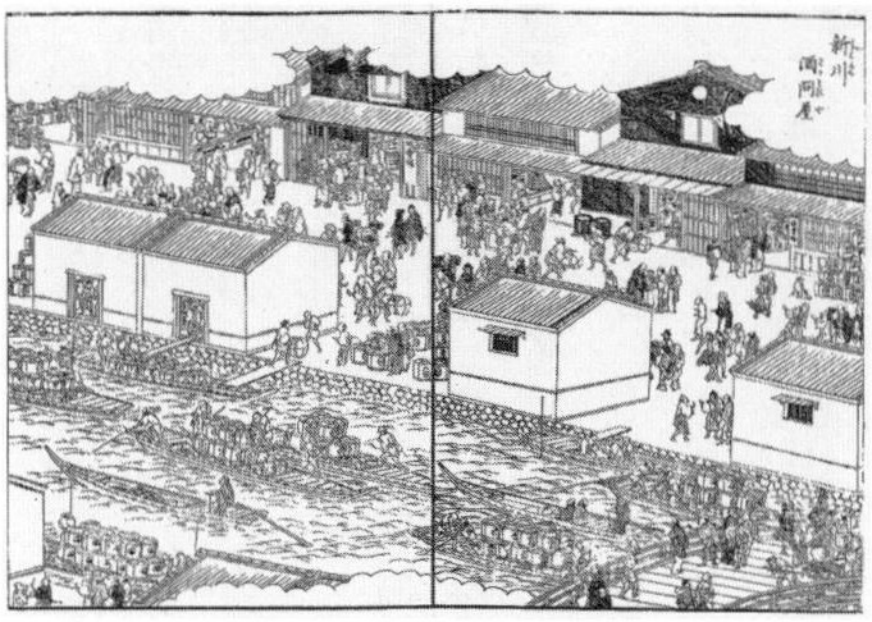
新川酒問屋（『江戸名所図会』）

天保十三年（一八四二）に江戸に運ばれる下り酒は六十六万樽、幕末期には百万樽に及んだという。一樽は四斗（七十二リットル）だから、天保後期の江戸の人口を八十万人として単純に計算すると、一人当たりざっと年間五十リットル飲んだことになる。

その年の上方の新酒は江戸へ競争で運ばれたが、この船は新種番船と呼ばれ、酒好きの江戸っ子はよく話題にしていた。

## 幕府、富士講を禁止　一月

文化思想

講《こう》とはグループのことであり、仲間で富士詣でをするのが富士講。富士登山は六月一日から二十日間は許されていた。富士信仰、それに基づく富士山に登拝する旅行が江戸市中に急速に流行《はや》り出したのは、享保《きょうほう》以降である。

もともと富士山は人々の崇拝《すうはい》の対象地であったが、初夢は江戸時代以来「一富士二鷹三茄子《いちふじにたかさんなすび》」がめでたいと言われてきている。江戸に幕府が開かれてからは比較的身近な存在であり、江戸っ子は日々富士山を眺めることができた。

山開きに富士山に登ることが叶わない人々に対して、富士講の人たちにより町々に浅間神社（この祭神は木花咲耶姫命《このはなのさくやびめのみこと》）を勧請《かんじん》して富士山を模った富士塚が造られた。現在でも都内に富士塚はいくつか残り、開山祭・閉山祭が行われている。代表的なものに富士神社（東京都文京区本駒込の駒込富士）がある。

**【この年の出来事】**

**1・9**　谷風梶之助歿（46）。
**1月**　幕府、江戸で流行の富士講を厳禁。
**1月**　幕府、下り酒の制限を撤廃。
**1月**　本木良永・正栄ら、本木家のオランダ文文書をまとめて『諸雑書集』を編輯。
**3・5**　将軍家斉、下総国小金原で狩猟を実施。
**5・1**　幕府、難破船荷物の取得者への謝礼を現物から金銭にするよう指示。
**5・19**　長谷川平蔵歿（50）。
**5月**　伊能忠敬、高橋至時に入門。
**5月**　ロシア船、蝦夷で邦人の船貨を略奪。
**6月**　本居宣長『玉勝間』第1冊刊行。
**6月**　幕府、諸国に朝鮮などの漂流船の救助について通達。
**7・17**　円山応挙歿（63）。
**7・19**　長崎で洪水、大

**東**
菅沼定喜（下野守）
**西**
三浦正子（伊勢守）
**◉大坂城代**
牧野忠精（備前守）
**◉大坂町奉行**
**東**
坂部広高（十郎右兵衛・能登守）
山口直清（丹波守）
**西**
松平貴強（石見守）
**◉長崎奉行**
平賀貞愛（式部少輔）
高尾信福（惣十郎・伊賀守）
中川忠英（勘三郎）
**◉若年寄**
井伊直朗（兵部少輔）
京極高久（備前守・備中守）
堀田正敦（摂津守）
立花種周（出雲守）

富士講の行者としては食行身禄《じきぎょうみろく》が知られている。食行とは「食は元なり」、身禄は「弥勒《みろく》の世」の意味である。彼は伊勢《いせ》国の生まれであるが、江戸へ出て商家に奉公して油売りをするかたわら富士講に加わった。身禄は続発する一揆などの社会不安に危機感を抱き、富士山七合五勺の烏帽子岩《えぼしいわ》付近の石室で断食行の末に入定《にゅうじょう》（入滅）した（享年六十三）。この事件を契機に江戸で富士講ブームが起こり、八百八講を数えたという。が、「みろくの世」の実現を目指す富士講はいたずらに人々に不安を煽るものとして、以降しばしば禁令が出された。

江戸時代の富士登山は女人禁制であった。六十年に一度、五合目まで登ることが許されたが、平年は二合目までしか認められなかった。富士山への女人禁制が正式に解かれたのは明治五年（一八七二）。実は大政奉還の二ヶ月前に、イギリス公使のパークス夫妻が富士山へ登ったという前例があったことで、女性の登山を拒否できなくなっていた。

## 幕府、女髪結を禁止　十月三日

事件災害

贅沢《ぜいたく》を理由に女髪結《おんなかみゆい》（女性の髪を結う女性の職人）が町触で禁じられた。転職の勧めであるが、禁制しても世間の華美の風潮は改まらず、この後の天保の改革でも禁じられ違反者は処罰された。

女髪結いは、男の髪結い床と違って店を出すのではなく、お客の求めに応じて出向いた。もともとは遊女や芸者などの髪を結うのが仕事であったが、この頃には一般女性からも注文がくるようになっていた。一回百文が相場であった。

## 唐橘鑑賞が流行する

社会世相

この年あたりから一般庶民のあいだで鉢植えの唐橘《からたちばな》が人気となる。橘はミカン科の常緑低木で高さは四メートルほどで五～六月頃に花が咲くが、果実は食用にはならない。橘は殊《こと》に直立性の樹姿が美しいとして珍重された。ちなみに京都御所の「右近《うこん》の橘」は「左近《さこん》の桜」と双璧とされる。菊や朝顔同様にこの改良品種は百種類も異種がある。

江戸の大名や武家、庶民らが愛好した園芸には流行りがあり、寛永は椿《つばき》、元禄は躑躅《つつじ》、享保は菊、寛政は橘、文化は朝顔、文政は万年青《おもと》が主に人気植物であった。

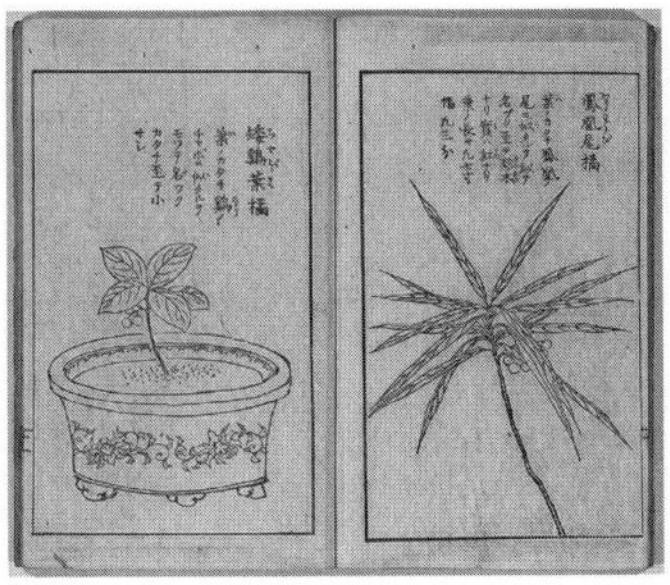
カラタチバナ（『橘品類考』前編）

鉢植の品評会（『大通人穴入』）

火と続き、死者1000余人。
**8・19** 幕府、大和国に五条代官所を設置。
**8月** 幕府、上総・下総両国の日蓮宗不受不施派を禁止。
**この秋** 諸国で凶作、米価高騰。
**9・6** 幕府、和学講談所に補助金年額50両を支給、林大学頭の支配と規定。
**10・3** 幕府、江戸市中の女髪結を禁止。
**10・4** 幕府、酒造制限令をさらに緩和。天明6年酒造高までの製造を許可。
**11・14** 高橋至時、幕府天文方に就任。
**12・23** 江戸で大火。江戸尾張町から出火。
**この年** 橘南谿『東遊記』『西遊記』刊行。
**この年** 唐橘鑑賞が流行。

# 1796 寛政八年

丙辰

天皇▼光格天皇

将軍▼徳川家斉（第十一代）

**【主要幕閣】**

**◉老中**
松平信明（伊豆守）
本多忠籌（弾正大弼）
戸田氏教（采女正）
太田資愛（備中守）
安藤信成（対馬守）
水野忠友（出羽守）

**◉寺社奉行**
松平輝和（右京亮）
板倉勝政（周防守）
脇坂安董（淡路守）
青山忠裕（下野守）
土井利和（大炊頭）

**◉勘定奉行**
久世広民（丹後守）
根岸鎮衛（肥前守）
柳生久通（主膳正）
曲淵景漸（甲斐守）
間宮信好（諸左衛門・筑前守）

**◉江戸町奉行**
**北**
小田切直年（土佐守）
**南**
坂部広高（能登守）
村上義礼（大学・肥後守）

**◉京都所司代**

## 伊勢国で地割騒動発生　十二月二十六日　政治経済

伊《い》勢《せ》国（現、三重県）津藩（二十七万石）では、他と比べて百姓一揆は少ないと言われている。それには二つ理由があり、まず郷士《ごうし》が多く存在したからである。郷士とは無足人《むそくにん》と呼ばれる在村の武士のことであり、これには有力者が任じられ、普段は俸給を支給されずに、非常時に兵力として動員されていた。また日常的にも藩は百姓を厳しく監視していたとも言われる。

その津藩で三万人もの百姓が城下町まで押し寄せる、激しい打ちこわしを伴う強訴《ごうそ》が発生した。この一揆の原因は郡奉行《こおりぶぎょう》茨城理兵衛《いばらきりへえ》が進めた藩政改革に、百姓が反対したことによる。津藩には困窮百姓に金を貸す制度（切院金《きりいんきん》）があり、この返済を百年賦とする政策を出したが、これには主な出資者である富裕層が反対した。また殖産事業として始められた樹木伐採が防風林まで伐ったことで百姓が反発した。

この強訴のいまひとつの原因は茨城理兵衛が進めた、農地が富裕層に集中するのを避けるための土地均分（地割制《じわりせい》）にあった。この山林田畑の割地慣行は、陸奥から薩摩までの各地で実行されており、たとえば越後国（現、新潟県）の信濃川下流域では近世村落の維持に機能しているが、ここ津領では富裕層農民がこれに強く反対、地割赦免の訴願が行なわれたが、藩がこれに応じようとしないで強行姿勢を見せたため一揆に発展した。

伊勢国一志《いちし》郡津藩領山田野村の組頭らは、蓑笠《あみがさ》姿で竹槍《たけやり》を持ち、斧《おの》を腰に差し狼煙《のろし》を上げ、鉄砲を打って津城下へ進んだ。日頃利害の対立もあった百姓も、この時には階層を超えて集結した。打ちこわしを続ける一揆勢に対して、初め武力で鎮圧しようとした藩は、それが叶わないことから願いの趣を聞き入れ、ようやく強訴は沈静化した。

一揆後、藩側は郡奉行茨城理兵衛を解任、その他多くの役人が処分されたが、百姓側も組頭ら三名が処刑され、二名は牢死した。後世、獄門になった三名の顕彰碑が建てられ、また『岩立茨《がんたちばら》』という一揆物語でこの騒動が世に広く知られた。

## 幕府、紫紺問屋を指定　八月十五日　文化思想

紫《し》紺《こん》は染料の原料で、紫草の根から作られ紫染めの一つである江戸紫が知られている。歌舞伎《かぶき》『助六《すけろく》』での、男伊達《おとこだて》花川戸《はなかわど》助六《すけろく》（実は蘇我五郎）の江戸紫の鉢巻に見られるように、青みがかった紫色が江戸を代表するカラーとなり、染め物に多用された。

そもそもは八代将軍吉宗《よしむね》が吹上《ふきあげ》苑内に染殿を設置、古色の染め出しに成功、これを奨励したことによる。

## 幕府、不行跡僧侶を晒す　八月二十四日　事件災害

僧侶の不行跡《ふぎょうせき》（犯罪）には、①異端の教義②女犯《にょぼん》③殺人・窃盗などがあるが、この場合の不行跡とは②

**【この年の出来事】**

**1月** 幕府、東海道筋の河川浚渫、堤防修理を指示。
**1月** 幕府、白牛酪（バター）を薬種として販売すると布告。
**2・1** 幕府、江戸鉄砲洲に伊豆諸島産物交易会所を設置。
**2・22** 幕府、諸国関所の女手形に、主人との続柄を記載するよう通達。
**3・8** 幕府、諸大名に行列に際しての倹約などを指示。
**4・25** 幕府、宗門人別帳の書式を改定。出生地の当所・他所の別を記載させる。
**5・28** 古賀精里、幕府儒官に就任。
**6・5** 安芸で豪雨、洪水。家屋1770軒流失（辰年の洪水）。
**6・6** 長崎で大洪水。
**6・7** 幕府、訳官使応接費として対馬藩に金2000両を支給。
**8・14** イギリス人航海

堀田正順（相模守）

**◉京都町奉行**
**東**
菅沼定喜（下野守）
**西**
三浦正子（伊勢守）

**◉大坂城代**
牧野忠精（備前守）

**◉大坂町奉行**
**東**
山口直清（丹波守）
**西**
松平貴強（石見守）

**◉長崎奉行**
平賀貞愛（式部少輔）
中川忠英（勘三郎）

**◉若年寄**
井伊直朗（兵部少輔）
京極高久（備前守・備中守）
堀田正敦（摂津守）
立花種周（出雲守）
青山忠裕（下野守）

の女犯、つまり僧侶のみに課せられた刑罰である淫戒《いんかい》によるものを言い、一般の素行不良とは区別され重刑に処された。

寺社奉行板倉勝政《いたくらかつまさ》は江戸各地の取り締まりを行ない、遊女遊びをするなどした江戸の僧六十九人（浄土宗二十五人、日蓮宗十四人、曹洞宗九人等）を逮捕した。逮捕者はほとんど全宗派に及び、年齢は十七歳から六十歳までであった。このうち、十名の寺持ちの住職は全員が遠島（流罪）、残りの修行僧は日本橋の晒場《さらしば》に三日間晒され、罪状を書いた高札が立てられ番人が付いた。この後、各宗派の裁断を受けたが、僧籍を奪われ寺から追放された。

江戸初期には市中引き回しの上磔《はりつけ》、とされていたが、「公事方御定書《くじがたおさだめがき》」により減刑されて、前記のようになった。

## 将軍家斉が川崎大師に前厄祈願に参拝　十月二十七日

社会世相

厄《やく》除《よけ》に将軍が参拝するのは初めてのことであり、これに応じて寺側は御成《おなり》開帳（本尊を特別開帳）をしたので、多くの参拝者が押し寄せた。前厄《まえやく》とは厄年の前の年齢のことで、後厄《あとやく》とともに厄年《やくどし》に次いで慎むべき年齢とされた。

開帳とは神社仏閣が縁日《えんにち》や忌日《きじつ》に合わせて、寺社に安置されている、普段は公開していない秘仏、霊宝を特別に公開することで、一般の人の神仏との結縁《けちえん》を募ること、すなわち臨時に人々の信仰を集めるためのイベントである。開帳には自分の寺社で行なう居開帳《いがいちょう》、遠方の寺社が他所の寺社へ出張して行なう出開帳《でがいちょう》がある。開帳には寺社奉行の興業許可が必要とされた。幕府の寺社への助成の一端としての意味合いも兼ねていたのである。日数が六十日間、八十日間にわたることもあった。

川崎大師は正しくは金剛山金乗院平間寺《へいけんじ》といい、真言宗智山派の大本山で、創建は八百八十年前に遡《さかのぼ》る。源義家の家臣平間兼豊・兼乗親子は無実の罪で国を追われてこの地で漁師になって暮らしていた。ある夜、四十二歳の厄年の祈願をしている時、夢枕に弘法大師《こうぼうだいし》（空海）が立ち、朝早く舟を出すように告げられたという。そのお告げ通りに舟を出して網を投げると、弘法大師の木造を拾い上げた。霊験《れいげん》あらたかなところから、氏名から一字をとって寺号とし、高野山の尊賢上人を請じて開山したと寺伝に伝わる。本尊の弘法大師を中心に諸神が祀られている川崎大師（神奈川県川崎市）は、今日、東京近辺での初詣の参拝客数では一、二位を争う。

大師河原の大師堂（『江戸名所図会』）

開帳に参拝する人々は個人的な現世利益《げんぜりやく》への願望からであることはもちろんであるが、次第に寺社の修築費等を募る目的から開催されるようになっていった。

土ブロートン、海図作成のため絵鞆（室蘭）に来航。
**8・22**　幕府、朱座以外での朱・朱墨の仲買を許可。
**8・24**　幕府、遊女遊びなど素行不良の僧侶ら約70人を処罰。
**8・28**　幕府、銅取り締まり徹底のため、本所に古銅吹所（鋳銅所）を設立。
**9・4**　谷文晁、大和弘仁寺の小野篁画像を模写。
**10・27**　将軍家斉が川崎大師に参拝。
**11・4**　幕府、医師が勝手に転科することを禁止。
**12・6**　琉球の謝恩使、登城して将軍家斉に拝謁。芭蕉布・泡盛などを献上。
**12・26**　伊勢津藩の百姓、地割制に反対して強訴（地割騒動）。
**この年**　稲村三伯『ハルマ和解』刊行（日本初の蘭日辞典）。
**この年**　津軽藩、藩校「稽古館」を創設。

# 1797 寛政九年

丁巳

天皇▼光格天皇

将軍▼徳川家斉（第十一代）

【主要幕閣】

◉老中
松平信明（伊豆守）
本多忠籌（弾正大弼）
戸田氏教（采女正）
太田資愛（備中守）
安藤信成（対馬守）
水野忠友（出羽守）

◉寺社奉行
松平輝和（右京亮）
板倉勝政（周防守）
脇坂安董（淡路守）
土井利和（大炊頭）

◉勘定奉行
久世広民（丹後守）
根岸鎮衛（肥前守）
柳生久通（主膳正）
曲淵景漸（甲斐守）
間宮信好（諸左衛門・筑前守）
中川忠英（飛驒守）
石川忠房（左近将監）
菅沼定喜（下野守）

◉江戸町奉行
北 小田切直年（土佐守）
南 村上義礼（肥後守）

◉京都所司代
堀田正順（相模守・大蔵大輔）

## 幕府、相対済し令を公布　九月十二日

政治経済

給与の低い御家人などの下級武士はもとより、上級旗本クラスでも年収の一割程度の借金は普通であり、倹約をしても生活は苦しかった。

これまで相対済《あいたいすま》し令《れい》は五度出されているが、金銀貸借・売掛に伴う紛争が増えたことで、五十年ぶりに相対済し令を発令した。困窮する旗本、御家人対策のためである。今後は当事者間での話し合いでの処理となる。が、旗本・御家人の中にはこの法令を悪用して借金を踏み倒す者が続出した。

天保十四年（一八四三）に出されたのが最後の相対済令となった。

## 幕府、学問所を設置　十二月一日

文化思想

林《りん》家《け》の私塾聖堂を切り離して幕府直営の学問所を設置した。これは昌平坂《しょうへいざか》学問所（昌平黌《こう》）と呼ばれるようになったが、昌平とは孔子が生まれた郷里の名。湯島聖堂に聖堂料千石、百三十扶持が与えられた。旗本、御家人の子弟を教育したが、やがて幕臣以外にも藩士や浪人の子弟の入学が許可された。

林信敬亡き後の林家は、述斎《じゅっさい》が継いだ。寛政五年（一七九三）に美濃《みの》国（現、岐阜県）岩村藩主松平乗蘊《のりもりたいら》衡が幕命により、林家の養子に入り、八世林述斎を名乗り大学頭に任じられ、昌平坂学問書所を取り仕切るようになった。述斎は教育活動の他に『徳川実紀《とくがわじっき》』等を編纂して「林家中興の祖」と称えられた。修史事業は、儒学の道理を明らかにし政治の鑑とするために林家の重要な仕事とされた。

述斎の門下生には『言志四録《げんししろく》』で知られる佐藤一斎《さとういっさい》がおり、一斎の弟子筋からは渡辺崋山《わたなべかざん》、佐久間象山《さくましょうざん》らの俊英《しゅんえい》が輩出《はいしゅつ》した。述斎没後（享年七十三）復済《ふくさい》が跡を継ぎ大学頭を名乗った。

## 寛政暦の採用を決定　十一月十八日

事件災害

わが国独自の暦法が完成し採用されたのは、貞享元年（一六八四）に渋川春海《しぶかわはるみ》によって作られた貞享暦《じょうきょうれき》だが、その後これを改めた宝暦暦《ほうりゃくれき》が宝暦五年（一七五五）より始行された。

が、宝暦暦はあまりよくない暦法だったので、翌寛政十年一月から新しく寛政《かんせい》暦《れき》を採用した。幕府は西洋天文学の知識によって改暦しようと、高橋至時《たかはしよしとき》を天文方《てんもんがた》に登用し、

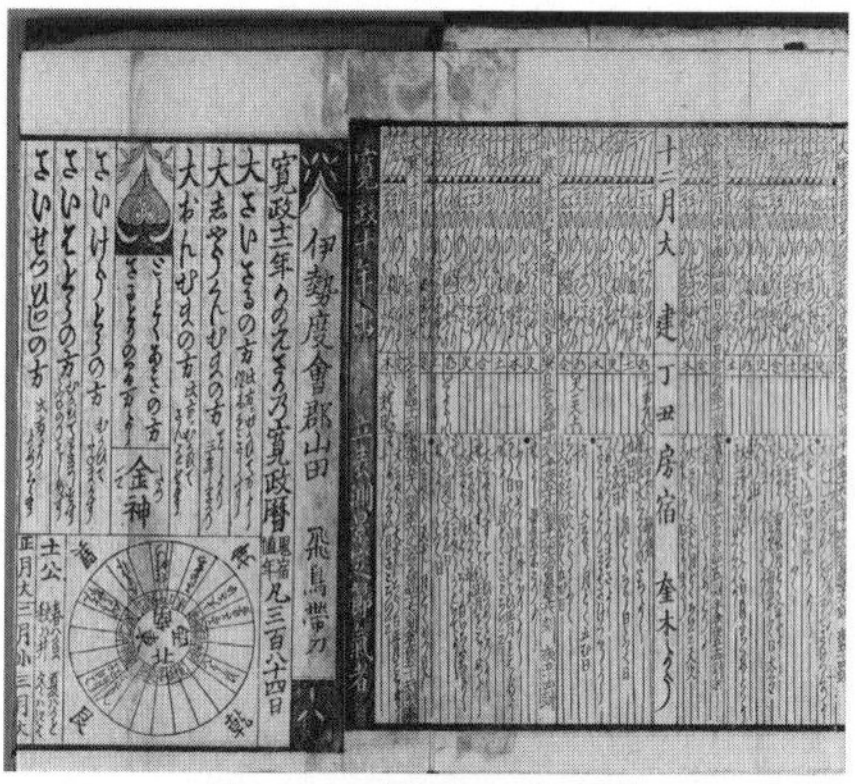

寛政12年の寛政暦（伊勢暦）

【この年の出来事】

**1月** 幕府、輸入薬種の高値販売を禁止。
**3月** 仙台藩の百姓、夫役減などを要求し一揆（寛政仙台藩一揆）。
**5・4** 将軍家斉、白木書院で池坊の立花を上覧。
**5・6** 蔦屋重三郎歿（48）。
**5・19** 幕府、駿東郡・富士郡に牧場を設置。
**7・6** 江戸で大雷雨。各所で落雷。
**7・19** イギリス人ブロートン、再び絵鞆（室蘭）に来航。松前藩、藩兵300人を派遣。
**閏7月** 幕府、異国船漂着時の警備について諸大名に再令。
**8・28** 幕府、日備座・札役銭を停止。
**9・4** 対馬藩、異国船出没のため、防備を強化。
**9・12** 幕府、相対済し令を発令。
**9・23** 幕府、吉雄耕牛らを教授として蛮語指南所を設置。

**◉京都町奉行**
**東**
菅沼定喜（下野守）
松下保綱（孫右衛門・信濃守）
**西**
三浦正子（伊勢守）

**◉大坂城代**
牧野忠精（備前守）

**◉大坂町奉行**
**東**
山口直清（丹波守）
**西**
松平貴強（石見守）
成瀬正定（因幡守）

**◉長崎奉行**
平賀貞愛（式部少輔）
中川忠英（勘三郎）
松平貴強（石見守）

**◉若年寄**
井伊直朗（兵部少輔）
京極高久（備前守・備中守）
堀田正敦（摂津守）
立花種周（出雲守）
青山忠裕（下野守）

同門の間重富《はざましげとみ》とともにその準備をさせた。二人は先任の天文方と協力して、西洋天文学の中国語訳である『暦象《れきしょう》考成後編《こうせいこうへん》』により、寛政九年に、日月の運行に楕円《だえん》軌道《きどう》説や消長法《しょうちょうほう》を採用した寛政暦を完成した。この寛政暦は、寛政十年から天保十四年までの四十六年間使用された。天保十四年から最後の旧暦（太陰太陽暦）である天保暦が始行された。言うまでもなくこれらはすべて旧暦であり、新暦（グレゴリオ暦＝太陽暦）に改暦されたのは明治六年（一八七三）のことである。

天保15年に渋川景佑が幕府に提出した『寛政暦書』

『寛政暦書』に示された浅草の天文台

現在の暦（太陽暦）では中央標準時を使っているが、江戸時代には中央標準時がないから、庶民の一日の始まり（明け六ツ）は日の出前の二刻半（現在の約三十六分）、また一日の終わり（暮れ六ツ）は日没後の二刻半とした。明け六ツ、暮れ六ツ共に時《とき》の鐘《かね》が六つ撞《つ》かれた。これなら日の出と日の入りの目安として季節、場所を問わず全国共通となる。

## 町火消に頭取定まる　十月二十九日

社会世相

**町**火消の取締りとして決まった頭取には、一老、二老、御職の区別があり、中でも御職は江戸の顔役として知られていた。市民の自衛消火用である町火消は一万人いたというが、主として鳶《とび》職（鳶の者）を用いた。

江戸時代には消火よりも、家屋の延焼を防ぐための破壊消火が中心的に行なわれた。

火事場では町火消の鳶職と武家火消の火消人足臥煙《がえん》は協力するどころか激しく対立し喧嘩を繰り返した。それは持場が不明確であったことにもよる。

臥煙（『江戸職人歌人集』）

**10・2**　幕府、津軽・南部藩に松前・箱館の警備を指示。
**10・16**　古賀精里、聖堂取締役に就任。
**10・29**　幕府、人足頭取などを制定し、町火消を統制。
**11・18**　幕府、宝暦暦を廃止し、翌年正月からの寛政暦使用を決定。
**11・21**　幕府、諸大名に代官所から請求があった場合、出兵するよう指示。
**11・30**　幕府、異国船漂着時の警備について諸大名に再令。
**11月**　択捉島にロシア人が上陸。
**12・1**　幕府、湯島聖堂付属の林家の家塾を、官学の学問所（昌平坂学問所）とする。
**12・18**　宇田川玄随歿(43)。

# 1798 寛政十年

戊午

天皇▼光格天皇

将軍▼徳川家斉（第十一代）

**【主要幕閣】**

**◉老中**

水野忠友（出羽守）
安藤信成（対馬守）
太田資愛（備中守）
戸田氏教（采女正）
本多忠籌（弾正大弼）
松平信明（伊豆守）

**◉寺社奉行**

松平輝和（右京亮）
板倉勝政（周防守）
脇坂安董（淡路守）
土井利和（大炊頭）
松平康定（周防守）

**◉勘定奉行**

根岸鎮衛（肥前守）
柳生久通（主膳正）
中川忠英（飛騨守）
石川忠房（左近将監）
菅沼定喜（下野守）
松平貴強（石見守）

**◉江戸町奉行**

**北**

小田切直年（土佐守）

**南**

村上義礼（肥後守）
根岸鎮衛（肥前守）

**◉京都所司代**

堀田正順（大蔵大輔）

## 近藤重蔵が「大日本恵登呂府」の標柱を立てる　七月二十日

政治経済

この年の三月に、近藤重蔵《こんどうじゅうぞう》と最上徳内《もがみとくない》が幕府より蝦《え》夷地《ぞち》の臨検《りんけん》を命じられた。六月に蝦夷へ向かい、七月に国後島《くなしりとう》から択捉島《えとろふとう》に上陸、南端部タンネモイに「大日《だいにっ》本恵登呂府《ぽんえとろふ》」という標柱を立てて、日本の領土であることを示した。重蔵らは、蝦夷地検分のために派遣された目付の渡辺久蔵胤ら総勢百八十余名に随行し、その別働隊として石狩川《いしかりがわ》上流から択捉島までを探検して回ったのだった。

重蔵らが択捉島に上陸してみると、島の一角にロシア人の十字架が建てられていた。

ロシアの接近によって千島《ちしま》で禁令のキリスト教が広まりつつあり、幕府は対応策として蝦夷地に寺院を建立し、仏教を広めようとした。重蔵は、択捉島が日本の領土であることの証《あかし》として標柱を立てたのである。当時の重蔵の身分は、松前蝦夷地御用取扱《まつまええぞちごようとりあつかい》であるが、重蔵については以下のような見方もある。

重蔵は、この年の蝦夷地検分の時に近藤重蔵良種と、「よしたね」という名乗りを使おうとし、蝦夷人が「義経《よしつね》」と発音するのに便乗して、「よしつね」を名乗ろうとした。検分に同行していた北方探検家の木村謙次は『蝦夷日記』の中で、重蔵は「姦族」の類にあたるかも知れぬ、と評している。

重蔵の晩年は不遇だった。蝦夷地からの帰還後、多額の借金などを理由に目黒の別邸で謹慎していたところ、文政九年（一八二六）に長子富蔵《とみぞう》が刺傷事件を起こした。そのために重蔵は改易《かいえき》となり、近江国《おうみ》（現、滋賀県）大溝藩《おおみぞはん》へ預けられて、同地で歿している。享年五十九。

## 本居宣長『古事記伝』完成　六月

文化思想

本《もと》居宣長《おりのりなが》が行なった研究は、古書の注釈、古道論、文学論、語学、歌文学など多方面にわたり、その著作は九十一種・二百六十六冊に及ぶが、宣長の代表的な著作は『古事記伝《こじきでん》』である。同書は四十四巻の大著で、この月、三十五年をかけて完成した。

『古事記伝』は、『古事記』の詳細な注釈書であり、国《こく》学《がく》的立場から日本古来の大和心《やまとごころ》を復活させようという意図のものである。宣長は『古事記伝』の序章にあたる直毘《なおびの》霊《みたま》中で、仏教や儒学《じゅがく》などの教える漢意《からごころ》を排して、純粋な日本固有の精神を復活せよとする彼の復古思想《ふっこしそう》を述べている。

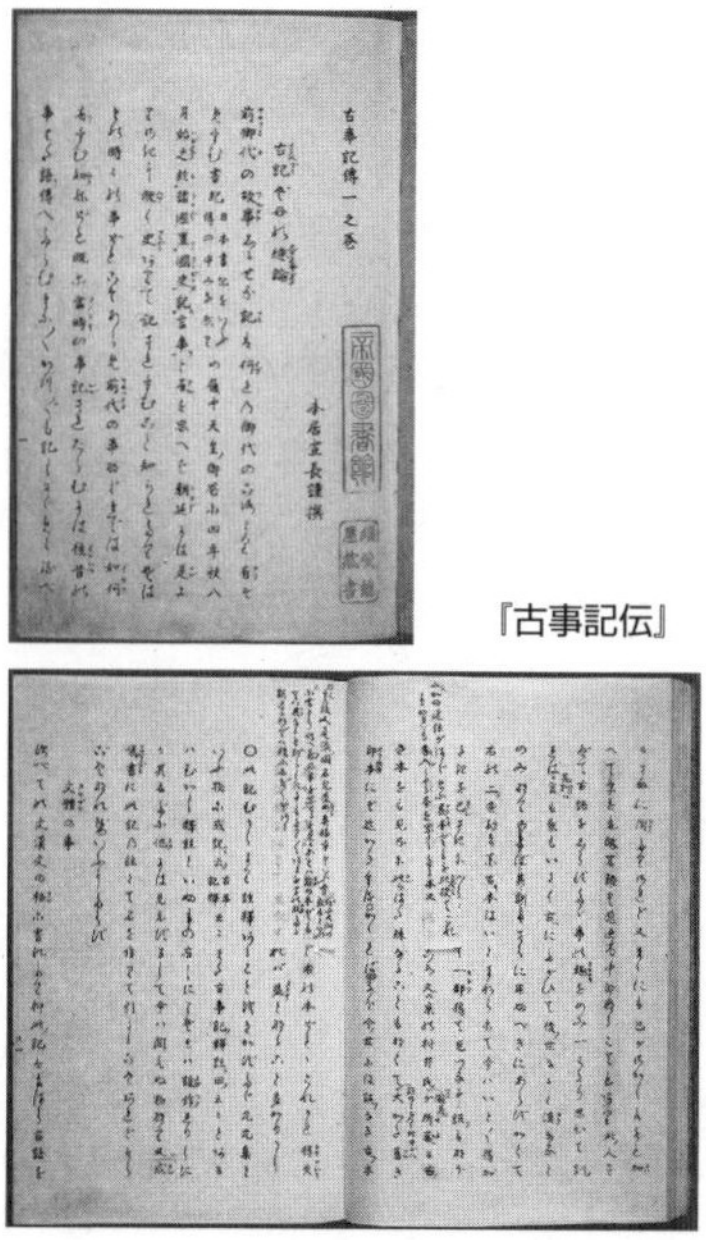

『古事記伝』

**【この年の出来事】**

**1・24** 高田藩の百姓、重税に反対して打ちこわし（浅川騒動）。

**2・22** 幕府、武士の子弟が諸芸の女師匠に入門することを禁止。

**3・14** 幕府、最上徳内・近藤重蔵らを蝦夷地巡見に派遣。

**3・15** オランダ商館長ヘンミ、将軍家斉に拝謁。4月24日、帰途の掛川で死去（50）。

**5・3** 将軍家斉、品川沖で捕獲された鯨を上覧。

**5・17** 幕府、朝鮮との易地交渉を再開するよう対馬藩に指示。

**6月** 本居宣長『古事記伝』完成。

**6月** 近藤重蔵・最上徳内、厚岸を出発。

**6月** 岡本万作、神田豊島町で落語専門の寄席を開設。

**7・1** 京都方広寺に落雷、大仏が炎上。

**7・20** 近藤重蔵、択捉島に「大日本恵登呂府」

牧野忠精（備前守）

**◉京都町奉行**
**東**
松下保綱（信濃守）
**西**
三浦正子（伊勢守）

**◉大坂城代**
牧野忠精（備前守）
松平輝和（右京亮・右京大夫）

**◉大坂町奉行**
**東**
山口直清（丹波守）
水野忠通（若狭守）
**西**
成瀬正定（因幡守）

**◉長崎奉行**
松平貴強（石見守）
朝比奈昌始（次左衛門）

**◉若年寄**
井伊直朗（兵部少輔）
京極高久（備前守・備中守）
堀田正敦（摂津守）
立花種周（出雲守）
青山忠裕（下野守）
松平乗保（能登守）

る。直毘霊とは、古代の日本本来の精神——神の定めた道（明るく・浄き・直き・誠の心）を言う。

伊勢松坂《いせまつざか》の木綿問屋に生まれた宣長は、賀茂真淵《かものまぶち》について学び、師の古道論を受け継ぎ、さらに契沖《けいちゅう》の文献学的方法や荻生徂徠《おぎゅうそらい》の古文辞学《こぶんじがく》の影響も受けて、これらを集大成して復古思想を体系化した。宣長が古道へ傾斜したために、国学と古学は混同されやすいが、古学が朱子学《しゅしがく》を否定して孔子《こうし》・孟子《もうし》の原点に返ること主張したのに対して、国学は朱子学・古学などの儒学と仏教の外来思想を否定し、日本の大和心に返ることを主張した。

宣長の学派を、その書斎の名から鈴屋派《すずのやは》というが、宣長歿後（享年七十二歳）も、弟子筋から平田篤胤《ひらたあつたね》や伴信友《ばんのぶとも》らの俊英が輩出され、宣長の思想は全国に広がっていった。

## 幕府、菊の高値売買を禁止する　八月二十三日

事件
災害

江戸でこの日、珍品珍種の菊の高値売買が禁じられた。売買ができなくなったため、菊の大作りが巣鴨《すがも》などで見世物《みせもの》として人気となり、やがて団子坂《だんござか》で菊細工の菊人《きくにん》形《ぎょう》が人気となっていった。

染井の菊見物（『東都歳時記』）

菊は掬とも書き、掬は窮と同じ意味とされる。すなわち菊は、一番終わりに咲くのが観賞用の園芸としての特徴である。

現代の菊の花形のほとんどは、江戸時代にできた。菊の新花を競う菊合わせや、菊の花葉で人物や鳥獣の形を作る菊人形も、江戸時代から催されている。菊合わせでは一芽が数両で売れたということから、禁制となったのだ。

江戸のように土地があまりなく、狭い路地裏で育てるには、盆栽《ぼんさい》などの鉢植えが一番適している。やがて弘化三年（一八四六）には、菅井菊叟《すげいきくそう》の『菊花壇養草《きくかだんやしないぐさ》』のような菊作りのガイドブックも出版された。園芸ブームは大坂で始まったが、化政期には江戸で大ブームとなっていく。

## 江戸神田で寄席が始まる　六月

社会
世相

上方生まれの落語の名人岡本万作《おかもとまんさく》が、この月、神田豊《かんだと》島町《しまちょう》の藁店《わらだな》で「頓才軽口話《とんさいかるくちばなし》」という看板を掲げて、落語専門の寄席《よせ》を開設した。

もともと寄席は、浄瑠璃《じょうるり》、小唄《こうた》、手妻《てづま》（手品）などの諸芸を見せるところで、客から木戸銭《きどせん》を徴収したが、落語の専門興行は万作が初めてである。以来、寄席の中心は落語となり、ほかの演目は色物《いろもの》と呼ばれるようになった。

この当時の落語家としては、初代三遊亭円生《さんゆうていえんしょう》、初代三《さん》笑亭可楽《しょうていからく》らが登場、人気を博した。寄席は昼夜交代の七日制で、昼の席が午から申の刻（十二時から十六時）、夜の席が酉から亥の刻（十八時から二十二時）だった。

落語は初め、芝居茶屋《しばいぢゃや》の二階や駕籠屋《かごや》の二階などで行なわれていた。文化年間（一八〇八—一八）には定席《じょうせき》ができて、この頃には七十五軒あったという。その後、定跡の数はだんだん増えて、弘化二年（一八四五）には七百軒にまで増え、庶民の娯楽として定着していった。

の標柱を建てる。
**7月**　幕府、深川に籾蔵を設置。
**7月**　本多利明『西域物語』完成。
**8・7**　美濃国幕領と高須藩で堤普請をめぐって打ちこわし（下川騒動）。
**8・23**　幕府、珍品の菊の高値売買を禁止。
**9・16**　幕府、諸大名に従者数の削減を指示。
**10月**　本多利明『経世秘策』後編完成。
**11・18**　幕府、主要街道の各宿に人馬賃銭値上げを許可。
**12・14**　幕府、諸大名に米札発行を禁止。
**12・27**　幕府、書院番頭松平忠明らを蝦夷地取締御用掛に任命。
**この年**　幕府、全国の人口調査を実施。

# 1799 寛政十一年

己未

天皇▼光格天皇

将軍▼徳川家斉（第十一代）

**【主要幕閣】**

**◉老中**
松平信明（伊豆守）
戸田氏教（采女正）
太田資愛（備中守）
安藤信成（対馬守）
水野忠友（出羽守）

**◉寺社奉行**
脇坂安董（淡路守）
土井利和（大炊頭）
松平康定（周防守）
植村家長（駿河守）

**◉勘定奉行**
柳生久通（主膳正）
中川忠英（飛騨守）
石川忠房（左近将監）
菅沼定喜（下野守）
松平貴強（石見守）

**◉江戸町奉行**
**北** 小田切直年（土佐守）
**南** 根岸鎮衛（肥前守）

**◉京都所司代**
牧野忠精（備前守）

**◉京都町奉行**
**東** 松下保綱（信濃守）

## 幕府、蝦夷地の一部を直轄地とする 一月十六日

政治経済

幕府は、蝦夷地《えぞち》（現、北海道）の調査・測量によって、蝦夷地は国境がはっきりせず、制度も明確でないことから、このまま松前藩《まつまえはん》の支配には任せておけないと判断。この日、太平洋側の東蝦夷地を松前藩から上知《あげち》して内国に編入した。享和二年（一八〇二）二月には蝦夷奉行《えぞぶぎょう》（五月に箱館奉行《はこだてぶぎょう》と改称）を設置している。

松前藩への上知令《あげちれい》では、当初は七年間だけとされていたが、やがて永上知となり、文化四年（一八〇七）には蝦夷地全域を幕府直轄地とした。それは文政四年（一八二一）まで続いたが、これを第一次蝦夷地幕領化という。この時点では、財政負担をいとわずに開国という方針であったが、それはたちまち変更された。結局、場所請負制《ばしょうけおいせい》も存続、蝦夷地警備は南部藩《なんぶはん》、津軽藩《つがるはん》に依存した。

文政四年に、日露間の緊張が一時的に緩和されると、陸奥梁川《やながわ》へ移封されていた松前氏が松前へ復帰・復封している。

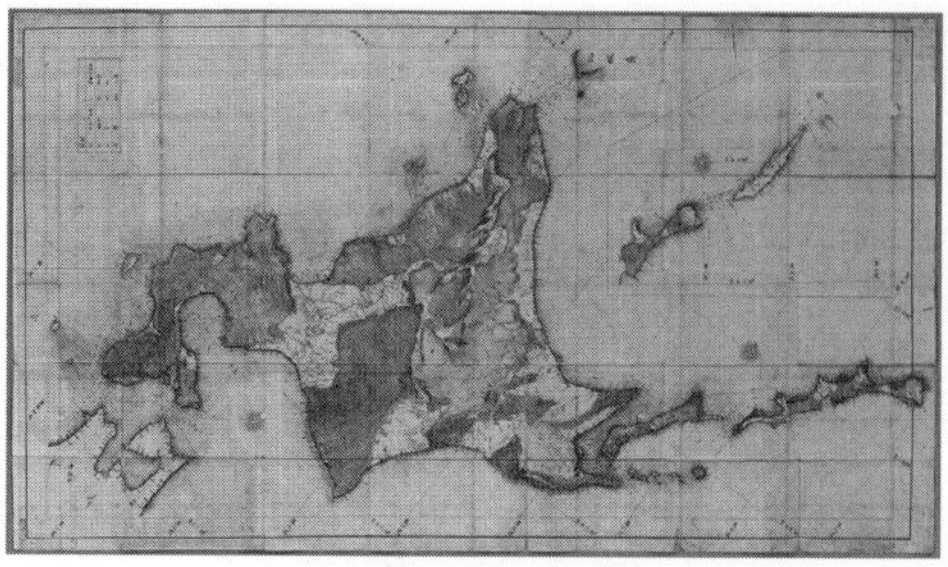

蝦夷の地図
（文政９年頃に書写された高橋景保の「蝦夷図」）

日米和親条約《にちべいわしんじょうやく》によって、安政二年（一八五五）に箱館が開港されると、再び松前福山周辺を除いて幕府直轄地とした。これを第二次幕領化という。戊辰戦争後の明治二年（一八六九）八月に北海道が成立したことにより、蝦夷地は消滅した。

## 木村蒹葭堂『日本山海名産図会』を出版 一月

文化思想

大坂で酒造業を営んでいた木村蒹葭堂《きむらけんかどう》は、学問を好み、書画を善くし、博学多芸の人だったが、特に日本各地の産物に通じていた。それら産物や産業を図解つきでまとめた『日本山海名産図会《にほんさんかいめいさんずえ》』が、この月、出版された。蒹葭堂宅には全国各地から学者や画家らの訪問者があり、彼は求められるままに蔵書や知識を提供して歓待している。

その様子は『蒹葭堂日記』に詳しいが（延べ九万人の来訪者が記されている）、交流相手には肥前平戸《ひぜんひらど》藩主の松浦静山《まつらせいざん》のような大名もいた。

蒹葭堂は書物の収集家としても知られており、その蔵書は二万巻にも及んだという。膨大な内外の書籍、蝦夷地や世界各地の地図、

『日本山海名産図会』の肥前伊万里焼の図

**【この年の出来事】**

**1・15** 幕府、若年寄堀田正敦・正穀らに『寛政重修諸家譜』編纂を指示。
**1・16** 幕府、松前藩管轄の東蝦夷地を幕府の直轄地とする。勘定奉行石川忠房らを蝦夷地取締御用掛に任命。
**1月** 越後高田藩の奥州分領の百姓ら、圧政に反対して大一揆（浅川騒動）。
**1月** 木村蒹葭堂『日本山海名産図会』刊行。
**2・15** 江戸向島三囲稲荷が開帳、盛況となる。
**2・28** 幕府、松平忠明らを蝦夷地巡視に派遣。
**2月** 幕府、寄場人足として収容された者への申渡し条目を作成。
**3・1** 幕府、霊岸島に蝦夷地物産会所を設置。
**3・17** 幕府、近藤重蔵を再び蝦夷地に派遣。
**3月** 小野蘭山、幕府の招聘をうけ医学館で本草学を講義。
**5・26** 加賀・石川地方で大地震。

**西**
三浦正子（伊勢守）
曲淵景露（和泉守）
**◉大坂城代**
松平輝和（右京大夫）
**◉大坂町奉行**
**東**
水野忠通（若狭守）
**西**
成瀬正定（因幡守）
**◉長崎奉行**
松平貴強（石見守）
朝比奈昌始（次左衛門）
肥田頼常（十郎兵衛）
**◉若年寄**
井伊直朗（兵部少輔）
京極高久（備前守・備中守）
堀田正敦（摂津守）
立花種周（出雲守）
青山忠裕（下野守）
松平乗保（能登守）

書画、珍書・奇書などの典籍《てんせき》、貝類や奇石などの標本類を収蔵していて、蒹葭堂の歿後は幕府がそれらを五百両で買い取り、昌平坂学問所《しょうへいざかがくもんじょ》に所蔵された。

## 越後高田藩の奥州分領で浅川騒動が起こる　一月

**事件災害**

この騒動の直接的な原因は、寛政九年（一七九七）の凶作にあったが、かねてよりの重税に対する百姓の訴えに取り合わない村役人への不満がくすぶっており、この月、一気に爆発した。圧政に反対する万単位の百姓が、各地の大庄屋《おおじょうや》や庄屋《しょうや》、富農宅を打ちこわし、浅川陣屋《あさかわじんや》（高田藩《たかだはん》の飛び地である奥州分領《おうしゅうぶんりょう》八万三千石の支配役所。現福島県石川郡浅川町）の門前にまで押しかけた。これが奥州分領全域にわたる大一揆、浅川騒動である。領奉行の伊藤勘左衛門《いとうかんざえもん》が説得にあたるも、一揆勢が棒や石礫《いしつぶて》を投げつけてきたため、陣屋側も応戦。抜刀して一揆勢に切り込むと、百姓らは散り散りに逃亡。ここに一揆は鎮圧された。

騒動の結果、若干の年貢減免と大庄屋の交代には成功したが、強訴《ごうそ》の首謀者が打首《うちくび》になり、死者が二十六人も出るなど百姓側の犠牲も大きかった。

## 江戸向島三囲稲荷の開帳が人気　二月十五日

**社会世相**

江戸向島《むこうじま》の百花園《ひゃっかえん》は、江戸時代から現代に至るまでよく知られているが、三囲稲荷《みめぐりいなり》（三囲神社）も古くから知られた存在である。「伊勢屋、稲荷に犬の糞」と言われていたくらいで、商売繁盛の神様であるお稲荷様は江戸に多かったが、三囲稲荷も江戸庶民の信仰を集めた。浅草の猿若町《さるわかまち》と隅田川《すみだがわ》の間に位置する小高い丘を待乳山《まっちやま》といい、その待乳山下と対岸の三囲稲荷を結ぶ渡しが竹屋《たけや》の渡しで、その渡しを渡ったところに稲荷は位置している。隅田川の土手から見ると、三囲稲荷のほうが低く、鳥居が半分しか見えないのが特徴。稲荷の手前が隅田川と土手で、周囲は田圃《たんぼ》。隅田川七福神巡りのコースである稲荷には、「えべっさん（恵比寿神《えびすしん》）」と「だいこくさん（大黒天《だいこくてん》）」の二体が祀《まつ》られていて、参拝客で賑わった。

三囲稲荷の開帳には様々な飾り物が奉納されていたが、特にこの年の開帳には高さ二・五メートルの常夜燈が奉納されている。この常夜燈には寛政十一年四月の銘があり、三井家の越後屋江戸向店《えちごやえどむこうだな》との関係から奉納されたものと考えられるが、江戸時代を通じて最も盛況な開帳だったようだ。

三囲稲荷は、隅田川を舞台とする歌舞伎や読本《よみほん》の定番スポットであるが、画題の名作として著名なのが司馬江漢《しばこうかん》の『三囲景図《みめぐりけいず》』（天明三年〔一七八三〕）である。本作は日本初の銅版画（エッチング）であり、これは反射式のからくり眼鏡で見ないと正像（普段見慣れている景色）にならないという仕掛けがしてあった。

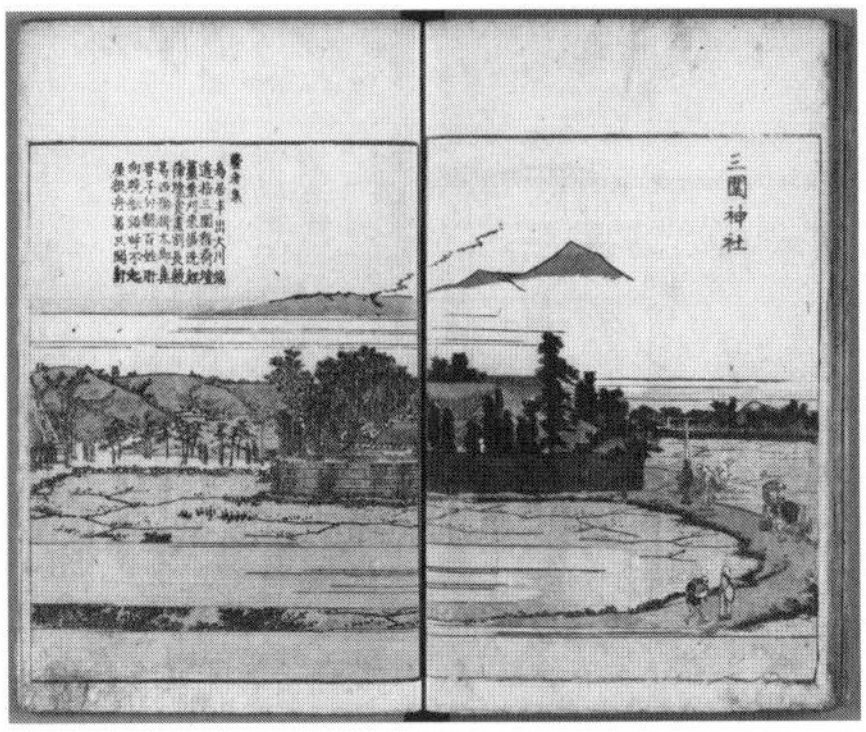

三囲稲荷（『画本東都遊』）

**6・14**　幕府、武蔵・下野国以外での石灰製造を許可。
**6・28**　中井竹山、『逸史』を幕府に献上。
**7・18**　高田屋嘉兵衛、幕命により択捉航路を開拓。
**7・29**　彦根藩、藩校「稽古館」（のちの弘道館）を創設。
**8・12**　幕府、松前藩に東蝦夷地上知の対して5000石を給付。
**9・11**　幕府、東蝦夷地を松前藩から幕府支配勘定富山元十郎に継承。
**10月**　幕府、南部・津軽藩に各500人の出兵を命じ、箱館警備を指示。
**11・11**　湯島聖堂再建。
**この年**　幕府、オランダ貿易の定額を銀700貫目、輸出銅60万斤に規定。

# 1800
# 寛政十二年
庚申
天皇▼光格天皇
将軍▼徳川家斉（第十一代）

**【主要幕閣】**

**◉老中**
松平信明（伊豆守）
戸田氏教（采女正）
太田資愛（備中守）
安藤信成（対馬守）
水野忠友（出羽守）

**◉寺社奉行**
脇坂安董（淡路守）
土井利和（大炊頭）
松平康定（周防守）
植村家長（駿河守）
堀田正穀（豊前守）

**◉勘定奉行**
柳生久通（主膳正）
中川忠英（飛騨守）
石川忠房（左近将監）
菅沼定喜（下野守）
小笠原長幸（三九郎・和泉守）

**◉江戸町奉行**
**北** 小田切直年（土佐守）
**南** 根岸鎮衛（肥前守）

**◉京都所司代**
牧野忠精（備前守）

**◉京都町奉行**

## 伊能忠敬、測量のため蝦夷地へ出発　閏四月十九日
政治経済

下《しも》総国佐原《さわら》（現、千葉県香取市）の酒造家で名主《なぬし》の伊能《いのう》忠敬《ただたか》は、五十一歳で家督を譲り、江戸へ出た。測量術・天文学を学ぶためである。忠敬は佐原時代から独学で暦《れき》学《がく》、数学、測量学を勉強していたが、江戸へ出て幕府天文《てんもん》方《かた》の高橋至時《たかはしよしとき》に師事した。

師の推輓《すいばん》も得て、蝦夷《えぞ》地観測の申請が許可されて、この日、江戸を発った忠敬一行は、道中の北関東や東北地方で、歩測《ほそく》や天体観測を行ないながら、一ヶ月かけて箱館《はこだて》に到着した。この時、忠敬は五十六歳、測量期間は百八十日だった。蝦夷地の太平洋岸を踏査した成果を元に完成させた「東蝦夷海辺行路地図」は幕府へ呈上された。それは見事な出来栄えで、子午線《しごせん》一度が二十七里（約百八キロメートル）と計算されていた。測量機は師が使用していたものをヒントに製作したという。

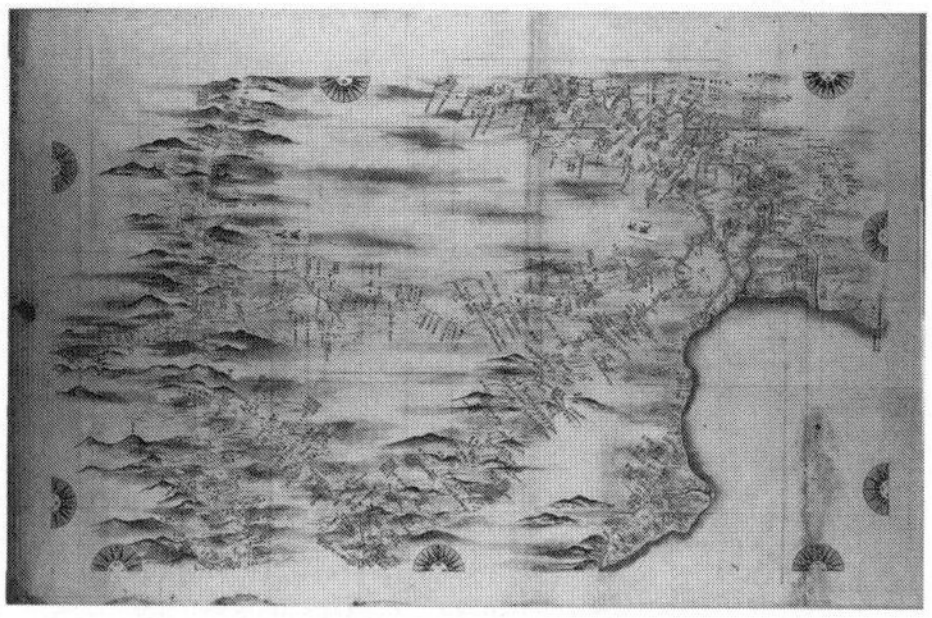
「大日本沿海輿地全図」
（文政４年最終上呈大図の明治６年頃の写）

その後も忠敬は、幕府からの援助を受けながら全国沿岸の測量旅行を重ね、日本で初めて実測地図を作った。約十七年間かけて歩いた総距離は約四万四千キロメートルである。

忠敬は、十次にわたる日本全国の測量を終えて、測量地図「日本《にほん》沿海輿地全図《えんかいよちぜんず》」（通称「伊能図」）の製作に取り掛かるが、完成を見ることなく文化十五年（一八一八）四月に死去してしまう（享年七十四）。忠敬の歿後は、師の高橋至時の子である高橋景保《かげやす》が仕上げ作業を監督し、「日本沿海輿地全図」は文政四年（一八二一）七月にようやく完成した。

同上

のちにこの地図は、勝海舟の手によって『大日本国沿海《だいにほんこくえんかい》略図《りゃくず》』として慶応三年（一八六七）に木版刊行されている。「日本沿海輿地全図」の精密さは、西洋人も驚嘆したほどで、現代の地図に比べても遜色《そんしょく》ないとされている。

## 絵師の伊藤若冲が歿す　九月十日
文化思想

京都錦小路《にしきこうじ》の青物問屋である枡屋《ますや》の長子として生まれた伊藤若冲《いとうじゃくちゅう》が、この日、亡くなった。享年八十五。

**【この年の出来事】**

**1・26** 江戸谷中いろは茶屋から出火。寺院多数焼失。
**1月** 松平定信編『集古十種』完成。
**3・30** 昌平坂学問所完成。幕府、旗本の子弟などの学問所への入学を許可。
**3月** 近藤重蔵・高田屋嘉兵衛ら、択捉航路を開く。
**4・13** 幕府、日光山で家光150年忌法会を開催。
**4月** 幕府、紀州藩に砂糖製造手当として、毎年1万両ずつ4年間貸与。
**閏4・4** アメリカ船、長崎へ入港。
**閏4・19** 伊能忠敬、蝦夷地測量に出発。
**閏4・22** 伊能忠敬、箱館に到着。
**6・17** 幕府、寛永寺で吉宗50年忌法会を開催。
**6・25** 幕府、不正のあった銀座年寄・座人を追放。
**6月** 幕府、大坂・京都

**東**
松下保綱（信濃守）
森川俊尹（越前守）
**西**
曲淵景露（和泉守）
**◉大坂城代**
松平輝和（右京大夫）
青山忠裕（下野守）
**◉大坂町奉行**
**東**
水野忠通（若狭守）
**西**
成瀬正定（因幡守）
**◉長崎奉行**
朝比奈昌始（次左衛門）
肥田頼常（十郎兵衛）
**◉若年寄**
井伊直朗（兵部少輔）
京極高久（備前守・備中守）
堀田正敦（摂津守）
立花種周（出雲守）
青山忠裕（下野守）
松平乗保（能登守）
植村家長（駿河守）

若冲は四十歳の時に家督を弟に譲って画家となった。そして狩野派《かのうは》を学び、中国画と琳派《りんぱ》を研究して、花鳥画において写実性と装飾性とを深めていった。彼の画風は今日、「奇想派《きそうは》」と呼ばれて人気を博している。

若冲が得意としたのは、特に鶏の絵であるが、彼の代表作の一つである「動物綵絵《どうぶつさいえ》」全三十幅は、多種多様な動植物が鮮やかな色彩で描かれた大作であり、油の乗った四十代に製作を開始し、完成までに十数年かかったといわれる。

なお「動物綵絵」は、若冲が京都相国寺《しょうこくじ》に寄進したものだったが、のちに皇室御物《こうしつぎょぶつ》となり、現在は宮内庁が管理している。

## 江戸浅草蔵前で親の仇討　十月九日

事件災害

**寛**政五年（一七九三）、陸奥《むつ》国名取郡根岸村《なとりぐんねぎしむら》（現、宮城県仙台市）で、商家の奉公人長松が金を使い込んで解雇された恨みから女将《おかみ》を殺害、金品を盗んで江戸へ遁走《とんそう》し、札差《ふださし》のところで奉公していた。

一方、母親を殺された善蔵《ぜんぞう》も江戸へ出て、武芸の腕を磨き、仇討《あだうち》に備えていたところ、この日、浅草寺《せんそうじ》参拝の途中で長松を発見、見事念願の親の仇を討ったのだった。この仇討は無届だったが、奉行所は「お咎めなし」、という温情ある計らいをしたという。

## 久留米絣が誕生

社会世相

**日**本の絣《かすり》が飛躍的に発展したのは、井上伝《いのうえでん》によるところが大である。伝は肥前《ひぜん》久留米《くるめ》で染織《せんしょく》をしていたが、自分の着ていた着物を解きほぐしていたところ、一部が色抜けして白い斑点《はんてん》になっていることに気づいた。そこで伝は、白い斑点のある糸で布を織ることができないものかと考えたのである。

伝に相談された「からくり儀右衛門」こと細工師の田中《たなか》儀右衛門《ぎえもん》（のちの田中久重《ひさしげ》）が工夫を重ねた結果、白い糸を麻糸で括《くく》って一部を染め残すことを考案した。絣は織る前に、あらかじめ染め分けた斑《まだら》な糸を用いることで模様を表すが、それはどこの土地でも共通である。

伝が久留米絣《くるめがすり》の発明に成功したのは、たまたま近所に「からくり儀右衛門」という天才的な発明家がいたことによる。「からくり儀右衛門」はその名の通り、からくり人形の発明で知られるが、ほかにも天保五年（一八四五）に折り畳み式懐中燭台《かいちゅうしょくだい》を発明、嘉永四年（一八五一）には万年時計（万年自鳴鐘《まんねんじめいしょう》）を発明した。これはスイスの技法を取り入れたもので、多機能時計である。のちに佐賀藩《さがはん》に招かれて、蒸気船の製造などに従事した。なお「からくり儀右衛門」は、今日の東芝《とうしば》の創業者でもある。ちなみにＪＲ久留米駅前には、からくり太鼓時計が設置されている。

こうして「お伝かすり」が誕生して、引っ張りだこの人気となるのも、これまでの布が無地か縞《しま》模様しかなかったからである。

伝による久留米絣、それを受けての伊予《いよ》絣、絣と、各地で特色のある絣が登場していくことになる。

の銀座を廃止。
**8・11**　江戸町奉行、風俗に関する一枚絵の販売を禁止。
**9・5**　頼山陽、広島藩を退藩。
**9・10**　伊藤若冲歿(85)。
**11月**　幕府、南鐐二朱銀の鋳造を再開。
**11月**　幕府、長州藩三田尻の塩を蝦夷地御用塩として買い上げる。
**12・10**　工藤平助歿(67)。
**12・21**　伊能忠敬、蝦夷地の地図を幕府に献上。
**この年**　幕府、女人の富士山登山を許可。
**この年**　高田屋嘉兵衛・近藤重蔵、択捉島に渡航。
**この年**　井上伝、田中儀右衛門（久重）と協力し久留米絣を考案。
**この年**　コーヒーが伝来。

# 第三部

# 江戸後期

一坂太郎

# 1801 享和元年（寛政十三年）

辛酉

天皇▼光格天皇

将軍▼徳川家斉（第十一代）

【主要幕閣】

◉老中
松平信明（伊豆守）
戸田氏教（采女正）
太田資愛（備中守）
安藤信成（対馬守）
水野忠友（出羽守）
牧野忠精（備前守）

◉寺社奉行
脇坂安董（淡路守）
土井利和（大炊頭）
松平康定（周防守）
堀田正穀（豊前守）
阿部正由（播磨守）

◉勘定奉行
柳生久通（主膳正）
中川忠英（飛騨守）
石川忠房（左近将監）
菅沼定喜（下野守）
小笠原長幸（三九郎・和泉守）

◉江戸町奉行
北
小田切直年（土佐守）
南
根岸鎮衛（肥前守）

◉京都所司代
牧野忠精（備前守）
土井利厚（大炊頭）

## 幕府、百姓・町人の苗字帯刀を禁止
七月十九日

政治経済

**幕**府は、原則「苗字帯刀《みょうじたいとう》」を武士の特権としていた。よく「『苗字帯刀』を許される」などと言うが、苗字（名字）と帯刀とは一体のものではない。

基本的に「苗字」は公家《くげ》と武家《ぶけ》、庄屋《しょうや》や名主《なぬし》など一部の村役人上層の旧家《きゅうか》のみに許された。または他の模範になるような孝行者《こうこう》や、学問での成果を挙げた者などに、恩《おん》賞《しょう》として認められることもあった。

しかし実際には、苗字は、江戸時代までは自由に名乗ることができたようだ。ある者は土地の名や官職名を苗字にしたり、またある者は、主人から苗字を与えられたりした。江戸時代においても、百姓や町人などの庶民は、公認されていなかっただけで、大部分は先祖からの苗字をそれぞれ持って、私称していた。「江戸時代、庶民は苗字を持っていなかった」との説は間違いである。

一方の「帯刀」は、豊臣秀吉による刀狩り以降でも、庶民の多くは武器を所持していたといわれている。江戸時代は旅行中、脇差《わきざし》一本を護身用に腰に差すことなどは、ある程度認められていた。ただし長刀《なぎなた》や大刀《たち》は、武士にしか認められなかった。

何かの恩賞として、庶民に苗字だけが認められるケースはあったが、苗字が無いのに帯刀だけという例はなかったとようだ。

江戸時代の初めは、統制は比較的緩やかだったようだが、中期以降、煩《うるさ》くなっていく。厳密に「苗字帯刀」が禁じられたのは、この日から明治三年（一八七〇）九月十九日の平《へい》民《みん》苗字許可令までの六十九年間との説もある（なお、戦後は当用漢字の「苗」に「みょう」の読みが加えられなかったため、「名字」と書くことが多くなった）。

さらに明治八年には苗字が義務づけられ、明治九年には廃刀令《はいとう》が出されたから、「苗字帯刀」の特典は完全に消えていくことになるのである。

帯刀する相撲取り（『七色合点豆』）

## 蘭学者・志筑忠雄著『鎖国論』が完成
八月

文化思想

『**鎖**国論』は、オランダ東インド会社のドイツ人医師エンゲルベルト・ケンペルの著書『日本誌《にほんし》』を抄訳《しょうやく》したもので、この月、上下二巻が完成した。

本書では、国を閉鎖して外国との通商を行なわないことが利益になるのか否か、という問題が論じられている。日

【この年の出来事】

**1・28** 幕府、勘定奉行石川忠房・目付羽太正養らを蝦夷地巡視に派遣。

**2・5** 辛酉革命説により享和に改元。

**2・7** 江戸中村座で『仮名手本忠臣蔵』初日。

**2・25** 羽太正養・石川忠房、蝦夷地巡見のため江戸を出発。

**3月** 幕府、伊能忠敬に伊豆・相模・武蔵・上総・下総・常陸・陸奥の沿岸測量を指示。

**5・23** 幕府、江戸町人の婦女の髪飾りに色縮緬を使用することを禁止。

**5月** 幕府、浅草・本所の米蔵を増築。

**6・27** 出羽国幕領などの百姓、米の買い占めに反対して一揆（村山一揆）。

**6・28** 富山元十郎ら、得撫島に渡航し「天長地久大日本属島」の標柱を建てる。

**6・29** 細井平洲歿（74）。

**6月** 幕府、関東の博徒捕縛を指示。

**◉京都町奉行**
**東** 森川俊尹（越前守）
**西** 曲淵景露（和泉守）
**◉大坂城代**
青山忠裕（下野守）
**◉大坂町奉行**
**東** 水野忠通（若狭守）
**西** 成瀬正定（因幡守）
佐久間信近（備後守）
**◉長崎奉行**
肥田頼常（十郎兵衛）
成瀬正定（因幡守）
**◉若年寄**
井伊直朗（兵部少輔）
京極高久（備前守・備中守）
堀田正敦（摂津守）
立花種周（出雲守）
松平乗保（能登守）
植村家長（駿河守）

本の地理的・歴史的条件を踏まえた上で、最終的には幕府がとった鎖国《さこく》政策を肯定した。

志筑《しづき》は当時、表面化しつつあったロシア南下の危機に対しても、蝦夷《えぞ》・樺太《からふと》の経営さえ誤らなければ、重要な問題にはならないとし、むしろ国内に緊張感が維持できて、挙《きょ》国一致《こくいっち》の体制が生まれると期待していた。そうした考えの持ち主だったからこそ、「鎖国」を是認《ぜにん》したケンペルの著書を訳したのだろう。本書によって、「鎖国」という言葉が初めて使われたとされる。幕末に至るまで写本により流《る》布《ふ》し、熱心に読まれた。

オランダ通詞《つうじ》で蘭学者《らんがくしゃ》だった志筑には、ほかに『暦象《れきしょう》新書《しんしょ》』などの訳書もある。

## 出羽国で「村山一揆」が発生　六月二十七日

**事件 災害**

出《で》羽《わ》国の村山《むらやま》郡一帯は、前年、凶作に見舞われていた。

それにもかかわらず、郡内の豪農《ごうのう》・豪商《ごうしょう》らが米の買い占めに走ったために米価が高騰し、百姓たちは窮乏《きゅうぼう》する。そしてついに、三十三ヶ村の数千人の百姓たちが蜂《ほう》起《き》して、豪農・豪商らの屋敷や米蔵などを襲撃。山形城下にまで押し寄せたため、藩主の秋山久朝《あきもとひさとも》の家臣たちと衝突した。

村山郡は幕領と大名領とが入り組んだ、全国でも珍しい地域だったが、それらの境界線を跨《また》いで、一大農民闘争が繰り広げられたのである。その結果、多数の死傷者が出て、一蜂起した百姓側は米価の引き下げを勝ち取ったものの、一揆の指導者は江戸の評定所へ送られ、獄門《ごくもん》（一人）、遠島（五人）などに処された。また慶応二年（一八六六）七月にも、この地方では米価高騰などが原因で大規模な一揆が起こっている。

## 江戸浅草駒形に越後屋が開店

**社会 世相**

武蔵国（現、埼玉県北葛飾郡《きたかつしか》）出身の助七《すけしち》は、十八歳の時に江戸へ出てきて奉公《ほうこう》したのち、この年（文化元年〔一八〇四〕とも）、浅草駒形《あさくさこまがた》に越後屋《えちごや》という飯《めし》屋を開いた。

翌年の三月十八日から浅草寺《せんそうじ》の御開帳《ごかいちょう》が行なわれたこともあり、多くの参詣《さんけい》客が立ち寄って繁盛する。

初代の越後屋助七が始めたと伝えられるのが、「どぜう鍋」と「どぜう汁」だ。それまで「どぢやう」や「どじやう」などと表記されていたが、文化三年（一八〇六）の大火で店が類焼《るいしょう》した際、四文字では縁起《えんぎ》が悪いと、助七は看板屋の撞木屋仙吉《しゅもくやせんきち》に依頼し、三文字で「どぜう」とした。

右上に「どぜう汁」の看板（『跡著衣装』）

それが評判となって、ますます繁盛したので、江戸中の料理屋が真似《まね》をしたという。

二代目の助七は「くじら鍋」を売り出すなど、越後屋はその後も発展し、嘉永元年（一八四八）出版の『江戸名物酒飯手引草』でも紹介された。現在も「駒形どぜう」として続いている。

**6月** 幕府、暴力集団を取り締まり、無宿人2人を獄門。
**7・19** 幕府、百姓・町人の苗字帯刀を禁止。
**7・26** 伊能忠敬、銚子犬吠崎から富士山の方位を測量。
**7月** 幕府、諸大名に出羽国村山一揆の鎮圧を命令。
**8月** 幕府、小野蘭山を甲斐・駿河・伊豆・相模での薬草採取に派遣。
**8月** 志筑忠雄、ケンペルの日本見聞記を抄訳し、『鎖国論』完成。
**9・29** 本居宣長歿（72）。
**11月** 幕府、学問所より『孝義録』50巻を刊行。
**この年** 頼山陽『日本外史』起稿。
**この年** 江戸浅草駒形に「越後屋」開店。

# 1802
# 享和二年
## 壬戌
**天皇▼光格天皇**
**将軍▼徳川家斉**（第十一代）

**【主要幕閣】**
**◉老中**
松平信明（伊豆守）
戸田氏教（采女正）
安藤信成（対馬守）
水野忠友（出羽守）
牧野忠精（備前守）
土井利厚（大炊頭）
**◉寺社奉行**
脇坂安董（淡路守）
松平康定（周防守）
堀田正穀（豊前守）
阿部正由（播磨守）
青山幸完（大膳亮）
松平輝延（右京亮）
**◉勘定奉行**
柳生久通（主膳正）
中川忠英（飛驒守）
石川忠房（左近将監）
菅沼定喜（下野守）
小笠原長幸（三九郎・和泉守）
松平信行（淡路守・兵庫頭）
**◉江戸町奉行**
**北**
小田切直年（土佐守）
**南**
根岸鎮衛（肥前守）

## 幕府、蝦夷に箱館奉行を設置　五月十日　政治経済

アイヌを懐柔《かいじゅう》・撫育《ぶいく》する必要があるとする幕府は、寛政十年（一七九八）十二月、蝦夷御用掛《えぞごようがかり》を置き、翌十一年には東蝦夷を仮上知《かりあげち》して直轄《ちょっかつ》とした。その背景には、問題化していたロシアの南下に備えることや、蝦夷地からの収益への期待もあった。

さらに、この年の二月には同地を永久上知とし、蝦夷御用掛を廃止して、蝦夷奉行を新設した。定員は二人で、初代は御目付羽太正養《はぶとまさやす》と御小納戸頭取戸川安倫《とがわやすのり》。蝦夷奉行は、この日、箱館《はこだて》奉行と改称したが、これは遠国《おんごく》奉行の一つで、老中《ろうじゅう》の下に属し、主に蝦夷地の行政を担当することとなった。「異国人万一来る事ありと云うとも、交易は申すに及ばず、すべて通路応対堅く禁制の事」などという高札が幕府の北方政策を示す。

文化四年（一八〇七）には松前《まつまえ》藩を移封《いほう》させて幕府の本拠を福山《ふくやま》に移し、松前奉行と改称する。文政四年（一八二一）、蝦夷地は東西とも松前藩に返されたので、翌五年七月に松前奉行は廃止された。しかし嘉永七年（一八五四）三月、ペリーとの間に結ばれた日米和親条約《にちべいわしんじょうやく》によって箱館開港が決まると、幕府は箱館および近郊五、六里四方を上知させ、同年六月二十六日、箱館奉行を再び置く。そして松前藩に東部木古内《きこない》村以東および西部乙部（おとべ）村以北の地を返上させて、その管轄とした。箱館奉行の職名は、維新政府が箱館裁判所を設置するまで続くことになる。

## 十返舎一九『東海道中膝栗毛』の初編を出版　一月　文化思想

十《じっ》返舎一九《ぺんしゃいっく》は駿河《するが》の人で、本名は重田貞一《しげたさだかず》。明和二年（一七六五）生まれ。初めは江戸で武家屋敷に奉公したが、大坂へ出て、「近松余七《ちかまつよしち》」というペンネームの浄瑠璃《じょうるり》合作者となった。

十返舎一九（『戯作者考補遺』）

『東海道中膝栗毛』

さらに寛政三年（一七九一）頃、江戸へ戻って山東《さんとう》京伝《きょうでん》の門下となり、黄表紙《きびょうし》『心学時計草《しんがくとけいぐさ》』で念願の江戸戯作《げさく》界にデビューを果たした。

一九の代表作『東海道中膝栗毛《とうかいどうちゅうひざくりげ》』は滑稽《こっけい》本の傑作と評され、折からの旅行ブームもあって一大ベストセラーとなる。本書は、発端と初編から八編まで十八冊から成っているが、完成したのは

**【この年の出来事】**
**1・25** 木村蒹葭堂歿（67）。
**1月** 十返舎一九『東海道中膝栗毛』初編刊行。
**1月** 江戸で火災が頻発。
**2・23** 幕府、蝦夷奉行を設置。
**3・16** 幕府、江戸で風邪流行のため、窮民への大規模な施銭を実施。
**5・10** 幕府、蝦夷奉行を箱館奉行と改称。
**6・11** 伊能忠敬、幕命により陸奥・出羽・越後の測量に出発。
**6～10月** 伊能忠敬、陸奥から越後に到る海岸を測量。
**6月** 山片蟠桃『宰我の償』（のちの『夢の代』）を起稿。
**7・1** 諸国で洪水。江戸でも被害大。
**7・24** 幕府、松前藩に委任していた東蝦夷地を直轄地とする。
**7月** 幕府、洪水多発で米価高騰のため、酒造半減令を発令。

**◉京都所司代**
土井利厚（大炊頭）
青山忠裕（下野守）

**◉京都町奉行**
**東**
森川俊尹（越前守）
**西**
曲淵景露（和泉守）

**◉大坂城代**
青山忠裕（下野守）
稲葉正諶（丹後守）

**◉大坂町奉行**
**東**
水野忠通（若狭守）
**西**
佐久間信近（備後守）

**◉長崎奉行**
肥田頼常（十郎兵衛）
成瀬正定（因幡守）

**◉若年寄**
井伊直朗（兵部少輔）
京極高久（備前守・備中守）
堀田正敦（摂津守）
立花種周（出雲守）
松平乗保（能登守）
植村家長（駿河守）

文化十一年（一八一四）のことだ。

江戸神田八丁堀《はっちょうぼり》の栃面屋弥次郎兵衛《とちめんややじろべえ》が、居候《いそうろう》の喜多《きた》八《はち》とともに伊勢《いせ》参りを思い立ち、東海道を伊勢神宮へ、さらに京都、大坂を巡る道中の滑稽談・失敗談が狂歌《きょうか》を挟みながら描かれている。将軍の名は知らなくても「弥次」「喜多」は知っている、というほどの人気だったという。

題名の「膝栗毛」とは、自分の「膝」を「栗毛」の馬代わりに使うこと、つまり徒歩での旅行を意味している。

## 幕府、富士講に禁令　九月四日

事件 災害

日本最高峰の富士山《ふじさん》を、霊峰として崇《あが》める信仰は、古くから盛んだった。記録では、八世紀まで遡ることができるという。

平安時代には聖徳太子《しょうとくたいし》が馬に乗って飛び越えたとか、役小角《えんのおづの》が登山したといった伝説も生まれ、修験道《しゅげんどう》の山となる。山麓の駿河と甲斐《かい》には浅間《せんげん》神社が祀られ、官社《かんしゃ》としての待遇を得ていた。

江戸時代になると修験の影響を受け、富士山を信仰して、参拝する富士講《こう》（不二講）が、江戸の庶民たちの間で「江戸八百八講《えどはっぴゃくやこう》」と呼ばれるほど発展する。江戸の各地には富士山を模した「富士塚《ふじづか》」が築かれて、これに登ったり、遥拝《ようはい》のために使われたりした。

富士講者の姿
（「富士講中登山江戸出立高輪ハッ山辺之図」『江戸府内絵本風俗往来』）

長谷川角行《はせがわかくぎょう》が開祖との伝説を持つが、のち身禄《みろく》派と光《こう》清《せい》派に分裂。身禄派が優勢だった。ところが幕府は、違法行為が多いとして、この日、富士講に対して禁令を発した。

なお明治になると、富士講は扶桑《ふそう》教や丸山《まるやま》教などの教《きょう》派《は》神道《しんとう》を生み出している。

## 諸国で洪水が発生　七月

社会 世相

この月、「坂東太郎《ばんどうたろう》」の異名《いみょう》で知られる利根川《とねがわ》の権現《ごんげん》堂堤《どうづつみ》や中川堤《なかがわづつみ》が長雨のために決壊し、江戸市中にまで甚大な被害を及ぼした。

その後日談として、権現堂堤（現、埼玉県幸手《さって》市）に建てられた供養碑《くようひ》には、次のような二つの伝説がある。

一つは、地元民が土手の修復を行なっていたところ、通り掛かった巡礼の母娘が自ら人柱《ひとばしら》となって濁流《だくりゅう》に身を投じたため、洪水が治まったというもの。もう一つは、工事を見た母娘が無駄だと言ったのを聞いた人夫《にんぷ》たちが、怒って母娘を濁流の中へ突き落としたというものである。

同じ頃、関西でも淀川《よどがわ》が決壊した。

東は生駒《いこま》山脈の麓《ふもと》から、南は現在の大阪市平野《ひらの》区付近まで、南北二十五キロ、東西十キロが浸水するなど、摂《せっ》津《つ》・河内《かわち》二百三十七ヶ村で甚大な被害が出た。そこは、まるで湖水のようだったという。

市中の庶民らは手持ちの食料や金銭などを出し合い、大店《おおだな》は炊《た》き出《だ》しを行ない、芝居《しばい》小屋は避難民を収容するなど、助け合いが行なわれた。

**7月**　幕府、江戸での米の買い置き・囲米・米価値上げを禁止。
**9・4**　幕府、流行の富士講を禁止。
**10・29**　幕府、家治の忌日中に遊興したとして、諸大名の留守居役60余人を処罰。
**10月**　志筑忠雄『暦象新書』完成。
**11・15**　佐渡で大地震。死者多数。
**12・14**　幕府、酒造米の10分の1を供出させ、庶民を救済。
**12・27**　幕府、薩摩藩に琉球の薬品を藩外に売りさばくことを禁止。
**この冬**　幕府、近藤重蔵を再度、択捉島視察に派遣。
**この年**　小野蘭山『本草綱目啓蒙』完成。

# 1803

# 享和三年

## 癸亥

**天皇▼光格天皇**

**将軍▼徳川家斉**（第十一代）

**【主要幕閣】**

**◉老中**
松平信明（伊豆守）
戸田氏教（采女正）
安藤信成（対馬守）
牧野忠精（備前守）
土井利厚（大炊頭）

**◉寺社奉行**
脇坂安董（淡路守）
松平康定（周防守）
堀田正穀（豊前守）
阿部正由（播磨守）
松平輝延（右京亮）
水野忠成（出羽守）

**◉勘定奉行**
柳生久通（主膳正）
中川忠英（飛騨守）
石川忠房（左近将監）
小笠原長幸（三九郎・和泉守）
松平信行（兵庫頭）

**◉江戸町奉行**
**北**
小田切直年（土佐守）
**南**
根岸鎮衛（肥前守）

**◉京都所司代**
青山忠裕（下野守）

### イギリス人スチュワートが来日
### 八月二十三日

政治経済

日本との通商《つうしょう》を目指すイギリス人スチュワートが、寛政九年（一七九七）と同十二年（一八〇〇）に続いて、この日、またまた長崎へやって来た。

乗っていた船を「長崎号」と名付け、アメリカ合衆国の国旗を掲げて、ベンガルおよび広東《カントン》から、インドと中国の貨物を積んでいた。

さらに九月八日には、「フレドリック・ファン・ベンガル号」と称する船が、長崎に入港。船長はジェームス・トレーといい、インドのカルカッタから来たという。これは、実はスチュワートが、嫌疑を避けるために別々に入港させた船だった。

長崎のオランダ商館長はその企てを知り、激しく抗議する。貿易利益独占を企むイギリス人スチュワートの言《げん》を信じてはならないとし、日本との貿易はオランダ人のみが将軍から認められていると主張した。

結局、幕府が拒絶したため、スチュワートは退去したが、西欧の資本主義が日本にも押し寄せて来つつあり、こののち、外交戦略にも転換が求められるようになるのである。

### 江戸浅草の八百善が人気に

文化思想

徳川家康が江戸に幕府を開く以前、十六世紀後半から店を開いていたと伝えられる神田《かんだ》村の八百善《やおぜん》は、のち、浅草鳥越《とりごえ》（山谷《さんや》）に移った（正式な創業は享保二年（一七一七）、二代目善四郎《ぜんしろう》の代となっている）。

「此の上に出るものなし」といわれ、江戸の食文化のパイオニアとしての役割を果たし、江戸で最も成功した料亭と評されている。

この頃（四代目善四郎の代）から、高値《たかね》で仕入れた初鰹《はつがつお》や、一両《りょう》二分《ぶ》という高価な茶漬けなどを出し、高級料理店のイメージが定着していく。あるいは「料理切手」を発行し、それで飲み食いができるようにしたので、贈答品《ぞうとうひん》としても使われた。

文政五年（一八二二）に八百善が出した『江戸《えど》流行料理《りゅうこうりょうり》通《つう》』（別名『八百善物語』）は料理テキストとして読まれたが、蜀山人《しょくさんじん》や亀田鵬斎《かめだほうさい》らが序文を寄せ、谷文晁《たにぶんちょう》や葛飾北斎《かつしかほくさい》らが挿絵《さしえ》を描くなど、豪華メンバーが参加している。これは当時の店主の、交流の広さを示すものだ。

八百善亭（『江戸流行料理通大全』）

会席《かいせき》料理を確立したともいわれ、嘉永七年（一八五四）一月にペリーが再来航した際の饗応《きょうおう》料理も、日本橋の百川《ももかわ》とともに担当

**【この年の出来事】**

**閏1月** 幕府、長崎で落札した輸入品の売買を京都・堺・大坂・長崎・江戸の商人に許可。
**2・5** 幕府、勘定方役人山田大吉に東海道図作成を命令。
**2・6** 小倉藩、家老犬甘知寛を蟄居処分（小笠原騒動）。
**2・15** 幕府、箱館奉行に戸川安倫・羽太正養を任命し、箱館奉行掟を与える。
**2・25** 伊能忠敬、幕命により遠江・三河・尾張・美濃・近江・越前・加賀・越中・越後・佐渡の測量に出発。
**2月** 小野蘭山『本草綱目啓蒙』完成。
**3・24** 幕府、下野国に御用朝鮮人参栽培を命令。
**4・5** 伊東勃海歿。
**5月** 幕府、江戸で麻疹が流行したため、町会所に窮民救済を指示。
**6・17** 幕府、諸国郡村の名称調査を実施。

**◉京都町奉行**
**東**
森川俊尹（越前守）
**西**
曲淵景露（和泉守）
**◉大坂城代**
稲葉正諶（丹後守）
**◉大坂町奉行**
**東**
水野忠通（若狭守）
**西**
佐久間信近（備後守）
**◉長崎奉行**
肥田頼常（十郎兵衛）
成瀬正定（因幡守）
**◉若年寄**
井伊直朗（兵部少輔）
京極高久（備前守・備中守）
堀田正敦（摂津守）
立花種周（出雲守）
松平乗保（能登守）
植村家長（駿河守）

している。

江戸の有名料理店としては、ほかに樽三《たるさん》、洲崎《すさき》の升屋《ますや》、深川《ふかがわ》の平清《ひらせい》などが知られている。

## 江戸谷中の法華経延命院日道を死罪に処す　七月二十九日

事件災害

谷《や》中《なか》（現、荒川区西日暮里《にしにっぽり》）の延命院《えんめいいん》（日蓮宗《にちれんしゅう》）は、慶安元年（一六四八）に創建された、徳川将軍家縁《ゆかり》の寺だ。

延命院へ、享和年間に来山した日道《にちどう》（日潤《にちじゅん》）という僧は、初代尾上菊五郎《おのえきくごろう》の実子《じっし》と噂されたほどの美貌の持ち主で、参詣《さんけい》の奥女中をはじめ、武家や町人の娘など、手当たり次第に関係を持ったという。

延命院を慎重に内偵《ないてい》していた寺社奉行の脇坂安董《わきさかやすとお》（播磨龍野《たつの》藩主）は、この年の五月二十六日、延命院に踏み込んで、日道や密室に居た女性たちを逮捕する。

日道は破戒《はかい》・女犯《にょぼん》の科《とが》で、日本橋に晒《さら》されたのち、この日、死罪に処されたが、西の丸の奥女中である梅村《うめむら》などは罪に問われなかった。事件を裁いた脇坂の名声は、一躍高まったという。しかし一説には、延命院の七面堂に参詣者が増えたのを妬《ねた》んだ上野の僧が讒言《ざんげん》したため起こった事件だともいう。

なお、明治十一年（一八七八）、河竹黙阿弥《かわたけもくあみ》の書いた戯曲『日月星亨和政談《じつげつせいきょうわせいだん》』の女犯僧日当《にっとう》は、日道がモデルである。

## 浅草の太郎稲荷が評判に

社会世相

この年の夏、浅草田圃《たんぼ》の新堀川《しんぼりがわ》沿いにある筑後柳川《やながわ》藩主の立花左近将監《たちばなさこんしょうげん》の下屋敷内に祀られていた太郎《たろう》稲荷《いなり》神社が、霊験利生《れいげんりしょう》あらたかであると大評判になった。

この稲荷は、将監の母みほ姫の守り本尊《ほんぞん》として創建され、生い茂る樹木の奥にあったという。普段は庶民が出入りできる場所ではない。しかし参詣を望む者が相次いだため、屋敷が開放された。

江戸時代に数回、太郎稲荷が流行したといわれ、多い月では賽銭《さいせん》が百両も集まったという。柳川藩では、屋敷に立ち入る料金の徴収も検討したようだ。

この時は二年ほどでブームが終わったが、慶応三年（一八六七）に再燃した。現在も下屋敷のものが台東区入谷二丁目の「太郎稲荷」、中屋敷のものが台東区東上野一丁目の「西町太郎稲荷」として現存し、初午祭《はつうまさい》が行なわれるなど、地域の人々の信仰を集めている。

太郎稲荷（台東区入谷）

西町太郎稲荷（台東区東上野）

**7・8**　アメリカ船、広東から長崎へ来航し貿易を要求。19日、幕府が拒絶し、退去。
**7・23**　イギリス船フレデリック号、長崎で通商を要求。27日、幕府が拒絶し、退去。
**7・29**　谷中延命院の僧侶日潤、大奥女中との密通の罪で処刑（延命院事件）。
**8・23**　イギリス人スチュワート、長崎へ来航。
**10・1**　伊豆大島三原山噴火。
**10・9**　会津藩、藩校「日新館」を創設。
**10・17**　前野良沢歿(81)。
**10月**　幕府、酒造制限令を解除。
**11・29**　幕府、奢侈な子供遊具の販売を禁止。
**このころ**　浅草の八百善が人気。

# 1804 文化元年（享和四年）

甲子

天皇▼光格天皇

将軍▼徳川家斉（第十一代）

【主要幕閣】

◉老中

戸田氏教（采女正）
安藤信成（対馬守）
牧野忠精（備前守）
土井利厚（大炊頭）
青山忠裕（下野守）

◉寺社奉行

脇坂安董（淡路守・中務大輔）
堀田正穀（豊前守）
阿部正由（播磨守）
松平輝延（右京亮）
水野忠成（出羽守）
大久保忠真（安芸守）

◉勘定奉行

柳生久通（主膳正）
中川忠英（飛驒守）
石川忠房（左近将監）
小笠原長幸（三九郎・和泉守）
松平信行（兵庫頭）

◉江戸町奉行

北 小田切直年（土佐守）
南 根岸鎮衛（肥前守）

◉京都所司代

青山忠裕（下野守）

## ロシア使節のレザノフ来日　九月

政治経済

最初のロシア使節であるラクスマンが、蝦夷地《えぞち》の根室《ねむろ》に来航したのは寛政四年（一七九二）九月のことだ。ラクスマンは、大黒屋光太夫《だいこくやこうだゆう》ら漂流民《ひょうりゅうみん》三名を送還し、通商を要求した。これに対して幕府は翌五年六月、鎖国《さこく》、異国船打ち払いは祖法《そほう》だといった意味の回答書を与える。

しかし一方で、長崎への入港を許可する「信牌《しんぱい》」を与えたのは、幕府の真意が通商許可にあったからである。この矛盾する対応が、物議《ぶつぎ》を醸《かも》すことになった。

帰国したラクスマンの報告を受けたエカテリナ女帝も、ヨーロッパに問題を抱えていたため、すぐには日本に目を向けなかった。しかし十年以上経って、ロシアの遣日使節《けんにちしせつ》レザノフが、この月、日本側の指示通り、ラクスマンに与えられた「信牌」を携えて長崎へ来航。幕府は失礼な応対をして通商要求を拒否したため、この問題は長引くことになるのである。

レザノフ

『ロシア使節レザノフ来航絵巻』

## 江戸向島に百花園が造園される

文化思想

骨董《こっとう》商を営んでいた佐原鞠塢《さはらきくう》がこの年、向島寺島村《むこうじまてらしま》（現、墨田区東向島三丁目）の元旗本多賀《たが》氏屋敷跡、三千坪の土地を購入して百花園《ひゃっかえん》を造園した。これは草木鑑賞を目的とした民営の花園で、一般にも解放された。この頃に花開いた、「町人文化」を象徴するものの一つである。

初めは梅の三百六十株が中心で、亀戸《かめいど》の梅屋敷に対して「新梅屋敷」と呼ばれたりした。のちに秋の七草、ミヤギノハナ・筑波《つくば》ススキなど、日本や中国の古典などに登場する名木や薬草が集められ、四季を通じて、花が楽しめるようになる。

百花園は、大田南畝《おおたなんぽ》や大窪詩仏《おおくぼしぶつ》、さらには播磨姫路《ひめじ》藩主の弟で画家・俳人としても知られる酒井抱一《さかいほういつ》ら、当代一流の文人墨《ぶんじんぼっ》客《かく》にも愛された。

その後も民営として続いたが、昭和十三年（一九三八）、当時の所有

百花園（『江戸名所花暦』）

【この年の出来事】

**1・5** 高橋至時歿(41)。4月3日、長男景保が天文方を継承。

**2・11** 甲子革命説により文化に改元。

**4・13** 葛飾北斎、大達磨絵を描く。

**4・14** ロシア船、宗谷海峡に来航。

**4月** 幕府、一枚絵・絵草紙の版行を取り締まる。

**5・16** 喜多川歌麿、『絵本太閤記』の挿絵で手鎖50日の刑となる。

**6・1** 幕府、朝鮮通信使の応接を対馬で行なうことを決定。

**6・6** 出羽で大地震。象潟湖崩壊。

**7・3** 4代目鶴屋南北作『天竺徳兵衛韓噺』河原崎座で初演。

**7・23** 幕府、意見書『植崎九八郎上書』が国政批判であるとし、旗本植崎九八郎を下野国壬生藩に配流。

**8・4** 幕府、津軽・南部藩に東蝦夷地の永久警

稲葉正諶（丹後守）

**◉京都町奉行**

**東**
森川俊尹（越前守）

**西**
曲淵景露（和泉守）

**◉大坂城代**

稲葉正諶（丹後守）
阿部正由（播磨守）

**◉大坂町奉行**

**東**
水野忠通（若狭守）

**西**
佐久間信近（備後守）

**◉長崎奉行**

肥田頼常（十郎兵衛）
成瀬正定（因幡守）

**◉若年寄**

井伊直朗（兵部少輔）
京極高久（備前守・備中守）
堀田正敦（摂津守）
立花種周（出雲守）
松平乗保（能登守）
植村家長（駿河守）
青山幸完（大膳亮）

者から東京市に寄贈され、翌年七月から公営の公園となる（現在は都営で有料公開されている）。昭和五十三年（一九七八）には、国名勝・史跡に指定された。早春の梅や秋の萩が特に知られており、訪れる人は多い。

## 浮世絵師の葛飾北斎が大達磨絵を描く　四月十三日

事件災害

葛《かっ》飾北斎《しかほくさい》は「画狂人《がきょうじん》」とも称したように、浮世絵《うきよえ》はもちろん、黄表紙《きびょうし》、狂歌本《きょうかぼん》の挿絵《さしえ》まで、おびただしい数の作品を残した。

『新編水滸画伝《しんぺんすいこがでん》』や『椿説弓張月《ちんせつゆみはりづき》』の挿絵、枕画《まくらが》、七十一歳から始めた『富嶽三十六景《ふがくさんじゅうろっけい》』シリーズ、絵手本《えでほん》の『北斎漫画《ほくさいまんが》』など、その数は一説には三万点以上ともいわれる。探求心が強く、狩野《かのう》派や土佐《とさ》派の日本画を学ぶ一方で、西洋画をアレンジした司馬江漢《しばこうかん》からも、影響を受けた。

十九歳で勝川春章《かつかわしゅんしょう》の門下となったが、三十五歳で破門されたのも、その貪欲《どんよく》な姿勢が保守的な先輩連中から煙がられたのが原因だったのだろう。しかし北斎は破門されて、かえって自由闊達《かったつ》に活動したというのだから、やはり本物だった。

四十五歳のこの年にも、奇行《きこう》とも取られ兼ねない「画狂人」らしいパフォーマンスを行なって、人々を驚かせている。『武江年表《ぶこうねんぴょう》』には「三月より護国寺観世音開帳あり、四月十三日画人北斎本堂の側に於いて、百二十畳の継紙へ半身の達磨を画く」とある。平成二十三年（二〇一一）、福岡市博物館で「大北斎展」が開催された際、この大達磨《だるま》絵が原寸大で再現されて話題を呼んだ。

嘉永二年（一八四九）四月、九十歳で歿。生涯で九十三回も転居したというのも、北斎らしいエピソードとしてよく知られている。

## 華岡青洲が乳癌手術に成功　十月十三日

社会世相

麻《ま》酔《すい》薬を発見した華岡清州《はなおかせいしゅう》（震《ふるう》）が、この日、世界初の全身麻酔下による乳癌《にゅうがん》手術を成功させた。そのヒントになったのは、昔、中国の医師華佗《かだ》が麻酔薬を使って手術を行ない、多くの生命を救ったという話だった。

最初は動物で実験したが、のちに母おつぎと妻かえが自らの身体を使って麻酔薬を試して欲しいと、青洲に願い出たといわれる。

青洲は紀伊国那賀《なが》郡西野山《にしのやま》村（現、和歌山県紀の川市）の生まれで、祖父の代からの在村医師の家に生まれた。天明二年（一七八二）、二十三歳で京都へ出て吉益南涯《よしますなんがい》に古医方《こいほう》を、大和見立《やまとけんりゅう》にオランダ外科を学び、同五年に西野山村へ帰郷して、父の跡を継いで開業する。「内外合一《ないがいごういつ》、活物窮《かつぶつきゅう》理《り》」を信条とし、和・漢・蘭三方の長所を採り、実際の治療を重視した。その後、多くの外科手術を成功させて名声を得るようになる。

一方、自宅に春林軒《しゅんりんけん》という学塾を開き、全国各地から集まった門人（その数は一千八百六十一人という）を教えたが、その中から本間玄調《ほんまげんちょう》や鎌田玄台《かまたげんだい》など、多くの優れた人材が輩出された。

紀伊藩は、侍医《じい》として青洲を招こうとしたが、一般患者が診察できなくなるとの理由で最初は固辞している。しかし、西野山村での診察を続けるといった条件付きで、のちに出仕《しゅっし》し、文政二年（一八一九）には幕府小普請組《こぶしんぐみ》医師に進み、さらに天保四年（一八三三）には奥医師《おくいし》格となった。天保六年十月二日歿。享年七十六。

備を指示。
**9・6**　将軍家斉、『日本国中絵図』を観賞。
**9・6**　ロシア使節レザノフ、長崎へ来航し通商を要求。
**9・10**　幕府、伊能忠敬を幕府天文方手付に任命。
**9月**　幕府、町人の武芸稽古を禁止。
**10・13**　華岡青洲、乳癌を手術。
**10・16**　将軍家斉、駒場野で砲術訓練を上覧。
**10・18**　常陸国牛久宿周辺の百姓、増助郷に反対し問屋などを打ちこわし（牛久騒動）。
**11・2**　幕府、西国35か国の秤の検査を実施。
**11・17**　ロシア使節レザノフ、長崎に上陸。
**11・21**　幕府、倹約令を7年間延長。
**12・22**　庄内藩、藩校「致道館」を創設。
**12月**　幕府、輸出海産物調査のため、最上徳内を関東・東海に派遣。
**このころ**　江戸向島に百花園が造園される。

# 文化二年

乙丑

天皇▼光格天皇

将軍▼徳川家斉（第十一代）

【主要幕閣】

◉老中
戸田氏教（采女正）
安藤信成（対馬守）
牧野忠精（備前守）
土井利厚（大炊頭）
青山忠裕（下野守）

◉寺社奉行
脇坂安董（中務大輔）
堀田正穀（豊前守）
松平輝延（右京亮）
水野忠成（出羽守）
大久保忠真（安芸守）

◉勘定奉行
柳生久通（主膳正）
中川忠英（飛騨守）
石川忠房（左近将監）
小笠原長幸（三九郎・和泉守）
松平信行（兵庫頭）

◉江戸町奉行
北 小田切直年（土佐守）
南 根岸鎮衛（肥前守）

◉京都所司代
稲葉正諶（丹後守）

◉京都町奉行

## 幕府、レザノフに通商拒絶を通告 三月七日

政治経済

ロシアは、かねてから東方（シベリア・沿海州《えんかいしゅう》・アラスカ方面）政策を進め、移民や交易を活発化させていた。そのため日本・中国・フィリピンなどとの通商に関心を抱き、合同アメリカ会社を設立し、一八〇〇年にはロシア領アメリカ会社へと発展する。

そこで、同社の総支配人であったレザノフは、アレクサンドル一世に世界周航隊を派遣して通商海路を開くよう提案。それが実現して、日本との外交交渉のために、レザーノフが遠征隊に加わることとなった。

長崎湾の警護（『ロシア使節レザノフ来航絵巻』）

こうしてレザノフは文化元年九月六日、仙台藩領の石巻《いしのまき》の漂流民《ひょうりゅうみん》四名を護送《ごそう》して、長崎へやって来た。そして、漂流民護送のオランダ語覚書と第一次遣日使《けんにちし》節《せっ》が根室《ねむろ》で交付された信牌《しんぱい》の謄本《とうほん》を差し出した。

ところが、長崎奉行の成瀬正定《なるせまささだ》ら日本側は、国書奉呈《ほうてい》・通商交渉には一切応じないと強硬に拒否した。

レザノフたちは、長崎の梅ヶ崎《うめがさき》への上陸が許され、米蔵を改造した宿舎で越冬し、この年の三月六日、立山役所《たてやまやくしょ》で幕府目付《めつけ》の遠山景晋《とおやまかげみち》と会見する。だが、この日、遠山はアレクサンドル一世の日本国皇帝宛て国書の受け取りを拒否し、通商要求も斥《しりぞ》けた。さらには、レザノフらに即刻日本から退去するように申し渡す。

その瞬間の心境をレザノフは、「（通訳は）この宣告を聞くや、全身凝《こ》りて石の如く、辛うじてこれを通訳した。予もまた顔色全く変じ、不知不識《しらずしらず》の間、自らかかる侮辱は、唯《ただ》驚くより外はない。我が主上は、公方陛下に対し、甚だ多大の敬意を表せられ、今更かかる答言あるべしとは、待ち設け居給わざるべきに」と手記している（徳富猪一郎『近世日本国民史・幕府分解接近時代』民友社、一九二七）。

三月十九日、レザノフらは日本側の非礼に憤慨《ふんがい》しながら、長崎を去っていった。

## 佐藤一斎が林家儒官となる

文化思想

『言志四録《げんししろく》』などの著書で知られる儒者の佐藤一斎《さとういっさい》（担《たいら》）は、美濃岩村《いわむら》藩の重臣の家に生まれた。十九歳で藩に出仕《しゅっし》し、近侍《きんじ》となって、藩主松平乗薀《のりもり》の三子である衡《たいら》と共に儒学に励んだ。

のち、衡は幕府の命によって林家《りんけ》の跡継ぎとなり、林《はやし》述斎《じゅっさい》と名乗る。一斎は述斎と師弟の礼を結び、この年、林家の塾長となった。

林家再興や、門下生育成に努めた一斎は、天保十二年（一

【この年の出来事】

**1・26** 幕府、ロシア船来航のため、沿海諸大名に警備を要請。

**2・6** 幕府、唐物抜荷を厳禁し、不審荷物・船舶の検査を強化。

**2・12** 幕府、レザノフとの会見のため特使を長崎へ派遣。

**2・25** 伊能忠敬、幕命により伊勢・紀伊・山陽・山陰沿岸の測量に出発。

**3・7** 幕府目付遠山景晋、長崎でレザノフと会見、通商を拒絶。

**3・19** レザノフ、長崎を退去。

**6・4** 幕府、薩摩藩に金1万両・米1万石を貸与。

**6・12** 鬼薊清吉、江戸千住小塚原で獄門。

**6月** 幕府、江戸近郊の農村荒廃のため、関東取締出役を設置。

**7・16** 幕府、目付遠山景晋らを松前・西蝦夷地の視察に派遣。

**7・27** 幕府、伊勢国で

**東**
森川俊尹（越前守）
**西**
曲淵景露（和泉守）
**◉大坂城代**
阿部正由（播磨守）
**◉大坂町奉行**
**東**
水野忠通（若狭守）
**西**
佐久間信近（備後守）
**◉長崎奉行**
肥田頼常（十郎兵衛）
成瀬正定（因幡守）
**◉若年寄**
井伊直朗（兵部少輔）
京極高久（備前守・備中守）
堀田正敦（摂津守）
立花種周（出雲守）
松平乗保（能登守）
植村家長（駿河守）
青山幸完（大膳亮）
小笠原貞温（近江守）

八四二）、七十歳の時に退隠しようとしたが、述斎が歿したために、昌平坂《しょうへいざか》学問所の教授を任された。安政六年（一八五九）、八十八歳で歿。

一斎は立場上、朱子《しゅし》学を採ったが、陽明《ようめい》学の影響を強く受けており、「陽朱陰王《ようしゅいんおう》」と称されたといわれる。

佐藤一斎（栗原信充『肖像集』）

## 関東取締出役（八州廻り）を新設　六月

事件災害

江戸周辺の八州《はっしゅう》は幕領（天領）・大名領・旗本領が入り組んでいたため、統一した警察業務を行なうことができずに、治安が悪化していた。

しかも、八州や甲州《こうしゅう》には博徒《ばくと》が急増し、百姓たちに博《ばく》打《ち》を教えた。そのため農作業が疎かになり、全財産を巻き上げられたあげく、土地を捨てて逃げ出す百姓も相次いだ。これでは村は疲弊し、年貢の取り立てにも支障が生じる。

そこで、どこでも踏み込んで犯罪者を捕らえることができる移動警察組織の「関東取締出役《かんとうとりしまりしゅつやく》」が、この月、勘《かん》定奉行《じょうぶぎょう》の支配下に設置された。

関東取締出役は、代官《だいかん》の手付《てつけ》・手代《てだい》の中から選ばれ、「八州廻《まわ》り」とも呼ばれた。八州とは武蔵《むさし》・相模《さがみ》・常陸《ひたち》・上《こう》野《ずけ》・下野《しもつけ》・上総《かずさ》・下総《しもうさ》・安房《あわ》のことだ。水戸藩領以外を巡視《じゅんし》して、主に百姓の監視に当たり、治安の強化に努めたのである。

## 大泥棒の鬼薊清吉が獄門に処される　六月十二日

社会世相

上《かみ》方《がた》落語の演目《えんもく》に、人情噺《にんじょうばなし》の『鬼あざみ』がある。

妻に先立たれた安兵衛《やすべえ》は、後添《のちぞ》いとしておまさを貰う。ところが、一粒種《ひとつぶだね》の清吉《せいきち》が継母《ままはは》になつかない。それどころか清吉は、札付《ふだつ》きの不良になってしまう。

安兵衛は寝ている清吉を殺そうとまで思い詰めるが、情が移って実行できず、夫婦揃《そろ》って泣いてしまう。そこで家主の勧めもあって、清吉を奉公《ほうこう》に出すことにする。

十年後、帰って来た清吉は、見違えるほど立派になっていた。安兵衛は喜んだが、おまさは清吉の財布に、大金が入っていることに気づく。不審に思った安兵衛が問いただすと、清吉は悪びれる様子もなく、奉公は一年ほどしか続かず、関東に流れ着いたあげくに、「鬼薊《あざみ》」と呼ばれる盗《とう》賊《ぞく》の頭《かしら》になったと、語った。そして、今日帰って来たのは、別れの積もりだったと告げて、去って行く。

実在の清吉は数々の悪事を働いた末、江戸払いとなり、やがて伊勢国で逮捕された。そして、江戸千住の小塚原《こづかっぱら》刑場において三十一歳で打ち首獄門《ごくもん》となる。辞世として伝えられるのは、

「武蔵野に色はびこりし鬼あざみ
　けふの暑さにやがてしほるる」

清吉には義賊《ぎぞく》伝説も生まれ、庶民の人気を集めたので、浅草円通寺《えんつうじ》の墓所（現在は雑司ヶ谷《ぞうしがや》霊園にある）には「清吉大明神」の幟《のぼり》が立てられたりした。

逮捕された八丁堀の鬼坊主清吉を処刑。
**8月**　広瀬淡窓、豊後日田郡豆田町長福寺に、私塾「成章舎」を設立。
**9・7**　ロシア船、長崎へ入港。漂流民の奥州寒風沢左平次ら4人帰国。
**9月**　幕府、諸大名に1万石につき1000俵の囲米を指示。
**9月**　福井藩、藩校「正義堂」（のちの明道館）を創設。
**9月**　幕府、米価調節のため、米価掛を創設。
**10月**　加藤千蔭、著書『万葉集略解』を幕府に献上。
**11・3**　幕府、米価引き上げのため、御用達商人に米穀の買収を指示。
**この年**　『熙代勝覧』完成。
**この年**　諸国で豊作。
**この年**　佐藤一斎、林家塾長に就任。

# 1806 文化三年

丙寅

天皇▼光格天皇

将軍▼徳川家斉（第十一代）

**【主要幕閣】**

**●老中**
- 戸田氏教（采女正）
- 安藤信成（対馬守）
- 牧野忠精（備前守）
- 土井利厚（大炊頭）
- 青山忠裕（下野守）
- 松平信明（伊豆守）

**●寺社奉行**
- 脇坂安董（中務大輔）
- 堀田正穀（豊前守）
- 松平輝延（右京亮）
- 水野忠成（出羽守）
- 大久保忠真（安芸守）
- 阿部正精（主計頭）

**●勘定奉行**
- 柳生久通（主膳正）
- 中川忠英（飛騨守）
- 石川忠房（左近将監）
- 小笠原長幸（三九郎・和泉守）
- 松平信行（兵庫頭）
- 水野忠通（若狭守）

**●江戸町奉行**
- **北** 小田切直年（土佐守）
- **南** 根岸鎮衛（肥前守）

**●京都所司代**

## ロシア船、樺太の松前会所を襲撃　九月十日

政治 経済

ロシアのレザノフは長崎で「教諭書」を渡され、通信・通商を拒否されたさいの非礼に憤慨《ふんがい》した。すでに幕府は、松前でラクスマンに信牌《しんぱい》を与え、貿易許可をほのめかしていたからである。

レザノフはシベリア経由でカムチャッカに帰る途中、部下である海軍大尉フウォストフに示唆《しさ》して、日本に軍事的圧力をかけさせた。

二十年ほど前、日本が開いた樺太《からふと》の松前藩《まつまえはん》会所を皮切りに、翌年四月にはエトロフ島、五月には再び樺太を襲撃、六月には礼文島《れぶんとう》や利尻島《りしりとう》などの日本人植地や舟を襲撃させ、報復を加えてゆく。

レザノフのナジェージダ号（『視聴草』）

日本国内ではレザノフへの対応の誤ったために起こった事件であると、幕府に対し非難の声があがり、江戸ではもっぱらロシア人が攻めてくるとの風説が流れた。南部・津軽の兵は防備のため動員されて、大騒動となった。

さらにロシア側に謝罪した上でロシア貿易を許可して、事態を収拾すべきとの意見も出るが実現せず、かえって鎖国《さこく》を「祖法」とみなす考えが定まってゆく。

## 浮世絵師喜多川歌麿没　九月二十日

文化 思想

喜《き》多川《たがわ》派《は》の祖で、最高峰の浮世絵師として知られる歌《うた》麿《まろ》（幼名は市太郎）だが、その出生地（江戸・川越《かわごえ》・京都・近江《おうみ》など諸説あり）や出生日（生年は過去帳から逆算して宝暦三年〔一七五三〕）についても不詳である。

画技を鳥山石燕《とりやませきえん》に学び、二十三歳の安永四年（一七七五）、浄瑠璃本《じょうるりぼん》『四十八手恋諸訳《しじゅうはってこいのしょわけ》』の挿絵でデビューしたとされる。初期は黄表紙《きびょうし》や洒落本《しゃれぼん》の挿絵を描いた。

このころから、細判《ほそばん》の役者絵を描いていた歌麿だったが、三十九歳の寛政三年（一七九一）に、「大首絵《おおくびえ》」と呼ばれる胸部から上の美人画を発表し、大評判となり新境地を開拓してゆく。

しかし、四十軒以上の版元《はんもと》からの注文を受けてこなすほど多作（版画だけで二千六百点以上という）だったため、おのずと作品は様式化されてゆく。

寛政九年、最大の支援者であった版元の蔦屋重三郎《つたやじゅうざぶろう》が歿した後、その画品はいちじるしく落ちてしまったという。

さらに文化元年（一八〇四〔享和四年〕）、『太閤五妻洛東遊《たいこうごさいらくとうゆう》観之図《かんのず》』の挿絵に武者の紋所などを描いたことが幕府のタブーに触れ、入牢三日間、手《て》鎖《ぐさり》五十日の処分を受けたことで、心身共に疲れをきたした晩年であった。享年五十四。

**【この年の出来事】**

**1・26** 幕府、ロシア船への薪水補給を諸大名に通達。
**1・30** 幕府、関東郡代を廃止。馬喰町御用屋敷詰の代官所を設置。
**2・6** 幕府、米価下落により米の江戸廻送を禁止。
**3・4** 江戸で大火。芝車町から出火し、530町、12万6000余戸焼失（文化の大火）。
**3・25** 幕府、木材・諸物価高騰を禁止。
**3月** 幕府、江戸市中8か所にお救い小屋を設置。
**4・4〜6** 本所回向院で大火による焼死者を供養。
**6・12** 江戸および近国で大雨。13日まで続く。
**7・8** 志筑忠雄歿(47)。
**7・11** 幕府、宗派争論取り扱いの誤りにより、本願寺光摂らを処罰。
**8月** 幕府、年貢米の品質を取り締まる
**9・10** ロシア船、レザ

稲葉正諶（丹後守）
阿部正由（播磨守）

**◉京都町奉行**

**東**
森川俊尹（越前守）

**西**
曲淵景露（和泉守）
牧野成傑（大和守）

**◉大坂城代**
阿部正由（播磨守）
松平乗保（能登守）

**◉大坂町奉行**

**東**
水野忠通（若狭守）
平賀貞愛（式部少輔）

**西**
佐久間信近（備後守）

**◉長崎奉行**
肥田頼常（十郎兵衛）
成瀬正定（因幡守）
曲淵景露（勝次郎・甲斐守）

**◉若年寄**
井伊直朗（兵部少輔）
京極高久（備前守・備中守）
堀田正敦（摂津守）
松平乗保（能登守）
植村家長（駿河守）
青山幸完（大膳亮）
小笠原貞温（近江守）
水野忠成（出羽守）

## 江戸で丙寅の火事が発生　三月四日

事件災害

江戸時代二百数十年を通じて「大火」と呼ばれる火災は八十数件発生しているが、なかでも明暦《めいれき》三年（一六五七）、明和《めいわ》九年（安永元、一七七二）、そしてこの文化三年（丙寅《ひのえとら》の火事・車町火事・牛町火事などという）の大火を「江戸三大大火」と呼ぶ。

『武江《ぶこう》年表』によれば、昼九ツ時（異説あり）に芝車町より出火。烈風により大名小路・京橋・日本橋・神田・浅草などに広がっていった。「この間に包まれたる武家町家一字も残る事なし」という有り様であった。

翌五日の昼四ツ時になってようやく鎮火し、その時は大雨が降っていたという。

類焼およそ長さ二里半幅平均七町半。一説によると大名屋敷八十邸あまり、神社仏閣八十あまり、五百三十町あまりが焼失、焼死溺死は一千二百人あまりを数えるという、甚大な被害を出した。

四月四・五・六日に両国回向院において、死者の供養が行われている。

また、度重なる江戸の火災はその住民の気質にも影響を与えたとされ、「宵越しの金を使わぬ」との江戸っ子気質は、繰り返される罹災《りさい》とその復旧工事により、景気が刺激されていたことから生まれたという。

## 水芸、女曲馬が人気

社会世相

この年、京都で評判になった水芸人が、江戸に現れ、評判となる。

演者の体や刀・扇子《せんす》などの小道具から水がほとばしる水芸は、江戸時代初期に始まったとされ、このころになると大掛かりな見世物興行《みせものこうぎょう》となり、「水からくり」や「噴水芸」とも呼ばれた。

また江戸では、両国で三姉妹が曲馬《きょくば》を披露して、喝采《かっさい》を浴びた。「馬芝居」とも呼ばれる曲馬は、室町時代に始まったとされる、馬上における演芸。このころ、興行として盛んに行われるようになった。

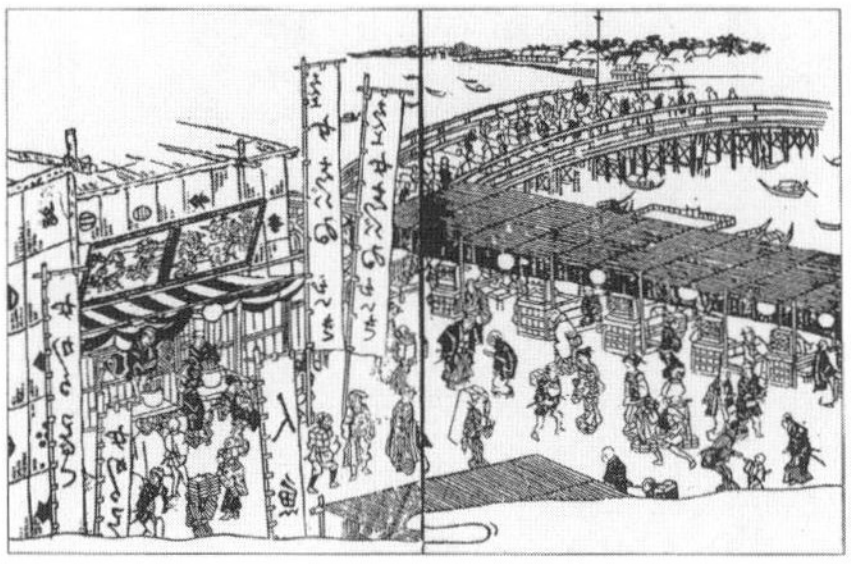

両国見世物屋の女軽業の幟
（『金草鞋』初編）

軽業の見世物屋
（『豆男栄花春』）

ノフの命により樺太の松前藩会所などを襲撃。
**9・20**　喜多川歌麿歿（54）。
**9・22**　幕府、米価下落のため酒造制限令を解除。
**10・8**　幕府、文化6年から3年間の倹約令を発令。
**10・14**　幕府、米価下落のため江戸で買米を実施。
**11・3**　江戸で大火。芝から赤羽まで延焼。
**11・16**　幕府、大坂の豪商ら310人に買米を指示。
**11・23**　琉球の謝恩使、将軍家斉に拝謁。
**11・28**　京都鞍馬寺焼失。再建工事をめぐって、長期にわたる騒動。
**11月**　伊能忠敬、中国地方の測量から帰国。日本全土の測量を終える。
**12・12**　江戸上水道修復。
**この年**　江戸で水芸、女曲馬が人気。

# 1807 文化四年

丁卯

天皇▼光格天皇

将軍▼徳川家斉（第十一代）

【主要幕閣】

◉老中
松平信明（伊豆守）
青山忠裕（下野守）
土井利厚（大炊頭）
牧野忠精（備前守）
安藤信成（対馬守）

◉寺社奉行
阿部正精（主計頭）
大久保忠真（安芸守）
松平輝延（右京亮）
脇坂安董（中務大輔）

◉勘定奉行
柳生久通（主膳正）
小笠原長幸（三九郎・和泉守）
松平信行（兵庫頭）

◉江戸町奉行
北
小田切直年（土佐守）
南
根岸鎮衛（肥前守）

◉京都所司代
阿部正由（播磨守）

◉京都町奉行
東
森川俊尹（越前守）

## 幕府、ロシア船の打払令を発す 十二月九日

政治 経済

ロシア使節が日本人漂流民を護送し、蝦夷に来たのは寛政四年（一七九二）が最初だ。さらに文化元年にはレザーノフが奥州石巻の日本人漂流民を護送して長崎に来航、松平定信《まつだいらさだのぶ》が与えた信牌《しんぱい》（長崎入港の許可証）を見せて通商を求めたが、日本側はこれを拒否。このあたりで幕府はようやく北からの脅威に重い腰を上げ、蝦夷《えぞ》を幕府直轄とし、翌年諸藩にもロシア警戒を命じた。

ロシアからの通商の要求は拒否したものの、貿易の魅力も念頭にある幕府は、来航するロシア船に薪炭《しんたん》・水を給与することは許可していたがこれを廃止、この日、「向後、いづれの浦方にても、おろしや船と見請け候はば厳重に打ち払い、近付き候においては、召し捕り又は打ち捨て、時宜に応じ申すべくは勿論の事候」という、厳しい打払令を発した。レザーノフの部下のロシア船は、しばしば樺太《カラフト》、択捉《エトロフ》などを襲撃し、占領宣言をするなどしていた。

## 加藤民吉、染付焼の磁器を作陶 六月十八日

文化 思想

瀬戸焼の創始者は加藤四郎景正（通称藤四郎）とされていたが、これに異論を突きつけたのが陶芸家加藤唐九郎《とうくろう》だ。唐九郎は『古瀬戸』（昭和八年［一九三三］刊）で、加藤四郎景正は伝説上の人物だと主張。瀬戸窯の磁祖として加藤民吉《たみきち》の名を挙げた。民吉は尾張国春日郡瀬戸村（現、瀬戸市）の大松窯の次男に生まれた。長子でなければ窯が継げなかったため、民吉は享和元年（一八〇一）、名古屋に出て熱田前新田の開拓に携わる。熱田奉行の津金胤臣《つがねたねおみ》は民吉に中国の書物から染付磁器の製法を教え、窯を開かせたが、瀬戸村の反発が激しく、窯を瀬戸村に移す。文化元年三月に九州へ修行に赴いた民吉は、まず天草の皿山に四ヶ月間住み込んで働いた。さらに市ノ瀬村（現、長崎県北松浦郡）の福本仁左衛門に学んだ。この地方は文禄・慶長の役後、朝鮮陶工が有田などに住み付き、磁器生産の中心地となっていたのだ。

陶磁器には四ジャンルあり、陶器が「低中火度・施釉」であるのに対して磁器は「高火度・施薬」が特徴であるが、この当時、有田周辺の窯は陶器から磁器へ転じていた。民吉は有田で染付焼《そめつけやき》の技術と商品の流通についても学んだ。民吉は轆轤師《ろくろし》であり、窯家なのである。

民吉が瀬戸に帰ってきたのが、この日のこと。尾張藩主に磁器を献上し、染付御用達となり、翌五年には一代限りの名字も許された。文政七年（一八二四）七月四日、五十三歳で歿した。

こうして瀬戸地方（現、愛知県瀬戸市を中心とする地域）や美濃地方（現、岐阜県土岐・多治加見・瑞浪・可児市一帯）でも、せともの（瀬戸焼）が陶磁の瀬戸から、磁器の瀬戸へ脱皮し、京・大坂・江戸にも出荷されてゆく。民吉窯は藩の御用達《ごようたし》として今日の盛業の礎《いしずえ》となったとされるのである。

【この年の出来事】

**1月** 曲亭馬琴作・葛飾北斎画『椿説弓張月』前編刊行。
**3・22** 幕府、西蝦夷地を上知。蝦夷地すべてが直轄地となる。
**4・8** 司馬江漢、退隠書画会を開催。
**4・12** 箱館奉行、津軽・南部藩に宗谷警備を指示。
**4・27** アメリカ船、長崎へ来航。薪水を要求。
**4・29** ロシア船、択捉島を襲撃。
**5・18** 幕府、秋田・庄内藩に援軍要請。
**5・21** ロシア船、再び大泊に侵入。
**5・29** ロシア船、利尻島を襲撃。
**5月中旬** 京都・大坂で大雨、洪水。各川堤防崩壊し、白川・鴨川両岸流失。
**6・6** 幕府、若年寄堀田正敦らを蝦夷地防衛総督に任命。
**6・11** 幕府、在府箱館

西
牧野成傑（大和守）
◉大坂城代
松平乗保（能登守）
◉大坂町奉行
東
平賀貞愛（式部少輔）
西
佐久間信近（備後守）
◉長崎奉行
曲淵景露（甲斐守）
松平康英（図書頭）
◉若年寄
井伊直朗（兵部少輔）
京極高久（備前守・備中守）
堀田正敦（摂津守）
植村家長（駿河守）
青山幸完（大膳亮）
小笠原貞温（近江守）
水野忠成（出羽守）

## 永代橋が崩落　八月十九日

事件
災害

この日は深川・富岡八幡宮《とみおかはちまんぐう》の祭礼（本来は十五日だが雨天で十九日に延びた）とあり、江戸および近在より押し寄せた大群集は町内ごとに趣向を凝らした山車《だし》を見るために（練物見物）、永代橋《えいたいばし》を日本橋側から深川側へ進もうとしていた。江戸時代の永代橋（長さ百十間［約二百メートル］、幅三間［約六メートル］）は現在の位置と違い、日本橋北新堀町と深川佐賀町とを結んでいた。昼四時ころのこと。突然、橋の真ん中の橋桁が崩れ落ちて千四百人余りが川に転落、三百余人が水死（水死者には諸説あり）した。それは、川の上流から一橋民部卿斉敦《ひとつばしみんぶきょうなりあつ》（十一代将軍家斉の弟）の屋形船が下がってきたからだとも、霊巌島の出しねりが、橋の東詰まで来たからだともいわれる。死者の遺体は男女老若と分けられて大路に積み置かれ、駆けつけた遺族の悲しみの声が痛々しかったという。

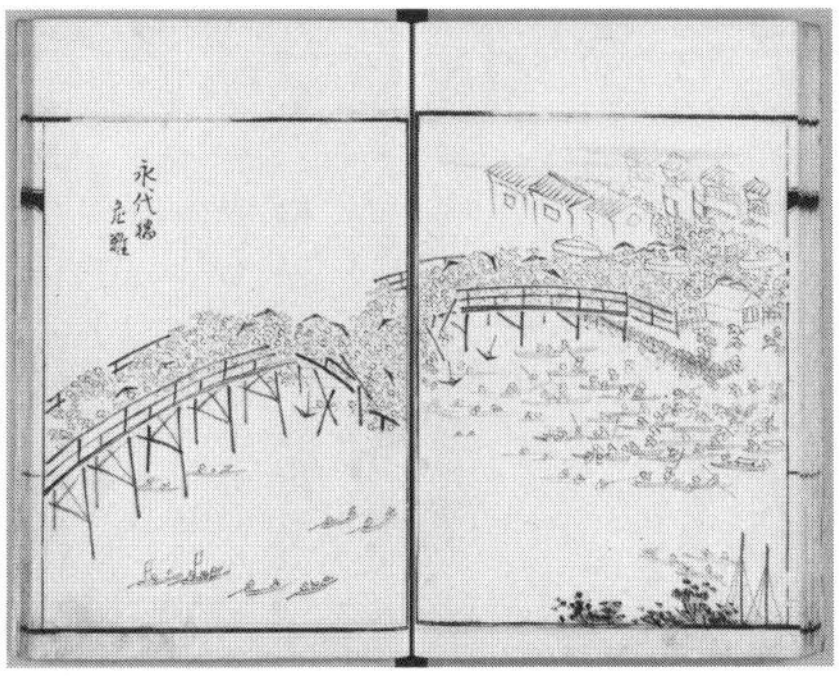

永代橋崩落（『夢の浮橋附録』）

崩落は人の重みだけが原因ではなかったようだ。永代橋は元禄十一年（一六九八）八月一日より開通しており、百十数年経って橋は老朽化していた。無事本懐を遂げた赤穂浪士もこの橋を渡り品川へ向かった。請負師が通行人から橋賃二文（武士・医者・出家・神主の通行料はタダ）を取ってそれを積み立て、橋の建て替え工事を計画中であった。住民に管理を任せていた幕府の政策に大惨事の原因があったとの指摘もある。その後、大川（隅田川）はたびたび出水して人々を困らせたが、以降このような大惨事は起こらなかった。

## 曲亭（滝沢）馬琴『椿説弓張月』前編を完成　一月

社会
世相

曲《きょく》亭《てい》（滝沢）馬琴《ばきん》は江戸深川の旗本用人の子として生まれ、二十四歳で山東京伝《さんとうきょうでん》の弟子となり、戯作者《げさくしゃ》としてのスタートを切ったという変わりだねである。また、これも「画狂人」と称すほどの変わり者だった浮世絵師葛《かつ》飾北斎《しかほくさい》とも不思議な仲であった。大の親友のようだが、ものすごい喧嘩をして、いつしかケロリと仲直りしている。

この年、『南総里見八犬伝《なんそうさとみはっけんでん》』とならぶ馬琴の代表作となる『椿説弓張月《ちんせつゆみはりづき》』の刊行が始まった。黄表紙《きびょうし》から一転し、『保元物語《ほげんものがたり》』に登場する鎮西八郎為朝《ちんぜいはちろうためとも》と琉球王朝開闢《りゅうきゅうおうちょうかいびゃく》の物語である。文化八年にかけて全五篇が刊行された。

挿絵は北斎である。何回も描き直しをさせられた北斎は、絵筆を投げ出しそうになるが、その都度、書肆《しょし》に説得されている。このコンビの扱いに書肆の主人は手慣れていた。別の本では、北斎があまりに馬琴の言うことをきかないので、書肆が別の絵師に代えてしまったこともあるようだ。

奉行を任地に派遣。
**6・29**　京都所司代阿部正由、蝦夷地でのロシア船との騒動について朝廷に報告。
**7・4**　幕府、糧米1万5000石を蝦夷地へ輸送。
**8・2**　幕府、神谷勘右衛門らを国後島、近藤重蔵らを利尻島の巡視に派遣。
**8・19**　江戸深川の永代橋崩落。死者300余人。
**10・4**　川上不白歿(89)。
**10・23**　幕府、先手鉄砲方井上正治を相模・伊豆・房総沿岸の巡視に派遣。
**10・24**　幕府、箱館奉行を廃止、松前奉行を設置。
**11月**　薩摩藩主島津斉宣、近思録党による藩政改革に着手。
**12・1**　柴野栗山歿(74)。
**12・9**　幕府、ロシア船打払いを指示。

# 1808
# 文化五年

## 戊辰

天皇▼光格天皇

将軍▼徳川家斉（第十一代）

【主要幕閣】

◉老中
松平信明（伊豆守）
青山忠裕（下野守）
土井利厚（大炊頭）
牧野忠精（備前守）
安藤信成（対馬守）

◉寺社奉行
脇坂安董（中務大輔）
松平輝延（右京亮）
大久保忠真（安芸守）
阿部正精（主計頭）
酒井忠進（讃岐守）

◉勘定奉行
柳生久通（主膳正）
小笠原長幸（三九郎・和泉守）
松平信行（兵庫頭）
水野忠通（若狭守）

◉江戸町奉行
北 小田切直年（土佐守）
南 根岸鎮衛（肥前守）

◉京都所司代
阿部正由（播磨守）
酒井忠進（讃岐守）

◉京都町奉行
東

### フェートン号事件発生　八月十五日

政治経済

イギリス軍艦フェートン号（艦長フリートウッド・ペリュー）が、この日、オランダ国旗を掲げて長崎港に不法侵入した。これをオランダ船と見た二名のオランダ商館員は、長崎奉行所の検使役二名とともに同艦へ近づく。ところが商館員は拉致《らち》されて人質となり、フェートン号はオランダ国旗を下ろして、代わりにイギリス国旗を掲げたのだった。

当時、オランダはフランスの支配下にあり、その東南アジアの植民地は、敵国であるイギリスに占領されていた。フェートン号の目的も、追いかけてきたオランダ艦を捕獲することだったが、港内には不在と知るや、翌日、人質を楯《たて》に食糧・飲料水を要求した。さらに、聞き入れられなければ、長崎港内に停泊中の船を焼き払うと脅迫する。

長崎奉行の松平康英《まつだいらやすひで》は、オランダ商館員を救おうとするが、フェートン号は大砲や銃で武装され、太刀打ちできそうな相手ではない。仕方なく、オランダ商館長らの説得に従い、要求された品々を用意。フェートン号は人質を釈放して、十七日、長崎港を去った。

奉行の松平は国の威信を傷つけたとして自刃《じじん》。さらに当時、長崎警備を担当していた佐賀藩主の鍋島斉直《なべしまなりなお》は百日の閉門《へいもん》に処せられ、藩士たち数名は責任をとって切腹させられた。この事件によって、オランダ船の扱いが慎重になり、防備体制の強化が図られることになるのである。

### 上田秋成『春雨物語』が成稿　三月

文化思想

上《うえ》田秋成《だあきなり》（東作《とうさく》）は、俳人・歌人・作家・国学者・町医者など多彩な肩書の持ち主で、その業績も多岐にわたる。

大坂に生まれた秋成は、紙・油問屋の養子となり、二十八歳で家業を継いだ。しかし商売にはあまり熱心ではなく、文芸を好み、特に古典に関心が深く、国学を学んだりした。

秋成は、浮世草子《うきよぞうし》の『諸道聴耳世間猿《しょどうききみみせけんざる》』（明和三年〔一七六六〕）や『世間妾形気《せけんてかけかたぎ》』（明和四年）を発表し、作家としてデビュー。三十五歳の時に著した『雨月物語《うげつものがたり》』は、それまでの彼の作品とは全く違う、怪異小説の傑作と評される。五十歳を越えた頃には本居宣長《もとおりのりなが》を相手に、音韻《おんいん》などについて論争したりもした。

七十五歳の時に完成した十巻から成る『春雨物語《はるさめものがたり》』は、ジャンルとしては当時人気だった「読本《よみほん》」に属すが、彼の国学研究の成果を採り入れたものという。内容は日本の古代に材を求めた「血かたびら」「天津処女《あまつをとめ》」といった歴史

上田秋成

【この年の出来事】

**1・25** 伊能忠敬、幕命により畿内・四国の測量に出発。
**1月** 幕府、仙台・会津藩に蝦夷地警備を指示。
**2・2** 初代並木五瓶歿（62）。
**2・6** 幕府、長崎通詞6人に、オランダ商館長ドゥーフからフランス語を学ばせる。
**2・30** 幕府、近藤重蔵を書物奉行に任命。
**3月** 上田秋成『春雨物語』完成。
**4・5** 薩摩藩、荻生徂徠学を禁止。
**4・9** 幕府、浦賀奉行岩本正倫に砲台設置についての検分を指示。
**4・13** 間宮林蔵・松田伝十郎、樺太探検に出発。樺太が島であることを発見。
**5・25** 書物奉行近藤重蔵、異国船船標を板行したとして出仕停止処分。
**6・15** 薩摩藩で、島津重豪による近思録派の粛

森川俊尹（越前守）
小長谷政良（和泉守）
西
牧野成傑（大和守）
◉大坂城代
松平乗保（能登守）
◉大坂町奉行
東
平賀貞愛（式部少輔）
西
佐久間信近（備後守）
斎藤利道（伯耆守）
◉長崎奉行
曲淵景露（甲斐守）
松平康英（図書頭）
◉若年寄
井伊直朗（兵部少輔）
京極高久（備前守・備中守）
堀田正敦（摂津守）
植村家長（駿河守）
青山幸完（大膳亮）
小笠原貞温（近江守）
水野忠成（出羽守）
水野忠韶（壱岐守）

物語系と、当時実際に起こった恋愛・仇討ちといった事件などに取材した「二世の縁」「死首《しくび》の咲顔《えがお》」などの本格的物語系に分類される。

文化六年（一八〇九）六月二十七日、京都で歿す。享年七十六歳。

## 薩摩藩で粛清事件が起こる　六月十五日

事件
災害

薩《さっ》摩《ま》藩《はん》（七十七万石）の八代藩主島津重豪《しまづしげひで》は、進取の気性に富み、「蘭癖《らんぺき》」と呼ばれるほど蘭学《らんがく》を好んだ。藩徹底した倹約《けんやく》を行なう半面、積極的な開化策をとる。藩校の造士館《ぞうしかん》・演武場・医学館・明時館《めいじかん》（薩摩暦《さつまごよみ》を発行）などを設立したのも重豪だった。

ところが天明七年（一七八七）一月、四十三歳で重豪が隠居するや、跡を継いだ斉宣《なりのぶ》は家老に樺山主税《かばやまちから》や秩父太郎《ちちぶたろう》ら「近思録派《きんしろくは》」の一党を登用して、徹底した緊縮政策に舵を切った。

自分の施策が壊されたと激怒した重豪は、斉宣を隠居させ、樺山・秩父らの一派五十人ほどに切腹や遠島《えんとう》を命じた。これが「近思崩れ」と呼ばれる粛清《しゅくせい》事件だ。そして重豪は八十九歳で歿するまで、藩の実権を握り続けたのである。

## 間宮林蔵、間宮海峡を発見　四月十三日

社会
世相

間《ま》宮林蔵《みやりんぞう》は、常陸筑波郡《ひたちつくばぐん》上平柳村の出身で、幼少の頃から数学的才能に優れ、十代の半ばに江戸へ出て地理学を学ぶ。寛政十一年（一七九九）四月、幕府役人に従って蝦夷地《えぞち》（北海道）に初めて渡り、同十二年八月、蝦夷地に来ていた伊能忠敬《いのうただたか》に入門し、測量術を学んだ。さらに同年、蝦夷地御用雇《ごようやとい》となる。

享和二年（一八〇二）十月、病《やまい》のために辞職したが、同三年四月に復職。東蝦夷地および国後《くなしり》・択捉《えとろふ》の測量を進めたが、文化四年（一八〇七）四月に択捉島でロシアの攻撃に遭遇して、会所を放棄し箱館《はこだて》へ逃げ帰る。そのため幕府の取り調べを受けたが、咎《とが》められずに済んだ。

続いて翌文化五年、幕府の命によって松田伝十郎《まつだでんじゅうろう》と樺《から》太島《ふととう》に渡り、この日、探検の末に樺太が離島であることを確認する。その結果を松前奉行《まつまえぶぎょう》と幕府天文方《てんもんかた》に報告し、同年七月には、再調査のため単身樺太へ渡った。翌文化六年五月、西海岸の北端まで至り、さらに大陸へ渡って、清《しん》国の官吏と応接して帰国する。この探索によって、樺太は島だと再確認され、さら樺太・大陸間の海峡の様子が明らかとなった（後年、シーボルトによって間宮海峡《まみやかいきょう》としてヨーロッパに紹介される）。これは地理上、極めて重要な発見となった。

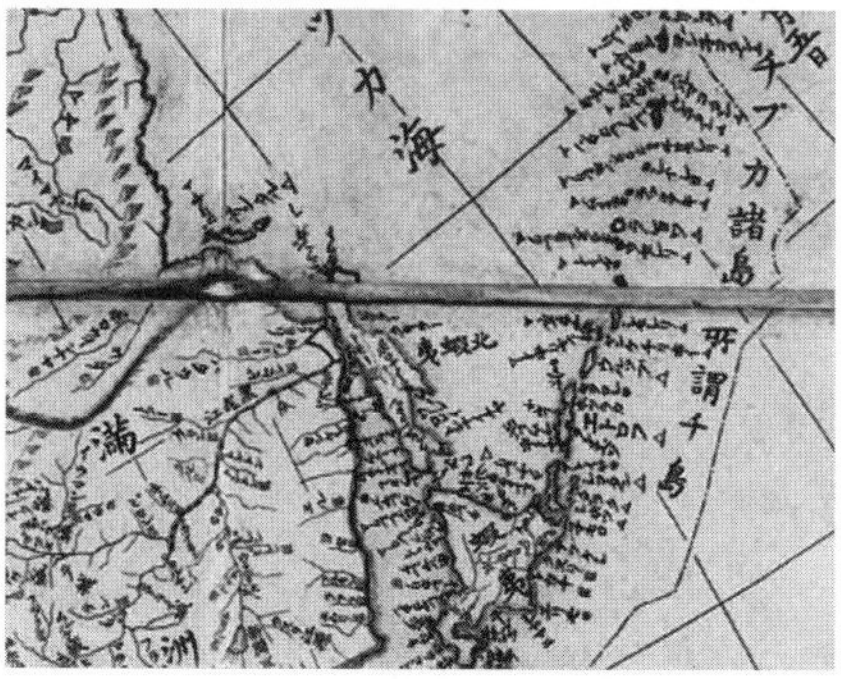

間宮の探検の成果が生かされたとされる
文化13年刊行の『新訂万国全図』の部分

その後、間宮は蝦夷島内の各地を測量したり、異国船渡来の風聞を内偵すべく東北の海岸通りを往来したり、伊豆諸島を探索したりして、天保十五年（一八四四）二月二十六日、江戸で歿した。享年七十歳。

清事件発生。
**6・17** 関東で大雨、洪水。
**6月** 幕府、米価高騰のため、旗本に借米を許可。
**7・13** 間宮林蔵、再度樺太探検へ出発。
**7・25** 諸国で大風雨。江戸および近国で洪水。
**8・15** イギリス軍艦フェートン号、オランダ商館員を拉致。薪水を要求（フェートン号事件）。
**8・17** フェートン号出航。長崎奉行松平康英が自害（41）。
**9・2** 加藤千蔭歿（74）。
**9・18** 幕府、女浄瑠璃の禁止を再令。
**9月** 幕府、長崎で砲台を修築。
**11・10** 幕府、佐賀藩主鍋島斉直を長崎警備を怠ったとして逼塞処分。
**12・18** 幕府、南部・津軽藩に蝦夷地警備を指示。
**12月** 幕府、江戸の薬種問屋2組以外の薬種直取引を禁止。

**【主要幕閣】**

**◉老中**
安藤信成（対馬守）
牧野忠精（備前守）
土井利厚（大炊頭）
青山忠裕（下野守）
松平信明（伊豆守）

**◉寺社奉行**
脇坂安董（中務大輔）
松平輝延（右京亮）
大久保忠真（安芸守）
松平乗寛（和泉守）

**◉勘定奉行**
柳生久通（主膳正）
小笠原長幸（三九郎・和泉守）
松平信行（兵庫頭）
水野忠通（若狭守）

**◉江戸町奉行**
**北**
小田切直年（土佐守）
**南**
根岸鎮衛（肥前守）

**◉京都所司代**
酒井忠進（讃岐守）

**◉京都町奉行**
**東**
小長谷政良（和泉守）

## 『徳川実紀』を起稿　二月

政治経済

初代家康より十代家治《いえはる》までの江戸幕府将軍家の動静を中心に施策・施設・行事・人事・行政など、広範囲にわたって編年体で記した幕府撰の徳川家正史を『徳川《とくがわ》実紀《じっき》』と呼ぶが、この書名が付いたのは明治以降で、当初は『御実紀』と呼ばれていた。

寛政十一年（一七九九）、林大学頭《はやしだいがくのかみ》（述斎《じゅっさい》）が編纂を具体的に提唱する。

そしてこの月、林の総括下、奥儒者《おくじゅしゃ》の成島司直《なるしまもとなお》が編集主任となり、もっぱら執筆を担当した。成島の邸が編纂所になっていたという。

幕府に残された史料を、できるだけ主観を挟まず、忠実に記載する方針をとっているので、史料的価値が高い。ただし、明暦以前の直接記録の多くが焼失していたので、この点に関しては二次史料に頼ることが多かったといわれる。天保十四年（一八四三）十月に完成して、献上された。

ところがこの天保十四年に、司直が突如、隠居慎を命じられて、編纂所は昌平坂学問所《しょうへいざかがくもんじょ》に移されてしまった。そして、十一代家斉《いえなり》から十五代慶喜《よしのぶ》（慶応四年〈一八六八〉閏四月まで）までの、いわゆる『続《しょく》徳川実紀』の編纂が続けられたが、完成には至らなかった。

なお、『徳川実紀』『続徳川実紀』ともに、現在では「続国史体系」の中に収録されており、活字で読むことができる。

『徳川実紀』

## 式亭三馬『浮世風呂』の前編を出版　一月

文化思想

この月、銭湯での日常会話を通して、庶民の暮らしぶりをリアルに再現した滑稽本《こっけいぼん》の傑作『浮世風呂』の前編が出版された。

作者の式亭三馬《しきていさんば》は、板木師《はんぎし》の子として江戸に生まれ、九歳から十七歳まで書肆翫月堂《しょしがんげつどう》へ奉公に出された。

寛政年間（一七八九—一八〇一）に書肆蘭香堂《らんこうどう》の婿養子となるが、妻が早世して離縁。この間、本屋の商売と戯作《げさく》の両方に従事する。

式亭三馬

のちに再婚して、文化七年には本町二丁目へ転居し、「仙方延寿丹《せんぽうえんじゅたん》（のぼせ引さげ、淡咳に即効あり。賢脾胃の強精薬）」売薬店を開いた。さらに翌年

**【この年の出来事】**

**1月** 幕府、松前・津軽沿岸に烽火台を設置。
**1月** 幕府、江戸伊勢町に米商会場を設置。
**1月** 式亭三馬『浮世風呂』前編刊行。
**2・25** 幕府、オランダ通詞にロシア語・英語の習得を指示。
**2・29** 菱垣廻船十組問屋、永代橋など三橋の普請を引き受け、三橋会所を設立。
**2月** 幕府、三大橋の渡橋銭徴収を廃止。
**2月** 『徳川実紀』の編纂開始。
**3・16** 幕府、江戸絵図改正のため屋敷名の提出を指示。
**6・21** 桂川甫周歿(56)。
**6・29** オランダ商館長ヅーフ、長崎奉行に英仏戦争などについて報告、海岸防備の必要について助言。
**6月** 幕府、樺太を北蝦夷地と改称。
**7・11** 間宮林蔵、東韃

**西**
牧野成傑（大和守）
**◉大坂城代**
松平乗保（能登守）
**◉大坂町奉行**
**東**
平賀貞愛（式部少輔）
**西**
斎藤利道（伯耆守）
**◉長崎奉行**
曲淵景露（甲斐守）
土屋廉直（紀伊守）
**◉若年寄**
井伊直朗（兵部少輔）
堀田正敦（摂津守）
植村家長（駿河守）
小笠原貞温（近江守）
水野忠成（出羽守）
水野忠韶（壱岐守）

には、おしろいのはげぬ薬（化粧水）「江戸の水」を新製して発売。当時は薄化粧が粋《いき》とされていたが、それに合うと評判になった。

以後、戯作者と売薬店の主というユニークな生活スタイルは変わ

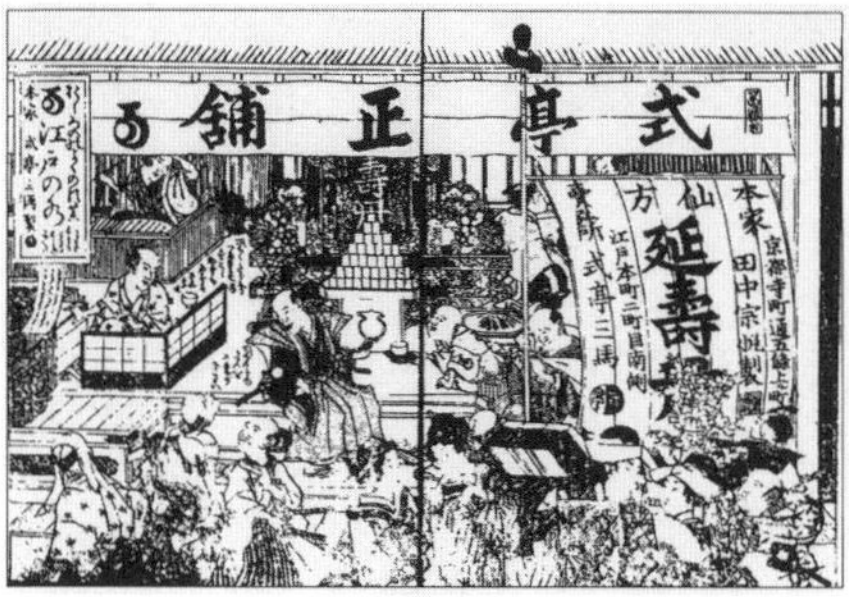

式亭三馬の薬舗『江戸水福噺』

『浮世風呂』

ることなく、文政五年（一八二二）閏一月六日、四十七歳で歿した。ほかの著作には『天道浮世出星操《てんどううきよのでづかい》』『雷《いかずち》太郎強悪物語《たろうごうあくものがたり》』『浮世床《うきよどこ》』『客者評判記《かくしゃひょうばんき》』『四十八癖《しじゅうはちくせ》』などが知られる。

## 三橋会所を設立　二月二十九日

事件災害

永《えい》代橋《たいばし》・新大橋・大川橋（吾妻橋《あづまばし》）という、大川筋三橋の架け替えや修復の請け負いを菱垣廻船《ひがきかいせん》積問屋仲間が願い出たところ、この日、会所の設立が許可された。

頭取《とうどり》は、もと飛脚《ひきゃく》問屋の大坂屋茂兵衛こと杉本茂《すぎもともじゅう》十郎《ろう》である。

真の目的は、大坂から江戸への「下《くだ》り」の商品輸送を行なう菱垣廻船の再興と、それらの商品を扱う問屋仲間の利益を図ることにあった。

問屋としての特権保護を望み、三橋会所《さんきょうかいしょ》を通じて、毎年一万二百両の冥加金《みょうがきん》が幕府へ納められるシステムを作ったりしたが、幕府の政策に協力して江戸・大坂で買米《かいまい》を行なったために、大きな損失を出してしまう。そして文政二年（一八一九）、幕府の命により廃止となった。

## 十二代家慶と楽宮が婚礼　十二月一日

社会世相

十一代家斉は側室を四十人も抱え、男子二十八人、女子二十七人の子女をもうけたといわれるが（数については異説あり）、兄たちが早世したために四男の家慶《いえよし》（幼名は敬次郎《けいじろう》、母は押田勝次郎の娘楽子）が世子となった。

享和三年（一八〇三）九月、家慶と有栖川宮織仁親王《ありすがわのみやおりひとしんのう》の第六皇女喬子《たかこ》（楽宮《らくのみや》）との婚約が決まる。幕府の希望によって、喬子は十歳で江戸へ下って、以後、婚儀までの五年間を江戸城西の丸で過ごした。

二人の婚儀は盛大に行なわれた。その後、一男二女をもうけたが、いずれも早世している。ちなみに家慶が将軍職に就くのは天保八年（一八三七）四月のこと。だが父家斉は将軍職を辞しても依然として権力を持ち続け、家慶が政治上の指導力を発揮することは困難だった。いわゆる「大《おお》御所時代《ごしょじだい》」である。家斉没後の天保十二年（一八四一）に、家慶は信任する水野忠邦《みずのただくに》を老中主座とし、天保の改革を断行することになる。

なお、喬子は天保十一年（一八四〇）に四十六歳で、家慶は嘉永六年（一八五三）に六十一歳で歿している。

靼のデレンに到着。海峡を発見（間宮海峡）。
**7月**　高橋景保、伊能忠敬の測量資料などをもとに『日本輿地図』を編集。
**8・27**　伊能忠敬、幕命により九州沿岸の測量に出発。
**9・18**　間宮林蔵、宗谷に帰還。
**9・21**　小姓組大草公弼、新編『南山巡狩録』を幕府に献上。
**11・11**　幕府、朝鮮通信使来聘により、対馬藩に3万両を貸与。
**11・26**　上田秋成歿（78）。
**12・1**　有栖川宮織仁親王の娘楽宮、将軍家斉の世子家慶に降嫁。
**12・5**　信濃国幕領などの百姓、紙問屋の専売に反対して打ちこわし（紙問屋騒動）。
**12・24**　水戸藩主徳川治紀、『大日本史』を幕府に献上。
**この年**　諸国で豊作。

【主要幕閣】

◉老中
松平乗保（能登守）
松平信明（伊豆守）
青山忠裕（下野守）
土井利厚（大炊頭）
牧野忠精（備前守）
安藤信成（対馬守）

◉寺社奉行
阿部正精（主計頭）
有馬誉純（左兵衛佐）
松平乗寛（和泉守）
大久保忠真（安芸守）
松平輝延（右京亮）
脇坂安董（中務大輔）

◉勘定奉行
柳生久通（主膳正）
小笠原長幸（三九郎・和泉守）
松平信行（兵庫頭）
水野忠通（若狭守）
肥田頼常（豊後守）
永田正道（備後守）

◉江戸町奉行
北 小田切直年（土佐守）
南 根岸鎮衛（肥前守）

◉京都所司代

## 幕府御金改役の不正が発覚　八月十一日
政治経済

後《ご》藤庄三郎《とうしょうざぶろう》は、幕府の御金銀改役《ごきんぎんあらためやく》である。初代の庄三郎光次《みつつぐ》（もと橋本庄三郎。遠江《とおとうみ》出身）は彫金師後《ご》藤徳乗《とうとくじょう》の弟子で、徳川家康《いえやす》に仕えて、金座《きんざ》を統轄。金貨の鋳造や鑑定などを行った。また、銀座《ぎんざ》の設立にもかかわった。それから同家は代々「庄三郎」を称す。ただし、金貨への刻印は、幕末まで初代庄三郎の名で打たれた。

世襲制ではあったが、養子縁組が多く、嫡子《ちゃくし》と思われるのは七代、八代、十代、そして十一代のみとされる。二代は徳川家康のご落胤《らくいん》との説もある。

ところが、十一代の庄三郎光包《みつかね》の時に不正が発覚し、伊《い》豆三宅島《ずみやけじま》に遠島流罪《るざい》となって二百年続いた同家は断絶。それと共に、かねてから非行のため永蟄居《えいちっきょ》となっていた十代の庄三郎光暢も、梟首《きょうしゅ》された。『武江年表』には「八月十一日、後藤庄三郎一件御仕置済、同十二日、後藤三右衛門金座改役仰せ付けらる。是は銀座年寄なり」とある。

## 八隅蘆庵『旅行用心集』を出版　六月
文化思想

はじめて出た旅行の手引書という。序文によれば著者の八隅蘆庵《やすみろあん》は、若いころから旅行好きで、各地に出かけていた。それを知っている知人たちが、旅行に出かけるさいに、いろいろと質問して来る。蘆庵はそのたびに紙に書いて渡していたが、年をとって面倒になったため、旅の助けになるようなことを小冊子にしてまとめ、印刷するのだと述べている。

『旅行用心集』

こうして出版された『旅行用心集』には、貧富にかかわりなく、健康で旅が出来ることはこの上なく幸いなことだとし、旅の心得を次のように説く。

たとえ家来を連れていても、股引《ももひき》や草履《ぞうり》を履くなどのことは、自分ですること。食事に不満があっても、文句を言わず食べること。土地によっては習慣の違いから、気に食わない扱いを受けることがあるかも知れないが、心得ておくこと。

他にもいくつか例を挙げているが、ともかく蘆庵は旅を、物見遊山《ものみゆさん》ではなく、さまざまな苦労に堪える、「人生修行」であると考えていたようだ。こうした本が出たというのは、庶民の間にも旅を楽しむ人々が増えたということだが、一方、危機管理についても述べられており、旅の安全は自分で守らなければならなかったことも分かる。

## 男鹿半島で大地震　八月二十七日
事件災害

この日午後二時ころ、直下型、マグニチュード6・5の大地震が出羽国、男鹿《おが》半島を襲った。特に、半島

【この年の出来事】

**1・1**　佐渡で大地震。その後も断続。
**1・27**　小野蘭山歿(82)。
**2・26**　幕府、白河・会津藩に相模・安房国の沿岸警備・砲台設置を指示。
**3・24**　江戸で大火。芝泉岳寺から出火し、死者1210人。
**3月**　天文方高橋景保、『新訂万国全図』を作成。
**4月**　幕府、山田藩発行の銀札を1年間で新札に交換するよう指示。
**5・18**　幕府、湯屋惣代の請願により湯屋組合結成を許可。
**6・5**　木喰五行上人歿(93)。
**6月**　八隅蘆庵、『旅行用心集』刊行。
**6月**　幕府、西国での福井作右衛門の印のない枡の使用を禁止。
**8・11**　幕府御金改役の後藤庄三郎の不正発覚。
**8・27**　出羽男鹿半島で大地震。
**9月**　幕府、諸国に河川

酒井忠進（讃岐守）

**◉京都町奉行**

**東**　小長谷政良（和泉守）

**西**　牧野成傑（大和守）

**◉大坂城代**

松平乗保（能登守）
大久保忠真（安芸守）

**◉大坂町奉行**

**東**　平賀貞愛（式部少輔）

**西**　斎藤利道（伯耆守）

**◉長崎奉行**

曲淵景露（甲斐守）
土屋廉直（紀伊守）

**◉若年寄**

井伊直朗（兵部少輔）
堀田正敦（摂津守）
植村家長（駿河守）
小笠原貞温（近江守）
水野忠成（出羽守）
水野忠韶（壱岐守）

の南側の被害が大きかったとされる。

四月ころより鳴動があり、六月中旬から地震が発生していた。七月の終わりには一日に七十回くらい地震が起こったという。前夜である二十六日の日暮れ、太陽が二つ現れたとの記録がある。真の光（太陽）は海に落ちてゆく一方、もうひとつは赤神《あかがみ》山嶺にかかり、海の彼方《かなた》に沈んだという。そのあと、赤神山嶺の紫の光はいよいよ明るさを増し、大地震の雲気が現れた。

三河出身の紀行家として知られた菅江真澄《すがえますみ》（五十七歳）も、男鹿半島を旅行中に大地震に遭遇。軒は傾き、人々は外に逃げ惑い、泣き叫んでいたなどと「男鹿の寒風」に記録している。真澄は、現在の秋田県男鹿市にある寒風山《かんぷうざん》（標高三五五メートル、成層火山）にうす霧が立ち込んでいるとし、ここが震源地と考えたようだ。山頂にあった九輪の塔は崩れ去った。十月になると、寒風山の麓に犠牲者を慰霊する卒塔婆《そとば》が立てられていたという。一説によると被害は死者五十七（百六十三とも）、負傷者百十六。家屋は全壊（寺院を含む）一千三、半壊四百、大破三百八十七、焼失五となっている。

なお、この地は久保田藩（秋田藩）の領地だ。九代藩主の佐竹義和《さたけよしまさ》は当時江戸に在った。

久保田藩の江戸藩邸から幕府に出された報告によると、大地震のさい寒風山が噴火したという。ところが提出された文書には被害や噴火の詳細が述べられていない。しかも噴火による堆積物も見つからないため、農作物の被害を水増しするため、虚偽の報告を行ったとされている。

## 甲斐国で木喰五行上人歿　六月五日

社会世相

木《もく》喰戒《じきかい》とは火食《かしょく》を断ち、米や麦などの五穀をとらず、それ以外の木の実や山菜で生命をたもつという、厳しい修行である。九十日の修行の後は常人の食物に戻れるのだが、そのまま一生木喰行《もくじきぎょう》を続ける者もいた。「微笑《みしょう》仏《ぶつ》」と呼ばれる、人間味あふれる仏像を各地に残し、造仏《ぞうぶつ》聖《ひじり》として知られる木喰五行上人《もくじきごぎょうしょうにん》は、一生この行を続けたとされる。かれは甲斐国西八代郡《かいのくににしやつしろぐん》古関村の生まれで、二十二歳で出家。四十五歳の時、木喰戒を受けた。さらに五十六歳の安永二年（一七七三）、廻国《かいこく》の本願を発して相州《そうしゅう》大山寺を発ち、秩父札所《ちちぶふだしょ》をはじめ関東一円、東北各地を巡ったのち、蝦夷《えぞ》（北海道）に渡り、江差《えさし》に二年間滞在。六十二歳のこの時、造仏に目覚めたようで、地蔵菩薩《じぞうぼさつ》像はじめ数体を刻んだ。それから一千体の仏像を彫ると、心に誓う。

のち関東各地、信州《しんしゅう》、越後《えちご》をまわって佐渡《さど》に渡り、二年滞在。美濃《みの》、尾張《おわり》、飛驒《ひだ》、越中《えっちゅう》、さらには備前《びぜん》から四国に渡り、八十八カ所を巡る。九州に上陸し、日向国分寺《ひゅうがこくぶんじ》の住職となったのが、七十一歳の時のこと。ところがこの寺は、住職になって三年目に火災で焼けてしまい、責任を感じた木喰は七年かけて再建のため尽くし、みずからは巨大な五智如来《ごちにょらい》像を刻んだ。寛政九年（一七九七）四月、未踏の地をめざし八十歳で再び全国行脚《あんぎゃ》の途に上る。長門《ながと》、周防《すおう》、二度めの四国巡礼、越後、丹羽《にわ》などを巡ったが、九十歳の時には念願の一千体仏を完成させたとされる。そして故郷に近い旅先の寺で、九十三歳の生涯を閉じたという。

木喰仏は大正時代の末、民芸運動指導者の柳宗悦《やなぎむねよし》により再発見され、高く評価され今日に至る。

浚渫を指示。
**9月**　幕府、薩摩藩に長崎会所での琉球貿易品販売を許可。
**9月**　幕府、米価下落により旗本への俸米を現金支給に変更。
**10・13**　薩摩藩、琉球産物8種を長崎へ廻送。
**10月**　幕府、豊作のため諸大名に籾1万石につき1000俵、米500俵の囲籾を指示。
**11・22**　摂津御影村加納屋の歓喜丸出航。紀伊沖で漂流（翌年閏2月7日、カムチャツカの無人島に漂着）。
**11月**　幕府、貯米を口実とした金銀流通の停滞を禁止。
**12・1**　水戸藩主徳川治紀、『大日本史紀伝』を朝廷に献上。
**この年**　杉田玄白・前野良沢、江戸参府のオランダ商館長ドゥーフと会談。
**この年**　間宮林蔵『北蝦夷図説』完成。
**この年**　高橋景保『新訂萬国全図』完成。

【主要幕閣】
◉老中
牧野忠精（備前守）
土井利厚（大炊頭）
青山忠裕（下野守）
松平信明（伊豆守）
松平乗保（能登守）
◉寺社奉行
脇坂安董（中務大輔）
松平輝延（右京亮）
松平乗寛（和泉守）
有馬誉純（左兵衛佐）
阿部正精（主計頭）
◉勘定奉行
柳生久通（主膳正）
小笠原長幸（三九郎・和泉守）
松平信行（兵庫頭）
肥田頼常（豊後守）
永田正道（備後守）
有田貞勝（播磨守）
◉江戸町奉行
北
小田切直年（土佐守）
永田正道（備後守）
南
根岸鎮衛（肥前守）
◉京都所司代
酒井忠進（讃岐守）

## 最後の朝鮮通信使が対馬へ来日
五月二十二日

政治経済

朝鮮国王が、日本の足利《あしかが》・豊臣《とよとみ》・徳川《とくがわ》の武家政権に対して派遣した外交使節団である朝鮮通信使《ちょうせんつうしんし》は、「報聘使《ほうへいし》」「回礼使《かいれいし》」「通信使」「通信官」「敬差官」などともいう。

江戸時代の朝鮮通信使は、将軍の代替わりごとに慶賀《けいが》のために来日して、両国間の友好を深めた。一行は総勢三百人から五百人の大人数で、海路を対馬《つしま》に入ったのち、壱岐《いき》、藍島《あいのしま》を経て瀬戸内海を通り、大坂に上陸。京都からは東海道を下って江戸へと向かった。江戸へ着くと、吉日《きちじつ》を選び、城中大広間《おおひろま》において諸大名列席のもとで聘礼《へいれい》の儀が行なわれ、将軍に謁見《えっけん》し、国書を交換した。

沿道の諸藩は、警護や饗応《きょうおう》で膨大な出費を強いられたが、文人や学者、医者などにとっては最先端の朝鮮文化に触れ、間接的に中国文化を知る好機でもあった。

十二回目となる今回、朝鮮側の使者は、正使が金履喬、副使が李勉求で、総勢は三百二十八人といわれる。家斉《いえなり》の将軍襲職祝賀が来日の理由だった。

しかし、家斉が十一代将軍の座に就いたのは天明七年（一七八七）であり、本来なら三年以内に通信使がやって来たはずである。にもかかわらず、老中松平定信《まつだいらさだのぶ》が対馬藩を通じて朝鮮側と交渉し、対馬での聘礼交換（易地聘礼《えきちへいれい》）にしたいと申し入れて、延期させていたのだ。幕府の財政が悪化したためというのが理由だが、その裏には朝鮮蔑視の高まりがあったとされる。そして、対馬で聘礼交換を済ませた今回が、最後の朝鮮通信使となった。その後、再興交渉と延聘とが繰り返されている内に、幕府が崩壊してしまう。

この時、近藤子文が対馬で描いた通信使の人物図の模本「朝鮮通信使人物図」（東京国立博物館蔵）を見ると、正使の金履喬は立派な髭をたくわえ、赤い朝服《ちょうふく》（正服）に身を正した堂々たる姿であったことがわかる。

## 阿呆陀羅経が流行する

文化思想

「あほだら（阿呆陀羅）」とは、上方《かみがた》では「あほう」の強調語だ。

あほだら経は、この頃、大坂の願人坊主《がんにん》（修行を積んだわけでもなく、資格もない、いわゆる「乞食坊主」）が街頭で演じたり、門付《かどづけ》で歌ったのが始まりという。さらに、江戸でも人気を呼んだ。

社会風刺を兼ねた俗謡《ぞくよう》の一種で、「ないない尽くし」などが有名。中には痛烈な政治批判も含まれていた。

小さな木魚《もくぎょ》二個を叩いたり、扇子《せんす》で拍子を取ったりしながら、七七調か八八調で経《きょう》

阿呆陀羅経（『東京風俗志』）

【この年の出来事】
**2・11** 江戸で大火。市谷念仏坂から出火し、四谷・赤坂・麻布・赤羽まで延焼。
**2・13** 村田春海歿（66）。
**3・1** 幕府、諸役に倹約に関する意見書提出を指示。
**5・22** 朝鮮通信使、対馬へ到着（最期の通信使となる）。
**5・27** 南部藩、国後島に上陸・略奪を行なったロシア人らを攻撃。
**5月** 幕府、天文方に蛮書和解御用掛を設置。大槻玄沢ら、『厚生新編』の翻訳開始。
**6・4** 松前奉行支配調役奈佐政辰、ロシア艦長ゴローニンら8名を捕縛。
**7・2** ゴローニンら、箱館に拘禁。
**8・25** ゴローニンら、松前に移送。
**8月** 幕府、刺墨を禁止。
**9月** 幕府、蝦夷地奉行所に目安箱を設置。
**10・15** ゴローニンら、

**◉京都町奉行**
**東** 小長谷政良（和泉守）
**西** 牧野成傑（大和守）
三橋成方（飛騨守）
**◉大坂城代**
大久保忠真（安芸守）
**◉大坂町奉行**
**東** 平賀貞愛（式部少輔）
**西** 斎藤利道（伯耆守）
**◉長崎奉行**
曲淵景露（甲斐守）
土屋廉直（紀伊守）
**◉若年寄**
井伊直朗（兵部少輔）
堀田正敦（摂津守）
植村家長（駿河守）
小笠原貞温（近江守）
水野忠成（出羽守）
水野忠韶（壱岐守）

文訓読《もんくんどく》を真似て歌う。浪花節《なにわぶし》の原型ともいわれる。明治以後も、上方の落語家によって継承された。

## ロシア船艦長のゴローニンを逮捕、幽閉　六月四日

事件災害

幕府の松前《まつまえ》奉行配下の役人が、この日、南千島《みなみちしま》の国後島《くなしりとう》に上陸して測量していたロシア船ディアナ号のゴローニン艦長（海軍中佐）ら八名を捕らえた。そして松前に護送したのち、箱館《はこだて》の獄に投じた。その後、ゴローニンは脱走したが数日で捕らえられ、再び獄に投じられている。

ロシアの海軍軍人であるゴローニンは、一八〇一年から六年までイギリス海軍に派遣され、フランスとの海戦に従軍した。帰国後は、ディアナ号の艦長となって世界周航に出て、クリル諸島の測量を行なう。ケープタウン（喜望峰《きぼうほう》）で抑留されたが、脱走してカムチャッカで二冬を過ごした。なかなか波乱に満ちた経歴の持ち主である。

ディアナ号副艦長のリコルドはロシアへ帰り、文化九年に艦長となって再び来日。八月に国後島で、数名の日本人漂流民との交換を条件に、ゴローニンらの返還を求めたが、日本側はゴローニンを処刑したとして（実際は処刑していない）、これを断った。

交渉に失敗したリコルドは、報復として帰国途中に高田《たかだ》屋《や》嘉兵衛《かへえ》の観世丸《かんぜまる》を拿捕《だほ》してカムチャッカへ帰った。

ゴローニンが解放されたのは二年三ヶ月後の文化十年九月二十六日のことで、嘉兵衛との交換だった。解決の背景には嘉兵衛の尽力があったといわれている。

翌文化十一年、ゴローニンはカムチャッカを経て、ペテルブルグへ帰った。その著書『日本幽囚記《にほんゆうしゅうき》』（一八一六年刊）は、世界各国で翻訳され、読まれている。のちにゴローニンは、海軍主計総監《しゅけいそうかん》に任じられ、海軍中将へと進み、ロシア海軍の建設に貢献する。一八三一年、五十五歳でコレラのために歿した。

## 刺青禁止令が公布される　八月

社会世相

江戸や大坂といった大都市では、犯罪が頻発したため、町人の罪人に対して入墨刑《いれずみけい》を行なうようになった。また遊女などが、馴染みの客の名を「〇〇命」などと彫り込むこともあった。

それらが明和年間（一七六四―七二）以後、身体装飾として浮世絵《うきよえ》の技法なども採り入れながら発展し、この頃に流行は極《きわ》みに達した。

博徒《ばくと》・火消し・鳶《とび》・飛脚《ひきゃく》など肌を露出する機会の多い者たちは、刺青《いれずみ》がなければ恥とされるほどだったという。

幕府は何度か禁止令を出すのだが、効果は薄かった。その影響はついに武家社会にまで及び、旗本や御家人の次男や三男などで刺青をする者が出てきたのである。

「遠山の金さん」で知られる江戸町奉行の遠山景元《とおやまかげもと》は、背中から二の腕にかけて桜吹雪（女の生首とも）の刺青があったというが、確たる史料が残っているわけではなく、虚構との説もある。

芝居が刺青の流行を後押しした（『水滸伝』）

帰国嘆願書を提出。
**11・25** 伊能忠敬、幕命により屋久島・種子島・九州北部の測量に出発。
**12・1** 医師大槻玄澤ら、将軍家斉に謁見。
**12・15** 幕府、翌年から5年間の倹約令の発令。
**12・17** 幕府、富突に類似した影富などを禁止。
**12・18** 幕府、自普請奨励のため、諸国に河川国役普請の出願を制限。
**12・25** 幕府、対馬藩に朝鮮通信使礼聘に対する恩賞を与える。
**この年** 江戸三橋会所、米価引き上げのため江戸・大坂で買米を実施。
**この年** 雷電為右衛門、引退。
**この年** 大坂・江戸で阿保陀羅経が流行。
**この年** 伊能忠敬、甲州街道を測量し、江戸へ戻る。

# 1812

# 文化九年

## 壬申

**天皇▼光格天皇**

**将軍▼徳川家斉**（第十一代）

**【主要幕閣】**

**◉老中**
牧野忠精（備前守）
土井利厚（大炊頭）
青山忠裕（下野守）
松平信明（伊豆守）
松平乗保（能登守）

**◉寺社奉行**
脇坂安董（中務大輔）
松平輝延（右京亮）
松平乗寛（和泉守）
有馬誉純（左兵衛佐）
阿部正精（主計頭）

**◉勘定奉行**
柳生久通（主膳正）
小笠原長幸（三九郎・和泉守）
松平信行（兵庫頭）
肥田頼常（豊後守）
有田貞勝（播磨守）
曲淵景露（甲斐守）
小長谷政長（和泉守）

**◉江戸町奉行**
**北** 永田正道（備後守）
**南** 根岸鎮衛（肥前守）

**◉京都所司代**
酒井忠進（讃岐守）

## 仙台藩が払米捌所を江戸に設置

政治 経済

幕府は空米取引《くうまいとりひき》を、不当な取引として禁じていた。空米取引とは、「建物米《たてものまい》」と呼ばれる架空に設定された米による先物《さきもの》取引のことで、幕府は繰り返し取り締まっている。

古いところでは承応三年（一六五四）に出された触書に、米を持たずに「先手形」の発行を禁じるとあるが、これがのちにいう「空米切手《くうまいきって》」のことである。

しかし米価が下がってきたため、幕府は仮需《かりじゅ》を抑える政策を緩めて、空米取引を公認する。享保十五年（一七三〇）、大坂の堂島米会《どうじまこめかい》所《しょ》においてのみ、空米取引が行なわれるようになったのだ。これは世界史的に見ても、最も早くに整備された先物取引であると評されている。

堂島米会所（『摂津名所図会』）

その後は、大坂以外の米が集積される諸都市でも黙認されるようになっていく。特に、仙台・尾張・紀伊・福井などの各藩で空米取引が盛んになり、この年、仙台藩は幕府から米切手の発行を正式に許されている。それは仙台藩が諸大名中で最も多くの米を江戸へ廻送していたからだ。しかし、天保十三年（一八四二）八月に、天保の改革の一環として取り締まられている。

## 江戸の三富が人気

文化 思想

この年、目黒《めぐろ》滝泉寺《りゅうせんじ》（目黒不動尊）・湯島天満宮《ゆしまてんまんぐう》（湯島天神）において富籤《とみくじ》興行が行なわれるようになり、元禄の終わり頃から行なわれていたという谷中感応寺《やなかかんのうじ》（のちに天王寺《てんのうじ》と改称）と合わせて、「江戸の三《さん》富《とみ》」と称された。

目黒不動瀧泉寺（『東都名所一覧』）

化政期（一八〇四―三〇）は富籤興行の最盛期といわれ、多い時には江戸だけで三十一ヶ所あり、月に二十回以上も興行が行なわれたという。

幕府が賭博《とばく》を禁じていたにもかかわら

**【この年の出来事】**

**1月** 幕府、諸経費の2割以上の節減を指示。
**2・9** 豊前国宇佐郡で、45か村による強訴。
**3・24** ゴローニンら、松前を脱獄。
**4・4** ゴローニンら、江差で捕縛され、松前に送還。
**4月** 松平定信、白河藩主を辞職し、隠居。
**6・24** 幕府、村を徘徊する浪人取り締まりを厳命。
**7・4** 幕府、朝鮮通信使礼聘などにより、対馬藩に以後20年間、金2500両を下賜。
**8・3** ロシア船副艦長リコルド、国後島へ来航。14日、高田屋嘉兵衛を捕らえ退去。
**8・16** 南部藩、国後島上陸のロシア兵を攻撃。
**9・11** 幕府、頼母子講を禁止。
**10月** 幕府、豊作のため諸大名の江戸・大坂廻米を2割削減。

◉京都町奉行
東
小長谷政良（和泉守）
西
三橋成方（飛騨守）
◉大坂城代
大久保忠真（安芸守）
◉大坂町奉行
東
平賀貞愛（式部少輔）
西
斎藤利道（伯耆守）
◉長崎奉行
曲淵景露（甲斐守）
土屋廉直（紀伊守）
遠山景晋（左衛門尉）
◉若年寄
井伊直朗（兵部少輔）
堀田正敦（摂津守）
植村家長（駿河守）
小笠原貞温（近江守）
水野忠成（出羽守）
水野忠韶（壱岐守）
有馬誉純（左兵衛佐）
京極高備（周防守）
◉側用人
水野忠成（出雲守）

ず、富籤を許可した理由の一つは、寺社の修復費捻出《ねんしゅつ》（御《ご》免富《めんとみ》）という目的があったからだ。寺社の修復は幕府が補助、あるいは負担してきたが、これが財政逼迫《ひっぱく》によって困難となったため、富籤を認めたのである。

しかしいずれにしても、庶民にとって富籤は、事実上のギャンブルだった。現代の宝くじのルーツである。

その方法は、箱に入れた富札を、錐《きり》で衝《つ》くのである。価格は一朱（一両の十六分の一）から一分（一両の四分の一）と、庶民にはやや高額だったようだ。

当選金は最初、千枚につき百両が一回当たるというものだった。しかし次第にエスカレートし、一等が千両、二等が五百両にまでなったのである。

## 観世丸船長の高田屋嘉兵衛が拿捕される　八月十四日

事件災害

ロシア艦ディアナ号の艦長ゴローニン幽囚《ゆうしゅう》の報復として、国後島《くなしりとう》沖でロシア艦に捕らえられた高田屋《たかだや》嘉兵衛《かへえ》は、淡路島《あわじしま》の生まれだ。

寛政二年（一七九〇）、二十一歳の時に弟たちを引き連れて摂津《せっつ》兵庫（現神戸市）に出てきて、樽廻船《たるかいせん》の船子《ふなこ》となり、廻漕《かいそう》業に従事する。江戸通り込みや紀州沖の漁業を試みるなどして、五年後の寛政七年に独立し、千七百石積（千五百石積とも）の辰悦丸《しんえつまる》を建造。自ら船主となって、西国、東北、そして蝦夷《えぞ》にも航行して財を築いていくようになった。

寛政十一年、北方警備を重視する幕府が、前人未踏の択捉島《えとろふとう》の探検者を募集した際、豪胆《ごうたん》にもこれに応じて、択捉—国後間の航路を開く。

この功によって享和元年（一八〇一）十月、苗字帯刀《みょうじたいとう》を許され、文化三年（一八〇六）には蝦夷地産物売捌方《えぞちさんぶつうりさばきかた》に任じられて、蝦夷地交易を一手に引き受けて莫大な利益を得た。だが、富を得ても生活は質素倹約《しっそけんやく》を貫き、公共事業にも出資を惜しまなかったという。

ロシア艦に捕らえられ、カムチャッカに連行されたが、この間、ロシア語を習得し、ロシア事情を探索。両国融和に尽くし、ゴローニン釈放にも協力して、翌文化十年に帰国した。

その後、文政元年（一八一八）に弟金兵衛《きんべえ》へ経営を譲り、故郷に退隠して文政十年に歿した。享年五十九歳。

その名は、日本はもとより、ロシアにも知れわたったといわれ、のちにロシアの宣教師ニコライは、嘉兵衛の肖像画に「このような事業に身をもって当たるこそ真の英雄である」と書き入れ、子孫に贈っている。

## 幕府、頼母子講を禁止　九月十一日

社会世相

金銭融通のための共同組織である頼母子《たのもし》は、「無尽《むじん》」「頼母子無尽」などとも呼ばれ、鎌倉時代の初めから行なわれてきたといわれる。貨幣経済が発展した江戸時代になって広く普及したが、相互扶助的なものとして、幕府も黙認していた。

その基本は、複数の人たちが講《こう》を作り、金などを出し合う。集まった金を、籤引きを行なって、講中の誰かが受け取る。こうして、講中の全員が受け取るまで繰り返す。困窮の者は、一時にまとまった金が受け取れるのである。

だが、当たり籤を引いて金を受け取ったら退会するタチの悪い取態《とりのき》無尽や武士の頼母子講が、幕府によって、この日、禁じられた。

**11・4** 関東で大地震。小田原城破損。
**11・15** 唐津藩主水野忠邦、藩政改革を開始。
**11・27** 幕府、組合仲間以外が古銅を買い取り真鍮に吹き直すことを禁止。
**11月** 幕府、真鍮製造所を江戸・京都・大坂・伏見の4か所に限定。
**12月** 『寛政重修諸家譜』1530巻完成。
**この年** 幕府、東蝦夷地で場所請負制を実施。
**この年** 全国で豊作、米価下落。大坂で越年米高316万俵。
**この年** 仙台藩、江戸に払米捌所を設置。
**この年** 目黒滝泉寺・湯島天満宮の富籤興行が始まる。
**この年** 小森桃塢、死刑者の解剖を実施。

# 1813 文化十年

癸酉

天皇▼光格天皇

将軍▼徳川家斉（第十一代）

**【主要幕閣】**

**◉老中**
牧野忠精（備前守）
土井利厚（大炊頭）
青山忠裕（下野守）
松平信明（伊豆守）
松平乗保（能登守）

**◉寺社奉行**
脇坂安董（中務大輔）
松平輝延（右京亮）
松平乗寛（和泉守）
阿部正精（主計頭）
内藤信敦（豊前守）
有馬誉純（右近将監）

**◉勘定奉行**
柳生久通（主膳正）
肥田頼常（豊後守）
曲淵景露（甲斐守）
小長谷政長（和泉守）

**◉江戸町奉行**
**北** 永田正道（備後守）
**南** 根岸鎮衛（肥前守）

**◉京都所司代**
酒井忠進（讃岐守）

**◉京都町奉行**
**東**

## 米価が下落

政治 経済

江戸時代、経済の中心は米だった。以前は米が不足ぎみだったため、米価は高値で推移したが、享保年間（一七一六—三六）頃から下落に転じた。

寛政年間（一七八九—一八〇一）には、米一石につき銀六十匁《もんめ》ないし九十匁だったのが、豊作のこの年、大坂堂島《どうじま》の米相場で銀五十二匁八分《ぶ》ないし六十四匁五分となった。『武《ぶ》江年表《こうねんぴょう》』には、次のような戯文《ざれぶみ》が出ている。

「いつまでさがる米相場、なまなか上でも思ひ、たとひ喰はずに潰れる武士も、銭と諸色のふつりあひ、あゝなんとしやう、玉落とても金かさず」

米の生産力は上がっていたのに、大消費地である江戸・京都・大坂の三都の人口が増加しなかったのも一因だ。

いずれにせよ、これでは米の売却で生計を立てている武士や百姓が困窮してしまう。そこで幕府は、江戸の有力商人に献金を命じたり、諸大名の江戸への廻米《かいまい》を制限したりした。しかも下がったのは米価だけで、ほかの食品の価格はむしろ高騰《こうとう》したという。

また、これに関連して江戸や大坂ではビタミンB1の不足から起こる、脚気《かっけ》が大流行した。安いために多食された白米には、ビタミンB1がほとんど含まれていなかったからである。脚気は死亡率の高い、恐ろしい病気だった。

## 頼山陽、江間細香と知り合う

文化 思想

この年の秋、尾張《おわり》・美濃《みの》を旅した儒者《じゅしゃ》で詩人の頼山陽《らいさんよう》は、大垣《おおがき》（現岐阜県大垣市）の蘭方医《らんぽうい》である江間蘭斎《えまらんさい》の娘多保《たお》と知り合う。

才色兼備《さいしょくけんび》の多保に、山陽は「細香《さいこう》」の号を与えた。お互いに強く魅せられ、山陽は結婚を申し込んだが、蘭斎は断ったという。

山陽は翌文化十一年の冬、三十五歳の時に、十八歳の梨《り》影《え》と結婚した。しかし細香はその後、十八年の間、七度も山陽のもとを訪れている。情熱的な女性でもあったようだ。

京都を拠点に活動した山陽は、武家の興亡史『日本外《にほんがい》史《し》』や『日本政記《にほんせいき》』『山陽詩鈔《さんようししょう》』などの著作を残し、天保三年（一八三二）、五十三歳で歿した。

玉潾《ぎょくりん》和尚《おしょう》に水墨画《すいぼくが》を、山陽に漢詩文を学んだ細香は、梁川星巌《やながわせいがん》らと詩社「白鷗社《はくおうしゃ》」を結成して、各地の女性文筆家と交流した。しかし、山陽への思慕を断ち切れず、生涯独身を貫く。

例えば、七十歳の時に脳溢血《のういっけつ》で倒れた際も、

「嘔血歳残枕に憑るの時
　只憐れむ病状先師に似たるを」

と詠んでいる。自分が山陽（先師）と同じ、血を吐く病にかかったのは、せめてもの慰めだというのだ。細香は文久元年（一八六一）、七十五歳で他界した。

**【この年の出来事】**

**1月** 幕府、馬場佐十郎・足立左内を松前に派遣、ゴローニンからロシア語を学ばせる。
**3・5** 鶴屋南北『お染久松色読販』森田座で初演。
**3・29** 幕府、菱垣廻船十組問屋65組1995人に株札を交付。
**4月** 幕府、江戸伊勢町に三橋会所経営の米会所を設置。
**5・26** リコルド、ゴローニン釈放交渉を開始。
**6・28** イギリスのジャワ総督ラッフルズ、出島のオランダ商館乗っ取りをもくろみワルデナールを派遣。
**7・5** 蒲生君平歿(46)。
**7月** 幕府、米価下落のため諸大名に囲米を指示。
**7月** 幕府、鴻池善右衛門ら大坂商人41人に御用金を賦課。
**8・17** ゴローニンら、松前から箱館に移送。
**9・1** 幕府、米価下落

佐野康貞（肥後守）

**西**
三橋成方（飛驒守）

**◉大坂城代**
大久保忠真（安芸守）

**◉大坂町奉行**
**東**
平賀貞愛（式部少輔）
水野忠篤（因幡守）

**西**
斎藤利道（伯耆守）

**◉長崎奉行**
土屋廉直（紀伊守）
遠山景晋（左衛門尉）
牧野成傑（大和守）

**◉若年寄**
堀田正敦（摂津守）
植村家長（駿河守）
小笠原貞温（近江守）
水野忠韶（壱岐守）
有馬誉純（左兵衛佐）
京極高備（周防守）

**◉側用人**
水野忠成（出雲守）

## 十一月　督乗丸船頭の頭重吉らが長期間漂流

事件災害

尾張藩の御用商人小島庄右衛門《こじましょうえもん》の持ち船である督乗丸《とくじょうまる》（約百二十トン）は、廻米《かいまい》を江戸へ届けて帰る途中、船頭の十吉《じゅうきち》ら十四名が遠州灘《えんしゅうなだ》で暴風雨に巻き込まれて遭難した。

舵《かじ》を失った督乗丸は、史上最長とされる四百八十四日もの間、太平洋を漂流する。

そして文化十三年十二月、アメリカのカリフォルニア州サンタバーバラ付近の洋上で、イギリス商船フォレスター号に救助された。この時、十四名いた乗組員中、生存者は船頭重吉と音吉・半兵衛の三名になっていた。

彼らは二年後、ロシア船パウエル号で択捉島《えとろふとう》に護送される。文化十三年六月には半兵衛が死亡したが、残りの二人は同年九月、蝦夷松前《えぞまつまえ》に到着した。

江戸で取り調べを受けたあと、尾張に帰った重吉は、五石二人扶持を与えられ、苗字帯刀《みょうじたいとう》を許されて、御水主《おかこ》の役に就くが、わずか二ヶ月で辞職。死亡した仲間の供養に余生を送り、文政七年（一八二四）頃には慰霊の石碑を建てたりして、嘉永六年（一八五三）、六十六歳で歿した。

また、三河新城《しんしろ》の旗本菅沼《すがぬま》氏の重臣だった池田寛親《いけだひろちか》は、重吉からの聞き書きを『船長日記《ふなおさにっき》』としてまとめている。こうして、乗組員たちが病で次々と亡くなる様子や、アメリカでの生活など、貴重な体験が記録されたのである。

## 江戸にももんじい屋が出現

社会世相

この頃江戸に増えた「ももんじい屋」あるいは「ももんじ屋」とは、犬・猿・馬・牛・猪・鹿・狐・狼などの獣肉を食べさせたり、販売したりしていた店のことだ。

一説に、「百獣屋」がその名の起こりだといわれ、あるいは、関東地方では年老いたモモンガの妖怪を、「モモンジイ」と呼ぶため、それが由来だともいわれている。

表向き、肉食はタブーであったので、「薬食い」などと言った。今でも馬肉は桜、猪肉を牡丹《ぼたん》、鹿肉を紅葉《もみじ》などと隠語で呼ぶのも、その名残である。獣肉は鉄板で焼いたり、鍋に入れたりして食べた。幕末には豚肉を食べるのが流行し、十五代将軍徳川慶喜《よしのぶ》の好物でもあった。

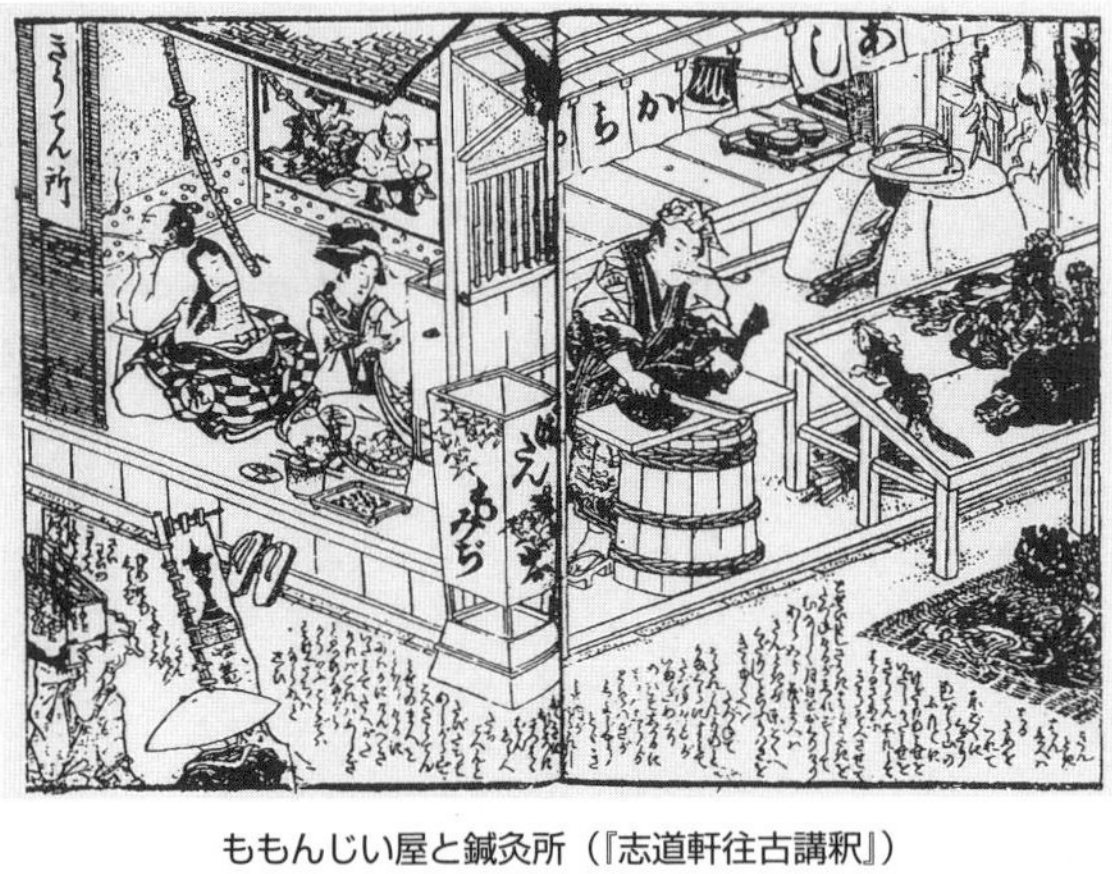

ももんじい屋と鍼灸所（『志道軒往古講釈』）

なお、肉食が公式に解禁になったのは、明治四年（一八七一）のこと。翌明治五年一月には、明治天皇が牛鍋を食べている。

のため江戸への廻米を制限。
**9・17**　リコルド、箱館に来航。オホーツク長官の文書を提出。
**9・26**　幕府、リコルドにゴローニンを引き渡す。リコルド、箱館を出港。
**9月**　幕府、銭価下落のため江戸への銭廻送を厳禁。
**秋**　頼山陽、江間細香と知り合う。
**11・8**　能登の農民ら、相次いで蜂起、大一揆となる。
**11月**　督乗丸、遠州灘で暴風雨により遭難。以後484日間、太平洋を漂流。
**閏11・2**　後桜町上皇歿(74)。
**12・14**　尾藤二洲歿(67)。
**12・18**　幕府、富商に米価引き上げ努力を要請。
**12・22**　幕府、南部藩に蝦夷地警備の費用として1万両を貸与。
**この年**　式亭三馬『浮世床』初編刊行。
**このころ**　江戸にももんじい屋が出現。

**【主要幕閣】**

**◉老中**
牧野忠精（備前守）
土井利厚（大炊頭）
青山忠裕（下野守）
松平信明（伊豆守）
松平乗保（能登守）

**◉寺社奉行**
松平輝延（右京亮）
阿部正精（主計頭）
内藤信敦（豊前守）
松平武厚（右近将監）

**◉勘定奉行**
柳生久通（主膳正）
肥田頼常（豊後守）
曲淵景露（甲斐守）
小長谷政長（和泉守）
岩瀬氏紀（加賀守）

**◉江戸町奉行**
**北** 永田正道（備後守）
**南** 根岸鎮衛（肥前守）

**◉京都所司代**
酒井忠進（讃岐守）

**◉京都町奉行**
**東** 佐野康貞（肥後守）

## 越後で一揆が起こる　四月四日

政治経済

越《えち》後《ご》村松藩《むらまつはん》（三万石）領内にある越後国蒲原郡下田《かんばらぐんしもだ》郷《ごう》・見付郷《みつけごう》で、この日、一万人が蜂起するという百《ひゃく》姓一揆《しょういっき》が起こった。

藩主の堀直央《ほりなおひさ》の不在中、家老の堀玄蕃《げんば》が代官や運上《うんじょう》取立役人などとともに、私欲のために検地を行なったり、増税して百姓を苦しめたりしたのが原因だという。

暴徒と化した百姓たちは、黒水村の運上取立役山田忠《やまだちゅう》右衛門《えもん》宅を襲って破壊したのをはじめ、役人や庄屋《しょうや》、豪商宅を六十六軒も打ちこわした。

さらには村松城に迫り、家老の堀に強談《ごうだん》。その結果、百姓たちの要求が通り、堀は家老職を免ぜられた。のちには藩政改革も行なわれたが、一揆の首謀者三名も斬首に処されている。

続いて、越後国蒲原郡や岩船郡《いわふねぐん》の数十ヶ村で小作《こさく》騒動が暴動化し、大騒動となった。凶作続きにもかかわらず、年貢米の取り立てが厳しかったのが原因とされるが、直接の動機は、幕府が江戸・大坂へ廻米《かいまい》を盛んに行なったことに対し、百姓が憤慨したからだという。

五月二十四日、約四千五百人の百姓は蜂起し、各地の地主や富豪宅を襲撃する。手に負えなくなった出雲崎《いずもざき》の代官《だいかん》所《しょ》は、新発田藩《しばたはん》や会津藩《あいづはん》に応援を依頼して鎮圧。首謀者百二十名は捕らえられ、江戸へ護送されて遠島《えんとう》（流罪）などの処分を受けた。

## 曲亭（滝沢）馬琴『南総里見八犬伝』を出版

文化思想

馬《ば》琴《きん》の父は、江戸深川の旗本松平信成《まつだいらのぶしげ》に仕えていた。しかし父の歿後、馬琴は暗愚な幼君に仕えるのを嫌い、十四歳の冬に出奔して、様々な職を転々としたあと、寛政二年（一七九〇）に山東京伝《さんとうきょうでん》へ入門し、黄表紙《きびょうし》作家となる。

翌年には京伝の後押しにより、「京伝門人大栄山人《だいえいさんじん》」の名で、『廿日《はつか》余《あまりに》四十両　尽用而《つかいはたして》二《に》分《ぶ》狂言《きょうげん》』でデビューした。

以後、八十二歳で他界するまで著述活動に没頭し、夥《おびただ》しい数の作品を発表するが、その多くは中国白話《はくわ》小説《しょうせつ》の影響を受け、勧善懲悪《かんぜんちょうあく》の理念を正面から取り上げている。

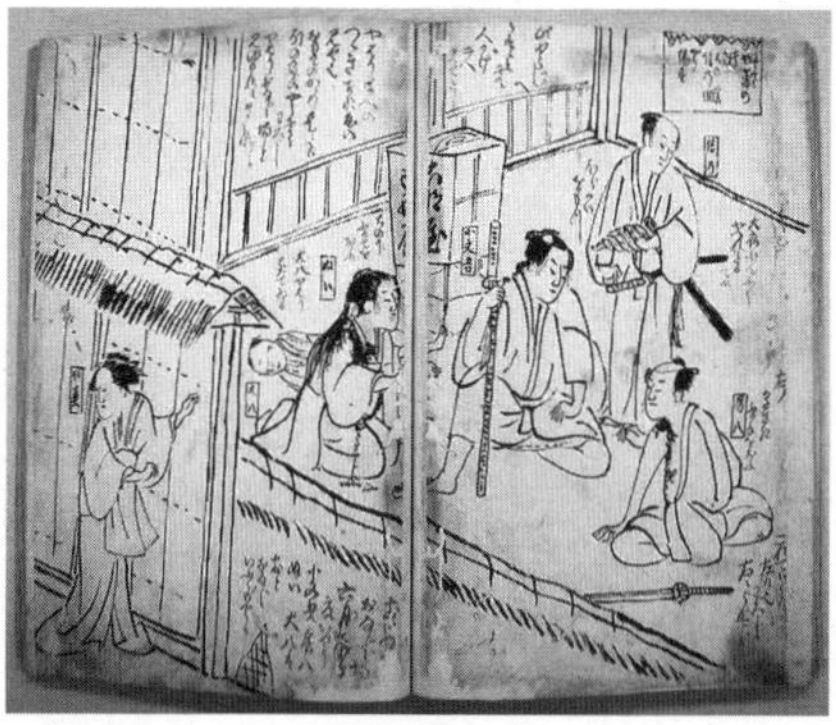

『南総里見八犬伝』

中でも四十八歳のこの年、初版を発表した伝奇小説『南総里見八犬伝《なんそうさとみはっけんでん》』は、伏姫《ふせひめ》と八房《やつふさ》の因縁から生まれた八犬士（仁・義・礼・智・忠・信・孝・悌の八徳《はっとく》を備える）の活躍と里見家の興亡を描く、九輯百六冊から成る代表

**【この年の出来事】**

**1・2**　幕府、ロシアとの国境案を作成。
**2・3**　天文方高橋景保、書物奉行を兼任。
**4・4**　越後国蒲原郡の百姓ら一万人、蜂起。
**5・14**　甲斐国巨摩・八代郡で88か村による越訴（楮事件）。
**5・24**　越後国蒲原・岩船郡で打ちこわし。28日、白河・会津藩が鎮圧、逮捕者を収容。
**6・23**　ラッフルズの指示により、イギリス船シャーロット号が出島明け渡しを要求。ドゥーフ、これを拒絶。
**6月**　幕府、和・唐薬問屋以外での薬種取引を厳禁。
**6月**　幕府、大坂廻米を2割削減。
**8・15**　幕府、蒲原・岩船郡騒動の首謀者らを江戸に送還。
**この夏**　諸国で大旱魃。
**9月**　幕府、年貢米・大豆を代金で納める際、勝

**西**
三橋成方（飛驒守）

**◉大坂城代**
大久保忠真（安芸守）

**◉大坂町奉行**
**東**
平賀貞愛（式部少輔）
**西**
水野忠篤（因幡守）

**◉長崎奉行**
遠山景晋（左衛門尉）
牧野成傑（大和守）

**◉若年寄**
堀田正敦（摂津守）
植村家長（駿河守）
小笠原貞温（近江守）
水野忠韶（壱岐守）
有馬誉純（左兵衛佐）
京極高備（周防守）

**◉側用人**
水野忠成（出雲守）

---

的な大作で、二十八年後の天保十二年（一八四一）に完成した。『水滸伝《すいこでん》』に構想を借りたものだが、『水滸伝』の持つ人間尊重・封建権力への抵抗という精神が、全く失われているとの批判もあった。

## 力士の雷電為右衛門が江戸払いに

事件災害

人気力士として知られた雷電為右衛門《らいでんためえもん》は、信濃《しなの》国小県《ちいさがたぐん》郡大石村（現長野県東御市）出身で、身長が六尺五寸（約百九十七センチ）、体重が四十五貫（約百六十九キロ）もある巨漢だったといわれている。

江戸の浦風林右衛門《うらかぜりんえもん》の門下で、寛政二年に関脇に付け出され、同八年、大関に昇進して十六年務めた。この間、三十二場所中、二百五十四勝で、負けたのはわずか十回（勝率九割六分二厘）という驚異的な記録を残す。文化八年（一八一一）、四十四歳で引退して、松江藩《まつえはん》の相撲頭取《すもうとうどり》を任じられている。

しかしこの年、大火で焼失した江戸赤坂の報土寺《ほうどじ》に寄付した鐘に、大量の金を鋳込《いこ》み、「天下無双の雷電」と彫り込んだことが、幕府上層部の不興を買ってしまう。

その結果、江戸払いに処せられ、鐘も取り壊された。さらに、文政二年（一八一九）には、松江藩の財政難のために、相撲頭取を解任される。

晩年は妻八重《やえ》の出身地下総国《しもうさ》臼井《うすい》（現千葉県佐倉市）で過ごし、文政八年二月二十一日、五十九歳で他界した。

雷電為右衛門

---

## 黒住教を創唱　十一月十一日

社会世相

備前《びぜん》国御野郡《みののぐん》上中野村（現岡山市）にあった今村宮《いまむらぐう》の神官《しんかん》の家に生まれた黒住宗忠《くろずみむねただ》は、幼時より信仰心が篤かったと伝えられ、文化七年（一八一〇）、三十一歳で父の跡を継いだ。しかしその後、父母を伝染病で失い、自らも重い肺結核に伏す。

三十五歳のこの年一月、病を心の問題と悟ったあと回復し、三月十九日、太陽を拝んで全快。十一月十一日、冬至の日に日の出を拝んだ際、陽気が体に満ちて、天照大神《あまてらすおおみかみ》と一体になるという神秘経験を得た（天命直授《てんめいじきじゅ》）。これが神の徳に感謝し、陽気に暮らせば諸願成就《しょがんじょうじゅ》すると説く、黒住教《くろずみきょう》立教の瞬間とされる。

黒住は、岡山藩《おかやまはん》を中心に武士や豪農・商人などに信仰を広めていき、嘉永三年（一八五〇）二月二十五日、七十一歳で歿。

明治維新後は、教派神道《きょうはしんとう》（国家神道に対する民間宗教）十三派の中で最も早く「神道黒住派」として、独立が政府から公認された。現在も中国・四国地方を中心に信者が多く、「誠一つで四海兄弟」という教祖の言葉を、平和運動に繋げている。

---

手に相場を変更することを禁止。
**10・5**　シャーロット号、出航。
**10・21**　江戸上野寛永寺本坊焼失。
**11・11**　黒住宗忠、黒住教を創始。
**この秋**　諸国で不作。
**11・26**　江戸牛込肴町の質屋14人、質屋仲間を結成。
**12月**　幕府、鉛の価格下落のため鉛の銅座買い付けを停止。
**この年**　曲亭馬琴『南総里見八犬伝』初編刊行。
**この年**　幕府、徳島藩の藍を蔵物として公認、専売を許可。
**この年**　雷電為右衛門、江戸払いとなる。

**【主要幕閣】**

**◉老中**
牧野忠精（備前守）
土井利厚（大炊頭）
青山忠裕（下野守）
松平信明（伊豆守）
松平乗保（能登守）
酒井忠進（讃岐守・若狭守）

**◉寺社奉行**
松平輝延（右京亮）
阿部正精（主計頭）
内藤信敦（豊前守）
松平武厚（右近将監）
青山幸孝（大蔵少輔）
松平乗寛（和泉守）

**◉勘定奉行**
柳生久通（主膳正）
肥田頼常（豊後守）
曲淵景露（甲斐守）
岩瀬氏紀（加賀守）
榊原忠之（主計頭）

**◉江戸町奉行**
**北** 永田正道（備後守）
**南** 根岸鎮衛（肥前守）
岩瀬氏紀（加賀守）

**◉京都所司代**
酒井忠進（讃岐守）
大久保忠真（加賀守）

**◉京都町奉行**

## 幕府、対馬藩を支援　七月十七日
政治経済

四面を海に囲まれている対馬藩《つしまはん》は、府中藩《ふちゅうはん》とも呼ばれ、藩主の宗家《そうけ》は幕府から十万石の格式を認められていた。

しかしそれは、飛地《とびち》である肥前《ひぜん》の基肄郡《きいぐん》・養父郡《やぶぐん》の一万三十七石と、朝鮮貿易の収益が見込めるという特別な事情からであり、実高は、はるかに低かったという。対馬は山地が多いために米があまり作られず、蕎麦《そば》や麦の栽培が主だったからだ。

朝鮮の飢餓によって朝鮮からの輸入米が滞ったこの年、対馬藩は幕府から米一万石を拝借しなければならない状況に陥り、幕府もこの日、対馬藩への援助を決定している。実はこの前後にも、対馬藩はたびたび幕府からの援助を受けていた。

また、幕末の対馬藩では万延元年（一八六〇）にイギリス軍艦アクテオン号の対馬測量事件が起こったり、文久元年（一八六一）三月にはロシア艦が対馬芋崎《いもざき》に碇泊《ていはく》上陸して占領するといった事件が起こったりと、常に対外危機の中にあった。さらには文久二年、勝井騒動《かついそうどう》（甲子事変《かっしじへん》）と呼ばれる御家騒動まで起こったりしている。

慶応三年（一八六八）十二月、王政復古《おうせいふっこ》を迎えた際に厳《いづ》原藩《はらはん》と改称し、それは明治四年（一八七一）の廃藩置県《はいはんちけん》まで続く。

## 杉田玄白『蘭学事始』が完成　四月
文化思想

『蘭《らん》学事始』（『和蘭《わらん》事始』とも）二巻は、杉田玄白《すぎたげんぱく》が蘭学草創期の思い出を披露した随想《ずいそう》として知られている。

同書では、明和八年（一七七一）、前野良沢《まえのりょうたく》や中川淳庵《なかがわじゅんあん》らと江戸小塚原《こづかはら》の刑場で腑分《ふわ》けを実見して、オランダ解剖書（ドイツ人クルムスの原著）の『ターヘル・アナトミア』の翻訳を志し、『解体新書《かいたいしんしょ》』を完成させるまでの四年にわたる苦心談などが披露されている。

「蘭已《すで》に東せんとやいふべき起源」とあることから、『蘭《らん》東《とう》事始』という書名が正しいともいわれる。しかし、明治の初めに福澤諭吉《ふくざわゆきち》が出版した際に『蘭学事始』としたため、以後、こちらの書名が一般に知られるようになったのである。

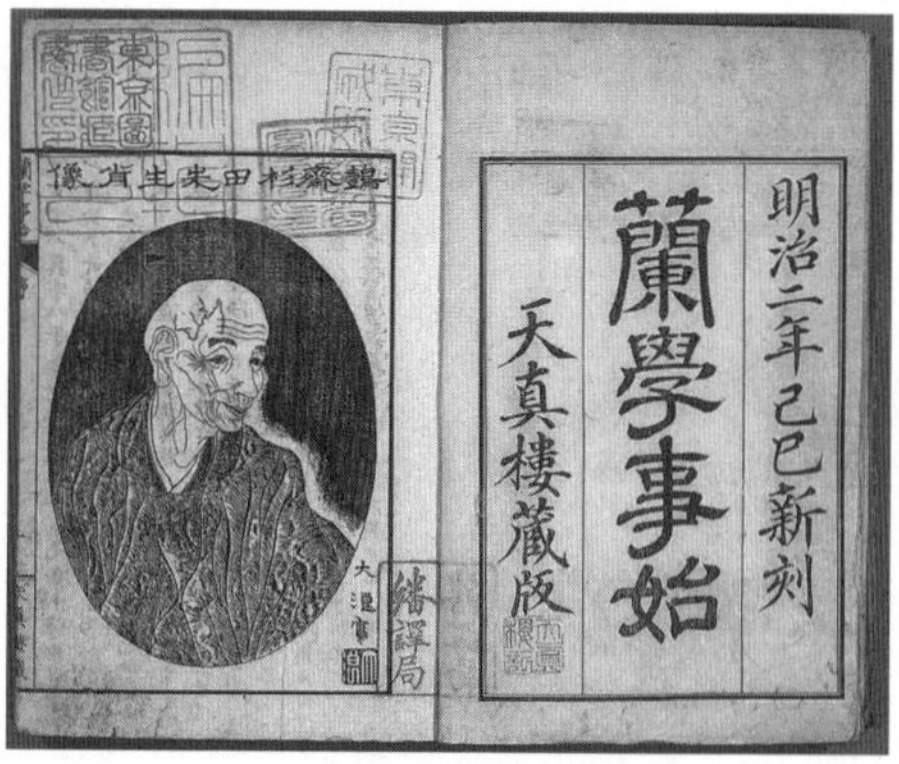


『蘭学事始』

著者の杉田玄白は、この年八十三歳。若《わか》狭《さ》小浜藩《おばまはん》の医者の子として、江戸で生まれた。西玄哲《にしげんてつ》に外科を、宮瀬《みやせ》龍門《りゅうもん》に徂徠学《そらいがく》

**【この年の出来事】**

**1・5**　京都天龍寺で火災。
**2・17**　幕府、高利貸貸借を重ねて禁止。
**3月**　司馬江漢『西遊日記』完成。
**4・27**　伊能忠敬、幕命により測量隊を伊豆七島に派遣。
**4・28**　南部藩の百姓、米の買い上げなどに反対して強訴。
**4・28**　塙保己一、家斉に謁見。
**4月**　杉田玄白『蘭学事始』完成。
**5・3**　幕府、蒲原・岩船郡騒動の首謀者らを処罰。
**5・14**　森山孝盛歿(78)。
**5・21**　鳥居清長歿(64)。
**5月**　阿蘇山噴火。
**7・9**　江戸浅草で朝顔花合わせが開催。
**7・17**　幕府、朝鮮飢饉、輸入米滞りにより、対馬藩に米1万石を下賜。
**7・19**　南部藩盛岡城下で、米価高騰による打ち

**東**
佐野康貞（肥後守）
**西**
三橋成方（飛騨守）
松浦忠（伊勢守）
**◉大坂城代**
大久保忠真（安芸守・加賀守）
松平輝延（右京亮・右京大夫）
**◉大坂町奉行**
**東**
平賀貞愛（式部少輔）
**西**
水野忠篤（因幡守）
荒尾成章（但馬守）
**◉長崎奉行**
遠山景晋（左衛門尉）
牧野成傑（大和守）
松山直義（惣右衛門）
**◉若年寄**
堀田正敦（摂津守）
植村家長（駿河守）
小笠原貞温（近江守）
水野忠韶（壱岐守）
有馬誉純（左兵衛佐）
京極高備（周防守）
**◉側用人**
水野忠成（出雲守）

を学ぶ。オランダ解剖書の翻訳後、蘭方医家として診察で名を挙げ、多くの門下生を育成した。ほかに著作として『和蘭医事問答《おらんだいじもんどう》』『狂医之言《きょういのげん》』『形影夜話《けいえいやわ》』『後見草《のちみぐさ》』『野叟《やそう》独語』などがある。

## 江戸千住で酒合戦　十月二十一日　事件災害

江戸四宿《ししゅく》の一つ、千住宿《せんじゅしゅく》の諸家飛脚宿《ひきゃくやど》（酒屋とも）の中屋六左衛門《なかやろくざえもん》宅の離れで、六左衛門の還暦《かんれき》を祝って、酒の飲み比べが催された。百余人の酒飲みが各地から集まって、左右に分かれて競い合ったのである。酒は伊丹《いたみ》の玉緑、盃《さかずき》は六器、肴はからすみ・花塩・さざれ梅・焼き鳥・吸い物は鯉の切り身とはた子など。酌は柳橋《やなぎばし》の芸妓がしてくれた。

来賓として、大田南畝《おおたなんぽ》・谷文晁《たにぶんちょう》・酒井抱一《さかいほういつ》・亀田鵬斎《かめだぼうさい》ら文化人が招かれ、青竹で仕切られた内からこれを見た。

優勝者の米屋の松勘《まつかん》は、酒九升二合を飲んだというが異説もある。また、四升五合を飲んで泥酔した大坂屋長兵衛《おおさかやちょうべえ》などは、翌朝目覚めるや迎え酒として一升五合を飲んだという豪快な逸話も伝わっている。

## 朝顔花合わせが行なわれる　七月九日　社会世相

朝顔は、ヒルガオ科の一年草で、原産地は熱帯アジアとも、西南中国からヒマラヤにかけての暖かい山麓地帯ともいわれ、日本には奈良時代に遣唐使《けんとうし》が中国から持ち帰ったと伝えられる。当時は種が漢方薬として珍重《ちんちょう》されたが、江戸時代になってからは花が鑑賞されるようになった。

「朝顔花合わせ」とは種々の朝顔を持ち寄って、花や葉の優劣を競う、品評会（コンクール）のことだ。

文化三年（一八〇六）三月、江戸で起こった「丙寅《へいえん》の大火（車町火事・牛車火事）」の焼け跡に、朝顔を植えたことから栽培が盛んになり、次第にブームとなっていったのである。

この頃になると、変化《へんか》朝顔という変わり種も流行し、栽培方法の解説書も出版されるようになった。そしてこの日、江戸で初めての朝顔花合わせが、浅草牛頭天王《ごずてんのう》別当の大円積舎で開催されたのである。

『武江年表《ぶこうねんぴょう》』にはこの年のこととして、次のように記されている。

「今年より肇《はじ》まり、朝顔の異品を玩《もてあそ》ぶ事行はる。文政の始め迄、都下の貴賤、園に栽へ盆に移して筵会《えんかい》を設く（やしなへば午の貝ふく頃までも牛ひく花のさかりひさしき　遠桜山人）」

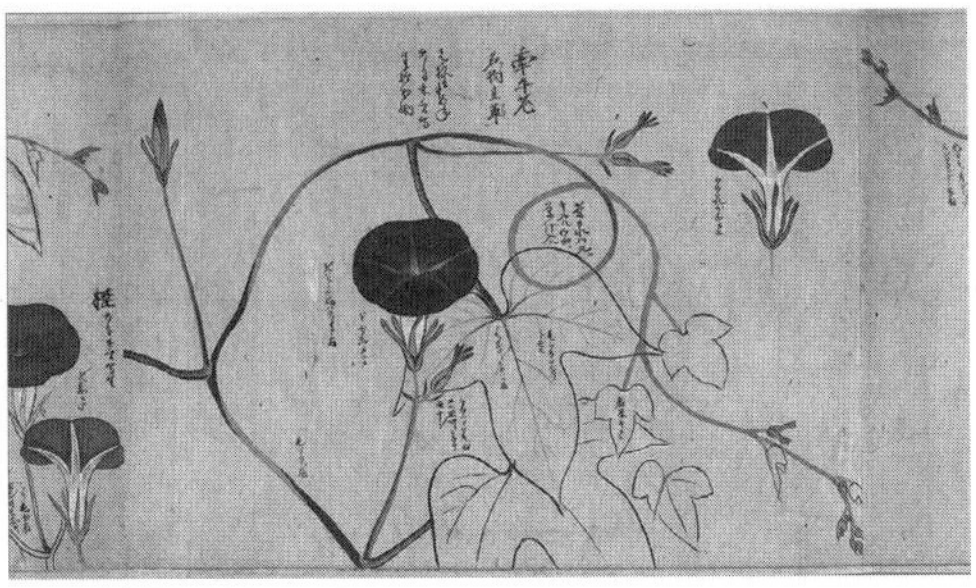
アサガオ（『草木写生春秋之巻』）

さらにこの頃、御徒《おかち》町《まち》辺りの下級武士たちの間でも朝顔が盛んに栽培された。明治になると、入谷《いりや》の植木屋が、それを引き継いだ。その名残が今も続く「入谷の朝顔市」で、東京の夏の風物詩の一つになっている。

なお、第二次朝顔ブームは嘉永六年（一八五三）頃、第三次ブームは明治半ばに起こった。

こわし。
**7月**　畿内・東海で洪水。
**9・1**　上野東叡山内で流鏑馬が開催。
**9・2**　幕府、空米切手の発行を禁止。
**9月**　幕府、豊作による米価下落防止のため、大坂への廻米を制限。
**10・21**　江戸千住宿で酒の飲み比べが開催。
**11月**　幕府、諸大名に囲米を指示。
**12・6**　幕府、朝鮮からの書簡改竄の罪により対馬藩家老らを処罰。
**12月**　幕府、武家屋敷内での賭博を禁止。
**この年**　朝顔の栽培が流行。

# 文化十三年

丙子

天皇▼光格天皇

将軍▼徳川家斉（第十一代）

【主要幕閣】

◉老中
牧野忠精（備前守）
土井利厚（大炊頭）
青山忠裕（下野守）
松平信明（伊豆守）
松平乗保（能登守）
酒井忠進（讃岐守・若狭守）

◉寺社奉行
阿部正精（主計頭）
内藤信敦（豊前守）
松平武厚（右近将監）
松平乗寛（和泉守）

◉勘定奉行
柳生久通（主膳正）
曲淵景露（甲斐守）
岩瀬氏紀（加賀守）
榊原忠之（主計頭）
服部貞勝（備後守・伊賀守）
土屋廉直（紀伊守）
古川氏清（和泉守・山城守）

◉江戸町奉行
北
永田正道（備後守）
南
岩瀬氏紀（加賀守）

## 英国船が頻繁に来航

政治経済

イギリスは東インド会社を通じてインドの植民地化を進めた。また、中国貿易の拡大にも注力していた。

対日貿易では江戸時代はじめ、イギリスはオランダと平《ひら》戸《ど》で競争したが、資本不足から敗れ、元和九年（一六二三）には平戸の商館を閉じて、退去していた。以後、オランダの勢力や貿易権を侵し、これに取って代わる機会を狙う。

いわゆる鎖国《さこく》時代にも、イギリスは日本との通商再開の望みを抱き続けた。延宝元年（一六七三）にはイギリス艦リターン号が長崎に入港して通商復旧を求めたが、幕府はこれを拒絶する。ナポレオン戦争の影響から文化五年（一八〇八）八月、イギリス艦フェートン号が、オランダ旗を掲げて薪水《しんすい》要求とオランダ船拿捕《だほ》のため、突然長崎に入って来るという事件も起こる。あるいは、文化十年にはオランダ旗を掲げたイギリス艦に乗ったイギリスのジャワ総督ワルデナールが長崎に来て、オランダ商館を明け渡すよう求めたが、商館長ヅーフの巧みな手腕で成功しなかった。文化十一年六月、イギリス艦シャーロット号が長崎に来航して、通商を要求。そしてこの年、文化十三年には十月、琉球にイギリス艦が来航して通商を求めている。

長崎出島のオランダ商館
（1855年頃『イラストレイテドロンドンニュース』）

以後も、文化十四年および文政五年（一八二二）には相模《さがみ》浦賀《うらが》に、文政七年には常陸大津浜《ひたちおおつはま》と薩摩《さつま》宝島《たからじま》に、天保三年（一八三二）には琉球《りゅうきゅう》へと、イギリスの商船や捕鯨船は姿を現した。一方、オランダはイギリスやアメリカが日本に開国を迫る勢いがあるため、幕府に開国を勧告したが、幕府はこれを受け入れなかった。そして嘉永六年（一八五三）六月、アメリカのペリー来航となるのである。

## 『世事見聞録』が完成

文化思想

第一巻の武士をはじめ階層ごとに巻が分かれており、全七巻から成る警世書《けいせいしょ》。この年出版された。著者は「武陽隠士《ぶよういんし》」とあるだけで不詳だが、浪人ではないかとか、諸事情に通じた旗本ではないかと、諸説ある。こんにちでは十八世紀から十九世紀初頭、寛政の改革前後の政治・社会・世相などを知る史料として、高く評価されている。

内容は武士、百姓、町人の生活はもちろん、あらゆる職業や風俗に対して、思い切った批評を加えているのが特徴。

徳川の治世《ちせい》が本質を見失い、奢侈《しゃし》を増長させているのを正そうとの思いがあったのだろう。ただし、現実的方策になると、空疎な側面が多いとされる。訴訟や遊里売女《ゆうりばいた》、歌舞伎などについては、非常に詳細で、たとえば、裁判が急増したという一節があり、町人が武士を訴えたさい、武士

【この年の出来事】

**2・16** 幕府、全国の人口調査を実施。

**2・19** 頼春水歿（71）。

**2月** 幕府、忠孝を説くという条件付きで落語・昔物語を許可。

**2月** 幕府、武家屋敷内での賭博禁止令の厳守を通達。

**3・18** 江戸で喜寿亭尚歯会開催。

**4～8月** 江戸で疫病流行、死者多数。

**5月** 幕府、信濃国4陣屋に悪党取締出役を設置。

**6月** 隠居松平伯耆守の放蕩により、家老が隠居を殺害、自殺。世間から忠臣と賞される。

**6月** イギリス船、長崎へ来航。

**7・18** 幕府、町方の喧嘩狼藉取締を指示。

**7・25** イギリス船、那覇に来航。貿易を要請。首里王府、拒否。

**閏8・10** 幕府、江戸で風雨後の暴利取り締まりを指示。

**◉京都所司代**
大久保忠真（加賀守）
**◉京都町奉行**
**東**
佐野康貞（肥後守）
**西**
松浦忠（伊勢守）
**◉大坂城代**
松平輝延（右京大夫）
**◉大坂町奉行**
**東**
平賀貞愛（式部少輔）
彦坂紹芳（和泉守）
**西**
荒尾成章（但馬守）
**◉長崎奉行**
遠山景晋（左衛門尉）
松山直義（惣右衛門）
金沢千秋（瀬兵衛）
**◉若年寄**
堀田正敦（摂津守）
植村家長（駿河守）
小笠原貞温（近江守）
水野忠韶（壱岐守）
有馬誉純（左兵衛佐）
京極高備（周防守）
**◉側用人**
水野忠成（出雲守）

が負け、町人が勝つケースが多いことを「従来の大恩をうけし武士を町人が取って落とすとあり」などと嘆く。

## 萩の二孝子が凍死　十二月十一日

事件災害

長《ちょう》州《しゅう》藩には下級武士から抜擢《ばってき》される、御六尺《おろくしゃく》という役がある。その条件は高身長の美男子であり、参勤交代の時など藩主の乗る籠を担がせ、大名行列を華やかに演出するのだ。その御六尺のひとりで、萩《はぎ》城下香川津に住む長七には三人の息子がいた。うち長男の元右衛門と次男の権蔵が死去した先妻との、三男の利吉が後妻との間に出来た子供で、他に女の子が二人いた。

特に次男の権蔵は、幼いころから父はもとより継母にもよくつかえた孝行者だったという。家は貧しかったが、権蔵は西御殿の小者頭を務めてわずかの切米をもらい、それで家中を養った。三度の食事も自分だけ二度にしたり、冬は薄着でも父母には暖かいものを着せたりした。

ところが、この年懐妊した母は産後の回復がすぐれなかった。権蔵は弟の利吉と相談し、名のある医者に診せたり、高価な薬を買って飲ませたりしたが効き目はなく、母は衰えてゆくばかりだったという。そこで権蔵は「今はただ神様をお頼み申して、全快を祈るよりほかの事はなし」と、利吉を誘い、城下新堀法光院境内の金毘羅社に七日七夜、断食して願をかけることにした。

そして七日満願だったこの日夜も、褌《ふんどし》ひとつに素足で金毘羅社をめざす。ところが特別に寒さは厳しく、なんとか参詣は終えたものの、ついに力尽き、大雪、大風の中で倒れて凍死してしまう。権蔵二十二歳、利吉十六歳。

この話は、江戸にいる藩主毛利斉熙《もうりなりひろ》のもとにただちに知らされた。感動して涙を流した藩主は、孝行息子をたたえ、米三俵を父に下す。さらに翌年帰国したさいには、藩校明《め》倫館《りんかん》の大学者である山県大華《やまがたたいか》に命じて「紀二孝子事」という文を書かせ、碑に刻ませて香川津医徳寺に建立した。

以後、「二孝子」の美談は長州藩の道徳教育の中で使われてゆく。幕末には、七卿落ちのひとり沢宣嘉《さわのぶよし》が『香川津孝子伝』という小冊子を著した。その表紙には「香川津なる二孝子の事をききて感泣のあまりに」と題し、「はらからのかばねを雪にうづめてぞ　うづもれぬ名ぞ世にのこりける」との沢の歌が記されている。

## 鉄砲鍛冶国友能当が空気銃を作る

社会世相

近《お》江国《うみのくに》坂田郡《さかたぐん》国友村の鉄砲鍛冶国友《くにとも》藤兵衛《とうべえ》能当《よしまさ》（一《いっ》貫斎《かんさい》・眠竜と号す）は、文化八年（一八一一）、彦根藩《ひこねはん》御用掛《ごようがかり》となり、二百目玉筒を製作。これに鍛冶年寄（四家）が故障を申し立て、藤兵衛ら鍛治と対立したため、「彦根事件」が起こる。しかし鍛冶年寄が敗訴して、国友鍛冶の鉄砲作りに新局面が開かれた。その訴訟にかんして文化十三年から文政元年まで江戸に出た藤兵衛は、医師山田大円《やまだだいえん》から見せられた高性能のオランダ製空気砲に倣《なら》って、二十連発の早打ち「気炮《きほう》」を作る。

また、文政二年には著書『気炮』を出版した。さらに、鉄炮の大量生産についての研究を進め、『大小御鉄炮製作之法《だいしょうおんてっぽうせいさくのほう》』を著して松平定信《まつだいらさだのぶ》に献じ、三貫目玉・五貫目玉・十貫目玉の巨炮を造ることも可能だと示した。その後も反射望遠鏡を作ったり、太陽黒点の連続観測を行って記録を作ったりと、活躍。天保十一年（一八四〇）十二月三日、国友村で没。六十三歳だった。

**閏8・4**　畿内・東海で大風雨、洪水。
**9・7**　山東京伝歿(56)。
**9・19**　幕府、朝鮮からの輸入品滞りのため、対馬藩に米1万石を下賜。
**9月**　幕府、年貢の不足米を正米で納入するよう幕領に指示。
**9月**　イギリス船、浦賀に来航。
**10・2**　勝手掛老中牧野忠精、病気により辞職。
**10月**　イギリス船、琉球に来航。通商を要請。
**12月**　幕府、倹約年限の終了を大名・旗本に通達。
**この年**　武陽隠士『世事見聞録』完成。
**この年**　ゴローニン『日本幽囚記』、ロシアで刊行。

# 1817 文化十四年

**丁丑**

**天皇▼光格天皇**（〜三月二十二日）
**仁孝天皇**（三月二十二日〜）

**将軍▼徳川家斉**（第十一代）

**【主要幕閣】**

**◉老中**
土井利厚（大炊頭）
青山忠裕（下野守）
松平信明（伊豆守）
松平乗保（能登守）
酒井忠進（讃岐守）
水野忠成（出羽守）
阿部正精（備中守）

**◉寺社奉行**
阿部正精（主計頭）
内藤信敦（豊前守）
松平武厚（右近将監）
松平乗寛（和泉守）
松平康任（周防守）
水野忠邦（和泉守・左近将監）

**◉勘定奉行**
柳生久通（主膳正）
榊原忠之（主計頭）
服部貞勝（伊賀守）
土屋廉直（紀伊守）
古川氏清（山城守）

**◉江戸町奉行**
**北** 永田正道（備後守）
**南** 岩瀬氏紀（加賀守）

**◉京都所司代**

## オランダ商館長ヅーフ、日本を去る　十一月三日

政治経済

祖国がフランスの支配下にあったため、長崎出島《でじま》滞在が長期化していたオランダ商館長（ガピタン）のヘンドリック・ヅーフがこの日、離任してバタビヤへ帰り、ヤン・コック・ブロンホフが新館長に就任した。

鎖国下の幕府は、長崎出島のオランダ商館から届けられる「風説書《ふうせつがき》」で、海外の情報を得ていた。ところが、一七九三年にオランダはフランス革命軍に滅ぼされ、ジャワはイギリスに奪われて、占領されてしまう。そのため、一八一五年に建国されるまでの二十二年間は、オランダという国は存在しなかったのだ。

その影響で文化四年（一八〇七）から文化十四年まで、オランダ船の出島への来航は一度もなかった。この間、オランダ東インド会社と傭船《ようせん》契約を結んだアメリカ船が出島に出入りしている。

ヅーフがワルデナールの後任としてオランダ商館長に就任したのは、享和三年（一八〇三）五月のことだった。文化十年七月には、イギリスのジャワ総督ラッフルスがオランダ商館乗っ取りを企み、長崎に来航した際、巧みにこれを拒否して、イギリス船を帰国させている。

またヅーフは、約五万語を収録した蘭和辞典『ヅーフ・ハルマ』の編纂指導者としても知られている。

『ヅーフ・ハルマ』は最初、ヅーフが私的に作成したものだったが、幕府の要請もあり、長崎通詞《つうじ》らの協力を得て、文化十三年から本格的な編纂作業が行なわれた。その翌年にヅーフは帰国してしまうのだが、以後は通詞たちが引き継ぎ、天保四年（一八三三）に完成をみている。若き日の勝海舟《かつかいしゅう》が書き写したとか、大坂の適塾《てきじゅく》で塾生たちが奪うようにして使ったという逸話が残っている。日本の洋学研究に多大な貢献を果たした辞書だったのだ。

## 豊後国日田で咸宜園が開かれる　二月

文化思想

幕領（天領《てんりょう》）で西国郡代《さいこくぐんだい》が置かれていた豊後《ぶんご》国日田《ひた》（現大分県日田市）の地で、儒学者であり詩人としても知られた広瀬淡窓《ひろせたんそう》が、全寮制の私塾（漢学塾）である咸宜《かんぎ》園《えん》を開いた。塾名は「咸《ことごと》く宜し」からきており、その名の通りに武士以外の者でも、男女問わずに受け入れた。

咸宜園では四書五経《ししょごきょう》のほかに数学や医学なども教授され、学力向上と社会性を身につけることが求められた。一人ひとりの学力を客観的に判断し、席次をつけさせる「月《げっ》旦評《たんひょう》」、規則正しい生活を実践させる「規約」、塾生に塾や寮の運営を任せる「職任」といった、画期的な教育制度があった。これらは、淡窓の永年にわたる経験の中から生み出されたものだ。

広瀬淡窓

淡窓は安政三年（一八五六）十一月一日に七十五歳で歿したが、咸宜園は弟の広瀬旭《ぎょく》荘《そう》や門下生たちに引き継がれ、明治三十年（一八九七）

**【この年の出来事】**

**1・12** 江戸新乗物町から出火、中村座・桐座類焼。
**1月** 幕府、倹約令の期間終了後も節約すべきことを諸大名に布達。
**2・28** 幕府、朝鮮通信使礼聘などにより、対馬藩に2万石の領知を加増。
**2月** 広瀬淡窓、家塾を豊後日田に移し、咸宜園を開校。
**2月** 石狩で天然痘流行。
**3・22** 光格天皇、仁孝天皇に譲位。桜町御殿に遷御して院政を開始。
**3・23** 江戸柳橋の万八楼で大酒・大食大会が開催。
**3・28** 幕府、屋敷売買に関する争論多発のため、沽券状管理の徹底を通達。
**4・17** 杉田玄白歿(85)。
**5・3** 古賀精里歿(68)。
**5・29** 海保青陵歿(63)。
**6・6** 出羽秋田郡雄勝田で洪水の際、埋没家屋が出現。
**5〜7月** 諸国で大旱魃。

大久保忠真（加賀守）
◉京都町奉行
東　佐野康貞（肥後守）
西　松浦忠（伊勢守）
◉大坂城代
松平輝延（右京大夫）
◉大坂町奉行
東　彦坂紹芳（和泉守）
西　荒尾成章（但馬守）
◉長崎奉行
松山直義（惣右衛門）
金沢千秋（瀬兵衛）
筒井政憲（左次右衛門）
◉若年寄
堀田正敦（摂津守）
植村家長（駿河守）
小笠原貞温（近江守）
水野忠韶（壱岐守）
有馬誉純（左兵衛佐）
京極高備（周防守）
内藤信敦（豊前守）
◉側用人
水野忠成（出雲守）

六月まで存続する。この間、全国から入門した者は五千人を数えるという（異説あり）。

その中から、中島子玉《なかしましぎょく》（佐伯藩《さいきはん》の藩校教授）、平野五岳《ひらのごがく》（僧、名筆で知られる）、高野長英《たかのちょうえい》（蘭学者）、大村益次郎《おおむらますじろう》（長州藩の兵学者、明治政府の兵部大輔《ひょうぶだゆう》）、長三洲《ちょうさんしゅう》（漢学者、長州奇兵隊《きへいたい》幹部、明治の文部官僚）、上野彦馬《うえのひこま》（長崎で写真館を開く）、横田国臣《よこたくにおみ》（大審院長《だいしんいんちょう》）、清浦奎吾《きようらけいご》（二十三代内閣総理大臣）など、近代日本に大きな足跡を残した人材を輩出している。

## 大酒・大食大会が開催される　三月二十三日

事件災害

江戸柳橋《やなぎばし》の隅田川に面した万八楼《まんはちろう》（亀清楼《かめせいろう》）は、文人たちが集まり、書画会などを催したことで知られる料理屋である。この店で、勘定店持ちで酒・蕎麦《そば》・菓子・飯・鰻《うなぎ》に分かれて、審判つきで大酒・大食大会が開催され、二百人が参加したと伝えられるが、異説もある。

この話を伝え聞いたという滝沢馬琴《たきざわばきん》の『兎園小説《とえんしょうせつ》』によると、芝口《しばぐち》の鯉屋利兵衛《こいやりへえ》が酒を三升入りの杯で六杯半飲んで倒れ、目を覚ましてから茶碗で十七杯の水を飲んだとか、神田の丸屋勘《まるやかん》右衛門《えもん》が饅頭《まんじゅう》五十、薄皮餅三十、羊羹《ようかん》七棹《さお》を食べて、茶を十九杯を飲んだとか、三河島《みかわしま》の三右衛門《さんえもん》が茶づけ碗の飯六十八杯と醤油二合を平らげたとか、池之《いけの》端《はた》の山口屋吉兵衛《やまぐちやきちべえ》が二八《にはち》蕎麦を中盛で六十三杯食べたとか、にわかには信じ難いような記録が並んでいる。

歌川広重「柳ばし夜景万八」
（『江戸高名会亭尽』）

## うなぎめしを発売

社会世相

この年、江戸日本橋葺屋町《ふきやちょう》の大野屋《おおのや》が「元祖鰻めし」の看板を掲げて、「うなぎめし」を売り出した。これが現在の鰻丼の前身とされる。当初は六十四文で売り始めたが、百文、二百文の高級品も出るようになった。

江戸前の海で捕れた鰻は、蒲焼きとして売られ、天明の末頃（一七八〇年代末）には飯をつける「つけめし」が始まっていた。それを、堺町《さかいちょう》（現中央区日本橋人形町）に住む芝居勧進元の大久《おおく》保今助《ほいますけ》なる男が、冷たい蒲焼きはまずいので、飯の間に挟んで出前をさせたのが、「うなぎめし」の起源だという。

ちなみに、鰻丼ができたのは安政六年（一八五九）頃との説もある。

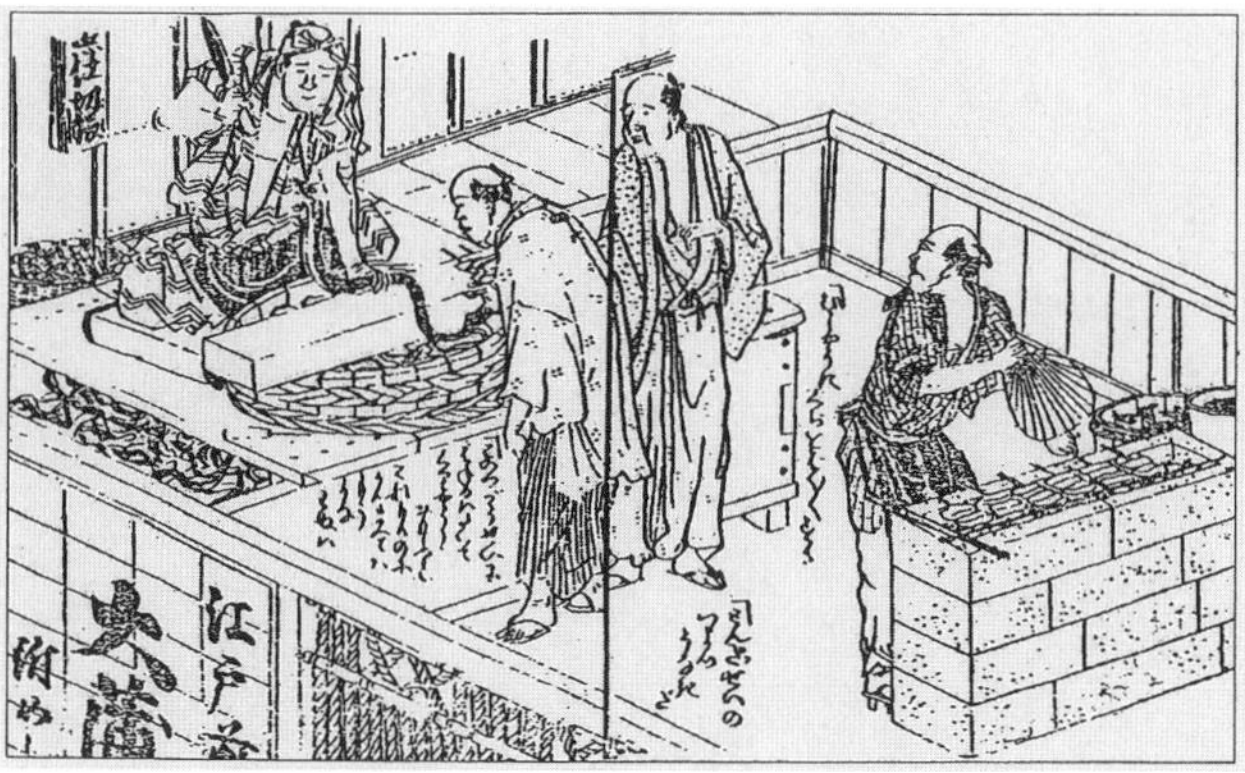
鰻蒲焼屋に「附めし」（左下隅）の表示（『七色合点豆』）

**7・3**　京都下良組の町年寄ら、町代の専横を訴える（町代改一件）。
**8・29**　松平信明歿(58)。
**9・10**　唐津藩主水野忠邦、寺社奉行に就任。14日、浜松藩に転封。
**9・27**　イギリス船、浦賀に来航。
**10・28**　オランダ商館長ヅーフ、コック・ブロンホフに交代。11月3日、日本を退去。
**10月**　常陸国幕領の百姓、代官の苛政を江戸に直訴。
**12・11**　前関白鷹司政熙の娘繁子、入内。
**12月**　琉球で凶作、飢饉。
**この年**　大蔵永常『農具便利論』刊行。
**この年**　江戸日本橋葺屋町の大野屋「うなぎめし」を発売。
**この年**　江戸に天麩羅屋が登場。

# 1818
# 文政元年（文化十五年）

戊寅

天皇▼仁孝天皇

将軍▼徳川家斉（第十一代）

**【主要幕閣】**

**◉老中**
土井利厚（大炊頭）
青山忠裕（下野守）
松平乗保（能登守）
酒井忠進（讃岐守）
水野忠成（出羽守）
阿部正精（備中守）
大久保忠真（加賀守）

**◉寺社奉行**
松平武厚（右近将監）
松平乗寛（和泉守）
松平康任（周防守）
水野忠邦（左近将監）
松平宗発（伯耆守）

**◉勘定奉行**
榊原忠之（主計頭）
服部貞勝（伊賀守）
土屋廉直（紀伊守）
古川氏清（山城守）
林垣定行（淡路守）

**◉江戸町奉行**
**北**　永田正道（備後守）
**南**　岩瀬氏紀（加賀守）

**◉京都所司代**
大久保忠真（加賀守）
松平乗寛（和泉守）

## 幕府、真文二分金（文政金）を改鋳　四月十六日　政治経済

これまで貨幣は、元文金銀《げんぶんきんぎん》が長く流通していたが、この日、文化期における経済発展や幕府財政の窮乏化に対応し、品位を落として八十二年ぶりに改鋳した。

文政金は金五十六パーセント、銀四十三・五八パーセント、雑〇・三七パーセントで、元文の頃に比べて金の含有量《がんゆうりょう》が約十パーセントも落ちていた。

幕府は小判の純度を減らして生じる差益金《さえききん》、すなわち「出目《しゅつもく》」で、財政赤字を補填《ほてん》しようとしたのである。

左から文政小判、文政二分判金（真文二分金）、文政一朱判金

## 幕府、「江戸朱引図」を作成　九月二十六日　文化思想

二百六十年余も続いた江戸時代だが、幕府が「江戸市中（御府内《ごふない》）」の範囲を示したのは、ただの一度、この時しかない。当時の江戸は人口百万を超える、世界最大の大都市だった。

目付《めつけ》の牧助右衛門《まきすけえもん》から「御府内外堺筋之儀《ごふないがいさかいすじのぎ》」につき、伺いが出されたのがきっかけだ。

幕府評定所《ひょうじょうしょ》で評議した結果、東は中川まで、西は神田《かんだ》上水《じょうすい》まで、南は目黒川周辺まで、北は荒川・石神井川《しゃくじいがわ》下流までとし、朱引《しゅび》きして確定。その内、墨引《すみひ》きした内側が町奉行所の支配場となった。

これは現在の山手線の周囲と、隅田川東岸の下町地域と、ほぼ一致する。

こうして一応、「江戸」の範囲が定められたのだった。

なお、明治二年（一八六九）二月十九日、東京府は宮城《きゅうじょう》（皇居）を中心に、新たな朱引きを行なっている。

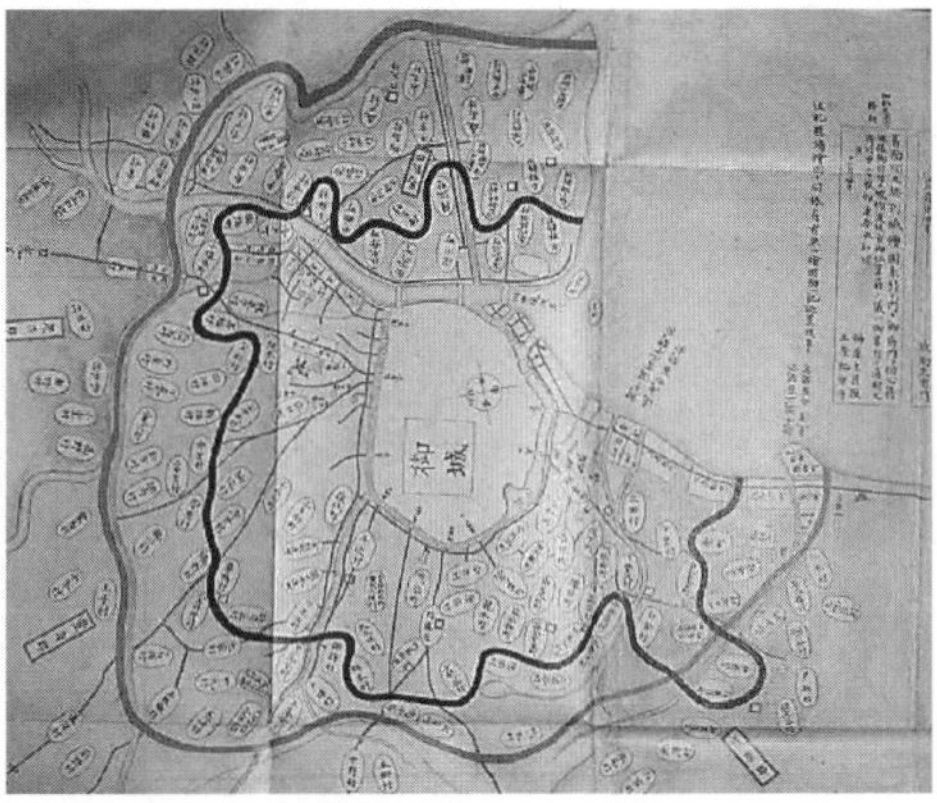

江戸朱引図

## 幕府、十組問屋頭取の杉本茂十郎を追放　六月二十五日　事件災害

権力を背景とした強引な政策を進めたことから、「毛《も》充狼《じゅうろう》」と呼ばれて嫌われた杉本茂十郎《すぎもともじゅうろう》は、甲斐国

**【この年の出来事】**

**2・7**　幕府、鎌倉に設置した大砲を試射。
**3・21**　豊後国東郡各地で一揆、打ちこわし。
**4・16**　幕府、貨幣の品質を落として利益を得るため、真文二分判金を新鋳。
**4・18**　伊能忠敬歿(74)。
**4・22**　仁孝天皇即位により文政に改元。
**4・29**　幕府、3年間の経費節減を指示。
**5・13**　イギリス人ゴルドン、浦賀に来航し通商を要求。幕府、これを拒絶。21日、浦賀を退去。
**6・25**　幕府、十組問屋頭取の杉本茂十郎を追放。
**6月**　大槻玄沢・宇田川玄真ら、オランダへの西洋新薬注文について幕府に建議。
**8・2**　沼津藩主水野忠成、西丸側用人兼任のまま老中に就任。
**9・17**　日光東照宮に五重塔建立。
**9・26**　「江戸朱引図」

◉京都町奉行
東
佐野康貞（肥後守）
西
松浦忠（伊勢守）
◉大坂城代
松平輝延（右京大夫）
◉大坂町奉行
東
彦坂紹芳（和泉守）
西
荒尾成章（但馬守）
◉長崎奉行
金沢千秋（瀬兵衛）
筒井政憲（左次右衛門）
間宮信興（諸左衛門）
◉若年寄
堀田正敦（摂津守）
植村家長（駿河守）
小笠原貞温（近江守）
水野忠韶（壱岐守）
有馬誉純（左兵衛佐）
京極高備（周防守）
内藤信敦（豊前守）
◉側用人
水野忠成（出雲守）

八代郡《やつしろぐん》夏目原村《なつめはらむら》に百姓の次男として生まれた。幼名を栄次郎《えいじろう》という。

江戸へ出て、万町の定飛脚《じょうびきゃく》問屋大坂屋《おおさかや》の養子となり、養父歿後の寛政十一年（一七九九）、九代目大坂屋茂兵衛《もへえ》を襲名して家業を継ぐ。大坂屋は当時、借財を抱えていたが、立て直しに成功した。

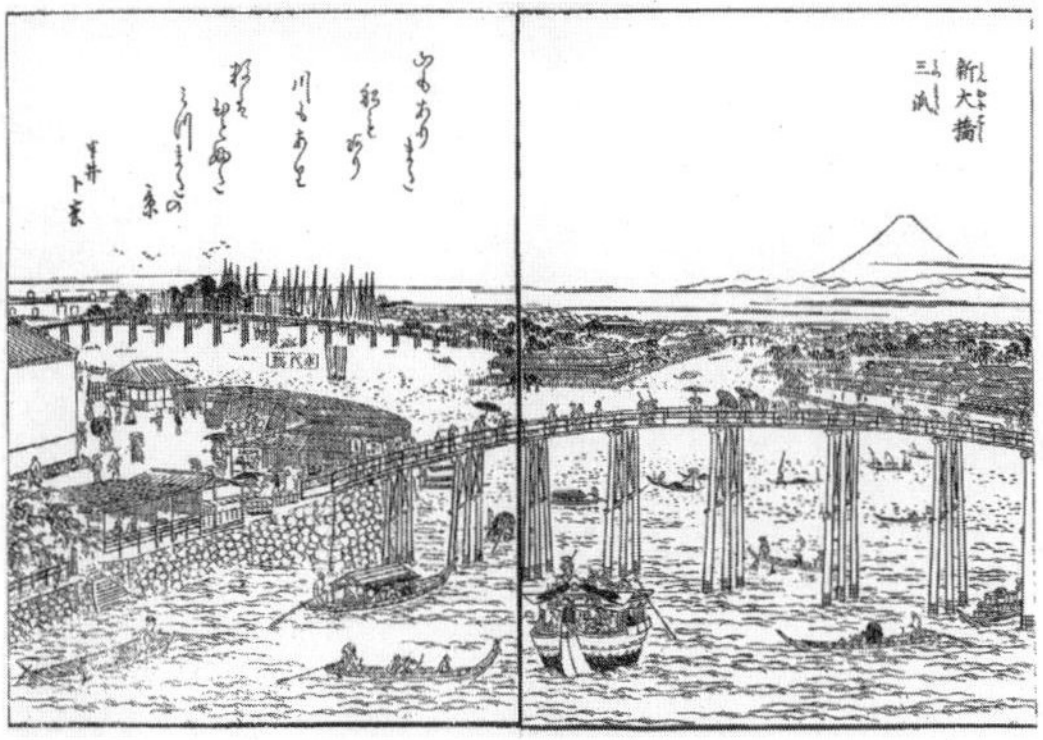
船が行き来する新大橋から永代橋を望む（『江戸名所図会』）

文化五年（一八〇八）には、砂糖問屋と十組《とくみ》問屋の紛争を調停したことで、十組問屋との関係を深めた。

同年、家業を妻の弟に譲り、名を「杉本茂十郎」と改めて、十組問屋再建に尽力した。さらに菱垣廻船《ひがきかいせん》問屋仲間の組織化に成功して、自らその頭取《とうどり》となる。それを公認させるために一万二千両という冥加金《みょうがきん》を幕府に納めたが、その際、町年寄《まちどしより》の樽屋《たるや》与左衛門の権威を笠に着て問屋から金集めを行なったことが、世人《せじん》の反感を買ってしまった。

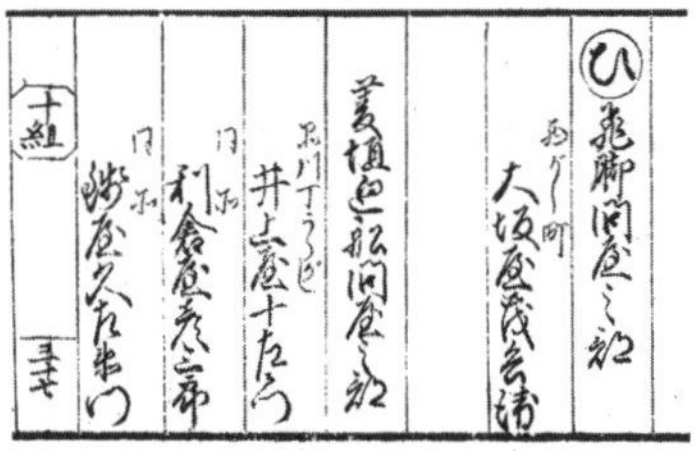
『江戸十組問屋便覧』

また、同仲間の強化のために三橋《さんきょう》（隅田川筋の永代橋《えいたいばし》・新大橋・大川橋）の架け替えや修復を請け負う、三橋会所《かいしょ》を設ける。

茂十郎は三人扶持を受け、杉本の苗字を許され、江戸町奉行所でも地位を得た。ところが、仲間から半ば強制的に集めた冥加金を買米《かいまい》に投資し、幕府の経済政策に協力するが、失敗して多額の損金を出し、失脚する。

さらに文政二年、後ろ盾だった北町奉行の永田備後守正直《ながたびんごのかみまさなお》が歿するなど、茂十郎にとって不運が続いていく。以後、紀州藩に匿《かくま》われたという。文政三年（一八二〇）歿。

## 「龍門一揆」が起こる　十二月十五日

社会世相

大和国吉野郡《よしのぐん》の、旗本中坊《なかのぼう》氏の知行地《ちぎょうち》である龍門郷《りゅうもんごう》十五ヶ村中、十四ヶ村が参加した一揆を「龍門一揆」、または「龍門騒動」と呼ぶ。

当時、この地の百姓たちは収穫の七、八割を年貢として取り立てられたという。さらに増やすとの噂も流れた。

年貢の納め時が過ぎ、ついに立ち上がった百姓たちは、蓑笠《みのがさ》をつけ、竹槍《たけやり》や鍬《くわ》などを手に代官所《だいかんしょ》を襲った。

苛酷《かこく》な年貢取り立ての張本人である代官所出役《だいかんしょしゅつやく》の浜島《はましま》市大夫《いちだゆう》（清兵衛）は殺害され、さらに代官所や大庄屋《おおじょうや》宅も打ちこわされた。この龍門一揆は、零細農民が主導したことが大きな特徴である。

しかし一揆後、奈良奉行所は関係者三百人を呼び出し、首謀者《しゅぼうしゃ》である西谷村細峠《にしたにむらほそとうげ》の又兵衛ら四名を死罪、三名を所払《ところばら》いに処した。また、獄死者も四名出た。

一揆の哀しみを歌った、二十節から成る手まり唄が、現在も伝わっている。

完成。
**9月** 幕府、古分銅の売買について通達。
**10・21** 司馬江漢歿(72)。
**11・8** 広瀬淡窓、日田で頼山陽と会談。
**12・12** 幕府、本田畑での甘蔗栽培を禁止。
**12・15** 大和国旗本中坊氏領の百姓、年貢減免を要求し打ちこわし（龍門一揆）。
**12月** 幕府、近江国大津の商人に御用金を賦課。
**この年** 三橋会所の頭取杉本茂十郎、十組問屋の冥加金流用に失敗。
**この年** 渡辺崋山『一掃百態図』完成。
**この年** 与兵衛鮓、にぎり寿司を発売。

# 1819 文政二年

己卯

天皇▼仁孝天皇

将軍▼徳川家斉（第十一代）

【主要幕閣】

◉老中
土井利厚（大炊頭）
青山忠裕（下野守）
松平乗保（能登守）
酒井忠進（讃岐守）
水野忠成（出羽守）
阿部正精（備中守）
大久保忠真（加賀守）

◉寺社奉行
松平武厚（右近将監）
松平康任（周防守）
水野忠邦（左近将監）
松平宗発（伯耆守）

◉勘定奉行
榊原忠之（主計頭）
服部貞勝（伊賀守）
土屋廉直（紀伊守）
古川氏清（山城守）
林垣定行（淡路守）
石川忠房（左近将監）
遠山景晋（左衛門尉）

◉江戸町奉行
北
永田正道（備後守）
榊原忠之（主計頭）
南
岩瀬氏紀（加賀守）

◉京都所司代

## 幕府、町火消の実力を認める　六月五日

政治経済

消防組織である火消《ひけし》は、江戸においては幕府が制度化したものである。武士による武家火消《ぶけびけし》と、町人による町火消《まちびけし》があった。

江戸は、江戸時代二百六十五年の間に、大火だけでも四十九回、小火も含めると千八百回近い火事が起こったといわれている。五年半に一回は大火があったことになる。

いろは四十七組、一万人からなる町火消は、享保五年（一七二〇）、八代吉宗《よしむね》の時に制度化された。のちに四十八組となり、やがて武家火消に代わる消防活動の中核へと発展していく。

その構成員たちは「火消人足《ひけしにんそく》」と呼ばれた。火事場近くの建物を破壊し、延焼《えんしょう》を防ぐ破壊消防（除去消防法）が用いられた。いざとなると命がけで火事と格闘するが、平生は怠惰な生活を送る遊侠《ゆうきょう》の徒《と》が多かったという。

そしてこの日、幕府直轄の定火消《じょうびけし》が、町人地へは出動しないことになった。江戸の郭外《くるわがい》は町火消、郭内は定火消の担当と定められたのだが、これは幕府が町火消の実力を認めたことを意味する。併せて、みだりに葵紋《あおいもん》の入った提灯を持って火事場へ出入りすることも禁じられている。

「四十八組之内壱番組いよはに万の五組火がかりの景」
（『江戸の華』下巻）

「いろは組の内を組、組を立て火に迎ふの景」
（『江戸の華』下巻）

## 小林一茶『おらが春』完成　十二月二十九日

文化思想

化政期を代表する俳人の小林一茶《こばやしいっさ》（通称は弥太郎《やたろう》）は、信州の農民出身。その幼少期は不幸で、三歳で母を失い、継母《けいぼ》に冷遇されて育った。十四歳の時、祖母が亡くなると翌年、江戸へ奉公に出て、いつ頃からか俳諧《はいかい》を学んだようだ。

二十二歳の頃には一茶と号し、二十五歳頃には二六庵竹阿《にろくあんちくあ》に師事。師の歿後、三十歳の春から七年にわたる西国行脚《あんぎゃ》に出て、また奥州をも巡って各地の俳人と交わっている。

帰郷中、三十九歳の時に父を失い、以後、異母弟の仙六《せんろく》と十年間にわたって家督を争うことになった。

この件が落着後、ようやく故郷に居場所ができたので、

【この年の出来事】

**1・12**　朝鮮人12人、伯耆国八橋郡赤崎に漂着。

**1・13**　水戸藩徳川治保、『大日本史紀伝』45冊を幕府に献上。

**1・25**　幕府、浦賀奉行を2人制とする。

**2・30**　鳥取藩、朝鮮人の護送手続きに関して老中に伺い書を提出。

**閏4・20**　幕府、京都・江戸・大坂・伏見以外での真鍮製造を許可。

**6・5**　幕府、定火消と町火消の分掌を制定。

**6・11**　幕府、口論・打ちこわしなどの徒党を禁止。

**6・12**　京都・東海で大地震。

**6・16**　幕府、会所経営を破綻により十組問屋頭取杉本茂十郎を罷免。25日、三橋会所・伊勢町米会所を廃止。

**6・30**　幕府、草文小判・一分判を鋳造。

**6月**　幕府、油問屋株の整備に伴い、日本橋本船

松平乗寛（和泉守）

**◉京都町奉行**

**東**

佐野康貞（肥後守）

牧義珍（助右衛門・備後守）

**西**

松浦忠（伊勢守）

**◉大坂城代**

松平輝延（右京大夫）

**◉大坂町奉行**

**東**

彦坂紹芳（和泉守）

**西**

荒尾成章（但馬守）

**◉長崎奉行**

筒井政憲（左次右衛門）

間宮信興（諸左衛門）

**◉若年寄**

堀田正敦（摂津守）

植村家長（駿河守）

小笠原貞温（近江守）

水野忠韶（壱岐守）

有馬誉純（左兵衛佐）

京極高備（周防守）

内藤信敦（豊前守）

田沼意正（玄蕃頭）

五十二歳で妻菊《きく》を迎えたが、三男一女は次々と夭逝《ようせい》。菊にも先立たれ、中風《ちゅうぶう》の再発、家屋類焼などの不幸が続き、文政十年（一八二七）、焼け残った土蔵で他界した。享年六十五歳。

一茶の作品は、こうした逆境からくる自嘲《じちょう》や自虐《じぎゃく》、権力に対する反骨精神に貫かれているとされている。

代表的な俳句文集である『おらが春』は、五十七歳のこの年の随想に発句を交えたもので、夭逝した娘さとのために編まれたという。嘉永五年（一八五二）になって出版された。

## 朝鮮人が伯耆国に漂着　一月十二日

事件災害

干《ほし》鰯《か》を売るために、一月七日、朝鮮江原道《カンウォンド》を出航した商船が、折からの冬の大風で漂流し、この日の午後二時過ぎ、伯耆国《ほうき》八橋郡赤崎《やばせぐんあかさき》（現鳥取県東伯郡琴浦町《とうはくぐんことうらちょう》）の海岸へ漂着した。

鳥取藩ではただちに江戸の藩邸を通じて、幕府に報告する。日朝間には相互に送還するルールがあったことから、幕府の指示により十二人の乗組員は二隻の藩船に乗せられ、鳥取から海路三十八日かけて五月二十三日に長崎へ到着。長崎奉行所での取り調べを受けたあと、特に問題もなかったため、対馬《つしま》経由で帰国した。

現在、琴浦町にはこの史実を顕彰するために日韓友好交流公園「風の丘」が設けられているが、説明碑をめぐって近年騒動が起こっている。

碑にはもともと「日本海」、そして韓国側が主張する呼び方「東海」という両方の名称が記されていた。ところが平成十九年（二〇〇七）三月、琴浦町長が鳥取県民の抗議を受けたとして、「東海」の名称を削除。これに対して在日大韓民国民団などが抗議したのである。琴浦町は、どちらも記さない方向で解決を図るが、今度は全国から批判の声が殺到し、ついに外務省の判断によって「日本海」単独の表記とした。

## 塙保己一『群書類従』正編が完成

社会世相

江戸時代以前の国書を集大成した『群書類従《ぐんしょるいじゅう》』が、この年完成した『群書類従』は、全五百三十巻、千二百七十種、六百六十五冊、目録一冊からなる。それらが、神祇《じんぎ》・帝王・補任《ぶにん》・系譜・伝・官職・律令《りつりょう》・公事《くじ》・装束・文筆・消息・和歌・連歌・物語・日記・紀行・管弦・蹴《け》鞠《まり》・鷹・遊戯・飲食・合戦・武家・釈家《しゃくか》・雑の二十五部に分類されている。

これを編纂したのは、武蔵国保野木村《ほのきむら》出身の国学者、塙保己一《はなわほきいち》だ。

五歳で失明した保己一は、十三歳で江戸に出て、鍼《はり》医術を学んだ。その一方で、賀茂真淵《かものまぶち》らに師事して国学を学ぶ。保己一は、ずば抜けた記憶力の持ち主で、和漢の学に通じるようになった。天明三年（一七八三）には検校《けんぎょう》の地位に昇りつめる。

塙保己一（栗原信充『肖像集』）

そして、幕府の援助によって寛政五年（一七九三）に設立された和学講談所《わがくこうだんしょ》で保己一が行なったのが、『群書類従』などの編纂事業だ。保己一が収集した和書の散逸を恐れて、木版化を進めたのである。

町の油会所を廃止。

**7・8**　幕府、米価下落のため、諸国に物価引き下げを指示。

**この夏**　幕府、浅草橋に銀座吹立所を設置。

**この夏**　全国でコロリ流行、死者多数。

**9・13**　越後国糸魚川の百姓、郡代の非政を訴え打ちこわし（黒川騒動）。

**9月**　将軍家斉の十一女浅姫、福井藩主松平仁之助に入輿。

**10・7**　幕府、江戸鉄砲洲の島方会所以外での伊豆諸島産物の売買を禁止。

**12・29**　小林一茶『おらが春』完成。

**この年**　塙保己一『群書類従』正編刊行。

# 1820 文政三年

庚辰

天皇▼仁孝天皇

将軍▼徳川家斉（第十一代）

【主要幕閣】

◉老中
土井利厚（大炊頭）
青山忠裕（下野守）
松平乗保（能登守）
酒井忠進（讃岐守）
水野忠成（出羽守）
阿部正精（備中守）
大久保忠真（加賀守）

◉寺社奉行
松平武厚（右近将監）
松平康任（周防守）
水野忠邦（左近将監）
松平宗発（伯耆守）

◉勘定奉行
古川氏清（山城守）
林垣定行（淡路守）
石川忠房（左近将監）
遠山景晋（左衛門尉）
松浦忠（伊勢守）

◉江戸町奉行
**北**
榊原忠之（主計頭）
**南**
岩瀬氏紀（加賀守）
荒尾成章（但馬守）

◉京都所司代
松平乗寛（和泉守）

## 幕府、草文丁銀・小玉銀（豆板銀）を鋳造　六月二十八日

政治経済

三年連続となる「貨幣改鋳《かへいかいちゅう》」が、この日、行なわれた。新文字銀《しんぶんじぎん》鋳造《いぞう》の目的も、銀貨が古くなったというのは表向きの理由。実は、「出目《しゅつもく》」という益金《えききん》収取《しゅうしゅ》のための改鋳だった。

小玉銀《こだま》（豆板銀《まめいた》）は、海鼠形《なまこがた》をした草文丁銀《そうぶんちょうぎん》の補助貨幣だ。この年に鋳造した銀の品位は、銀三十六パーセント、銅六十四パーセント、鋳造量は合計で二十二万四千九百八十一貫《かん》九百匁《もんめ》と記録されている。

将軍家斉《いえなり》の治世、綱紀の緩みや、風俗の奢侈《しゃし》から幕府財政が逼迫したのは当然のことだった。当時の歳入は百四十五万両ほどだが、歳出は二百万両近かったというから、その不足を手っ取り早く補うために、「貨幣改鋳」が行なわれたのである。

文政元年（一八一八）から天保八年（一八三七）までの二十年間に、金貨九種、銀貨五種の貨幣改鋳が行なわれたといわれている。

こうして生じた出目による収益は、約九十万両に及んだとされ、赤字補填に使われた。ところが、新貨幣の品質は当然ながら劣っていたために、貨幣市場は混乱した。安易な改鋳が、かえって幕府財政に打撃を与えたのである。

文政丁銀

文政豆板銀
（新文字小玉銀）

## 山片蟠桃『夢之代』完成　八月十五日

文化思想

二十年近くもの歳月をかけて完成した『夢之代《ゆめのしろ》』は、地動説《ちどうせつ》に基づく大宇宙説、霊魂の存在を否定した無鬼論《むきろん》（無神論）、記紀《きき》（古事記《こじき》と日本書紀《にほんしょき》）の神代史を批判するという、合理主義の立場に貫かれている。

著者の山片蟠桃《やまがたばんとう》は、本名を長谷川有躬《はせがわありみ》といい、寛延元年（一七四八）、播磨国印南郡《いなみぐん》神爪村《かづめ》（現兵庫県高砂市）に生まれた。

十三歳で上坂し、豪商の升屋平右衛門《ますやへいえもん》の別家である伯父の養子となって相続、升屋本家に奉公した。番頭としてよく幼主を支え、その再興に尽力する。

五十七歳の文化二年（一八〇五）には親類並《しんるいなみ》に取り立てられ、長谷川を改姓して山片、名を芳秀《よしひで》、屋号を升屋とした。一説によると、「蟠桃」は番頭にちなむ号であるという。

懐徳堂《かいとくどう》（西日本唯一の官許学問所）の中井竹山《なかいちくざん》・履軒《りけん》に儒教《じゅきょう》を、麻田剛立《あさだごうりゅう》に天文学を学び、蘭学《らんがく》にも深い関心を示し、学識、人物ともに大坂一と称された。

また、仙台藩や豊後岡藩のコンサルタントとして財政立て直しに腕をふるい、全国数十の諸大名を相手に大名貸しを行なって、升屋の名声を高めた蟠桃は、文政二年（一八一

【この年の出来事】

**1・24** 亀戸天満宮で鷽替が始まる。
**2・20** 有栖川宮織仁親王歿（66）。
**3・21** 幕府、江戸の薬種問屋2組以外の薬種直取引を禁止。
**3・23** 加賀藩、茶屋町の設置を許可。10月11日、営業開始。
**4・3** 幕府、正米空売買を禁止。
**4・26** 幕府、金座以外での金箔などの売買を禁止。
**4月** 幕府、米市場での不正取り引きを禁止。
**5・5** 江戸中村座で『義経千本桜』初日。
**6・28** 幕府、新文字銀を鋳造。
**6月** 幕府、馬喰町御用屋敷などの貸付金滞納分の利子を引き下げ。
**7・20** 幕府、新文字銀の通用を開始。
**7・27** 幕府、佃島で火術演習を実施。
**8・15** 山片蟠桃『夢の

**◉京都町奉行**
**東**
牧義珍（助右衛門・備後守）
**西**
松浦忠（伊勢守）
曾我助弼（豊後守）
**◉大坂城代**
松平輝延（右京大夫）
**◉大坂町奉行**
**東**
彦坂紹芳（和泉守）
高井実徳（山城守）
**西**
荒尾成章（但馬守）
内藤矩佳（隼人正）
**◉長崎奉行**
筒井政憲（左次右衛門）
間宮信興（諸左衛門）
**◉若年寄**
堀田正敦（摂津守）
植村家長（駿河守）
小笠原貞温（近江守）
水野忠韶（壱岐守）
京極高備（周防守）
内藤信敦（豊前守）
田沼意正（玄蕃頭）

九、七十二歳の時に幕府から表彰される。
その、ライフワークともいうべき『夢之代』全十二巻を完成させた翌年、文政四年二月二十八日に大坂梶木町《かじきまち》の自宅で七十四歳の生涯を終えた。

## 加賀藩、茶屋町の設置を許可 三月二十三日

事件 災害

諸大名の中で最大の石高を誇ったのは外様大名の前田家で、「加賀百万石」と称された。その城下町金沢の入口にあたる北国街道《ほっこくかいどう》の浅野川《あさのがわ》・犀川《さいがわ》両界隈には、お茶屋が軒を並べていた。これらを集めて、加賀藩十二代藩主の前田斉広《なりなが》は、この日、正式な許可を与えて、「ひがし」「にし」の茶屋町を作る。

天保二年（一八三一）に茶屋制度禁止によって一旦廃止されたが、慶応三年（一八六七）に再び公認された。

長らく繁華街として栄え、現在も「ひがし茶屋街」が、卯辰山《うたつやま》付近に当時の面影を伝えていて、重要伝統的建造物群保存地区に指定されている。中でも、二番丁の「志摩《しま》」は創設当時から手を加えることなく現存する茶屋建築として貴重だ。二階が客間で、一階よりも価格が高いのが特徴である（国指定重要文化財）。

## 亀戸天満宮で鷽替えが始まる 一月二十四日

社会 世相

鷽《うそ》はスズメ科の小鳥だが、「嘘」という言葉に通じるとされた。

江戸の亀戸天満宮《かめいどてんまんぐう》で始まった「鷽替神事《うそかえしんじ》」は、天神信仰と結びついた習俗である。参詣者が、木製の鷽に前年の罪や汚れを託して神前に供え、代わりに吉兆《きっちょう》を頂くというもので、現在も続いている。

九州の太宰府天満宮《だざいふてんまんぐう》の方が古く、山崎美成《やまざきよししげ》の『三養雑記《さんようざっき》』には、毎年正月七日の夜酉の刻頃、参詣者が木製の鷽を袖に隠し、鷽替といって双方より取り替えるとある。

文政二年（一八一九）、太宰府に倣《なら》って大坂天満宮でもこの神事を執行したが、その時は商人から買った木製の鷽を、神前にあるのと取り替えた。

そしてこの日から、亀戸天満宮でも行なわれるようになったのである（一月二十四日と二十五日）。幕末の頃には、その社頭に五、六寸（十五～十八センチ）の木製鷽を売る店が十軒ばかり並んだという。

亀戸天満宮（『絵本物見岡』）

谷文晁《たにぶんちょう》・大田《おおた》蜀山《しょくさん》人《じん》・亀田《かめだ》鵬斎《ぼうさい》ら文人が、この神事に参詣した際、鷽はすでに売り切れていた。そこで文晁は鷽の絵を描き、蜀山人は「此神のまことの道のあらはれて、うそは売切れ申候」と口ずさんだ。以後、鷽が売り切れた時は、これを上梓《じょうし》したものを出すのが慣例になったという。

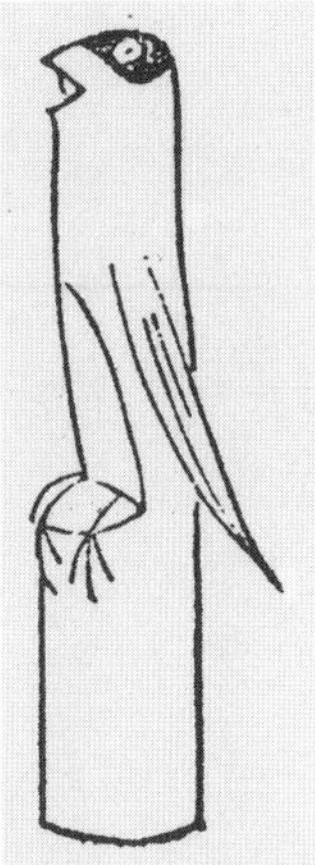

鷽替の神事の鷽（『東都歳時記』）

代』完成。
**9・8** 江戸で大風雨。湯島麟祥院の大木倒れる。
**9月** 江戸で感冒大流行。11月まで続く。
**10・8** 幕府、3年間の倹約令を発令。
**10・11** 幕府、江戸で俳諧・諸芸などの会合取り締まりを指示。
**10・11** 幕府、各職人の就業時間について再令。
**12・22** 本多利明歿(78)。
**12・28** 幕府、会津藩の相模沿海警備を免除。
**12・28** 幕府、江戸上野不忍池の浚渫を指示。
**12・29** 江戸で大火。本白銀町から本町まで延焼。
**12月** 幕府、浦賀奉行内藤正弘に相模沿海警備を指示。

【主要幕閣】

◉老中
土井利厚（大炊頭）
青山忠裕（下野守）
松平乗保（能登守）
酒井忠進（讃岐守）
水野忠成（出羽守）
阿部正精（備中守）
大久保忠真（加賀守）

◉寺社奉行
松平武厚（右近将監）
松平康任（周防守）
水野忠邦（左近将監）
松平宗発（伯耆守）

◉勘定奉行
林垣定行（淡路守）
石川忠房（左近将監）
遠山景晋（左衛門尉）
松浦忠（伊勢守）

◉江戸町奉行
北
榊原忠之（主計頭）
南
荒尾成章（但馬守）
筒井政憲（和泉守）

◉京都所司代
松平乗寛（和泉守）

◉京都町奉行

## 幕府、蝦夷地を松前氏に還付 十二月七日

政治経済

文禄二年（一五九三）、豊臣秀吉は蠣崎《かきざき》氏を蝦夷《えぞ》島主と認める、朱印状《しゅいんじょう》を与えた。慶長四年（一五九九）には、蠣崎慶広《よしひろ》が氏《うじ》を「松前《まつまえ》」に改める。さらに慶長五年、松前氏は築城に着手し、同十一年に完成した。これが、松前藩の福山城《ふくやまじょう》（福山陣屋《じんや》）である。慶長九年には、徳川家康からも蝦夷地交易独占の黒印状《こくいんじょう》を与えられている。

ところが文化四年（一八〇七）、幕府は蝦夷地を上知《じょうち》させ、松前氏を陸奥梁川《やながわ》へ移す。その理由は、南下政策をとるロシアに対する備えが、幕府の指示があったにも関わらず不十分だった、というものだ。これにより、蝦夷地は全て幕府の直轄となった。

松前氏は、表高は九千石だが、蝦夷地交易がもたらす利権によって、実高は一万八千石ともいわれていた。その特権を奪われる松前氏にとって、国替えは改易《かいえき》にも等しい厳しい処置だった。財政規模に合わせて、二百四十名余りの家臣を除籍し、百十一名を梁川へ連れて行くことになった。

そして十四年後のこの日、ようやく東西蝦夷地は幕府から松前氏の支配へと戻され、松前奉行は廃止された。北方がひとまず安全になったとの、幕府の判断があったからだ。

その後、安政元年（一八五四）、日米和親条約《にちべいわしんじょうやく》によって箱館《はこだて》の開港が決まると、幕府は箱館およびその近辺を松前藩から上知させ、箱館奉行を置く。翌二年、再び幕府は蝦夷を直轄としたため、松前藩は縮小され、道南の一部のみが与えられることとなった。

## 派手な見世物、踊りが盛んになる

文化思想

江戸両国橋の両袂《たもと》には見世物《みせもの》小屋、芝居小屋が林立し、隅田川《すみだがわ》沿いには水茶屋《みずぢゃや》が軒を並べて、江戸最大の繁華街として賑わっていた。本所《ほんじょ》側は東両国、江戸側は西両国（広小路《ひろこうじ》）と呼ばれ、東は西よりも規模が小さく、いかがわしい見世物が多かったといわれている。

水茶屋（『讐敵夜居鷹』）

この年、オランダ船に乗って長崎に上陸したペルシャ産のラクダが、日本各地を興行しながら三年かけて江戸へ到着。両国で行なわれた興行では、「小便は妙薬、毛は魔除け」との口上も手伝って大ヒットを飛ばした。一人三十二文の木戸銭《きどせん》で、一日五千人以上が入ったと伝えられている。

【この年の出来事】

**1月** 幕府、大名以下の所領村替願い提出を禁止。
**2・28** 山片蟠桃歿(74)。
**2・30** 幕府、「ダンボ風」流行により、窮民救済のため米銭を支給。
**3・7** 幕府、米穀の空売を禁止。
**4月** 幕府、銀座以外での銀売買を禁止。
**4月** 南部藩士下斗米秀之進、津軽藩主の襲撃を計画、失敗（南部騒動）。
**5・26** 豊後大分郡で百姓ら強訴(さんない騒動)。
**5月** 幕府、新金銀の通用を奨励。
**7・10** 伊能忠敬「大日本沿海輿地全図」「同実測録」完成、幕府に献上。
**7・10** 長崎の唐人屋敷を来日中の中国人が襲撃。
**8・4** 畿内・東海・山陰で大風雨。
**8月** 塙保己一編『群書類従』続編完成。
**閏8・9** 両国広小路で駱駝の見世物が出る。
**9・3** 江戸町奉行、富

**東**
牧義珍（助右衛門・備後守）
**西**
曾我助弼（豊後守）
**◉大坂城代**
松平輝延（右京大夫）
**◉大坂町奉行**
**東**
高井実徳（山城守）
**西**
内藤矩佳（隼人正）
**◉長崎奉行**
筒井政憲（左次右衛門）
間宮信興（諸左衛門）
土方勝政（八十郎）
**◉若年寄**
堀田正敦（摂津守）
植村家長（駿河守）
小笠原貞温（近江守）
水野忠韶（壱岐守）
京極高備（周防守）
内藤信敦（豊前守）
田沼意正（玄蕃頭）

ラクダの見世物（『駱駝之世界』）

ほかに江戸時代の珍しい動物といえば、慶長七年（一六〇二）、徳川家康に献上された象がいる。象は幕末の文久三年（一八六三）などにも庶民向けの興行が行なわれた。さらにはヒョウの子、アシカ、クジラ、クジャクなどの興行も両国であったという。看々踊《かんかんおど》りなどの踊りや、芸事が盛んになり、潮来節《いたこぶし》（よしこの節）などが流行したのも、この頃のことである。

## 長崎の唐人屋敷で騒動が起こる 七月十日

事件災害

寛永十二年（一六三五）から、中国との貿易を独占的に行なってきた港は長崎だ。中国からの輸入品は生糸《きいと》などの織物、砂糖、薬品、香料、金属、書籍など。当初、キリシタンを除いて、中国人は長崎の市街を自由に往来できた。

ところが元禄二年（一六八九）、長崎奉行によって高い塀に囲まれた唐人屋敷《とうじんやしき》（唐館）が設けられて、中国人はそこに押し込められ、自由に出歩くことができなくなった。密貿易が頻発し、それを取り締まる必要が生じたためだった。

唐人屋敷は、長崎郊外の十善寺《じゅうぜんじ》地区にあり、広さ約九千四百坪、二千人ほどを収容できたという。一般の日本人で入館が認められたのは、商人以外では「唐人行」と呼ばれた遊女のみ。しばしばトラブルも起こり、この日は、来日中の中国人が唐人屋敷前の番所を襲撃。この騒動は三ヶ月続いた。

安政六年（一八五九）の長崎開港によって、唐人屋敷は廃屋化し、明治になって焼失した。

## 火消しの鳶人足の喧嘩が多発 一月十二日

社会世相

江戸上野御山内の火事で、尾張藩と加賀藩の火消しの鳶人足《とびにんそく》同士が口論となった。

消防組織の構成員である火消し人足は、初め「店火消し」といわれ、一町に三十人がいて、家業のかたわら消防に従事した。しかし享保三年（一七一八）以降は、いろは四十七組に分け、町抱えの鳶人足を使うことになる。

鳶人足の仕事は、火事場周辺の建物を壊し、延焼を防ぐことだ。加賀藩前田家は各自火消し（諸大名が自身で組織していた火消し）として三組を有していた。その派手な装束は有名で、歌川豊国《うたがわとよくに》や歌川国芳《くによし》の浮世絵にも描かれたほどである。

しかし、火消し人足は組織ごとの対抗心が強く、気性が荒い。喧嘩は日常茶飯事。例えば享保三年には、定火消《じょうびけし》（旗本を頭《かしら》とした消防員）と加賀鳶が現場で消し口争いをして大喧嘩になった。江戸霊岸島《れいがんじま》では文政七年（一八二四）七月に、火消しそっちのけで大喧嘩をやらかしている。また文政元年には、「ち組」と「を組」の手打ち式が行なわれ、両国に千人が集まって盛大だったという。

突興行の札を、寺の本堂・本坊以外で販売することを禁止。
**9・12** 塙保己一歿(76)。
**10月** 相馬大作と名乗り江戸に滞在していた下斗米秀之進、幕吏に捕縛される。
**11・6** 江戸町奉行、葬礼、仏事の簡素化について通達。
**11・27** 幕府、真鍮四文銭を増鋳。
**12・4** 幕府、南部・津軽藩の蝦夷地警備を免除。
**12・7** 幕府、東西蝦夷地を再度松前藩の支配とし、松前奉行を廃止。
**12・20** 霧島山噴火。
**この年** 幕府、内藤新宿・甲府柳町に荷物貫目改所を設置。
**この年** 津藩、藩校「有造館」を創設。

# 1822
# 文政五年

壬午

天皇▼仁孝天皇

将軍▼徳川家斉（第十一代）

**【主要幕閣】**

**◉老中**
土井利厚（大炊頭）
青山忠裕（下野守）
松平乗保（能登守）
酒井忠進（讃岐守）
水野忠成（出羽守）
阿部正精（備中守）
大久保忠真（加賀守）
松平乗寛（和泉守）

**◉寺社奉行**
松平武厚（右近将監）
松平康任（周防守）
水野忠邦（左近将監）
松平宗発（伯耆守）
本多正意（豊前守）
太田資始（摂津守）

**◉勘定奉行**
林垣定行（淡路守）
石川忠房（左近将監）
遠山景晋（左衛門尉）
松浦忠（伊勢守）

**◉江戸町奉行**
**北**
榊原忠之（主計頭）
**南**
筒井政憲（和泉守）

**◉京都所司代**
松平乗寛（和泉守）

## 信濃高遠藩で「草鞋騒動」が発生　七月一日

政治 経済

信濃高遠藩《たかとおはん》（三万三千石）の藩主に内藤頼寧《ないとうよりやす》が就任したのは、文政三年（一八二〇）のことだ。当時の藩財政は窮乏していた。

そこで頼寧は、大坂加番役《おおさかかばんやく》などの役職就任を幕府へ願い出た。それは、立身出世が目的というよりも、役職に就くことによって幕府から支給される合力米《こうりょくまい》（一万四千石）で藩財政を立て直そうと考えたからだといわれている。

ところがそのしわ寄せは、領内の百姓へまわって来た。人頭税《じんとうぜい》として、男には草鞋《わらじ》二足、家屋税《かおくぜい》として女には木綿《もめん》一反を、今後五年間課そうとしたのだ。

通常の年貢に加えて、この課役である。堪りかねた領内全域の百姓一万人が、高遠城まで押しかけたために大騒動となり、藩側は方針を見直さざるを得なくなった。これが、「草鞋騒動」だ。

その後も頼寧は、二度にわたって財政改革を断行するが、実質的な効果は上がらなかったという。天保の頃には産物《さんぶつ》会所《かいしょ》を設置し、学問を奨励し、新田開発を計画。藩直営の桑園経営などにも手腕を発揮している。

## 二宮尊徳が旗本家の財政を再建　七月

文化 思想

農政家として知られる二宮尊徳《にのみやそんとく》（金次郎《きんじろう》）は、相模国足柄上郡《あしがらかみぐん》柏山村（現神奈川県小田原市）の農民出身である。

生家は一族十三軒に及ぶ名家だったが、尊徳が五歳の頃に酒匂川《さかわがわ》が氾濫《はんらん》して田畑が流出したために没落。十四歳で父が病死し、二年後に母も他界した。

この間、二人の幼い弟を抱えて尊徳は、早朝から山仕事、夜は草履《ぞうり》作りといった生活を続ける。有名な、薪《まき》を背負って働きながら読書をする「二宮金次郎」のイメージは、この頃のものだ。

その後、一家離散の憂《う》き目をみたものの、尊徳は家財を処分して得た八両を資本に金貸しで利殖《りしょく》し、また、砂田《さでん》を開墾して二十四歳で一町四反歩の地主となった。

文化九年（一八一二）、尊徳は小田原藩家老の服部十郎《はっとりじゅうろう》兵衛《べえ》家の若党《わかとう》として奉公する。学問のためだったという。さらに文化十五年には、財政再建を任じられて、四年をかけて当初の目的を達成した。

こうした業績が認められ、三十六歳のこの年、旗本宇津《うづ》家（小田原藩主大久保家の分家）の知行所があった下野桜町《しもつけさくらまち》（現栃木県真岡市）の再興を正式に任じられる。

尊徳は、荒廃の極《きわみ》に達していたという桜町領の年貢帳を、元禄年間（一六八八―一七〇四）までたどって調査した。そして、「分度《ぶんど》」と「推譲《すいじょう》」を根本とする仕法《しほう》を開始し、第一期の仕法期限がきた天保二年（一八三一）には、桜町の復興を成功させた。

こうして尊徳の名声は一層広まり、安政三年（一八五六）に下野で他界するまで、東北から九州まで、その生涯で六百余りもの農村の復興を指導することになるのである。

**【この年の出来事】**

**閏1・1**　八丁堀の道心者篤承、100歳の祝いに奉行所から手当を支給される。
**閏1・6**　式亭三馬歿(47)。
**閏1・19**　有珠山噴火。
**2・16**　幕府、全国の人口調査を実施。
**2月**　幕府、唐人踊りを禁止。
**3・1**　将軍家斉、従一位左大臣に任命される。
**3月**　二宮尊徳、小田原藩分家の桜町領の復興を開始。
**4・29**　イギリス捕鯨船サラセン号、浦賀に来航し薪水を要求。
**5・4**　幕府、浦賀に使者を派遣し、イギリス船に薪水の供給・交易拒否を伝達。
**5・8**　イギリス船、浦賀を出港。
**7・1**　信濃高遠藩の百姓、人頭税に反対して強訴(草鞋騒動)。
**7月**　幕府、灯油製造を

内藤信敦（紀伊守）

◉京都町奉行

東

牧義珍（助右衛門・備後守）

西

曾我助弼（豊後守）

◉大坂城代

松平輝延（右京大夫）
松平康任（周防守）

◉大坂町奉行

東

高井実徳（山城守）

西

内藤矩佳（隼人正）

◉長崎奉行

間宮信興（諸左衛門）
土方勝政（八十郎）
高橋重賢（越前守）

◉若年寄

堀田正敦（摂津守）
植村家長（駿河守）
小笠原貞温（近江守）
水野忠韶（壱岐守）
京極高備（周防守）
内藤信敦（豊前守）
田沼意正（玄蕃頭）
森川俊知（紀伊守）
増山正寧（河内守）

## 相馬大作を獄門に処す　八月二十九日　事件災害

南《なん》部《ぶ》藩士の相馬大作《そうまだいさく》（本名は下斗米秀之進《しもとまいひでのしん》）と関良介《せきりょうすけ》らは、主家の恨みを晴らすために、津軽《つがる》藩主の津軽《つがる》寧親《やすちか》の狙撃を計画した。

矢立峠《やたてとうげ》（秋田と津軽の境界に位置する羽州街道の道筋にある峠）に地雷を埋め、大筒《おおづつ》を備えたりしたが、事前に露呈して失敗。江戸へ逃れて潜伏するも、幕吏に捕らえられ、相馬も関も江戸の小塚原《こづかっぱら》でこの日、斬首《ざんしゅ》されたのだ。

津軽家は元々、南部家の家臣だった。しかし、豊臣秀吉の小田原攻め（一五九〇年）の際に主家を出し抜いて独立を果たした。そしてこの年、津軽寧親が「従四位下侍従《じゅしいげじじゅう》」に任じられ、南部家を家格で凌いだために、伝統的な対立感情に火がついたのである。その背景には、大名たちが官位の昇格を望むという当時の風潮があった。

この年は、将軍家《いえ》斉《なり》自身が三代家光以来、先例のなかった左《さ》大臣《だいじん》に、同十年には太政大臣《だじょうだいじん》になって世間を驚かしている。

相馬大作の供養碑（荒川区南千住回向院）

## 我が国初のコレラ禍　八月　社会世相

コレラ（虎列剌）はコレラ菌を病原体とする、消化器系急性伝染病である。コレラ菌により小腸が侵され、激しい下痢と高熱を伴う。死ぬ確率が高いことから、日本では「コロリ」「三日コロリ」などと呼ばれて恐れられた。

コレラはインドで起こって、ヨーロッパに広がり、十九世紀以降、世界的大流行となった。この年、ついに日本にも及んだが、感染ルートは朝鮮半島からとも、琉球からともいわれている。九州の長崎から始まり、東海道を進んだが、江戸には達しなかったようだ。

しかし、安政五年（一八五八）にコレラが流行した際には、江戸にも甚大な被害をもたらした。この時の死者数は『武《ぶ》江年表《こうねんぴょう》』によれば二万八千余人、瓦版《かわらばん》によれば十二万三千人とあり、確かなところはわからない。犠牲者の中には、「東海道五十三次」などで人気の浮世絵師・歌川広重《うたがわひろしげ》もいた。しかも、それがヨーロッパからもたらされた病だったため、開国に反対する「志士《しし》」たちの攘夷《じょうい》熱を刺激することにもなった。

明治になってからも、コレラは断続的に流行して猛威をふるった。これに対処するため、各地に衛生組合が設置され、明治三十年には伝染病予防法が制定されている。

『流行病妙薬奇験』

禁止。
**7月**　幕府、兵庫菜種問屋と西宮灘目油江戸直積廻問屋を廃止。
**7月**　二宮尊徳、旗本宇津家の財政再建に着手。
**8・29**　幕府、相馬大作（下斗米秀之進）を処刑（34）。
**8月**　幕府、流行の投扇遊びを禁止。
**8月～**　西国でコレラ流行。
**11月**　幕府、水鳥問屋以外での水鳥商売を禁止。
**12・13**　宮津藩の百姓、万人講などに反対して強訴（宮津騒動）。
**12・27**　幕府、名主に龍吐水の活用・野次馬の禁止など、火事場取り締まりを指示。
**この年**　十返舎一九『東海道中膝栗毛』完結。
**この年**　八百善『江戸流行料理通』初編刊行。
**この年**　松山藩波止浜塩田の浜子ら、藩札支払いに反対して打ちこわし（浜子一揆）。

**【主要幕閣】**

**◉老中**
青山忠裕（下野守）
松平乗保（能登守）
酒井忠進（讃岐守）
阿部正精（備中守）
水野忠成（出羽守）
大久保忠真（加賀守）
松平乗寛（和泉守）
松平輝延（右京大夫）

**◉寺社奉行**
水野忠邦（左近将監）
松平宗発（伯耆守）
本多正意（豊前守）
太田資始（摂津守）

**◉勘定奉行**
林垣定行（淡路守）
石川忠房（左近将監）
遠山景晋（左衛門尉）
松浦忠（伊勢守）
曾我助弼（豊後守）

**◉江戸町奉行**
**北**
榊原忠之（主計頭）
**南**
筒井政憲（和泉守）

**◉京都所司代**
内藤信敦（紀伊守）

## 摂津・河内で国訴が起こる　五月二十五日

政治経済

綿《めん》・菜種《なたね》問屋の流通体制に反対し、その自由販売を求めて、この日、摂津《せっつ》・河内《かわち》国内の千七ヶ村の百姓らが団結して、「国訴」となった（翌年には和泉《いずみ》も加えて千三百七ヶ村に）。結果は木綿売り捌《さば》きが承認されて、百姓側の勝利となった。

「国訴」は、「こくそ」とも「くにそ」とも読む。流通問題などで村々が支配領域を越えて、広域にわたって結びついて訴願《そがん》する、民衆運動である。多くの場合、領主や都市株仲間《かぶなかま》の独占に反対して、在郷《ざいごう》商人などが闘争の指揮を執った。

国訴は、一般的な百姓一揆が行なった越訴《おっそ》や強訴《ごうそ》、暴動といった非合法な手段ではなく、訴訟という合法的手段で対抗したことに特徴がある。その背景には商品経済の発達があった。

江戸大伝馬町の木綿店（『江戸名所図会』）

## 鷹司政通、関白に就く　三月十九日

文化思想

鷹《たか》司《つかさ》家は、藤原北家流《ふじわらほっけりゅう》の近衛《このえ》家の分流で、五摂家《ごせっけ》の一つである。近衛家実《いえざね》の子で、兼経《かねつね》の弟である兼平《かねひら》を祖とする。

兼平は建長四年（一二五二）十月、兼経の跡を受けて摂《せっ》政《しょう》となり、同六年十二月に関白《かんぱく》となった。以後、同家からは代々、摂政・関白を出したが、戦国時代に一時中絶。二条晴良《にじょうはれよし》の三男信房《のぶふさ》が再興した。

この日、関白となった鷹司政通《まさみち》は、内大臣《ないだいじん》・関白の鷹司政熙《まさひろ》の子だ。文化十二年（一八一五）に右大臣《うだいじん》、文政三年（一八二〇）に左大臣《さだいじん》と、順調に要職を歴任してきた。さらに、天保十三年（一八四二）には太政大臣《だじょうだいじん》となり、弘化三年（一八四六）、孝明《こうめい》天皇の即位に伴って摂政に任じられた。安

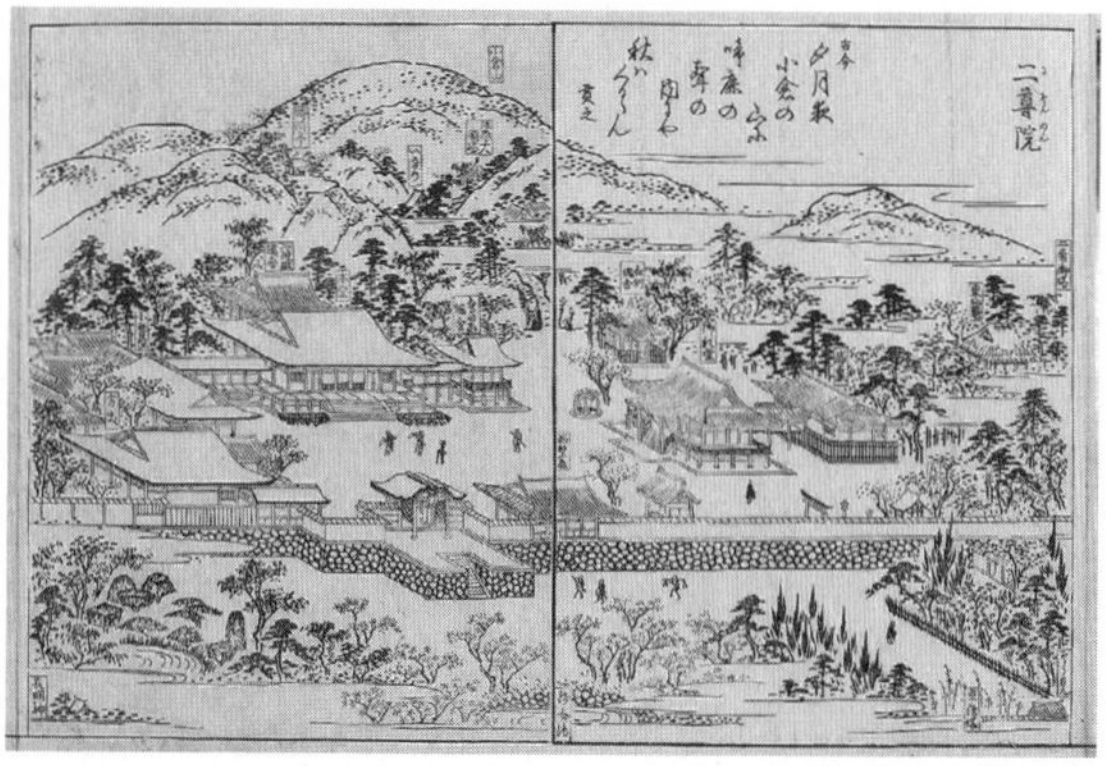
鷹司正通が葬られた二尊院（『都名所図会』）

**【この年の出来事】**

**2・9**　幕府、歌舞伎役者や浄瑠璃語りなどが虚名で旅することを禁止。
**2・20**　幕府、二朱銀を改鋳。
**2・25**　幕府、桑名藩の房総沿岸警備を免除。
**3・19**　鷹司政通、関白に就任。
**3・24**　幕府、白河藩・桑名藩・忍藩の三方領知替を実施。
**4・6**　大田南畝歿(75)。
**4・14**　幕府、道中通日雇宿を禁止、六組飛脚仲間への加入を指示。
**4・22**　幕府、房総代官森覚蔵に房総沿岸警備を指示。
**4・22**　西丸書院番松平外記、同僚の本多伊織らを江戸城殿中詰所で殺害し、自殺（西丸騒動）。
**4月**　諸国で大旱魃。下旬は霖雨。
**5・19**　江戸で洪水。大川筋浸水し、新大橋破損。
**5・25**　摂津・河内国の1007か村、木綿売

◉**京都町奉行**
**東**
牧義珍（助右衛門・備後守）
**西**
曾我助弼（豊後守）
須田盛照（与左衛門・大隈守）
◉**大坂城代**
松平康任（周防守）
◉**大坂町奉行**
**東**
高井実徳（山城守）
**西**
内藤矩佳（隼人正）
◉**長崎奉行**
土方勝政（八十郎）
高橋重賢（越前守）
◉**若年寄**
堀田正敦（摂津守）
植村家長（駿河守）
水野忠韶（壱岐守）
京極高備（周防守）
田沼意正（玄蕃頭）
森川俊知（紀伊守）
増山正寧（河内守）

政三年（一八五六）には関白を免じられたが、特旨《とくし》によって太閤《たいこう》と称された。

こうして政通は、幕末朝廷史に欠かせない重要人物の一人となっていく。

開国の問題が起こった際、政通は幕府の日米和親条約《にちべいわしんじょうやく》に調印という方針を認めた。続く日米修好通商条約《にちべいしゅうこうつうしょうじょうやく》調印の勅許《ちょっきょ》にも、最初は支持しようとする。ところが朝廷内で反対意見が強くなるや、やがて攘夷《じょうい》派に転じ、近衛忠熙《ただひろ》や三条実万《さんじょうさねつむ》らと協力して、開国派の関白九条尚忠《くじょうひさただ》と対立した。

政通の正室は、攘夷の総本山として知られた水戸藩の出身である。そのため、将軍継嗣《けいし》問題では水戸藩出身の一橋慶喜《ひとつばしよしのぶ》を推し、戊午《ぼご》の密勅（水戸藩に幕政改革の勅が下った事件）にも関わった。しかし、幕府の「安政の大獄《たいごく》」に連座し、安政六年四月には子の輔熙《すけひろ》とともに落飾《らくしょく》、慎《つつしみ》を命じられた。のちに慎を免じられ、文久二年（一八六二）には復飾、参朝を命じられたが、老齢を理由に辞退、隠居して、明治元年（一八六八）に八十歳で他界した。

## 旗本の松平外記が殿中で刃傷
### 四月二十二日

事件
災害

江戸城西の丸御書院番《ごしょいんばん》休息の間において、西の丸御書院番衆《ばんしゅう》の旗本松平外記《まつだいらげき》（桜井松平家）が、同役である本田伊織《ほんだいおり》・沼間右京《ぬまうきょう》・戸田彦之進《とだひこのしん》・間部源十郎《まなべげんじゅうろう》・神《かん》尾五郎三郎《おごろうさぶろう》に対して、この日の午後四時頃、刃傷《にんじょう》に及んだ。外記はしばらく病欠しており、この日は久しぶりの出勤だった。

本田・沼間・戸田は死に、三十三歳の外記は腹を切って、喉《のど》を突いて自害する。いわゆる「千代田《ちよだ》の刃傷」である。

外記は将軍家斉《いえなり》に仕え、弓術・馬術に長じていた優れた人物だったので、同僚からは忌《い》み、妬《ねた》まれていた。当時、旗本の風紀は乱れており、古参の旗本から、新参の外記は随分といじめられたようだ。

さらに外記が、将軍世子である家慶《いえよし》の追鳥狩《おいとが》りに従う拍子木役《ひょうしぎやく》という栄誉ある役を任じられたのが、同僚たちには気に入らなかった。それは外記の実力ではなく、実は父の力を使って、裏で工作したとのだといった噂を流された。外記はついに堪忍袋の緒が切れて、刃傷に及んだようである。

ちなみに、記録に残る江戸城中での大名・旗本の刃傷事件は、これを含めて七件ある。最も有名なものは、元禄十四年（一七〇一）三月、赤穂藩主浅野長矩《あさのながのり》が松の廊下で吉良《きら》上野介《こうずけのすけ》を斬りつけた事件だろう。

## 九谷焼が再興される

社会
世相

九《く》谷焼《たにやき》は、加賀大聖寺藩《だいしょうじはん》領九谷村（現石川県加賀市）で誕生した、色絵の陶磁器《とうじき》である。二代藩主の前田《まえだ》利明《としあき》の時代、後藤才次郎《ごとうさいじろう》によって始められ、半世紀にわたって御用窯《ごようがま》で焼かれた。豪放な色絵作品が多く、これらは「古九谷《こくたに》」と呼ばれている。

藩財政の悪化などで廃止されていたが、この年、約百三十年ぶりに再興された。加賀藩が京都から青木木米《あおきもくべい》を招いて、金沢の春日山《かすがやま》に窯を開かせたのが皮切りだ。

若杉窯・小野窯・木崎窯・宮本屋窯・蓮代寺窯・松山窯、そして豪商吉田屋伝右衛門《よしだやでんえもん》による吉田屋窯などが次々と開かれていく。精彩な赤絵、西洋の顔料を取り入れた金襴手《きんらんで》の確立などが特徴とされる。

りさばきをめぐって国訴。7月6日、百姓側が勝訴。
**7・6** シーボルト、オランダ商館医として出島に着任。
**7月** 畿内1307か村、綿・菜種の自由売買を要求し国訴。
**8・17** 江戸で大風雨、洪水。
**9月** 幕府、5年間の倹約令を発令。
**10月** 幕府、暦屋以外での暦版行を禁止。
**11月** 幕府、オランダ翻訳物・暦書・天文書などに関する出版取締令を布達。
**この年** 幕府、江戸地廻米穀問屋の抗議により、内藤新宿の米穀問屋10軒の組合加入を指示。
**この年** 加賀藩で九谷焼が再興。

# 1824 文政七年

甲申

天皇▼仁孝天皇

将軍▼徳川家斉（第十一代）

【主要幕閣】

◉老中
青山忠裕（下野守）
松平乗保（能登守）
酒井忠進（讃岐守）
水野忠成（出羽守）
大久保忠真（加賀守）
松平乗寛（和泉守）
松平輝延（右京大夫）

◉寺社奉行
水野忠邦（左近将監）
松平宗発（伯耆守）
本多正意（豊前守）
太田資始（摂津守）

◉勘定奉行
林垣定行（淡路守）
石川忠房（左近将監）
遠山景晋（左衛門尉）
曾我助弼（豊後守）

◉江戸町奉行
北
榊原忠之（主計頭）
南
筒井政憲（和泉守）

◉京都所司代
内藤信敦（紀伊守）

◉京都町奉行
東

## 常陸国で英国捕鯨船員を捕縛 五月二十八日

政治経済

異国船の乗組員十二人が、水戸藩領内の大津浜《おおつはま》に上陸したため、この日、藩士らに捕縛されるという事件が起こった。

水戸藩は出兵して非常警戒を行ない、水戸学の大家藤《ふじ》田幽谷《たゆうこく》の門人である会沢安《あいざわやすし》（正志斎《せいしさい》）と飛田逸民《とびたいつみん》を派遣して、事情を調べさせた。その結果、会沢は乗組員がイギリス人であると知り、彼らには世界征服の野望があるとも解釈した。さらには密貿易の疑いも出てくる。

そうした報告を受けた幽谷は、息子の東湖《とうこ》にイギリス人を斬ってこいと命じたという。ところが、幕府役人が派遣されると、敵意なしということで、薪水《しんすい》や食料を与えて釈放してしまったのだ。

このような処置を、事なかれ主義の軟弱外交と批判した会沢は、尊王攘夷《そんのうじょうい》論のバイブルともいうべき『新論《しんろん》』の執筆に取りかかった（翌文政八年に成稿）。

## シーボルト、長崎に鳴滝塾を開く

文化思想

前年七月、オランダ商館付として長崎にやって来たドイツ人医師シーボルトは、医療任務・研究という本業とは別に、出島において患者を診察し、蘭学者の指導にあたった。するとその名声はたちまち広まり、この年長崎郊外に日本人名義（通詞某とも、遊女其扇とも）で土地家屋を購入。建物を増改築して六月、鳴滝塾《なるたきじゅく》を開く。

長崎で苦学を続けていた美馬順三《みまじゅんぞう》・高良斎《こうりょうさい》・二宮敬作《にのみやけいさく》らが住み込んで蘭学を修め、塾の管理運営にあたることを、シーボルトは許した。シーボルトが定期的に塾で医学を講義するのは週一回で、その他は塾生たちが教えあったり、蘭書を輪読したりした。

徳島出身の美馬が初代塾頭。他に湊長安《みなとちょうあん》・岡研介《おかけんかい》・岡《おか》泰安《たいあん》・高野長英《たかのちょうえい》・小関三英《こせきさんえい》・戸塚静海《とつかせいかい》・伊東玄朴《いとうげんぼく》・青木《あおき》周弼《しゅうすけ》・石井宗謙《いしいそうけん》・伊藤圭介《いとうけいすけ》など、直接シーボルトの教えを受けた者は四十人を数えるという（異説あり）。またシーボルトは塾生たちに、日本の歴史・地理・法律・風俗など各方面にわたる課題を与え、大規模に系統的に研究指導を行い、その調査研究の報告を提出させて、みずからの資料とした。幕府の厳しい禁制の下、シーボルトは苦労しながら日本研究のための材料を集めてゆく。

ところが文政十一年の帰国にさいし、国禁の地図の海外持ち出しが発覚。罪に問われ一年後、国外追放に処される（シーボルト事件）。これを契機に、幕府の洋学への規制が厳しくなった。その後シーボルトは安政六年（一八五九）に再来日、幕府に献言など行ったがオランダ総領事に妨げられ、文久二年（一八六二）、日本を去った。慶応二年（一八六六）十月十八日、ミュンヘンで他界。天保三年（一八三二）から二十年間かけて出版した大著『日本』をはじめ、『日本動物誌』『日本植物誌』などの著作を通じて、西欧学界へ日本を紹介した。

【この年の出来事】

**1月** 幕府、窮民に米銭を支給。

**2・6** 幕府、文政二朱銀を鋳造。3月、通用開始。

**4・13** 摂津・河内・和泉1307か村、菜種の値段引上げ・油の直小売の許可を求めて国訴。却下される。

**5・18** 幕府、文政一朱金を鋳造。7月、通用開始。

**5・27** 幕府、商品の代金不払いなどを行なう無頼者の取り締まりを実施。

**5・28** イギリス捕鯨船員、大津浜に上陸し薪水を要求。水戸藩、船員12人を捕縛（常陸大津浜事件）。

**5月** 江戸雑穀問屋、地廻米穀問屋仲間に加入。

**6・16** 幕府、イギリス捕鯨船に退去を命令。

**6月** 幕府、料理茶屋などでの売春取り締まりを実施。

**7・2** 幕府、河岸地使

牧義珍（助右衛門・備後守）
**西**
須田盛照（与左衛門・大隈守）
**◉大坂城代**
松平康任（周防守）
**◉大坂町奉行**
**東**
高井実徳（山城守）
**西**
内藤矩佳（隼人正）
**◉長崎奉行**
土方勝政（八十郎）
高橋重賢（越前守）
**◉若年寄**
堀田正敦（摂津守）
植村家長（駿河守）
水野忠韶（壱岐守）
京極高備（周防守）
田沼意正（玄蕃頭）
森川俊知（紀伊守）
増山正寧（河内守）

## 江戸四谷塩屋町で仇討ち　十月十日

事件災害

文政元年（一八一八）六月、上野国高崎連雀町《たかさきれんじゃくちょう》で足袋《たび》屋《や》を営んでいた源助《げんすけ》は、妻と奉公人の安兵衛《やすべえ》が密通しているとの噂を聞く。源助は、安兵衛を呼びつけて意見するが、安兵衛は反省するどころか、かえって口汚くののしったり、傍らにあった茶碗を投げつけたりした。仲裁する者もあって、いったんは落ち着いたものの、腹の虫が治まらなかった安兵衛が源助の頭を薪《まき》で殴ると、打ちどころが悪く、源助は死んでしまった。

驚いた安兵衛は逃走。源助の妻もまた、諸国巡礼の旅に出ると言い残して、姿を消す。源助の一人息子で十二歳になる宇一は、同国内の山口才市のもとへと引き取られていく。才市は宇一を可愛がった。そして成長した宇一は、ある日、父の仇を討ちたいと才市に告げる。才市は、得意としていた剣術（無念流《むねんりゅう》とも真庭念流《まにわねんりゅう》とも）を、宇一にたたき込んだ。四年間の厳しい稽古に堪えた宇一は、才市の養子という身分にしてもらう。そして、下野《しもつけ》から武蔵《むさし》まで、仇の安兵衛を追って旅したが、所在は一向に摑めなかった。

ところが文政七年、足利に出かけた際に、父のかつての弟子に偶然出会った宇一は、安兵衛が江戸にいるらしいとの情報を得る。そこで江戸へ出て探索を続けたところ、ついに麴町十二丁目の足袋屋紀伊之国で働く、安兵衛を発見するのである。

安兵衛をうまく誘い出した宇一は、四谷塩町《よつやしおまち》で本懐《ほんかい》を遂げて、町奉行所へ自首して出た。公認の仇討ちではなかったが、町奉行の榊原忠之《さかきばらただゆき》の裁量によって、不問に付されたということである。

## 江戸前の握り寿司が登場

社会世相

遠浅の干潟《ひがた》を抱えた江戸前の海（現在の東京湾）は新鮮な魚介類（鯛・鯵・穴子・芝エビなど）の宝庫だ。

それを具材（ネタ）とし、酢を混ぜた飯に載せた「江戸前寿司」、いわゆる握り寿司が完成されたのが、このころという。少し前から、現在のミツカンの初代により、食酢が生産、販売されるようになっており、それを使った江戸の郷土料理であった。創案者は一説に、両国の与兵衛鮓の華屋与兵衛《はなやよへえ》という（あるいは、創案者は安宅《あたか》の松之鮨の堺屋《さかいや》松五郎《まつごろう》ともいわれる）。以前にも握り寿司を作る者はいた。しかし握った後、笹で仕切って箱に詰め、数時間押し続けるという製法だった。これが悠長であると嫌った与兵衛は、握早漬（握り寿司）を考案したのだというが、この手っ取り早さが江戸っ子の気性にも合ったらしい。またたく間に江戸前鮨は江戸じゅうに、そして日本中に広がっていった。

天保年間（一八三〇―四五）には名古屋に握り寿司の店があったというし、箱寿司が中心だった大阪でも、明治の半ばころには握り寿司が主流になっていたようだ。

なお、天保の終わりころに鮪が豊漁となったことがある。そこで、屋台の恵比須鮨が鮪を湯引きし、醬油に漬けて寿司ネタにしたところ評判となり、以後、江戸前寿司の代表的なネタとなったが、鮪は下品な魚との偏見も強く、高級店では扱われなかった。

鮨屋（『絵本江戸爵』）

用者に対し冥加金を賦課。
**7・8** イギリス捕鯨船員、宝島に上陸。翌日、略奪をはたらく（薩摩宝島事件）。
**7・11** 幕府、水戸藩に捕縛したイギリス捕鯨船員の釈放を指示。
**7・12** 幕府、町火消に対し火事場での口論禁止などを通達。
**閏8・19** 幕府、蒟蒻問屋25人に問屋株を許可。
**閏8月** 幕府、盗賊警戒令を発令。
**閏8月** 駿河・遠江国の113か村、江戸茶問屋の不正などを直訴（文政の茶一件）。
**9・15** 幕府、諸国河川の修築を各領主に指示。
**10・10** 江戸四谷塩谷町で仇討ち。
**この年** 水戸藩、イギリス捕鯨船員と交易した漁民ら300人を捕縛。
**この年** 常陸・陸奥沖で外国の捕鯨船が頻繁に航行。
**この年** シーボルト「鳴滝塾」設立。

# 文政八年

乙酉

天皇▼仁孝天皇

将軍▼徳川家斉（第十一代）

**【主要幕閣】**

**◉老中**
青山忠裕（下野守）
松平乗保（能登守）
酒井忠進（讃岐守）
水野忠成（出羽守）
大久保忠真（加賀守）
松平乗寛（和泉守）
松平輝延（右京大夫）
植村家長（駿河守）

**◉寺社奉行**
水野忠邦（左近将監）
松平宗発（伯耆守）
本多正意（豊前守）
太田資始（摂津守）
松平信順（伊豆守）
土井利位（大炊頭）

**◉勘定奉行**
林垣定行（淡路守）
石川忠房（左近将監）
遠山景晋（左衛門尉）
曾我助弼（豊後守）

**◉江戸町奉行**
**北** 榊原忠之（主計頭）
**南** 筒井政憲（和泉守）

**◉京都所司代**
内藤信敦（紀伊守）
松平康任（周防守）

## 幕府、異国船打払令（無二念打払令）を発布　二月十八日

政治経済

前年の文政七年（一八二四）は、異国船出没によるトラブルが相次いだ年だった。

薩摩西南諸島の宝島《たからじま》に来航したイギリス捕鯨船が、食料を求めるも拒否され、武力衝突。島民側から死者が一名出た。さらには、イギリス捕鯨船の十二名が水戸藩領大津浜に上陸し、捕らえられるという事件も起こっている。

以前から異国船に手を焼いていた幕府は、この日、ついに強硬策である「異国船打払令（無二念《むにねん》打払令）」を出すに至った。

ところがこれを、天保八年（一八三七）のモリソン号事件で実行に移したところ、日本人漂流民が乗っていたこともあって、世論の非難を浴びてしまう（幕府は蛮社《ばんしゃ》の獄《ごく》で、これを弾圧）。また、アヘン戦争での清国《しんこく》敗北の知らせも届いたので、幕府は天保十三年になってから方針を変更せざるを得なくなった。遭難船に限って、薪水《しんすい》の給与を認めるとの令を発することになるのだ。

## 会沢安『新論』を藩主に献上　三月

文化思想

後期水戸学の代表的著作とされ、「幕末の志士」のバイブルとして読まれた会沢安《あいざわやすし》（正志斎《せいしさい》）の『新論《しんろん》』が著された背景には、前年の文政七年（一八二四）五月に起こった、イギリス捕鯨船員が水戸藩領大津浜《おおつはま》に上陸、逮捕された事件がある。それは、長大な海岸線を持つ水戸藩にとって深刻な問題だった。

ところが幕府は、イギリス船員に薪水を与えて釈放する。こうした処置を会沢は、事なかれ主義の軟弱外交と批判し、『新論』の執筆に取り掛かった。翌年成稿され、藤田《ふじた》幽谷《ゆうこく》を通じて水戸藩主の徳川斉脩《なりのぶ》に献上される。

『新論』は、国体（上中下）・形勢・虜情《りょじょう》・守禦《しゅぎょ》・長計《ちょうけい》から成り、尊王攘夷《そんのうじょうい》論を確立したといわれている。日本の国体の特殊性・優越性を強調し、それに基づき、世界情勢の非常事態に対応するための改革を望むものだった。

会沢は『新論』の中で、封建体制の再建を望み、西洋の市民社会への敵意を剝き出しにしている。しかし一方で、士風を起こし、賢才を登用することを求め、武士の城下町集中を批判する。それは、幕藩体制下において、軟弱になった武士に対する非難であり、血統を重んじ、実力を軽視する封建制度の矛盾点を指摘することでもあった。

ところが、あまりにも論旨が過激であるため、藩主は幕府の嫌疑を恐れて公表を禁じた。しかし、門人や知人たちの筆写によって回覧され、著者に無断で出版されたりして普及する。安政四年（一八五七）頃には、会沢公認の版が出版されている。

## 幕府、縁切寺を東慶寺と満徳寺にする

事件災害

「駆込寺《かけこみでら》」は「縁切寺《えんきりでら》」ともいい、強制結婚から夫を好まぬ女性を助け、離婚の権利を与える寺のことだ。

**【この年の出来事】**

**1・7** 初代歌川豊国歿（57）。
**1月** 幕府、西国に自家製以外の灯油製造を禁止。
**2・11** 雷電為右衛門歿（59）。
**2・18** 幕府、古金銀の交換を7月までに限定。
**2・18** 幕府、諸大名に異国船打払令を発令。
**2・20** 幕府、湯屋に対し盗難警戒令を発令。
**2月** 幕府、流行の遊具「琵琶の津軽笛」を禁止。
**3月** 幕府、竹木・薪炭商人を524人に制限し、私的売買を禁止。
**3月** 会沢正志斎『新論』完成。
**5・26** イギリス船、陸奥沖に来航。
**7・18** 幕府、古金銀の通用期限を延長。
**7・26** 4代目鶴屋南北作『東海道四谷怪談』中村座で初演。
**8・22** 鷹司祺子、入内。翌日、女御となる。
**9月** 幕府、オランダ船

**◉京都町奉行**
**東**
牧義珍（助右衛門・備後守）
神尾元孝（市左衛門・備中守）
**西**
須田盛照（与左衛門・大隈守）
**◉大坂城代**
松平康任（周防守）
水野忠邦（左近将監）
**◉大坂町奉行**
**東**
高井実徳（山城守）
**西**
内藤矩佳（隼人正）
**◉長崎奉行**
土方勝政（八十郎）
高橋重賢（越前守）
**◉若年寄**
堀田正敦（摂津守）
植村家長（駿河守）
水野忠韶（壱岐守）
京極高備（周防守）
田沼意正（玄蕃頭）
森川俊知（紀伊守）
増山正寧（河内守）
林忠英（肥後守）
本多正意（豊前守・遠江守）
**◉側用人**
田沼意正（玄蕃頭）

江戸時代、男は、建前上は一方的な理由で妻を離縁することができた。ところが女の方は、一部の例外を除いて、離縁は法的に認められていなかったのである。

このため、どうしても離縁したい女性は縁切寺に駆け込み、三年間（実際は満二年）奉公して過ごす。すると、寺社奉行からその権限を委任されている縁切寺は、夫から離縁状をとり、離婚を成立させてやったのだ。

幕府が公式に認めていた縁切寺は二寺あり、いずれも尼寺である。一つは相模国の東慶寺《とうけいじ》（現神奈川県鎌倉市）である。縁切寺となった歴史は古く、鎌倉時代の北条時宗《ほうじょうときむね》夫人が最初とされる。もう一つは上野国の満徳寺《まんとくじ》（現群馬県太田市）で、こちらは二代将軍秀忠《ひでただ》の娘千姫《せんひめ》が、亡夫豊臣秀頼《とよとみひでより》との縁を切るために、侍女《じじょ》を代理で入れたのが始まりとされている。

明治六年（一八七三）の太政官《だじょうかん》布告で、形式的には女性の離婚請求権が認められ、ようやくこの問題も解決をみることになるのである。

東慶寺（『新編鎌倉志』）

## 江戸の中村座で歌舞伎『東海道四谷怪談』が初演　七月二十六日

社会世相

多くの怪談物《かいだんもの》を書いていた四代目鶴屋南北《つるやなんぼく》の集大成、最高傑作とされている『東海道四谷怪談《とうかいどうよつやかいだん》』（通称『四谷怪談』）がこの日、初演を迎えた。お岩《いわ》を演じたのは三代目尾上菊五郎《おのえきくごろう》で、当時四十二歳。彼は六十六歳で歿するまで、地方興行を含めて都合九回、お岩を演じている。

民谷伊右衛門《たみやいえもん》の不実から、妻お岩が死に、怨霊《おんりょう》となって夫に仇《あだ》をなすという筋立ては、寛文年間（一六六一―七三）、江戸四谷の同心《どうしん》田宮某の娘お岩が嫉妬《しっと》のあまり死に、その怨霊が夫はもちろん、末代まで祟《たた》ったという巷説《こうせつ》が元となっており、さらに当時世間を騒がせていた事件（例えば、密通した男女が戸板に釘づけにされて、神田川に流された話など）が巧みに盛り込まれている。

「ここに、お岩、めんてい見ぐるしくかはり、くるしみたおれ居る」

と、南北がト書《とがき》で描写した凄絶なお岩の造形は、先行する『法懸松成田利剣《けさかけまつなりたのりけん》』の、怨念によって面相が変わるのをヒントにしたとの説もある。

『東海道四谷怪談』

に「日本通商」と書かれた標旗の掲揚を指示。
**9月**　佐土原藩、藩校「学習館」を創設。
**10月**　琉球で飢饉。餓死者多数。
**11・10**　幕府、旗本・御家人に借金の示談不成立に際しての蔵宿への乱暴を禁止。
**12・14**　松本藩の百姓、米価高騰のため打ちこわし（赤蓑騒動）。
**12・29**　幕府、酒造株をもちながら休業している者の酒造を禁止。
**この年**　将軍家斉、三河島植木職伊藤七郎兵衛に命じ、「浩養園」を築造。
**この年**　幕府、東慶寺と満徳寺を縁切寺に認定。

# 1826
# 文政九年

丙戌

天皇▼仁孝天皇

将軍▼徳川家斉（第十一代）

**【主要幕閣】**

**◉老中**
青山忠裕（下野守）
松平乗保（能登守）
酒井忠進（讃岐守）
水野忠成（出羽守）
大久保忠真（加賀守）
松平乗寛（和泉守）
植村家長（駿河守）
松平康任（周防守）

**◉寺社奉行**
松平宗発（伯耆守）
太田資始（摂津守）
松平信順（伊豆守）
土井利位（大炊頭）
堀親寚（大和守）

**◉勘定奉行**
林垣定行（淡路守）
石川忠房（左近将監）
遠山景晋（左衛門尉）
曾我助弼（豊後守）

**◉江戸町奉行**
**北**
榊原忠之（主計頭）
**南**
筒井政憲（和泉守）

**◉京都所司代**
松平康任（周防守）
水野忠邦（左近将監・越前守）

**◉京都町奉行**

## シーボルトが江戸へ到着する 三月四日

政治 経済

オランダ商館付医師として文政六年（一八二三）に長崎出島《でじま》へ来たシーボルト（ドイツ人）は、医療任務と研究に従事し、長崎郊外に鳴滝塾《なるたきじゅく》を開いて門人を育成した。シーボルトは日本の歴史・地理・風俗・博物・産業など多方面にわたる研究課題を門人たちに与え、その成果を報告させる。

そしてこの年、オランダ商館長ファン・スチュルレンに随行し、高良斎《こうりょうさい》・二宮敬作《にのみやけいさく》・石井宗賢《いしいそうけん》ら門人を従えて江戸へ赴く。一月九日に長崎を発ち、この日、江戸へ到着した。

長崎鳴滝のシーボルト邸跡と肖像を示す絵葉書

江戸では約三ヶ月滞在することになった。

シーボルトは、沿道の都市や江戸市中において、多くの学者たちと親しく接している。京都では小森桃塢《こもりとうう》、名古屋では伊藤圭介《いとうけいすけ》、江戸では宇田川榕庵《うたがわようあん》・土生玄碩《はぶげんせき》・高橋作左衛門《たかはしさくざえもん》・石坂宗哲《いしざかそうてつ》らである。そのほかに、薩摩藩の老侯島津重豪《しまづしげひで》とも会っている。さらに三月二十五日には、将軍家斉《いえなり》に謁見した。

シーボルトの門人たちは、彼を江戸に留めようと幕府に働きかけたが、漢方医らの反対によって実現しなかった。だが、シーボルトは多くの協力者を得て、地理上の観察を行ない、富士山の高さを測り、馬関《ばかん》（関門）海峡の図を製作することができた。

しかし、この時の資料収集が後日、大変な災いをもたらすことになる。文政十一年十一月、シーボルトの帰国に際して、国禁の日本地図などの海外持ち出しが発覚、翌年、国外追放となってしまったのだ。さらに、地図を贈った幕府天文方の高橋景保《たかはしかげやす》をはじめ、数十人の門人たちが処罰を受け、幕府による洋学者弾圧の契機となってしまったのである。

## 宇田川榕庵、蕃書和解御用方となる

文化 思想

この年、幕府天文方の蕃書和解御用方《ばんしょわげごようかた》（翻訳員）に任じられた宇田川榕庵（緑舫）は、フランス人ショメールの『家事百科事典』を翻訳し、『厚生新編《こうせいしんぺん》』の作成に従事するため、美作津山《みまさかつやま》から江戸へと移ってきた。

榕庵は、大垣藩医の江沢養樹《えざわようじゅ》の子として生まれ、津山藩医の宇田川玄真《うたがわげんしん》の養子となった。杉田玄白《すぎたげんぱく》や高野長英《たかのちょうえい》と並ぶ蘭学者《らんがくしゃ》として知られ、特に昆虫学、化学、温泉学などに長じていたといわれている。

シーボルトとも親交があり、養父との共著で『遠西医方名物考《えんせいいほうめいぶつこう》』などを著し、出版している。さらに天保八年（一

**【この年の出来事】**

**1・9** シーボルト、オランダ商館長に同行し長崎を出発。
**2・28** 江戸で大火。小石川極楽水から出火し、白川薬園町・白山・巣鴨まで延焼。
**2月** 幕府、古金銀の通用期間を再度延長。
**3・25** シーボルト、オランダ商館長とともに将軍家斉に拝謁。
**4・9** 天文方高橋景保、シーボルトを訪問。日本図と外国書との交換を約束。
**5・9** 幕府、強盗多発により、治安取り締まりを強化。
**5・18** 近藤重蔵の長男富蔵、下渋谷村で隣家の百姓一家を殺害。幕府、重蔵を改易、富蔵を八丈島に流刑。
**6・3** シーボルトら、長崎に帰着。
**6・16** 幕府、武家屋敷の町人への貸与を禁止。
**6・21** 加賀藩の百姓、

**東**
神尾元孝（市左衛門・備中守）
**西**
須田盛照（与左衛門・大隈守）

**◉大坂城代**
水野忠邦（左近将監）
松平宗発（伯耆守）

**◉大坂町奉行**
**東**
高井実徳（山城守）
**西**
内藤矩佳（隼人正）

**◉長崎奉行**
土方勝政（八十郎）
高橋重賢（越前守）
本多正収（駒之助・佐渡守）

**◉若年寄**
堀田正敦（摂津守）
水野忠韶（壱岐守）
京極高備（周防守）
森川俊知（紀伊守）
増山正寧（河内守）
林忠英（肥後守）
本多正意（遠江守）

**◉側用人**
田沼意正（玄蕃頭）

八三七）から歿後の弘化四年（一八四七）にかけて、日本初の近代化学を紹介した『舎密開宗《せいみかいそう》』を出版した。「舎密」とはオランダ語の化学の字訳である。

榕庵は弘化三年六月二十二日歿、享年四十九だった。

宇田川榕庵

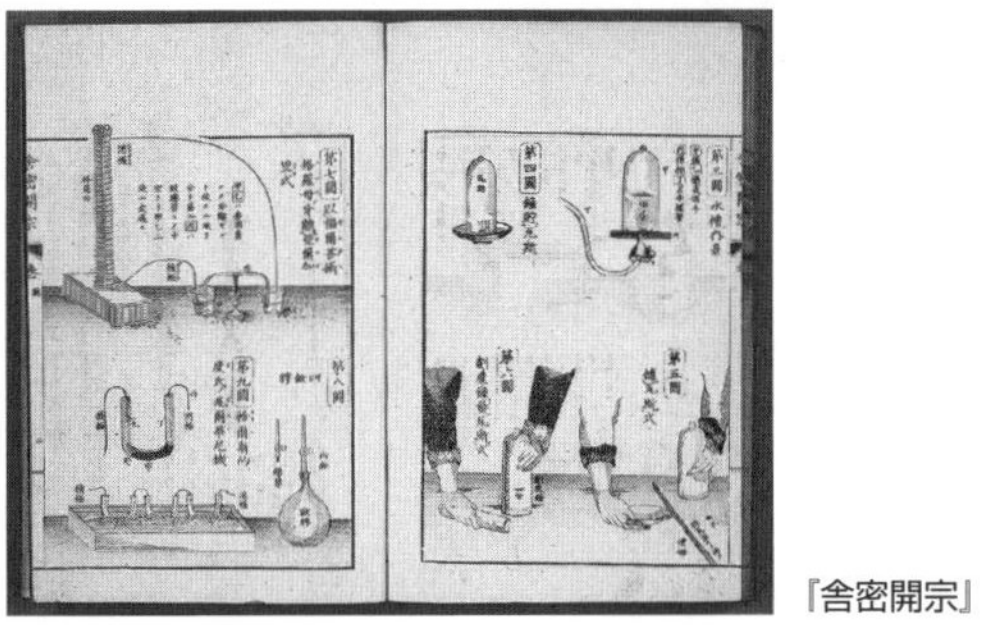
『舎密開宗』

## 幕臣近藤重蔵の子が刃傷沙汰を起こす 五月十八日

事件 災害

千《ち》島《しま》方面の探索で知られる幕臣（小普請組《こぶしんぐみ》）近藤重蔵《こんどうじゅうぞう》守重《もりしげ》の長男富蔵守真《とみぞうもりざね》が、目黒にあった父の別荘と隣家との間の、土地境界線をめぐるトラブルを起こした。そして富蔵は、博徒あがりの町人塚原半之助《つかはらはんのすけ》とその妻、母、子供ら七名を殺傷するに至る。いわゆる鎗ケ崎事件《やりがさきじけん》だ。

重蔵は、富蔵が起こした事件に連座《れんざ》して十月六日に改易《かいえき》となる。翌年、近江大溝藩《おおみぞはん》に預けられて、文政十二年（一八二九）六月十六日（九日とも）に歿した。

富蔵は八丈島《はちじょうじま》へ流され、流人《るにん》生活の間に『八丈実記《はちじょうじっき》』七十二巻（清書六十九巻）を著している。

その後、明治十三年（一八八〇）二月、明治政府によって赦《ゆる》されて、五十三年に及ぶ流人生活にピリオドを打った。

富蔵は父の墓参などを行ない、二年後、再び八丈島へ渡って、観音堂の堂守《どうもり》りとして余生を過ごし、明治二十年六月一日に歿した。享年八十三。

## 男の日傘が流行

社会 世相

今なお、男性が日傘（パラソル）を差すことには賛否両論あるようだが、この年の夏より、白張りの日傘を差すことが、武士や町人たちの間で流行した。

しかし、倹約《けんやく》を奨励する老中松平定信《まつだいらさだのぶ》らは、日傘を贅《ぜい》沢品《たくひん》と考えており、翌年七月には医者と女性以外は禁止された。しかし諸藩の藩士ら、いわゆる陪臣《ばいしん》らは、禁令にもかかわらずに相変わらず日傘を差していたという。

これ以前にも、例えば寛延二年に、京都で大人の日傘を禁じる触れが出されている。

さらに明治になると、文明開化によって、洋傘である日傘は婦人たちの憧れのアイテムとなっていくのである。

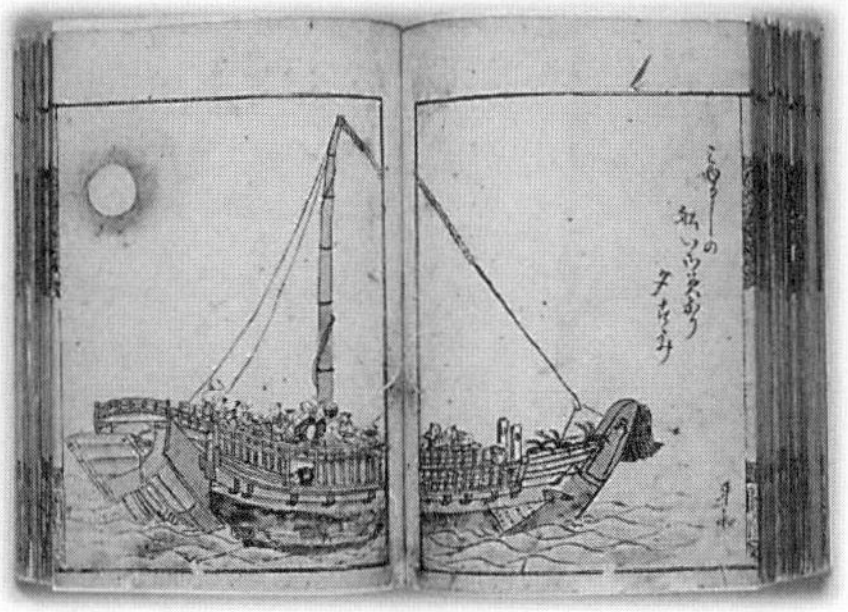
近藤富蔵の『八丈実記』に描かれた流人船

御用銀徴収に反対して騒動。
**6月** 東国で旱魃。
**7・9** 越中国で御用銀徴収反対の動きが波及。
**7・15** 幕府、江戸城周辺での花火を禁止。
**この夏** 武家・町人に日傘が流行。
**9・2** 阿蘇山噴火。
**9・28** 幕府、無宿者・百姓・町人らの長脇差携帯を禁止。
**10・6** 幕府、近藤重蔵を近江国大溝藩に配流。
**11・23** 水野忠邦、京都所司代に就任。
**この年** 諸国で地震多発。
**この年** 宇田川榕庵、蕃書和解御用方に就任。

# 1827 文政十年

丁亥

天皇▼仁孝天皇

将軍▼徳川家斉（第十一代）

**【主要幕閣】**

**◉老中**
青山忠裕（下野守）
酒井忠進（讃岐守）
水野忠成（出羽守）
大久保忠真（加賀守）
松平乗寛（和泉守）
植村家長（駿河守）
松平康任（周防守）

**◉寺社奉行**
太田資始（摂津守）
松平信順（伊豆守）
土井利位（大炊頭）
堀親寚（大和守）

**◉勘定奉行**
林垣定行（淡路守）
石川忠房（左近将監）
遠山景晋（左衛門尉）
曾我助弼（豊後守）

**◉江戸町奉行**
**北**
榊原忠之（主計頭）
**南**
筒井政憲（和泉守）

**◉京都所司代**
水野忠邦（越前守）

**◉京都町奉行**
**東**
神尾元孝（市左衛門・備中守）

## 薩摩藩で藩政改革　十二月

政治 経済

島《しま》津《づ》重豪《しげひで》は孫の薩摩藩主斉興《なりおき》と相談して、調所笑左衛門広郷《ずしょしょうざえもんひろさと》に財政改革の主任を命じた。調所は城下の貧しい下級武士の次男に生まれるも、その才覚を認められ、茶坊主から町奉行、側用人にまでのし上がった能吏《のうり》である。この年五十一歳。

当時、薩摩藩は江戸・大坂・京都の商人に五百万両といぅ、莫大な金を借りていたと言われる。特産品や琉球貿易の収入はあったものの、農村の疲弊は甚《はなは》だしかった。他藩なら一割ほどしかいない武士階級が、薩摩藩の場合は三割もいたのだ。藩は農村の自治を認めず、徹底した支配、監視を続け、八公二民で厳しい年貢を納めさせた。

にもかかわらず、負債は増えるばかりで、江戸から参勤交代で帰国するさいの旅費が足らないという危機的状況にまで陥っていたという。

調所は大坂の出雲屋《いずもや》（浜村）孫兵衛《まごべえ》などに、上方商人からの借金証文を引き取ってもらい、二百五十年の年賦《ねんぶ》（しかも無利子）で返すといった、新しい約束を交わす。江戸でも同じ様な強引な方法をとった。これは、事実上の踏み倒しである。商人たちも、泣き寝入りさせられ、ついには倒産する者も出た。調所に知恵を授けた出雲屋は訴えられ、町奉行により堺に追放されている。

あるいは調所は奄美《あまみ》の島民が作る砂糖をはじめ、煙草、米・菜種・はぜ・うこん・胡麻・硫黄・林産物《りんさんぶつ》・牛馬皮などを藩の専売制《せんばいせい》としたり、琉球を通じて密貿易を行ったりした。

こうした努力のすえ、薩摩藩の財政は立ち直る。天保十一年（一八四〇）には鶴丸城《つるまるじょう》の修理をはじめ土木、建築にあてた費用二百万両のほか、藩庫には五十万両が蓄えられ、さらに非常時用の米も持つことが出来た。これらが次の世代に受け継がれて、薩摩藩の明治維新の原動力になっていった。しかし幕府から薩摩藩に密貿易の嫌疑をかけられたため、調所は弘化五年（一八四八・嘉永元）十二月、江戸の藩邸で服毒自殺。享年七十三。

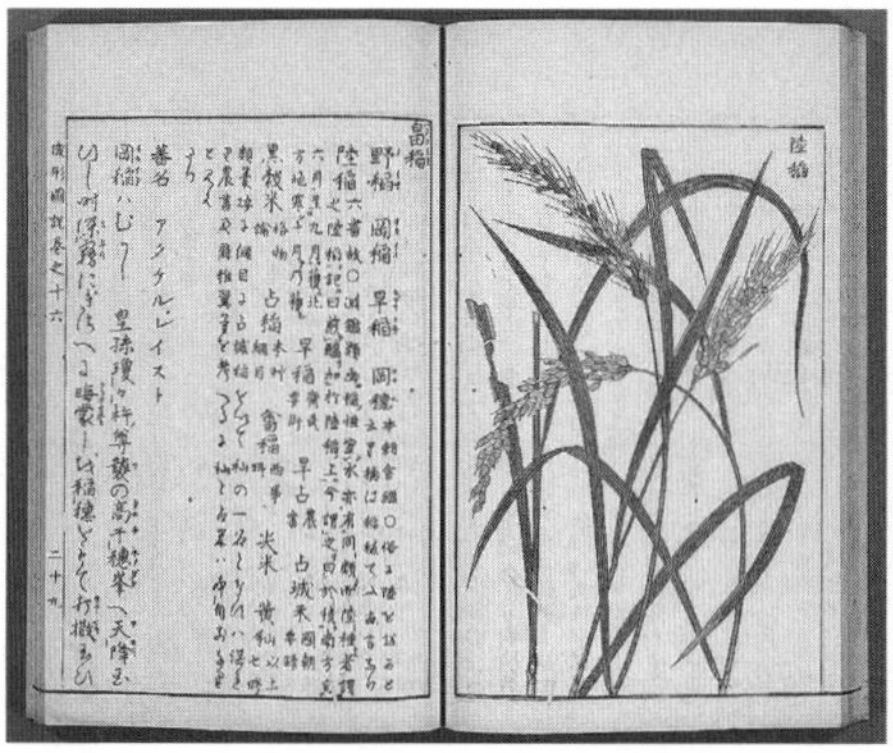

島津重豪が刊行させた『成形図説』

## 十一代将軍家斉が太政大臣に昇進　三月十八日

文化 思想

文政五年（一八二二）、家斉《いえなり》は三代将軍家光以来、先例を見ない左大臣になり、世子家慶《いえよし》（のち十二代将軍）は内大臣になった。さらに、将軍在職四十年におよんだのを機に、太政大臣《だじょうだいじん》となっている（家慶は従一位《じゅいちい》になる）。こ

**【この年の出来事】**

**2・18**　琉球で大飢饉。死者3358人。
**2・20**　徳川（一橋）治済歿（77）。
**2月**　幕府、治安維持強化のため、関東全域に改革組合村を設置。
**3・18**　将軍家斉、太政大臣に昇進。
**3・20**　幕府、酒造制限令を解除。
**3・30**　大槻玄沢歿(71)。
**3月**　幕府、倹約令を発令。
**3月**　佐藤信淵『経済要録』完成。
**4・5**　高田屋嘉兵衛歿(59)。
**4月**　阿蘇山噴火。
**5・6**　シーボルトの遺児楠本いね誕生。
**5・7**　幕府、神仏開帳の際の、大規模な見世物等を禁止。
**5・21**　頼山陽、『日本外史』を松平定信に献上。
**5・26**　幕府、華美な衣装の着用により、芸妓ら22名を処罰。

**西**
須田盛照（与左衛門・大隈守）
松平定朝（伊勢守）

**◉大坂城代**
松平宗発（伯耆守）

**◉大坂町奉行**
**東**
高井実徳（山城守）
**西**
内藤矩佳（隼人正）

**◉長崎奉行**
土方勝政（八十郎）
本多正収（佐渡守）
大草高好（主膳）

**◉若年寄**
堀田正敦（摂津守）
水野忠韶（壱岐守）
京極高備（周防守）
森川俊知（紀伊守）
増山正寧（河内守）
林忠英（肥後守）
本多正意（遠江守）
永井尚佐（肥前守）

**◉側用人**
田沼意正（玄蕃頭）

れは天皇の意思というより、家斉が強く望んだ結果であった。武官の長が文官の長を兼ねるなど、異例中の異例であり、人々を驚かせた。

また、家斉は四十人の側室を持ち、五十数人の子供をもうけるなど、豪奢《ごうしゃ》な生活が目立った。寛政の改革の後は側近に政治を任せたので、幕府内の紊乱《びんらん》腐敗《ふはい》が進み、贈賄が飛び交った。

こうした風潮は一般社会にも当然、影響を及ぼす。特に、将軍のお膝下《ひざもと》の江戸では、奢侈《しゃし》に流れ、射利《しゃり》を喜び、刹那的になって、町人文化は成熟期を迎えることになった。富くじが流行し、空米《からまい》相場取引が盛んに行われ、四十カ所以上もの私娼窟である岡場所《おかばしょ》が繁盛したのもこのころだ。

なお家斉は天保八年（一八三七）に将軍職を家慶に譲ったが、大御所としてなお、政治の実権を握り続けた。

## 研辰が討たれる　閏六月十二日

事件災害

**近**江国膳所《ぜぜ》の城下に住んでいた辰蔵という研師《とぎし》（通称研辰《とぎたつ》）はもと与之助といい、讃岐国阿野《あや》郡南羽床《みなみはゆか》村の百姓のせがれだった。故郷を出て諸国を転々とし、膳所の不動寺の寺男となり、この地に住み着いたとの説がある。

辰蔵は平井市次郎という武士の家に出入りするが、そのうち市次郎の妾に懸想し、言い寄った。ところが、妾が応じないので腹を立て、文政六年（一八二三）八月七日夜、妾と市次郎を斬り殺し、逐電《ちくでん》してしまう。あるいは、辰蔵の妻が市次郎と不倫を働いているのを知り、怒った辰蔵が市次郎を殺したのだともいう。

しばらく江戸などで潜伏したのち、辰蔵は故郷の南羽床村に帰り、再び研師として暮らしていた。だが、そのころ市次郎の二人の弟、平井外記と九市は、兄の仇を求めて全国を歩きまわっていた。途中、虚無僧雲竜の助太刀も得た弟たちは、ついに南羽床村の辰蔵の家を突き止め、この日、仇である辰蔵を討ちとる。辰蔵は三十八歳だった。

この事件は評判になり、近江粟津家のお家騒動という設定に変えられて『敵討高砂松《かたきうちたかさごのまつ》』の題で、すぐに歌舞伎として上演された。あるいは木村綿花は、辰蔵のキャラクターに特に注目した『研辰の討たれ』を書く。これが大正十四年十二月、歌舞伎座で初演され、人気を博した。

## シーボルトの遺児楠本いねが誕生　五月六日

社会世相

**い**ねは、長崎の出島《でじま》商館付医師であるシーボルトと長崎丸山引田屋《ひけたや》の遊女其扇《そのぎ》（楠本たき）との間に生まれた。三歳の時、父は国外追放となって日本を去ったが、父の門人で宇和島藩の蘭学者だった二宮敬作《にのみやけいさく》に預けられ、幼少のころからオランダ語を学ぶ。また、十九歳で二宮に外科を、二十三歳で岡山の医師石井宗謙《いしいそうけん》に産科を学んだ。石井との間に一女（山脇たか子）をもうけたが、のち石井家を去る。

さらに、安部鲁庵《あべろあん》や村田蔵六《むらたぞうろく》（大村益次郎《おおむらますじろう》）などに師事。安政六年（一八五九）、来日した父と三十年ぶりに再会した。

明治三年（一八七〇）、東京築地に産科を開業、日本初の西洋医学による産科医となる。同十年、長崎に帰るも、同二十年、再び上京、明治三十六年（一九〇三）、東京麻布で数奇な運命に彩られた生涯を閉じた。七十七歳。

**7・29**　幕府、婦女・医師以外の日傘使用を禁止。
**10・14**　幕府、幸橋御門外に大的稽古場を設置。
**10・27**　幕府、江戸芝居三座の座元・役者に衣装の華美を禁止。
**11・12**　越後で大地震。三条・長岡などで被害大。死者3万余人。
**11・19**　小林一茶歿(65)。
**12月**　調所広郷、薩摩藩の財政改革を開始。
**この年**　前橋藩、藩校「博喩堂」を創設。
**この年**　加賀藩主前田斉泰、本郷上屋敷に御守殿門を造営。
**この年**　1年間に江戸で大火10件。

1828

# 文政十一年

戊子

天皇▼仁孝天皇

将軍▼徳川家斉（第十一代）

**【主要幕閣】**

**◉老中**
青山忠裕（下野守）
酒井忠進（讃岐守）
水野忠成（出羽守）
大久保忠真（加賀守）
松平乗寛（和泉守）
植村家長（駿河守）
松平康任（周防守）
牧野忠精（備前守）
水野忠邦（越前守）

**◉寺社奉行**
太田資始（摂津守）
松平信順（伊豆守）
土井利位（大炊頭）
堀親審（大和守）
土屋彦直（相模守）
松平光年（丹波守）

**◉勘定奉行**
林垣定行（淡路守）
石川忠房（左近将監）
遠山景晋（左衛門尉）
曾我助弼（豊後守）
土方勝政（出雲守）

**◉江戸町奉行**
**北**
榊原忠之（主計頭）
**南**
筒井政憲（和泉守）

**◉京都所司代**
水野忠邦（越前守）

## 水野忠邦、西丸老中となる　十一月二十三日

政治
経済

のちに、「天保の改革」を行なった遠江浜松藩の十一代藩主水野忠邦《みずのただくに》は、猛烈な昇進運動の末、この日、京都所司代《きょうとしょしだい》から西丸老中《にしのまるろうじゅう》の職を射止めた。忠邦は、さらに次のステップである本丸老中を目指す。

以前から水野家の財政は苦しく、多額の借財を負っていた。しかし忠邦が昇進を望んだため、機密費が必要となった。藩は財政立て直しのために、江戸での経常費を五千両に切り詰め、また別に交際費として二千両を新たに計上する。それらのしわ寄せは、当然領民に及んだ。鎌や油の類《たぐい》にも専売制《せんばいせい》をしいて課税したために領民が苦しんでいるという話を、三河田原藩の渡辺崋山《わたなべかざん》は当地の駕籠かきから聞いたと日記に記している。

水野忠邦

## 岩崎灌園の『本草図譜』が完成　十二月

文化
思想

この月、二十余年をかけて諸国を歩いて採集・栽培した、約二千種類もの植物を写生して制作された本格的な植物図譜九十六巻（なぜか一から四巻がなく、五から始まり九十六巻で終わる）が完成した。

正確な図譜で、科学的な評価も高く、日本初の植物図鑑とも評されている。五から十巻は出版されたが、残りのほとんどは大名などの希望者に、画家による模写で広まったともいわれている。

作者の岩崎灌園《いわさきかんえん》は江戸の人で幕府御家人《ごけにん》、名を常正《つねまさ》といい、写生に長じていた。

文化六年（一八〇九）、小野蘭山《おのらんざん》に師事して本草学《ほんぞうがく》を学ぶも、三ヶ月で死別。のち、シーボルトの江戸出府の際にはその宿舎を訪れ、植物について語るとともに、その肖像を描いた。晩年は本草会を設立し、本草学を普及させている。

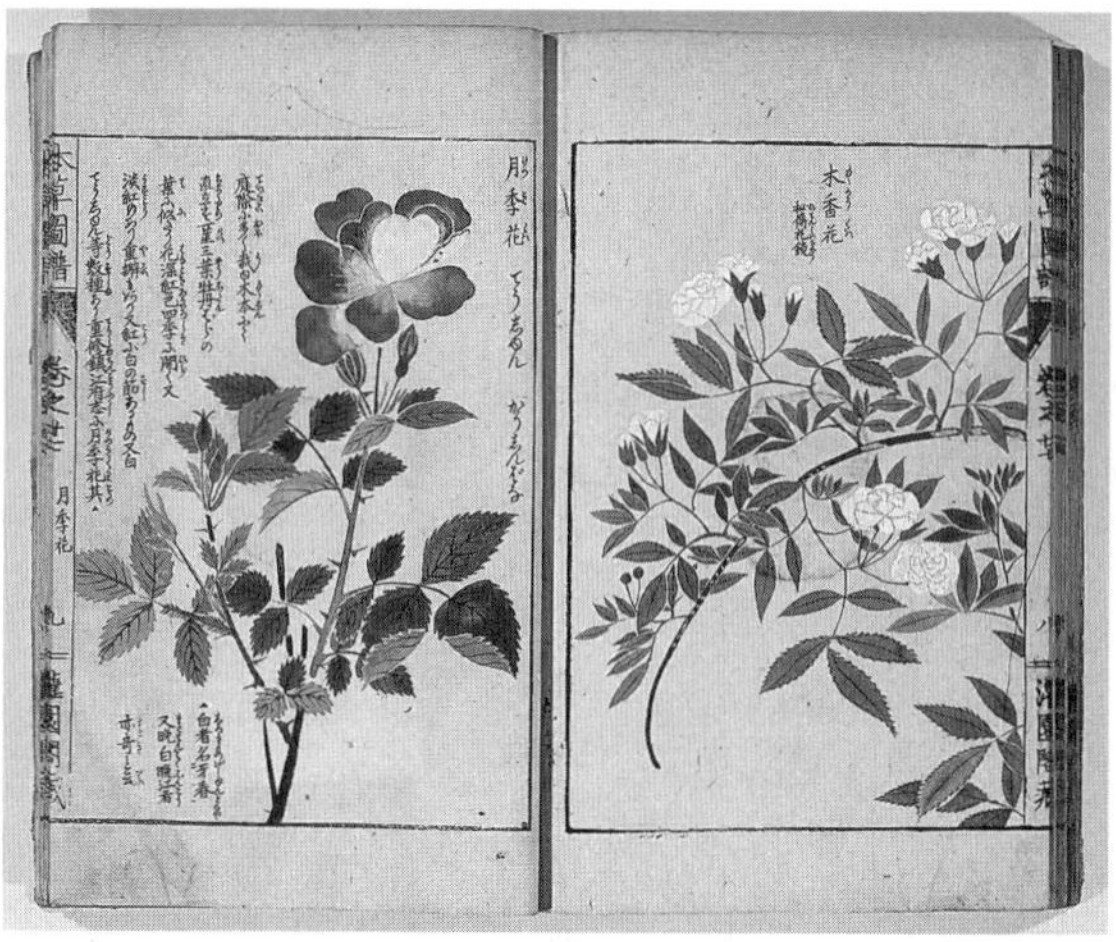

『本草圖譜』

**【この年の出来事】**

**1・30**　松山藩、藩校「明教館」を創設。
**2・16**　幕府、諸国に人別帳提出を指示。
**3・11**　幕府、品川宿に三味線弾きと称して江戸町方の女を置くことを禁止。
**3・13**　家斉、加賀藩前田家の上屋敷を訪問。
**4月**　幕府、関東諸村の若者仲間取り締まりを強化。
**5・23**　幕府、代官寺西元栄を半田銀山開山の功績により褒賞。
**8・9**　シーボルト、帰国の途で暴風雨となり、長崎へ帰航。
**8・10**　長崎奉行所、シーボルトの荷物検査を行ない、日本図など禁制品を発見（シーボルト事件）。
**8・18**　長岡藩の百姓、紬役をめぐって強訴（青抄騒動）。
**8・29**　江戸三座の座元、役者らの奢侈などについて町奉行に告発。

松平宗発（伯耆守）

**◉京都町奉行**

**東**

神尾元孝（市左衛門・備中守）

**西**

松平定朝（伊勢守）

**◉大坂城代**

松平宗発（伯耆守）

太田資始（摂津守）

**◉大坂町奉行**

**東**

高井実徳（山城守）

**西**

内藤矩佳（隼人正）

**◉長崎奉行**

本多正収（佐渡守）

大草高好（主膳）

**◉若年寄**

堀田正敦（摂津守）

水野忠韶（壱岐守）

京極高備（周防守）

森川俊知（紀伊守）

増山正寧（河内守）

林忠英（肥後守）

本多正意（遠江守）

永井尚佐（肥前守）

堀親審（大和守）

**◉側用人**

田沼意正（玄蕃頭）

ちなみに、本草学とは古代中国に起源を持つ、薬草など天然産物を生活に役立てるための研究である。日本には十六世紀末に李時珍《りじちん》の『本草綱目《ほんぞうこうもく》』がもたらされ、大きな影響を与えたとされる。

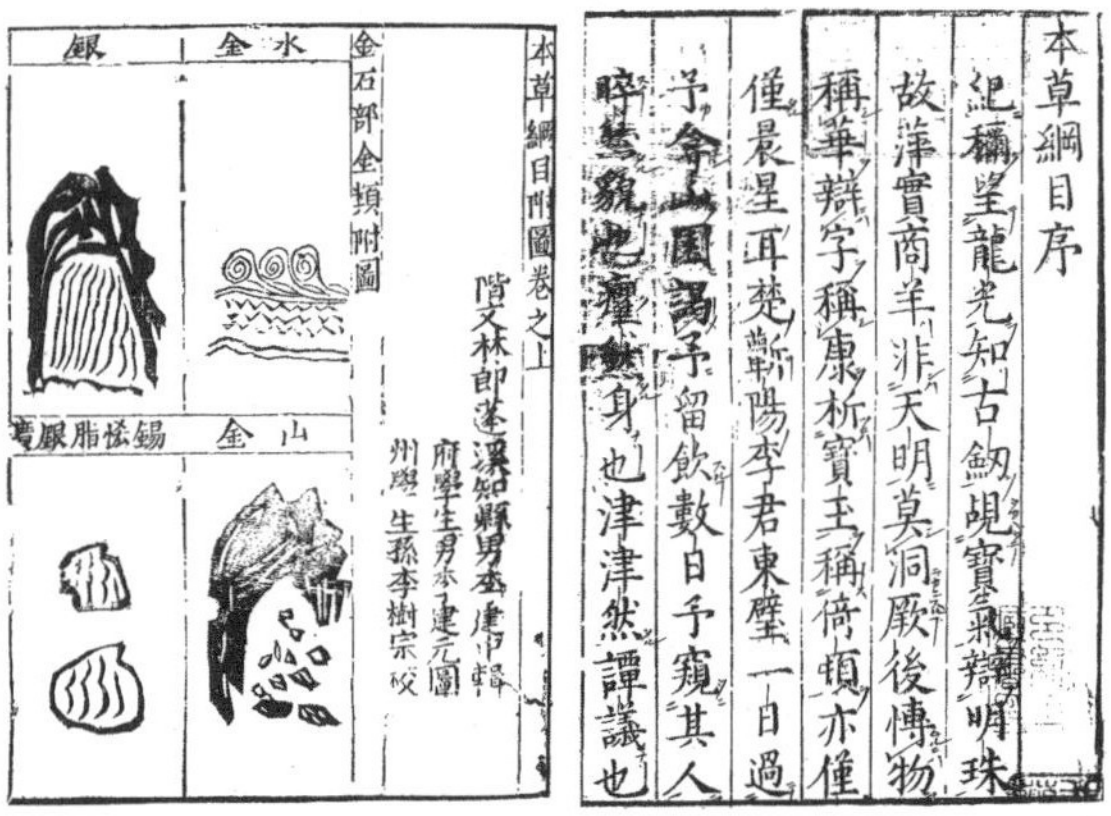

本草綱目序
紀稱望龍光知古劍覘寶氣辯明珠
故萍實商羊非天明莫洞厥後博物
稱華辯字稱康析寶玉稱倚頓亦僅
僅晨星耳楚蘄陽李君東璧一日過
予弇山園謁予留飲數日予窺其人
睟然貌也癯然身也津津然譚議也

本草綱目附圖卷之上
階文林郎蓬溪知縣男李建中輯
府學生男李建元圖
州學生孫李樹宗校
金石部金類附圖
水金　銀
山金　錫恡脂

『本草綱目』

## 十一代将軍家斉が前田家に御成り　三月十三日

事件災害

十一代将軍の家斉《いえなり》が、娘溶姫《ようひめ》の嫁ぎ先である加賀藩前田家の上屋敷（現、東京大学の敷地）を訪問したが、加賀藩はその接待に七千両を使い、ただでさえ苦しい財政を圧迫したといわれる。

家斉は数多くの側室《そくしつ》を持ち、五十人余の子ども（ただし成人したのは二十五人）をもうけたことで知られる。それだけに息子や娘の結婚には大変な苦労があったが、彼らを受け入れる大名家の出費も莫大なものであった。一方で、

三十四子（二十一女）の溶姫が加賀藩主前田斉泰《なりやす》（前藩主斉広《なりひろ》の長男として文化八年（一八一一）生まれ、文政五年（一八二二）家督を継ぐ）に輿入《こしい》れしたのは文政六年（一八二三）のことで、同十年には上屋敷に移った。加賀藩では歓迎の証しとして、朱塗りの御守殿門《ごしゅでんもん》を造ったが、これが現在も東京大学に残る、通称「赤門《あかもん》」である。

溶姫は文化十年（一八一三）生まれで、母は晩年、家斉の寵愛《ちょうあい》を一身に受けたとされる、お美代《みよ》の方《かた》である。

財政問題のほかに加賀藩を悩ませたのが、姑《しゅうとめ》にあたる斉泰の母真竜院《しんりゅういん》が、嫁の溶姫よりも立場は上だが、身分が下だったということ。これをどう扱うか。だが、すべては平等の儀式にして、難なく済ませたという。

政局が悪化していた慶応四年（一八六八）三月、溶姫は国元の加賀へ移るが、五月に五十五歳で他界した。

## 幕府、諸国に人別帳を提出させる　二月十六日

社会世相

「人別《にんべつ》」とは人口、「人別改め」とは人口調査のことである。これらを記録し、支配役所に提出させたのが人別帳（宗門人別改帳《しゅうもんにんべつあらためちょう》）である。

当初はキリスト教の禁制を徹底化するために作成され、寺院が檀家《だんか》であることを証明するための印を捺した。家ごとの出産や死亡はもちろん、養子縁組なども必ず記載させたから、この帳簿は戸籍の役割を果たすことになる。現代でいう戸籍台帳であり国勢調査のようなものだ。

子《ね》と午《うま》の年、つまり六年ごとに調査が行なわれた。村から離れた者は人別帳から外され、「無宿《むしゅく》」扱いとなった。

**10・10**　高橋景保、シーボルトへの日本図贈与により捕縛。
**10・15**　幕府、江戸三座の座元・役者に取締方議定証文へ違反しないよう通達。
**11・1**　長崎奉行所、シーボルトを抑留し所持品を押収。
**11・12**　越後で大地震。
**11・23**　水野忠邦、西丸老中に昇進。
**11・29**　酒井抱一歿(68)。
**11月**　幕府、草文二分判金を鋳造。
**11月**　江戸地廻米穀問屋、仲間規約を改正。統制強化。
**12・18**　シーボルト、出島に幽閉。
**12月**　岩崎灌園『本草図譜』完成。
**この年**　幕府、紀州藩に江戸米立会所の設置を許可。

# 1829 文政十二年

己丑

天皇▼仁孝天皇

将軍▼徳川家斉（第十一代）

**【主要幕閣】**

**◉老中**
青山忠裕（下野守）
水野忠成（出羽守）
大久保忠真（加賀守）
松平乗寛（和泉守）
松平康任（周防守）
牧野忠精（備前守）
水野忠邦（越前守）

**◉寺社奉行**
松平信順（伊豆守）
土井利位（大炊頭）
土屋彦直（相模守）
松平光年（丹波守）
脇坂安董（中務大輔）

**◉勘定奉行**
林垣定行（淡路守）
遠山景晋（左衛門尉）
曾我助弼（豊後守）
土方勝政（出雲守）
内藤矩佳（隼人正）

**◉江戸町奉行**
**北** 榊原忠之（主計頭）
**南** 筒井政憲（和泉守）

**◉京都所司代**
松平宗発（伯耆守）

**◉京都町奉行**

## 徳川斉昭、九代水戸藩主に就任 十月十七日

政治 経済

水戸藩徳川家の八代藩主徳川斉脩《なりのぶ》は、生まれつき病弱で、跡継ぎがいなかった。そのために、文政十一年の暮頃から、嗣子《しし》問題が表面化する。

家老の榊原照昌《さかきばらてるまさ》ら門閥《もんばつ》派の重臣らは、幕府からのさらなる財政援助を期待して、清水恒之允《しみずつねのじょう》（藩主斉脩夫人の弟で、将軍家斉《いえなり》の二十三男）を推した。一方、会沢正志斎《あいざわせいしさい》・藤田東湖《ふじたとうこ》ら改革派は、斉脩の異母弟である斉昭《なりあき》（幼名敬三郎《けいさぶろう》）を推し、藩庁に無断で江戸へ上って運動する。このため水戸藩は、一時動揺した。

十月四日には、問題の斉脩が三十三歳で病歿。直後に発見された遺言状には、斉昭を後継者にとの旨が記されており、それを幕府も認めた。

こうしてこの日、幕府は斉昭に相続を命じた（ただし、遺言状は偽作との説もある）。しかし、斉昭との政争に敗れた門閥派との確執はのちのちまで尾を引いたのである。

## 柳亭種彦『偐紫田舎源氏』の初編を出版

文化 思想

流行作家となっていた柳亭種彦《りゅうていたねひこ》は山東京伝《さんとうきょうでん》の弟子で、本名を高屋彦四郎知久《たかやひこしろうともひさ》といい、幕府旗本《はたもと》だった。

種彦は紫式部《むらさきしきぶ》の『源氏物語』を下敷きに、時代を平安《へいあん》から室町《むろまち》に移して『偐紫田舎源氏《にせむらさきいなかげんじ》』を著すが、これがベストセラーとなった。曲亭馬琴《きょくていばきん》（滝沢馬琴）が中国の『西遊記《さいゆうき》』『水滸伝《すいこでん》』を翻案し、『金毘羅船利生纜《こんぴらぶねりしょうのともづな》』『傾城水滸伝《けいせいすいこでん》』を出して人気を集めていたのに刺激を受けたからだといわれている。

室町八代将軍足利義政の妾腹《めかけばら》の子、光氏が、女性遍歴を装いながら、山名宗全《やまなそうぜん》の野望を打ち砕き、その後、京都に戻って将軍後見役になるという荒唐無稽《こうとうむけい》なストーリーだ。しかし、それ以上に女性読者たちの心をつかんだのは、浮世絵師の歌川国定《うたがわくにさだ》（のち三代目豊国《とよくに》）による、艶麗《えんれい》な挿絵だったといわれている。

『偐紫田舎源氏』は、黄表紙《きびょうし》のあとに流行した合巻《ごうかん》と呼

『偐紫田舎源氏』

**【この年の出来事】**

**1・15** 長崎奉行所、シーボルトへの第1回尋問開始。
**2・16** シーボルト事件で投獄の高橋景保、獄死(45)。
**3・21** 江戸で大火。神田佐久間町の材木小屋から出火し、37万余戸焼失、死者2800余人（己丑の大火）。
**5・13** 松平定信歿(72)。
**6・16** 近藤重蔵歿(59)。
**6・24** 幕府、文政一朱銀を鋳造。
**6・30** 幕府、諸職人の貸銭の値上げを禁止。
**6月** 幕府、神田龍閑町から元岩井町にかけ、大火の焼土を用いた火除土手を築造。
**6月** 江戸で赤痢流行。死者多数。
**8月** 幕府、大火による材木高騰により、在所からの直売を禁止。
**9・25** 出島幽閉のシーボルト、国外追放・再入国禁止となる。

**東**
神尾元孝（市左衛門・備中守）
小田切直照（土佐守）
**西**
松平定朝（伊勢守）

**◉大坂城代**
太田資始（摂津守）

**◉大坂町奉行**
**東**
高井実徳（山城守）
**西**
内藤矩佳（隼人正）
新見正路（伊賀守）

**◉長崎奉行**
本多正収（佐渡守）
大草高好（主膳）

**◉若年寄**
堀田正敦（摂津守）
森川俊知（紀伊守）
増山正寧（河内守）
林忠英（肥後守）
本多正意（遠江守）
永井尚佐（肥前守）
堀親審（大和守）
小笠原長貴（相模守）

**◉側用人**
田沼意正（玄蕃頭）

ばれるジャンルで、五丁一冊の小冊子を数冊合綴《がってつ》したものである。版元は通油町《とおりあぶらちょう》（現、東京都中央区日本橋大伝馬町）の仙鶴堂鶴屋喜右衛門《せんかくどうつるやきえもん》だ。ところが『偐紫田舎源氏』は三十八編まで出したところで、天保十三年（一八三〇）六月、「天保の改革」による弾圧を受けて絶版となってしまう。将軍家の大奥《おおおく》の内情を描いているとの理由からだった。作者の種彦はそれを気に病み、翌七月に亡くなっている。

## 京都で「邪宗門事件」が起こる 十二月五日

事件災害

京都八坂《やさか》で土御門《つちみかど》家配下の陰陽師《おんみょうじ》を称し、「易占稲荷《えきせんいなり》明神下《みょうじんした》」の看板を掲げていた豊田貢《とよたみつぎ》という女性が、この日、切支丹《キリシタン》との疑いをかけられて処刑された。「大坂切支丹一件」などともいう。

豊田貢は越中《えっちゅう》（現、富山県）の生まれで。下女《げじょ》、遊女《ゆうじょ》などを経て、京都で陰陽師斎藤伊織《さいとういおり》の妻となった。しかし夫は遊女に狂い、出奔してしまう。

平八郎が豊田貢を尋問（『警世矯俗大塩平八郎伝』）

貢は嫉妬のあまり遊女を殺そうと考えたが、その時、唐津浪人の教祖水野軍記《みずのぐんき》と出会い、天帝如来《てんていにょらい》の教法秘儀の伝授を受ける。こうして貢は運勢の吉凶を占い、加持祈禱《かじきとう》によって難病を治すとして信者を得て、金品を詐取していく。そして、似たような境遇の女を弟子とした。

ところが、女弟子の一人が文政十年（一八二七）に起こした詐欺事件から、貢の存在が浮かび上がり、逮捕された。大坂町奉行所の与力大《よりきおお》塩平八郎《しおへいはちろう》は、貢らを切支丹と断定して吟味。疑義は残るも、幕府は政治的な思惑もあって、切支丹として処刑することに決めた。

貢は開業医で貢の信者だった岩井温石、蘭方医《らんぽうい》の藤田顕《ふじたけん》蔵《ぞう》らとともに大坂松屋町の牢を出され、大坂三郷《さんごう》引き廻しの上、飛田《とびた》の刑場で処刑されたのである。

## 江戸で「己丑の大火」が発生 三月二十一日

社会世相

この日は北風が烈《はげ》しく、巳《み》の刻《こく》（午前十時頃）過ぎに神田佐久間町二丁目河岸の材木小屋より出火し、神田川を飛び越えて東神田の武家屋敷や町屋一円を焼いた。

それより東は、両国橋際《ぎわ》の浜町《はまちょう》あたりの武家屋敷から永代橋《えいたいばし》の手前まで。西は須田町《すだちょう》通りの西側残り、東側より今川橋向かいの本銀町《ほんぎんちょう》、本町河岸御堀端通、数寄屋橋《すきやばし》外まで。

南は新橋汐留《しんばししおどめ》までを限りとして、その間の町々は本町、石町、大伝馬町、小伝馬町、馬喰町、横山町あたり一円、堺町、葺屋町両座芝居、牢屋敷あたり、小網町、八丁堀、霊巌島、鉄炮洲《てっぽうず》、築地武家屋敷、西門跡より先、海手に至って佃島《つくだじま》まで。木挽町《こびきちょう》芝居、京橋、新橋あたりの町屋も類焼に及んだ。鎮火したのは翌二十二日の朝だった。

この火事は「己丑《きちゅう》の大火《たいか》」といわれ、江戸三大大火の一つである。特に武家屋敷の類焼がおびただしく、南北およそ一里余（約四キロ）、東西二十余町（二キロ余）を焼き、焼死・溺死者は一千九百人余りという。御救小屋《おすくいごや》が九ヶ所に建てられた。

**10・3** 藤田東湖、徳川斉昭を水戸藩主に擁立。
**10・17** 徳川斉昭、水戸藩主に就任。
**11・27** 4代目鶴屋南北歿（75）。
**11月** 水野忠暁『草木錦葉集』刊行。園芸が流行。
**12・5** 陰陽師豊田貢ら、京都で処刑（邪宗門事件）。
**12・13** 幕府、眼科医土生玄碩・玄昌父子を、シーボルトへの葵紋入りの羽織贈与により入牢。
**12・21** 歌川豊広歿（65）。
**12月** 幕府、破戒僧を取り締まり。
**この年** 柳亭種彦『偐紫田舎源氏』初編刊行。
**この年** 深川船橋屋の羊羹、名物となる。
**この年** 深川熊井町の翁そば、名物となる。

# 1830 天保元年（文政十三年）

庚寅

天皇▼仁孝天皇

将軍▼徳川家斉（第十一代）

**【主要幕閣】**

**◉老中**
青山忠裕（下野守）
水野忠成（出羽守）
大久保忠真（加賀守）
松平乗寛（和泉守）
松平康任（周防守）
牧野忠精（備前守）
水野忠邦（越前守）

**◉寺社奉行**
松平信順（伊豆守）
土屋彦直（相模守）
松平光年（丹波守）
脇坂安董（中務大輔）
土井利位（大炊頭）

**◉勘定奉行**
林垣定行（淡路守）
曾我助弼（豊後守）
土方勝政（出雲守）
内藤矩佳（隼人正）

**◉江戸町奉行**
**北** 榊原忠之（主計頭）
**南** 筒井政憲（和泉守）

**◉京都所司代**
松平宗発（伯耆守）

**◉京都町奉行**

## 水戸藩で藩政改革が始まる　一月十六日

政治 経済

文政十二年（一八二九）十月に水戸藩主となった徳川斉昭《なりあき》が、天保十五年五月まで、十四年半も続くことになる藩政改革をスタートさせた。

農民を苦しめる三雑穀切り返しの法を廃止し、藩士の定《じょう》府制《ふせい》を交代制にするというのが二大骨子だったが、実現するのは前者が十五年後、後者が八年後だった。

斉昭はまず、人事から着手する。定員七名の郡奉行《こおりぶぎょう》に、藤田東湖《ふじたとうこ》や会沢正志斎《あいざわせいしさい》といった斉昭擁立に動いた者たちを当てた。農村を、改革派の手で押さえさせたのだ。さらに財政立て直しのため、衣食住にわたる厳しい倹約令《けんやくれい》を出した。

さらに、藩校弘道館《こうどうかん》を建てて（天保十二年落成）、文武を奨励した。

精神主義的なものが中心となったのは、藩財政を潤すほどの、これといった産物がなかったからだともいわれている。

## 林家正蔵の怪談噺が人気

文化 思想

林《はやし》家《や》の始祖で、怪談噺《かいだんばなし》（落語の噺の一種）の元祖として知られる初代の林家正蔵《しょうぞう》は、江戸和泉町《いずみちょう》新道《しんみち》の生まれである。俗称を、下総屋《しもうさや》正蔵といった。

正蔵は、文化三年（一八〇六）、江戸寄席落語の開祖初代三笑亭可楽《さんしょうていからく》の門下となり、初め楽我《らくが》と名乗る。歌舞伎脚本作者の四代目鶴屋南北《つるやなんぼく》とも交流し、『東海道四谷怪談《とうかいどうよつやかいだん》』に影響を受けたといわれている。

両国広小路《りょうごくひろこうじ》に林屋という寄席《よせ》を経営した正蔵は、初めは「林家」ではなく、「林屋」と名乗った。天保十三年（一八四二）六月五日（異説あり）、六十二歳で歿した。

遺骸は、当時としては珍しく火葬されたが、燃やす時、棺桶に仕込んであった花火が上がり、参列者を驚かせたという。墓所は慶養寺《けいようじ》（現、台東区今戸）。なお林家は、落語の名門として代々怪談噺を継承し、現在九代目（一九六二年生）となっている。

鶴屋南北四代目（『於染久松色読販』）

## 波切騒動発生　九月二十三日

事件 災害

志摩国大王崎《だいおうざき》（現、三重県志摩市）の沖合で、この日、幕府の御用米《ごようまい》を積んだ千石船《せんごくぶね》が難破した。同地は「伊

**【この年の出来事】**

**1・16** 水戸藩主徳川斉昭、藩政改革を開始。
**3・23** 将軍家斉、江戸城吹上苑で相撲を観覧。
**3月** 幕府、江戸の防火対策として、龍吐水・水鉄砲の用意を指示。
**閏3・2** 江戸町奉行、縁日などでの路上賭博を禁止。
**閏3・9** 伊予宇和郡伊方浦の百姓800人、庄屋の不法に対し大洲藩領へ逃亡（伊方騒動）。
**6・23** 阿蘇山噴火。
**7・2** 京都で大地震。
**7・16** アメリカ人が小笠原に移住、父島でパイナップル栽培を開始。
**8・5** 幕府、「己丑の大火」による焼土を用いて、築地の先の海を埋め立て。
**8月** 岩崎常正『本草図譜』52冊のうち山草部4冊が完成、幕府に献上。
**この夏** 諸国で「三日コロリ」が流行。
**9・20** 幕府、両替商643

**東**
小田切直照（土佐守）
**西**
松平定朝（伊勢守）
**◉大坂城代**
太田資始（摂津守）
**◉大坂町奉行**
**東**
高井実徳（山城守）
曾根次孝（日向守）
**西**
新見正路（伊賀守）
**◉長崎奉行**
本多正収（佐渡守）
大草高好（主膳）
牧野成文（長門守）
**◉若年寄**
堀田正敦（摂津守）
森川俊知（紀伊守）
増山正寧（河内守）
林忠英（肥後守）
永井尚佐（肥前守）
堀親審（大和守）
小笠原長貴（相模守）
**◉側用人**
田沼意正（玄蕃頭）

崎の神埼・国崎の鎧・波切大王なけりゃよい」と歌われた、海上交通の難所である。

翌日、大王崎先端にある波切村《なみきりむら》（鳥羽《とば》藩領）の村人が、沈んだ船と積み荷の米を発見し、持ち帰った。

後日、難破の状況調査にやって来た幕府役人は、覆面をして、夜更けに村へ入る。そのため村人は盗賊と勘違いして、役人を殺害してしまった。

やがて事件は幕府の知るところとなり、庄屋をはじめ村人十四人が捕らえられ、三人が獄門《ごくもん》、六人が死罪、二人が遠島《えんとう》に処され、三人が獄死した。

この事件については、積み荷を横領する目的で、村人たちが仕組んだ偽装難破だったという説もあり、また、役人が殺されたのも、村人が賄賂《わいろ》を支払ったにも関わらず、便宜を図らなかったために恨みを買ったのだという説もある。

この悲劇を記念するために、村の和尚《おしょう》は「思案地蔵《しあんじぞう》」を建てて、関係者の霊を弔った。

## 江戸名物が続々と登場　社会世相

この頃から、「江戸名物」が増えてきた。それはすなわち、「江戸っ子」意識が確立してきたからともいえよう。

十九世紀半ばから、江戸紫《えどむらさき》、魚河岸《うおがし》、本町呉服店《ほんちょうごふくだな》、亀戸天神《かめいどてんじん》の藤《ふじ》など、多種にわたる名物が誕生。後半になると鰻《うなぎ》、握り寿司、蕎麦《そば》、煎餅《せんべい》など、食べ物が多くなってくる。

この年、中橋広小路《なかはしひろこうじ》（現、中央区京橋三丁目）に立川庄蔵《たちかわしょうぞう》が開いた「いせ庄」というドジョウ屋は、二代目の頃に神田蓮雀町《かんだれんじゃくちょう》へ移り、「いせ源」という鍋料理店となる。大正の頃には鮟鱇《あんこう》鍋専門店となり、今日もその面影を伝えている。

深川熊井町《ふかがわくまいちょう》（現、江東区永代）の翁蕎麦《おきなそば》、深川佐賀町《さがちょう》（現、江東区佐賀）の舟橋屋の羊羹《ようかん》など、いずれも鬼平《おにへい》や梅安《ばいあん》といった、池波正太郎《いけなみしょうたろう》の時代小説に登場する店が誕生したのも、この頃のことである。

日本橋魚市（『江戸名所図会』）

亀戸天満宮の藤（『江戸名所花暦』）

人以外による銭売買を再度禁止。
**9・23** 幕府、年寄・同心への賄賂を禁止。
**9・23** 波切騒動発生。
**11・30** 江戸橘町から出火、若松町・横山町などに延焼し、武家屋敷など多数焼失。
**12・10** 京都大地震により天保に改元。
**12・28** 幕府、凶作のため、金沢藩に1万両を貸与。
**この冬** 江戸で火事頻発。11月から28件。
**この年** 立川源四郎、神田連雀町にあんこう鍋店「いせ源」を開店。
**この年** 初代林家正蔵の怪談噺、評判になる。
**この年** 7代目市川團十郎ら、江戸三座焼失により京都で江戸芝居を上演。

# 1831 天保二年

## 辛卯

天皇▼仁孝天皇

将軍▼徳川家斉（第十一代）

**【主要幕閣】**

**◉老中**
青山忠裕（下野守）
水野忠成（出羽守）
大久保忠真（加賀守）
松平乗寛（和泉守）
松平康任（周防守）
牧野忠精（備前守）
松平宗発（伯耆守）
水野忠邦（越前守）

**◉寺社奉行**
松平信順（伊豆守）
土屋彦直（相模守）
脇坂安董（中務大輔）
土井利位（大炊頭）
間部詮勝（下総守）

**◉勘定奉行**
林垣定行（淡路守）
曾我助弼（豊後守）
土方勝政（出雲守）
内藤矩佳（隼人正）

**◉江戸町奉行**
**北**
榊原忠之（主計頭）
**南**
筒井政憲（和泉守）

**◉京都所司代**
松平宗発（伯耆守）
太田資始（備後守）

### 幕府、松前章広を一万石格として辺境警備にあたらせる　十月二十九日

政治 経済

江戸時代、蝦夷地《えぞち》と呼ばれていた北海道は徳川家康から認められた松前《まつまえ》氏が支配し、福山に館を築いて、本拠としていた（のち、五代徳川綱吉の時、大名に準ずる資格を認められる）。ただし不毛の地で米の収穫がなかったため、藩は石高を持たず、藩の財政は交易権による商人からの運上に頼らざるをえなかった。

ロシアの極東南下政策による緊張状態が続くようになると、幕府は寛政十一年（一七九九）、北辺警備を理由に浦河から知床岬までの東蝦夷を、松前氏から召し上げて直轄とした。さらに文化四年（一八〇七）、幕府は蝦夷全島を直轄として松前奉行《まつまえぶぎょう》を置き統治したため、松前氏は陸奥伊達郡梁川・上野甘楽などの九千石に移封される。

しかし、松前章広《まつまえあきひろ》による復帰運動の甲斐もあり、文政四年（一八二一）には復封して福山に帰った。さらにこの年には、幕府は章広を一万石格として、辺境警備にあたらせるとした。ところが、熱烈な攘夷論者として知られた水戸藩主徳川斉昭《とくがわなりあき》は、幕府が直接北方警備を担当するべきだと主張し、わずか十余年で松前家に返したことを憤慨する。斉昭はこの時、松前章広が幕府に賄賂を使って復封を働きかけたと見ており、意見書の中で「いよいよ蝦夷は北狄《ほくてき》の蠶食《さんしょく》に御さし向け遊ばされ候も同様にて、何とも残念千万に存じ奉り候」と述べた。

### 葛飾北斎「冨嶽三十六景」が完成

文化 思想

十九世紀になると、街道整備などに伴う折からの庶民の旅行ブームも追い風となって、新しい風景画版画（名所絵）が誕生し、浮世絵《うきよえ》の世界に活気をもたらした。

そのパイオニアとなったのが、「画狂人《がきょうじん》」と自称した、進歩的な浮世絵師として知られた葛飾北斎《かつしかほくさい》である。

以前の浮世絵では、「自然」とはあくまで人物のための背景の一つだった。しかし北斎は、自然の美を脇役から主役に変えてみせたのだ。

西欧画の影響を強く受けた北斎は、遠近法《えんきんほう》に加え、どぎついまでの明暗法《めいあんほう》を浮世絵の中に導入する。初期の頃は、それを十分に理解出来ておらず、光源《こうげん》が浮動して、あらゆる方向から陰影がついているような作品が生まれているが、試行錯誤を繰り返しながら進んだのだろう。

「凱風快晴」

このように、和漢洋の絵画に学んだ北斎の到達点が、七十一歳の時から発表を始めた「冨嶽三十六景《ふがくさんじゅうろっけい》」だった。各地から見た富士山の連作版画（藍刷り三

**【この年の出来事】**

**1・8**　幕府、江戸市中の地借・店借の寺社・修験・陰陽師の調査を実施。
**2・18**　オーストラリア捕鯨船、東蝦夷地厚岸に来航。松前藩と交戦。
**2・19**　江戸町奉行、女浄瑠璃を禁止。
**2・27**　幕府、俵物の密売を禁止。
**3・18**　松前藩、異国船来航を幕府に報告。
**3月**　隅田村名主坂田三七郎、隅田堤に桜を植樹。
**4・18**　幕府、百姓・町民の葬式・墓石について制限し、院号・居士号の使用を禁止。
**5・9**　将軍家斉、天地丸で深川から芝浦・品川を遊覧。
**5月**　寺門静軒『江戸繁昌記』執筆開始。
**6月**　近江商人小林吟右衛門、日本橋に呉服・木綿商「丁吟」を開店。同時に越後屋が店舗改装。
**7・26**　長州藩の百姓ら、収穫前の皮運搬を不吉と

**◉京都町奉行**
**東**
小田切直照（土佐守）
深谷盛房（十郎左衛門・遠江守）
**西**
松平定朝（伊勢守）

**◉大坂城代**
太田資始（摂津守）
松平信順（伊豆守）

**◉大坂町奉行**
**東**
曾根次孝（日向守）
**西**
新見正路（伊賀守）
久世広正（伊勢守）

**◉長崎奉行**
牧野成文（長門守）
大草高好（主膳）

**◉若年寄**
堀田正敦（摂津守）
森川俊知（紀伊守）
増山正寧（河内守）
林忠英（肥後守）
永井尚佐（肥前守）
堀親審（大和守）
小笠原長貴（相模守）

**◉側用人**
田沼意正（玄蕃頭）

十六枚、のちに墨刷り十枚を追加）で、富士山を背景に生活する庶民の姿も描かれている。

中でも「神奈川沖浪裏《かながわおきなみうら》」「凱風快晴《がいふうかいせい》」「山下白雨《さんかはくう》」がベスト3とされている。

## 長州藩内で大一揆が勃発　七月二十六日　事件災害

長州の萩《はぎ》から周防山口を経て、三田尻《みたじり》の中関《なかのせき》（現山口県防府市）へ帰る商人石見屋《いわみや》の一行が、小鯖村《こさばむら》（現山口市）の皮番所《かわばんしょ》（皮製品の運搬を監視するため、農民が自衛のため設置した番所）にさしかかった時に、事件が起こる。

石見屋の乗っていた駕籠の敷物が皮製品であるのを発見した番人が、大袈裟に騒いだ。それは牛馬の皮ではなく、朝鮮犬の皮だから問題はなかった。ところが、皮番所には翌朝、数百人の農民が集まって来た。そして、石見屋が皮を運んだために竜神の怒りを買い、今秋の米は不作になるとの流言が広まる。農民たちは石見屋を袋だたきにし、役人の制止を振り切って、中関の屋敷を打ち壊した。これが長州藩を揺るがした天保の大一揆の発端である。

一揆は二ヶ月の内に長州藩全域に広がり、十数万人が参加していくことになる。その原因は、兼ねてから農民たちが、藩の専売制強化策に不満を抱いていたことにあった。年貢米だけでは苦しくなった藩財政を立て直すため、藩は村役人層を御内用方《ごないようかた》に任じ、菜種や綿花などの作物を農民から安く買い上げ、商人に高く売った。このやり方に農民たちは、日頃から不満を募らせていたのだ。

一揆で打ち壊された村役人宅や商人宅は、七百四十一軒にものぼったという。年貢の軽減、物産会所《ぶっさんかいしょ》の廃止などの要求に藩が譲歩して、ようやく決着がついた。これほど大規模な一揆にも関わらず、首謀者として死罪に処された農民は十人だけだった。

## 御蔭参り流行　社会世相

この年は六十年に一度の御蔭年《おかげどし》（伊勢神宮《いせじんぐう》で遷宮《せんぐう》があった翌年のことで、伊勢参宮をすると特別の御利益があると信じられた）だ。

それゆえ、前年春頃より伊勢大神宮への集団参詣である「御蔭参り《おかげまいり》」が阿波で起こった。その波はやがて四国一円、同年夏には大坂・京都まで広がって、四百二十七万六千五百人が参加したといわれるほどの大流行になっていく。江戸から参詣する者も多かった。ただし、真宗《しんしゅう》の勢力が強い地域には広まりにくい傾向があったという。

奉公人などは主人に無断で、子供は親に無断で出かけるケースも多かった。沿道ではどのような貧しい者でも、丁重に扱われ、もてなされた。

さらに、なぜか柄《ひ》杓《しゃく》を持って行き、外《げ》宮《くう》の北門に置いていくことが流行したため、京都では十六文の柄杓が三百文で売れたと伝えられている。

御蔭参り（『伊勢参宮宮川の渡し』）

して暴動。全藩に拡大（防長大一揆）。
**7月**　浅間山噴火。
**8・7**　十返舎一九歿(67)。
**8・26**　幕府、武家の日傘使用を禁止。
**10・29**　幕府、松前藩主松前章広を万石格とし、辺境警備の強化を指示。
**10月**　幕府、江戸に寄席取締令を発令。素人寄席・座敷浄瑠璃などを禁止。
**11月**　幕府、総石高調査のため諸国に郷帳提出を指示。
**12・3**　幕府、諸国の石高調査を命じ、天保郷帳を作成。
**この年**　葛飾北斎『富嶽三十六景』完成。
**この年**　飯田新七、古着・木綿商を開業。
**この年**　二宮尊徳、報徳仕法により小田原藩分家の所領桜町を復興。
**この年**　御蔭参りが流行。

# 1832 天保三年

壬辰

天皇▼仁孝天皇

将軍▼徳川家斉（第十一代）

**【主要幕閣】**

◉**老中**
青山忠裕（下野守）
水野忠成（出羽守）
大久保忠真（加賀守）
松平乗寛（和泉守）
松平康任（周防守）
松平宗発（伯耆守）
水野忠邦（越前守）

◉**寺社奉行**
土屋彦直（相模守）
脇坂安董（中務大輔）
土井利位（大炊頭）
間部詮勝（下総守）

◉**勘定奉行**
林垣定行（淡路守）
曾我助弼（豊後守）
土方勝政（出雲守）
内藤矩佳（隼人正）
明楽茂村（飛騨守）

◉**江戸町奉行**
**北** 榊原忠之（主計頭）
**南** 筒井政憲（和泉守）

◉**京都所司代**
太田資始（備後守）

◉**京都町奉行**

## 幕府、天保二朱金を鋳造開始　九月三日

政治経済

この年の十月二十四日から通用開始される（天保二朱判）の鋳造《ちゅうぞう》が始まった。これは、一両の八分の一、一分の半分にあたる金貨である。しかし、金の含有量は二十九・三パーセントと甚だ低いもので、貨幣の名目化が進んだ。

幕府の目的は改鋳《かいちゅう》による出目《でめ》の獲得であり、実際、百一万八千三百両の利益をあげたという。通用期間は慶応二年（一八六六）五月末までと、意外と長かった。

三年後の「天保通宝《てんぽうつうほう》」も品質が悪く、そのため庶民は、知恵の足りない者を「天保銭《てんぽうせん》」と呼ぶようになる。

ちなみに二朱金は、元禄十年（一六九七）に初めて発行されたが、宝永七年（一七一〇）には通用停止となっていた。

## 為永春水『春色梅児誉美』初版出版　一月

文化思想

『春《しゅん》色《しょく》梅児誉美《うめごよみ》』（『春色梅暦』とも略称される）四編は、この年から翌年にかけて出版された。挿絵は柳川《やながわ》重信《しげのぶ》・柳川重山《じゅうざん》で、人情本《にんじょうぼん》のジャンルに属す。

隠棲生活を強いられている唐琴屋《からことや》の美男子丹次郎《たんじろう》と深川の芸妓《げいぎ》米八《よねはち》と仇吉《あだきち》、許婚《いいなずけ》のお長《ちょう》との恋愛や人情を、江戸情緒をたっぷりに描いている。

為永春水《ためながしゅんすい》（佐々木貞高《ささきさだたか》）は古本の背どり商や講釈師など、さまざまな職に従事した。式亭三馬《しきていさんば》の門で作家修行し、本作で戯作者《げさくしゃ》としての名を一躍高める。為永は「人情本の元祖」を自称したという。

「為永連《ためながれん》」と称される門人たちとの合作で、人情本を次々と発表し、若者たちの心を奪う。ところが、天保の改革で筆禍《ひっか》に遭い、天保十三年（一八四二）、手鎖《てぐさり》の刑に処され、そのショックから翌年病死した。

## 鼠小僧次郎吉を江戸鈴ヶ森で獄門　八月十九日

事件災害

鼠《ねずみ》小僧次郎吉《こぞうじろきち》は、江戸堺町《さかいちょう》（現中央区日本橋）の歌舞伎の中村座《なかむらざ》に勤める、木戸番《きどばん》の悴だった。

次郎吉は初め、建具職人（鳶職とも）として働いていたが、博打《ばくち》や女遊びにのめり込んだために借金が嵩んでしまった。そこで二十七歳の時から、広くて不用心な、江戸の大名屋敷のみを狙って泥棒を重ねる。しかも、大名屋敷は外聞《がいぶん》を憚って盗難届けを出さないケースが多かったという。

ところがこの年五月四日、浜町《はまちょう》（現、中央区日本橋浜町）にあった小幡藩《おばたはん》（上野国）の屋敷に忍び込んだところ、ついに同心《どうしん》の大谷木七兵衛《おおやぎしちべえ》に捕らえられてしまったのである。

北町奉行所で取り調べを受けた次郎吉は、過去の罪を白状する。記憶していただけでも盗みに入った大名屋敷の数は九十九ヶ所、百二十二度にも及んだという。

こうして次郎吉は、この日、江戸市中引き廻しの上で、獄門《ごくもん》に処された。享年三十六。

「天《あま》が下古《したふる》き例《ためし》はしら浪《なみ》の身《み》にぞ鼠《ねずみ》と現《あらわ》れにけり」

が、辞世と伝えられる。当日は、江戸中の人が次郎吉の最期の姿を一目見ようと押しかけ、沿道を埋め尽くしたと

**【この年の出来事】**

**1・2** 江戸で大火。五郎兵衛町から出火し、北紺屋町・南伝馬町・白魚屋敷まで延焼。
**1月** 為永春水『春色梅児誉美』初編刊行。
**2月** 水戸藩主徳川斉昭、大砲鋳造について幕府に建議。
**3月** 5代目市川海老蔵、『歌舞伎狂言組十八番』を配布。
**5・8** 鼠小僧次郎吉、松平忠恵邸で捕縛。
**5・11** 渡辺崋山、三河藩年寄に就任。藩内で蘭学研究が盛んとなる。
**5・24** 朝廷・徳川光圀に従二位権大納言を贈位。
**8・19** 鼠小僧次郎吉、市中引きまわしのうえ獄門（36）。
**8・19** 幕府、検使などの出役への饗応を禁止。
**9・3** 幕府、天保二朱金を鋳造。
**9月** 小石川養生所、病人・役人の規律を正すため改革を実施。

**東**
深谷盛房（十郎左衛門・遠江守）
**西**
松平定朝（伊勢守）
**◉大坂城代**
松平信順（伊豆守）
**◉大坂町奉行**
**東**
戸塚忠栄（備前守）
曾根次孝（日向守）
**西**
久世広正（伊勢守）
**◉長崎奉行**
大草高好（主膳）
牧野成文（長門守）
**◉若年寄**
堀田正敦（摂津守）
森川俊知（紀伊守）
増山正寧（河内守）
林忠英（肥後守）
永井尚佐（肥前守）
堀親審（大和守）
小笠原長貴（相模守）
本多助賢（豊後守）
**◉側用人**
田沼意正（玄蕃頭）

いわれている。

ただし、伝えられているように、次郎吉は盗んだ金を貧しい庶民に配ったりしたことはない。すべて、自分の遊興費として使っていた。

それにもかかわらず、伝説が生まれ、「義賊《ぎぞく》」と呼ばれるようになったのは、大名屋敷という権力の象徴ばかりを狙ったことや、殺しを行なわなかったことなどが考えられる。義賊伝説と化した次郎吉の墓は両国回向院《えこういん》に建てられた。墓の破片を持っていると博打に勝てるとの噂が広がったため、墓を砕く者があとを絶たなかった。

奥と手前に新旧が並ぶ鼠小僧次郎吉の墓（墨田区両国回向院）

## 五代目市川海老蔵が「歌舞伎十八番」を発表　三月

社会世相

市《いち》川宗家《かわそうけ》（成田屋《なりたや》）のお家芸として、代々市川團十郎《だんじゅうろう》が演じて来た狂言から十八種を、この月、五代目市川海老蔵《えびぞう》（七代目市川團十郎）が選定した。

この内、特に人気の高い演目は「助六《すけろく》」「勧進帳《かんじんちょう》」「暫《しばらく》」の三番で、ほかに「鳴神《なるがみ》」「矢の根《やね》」「外郎売《ういろううり》」「押戻《おしもどし》」「景《かげ》清《きよ》」「毛抜《けぬき》」などがある。

十八の演目は、いずれも初代團十郎・二代目團十郎・四代目團十郎が特に得意とした荒事《あらごと》（超人的な人物の力に満ちた動作を、誇張的・様式的に見せる歌舞伎の演出）だ。ところが、すでに十八番の演目に選んだ時代ですら、内容が良くわからなくなったものも含まれていた。それらは明治以降、創作が加えられ、「復活上演」がなされている。

歌舞伎十八番
押戻　鎮西八郎為朝

歌舞伎十八番
鳴神　鳴神上人・白雲坊・黒雲坊

歌舞伎十八番
助六　揚巻の助六・髭の意休

**9月**　ペルシャから駱駝が渡来。小浜立光寺で見世物となる。
**10・4**　幕府、天保二朱金を鋳造。
**11・22**　江戸で大地震。
**11月**　江戸町会所、風邪流行により窮民への施米を実施。
**閏11・4**　琉球の謝恩使、将軍家斉に拝謁。
**この年**　渡辺崋山・高野長英、「尚歯会」結成。佐藤信淵・江川英龍・川路聖謨らも参加。
**この年**　近江の国友藤兵衛、天体望遠鏡を製作。
**この年**　幕府、『琉球年代記』を発売禁止。
**この年**　幕府、油仕法を改正。売買の中心を大坂から江戸へ移す。

# 1833
# 天保四年
## 癸巳
天皇▼仁孝天皇
将軍▼徳川家斉（第十一代）

**【主要幕閣】**

**◉老中**
青山忠裕（下野守）
水野忠成（出羽守）
大久保忠真（加賀守）
松平乗寛（和泉守）
松平康任（周防守）
松平宗発（伯耆守）
水野忠邦（越前守）

**◉寺社奉行**
土屋彦直（相模守）
脇坂安董（中務大輔）
土井利位（大炊頭）
間部詮勝（下総守）

**◉勘定奉行**
曾我助弼（豊後守）
土方勝政（出雲守）
内藤矩佳（隼人正）
明楽茂村（飛騨守）

**◉江戸町奉行**
北　榊原忠之（主計頭）
南　筒井政憲（和泉守）

**◉京都所司代**
太田資始（備後守）

**◉京都町奉行**
東

### 幕府、江戸・大坂への廻米を奨励　九月
政治経済

廻《かい》米《まい》とは、米穀《べいこく》の輸送、または米穀そのもののことである。幕府が直轄の諸蔵に貯蔵させた城米《じょうまい》に対して、その名がある。

この年から翌年にかけて、幕府は全国市場の中心である江戸・大坂への廻米を奨励した。

江戸は東北からの米に大部分を依存していたが、東北で飢饉《ききん》が起こったために、市中の食糧不足が深刻となり、さらに難民が流入し、米をはじめとする食料品の価格も高騰してしまったことが、この廻米奨励の背景にあった。

大坂でも、町奉行らが、江戸への廻米量を確保するために、大坂にある諸藩の藩邸に対して、他所へ米を売り払わずに大坂へ廻米するよう要請している。また、米商人に対して米の囲い置きや、他国へ流すことも禁じた。

### 歌川（安藤）広重「東海道五十三次」を完成
文化思想

葛《かっ》飾北斎《しかほくさい》「冨嶽三十六景《ふがくさんじゅうろっけい》」と並ぶ、風景版画の最高傑作とされる「東海道五十三次《とうかいどうごじゅうさんつぎ》」が完成したのは、この年である。

作者の歌川広重《うたがわひろしげ》は三十八歳だった。彼は江戸八重洲河岸《やえすがし》の定火消同心《じょうびけしどうしん》安藤源右衛門《げんえもん》の子として生まれ、十五歳の頃に歌川豊広《とよひろ》に入門、広重の号を与えられた。

初めは美人画を描いていたが大成せず、「一幽斎《いちゆうさい》」と名乗った若年の頃に描いた「東都名所《とうとめいしょ》」シリーズ（十枚）から風景画に開眼したという。三十七歳年長の、「画狂人《がきょうじん》」と称した北斎を意識していたともいわれる。北斎の合理的写実を主とした、剛健で強烈な個性に対し、広重のは詩情がこもった親しみやすさが特徴とされる。

天保初年、広重は幕臣として将軍家の八朔《はっさく》の御馬献上の行列に加わり、上洛したことがあった。「東海道五十三次」は、その時の経験が大きく影響していると考えられる。五十三次の内でも、特に「蒲原夜之雪《かんばらよるのゆき》」「庄野白雨《しょうのしらさめ》」「亀山雪晴《かめやまゆきばれ》」は「三役物《さんやくもの》」と呼ばれ、ベスト3と評される。

広重の作品に誘われて、東海道を旅する者も増えたという。

広重はその後も「近江八景《おうみはっけい》」や「京都名所」などの力作を発表したが、そうした名声がかえって多作乱作を招くことにも繋がってしまった。

「蒲原夜之雪」（『東海道五十三次』）

### 「天保の大飢饉」が始まる　八月
事件災害

享保・天明と並び、幕藩体制を大きく揺るがした三大飢饉の一つとされるのが「天保の大飢饉」である。

この年の東北地方は六月に大洪水、八月には冷害に見舞

**【この年の出来事】**

**1・15**　島津重豪歿(89)。
**2・23**　場所請負商人高田屋、対ロシア密貿易の嫌疑により処罰。江戸・大坂・箱館から追放。
**4・9**　美濃・福井で大地震。
**7・16**　幕府、江戸市中の米価高騰により米の他国廻送を禁止。
**7月**　幕府、一朱銀を鋳造。一朱金の通用を禁止。
**8・13**　幕府、米価高騰のため蔵米を払い下げ。
**8・14**　大坂町奉行、米の貯蔵・買占め・売惜しみを禁止。
**9・9**　京都町奉行、米の買占めを禁止。
**9・11**　江戸町会所、窮民への施米を実施。
**9・28**　江戸市中で、米価高騰による窮民らが暴動。
**9月**　幕府、諸大名に江戸・大坂への廻米を奨励。
**10・18**　幕府、米穀の占売・高値売りを禁止、倹約を奨励。

深谷盛房（十郎左衛門・遠江守）
**西**
松平定朝（伊勢守）
**◉大坂城代**
松平信順（伊豆守）
**◉大坂町奉行**
**東**
戸塚忠栄（備前守）
**西**
久世広正（伊勢守）
矢部定謙（駿河守）
**◉長崎奉行**
大草高好（主膳）
牧野成文（長門守）
久世広正（伊勢守）
**◉若年寄**
森川俊知（紀伊守）
増山正寧（河内守）
林忠英（肥後守）
永井尚佐（肥前守）
堀親審（大和守）
小笠原長貴（相模守）
本多助賢（豊後守）
**◉側用人**
田沼意正（玄蕃頭）

天保の飢饉での施行粥（『天保荒侵伝』）

われた。さらに関東地方にも大風雨があり、全国的に米価が高騰して、各地で騒動が起こっている。
さらに天保六年から同八年も、冷害による不作が続く。天保七年十月の調査によると、同年の作柄は全国平均四分作の内、古来食込高を引けば、三分作という惨憺《さんたん》たる有りさまだった。
幕府や各藩は、民を救済すべく、何度かにわたって白米や銭を給付した。あるいは農村から人口が流入して来た江戸では、神田佐久間町《かんださくまちょう》・神田花房町《はなぶさちょう》・柳小屋《やなぎごや》などに御《お》救小屋《すくいごや》が設けられ、幕府は行き倒れ人の防止に努めた。
ところが、藩は米穀を自領から外へ出すのを禁じたり、米穀の買入対策が自領の利害中心にだけ行なわれたりしたため、米価の暴騰が著しくなり、一層飢餓状況を悪化させることになった。こうした失敗の原因は、為政者たちの無策にあると非難し、天保八年二月には大坂で、大塩平八郎《おおしおへいはちろう》が乱を起こしたのをはじめ、全国各地で一揆や暴動が相次いだ。

## 大蔵永常が農書『綿圃要務』を出版

社会世相

**豊**後国日田郡隅町（現、大分県日田市）出身の大蔵永常《おおくらながつね》（徳兵衛《とくべえ》）は、天明三年（一七八二）と同七年の飢饉の惨状を見て心を痛めた。二十九歳の時に、九州・四国を経て大坂に出て学んだ。途中、薩摩で精糖《せいとう》技術を学び、その普及に努める。さらに諸国を旅して見聞を広げ、その研究成果である農学書を次々と著している。

享和二年（一八〇二）には、九州地方の特産物である櫨《はぜ》に関する研究をまとめて『農家益《のうかえき》』として出版、高く評価される。文化元年（一八〇四）には『老農茶話《ろうのうちゃわ》』を出版。その後も『農家益後篇』を江戸で出版し、文化十四年には『農《のう》具便利論《ぐべんりろん》』三巻を出版している。

文政八年（一八二五）、五十八歳の時に二十九年間住み慣れた大坂を離れ、永常は江戸へ赴く。以後、九年にわたって江戸を拠点とて関東地方を視察し、名士と交流するなどしたが、この間に出した『綿圃要務《めんぽようむ》』は綿の栽培法に関する著作であった。ほかにも江戸で『再板豊稼録《さいはんほうかろく》』『除蝗録《じょこうろく》』『製葛録《せいかつろく》』『油菜録《ゆさいろく》』など、農業技術や害虫に関する農学書を執筆、あるいは出版している。

天保四年（一八三三）、六十七歳になった永常は駿河へ赴き、のちに三河田原藩、遠江浜松藩で興産方《こうさんがた》として招かれ、農業指導にあたった。その甲斐もあって、田原藩では天保の大飢饉の際に一人の餓死者も出さなかったという。さらに永常は、江戸へ出て著述に専念。安政六年（一八五九）には『広《こう》益国産考《えきこくさんこう》』八冊が出版されているが、その歿年などは不詳である。

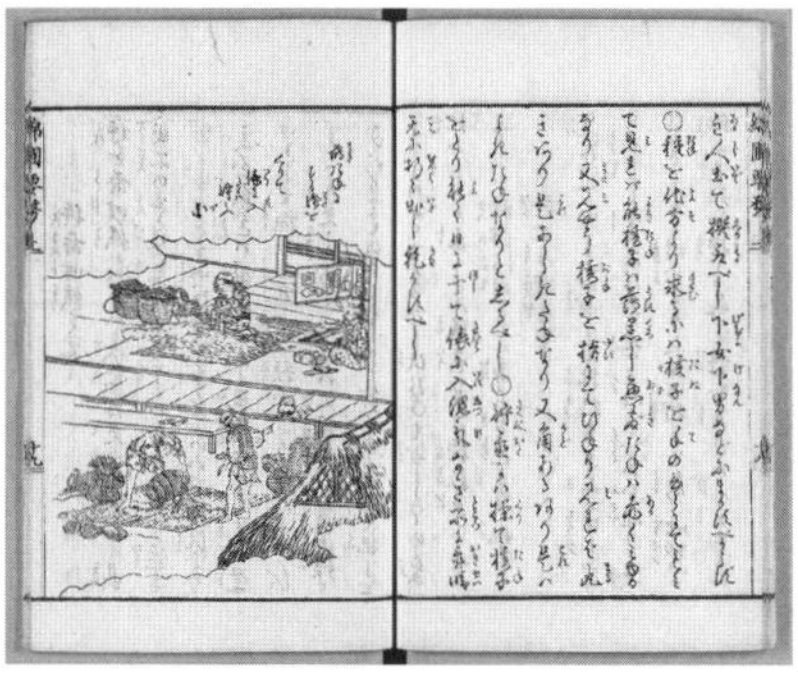
『綿圃要務』

**10・26** 佐渡で大地震。
**11・27** 幕府、武蔵国小菅に囲籾蔵10棟を建造。
**11月** 幕府、非人による百姓を捕縛・吟味を禁止。
**11月** 幕府、武家・米商人による囲米・他国廻送を禁止。
**12・17** 幕府、谷中感応寺を天王寺と改称、感応寺はのちに雑司ヶ谷で新たに創建。
**12・20** 幕府、5年間の倹約令を発令。
**12月** オランダ商館長ドゥーフ『ドゥーフ・ハルマ』完成。
**この年** 歌川広重『東海道五十三次』刊行。
**この年** 大蔵永常『綿圃要務』刊行。
**この年** 陸奥・出羽・関東で冷害。風水害が重なり大飢饉（天保の大飢饉の始まり）。

**【主要幕閣】**

**●老中**
青山忠裕（下野守）
水野忠成（出羽守）
大久保忠真（加賀守）
松平乗寛（和泉守）
松平康任（周防守）
松平宗発（伯耆守）
水野忠邦（越前守）
太田資始（備後守）

**●寺社奉行**
土屋彦直（相模守）
脇坂安董（中務大輔）
土井利位（大炊頭）
間部詮勝（下総守）
井上正春（河内守）
堀田正篤（備中守）

**●勘定奉行**
曾我助弼（豊後守）
土方勝政（出雲守）
内藤矩佳（隼人正）
明楽茂村（飛騨守）

**●江戸町奉行**
**北**
榊原忠之（主計頭）
**南**
筒井政憲（和泉守）

**●京都所司代**
太田資始（備後守）

## 水野忠邦、本丸老中となる　三月一日

政治経済

「天保の改革」を進めたことで知られる水野忠邦《みずのただくに》の生まれた水野家は、徳川家康の生母伝通院《でんつういん》の生家だった。

藩祖の忠元《ただもと》は家康の従兄弟であり、大坂の陣で功を立て、下総山川《しもうさやまかわ》（現、茨城県結城市）三万石を与えられた。二代の忠善《ただよし》は加増されて、三河岡崎五万石の藩主となっている。

さらに、八代の忠任《ただとう》の時、肥前唐津《からつ》六万石に転封された。忠邦は十代忠光《ただみつ》の次男にあたり、文化九年（一八一二）の十九歳の時に家督を相続している。

忠邦は老中松平定信《まつだいらさだのぶ》に私淑《ししゅく》し、自らも幕府閣老《かくろう》となって、天下を動かしてみたいとの大志を抱いていた。

ところが唐津藩は、長崎警固《けいご》という大役を任されていたために、幕府内の要職に就くことが難しかった。そこで忠邦は、転封《てんぷう》をしてもらおうと奔走し、文化十四年には念願が叶って遠州浜松に国替えとなった。

以後、忠邦は大坂城代《おおさかじょうだい》、京都所司代《きょうとしょしだい》、西の丸老中と進んだ。そして、水野忠成《ただなり》が歿したため、後任として本丸老中の座を手に入れたのである。

ところが当時は、十一代将軍家斉《いえなり》が健在だった。天保七年、子の家慶《いえよし》に家督を譲ったとはいえ、依然として家斉は幕府の実権を握り続け、水野の本格的な出番はまだ、巡っては来なかったのである。

## 千疋屋が開業

文化思想

この年、江戸で水菓《すいか》（果物）を扱う千疋屋《せんびきや》が開業した。

武蔵国埼玉郡千疋の郷（現、埼玉県越谷市）で大島《おおしま》流《りゅう》槍術《そうじゅつ》の指南《しなん》をしていた弁蔵《べんぞう》という男が、江戸葺屋町《ふきやちょう》

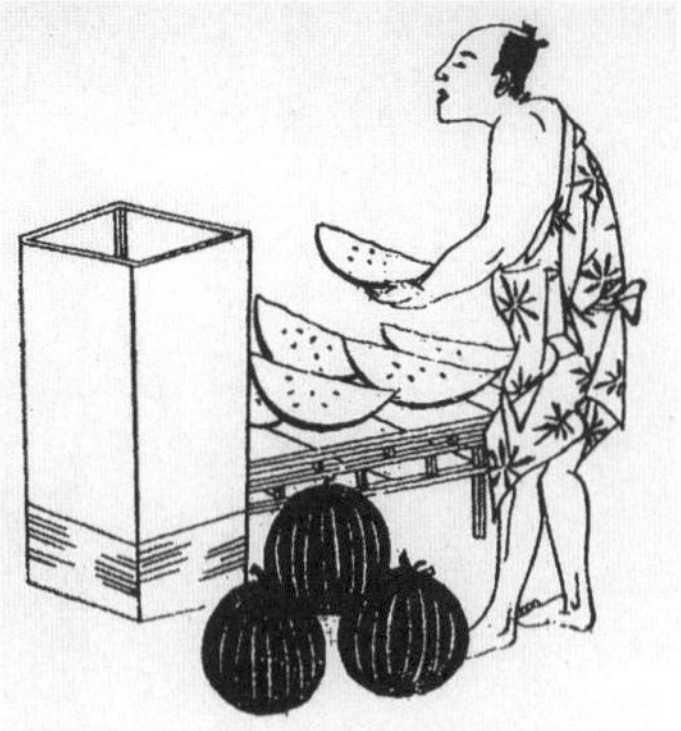

西瓜の切り売り（『江戸職人歌人集』）

果物をあつかう水菓子屋（『新はなし』）

**【この年の出来事】**

**1・8** 八戸藩の百姓、野村軍記の改革仕法に反対して強訴（八戸稗三合一揆）。
**1・10** 幕府、町名主に行き倒れの救済を指示。
**1・15** 大坂町奉行、闇米の行商人を禁止。
**1・26** 秋田藩の百姓、家口米仕法に反対して強訴（北浦一揆）。
**1・27** 幕府、関東諸国で余剰米調査を実施。
**2・7** 江戸で大火。神田佐久間町の三味線屋弥七方から出火。9日、日本橋檜物町からも出火（甲午火事）。
**2・16** 幕府、諸国の人口調査を実施。
**2・19** 幕府、修験者による市中への道場開設を制限。
**3・1** 水野忠邦、老中に昇進。
**4・8** 富士山噴火。
**5月** 京都の呉服関係業者、米価高騰の煽りを受け、壊滅。

松平信順（伊豆守）

◉京都町奉行

東

深谷盛房（十郎左衛門・遠江守）

西

松平定朝（伊勢守）

◉大坂城代

松平信順（伊豆守）

土井利位（大炊頭）

◉大坂町奉行

東

戸塚忠栄（備前守）

大久保忠実（讃岐守）

西

矢部定謙（駿河守）

◉長崎奉行

牧野成文（長門守）

久世広正（伊勢守）

◉若年寄

森川俊知（紀伊守）

増山正寧（河内守）

林忠英（肥後守）

永井尚佐（肥前守）

堀親寚（大和守）

小笠原長貴（相模守）

本多助賢（豊後守）

◉側用人

田沼意正（玄蕃頭）

（現、日本橋人形町三丁目）に「水菓子安うり処」の看板を掲げ、果物と野菜を売ったのが始まりである。

やがて徳川家御用達《ごようたし》にまで成長し、明治の半ばに中橋（京橋店）・銀座（銀座店）にのれん分けをして現在に至っている。

## 津軽一揆（稗三合一揆）が起こる　一月八日

事件
災害

陸奥八戸藩《はちのへ》（二万石）で天保の大飢饉を機に大一揆（稗《ひえ》三合一揆《さんごういっき》）が起こった。

八代藩主の南部信真《なんぶのぶまさ》は、野村軍記《のむらぐんき》を財務官僚に登用し、文政二年（一八一九）から徹底した藩政改革を断行した。江戸藩邸の経費節減をはじめ、綱紀粛正《こうきしゅくせい》、新田開発、そして藩の産物だった大豆を藩が強制的に買い上げ、年貢を厳しく取り立てた。さらに藩は、領内産物の専売制《せんばいせい》をも実施しようとする。

改革によって藩財政は好転したが、あまりにも強引なやり方に領民が反発し、この日、一揆を起こして藩政の転換を求めたのだった。この責任をとって、野村は牢に入り、獄死した。

側用人《そばようにん》にまで登りつめた野村の権勢は絶大で、ほかに並び立つ者はおらず、藩士たちからも恨まれていたといわれている。

## 江戸で「甲午の火事」が発生　二月七日

社会
世相

この日、昼八ツ時（午後二時頃）過ぎより、外神田佐久間町《そとかんださくまちょう》二丁目の琴師《ことし》の家より出火し、北西風に煽《あお》られて延焼した。

まず、神田川を越えて東神田のお玉《たま》が池《いけ》あたりに燃え移り、ついには日本橋・小石川《こいしかわ》・駒込《こまごめ》まで燃え広がって、類焼者は四千人以上を数えた。これは江戸時代の中でも、ワースト3級の大火といわれている。この火事を機に、江戸郊外の町づくりが一段と進んだ。

この頃は雨が少なく、風も吹いていたため、同月九日には檜物町《ひものちょう》より出火、同月十日には大名小路《だいみょうこうじ》あたりより出火、同月十三日には駒込九軒屋敷より出火するなど、火災が相次いでおり、江戸の人心を不安に陥れた。

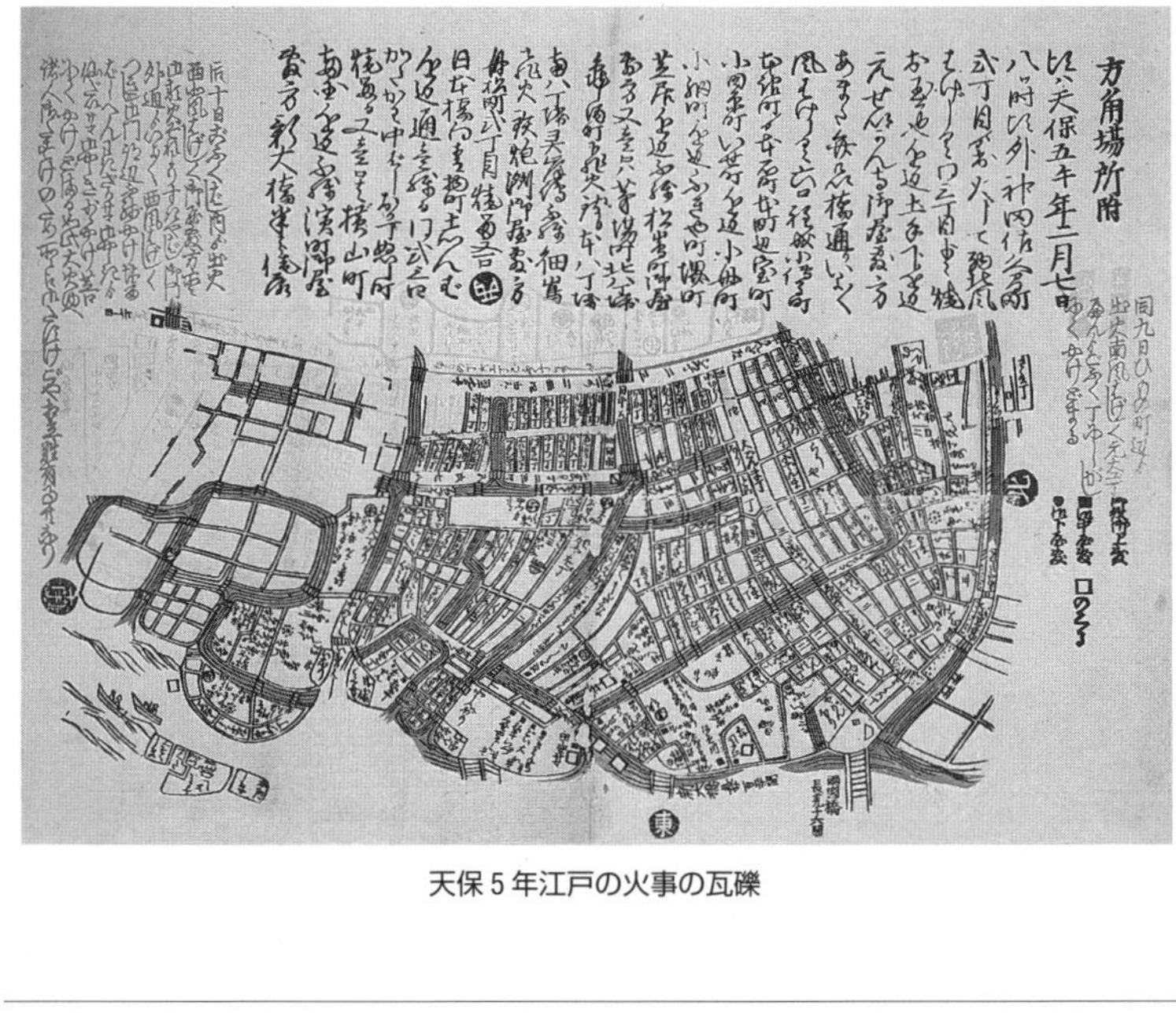
天保5年江戸の火事の瓦礫

**6・9**　江戸市中の窮民、千住の米屋を打ちこわし。
**6・12**　江戸町会所、窮民への施米を実施。
**6月**　幕府、全国に米穀融通を指示。
**7・10**　大坂で大火。堂島渡辺橋付近から出火し、30町、2万余戸焼失。
**8・4**　東蝦夷地に外国人が上陸、略奪を行なう。
**12月**　幕府、関東諸国に菜種栽培を奨励。
**12月**　肥後国河尻の船、暴風に遭い漂流し、呂宋に漂着。
**この年**　朝鮮の飢饉と漢城大火により、朝鮮貿易が中絶。
**この年**　日本橋に水菓子安うり処「千疋屋」開業。

**【主要幕閣】**

**●大老**
井伊直亮（掃部頭）

**●老中**

青山忠裕（下野守）

大久保忠真（加賀守）

松平乗寛（和泉守）

松平康任（周防守）

松平宗発（伯耆守）

水野忠邦（越前守）

太田資始（備後守）

**●寺社奉行**
脇坂安董（中務大輔）
間部詮勝（下総守）
井上正春（河内守）
堀田正篤（備中守）

**●勘定奉行**
曾我助弼（豊後守）
土方勝政（出雲守）
内藤矩佳（隼人正）
明楽茂村（飛騨守）
大草高好（能登守）

**●江戸町奉行**
**北** 榊原忠之（主計頭）
**南** 筒井政憲（和泉守）

**●京都所司代**

## 但馬出石藩の「仙石騒動」が決着　十二月九日

政治 経済

「仙《せん》石騒動《ごくそうどう》」と呼ばれるお家騒動の発端は、病弱だった出石《いずし》藩主仙石《せんごく》美濃守《みののかみ》政美《まさよし》が、文政七年（一八二四）に他界したことにある。

政美には嗣子《しし》がなかったため、老臣たちは四歳になる彼の弟道之助《みちのすけ》を継嗣《けいし》とした。ところが、家老筋の仙石左京《さきょう》は、自分の子で十歳になる小太郎を立てて道之助に代えようとする。その背景には、出石藩の財政立て直しをはかる重臣間の対立があった。

出石藩の「お家騒動」は幕府の知るところとなり、将軍家斉《いえなり》は左京断罪を望み、寺社奉行の脇坂安董《わきさかやすただ》に裁きが任された。

そして吟味の末、この日、処分が公表される。左京は主家乗っ取りを謀《はか》ったとして即日、江戸鈴ケ森《すずがもり》で獄門・死罪に処され、仙石家は領地の半分を没収された（五万八千石から三万石へ）。

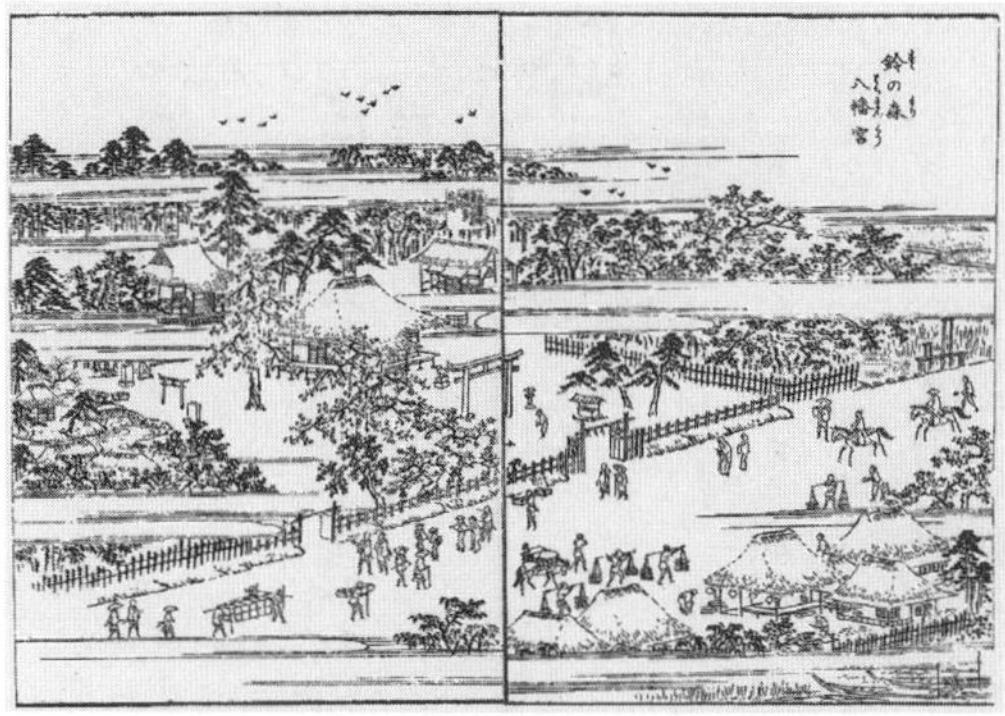
鈴の森八幡宮（『江戸名所図会』）。現在の大田区大森北・磐井神社の北 800m に刑場があった

## 鈴木牧之『北越雪譜』初編を出版

文化 思想

『北越雪譜』は、後魚沼郡の縮商である鈴木牧之の著作は、雪国越後の生活を描いた随筆である。

四十年近い時間を費やして執筆し、さらに出版をめぐっては山東京伝・滝沢馬琴らとの交渉に苦心して、最後に山

『北越雪譜』

**【この年の出来事】**

**1・6** 国友藤兵衛、天体望遠鏡を自作し、太陽の黒点を観測。

**この春** 山本嘉兵衛、宇治で玉露を製造。江戸で販売。

**この春** 東国・西国でそれぞれ秤改めを実施。

**4月** 寺社奉行吟味物調役川路聖謨、間宮林蔵らを登用し、仙石騒動の調査を開始。

**5月** 横山久左衛門、神田川のほとりで人形を出品（人形店「久月」の始まり）。

**6・25** 仙台で大地震。城破損し、津波による死者多数。

**7・13** 江戸神田で「護持院ヶ原の仇討ち」が起こる。

**7・18** 関東で大風雨。東海道でも諸川増水。

**7月** 出石藩士河野瀬兵衛、家老仙石左京により追放。

**閏7月** 幕府、長崎奉行に長崎貿易取り締まりを

松平信順（伊豆守）

◉**京都町奉行**

**東**

深谷盛房（十郎左衛門・遠江守）

**西**

松平定朝（伊勢守）

佐橋佳富（市左衛門・長門守）

◉**大坂城代**

土井利位（大炊頭）

◉**大坂町奉行**

**東**

大久保忠実（讃岐守）

**西**

矢部定謙（駿河守）

◉**長崎奉行**

牧野成文（長門守）

久世広正（伊勢守）

◉**若年寄**

森川俊知（紀伊守）

増山正寧（河内守）

林忠英（肥後守）

永井尚佐（肥前守）

堀親寚（大和守）

小笠原長貴（相模守）

本多助賢（豊後守）

東京山の協力を得て完成した。挿絵は鈴木の原画をもとに、京山の息子である京水が描いた。

内容は豪雪地帯である魚沼地方を中心にした地勢、気象、行事、産物、歴史、民俗、人物、伝説などが叙述されており、気象学・歴史学・民俗学などの貴重な史料として、現在も読み継がれている。

## 江戸神田で「護持院ヶ原の仇討ち」があった　七月十三日

事件災害

父の仇《かたき》である亀蔵《かめぞう》を追い、江戸へ出て来た姫路《ひめじ》藩士の山本三右衛門《やまもとさんえもん》の娘りよが、本懐を遂げた。

発端は、天保四年（一八三三）十二月二十六日夕方、姫路藩の江戸上屋敷で、中間《ちゅうげん》の亀蔵（伊勢出身）が、遊ぶ金欲しさに山本を襲い、殺してしまった事件である。

その場から亀蔵が逃走したため、山本の娘りよと息子の宇兵衛《うへえ》は、叔父山本九郎兵衛《くろべえ》の協力を得て、藩に仇討願いを提出して認められた。

護持院ケ原の仇討

二人は上州厩橋《うまやばし》から碓氷《うすい》峠《とうげ》を越え、木曽路を経て伊勢、高野山《こうやさん》、四国、広島、岡山と歩いたが、ついに江戸浅草で亀蔵を見つける。その後ろをひそかに追って、人通りのない護持院ヶ原《ごじいんがはら》まで来たところで九郎兵衛が捕らえ、りよが止《とど》めをさした。これが江戸中の大評判となる。

姫路藩主の酒井忠学《さかいただのり》は大いに喜んだ。りよに山本家を継がせ、婿《むこ》養子まで探すとの書き付けを与えた。九郎兵衛にも加増があった。ところが、りよの弟宇兵衛は、岡山で病気となり、九郎兵衛らと一旦別れたあと、木曽路を経て江戸へ向かう途中に女郎屋《じょろうや》にはまって仇討ちに遅れたため、山本家を継ぐことは出来なかったのである。

## 幕府、秤改を布告

社会世相

成立したばかりの江戸幕府は、全国経済を統一的に把握するために、秤《はかり》制の確立を急いだ。

承応二年（一六五三）閏六月、東国三十三ヶ国は守随《しゅずい》家（幕府御用商人）の江戸秤座が、西国三十三ヶ国は神《じん》家（京都《きょうと》所司代《しょしだい》支配下の東町・西町奉行の系統下に属していた特権商人）の京都秤座が、それぞれ幕府から秤の製造販売の特権を与えられた。

そもそも秤は、幕府の官物《かんもつ》だったので、その売買は禁じられており、建前では幕府から下げ渡した物ということになる。そのために、秤座役人が権威を笠に着て横暴な態度に出ることもあったという。

秤改めは、秤の精度保持と「似せ秤」の取り締まりを目的として、十年に一度くらいの割合で行なわれた。「似せ秤」を作った者は引き廻しの上で獄門という、厳しく罰せられた時期もあったとようだ。

この年の三月には、守随家が東国で、五月には神家が西国で、それぞれ秤改めを行なっている。

指示。

**8・3**　大原幽学、性学の講義を始める。

**8月**　将軍家斉、仙石騒動の徹底審理を指示。

**9・5**　幕府、天保通宝を鋳造。

**9・5**　寺社奉行、仙石左京への尋問を開始。

**9・23**　金刀比羅宮に芝居定小屋「金毘羅大芝居」完成。

**9・29**　幕府、仙石騒動に関して老中松平康任を隠居謹慎処分。

**12・9**　幕府、仙石左京を処刑。仙石騒動終息。

**12・13**　長崎の在留清国人、奉行所の統制強化に反対し番所を襲撃。

**12・22**　幕府、諸大名に国絵図作成を指示。

**この年**　鈴木牧之『北越雪譜』初編刊行。

# 1836 天保七年

丙申

天皇▼仁孝天皇

将軍▼徳川家斉（第十一代）

**【主要幕閣】**

**◉大老**
井伊直亮（掃部頭）

**◉老中**
大久保忠真（加賀守）
松平乗寛（和泉守）
松平宗発（伯耆守）
水野忠邦（越前守）
太田資始（備後守）
脇坂安董（中務大輔）

**◉寺社奉行**
脇坂安董（中務大輔）
間部詮勝（下総守）
井上正春（河内守）
堀田正篤（備中守）
牧野忠雅（備前守）

**◉勘定奉行**
土方勝政（出雲守）
内藤矩佳（隼人正）
明楽茂村（飛騨守）
大草高好（能登守）
矢部定謙（駿河守）
神尾元孝（備中守）

**◉江戸町奉行**
**北**
榊原忠之（主計頭）
大草高好（能登守・安房守）
**南**
筒井政憲（和泉守）

## 甲斐国「郡内騒動（甲州天保大一揆）」が勃発　八月二十一日

政治経済

この年の冷夏でピークに達した全国的な天保飢饉《ききん》を象徴するのが、五万人（異説あり）が参加して甲斐国都留郡《つるぐん》で起こった「郡内騒動」や「甲州騒動」と呼ばれる大一揆だ。

甲斐国は、享保九年（一七二四）に幕領となり、甲府勤《きん》番《ばん》が甲府町方を管轄し、三分代官が在方支配を行なっていた。しかし、これほど大規模な一揆が起こったことは、甲斐国における代官の支配が上手くいっていなかった証拠であり、幕府支配体制が揺らぐきっかけとなった。

幕府は天保九年（一八三八）、都留郡を韮山《にらやま》代官江川英竜《えがわひでたつ》（太郎左衛門《たろうざえもん》）に支配させる。江川は天保八年、剣客斎藤弥《さいとうや》九郎《くろう》とともに刀売りの商人に変装し、甲斐・武蔵・相模国などを視察したことがあり、代官と豪農《ごうのう》の癒着にも気づいていた。

江川太郎左衛門

## 考証家の斎藤月岑により『江戸名所図会』が完成

文化思想

江戸神田雉子町《かんだきじこちょう》の町名主《まちなぬし》で、文事《ぶんじ》に関心が深いとされた斎藤家が、三代（幸雄・幸孝・幸成）三十年を費やし、天保五年（一八三四）と同七年の二度に分けて、『江《え》戸《ど》名《めい》所《しょ》図《ず》会《え》』七巻二十冊を刊行した。版元は江戸の書肆《しょし》須《す》原屋茂兵衛《はらやもへえ》・同伊八《いはち》である。

『江戸名所図会』は、江戸と近郊の神社・仏閣・名所・旧跡・風俗・行事を、長谷川宗秀《はせがわそうしゅう》（雪旦《せったん》）の絵入りで解説した地誌である。

幸雄が寛政年間（一七八九～一八〇一）に江戸府内および近郊を調査して草稿を作成し、幕府の出版許可も取り付けたが、この時は実現されなかった。

子の幸孝がその業を継ぎ、さらに校訂を加え、増補するなどしたが、やはり出版には至らず。幸成が祖父・父の遺稿に校訂を加えて、ついに出版したのである。すべて実地調査に基づく点が、本書の史料的価値を高らしめていると評価されている。

月岑《げっしん》は三代目幸成の号である。ほかに『武江年表《ぶこうねんぴょう》』『増《ぞう》補浮世絵類考《ほうきよええるいこう》』などの優れた著作を残したことでも知られている。

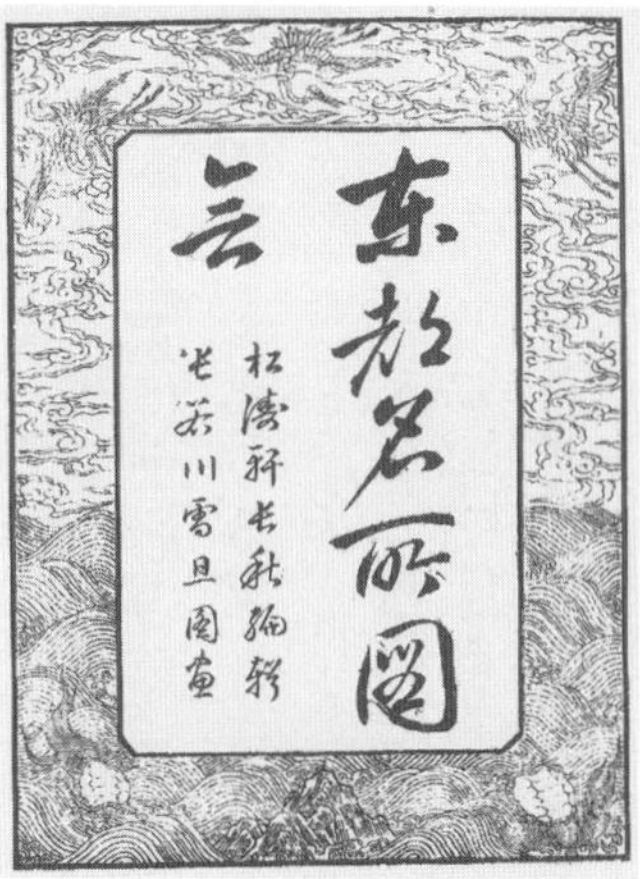

『江戸名所図会』が刊行される

**【この年の出来事】**

**2・28**　幕府、持参金目的の養子縁組みを禁止。
**2月**　幕府、唐物抜荷・俵物の密売を厳禁。
**3・12**　浜田藩主松平康爵、陸奥国棚倉藩へ転封。
**5月**　水戸藩主徳川斉昭、那珂湊に砲台を建設。
**6月**　間宮林蔵、浜田藩の竹島密貿易を摘発。廻船問屋会津屋八右衛門を捕縛。
**7・12**　江戸町会所、2度にわたり窮民への施米銭を実施。
**7・23**　幕府、米価高騰により江戸への米廻送制限を撤廃。
**8・14**　曲亭馬琴の古稀祝いとして書画会が開催。
**8・21**　甲斐国郡内の百姓、米買い占めに反対して豪農・米屋を打ちこわし（郡内騒動）。
**8月**　諸国で大風雨、洪水。天保の大飢饉が深刻となる。
**9・4**　将軍家斉、翌年の引退を布告。

**◉京都所司代**
松平信順（伊豆守）

**◉京都町奉行**
**東**
梶野良材（土佐守）
深谷盛房（十郎左衛門・遠江守）
**西**
佐橋佳富（長門守）

**◉大坂城代**
土井利位（大炊頭）

**◉大坂町奉行**
**東**
大久保忠実（讃岐守）
跡部良弼（山城守）
**西**
矢部定謙（駿河守）
堀利堅（伊賀守）

**◉長崎奉行**
牧野成文（長門守）
久世広正（伊勢守）
戸川安清（播磨守）

**◉若年寄**
森川俊知（紀伊守）
増山正寧（河内守弼）
林忠英（肥後守）
永井尚佐（肥前守）
堀親審（大和守）
小笠原長貴（相模守）
本多助賢（豊後守）
大岡忠固（主膳正）
堀田正衡（摂津守）

## 水戸藩が砲台を建設　五月

事件災害

水戸藩主の徳川斉昭《なりあき》は、海岸防御の指令本部として常陸国多賀郡友部村《たがぐんともべむら》・大沼村《おおぬまむら》に海防陣屋を設置。那《な》珂湊《かみなと》には砲台を築き、領内で鋳造した大砲を据えた。また、山野辺義観《やまのべよしみ》を海防総司《そうじ》に任じて多賀郡助川村《すけがわむら》に砦を築かせ、二百数十人を配して海岸の警備にあたらせた。

水戸藩は太平洋に面し、約百三十キロメートルからなる長い海岸線を持つ。そのため、文化年間（一八〇四〜一八）以降、異国船の姿が目撃されるようになっていた。

そのような地理的条件が、幕末になると、外敵に対して神経を尖らせることに直結し、藩内で激しい攘夷《じょうい》運動が起こった。江戸高輪《たかなわ》の東禅寺《とうぜんじ》（英国公使館）襲撃事件をはじめ、数々の攘夷テロ事件の刺客の多くは水戸藩関係者であり、欧米人たちを震撼させることになるのである。

## 江戸雑司ヶ谷に感応寺を新築、再興　十二月

社会世相

感《かん》応寺《のうじ》は、天保四年（一八三三）の宗門改《しゅうもんあらた》めによって天台宗《てんだいしゅう》となったが、中山法華寺知泉院《なかやまほっけじちせんいん》の日啓《にっけい》とその娘が、日蓮宗《にちれんしゅう》に戻すため、幕閣に働きかけた。

しかしこの運動は、天台宗の座主《ざす》である輪王寺宮舜仁《りんのうじのみやしゅんにん》法親王《ほうしんのう》によって中止となる。そして感応寺から天王寺《てんのうじ》へと改称した。

しかし、大奥のバックアップを得て、天保六年、鼠山《ねずみやま》（現、東京都豊島区）の安藤対馬守下屋敷、二万三千八百坪余りが下賜されて、その名跡を継いだ感応寺の建設が開始されることとなった。そしてこの年の十二月、本堂・五重塔をはじめとする荘厳な大伽藍《だいがらん》が完成、十一代将軍家斉《いえなり》の祈禱寺として栄えることとなった。

ところが、天保十二年に家斉が他界すると、「天保の改革」に着手した水野忠邦《みずのただくに》は、阿部正弘《あべまさひろ》を寺社奉行として、女《にょ》犯《ぼん》の巣窟となっていた感応寺にメスを入れる。

その結果、住職の日啓は女犯の罪で捕らえられ、大奥のあられもない一端が世間に晒されることとなった。

なお、日啓は遠島に処されることに決まったが、その前に獄中で歿。感応寺も破却され、本尊は池上本門寺《いけがみほんもんじ》に移されるなどした。

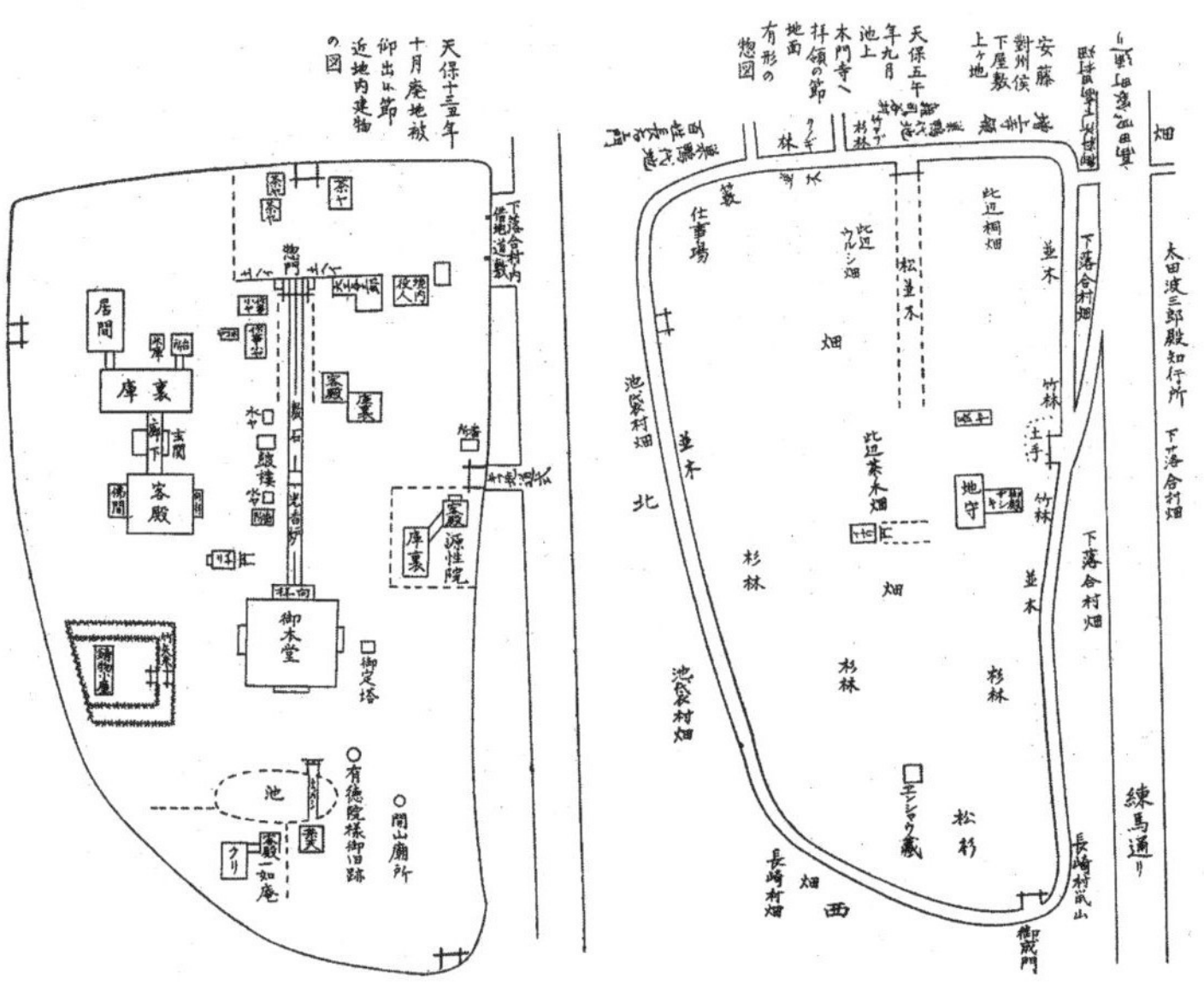

谷中・感応寺の建設前・後（『櫨楓』）

**9・5**　最上徳内歿（82）。
**9・21**　三河国加茂郡の百姓、米価引き下げを要求して蜂起（三河加茂一揆）。
**10・24**　幕府、神田佐久間町にお救い小屋を設置。
**11月**　大坂町奉行、新将軍就任祝賀の米確保のため、米廻送を制限。窮民が増加。
**12・23**　幕府、竹島密航の罪により会津屋八右衛門を処刑。
**12月**　江戸雑司ヶ谷に感応寺を新築・再興。
**この年**　高野長英、『二物考』を執筆し、馬鈴薯・早そばの栽培を奨励。
**この年**　斎藤月岑ほか『江戸名所図会』完成。

# 1837 天保八年

丁酉

天皇▼仁孝天皇

将軍▼徳川家斉（第十一代 四月二日以降は大御所）
徳川家慶（第十二代 九月二日〜）

**【主要幕閣】**

**◉大老**
井伊直亮（掃部頭）

**◉老中**
大久保忠真（加賀守）
松平乗寛（和泉守）
松平宗発（伯耆守）
水野忠邦（越前守）
太田資始（備後守）
脇坂安董（中務大輔）
松平信順（伊豆守）
堀田正篤（備中守）

**◉寺社奉行**
間部詮勝（下総守）
井上正春（河内守）
堀田正篤（備中守）
牧野忠雅（備前守）
青山忠良（因幡守）
阿部正瞭（能登守）

**◉勘定奉行**
内藤矩佳（隼人正）
明楽茂村（飛騨守）
矢部定謙（駿河守）
神尾元孝（備中守）
深谷盛房（遠江守）

**◉江戸町奉行**
**北** 大草高好（安房守）
**南**

## 十二代将軍家斉、隠居 四月二日

政治経済

家《いえ》斉《なり》は、松平定信《まつだいらさだのぶ》を老中主座に登用して寛政の改革を行なったが、定信失脚後、親政となるにおよんで、体制はゆるみ、財政は窮乏した。とくに天保の飢饉には有効な策を講ずることができず、この年、将軍職を世子家慶《いえよし》に譲り、西の丸に退隠した。しかし、依然として政治の実権を握り続け、それは天保十二年（一八四一）の死去まで続く。退隠した家斉は「大御所《おおごしょ》」と称され、その死までを「大御所時代」ともいう。

## 下館藩で尊徳仕法が開始される

文化思想

二宮尊徳《そんとく》こと金次郎は相模国の農民出身。両親を早くに失い、伯父の家に預けられた。金次郎は、学問する灯油を得るため、荒れ地を耕して菜種を植え、菜種油を採取。余った分を売って米を手に入れるといった努力を重ねて、ついには自作農となる。こうした体験から金次郎は、勤勉、分度（節約）、推譲（奉仕）という三つの仕法が大切であると知った。

金次郎の成功は小田原藩にも知られ、文化九年（一八一二）、二十六歳のおりには家老服部家の財政立て直し、そして小田原藩の立て直しにも尽力。小田原藩から五石二人扶持の禄を受け、名主役格となった。三十五歳の時には、旗本宇津氏の知行地である野州桜町領（現、栃木県二宮町）の荒村復興を任され、十年を費やして、これを成功させた。近隣の下館藩（藩主石川総貨、現、栃木県筑西市）はそのころ、天明・天保の飢饉や川の氾濫などの天災が相次ぎ、ひどい凶作が続いて、領内の人口が半減していたといわれる。そこで尊徳を一年かけて説得し、この年十二月から、尊徳仕《そんとくし》法《ほう》（農業技術と通俗道徳を結び付けた独特の教え）による藩政改革を開始した。こうして財政破綻寸前だった下館藩は立ち直ってゆく。

その後も尊徳は諸藩・諸村の復興を指導し、その功により、老中水野忠邦に登用されて幕臣となった。晩年は日光神領の復興に尽力し、安政三年（一八五六）、七十歳で没したが、その仕法（教え）は弟子たちに受け継がれ、報徳社の運動として展開してゆく。

## 米国商船「モリソン号」の砲撃事件が起こる 六月二十八日

事件災害

アメリカ太平洋沿岸に漂着した音吉《おときち》ら日本人漂流民は、イギリス人に救助され、中国広東《カントン》まで送り届けられた。そこでイギリスの貿易商は、彼らを日本との貿易に利用しようと考えたが、本国の許可が得られず、アメリカ貿易商社オリファント商会の商船モリソン号に日本送還を依頼する。モリソン号は対日貿易開始を交渉する目的もあり、漂流民七名を乗せて浦賀《うらが》に来航した。ところが、浦賀奉行所は異国船打ち払い令に基づいて砲撃したため、退却。続いて鹿児島に入港しようとしたが、ここでも砲撃されたため広東に戻った。

**【この年の出来事】**

**2・19** 大坂町奉行所もと与力大塩平八郎、豪商を襲撃（大塩平八郎の乱）。
**3・8** 幕府、品川・板橋・千住・新宿にお救い小屋を設置。
**3・27** 大塩平八郎、潜伏先で自刃（45）。
**3・30** 幕府、窮民救済のため浜御殿の溝浚いを実施。
**3月** 宇田川榕庵『舎密開宗』完成（初の化学書）。
**4・2** 将軍徳川家斉、隠退して西の丸へ移る。家慶が将軍を継承。
**4・10** 藤田東湖、『浪華騒擾記事』を執筆。
**4・27** 幕府、疫病流行のため諸国に処方書を配布。
**4月** 渡辺崋山『鷹見泉石像』を描く。
**6・1** 国学者生田万、5人の同志と柏崎陣屋を襲撃（生田万の乱）。
**6・28** アメリカ商船モリソン号、音吉ら漂流民7人を護送して浦賀に来

筒井政憲（和泉守）

◉**京都所司代**
松平信順（伊豆守）
土井利位（大炊頭）

◉**京都町奉行**
**東**
梶野良材（土佐守）
**西**
佐橋佳富（長門守）

◉**大坂城代**
土井利位（大炊頭）
堀田正篤（備中守）
間部詮勝（下総守）

◉**大坂町奉行**
**東**
跡部良弼（山城守）
**西**
堀利堅（伊賀守）

◉**長崎奉行**
久世広正（伊勢守）
戸川安清（播磨守）

◉**若年寄**
森川俊知（紀伊守）
増山正寧（河内守）
林忠英（肥後守）
永井尚佐（肥前守）
堀親審（大和守）
小笠原長貴（相模守）
本多助賢（豊後守）
大岡忠固（主膳正）
堀田正衡（摂津守）

翌年、オランダ商館から事件の真相を知らされた幕府は、再渡来した場合の対応を協議。打ち払い令を遵守するか、漂流民を受け取るかで意見が対立した。この砲撃を高野《たかの》長英《ちょうえい》・渡辺《わたなべ》崋山《かざん》らが批判したことが、天保十年（一八三九）の「蛮社《ばんしゃ》の獄《ごく》」を引き起こすことになる。

モリソン号

## 大坂で「大塩平八郎の乱」が勃発
## 二月十九日

社会世相

もと大坂東町奉行所の与力大塩平八郎《おおしおへいはちろう》（号・中斎《ちゅうさい》）は、凶作、物価高騰、飢饉と続く庶民の生活苦を見かねていた。そこで門人や庶民を率いて「救民」や「天照大神」と大書した旗を立て、檄文を撒《ま》き、窮民救済、政治改革を訴え、武力反乱を起こした。さらに、幕府役人と結託して、暴利を貪る船場の豪商屋敷などに大砲を撃ち込み、火矢を放ち、「天誅」を加えた。従う者は最初七、八十人に過ぎなかったが、近在の者たちも続々と参加し、最終的には七百人にまで膨れ上がったという。

大坂市中が大混乱に陥ったのは、いうまでもない。天満《てんま》・北浜《きたはま》を中心に、焼失家屋は三千三百軒を上回り、これは大坂市街地の五分の一にあたった。しかし、乱はわずか半日で鎮圧された。大塩は息子格之助《かくのすけ》とともに逃走したが、三月二十七日、美吉屋《みよしや》五郎兵衛《ごろべえ》宅に潜伏中、幕吏に踏み込まれ、自決した。享年四十五、格之助は二十五だった。

大塩は洗心洞《せんしんどう》という家塾を主宰する、優れた陽明《ようめい》学者だった。朱子学《しゅしがく》を批判する儒学の一派である陽明学は唯心《ゆいしん》論《ろん》であり、徳行をもって学問の第一義とする。「知行合一《ちこうごういつ》」を唱える陽明学を信奉する大塩は、自らの心から欲望を排し、正しいと判断したら、断固行動を起こさざるを得なかったのだ。

乱は、幕府批判の眼を覚醒させ、社会に大きな影響を与えた。家を焼かれた貧民でさえ、大塩を恨むどころか「大塩様」「平八郎様」と崇《あが》める者が多かったという。この年の六月には、大塩に影響を受けた国学者の生田《いくた》万《よろず》が、越後柏崎で反乱を起こしている。

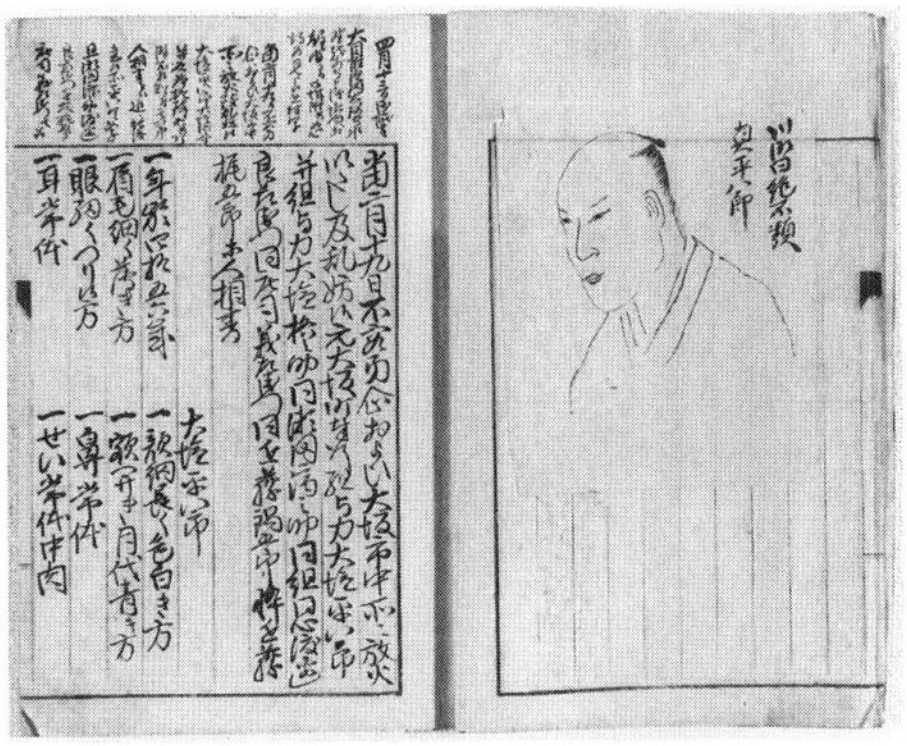

大塩平八郎の似顔や乱の様子を描いた藤田東湖の『浪華騒擾記事』

航。翌日、浦賀奉行がこれを砲撃（モリソン号事件）。

**7・2** 能勢郡の山田屋大助、大塩の乱の影響を受け一揆（能勢一揆）。

**7・11** モリソン号、鹿児島湾に入港。砲撃に遭いマカオへ向けて出港。

**7・13** 幕府、五両判を新鋳。

**8・3** 幕府、置き去りの孤児を保護するよう通達。

**9・2** 徳川家慶、第12代将軍宣下。

**10・24** 幕府、桜一分銀を新鋳。

**この年** 小関三英『那波列翁伝』完成。

# 1838
# 天保九年

戊戌

**天皇▼仁孝天皇**

**将軍▼徳川家慶**（第十二代）

**【主要幕閣】**

**◉大老**
井伊直亮（掃部頭）

**◉老中**
松平乗寛（和泉守）
松平宗発（伯耆守）
水野忠邦（越前守）
太田資始（備後守）
脇坂安董（中務大輔）
堀田正篤（備中守）
土井利位（大炊頭）

**◉寺社奉行**
井上正春（河内守）
牧野忠雅（備前守）
青山忠良（因幡守）
阿部正瞭（能登守）
松平忠優（伊賀守）
稲葉正守（丹後守）

**◉勘定奉行**
内藤矩佳（隼人正）
明楽茂村（飛驒守）
矢部定謙（駿河守）
深谷盛房（遠江守）
遠山景元（左衛門尉）

**◉江戸町奉行**
**北**
大草高好（安房守）
**南**
筒井政憲（和泉守）

**◉京都所司代**

## 江戸城西の丸を全焼　三月十日

政治経済

江戸城は、これまでに何度も火災に遭っているが、この日の火災で、焼失を西の丸だけで食い止めることができたのは、町火消しの活躍によるものだったという。町火消したちも、この時に初めて江戸城内へ入ったようだ。

西の丸には前年四月に将軍職を家慶《いえよし》に譲った大御所の家《いえ》斉《なり》がいたが、本丸に避難して無事だった。

西の丸は、天保十年（一八三九）一月に再建されて、家斉は四月に移る。復旧工事には、清水建設の創業者である清水喜助《きすけ》が参加していた。

江戸城の本丸（「御城」のあたり）と西の丸。
北を上に掲載（『嘉永御江戸絵図』）

## 大原幽学、下総長部村で先祖株組合を結成　八月二十三日

文化思想

大《おお》原幽学《はらゆうがく》は、尾張藩浪人を自称していたが、確かなことは分かっていないといわれている。若い頃から漂白の生活を続け、近畿、中国、四国を巡り、勉学を続けていた。

天保三年（一八三二）に、江戸から房総地方へ入り、同六年、下総国《しもうさのくに》香取郡長部村《かとりぐんながべむら》（現、千葉県旭市）の名主《なぬし》遠藤伊《えんどうい》兵衛《へえ》の依頼で、初めて同村を訪れる。

ここで幽学は、農民を相手に性学《せいがく》を講じた。性学とは神道・仏教・儒教を融合させ、それに幽学自身の経験を加えて体系化した学問で、道徳と経済の調和を基本としている。欲に負けず、人間の本性に従い生きる道を見つけ出すのだ。

こうして幽学は、農村の復興を指導。近畿地方の優れた農業技術を導入し、共同購入、耕地整理などを行なう。中でも農地を出資して、そこから生まれた利益を積み立てて、潰《つぶれ》百姓の再興を図る「先祖株組合《せんぞかぶくみあい》」は、農業協同組合運動の先駆けと評されている。幽学の打ち出すアイディアにより、長部村や近隣の村々は荒廃から立ち直っていく。

また、嘉永三年（一八五〇）三月には、性学を教える改《かい》心楼《しんろう》を開設。幽学の名声はさらに高まり、門人も増えた。

ところが、幽学に反感を抱く役人や常陸国新治郡牛渡《にいはりぐんうしわた》村《むら》（現、茨城県かすみがうら市）の者たちが、嘉永五年（一八五二）四月十八日、長部村に押し入るという騒ぎが起こる。裁判は五年にも及び、安政四年（一八五七）十月、幽学に

**【この年の出来事】**

**2・19**　幕府、諸国に巡見使の派遣を布告。
**3・10**　江戸城で火災。西の丸全焼。町火消が消火活動。
**3・22**　幕府、諸大名に江戸城西の丸再建の助役を指示。
**3月**　斎藤弥九郎の剣術道場「練兵館」が類焼。
**4月**　幕府、関東取締出役に隠鉄砲の摘発を指示。
**5・24**　佐渡の百姓、巡見使への直訴者の釈放を求めて蜂起、打ちこわし（佐渡一国一揆）。
**6月**　幕府、モリソン号来航に関して、強硬論と仁政論が対立。
**6月**　オランダ商館長、モリソン号来航について長崎奉行に報告。
**8・1**　徳川斉昭、意見書「戊戌封事」を執筆。
**8・5**　長州藩、村田清風を登用し藩政改革を開始。
**8・23**　大原幽学、下総長部村で先祖株組合を結

土井利位（大炊頭）
間部詮勝（下総守）

◉京都町奉行

東

梶野良材（土佐守）
石河政平（数馬）
本多紀意（左内・筑前守）

西

佐橋佳富（長門守）

◉大坂城代

間部詮勝（下総守）
井上正春（河内守）

◉大坂町奉行

東

跡部良弼（山城守）

西

堀利堅（伊賀守）

◉長崎奉行

久世広正（伊勢守）
戸川安清（播磨守）

◉若年寄

森川俊知（紀伊守）
増山正寧（河内守）
林忠英（肥後守）
永井尚佐（肥前守）
堀親寚（大和守）
小笠原長貴（相模守）
本多助賢（豊後守）
大岡忠固（主膳正）
堀田正衡（摂津守）
松平忠篤（玄蕃頭）

押し込め処分の判決が出た。しかしこの間、指導者を失った村は再び荒廃していき、改心楼も取り壊されてしまう。江戸で刑期を終えた幽学は村に戻ったものの、失望のあまり安政五年三月七日、自決して果てた。享年六十二。

## 剣客斎藤弥九郎の道場が類焼　三月

事件災害

江戸飯田町《いいだまち》の町屋の一角にあった、神道無念流《しんとうむねんりゅう》の剣術道場「練兵館《れんぺいかん》」が、隣家の火事で類焼した。

道場を主宰していた剣客の斎藤弥九郎《さいとうやくろう》は、越中国射水《いみず》郡仏性寺村《ぐんぶっしょうじむら》の農家出身だ。江戸に出て旗本能勢《のせ》家に奉公して認められ、神道無念流の岡田十松《おかだじゅうまつ》に入門した。

同門の江川太郎左衛門《えがわたろうざえもん》との出会いが、斎藤の運命を大きく変える。江川は斎藤を用人格《ようにんかく》として雇った。さらに文政九年（一八二六）には、出資して飯田町に道場を開かせた。

また斎藤は藤田東湖《ふじたとうこ》・渡辺崋山《わたなべかざん》などとも交流があり、それが江川の海防論にも影響を与えたといわれている。

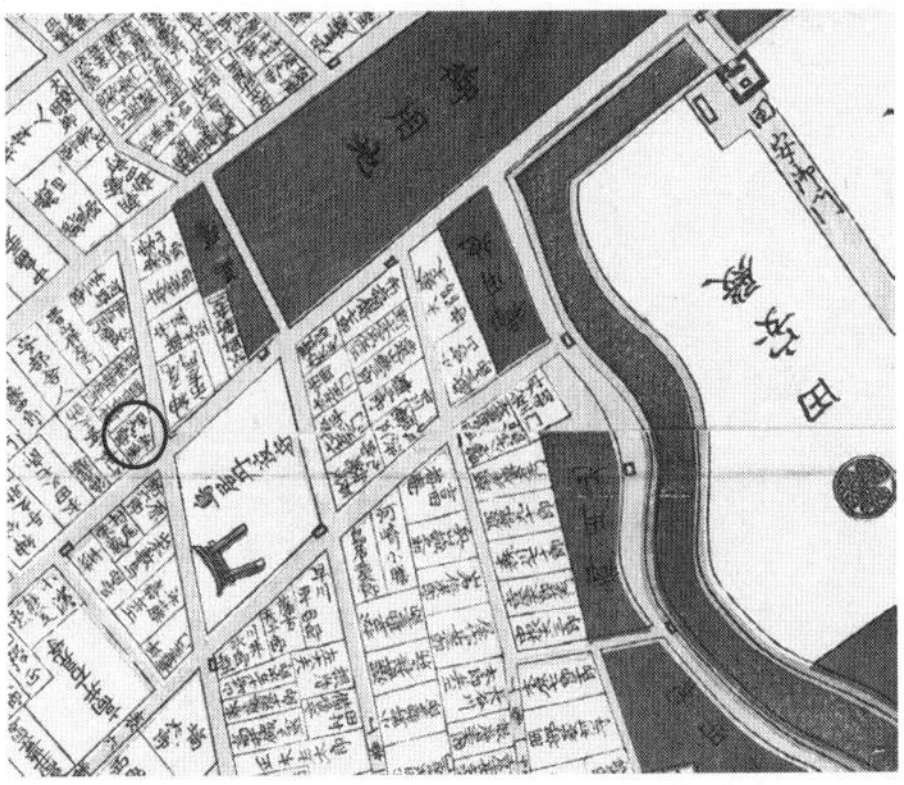

「斎藤弥九郎」の記載から練兵館の位置がうかがわれる（現在の靖国神社境内）（『〔江戸切絵図〕御江戸番町絵図』）

斎藤の道場は、麹町《こうじまち》三丁目に再建移転される。周囲は幕臣の役宅で、現在の靖国神社境内の一角だ。ここに長州藩士桂小五郎《かつらこごろう》（木戸孝允《きどたかよし》）や大村藩士渡辺昇《わたなべのぼる》らが入門し、剣を学び、時事を談じ、建策を行なった。維新後は政府の徴士《ちょうし》となり、会計官判《かいけいかんはん》事試補《じしほ》などを務め、明治四年（一八七一）十月、七十四歳で歿した。

練兵館跡（千代田区・靖国神社境内）

## 中山みき、天理教を創唱　十月二十六日

社会世相

中山《なかやま》みきは、大和国山辺郡《やまべぐん》庄屋敷村《しょうやしきむら》の地主中山善右衛門《ぜんえもん》の妻だ。

四十一歳の時、長男秀司《しゅうじ》の足痛を治すべく修験の祈禱中、神がかり状態となり、神の意のまま、みきは「神のやしろ」と定まったという。この日をもって、天理教《てんりきょう》立教とされる。以来、明治二十年（一八八七）、九十歳で他界するまで、みきは、あらゆる非難・嘲笑・迫害を受けながらも人間創造の「元の神」の教えを広めた。

特に創唱から二十数年は「貧のどん底」で、その間、嘉永六年（一八五三）に夫が歿するや、中山家の母屋《おもや》を壊したみきは「世界のふしんにかかる」と宣言した。

このようにして生まれた天理教は、幕末の世直し世相のもとでの、民衆宗教の一つとされている。

成。

**8月**　都々逸坊扇歌、牛込藁店の寄席で都々逸を歌い、流行する。

**10・26**　中山みき、天理教を創始。

**10月**　渡辺崋山『慎機論』執筆（未刊）。高野長英『戊戌夢物語』完成。

**11・17**　幕府、5年間の倹約令を発令。

**11・23**　越中富山の長者丸、暴風に遭い漂流。翌年、アメリカの捕鯨船に救助される。

**12・25**　幕府、好色本・絵本類の店頭販売を禁止。

**この年**　佐藤泰然、両国薬研堀に蘭学塾を創設（順天堂の前身）。

**この年**　斎藤月岑『東都歳事記』刊行。

**この年**　緒方洪庵、大坂船場に蘭学塾「適塾」を開設。

【主要幕閣】

◉大老
井伊直亮（掃部頭）

◉老中
松平乗寛（和泉守）
松平宗発（伯耆守）
水野忠邦（越前守）
太田資始（備後守）
脇坂安董（中務大輔）
堀田正篤（備中守）
土井利位（大炊頭）

◉寺社奉行
牧野忠雅（備前守）
青山忠良（因幡守）
松平忠優（伊賀守）
稲葉正守（丹後守）

◉勘定奉行
内藤矩佳（隼人正）
明楽茂村（飛驒守）
深谷盛房（遠江守）
遠山景元（左衛門尉）

◉江戸町奉行
北
大草高好（安房守）
南
筒井政憲（和泉守）

◉京都所司代
間部詮勝（下総守）

## 水野忠邦、老中首座に就任　十二月六日

政治経済

「天保の改革」を推進することになる水野《みずの》忠邦《ただくに》は、なかなかの野心家である。

文化九年（一八一二）には肥前唐津《からつ》藩（六万石）を襲封して、和泉守《いずみのかみ》と称した。同年十一月には奏者番、文化十四年（一八一七）九月には寺社奉行を兼ねて左近将監《さこんしょうげん》と改め、昇格を望んで浜松藩（六万石）に転封する。

文政八年（一八二五）五月には大坂城代《おおさかじょうだい》、翌九年十一月に京都所司代《きょうとしょしだい》、同十一年十一月には西丸老中《にしのまるろうじゅう》などを経て、水野忠成《ただなり》歿後の天保五年（一八三四）に老中となった。天保八年には十二代将軍家慶《いえよし》の信任を得、勝手御用掛《かってごようがかり》を兼ねて、老中首座《しゅざ》の地位に昇った。

ところが当時はまだ、幕府の実権を大御所家斉《いえなり》が握っていた。

家斉側近の三佞人《ねいじん》といわれた水野忠篤《ただあつ》・林忠英《はやしただふさ》・美濃部《みのべ》茂育《もちなる》がその意を受けて権勢をふるっており、老中首座となった忠邦も、頭を押さえ付けられる。二年後に家斉が他界して、三佞人を排除するまでは、忠邦は政治手腕を発揮出来なかったのだ。

## 徳川斉昭、十二代将軍家慶に意見書を提出　六月二十日

文化思想

水戸藩主の徳川斉昭《なりあき》は、天保の大飢饉《だいききん》や内憂外患《ないゆうがいかん》の世情に突き動かされ、天保九年（一八三八）八月に「戊《ぼ》戌《じゅつ》封事《ふうじ》」を執筆。これを十二代将軍家慶に上呈した。一万数千字に及ぶ長文の意見書だった。

これほどの長い建白を、封事という形で将軍に上呈した大名は、江戸時代を通じて斉昭だけだともいわれている。

その内容は、内憂の言路《げんろ》・士風《しふう》・宝貨《ほうか》・賄賂《わいろ》・互市《ごし》（外国交易）と外患の邪教《じゃきょう》・和蘭（オランダ）・異端・船艦・北《ほく》地《ち》・宗廟《そうびょう》の十一項に分かれる。

「言路」では、太平を保つためには将軍がまず言路を開き、不正な役人などを斥けねばならないと忠告。「士風」では民を餓死させぬ政治を行なうことが、神君（家康）への御孝道とする。

「宝貨」ではインフレ政策を非難し、奢侈の風俗を禁じろといい、「賄賂」ではこれを禁止しなければ、改革は出来ないという。

「互市」では金銀銅などを輸出し、贅沢品を輸入するオランダ貿易は禁止するが、中国貿易は薬などに限って輸入を認めても良いと述べている。

「邪教」ではキリスト教に日

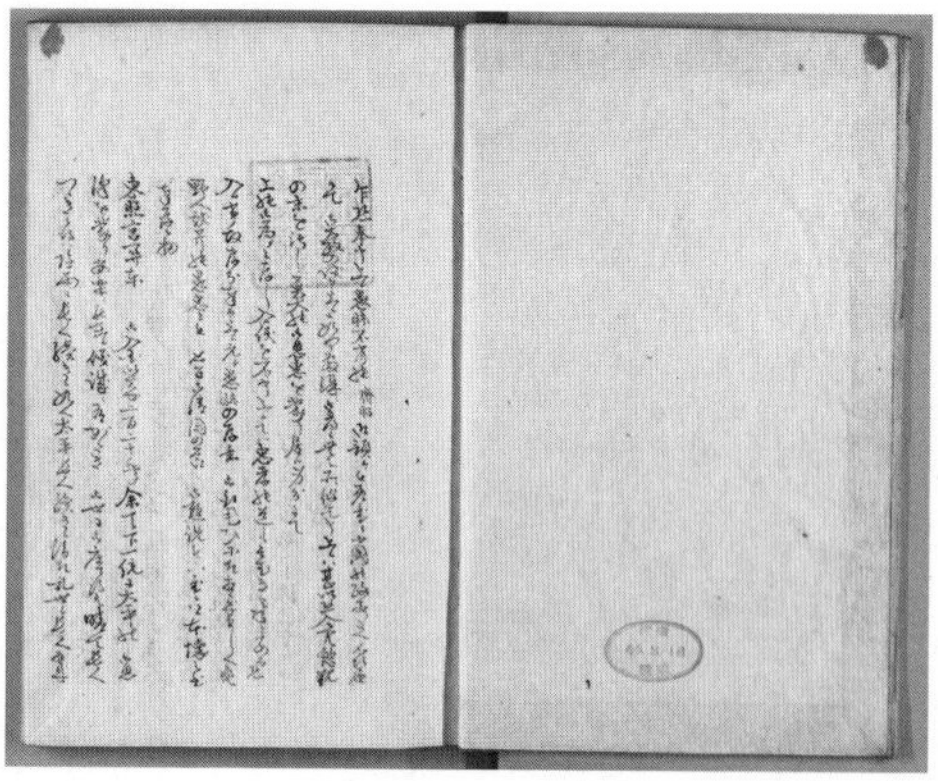

『戊戌封事』

【この年の出来事】

**1・1**　幕府、町火消の出初式を禁止。
**1・21**　江戸城西の丸の再建工事完了。
**1月**　幕府、神社祭礼に際しての華美を禁止。
**2・12**　武蔵国10か村、荒川堤普請をめぐって一揆（蓑負騒動）。
**3月・4月**　京都で豊年踊り流行。
**4・15**　深川三十三間堂で通矢競技が開催。太田信吉（11）が総矢数1万2015本中1万1760本を的中。
**5・14**　江戸北町奉行、渡辺崋山を捕縛（蛮社の獄）。
**5・17**　小関三英、蘭書を焼き自殺（53）。翌日、高野長英が自首。
**5月**　椿椿山、師友・門人を集め渡辺崋山を見舞う。釈放運動へも発展。
**6・2**　松代藩士佐久間象山、神田お玉ケ池に「象山書院」を開設。
**6・11**　箕作阮甫、天文

**◉京都町奉行**
**東**
本多紀意（左内・筑前守）
**西**
佐橋佳富（長門守）
**◉大坂城代**
井上正春（河内守）
**◉大坂町奉行**
**東**
徳山秀起（五兵衛・石見守）
跡部良弼（山城守）
**西**
堀利堅（伊賀守）
**◉長崎奉行**
久世広正（伊勢守）
戸川安清（播磨守）
田口喜行（五郎左衛門）
**◉若年寄**
増山正寧（河内守）
林忠英（肥後守）
永井尚佐（肥前守）
堀親審（大和守）
小笠原長貴（相模守）
本多助賢（豊後守）
大岡忠固（主膳正）
堀田正衡（摂津守）
松平忠篤（玄蕃頭）
水野忠実（壱岐守）

本侵略の意図があるとし、異国船を打ち払うよう強く主張し、攘夷タカ派ぶりを見せつける。「和蘭」「異端」もこれに関係して、交わりを絶つよう主張する。

「船艦」は幕府が大船建造の禁を解くよう求める。「北地」は以前から主張している蝦夷（北海道）の積極的開拓だ。

この「戊戌封事」は、ほかの斉昭書簡などと併せて『水《すい》府公献策《ふこうけんさく》』と題され、書き写された。さらに木活字本（全三冊）として出版されて、普及することになるのである。

## 「蛮社の獄」が発生　五月十四日

事件災害

幕府は、この日、渡辺崋山《わたなべかざん》・高野長英《たかのちょうえい》らの「尚歯会《しょうしかい》」に大弾圧を加えた。このグループは、蘭学者の高野・小関三英《こせきさんえい》・幡崎鼎《はたざきかなえ》らを招き、民政に関心を持つ三河田原藩家老の渡辺らが、海防の立場から蘭学を研究していた。

天保九年（一八三八）、イギリス（実はアメリカ）のモリソン号が渡来するとの知らせを受けた幕府は、異国船打ち払い令を適用すると決める。これを憂慮した渡辺は『慎機論《しんきろん》』を、高野は『夢物語《ゆめものがたり》』を著して、内外情勢を説き、幕府を批判した。

このような政治活動は、日頃から洋学を嫌っていた目付の鳥居耀蔵《とりいようぞう》に敵視されることとなる。鳥居は部下を使って密訴させ、渡辺らを検挙。高野は自首し、小関は自決した。幕府を批判したこと、海外渡航を企てたこと、大塩平八郎《おおしおへいはちろう》の乱に通じていた形跡があることなどが捕らえられた理由であるが、その大半は虚偽の密告だった。その結果、渡辺は在所蟄居《ざいしょちっきょ》、高野は永牢《ながろう》の判決を受け、洋学者たちは萎縮してしまうようになるのである。

## 京都で豊年踊りが流行　三月・四月

社会世相

最初は洛東頂妙寺《らくとうちょうみょうじ》、洛北今宮神社《らくほくいまみやじんじゃ》などの祭事の踊りだったようだが、いつしか市中に繰り出して、男は女装、女は男装して熱狂的に踊りまくった。また、豪商の屋敷に押しかけて、土足で座敷に上がったりしたともいわれている。

間もなく自然消滅するのだが、慶応三年（一八六七）の「ええじゃないか」につながったともいえる、市民の乱舞であった。

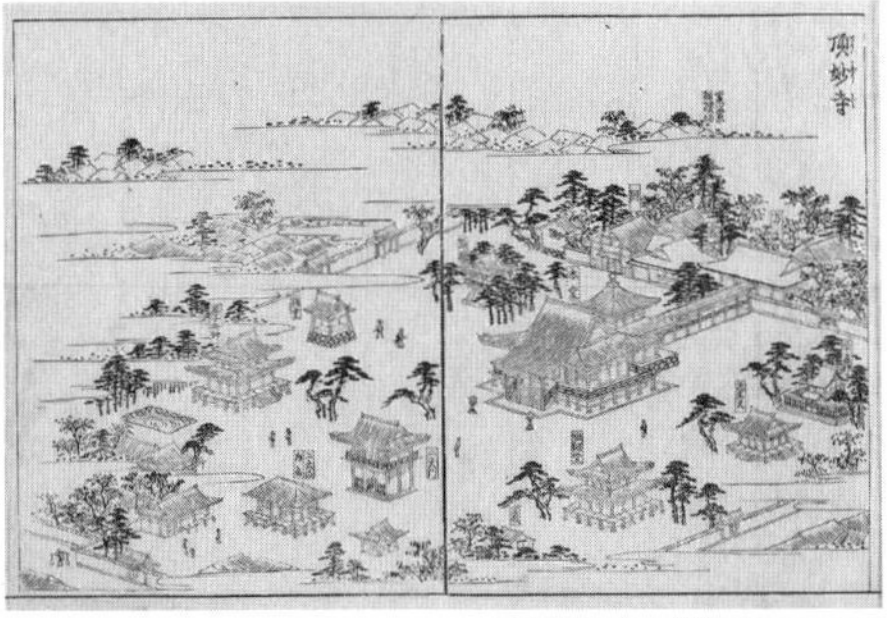

豊年踊りの舞台となった頂妙寺（『都名所図会』）

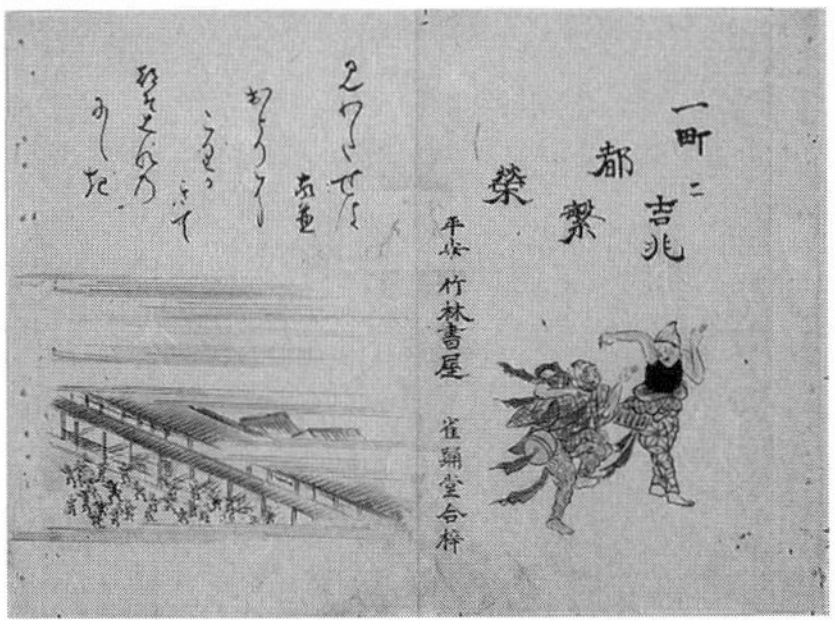

京都市中踊（「京都市中踊流行一件」『天保雑記』）

方和解御用に就任。
**6・20**　水戸藩主徳川斉昭、将軍家慶に意見書を提出。
**6・25**　幕府、金1両を銀60匁とすることを通達。
**6月**　オランダ船、清国がアヘン密売禁止を要請する使節をイギリスに派遣したことを報告。
**7月**　書物奉行渋川六蔵、蘭学・蘭書取り締まりを老中水野忠邦に献策。
**8・11**　幕府、100匁以上の鉄砲新鋳の際は届出を行うよう通達。
**10・19**　幕府、江戸湯島天神の富籤興行を許可。
**12・6**　水野忠邦、老中首座に就任。
**12・28**　幕府、渡辺崋山を蟄居、高野長英を永牢処分。
**この年**　人情本が流行。

**【主要幕閣】**

**◉大老**
井伊直亮（掃部頭）

**◉老中**
松平宗発（伯耆守）
水野忠邦（越前守）
太田資始（備後守）
脇坂安董（中務大輔）
堀田正篤（備中守）
土井利位（大炊頭）
間部詮勝（下総守）
井上正春（河内守）

**◉寺社奉行**
牧野忠雅（備前守）
青山忠良（因幡守）
松平忠優（伊賀守）
稲葉正守（丹後守）
戸田忠温（日向守）
阿部正弘（伊勢守）

**◉勘定奉行**
内藤矩佳（隼人正）
明楽茂村（飛騨守）
深谷盛房（遠江守）
遠山景元（左衛門尉）
佐橋佳富（長門守）
梶野良材（土佐守）

**◉江戸町奉行**
**北**
大草高好（安房守）
遠山景元（左衛門尉）
**南**
筒井政憲（和泉守）

## 光格天皇が崩御　十一月十九日

政治経済

光《こう》格《かく》天皇（百十九代）が即位したのは安永九年（一七八〇）十二月、十歳の時である。以来、在位は三十七年に及んだ。

東山《ひがしやま》天皇の曾孫閑院宮《かんいんのみや》典仁《すけひと》親王の第六子（母は二品成《にほんふさ》子《こ》内親王）として生まれた光格天皇は、本来聖護院《しょうごいん》に入って出家する予定だった。ところが後桃園《ごももぞの》天皇崩御の際、内親王しかおらず、皇子がなかったため、血筋が重視されて養子となり、皇位に就いた。

光格天皇は、中世以来絶えていた朝廷権威の復興を強く望んだ。五十八代光孝《こうこう》天皇以来、千年近く絶えていた漢《かん》風諡号《ふうしごう》（崇徳《すうとく》・安徳《あんとく》・順徳《じゅんとく》の各天皇を除く）を選定、および六十二代村上《むらかみ》天皇以来九百年近く途絶えていた天皇号（安徳・後醍醐《ごだいご》両天皇を除く）を復活させて、光格天皇と諡された。

光格天皇

また光格天皇は、実父に太上《だいじょう》天皇の尊《そん》号《ごう》を奏上しようとして、幕府老中の松平《まつだいら》定信《さだのぶ》らと衝突。六年にわたる「尊号一件」が起こった。結局、光格天皇は廷臣の進言を入れて意を翻したが、のち、明治十七年（一八八四）に明治天皇は慶光《きょうこう》天皇の尊号を贈った。

このように皇位に就かない親王で、歿後に天皇の尊称を贈られた者を追尊《ついそん》天皇といい、歴代天皇には数えない。

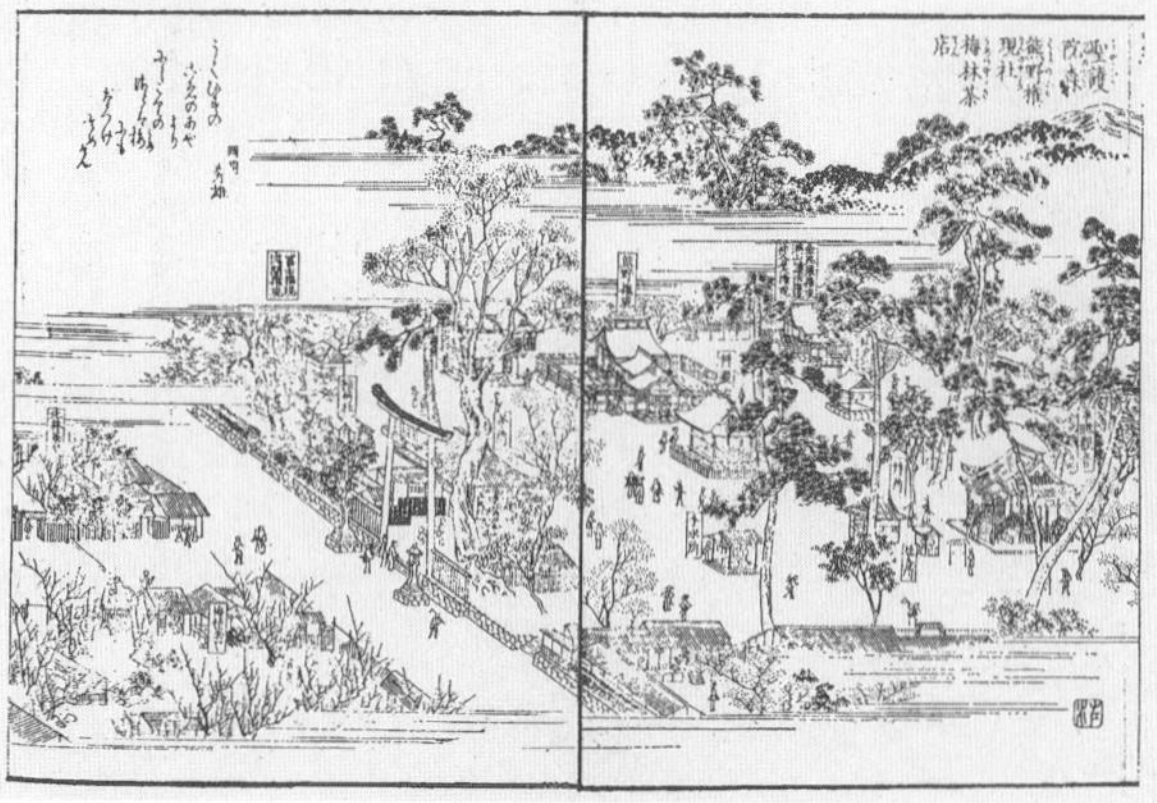
聖護院（『花洛名勝図会』）

## 国学者平田篤胤、江戸を退去　十二月三十日

文化思想

国学者の平田篤胤《ひらたあつたね》は、強烈な国粋主義《こくすいしゅぎ》の立場から、儒教と仏教を外来思想として攻撃した。さらには、日

**【この年の出来事】**

**2・29** 幕府、諸国の人口調査を実施。
**3・2** 勘定奉行遠山景元、町奉行に就任。
**3・5** 7代目市川團十郎（五代目海老蔵）『勧進帳』を河原崎座で初演。
**3・5** 幕府、本田畑での甘蔗栽培を再度禁止。
**3・22** 徳川斉昭、千束原で追鳥狩を実施。翌年以降にも実施。
**5・27** 幕府、売薬の看板などへのオランダ文字の使用禁止。
**6・8** 幕府、川路聖謨を佐渡奉行に任命。
**6月** 幕府、佐渡一国一揆に関して奉行所役人および百姓側90余名を処罰。
**6月** 幕府、伊豆韮山代官江川英龍に伊豆諸島支配を指示。
**6月** オランダ船、長崎に来航しアヘン戦争勃発を報告。
**7・7** 萩藩士村田清風、藩政改革を進言。
**7・17** 琉球沖でイギリ

**◉京都所司代**
間部詮勝（下総守）
牧野忠雅（備前守）
**◉京都町奉行**
**東**
本多紀意（左内・筑前守）
**西**
佐橋佳富（長門守）
柴田康直（日向守）
**◉大坂城代**
井上正春（河内守）
青山忠良（因幡守・下野守）
**◉大坂町奉行**
**東**
徳山秀起（石見守）
**西**
堀利堅（伊賀守）
**◉長崎奉行**
戸川安清（播磨守）
田口喜行（五郎左衛門）
**◉若年寄**
増山正寧（河内守）
林忠英（肥後守）
堀親寚（大和守）
小笠原長貴（相模守）
本多助賢（豊後守）
大岡忠固（主膳正）
堀田正衡（摂津守）
松平忠篤（玄蕃頭）
水野忠実（壱岐守）
内藤頼寧（駿河守）

本には固有の暦があるのだと、幕府の暦制までも激しく批判した『天朝無窮暦《てんちょうむきゅうれき》』を無断で出版する。これにより幕府は、篤胤に故郷秋田へ帰るよう命じ、以後の著述を禁じた。二年後の天保十四年九月十一日、秋田において歿した。享年六十八歳。篤胤には数百人の門人がいた。

篤胤は出羽久保田《くぼた》藩士大和田《おおわだ》家に生まれ、二十歳の時、江戸へ出て学び、備中松山《まつやま》藩士平田篤穏《あつやす》の養子となった。享和元年（一八〇一）、本居宣長《もとおりのりなが》に入門の礼をとったが、宣長が病死したために実現せず、歿後の門人を自称する。その書斎名を気吹舎《いぶすきしゃ》といった。のちに松山藩を辞し、国学者として身を立てる。天保九年には久保田藩士の籍に復した。

天地開闢《てんちかいびゃく》論に始まる国学的宇宙論を構想した篤胤は、神々を整序して神道神学を形成。新しい社会観を基礎づけ、死後の世界の観念をもって、国学に宗教性を加えたといわれる。だが、その新しい学風は本居宣長の正当派からは嫌悪され、江戸・京都の国学者からも好まれなかった。しかし、関東・中部・奥羽地方の神社や農村・宿駅の実力者たちからは支持され、一大学派となり、幕末の尊王運動に大きな影響を与えた。

## 幕府、川越・庄内・長岡の三藩を三方領知替　十一月一日

事件災害

「天《てん》保義民一揆《ぼうぎみんいっき》」「三方領地替え反対一揆《さんぼうりょうちがはんたいいっき》」とも呼ばれる、庄内《しょうない》藩領の田川《たがわ》・飽海《あくみ》郡で起こったこの大一揆は、幕府の土地支配権を脅かした点で、少々変わっている。

天保四年以降、全国的な飢饉が続いたが、庄内藩（酒井《さかい》家・譜代）は乗り切った。その潤沢な富を生み出すのは、肥沃な庄内平野である。ここに着目したのが、武蔵の川越《かわごえ》藩だ。

川越藩は庄内の地に転封したいと、大奥を通じて大御所家《いえ》斉《なり》に働きかけた。家斉はその仕事を老中首座の水野忠邦《みずのただくに》に命じた。水野は越後の長岡《ながおか》藩を巻き込もうとする。川越藩を庄内へ、庄内藩を長岡へ、長岡藩を川越へ転封させるという、三方領地替えを行おうとしたのである。

ところが庄内藩領の農民は、転封に伴う負担増加や苛酷な収奪を恐れ、数万人が大一揆が起こした。農民たちは「百姓たりといえども二君に仕えず」と書いた幟旗を掲げていたという。諸大名たちの同情も集まり、水野は非難されて、追い詰められた。大御所家斉も死去したため、天保十二年、幕府は三国領地替えを撤回せざるを得なくなったのである。

## 遠山金四郎景元、江戸北町奉行に就任　三月二日

社会世相

遠《とお》山金四郎景元《やまきんしろうかげもと》は若い頃、市井無頼《しせいぶらい》の徒《と》とも付き合い、「桜吹雪」の入れ墨を背中から二の腕にかけて彫っていたと伝えられるほど、下々の人情に通じていたようだ。

旗本の遠山家に生まれ、家督相続後は小納戸頭《こなんどがしら》、小普《こぶ》請《しん》奉行、作事《さくじ》奉行、勘定奉行などを経て、この日、江戸北町奉行に就任した。しかし天保十二年十二月、老中水野忠邦による「天保の改革」が始まり、庶民に苛酷な政策が打ち出されるや、景元は抵抗。水野の配下で、南町奉行の鳥《とり》居耀蔵《いようぞう》と対立した。そのあげくに景元は、天保十四年二月、北町奉行を罷免され、閑職の大目付に転じる。しかし鳥居が失脚するや、弘化二年（一八四五）三月、南町奉行の座に返り咲き、老中阿部正弘から重用されることになるのである。

ス東インド会社の船が座礁。島民が救助。
**7月** 幕府、長崎唐人屋敷の在留清国人を通じ、アヘン戦争について情報収集。
**7月** 江戸町奉行、平田篤胤『大扶桑図考』を絶版。
**9・20** 幕府、江戸府内の両替商を600人に限定。
**9月** 長崎町年寄高島秋帆、西洋砲術の採用についての意見書を幕府に提出。
**10・26** 幕府、持参金目的の養子縁組を禁止。
**11・1** 幕府、川越・庄内・長岡3藩を三方領知替。
**11・19** 光格上皇歿(70)。
**12・14** 谷文晁歿（78）。
**12・30** 幕府、平田篤胤に江戸退去を命令。

**【主要幕閣】**

**◉大老**
井伊直亮（掃部頭）

**◉老中**
水野忠邦（越前守）
太田資始（備後守）
脇坂安董（中務大輔）
堀田正篤（備中守）
土井利位（大炊頭）
間部詮勝（下総守）
井上正春（河内守）
真田幸貫（信濃守）

**◉寺社奉行**
松平忠優（伊賀守）
稲葉正守（丹後守）
戸田忠温（日向守）
阿部正弘（伊勢守）

**◉勘定奉行**
内藤矩佳（隼人正）
明楽茂村（飛驒守）
深谷盛房（遠江守）
佐橋佳富（長門守）
梶野良材（土佐守）
田口喜行（加賀守）
土岐頼旨（丹波守）
松平政周（豊前守）
跡部良弼（能登守）

**◉江戸町奉行**
**北**
遠山景元（左衛門尉）
**南**
筒井政憲（和泉守）
矢部定謙（駿河守）
鳥居忠耀（甲斐守）

## 「天保の改革」始まる　五月十五日

政治経済

この年の閏一月三十日、大御所家斉《いえなり》が死去した。大御所時代に賄賂が横行していたため、老中首座の水野《みずの》忠邦《ただくに》は風紀を一新させようと、家斉の取り巻きを一斉にクビにする。その数は御目見《おめみえ》以上（旗本）六十八人、それ以下は八百九十四人にものぼった。

十二代将軍家慶《いえよし》は、享保・寛政の制に復すことを告諭。江戸市中の町人にまで、町奉行から幕政改革の実施が通達された。享保・寛政と並び、江戸時代三大改革の一つに数えられる、「天保の改革」の始まりである。

この改革は、貨幣制度の発達に伴って逼迫した、幕府財政の再興を目指したものだった。

天保十四年（一八四三）十二月までに出された町触は百七十八点にものぼるという。町方の日常生活は倹約《けんやく》が強い《し》られ、この年の十二月、芝居小屋は江戸郊外（浅草《あさくさ》）に移転させられた。これに伴い、歌舞伎役者の七代目市川《いちかわ》團十《だんじゅう》郎《ろう》らが処分されている。歌舞伎への弾圧は特にひどく、廃絶まで考えられたが、北町奉行の遠山景元《とおやまかげもと》の進言もあって、廃絶までにはならずに済んだ。

軍事改革では、外国船への薪水給与令《しんすいきゅうよれい》（天保十三年）を出すという柔軟路線を取ろうとし、上知令《あげちれい》（天保十四年）を出して江戸・大坂周辺の防御を進めようとしている。

またこの頃は、農村から都市部への人口流入が増えたために、幕府領の年貢が減少していた。そこで人返し令《ひとがえしれい》（天保十四年）を出して強制的に帰郷させ、税収の安定を図ろうともしている。さらに、この年の十二月には株仲間《かぶなかま》を解散させて経済の自由化を図ったが、かえって混乱を招いてしまうことになるのである。

## 幕府、山王祭を禁止　五月二十二日

文化思想

この日、江戸赤坂山王権現《さんのうごんげん》（現在の千代田区永田町日枝《ひえ》神社）の山王祭《さんのうまつり》が禁じられた。これに続いて、八月には神田明神《かんだみょうじん》の祭礼も禁じられたので、江戸っ子たちはがっかりした。

山王祭は、神田祭と交互に隔年で、本祭《ほんまつり》・陰祭《かげまつり》が行なわれる。どちらの祭りも三代将軍家光以来、祭礼の行列が

俯瞰でみた山王祭
（『江戸名所図会』）

間近にみた山王祭
（『江戸名所図会』）

**【この年の出来事】**

**1・21**　庄内藩の百姓数万人、藩主の長岡転封に対して反対運動を展開。
**閏1・30**　大御所徳川家斉歿（69）。
**3月**　幕府、高島秋帆を西洋砲術指南に任命。
**4・1**　高島秋帆、将軍家慶に謁見。
**4・16**　幕府、若年寄林忠英、御側御用取次水野忠篤、小納戸頭取美濃部茂育を罷免。
**5・9**　高島秋帆、徳丸ヶ原で西洋砲術の訓練を実施。
**5・15**　将軍家慶、享保・寛政の制に倣った政治改革を告諭(天保の改革)。
**5・22**　幕府、山王祭を禁止。
**5月**　鉄砲方井上左太夫、高島秋帆の西洋砲術を批判する復命書を幕府に提出。
**6・29**　松浦静山歿(82)。
**7・12**　幕府、三方領知替を撤回。
**7・20**　林述斎歿（74)。

**◉京都所司代**
牧野忠雅（備前守）

**◉京都町奉行**
**東**
本多紀意（左内・筑前守）
**西**
松平信敏（兵庫頭）
柴田康直（日向守）

**◉大坂城代**
青山忠良（下野守）

**◉大坂町奉行**
**東**
徳山秀起（石見守）
**西**
阿部正蔵（遠江守）
堀利堅（伊賀守）

**◉長崎奉行**
柳生久包（健次郎・伊勢守）
田口喜行（五郎左衛門）
戸川安清（播磨守）

**◉若年寄**
増山正寧（河内守）
林忠英（肥後守）
堀親寚（大和守）
本多助賢（豊後守）
大岡忠固（主膳正）
堀田正衡（摂津守）
松平忠篤（玄蕃頭）
水野忠実（壱岐守）
内藤頼寧（駿河守）
本多忠徳（越中守）
遠藤胤統（但馬守）
本庄道貫（伊勢守）

**◉側用人**
堀親寚（大和守）

江戸城内へ入り、将軍にも見てもらう「天下祭《てんかまつり》」であり、江戸の活力を象徴するといわれたものである。

## 幕府、株仲間を解散　十二月十三日

事件災害

幕府に認められた商工業者の組合である株仲間には、信用第一で取引相手を尊重し、価格・品質を保持して不正商行為を排除するという利点があった。

しかし、天保の改革を進める老中首座の水野忠邦は、独占機能を持つ株仲間が物価高騰の原因と見ていた。

そこで幕府は、江戸十組問屋《とくみどんや》を召し、「問屋共不正の趣も相聞き候」との理由で同株を停止し、冥加金《みょうがきん》一万二百両の上納を免じる。さらに十二月二十三日には大坂で、翌十三年三月十三日には京都で、同様の法令が出された。

一般商人の自由な商売を認めたはずだったが物価は下がらず、しかも法令が徹底されなかったため、かえって経済に混乱を生んでしまった。その後、嘉永四年（一八五一）になって株仲間の再興令が出されている。

## 高島秋帆が大砲操練を実演　五月九日

社会世相

武蔵国の徳丸ヶ原《とくまるがはら》（現、東京都板橋区高島平付近）において、高島秋帆《たかしましゅうはん》（喜平）が門弟百余名を率いて、洋式砲術調練を実演してみせた。

高島は長崎の人である。町年寄《まちどしより》と鉄炮方《てっぽうかた》を兼ねる家に生まれ、長崎に渡来するオランダ人から西洋砲術を学んだ。また私財を投じて鉄炮を買い、門弟三百人に洋式訓練を施したりした。

高島は、中国船から長崎にもたらされたアヘン戦争に関する情報を得て、日本に迫りくる欧米列強の外圧に危機感を募らせていた。そこで天保十一年、長崎奉行に洋式砲術採用を訴える上書《じょうしょ》を提出し、これがやがて幕府の注目するところとなったのである。

その結果を請けて行なわれた徳丸ヶ原における調練は、見る者を感嘆させた。また高島は、伊豆韮山《にらやま》代官の江川英竜《えがわひでたつ》（太郎左衛門）や旗本の下曾根金三郎《しもそねきんさぶろう》らに西洋砲術を伝授している。

ところが高島の名声が高まるにつれ、幕府内ではそれを妬む者たちが出てきた。武士ではない高島が、砲術を指導することに、反感を抱く者もいた。そしてついには長崎貿易に不正の取り扱いがあったとの疑いを高島にかけ、投獄してしまうのである。

その後、高島は十数年もの長きにわたって獄中生活を強《し》いられることとなった。赦《ゆる》されたのはペリー来航後の嘉永六年（一八五三）のこと。幕府に雇われた高島は、安政三年（一八五六）から講武所《こうぶしょ》で洋式砲術の指導、武備充実にあたり、慶応二年（一八六六）一月十四日、小石川指ヶ谷町《こいしかわさしがや》（現、東京都文京区白山）で、六十九歳の生涯を閉じた。

高島秋帆の紀功碑（板橋区赤塚・松月院）

**7月**　「御触書天保集成」完成。
**8・1**　水戸藩、藩校「弘道館」を創設。
**10・5**　寺社奉行阿部正弘、中山法華経寺事件を解決。智泉院日啓ら入牢。
**10・11**　渡辺崋山自刃（49）。
**11月**　江川太郎左衛門、伊豆韮山で鉄砲を鋳造。
**12・13**　幕府、菱垣廻船積十組問屋を解散。各種株仲間・問屋・組合を禁止。
**12・16**　幕府、風俗取り締まりとして、中村座・市村座に浅草移転を命令。
**12・28**　鳥居耀蔵、江戸南町奉行に就任。
**12・29**　幕府、人情本の取調べを開始。丁字屋平兵衛・為永春水らが奉行所に召し出される。

# 1842 天保十三年

**壬寅**

**天皇▼仁孝天皇**

**将軍▼徳川家慶**（第十二代）

**【主要幕閣】**

**◉老中**
水野忠邦（越前守）
堀田正篤（備中守）
土井利位（大炊頭）
間部詮勝（下総守）
井上正春（河内守）
真田幸貫（信濃守）

**◉寺社奉行**
松平忠優（伊賀守）
稲葉正守（丹後守）
戸田忠温（日向守）
阿部正弘（伊勢守）
酒井忠義（若狭守）

**◉勘定奉行**
佐橋佳富（長門守）
梶野良材（土佐守）
土岐頼旨（丹波守）
跡部良弼（能登守）
戸川安清（播磨守）
岡本成（近江守）
井上秀栄（備前守）

**◉江戸町奉行**
**北**
遠山景元（左衛門尉）
**南**
鳥居忠耀（甲斐守）

**◉京都所司代**
牧野忠雅（備前守）

## 幕府、薪水供与令を発布　七月二十四日　政治経済

十八世紀末頃より、ロシア・アメリカ・イギリスなど欧米列強の船が日本近海に出没するようになった。寛政三年（一七九一）にはアメリカ商人ジョン・ケンドリックが紀伊大島《きいおおしま》に上陸して、通商を求めるが拒否されるという事件も起きている。

穏便に済ませたい幕府は文化三年（一八〇六）、「薪水給与令《しんすいきゅうよれい》」を出した。通商は行なわないが、漂着船には薪水・食糧を与えて帰帆願うというのだ。

ところが文化五年八月、イギリス軍艦が長崎に侵入して、オランダ商館員をとらえ、薪水・食糧などを奪うという事件が起こった（フェートン号事件）。これに対処するため、幕府は文政八年（一八二五）、「異国船打払令《いこくせんうちはらいれい》（無二念《むにねん》打払令）」を出す。外国船は見つけ次第に砲撃して、追い返せというのである。

天保八年（一八三七）、浦賀《うらが》に来航したアメリカ艦モリソン号に対し、浦賀奉行所が砲撃を加えた。これは、イギリス艦と誤認したのも一因だったが、さらに薩摩の山川港でも砲撃されたモリソン号は、退却を余儀なくされた。

ところがモリソン号来日の目的の一つは、マカオで保護した日本漂着民の送還にあったことが後日発覚して、幕府は非難されることとなる。

続いてアヘン戦争において、清国がイギリスに惨敗したとの情報が伝わる。驚いた幕府は、以前通り漂着船に限って薪水供与を認めるとの柔軟路線に改めた。その一方で、伊豆韮山《にらやま》代官の江川英竜《えがわひでたつ》（太郎左衛門）や砲術家の高島秋帆《たかしましゅうはん》に西洋砲術を導入させ、海防の近代軍備を整えてゆくのである。

## 天保暦が完成　九月二十八日　文化思想

幕府天文方の渋川景佑《しぶかわかげすけ》らが、西洋天文学の最新研究成果である『ラランデ暦書』などを直接取り入れながら完成させたのが、「天保暦《てんぽうれき》」である。

天保十五年一月一日（一八四四年二月十八日）に「寛政暦《かんせいれき》」が改暦されてから、明治五年十二月二日（一八七二年十二月三十一日）の太陽暦《たいようれき》採用まで、二十九年間にわたり使われた。

「寛政暦」までは二十四節気、一年間を等分して計算する平気法《へいきほう》が使用された（時間分割）。しかし「天保暦」は、太陽の位置を計算して、天球上にある太陽の軌道を二十四

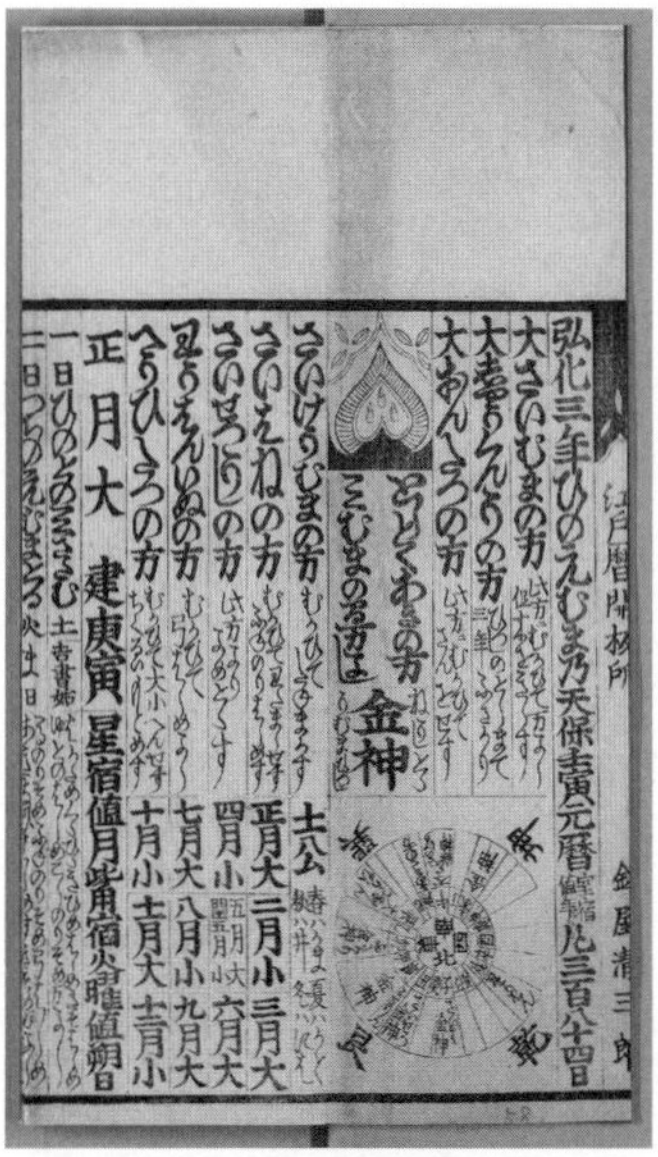

弘化３年の天保暦

**【この年の出来事】**

**2・3**　中村・市村・森田座、浅草山の代替地に移転。猿若町と改名。
**3月**　曲亭馬琴『南総里見八犬伝』98巻106冊完結。
**4・8**　江戸町奉行、野菜などの初物売買を禁止。
**5月**　鳥居耀蔵、高島秋帆を告発。
**6・5**　初代林家正蔵歿(63)。
**6・13**　幕府各種の品物の標準価格を定め通達。
**6・14**　幕府、高島秋帆に砲術教授を自由に行うことを許可。
**6・18**　オランダ船、長崎に入港。アヘン戦争の情報とイギリスの来日計画について報告。
**6・20**　柳亭種彦『偐紫田舎源氏』絶版。
**6・22**　7代目市川團十郎（五代目海老蔵）、奢侈を理由に江戸所払い。
**7・1**　水戸藩主徳川斉昭、偕楽園を創設。
**7・19**　柳亭種彦歿(60)。
**7・24**　幕府、異国船打

◉**京都町奉行**
**東**
松平信敏（兵庫頭）
**西**
柴田康直（日向守）
田村顕彰（伊予守）

◉**大坂城代**
青山忠良（下野守）

◉**大坂町奉行**
**東**
水野道一（若狭守）
徳山秀起（石見守）
**西**
阿部正蔵（遠江守）

◉**長崎奉行**
戸川安清（播磨守）
柳生久包（伊勢守）
伊沢政義（美作守）

◉**若年寄**
増山正寧（河内守）
大岡忠固（主膳正）
堀田正衡（摂津守）
松平忠篤（玄蕃頭）
本多忠徳（越中守）
遠藤胤統（但馬守）
本庄道貫（伊勢守）

◉**側用人**
堀親寚（大和守）

等分して二十四節気を定める、定気法《ていきほう》を採用した（空間分割）。これによって「天保暦」では、二〇三三年の月名がおかしくなるとの問題点も指摘されている。

なお、「天保暦」は「天保壬寅元暦《てんぽうじんいんげんれき》」ともいわれている。これは中国で用いられる暦法にも同名の「天保暦」があるためだ。

暮れの暦売り（左）と神酒口売り
（『四時交加』）

## 長州藩で大習練準備令が発せられる　十一月十五日

事件災害

**長**州藩（毛利家）領は、現在の山口県がそのまま当てはまる。三方が海に囲まれ、城は日本海に面した萩に築かれていた。

このため、早くから外敵に対する危機感が芽生えていたが、特にアヘン戦争の知らせが届くや、切実な問題となる。神器陣《じんきじん》（火砲中心の新陣法）を発明するなど、藩士村田清風《むらたせいふう》を中心とするグループは軍政改革を推進し、武力を強化し、海岸防備の体制を整えるよう藩主に建白した。

あるいは前年五月、武州徳丸ヶ原《とくまるがはら》で行われた高島秋帆《たかしましゅうはん》による洋式銃陣演習にも藩士を派遣し、実地見学させている。兵器の優れていること、規律の厳しいこと、軽装で動きが機敏なことに驚いた清風らは、藩士三人を高島に入門させ、本格的な洋式軍備導入の検討に入った。

そしてこの日、「明春を期して羽賀台に大閲兵を行う」との命が出る。軍備の確認、総点検、家臣団の士気を高めるのが、その目的だ。

翌天保十四年四月一日、萩城下のおよそ一里東北に位置する羽賀台（現、萩市黒川）において、大操練が実施された。参加したのは十三代藩主毛利慶親《もうりよしちか》以下、銃や槍を持つ一万三千九百六十三人の兵と五百三十四頭の馬である。洋式軍隊はまだ準備段階で、羽賀台の大操練には間に合わなかったが、攘夷、討幕運動へ続く長州藩幕末史の幕開けを象徴するような出来事であった。

## 堕胎取締令が出される　十一月三十日

社会世相

**江**戸の女医の中で堕胎《だたい》を行なう者があったため、幕府は、今後は依頼人もともに処罰するとした。

江戸時代には堕胎を生業とする者がいたため、正保三年（一六四六）、江戸の町触はこれを禁じている。しかし、堕胎致死を行なった医者が閉門に処されたり、薬物を用いて堕胎を行なった者が処罰されたりと、たびたび事件が起こっていたのである。

払令を撤回。薪水給与令を発令。
**8・19**　徳川斉昭、異国船打払令撤回に反対する意見書を幕府に提出。
**8・23**　寺門静軒『江戸繁昌記』絶版。
**9・28**　天文方渋川景祐ら、天保暦を完成。10月12日、採用。
**10・2**　高島秋帆、密貿易に関わったとして投獄。
**10・16**　為永春水『春色梅児誉美』絶版。
**11・13**　幕府、江戸市中の無宿人に帰農を奨励。
**11・15**　長州藩で大習練準備令を発令。
**11・19**　琉球の慶賀使、将軍家慶に拝謁。
**11・30**　幕府、堕胎取締令を発令。
**12・24**　幕府、下田奉行を復活。羽田奉行を設置。

# 1843
# 天保十四年
## 癸卯
**天皇▼仁孝天皇**
**将軍▼徳川家慶**（第十二代）

**【主要幕閣】**
**◉老中**
水野忠邦（越前守）
堀田正篤（備中守）
土井利位（大炊頭）
間部詮勝（下総守）
井上正春（河内守）
真田幸貫（信濃守）
阿部正弘（伊勢守）
牧野忠雅（備前守）
戸田忠温（日向守・山城守）
堀親審（大和守）
**◉寺社奉行**
松平忠優（伊賀守）
戸田忠温（日向守）
阿部正弘（伊勢守）
酒井忠義（若狭守）
松平乗全（和泉守）
久世広周（大和守・出雲守）
青山幸哉（大膳亮）
内藤信親（紀伊守）
**◉勘定奉行**
梶野良材（土佐守）
跡部良弼（能登守）
戸川安清（播磨守）
岡本成（近江守）
井上秀栄（備前守）
佐々木一陽（近江守）
鳥居忠耀（甲斐守）
石河政平（土佐守）
榊原忠義（主計頭）
**◉江戸町奉行**
**北**
遠山景元（左衛門尉）

### 老中首座水野忠邦を罷免　閏九月十三日
政治経済

「天保の改革」は、徳川吉宗の「享保の改革」、松平定信《まつだいらさだのぶ》の「寛政の改革」を理想とし、幕府財政を立て直して封建制度の維持を目指したものである。

特に天保初年以来、全国的に飢饉《ききん》が相次ぎ、これに伴う一揆や暴動など、封建的支配の危機はピークに達しようとしていたのである。さらに国際関係もまた、アヘン戦争で隣国の清がイギリスに敗北して不平等条約（南京《ナンキン》条約）を締結させられるなど、危機的性格を帯びつつあった。

だが、着手された上知令《あげちれい》、印旛沼《いんばぬま》の掘削《くっさく》工事などの政策は、ことごとく挫折する。改革の推進者であった老中首座の水野忠邦《みずのただくに》は罷免され、「天保の改革」は成果を見ないまま終焉を迎えることとなった。

海防のために、江戸は十里四方、大坂は五里四方の土地を収公《しゅうこう》し、代替え地を与えるという上知令は、同地に領地を持つ大名や旗本の反感を招き、水野にとって大きな打撃になったという。

水野が罷免されることが世間に知られると、江戸の水野邸に投石がなされたことからも察せられるように、庶民も改革の苛酷さに不満を募らせていたのだ。

なお、水野辞任の二日前に、備後福山《びんごふくやま》藩主で寺社奉行の阿部正弘《あべまさひろ》が、二十五歳という歴代最年少で老中に昇進している。

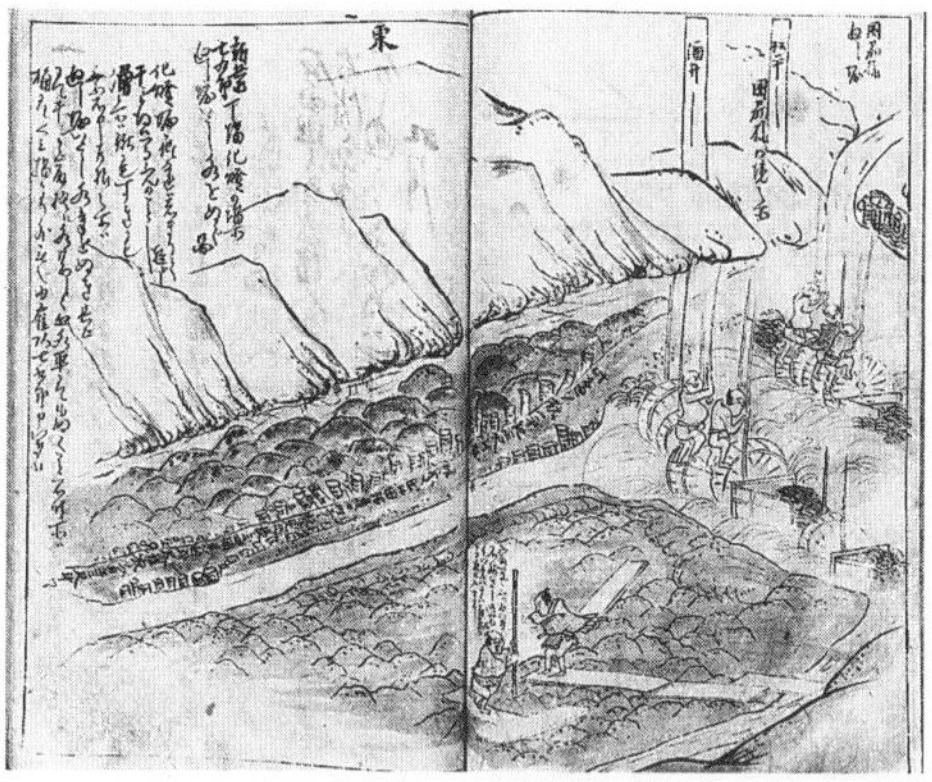
印旛沼干拓の様子（『続保定記』）

### 江戸両国の花火屋玉屋、全焼　四月十七日
文化思想

鍵屋《かぎや》は万治二年（一六五九）以来続く、江戸の花火の老舗《しにせ》で、日本橋横山町に店《たな》を構えていた。

文化六年（一八〇九）、六代目の鍵屋弥兵衛《やへえ》は手代の清吉（のちの玉屋市兵衛《たまやいちべえ》）に暖簾《のれん》を分けてやった（文化五年ともいわれる）。これが「玉屋」の始まりである。

以来約三十年間、隅田川の花火大会は、上流で玉屋が、下流で鍵屋が打ち上げて腕を競い合った。

技術的には、玉屋の方が優れていたという。交互に打ち上げるため、見物客はよいと思った方の名を呼んだが、玉屋の方が多かったようだ。

「橋の上、玉屋玉屋の声ばかり、なぜ鍵屋といわぬ情なし」

**【この年の出来事】**
**3・4** 幕府、唐物抜荷の取締りを厳命。
**3・25** 幕府、鉄砲組を改め、大筒組を設置。
**3・28** 幕府、江戸人別帳にない百姓に帰村を指示。
**4・13** 将軍家慶、67年ぶりに日光社参を挙行。
**4・17** 両国の玉屋市兵衛宅で火災、花火の火薬が爆発。玉屋、江戸追放となる。
**5・23** ロシア船、漂流民を護送して来航。
**5月** 幕府、日本橋芳町などの陰間茶屋を取り壊し。陰間は猿若町へ移住。
**6・10** 幕府、庄内藩など4藩に下総国印旛沼堀割工事を指示。
**6・17** 幕府、町人の武術稽古を禁止。
**7月** 江戸の町方人口が過去最大となる。
**8・20** 佐藤泰然、佐倉に蘭学塾「順天堂」を開設。
**8月** 幕府、歌川国芳『源

阿部正蔵（遠江守）
鍋島直孝（内匠頭）
**南**
鳥居忠耀（甲斐守）
**◉京都所司代**
牧野忠雅（備前守）
酒井忠義（若狭守）
**◉京都町奉行**
**東**
松平信敏（兵庫頭）
伊奈斯綏（遠江守）
**西**
田村顕彰（伊予守）
**◉大坂城代**
青山忠良（下野守）
**◉大坂町奉行**
**東**
水野道一（若狭守）
**西**
阿部正蔵（遠江守）
久須美祐明（佐渡守）
**◉長崎奉行**
柳生久包（伊勢守）
伊沢政義（美作守）
**◉若年寄**
大岡忠固（主膳正）
堀田正衡（摂津守）
松平忠篤（玄蕃頭）
本多忠徳（越中守）
遠藤胤統（但馬守）
本庄道貫（伊勢守・安芸守）
酒井忠毗（右京亮）
**◉側用人**
堀親審（大和守）

といった歌が流行したほどだった。

ところがこの日、両国吉川町の玉屋から出火し、町の大半を焼いてしまった。このため玉屋は江戸所払《ところばら》いとなって、三十数年で滅んでしまう。あるいは、江戸の近くで細々と営業を続けたという説もある。

そんな玉屋には、江戸っ子たちの同情が集まった。それゆえ現代に至るまで、花火大会の掛け声は「玉屋〜」が定番になっている。

両国花火（『名所江戸百景』）

## 幕府、無金利年賦返済令を実施　十二月十四日

事件災害

札《ふだ》差《さし》は蔵宿《くらやど》ともいい、本来は旗本・御家人の代理として蔵米《くらまい》を受け取り、現金化するのが業務で、その禄《くら》米《まい》を担保に金融を行なった江戸の豪商である。

天保の改革の一端として、老中首座の土井利位《どいとしつら》は、旗本・御家人に貸し出した未返済の借金を二十ヶ年無利子年賦にするよう、また、知行高に比べて借財が多い者はさらに軽減した償還措置をとるよう、札差に命じた。一方、幕府が、札差に貸し付けた御下《おさ》げ金も無利息とした。

このため、九十軒ほどあった札差は、半分が閉店に追い込まれてしまった。

札差は返済金を受け取るだけで金を貸さないようになり、経済・社会に大混乱が起こったのである。

## 江戸の町方人口が最大となる　七月

社会世相

この月、江戸の町方（町人）人口が五十八万七千四百五十八人となる。これとほぼ同数の武士がいると考えられており、さらに僧侶・神官・山伏《やまぶし》などを加えると江戸の人口は百三十万人と推定される。

ただし、町方人口は享保六年（一七二一）以降、江戸町奉行によって調査されていたが、武士人口については秘密だったため、正確なところは不明で、異説もある。

しかし、もし百三十万人とすれば、当時、世界の大都市とされたロンドンやパリ、北京などの人口を凌駕することになる。

天保の大飢饉によって、地方から江戸へ多数の人々が流入して来たことが一因ともいう。あるいは、江戸が城壁に囲まれていなかったのも、一因とされている。

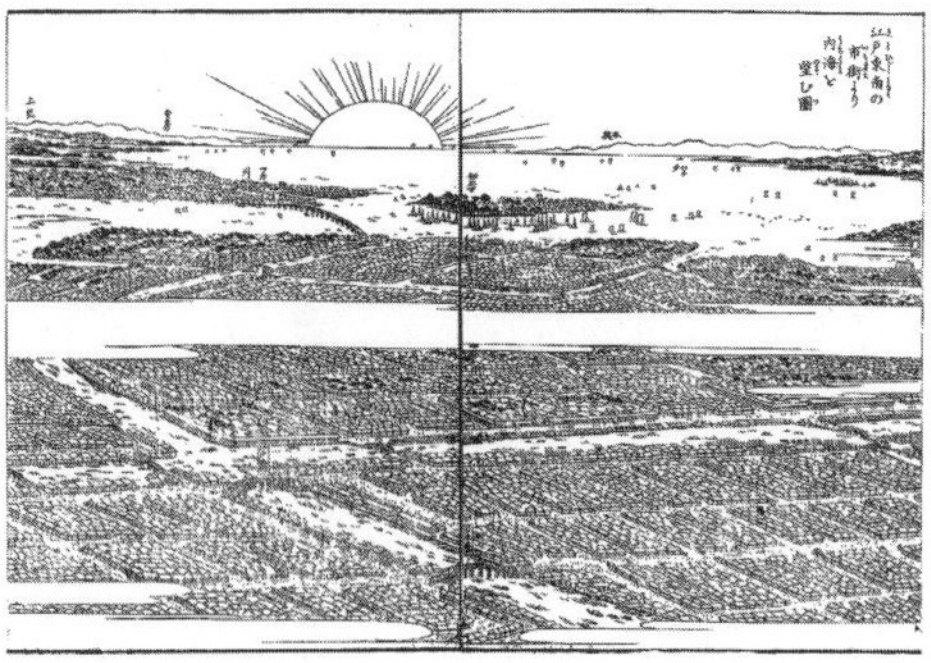
江戸南東から江戸湾を望む（『江戸名所図会』）

頼光公館土蜘蛛作妖怪図』を没収。
**8月**　幕府、湯島聖堂を学問所と改称。
**9・14**　幕府、江戸・大坂10里四方の大名領・旗本領を直轄地とする。閏9月7日、撤回（上知令）。
**閏9・11**　阿部正弘、老中に昇進。
**閏9・11**　平田篤胤歿(68)。
**閏9・13**　水野忠邦、老中を罷免。
**12・14**　幕府、旗本・御家人救済のため、札差に無利子年賦返済令を発令。
**12・22**　『徳川実紀』517巻完成。幕府、林家を褒賞。
**12・22**　為永春水歿(54)。
**この年**　植木屋蔦屋伝次郎、駒込籔下で「籔蕎麦」を始める。
**この年**　伊豆の長八の「鏝絵」、評判となる。

# 1844 弘化元年（天保十五年）

甲辰

天皇▼仁孝天皇

将軍▼徳川家慶（第十二代）

**【主要幕閣】**

**◉老中**
土井利位（大炊頭）
真田幸貫（信濃守）
阿部正弘（伊勢守）
牧野忠雅（備前守）
戸田忠温（山城守）
堀親寚（大和守）
水野忠邦（越前守）
青山忠良（下野守）

**◉寺社奉行**
松平忠優（伊賀守）
久世広周（出雲守）
青山幸哉（大膳亮）
内藤信親（紀伊守）
松平忠優（伊賀守）

**◉勘定奉行**
跡部良弼（能登守）
戸川安清（播磨守）
石河政平（土佐守）
榊原忠義（主計頭）
中坊広風（駿河守）
松平近直（四郎・河内守）
久須美祐明（佐渡守）

**◉江戸町奉行**
**北**
鍋島直孝（内匠頭）
**南**
鳥居忠耀（甲斐守）

## 幕府、徳川斉昭を処罰　五月六日

政治経済

幕府はこの年の五月二日、帰国中だった水戸藩主の徳川斉昭《なりあき》に対して、突然江戸参府《さんぷ》の命を下す。側用人《そばようにん》の藤《ふじ》田《た》東湖《とうこ》は、病の床に伏せていたにも関わらず、何か不吉なものを感じたようだ。病をおして斉昭の供をして、江戸へ向かう。江戸小石川《こいしかわ》の藩邸に到着したのは五日のことだった。

そして翌六日、讃岐高松藩主の松平頼胤《まつだいらよりたね》・陸奥守山《もりやま》藩主の松平頼誠《よりのぶ》・常陸府中《ふちゅう》藩主の松平頼縄《よりつぐ》が幕府の使者としてやって来て、四十五歳になる斉昭に隠居・謹慎を命じた。

徳川御三家《ごさんけ》は、ほかの大名の手本となるべきなのに、斉昭の政治は行き過ぎが多かったという。例えば、鷹狩りと称して軍事演習を行なった、寺の梵鐘《ぼんしょう》を集めて溶かして大砲を鋳造した、東照宮《とうしょうぐう》の祭儀の方式を改めた、寺院を廃した、藩校の土手を高く築いた、などである。その中には幕府の法に抵触する行為もあった。そのために、将軍家《いえ》慶《よし》が機嫌を損ねたというのだ。

この日の夕暮、黒衣《こくい》を着けた斉昭は小石川の藩邸を退き、駒込《こまごめ》の中屋敷へ移った。見送る家臣は涙を流したという。十代目の水戸藩主となったのは、斉昭の長男で十三歳の慶《よし》篤《あつ》だった。ところが、水戸士民の雪冤《せつえん》運動（雪冤とは、無実の罪をそそいで、潔白であることを明らかにすること）は激しく、十一月六日、幕府は止むを得ずに斉昭の謹慎を解いた。ただし、藩政への関与は認められなかった。

## オランダ国書が到来　七月二日

文化思想

日本に開国を勧告するオランダ国王ヴィレム二世の親《しん》書《しょ》を携えたコープス大尉の乗船する軍艦が、長崎港へ入った。

親書によると、オランダ国王は、二百年来の日本との友好を思うと黙っていられなくなったとし、アヘン戦争でイギリスが清《しん》国を破って五港を開かせたこと、日本にも同様の災厄が予測されることなどを述べたあと、外国人を受け入れる必要を説き、助言者を送ってもよいとした。

幕府は対応に困惑したが、ひとまず返事は一年後、ということで引き取りを願った。それから幕府内では活発な議論が行なわれたが、老中阿部正弘《あべまさひろ》らの、祖法《そほう》は変えられない、いわゆる鎖国政策を続ける、という意見が大勢を占めた。これを受け入れると主張した老中首座の水野忠邦《みずのただくに》らは、のちに処罰されている。

ヴィレム二世

**【この年の出来事】**

**2・8** 幕府、下田奉行を廃止。
**2・20** 岩木山噴火。
**2・26** 間宮林蔵歿(70)。
**3・3** 鹿児島藩家老調所広郷、藩主島津斉興に藩政改革により50万両の備蓄に成功したことを報告。
**4・21** 江戸町奉行、闘鶏を禁止。
**4・21** 松崎慊堂歿(74)。
**4・26** 幕領の領民ら、庄内藩への知行替に反対して打ちこわし（大山騒動）。
**5・6** 幕府、水戸藩主徳川斉昭に隠居謹慎、藤田東湖に蟄居を命令。
**5・10** 江戸城本丸で火災、い組伊兵衛ら町火消が消火活動。大奥女中てや焼死。
**5・16** 藤田東湖、自叙伝『回天詩史』を起稿。
**5・24** 幕府、羽田奉行を廃止。
**6・21** 水野忠邦、老中に再任。

跡部良弼（能登守）
◉京都所司代
酒井忠義（若狭守）
◉京都町奉行
東
伊奈斯綏（遠江守）
西
田村顕彰（伊予守）
◉大坂城代
青山忠良（下野守）
松平乗全（和泉守）
◉大坂町奉行
東
水野道一（若狭守）
西
久須美祐明（佐渡守）
永井尚徳（能登守）
◉長崎奉行
伊沢政義（美作守）
◉若年寄
大岡忠固（主膳正）
松平忠篤（玄蕃頭）
本多忠徳（越中守）
遠藤胤統（但馬守）
本庄道貫（安芸守）
酒井忠毗（右京亮）
◉側用人
堀親寚（大和守）

## 江戸城本丸が全焼　五月十日

事件災害

長雨続きだったにも関わらず、この日の早朝、江戸城大奥《おおおく》を火元とする火災が発生した。火の回りは非常に早く、避難経路が定められていなかった大奥は大パニック状態に陥り、多数の焼死者が出た。

十二代将軍家慶は、草履も履かずに逃げ出し、家慶の養女精姫《きよひめ》は女中に背負われて脱出したという。

翌日になっても火は消えず、その上に風も吹いて西の丸御殿《ごてん》まで危なくなったため、富士見櫓《ふじみやぐら》や蓮池《はすいけ》櫓などを火消しが壊して、ようやく難を逃れた。本丸御殿は全焼し、書類、調度、宝物、蔵の金銀まで焼失したのである。

## 大利根河原の決闘　八月六日

社会世相

『天《てん》保水滸伝《ぼうすいこでん》』で知られる、下総《しもうさ》の顔役飯岡助五郎《いいおかすけごろう》と新興の博徒笹川繁蔵《ささがわのしげぞう》が、この日、大利根河原《おおとねがわら》で決闘した。

笹川の髭造

助五郎は相模国の農家の生まれ。十七、八歳の頃に家業を嫌い、相撲取りになるために江戸へ出た。しかし、師匠が歿したりしたために上総《かずさ》から下総へと流れ、飯岡で雇われ漁師となる。漁師町で開かれる賭場に出入りする内、仲間から兄貴と立てられ、銚子《ちょうし》の五郎蔵《ごろぞう》という大親分から盃をもらい、銚子陣屋《じんや》から十手《じって》を預かり、次第に親分と呼ばれる男になっていった。

一方、助五郎より十八歳年少の繁蔵の生家は、利根川の河港・笹川河岸《ささがわがし》で酢と醤油を商う、経済的に豊かな問屋だった。奇遇だが、少年の頃は相撲取りを夢見たこともあった。賭場に出入りする内に頭角を現し、常州芝宿《しばじゅく》の文《ぶん》吉《きち》親分から笹川付近の縄張りを任されるようになる。初めは、近くの助五郎との間に友好関係を結んでいた。助五郎の息子与助《よすけ》の祝言の仲人役を、繁蔵が務めたともいわれる。

ところが繁蔵一家の縄張りが南へ向かって拡大し、助五郎一家のそれと接すると、小競り合いが絶えなくなった。両者の関係は日増しに険悪なものとなり、ついに天保十五年八月四日夜半、繁蔵ら数名が助五郎邸に殴り込んだ。助五郎は一旦逃れたが、同月六日払暁、屈強の子分数十人を従え、十手を振りかざして笹川河岸の繁蔵方へ攻撃をかけたのである。

繁蔵は、この早朝の襲撃を予測しており、防備を固めていた。こめため、助五郎方は死者四人、負傷者五人を出して惨敗。一方の繁蔵方の犠牲は、食客の浪人平手造酒《ひらてみき》（深喜）一人が死んだのみであった。

しかし、十手に逆らった繁蔵は逃走。諸国を放浪して弘化四年（一八四七）春に笹川へと戻り、賭場を開いた。これを知った助五郎は憤慨する。しかし、前回のように喧嘩で十手を振りかざしては、同業者から非難されると考えた。そこで七月四日夜半、賭場帰りの繁蔵を、身内三人に暗殺させたのである。

**6・30** 小伝馬町の牢屋敷から出火。高野長英が脱獄。
**7・2** オランダ軍艦パレンバン号来航。開国を勧告するオランダ国王ウィレム2世の国書を提出。
**8・6** 飯岡助五郎と笹川繁蔵が大利根河原で決闘。
**9・6** 鳥居耀蔵、町奉行を罷免。
**9・19** 佐賀藩主鍋島直正、パレンバン号を見学。
**11・26** 幕府、徳川斉昭の謹慎を解除。
**12・2** 江戸城本丸火災により弘化に改元。
**12・9** 江戸町奉行、京・大坂で出版許可を受けたものも江戸では再び許可を得ることが必要と通達。
**12月** 箕作省吾『新製輿地全図』完成（国内初の世界地図）。

# 弘化二年

乙巳

天皇▼仁孝天皇

将軍▼徳川家慶（第十二代）

**【主要幕閣】**

**◉老中**
阿部正弘（伊勢守）
牧野忠雅（備前守）
戸田忠温（山城守）
堀親審（大和守）
水野忠邦（越前守）
青山忠良（下野守）
松平乗全（和泉守）

**◉寺社奉行**
久世広周（出雲守）
青山幸哉（大膳亮）
内藤信親（紀伊守）
松平忠優（伊賀守）
脇坂安宅（淡路守）

**◉勘定奉行**
石河政平（土佐守）
中坊広風（駿河守）
松平近直（河内守）
久須美祐明（佐渡守）
牧野成綱（大和守）

**◉江戸町奉行**
**北**
鍋島直孝（内匠頭）
**南**
跡部良弼（能登守）
遠山景元（左衛門尉）

**◉京都所司代**
酒井忠義（若狭守）

## 幕府、海防掛を設置　七月五日

政治経済

天保の改革を推進した水野《みずの》忠邦《ただくに》は、天保十四年（一八四三）閏九月に失脚したが、対外危機に対処するため翌年、老中首座に再任された。

だが、水野に往年の勢いはなかった。弘化元年、オランダ国王は日本に、鎖国《さこく》の旧法を維持することの危険と、ひいては自国の貿易が破壊されるのを恐れ、開国を勧告する書を寄せて来る。

水野はその受け入れを主張したため、将軍以下幕閣に反対され、弘化二年二月二十二日、辞任。国書への返事は開国拒否と決まり、従来通り通商はオランダと清国、通信は朝鮮と琉球のみと回答された。

オランダの国書を見た攘夷《じょうい》論者の水戸藩主徳川斉昭《なりあき》などは「お為ごかし、いらざる世話」とし、異国船打ち払い令を復活して、清国・オランダでも長崎の外に近づけないのが第一だと述べている。

そして、老中首座の阿部《あべ》正弘《まさひろ》などが新たに設けられた海《かい》岸防御用掛《がんぼうぎょようがかり》（海防掛）を兼務することになる。これは専ら外交問題・海防問題を扱う機関だった。

## 幕府、八代目市川團十郎を褒賞　五月十一日

文化思想

歌舞伎役者の七代目市川團十郎《いちかわだんじゅうろう》（五代目市川海老蔵《えびぞう》）は、「天保の改革」の際に、奢侈《しゃし》ぶりを咎められて江戸を追放された。

その際、息子の八代目市川團十郎（成田屋《なりたや》）は精進茶断《しょうじんちゃだ》ちをして、蔵前《くらまえ》の成田不動へ日参。その親孝行ぶりに対して不憫《ふびん》に思った江戸町奉行は、この日、青ざし十貫文を褒美として出した。

七代目の長男として生まれた彼は、十歳の天保三年（一八三二）に襲名して八代目市川團十郎となる。八代目は面長の美貌で知られた二枚目役者で、粋《いき》で上品な中に独特の色気があり、愛嬌もあったという。

天保の改革で打撃を受け、一時深刻な状況に陥っていた江戸の芝居町に客が戻って来たのは、八代目の人気のおかげと言われている。八代目が吐き捨てた痰《たん》を、御殿女中《ごてんじょちゅう》たちが肌守りにしたとの逸話もあるほどだ。

安政元年（一八五四）、名古屋で父とともに舞台を務め、続いて大坂の芝居にも出演することとなったが、初日に旅館の一室で謎の死を遂げた。享年三十二歳。

一説には、はからずも大坂の芝居に出演することになったため、江戸の座元へ義理立てしたのだとも言う。

## 幕府、金座御禁固改訳後藤三右衛門を処刑　十月三日

事件災害

「天保の改革」に関係して多くの者が失脚し、処分を受けたが、死刑になったのは後藤三右衛門《ごとうさんえもん》ただ一人だった。

後藤家は代々、金座《きんざ》御金改役《おかねあらためやく》を務める商人である。十三代目となる後藤三右衛門は文政二年（一八一九）に改鋳を

**【この年の出来事】**

**1・24**　江戸で大火。高輪・田町など123町焼失。
**1月**　幕府、浦賀に砲台を建造。
**2・2**　幕府、御救小屋を設置。
**2・11**　幕府、物価引き下げを指示。
**2・22**　老中水野忠邦、オランダ国王の国書受け入れを主張。批判を受け辞職。
**2・28**　江戸城本丸完成、将軍家慶が移る。
**3・12**　アメリカ捕鯨船、漂流民を護送して浦賀に来航。
**5・11**　8代目市川團十郎、父親の江戸追放後の親孝行により褒賞。
**5・15**　イギリス測量艦サラマン号、琉球へ来航。貿易を要求。
**6・1**　幕府、オランダの開国勧告を拒否。
**7・5**　幕府、海防掛を設置。
**7月**　幕府、あらゆる銀に関する売買は、銀座の

**◉京都町奉行**
**東**
伊奈斯綏（遠江守）
**西**
田村顕彰（伊予守）

**◉大坂城代**
松平乗全（和泉守）
松平忠優（伊賀守）

**◉大坂町奉行**
**東**
水野道一（若狭守）
**西**
永井尚徳（能登守）

**◉長崎奉行**
伊沢政義（美作守）
井戸覚弘（大内蔵・対馬守）

**◉若年寄**
大岡忠固（主膳正）
松平忠篤（玄蕃頭）
本多忠徳（越中守）
遠藤胤統（但馬守）
本庄道貫（安芸守）
酒井忠毗（右京亮）

天保通宝

開始し、文政小判《ぶんせいこばん》を鋳造した。さらに天保五年（一八三四）に水野忠邦が老中となるや、新たな貨幣鋳造を建白。天保六年六月に許可され、九月より天保通宝《てんぽうつうほう》の鋳造を金座で始めた。

小判に似た楕円形の天保通宝は、寛永《かんえい》通宝一文銭のおよそ八枚分の重量であったが、百文銭の価値があった。このような改鋳によって、幕府に利益がもたらされる。天保通宝は短期間で大量に鋳造され、後藤家にも多くの手数料が転がり込んだ。

ところが、天保十四年閏九月に水野忠邦が失脚。弘化二年、老中となった阿部正弘は、後藤から忠邦へ十六万両の収賄があったことを突き止め、後藤を斬首《ざんしゅ》に処す。

事件の発覚で天保通宝の鋳造は一時中止となったが、弘化四年から再開され、これまで以上に盛んに造られたといわれている。

明治維新によって幕府が崩壊したあとも、金座を接収した新政府のもとで、明治三年（一八七〇）まで天保通宝の鋳造が続けられた。さらに戊辰《ぼしん》戦争などの戦費を調達するため、贋《にせ》の天保通宝を鋳造する藩もあった。

## 幕府、次々と規制を緩和

社会世相

この頃から、女髪結《おんなかみゆい》、三味線弾、女芸者などが次々と江戸の町に現れ、その中には夜鷹《よたか》も紛《まぎ》れていた。寄席《よせ》も復活した。

『武江年表』には「一旦止められしが、当三月頃より両国橋辺夜発り、又所々に辻講釈昔咄寄せ場も已前《いぜん》より多く、定めなければ思ひに始む。浄るりもあれど素語《すがた》りなり」とある。

天保の改革後、江戸の町が、ようやく明るさを取り戻そうとしていた。

女髪結（『むかしむかし岡崎女郎』）

女髪結（『御請合戯作安売』）

女師匠（『春色六玉川』）

みで行うよう通達。
**9・2** 幕府、水野忠邦を浜松から山形に転封、蟄居処分。
**この秋** 江戸に夜鷹や辻君などが現れるようになる。
**10・3** 幕府、後藤三右衛門を処刑。鳥居耀蔵を丸亀藩、渋川六蔵を臼杵藩に配流。
**11月** 藤田東湖、『和文天祥正気歌』を作成。
**12・5** 江戸吉原で火災。大門だけを残し全焼。
**12・11** 藤田東湖、『弘道館記述義』を起稿。
**この年** 関東で凶作。
**この年** 幕府、次々と規制を緩和。

# 1846

# 弘化三年

## 丙午

**天皇▼仁孝天皇**（〜一月二十六日）
**孝明天皇**（二月十三日〜）

**将軍▼徳川家慶**（第十二代）

**【主要幕閣】**

**◉老中**
阿部正弘（伊勢守）
牧野忠雅（備前守）
戸田忠温（山城守）
青山忠良（下野守）
松平乗全（和泉守）

**◉寺社奉行**
久世広周（出雲守）
青山幸哉（大膳亮）
内藤信親（紀伊守）
脇坂安宅（淡路守）
本多忠民（中務大輔）

**◉勘定奉行**
石河政平（土佐守）
松平近直（河内守）
久須美祐明（佐渡守）
牧野成綱（大和守）

**◉江戸町奉行**
**北** 鍋島直孝（内匠頭）
**南** 遠山景元（左衛門尉）

**◉京都所司代**
酒井忠義（若狭守）

**◉京都町奉行**
**東** 伊奈斯綏（遠江守）

### 米国軍艦来航　閏五月二十七日　政治経済

アメリカ国務省から命ぜられた東インド艦隊の司令長官ジェームズ・ビドルが、軍艦二隻で浦賀《うらが》に来航した。これは当初、駐清公使エヴェレットの役目だったが、彼の健康状態がすぐれなかったため、ビドルが代わったのである。浦賀奉行の下役がその渡来の目的を尋ねたところ、ビドルは日本が諸外国と貿易を行なっているかを確認するため「友人として」来たと答えた。

さらに、もし日本が貿易を行なっているなら、アメリカとも通商条約を結びたいとの希望を述べた。アメリカ側は、通商条約の交渉を日本に強要することは最初から考えていなかったのだ。

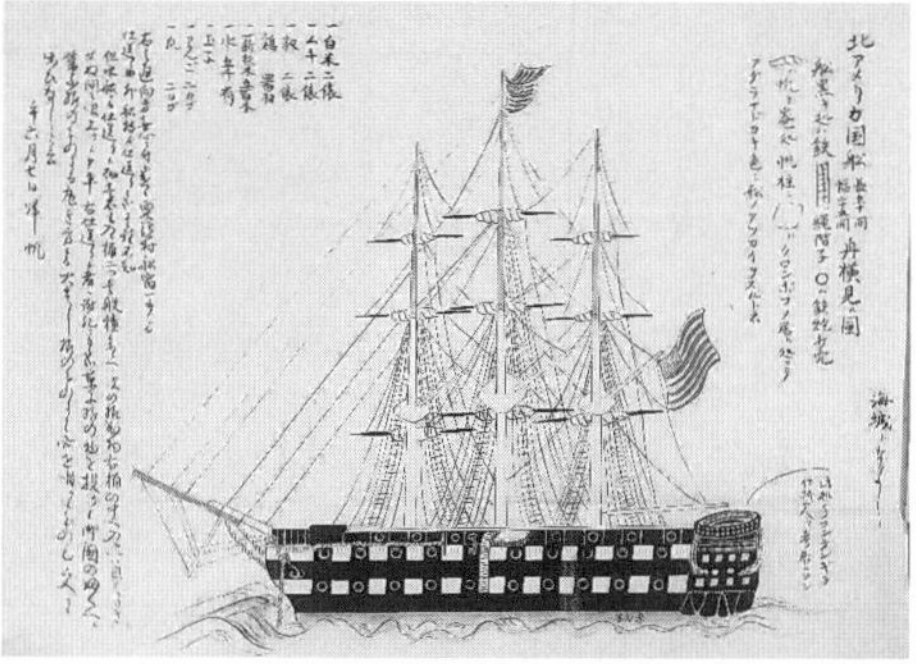

ビドルの旗艦コロンバス号

ビドルは「日本皇帝」宛て、ポーク大統領の親書を持参していた。ところが六月五日、浦賀奉行の下役から伝えられた回答は、「我が国は外国の通信通商をゆるすこと堅き国禁」とし、「早く帰帆いたすべし」という、極めて粗暴・失礼なものだった。

一応の任務を果たしたビドルは同月七日、退却する。この結果をみてアメリカ側は、日本が外国との通商関係を極度に嫌がっていること、米国による通商の提案を屈辱と考え、反対したことなどを認めた。

ペリー来航七年前の出来事である。

### 都々逸坊扇の「謎解き」が流行　文化思想

この年、寄席《よせ》で大流行した都々逸《どどいつ》は、七・七・七・五の二十六文字を基本詞型とする、俗曲《ぞっきょく》の一種である。七・七・七・五はさらに（三・四）（四・三）（三・四）・五という音律に分けられることが多い。

都々逸は、寛政（一七八九―一八〇一）末期から文化（一八〇四―一八）初期頃にかけて、名古屋の潮来節《いたこぶし》や大坂のよしこの節、さらに各地の民謡などを母体として成立していったとされる。あるいは寛政十二年（一八〇〇）、名古屋の宮宿《みやじゅく》のお仲が唄い始めたとの説もあり、現在の名古屋市熱田区伝馬町《てんまちょう》には「都々逸発祥之地」を示す石碑がある。

ともかく、それから東へ向かったようで、天保（一八三〇―四四）末期には江戸で流行していた。即興の謎解きの趣向を取り入れて都々逸を大成したとされる初代・都々逸坊扇歌は一日三回の高座をこなし、一回の座席料は七、八両という人気だったという。

**【この年の出来事】**

**1・15**　江戸で大火。小石川片町から出火し、290余町焼失。佃島で入牢中の新門辰五郎、囚人を率いて消火活動。

**1・26**　仁孝天皇歿(47)。

**2・1**　徳川斉昭、老中阿部正弘に弘化元年のオランダ国書、幕府の返書の内閲、および蝦夷地を幕府の直轄とすることを要望。

**2・13**　孝明天皇践祚。

**2・22**　幕府、江川英龍を伊豆七島巡視に派遣。

**3・21**　幕府、高値での小鳥売買を禁止。

**3・27**　高野長英、出火に乗じて江戸伝馬町獄を脱獄。

**3月**　幕府、異国船打払令の再令と大艦建造について海防掛らに諮問。

**4・28**　幕府、川越藩に異国船の江戸湾侵入阻止を命令。

**4月**　イギリス人宣教師ベッテルハイム、那覇に居住し布教・医療活動。

西
田村顕彰（伊予守）
水野重明（采女・下総守）

◉大坂城代
松平忠優（伊賀守）

◉大坂町奉行
東
水野道一（若狭守）
西
永井尚徳（能登守）

◉長崎奉行
井戸覚弘（対馬守）
平賀勝定（三五郎）

◉若年寄
大岡忠固（主膳正）
松平忠篤（玄蕃頭）
本多忠徳（越中守）
遠藤胤統（但馬守）
本庄道貫（安芸守）
酒井忠毗（右京亮）

## 高野長英が脱獄に成功　三月二十七日

事件災害

『戊《ぼ》戌《じゅつ》夢物語《ゆめものがたり》』を著し、幕府の外国船打ち払い令を批判したため「蛮者《ばんしゃ》の獄《ごく》」に連座し、江戸の伝馬町獄に捕らえられていた蘭学者の高野《たかの》長英《ちょうえい》（陸奥国水沢出身。現在の岩手県奥州市）が、出火に乗じて脱獄した。入獄六年目の出来事だった。

それから長英は、上越・東北・江戸麻布《あざぶ》などを地下潜行。嘉永元年（一八四八）には伊予宇和島藩へ逃れ、藩主伊達《だて》宗城《むねなり》に保護された。長英は『砲家必読《ほうかひつどく》』などを翻訳し、藩士たちに蘭学を講義。翌二年には広島を経て、薩摩藩へ赴き、『兵制全書《へいせいぜんしょ》』九巻の翻訳を完成させている。

さらに伊予・大坂・名古屋を経て、硝石精《しょうせきしょう》（火薬の原料）で顔を焼いて江戸へ潜入した。幕府は追跡の手を緩めなかったが、なお捕らえられないため、長英はロシアに亡命したとの風説も流れたりした。

長英は、大胆にも江戸青山に居を定め、沢三伯《さわさんぱく》と変名して医療と訳述に専念。『三兵答古知幾《さんぺいタクチーキ》』二十七冊の訳述を完成させたりした。ところが嘉永三年十月三十日夕、捕吏に襲われ自決し果てた。享年四十七。その生涯における著訳書は、七十一部二百四十二巻といわれるから驚かされる。

勝海舟は十七歳の頃、ひそかに匿《かくま》って欲しいと尋ねて来た長英に会ったことがある。勝海舟は断ったが、後年、「天保、弘化のころ蘭学者はたくさんいた。しかし兵書の読めるものはいなかった。ところが長英は別格だった」と、語り残している。

## 江戸小石川で大火　一月十五日

社会世相

一月十五日、小石川片町《こいしかわかたまち》の御家人屋敷から出火して本郷丸山へ移り、本妙寺《ほんみょうじ》菊坂《きくさか》辺より本郷弓町《ほんごうゆみまち》、それより湯島《ゆしま》、神田《かんだ》辺、日本橋、江戸橋、佃島《つくだじま》まで長さ一里十余町（『武江年表』による。異説あり）にわたって延焼した。

焼失町数二百九十余町、死者数三百余人を出し、数々の大小名屋敷が焼けて、湯島円満寺《えんまんじ》の三層の多宝塔、妻恋《つまこい》稲荷社《いなりしゃ》もこの火災で失われた。

火災前、「まるぼうろ」という菓子を売り歩く者が、大声で「丸山名物まるまるだんよ」といっていた。それが火災後、来なくなったので子供たちが「火事はどこだ丸山だ」とふざけていたという。

また、鉄炮洲《てっぽうず》佃島で服役中の侠客新門辰五郎《しんもんたつごろう》が、囚人を率いて消火活動にあたり、その功によって赦免されている。

妻恋明神（妻恋稲荷）のかつての社殿
（『江戸名所図会』）

琉球語訳『聖書』を作成。

**閏5・27**　アメリカ東インド艦隊司令長官ビドル、軍艦2隻を率いて浦賀に来航。通商を要求。幕府、これを拒絶。

**閏5月**　浜松藩の百姓、水野忠精の山形転封に伴う御用金賦課に反発し蜂起。

**6・7**　フランス艦隊司令長官セシーユ、軍艦3隻を率いて来航。薪水・難破船救助を要求。

**6・22**　宇田川榕庵歿（49）。

**10・3**　幕府、京都所司代を通じ、異国船来航の状況について朝廷に報告。

**10月**　幕府、セシーユの要求について、評定所らに評議を指示。

**12・28**　幕府、藤田東湖らの蟄居を解除。

**この年**　都々逸坊扇の謎解きが流行。

# 1847 弘化四年

丁未

天皇▼孝明天皇

将軍▼徳川家慶（第十二代）

**【主要幕閣】**

**◉老中**
松平乗全（和泉守）
青山忠良（下野守）
戸田忠温（山城守）
牧野忠雅（備前守）
阿部正弘（伊勢守）

**◉寺社奉行**
本多忠民（中務大輔）
脇坂安宅（淡路守）
内藤信親（紀伊守）
久世広周（出雲守）

**◉勘定奉行**
牧野成綱（大和守）
久須美祐明（佐渡守）
松平近直（河内守）
石河政平（土佐守）

**◉江戸町奉行**
**北** 鍋島直孝（内匠頭）
**南** 遠山景元（左衛門尉）

**◉京都所司代**
酒井忠義（若狭守）

**◉京都町奉行**
**東** 伊奈斯綏（遠江守）
**西**

## 幕府、江戸湾の警備を強化　二月十五日

政治経済

日本近海に出没する外国艦の数が増したため、幕府は江戸湾口の防備強化を進めようとした。そこでこの日、従来の川越《かわごえ》・忍《おし》両藩のほかに、新たに溜間詰《たまりのまづめ》の雄藩《ゆうはん》である彦根・会津両藩を警備担当に加える。

ところが、この幕命を受けた彦根藩主の世子井伊直弼《いいなおすけ》は、憤慨した。直弼は、彦根藩は地域的理由から代々京都警護の重責を果たすことが大切、との考えの持ち主だったからだ。直弼の不満は、幕命を下した老中筆頭阿部正弘《あべまさひろ》にぶつけられる。直弼は阿部を、当時評判の一人で怜悧だが、小才覚に過ぎず、天下の執政、大器物とは思われず、油断ならぬ人物だと評している。

井伊直弼

相州《そうしゅう》（相模国）警備のため、直弼の養父で藩主の井伊直亮《なおあき》が江戸へ到着したのが四月二十八日。ところが直亮は警備に対して熱心ではなく、藩士の士気も高まらなかった。警備の藩士の行列を見た者は「お祭備え」と、からかったといわれている。

十一月十五日、江戸を発った直亮は相州を巡見し、二十三日、江戸へ戻った。この時も直亮は、いきなり浦賀奉行直轄地と川越藩の持ち場を見たいなどと言い出し、トラブルを起こしている。直亮が江戸に滞在した二年間、直弼は相州警備について自分の意見が言えず、ただ傍観するのみだったという。

直弼は、彦根藩主井伊直中《なおなか》の十四子だ。兄弟が次々養子へ出るなかで、なかなか養子先が決まらず、十七歳からは藩から三百俵の宛行扶持《あてがいぶち》を支給され、彦根の埋木舎《うもれぎのや》で生活していた。ところが、直弼三十二歳の弘化三年（一八四六）一月、世子直元《なおもと》が江戸で病死したため、その人生が大きく転換。異母兄の藩主直亮の養子となり、三十五万石の大藩の世子となる。さらに直亮の死により嘉永三年（一八五〇）十一月、十三代の藩主となって、幕末政治史の主役の一人として、歴史にその名を刻んでゆくことになるのである。

## 朝廷、石清水八幡宮の臨時祭を挙行　四月二十八日

文化思想

孝《こう》明《めい》天皇（統仁《おさひと》）は弘化三年（一八四六）二月に践祚《せんそ》し、慶応二年（一八六六）十二月に崩御した。黒船来航、開国、安政の大獄、和宮降嫁《かずのみやこうか》、将軍上洛、攘夷戦争、八月十八日の政変、禁門の変、長州征伐（二回）など、これらは全て孝明天皇在位中の出来事である。江戸時代二百六十余年の歴代天皇のなかで、孝明天皇ほど未曾有の激動を体験した天皇はいないだろう。

**【この年の出来事】**

**1・28** 天草の百姓、百姓相続方仕法の改正を要求して打ちこわし（天草徳政一揆）。

**2・15** 幕府、江戸湾警備体制の強化のため、彦根・川越・会津・忍藩に警備を指示。

**3・9** 孝明天皇、京都に公家子弟の教育機関「学習所」を開設。

**3・18** 江戸町奉行、町人に倹約令を発令。

**3・19** 幕府、相模国千駄崎・猿島、安房国大房崎に砲台を築造。

**3・24** 信濃で大地震。善光寺参詣者が多数死亡。その後も余震が続く。

**3月** 河原崎芝居狂言で行なわれた虫拳・狐拳・虎拳が流行。

**4・28** 朝廷、石清水八幡宮の臨時祭を挙行。

**5月** 幕府、天草徳政一揆の調査のため、勘定方2名を派遣。首謀者を処刑。

**6・26** オランダ船、幕

水野重明（下総守）
◉大坂城代
松平忠優（伊賀守）
◉大坂町奉行
東
水野道一（若狭守）
柴田康直（日向守）
西
永井尚徳（能登守）
◉長崎奉行
井戸覚弘（対馬守）
平賀勝定（三五郎）
◉若年寄
大岡忠固（主膳正）
松平忠篤（玄蕃頭）
本多忠徳（越中守）
遠藤胤統（但馬守）
本庄道貫（安芸守）
酒井忠毗（右京亮）

践祚の年の閏五月には、アメリカ使節ビドルが来航し、開国を求めた。続いて八月、朝廷は幕府に対し、近年異国船が時々出没するため、海防を堅固にして天皇を安心させよとの勅を下す。江戸時代を通じ、天皇は政治から遠ざけられた存在だったので、幕府はこの異例の発言に驚く。実は、幕府が鎖国政策を緩和する傾向にあるのに不満を抱いた水戸藩主徳川斉昭《なりあき》が朝廷に情報を流し、危機感を植え付けていたのだ。

この日、朝廷は石清水八幡宮《いわしみずはちまんぐう》で臨時祭を挙行して、外患除去を祈った。国家の危機に際して安泰を祈るのは、天皇家の重要な神事だ。さすれば、人心の動揺も慰撫《いぶ》できる。これが最も幕府が理想とする、宗教的権威としての天皇の役割だったのだ。

## 善光寺で大地震が発生　三月二十四日

事件災害

この日の夜八時頃、信州から越後にかけてマグニチュード七・四の大地震が発生した。家屋倒壊、斜面の崩落や隆起陥没、火災、洪水などが発生して甚大な被害をもたらした。五日後には現在の上越市高田あたりでマグニチュード五の誘発地震があり、さらに余震は五月になっても収まらなかったという。

折しも、三月八日から善光寺如来《ぜんこうじにょらい》の開帳期間だったので、全国からの参詣者も多く、市街地での倒壊焼家屋は二千以上、死者も二千人を超えた。全震災の死者は約八千六百人といわれている。「死にたくば信濃へござれ善光寺　土葬、水葬、火葬までする」といった狂歌が作られたりもした。

『弘化丁未夏四月十三日信州犀川崩激六郡漂蕩之図』

## 徳川斉昭の七男七郎麻呂が一橋家を継いだ　九月一日

社会世相

十二代将軍徳川家慶《いえよし》の世子家祥《いえさち》（のち十三代将軍家定《いえさだ》）は二十歳を過ぎても病弱で、おそらく後継の息子を得ることは不可能とされた。このままでは将軍継嗣《けいし》問題が起こるのは必至だった。

家慶に最も近い家柄は、家慶の父で十一代将軍家斉《いえなり》を出した御三卿の一つ、一橋家《ひとつばし》である。そこで家慶は、水戸藩主徳川斉昭《なりあき》が世子の控えとして大切に育てている十一歳の七郎麻呂《しちろうまろ》を水戸から江戸へ呼び寄せ、この日、一橋家を相続させた。そこには、万一に備えようとする家慶の意図があったとしても、不思議ではない。

人々は将来、家祥の世子候補に七郎麻呂がなると考えた。また、水戸徳川家からは未だ将軍が出ていなかったので、父の斉昭は我が子が将軍職に就くのではないかと、大いに期待し、奔走する。この七郎麻呂が、のちの十五代将軍徳川慶喜である。

府に風説書を提出。イギリス蒸気船の来日計画について報告。
**7・28**　幕府、浦賀奉行を長崎奉行の次席とする。
**9・1**　徳川斉昭の7男七郎麿（のちの慶喜）、一橋家を相続。
**10・28**　鹿児島藩軍役方、城下吉野で大調練を実施。
**10・30**　幕府、交通取締令を発令。大八車・牛車による往来妨害を禁止。
**11月**　南部藩の百姓1万2000余人、御用金賦課に反発して蜂起（弘化三閏伊一揆）。
**12・20**　斎藤月岑『声曲類纂』刊行。
**この年**　大森村の三浦屋田中藤左衛門、焼海苔を始める。
**この年**　浅草雷おこしが発売。

# 1848

# 嘉永元年（弘化五年）

## 戊申

**天皇▼孝明天皇**

**将軍▼徳川家慶**（第十二代）

**【主要幕閣】**

**◉老中**
阿部正弘（伊勢守）
牧野忠雅（備前守）
戸田忠温（山城守）
青山忠良（下野守）
松平乗全（和泉守）
松平忠優（伊賀守）
久世広周（大和守）

**◉寺社奉行**
久世広周（出雲守）
内藤信親（紀伊守）
脇坂安宅（淡路守）
本多忠民（中務大輔）
土屋寅直（采女正）
松平信義（豊前守）

**◉勘定奉行**
石河政平（土佐守）
松平近直（河内守）
久須美祐明（佐渡守）
牧野成綱（大和守）
池田頼方（播磨守）

**◉江戸町奉行**
**北**
鍋島直孝（内匠頭）
遠山景元（左衛門尉）
**南**
牧野成綱（駿河守）

**◉京都所司代**

### 山内豊信（容堂）、十五代土佐藩主に就任　十二月二十七日　政治経済

「幕末四賢侯《しけんこう》」の一人で、大政奉還《たいせいほうかん》運動を推進したことで知られる山内豊信《やまのうちとよしげ》は文政十年（一八二七）、いわゆる南屋敷の山内豊著《とよあきら》と側室の間に生まれた。南屋敷とは九代土佐藩主豊雍《とよゆき》の五男が立てた分家のことで、高知の郭中《くるわちゅう》に居を構えていたのでその名があった。

若き日の豊信は、自分が土佐藩主になれるなどとは、全く思ってもいなかった。しかし、嘉永元年（一八四八）七月十日、十三代藩主山内豊熙《とよてる》が三十四歳で急死してから、その運命が大きく変化する。

豊熙には嗣子《しし》がなかったため、九月六日、実弟豊惇《とよあつ》の相続が幕府から許可された。ところが、江戸に参府するはずだった豊惇も九月十八日、二十五歳で急死してしまう。

このままでは、お家断絶だ。山内家の親戚や重臣はその対策を協議する。

その結果、実弟の豊範《とよのり》はまだ三歳なので、豊惇の病死を秘密にして、南屋敷から豊信を養嗣に迎え、改めて豊惇隠居と豊信の相続を、幕府に請願したのだ。事は上手く進んで、豊信は高知を発って江戸へ向かい、この日、幕府から土佐藩主の相続を認められたのである。

なお、よく知られる「容堂《ようどう》」という名は、将軍継嗣問題の際に福井藩主の松平春嶽《まつだいらしゅんがく》らと一橋慶喜《ひとつばしよしのぶ》を擁して大老井伊直弼《いいなおすけ》らに敗れ、安政六年（一八五九）二月、依願隠居した折に付けた号である。

山内豊信

### 長崎通詞の本木昌造、活版印刷機を購入　文化思想

この年、オランダ船が運んだ欧文の活版《かっぱん》印刷機を購入した長崎のオランダ語通詞本木昌造《もときしょうぞう》は、洋書の復刻販売を建白し、さらに邦文の鋳造《ちゅうぞう》（鉛）活字による印刷のため研究、努力を重ねた。

安政六年（一八五九）には欧文が鋳造活字、和文が製版の『和英商売対談集《わえいしょうばいたいだんしゅう》』を、万延元年（一八六〇）には欧文・和文とも鋳造活字の『蕃語小引《ばんごしょういん》』を、名義を借りて出版している（長崎町版）。

明治元年（一八六八）になり官版の新聞『崎陽新聞《きようしんぶん》』を発行。さらに翌年からアメリカ人ガンブルを雇い、長崎製鉄所付属の活版伝習所を設け、本格的な銅活字（明朝《みんちょう》活字体）の鋳造に成功した。さらにこの事業は、陽其二《ようそのじ》・平野富二により横浜・東京で開花していく。

また本木は、日本最初の鉄橋を架設し、グラバーの小菅《こすげ》ドックを購入して長崎造船所の基礎を築くなどした。明治八年（一八七五）九月三日歿、享年五十二。

**【この年の出来事】**

**2・5**　『丹鶴叢書』が幕府に献上される。
**2・15**　江戸町奉行、闘鶏を禁止。
**2・28**　孝明天皇即位により嘉永に改元。
**5・4**　幕府、筒井政憲に異国船打払令復活について諮問。
**5・22**　幕府、浦賀奉行の与力・同心を増員。
**6・2**　アメリカ捕鯨船の乗組員マクドナルド、利尻島に上陸。
**6・29**　オランダ船、清国に派遣されたイギリス艦隊などについて報告。
**6月**　上野俊之丞、オランダから銀板写真機（ダゲレオタイプ）を輸入。
**8・2**　幕府、銭不足のため天保銭1万両を払い下げ。12月21日、さらに2万両を払い下げ。
**8・11**　信濃高井郡沓野の百姓、佐久間象山主導の殖産振興に反対して一揆（佐久間騒動）。
**8・12**　京都各川筋で大

酒井忠義（若狭守）

**◉京都町奉行**

**東**
伊奈斯綏（遠江守）

**西**
水野重明（下総守）

**◉大坂城代**
松平忠優（伊賀守）
内藤信親（紀伊守）

**◉大坂町奉行**

**東**
柴田康直（日向守）

**西**
永井尚徳（能登守）

**◉長崎奉行**
井戸覚弘（対馬守）
平賀勝定（三五郎）
稲葉正申（清次郎）
大屋明啓（右京・遠江守）

**◉若年寄**
大岡忠固（主膳正）
松平忠篤（玄蕃頭）
本多忠徳（越中守）
遠藤胤統（但馬守）
本庄道貫（安芸守）
酒井忠毗（右京亮）

## 「佐久間一揆」が発生　八月十一日

事件災害

信州松代《まつしろ》藩士の佐久間象山《さくましょうざん》は天保十二年（一八四一）、藩主真田幸貫《さなだゆきつら》が幕府の海防掛老中に任じられた際、顧問として海外事情を研究し、西洋兵学を学んだことで知られる。

その一方、象山は藩の殖産興業にも意欲的だった。肉食の流行を予測し、江戸から豚を連れて来ては養豚を行なう。まだ、日本に入って間もない馬鈴薯《ばれいしょ》を栽培する。ほかにも薬草類の栽培を奨励し、石炭を焼き、硝石《しょうせき》を製し、ブドウ酒を醸造するなど、あらゆる事業を試みた。

さらにこの年、信濃国高井郡沓野《たかいぐんくつの》（現、長野県下高井郡山ノ内町）に赴き、山林中で発見した銅鉱を、藩に請うて発掘しようと考える。ところが、採掘のために徴発した百姓との間で、人夫賃をめぐってのトラブルが起こり、ついに一揆にまで発展する。騒動を聞いた象山が駆け付けて説得し、なんとか収まった。これは「佐久間騒動」「佐久間一揆」などと呼ばれる事件だが、藩の金を借用して村財政を立て直すなど尽力した象山は、深く感謝され、その徳を称える遺沢の碑が明治十二年（一八七九）、高井郡佐野村（前掲、山ノ内町）に建立されている。

## 『丹鶴叢書』が幕府に献上される　二月五日

社会世相

紀伊新宮《しんぐう》藩主で紀伊藩の付家老《つけがろう》（幕府が監督のため御三家などに派遣する家老）の水野忠央《みずのただなか》は、幼主徳川慶福《よしとみ》（のち十四代将軍家茂《いえもち》）を擁して、紀伊藩の実権を握っていたことで知られている。

あるいは進取の気象に富み、産業を盛んにして海防の充実をはかり、北海道開拓を進め、江戸藩邸内に文武場を設けて、自宅でも洋式調練を行なわせた。のち、大老井伊直弼に協力して慶福を将軍に擁立するために奔走し、長州の吉田松陰《よしだしょういん》から暗殺のターゲットとして狙われたこともある。安政七年（一八六〇）三月の「桜田門外の変」で井伊が暗殺されたあとに隠居を命じられて、慶応元年（一八六五）、五十二歳で新宮城内において歿した。

一方、水野忠央は国学者・蔵書家といった文化人としても知られ、私費を投じて珍しく貴重な書籍を集めた。それらを国学者などの協力を得て、『丹鶴叢書《たんかくそうしょ》』として弘化四年（一八四七）から嘉永六年（一八五三）にかけて刊行し、その一部がこの日、幕府へ献上された。これらは校訂が厳密で、版が精美なことでも評価が高い（「丹鶴」は忠央の号であり、また新宮城の別称でもあった）。

『丹鶴叢書』に集められた本のジャンルは歌集・物語・故事・記録・国史など多岐にわたり、四十三種百五十四冊を数える。この一大文化事業は、徳川光圀《みつくに》が編纂を始めた『大日本史《だいにほんし》』、塙保己一《はなわほきいち》が編纂した『群書類従《ぐんしょるいじゅう》』と並び、江戸三大名著として知られている。

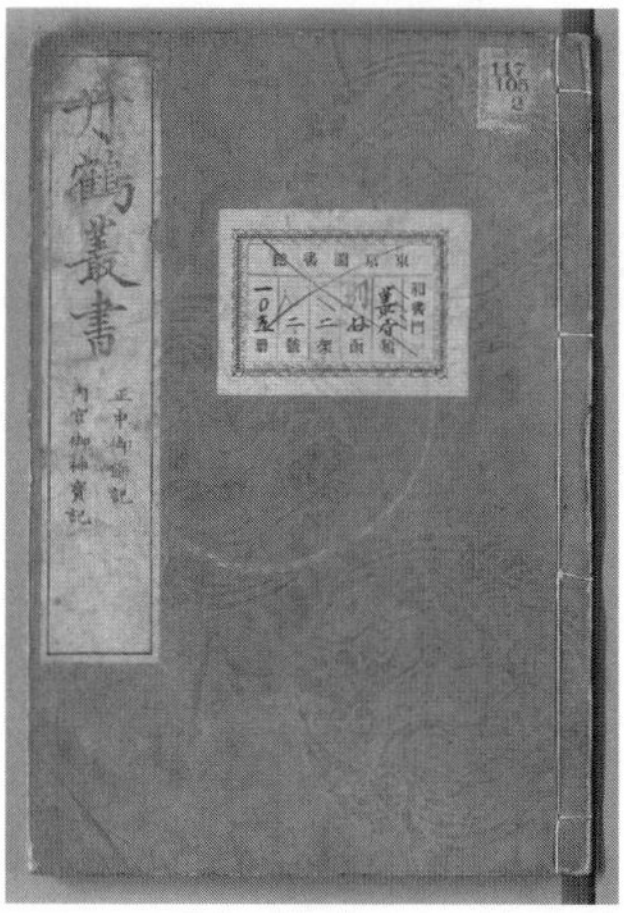

『丹鶴叢書』

水。下鳥羽・上鳥羽・伏見・淀で浸水、死者多数。

**8・13** 幕府、海岸警備のため対馬藩に1万両を貸与。

**8・19** 幕府、江戸市中の女芸者を取り締まり、音曲・舞踊師のみを許可。

**8月** 幕府、高島流砲術を西洋流と改称。実弾射撃を許可。

**9月** 越前で大地震。山崩れと水害により死者多数。

**この秋** 本所回向院で相撲開催。

**11・6** 曲亭馬琴歿(82)。

**11月** 斎藤月岑『武功年表』完成。

**12・27** 山内豊重、土佐藩主に就任。

**この年** 人情本が再び流行。

**この年** オランダ通詞本木昌造、オランダから鉛活字印刷機を輸入。

**この年** 佐久間象山、信濃松代で西洋式野戦砲を鋳造。

# 1849
# 嘉永二年

己酉

天皇▼孝明天皇

将軍▼徳川家慶（第十二代）

【主要幕閣】

◉老中
阿部正弘（伊勢守）
牧野忠雅（備前守）
戸田忠温（山城守）
松平乗全（和泉守）
松平忠優（伊賀守）
久世広周（大和守）

◉寺社奉行
脇坂安宅（淡路守）
本多忠民（中務大輔）
土屋寅直（采女正）
松平信義（豊前守）

◉勘定奉行
石河政平（土佐守）
松平近直（河内守）
久須美祐明（佐渡守）
池田頼方（播磨守）

◉江戸町奉行
北
牧野成綱（駿河守）
井戸覚弘（対馬守）
南
遠山景元（左衛門尉）

◉京都所司代
酒井忠義（若狭守）

◉京都町奉行
東

## 英国の測量船が浦賀に到着　閏四月八日

政治経済

イギリス艦マリーナ号は江戸湾の測量を強行し、神奈川から下田《しもだ》へ入港した。韮山《にらやま》代官の江川太郎左衛門英龍《ひでたつ》は兵四十人余と大筒小銃を携えて同地へ赴き、交渉の末に退去させる。通訳として同船に乗っていたのは、日本人漂流民の音吉《おときち》だ。

後年、蝦夷地と松前湾を測量するイギリス艦隊
（1855年頃『イラストレイテドロンドンニュース』）

音吉は尾張国知多《ちた》郡小野浦の人。天保三年（一八三二）、宝順丸で鳥羽から江戸へ向かう途中、暴風に遭って難破し、一年二カ月も漂流して、アメリカ西海岸へ漂着する。のち、イギリス経由でマカオへ送られ、ドイツ人宣教師に協力して聖書の和訳などで活躍した。だが、今回も帰国は果たせず、上海へと戻らねばならなかった。

幕府は異国船の近海往来に大慌てするが、庶民はこの年売り出された「入船おこし」「大津絵節端唄」などでその情報を知るしかなかった。

## 幕府、内科医の蘭方使用を禁止　三月十五日

文化思想

幕府老中阿部正弘《まさひろ》の名のもと、奥医師、表医師に「蘭方禁止令」（外科、眼科を除く）が出された。のちに幕府侍医・西洋医学取締となる伊東玄朴《げんぼく》が蘭方内科を開業して人気となり、患者を取られたことから、面白く思わない漢方医たちが幕府に働きかけたものだ。

これに対抗して伊東をはじめ箕作《みつくり》阮甫《げんぽ》・竹内玄同《たけのうちげんどう》ら八十三名の蘭方医は、施設種痘所の設立を企画し、川《かわ》路聖謨《じとしあきら》を通じて幕府に働きかけた。結局幕府は、十年も経たない内に、この令を廃止せざるを得なくなる。

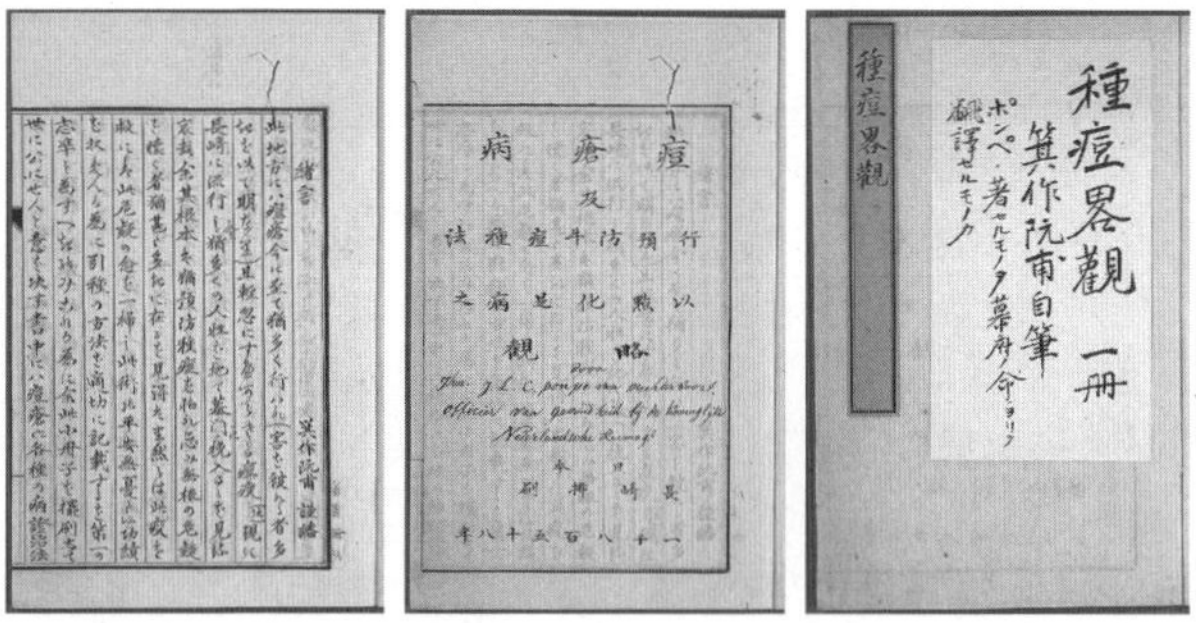

『種痘畧觀』安政５年に出島で刊行されたポンペの書を箕作阮甫が訳したもの

蘭方内科が正式に許

【この年の出来事】

**3・15** 幕府、漢方医の請願により、医師が内科で蘭方を使用することを禁止。
**3月** 竹沢藤次・万次郎父子の独楽まわし、評判となる。
**4・18** 葛飾北斎歿（90）。
**閏4・8** イギリス測量船マリナー号、漂流民音吉を同乗させ浦賀に来航。9日、浦賀水道を測量。
**5・24** 橘守部歿（69）。
**7・10** 幕府、海防強化のため、松前藩主松前崇広と福江藩主五島盛成を城主として新城建造を指示。
**7月** 伊豆韮山代官江川英龍、砲術・艦船・城制に関する三策を幕府に建白。
**8・4** 幕府、諸藩に調練のための空砲を許可。
**8・16** 佐賀藩主鍋島直正、子女に種痘を実施。
**9・6** 幕府、諸藩に沿海の水深・海岸の長さなどの調査報告を指示。

明楽茂正（大隅守）
西
水野重明（下総守）
◉大坂城代
内藤信親（紀伊守）
◉大坂町奉行
東
柴田康直（日向守）
西
永井尚徳（能登守）
中野長胤（石見守）
◉長崎奉行
井戸覚弘（対馬守）
大屋明啓（遠江守）
内藤忠明（長十郎・安房守）
◉若年寄
大岡忠固（主膳正）
松平忠篤（玄蕃頭）
本多忠徳（越中守）
遠藤胤統（但馬守）
本庄道貫（安芸守）
酒井忠毗（右京亮）

可されるのは、安政五年（一八五八）七月のこと。同年五月には幕府から許可を受けた蘭方医たちが資金を出し合い、江戸の種痘事業の中心となる神田お玉が池種痘所をスタートさせていた。

## 薩摩藩で「お由羅騒動」が発生　十二月三日

事件災害

薩摩藩主（第二十七代）島津斉興《なりおき》には、正室周子《かねこ》（池田氏）との間に長子の斉彬《なりあきら》があったが、斉彬は四十歳を過ぎてもなお世子の座にとどまっていた。

斉彬は開明派で知られた曾祖父重豪《しげひで》（第二十五代藩主）に溺愛され、江戸で育つ。また、かねてから諸大名の間でも英明との評判が高かったが、重豪譲りの洋学趣味が藩財政を逼迫させると、家老の調所広郷《ずしょひろさと》らは危惧した。調所は琉球処置や砲術の問題などでも、斉彬と対立した。

一方、斉興と側室お由羅《ゆら》との間に生まれた三郎久光《ひさみつ》を、次期藩主に擁立しようとする動きがあるとの噂が立つ。

それを紛糾させたのが、斉彬の子女が相次いで他界したことだ。嘉永二年までに斉彬は五男二女をもうけたが、五男虎寿丸を除きすべて死亡した（虎寿丸も安政二年〈一八五五〉歿）。この不幸続きは、お由羅一派の呪詛調伏によるものとの疑惑が生まれる。

島津斉彬

正室が亡くなったこと、調所（嘉永元年歿）をはじめとする藩の保守派が、斉彬襲封に積極的ではないことなどから、斉彬派と久光派が対立することになった。お由羅騒動は高崎崩れ、朋党崩れとも呼ばれる、幕末最大の御家騒動だった。

この日、斉彬擁立派の近藤隆《りゅう》左衛門《ざえもん》・山田一郎《いちろう》左衛《ざえ》門《もん》・高崎五郎《ごろう》右衛門《えもん》・土持岱助・村田平内左衛門・国分猪十郎の六名が評定所に出頭させられ、政治批判を行なった家老の島津久徳暗殺を企んだなどの理由で終身流罪を命じられた。薩摩では死罪に処する場合は、まず終身流罪を命じ、それから自決させるのが古くからの慣わしだった。一同はその夜、切腹して果てる。このあとも同派の処分が相次いで行なわれ、その数は五十名にも及ぶ。

だが、嘉永四年（一八五一）二月、幕府老中阿部正弘の介入で斉興は隠居、継嗣は斉彬に決まり、落着する。

お国入りした斉彬は、お由羅一派に対する処罰は行なわず、島流しにされた斉彬派も直ちに赦免することなく、また自分の継嗣に久光の子（忠義）を立てる。すべては平和裡に、政権を引き継ごうとしたのだ。

## 江戸両国で曲独楽が人気　三月

社会世相

この年の春から秋にかけて、竹沢藤次《とうじ》（梅松と改名）と万次郎（二代目竹沢藤次）親子の独楽に音曲を交えた独楽廻しが、これまでにない技巧と、西両国東詰米沢町の際《きわ》に建てた大がかりな仮屋での見世物で、大評判をとる。

木戸銭は二十四文、桟敷見物二百五十文。大入りのために、曲独楽興業中に二階が落ちて死傷者が出たこともあったという。

**9月**　幕府、蘭書翻訳取締令を発布。
**10・2**　長州藩、種痘の実施を藩内に布告。
**12・3**　薩摩藩主後継問題により、島津斉彬擁立派の家臣が処罰される（お由羅騒動）。
**12・25**　幕府、諸大名に沿海防備を厳重するよう通達。
**12・26**　7代目市川團十郎、赦免。
**12月**　蘭方医伊藤圭介、尾張で種痘を実施。
**この年**　藤田東湖『弘道館記述義』完成。
**この年**　川崎在住の加藤某、日本橋に乾海苔店を開店（のちの山本海苔店）。
**この年**　松浦武四郎、国後・択捉島を調査。

# 1850

# 嘉永三年

庚戌

天皇▼孝明天皇

将軍▼徳川家慶（第十二代）

【主要幕閣】

◉老中
阿部正弘（伊勢守）
牧野忠雅（備前守）
戸田忠温（山城守）
松平乗全（和泉守）
松平忠優（伊賀守）
久世広周（大和守）

◉寺社奉行
脇坂安宅（淡路守）
本多忠民（中務大輔）
土屋寅直（采女正）
松平信義（豊前守）
太田資功（摂津守）

◉勘定奉行
石河政平（土佐守）
松平近直（河内守）
久須美祐明（佐渡守）
池田頼方（播磨守）
伊奈忠告（遠江守）
一色直休（丹後守）

◉江戸町奉行
北
井戸覚弘（対馬守）
南
遠山景元（左衛門尉）

◉京都所司代
酒井忠義（若狭守）
内藤信親（紀伊守）

## 樽廻船栄力丸が漂流　十月二十九日

政治経済

十月二十九日の夜、江戸からの帰途にあった栄力丸という千五百石積みの船が、遠州灘で突風のため遭難した。栄力丸は五十二日もの間漂流を続けた末、南鳥島沖でアメリカ商船オークランド号に救助された。

栄力丸に乗っていた十七名は、アメリカ領となったばかりのサンフランシスコへと送られ、ここで一年間滞在する。

そのなかの一人に、彦太郎という十三歳の少年がいた。播州加古郡阿閇《あえ》村（現、兵庫県播磨町）の農家出身。のち「アメリカ彦蔵」などと呼ばれた浜田彦蔵、ジョセフ・ヒコである。

アメリカは、彦太郎ら漂流者の政治的利用を考えた。ペリーの黒船に乗せて日本へ送り届け、開国の足掛かりにしようとしたが実現せず、彦太郎はアメリカの教育を受けることになった。彦太郎の面倒をみたのは、税関長で実業家のサンダース夫妻である。サンダースは一八五三年、彦太郎をワシントンで、時の大統領ピアスに会わせた。彦太郎は公式に初めてアメリカ大統領に会った日本人となる。気軽に握手してくれる大統領に、彦太郎は感激した。しかも四年後には、彦太郎は次の大統領であるブキャナンとも会見している。

彦太郎はミッションスクールに学び、サンダース夫人の勧めでカトリックの洗礼を受け、ジョセフ・ヒコとなった。一八五八年六月には正式に帰化が認められ、ヒコは初めてアメリカ市民権を持つ日本人となる。南北戦争時には北軍のスパイと疑われて捕らえられたが、それが縁となってリンカーン大統領と会見した。

のちに帰国したヒコは、元治元年（一八六四）、横浜居留地で民間邦字新聞『海外情報』を発刊。さらに長崎で薩摩の五代友厚《ごだいともあつ》、土佐の坂本龍馬、長州の木戸孝允《たかよし》・伊藤博文らにアメリカの民主主義や歴史を教えた。維新後は、神戸で茶の貿易などに従事したが上手く行かず、明治三十年（一八九七）十二月、満六十歳で東京において歿。ヒコは、若い頃にアメリカ国籍を取得してしまったのを、晩年になるまで後悔していたという。日本に帰化法（旧国籍法）が制定されたのはヒコ歿後の明治三十二年だった。

ジョセフ・ヒコこと
浜田彦蔵

## 勝麟太郎（海舟）、塾を開設

文化思想

旗本小普請組の勝麟太郎《かつりんたろう》（海舟）が「貧、骨に至る」と自身で述べるような生活のなか、赤坂田町のあばら屋で蘭学塾を開き、オランダ語および西洋兵術の講義を

【この年の出来事】

**1・6** 佐藤信淵歿(82)。
**2・25** 福井藩、笠原良策に種痘の実施を指示。
**2・25** 黒住宗忠歿(71)。
**3・6** 幕府、浦賀奉行所の与力・同心を増員。
**3・15** オランダ商館長、江戸参府。将軍家慶に拝謁し、イギリス製印刷機などを献上。最後の江戸参府となる。
**3・17** 7代目市川團十郎、河竹黙阿弥作『難有御江戸景清』で7年ぶりに舞台復帰。
**4・8** 孝明天皇、7社7寺に外患攘夷の祈禱を命令。
**5・8** 江戸本材木町から出火、青物町・左内町など15町焼失。
**7月** 佐久間象山、江戸深川の松代藩邸で砲術教授を開始。勝海舟、佐久間象山に入門。
**8・27** 岡本豊洲歿(84)。
**9・25** 幕府、江戸市中での鉄砲四季打を許可、旗本・諸藩士に修業を奨

**◉京都町奉行**
**東**
明楽茂正（大隈守）
河野通訓（対馬守）
**西**
水野重明（下総守）

**◉大坂城代**
内藤信親（紀伊守）
土屋寅直（采女正）

**◉大坂町奉行**
**東**
柴田康直（日向守）
**西**
中野長胤（石見守）
本多安英（隼之助・加賀守）

**◉長崎奉行**
大屋明啓（遠江守）
内藤忠明（安房守）
一色直休（清三郎・丹後守）
牧義制（鉄五郎・志摩守）

**◉若年寄**
大岡忠固（主膳正）
松平忠篤（玄蕃頭）
本多忠徳（越中守）
遠藤胤統（但馬守）
本庄道貫（安芸守）
酒井忠毗（右京亮）

始めた。これがなかなかの評判になり、門人たちが詰めかけた。

海舟の曾祖父は越後小千谷《おぢや》（現、新潟県）から江戸へ出て来た盲人だ。利殖の才があり、やがて幕臣（旗本）男谷家の株を買い、息子の平蔵を当主とした。

平蔵の三男が勝家へ養子に入った小吉、すなわち海舟の父である。海舟は小吉の長男として、文政六年（一八二三）一月三十日、両国の男谷家で生まれている。小吉は禄四十俵、無役だったため旗本としては最下級だった。

若き日の海舟は、島田虎之助から剣を、永井青崖《せいがい》から蘭学を学んだ。また妹順子の夫でもある佐久間象山《しょうざん》の海防論にも影響を受けた。住居は本所南割下水《みなみわりげすい》、本所入江町などと移り、弘化三年（一八四六）春から赤坂田町に住んだのだった。

やがて、海舟が嘉永六年（一八五三）のペリー来航時に出した、海防の充実を求める上書が注目され、三年余り長崎の海軍伝習所でオランダ士官から学び、万延元年（一八六〇）には咸臨丸艦長として太平洋を横断。日本近代海軍のパイオニアとなっていくのである。

勝海舟

## 侠客国定忠治が磔刑　十二月二十一日

事件災害

**無**宿人の侠客国定忠次《くにさだちゅうじ》（本名・長岡忠次郎）が殺傷、賭博、碓氷の関所破りなどの罪によって、上野国大戸の関所で磔になった。享年四十一。

忠次は上野《こうずけ》国佐位《さい》郡の農家の生まれ。十九歳の時、博打に手を出し、赤城山中を住処《すみか》として上州・信州一帯で活動した。天保の大飢饉の際に莫大な米金を出して村民を救済したとの美談が伝えられ、「義侠」とされるが、実際は「凶暴醜悪なギャング博徒」（田村栄太郎『やくざの生活』）だったともいう。ともかく忠次の処刑には見物人が千五百人も集まり、遺骸は盗掘され、故郷の国定村には忠次地蔵が建立された。

## 最後の琉球使節が来日　十一月十九日

社会世相

**琉**球国王の即位を謝する謝恩使《しゃおんし》が十二代将軍徳川家慶《いえよし》に謁見した。だが近年の社会情勢から、これが最後の江戸上りとなった。

薩摩は琉球を支配していたが、中国貿易の利益を独占するため、王国としても存続させていた。薩摩は中国に対しては琉球が属領であることを隠すため、冊封使《さくほうし》が来る際は日本的な風俗を禁じた。

一方、江戸上りの際は、異国を支配する薩摩の権力を幕府や諸大名に強調したいので、道中の服装から道具類に至るまで、すべてを中国風とした。また、この年三月十五日はオランダ商館長最後の江戸参府となった。

励。
**10・29**　彦蔵（のちのジョセフ・ヒコ）を乗せた樽廻船栄力丸、紀伊半島沖で漂流。アメリカ船に救助される。
**10・30**　高野長英、幕吏に包囲され自殺（47）。
**11・19**　琉球の謝恩使、将軍家慶に拝謁。泡盛酒などを献上。最後の謝恩使となる。
**12・21**　博徒国定忠治、大戸関所で磔刑（41）。
**12・23**　幕府、海防強化のため上総国貝淵陣屋を請西村に移転、請西藩成立。
**この年**　勝海舟、江戸赤坂に蘭学・兵学塾を開設。
**この年**　高野長英『三兵答古知幾』完成。

**【主要幕閣】**

**◉老中**
阿部正弘（伊勢守）
牧野忠雅（備前守）
戸田忠温（山城守）
松平乗全（和泉守）
松平忠優（伊賀守）
久世広周（大和守）
内藤信親（紀伊守）

**◉寺社奉行**
脇坂安宅（淡路守）
本多忠民（中務大輔）
松平信義（豊前守）
太田資功（摂津守）
安藤信睦（長門守）

**◉勘定奉行**
石河政平（土佐守）
松平近直（河内守）
池田頼方（播磨守）
一色直休（丹後守）

**◉江戸町奉行**
**北**
井戸覚弘（対馬守）
**南**
遠山景元（左衛門尉）

**◉京都所司代**
内藤信親（紀伊守）
脇坂安宅（淡路守）

**◉京都町奉行**

## 幕府、問屋復興令を公布　三月八日

政治経済

問《とい》屋《や》・仲買《なかがい》は、江戸時代においては株仲間・仲間を結成するのが常だったが、時代が下るにつれて独占的弊害を生じるようになってきた。そこで天保の改革を進める幕府は、物価高騰の責任を押し付けて、天保十二年（一八四二）に株仲間を解散させた。

改革当時、解散に反対していた江戸南町奉行の矢部定《さだ》謙《のり》は、物価高騰の真の原因は贅沢と劣悪な貨幣の大量鋳造にあるのだと主張したが、聞き入れられなかった。しかし経済・社会が混乱したために、この年株仲間の再興が許可される。

この再興は、天保の改革期、江戸北町奉行として矢部と同じく解散に反対だったとみられる遠山景元《かげもと》（この時は江戸南町奉行。弘化二年に再任）の建議による不景気対策だった。遠山はもし、この件で人心の折り合いがつかないなら、町人の利害のみならず、国の政治にも関わると心配していた。しかし、復興した十組問屋などの問屋仲間はもはや昔の既得権は維持できなかった。すでに新興商人により、江戸の経済・社会は牛耳られていたのである。

## 吉原で「遊女安売り」の引札　三月

文化思想

新《しん》吉原《よしわら》は公認された売春地帯だが、これに対し非公認で、安く遊べたのが深川などのいわゆる岡場所《おかばしょ》だ。

深川の船着き場（『大違宝船』）

深川の茶屋（『東都見物左衛門』）

天保の改革は、それまで黙認されてきた私娼である岡場所を徹底して取り締まった。そのため、深川などは火が消えたようになったという。

しかし老中水野忠《ただ》邦《くに》が失脚して改革が終わると、その反動もあって岡場所が以前にも増して繁盛することになる。

すると価格破壊が起こり、新吉原角《すみ》町《ちょう》の万字屋茂吉《まんじやもきち》といった高級妓楼《ぎろう》までが、「遊女大安売り」の引札《ひきふだ》を作り、江戸市中に配って回った。さらに、これに対抗して品川・内藤新宿・千住・板橋の各宿場の女郎屋《じょろうや》なども値下げしていく。

ちなみに、引札とは広告用に配られる刷り物、現代でいうチラシ広告のことで、宣伝効果を狙って時には人気絵師や戯作者が関わったために費用がかることもあった。

**【この年の出来事】**

**1・3**　漁民万次郎、アメリカ客船サラボイト号に護送され琉球に上陸。
**2・10**　水野忠邦歿(58)。
**2月**　心中物『明烏花濡衣』市村座で初演。
**2月**　力士100余人、取組日数の不公平を訴え、本所回向院念仏堂に籠城（嘉永事件）。
**3・8**　幕府、株仲間再興を許可。
**3月**　遊廓経営者万字屋茂吉、江戸市中で「遊女大安売」の引札を配布。
**4・8**　幕府、江戸市中で盗賊が横行しているため、斬捨てを許可。
**4月**　祭礼物『勢獅子劇場花籠』中村座で初演。
**5・18**　大阪町奉行、無宿者・野非人の処置について通達。
**5月**　佐久間象山、江戸木挽町で砲術を教授。
**この春**　久留米の細工師田中久重、万年時計を作成。
**7・20**　吉田松陰、佐久

**東** 河野通訓（対馬守）
**西** 水野重明（下総守）

**◉大坂城代**
土屋寅直（采女正）

**◉大坂町奉行**
**東** 柴田康直（日向守）
川路聖謨（左衛門尉）
**西** 本多安英（加賀守）

**◉長崎奉行**
内藤忠明（安房守）
牧義制（志摩守）

**◉若年寄**
大岡忠固（主膳正）
松平忠篤（玄蕃頭）
本多忠徳（越中守）
遠藤胤統（但馬守）
本庄道貫（安芸守）
酒井忠毗（右京亮）
鳥居忠挙（丹波守）

## 中浜（ジョン）万次郎らが帰国　一月三日　事件災害

土佐国幡《は》多《た》郡中ノ浜に住む漁師悦助の次男として生まれた万次郎は、十五歳の時の天保十二年（一八四一）一月、宇《う》佐《さ》の漁師伝蔵の舟に雇われて出漁中、遭難して漂流数日、無人島（鳥島《とりしま》）に漂着した。

中浜万次郎

半年後、アメリカの捕鯨船ホーランドに救助され、同船の四人はホノルルに残ったが、万次郎は船長ホイット・フィールドに伴われて太平洋で捕鯨に従事。のち、ホイット・フィールドの支援でアメリカの学校教育を受けて、英語・数学・航海術・測量術を修めた。さらに再び捕鯨に従事し、カリフォルニア金山でも働く。

一八五〇年十一月、漂流者三人とともにボイド号に乗船してホノルルを出航。翌年正月、琉球摩文仁間切《まぶにまぎり》に上陸し、八月、薩摩鹿児島に到着して藩主島津斉彬《なりあきら》に優遇された。

帰国後の万次郎は土佐藩で英学を講じたり、幕府に出仕して翻訳や軍艦操練所の教授を務めたりした。明治二年（一八六九）、新政府に徴士《ちょうし》として出仕し、普仏戦争の視察などにも赴く。明治三十一年歿。

## 裕宮（のち明治天皇）が誕生　九月二十二日　社会世相

孝明天皇に仕えていた典侍《ないしのすけ》（後宮女官）で、十八歳の中山慶子《よしこ》（権大納言中山忠能《ただやす》の第三子）がこの日、裕《さちの》宮《みや》（睦仁《むつひと》）を生んだ。二宮（第二児）であったが、一宮は早世していた。現行の太陽暦に換算すれば一八五二年十一月三日である。このため十一月三日は明治期になると、天長節《てんちょうせつ》として特に重要視され、祭典などがおごそかに行われた。

明治天皇

皇嗣《こうし》裕宮は、決まりによって母の実家である中山家で生まれ、五歳になるまで育てられた。はじめ乳母は伏屋みの子だったが、一年ばかりして儒学者木村縫之助《ぬいのすけ》の妻らい女に代わった。らい女は三人の子供の母だったが、一番下の生後八ヶ月の禎之助を連れての奉公となった。このため、禎之助は裕宮の遊び相手になるが、ずっと後年、次のような回顧談を残している。

母のことを『らい公』『らい公』と、わたくしを『禎ぼん、禎ぼん』と呼ばれたお声が、いまでも耳の底にのこっている。朝夕のお遊戯でいちばんお気に召したのは木馬のお遊びでした。木馬の高さは一尺四、五寸、四つ足の下に箱車をつけ、わたくしや侍女の方たちが、天皇を木馬にのせ、お廊下をゴロゴロ音を立てながら曳いてあげると非常なごきげんで、『ハイ、ハイ』とかけ声をされた。おあきになると、こんどはわたくしをムリにのせ、天皇がご自分で手綱の紐を肩にかけられ、『ホイ、ホイ』と調子をとって曳かれた。それが毎日のようで、木馬遊びで、いつもお廊下は大さわぎでした。（渡辺茂雄『明治天皇』）

間象山に入門。
**8月** 農民劇『東山桜荘子』中村座で初演。
**9・22** 裕宮（のちの明治天皇）誕生。
**9月** 世話物『新板越白浪』市村座で初演。中村座で柳亭種彦作『源氏模様娘雛形』上演、大当たり。
**11・10** 江戸日本橋万町柏木亭で尚歯会が開催。
**12・4** 佐賀藩鉄製鋳砲局、築地に反射炉を完成（日本初の反射炉）。
**12月** 幕府、祇園などへの遊廓設置を許可。
**この年** オランダ通詞本木昌造、鉛活字を鋳造し、自著『蘭和通弁』を印刷。
**この年** 江戸で14回の火災。

壬子

天皇▼孝明天皇

将軍▼徳川家慶（第十二代）

【主要幕閣】

◉老中
阿部正弘（伊勢守）
牧野忠雅（備前守）
松平乗全（和泉守）
松平忠優（伊賀守）
久世広周（大和守）
内藤信親（紀伊守）

◉寺社奉行
本多忠民（中務大輔）
松平信義（豊前守）
太田資功（摂津守）
安藤信睦（長門守）

◉勘定奉行
石河政平（土佐守）
松平近直（河内守）
池田頼方（播磨守）
一色直休（丹後守）
本多安英（加賀守）
川路聖謨（左衛門尉）

◉江戸町奉行
北　井戸覚弘（対馬守）
南　遠山景元（左衛門尉）

◉京都所司代
池田頼方（播磨守）
脇坂安宅（淡路守）

◉京都町奉行

## オランダ商館長が「ペリー来航」情報を提供　六月

政治 経済

オランダ商館の新商館長となったドンケル・クルチウスは、「別段風説書《べつだんふうせつがき》」において、アメリカ使節ペリーが通商を求めるため、軍艦を率いて日本を訪れる予定だと知らせた。

オランダはアメリカ使節が来日する前に、日本とオランダが通商条約を結ぶことを提案する。日本貿易の利益を欧米のなかで独占してきたオランダとしては、大きな問題だったのだ。

これを受けた幕府では、老中首座《ろうじゅうしゅざ》の阿部正弘《まさひろ》が危機感を抱き、江戸湾防御の強化を唱えたが、財政逼迫を理由に海防掛《かいぼうがかり》の反対を受けて難航する。幕府内では、オランダが通商拡大を企んでいるのだ、と呑気な推測をする者も多かった。

阿部は薩摩・肥前・福岡の各藩主に知らせて応援を求めるが、結局幕府内での孤立を深めるだけだった。確たる対策も立てられぬまま翌年六月、ペリー艦隊を迎えることとなった。

ドンケル・クルチウス

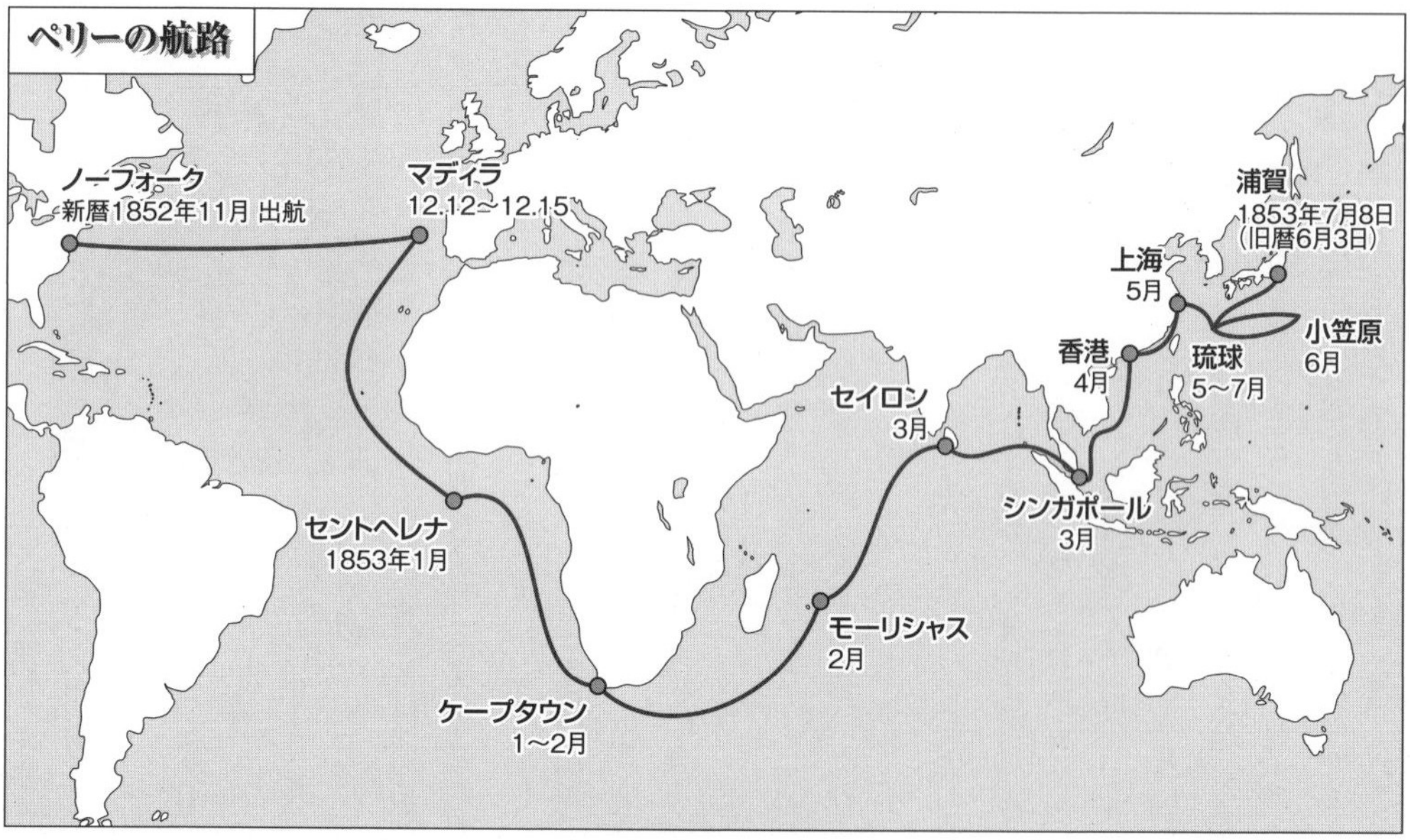


日本に向かうペリーの航路

【この年の出来事】

**2・17**　4代目中村歌右衛門歿（57）。

**3・8**　幕府、小普請役鶴藤蔵を免職。

**5・22**　江戸城西の丸で火災、焼失。

**6・2**　幕府、八品商売人仲間の再興を許可。

**6・5**　オランダ商館長クルチウス、翌年のアメリカ使節来航・開国要求について報告。

**6月**　千駄木の植木屋六三郎の発案により、浅草奥山を遊覧地として整備・公開（のちの浅草花やしき）。

**7月**　河竹黙阿弥作『児雷也豪傑譚話』河原崎座で初演。

**8・17**　オランダ商館長クルチウス、ペリー来航計画について長崎奉行に報告し、開国の必要について勧告。

**8月**　江戸および近国で大風雨。

**8月**　島津斉彬、治世の基本方針を示す。

**東**
河野通訓（対馬守）
**西**
水野重明（下総守）
浅野長祚（中務少輔）
**◉大坂城代**
土屋寅直（采女正）
**◉大坂町奉行**
**東**
川路聖謨（左衛門尉）
佐々木顕発（信濃守）
**西**
本多安英（隼之助・加賀守）
石谷穆清（因幡守）
**◉長崎奉行**
内藤忠明（安房守）
牧義制（志摩守）
大沢秉哲（仁十郎）
**◉若年寄**
大岡忠固（主膳正）
松平忠篤（玄蕃頭）
本多忠徳（越中守）
遠藤胤統（但馬守）
本庄道貫（安芸守）
酒井忠毗（右京亮）
鳥居忠挙（丹波守）
森川俊民（出羽守）

## 女犯僧の隆隠（龍音）に仏罰が下る　三月二十七日　文化思想

陸奥平《たいら》藩主の安藤長門守信睦《のぶゆき》（のち信正）が寺社奉行に就任したのは嘉永四年（一八五一）十二月のこと。それからまもなく行なわれた江戸芝の増上寺《ぞうじょうじ》住職だった隆隠（龍音）の初公判が人目を引いたのは、事件の背景に大奥の実力者姉小路の局《つぼね》（伊与子《いよ》）がいたからだ。

証人として呼び出された吉原遊女らが、隆隠は医者と偽り、遊女を買ったことを証言したことから島流しとなり、一件落着した。

安藤は安政三年（一八五六）十二月、対馬守と称し、同五年八月には若年寄となる。安政の大獄のさいは大老井伊直弼の意を受けて、密勅を返納するよう水戸藩に迫るなどした。万延元年（一八六〇）一月老中に昇任し、三月井伊横死後は幕政の第一線に立ち、和宮降嫁を推進するなど、公武合体に奔走した。文久二年（一八六二）一月の坂下門外の変をきっかけに失脚し、明治四年（一八七一）十月八日、五十三歳で他界した。

## 豪商銭屋五兵衛が獄死　十一月二十一日　事件災害

加賀の豪商・海運業者であった銭屋《ぜにや》は、諸藩の産物方政策、北前船《きたまえぶね》全盛の波に乗って事業を拡大。江戸・大坂をはじめ全国各地に三十数店にもおよぶ支店を設け、一千石積み以上の持ち船も二十艘を数えたという。また、海運業のほか、材木・生糸・海産物・米穀の問屋も兼ねていた。

天保年間（一八三〇～四四）、加賀藩の執政・奥村栄実《てるざね》に用いられ、藩の御用金調達と引き換えに、御手船《おてふね》主付に任じられてから飛躍的に成長し、大坂廻船・米相場によって巨利を得る。オーストラリア南方のタスマニアやアメリカ合衆国まで貿易のために渡ったといわれ、加賀藩も財政立て直しのため、それを黙認した。

ところが、嘉永四年（一八五一）から二十年計画で進められた河北潟《かほくがた》（周囲二十五・五キロ、面積二千五百七十八ヘクタール）干拓に失敗、潟に死魚が出、それを食した漁民が中毒死したという。一説によれば密貿易の疑いによって一族とも逮捕され、八十歳をもって獄中で歿して、財産も没収された。その背景には、奥村の政敵であった黒羽織党《くろばおりとう》の謀略があったともいわれる。

## 江戸浅草に遊覧地誕生　六月　社会世相

江戸千駄木の植木屋森田六三郎《ろくさぶろう》の発起で、春ころより浅草寺奥山乾の隅林のうち六千余坪の地の喬木を伐り、梅樹数株を栽え、また草木も栽えて、池を造り、ところどころに小亭を設けた。当時の敷地面積は、八万平方メートルという。

この月から一般に公開。茶人や俳人、大奥の女中らの憩いの場となった。これが現在の浅草花やしきである。

浅草金竜山奥山花屋敷（『風俗吾妻錦絵』）

**9月**　オランダ商館長クルチウス、アメリカなどとの通商条約の草案を作成し、長崎奉行に提出。
**10・22**　幕府、朝鮮通信使の来聘を延期。以後、使節来日せず。
**11・21**　銭屋五兵衛獄死。
**11・26**　老中阿部正弘、福岡、佐賀藩、島津斉彬にペリー来航の情報を伝達。
**12・5**　大坂で大火。材木町から出火し、四方に延焼。
**12月**　信州で大地震。
**年末**　老中阿部正弘、江戸湾警備の彦根・川越・会津・忍藩主にペリー来航の情報を伝達。
**年末**　徳川斉昭、関白鷹司政通にペリー来航の情報を伝達。
**この年**　小林一茶『おらが春』刊行。

# 1853 嘉永六年

## 癸丑

天皇▼孝明天皇

将軍▼徳川家慶（第十二代　〜七月二十二日）
徳川家定（第十三代　十一月二十三日〜）

【主要幕閣】

◉老中
阿部正弘（伊勢守）
牧野忠雅（備前守）
松平乗全（和泉守）
松平忠優（伊賀守）
久世広周（大和守）
内藤信親（紀伊守）

◉寺社奉行
本多忠民（中務大輔）
松平信義（豊前守）
太田資功（摂津守）
安藤信睦（長門守）

◉勘定奉行
石河政平（土佐守）
松平近直（河内守）
本多安英（加賀守）
川路聖謨（左衛門尉）
田村顕彰（伊予守）

◉江戸町奉行
北　井戸覚弘（対馬守）
南　池田頼方（播磨守）

◉京都所司代
脇坂安宅（淡路守）

◉京都町奉行
東

### 米国ペリー提督が来日　六月三日

政治経済

アメリカの東インド艦隊司令長官マシュー・カールブレイス・ペリー率いる黒船四隻が、江戸湾入り口に姿を現した。当時、欧米資本主義を振りかざすイギリスは、アジアに勢力を伸ばしつつあった。それをペリーは、強く意識していた。日本には、イギリスの手がまだ及んでいない。産業革命を進め、紡績業を飛躍的に発展させたアメリカは、中国への進出を目指していた。そのためにも、太平洋横断汽船航路を開きたい。アメリカのアジア戦略上、日本は重要な拠点になるはずだった。だからこそ、日本に対するペリーの態度は、後に「砲艦外交」と呼ばれるほど、強引だった。黒船に積まれた大砲には弾が込められ、乗組員たちはそれぞれ部署につき、戦闘態勢をとっている。さらに黒船は幕府の制止を無視して江戸湾に入り込み、勝手に測量を始めたりした。

『ペリー渡来絵図貼交屏風』

幕府はアヘン戦争などの情報から、とても太刀打ち出来る相手ではないと知っている。しかたなくペリーを久里浜に上陸させ、アメリカ大統領の親書を受け取った。そして、翌年回答することを約束したので、六月十二日、艦隊はいったん琉球へと去っていった。

ペリーが示したのは、次の三点だ。一つ目は日本沿岸で遭難したアメリカ漂流民の保護。二つ目は船舶への薪水《しんすい》・食料の補給。三つ目は日米両国の貿易促進である。幕府内は激しく動揺した。そんな中、六月二十二日には将軍徳川家慶が六十一歳で他界。七月三日、老中首座阿部正弘《まさひろ》は、「尊王攘夷」を唱える前水戸藩主徳川斉昭を、海防の議に参加させた。あるいは八月五日には、長崎の砲術家高島《たかしま》秋《しゅう》帆《はん》の禁固を解いている。

さらに七月十八日にはロシア使節のエウフィーミー・プチャーシンに率いられた黒船艦隊が長崎に来航し、またもや幕府に開国を迫る。幕府はもし外国に対し開港するさいは、真っ先にロシアとの間に条約を締結すると約束したため、プチャーチンは去った。

### 吉田松陰、浦賀に走る　六月四日

文化思想

長州の吉田松陰《しょういん》（寅次郎）は脱藩の罪で藩士の籍を剥奪されたが、十年の諸国遊歴を許可されたため、嘉永六年五月二十四日、江戸に出て来た。間もなくペリー率いる黒船来航の報に衝撃を受けた松陰は六月四日夜、江戸を飛び出し、浦賀を目指す。同志瀬野吉次郎に残した手紙には、「心はなはだ急ぎ飛ぶがごとし、飛ぶがごとし」と記している。

五日午後十時ころ、浦賀に到着した松陰は翌朝からペリー艦隊の観察を始めた。そして、久里浜に上陸したペリーがアメリカ大統領の親書を幕府側に渡す様を見物する。ア

【この年の出来事】

**2・2**　関東、M6・7の地震発生。
**5・24**　南部藩の百姓、藩政改革などを要求し強訴（嘉永三閉伊一揆）。
**6・3**　ペリー、軍艦4隻を率いて浦賀に来航し、国書受理を要求。
**6・4**　吉田松陰、ペリー来航の報を受け、浦賀へ向けて出発。
**6・9**　ペリー、久里浜に上陸。浦賀奉行戸田氏栄ら、アメリカ国書を受領。
**6・17**　孝明天皇、神社仏閣に17日間の祈禱を命じる。
**6・22**　将軍家慶歿(61)。
**6・24**　伊豆下田沖へルソン船来航、紀州日高浦の漂流人8人を端艇に残して去る。
**6月**　武器・刀剣の価格が2倍に高騰。
**7・1**　老中阿部正弘、アメリカ国書を諸大名に示し諮問。
**7・3**　幕府、徳川斉昭

河野通訓（対馬守）
岡部豊常（備後守）
**西**
浅野長祚（中務少輔）
**◉大坂城代**
土屋寅直（采女正）
**◉大坂町奉行**
**東**
佐々木顕発（信濃守）
**西**
石谷穆清（因幡守）
**◉長崎奉行**
牧義制（志摩守）
大沢秉哲（仁十郎）
水野忠徳（甲子二郎・筑後守）
**◉若年寄**
松平忠篤（玄蕃頭）
本多忠徳（越中守）
遠藤胤統（但馬守）
本庄道貫（安芸守）
酒井忠毗（右京亮）
鳥居忠挙（丹波守）
森川俊民（出羽守）

メリカの傲慢無礼な態度に憤慨した松陰は、やがて日米戦争が起こると感じる。

そこで松陰は、師である西洋砲術家の佐久間象山の勧めもあり、まずは西洋を視察しようと企む。そこで、長崎からロシアへ密航しようとするが、タイミングが合わずに失敗。年末には江戸に戻って来た。つづいて翌安政元年三月二十七日、再来したペリーの黒船艦隊に、門下生金子重之助と共に伊豆下田から乗り込もうとしたが、ペリーに拒否されまたもや失敗。江戸に送られ、伝馬町獄に繋がれた。

取り調べの末、幕府が下した処分は松陰が想像したよりも軽く、故郷の長州萩で蟄居を命じるというものだった。こうして萩に送り返された松陰は一年二ヶ月、城下の野山獄に投ぜられた後、実家である杉家で謹慎する。そこで近隣に住む、主に下級武士の子弟たち相手に学問を講じ、また日本の危機を説いた。これが松陰の主宰する「松下村塾」である。

## 家定、十三代将軍に就任　七月二十二日　事件災害

ペリー艦隊が浦賀沖に来航して三日後の六月六日、十二代将軍徳川家慶が病気になり、同月二十二日に他界した。混乱の最中だったため、幕府はその死をひとまず秘し、徳川斉昭《なりあき》を海防会議に参与させるなど、一応の体制を整えた上で、七月二十二日に家慶の喪を公表した。

次の将軍は、家慶の第四子で世子である家祥だ。当年三十。十月二十三日、朝廷より家祥を征夷大将軍・内大臣に任ずるとの沙汰があった。さらに十一月二十三日には勅使が江戸城に来て、将軍宣下の宣旨を伝える。こうして家祥は家定《いえさだ》と名を改め、名実共に十三代将軍の地位に就いた。

ただし家定は幼少のころから身体を弱く、病気がちだった。正座ができず、癇癪が強く、痙攣を起こす異常な状態だったと伝えられる。子供が生まれる見込みもなく、早くも幕閣、有力大名の間で将軍後継問題が浮上する。

## 江戸湾防御のため御台場を建設　八月二十八日　社会世相

ペリー来航により海防強化の検討に入った幕府は、内海防備の充実を目的とし、品川台場《だいば》の築造を決める。南品川漁師町から東北の深川洲崎に至る間の海中に、十一基からなる大砲を据えるための人工島を設けるのだ。工事は八月から始まった。指揮するのは、以前から台場の必要を説いていた砲術家で韮山代官の江川太郎左衛門（英龍）である。

工事は昼夜兼行で行われた。関東各地から集められた材木や石材、土砂を運ぶ船は二千隻、石工・土工・土取人夫などは五千人、築造経費は七十五万両におよんだという。そして八ヶ月後、第一から第三までの台場が竣工する。こちに第五、第六も竣工したが、第四と第七は財政難などの理由で未完に終わり、第八以下は着工されなかった。安政元年三月には日米和親条約が締結され、開国への道を歩き始めたからである。現在は史跡公園として整備された第三と、第六が残り、周囲は近年東京臨海副都心計画により開発が進み、「お台場」の名で親しまれている。

品川新台場の建設（『品川新台場之図』）

を海防参与に命じる。
**7・8**　徳川斉昭、「海防愚存」10条を幕府に提出。
**7・18**　長崎、ロシア使節プチャーチン、軍艦4隻を率いて来航。翌日、国書の受理を要求。
**7・22**　将軍徳川家慶の喪を発し、家定が将軍を継ぐ。
**7・23**　幕府、韮山代官江川英龍に品川台場築造を命じる。翌年完成。
**8・28**　幕府、品川台場の築造を開始。
**9・15**　幕府、大船建造を解禁。
**10・23**　徳川家定、第13代将軍宣下。
**11・24**　江戸池之端御数奇屋町から出火、広小路まで焼ける。
**12・13**　幕府、江川英龍に韮山反射炉の築造を命じる。
**この年**　江戸および近国で大風雨。

# 1854 安政元年（嘉永七年）

甲寅

天皇▼孝明天皇

将軍▼徳川家定（第十三代）

【主要幕閣】
◉老中
阿部正弘（伊勢守）
牧野忠雅（備前守）
松平乗全（和泉守）
松平忠優（伊賀守）
久世広周（大和守）
内藤信親（紀伊守）
◉寺社奉行
本多忠民（中務大輔）
松平信義（豊前守）
太田資功（摂津守）
安藤信睦（長門守）
◉勘定奉行
石河政平（土佐守）
松平近直（河内守）
本多安英（加賀守）
川路聖謨（左衛門尉）
田村顕彰（伊予守）
水野忠徳（筑後守）
◉江戸町奉行
北
井戸覚弘（対馬守）
南
池田頼方（播磨守）
◉京都所司代
脇坂安宅（淡路守）
◉京都町奉行

## 日米和親条約を締結　三月三日

政治経済

この年の一月十七日、アメリカのペリー艦隊が再来日した。兵力は前年の四隻から、七隻に増えていた。幕府は確たる方針を定めていない。確答を与えぬよう交渉にあたろうとしたが、数回の交渉を経てこの日、幕府は日《にち》米《べい》和《わ》親条約《しんじょうやく》に調印する。ペリーが大統領から命じられていた日本への要求は、アメリカ捕鯨船《ほげいせん》の遭難者救助と汽船による太平洋横断のための石炭補給所確保、それに自由貿易だった。

しかし、実際に結ばれた条約では、幕府直轄地の下田《しもだ》・箱館《はこだて》（函館）の開港、薪水《しんすい》・食料・石炭といった必要品の補給、漂流民の救助、外交官の下田滞在許可などを幕府に認めさせたものの、自由貿易には触れていなかった。

『ペリー提督横浜上陸の図』

それにもかかわらずペリーが満足したのは、日本に最恵国《さいけいこく》待遇《たいぐう》を約束させたからである。日本がほかのヨーロッパ諸国と日米和親条約にはない権利や利益を与えた際は、アメリカにも自動的に同様のものが与えられる仕組みを作ったのだ。こうしてアメリカは、日本との交渉において最優先の立場を獲得することに成功した。

続いて、イギリス・ロシア・オランダとの間でも、それぞれ和親条約が締結されることになるのである。

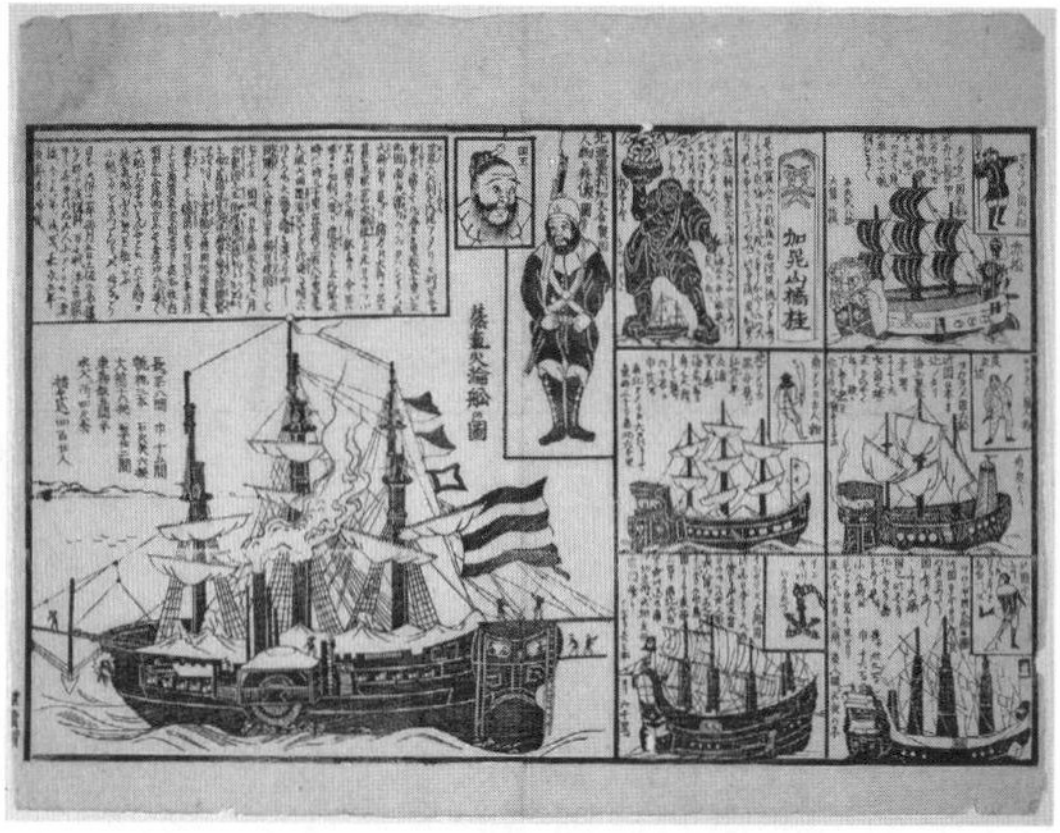
この年出された瓦版『蒸気火輪船の図』

## 『海国図志』の翻刻・翻訳が相次ぐ

文化思想

中国の清朝《しんちょう》末、林則徐《りんそくじょ》の命を受けた魏源《ぎげん》が『四《し》洲《しゅう》志《し》』漢訳版五十巻をもとに、内外の関係文献を集めて増補拡充を重ねたのが『海国図《かいこくず》志《し》』である。当時の世界各国の地理、歴史、気候、物産、交通、風俗、文化、教育、生産技術などの情報が集められた、中国初の本格的な世界知識の宝庫で、海防全書でもあった。一八四二年には全六

【この年の出来事】
**1・16** ペリー、軍艦7隻を率いて浦賀へ再度来航。
**3・3** 幕府、日米和親条約に調印。下田・箱館を開港。
**3・24** 幕府、下田奉行を再置。
**3・27** 吉田松陰、下田停泊中のアメリカ軍艦に密航を求め、拒否される。翌日、捕縛。
**3月** 西周、蘭学を志し津和野藩を脱藩。
**4・6** 佐久間象山、吉田松陰に連座し投獄。
**4・6** 京都で大火。御所が焼失。
**4・29** 京都所司代、朝廷に日米和親条約締結を上奏。
**4月** ペリーを饗応した日本橋伊勢町の料理店「百川」、評判となる。
**5・22** 幕府、下田条約に調印。
**6・30** 幕府、箱館奉行を再置。
**7・9** 幕府、島津斉彬・

**東**
岡部豊常（備後守）
**西**
浅野長祚（中務少輔）

**◉大坂城代**
土屋寅直（采女正）

**◉大坂町奉行**
**東**
佐々木顕発（信濃守）
**西**
石谷穆清（因幡守）
川村修就（対馬守）

**◉長崎奉行**
大沢秉哲（仁十郎）
水野忠徳（筑後守）
荒尾成允（土佐守）

**◉若年寄**
松平忠篤（玄蕃頭）
本多忠徳（越中守）
遠藤胤統（但馬守）
本庄道貫（安芸守）
酒井忠毗（右京亮）
鳥居忠挙（丹波守）
森川俊民（出羽守）

十巻が、一八五二年にはさらに増補した百巻（全文八十八万字、地図七十五枚、西洋船砲図式四十二頁）が完成、出版されている。

しかし、中国では一部の知識人の注目は集めたものの、政府からはどちらかといえば冷遇されたという。しかも一八五〇年には一時、禁書の扱いまで受けてしまった。

ところがペリー来航で揺れる日本に伝えられるや、『海国図志』はすぐに大きな反響を呼び起こす。

この年、長崎で『海国図志』を見つけた開明派の幕臣・川路聖謨《かわじとしあきら》が塩谷甲蔵《しおやこうぞう》と箕作阮甫《みつくりげんぽ》に翻訳させ、出版したのが最初といわれる。

それから日本では、安政三年までのわずか三年足らずの間に、様々な学者の翻訳による『海国図志』の選定版が二十一種も出版され、有識者に広く読まれた。例えばこの年の十月には、長州の吉田松陰《よしだしょういん》らがアメリカ密航に失敗して萩《はぎ》城下の野山獄《のやまごく》へ投ぜられた際に読んでいたことが史料に記されている。

また、松陰の門下生である長州藩士高杉晋作《たかすぎしんさく》は文久二年（一八六二）、幕船で中国上海《シャンハイ》に渡航したが、その際に『海国図志』を探すも、すでに絶版になっていて入手出来なかった。晋作は、中国が衰退した理由の一つがそこにあるとの見解を述べている。

このような情報に対する反応の違いが、その後の日本と中国との明暗を分けたのかも知れない。

## 東海大地震が発生　十一月四・五日

事件災害

**関**東・東海地方に紀伊半島南端を震源地とするマグニチュード8・4の地震が、この日発生した。被害は九州から東北地方の本州全域に及んだが、特に沿岸部における津波の被害が大きかった。特に大坂と下田が打撃を蒙った。

高さ三メートルもの大波が襲った大坂は、一説によると流出家屋一万五千、半壊四万、死者三千人いわれる。下田は全戸数八百五十六戸の内、全壊流出が八百十三戸で、死者八十五人（百一人とも）だった。

ロシアとの交渉のために下田にいた幕臣の川路聖謨による『下田日記』には「五ツ時（午前八時）過大地震にて、壁破れ候間、表の広場へ出る。生まれてはじめての事也。寺の石塔、其外烔籠等、みな倒れたり。間も無くつなみ也とて、市中大騒ぎなり」と記されている。

## 日の丸を日本国総船印に制定　七月九日

社会世相

**前**年九月に幕府が大船建造の禁を解き、また外国船の来航が増えると、船籍の識別が問題になった。

日本国籍を示す船章《せんしょう》として、帆に黒丸を染め抜くとか、白布と紺布の吹き流しを帆柱《ほばしら》に掲げるとか、いくつかの案が出た。しかし、アメリカの星条旗《せいじょうき》やロシアの双頭《そうとう》の鷲《わし》の旗に匹敵するほどの象徴でなければいけないとの理由で、全て却下された。そこで古代以来、慶祥《けいしょう》を意味する日の丸が、この日、日本国籍を示す旗として制定されることになるのである。

日章旗《にっしょうき》の下方に幕府の船舶は中黒を、諸藩の船舶は藩主の家紋を染め抜いた旗を置くことが決められた。これにより、「日本」という政治体が改めて認識されたといわれる。

なお、日章旗が「御国旗」として規定されたのは明治三年（一八七〇）一月二十七日、商船規則による。

徳川斉昭の献策により、日章旗（日の丸）を日本国総船印に制定。
**閏7・15** イギリス東インド艦隊司令長官スターリング、開国を要求。
**8・23** 幕府、日英和親条約に調印。
**9・2** 幕府、オランダに下田・箱館を開港。
**9・10** 椿椿山歿（54）。
**11・4** 東海で大地震。死者1万余人。
**11・27** 御所焼失・ペリー来航などにより安政に改元。
**12・2** 幕府、江戸市中6か所に講武場（のちの講武所）を設置。
**12・2** プチャーチン乗艦のディアナ号、津波により戸田回航中に沈没。
**12・21** 幕府、日露和親条約に調印。
**この年** 『海国図志』の翻刻・翻訳が相次ぐ。

# 1855 安政二年

乙卯

天皇▼孝明天皇

将軍▼徳川家定（第十三代）

**【主要幕閣】**

**●老中**
阿部正弘（伊勢守）
牧野忠雅（備前守）
松平乗全（和泉守）
松平忠優（伊賀守）
久世広周（大和守）
内藤信親（紀伊守）
堀田正睦（備中守）

**●寺社奉行**
本多忠民（中務大輔）
松平信義（豊前守）
太田資功（摂津守）
安藤信睦（長門守）

**●勘定奉行**
石河政平（土佐守）
松平近直（河内守）
本多安英（加賀守）
川路聖謨（左衛門尉）
田村顕彰（伊予守）
水野忠徳（筑後守）
石谷穆清（因幡守）

**●江戸町奉行**
**北** 井戸覚弘（対馬守）
**南** 池田頼方（播磨守）

**●京都所司代**
脇坂安宅（淡路守）

## 安政の大地震が発生　十月二日

政治 経済

開国による世情不安に拍車をかけるかのように、十月二日午後十時頃、江戸でマグニチュード6・9の直下型大地震が起こった。江戸時代二百数十年の間、江戸では大小百五十余の地震が記録されているが、この「安政の大地震」が最も激しかった。

被害は特に、市中東部の下町低地に集中した。幕府の調査では町方の被害は倒壊家屋一万五千戸以上、死傷者は八千人余り。江戸市街の六割を占める武家地でも大きな被害が出、死者だけでも総計七千人を上回ったとされる。

新吉原の遊女たちが地震を起こした大鯰をなぶる（『しんよし原大なまづゆらひ』）

火災などによる二次被害よりも圧死者の数が多いのが、安政の大地震の特徴だ。

将軍徳川家定《いえさだ》は地震に驚き、江戸城の玄関まで一人で飛び出した。真っ先に江戸城に駆けつけたのは、彦根藩主井伊直弼《いいなおすけ》である。老中首《ろうじゅうしゅ》

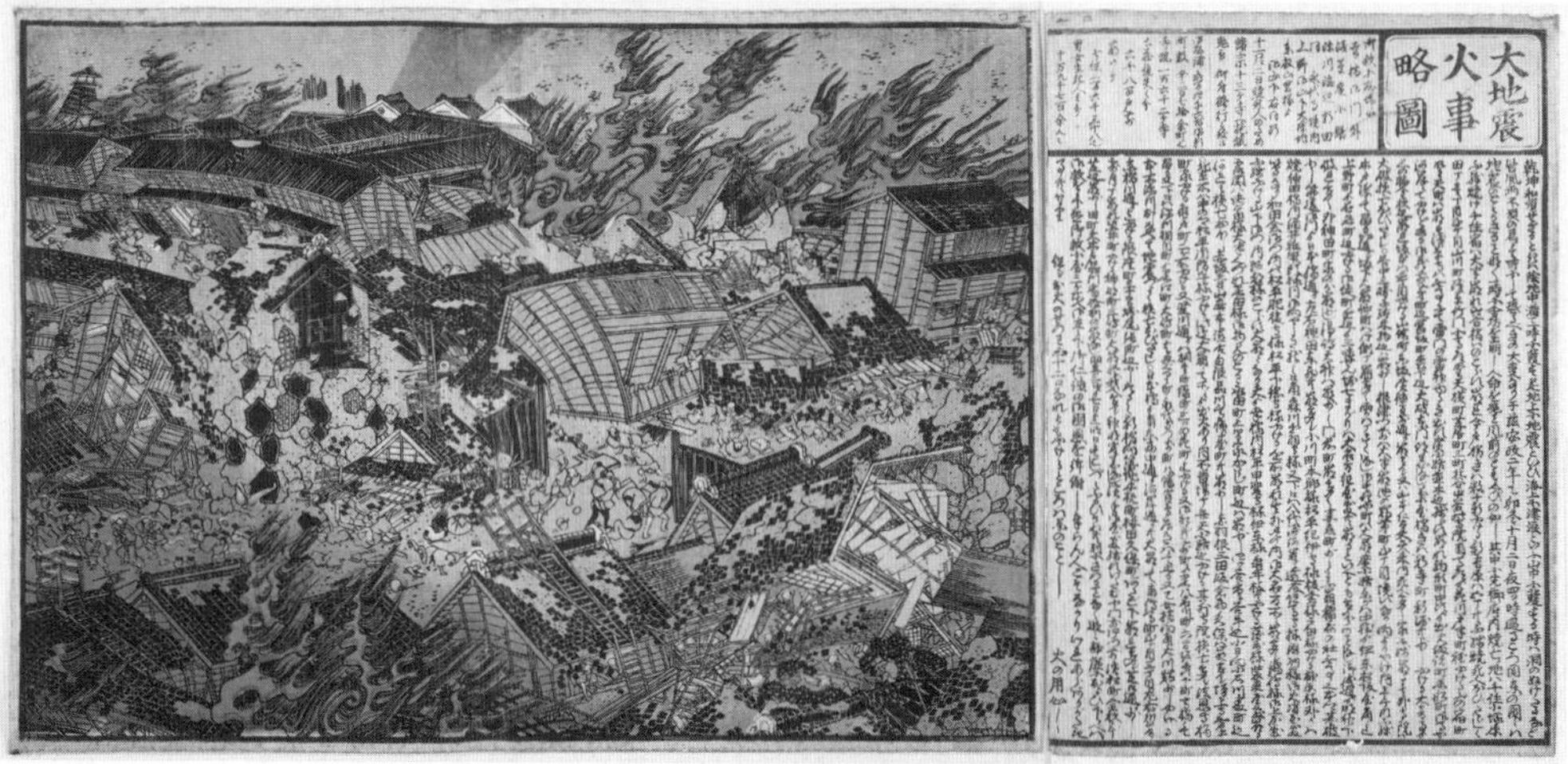


『大地震火事略図』

**【この年の出来事】**

**1・16** 江川英龍歿（55）。
**1・16** 福山藩、藩校「誠之館」を創設。
**2・22** 幕府、松前藩の居城近辺を除いた全蝦夷地を上知。
**2・24** 京都で大火。
**2・29** 遠山景元歿（63）。
**3・3** 幕府、梵鐘の大小砲への改鋳を指示。僧侶の反対により失敗。
**3・6** 藤岡藤十郎、富蔵と共謀し、江戸城本丸の御金蔵に侵入。
**3・9** 中津藩士福沢諭吉、緒方洪庵の「適塾」に入門。
**3・27** 幕府、仙台・津軽・南部・秋田・松前藩に蝦夷地警備を指示。
**5・20** 松前藩、幕命により樺太久春古丹のロシア陣営を焼く。
**5月** 日本橋の中居屋重兵衛、火薬製法の著作を完成。
**6・2** 摂津・河内国1800余村の百姓、菜種の取引価格固定に反対

◉京都町奉行
東
岡部豊常（備後守）
西
浅野長祚（中務少輔）
◉大坂城代
土屋寅直（采女正）
◉大坂町奉行
東
佐々木顕発（信濃守）
西
川村修就（対馬守）
久須美祐雋（六郎左衛門・佐渡守）
◉長崎奉行
荒尾成允（土佐守）
川村修就（対馬守）
◉若年寄
本多忠徳（越中守）
遠藤胤統（但馬守）
本庄道貫（安芸守）
酒井忠毗（右京亮）
鳥居忠挙（丹波守）
森川俊民（出羽守）

座《ざ》の阿部正弘《まさひろ》は脇差だけの姿で登城して来た。

和田倉門《わだくらもん》の会津藩邸では一棟で百三十人が亡くなったという。また、品川の第二台場を守っていた五十人の会津藩士のうち二十五人が倒壊家屋の下敷きになり、火災に巻き込まれて犠牲となった。小石川の水戸藩邸では藤田東湖《とうこ》が、老母を助け、みずからは圧死している。

## 地震鯰絵が流行

文化思想

この年、大地震に襲われた江戸において、鯰《なまず》を描く滑稽な風刺画が非合法で出版された。地震の原因は、地中の鯰が動くからとの民間信仰による。鯰は寛文期から浮世絵や暦に描かれていた。

数百種類あるとされるが、大鯰をたくさんの人々が退治する図柄。神無月で出雲に出掛けていた地震の神様が、あわてて関東に戻ろうとする図柄。捕らえられた鯰がかば焼きにされそうになっている図柄。大鯰が「徳堪忍万歳楽（徳をもって堪忍すれば、いずれ万歳楽の世になるとの意味）」と大書する図柄。罪の重さから出家した鯰の図柄などなど。

きわめつけは鯰そのものが神になった図柄で、「地震から、あらためてなお世が直り、家もゆったり、人もゆったり」との画賛がある。これを機に不景気が打破されるよう、世直しを期待する民衆の思いが表れている。とくに建築にかかわる職人たちにとり、復興需要をもたらした福の神が鯰だったのだ（大山挌『鯰絵に見る世直し願望』）。

## 江戸城の「御金蔵破り事件」が発生 三月六日

事件災害

この夜、江戸城本丸の御金蔵《ごきんぞう》から、小判四千両（二千両入りが二つ）が盗まれた。上槙町《かみまきちょう》清兵衛地借の藤岡藤十郎《とうじゅうろう》（三十九歳）が富蔵《とみぞう》（年齢不詳）と共謀し、木で合鍵を作って盗みに入ったのだ。警備の虚をつくなど、相当に周到な準備のすえの犯行らしい。

幕府は躍起になって捜索し、安政四年二月二十六日、ついに二人を捕えた。二人は事前に下見をし、鍵の型もとっていたという。金に困っての犯行だったらしい。五月十三日、二人とも引き廻しのうえ千住小塚原《こづかはら》において磔刑《たっけい》に処せられた。ただし、一介の浪人に御金蔵を破られた幕府の威信は、一気に壊れたという。

## 豪商と遊女の義捐金

社会世相

安政の大地震では義援金が一万五千百八十四両集まったというが、その一位は日本橋の豪商川村伝左衛門《でんざえもん》で六百八十一両だった。ちなみに川村は代々、幕府や諸侯の用度用達を務め、とくに宇都宮藩との関係が深かった。明治四年、石井村（現、栃木県宇都宮市）に日本最初の製糸工場を造るなど、産業の近代化にも尽くした人物である。

なお、この火事で新吉原《しんよしわら》も炎上し、一説によると遊女や客など二千七百人が犠牲になった。震災後は仮店舗で営業していたが、佐野槌屋《つちや》の遊女黛《まゆずみ》が自分の持ち物の櫛や簪《かんざし》を売って作った三十両を寄付して評判となったこともある。

して国訴。
**7・29** 幕府、長崎に海軍伝習所を設置。
**8・14** 幕府、徳川斉昭を政務参与に再任。
**10・2** 関東南部で大地震。家屋1万余戸倒壊、藤田東湖圧死（50）。（安政の大地震）
**10・14** 幕府、旗本・諸藩士・庶民の蝦夷地移住を許可、開拓を指示。
**12・4** 幕府、蝦夷地上知の代替地として松前藩を陸奥国・出羽国に転封。
**12・10** 千葉周作歿（62）。
**12・23** 幕府、日蘭和親条約に調印。
**この年** 安政の大地震の影響により、江戸で鯰絵が流行。

# 1856

# 安政三年

丙辰

天皇▼孝明天皇

将軍▼徳川家定（第十三代）

【主要幕閣】

◉老中
阿部正弘（伊勢守）
牧野忠雅（備前守）
久世広周（大和守）
内藤信親（紀伊守）
堀田正睦（備中守）

◉寺社奉行
本多忠民（中務大輔）
松平信義（豊前守）
太田資功（摂津守）
安藤信睦（長門守）
松平輝聴（右京亮）

◉勘定奉行
松平近直（河内守）
本多安英（加賀守）
川路聖謨（左衛門尉）
水野忠徳（筑後守）
石谷穆清（因幡守）

◉江戸町奉行
北
井戸覚弘（対馬守）
跡部良弼（甲斐守）
南
池田頼方（播磨守）

◉京都所司代
脇坂安宅（淡路守）

◉京都町奉行

## 幕府、講武所を開設　四月十三日

政治経済

ペリー来航により防衛力不足を痛感させられた幕府は、嘉永七年（一八五四）五月、武芸稽古場である校武場を、浜御殿の南側に建設するとの令を発した。だが、安政の大地震後の復興などに手間取り、思うように計画は進まなかった。結局、海岸に近い築地鉄砲洲《てっぽうず》の堀田備中守正篤《ひろ》の中屋敷を上知《あげち》させて用地とする。名称は初め校武所で、次いで講武場となり、講武所となった。主唱した老中《ろうじゅう》首座《しゅざ》の阿部正弘《まさひろ》は、常に文武両道を理想としていたため、学問所に対する名称となった。

阿部正弘

『調練之図』部分

築地の地に総建坪一千六百坪余りの建物がほぼ完成し、三月二十四日には創設の布達が出た。総裁は久貝《くがい》因幡守正典《まさのり》と池田甲斐守長顕《ながあき》の二人。槍術・剣術・砲術の指導にあたるのは、下曾根金三郎《しもそねきんざぶろう》・江川太郎左衛門《たろうざえもん》・勝麟太郎《かつりんたろう》など当代一流のメンバーである。入学資格は諸役人をはじめ旗本、御家人とその関係者だが、将来的には諸藩士や浪人まで枠を広げるつもりだったという。

正式な開場式は四月二十五日だったが、それに先立つ四月十三日には非公式ながら将軍家定《いえさだ》の来臨もあった。

## 戯作者仮名垣魯文『安政見聞誌』を出版　三月

文化思想

前年十月に起こった安政の大地震のあと、瓦版のほかに見聞録や見聞記といった出版物がいくつか発売されている。特に三月に出た『安政見聞誌』は、地震後の大火災の被害記録に挿話や瓦版なども収めており、ベストセラーになった。著者は戯作者の仮名垣魯文《かながきろぶん》と二世一筆庵英寿《いっぴつあんえいじゅ》。刊行の依頼を受けると、わずか三日間で原稿を仕上げたという。ただし無許可出版との理由で幕府が横槍

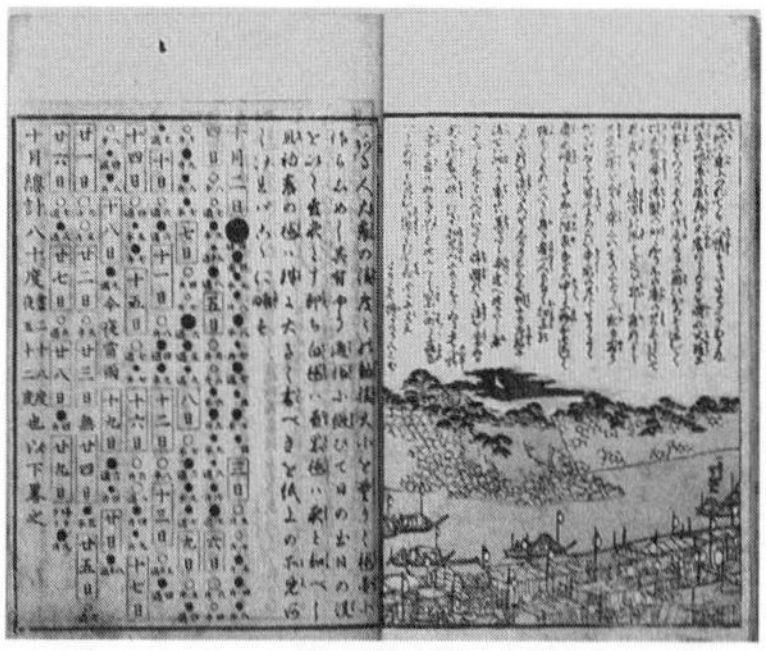

『安政見聞誌』

【この年の出来事】

**2・11** 幕府、洋学所を蕃書調所と改称。
**2・28** 幕府、合薬座を設置。硝薬の無許可販売を禁止。
**3・8** 朝廷、黒住教祖黒住宗忠に宗忠大明神号を追贈。
**3・12** 幕府、駒場で洋式調練を実施。
**3月** 仮名垣魯文『安政見聞誌』刊行。
**4・13** 幕府、築地に講武所を設置。
**6月** 長崎奉行、活字摺立所を設置。蘭書の活版印刷を開始。
**7・1** 幕府、旗本子弟の蕃書調所への就学を奨励。
**7・21** アメリカ駐日総領事ハリス、下田に来航。会見を要求。
**7・23** 陸奥南部で大地震。
**7・25** オランダ商館長クルチウス、長崎奉行に踏絵が諸外国との和親条約に違反していると警告。

**東**
岡部豊常（備後守）
**西**
浅野長祚（中務少輔）
**◉大坂城代**
土屋寅直（采女正）
**◉大坂町奉行**
**東**
佐々木顕発（信濃守）
**西**
久須美祐雋（佐渡守）
**◉長崎奉行**
荒尾成允（土佐守）
川村修就（対馬守）
**◉若年寄**
本多忠徳（越中守）
遠藤胤統（但馬守）
本庄道貫（安芸守）
酒井忠毗（右京亮）
鳥居忠挙（丹波守）

を入れたが、著者は匿名だったために難を逃れたという。

ちなみに仮名垣魯文は異国人や開化風俗を戯作に取り入れるなど、ニュースや流行をいち早く察知し、人々の関心を集めることがうまかった。明治になり神奈川県庁に出仕し、あるいは『横浜毎日新聞』に執筆。明治八年（一八七五）十一月には『仮名読新聞』を発行するなど、ユニークな活動を行ない、明治二十七年（一八九四）十一月八日、六十六歳で他界した。

## 江戸に大風水害　八月二十五日　事件災害

**大**地震の次は、大風水害が江戸を襲った。芝・品川・本所をはじめ、江戸中が被害を受けたが、『武江年表』には次のようにある。

暮れて次第に降りしきり、南風烈しく、戌の下刻より殊に甚だしく、近来稀なる大風雨にて、喬木を折り、家屋塀墻《へいかき》を損ふ。又海嘯《つなみ》により逆浪漲《みなぎ》りて、大小の船を覆し、或ひは岸に打上げ、石垣を損じ、洪波陸へ溢濫《いつらん》して家屋を傷《そこな》ふ。この間、水面にしばしば火光を現はす。此の時、水中に溺死怪瑕《けが》人《にん》算ふべからず。暁丑刻過ぎて、風雨やうやく鎮まれり。始めの程は少時雷声を聞く。又風雨の間地震もありし也、

屋根が吹っ飛ぶ被害が多かったのは、火事の際に危険であるからと、瓦屋根を止められていたからである。

## 吉田松陰、松下村塾を主宰　十一月　社会世相

**嘉**永七年（一八五四）三月、アメリカ密航未遂事件を起こした吉田松陰《しょういん》（寅次郎《とらじろう》）は幕府に捕らえられたが、十一月、故郷である長州萩（現、山口県萩市）に送り返された。松陰は一年二カ月、城下の野山獄中で過ごしたのち、親元である松本村の杉家で謹慎生活に入る。

初め松陰は、幽囚室《ゆうしゅうしつ》で親や兄弟、親戚などを相手に『孟子』や『武教全書』などを講じていたが、十月、十六歳の増野徳民《ましのとくみん》が寄宿して松陰の教えを受けるあたりから、空気が変わってくる。

翌月、増野は近所に住む吉田栄太郎（のち稔麿《としまろ》）を連れて来た。さらに久坂玄瑞《くさかげんずい》・高杉晋作《たかすぎしんさく》なども加わる。「松下《しょうか》村塾《そんじゅく》」は松陰の叔父玉木文之進《たまきぶんのしん》が始めた寺子屋だが、のちに外叔父の久保五郎左衛門《くぼごろうざえもん》が受け継いだ。さらに久保はいつの頃かは不明だが、その塾名を松陰に譲った。つまり松陰は、松下村塾の三代目の主宰者ということになる。

だが、日米修好通商条約が勅許なしで締結されたことを知った松陰は、老中暗殺を計画するなど、過激な暴走を始める。ついには「安政の大獄」に連座し、江戸に送られ、安政六年（一八五九）十月二十七日、江戸伝馬町の獄舎において処刑された。享年三十。

処刑直後に設けられた吉田松陰墓
（荒川区南千住回向院）

**7月** 幕府、林子平『海国兵談』の再版を許可。
**8・22** 吉田松陰、『武教全書』の講義を開始（のちの松下村塾）。
**8・25** 江戸で大風雨。死者多数。
**10・17** 老中堀田正睦、外国事務取扱・海防月番専任に着任。
**10・20** 幕府、若年寄本多忠徳らを外国貿易取調掛に任命。
**10・20** 二宮尊徳歿(70)。
**10月** 福井藩主松平慶永、一橋慶喜を将軍継嗣に推薦。
**11・1** 広瀬淡窓歿(75)。
**11・25** 幕府、高島秋帆を西洋砲術の普及・発展により褒賞。
**11月** 吉田松陰、松下村塾を主宰。
**12・18** 島津斉彬養女敬子（篤姫）、将軍家定に入輿。
**12・26** 初代古今亭志ん生歿（48）。
**この年** 西洋輸入品専門店が開店。
**この年** 富田高慶『報徳記』完成。

# 1857 安政四年

丁巳

天皇▼孝明天皇

将軍▼徳川家定（第十三代）

【主要幕閣】

◉老中
阿部正弘（伊勢守）
牧野忠雅（備前守）
久世広周（大和守）
内藤信親（紀伊守）
堀田正睦（備中守）
脇坂安宅（淡路守・中務大輔）
松平忠固（伊賀守）

◉寺社奉行
本多忠民（中務大輔）
松平信義（豊前守）
安藤信睦（長門守）
松平輝聴（右京亮）
板倉勝静（周防守）

◉勘定奉行
松平近直（河内守）
本多安英（加賀守）
川路聖謨（左衛門尉）
水野忠徳（筑後守）
石谷穆清（因幡守）
土岐朝昌（豊前守）
永井尚志（玄蕃頭）

◉江戸町奉行
北
跡部良弼（甲斐守）
南
池田頼方（播磨守）
伊沢政義（美作守）

◉京都所司代

## 米国領事ハリス、将軍家定に謁見 十月二十一日

政治経済

日米和親条約は自由貿易については触れられていなかったが、調印から十八カ月後にアメリカ領事館を伊豆下田《しもだ》に置くことが出来ると定められていた。

ところが、アメリカ領事館を「両国政府のどちらか一方が必要と認めた場合」に設置するという意味の英文を、幕府側は「両国政府において、よんどころなき儀これあり候模様により」と誤って訳してしまった。それゆえ、安政三年（一八五六）七月にアメリカから初代駐日総領事としてタウンゼント・ハリスが下田に着任した時に、幕府は面食らったのだ。

ハリス

堀田正睦

ハリスは安政四年当時、五十一歳で独身。家業は陶器輸入業だったが、ニューヨークの大火がきっかけで倒産する。元来、東洋に対する関心が強かった彼は、ペリーの日本渡航に刺激され、国務省に働きかけて念願の駐日総領事の地位を手に入れたのだった。

下田の玉泉寺《ぎょくせんじ》に領事館を開いたハリスだったが、江戸における条約交渉を主張。江戸出府を執拗に希望し、実現させる。馬に跨っての道中、ハリスは日本の貴人並みに「シタニイロ、シタニイロ」と連呼しつつ進んだ。江戸では九段坂下の蕃書調所《ばんしょしらべしょ》を宿舎とした。

そして十月二十一日、ハリスは江戸城中の大広間において将軍家定《いえさだ》に謁見し、アメリカ合衆国大統領の親書を呈した。その場に臨んだ人たちはみな、ハリスの「気魄の偉大さ」に感心したという。さらにハリスは二十六日、老中堀田正《まさ》睦《よし》ら幕府要人に、世界情勢を聞かせ、鎖国政策が不利であること、貿易による富国強兵の必要を熱心に説いた。

## 歌川（安藤）広重『名所江戸百景』を発表

文化思想

広重は一幽斎《いちゆうさい》と名乗った若年期に「東都名所」シリーズ（十枚）を発表し、風景画に開眼したという。以後の作品は『東海道五拾三次《とうかいどうごじゅうさんつぎ》』『近江八景《おうみはっけい》』『京都名所』『東都名所（喜鶴堂版）』『江戸近郊八景《えどきんこうはっけい》』『木曾海道六拾九次《きそかいどうろくじゅうきゅうつぎ》』『六十余州名所図会《ろくじゅうよしゅうめいしょずえ》』などである。多作のために、遠方の名所などは自ら出掛けて写生せず、既刊の名所図会や絵本からヒントを得るという安易な仕事が増えた。

しかし、晩年に取り組んだ『名所江戸百景』は、困難とされた堅絵の大作（百十八枚）で、広重の絵師としてのプライドを感じさせる。だからこそゴッホやドガにも影響を与えたのだろう。

【この年の出来事】

**1月** 大坂の曲芸師早川虎吉、江戸で大評判となる。

**2・1** オランダ理事官クルチウス、アロー号事件を長崎奉行に報告。幕府の通商拒否方針について警告。

**3月** 鳥取藩、伯耆六尾村で反射炉の建設を開始。

**この春** 柳川春三『洋算用法』刊行。初の洋算書。

**4・11** 幕府、軍艦教授所（のちの軍艦操練所）を開設。

**4・27** 幕府、新田畑開発禁止を緩和。

**4月** アメリカ人ライス、箱館に上陸。

**5・22** お吉、ハリスの看護人となる。

**5・26** 下田奉行井上清直ら、日米下田条約に調印。

**閏5・4** 幕府、箱館通宝を鋳造。箱館・松前・蝦夷地で通用させ、物々交換制を改める。

**閏5・19** 薩摩藩主島津

脇坂安宅（淡路守）
本多忠民（中務大輔・美濃守）

◉京都町奉行

東
岡部豊常（備後守）

西
浅野長祚（中務少輔・和泉守）

◉大坂城代
土屋寅直（采女正）

◉大坂町奉行

東
佐々木顕発（信濃守）
戸田氏栄（伊豆守）

西
久須美祐雋（佐渡守）

◉長崎奉行
荒尾成允（土佐守）
川村修就（対馬守）
大久保忠寛（右近将監）
水野忠徳（甲子二郎・筑後守）
岡部長常（彦十郎・駿河守）

◉若年寄
本多忠徳（越中守）
遠藤胤統（但馬守）
本庄道貫（安芸守）
酒井忠毗（右京亮）
鳥居忠挙（丹波守）
本郷泰固（丹後守）

『名所江戸百景』
「真崎辺より水神の森内川関屋の里を見る図」

『名所江戸百景』「する賀てふ」

『名所江戸百景』「深川萬年橋」

## お吉、ハリスの看護人となる 五月二十二日

事件 災害

下田に入港したアメリカ総領事ハリスは、玉泉寺を領事館とした。下田奉行所は病弱なハリスの看護婦としてお吉《きち》（十七歳）を送り込んだ。お吉は尾張国知多郡内海の生まれだが、弘化元年（一八四四）に一家とともに伊豆に移り、船大工の父が没した後は、船頭たちの衣類の洗濯などで生計を立てていた。

支度金二十五両、一ヶ月の給金は十両という約束で、ハリスの愛妾になったとも、腫れ物があったため三日で暇を出されたともいう（のち二カ月間、領事館で働いたともいう）。

しかし領事館から暇を出されたあと、異国人に肌を許したといわれ、「唐人《とうじん》」と呼ばれて苛められた。支度金や給金で大金を手にしたとの噂もあったので、妬みも受けたのだろう。のちに幼なじみと結婚したり、三島で芸妓をしたり伊豆で小料理屋を開いたりしたが、明治二十四年（一八九一）三月二一日、稲生沢川《いのうざわがわ》栗の淵に身を投じて、五十歳の生涯を終えた。

## 和菓子店の栄太楼が開店

社会 世相

この年、「甘名納豆」「梅ぼ志飴」「玉だれ」の創作などで知られる江戸の和菓子店・栄太楼《えいたろう》が開店した。三代目の細田安兵衛《やすべえ》（幼名栄太郎）は、井筒屋《いづつや》と称して父の代まで屋台の菓子商を続けていたが、日本橋西河岸《にしがし》町に独立した店舗を設ける。日に千両を商うといわれた魚河岸で働く人々に支持されたという。

のち、屋号を自らの幼名にちなみ「栄太楼」とした。

斉彬、近代洋式工場を「集成館」と命名。
**6・17** 阿部正弘歿(39)。
**7・23** 幕府、徳川斉昭の幕政参与を免除。
**7・26** 諸大名、老中にハリスの江戸城登城反対を進言。
**7月** 佐久間象山、幕府に「急務十条」を提出。
**8・29** 幕府、オランダとの通商条約に調印。
**9・7** 幕府、ロシアと通商条約を調印。長崎・箱館での通商を許可。
**10・21** ハリス、江戸城に登城。将軍家定にアメリカ大統領親書を提出。
**11・27** ハリス暗殺未遂事件起こる。
**12・29** 将軍家定、諸大名を召集し、条約調印の事情を説明。
**12・29** 長崎奉行、翌春からの踏絵中止を布告。
**この年** 諸国で凶作。
**この年** 歌川広重『名所江戸百景』を発表。
**この年** 和菓子店「栄太楼」開店。

# 1858

# 安政五年

## 戊午

**天皇▼孝明天皇**

**将軍▼徳川家定**（第十三代　～八月八日）
**徳川家茂**（第十四代　十月二十五日～）

**【主要幕閣】**

**◉大老**
井伊直弼（掃部頭）

**◉老中**
久世広周（大和守）
内藤信親（紀伊守）
堀田正睦（備中守）
脇坂安宅（中務大輔）
松平忠固（伊賀守）
太田資始（備後守）
間部詮勝（下総守）
松平乗全（和泉守）

**◉寺社奉行**
松平信義（豊前守）
安藤信睦（長門守）
松平輝聴（右京亮）
板倉勝静（周防守）
松平宗秀（伯耆守）
水野忠精（左近将監）

**◉勘定奉行**
本多安英（加賀守）
川路聖謨（左衛門尉）
石谷穆清（因幡守）
土岐朝昌（豊前守）
永井尚志（玄蕃頭）
佐々木顕発（信濃守）
立田正明（主水正）
大沢秉哲（豊後守）

**◉江戸町奉行**
**北**
跡部良弼（甲斐守）
石谷穆清（因幡守）

## 日米修好通商条約に調印　六月十九日

政治経済

**ア**メリカの駐日総領事となったハリスは江戸へ乗り込み、幕府相手に修好通商条約締結のための交渉を進めたが、この年二月終わりには条約案もほぼまとまってきた。ところが最終段階に入って幕府は、「勅許」を得る必要があると調印を渋った。老中堀田正睦《まさよし》は上洛し、開国の必要を説き、献上品をばらまき、勅許を得ようとする。だが、孝明天皇は大の外国嫌いで、排他的考えに凝り固まっており、勅許は下りなかった。

四月二十三日、井伊《いい》直弼《なおすけ》が大老に就任。井伊は条約調印には賛成だったが、勅許はあくまで必要だと考えていた。

一方、ハリスは、その頃清国で起こったアロー号事件（第二次アヘン戦争）の情報を巧みに利用し、イギリス・フランスの日本襲来の可能性を説き、幕府側の不安を煽りたてる。そこで六月十九日、交渉の全権を委任された岩瀬忠震と井上清直《きよなお》が、神奈川沖のポーハタン艦上に赴き、ハリスとの間に修好通商条約に調印してしまった。これにより幕府は、「勅許なしの条約締結」といった非難を受けることとなる。

条約は公使の江戸駐在、神奈川・長崎・箱館・新潟・兵庫の開港、江戸・大坂の開市・自由貿易、片務的領事裁判権、協定関税制を定めていた。さらに幕府は七月にはオランダ・ロシア・イギリスと、九月にはフランスと同様の条約を締結する。これを「安政の五カ国条約」と呼ぶ。孝明天皇は激怒した。

また井伊は六月二十五日、将軍後継者を自らが推す紀州の慶福《よしとみ》（のちの家茂《いえもち》）に決定させた。井伊の独裁にブレーキをかけるため、天皇は八月八日、幕府と水戸藩に、いわゆる「戊午《ぼご》の密勅」を下す。条約調印を「勅答の御次第に相背きたる軽率の取り計らい」と批判し、徳川斉昭《なりあき》らの処分を詰問して、三家・三卿・家門・列藩を集めて合議制で政治を進めるよう求めたのだ。

## 貨幣交換規定を変更

文化思想

**嘉**永七年（一八五四）三月の日米和親条約では、「米一ドル＝天保一分銀一個」という日本に有利なレートであった。

ところが、日米修好通商条約締結の際、アメリカ総領事のハリスは金貨、銀貨はそれぞれ同一質量をもって交換すべきと主張。幕府は、一分銀は名目貨幣なので、金貨四ドル分の金を含む小判を基準にしようとしたが、ハリスに押し切られ、「米一ドル＝一分銀三個」の交換比率を承諾させられた。さらに銅銭を除く日本貨幣は、輸出できると定められる。このため日本に来た外国人はまず、一ドル銀貨を一分銀三個のレートで交換し、両替商に持ち込んで四個で小判を得る。そして国外に持ち出

天保一分銀

**【この年の出来事】**

**1・8**　幕府、老中堀田正睦に上京を指示。
**3・20**　孝明天皇、条約調印について諸大名と協議の上、再度勅許を請うようにと堀田正睦に通達。
**4・23**　彦根藩主井伊直弼、大老に就任。
**5・7**　蘭方医伊東玄朴ら、神田お玉ヶ池に種痘所を開設。
**6・19**　幕府、日米修好通商条約に無勅許調印。
**6・24**　徳川斉昭・徳川慶勝ら、不時登城し、無勅許調印について井伊直弼を詰問。
**6月**　長崎でコレラ流行。
**7・5**　幕府、徳川斉昭に謹慎、徳川慶勝・松平慶永に隠居謹慎を命令。
**7・6**　将軍徳川家定歿(35)。
**7・8**　幕府、外国奉行を設置。
**7・10**　幕府、日蘭修好通商条約に調印。続けて11日ロシア、18日イギリス、9月3日フランスと

**南**
池田頼方（播磨守）
伊沢政義（美作守）

**◉京都所司代**
本多忠民（美濃守）
酒井忠義（若狭守）

**◉京都町奉行**
**東**
岡部豊常（備後守）
**西**
浅野長祚（和泉守）
小笠原長常（長門守）

**◉大坂城代**
土屋寅直（采女正）
松平信義（豊前守）

**◉大坂町奉行**
**東**
戸田氏栄（伊豆守）
一色直温（山城守）
**西**
久須美祐雋（佐渡守）

**◉長崎奉行**
荒尾成允（土佐守）
岡部長常（駿河守）

**◉若年寄**
本多忠徳（越中守）
遠藤胤統（但馬守）
本庄道貫（安芸守）
酒井忠毗（右京亮）
本郷泰固（丹後守）
牧野康哉（遠江守）
稲垣太篤（安芸守・長門守）
安藤信睦（対馬守）

して売却し、莫大な利益を得た。こうして大量の小判が流出することになる。

## 安政の大獄が始まる　九月七日

事件災害

「戊午の密勅」降下に衝撃を受けた大老井伊直弼は、一橋派や開国反対派などの公卿や大名、在野の浪人、僧侶、商人に至るまで、自分の政策の邪魔になる者たちを根絶やしにすべく、厳しい弾圧を加えた。これが「安政の大獄」である。

この日、京都において梅田雲浜《うめだうんぴん》（源次郎）が捕縛投獄されたのが、第一号。梅田は若狭小浜藩出身の浪人学者で、在野における勤王運動の指導者として知られていた（翌六年九月十四日、江戸で獄死）。梅田と同時に京都で捕縛される予定だった勤王詩人の梁川星巌《やながわせいがん》は九月二日、七十歳でコレラで病歿したため「詩（死）に上手」といわれた。

大獄の連座者は百余名を数えたという。その内、死罪に処されたのは次の八名だ。切腹は水戸藩士安島帯刀《あじまたてわき》、斬首は水戸藩士茅根伊予之介《ちのねいよのすけ》・同鵜飼吉左衛門《うがいきちざえもん》・三条家士飯泉《いいいずみ》喜内《きない》・越前藩士橋本左内《さない》・頼三樹三郎《らいみきさぶろう》・長州浪人吉田松陰《しょういん》、獄門は水戸藩士鵜飼幸吉《こうきち》である。

梅田雲浜

## コレラ大流行

社会世相

この年の夏に駿河でコレラが発生し、七月には江戸に入って猛威をふるった。

コレラはコレラ菌によって小腸が侵され、激しい下痢と高熱を伴う急性伝染病である。インドで起こり、ヨーロッパに広がり、日本には文政五年（一八二二）、長崎から入って来たとされる。この病気は当時、世界的に予防・治療法が発見されておらず、死ぬ確立が高いことから「コロリ」とか「三日コロリ」とか呼ばれ、恐れられた。また、ヨーロッパからもたらされた病だったため、開国に反対する攘夷論を煽ることにもつながった。『武江年表』によれば、この年、江戸におけるコレラの死者は二万八千余人だという。

一家をあげてコレラに罹《かか》り、看護を求めて道に這い出たまま死んだ者がいたとか、大儲けをした葬儀屋が、翌日には自分が棺桶に入っていたとか、さまざまな悲惨な話が伝えられる。夜の往来は途絶え、魚は毒になるとの噂が広がって、魚屋や料理屋は閑散とした。秋になって少し落ち着いたようだが、ともかく凄まじかったようだ。

コレラを広めると考えられた獣（『藤岡屋日記』）

の修好条約に調印（安政の5か国条約）。
**7月**　幕府、長崎に英語伝習所（のちの英語所・洋学所）を設置。
**7月**　幕府、湯屋での男女混浴を禁止。
**7月**　江戸でコレラ流行。
**8・8**　幕府、将軍徳川家定の喪を発し、家茂が将軍を継承。
**8・8**　孝明天皇、無勅許調印について詰問する戊午の密勅を水戸藩に下賜。
**8・29**　渋江抽斎歿(54)。
**9・6**　歌川広重歿(62)。
**9・7**　幕府、もと小浜藩士梅田雲浜を捕縛（安政の大獄の始まり）。
**10・25**　徳川家茂、第14代将軍宣下。
**10月**　福沢諭吉、鉄砲洲の中津藩邸で蘭学教授を開始。
**11・16**　西郷隆盛、勤王僧月照と錦江湾に入水。西郷のみ生還。
**この年**　浅草呉服橋の青柳才助、佃煮を始める。

# 1859 安政六年

己未

天皇▼孝明天皇

将軍▼徳川家茂（第十四代）

【主要幕閣】
◉大老
井伊直弼（掃部頭）
◉老中
内藤信親（紀伊守）
脇坂安宅（中務大輔）
太田資始（備後守）
間部詮勝（下総守）
松平乗全（和泉守）
◉寺社奉行
松平輝聴（右京亮）
板倉勝静（周防守）
松平宗秀（伯耆守）
水野忠精（左近将監）
松平信古（伊豆守）
◉勘定奉行
土岐朝昌（豊前守）
佐々木顕発（信濃守）
立田正明（主水正）
大沢秉哲（豊後守）
山口直信（丹波守）
松平近韶（式部少輔）
水野忠徳（筑後守）
林垣範正（淡路守）
塚越元邦（藤助・大蔵少輔）
松平康正（久之丞・出雲守）
竹田斯綏（豊前守）
◉江戸町奉行
北
石谷穆清（因幡守）

## 生糸、高騰

政治 経済

安政の五カ国条約により始まった貿易の基本は、日本から生糸と茶を輸出し、綿糸・綿織物・毛織物を輸入するというものだった。その頃、イタリアやフランスをはじめとするヨーロッパ諸国では、蚕の微粒子病が拡がって生糸生産が大きく落ち込んでいた。また中国でも太平天《たいへいてん》国《ごく》の乱の影響で、生糸は大減産であった。そこで日本の安い生糸に、世界中から買い手が殺到したのである。

上州・甲州・信州・武州・奥州福島などの寒村で採れた生糸が、開港したばかりの横浜に集められ、世界に向けて旅立っていった。

養蚕農家にとっては、開国は福の神だ。一年で二十五両だった甲州のある養蚕農家の収入は、開国から五年後、三十四倍の八百五十九両に急増していた。

ところが、生糸の生産量は開国から三、四年で二倍に増大したものの、輸出はそれ以上に増えてしまった。このため国内市場に回る分は、貿易開始前の半分になったという。

開国は、従来の江戸問屋中心の流通機構を破綻させ、米・油・茶などにも影響し、急激な物価高騰が庶民の生活に大打撃を与えた。攘夷論の裾野が拡がったのも、このためだ。

幕府は万延元年（一八六〇）閏三月、主要輸出品である雑穀・水油・蝋・呉服・生糸の五品に限り、産地から江戸に回送し、国内需要を考慮したのちに横浜に出荷するという「五品《ごひん》江戸《えど》廻送令《かいそうれい》」を発し、貿易統制を行なおうとした。しかし、横浜へはたくさんの抜け道が存在していたため、期待したほどの効果が上がらなかったという。

## ヘボン、グラバーが来日 八月二十三日、九月二十三日

文化 思想

開国とともに多くの外国人が来日するようになったので、六月一日、外貨の通用が布告される。さらに十二月には、往来で外国人に出会った際には、不作法がないようにとの布告が出された。

八月二十三日、イギリス商人のトーマス・ブレイク・グラバーが長崎に来航。すぐにグラバー商会を作り、幕末の動乱に乗じて武器・弾薬を主とした海運業で巨利を得た。グラバーは薩長の時代を予見し、薩摩藩士の密航留学を手助けしたり、英国公使パークスに助言したりした。

九月二十三日、アメリカの宣教師で医師のジェームス・

グラバーと岩崎弥太郎

【この年の出来事】

**1・13** 幕府、長崎・箱館・神奈川の開港により、出稼ぎ・移住・自由売買を許可。

**2・24** 幕府、軍艦奉行を設置。

**5・26** イギリス駐日総領事オールコック、高輪東禅寺を領事館とする。

**5・27** ハリス、弁理公使への昇進を幕府に報告。麻布善福寺を公使館とする。

**6・1** 幕府、安政二朱銀を鋳造。外国通貨通用を通達。

**6・2** 幕府、神奈川・長崎・箱館で米・英・仏・露・蘭との自由貿易を開始。

**6・4** 幕府、神奈川奉行を設置。

**6・30** ジョセフ・ヒコ、アメリカ領事館通訳として帰国。

**7・6** ドイツ人シーボルト、30年ぶりに来航。

**7・27** 攘夷派、ロシア使節ムラビヨフの乗組員を殺害。

**8・13** 幕府、メキシコ銀貨と同品質の一分銀を鋳造。

**8・16** 水戸藩士高橋多

**南**
池田頼方（播磨守）

**◉京都所司代**
酒井忠義（若狭守）

**◉京都町奉行**
**東**
岡部豊常（備後守）
大久保忠寛（伊勢守）
水野忠全（伊勢守）
関行篤（出雲守）
**西**
小笠原長常（長門守）

**◉大坂城代**
松平信義（豊前守）

**◉大坂町奉行**
**東**
一色直温（山城守）
**西**
久須美祐雋（佐渡守）

**◉長崎奉行**
荒尾成允（土佐守）
岡部長常（駿河守）

**◉若年寄**
本多忠徳（越中守）
遠藤胤統（但馬守）
酒井忠毗（右京亮）
牧野康哉（遠江守）
稲垣太篤（安芸守・長門守）
安藤信睦（対馬守）

**◉側用人**
水野忠寛（出羽守）

カーチス・ヘボンが横浜に来航。ヘボンは伝導と施薬の傍ら、和英辞書『和英語林集成』を完成させたが、これを用いたローマ字の綴りが「ヘボン式」と呼ばれるようになる。

## 幕府、水戸藩を処罰　八月

事件災害

いわゆる「安政の大獄」は、水戸藩に対して最も厳しい弾圧を加えた。京都で「戊午《ぼご》の密勅」降下に関わった水戸藩士では、安島帯刀《あじまたてわき》が切腹、茅根伊予之介《ちのねいよのすけ》・鵜飼《うがい》吉左衛門《きちざえもん》が斬首に処されたほか、密勅を水戸に運んだ鵜飼《うがい》幸吉《こうきち》が最も重い獄門に処される。ほかにも遠島や追放などに処された者が多数いた。

前藩主徳川斉昭《なりあき》（烈公）には国許永蟄居、藩主徳川慶篤《よしあつ》には差控が命じられる。さらに将軍継嗣争いに敗れた一橋慶喜《よしのぶ》（斉昭の実子）や一橋派の尾張藩主徳川慶勝《よしかつ》には隠居・慎、越前藩主松平慶永《よしなが》（春嶽《しゅんがく》）・土佐藩主山内豊信《とよしげ》（容堂《ようどう》）・宇和島藩主伊達宗城《むねなり》らには慎・隠居が命じられた。

さらに大老井伊直弼《いいなおすけ》は、腹心の老中間部詮勝《まなべあきかつ》を京都に送り込んで周旋させ、この年二月、水戸藩に下った密勅を返納させるための沙汰を引き出すことに成功する。十二月には、朝廷の後ろ盾を失った水戸藩の小石川屋敷に、老中安藤信正を遣わして、密勅の返納を厳しく命じた。背けば違勅の罪になるとも、威嚇する。

これに対し水戸藩では、大評定の末、勅返納やむなし、との意見でまとまる。ところが、こうした藩上層部の態度を日和見的だと憤慨した下級武士たちは納得せず、返納に反対し、井伊大老を暗殺して幕府改革を行なおうと考えるようになったのである。

## 横浜を開港　六月二日

社会世相

安政の五カ国条約により、「神奈川」の開港が決まった。しかし、ここは東海道の宿場でもあったため、幕府は神奈川宿の一部という理屈で、対岸の横浜村に港を建設すると決める。アメリカ総領事ハリスやイギリス総領事オールコックらはこれに猛反対したが、幕府は強行。外国奉行の指揮下で突貫工事を進め、予定日のこの日（西暦では一八五九年七月一日）、横浜開港にこぎつけて、名も横浜町となる。以後、外国文化の窓口として急速に発展することとなる。

当初の横浜町は神奈川奉行（外国奉行兼帯）の管轄で、町のほぼ中央に建設された運上所《うんじょうしょ》を中心に、南東の外国人居留地と北西の日本人居住区からなっていた。また、運上所から北の海岸には、外国人の貨物と日本人の貨物をそれぞれ扱う波止場が東西に設けられた。

横浜の運上所（『イラストレイテドロンドンニュース』）

万延元年（一八六〇）四月より、海岸から少し離れた大田新田に岩《がん》亀《き》楼《ろう》などの外国人相手の遊廓が出来、名物になった。「露をだにいとう大和の女郎花　ふるアメリカに袖はぬらさじ」と詠んで自殺した遊女喜遊に、共感が集まったりした。

一郎・関鉄之助ら、墨田大七楼で井伊直弼襲撃について密議。
**8・23**　イギリス商人グラバー、長崎に来航。
**8・27**　幕府、徳川斉昭を国許永蟄居、一橋慶喜を隠居謹慎処分とし、一橋派を処罰。
**9・14**　梅田雲浜獄死(45)。
**9・23**　アメリカ人宣教医ヘボン夫妻、神奈川に来航。
**9・24**　佐藤一斎歿(88)。
**9・27**　幕府、会津・仙台・南部・津軽・秋田・庄内藩に蝦夷地を分与。警備・開拓を命令。
**10・13**　アメリカ人宣教師フルベッキ来航。
**10・17**　江戸城本丸で火災。
**10・21**　百姓川手文治郎、金光教を創始。
**10・27**　幕府、吉田松陰を処刑(30)。
**11・9**　幕府、外国通貨による年貢・上納金を許可。
**12・8**　幕府、下田港を閉鎖。
**この年**　三遊亭円朝、『累ヶ淵後日の怪談』を道具仕立てで口演、大当たり。
**この年**　福沢諭吉、中浜万次郎から英語を学ぶ。
**この年**　大蔵永常『広益国産考』刊行。

# 1860 万延元年（安政七年）

庚申

天皇▼孝明天皇

将軍▼徳川家茂（第十四代）

**【主要幕閣】**

**◉大老**
井伊直弼（掃部頭）

**◉老中**
内藤信親（紀伊守）
脇坂安宅（中務大輔）
松平乗全（和泉守）
安藤信正（対馬守）
久世広周（大和守）
本多忠民（美濃守）
松平信義（豊前守）

**◉寺社奉行**
松平輝聴（右京亮）
松平宗秀（伯耆守）
水野忠精（左近将監）
松平信古（伊豆守）
青山幸哉（大膳亮）
牧野貞明（越中守）

**◉勘定奉行**
山口直信（丹波守）
松平近韶（式部少輔）
塚越元邦（大蔵少輔）
松平康正（出雲守）
竹田斯綏（豊前守）
酒井忠行（隠岐守）
小笠原長常（長門守）

**◉江戸町奉行**
**北**
石谷穆清（因幡守）
**南**
池田頼方（播磨守）

## 咸臨丸、出帆　一月十三日

政治経済

日米修好通商条約の確認作業である批准書の交換は、アメリカ・ワシントンで行われることになった。

この使節団の人選には紆余曲折あったが、安政六年（一八五九）九月に発表されたのが、正使に新見《しんみ》正興《まさおき》、副使に村垣範正《むらがきのりまさ》、目付に小栗忠順《おぐりただまさ》というものだった。

使節団はこの年一月十八日、迎えに来たアメリカ艦ポーハタン号に品川沖から乗り組み、アメリカ本国に向けて出発。ハワイからサンフランシスコを経て南下し、パナマ地峡を汽車で横断。大西洋側に出、アメリカ軍艦ロアノーク号で北上し、小蒸気船に乗り換えて、ポトマック河をさかのぼった。ワシントンに到着したのは、閏三月二十五日である。

苦難の海路を描いた『咸臨丸難航図』

さらに幕府は、海軍技術を試すために、オランダ製の咸臨丸（三百トン）を使節団より一足先に浦賀からアメリカ・サンフランシスコへ向かわせた。提督は木村喜毅《よしたけ》（芥舟《かいしゅう》）、艦長は勝麟太郎（海舟）だ。百人余りの乗組員の多くは長崎海軍伝習所の出身。福沢諭吉は木村の従者として、中浜（ジョン）万次郎は通訳として加わっていた。

太平洋を横断した咸臨丸は二月二十五日、サンフランシスコに到着。ペリー来航から七年で、日本人の手で成し遂げた快挙であった。

## 歌舞伎『三人吉三』初演　一月十四日

文化思想

一月十四日、江戸市村座で歌舞伎『三人吉三《さんにんきちさ》廓《くるわの》初《はつ》買《がい》』（通称『三人吉三』）が初演された。二代目河竹新七作（黙阿弥）作で全七幕。和尚吉三・お坊吉三・お嬢吉三と名乗る三人の盗賊が出会い、意気投合。お嬢吉三が夜鷹から奪った小判百両と、短刀「庚申丸」をめぐる因果応報の末、刺し違えて死ぬというストーリー。

特に二幕目の、節分の夜、百両の金を奪ったお嬢吉三が朗々と独白したのち、三人が出会って義兄弟の契りを結ぶという「大川端庚申塚の場《おおかわばたこうしんづかのば》」は歌舞伎のなかでも人気の演目になってゆく。

ただし初演は、隣の中村座に出ていた四代目中村福助の人気に奪われ、興行としてはいま一つだったという。

## 桜田門外の変　三月三日

事件災害

孝明天皇は大老井伊《いい》直弼《なおすけ》の独裁政治を抑えるため、幕政改革の密勅を水戸藩に下した。衝撃を受けた井伊は「安政の大獄」を断行し、水戸藩をはじめとする反対

**【この年の出来事】**

**1・13** 幕府軍艦咸臨丸、アメリカ渡航のため品川を出港。
**1・14** 江戸市村座で、『三人吉三廓初買』初演。
**1・18** 幕府遣米使節団、条約批准書交換のためアメリカ軍艦ポーハタン号で品川を出港する。
**2月** 水戸藩士、戊午の密勅返納に反発し多数脱藩。
**3・3** 井伊直弼（46）、江戸城桜田門外で水戸浪士・薩摩浪士の襲撃を受け斬殺（桜田門外の変）。
**3・18** 江戸城本丸焼失により万延に改元。
**3・23** 水戸浪士高橋多一郎、四天王寺境内で自刃（47）。
**閏3・19** 幕府、五品江戸廻送令を発布。
**4・1** 富士登山が女性に解禁。
**4・10** 幕府、金流出防止のため万延小判を鋳造。
**5・11** 京都所司代酒井忠義、幕命により関白九条尚忠に和宮降嫁の斡旋を要求。

**◉京都所司代**
酒井忠義（若狭守）
**◉京都町奉行**
**東**
関行篤（出雲守）
**西**
小笠原長常（長門守）
原清穆（伊予守）
**◉大坂城代**
松平信義（豊前守）
松平宗秀（伯耆守）
**◉大坂町奉行**
**東**
一色直温（山城守）
**西**
久須美祐雋（佐渡守）
**◉長崎奉行**
岡部長常（駿河守）
**◉若年寄**
本多忠徳（越中守）
遠藤胤統（但馬守）
酒井忠毗（右京亮）
牧野康哉（遠江守）
稲垣太篤（安芸守・長門守）
安藤信睦（対馬守）
堀之敏（出雲守）
諏訪忠誠（因幡守）
水野忠精（和泉守）
**◉側用人**
水野忠寛（出羽守）

派に厳しい弾圧を加える。これに対する水戸側のさらなる反撃が、「桜田門外の変」だ。

井伊から督促された水戸藩の上層部は、密勅返納を決めたが、これに下級武士を中心とする過激派数百名が反発。彼らのうち、高橋《たかはし》多一郎《たいちろう》・関鉄之介《せきてつのすけ》らは危機を察して脱藩し、浪士となる。そして、薩摩藩の同志とかねてから進めていた計画を実行に移そうとした。井伊を暗殺し、横浜の外国人商館を焼き、薩摩藩兵三千人の上京を待ち、東西呼応して幕政改革を進めるのだ。ところが薩摩藩主の告諭があり、多くの者が脱落していく。

桜田門外の変

追い詰められた浪士らは三月三日朝、雪のなかで、登城途中の井伊の行列を桜田門外で襲撃した。刺客は水戸十七名、薩摩一名の十八名である。不意を突かれた井伊の家臣たちは雨合羽と柄袋が邪魔をして、即座に応戦が出来ず、次々と浪士たちに斬り殺された。駕籠のなかの井伊は、わずかの間に首級を落とされてしまう。享年四十六。

浪士側は現場で闘死が一名、負傷後自殺が四名、大名屋敷に自首が八名、逃走が五名である。浪士たちはまず、幕府内の政権交代を望んだのであり、討幕といった考えはなかった。だが、白昼堂々と大老が暗殺されるという未曾有の大事件は、幕府権威の失墜を海外にまで知らしめることになる。欧米の新聞は「このテロは新たな政権抗争の始まりなのであろうか」「この国は不安定な政治状況にあり、政治家の指導力は弱まっている」などと報じた。そして結果として、幕府崩壊を加速させていく。

## 富士登山、女性に解禁　四月一日

社会世相

富士山は古代より中世までは、修験者が登る霊峰《れいほう》だった。江戸時代になっても「女人禁制」で、吉田口登山口にある富士御室浅間《ふじおむろせんげん》神社で女性は足止めされた。

ただし、孝安天皇御宇九十二年、庚申の年の開闢《かいびゃく》と伝えられることから、六十年に一度、庚申の年に限り女性にも登山が解禁された。この年は四月一日から八月晦日までであり、登山者数は二万二千七百人だったという。

浅間大菩薩は神社では女性、寺院で男性と考えられていた。しかし神仏混合、男女を超越した存在との見方もある。

なお、天保三年（一八三二）に男装して富士講行者に紛れ込み、富士山登頂に成功した高山たつという二十五歳の女性の逸話もある。解禁になったのは、明治五年（一八七二）のことだ。

**6・17** 幕府、ポルトガルと日葡修好通商条約を調印。
**7・11** 将軍家茂、アメリカ渡来の豹を江戸城内で観覧。
**7・22** 水戸藩士西丸帯刀、長州藩士桂小五郎らと会見（西丸盟約）。
**8・18** 孝明天皇、降嫁勅許を幕府に通達。九条尚忠に和宮・有栖川宮の婚約解消を指示。
**9・4** 幕府、一橋慶喜・徳川慶勝・松平慶永らの謹慎を解除。
**10・18** 孝明天皇、条約破棄・公武融和を条件として和宮降嫁を勅許。
**11・3** 幕府、国内の穀物不足のため米・麦粉の輸出を禁止。
**12・1** 孝明天皇、幕府の条約調印により、和宮降嫁の破談を通達。9日、譲歩。
**12・5** 薩摩藩士伊牟田尚平ら、アメリカ公使館通弁官ヒュースケンを殺害。
**12・14** 幕府、プロイセンと日普修好通商条約を調印。
**12・16** 英仏公使、外国人殺傷事件に抗議して横浜に退去。

# 1861

# 文久元年(万延二年)

## 辛酉

天皇▼孝明天皇

将軍▼徳川家茂(第十四代)

**【主要幕閣】**

**●老中**
内藤信親(紀伊守)
安藤信正(対馬守)
久世広周(大和守)
本多忠民(美濃守)
松平信義(豊前守)

**●寺社奉行**
松平信古(伊豆守)
青山幸哉(大膳亮)
牧野貞明(越中守)
板倉勝静(周防守)
井上正直(河内守)

**●勘定奉行**
塚越元邦(大蔵少輔)
松平康正(出雲守)
酒井忠行(隠岐守)
小笠原長常(長門守)
竹内保徳(下野守)
一色直温(山城守)
根岸衛奮(肥前守)

**●江戸町奉行**
**北**
石谷穆清(因幡守)
**南**
池田頼方(播磨守)
黒川盛泰(備中守)

**●京都所司代**
酒井忠義(若狭守)

**●京都町奉行**

### 長州藩主、航海遠略策を採用　三月二十八日

政治経済

長州藩主の毛利慶親《よしちか》(敬親《たかちか》)は三月、中央政局に乗り出す手土産として、藩士(直目付《じきめつけ》)長井雅楽《うた》が建言した「航海遠略策《こうかいえんりゃくさく》」を採用し藩論とした。

「航海遠略策」は開国以来、混乱する政局を収めるため、長州藩が朝廷・幕府間を周旋しようとするものだ。幕府が行なった開国を既成事実として認め、朝廷の鎖国攘夷を改めさせた上で、国内が一丸となって国難にあたり、天皇の威を世界に雄飛させようという、ある意味、積極的な攘夷論とも解釈できる。平城《へいぜい》天皇の皇子阿保《あぼ》親王を先祖に持つ毛利家は、皇室との関係が深い。家紋の「一文字三星(一に三つ星)」は、阿保親王が「一品《いっぽん》」の称を得ていたことに由来する。

長井はまず、朝廷を説き、好感触を得る。次に幕府の老中安藤信正《のぶまさ》・久世《くぜ》広周《ひろちか》の支持を取り付ける。孝明天皇までが、『航海遠略策』に乗り気だったという。ところが同じ長州藩の久坂玄瑞《くさかげんずい》・桂小五郎ら攘夷派は激しく反発し、長井排斥運動を起こす。さらに翌文久二年(一八六二)四月、薩摩藩主の父島津久光《ひさみつ》が上洛し、勅を得て幕府改革に乗り出したことで、長州藩の精彩は一気に陰りを見せる。朝廷側からも非難を受けるようになった長州藩は、長井にその責を全て負わせ、解決しようとした。六月、失脚した長井は萩に帰国して謹慎、文久三年二月六日に切腹させられる。このの ち長州藩は、奉勅攘夷を藩論とし、外国艦を砲撃するなど過激な活動を行なうようになるのである。

### 三遊亭円朝『怪談牡丹灯籠』が人気

文化思想

中国明時代の小説集『剪灯新話《せんとうしんわ》』のなかに収められた「牡丹灯記《ぼたんとうき》」に材を求めた三遊亭円朝の創作落語が、『怪談牡丹灯籠《かいだんぼたんどうろう》』である。迫真的な語りが、人気を呼んだ。浪人萩原新三郎に恋焦がれて死んだ旗本飯島家の娘お露《つゆ》は、夜な夜な牡丹灯籠を手にして新三郎のもとを訪れる。やがて新三郎は、愛しい女がこの世の者ではないと知る。これに飯島家の御家騒動などが絡むといったストーリー。

円朝歿後も歴代の大真打ちによって演じ続けられ、明治二十五年(一八九二)七月には河竹新七によって歌舞伎化もされた。速記本は二葉亭四迷をはじめ、明治文学の文体に多大な影響を与えた。『四谷怪談』『番町皿屋敷』とともに日本三大怪談と称される。

### 第一次東禅寺事件　五月二十八日

事件災害

アメリカ公使館の通詞ヒュースケンが、江戸麻布薪河《まき》原で攘夷派により暗殺されたのは、万延元年(一八六〇)十二月五日のことだ。これが江戸における外国人暗殺の第一号となった。続いてイギリス公使館となっていた高輪《たかなわ》の東禅寺《とうぜんじ》が襲撃されたのが、この年五月二十八日深夜のことである。

襲ったのは水戸浪士の有賀半弥《ありがはんや》・岡見留次郎《とめじろう》・前木新八《しんぱち》

**【この年の出来事】**

**2・1** 幕府、関八州に浮浪鎮圧を指示。
**2・3** ロシア軍艦ポサドニック号、占拠を目的に対馬へ来航。
**2・4** 幕府、警備強化のため、永代橋・新大橋・両国橋・大川橋に番所を設置。
**2・19** 辛酉革命説により文久に改元。
**3・5** 歌川国芳歿(65)。
**3・26** 幕府、軽犯者などへの懲罰として蝦夷地での労役を規定。
**3・28** 長州藩、長井雅楽の「航海遠略策」を採用。
**4・12** ポサドニック号乗組員、藩兵・百姓と衝突。
**4・29** 幕府、上海との貿易を開始。
**5・15** 長井雅楽、上京し「航海遠略策」を朝廷に説く。
**5・28** 水戸浪士ら14名、高輪東禅寺のイギリス仮公使館を襲撃(第1次東禅寺事件)。
**6・3** 蘭方医伊東玄朴、クロロホルム麻酔を使用した脱疽手術を実施。
**7・2** 長井雅楽、老中久世広周に「航海遠略策」

**東**
関行篤（出雲守）
大久保忠董（喜右衛門・土佐守）
**西**
原清穆（伊予守）

**◉大坂城代**
松平宗秀（伯耆守）

**◉大坂町奉行**
**東**
一色直温（山城守）
川村修就（壱岐守）
**西**
久須美祐雋（佐渡守）
鳥居忠善（越前守）

**◉長崎奉行**
岡部長常（駿河守）
朝比奈昌寿（八左衛門・甲斐守）
高橋和貫（平作・美作守）

**◉若年寄**
遠藤胤統（但馬守）
酒井忠毗（右京亮）
堀之敏（出雲守）
諏訪忠誠（因幡守）
水野忠精（和泉守）
遠山友詳（信濃守）
加納久徴（遠江守）
田沼意尊（玄蕃頭）

**◉側用人**
水野忠寛（出羽守）

郎《ろう》を首謀者とする十四名（異説あり）だ。安政六年（一八五九）六月に着任したイギリス公使オールコックが、日本一の霊峰富士に登山し、東海道を旅したのが、単純な攘夷論者を刺激したという。

浪士たちはオールコックの寝室が分からず、幕吏たちの必死の防戦に遮られた。そして有賀をはじめ浪士側は捕らえられたり斬られたりして、ほぼ全滅。公使館側は護衛の職員二名が殺されたが、オールコックは無傷だった。とはいうものの、厳重な警備下にある公使館が直接襲撃された事件だけに、駐日欧米人たちは衝撃を受ける。

オルコック

東禅寺事件（『イラストレイテドロンドンニュース』）

さらに一年後、文久二年五月二十九日深夜、東禅寺は再び襲われた。オールコックは帰国中で、代理公使ニールが前月に東禅寺へ入ったばかりだった。幕府や諸藩士数百名が厳重に護衛していたにも関わらず、襲撃者はニールの寝室近くまで入り、見張り役の二人を斬って去る。

翌日判明した犯人は護衛の一人、松本藩士伊藤軍兵衛《ぐんべえ》だった。警固による藩への負担を案じた末の行動だったという。負傷した伊藤は番小屋で自決していた。

## 皇女和宮が降嫁のため発駕　十月二十日　社会 世相

井伊大老亡きあと、幕政運営の中心となったのは、老中久世広周と安藤信正だった。安藤は朝廷の威を借り、公武合体によって幕府権威を立て直そうとする。その具体策として孝明天皇の妹和宮《かずのみや》を将軍家茂《いえもち》へ降嫁させるという、兼ねてからの懸案に取り掛かった。

家茂と和宮は同年の生まれで、万延元年（一八六〇）当時十五歳。最初、天皇は幕府からの縁談を断る。和宮は六歳の頃、有栖川宮熾仁《たるひと》親王と婚約もしていたからだ。だが、侍従岩倉具視《ともみ》は降嫁を許す条件として、幕府に攘夷断行を誓わせようと提案する。これに天皇の心が動き、攘夷の実行を条件に和宮降嫁を承諾した。

この年十月二十日、和宮は家茂に降嫁するため京都を発ち、中山道を下って江戸へ向かう。行列の総勢二万人、駕籠の数八百挺という空前絶後の嫁入り行列だ。

江戸城において家茂と和宮の婚儀が行なわれたのは翌文久二年二月十一日のことだ。政略結婚だったが、夫婦仲は睦まじかったという。だが、過激な攘夷派の反発も凄まじく、一月十五日には江戸城坂下門外で、安藤が水戸浪士六名に襲撃された。安藤は負傷しただけだったが、非難の声が高まり、四月になって老中を退いた。

を上申。
**7・9**　イギリス公使オールコック、軍艦2隻を対馬に派遣。ロシア軍艦に退去を要請。
**7・19**　イギリス公使オールコック、測量資料として伊能忠敬作の実測地図の貸与を幕府に要請。
**7・26**　幕府、桜田門外の変に関わった水戸浪士を処罰。
**8・15**　ポサドニック号、イギリスの要請を受け退去。
**10・20**　皇女和宮、京都を出立。
**10・28**　幕府、種痘所を西洋医学所と改称。
**12・4**　幕府、小笠原開拓のため、外国奉行水野忠徳らを派遣。
**12・7**　蕃書調所の加藤弘之、『鄰艸』を執筆。立憲政治の導入を主張。
**12・11**　皇女和宮、江戸城大奥に入る。
**12・22**　幕府遣欧使節竹内保徳・松平康直ら、開市開港延期交渉のため品川を出港。
**この年**　三遊亭円朝『怪談牡丹灯籠』、人気となる。
**この年**　町絵師金蔵（絵金）の芝居絵、人気となる。

# 1862

# 文久二年

## 壬戌

**天皇▼孝明天皇**

**将軍▼徳川家茂**（第十四代）

**【主要幕閣】**

**◉老中**
内藤信親（紀伊守）
安藤信正（対馬守）
久世広周（大和守）
本多忠民（美濃守）
松平信義（豊前守）
水野忠精（和泉守）
板倉勝静（周防守）
脇坂安宅（中務大輔）
小笠原長行（図書頭）
井上正直（河内守）

**◉寺社奉行**
松平信古（伊豆守）
牧野貞明（越中守）
板倉勝静（周防守）
井上正直（河内守）
牧野忠恭（備前守）
有馬道純（左兵衛佐・遠江守）
諏訪忠誠（因幡守）
松平忠恕（摂津守）

**◉勘定奉行**
松平康正（出雲守）
酒井忠行（隠岐守）
小笠原長常（長門守）
竹内保徳（下野守）
根岸衛奮（肥前守）
小栗忠順（豊後守）
川勝広運（縫殿助・丹波守）
津田正路（近江守）
都筑峯暉（駿河守）
一色直温（山城守）

**◉江戸町奉行**
**北**
石谷穆清（因幡守）
小笠原長常（長門守）
浅野長祚（備前守）

### 参勤交代制が緩和　閏八月二十二日

政治経済

薩摩藩の島津久光《ひさみつ》らの周旋により、政事総裁職として復権した松平慶永《よしなが》（春嶽《しゅんがく》）は、一橋慶喜《ひとつばしよしのぶ》とともに万難を排し、空前ともいう「文久の幕政改革」に取りかかった。

その一つに、大名の参勤交代制緩和がある。隔年交代であったのを三年に一度の出府と定め、江戸滞在は最大百日。妻子の帰藩や、江戸藩邸の家臣を減らすことなども許され、在府中は時々登城し、政務に関する意見を述べるよう伝えられた。しかし、大名統制が難しくなるとの、内部からの非難の声も上がった。また、反幕的な攘夷派は、幕府権威の失墜であると評した。

ところが「禁門の変」後の長州征伐を機に、元治元年（一八六四）九月、幕府は参勤交代を旧に復活させるが、従わない大名も増えた。事実上、ここで制度は崩壊したといえる。

### 歌舞伎『白浪五人男』を初演　三月一日

文化思想

二代目河竹新七（黙阿弥）作の歌舞伎狂言である『白《しら》浪五人男《なみごにんおとこ》』は、『青砥稿《あおとぞうし》花紅彩画《はなのにしきえ》』（五幕）の通称。この日、江戸市村座で初演された。

石川五右衛門、鼠小僧と並ぶ屈指の盗賊、五人の白浪たち（南郷力丸《なんごうりきまる》・赤星十三郎《あかほしじゅうざぶろう》・弁天小僧菊之助《べんてんこぞうきくのすけ》・忠信利平《ただのぶりへい》・日《にっ》本駄右衛門《ぽんだえもん》）はアンチヒーローであり、極悪人ではないのが庶民に受けた。捕り手を前に勢揃いした五人が、一人ずつ「渡り台詞」で見得を切り、朗々とした七五調で名乗る姿は歌舞伎の様式美が凝縮されているとされる。

弁天小僧菊之助は、河竹新七が両国橋で目撃したという女物の着物を着た美青年というように、五人にはそれぞれ実在・架空のモデルとなった人物がいる。

### 寺田屋事変が起こる　四月二十三日

事件災害

幕末になると、外様大名が藩の力を背景に朝廷・幕府間に割り込み、中央政局に進出を始めた。口火を切ったのは長州藩だ。開国を既成事実として認めた「航海遠略策《こうかいえんりゃくさく》」を掲げ、公武間の周旋を始めた。

これに刺激されたのが薩摩藩だ。この年三月、国父（藩主の父）島津久光が兵力一千余りを率いて薩摩を発ち、京都を目指す。京都は久光を待望する空気にあふれ、長州藩の影は薄れる。過激な攘夷派たちは久光上洛を変革、挙兵の好機と捉えた。久留米の真木和泉《まきいずみ》、筑前の平野国臣《こくおみ》、土佐の吉村虎太郎《とらたろう》、出羽の清河《きよかわ》八郎をはじめ、浪士らが京都・大坂に集結する。四月二十三日、薩摩藩誠忠《せいちゅう》組の有《あり》馬新七《ましんしち》らは、幕府寄りの関白・九条尚忠《ひさただ》や京都所司代・酒井忠義《ただよし》の襲撃計画を実行に移すため、数十名の同志とともに伏見寺田屋に集まった。

これを知った久光は内勅を得、同じく誠忠組の奈良原喜《ならはらき》八郎《はちろう》らを鎮撫のため伏見へ送り込む。そして、説得に応じ

**【この年の出来事】**

**1・15**　老中安藤信正、江戸城坂下門外で水戸浪士に襲撃され負傷（坂下門外の変）。
**1月**　蕃書調所、『官板バタビヤ新聞』を発行（初の新聞）。
**2・11**　皇女和宮と将軍家茂との婚儀が江戸城で挙行（和宮降嫁）。
**3・1**　河竹黙阿弥作『青砥稿花紅彩画』市村座で初演。
**3・24**　坂本龍馬、土佐藩を脱藩。
**4・11**　幕府、老中安藤信正を罷免。
**4・16**　島津久光、藩兵1000余人とともに入京。朝廷に幕政改革を建議。
**4・23**　薩摩藩尊攘派有馬新七ら、同藩士らと同士討ちとなり、斬殺される（寺田屋事件）。
**4・29**　幕府、貿易視察のため千歳丸を上海に派遣。高杉晋作同乗。
**5・18**　幕府、蕃書調所を洋書調所と改称。
**5・22**　大原重徳、朝廷の勅使として島津久光とともに江戸へ下向。
**5・29**　松本藩士、イギリス水兵を殺害（第2次東禅寺事件）。
**6・5**　小栗忠順、勘定奉行に着任。
**6・5**　長州藩主毛利敬親、長井雅楽に帰藩・謹慎を命令。

**南**
黒川盛泰（備中守）
小栗忠順（豊前守）
井上清直（信濃守）

**◉京都所司代**
酒井忠義（若狭守）
松平宗秀（伯耆守）
牧野忠恭（備前守）

**◉京都町奉行**
**東**
大久保忠董（喜右衛門・土佐守）
永井尚志（主水正）
**西**
原清穆（伊予守）
滝川具知（播磨守）

**◉大坂城代**
松平宗秀（伯耆守）
松平信古（伊豆守）

**◉大坂町奉行**
**東**
川村修就（壱岐守）
**西**
鳥居忠善（越前守）

**◉長崎奉行**
高橋和貫（美作守）
大久保忠恕（嘉平次）

**◉若年寄**
酒井忠毗（右京亮）
堀之敏（出雲守）
水野忠精（左近将監・和泉守）
遠山友詳（信濃守）
加納久徴（遠江守）
田沼意尊（玄蕃頭）
稲葉正巳（兵部少輔）
平岡道弘（丹波守）
小笠原長行（図書頭）
諏訪忠誠（因幡守）

**◉側用人**
水野忠寛（出羽守）

ない有馬ら九名を、上意討ちにした。「寺田屋事変」である。断固たる処置により、久光は孝明天皇の信頼を獲得した。

五月二十二日、久光は勅使・大原重徳《しげのり》を護衛して、江戸へ下る。そして久光は天皇の権威を楯に、失脚していた松平慶永・一橋慶喜の復権を幕府に求めた。外様大名が幕府内の人事に介入するなど、以前なら考えられない。その結果、慶永は政事総裁職、慶喜は将軍後見職となる。

江戸を発った久光の行列は八月二十一日、武州生麦《なまむぎ》村でイギリス人四人を殺傷する、いわゆる「生麦事件」を起こした。

なお、面白くない長州藩主毛利慶親《よしちか》（敬親《たかちか》）は、久光到着直前に江戸を去り、中山道を経て京都へ向かった。そして、今度は奉勅攘夷を掲げ、再び表舞台に立つのである。

生麦事件賠償金の支払（『イラストレイテドロンドンニュース』）

## 会津藩主松平容保、京都守護職に就任 閏八月一日

社会世相

復権した松平慶永・一橋慶喜らは、京都守護職の設置を考える。江戸時代の初め、幕府は京都に所司代を置き、京都市中の治政と朝廷に対する事務を担当させていた。ところが幕末になり、天皇が政治的発言を強めるや、京都は攘夷を唱える反幕府勢力の拠点と化してゆく。このため関白九条家の島田左近《さこん》、目明かし文吉《ぶんきち》など、幕府側の人物が次々と「天誅」と称して暗殺されたりした。

そこで所司代を監督下に置き、御所を警備し、将軍上洛のための安全を確保して、過激な攘夷派を押さえる目的の京都守護職設置が決まったのである。

この年閏八月一日、会津藩主の松平容保《かたもり》は京都守護職に任命された。容保は正四位に上り、役料五万石が与えられ、別に上京費用として三万両が貸与される。

容保が千数百人の家臣を従えて京都に入ったのは、十二月二十四日だ。守護職屋敷の建設は間に合わず、黒谷《くろだに》の金戒光明寺《こんかいこうみょうじ》を宿舎とした。それから五年、容保は京都守護職として京都におけるあらゆる政争に関与し、戊辰戦争の悲劇の下地を築いていくことになる。

金戒光明寺（『都名所図会』）

**6・10** 大原重徳、江戸城登城。将軍家茂に一橋慶喜・松平慶永登用などの幕政改革を要求。
**7・6** 一橋慶喜、将軍後見職に就任。
**7・9** 松平慶永、政事総裁職に就任。
**7・29** 薩摩藩士田中新兵衛、九条家家臣島田左近を殺害（天誅の始まり）。
**8・21** 薩摩藩士、イギリス人4人を東海道生麦村で殺害（生麦事件）。
**閏8・1** 会津藩主松平容保、京都守護職に就任。
**閏8・22** 幕府、参勤交代制を緩和。妻子の帰国を許可。
**この夏** 江戸で麻疹流行。
**9・11** 榎本武揚・西周・津田真道ら15人、オランダへの留学生として長崎を出港。
**9・21** 朝廷、三条実美・姉小路公知を攘夷督促勅使として江戸へ派遣。
**10月** 万里小路家の家臣、寺町丸太町で殺害される（偽天誅事件）。
**11・27** 三条実美ら、将軍家茂に攘夷督促の勅旨を伝達。
**12・8** 幕府、庄内郷士清河八郎の献策により浪士組を結成。
**12・12** 高杉晋作ら、品川御殿山に建造途中のイギリス公使館を焼き討ち。
**12・21** 和学者塙忠宝、伊藤博文らに襲撃され死亡（56）。
**この冬** 坂本龍馬、勝海舟に入門。
**この年** 山岸民次郎、銀座で洋服裁縫業を開業。

【主要幕閣】

◉老中

松平信義（豊前守）
水野忠精（和泉守）
板倉勝静（周防守）
小笠原長行（図書頭）
井上正直（河内守）
太田資始（備後守）
酒井忠績（雅楽頭）
有馬道純（遠江守）
牧野忠恭（備前守）

◉寺社奉行

牧野貞明（越中守）
有馬道純（左兵衛佐・遠江守）
松平忠恕（摂津守）
土井利善（大隅守）
松前崇広（伊豆守）
堀親義（大和守）
本多忠紀（能登守）
水野忠誠（出羽守）

◉勘定奉行

竹内保徳（下野守）
川勝広運（縫殿助・丹波守）
津田正路（近江守）
都筑峯暉（駿河守）
小栗忠順（豊後守）
一色直温（山城守）
松平康直（石見守）
立田正直（録助・主水正）
木村勝教（甲斐守）

◉江戸町奉行

北

浅野長祚（備前守）
佐々木顕発（信濃守）

## 新撰組、京都で結成される　九月

政治経済

孝《こう》明《めい》天皇から攘夷断行を督促された将軍家茂《いえもち》は、この年三月四日に三千人を率いて上洛した。三代家光以来、二百二十九年ぶりの将軍上洛だ。開国問題以来、政治的発言力を増した天皇は、幕府の頭を飛び越し、大名を京都に呼び出して、国事周旋を任せたりする。これでは幕藩体制が崩壊すると、家茂は改めて、天皇から政務委任を取り付けようとした。だがそれは聞き入れられず、家茂は五月十日をもって攘夷断行の期限にすると、奏上《そうじょう》させられてしまう。

幕府は、出羽庄内藩浪人の清河八郎《きよかわはちろう》の提案で結成した浪士組《ろうしぐみ》に、将軍上洛列外警固《じょうらくれつがいけいご》の役目を与えた。ところが二月二十三日、京都に着くや、清河は浪士組を天皇の親兵《しんぺい》にすると言い出す。あわてた幕府は、浪士組に江戸へ戻るよう命じたが、あくまで京都に残ると主張したグループが二つあった。

一つは、天然理心流《てんねんりしんりゅう》の剣士近藤勇《こんどういさみ》とその門下、もう一つは芹沢鴨《せりざわかも》ら水戸系浪士の計十三名（異説あり）だ。彼らは京都守護職《きょうとしゅごしょく》配下となり、京都の西、壬生村《みぶむら》を本拠として過激な尊王攘夷《そんのうじょうい》運動を弾圧し、治安維持のために働くことになる。「新撰《しんせん》（選）組《ぐみ》」の誕生である。だが、すぐに組織内で主導権争いが起こり、この月、芹沢一派が粛清《しゅくせい》されて、近藤局長、土方歳三《ひじかたとしぞう》副長を核とする再編成が行なわれた。元治元年（一八六四）六月の池田屋事変《いけだやじへん》などで、過激な攘夷運動を弾圧したが、戊辰戦争で敗走。近藤は慶応四年（一八六八）四月に下総流山《ながれやま》で捕らえられ、江戸板橋《いたばし》で斬首《ざんしゅ》。土方は明治二年（一八六九）五月に箱館で戦死した。

## 高杉晋作、奇兵隊を結成　六月

文化思想

攘夷期限である五月十日以来、長州藩は関門海峡《かんもんかいきょう》を通航する外国艦を、下関（馬関《ばかん》）から次々と砲撃した。ところが六月に入り、アメリカやフランスの軍艦に反撃されると、たちまち敗走。この知らせを周防山口で聞き、激怒した藩主毛利慶親《もうりよしちか》（敬親《たかちか》）は、高杉晋作《たかすぎしんさく》を御前に呼び、下関防御を一任した。

晋作は下関に走り、六月六日深夜、商人白石正一郎《しらいししょういちろう》宅に入って奇兵隊《きへいたい》結成に取りかかる。奇兵隊は藩の正規軍に対するゲリラ軍で、武士以外の庶民を動員した点が画期的だった。内訳は武士が五割、農民が四割、その他一割である。

しかし、だからといって武士である晋作らに、現代的な平等意識があったわけではない。農民が入隊しても、原則として身分は変わらない。同じ隊士でも、髪形から服装まで身分によって細かく差別されていた。例えば袖印《そでじるし》の材質は藩士が白絹地、足軽以下は晒布《さらしぬの》である。以

高杉晋作

【この年の出来事】

**2・8**　近藤勇ら、浪士組に参加。

**2・19**　イギリス艦隊、品川沖に来航。生麦事件の賠償を幕府に要求。

**2月**　幕府、歩兵隊屯所を開設。

**3・3**　幕府、京都の浪士組に江戸帰還を指示。近藤勇ら、京都に残り会津藩預りとなる。

**3・4**　将軍家茂、二条城に到着（229年ぶりの将軍上洛）。

**3・11**　孝明天皇、賀茂社に行幸。攘夷を祈願。

**4・15**　幕府、江戸に帰還した浪士組を新徴組とし、庄内藩預りとする。

**5・9**　小笠原長行、生麦事件の賠償金として44万ドル（10万ポンド）をイギリスに支払う。

**5・10**　長州藩、下関海峡でアメリカ商船を砲撃。23日フランス軍艦、26日オランダ軍艦にも攻撃（下関事件）。

**5・12**　長州藩士井上聞多・伊藤俊輔ら、イギリスに密航。

**5・20**　姉小路公知、御所朔平門外で暗殺される

阿部正外（越前守）
**南**
井上清直（信濃守）
**◉京都所司代**
牧野忠恭（備前守）
稲葉正邦（長門守）
**◉京都町奉行**
**東**
永井尚志（主水正）
池田長発（修理）
**西**
滝川具知（播磨守）
**◉大坂城代**
松平信古（伊豆守）
**◉大坂町奉行**
**東**
川村修就（壱岐守）
有馬則篤（出雲守）
**西**
鳥居忠善（越前守）
松平信敏（勘太郎・大隅守）
**◉長崎奉行**
大久保忠恕（嘉平次）
服部常純（平太・長門守）
大村純熙（丹後守）
杉浦勝静（正一郎）
京極高朗（能登守）
**◉若年寄**
田沼意尊（玄蕃頭）
稲葉正巳（兵部少輔）
諏訪忠誠（因幡守）
有馬道純（遠江守）
酒井忠毗（飛騨守）
松平乗謨（兵部少輔・縫殿頭）
立花種恭（出雲守）
秋月種樹（右京亮）

後、藩内では遊撃軍・御楯《みたて》隊・八幡《はちまん》隊など、「奇兵隊的」な軍隊が四百以上も結成されていく。これらを諸隊と呼んだ。

奇兵隊をはじめ諸隊は、外国や幕府の軍勢相手に果敢に戦い、幕府打倒、新政権樹立に大きな役割を果たす。ところが戊辰戦争が終結すると、明治二年（一八六九）十一月、藩から突然解散を命じられてしまう。行き場を失った兵士たちは「脱隊騒動《だったいそうどう》」と呼ばれる反乱事件を起こし、木戸《きど》孝《たか》允《よし》が率いる鎮圧軍と各地で戦うも敗走。最後は百名以上の刑死者を出して、血みどろの歴史に幕を下ろす。奇兵隊出身の山県有朋《やまがたありとも》らは、奇兵隊の経験をヒントに近代陸軍を建設していくことになる。

## 薩英戦争勃発　七月

事件災害

文久二年八月の生麦事件《なまむぎじけん》のあと、幕府は賠償金十万ポンドをイギリスに支払ったが、薩摩藩は強硬な態度をとり、謝罪しようとしなかった。イギリス公使代理のニールは、薩摩藩に直接要求を突き付けるために七隻の東洋艦隊を率い、横浜から鹿児島へ向かうが、薩摩藩は犯人は不明などと回答する。

交渉は決裂し、戦いの火ぶたが切って落とされた。六月三十日朝、イギリス艦隊が薩摩藩の汽船を捕らえると、薩摩藩の諸砲台がイギリス艦めがけて一斉に火を噴く。

薩英戦争（『イラストレイテドロンドンニュース』）

天候が悪化する中、イギリス艦隊は旗艦ユーリアラス号以下に多くの損傷を受けた。だが、捕らえた汽船を焼き払い、なんとか体制を立て直して、鹿児島市内へ集中砲火を浴びせる。このため、磯の集成館《しゅうせいかん》をはじめ市街の多くが焼かれた。イギリス側は十一人の死者を出し、七月二日、鹿児島から去った。戦いは一応薩摩藩の勝利とされ、攘夷派の朝廷は勅を下して、賞した。

だが薩摩藩は、イギリスとの講和を望んで賠償金を支払い、犯人捜査を約束。イギリスも薩摩藩の実力を認め、以後、両者は急接近していくのである。

## 幕府、歩兵隊屯所を開設　二月

社会世相

歩《ほ》兵隊《へいたい》とは、対外防衛と国内統制を目的に、文久二年（一八六二）、幕府の軍制改革の際に作られた西洋式陸軍のこと。歩兵・騎兵・砲兵の三編編制とした。

歩兵隊は、前年の兵賦令《へいふれい》によって、全国の親藩・譜代大名および旗本知行地から禄高《ろくだか》に応じて供出させた農兵《のうへい》から成っていた。その数は六千三百八十一人。最下級の武士扱いで、帯刀《たいとう》も認められた。

屯所《とんしょ》は西の丸下、大手前《おおてまえ》、三番町《さんばんちょう》、小川町《おがわちょう》に置かれた。装備・衣服・糧食は幕府の負担だが、給与は旗本などが支給させられた。

ひと月に六日の休暇（どんたく）が与えられたが、この日には市中でトラブルを起こす者も多く、江戸っ子たちには嫌われた。

(25)。
**6・1**　アメリカ軍艦、下関の報復として長州砲台を攻撃。5日フランス軍艦、同砲台を占拠。
**6・7**　高杉晋作、「奇兵隊」を結成。
**6・10**　緒方洪庵歿(54)。
**7・2**　薩摩藩、鹿児島湾侵入のイギリス艦隊7隻と交戦（薩英戦争）。
**8・17**　天誅組、大和国五条代官所を襲撃（天誅組の変）。
**8・18**　三条実美ら、失脚し京都追放となる（8月18日の政変）。
**8・19**　三条実美ら公卿7名、長州藩兵とともに長州へ下る（七卿落ち）。
**8・29**　幕府、洋書調所を開成所と改称。
**9・14**　幕府、アメリカ・オランダに横浜鎖港を提案。
**9月**　壬生浪士組、「新撰組」と改名。
**10・12**　もと福岡藩士平野国臣ら、生野代官所を占拠（生野の変）。
**10月**　渋沢栄一ら、高崎城襲撃計画を立案。
**11・1**　薩摩藩、イギリスに賠償金として10万ドルを支払う。
**12・27**　将軍家茂、2度目の上洛のため海路で江戸を出発。

# 元治元年（文久四年）

甲子

天皇▼孝明天皇

将軍▼徳川家茂（第十四代）

【主要幕閣】

◉老中
水野忠精（和泉守）
板倉勝静（周防守）
井上正直（河内守）
酒井忠績（雅楽頭）
有馬道純（遠江守）
牧野忠恭（備前守）
稲葉正邦（長門守・美濃守・民部大輔）
阿部正外（越前守・豊後守）
諏訪忠誠（因幡守）
松前崇広（伊豆守）
松平宗秀（伯耆守）
本多忠民（美濃守）

◉寺社奉行
松平忠恕（摂津守）
本多忠紀（能登守）
水野忠誠（出羽守）
酒井忠氏（若狭守）
阿部正外（越前守）
土屋寅直（采女正）
牧野貞直（越中守）
松平近説（左衛門尉）
松平親良（中務大輔）

◉勘定奉行
竹内保徳（下野守）
都筑峯暉（駿河守）
松平康直（石見守）
立田正直（主水正）
木村勝教（甲斐守）
斎藤三理（美作守）
有馬則篤（出雲守）
鈴木重嶺（大之進）
根岸衛奮（肥前守）
大久保忠寛（越中守）
松平正之（対馬守）
駒井朝温（甲斐守）
小栗忠順（上野介）
井上清直（信濃守）
松平康正（備中守）
土屋正直（豊前守）

◉江戸町奉行
北

## 水戸、天狗党が挙兵　三月二十七日

政治経済

徳川御三家の一つ水戸藩内部の対立は、二代藩主徳川光圀《みつくに》が始めた『大日本史』編纂の方針を巡るものといわれる。

井伊大老の独裁を封じ込めるため、戊午《ぼご》の密勅が水戸藩に下った際、藩主徳川慶篤《よしあつ》をはじめ上層部は優柔不断な態度をとった。これに対し、前藩主徳川斉昭《なりあき》（万延元年八月歿）の遺志を継ぎ、尊王攘夷を貫こうとする藤田小四《こし》郎《ろう》・田丸稲右衛門《いなえもん》ら天狗党《てんぐとう》の面々が三月二十七日、筑波山で挙兵、次いで大平山《おおひらやま》に移る。しかし天狗党の一部が各地で放火や掠奪を始めると、藩主は非難の的となった。水戸藩では門閥保守の諸生党が幕府と提携。近隣諸藩にも天狗党を討伐させた。形勢不利となった天狗党は一橋慶喜《よしのぶ》（水戸徳川家出身）を頼り、攘夷の初志を貫徹しようと、武田耕雲斎《こううんさい》を頭として八百人余りが中山道を京都に向かう。だが美濃で加賀藩の軍門に下り、三百五十三人が敦賀で処刑された。

## 池田屋事変　六月五日

文化思想

六月五日夜、京都三条《さんじょう》小橋《こばし》西詰の旅宿池田屋で、長州系の攘夷派浪士ら二十数名が密談をしていた。彼らがめざしたのは、前年八月十八日の政変により、京都での地位を失った長州藩など攘夷派の復権である。

これを察した京都守護職配下新撰組の近藤勇《いさみ》らは、池田屋を襲撃。二時間に及ぶ激闘の末、多数の死傷者、逮捕者が出た。浪士側は長州の吉田稔《とし》磨《まろ》・杉山松助《しょうすけ》・広岡浪秀《なみひで》、肥後の宮部鼎蔵《ていぞう》・松田重助《じゅうすけ》、土佐の望月亀弥太《かめやた》・北添佶磨《きつま》・石川潤次郎《じゅんじろう》、播磨の大高又次郎《またじろう》らが斬られたり、自害して果てた。一方、新撰組側は新田《にった》革左衛門《かくざえもん》・奥沢栄助《えいすけ》が即死（異説あり）、藤堂平助《へいすけ》が眉間を切られて重傷を負い、永倉新八《しんぱち》が親指の付け根の肉を斬り落とされた。

この知らせがもたらされるや、長州藩は絶望のどん底に叩き落とされる。平和的解決の道が失われたと、長州藩の京都進発に拍車がかかったのだ。

近藤勇

## 禁門の変勃発　七月十九日

事件災害

文久三年八月十八日の政変で京都における地位を失った長州藩は、これまで孝明天皇の意志である攘夷のために活動してきたのであり、功こそあれ罪などないと考えていた。だから「奉勅始末」と題した弁明書を京都に送り、藩主父子と攘夷派七卿復権のために尽力するが上手くいかない。

【この年の出来事】

**1・15** 将軍家茂、二条城に到着。
**2・20** 甲子革命説により元治に改元。
**3・2** 安田善次郎、日本橋に鰹節玉子店兼両替商を開業。
**3・22** フランス公使ロッシュが着任。
**3・27** 水戸藩士藤田小四郎ら、筑波山で蜂起（天狗党の乱）。
**5・29** 幕府、神戸海軍操練所の開設を公布。
**6・5** 新撰組、三条小橋の池田屋に潜伏中の尊攘派志士を襲撃（池田屋事件）。
**6・16** 平岡円四郎、暗殺される（43）。
**6月** 新門辰五郎、一橋家の御用として上洛。
**7・19** 長州藩兵、失地回復のため入京。会津・薩摩藩などの幕府軍に敗北し、久坂玄瑞（25）ら自害（禁門の変）。
**7・24** 朝廷、幕府に長州追討の勅命を下す。幕府、西南諸藩に出兵を指示（第1次長州戦争）。
**7・27** 幕府、桜田・麻布の長州藩邸を没収。

阿部正外（越前守）
都筑峰暉（駿河守）
池田頼方（播磨守）
**南**佐々木顕発（信濃守）
松平康直（石見守）
有馬則篤（出雲守）
根岸衛奮（肥前守）

**◉京都所司代**
稲葉正邦（長門守）
松平定敬（越中守）

**◉京都町奉行**
**東**永井尚志（主水正）
小栗政寧（下総守）
菊地隆吉（伊予守）
**西**滝川具知（播磨守）
滝川元以（讃岐守）

**◉大坂城代**
松平信古（伊豆守・刑部大輔）
牧野貞明（越中守）

**◉大坂町奉行**
**東**有馬則篤（出雲守）
堀利孟（伊賀守）
竹内保徳（下野守）
古賀謹一郎
松平乗樸（駿河守）
**西**松平信敏（大隅守）

**◉長崎奉行**
服部常純（長門守）
大村純熙（丹後守）
朝比奈昌広（伊賀守）

**◉若年寄**
田沼意尊（玄蕃頭）
稲葉正巳（兵部少輔）
諏訪忠誠（因幡守）
松平乗謨（兵部少輔・縫殿頭）
立花種恭（出雲守）
秋月種樹（右京亮）
本多忠紀（能登守）
土岐頼之（山城守）
酒井忠毗（飛驒守）
遠山友禄（信濃守）

長州藩は、今日の不遇は会津・薩摩藩によると考えていた。その内、武力を背景として京都に上り、嘆願を遂げようとする進発派が勢いを持つ。そして長州軍はこの年七月十八日夜半、伏見・嵯峨・山崎の三方面から御所をめざして進軍を開始。翌十九日、伏見勢は伏見街道で大垣藩兵と激突するも敗れ、嵯峨勢は御所を守る会津藩などの軍勢と蛤《はまぐり》御門《ごもん》付近で戦い、撃退された。こうして長州藩は、二百人からの戦死者を出して敗走する。「禁門の変」「蛤御門の変」などと呼ばれる戦いだ。長州の来島《きじま》又兵衛《またべえ》・久坂《くさか》玄瑞《げんずい》・寺島忠三郎《ちゅうざぶろう》・入江九一《くいち》、久留米脱藩の真木《まき》和泉《いずみ》など過激な攘夷運動推進者の多くが戦死、自決した。

孝明天皇は御所に攻め込んだ長州藩に「朝敵」の烙印を押し、藩主父子の官位を剝奪した。さらに幕府に対し、征長令を下す。こうして西国諸藩を動員した幕府は「長州征伐」に乗り出した。しかし、長州藩が恭順謝罪したため、不戦解兵に終わる。

## 神戸海軍操練所が開設　五月二十九日

社会世相

資本主義を確立させた欧米列強は、市場を求めてアジアに進出した。ペリー来航の際に提出した意見書で、旗本の勝海舟《かつかいしゅう》（麟太郎《りんたろう》）は「海寇の防禦には軍艦ござなく候ては、全備つかまつらず」と述べる。外圧を除くため、近代海軍を造ること、そして日本・中国・朝鮮の海軍が連携して、アジアが一丸になるのが急務だと説く。そのためには、軍艦を操る人材も必要である。

文久三年（一八六三）四月、孝明天皇に攘夷断行を誓った将軍家茂《いえもち》は、摂海《せっかい》（現、大阪湾）の防備の様子を軍艦に乗り視察した。軍艦奉行並の海舟が案内役だ。海舟は海軍の人材養成所を神戸に設けたいと、将軍に直接提案する。家茂はただちに海舟の建言を許す。こうして神戸海軍操練所の建設が決まり、海舟はその責任者を任ぜられた。その頃、海舟のもとには海軍を学ぼうと、各地の若者たちが集まって来ていた。海舟は彼らを門下生とし、神戸に新築した屋敷に住まわせる。その中には、土佐を脱藩した坂本龍馬もいた。海舟はここを私立の海軍塾とし、官立の海軍操練所とは別の枠で自由な人材育成を試みる。

海軍操練所はこの年二月、ほぼ完成した。場所は神戸港の東側の岬、小野浜《おのはま》。総建坪は一万七千百三十坪余り。海軍兵学校と海軍機関学校を兼ね、長崎製鉄所と鷹取山《たかとりやま》炭鉱を付属させるという、壮大な構想である。練習艦には観光丸と黒竜丸が配された。五月十四日、海舟は作事奉行格を拝命し、軍艦奉行に昇進。安房守《あわのかみ》を称して高二千石、従五位下という高級旗本の仲間入りをしたのである。二十九日には神戸海軍操練所開設が公布されたが、入学希望者は四百人に達したという。ところが六月五日、京都で起こった池田屋事変で斬られた中に、海舟門下の土佐浪士望月亀弥太がいた。さらに七月十九日の「禁門の変」の際にも、長州軍の中に海舟門下の土佐浪士安岡金馬《かねま》がいた。しかも安岡は、神戸から測量器を持ち出していた。

さすがに、ここまで来ると幕府も黙ってはいない。九月に門下の姓名、出身を内偵。十月二十二日になり、海舟に江戸召還を命じた。そして十一月十日、軍艦奉行を罷免。以後、慶応二年（一八六六）五月に復職するまで、海舟は自ら門を閉ざし沈黙する。熱意あふれる指導者を失った神戸海軍操練所も、慶応元年三月十二日に閉鎖された。

**8・5**　英・仏・蘭・米の連合艦隊、下関を砲撃。翌日、下関砲台を占拠。
**8・11**　幕府、鴻池屋・加賀屋などの豪商に献金を命令。
**8・25**　幕府、長州藩への武器・米穀移送を禁止。
**9・1**　幕府、参勤交代を再度制定。
**9・5**　幕府、五品江戸廻送令を廃止。
**10・21**　長州藩、幕府への恭順を示し、奇兵隊などに解散を指示。
**10月**　幕府、将軍家茂上洛の祝儀金として江戸市中に6万3000両を配布。
**11・10**　幕府、軍艦奉行勝海舟を罷免、謹慎処分。
**11・10**　幕府、フランス公使ロッシュに横須賀製鉄所建設の斡旋を要請。
**11・11**　長州藩、禁門の変の責任者として、福原越後らに自害を命令。
**11・19**　徳川慶勝、長州藩に藩主服罪書提出・山口城破棄・三条実美らの差し出しを命令。
**12・9**　フランス公使ロッシュ、製鉄所建設の費用捻出のため、幕府による生糸の海外直売について助言。
**12・16**　高杉晋作・伊藤博文ら、下関を襲撃。

# 1865 慶応元年（元治二年）

乙丑

天皇▼孝明天皇

将軍▼徳川家茂（第十四代）

**【主要幕閣】**

**◉大老**
酒井忠績（雅楽頭）

**◉老中**
水野忠精（和泉守）
牧野忠恭（備前守）
稲葉正邦（長門守・美濃守・民部大輔）
阿部正外（越前守・豊後守）
諏訪忠誠（因幡守）
松平宗秀（伯耆守）
本多忠民（美濃守）
松前崇広（伊豆守）
松平康英（周防守）
小笠原長行（壱岐守）
板倉勝静（周防守・伊賀守）
井上正直（河内守）

**◉寺社奉行**
酒井忠氏（若狭守）
土屋寅直（采女正）
松平親良（中務大輔）
松平康直（周防守）
松平乗秩（主水正）

**◉勘定奉行**
松平正之（対馬守）
井上清直（信濃守）
松平康正（備中守）
土屋正直（豊前守）
小栗忠順（上野介）
小笠原政民（志摩守）
小栗政寧（下総守）
井上義斐（主水正・備後守）
駒井朝温（甲斐守）

**◉江戸町奉行**

## 長州藩で内戦勃発　一月七日

政治経済

長州藩には急進的な改革を進める「正義派」と、その行き過ぎを是正する「俗論派」の二大勢力があり、交互に政権を担って来た。幕末、「正義派」が攘夷をスローガンにして暴走。孝明天皇は長州藩に「朝敵」の烙印を押し、長州征伐を幕府に命じる。萩を拠点とする「俗論派」は山口城を壊し、三家老を切腹させるなどして恭順謝罪した。だが、それを不満とする高杉晋作《しんさく》は元治元年十二月十五日、「俗論派」打倒をめざし、遊撃隊・力士隊の八十名（異説あり）を率いて下関で挙兵する。続いて晋作は三田尻《みたじり》に決死隊十数名を率いて走り、軍艦を奪う。奇兵隊はじめ諸隊は、晋作の挙兵に動揺する。しばらく山間部の伊佐《いさ》で形勢を見守っていたが、この年一月七日未明、絵堂《えどう》まで軍勢を進めて来た「俗論派」の藩政府軍本陣を襲撃した。さらに諸隊は小郡の勘場《かんば》（代官所《だいかんしょ》）を襲撃して札銀三十五貫を借用。藩内の同調する代官と提携し、「俗論派」の代官を排除し、民心獲得にも努めながら、勢力を拡大していった。

戦いは大田・絵堂で行われ、諸隊軍はつぎつぎと藩政府軍を打ち破ってゆく。そして一月十六日、萩で鎮静会議員という中立派が結成され、政権交代を進めた。勝ちに乗じた諸隊は萩城下めざして進軍し、萩沖に軍艦を進めて空砲を放ち威嚇する。「俗論派」は政権の座を追われ、「正義派」が復権した。藩主毛利敬親《たかちか》は自らの「不明不徳」を先祖の霊前で詫び、三月には「待敵」の方針で一本化された。天皇と将軍が長州藩の「正義」を認めず攻めて来るなら、一戦も辞さぬとの覚悟であった。

## 薩摩藩英国留学生　三月二十二日

文化思想

薩摩藩は文久三年（一八六三）、鹿児島でイギリス艦隊と干戈《かんか》を交えた。その経験もあり、西洋の進んだ文明を積極的に摂取し、富国強兵を行なわねば、時代に取り残されるといった開明的な考えを強くする。そこで元治元年（一八六四）十一月、薩摩藩はイギリスへの密航留学生の派遣を決めた。選ばれた留学生は十五名、さらに五代才《さい》助《すけ》（友厚《ともあつ》）らの使節四名も加えた総勢十九名である。彼らはこの年三月二十二日、東シナ海に面した串木野郷羽島浦《くしきのごうはしまうら》から、英商グラバーが手配した蒸気船に搭乗。香港・シンガポール・インド洋・地中海などを経、約二ヶ月を費やして五月二十八日、イギリス・サザンプトンの港に到着した。留学生のひとり森有礼《ありのり》（のち初代文部大臣）は渡航に際し、「宇宙周遊一笑中」と詠じた。宇宙とは世界のことだろうが、現代の感覚からすれば、宇宙旅行にも匹敵したのだろう。

当時のロンドンは人口三百万を超える、世界有数の近代都市である。産業革命の真っ只中で、大英帝国の繁栄はピークに達していた。留学生たちはロンドン大学で各方面の研究に従事する。七月二十九日には、農業都市ベッドフォードにある鉄工場を見学したが、その際「タイムズ」紙は彼らの態度を「細部までも驚くほどのすばやい理解を示し

**【この年の出来事】**

**1・2**　高杉晋作、下関を再度襲撃。続いて萩にも進撃。
**1・9**　老中水野忠精とフランス公使ロッシュ、横須賀製鉄所建設協定を締結。
**3・17**　長州藩、藩論を武備恭順の方針に統一。
**3・22**　薩摩藩士五代友厚・森有礼ら19人、イギリス留学に出発。
**4・7**　禁門の変などにより慶応に改元。
**4・25**　幕府、軍事調査のため外国奉行柴田剛中をフランスに派遣。
**5・12**　幕府、紀州藩主徳川茂承を征長先鋒総督に任命。
**5・16**　将軍家茂、長州再征のため江戸を出発。
5月　幕府、江戸・大坂の豪農・豪商に長州征討費の献金を命令。
**閏5・16**　イギリス公使パークスが着任。
**閏5・21**　幕府、米価高騰により、米穀・雑穀の自由販売を許可。
**閏5・22**　将軍家茂、参内。長州再征を奏上。
**6・24**　坂本龍馬、京都薩摩藩邸で西郷隆盛と会

**北** 池田頼方（播磨守）
**南** 根岸衛奮（肥前守）
山口直毅（駿河守）

**◉京都所司代**
松平定敬（越中守）

**◉京都町奉行**
**東** 小栗政寧（下総守）
長井昌言（筑前守）
大久保忠恕（主膳正）
**西** 滝川元以（讃岐守）

**◉大坂城代**
松平信古（刑部大輔）
牧野貞明（越中守）

**◉大坂町奉行**
**東** 松平乗樸（駿河守）
井上義斐（元七郎・主水正・備後守）
**西** 松平信敏（大隅守）

**◉長崎奉行**
服部常純（長門守）
朝比奈昌広（伊賀守）
合原義直（猪三郎・伊勢守）
川勝広運（縫殿助・美作守）
能勢頼之（大隅守）

**◉若年寄**
田沼意尊（玄蕃頭）
立花種恭（出雲守）
土岐頼之（山城守）
酒井忠毗（飛騨守）
遠山友禄（信濃守）
増山正修（対馬守）
稲葉正巳（兵部少輔）
松平乗謨（縫殿頭）

た」と、絶賛し報じる。実はロンドンへ密航した日本人は、薩摩が初めてではない。すでに文久三年、長州から五名が留学していた（内二名はすでに帰国）。彼らは薩摩藩留学生とも交流し、助け合ったようだ。薩摩・長州が提携する以前のことであり、彼らの中には一足早く「日本人」との意識が芽生えていたのである。

## 亀山社中の設立　閏五月

事件災害

**待**敵で藩論を統一し、軍制改革を進める長州藩にとって、最大の悩みは武器不足であった。長州征伐は終わったが、依然長州藩は「朝敵」のままであり、開港場への立ち入りが許されない。しかもこの年五月、幕府を支援するフランスの提案で、イギリス・アメリカ・オランダは密貿易禁止を申し合わせていた。

閏五月、長州藩士桂小五郎（木戸孝允《たかよし》）は、下関を訪れた土佐浪士坂本龍馬に、武器購入のため薩摩名義を使わせて欲しいとの斡旋を依頼する。薩摩藩と長州藩は前年七月の「禁門の変」で武力衝突して以来、犬猿の仲だ。桂は経済活動により両藩が接近し、和解出来るのではないかとも期待していた。このため桂は、井上聞多《ぶんた》（馨《かおる》）と伊藤俊《しゅん》輔《すけ》（博文《ひろぶみ》）を長崎に送り込む。長崎では土佐浪士近藤長《ちょう》次郎《じろう》らが薩摩藩の庇護下、亀山社中を設けていた。近藤が薩摩藩側に紹介して名義使用が許され、井上と伊藤は英商グラバーと交渉の末、小銃七千三百挺と蒸気船一隻の購入契約を結ぶことに成功。さらに井上は近藤の勧めに従って薩摩へ赴き、小松帯刀《たてわき》や大久保利通《としみち》らと和解について話し合う。これにより両藩は急接近し、提携の端が開かれた。社中は薩摩藩が非合法活動を行なうために設けた、「ダミー会社」。創設当時の代表は龍馬ではなく近藤だが、彼は慶応二年一月、謎の自決を遂げる。のちに社中は龍馬により運輸・開拓・投機、そして海軍にも早変わりするユニークな土佐藩海援隊へ発展したが、その成果を見る事なく明治元年に解散した。

## 横須賀製鉄所が起工　一月二十九日

社会世相

**万**延元年（一八六〇）、遣米使節の目付として渡米した小栗上野介忠順《おぐりこうずけのすけただまさ》は、大西洋を経て喜望峰《きぼうほう》をまわり、世界一周して帰国した。帰国後は外国奉行、勘定奉行、陸海軍奉行などの要職を歴任。欧米の文物・制度を取り入れ、軍制や財政の立て直しを進めた。特に造船所を建設し、海軍を創設する必要を感じて、幕閣を説得。フランスと交渉して二百四十万ドルの借款を得て、横須賀製鉄所を起工させた。小栗はすでに幕府の命運が尽きるのを予測していたようだ。だが、日本国は続くのだから、徳川の仕事を残しておこうと考え、「同じ売家でも土蔵付売家の方がよい。跡は野となれ山となりというて退散するのはよろしくない」と述べたという。戊辰戦争では主戦論を唱えて勝海舟と対立し、慶応四年（一八六八）閏四月六日、知行地の上野権田村《ごんだむら》で新政府軍に斬られる。享年四十二。

小栗忠順

談。西郷、武器購入を約束。
**7・2**　幕府、フランス公使ロッシュの助言により、パリ万国博覧会への参加を決定。
**7・8**　幕府、海軍奉行を設置。
**7・21**　長州藩士井上馨・伊藤博文、亀山社中・薩摩藩の斡旋により長崎のグラバー商会から鉄砲を購入。
**7月**　江戸町会所、物価高騰のため、窮民へ救米銭を支給。
**7月**　幕府、開成所の学生6名をペテルブルクに派遣。
**9・12**　勘定奉行小栗忠順、日仏両国の商人による「組合商法」結成について老中に建議。
**9・21**　孝明天皇、将軍家茂に長州再征の勅許を下す。
**10・1**　将軍家茂、将軍辞職を上奏。
**10・5**　朝廷、開港条約改正の勅許を下す。
**11・7**　将軍家茂、彦根藩などに出兵を指示。
**11月**　幕府、物価調節のため諸色会所設置を計画。
**12・28**　津田真道・西周がオランダ留学から帰国。
**この年**　大坂の浄瑠璃語り竹本対馬太夫、江戸で人気となる。

# 慶応二年

丙寅

天皇▼孝明天皇（〜十二月二十五日）

将軍▼徳川家茂（第十四代　〜八月二十日）
徳川慶喜（第十五代　十二月五日〜）

**【主要幕閣】**

◉老中
水野忠精（和泉守）
松平宗秀（伯耆守）
小笠原長行（壱岐守）
板倉勝静（周防守・伊賀守）
松平康英（周防守）
井上正直（河内守）
稲葉正邦（民部大輔・美濃守）
松平乗謨（縫殿頭）
水野忠誠（出羽守）
稲葉正巳（兵部少輔・兵部大輔）

◉寺社奉行
酒井忠氏（若狭守）
土屋寅直（采女正）
松平親良（中務大輔）
松平乗秩（主水正）
永井尚服（肥前守）
松平近説（左衛門尉）

◉勘定奉行
井上清直（信濃守）
小栗忠順（上野介）
小笠原政民（志摩守）
小栗政寧（下総守）
井上義斐（主水正・備後守）
駒井朝温（甲斐守）
小笠原広業（摂津守）
都筑峯暉（駿河守）
服部常純（筑前守）
朝比奈昌広（甲斐守）
浅野氏祐（美作守）
塚原昌義（但馬守）
星野成美（豊後守）

◉江戸町奉行
北
池田頼方（播磨守）

## 孝明天皇崩御　十二月二十五日

政治
経済

二度にわたる「長州征伐」が終わっても、長州藩毛利家に捺された「朝敵」の烙印は消えない。それほど孝明天皇の、長州藩に対する怒りは治まらなかったのだ。このため三度目の「征伐」が行なわれるとの噂も流れた。

十四代将軍徳川家茂《いえもち》が病死するや、禁裏守衛総督だった一橋慶喜《よしのぶ》は徳川宗家を相続し、十二月五日、正《しょう》二《に》位《い》権《ごん》大納言《だいなごん》に進み、征夷大将軍に任ぜられた。「十五代将軍徳川慶喜」の誕生だ。慶喜は孝明天皇から、篤く信頼されている。天皇権威を後ろ盾とした、幕府の未来は明るいはずだった。ところが十二月二十五日、孝明天皇は三十六歳で急逝する。喪が発せられたのは二十九日。病名は疱瘡《ほうそう》。ともかく幕府方にとっては、一大事であり、長州藩にとっては新天皇のもと、復権の機会が訪れたのだ。イギリスの外交官アーネスト・サトウは「この保守的な天皇《ミカド》をもってしては、戦争をもたらす紛議以外の何ものも、おそらくは期待できなかったであろう。重要な人物の死因を毒殺にもとめるのは、東洋諸国ではごくありふれたことである」と述べているように、毒殺の噂は当時からささやかれた。

## 福沢諭吉が『西洋事情』初編を出版　十二月

文化
思想

中津藩出身の福沢諭吉は大坂適塾《てきじゅく》に学び、欧米諸国を巡遊した西洋事情通だった。諭吉は西洋に範を求め、日本の文明を進歩発達させねばと考える。そのため精力的に原書の翻訳、著訳書の出版を進めた。

なかでもこの年三月頃から執筆を始め、十二月に刊行された『西洋事情』（全三巻）は、のちの『学問のすゝめ』『文明論之概略』とともに、代表三部作といわれる。欧米での見聞に加え、その際に持ち帰った多くの書籍を参考にして、著した。西洋社会の制度や状態および理念、アメリカ・オランダ・イギリス各国の実情や歴史が紹介されている。『西洋事情』は諭吉の著訳書中、最も広く読まれ、初編などは発行部数十五万部を下らず、「海賊版」まで含めたら二十万から二十五万部は読まれたというのだから凄い。その部数を見ただけでも、日本の文明開化に絶大なる影響を及ぼしたことは、容易に察せられよう。（会田倉吉『福沢諭吉』）

## 長州藩士高杉晋作、幕府軍艦を夜襲　六月

事件
災害

「第一次長州征伐（幕長戦争）」が、長州藩の降伏により不戦解兵に終わったことは、幕府内でも不満の声が高かった。このため幕府は勅許を得、二度目の「長州征伐」に乗り出す。ところが幕府は、「非義の勅命は勅命にあらず」とする薩摩藩から出兵を拒否されていたし、多くの大名が「長州征伐」に批判的なのも知っている。そこで、長州藩主父子の蟄居《ちっきょ》と十万石削除という処分案を打ち出した。幕府にすれば最大の譲歩案である。案はこの年一月、朝廷に奏請して、許可された。ところが五月、官民ともに「決死防戦」と意気込む長州藩は、これを蹴る。残された

**【この年の出来事】**

**1・14**　高島秋帆歿(69)。
**1・21**　長州藩士桂小五郎・薩摩藩士西郷隆盛、坂本龍馬の斡旋により薩長盟約を締結。
**4・7**　幕府、学科修業・貿易目的の者に限り海外渡航を許可。
**4月**　幕府、大坂の豪商に252万5000両の献金を命令。
**5・13**　老中水野忠精、英・仏・米・蘭との改税約書に調印。
**5・28**　江戸で米価高騰のため打ちこわし（秋まで頻発）。
**6・7**　幕府軍艦、周防国大島を砲撃（第2次長州戦争）。
**6・13**　武蔵国秩父郡を中心とした200余か村の百姓、米価高騰により打ちこわし(武州世直し一揆)。
**6・15**　陸奥国信夫・伊達郡で打ちこわし（奥州信達一揆）。
**6・17**　坂本龍馬、乙丑丸を率いて長州戦争に参加。
**6・21**　幕府、ベルギーとの通商条約に調印。
**7・16**　幕府、イタリアとの通商条約に調印。
**7・19**　幕府、軍艦操練所を海軍所と改称。
**7・20**　将軍徳川家茂歿

井上清直（信濃守）
**南** 山口直毅（駿河守）
有馬則篤（阿波守）
駒井信興（相模守）

**◉京都所司代**
松平定敬（越中守）

**◉京都町奉行**
**東** 大久保忠恕（主膳正）
**西** 滝川元以（讃岐守）
遠山資尹（隠岐守）

**◉大坂城代**
牧野貞明（越中守）

**◉大坂町奉行**
**東** 井上義斐（元七郎・主水正・備後守）
中川忠道（備中守）
竹内（日向守・大隅守）
**西** 松平信敏（勘太郎・大隅守）

**◉長崎奉行**
服部常純（長門守）
朝比奈昌広（伊賀守）
能勢頼之（大隅守）
徳永昌新（主税・石見守）

**◉若年寄**
田沼意尊（玄蕃頭）
立花種恭（出雲守）
遠山友禄（信濃守）
増山正修（対馬守）
稲葉正巳（兵部少輔）
松平乗謨（縫殿頭）
京極高富（主膳正）
保科正益（弾正忠）
本多忠紀（能登守）
大関増裕（肥後守）
松平正質（弾正忠・豊前守）

道は戦争しかない。長州藩にすれば、最初の征伐で処罰は終わっていると考えている。にも関わらず天皇を巻き込み、「私心」をもって攻め込もうとする幕府こそ「賊」なのだ。その大義名分を記した『長防臣民合議書《ちょうぼうしんみんごうぎしょ》』と題した木版刷りの冊子を三十六万部印刷し、藩内全戸に配布した。パンフレットで庶民にまで戦争の理由を説明して戦争を始めた大名は、毛利家くらいのものだろう。

戦いは大島口《おおしまぐち》・芸州口《げいしゅうぐち》・石州口《せきしゅうぐち》・小倉口《こくらぐち》という国境で行なわれたため、長州側では「四境《しきょう》戦争」と呼んだ。六月、幕府軍艦が大島を砲撃、占領したのが始まり。海軍総督の高杉晋作《しんさく》は丙寅丸《へいいんまる》で夜襲し、大島を奪還した。続いて各地でも激戦の末、官民一丸となった長州軍の勝利が続く。

将軍徳川家茂が七月二十日、大坂で病歿。幕府は勅を得て休戦に持ち込もうとする。九月二日、安芸宮島において、幕府代表の勝海舟《かつかいしゅう》と、長州側の広沢真臣《さねおみ》・井上聞多《ぶんた》らが談判して「休戦協約」が結ばれた。さらに十二月、孝明天皇が崩御するや、それを口実に翌年一月、幕府は解兵を発令した。休戦、解兵といえば聞こえはいいが、実際は長州藩の圧勝であった。

## 慶応の打ちこわし　五月〜

社会世相

長州再征に乗り出した将軍家茂は慶応元年（一八六五）閏五月、大坂城に入る。だが民衆は、軍費調達と軍用米徴発による急激な物価の高騰に苦しんでいた。大坂の肥後米相場は文久三年（一八六三）を一〇〇とすれば、元治元年（一八六四）には一三六、そして慶応元年には二五六に高騰していたのだ。こうなれば幕府としては、さっさと長州まで攻め込みたいところである。だが、大義名分が希薄なので、孝明天皇が許可をくれない。このため家茂は数万の軍勢とともに、大坂にとどまることになった。

九月十二日、家茂は長州藩の支藩主が大坂までの呼び出しに応じないとの理由で、ようやく征伐の勅許を得る。しかし、すぐ攻め込めるわけではない。幕府の問罪《もんざい》使が広島まで出向き、長州藩を取り調べ、処分が決められるのである。ようやく結果を天皇が検討し、長州藩を取り調べねばならないのだ。その結果を天皇が検討し、処分が決められるのである。ようやく開戦したのが、この年六月のこと。家茂一行は大坂で一年ほど滞陣をしたわけで、当然物価は高騰を続け、民衆の生活難は深刻化した。この年の二月には二七一から四月は四二七、七月になると六八四。コボテと呼ばれる激しい打ちこわしが、西宮で起こったのは、五月初めのことだ。これが兵庫・伊丹・池田に飛び火し、大坂の民衆も蜂起して米屋や酒屋を襲った。さらに、五月下旬から六月にかけ、江戸でも大規模な打ちこわしが起こる。「幕末江戸市中騒動図」を見ると、白昼堂々屈強の男たちが米屋を襲い、路上に米俵の中身を撒き散らしている。それを民衆は風呂敷や桶を手に群がり、持ち去っている。

打ちこわし（『実見画録』）

幕府は長州藩のほかに、背後に民衆という敵を作ってしまったのだ。一説によればこの年だけで、農村における一揆は七十一件、都市における騒擾《そうじょう》は二十五件発生しており、江戸時代を通じての最多記録だった。

（21）。
**7・30** 老中小笠原長行、小倉から長崎へ脱出。翌日、小倉城落城。
**8・4** 勘定奉行小栗忠順、フランス経済使節クーレと600万ドルの借款契約を締結。
**8・16** 一橋慶喜、参内し征長停止・諸藩召集を奏上。
**8・18** 幕府、樺太国境問題の交渉のため箱館奉行小出秀実らをロシアに派遣。
**8・20** 幕府、将軍徳川家茂の喪を発し、慶喜の徳川宗家相続を公布。
**8・21** 朝廷、将軍死去により征長停止の勅許を下す。
**9・2** 軍艦奉行勝海舟・長州藩士広沢真臣ら、厳島大願寺で会見。休戦協定を締結。
**9・6** 中村正直・川路太郎ら、幕命によりイギリスへ留学。
**10・13** 幕府、凶作による米価高騰のため、外国米の輸入・販売を許可。
**11・19** 幕府、講武所を陸軍所と改称。
**12・5** 徳川慶喜、第15代将軍宣下。
**12・7** 幕府、デンマークとの通商条約に調印。
**12・25** 孝明天皇歿(36)。
**12月** 福沢諭吉『西洋事情』刊行。
**この年** 西洋料理店が開店、人気となる。

1867

# 慶応三年

丁卯
天皇▼明治天皇（一月九日〜）
将軍▼徳川慶喜（第十五代）

**【主要幕閣】**
**◉老中**
板倉勝静（周防守・伊賀守）
松平康英（周防守）
井上正直（河内守）
稲葉正邦（民部大輔・美濃守）
松平乗謨（縫殿頭）
小笠原長行（壱岐守）
稲葉正巳（兵部少輔）
松平定昭（式部大輔・伊予守）
松平正質（豊前守）
酒井忠惇（雅楽頭）
**◉寺社奉行**
土屋寅直（采女正）
永井尚服（肥前守）
松平近説（左衛門尉）
戸田忠友（土佐守）
内藤正誠（志摩守）
**◉勘定奉行**
小栗忠順（上野介）
小栗政寧（下総守）
都筑峯暉（駿河守）
服部常純（筑前守）
朝比奈昌広（甲斐守）
浅野氏祐（美作守）
塚原昌義（但馬守）
小笠原広業（摂津守）
星野成美（豊後守）
溝口勝如（伊勢守）
木村勝教（飛驒守）
河津祐邦（伊豆守）
織田信重（和泉守）
小出秀実（大和守）
羽田正見（十左衛門）
小野広胖（友五郎・内膳正）
岡田忠養（安房守）
佐藤清五郎（石見守）
**◉江戸町奉行**
**北**井上清直（信濃守）
**南**小出秀実（大和守）

## 大政奉還　十月十四日

政治経済

薩長が提携し、第二次幕長戦争で実質上幕府が敗れると、挙兵討幕の気運はますます盛んになった。これに対し土佐藩は新生日本の形として、列藩大名会議による「公議政体《こうぎせいたい》」をめざし、この年十月三日、将軍徳川慶喜《よしのぶ》に大政奉還《たいせいほうかん》を建白《けんぱく》した。挙兵準備を進める薩摩藩の西郷隆盛や大久保利通《としみち》などが了解したのは、このプランが実現不可能と思ったからだ。大政奉還建白が失敗すれば、可能性は挙兵しかなくなる。

ところが土佐藩の建白を受け入れた慶喜は、十月十四日、大政奉還の上表文を朝廷に差し出し、翌十五日、許可された。ただし、この瞬間に幕府が崩壊したわけではない。朝廷の名において諸侯会議が開かれ、今後のことが決められるまでは、内政・外政ともに徳川氏が担当するのだ。しかも「征夷大将軍」の位や、全国の四分の一を占める幕府領（旗本領なども含む）も、そのままである。慶喜にとって大政奉還は、死中に活を求める捨て身技だった。

徳川慶喜

諸侯会議で土佐藩や徳川方の大名は、慶喜を列藩会議の代表に推すだろう。そうなると慶喜は合法的に、再びトップに座ることが出来る。時代は武力挙兵ではなく、「公議政体」へと向かっていた。

こうした流れを阻止するため、薩長の討幕派や岩倉具視《ともみ》らは王政復古《おうせいふっこ》断行を画策する。諸侯会議を経ずに十二月九日、明治天皇は「王政復古」の大号令を発し、総裁・議《ぎ》定《じょう》・参与《さんよ》の三職から成る維新政権を誕生させてしまった。ところがそこに、慶喜の椅子はない。しかも維新政権は、一方的に慶喜に辞官納地《じかんのうち》を迫った。慶喜側の怒りは、翌年の戊辰戦争へとつながってゆく。

## 渋沢栄一、パリ万国博覧会へ出席

文化思想

フランス公使ロッシュの勧めにより、幕府はフランス政府主催のもと、この年春からパリで行なわれる万国博覧会への参加を決めた。日本の事実上の主権が、幕府内にあるのを海外に知らしめるのが大きな目的である。一行は二十九人で、将軍名代は将軍慶喜の弟で十五歳になる徳川昭武《あきたけ》。会計に詳しい渋沢栄一もその中にいた。渋沢は武蔵国血洗村《ちあらいむら》（現、埼玉県深谷市）の豪農の子で、攘夷論を唱えたが、京都で一橋慶喜に見込まれ、家臣となった。

一月十一日に横浜を発ってからちょうど五十六日目の三月七日、パリに到着した一行は、ナポレオン三世らの歓迎を受ける。万博をはじめ国内の諸施設を見学した一行は、続いてスイス・ベルギー・イタリア・イギリス諸国を視察、大政奉還の知らせに驚き、翌年十一月には帰国している。世界金融の心臓に接し、新知識を吸収した渋沢は明治六

**【この年の出来事】**
**1・9**　明治天皇践祚。
**1・11**　徳川昭武・渋沢栄一ら、パリ万博参加のため横浜を出港。幕府・薩摩藩・佐賀藩が出品。
**2・3**　幕府、外国人への投石などの行為を禁止。
**3・26**　幕府の蒸気軍艦開陽丸、横浜に到着。
**4月**　土佐藩、坂本龍馬の亀山社中を藩付属とし「海援隊」と改称。
**5・8**　幕府、浜御庭を海軍所とする。
**5・12**　幕府、劇場・料理茶屋への外国人の立ち入りを許可。
**6・10**　幕府、陸軍所に「三兵士官学校」を設立。
**6・22**　後藤象二郎・坂本龍馬ら、薩摩藩士大久保利通・西郷隆盛らと会談。薩土盟約を締結。
**6・29**　幕府、老中月番制を廃止。
**7・10**　幕府、品川・新宿・下板橋・千住・新井の関所を廃止。
**7・29**　中岡慎太郎、「陸援隊」を結成。
**8月**　東海道・畿内で「ええじゃないか」が流行。関東・中国・四国にも広がる。

駒井信興（相模守）
朝比奈昌広（甲斐守）

**◉京都所司代**
松平定敬（越中守）

**◉京都町奉行**
**東**大久保忠恕（主膳正）
**西**遠山資尹（隠岐守）
高力（下総守・主計頭）

**◉大坂城代**
牧野貞明（越中守）

**◉大坂町奉行**
**東**竹内（日向守・大隅守）
松本寿太夫
松平信敏（大隅守）
**西**松平信敏（勘太郎・大隅守）
平岡準（越中守）
小笠原長功（刑部・伊勢守）
貝塚典直（彦之丞）
柴田剛中（日向守）

**◉長崎奉行**
能勢頼之（大隈守）
徳永昌新（石見守）
河津祐邦（三郎太郎・伊豆守）

**◉若年寄**
立花種恭（出雲守）
遠山友禄（信濃守）
京極高富（主膳正）
保科正益（弾正忠）
本多忠紀（能登守）
大関増裕（肥後守）
松平正質（弾正忠・豊前守）
石川総管（若狭守）
永井尚志（主水正・玄蕃頭）
浅野氏祐（美作守）
平山敬忠（図書頭）
川勝広運（美作守・備後守）
秋月種樹（右京亮）
永井尚服（肥前守）
松平近説（左衛門尉）
戸田忠至（大和守）
竹中重固（竹中重固）
堀直虎（内蔵頭）
塚原昌義（但馬守）

年（一八七三）、第一国立銀行を創立したのをはじめ、五百以上の営利会社や六百以上の社会事業団体に関係する。

## 坂本龍馬暗殺される　十一月十五日　事件災害

土佐浪士の坂本龍馬と中岡慎太郎が、京都河原町の商家（醤油屋）近江屋の二階で刺客の襲撃を受ける。初太刀《しょだち》で脳が飛び出すほどの重傷を受けた龍馬は、ほぼ即死（三十三歳）。かけつけた医者の手当を受けた慎太郎も、十七日に絶命（三十歳）した。刺客は幕府方の佐々木唯《ただ》（只）三郎《さぶろう》を首領とする見廻組数人との説が有力だ。

龍馬も慎太郎も土佐藩の郷士の家に生まれ、土佐勤王《きんのう》党《とう》に加盟したが、その後脱藩。浪人という特殊な立場で薩摩・長州藩の間を奔走した。この年二月、土佐藩は二人の功を認め、龍馬を海援隊長、慎太郎を陸援隊長に任じた。特に龍馬は大政奉還建白に関わっていたから、幕府側の跳ねっ返りから狙われたとしても、不思議ではない。「壮士三百人」を引き連れ、京都入りしたとのデマも飛んでいた。

黒幕には諸説あり、「幕末史最大の謎」などとマスコミに取り上げられるが、いずれも確証は無く推理の域を出ない。ただ、刺客は龍馬の居場所を知っていた様子で、一瞬の内に仕留めていることから、身内がリークした可能性も考えられる。龍馬は身辺に危険が迫っているのを察知しており、土佐藩邸入りを希望していたが、脱藩の前科があったため、聞き入れてもらえなかった。不用心な民家に潜んでいたのは、そのためである。

坂本龍馬

二人の葬儀は十七日夜、同志たちによって秘かに行なわれ、東山霊山に埋葬されて、墓碑が建てられた。

## 「ええじゃないか」騒動　七月〜　社会世相

前年に西日本で起こった一揆も、この年に入ると静まりを見せてくる。だが、幕府権威が決定的に失墜しつつあった夏頃から翌年初めにかけ、江戸・横浜・名古屋・大坂を結ぶ地域を中心に、日本のかなりの地方で「ええじゃないか」と呼ばれる騒動が巻き起こった。七月（あるいは八月とも）、名古屋あたり（横浜説・三河説もある）で天から大神宮のお札が降って来たのが最初という。民衆は老若男女をあげて伊勢神宮の神徳を讃え、狂ったように「おかげおどり」を始めた。ただし、六十一年目ごとに起こる「おかげまいり」のように、伊勢神宮には参らない。

「ええじゃないか」で締めくくられる、卑俗な歌を繰り返しながら、群衆は町や村を踊り歩くのだ。踊り手は仮装し、男が女装、女が男装することもあった。そして豪農や豪商の屋敷に上がり込み、強引に酒食を求め、家財まで持ち出したりした。民衆の変革に対する期待、世直し要求が込められていたことは確かだ。討幕派が背後で扇動した地域もあったという。あるいは「志士」たちにとっても、この騒ぎが身を潜めるのに役だったというケースもあった。土佐の田中光顕《みつあき》などは騒ぎに乗じて住吉街道から堺へ向かったと後年、回顧している。

それまでの一揆のような、特定の地域に限った騒ぎではなく、広範囲で起こったという点が、日本の民衆史の中でも類を見ないとされる。

**9・14**　幕府、人口増加により、3階建て住居の建造を許可。
**9・18**　大久保利通ら、山口で桂小五郎と挙兵討幕について約束。20日、広島藩もこれに加わる。
**10・3**　後藤象二郎、前土佐藩主山内豊信の大政奉還建白書を幕府に提出。
**10・12**　将軍慶喜、二条城に幕府要人を召集。大政奉還の決意を表明。
**10・13**　岩倉具視、薩摩藩に討幕の密勅を下す。
**10・14**　将軍慶喜、大政奉還の上表文を朝廷に提出。翌日、勅許。
**10月**　松坂屋弥兵衛・鹿島屋亀吉、アメリカ領事館員の斡旋で小蒸気船を購入。京浜往復運航を開始。
**11・15**　坂本龍馬・中岡慎太郎、近江屋で襲撃を受ける。龍馬が殺害され(33)、17日中岡も死亡(30)。
**12・9**　朝廷、王政復古の大号令を発布。幕府・摂政・関白を廃止。新政権誕生。
**12・23**　江戸城二の丸で火災、焼失。
**12・25**　庄内藩兵・新徴組、三田の薩摩藩邸を焼き討ち。
**12・26**　旧幕府軍艦、品川沖で薩摩藩軍艦と交戦。

# 1868 明治元年（慶応四年）

戊辰

天皇▼明治天皇

**【主要幕閣】**

**◉老中**
板倉勝静（周防守・伊賀守）
松平康英（周防守）
稲葉正邦（民部大輔・美濃守）
松平乗謨（縫殿頭）
小笠原長行（壱岐守）
稲葉正巳（兵部少輔・兵部大輔）
松平正質（豊前守）
酒井忠惇（雅楽頭）
立花種恭（出雲守）

**◉寺社奉行**
土屋寅直（采女正）
戸田忠友（土佐守）
内藤正誠（志摩守）

**◉勘定奉行**
小栗忠順（上野介）
小栗政寧（下総守）
都筑峯暉（駿河守）
木村勝教（飛騨守）
織田信重（和泉守）
小野広胖（友五郎・内膳正）
岡田忠養（安房守）
佐藤清五郎（石見守）
星野成美（豊後守）
加藤余十郎（丹後守）
朝比奈昌広（甲斐守）
菊池隆吉（丹後守・伊予守）
松平信敏（大隅守・河内守）
松本寿太夫
平岡準（和泉守・越中守）
原弥十郎
木村喜毅（兵庫頭）

**◉江戸町奉行**

## 江戸城無血開城決まる　三月十四日

政治経済

旧将軍慶喜《よしのぶ》が新政権から除外されたことに納得しない旧幕府の軍勢は、この年一月二日、大坂から京都に向けて進軍を開始。阻止しようとする薩摩・長州藩の軍勢と、翌三日夕方、京都南郊の鳥羽《とば》・伏見《ふしみ》街道で武力衝突した。以後一年半に及ぶ戊辰戦争の始まり、「鳥羽伏見の戦い」である。

旧幕軍一万五千、対する薩長軍五千。多勢に無勢であったが、四日になり薩長軍の陣営に天皇権威の象徴である「錦旗《きんき》」が翻《ひるがえ》り、戦いの流れが決定していく。それまで私闘と考えられていた戦争に「官」対「賊」という、はっきりした大義名分が生まれたのだ。立場を決め兼ねていた西国諸藩は、雪崩を起こすかのごとく薩長軍に呼応を始めた。

各地で戦いに敗れた旧幕軍は六日夜、大坂城に退却する。さらに慶喜は、「官軍」に逆らうのを恐れ、わずかな供を従えて天保山《てんぽうざん》から海路江戸へ逃げ帰ってしまう。七日、朝廷は慶喜追討令を発した。十二日、江戸に到着した慶喜は抗戦派を斥け、後事を恭順派の勝海舟《かつかいしゅう》に託す。

二月三日には親征の詔が発せられ、総裁有栖川宮熾仁《たるひと》親王が、東征大総督に任ぜられる。薩長を主力とする二十二藩、五万人の征東軍は東海・東山・北陸の三道から江戸をめざし、進撃を開始した。十二日、慶喜は江戸城を出、上野寛永寺《かんえいじ》で謹慎生活に入る。東征軍参謀となった薩摩藩の西郷吉之助《きちのすけ》（隆盛）の江戸入りを知るや、海舟は会談を申し込む。話し合いは三月十三日・十四日に行なわれ、西郷は十五日に予定されていた江戸城総攻撃を中止した。処分案は慶喜を水戸で謹慎させること、江戸城を開城させること、兵糧弾薬・軍艦の引き渡しなどである。一説には、イギリス公使パークスが江戸での戦争に反対していたからだともいう。四月十一日、薩長などの軍勢が入り、江戸城はあっけなく「官軍」に明け渡された。

## 「トコトンヤレ節」が流行

文化思想

「宮さん、宮さん、お馬の前にひらひらするのはなんじゃいな、トコトンヤレトンヤレナ、あれは朝敵征伐せよとの錦の御旗じゃ知らないか、トコトンヤレトンヤレナ」

鳥羽・伏見の戦いに勝利した「官軍」の東征軍は、軽快で躍動的な「都風流トコトンヤレぶし」を歌いながら進軍した。日本最初の軍歌ともいわれるこの俚謡《りよう》の作詞者は長州藩の品川弥二郎《やじろう》（吉田松陰《しょういん》門下）で、同じく長州藩の大村益次郎《ますじろう》らが相談して曲を付けたという。幕末になると軍事上の必要から鼓笛隊《こてきたい》が輸入採用されたが、その影響が感じられる。

## 彰義隊を攻撃　五月十五日

事件災害

彰《しょう》義《ぎ》隊《たい》は最初、上野で謹慎中の旧将軍慶喜の復権、助命をめざす一橋家ゆかりの者たちを中心に結成され

**【この年の出来事】**

**1・3**　旧幕府軍1万5000人、薩摩藩・萩藩兵5000人と戦闘（鳥羽・伏見の戦）。
**1・7**　新政府、徳川慶喜追討令を出す。
**1・11**　備前岡山藩兵、神戸でフランス兵と衝突（神戸事件）。
**1・25**　アメリカ・イギリス・オランダ・フランス・イタリア・北ドイツ、局外中立を宣言。
**2・12**　徳川慶喜、上野寛永寺に蟄居。
**2・15**　土佐藩兵、和泉堺でフランス兵を殺傷。土佐藩兵20人が切腹を命じられ、11人が切腹（堺事件）。
**2・23**　『太政官日誌』京都で刊行開始。
**3・13**　勝海舟・西郷隆盛、薩摩藩邸で江戸城開城について会談。
**3・13**　新政府、祭政一致を布告。
**3・14**　明治天皇、五箇条の御誓文を布告。

**北** 小出秀実（大和守）
石川利政（河内守）
**南** 駒井信興（相模守）
朝比奈昌広（甲斐守）
黒川盛泰（近江守）
松浦信寔（越中守）
佐久間信義（幡五郎）

**◉大坂城代**
牧野貞明（越中守）

**◉大坂町奉行**
**東** 松本寿太夫
松平信敏（大隈守）
**西** 小笠原長功（刑部・伊勢守）
貝塚典直（彦之丞）

**◉長崎奉行**
河津祐邦（三郎太郎・伊豆守）
中台信太郎

**◉若年寄**
立花種恭（出雲守）
京極高富（主膳正）
大関増裕（肥後守）
石川総管（若狭守）
永井尚志（主水正・玄蕃頭）
浅野氏祐（美作守）
平山敬忠（図書頭）
川勝広運（美作守・備後守）
永井尚服（肥前守）
松平近説（左衛門尉）
竹中重固（竹中重固）
堀直虎（内蔵頭）
塚原昌義（但馬守）
大久保忠寛（越中守）
服部常純（筑前守）
今川範叙（刑部大輔）
跡部良弼（遠江守）
河津祐邦（伊豆守）
向山一履（隼人正）

た。この年二月二十三日、浅草本願寺に百三十人ほどが集まり、頭取に渋沢成一郎《せいいちろう》、副頭取に天野八郎などが選出された。四月になると慶喜警固を理由に上野の寛永寺に移った。ところが同月十一日、江戸城は開城し、慶喜は謹慎のため水戸へ向かう。その前後から渋沢と天野が対立を深め、結果、渋沢は九十人を率いて新たに振武軍《しんぶぐん》を組織し、多摩郡田無《たなし》（現、東京都西東京市）へと移ってゆく。

慶喜が去ったあと、彰義隊は輪王寺宮《りんのうじのみや》公現法親王《くげんほっしんのう》の警固と、徳川家重宝の管理を任務とする。東叡山《とうえいざん》寛永寺の住職は三世の頃から輪王寺門跡《もんぜき》となった皇族が任ぜられ、天台宗の貫主も兼ねていた。新政府は彰義隊に解散を命じるが、聞き入れるはずがない。新政府の軍防事務局判事大村益次郎は彰義隊の討伐を決め、五月十五日を総攻撃の日とした。

この日未明、新政府軍一万二千（異説あり）は行動を開始する。本郷台からはアームストロング砲二門で砲撃。薩摩兵が殺到した黒門は、肉弾相討つ修羅場と化す。そしてついに彰義隊は二百人以上の戦死者を出し、半日で壊滅した。戦いが始まるや輪王寺宮は上野を脱して仙台に逃れ、新政府軍に抵抗する奥羽越列藩同盟《おううえつれっぱんどうめい》の軍事総督と仰がれる。

浅草本願寺を本能寺の変になぞらえて描いた『本能寺合戦之図』

以後、戊辰戦争の戦火は北越・東北へ拡がり、明治二年五月十八日、旧幕軍が立て籠る箱館五稜郭《ごりょうかく》の陥落により終結した。こうして新政府は武力により旧幕府、佐幕勢力を壊滅させ、その権力を盤石なものにしていくのである。

## 江戸から東京へ　七月十七日

社会世相

**徳**川家康が幕府を開いて以来、江戸は日本の政治の中心地ではあったが「首都」ではない。都は天皇がいる京都である。それでも江戸は幕末になると、人口百万を超す世界最大の都市であった。ところがこの年閏四月頃から、政治の混乱によって江戸の治安が悪化し、市街地人口も五十万程度にまで減少する。

この年一月、新政府の実力者大久保利通《としみち》は、天皇を古い因習に縛られた京都から出し、近代国家の政治の中心に据えるため、大阪遷都の必要を唱えた。だが、このままでは江戸は東海の一寒村になってしまうと、前島密《ひそか》や江藤新平らは危惧し、江戸遷都論を唱え、岩倉具視《ともみ》を動かし、ついには大久保も納得した。江戸を「東京」と改称するとの詔が発せられたのは、七月十七日のこと。九月八日には慶応から「明治」へと改元され、同月二十日には明治天皇の東京行幸《ぎょうこう》が決まる。すると京都市民が動揺した。都が東京に移ってしまうのではないかと心配したのだ。九月二十日、京都を発った天皇は東海道を下り、十月十三日、東京に「行幸」した。この日、江戸城は東京城と改称され、皇居に定められた。天皇は十二月、人心動揺を抑えるため京都に戻ったが、翌明治二年三月には再び東京に「行幸」する。そして、これが事実上の遷都になった。実は、今日に至るまで、東京を首都とする詔は発せられていない。だから京都には今も天皇は東京に行幸中で、いずれ帰って来られるとの思いが根強く存在するという。

**3・15** 新政府、全国に旧幕府の高札撤去と、新たな高札の設置を命じる（五榜の掲示）。
**4・4** 江戸城、無血開城。
**閏4・1** イギリス公使パークス、信任状を明治天皇に提出。
**5・3** 奥羽越列藩同盟成立。
**5・15** 官軍、上野彰義隊を攻撃。
**7・17** 江戸を東京と改称。
**8・21** 官軍、会津城を攻撃。
**8月** 白虎隊壊滅。
**9・8** 明治に改元。同時に、一世一元の制を制定。
**9・22** 会津城開城。
**9・29** 盛岡藩、官軍に降伏（すべての東北諸藩が降伏）。
**10・13** 明治天皇、東京に到着。江戸城を東京城と改称。
**10・25** 榎本武揚、五稜郭・箱館を占領。
**1月** イギリス・フランス、榎本武揚政権を蝦夷政府として承認。

## 参考文献

本書の執筆には以下の事典や著作物などを参考にさせていただきました。関係者に厚く御礼申し上げます。なお文献を引用した際には文献名を本文中に記載しましたので省略しました（順不同）。


・加藤友康他編　日本史総合年表（吉川弘文館　2005）
・吉川弘文館編集部編著　誰でも読める　日本近世史年表（吉川弘文館　2007）
・吉原健一郎他編著　増補版　江戸東京年表（小学館　2002）
・川崎庸之他総監修　読める年表・日本史（自由国民社　2006）
・山本博文監修　江戸時代年表（小学館　2007）
・西山松之助他編　江戸学事典（弘文堂　1984）
・矢代和夫他編著　日本騒動事典（叢文社　1989）
・竹内誠編　徳川幕府事典（東京堂出版　2003）
・大石学編　小学館版　江戸時代新聞（小学館　2003）
・東京都江戸東京博物館編著・発行　大江戸八百八町展（2003）
・明田鉄男編著　実録事件史年表　江戸10万日全記録（雄山閣　2003）
・竹内誠監修　図説江戸4　江戸庶民の衣食住（学習研究社　2003）
・稲垣史生編　江戸編年事典（青蛙房　2010）
・横山明男他著　山形県の歴史（山川出版社　1998）
・瀬野精一郎他著　長崎県の歴史（山川出版社　1998）
・坂上康俊他著　宮崎県の歴史（山川出版社　1999）
・原口泉他著　鹿児島県の歴史（山川出版社　1999）
・高澤裕一他著　石川県の歴史（山川出版社　2000）
・稲本紀昭他著　三重県の歴史（山川出版社　2000）
・塩谷順耳他著　秋田県の歴史（山川出版社　2001）
・和田萃他著　奈良県の歴史（山川出版社　2003）
・村野守治　島津斉彬のすべて（新人物往来社　1989）
・松岡英夫　鳥居耀蔵（中公新書　1991）
・木崎良平　漂流民とロシア（中公新書　1991）
・中野三敏　江戸文化評判記（中公新書　1992）
・大石慎三郎　吉宗と享保改革（日本経済新聞社　1994）
・大石慎三郎　将軍と側用人の政治（講談社現代新書　1995）
・綱淵謙錠　空白の歴史（文藝春秋　1994）
・深谷克己　日本の歴史6　江戸時代（岩波ジュニア新書　2000）
・北原　進　八百八町　いきなやりくり（教育出版　2000）
・竹内　誠　元禄人間模様（角川選書　2000）
・山本博文　鬼平と出世（講談社現代新書　2002）
・山本博文　徳川将軍家の結婚（文春新書　2005）
・山本博文　学校では習わない江戸時代（新潮社　2007）
・山本博文　大奥学事始め（日本放送出版協会　2008）
・山本博文　江戸に学ぶ日本のかたち（日本放送出版協会　2009）
・竹内　誠　現代に生きる　江戸談義十番（小学館　2003）
・竹内誠編　江戸文化の見方（角川選書　2010）
・藤田　覚　大江戸世相夜話（中公新書　2003）
・八幡和郎　江戸三〇〇藩　バカ殿と名君（光文社　2004）
・笠谷和比古　武士道と日本型能力主義（新潮社　2005）
・野口武彦　江戸は燃えているか（文藝春秋　2006）
・倉地克直　江戸文化をよむ（吉川弘文館　2006）
・大石　学　元禄時代と赤穂事件（角川選書　2007）
・深井雅海　江戸城―本丸御殿と幕府政治（中公新書　2008）
・根岸茂夫　大名行列を解剖する（吉川弘文館　2009）
・島内景二　柳沢吉保と江戸の夢（笠間書院　2009）
・赤岩州五他著　藩と県（草思社　2010）

**監修者紹介**

**山本博文**（やまもと・ひろふみ）

1957年生まれ。東京大学大学院、東京大学史料編纂所助手、同助教授を経て、現在、東京大学大学院情報学環教授。

**【主著】**『寛永時代』（吉川弘文館）、『江戸城の宮廷政治』（講談社学術文庫）、『鎖国と海禁の時代』（校倉書房）、『江戸のお白州』（文春新書）、『日本史の一級史料』（光文社新書）、『御殿様たちの出世』（新潮選書）、『大奥学事始め』（日本放送出版協会）、『江戸の組織人』（新潮文庫）、『天下人の一級史料』（柏書房）など多数。『江戸お留守居役の日記』（講談社学術文庫）により第40回日本エッセイストクラブ賞受賞。

**著者紹介**

**蒲生眞紗雄**（がもう・まさお）

1947年生まれ。國學院大學大學院修士課程修了。現在、都立高校教諭。国立歴史民俗博物館共同研究員や東京都墨田区横網一丁目埋蔵文化財調査会参与などを歴任。

**【主著】**『徳川幕府の実力と統治のしくみ』（新人物往来社）、『日本史こぼれ話　正・続・続々』（共著、山川出版社）、『高等学校日本史Ａ改訂版』（共著、清水書院）など。本書の第一部・江戸前期を担当。

**後藤寿一**（ごとう・じゅいち）

1948年生まれ。早稲田大学卒業。産経新聞文化部記者を経て、現在、歴史作家。

**【主著】**『徳川慶喜と幕末99の謎』（PHP文庫）、『密告　こだわりの日本史』（同文書院）、『日本史泣かせるいい話』（KAWADE夢文庫）など多数。本書の第二部・江戸中期を担当。

**一坂太郎**（いちさか・たろう）

1966年生まれ。大正大学卒業。現在、萩博物館高杉晋作資料室長。

**【主著】**『わが夫坂本龍馬』（朝日新書）、『高杉晋作』（文春新書）、『幕末歴史散歩東京篇』（中公新書）など多数。本書の第三部・江戸後期を担当。

**江戸時代《えどじだい》265年《ねん》ニュース事典《じてん》**

---

2012年9月25日　第1刷発行

監修者　山本博文
著　者　蒲生眞紗雄・後藤寿一・一坂太郎
発行者　富澤凡子
発行所　柏書房株式会社
〒113-0021 東京都文京区本駒込1-13-14
Tel. 03-3947-8251［営業］
03-3947-8254［編集］
装　丁　佐藤篤司
組　版　ハッシィ
印　刷　壮光舎印刷株式会社
製　本　株式会社ブックアート

---


ISBN978-4-7601-4073-2

# 人名索引

数字は、当該の人名が登場する西暦を示した。

# 事項索引

数字は、当該の事件・事象・事物などが登場する西暦を示した。

## お



## か

## き



## く



## け



## こ



## さ

## 収録画像一覧

●本文中に掲載した各年の画像の一覧を示すとともに、資料名、出典、刊行年等の補足説明と、ご協力いただいた資料所蔵者・所蔵機関を示す。
●所蔵者・所蔵機関、出典のうち、次のものは、略号によって示す。
・国立国会図書館所蔵→国会
・国立国会図書館所蔵、ホームページ→国会HP
・国立公文書館所蔵→国立公文
・東京都立中央図書館特別文庫室所蔵→都立中央
・東京大学史料編纂所蔵→東大史料
・日本銀行金融研究所貨幣博物館所蔵・提供→貨幣博物館
・『絵でよむ江戸のくらし風俗大事典』（棚橋正博・村田裕司編著、柏書房2004）→くらし風俗
・『イラストレイテドロンドンニュース』→『ILN』

【1603】徳川家康画像・天海賛、模写図〔東大史料〕／後陽成天皇画像、模写図〔東大史料〕
【1604】整備された後の出島（モンタヌス『日本誌』）、1669年／『信長記』〔国会HP〕／西欧に伝えられた日本の切腹（モンタヌス『日本誌』）、1669年
【1605】徳川秀忠画像、模写図〔東大史料〕／郷帳（「天保郷帳」）〔国立公文〕／増上寺三解脱門（元和8年〈1622〉再建）
【1606】江戸城下（『江戸名所記』）、寛文2年（1662）／三十三間堂（『京童』）、明暦4年（1658）
【1607】北野天満宮（『京童』）、明暦4年（1658）／北野天満宮（『都名所図会』）、安永9年（1780）／西欧に伝えられた秀頼の大坂城（モンタヌス『日本誌』）、1669年
【1608】慶長小判と慶長一分金〔貨幣博物館〕／慶長丁銀と慶長豆板銀〔貨幣博物館〕／永楽通宝〔貨幣博物館〕
【1609】姫路城／煙草風景（『大和耕作絵抄』）、江戸前期
【1610】進貢船の図〔沖縄県立博物館・美術館所蔵・提供〕／古田織部画像〔大阪城天守閣所蔵・提供〕
【1611】高瀬川（『拾遺都名所図会』）、天明7年（1787）／旅籠屋（『東海道五十三次』）、天保4年（1833）／旅籠屋（『木曾海道六拾九次』）、天保年間（1830～1844）
【1612】迫害される日本のキリシタンのイメージ（モンタヌス『日本誌』）、1669年／本多正信著とされる『本佐録』。秀忠の問いに答える形で儒教的天道論を説く（享保期の版本）
【1613】支倉六右衛門常長画像、模写図〔東大史料〕／平戸（モンタヌス『日本誌』）、1669年
【1614】寛文7年に再建され寛政10年に焼失する以前の方広寺（『花洛名勝図会』）、元治元年（1864）／本多正信画像、模写図〔東大史料〕
【1615】大坂落城（モンタヌス『日本誌』）、1669年／「大坂卯年図」〔国立公文〕
【1616】徳川家康天海対座画像、模写図〔東大史料〕
【1617】狩野（守信）探幽画像、模写図〔東大史料〕／吉原（『江戸名所記』）、寛文2年（1662）
【1618】箱根（元禄3年「東海道分間之図」）〔国立公文〕／箱根『東海道五十三次』、天保4年（1833）
【1619】福島正則画像・雄厳賛、模写図〔東大史料〕／檜垣廻船（『東京諸問屋沿革誌附図』）、明治14年〔東京都公文書館所蔵〕／樽廻船（『東京諸問屋沿革誌附図』）、明治14年〔東京都公文書館所蔵〕
【1620】浅草御蔵近辺（『江戸切絵図・浅草御蔵前辺図』嘉永～文久頃）〔国会HP〕
【1621】山田（甚左衛門）長政画像、模写図〔東大史料〕／織田有楽斎（栗原信充『肖像集』）〔国会HP〕／養源院（『都林泉名勝図会』）、寛政11年（1799）
【1622】宇都宮宿と宇都宮城（「下野州河内郡宇都宮地図」）〔国立公文〕／元和の大殉教
【1623】徳川家光画像、模写図〔東大史料〕／本因坊算砂／アンボイナ島、「アンボイナ島銅版画」1655年
【1624】猿若（『人倫訓蒙図彙』）、元禄3年（1690）／猿若（『江戸雀』）、延宝5年（1677）〔国会HP〕
【1625】倭寇の姿（『異称日本伝』）／寛永寺（『江戸名所記』）、寛文2年（1662）／宝暦5年の「江都東叡山寛永寺地図」〔国立公文〕
【1626】「寛永三年二条城行幸図」〔国会HP〕
【1627】金地院崇伝／後水尾天皇画像・賛、模写図〔東大史料〕／今井宗久（栗原信充『肖像集』）〔国会HP〕
【1628】ヌイツを拘禁する浜田弥兵衛（『万国新話』）〔国会HP〕／「唐船阿蘭陀船図」〔福岡市博物館所蔵・提供〕
【1629】春日局画像、模写図〔東大史料〕／四条河原のかぶき（『京童』）、明暦4年（1658）
【1630】南蛮吹の図（『日本山海名物図会』）、宝暦4年（1754）／本門寺（『江戸名所記』）、寛文2年（1662）
【1631】灰屋紹益（栗原信充『肖像集』）〔国会HP〕／「兵庫髷」「傾城」「下髪」「島田髷」「御所風」（『女用訓蒙図彙』）、貞享4年（1687）
【1632】最古の江戸の地図とされる『武州豊嶋郡江戸庄図』（後刷）、寛永9年（1632）以降、早い時期の後刷とされる〔国会HP〕
【1633】芝居になった黒田騒動の栗山大膳（『筑紫巷談浪白縫』明治の役者絵）、大判・錦絵「栗山大膳・坂東彦三郎」明治8年（1875）〔都立中央〕／湯女（『百人女郎品定』）、享保8年（1723）／髪をすく湯女（『野白内証鑑』）
【1634】歌舞伎や説経浄瑠璃の小屋が並ぶ禰宜町（『江戸名所記』）、寛文2年（1662）／芝居になった伊賀越え仇討の沢井又五郎（『伊賀越乗掛合羽』文化13年の役者絵）、大判・錦絵「沢井股五郎・市川鰕十郎」文化13年（1816）〔都立中央〕
【1635】山王祭（『東都歳時記』）、天保8年（1837）／山王権現（『江戸名所記』）、寛文2年（1662）
【1636】寛永通宝（銅一文銭、寛永13年鋳造）〔貨幣博物館〕／伊達政宗画像、模写図〔東大史料〕〔京都・霊源院（原画所蔵者）協力〕
【1637】高潔な民政家との評価もある松倉重政（勝家の父）木像〔島原城天守閣所蔵・提供〕／明治初年の錦絵に描かれた天草四郎、大判・錦絵「競勢酔虎伝」「天草四郎」明治7年（1874）〔都立中央〕
【1638】東海寺（『江戸名所記』）、寛文2年（1662）／東海寺（『江戸名所図会』）、天保5年（1834）
【1639】ポルトガル船来航禁止制札（福岡市）〔福岡市博

物館所蔵・提供〕／バタビア（モンタヌス『日本誌』)、1669年
【1640】中江藤樹／京・島原（『京童』)、明暦4年（1658）
【1641】池田光政／花畠教場はのちに岡山藩校に受け継がれた、絵葉書／火の御番（『大和耕作絵抄』)、江戸前期
【1642】橋をわたる参勤交代の列（「岡崎」『東海道五十三次』)、天保4年（1833）／飛脚（『菊寿の盃』)、天明元年（1781）〔くらし風俗〕
【1643】喜多院山門に立つ天海像（埼玉県川越市小仙波町）
【1644】「元禄国絵図」「薩摩国」部分〔国立公文〕／芝居小屋が並ぶ木挽町（『江戸名所図会』)、天保5年（1834）
【1645】塩浜（『日本山海名物図会』)、宝暦4年（1754）／芝居の宮本武蔵、縮緬絵「月本武者之助・坂東簑助」文政13年（1830）〔都立中央〕
【1646】浅草三十三間堂（『江戸名所記』)、寛文2年（1662）／深川三十三間堂（『絵本続江戸土産』)／現在の矢先稲荷神社
【1647】小堀遠州／ポルトガル船入港時の長崎警備図〔福岡市博物館所蔵・提供〕
【1648】藤原惺窩（栗原信充『肖像集』)〔国会HP〕／木戸を閉め、番小屋で拍子木を打ち、くぐり戸から夜回りに出る（『尻操御用心』)、寛政5年（1793）〔くらし風俗〕
【1649】西欧に伝えられた江戸の大地震（モンタヌス『日本誌』)、1669年／カスパル
【1650】幕末の伊勢参りの様子（広重「おかげ参りの図、「高倉山・天の岩戸」『伊勢参宮略図』)〔国会HP〕／(「末社順拝・古市・宇治橋・関の山・朝熊山」)〔国会HP〕／(「外宮拝殿・玉串御門・内宮正殿・二見ノ浦」)〔国会HP〕
【1651】徳川家綱画像、模写図〔東大史料〕／芝居の由井正雪（左の人物が「由井民部之助正雪」明治の役者絵)、大判・錦絵「花川戸助六」「吉備大臣」「武蔵坊弁慶」「由井民部之助正雪」明治8年（1875）〔都立中央〕
【1652】禰宜町の若衆歌舞伎（『江戸名所記』)、寛文2年（1662）／芝居小屋（『大和耕作絵抄』)、江戸前期
【1653】松永貞徳（栗原信充『肖像集』)／佐倉惣五郎、『帝国人名辞典』／江戸の秤座跡（中央区日本橋）
【1654】隠元／万福寺（『宇治川両岸一覧』)
【1655】平林寺境内を流れる野火止上水／湯女風呂（『八十翁疇昔語』)
【1656】鹿苑寺（金閣寺)、右上に茶室が見える（『都林泉名勝図会)、寛政11年（1799）
【1657】明暦の大火（『むさしあぶみ』)、万治4年（1661）〔都立中央〕／西欧に伝えられた江戸の大火（モンタヌス『日本誌』)、1669年／回向院（『江戸名所記』)、寛文2年（1662）
【1658】千宗旦（栗原信充『肖像集』)〔国会HP〕／『新板江戸大絵図』5枚のうちの1枚〔国会HP〕
【1659】明暦3年に天守閣が失われた後、新井白石等により正徳2年に提出された再建図「江戸城御天守絵図」、正徳2年（1712）〔国立公文〕
【1660】芝居の原田甲斐（明治の役者絵)、大判・錦絵「原田甲斐・坂東彦三郎」「板倉内膳・沢村訥升」「伊達安芸・市川左団次」明治9年（1876）〔都立中央〕／『分間江戸大絵図』部分〔国会HP〕
【1661】福井藩藩札〔貨幣博物館〕／『東海道名所記』、寛文元年（1661）〔国会HP〕
【1662】松平信綱の墓（埼玉県新座市・平林寺）／白木屋（『名所江戸百景』)、安政3～5年（1856～58）
【1663】辻番（『江戸雀』)、延宝5年（1663）〔国会HP〕
【1664】そばの器（『守貞謾稿』)、安政3～5年（1856～58）〔国会〕／そば屋（『走書浅草絵馬』)、安政3～5年（1856～58）〔くらし風俗〕
【1665】さまざまな食材（『当流節用料理大全』)／初鰹売り（『四時交加』)、寛政10年（1798）〔くらし風俗〕
【1666】中村惕斎、『先哲像伝・近世畸人傳・百家琦行傳』1914年／『訓蒙図彙』〔国会HP〕
【1667】足利学校／大川を越える（「島田」『東海道五十三次』)、天保4年（1833）
【1668】吉原の茶屋と見世と花魁（『江戸雀』)、延宝5年（1677）／散茶女郎（『百人女郎品定』)、享保8年（1723）／茶屋の前を行く花魁道中（『大通其面影』)、安永9年（1780）〔くらし風俗〕
【1669】枡を作る枡師（『人倫訓蒙図彙』)、元禄3年（1690）／穀用枡（『大日本租税志』)／水枡（『大日本租税志』)／「天下一」の銘の入った守随家の秤（『古今要覧考』)
【1670】両替商（『女郎買糠味噌汁』)、天明元年（1781）〔くらし風俗〕／『本朝通鑑』〔国立公文〕
【1671】出島やオランダ船が描かれた寛政8年刊の長崎地図（「長崎図」)〔国会HP〕
【1672】詩仙堂（左上）と周辺（『都名所図会』)、安永9年（1780）
【1673】内裏（『大和耕作絵抄』)、江戸前期／駿河町越後屋（『画本東都遊』)〔国会HP〕
【1674】伊丹酒造の米洗いの図（『日本山海名産図会』)、寛政11年（1799）／煙草を吸う吉原遊女（『吉原美人合』)
【1675】西山宗因が著した『大坂独吟集』〔国会HP〕／客待ちをする駕籠かき（『江戸職人歌人集』)、文化2年（1805）〔くらし風俗〕
【1676】回向院（『江戸雀』)、延宝5年（1677）／中川番所（『江戸名所図会』)、天保5年（1834）／西山宗因が著した『大坂独吟集』〔国会HP〕
【1677】『江戸雀』に描かれた江戸城、延宝5年（1677）〔国会HP〕／『江戸雀』に描かれた浅草観音、延宝5年（1677）〔国会HP〕
【1678】「釜山浦倭館絵図」(『朝鮮絵図』)、『朝鮮史料集真』／春を売る谷中のいろは茶屋（『世説新語茶』)、安永5年（1776）〔くらし風俗〕
【1679】越後の雪中での布晒し（『北越雪譜』)／芝居の白井権八、大判・錦絵「白井権八・尾上菊五郎」文政8年（1825）〔都立中央〕
【1680】時計師（『略画職人尽』)、文政9年（1826）〔くらし風俗〕／両国橋（『絵本江戸土産』)、宝暦3年（1753）〔くらし風俗〕
【1681】護国寺（『江戸名所図会』)、天保5年（1834）／市井の菖蒲の節句（『大和耕作絵抄』)、江戸前期
【1682】宝永、正徳頃にできた浄瑠璃『八百屋お七物語』／芝居の八百屋お七、大判・錦絵「八百屋娘お七」「お七兄染五郎」嘉永2年（1849）〔都立中央〕
【1683】芝居の茂兵衛、大判・錦絵「大経師茂兵衛・尾

上菊五郎」文政7年（1824）〔都立中央〕／江戸の金座での小判製造。「出来金改所」と「延金場」（『金座絵巻』）〔貨幣博物館〕／江戸の金座での小判製造。「延金場」と「出来金改所」（『金座絵巻』）〔貨幣博物館〕

【1684】この年採用が決定した貞享暦（享保20年の京暦、『古暦帖』）〔国会HP〕／人形浄瑠璃の元祖たち（『浄瑠璃大系図』、天保13年（1842）〔国会HP〕／竹本義太夫は芸道上達のため厳島に参籠し一巻の軸を授けられたという（『浄瑠璃大系図』）〔国会HP〕／三味線の由来（『浄瑠璃大系図』）〔国会HP〕

【1685】元禄4年当時の日本（『日本海山潮陸圖』）〔国会HP〕／景清、大判・錦絵「悪七兵衛景清・河原崎権十郎」文久元年（1861）〔都立中央〕

【1686】木下順庵（『先哲像伝』）〔国会HP〕／唐犬権兵衛（『当世好男子伝』「揚志ニ比ス唐犬権兵衛」）〔国会HP〕／貞享義民社にある二斗五升の碑文（長野県安曇野市）

【1687】江戸の犬を収容するため、元禄8年に中野村に建てられた犬小屋（「元禄十年御囲絵図」）、〔中野区立歴史民俗資料館蔵・提供〕／中野村の犬小屋の図（『江戸大絵図』宝永2年）、〔中野区立歴史民俗資料館蔵・提供〕／三度笠、菅笠、頭巾などをかぶる人々（『江戸名所図会』）、天保5年（1834）／三度笠、菅笠をかぶる旅人（『東海道名所図会』）、寛政9年（1797）

【1688】柳沢吉保画像、模写図〔東大史料〕／若衆髷と野郎（『女用訓蒙図彙』）、貞享4年（1687）

【1689】松尾芭蕉（栗原信充『肖像集』）〔国会HP〕／長崎の唐人屋敷（『日本山海名産図会』）、寛政11年（1799）

【1690】契沖（『國文学名家肖像集』）、『國文学名家肖像集』／反魂丹の製法を富山に伝えた万代常閑像〔富山市・妙国寺所蔵・提供〕／万代常閑を讃える顕彰碑〔同寺所蔵・提供〕

【1691】18世紀後半以降オランダへの主な輸出品となった棹銅の製法図（『鼓銅図録』）〔国会HP〕

【1692】ケンペル『日本誌』〔国会HP〕／ケンペルの綱吉拝謁（『日本誌』）〔国会HP〕／『日本誌』に記録された日本の事物〔国会HP〕

【1693】鷹狩（『絵本世都濃登起』）

【1694】葵祭（『都名所図会』）、安永9年（1780）

【1695】元禄小判〔貨幣博物館〕／元禄丁銀と元禄豆板銀〔貨幣博物館〕

【1696】『農業全書』／芝居の次郎右衛門と八ツ橋（『競伊勢物語』）、大判・錦絵「佐野治郎左衛門」「中万字屋八ッ橋」嘉永3年（1850）〔都立中央〕

【1697】團十郎の初代～八代と役名、大判・錦絵「象引」「暫」「外郎」「六部」「不動」「助六」「景清」「五郎」嘉永3年（1850）か〔都立中央〕／両国橋広小路（『絵本江戸土産』）、宝暦3年（1753）

【1698】内藤新宿（『江戸名所図会』）、天保5年（1834）

【1699】初代坂田藤十郎（『鋸くず』）〔都立中央〕／人形浄瑠璃（『人倫訓蒙図彙』）、元禄3年（1690）

【1700】西欧に伝えられた日本の三貨制度、『ILN』1860.6.16／釈迦で知られる嵯峨の清涼寺（『京童』）、明暦4年（1658）

【1701】浅野長矩／吉良上野介像（墨田区両国・本所松坂公園）

【1702】『藩翰譜』〔国立公文〕／吉良邸跡（墨田区両国・本所松坂公園）／六義園（文京区本駒込）

【1703】赤穂浪士の墓（港区高輪・泉岳寺）／泉岳寺（『江戸名所図会』）、天保5年（1834）

【1704】摂津箕面・弁財天（瀧安寺）の富突（『摂津名所図絵』）／富札売り（『さんねんめ』）安永年間（1772～80）〔くらし風俗〕

【1705】増上寺『江戸名所記』、寛文2年（1662）

【1706】宝永小判〔貨幣博物館〕／宝永丁銀（宝永四ツ宝丁銀）〔貨幣博物館〕／宝永通宝（銅製十文銭）〔貨幣博物館〕／屋形船（『大和耕作絵抄』）、江戸前期

【1707】根津権現（『江戸名所図会』）、天保5年（1834）

【1708】『西洋紀聞』〔国立公文〕／『麻疹要論』〔国会HP〕／麻疹で養生する図、大判・錦絵、「麻疹元服図」文久2年（1862）〔都立中央〕

【1709】徳川家宣画像、模写図〔東大史料〕／新井白石（栗原信充『肖像集』）〔国会HP〕

【1710】駿河町の呉服店（『江戸名所図会』）、天保5年（1834）／湯屋（『浮世風呂』前編）、文化6年（1809）〔くらし風俗〕

【1711】『お染久松春花』／歌舞伎台本『於染久松色読販』（四巻首一巻）〔国会HP〕／「朝鮮通信使行列図巻」〔福岡市博物館所蔵・提供〕

【1712】『折たく柴の記』〔都立中央〕

【1713】徳川家継画像、模写図〔東大史料〕／貝原益軒（栗原信充『肖像集』）〔国会HP〕／先を競う駕籠かき（『比来降涌金』）、寛政3年（1791）〔くらし風俗〕

【1714】品質を改善した正徳小判と、さらに質を高めた享保小判〔貨幣博物館〕／正徳一分金〔貨幣博物館〕／正徳丁銀〔貨幣博物館〕／正徳豆板銀〔貨幣博物館〕／芝居の生島新五郎（明治の役者絵）、大判・錦絵「生島新五郎之話」明治19年（1886）〔都立中央〕

【1715】近松門左衛門（栗原信充『肖像集』）〔国会HP〕／『国性爺合戦』を素材にした『綟摺草』（浄瑠璃や歌舞伎の演目を能や狂言のように描いたもの）、明和2年（1765）〔都立中央〕／『国性爺合戦』を浮世草子にした『国性爺御前軍談』、享保元年（1716）〔都立中央〕

【1716】徳川吉宗画像、模写図〔東大史料〕

【1717】家治の鷹狩（明治期『徳川十五代記略』「十代将軍家治公鷹狩之図」）、中判・錦絵「徳川十五代記略」「十代将軍家治公鷹狩之図」明治8年（1875）〔都立中央〕／大坂心斎橋の大丸（『摂津名所図会』）、寛政8年（1796）

【1718】役者絵に見る團十郎。初代（不破）、二代（鳴神）、三代（外郎）、大判・錦絵「古今俳優」「不破・元祖団十郎」「鳴神・二代目団十郎」「外郎・三代目団十郎」文久2年（1862）〔都立中央〕／鏡の前の飯盛女（『百人女郎品定』）、享保8年（1723）

【1719】室鳩巣（栗原信充『肖像集』）〔国会HP〕／『朝鮮人来朝物語』〔福岡市博物館所蔵・提供〕

【1720】『紅毛談（おらんだばなし）』〔国会HP〕／『いろは組四十八番目録』〔国会HP〕

【1721】目安箱が置かれた評定所／小石川薬園で採集した草木の葉と印葉図を収録した『磔川官園薬草腊葉』文化10年（1813）〔国会HP〕

【1722】芝居のお千代、大判・錦絵「お千代・岩井紫若」天保11年（1840）〔都立中央〕／芝居の半兵衛、大判・錦絵「八百屋半兵衛・中村歌右衛門」天保11年（1840）

〔都立中央〕／寺子屋（『主従心得草』）
【1723】見沼自然公園に建てられた井沢弥惣兵衛（さいたま市）／現在も工事の安全祈願が行なわれる井沢弥惣兵衛の頌徳碑（さいたま市見沼区・萬年寺）
【1724】懐徳堂門下も講師を務めた大坂・平野の郷学・含翠堂の講義風景（『摂津名所図会』）、寛政8年（1796）／幕末の江戸の柿葺き平屋と、瓦葺き土蔵（『守貞謾稿』）、安政3～5年（1856～58）〔国会〕
【1725】雑喉場魚市（『摂津名所図会』）、寛政8年（1796）／間引き図（『拉児戒教之草』）
【1726】『異国産馬図巻』（江戸後期）〔国会HP〕／1867年にロンドンで公演した松井源水、『ILN』1867.2.23
【1727】荻生徂徠、『先哲像伝・近世畸人傳・百家琦行傳』1914年／『大岡政談』「恋娘昔八丈」のお駒、大判・錦絵「五衣色染分」「黄」嘉永4年（1851）頃〔都立中央〕
【1728】天保14年、家慶の日光道中（「日光道中絵図」）〔国立公文〕／吉原の灯籠（『青楼年中行事』）、享和4年（1894）／「［享保十四年渡来］象之図」〔国会HP〕
【1729】芝居の大岡忠相と天一坊（「天一坊大岡政談」明治の役者絵）、大判・錦絵「扇音同大岡政談」明治8年（1875）〔都立中央〕／『製油録』〔国会HP〕
【1730】『普救類方』〔国会HP〕／錦やビロウドを織る西陣の様子（『都名所図会』）、安永9年（1780）
【1731】徳川宗春が著した『温知政要』。主な藩士に配られたが、宗春隠居謹慎後に回収処分となる〔国会HP〕
【1732】文政期に出版された『除蝗録』〔国会HP〕／川開きでの花火見物と屋形船（『大和耕作絵抄』）、江戸前期
【1733】明治の金龍山の桜（「浅草金竜山」『東京三拾六景』）、中判・錦絵「東京三拾六景」「五」「浅草金竜山」明治4年（1871）〔都立中央〕／湯島天神の富興行（『金持曾我』）、天明2年（1782）〔くらし風俗〕
【1734】『庶物類纂』〔国立公文〕／紀伊国屋文左衛門（栗原信充『肖像集』）〔国会HP〕
【1735】甘藷先生こと青木昆陽の墓（目黒区下目黒・瀧泉寺〈目黒不動尊〉）
【1736】文字金（元文小判）〔貨幣博物館〕／文字銀（元文丁銀）〔貨幣博物館〕／豊島屋（『江戸名所図会』）、天保5年（1834）
【1737】安積澹泊（栗原信充『肖像集』）〔国会HP〕／飛鳥山（『画本東都遊』）〔国会HP〕／飛鳥山（『江戸名所花暦』）、文政10年（1827）〔くらし風俗〕
【1738】賀茂真淵（栗原信充『肖像集』）〔国会HP〕／芝居の井筒屋伝兵衛と芸者お俊、大判・錦絵「井筒屋伝兵衛」「芸者お志ゆん」安政2年（1855）〔都立中央〕
【1739】天明から寛政の頃にまとめられた玉川上水の史料「玉川上水水元絵図並諸枠図」〔国立公文〕
【1740】荷田春満（栗原信充『肖像集』）〔国会HP〕／からくり人形（『璣訓蒙鑑草』）
【1741】市松模様／寺子屋（『敵討大悲誓』）、文化4年（1807）〔くらし風俗〕
【1742】『阿蘭陀本草和解』〔国会HP〕／長崎図（『肥之前州長崎図』延享2年に京都で刊行されたもの）〔国立公文〕
【1743】覆面をする百姓（『女重宝記』）／目ばかり頭巾（『拍毬歌故事来歴』）、天明5年（1785）〔くらし風俗〕／頭巾をして吉原を立ち去る武士（『曲輪大通先生』）、安永8年（1779）〔くらし風俗〕
【1744】『御触書寛保集成』〔国立公文〕
【1745】八文字屋自笑（栗原信充『肖像集』）〔国会HP〕／京都の八文寺屋（『役者金化粧』）、享保4年（1719）／見世物小屋の楽屋（『糸桜本朝文粋』）、文化7年（1810）〔くらし風俗〕
【1746】江戸の芝居での『菅原伝授手習鑑』、大判・錦絵「梅王丸・市川団十郎」「時平・沢村四郎五郎」文化9年（1812）〔都立中央〕／江戸の芝居での『菅原伝授手習鑑』、大判・錦絵「松王丸・松本幸四郎」文化9年（1812）〔都立中央〕／江戸の芝居での『菅原伝授手習鑑』、大判・錦絵「桜丸・瀬川路考」文化9年（1812）〔都立中央〕
【1747】常磐津、大判・錦絵「常磐津小文字太夫」「常磐津兼太夫」文化9年（1812）〔都立中央〕／芝居の日本左衛門、大判・錦絵「東海道五拾三次ノ内、掛川、日本左衛門」嘉永5年（1852）〔都立中央〕
【1748】『朝鮮通信使来朝図』〔福岡市博物館所蔵・提供〕／『假名手本忠臣蔵』の芝居の辻番付（『寛延寶暦番附』、宝暦5年の書き込みがある）〔国会HP〕
【1749】年貢（『大和耕作絵抄』）、江戸前期／格式ある家の嫁入（『女重宝記』）／祝言（同右）
【1750】安藤広重が描いた青洞門（『六十余州名所図会』「豊前・羅漢寺下道」）〔国会HP〕
〔国会HP〕／『梅の由兵衛』、大判・錦絵「梅のよし兵衛・沢村源之助」文化7年（1810）〔都立中央〕
【1751】男芸者（『色男其所此処』）／女芸者（『廿四孝安売請合』）
【1752】明和元年の慶賀使の様子を描いた「琉球中山王使者登城行列図」上下2巻〔沖縄県立博物館・美術館所蔵・提供〕／不忍池（『絵本江戸土産』）、宝暦3年（1753）
【1753】『京鹿子娘道成寺』、大判・錦絵「坂東三津五郎」「三枡源之助」「坂田半五郎」文政6年（1823）〔都立中央〕／醤油売り（『初恋松竹梅』）、安永4年（1775）〔くらし風俗〕
【1754】明和6年の宝暦暦の伊勢暦（『古暦帖』）〔国会HP〕／暦を売る本屋（『長生見度記』）、天明3年（1783）〔くらし風俗〕
【1755】川上不白（栗原信充『肖像集』）〔国会HP〕／蓮華庵が置かれた当時の神田明神（『絵本江戸土産』）、宝暦3年（1753）
【1756】藍玉作り（天保5年『南北駈馬名寄附』）／大坂の蔵屋敷に運び込まれる米（『摂津名所図会』）、寛政8年（1796）
【1757】尾張藩の侍医浅井家が万国の物産や動物を公開した医学館薬品会（『尾張名所図会』）、弘化元年（1844）／博打（『通略三極志』）、安永9年（1780）〔くらし風俗〕
【1758】回り舞台（『戯場楽屋図会』）、享和元年（1801）〔国会HP〕／せり上がり（『戯場楽屋図会』）、享和元年（1801）〔国会HP〕／役者絵の瀬川菊之丞初代と二代、大判・錦絵「瀬川家系譜」「かつらきむけん・元祖瀬川菊之丞」「出雲の阿国・元祖弟瀬川菊次郎・俳名仙魚」「執着獅子・二代目瀬川菊之丞・王子路考」文久3年（1863）〔都立中央〕
【1759】山県大弐／『斥柳子新論』（伴信友による『柳子新論』に関する論考）〔国会HP〕

【1760】『鯨志』／田沼意次
【1761】『新撰養蚕秘書』〔国会HP〕／芝居のお半（明治の役者絵）、大判・錦絵「でつち長吉・市村家橘」「しなのやお半・中村芝翫」明治35年（1902）〔都立中央〕
【1762】『魚譜』（頼恭の『衆鱗図』と『衆鱗手鑑』をもとにしたとみられる）〔国会HP〕／歌扇
【1763】本居宣長（栗原信充『肖像集』）〔国会HP〕／うなぎの大蒲焼（『江戸大じまん』）、安永8年（1779）〔くらし風俗〕／お店ガイド『江戸買物独案内』の鰻の蒲焼屋
【1764】飯盛女（『東海道名所図会』）、寛政9年（1797）／竜吐水（『農具便利論』）
【1765】明和五匁銀〔貨幣博物館〕／『誹風柳多留』〔国会HP〕
【1766】鮭漁の図『北越雪譜』／八重垣姫、大判・錦絵「五衣色染分」「赤」嘉永4年（1851）頃〔都立中央〕／定九郎、大判・錦絵「木曾街道六十九次之内」「四十七」「大井・斧定九郎」嘉永5年（1852）〔都立中央〕
【1767】路上での博打（『絵本譬喩節』）、寛政元年（1789）〔くらし風俗〕／大田南畝（栗原信充『肖像集』）〔国会HP〕
【1768】寛永通宝（真鍮四文銭）〔貨幣博物館〕／吉原火災後、天明初め頃の仮宅の見世（『御富興行曾我』）、天明6年（1786）〔くらし風俗〕
【1769】下肥汲み（『四時交加』）、寛政10年（1798）〔くらし風俗〕／四谷大木戸を通る下肥汲み（『江戸名所図会』）、天保5年（1834）
【1770】製油の様子（『製油録』）〔国会HP〕／切支丹禁制及び徒党（百姓一揆禁制の）高札〔身延町歴史民俗資料館所蔵・提供〕
【1771】杉田玄白（栗原信充『肖像集』）〔国会HP〕
【1772】明和南鐐二朱銀〔貨幣博物館〕／『明和九年江戸目黒行人坂大火之図』〔国立公文〕
【1773】疱瘡神を祭って、無事に神＝病が立ち去るのを願う（寛政10年『疱瘡心得草』）〔国会HP〕／武威をもって厄病を鎮めると考えられた源為朝（嘉永4、5年の武者絵）、大判・錦絵「英勇一百伝」「鎮西八郎為朝」嘉永4年（1851）頃〔都立中央〕
【1774】『解体新書』〔国会HP〕／『放屁論』、『風来六部集』〔国会HP〕
【1775】『金々先生栄花夢』〔国会HP〕
【1776】ツュンベリーの肖像とフランス語版『日本紀行』（1796）〔国会HP〕／平賀源内（栗原信充『肖像集』）〔国会HP〕
【1777】弘化年間の『伽羅先代萩』、大判・錦絵「伽羅先代萩」「政岡」〔都立中央〕／「佐渡金山掘之図」〔国立公文〕
【1778】「金銀山敷内稼仕方之図」〔国立公文〕／谷風梶之助〔財団法人日本相撲協会相撲博物館所蔵・提供〕
【1779】桜島の噴火の記録を書き留めた大田南畝の『一話一言』〔国会HP〕／見番に来て男芸者の仲間入りをする新参者（『嗚呼辛気楼』）、寛政元年（1789）〔くらし風俗〕
【1780】諏訪大社下社春宮（『木曾路名所図会』）／女髪結（『絵本時世粧』）、享和2年（1802）〔くらし風俗〕／髪を結いなおす（『狂歌左鞆絵』）、寛政12年（1790）〔くらし風俗〕
【1781】関東醤油の番付
【1782】浅草の頒暦調所（「鳥越の不二」『富嶽百景』）／小野川喜三郎〔財団法人日本相撲協会相撲博物館所蔵・提供〕
【1783】『三囲景図』、『三囲景』〔国会HP〕／浅間山焼（『視聴草』）〔国立公文〕
【1784】金印〔福岡市博物館所蔵・提供〕／亀井南冥が書いた金印の実証研究書『金印弁』〔福岡市博物館所蔵・提供〕
【1785】屋台店（『夢相大黒金』）、天明元年（1781）〔くらし風俗〕
【1786】『海国兵談』〔国会HP〕
【1787】徳川家斉、模写図〔東大史料〕
【1788】朋誠堂喜三二（栗原信充『肖像集』）〔国会HP〕／『文武二道万石通』／御所（『都名所図会』）、安永9年（1780）
【1789】「天保国絵図」のクナシリ、メナシ周辺〔国立公文〕／蝦夷地の海産物の交易所（『日本山海名産図会』）、寛政11年（1799）
【1790】柴野栗山（栗原信充『肖像集』）〔国会HP〕／「人足寄場絵図」（『天保撰要類集』九十四）〔国会HP〕
【1791】京伝デザインによる紙製の煙草入れを売る京橋の京伝見世（『曲亭一風京伝張』）、享和元年（1801）〔くらし風俗〕／山東京伝（栗原信充『肖像集』）〔国会HP〕
【1792】『北槎聞略』巻一〔国立公文〕／大黒屋光太夫がもたらしたとされる「魯斉亜国彊界全図」〔国立公文〕／大黒屋光太夫がもたらしたとされる「亜細亜全図」〔国立公文〕
【1793】『集古十種』
【1794】大首絵、喜多川歌麿『松葉屋内粧ひ』〔国会HP〕／蔦屋（『画本東都遊』）〔国会HP〕／『蘭学階梯』〔国会HP〕
【1795】新川酒問屋（『江戸名所図会』）、天保5年（1834）／カラタチバナ『橘品類考』前編〔国会HP〕／鉢植の品評会（『大通人穴入』）、安永8年（1779）〔くらし風俗〕
【1796】大師河原の大師堂（『江戸名所図会』）、天保5年（1834）
【1797】寛政12年の寛政暦（伊勢暦）（『古暦帖』）〔国会HP〕／天保15年に渋川景佑が幕府に提出した『寛政暦書』〔国会HP〕／『寛政暦書』に示された浅草の天文台〔国会HP〕／臥煙（『江戸職人歌人集』）、文化2年（1805）〔くらし風俗〕
【1798】『古事記伝』〔国会HP〕／染井の菊見物（『東都歳時記』）、天保8年（1837）
【1799】蝦夷の地図（文政9年頃に書写された高橋景保の「蝦夷図」）〔国会HP〕／『日本山海名産図会』の肥前伊万里焼の図、寛政11年（1799）／三囲稲荷（『画本東都遊』）〔国会HP〕
【1800】「大日本沿海輿地全図」（文政4年最終上呈大図の明治6年頃の写）、明治6年（1873）頃写〔国立公文〕
【1801】帯刀する相撲取り（『七色合点豆』）、文化元年（1804）〔くらし風俗〕／右上に「どぜう汁」の看板（『跡著衣装』）、文化元年（1804）〔くらし風俗〕
【1802】十返舎一九（『戯作者考補遺』）、木村黙老『戯作者考補遺』／『東海道中膝栗毛』／富士講者の姿（「富

士講中登山江戸出立高輪八ッ山辺之図」『江戸府内絵本風俗往来』）
【1803】八百善亭（『江戸流行料理通大全』）、文政元年（1822）／太郎稲荷（台東区入谷）／西町太郎稲荷（台東区東上野）
【1804】レザノフ／『ロシア使節レザノフ来航絵巻』〔東大史料〕／百花園（『江戸名所花暦』）、文政10年（1827）〔くらし風俗〕
【1805】長崎湾の警護（『ロシア使節レザノフ来航絵巻』）〔東大史料〕／佐藤一斎（栗原信充『肖像集』）〔国会HP〕
【1806】レザノフのナジェージダ号（『視聴草』）〔国立公文〕／両国見世物屋の女軽業の幟（『金草鞋』初編）、文化10年（1813）〔くらし風俗〕／軽業の見世物屋（『豆男栄花春』）、安永7年（1778）〔くらし風俗〕
【1807】永代橋崩落（『夢の浮橋附録』）〔国会HP〕
【1808】上田秋成／間宮の探検の成果が生かされたとされる文化13年刊行の『新訂万国全図』の部分、文化13年（1816）〔国会HP〕
【1809】『徳川実紀』〔国立公文〕／式亭三馬、永井如雲編『国文学名家肖像集』／式亭三馬の薬舗（『江戸水福噺』）、文化9年（1812）〔くらし風俗〕／『浮世風呂』
【1810】『旅行用心集』
【1811】阿呆陀羅経（『東京風俗志』）、平出鏗二郎『東京風俗志』1899-1902年／芝居が刺青の流行を後押しした（『水滸伝』）、大判・錦絵「（裁断不明）十人、豊国一世一代屋久ら水滸伝」文久3年（1863）〔都立中央〕
【1812】堂島米会所（『摂津名所図会』）／目黒不動瀧泉寺（『東都名所一覧』）、寛政12年（1790）〔くらし風俗〕
【1813】ももんじい屋と鍼灸所（『志道軒往古講釈』）、文化6年（1809）〔くらし風俗〕
【1814】『南総里見八犬伝』〔都立中央〕／雷電為右衛門
【1815】『蘭学事始』〔国会HP〕／アサガオ（『草木写生春秋之巻』）〔国会HP〕
【1816】長崎出島のオランダ商館（1855年頃）、『ILN』1855.1.13
【1817】広瀬淡窓／歌川広重「柳ばし夜景万八」（『江戸高名会亭尽』）／鰻蒲焼屋に「附めし」の表示（『七色合点豆』）、文化元年（1804）〔くらし風俗〕
【1818】左から文政小判、文政二分判金（真文二分金）、文政一朱判金〔貨幣博物館〕／江戸朱引図〔東京都公文書館所蔵〕／船が行き来する新大橋から永代橋を望む（『江戸名所図会』）、天保5年（1834）／『江戸十組問屋便覧』、文化10年（1813）
【1819】「四十八組之内壱番組いよはに万の五組火がかりの景」（『江戸の華』下巻）〔国会HP〕／「いろは組の内を組、組を立て火に迎ふの景」（『江戸の華』下巻）〔国会HP〕／塙保己一（栗原信充『肖像集』）〔国会HP〕
【1820】文政丁銀〔貨幣博物館〕／文政豆板銀（新文字小玉銀）〔貨幣博物館〕／亀戸天満宮（『絵本物見岡』）、天明5年（1785）〔くらし風俗〕／鷽替えの神事の鷽（『東都歳時記』）、天保8年（1837）
【1821】水茶屋（『瞽敵夜居鷹』）、享和2年（1802）〔くらし風俗〕／ラクダの見世物（『駱駝之世界』）、文政8年（1825）〔国会HP〕
【1822】相馬大作の供養碑（荒川区南千住回向院）／『流行病妙薬奇験』〔東京大学総合図書館所蔵〕
【1823】江戸大伝馬町の木綿店（『江戸名所図会』）、天保5年（1834）／鷹司正通が葬られた二尊院（『都名所図会』）、安永9年（1780）
【1824】鮨屋（『絵本江戸爵』）、天明6年（1786）〔くらし風俗〕
【1825】東慶寺（『新編鎌倉志』）／『東海道四谷怪談』、大判・錦絵「お岩小平ぼうこん」「お花・尾上菊治郎」天保7年（1836）〔都立中央〕
【1826】長崎鳴滝のシーボルト邸跡と肖像を示す絵葉書／宇田川榕庵、『医学先哲肖像集』1936年／『舎密開宗』〔国会HP〕／近藤富蔵の『八丈実記』に描かれた流人船〔東京都公文書館所蔵〕
【1827】島津重豪が刊行させた『成形図説』〔国会HP〕
【1828】水野忠邦／『本草圖譜』〔国会HP〕／『本草綱目』〔国立公文〕
【1829】『偐紫田舎源氏』〔国会HP〕／平八郎が豊田貢を尋問（『警世矯俗大塩平八郎伝』）〔国会〕
【1830】鶴屋南北四代目（『於染久松色読販』）〔国会HP〕／亀戸天満宮の藤（『江戸名所花暦』）、文政10年（1827）〔くらし風俗〕／日本橋魚市（『江戸名所図会』）、天保5年（1834）
【1831】「凱風快晴」／御蔭参り（『伊勢参宮宮川の渡し』）
【1832】奥と手前に新旧が並ぶ鼠小僧次郎吉の墓（墨田区両国回向院）／歌舞伎十八番、助六〔国会HP〕／鳴神〔国会HP〕／押戻〔国会HP〕
【1833】「蒲原夜之雪」（『東海道五十三次』）、天保4年（1833）／天保の飢饉での施行粥（『天保荒侵伝』）〔国会〕／『綿圃要務』〔国会HP〕
【1834】西瓜の切り売り（『江戸職人歌人集』）、文化2年（1805）〔くらし風俗〕／果物をあつかう水菓子屋（『新はなし』）、寛政年間（1789～1800）〔くらし風俗〕／天保5年江戸の火事の瓦版
【1835】鈴の森八幡宮（『江戸名所図会』）、現在の大田区大森北・磐井神社の北800mに刑場があった、天保5年（1834）／『北越雪譜』／護持院ケ原の仇討、「酒井雅楽頭家来山本宇平婦りよ并山本九郎右衛門親之敵討一件」『天保雑記』〔国立公文〕
【1836】江川太郎左衛門／『江戸名所図会』が刊行される、天保5年（1834）／谷中・感応寺の建設前・後（『櫨楓』）、天保末頃、『江戸西北郊郷土誌資料』新編若葉の梢刊行会1958年
【1837】モリソン号（「浦賀奉行異船打払ノ始末届書」）〔国立公文〕／大塩平八郎の似顔や乱の様子を描いた藤田東湖の『浪華騒擾記事』〔大阪城天守閣所蔵・提供〕
【1838】江戸城の本丸（「御城」のあたり）と西の丸。北を上に掲載（『嘉永御江戸絵図』）、嘉永元年（1848）〔国会HP〕／練兵館跡（千代田区・靖国神社境内）／「斎藤弥九郎」の記載から練兵館の位置がうかがわれる（現在の靖国神社境内）（『〔江戸切絵図〕御江戸番町絵図』）、『〔江戸切絵図〕御江戸番町絵図』嘉永2年～文久2年（1849～1862）〔国会HP〕
【1839】『戊戌封事』〔国会HP〕／豊年踊りの舞台となった頂妙寺（『都名所図会』）、安永9年（1780）／京都市中踊（「京都市中踊流行一件」『天保雑記』）〔国立公文〕
【1840】光格天皇、模写図〔東大史料〕／聖護院（『花洛名勝図会』）、元治元年（1864）

【1841】俯瞰でみた山王祭（『江戸名所図会』）、天保５年（1834）／間近にみた山王祭（『江戸名所図会』）、天保５年（1834）／高島秋帆の紀功碑（板橋区赤塚・松月院）

【1842】弘化３年の天保暦、『江戸暦天保暦（古今暦集覧）』〔国会HP〕／暮れの暦売り（左）と神酒口売り（『四時交加』）、寛政10年（1798）〔くらし風俗〕

【1843】印旛沼干拓の様子（『続保定記』）〔東大史料〕／両国花火（『名所江戸百景』）、安政３～５年（1856～58）／江戸南東から江戸湾を望む（『江戸名所図会』）、天保５年（1834）

【1844】ヴィレム二世／笠川の髭造

【1845】天保通宝〔貨幣博物館〕／女師匠（『春色六玉川』）／女髪結（『むかしむかし岡崎女郎』）、天明２年（1782）〔くらし風俗〕／女髪結（『御請合戯作安売』）、寛政３年（1791）〔くらし風俗〕

【1846】ビドルの旗艦コロンバス号〔国立公文〕／妻恋明神（妻恋稲荷）のかつての社殿（『江戸名所図会』）、天保５年（1834）

【1847】井伊直弼／「弘化丁未夏四月十三日信州犀川崩激六郡漂蕩之図」〔国立公文〕

【1848】山内豊信、『近世名士写真』2〔国会HP〕／『丹鶴叢書』〔国会HP〕

【1849】後年、蝦夷地と松前湾を測量するイギリス艦隊（1855年頃）、『ILN』1855.10.20／『種痘畧観』安政５年に出島で刊行されたポンペの書を箕作阮甫が訳したもの〔国会HP〕／島津斉彬

【1850】ジョセフ・ヒコこと浜田彦蔵／勝海舟

【1851】深川の船着き場（『大違宝船』）、天明元年（1781）〔くらし風俗〕／深川の茶屋（『東都見物左衛門』）、安永８年（1779）〔くらし風俗〕／中浜万次郎、『中浜万次郎伝』／明治天皇

【1852】ドンケル・クルチウス／日本に向かうペリーの航路／浅草金竜山奥山花屋敷（『風俗吾妻錦絵』）〔国会HP〕

【1853】「ペリー渡来絵図貼交屏風」〔東大史料〕／品川新台場の建設（「品川新台場之図」部分）〔都立中央〕

【1854】『ペリー提督横浜上陸の図』〔横浜開港資料館所蔵・提供〕／この年出された瓦版『蒸気火輪船の図』〔横浜開港資料館所蔵・提供〕

【1855】新吉原の遊女たちが地震を起こした大鯰をなぶる（『しんよし原大なまづゆらひ』）〔東京大学総合図書館所蔵〕／『大地震火事略図』〔国会HP〕

【1856】阿部正弘、『幕末・明治・大正 回顧八十年史』／『調練之図』部分〔都立中央〕／『安政見聞誌』〔都立中央〕／処刑直後に設けられた吉田松陰墓（荒川区南千住回向院）

【1857】ハリス／堀田正睦／『名所江戸百景』「真崎辺より水神の森内川関屋の里を見る図」、安政３～５年（1856～58）／「する賀てふ」／「深川萬年橋」

【1858】梅田雲浜、『幕末・明治・大正 回顧八十年史』／天保一分銀〔貨幣博物館〕／コレラを広めると考えられた獣（『藤岡屋日記』）、『近世庶民生活史料 藤岡屋日記』三一書房

【1859】グラバーと岩崎弥太郎／横浜の運上所、『ILN』1861.8.16

【1860】苦難の海路を描いた「咸臨丸難航図」〔木村家所蔵、横浜開港資料館保管〕／桜田門外の変

【1861】オルコック／東禅寺事件、『ILN』1861.10.11

【1862】生麦事件賠償金の支払、『ILN』1863.9.11／金戒光明寺（『都名所図会』）、安永９年（1780）

【1863】高杉晋作、『近世名士写真』2〔国会HP〕／薩英戦争、『ILN』1863.11.6

【1864】近藤勇

【1865】小栗忠順

【1866】打ちこわし（『実見画録』）〔国会〕

【1867】徳川慶喜／坂本龍馬〔国会HP〕

【1868】浅草本願寺を本能寺の変になぞらえて描いた『本能寺合戦之図』〔東大史料〕